L'EMPIRE CLANDESTIN

JAMES MILLS

L'EMPIRE CLANDESTIN

Cinq ans avec les services secrets
au cœur du crime organisé

Traduit de l'américain par
Frank Straschitz
Catherine Ter-Sarkissian

Albin Michel

Copyright © 1986 by James Mills

Édition originale américaine :
THE UNDERGROUND EMPIRE
WHERE CRIME AND GOVERNMENTS EMBRACE
Doubleday & Company, Inc., New York

Traduction française constituant une version légèrement abrégée,
avec l'autorisation de l'auteur :
© Éditions Albin Michel S.A., 1986
22, rue Huyghens, 75014 Paris

TOUS DROITS RÉSERVÉS.
Toute reproduction, même partielle,
de cet ouvrage est interdite.
Une copie ou reproduction par quelque
procédé que ce soit, photographie,
photocopie, bande magnétique, disque ou autre,
constitue une contrefaçon passible
des peines prévues par la loi du 11 mars 1958
sur la protection des droits d'auteur.

ISBN 2-226-02818-8

Pour James

AU LECTEUR

Tout dans ce livre est vrai.
Aucun nom n'a été changé; tous les personnages sont réels; les scènes et dialogues sont tous authentiques.

SOMMAIRE

A travers le miroir   13

LIVRE UN

Première partie : « Que fait un cobra très ambitieux quand on lui donne l'occasion de manger une mangouste ? Dira-t-il : " Non merci, les rats me suffisent " ? »   23

Deuxième partie : « J'enfonce une porte d'un coup de pied et il faut que je baratine un type pour qu'il baisse son flingue... Et quand je rentre à la maison, ma femme est dans tous ses états parce que la pelouse n'est pas tondue et que les gosses n'ont pas été sages. Pour *elle*, c'est ça le drame. »   63

Troisième partie : « Le chef m'a demandé si je savais ce qu'était le Centac. Je lui ai répondu que je n'en avais jamais entendu parler. Il m'a appris qu'il s'agissait d'une brigade d'élite, hautement prioritaire. C'est tout ce qu'on m'a dit. Je ne savais rien de plus. »   121

LIVRE DEUX

Première partie : « Prenez garde, vous aurez du sang sur les mains. Si vous lui adressez la parole, il est fini, et notre source est fichue. Ce serait une condamnation à mort. »   201

Deuxième partie : « Les filles constituent probablement 60 % des grands assassins du monde... Où un homme est-il le plus vulnérable ? Au lit. »   279

Troisième partie : « *Recherché*, qu'est-ce que ça veut dire ?... Est-ce que ça veut dire qu'au fond d'un classeur, dans je ne sais quel bureau, ils ont mon nom marqué " recherché " ? Je ne suis pas en prison... Aucun de mes amis n'est en prison, depuis les années que nous sommes soi-disant " recherchés ". »

LIVRE TROIS

Première partie : « Ils ont un demi-million de dollars dans une valise, et ils voudraient bien voir la marchandise... Ils sont là avec ce tas de fric, et le Grec *attend*. »   451

Deuxième partie : « Il était hébété, au bord de la folie. A douze ans, il avait déjà vécu une expérience que peu d'adultes auraient pu supporter... Il était terrifié, et je ne pouvais rien faire pour soulager sa souffrance. »   503

Troisième partie : « La chasse à l'homme, c'est de la vraie chasse. Surtout... quand la loi donne l'avantage au gibier. Ça n'aurait aucun intérêt s'il suffisait de visser son silencieux et d'y aller. »   611

LIVRE QUATRE

Première partie : « Six agents ont disparu, monsieur Mills. Cela explique peut-être la prudence de la DEA. Elle ne tient pas à vous perdre également. »   705

Deuxième partie : « Je travaillais avec des gens qui sont les premiers fournisseurs du Panama. Le frère du président, vous voyez ? Le gouvernement américain minimise l'affaire... C'est un trop gros morceau. Ils savent pourtant comment stopper la drogue. Ils *savent* comment faire. »   791

Troisième partie : « C'était incroyable. Il était dans un état épouvantable. Il criait, il pleurait. Il ne pouvait pas se lever... Sa femme pleurait... Oh, là là ! »   919

La femme de James Bond   1039

A TRAVERS
LE MIROIR

CHAPITRE PREMIER

1

Les habitants de la planète dépensent plus d'argent en drogues illégales qu'en nourriture, plus que pour le logement, l'habillement, l'éducation, les soins médicaux ou tout autre produit ou service. L'industrie internationale des stupéfiants est une entreprise en pleine croissance, la plus importante du monde. Son chiffre d'affaires annuel dépasse 500 milliards de dollars — trois fois le volume de la monnaie américaine en circulation, davantage que le PNB de la grande majorité des pays du monde, à l'exception d'une demi-douzaine de grandes puissances. Pour vous faire une idée de ce que cela représente, considérez ceci : un million de dollars en or pèse autant qu'un homme de bonne taille ; un demi-trillion pèse davantage que la population totale de Washington, DC.

Les profits de l'industrie des stupéfiants, secrètement placés dans des pays rivalisant pour bénéficier de cette aubaine, produisent des intérêts dépassant trois millions de dollars par *heure*. A quoi cet argent sert-il ? Quel est son effet ultime sur l'économie de la planète et sur nos vies ?

Chacun sait que le commerce des stupéfiants est important, mais le public n'a jamais été pleinement informé de son étendue réelle. Les statistiques sur lesquelles se fondent les chiffres indiqués ci-dessus ont été publiées dans des documents confidentiels édités avec l'assistance de la *Central Intelligence Agency* et de la *National Security Agency*. Ces documents sont diffusés à un petit nombre d'exemplaires ; une mise en garde précise que quiconque en révélera le contenu sans y être autorisé fera l'objet de « poursuites judiciaires ». Pourquoi ces informations sont-elles cachées au public ?

En fait, le marché international de la drogue n'est pas une entreprise industrielle, mais un empire. Souverain, jaloux de ses prérogatives, expansionniste, cet Empire clandestin présente toujours un front uni vers l'extérieur, en dépit de ses fréquentes dissensions internes. Il est aussi impitoyable et âpre au gain que le pire royaume impérialiste du XIXe siècle, aussi étendu que l'Empire britannique, aussi déterminé à maintenir son unité que les Etats de la République américaine.

Agressif et violent, l'Empire clandestin possède ses propres armées, ses diplomates, ses services de renseignements et ses banques, ses flottes marchandes et ses lignes aériennes. Il cherche à étendre sa domination par tous les moyens, de la subversion clandestine à la guerre déclarée. Les nations souveraines combattent ses agents à l'intérieur de leurs frontières, mais ignorent sa puissance au niveau international. Tout en déclenchant à grand renfort de publicité des « campagnes » successives contre la drogue et le crime, le gouvernement des Etats-Unis n'a que rarement attaqué l'Empire en dehors de ses frontières, n'a jamais diminué de façon sensible sa puissance internationale, et, aujourd'hui encore, ne combat pas sérieusement la menace croissante qu'il représente pour la stabilité du monde.

Pourquoi en est-il ainsi ? Les gouvernements des pays du monde ne désirent-ils pas éliminer cette source croissante de richesse et de puissance criminelles ? N'ont-ils jamais tenté de l'attaquer de façon globale et efficace ? A-t-il jamais existé une organisation internationale discrète mais puissante, pour lutter contre cette menace ?

2

Je dus franchir un impressionnant dispositif de sécurité : gardes armés, vitres à l'épreuve des balles, télévision à circuit fermé, serrures magnétiques, hommes aux visages graves portant un pistolet sous leurs stricts complets gris ou marine, et une plaque d'identification autour du cou. Finalement, l'homme qui m'escortait frappa à une porte sans indication, attendit qu'elle s'ouvre, puis se retira.

J'étais au cinquième étage d'un immeuble anonyme et de piètre apparence, dans un quartier de Washington notoire pour ses ivrognes et ses drogués. Juste en face, un établissement baptisé Les Bains Olympiques promettait aux hommes « un monde de plaisirs », et Benny's, « la maison des stars du porno », était juste au coin de la rue. Je franchis la porte et me trouvai dans un minuscule bureau. Une radio invisible diffusait du Mozart. Des plantes en pots étaient disposées sur l'appui d'une fenêtre, qui, à travers les stores vénitiens, laissait deviner un square enneigé plein d'écureuils, de poivrots et de prostituées.

Un homme contourna une table couverte de pipes. Je sus immédiatement que c'était celui que j'espérais rencontrer. Il s'appelait Dennis Dayle. Ses agents disaient qu'il avait l'esprit retors, mais tout dans son aspect semblait le démentir : joues roses et rebondies, regard pétillant, sourire de bienvenue qui n'avait rien de forcé. Il me serra la main :

— Il paraît que vous vous intéressez au Centac ?

CHAPITRE DEUX

1

La veille, au cours d'un dîner dans la banlieue de Washington, j'avais pour la première fois entendu le mot « Centac ». Mes questions à ce sujet furent poliment ignorées. Et soudain, cette invitation ; quatre heures durant, Dennis Dayle allait satisfaire ma curiosité.

Au bout d'une demi-heure, l'impression de jovialité allait céder la place à une image rappelant plutôt George Smiley, le maître-espion des romans de John le Carré : un homme réservé, d'abord agréable, cachant un passé hors du commun derrière une réputation soigneusement cultivée de ruse et de dureté. Mû par des passions et des rêves romantiques, il dominait l'incroyable complexité de conspirations criminelles à l'échelle planétaire, et contrôlait le « Centac » — l'organisation policière la moins orthodoxe, la moins connue et la plus efficace du monde.

Intrigué par ce qu'il me révélait, désireux d'en savoir davantage sur lui-même, sur le Centac et sur les puissantes organisations criminelles que celui-ci combattait, je demandai s'il serait possible de m'installer dans son bureau, de l'accompagner dans ses voyages, d'observer l'activité de ses agents d'un bout à l'autre du monde.

La réponse arriva quelques semaines plus tard ; elle venait, non de Dennis Dayle, mais d'un certain Ted Hunter, de la *Special Action Section* de la *Drug Enforcement Administration (DEA)*, l'équivalent américain de notre Brigade des stupéfiants. Hunter avait été chargé de décider si je pouvais ou non être initié aux arcanes du Centac. L'Administration tenait manifestement à ce que quelqu'un fût responsable des éventuelles conséquences.

Au cours d'une de nos entrevues, Hunter, me tournant le dos, avait regardé par la fenêtre de son bureau pendant un temps qui me parut interminable, puis s'était décidé à me dire que tout — sa formation, ses vingt années d'expérience dans la police — lui disait de ne pas accéder à ma demande. Le risque était trop élevé. Et si je révélais des méthodes ou techniques secrètes ? Sans oublier que cela créerait un précédent : comment, après cela, éconduire d'autres écrivains, comment continuer à travailler dans l'anonymat ?

Je lui expliquai que l'édition était la seule industrie au monde fonctionnant encore plus lentement que la justice : lorsque mon livre paraîtrait, la moitié des protagonistes seraient probablement en prison, morts ou à la retraite. Je promis de lui faire lire le manuscrit ; s'il y trouvait des erreurs concernant les faits, je m'engageais à les rectifier. Si des interprétations, des opinions ou des conclusions lui paraissaient critiquables, il pourrait m'exposer son point de vue. Je ne changerais peut-être rien, mais j'écouterais ce qu'il avait à me dire.

2

Après quelques semaines de réflexion, Hunter accepta. Craignant de remettre en cause une décision fragile, je m'abstins de lui demander pourquoi. Le 7 janvier 1980, je franchis de nouveau la porte du bureau de Dennis Dayle — comme Alice traversant le miroir. Ce fut le début d'un voyage de cinq ans dans le labyrinthe d'un univers souterrain qu'aucun journaliste, je pense, n'avait encore exploré dans sa totalité : un réseau d'une méticuleuse complexité, bourdonnant d'activité, où se traitent des marchés portant sur des milliards de dollars de stupéfiants et d'armes, où se côtoient assassins et espions. Un univers de diplomates, d'hommes d'Etat, de politique planétaire et de crime, où tout peut s'acheter : des vies, des armées, des gouvernements souverains.

Ma position était des plus précaires. Je savais qu'il existait d'innombrables hommes politiques et bureaucrates qui, d'un simple coup de téléphone, pouvaient tout remettre en cause. Tout en m'efforçant de rester discret, je m'aperçus bientôt qu'un vague assentiment personnel pouvait ouvrir presque autant de portes qu'une autorisation officielle en bonne et due forme. Dans une ambassade américaine d'Asie, un agent du Centac s'entendit demander par un responsable local à quel titre je me trouvais dans les étages supérieurs, dont l'accès était limité au personnel autorisé ; il répondit qu'il l'ignorait, mais que la dernière fois qu'il m'avait vu à Washington j'étais « dans le bureau de Dennis Dayle, les pieds sur la table ». L'explication parut suffire.

Dans une autre ville, un analyste des services de renseignements, sur le point d'ouvrir un classeur marqué SECRET, demanda à un agent du Centac : « Il a le droit de voir ça ? » L'agent fit un signe d'assentiment, et le classeur fut ouvert. L'analyste se sentait couvert parce que l'agent, qui lui était supérieur en grade, avait donné son accord. L'agent se sentait couvert parce que ce n'était pas *son* classeur. Je commençais à comprendre comment les espions travaillent.

Un indicateur que je revis sur plusieurs continents, au beau milieu d'une opération du Centac, se refusait à croire que j'étais écrivain. Pour lui, j'étais « Bill de Washington », et il ne cessait de me faire part de doléances dont il espérait manifestement que j'informerais mes supérieurs de la capitale fédérale.

Au fur et à mesure de mes voyages, des cassettes et des documents confidentiels commencèrent à s'accumuler dans des coffres de banques ou d'hôtels. A San Francisco, ma chambre de l'hôtel Fairmont fut cambriolée — la serrure d'une valise fut forcée. J'ignore en quoi des documents relatifs au Centac pouvaient intéresser le cambrioleur (probablement en rien) ; en tout état de cause, tous les documents étaient sous clef dans le coffre de l'hôtel, généralement réservé aux manteaux de vison des riches clientes.

Finalement, je rassemblai ma documentation dans trois coffres de dépôt d'une banque new-yorkaise, avant de tout ramener en Europe, où je résidais alors. A ce stade, j'avais suivi le Centac dans quatre continents, accumulé des centaines de pages de documents confidentiels, 183 cassettes de deux heures (dont la transcription allait représenter plus de 7 000 feuillets), et 22 carnets emplis de notes.

Les renseignements continuaient à affluer : coups de téléphone du monde entier, Hong Kong compris ; documents confidentiels arrivant dans des enveloppes sans nom d'expéditeur ; je reçus même un carton d'une vingtaine de kilos, bourré de documents de la CIA marqués SECRET.

Dès le début, mon intérêt pour le Centac fut dépassé par ma fascination pour un sujet infiniment plus vaste : l'Empire clandestin lui-même, l'alliance secrète entre les trusts internationaux du crime et certains gouvernements. Le Centac devint à la fois une loupe et une longue-vue me permettant d'examiner l'Empire, et un véhicule pour me conduire jusqu'à son centre, face à face avec ses dirigeants, leurs femmes ou maîtresses, leurs palais, leurs yachts et leurs banques... au centre d'un édifice financier secret d'une telle ampleur qu'il menace la stabilité économique du monde.

J'espère, dans ces pages, faire vivre tout cela au lecteur. Car mon sujet n'est pas simplement le Centac ou Dennis Dayle. C'est l'Empire clandestin.

LIVRE UN

PREMIÈRE PARTIE

Centac-24 : Liou Chou-chouei

―――――――――――――――

« Que fait un cobra très ambitieux lorsqu'on lui donne l'occasion de manger une mangouste ? Dira-t-il : " Non merci, les rats me suffisent " ? »

―――――――――――――――

CHAPITRE PREMIER

1

Fumant son éternelle pipe, Dennis Dayle allait à son bureau, dans le quartier des sex-shops. Cet homme contrôlait des dizaines, voire des centaines, d'agents et de policiers dans le monde entier ; pourtant, on aurait pu le prendre pour un miséreux. Il conduisait une Volkswagen déglinguée de 1971, ne s'octroyait que deux dollars d'argent de poche par jour — à se demander où passait le reste de son salaire — et ses vêtements semblaient sortir d'une solderie. Personne ne le voyait jamais arriver au bureau, ni en repartir le soir, à croire qu'il dormait sur place.

Ses collègues le savaient marié, supposaient qu'il avait un ou plusieurs enfants, et ignoraient de nombreux aspects d'un passé hors du commun qu'il faisait tout pour cacher. Ses seuls plaisirs semblaient être de jouer serré contre les plus impitoyables criminels de la planète, et, pendant ses rares moments de détente, de consommer des quantités prodigieuses de martinis très secs accompagnés d'olives. Les ongles du pouce et des trois premiers doigts de sa main droite étaient nettement plus longs que les autres. Nul ne savait pourquoi : un petit mystère de plus dans la vie de cet homme énigmatique.

Sur le plancher de la Volkswagen, se trouvait une grosse sacoche de cuir, dont Dennis ne se séparait jamais. Un agent qui avait eu l'occasion de la soulever affirme qu'elle était si lourde qu'elle aurait pu contenir un cadavre. Ce qui est certain, c'est qu'elle contenait un revolver. Dennis Dayle avait toujours son revolver à portée de la main.

Dennis menait une guerre à lui seul. A Washington, il avait, certes, des assistants, des agents chargés de coordonner les opérations, mais ils n'étaient guère que des instruments. La conception d'ensemble était due à lui seul. Il avait un million de secrets — petits et grands, anciens ou récents. Un de ces secrets ne le laissait jamais en paix : une douleur constante qui le ravageait, et que seules des circonstances extraordinaires parvenaient à lui faire oublier. Il concernait un de ses enfants, élevé jusqu'à l'âge adulte, puis disparu. Où ? Pourquoi ? Peu d'hommes se sentaient aussi seuls que Dennis Dayle.

Dennis chercha un poste diffusant de la musique classique, régla le volume très bas, puis réfléchit à ses adversaires : les dirigeants des plus dangereux groupes criminels du monde, dont les noms n'apparaissent presque jamais dans les journaux. Nous avons tous entendu parler des super-stars de la Mafia telles que Joseph Bonanno ou Sam Giancana, mais qui connaît Liou Chou-chouei, Alberto Sicilia-Falcon, Donald Steinberg ?

Force cachée dans les replis de la pesante bureaucratie de Washington, le Centac menait une existence presque furtive, comme une fleur luttant pour survivre dans une fissure de rocher. Au sein de cette bureaucratie figée dans ses traditions, ses chances de survie étaient effectivement minces. Le Centac était entouré de prédateurs ; jaloux des promesses de ce nouvel organisme, menacé par sa force, plus d'un haut responsable du maintien de l'ordre l'attaquait dans ses déclarations et intriguait contre lui. C'était là le plus grave problème du Centac : pourrait-il croître et prospérer, ou bien ses ennemis allaient-ils le déraciner ?

Ceux qui prenaient au sérieux la menace que représentent les associations mondiales de malfaiteurs, mais étaient insatisfaits d'une bureaucratie policière trop préoccupée de son image pour engager le combat contre cette menace, ceux qui aimaient les paris risqués, l'audace et le courage, étaient pour le Centac. Et pour Dennis Dayle.

Seuls de rares hommes savaient réellement ce qu'était le Centac et ce qu'il faisait. Bien que dépendant de la *Drug Enforcement Administration*, ses opérations et ses pouvoirs dépassaient largement le cadre de cet organisme.

A tout moment, le Centac utilisait à plein temps les services de plus de 50 agents de la DEA dispersés dans le monde entier, sans compter des agents de l'IRS (*International Revenue Service*, administration fiscale), des douanes et d'autres agences fédérales, ainsi que des policiers d'une douzaine de pays étrangers, et de nombreux Etats et villes américains, de New York à la Californie. Il suffisait à Dennis d'un coup de téléphone pour lancer des agents sur une piste à Bangkok, pour intercepter des trafiquants à l'aéroport de Bogota, envoyer des agents secrets dans les plantations de coca des Andes, mobiliser des avions de surveillance et des vedettes garde-côtes.

Le Centac restait toujours d'une extrême discrétion. La plupart des agents étrangers et des policiers américains travaillant pour lui ne savaient même pas qu'ils étaient désignés pour certaines missions sur la demande et aux frais du Centac. Et, lorsqu'une affaire était mûre et que la police procédait aux arrestations — souvent des centaines d'un coup

— le Centac se retirait discrètement, laissant la une des journaux aux policiers locaux et à leurs supérieurs dépendant du pouvoir politique.

— Lorsque le Centac prend une organisation pour cible, m'expliqua Dennis, les services de renseignements ont déjà identifié toutes ses caractéristiques. Nous préparons un plan d'opérations, choisissons notre équipe, mobilisons nos forces, et passons à l'attaque. Dès lors, la cible est condamnée. Le Centac n'a encore jamais perdu. Et nous ne nous contentons pas d'élaguer des organisations criminelles afin qu'elles croissent avec plus de vigueur que jamais. Nous déracinons l'arbre entier, le coupons en morceaux, le brûlons et enterrons les cendres. Cet arbre-là ne repoussera *jamais*.

Actif depuis 1973, dirigé par Dennis depuis quatre ans, le Centac a jusqu'à présent détruit près de vingt trusts criminels internationaux, permis d'emprisonner des milliers de malfaiteurs, résolu des centaines d'affaires criminelles majeures et saisi des millions de dollars — tout en demeurant pratiquement inconnu.

Contrairement à d'autres organismes plus célèbres, le Centac ne s'intéresse pratiquement pas aux stupéfiants eux-mêmes. Ses agents ne se font jamais photographier autour de tables couvertes de sachets d'héroïne ou de cocaïne.

— Si vous preniez toute l'héroïne du monde pour l'empiler dans un champ, me dit Dennis, vous obtiendriez en tout et pour tout un gros tas de poudre blanche. On ne peut pas mettre un kilo d'héroïne en prison. On ne peut pas lui faire dire le nom de ses amis. Le problème, ce n'est pas la poudre. Le problème, ce sont les hommes. Et le Centac *dévore* les hommes. Son métabolisme est sans cesse à la recherche de nouveaux royaumes à consumer.

Au cours des cinq années à venir, j'allais me familiariser avec ces royaumes, en particulier avec trois d'entre eux — l'un étant dirigé par un richissime et meurtrier homosexuel cubain obsédé de puissance, Alberto Sicilia-Falcon ; l'autre, par un jeune businessman américain du nom de Donald Steinberg (dont les opérations criminelles s'étendent sur quatre continents et dont le revenu quotidien est plus élevé que celui de la US Steel) ; le troisième, enfin, a à sa tête un Chinois effacé et presque inculte — mais sanguinaire et impitoyable — nommé Liou Chou-chouei, dont la puissance globale s'étend à une armée de 3 000 hommes et aux services de renseignements d'au moins trois pays.

Dans l'ascenseur qui nous conduit à son bureau, je demande à Dennis combien de « Centacs » il pouvait exister au total (le terme « Centac » désigne en effet non seulement l'organisation elle-même, mais chacune de ses opérations, et même les associations criminelles constituant des cibles potentielles).

— Je me demande parfois s'il n'en existe pas qu'un seul. Chacun constitue un côté d'une pyramide ; vous montez de plus en plus haut, et quand vous atteignez le sommet, vous voyez soudain qu'il s'agit d'une seule et même chose.

— Vous parlez sérieusement ? Il s'agirait donc d'une unique conspiration à l'échelle mondiale ?

Cela paraissait ahurissant.

— Je n'aime pas...

L'ascenseur s'arrête au cinquième étage, mais la porte reste fermée. Dennis lui accorde quelques secondes, puis lui assène un coup d'épaule digne d'un rugbyman, et elle s'ouvre.

— J'évite d'y penser, reprend-il sans se troubler, mais s'il *existe* une unique et gigantesque conspiration, c'est probablement dans le domaine du financement, des gens qui ont l'argent. Aux abords du sommet, l'air est si raréfié que seul un petit nombre de personnes peut y vivre.

Cette notion d'une unique conspiration planétaire ne me quitta plus. Il me fallut de longs mois, des années en fait, pour me rendre compte de l'identité des membres de cette conspiration à proprement parler suprême, et pour entendre Dennis en discuter.

Installé devant une minuscule table ronde placée près de la porte de son bureau, je faisais de mon mieux pour passer inaperçu. Tous ceux qui entraient me regardaient avec hésitation, puis interrogeaient Dennis du regard.

— C'est en règle, dit Dennis, en me présentant deux agents venus discuter de l'aspect « nettoyage » du Centac-10. Il sera ici quelque temps. Ne vous inquiétez pas. Faites comme d'habitude.

Le Centac-10 (ils étaient numérotés dans l'ordre chronologique — le prochain allait être le Centac-24) avait détruit la principale organisation mondiale de trafic du LSD ; depuis, le LSD, qui représentait un grave problème, a virtuellement disparu. Dennis parla aux agents des inculpations pour port d'armes pesant sur les chefs de l'organisation.

Après leur départ, Dennis choisit une des dix-neuf pipes disposées dans des cendriers et des râteliers sur le bureau et sur l'appui de la fenêtre. Il l'emplit de Captain Black à l'aide d'un bourre-pipe en or, et l'alluma avec soin.

— La plupart des brigades des stupéfiants s'intéressent surtout aux saisies et aux arrestations de dealers, à cause de l'impact. C'est dramatique, on le montre à la télé, le contribuable voit qu'il en a pour son argent. Mais une saisie de drogue n'est que le reflet d'un phénomène bien plus vaste. Le Centac n'accumule pas les opérations, mais les exploite. Nous ne voulons pas effectuer une perquisition, arrêter trois personnes et saisir une livre d'héroïne, puis recommencer la même chose à x reprises. Nous exploitons chaque affaire au maximum. Nous coinçons toutes les personnes liées à ce demi-kilo d'héroïne : ceux qui l'ont fabriquée, transportée, vendue en gros, ceux qui ont encaissé l'argent, ceux qui l'ont placé... tous. Ce n'est pas une chasse aux stupéfiants, c'est une chasse à l'homme.

Dennis remet la boîte de tabac dans le tiroir.

— C'est comme saint Georges et le dragon. Voilà un adversaire digne de nous, disposant de ressources et de forces accumulées au fil des années, qui s'accroissent encore chaque fois qu'elles passent d'un criminel à un autre. Blesser ce dragon, se contenter de couper un de ses membres, ne fait qu'éveiller sa rage. Couper la tête d'une association criminelle ne fait qu'encourager chacun de ses membres à monter d'un échelon, tous ces types qui regardaient le patron en disant : « Ce connard est un incapable. Si j'étais à sa place, voilà ce que je ferais, moi... » C'est là le danger de s'attaquer aux chefs, et non à la bête tout entière.

Je remarque qu'une plaque posée sur son bureau donne son nom non seulement en anglais, mais aussi, pour des raisons que j'espère apprendre un jour, en arabe.

— L'un des problèmes posés par cette approche globale, c'est que les jeunes agents préfèrent pourchasser un petit dealer dans les rues plutôt que de passer des mois à consulter d'interminables dossiers, avant de s'attaquer au dragon tout entier. Mais en prenant de l'expérience, certains se passionnent pour cette quête intellectuelle — c'est comme une partie d'échecs.

Je lève les yeux vers le plafond ; sur un carton pendant à une ficelle, un autocollant proclame : « Les Psychologues savent Tout. »

Dennis décroche le téléphone et demande à sa secrétaire d'appeler l'ambassade américaine à Bangkok. Il a invité un indicateur chinois et l'agent américain basé à Bangkok qui le contrôle à Tucson (Arizona) pour une réunion secrète. Dennis espère qu'il en sortira un nouveau Centac s'attaquant à une énorme association criminelle, politiquement très influente, principale exportatrice de l'héroïne du Sud-Est asiatique vers les Etats-Unis.

— Le problème, poursuit Dennis, c'est de savoir combien de temps l'on peut attendre avant de récolter. On peut décider de passer à l'attaque sans plus tarder contre un quelconque sous-fifre. Ou bien viser le grand manitou. Cela prendra un an ou deux, mais la récolte sera plus substantielle.

Le téléphone sonne. C'est Bangkok.

— Ça va, Dan ? Bien. Ils continuent à lancer des bombes contre l'ambassade ? Excellent. Ecoutez, je voulais vous dire où en sont nos plans pour la petite réunion de Tucson...

Les opérations du Centac dépendent souvent de la coopération de la police et de la justice de nombreux pays : Dennis veille en conséquent à maintenir des contacts amicaux.

Un agent entre, pose un télégramme marqué « secret » sur le bureau et se retire. Pendant que Dennis le lit, je me lève pour examiner de plus près un long sabre oriental au fourreau de bois sculpté. Dennis pose le télégramme et sourit.

— Un athlétique jeune homme voulait me faire bobo avec ça. Ça lui a valu une bonne trempe, et j'ai gardé le sabre.

Il appose ses initiales sur le câble et revient à son sujet :

— Vince Lombardi était toujours vainqueur parce que ses équipes ne perdaient pas de temps en raffinements inutiles — elles appliquaient les principes élémentaires de façon méticuleuse et implacable, rien de plus. Il n'avertissait pas ses adversaires de ce qu'il allait faire, mais les écrasait comme un bulldozer. Le Centac s'efforce de faire la même chose. Nos adversaires sont extrêmement puissants et coriaces, mais c'est exactement ce qu'il faut. On ne va pas au Parc des Princes pour jouer contre une équipe scolaire.

Dennis m'explique qu'il a un budget, versé par la DEA, de 1 100 000 dollars par an. Une fraction de la valeur des fonds et des biens saisis par le Centac : celui-ci rapporte davantage au contribuable qu'il ne coûte. Au moins 60 % des personnes inculpées dans le cadre des divers Centacs sont des criminels de grande envergure. En moyenne, un agent travaillant pour le Centac obtient annuellement 6 inculpations de cette catégorie, contre 1,6 pour un agent de la DEA ne dépendant pas du Centac.

Le Centac avait inventé un moyen original pour prouver son efficacité. En général, le succès d'une organisation de lutte contre la drogue se mesure à la quantité de stupéfiants saisie. Le Centac s'intéressant moins aux stupéfiants qu'aux trafiquants eux-mêmes, il fallait trouver un autre critère pour impressionner les hommes politiques dont dépendaient son existence et son budget. La nouvelle statistique concernait le coût moyen de chaque inculpation. Dennis divisait le coût de chaque opération par le nombre de personnes inculpées. Cela permettait d'annoncer à un sénateur ou à un membre du Congrès qu'une importante association multinationale de trafiquants avait été détruite, et que des centaines de ses membres avaient été inculpés, pour un coût de, mettons, 1 200 dollars par homme. Une affaire, sans même compter les millions de dollars saisis, que ce soit sous la forme d'argent liquide, de comptes en banque, d'immeubles, de navires ou d'avions. Dennis était très conscient de l'importance de cette « publicité ».

— Je suis condamné à réussir, dit-il en allongeant le bras pour prendre une carafe d'eau posée sur l'appui de la fenêtre. L'échec m'est interdit, parce que tout le monde — le Capitole, la Maison-Blanche — me surveille. Si je subis un seul échec, ces gens vont dire « A quoi bon subventionner un organisme qui n'est pas efficace ? » Le Centac est très controversé. Il a de nombreux adversaires. Au cours des sept dernières années, nous avons beaucoup évolué, et sommes devenus réellement performants. Il reste pourtant des gens qui hésitent à parier sur nous.

Dennis avait refusé plusieurs occasions d'augmenter le budget, les effectifs et la puissance de son organisation. En ce moment même, cinq Centacs étaient en cours, chiffre qu'il estimait idéal.

— Avec un nombre limité d'opérations, tout a la priorité. Si on en lance une vingtaine en même temps, plus rien n'est important.

Je lui fais remarquer que les hommes qu'il poursuit sont rarement mentionnés par les médias : est-ce parce que ceux-ci s'intéressent surtout à la Mafia ?

— Probablement.

— En supposant que la Mafia forme une association unique, et que tous les autres groupes criminels internationaux constituent eux aussi une seule association, comment les compareriez-vous ? lui demandai-je.

Dennis arrose les plantes à l'aide de la carafe, puis remet celle-ci à sa place.

— Je dirais que l'ensemble des autres groupes représente à peu près cinq fois la Mafia.

Dennis est interrompu par l'arrivée d'un agent à grosses lunettes, venu lui parler d'un Centac qui semble particulièrement difficile : aucune saisie de stupéfiants n'est en vue. C'est une fois de plus la théorie voulant que le succès se mesure à la quantité de drogue saisie.

— Ne vous faites pas de bile, lui dit Dennis. En fouillant dans les vieux dossiers, on trouvera bien de quoi le remplumer.

C'est le principe de l'exploitation : reprendre des affaires anciennes qui avaient abouti à l'arrestation de quelques dealers de bas niveau, et remonter jusqu'aux têtes de l'organisation. L'outil qui lui permet de faire cela, et qui constitue la fondation même du Centac, c'est la *federal conspiracy law*, la loi sur la conspiration, ou loi sur les associations de malfaiteurs et sur ce que les juristes appellent l'entente délictueuse.

La *conspiracy law* est l'arme la plus puissante dans la guerre contre l'industrie internationale de la drogue. Tout membre d'une association criminelle, y compris les grands patrons qui ne se « mouillent » jamais, est co-responsable des actes criminels de tous les autres membres de cette association. Lorsqu'un petit dealer vend au coin d'une rue de Harlem un sachet d'héroïne provenant d'un trafiquant multi-millionnaire, ce dernier est coupable au même titre que lui. Il ne connaît pas ce petit dealer, ne sait même pas qu'il existe — peu importe : le gros trafiquant est coupable d'un complot en vue de vendre un petit sachet de poudre au coin d'une rue de Harlem.

Tout acte, même légal, de n'importe quel membre d'une association illégale « active » le complot et rend chacun de ses membres coupable des actes criminels de tous les autres, qu'il les connaisse ou non, qu'il approuve ou non leurs crimes, qu'il en soit informé ou non.

Si je discute avec vous du cambriolage d'une banque, si nous convenons que je me procurerai une voiture, et vous, un revolver, aucun crime n'a encore été perpétré. Mais, dès que l'un de nous commet un « acte manifeste » en vue de ce cambriolage, nous devenons tous deux coupables d'une conspiration en vue de cambrioler une banque, et sommes dorénavant responsables de tous les actes criminels commis par n'importe quel autre membre de la conspiration, quel que soit le moment où celui-ci s'est joint au complot, que nous le connaissions ou non, approuvions ou non ses actions.

Si je donne par exemple un coup de téléphone pour demander à un ami de me trouver une voiture, cet acte manifeste — bien qu'aucune loi n'interdise de téléphoner — met la conspiration en marche. Si cet ami, même à notre insu, recrute un autre ami, et si ce dernier en recrute un troisième, et que ce troisième ami tue un homme en volant la voiture, nous sommes tous deux, vous et moi, coupables d'homicide. Vous aurez beau prouver que vous ne connaissiez pas l'assassin, ni même l'homme qui l'a recruté, et que vous n'auriez jamais approuvé qu'on l'engage, qu'il ne vous serait jamais venu à l'idée que cela finirait par un meurtre, que l'idée même d'un meurtre vous paraît horrible — cela n'y changera rien. Vous êtes coupable des actes criminels de tous les membres de la conspiration. Vous êtes coupable d'homicide.

C'est une loi d'une redoutable efficacité. Elle est particulièrement utile contre les hommes d'affaires, politiciens, diplomates et autres personnes occupant des positions élevées, qui sont protégées par leur puissance, leur richesse, ou leur respectabilité ; contre ceux qui ne touchent jamais aux stupéfiants, qui n'en voient même pas, mais qui dirigent leur trafic et en tirent de substantiels bénéfices.

La Loi sur la conspiration est le pain et le vin du Centac.

— Aucun criminel contraint de travailler avec d'autres criminels ne peut échapper au Centac, m'explique Dennis, parce qu'il ne peut effacer ce qu'il a fait. Et cela, nous le trouverons, et l'exploiterons. La méthode du Centac peut détruire n'importe quel groupe criminel au monde.

Une jeune secrétaire passe la tête à la porte : elle fait une quête pour une collègue qui vient d'avoir un bébé. Avec le sourire, Dennis lui donne cinq dollars (deux jours et demi d'argent de poche).

Je lui demande de me parler des 18 Centacs parvenus à leur terme. Le premier visait une organisation fabriquant de l'héroïne au Liban. Sept autres concernaient également le marché de l'héroïne, principalement en Asie et au Mexique. Trois avaient pour cible d'importantes organisations de trafic de cocaïne entre l'Amérique du Sud et les Etats-Unis. D'autres détruisirent des groupes fabriquant et distribuant du LSD, du PCP et des amphétamines. Bien que se concentrant sur un groupe principal, la plupart des Centacs éliminent également d'autres producteurs et distributeurs d'envergure.

Le Centac-16, par exemple, était devenu si gigantesque qu'il fallut le diviser en deux sections — côte Ouest et côte Est, avec des extensions au Mexique, à Puerto-Rico et en République Dominicaine. En plus d'une importante organisation internationale de trafic d'héroïne, il supprima trois groupes d'importateurs ainsi que cinq grands réseaux de distribution new-yorkais. L'opération permit de saisir près d'un million de dollars, sans compter un autre million provenant des cautions de prévenus en fuite. 161 trafiquants (dont 100 de haut niveau) furent inculpés, pour un coût de 1 752 dollars par homme. Bien que l'enquête eût duré près de trois ans, la moyenne du temps consacré à chaque inculpé ne dépassait pas quinze journées par agent.

Un autre Centac, qui s'attaquait à cinq organisations apparentées amenant en fraude de la cocaïne dans douze ports américains à bord de cargos et de navires de croisière appartenant au Gouvernement colombien, dura un an et demi, aboutit à l'inculpation de 160 trafiquants pour un coût de 763 dollars et de 19 journées par agent chacun. Pour faire bonne mesure, il saisit également un institut de beauté à Queens (district de New York).

2

Je demandai à Dennis quelle critique lui déplairait le plus. De ne pas être intègre, me répondit-il ; de manquer d'honnêteté.

Cela s'accordait mal avec ce qu'il m'avait dit à une autre occasion. Dennis était un homme très secret, dont la vie personnelle était fort mal connue ; l'on m'avait cependant affirmé qu'il avait un fils. Et

pourtant, lorsque je lui demandai combien d'enfants il avait, Dennis me regarda droit dans les yeux :
— Deux filles.
— Deux filles ?
— Oui.
— En tout et pour tout ?
— Oui.

La contradiction était d'autant plus troublante qu'il m'avait semblé prêt à me faire des confidences, à me révéler des aspects de sa vie et de son passé qu'il s'efforçait de cacher à ses collègues.

Peu après, je fis la connaissance de sa femme.

Lorsque je rejoignis Dennis et sa femme dans un restaurant de Washington, il était plus chaleureux et souriant encore que lors de notre première entrevue. Il ne cessait de la regarder, lui prenait la main, se taisait lorsqu'elle parlait. Je savais que dans sa jeunesse, il lui avait envoyé des poèmes, et qu'il lui arrivait toujours, sans raison particulière, de lui offrir des fleurs.

Sobrement vêtue de noir, avec des boucles d'oreilles et un rang de perles, Lee Dayle était souriante, expansive, et, comme Dennis, un peu forte. Parlant de leur vie commune, elle me dit que Dennis et elle prenaient toutes les décisions importantes en commun. Et puis, il y avait la peur.

— Un beau jour, il part en mission, il disparaît, et je ne sais jamais si je le reverrai en un seul morceau. Quand faut-il commencer à s'inquiéter ? Quand il a une heure de retard ? Ou un jour, trois jours ? Moi, je me fais de la bile dès qu'il a franchi la porte.

Lors d'une mission à l'étranger où elle l'avait accompagné, avec leurs enfants, ils avaient un chauffeur qui était en contact avec le KGB. Dennis sourit :

— Je lui ai dit que je savais pour qui il travaillait, mais que je n'avais aucune crainte quand il conduisait mes enfants à l'école, car j'étais certain qu'il se rendait compte que s'il leur arrivait quoi que ce soit, je le tuerais. Nous nous comprenions.

Tout en consultant le menu, Dennis alluma sa pipe. Un homme installé à une table pourtant située à bonne distance lui demanda sur un ton déplaisant de l'éteindre, expliquant que son voisin avait de l'asthme. Le maître d'hôtel intervint : rien n'obligeait Dennis à éteindre sa pipe s'il n'y tenait pas.

— Je n'y tiens pas, dit-il, mais je l'éteindrai quand même.

Il vida sa pipe dans un cendrier. Personne ne le remercia.

Nous donnâmes notre commande. Dans le silence qui s'ensuivit, je sentis qu'un courant passait entre Lee et Dennis. Ils avaient manifestement quelque chose à me dire. Effectivement, Dennis se pencha vers moi :

— Je vous ai induit en erreur. Et ce n'était pas par inadvertance.

J'attendis. Sur la nappe blanche, leurs mains se rencontrèrent.

— Nous avons un troisième enfant, dit Dennis. Un fils. Quelque part, il est vivant, et j'espère qu'il va bien, mais il a choisi de quitter sa famille. Pour une raison que j'ignore, il ne veut avoir aucun contact avec nous. Il s'appelle Randy, et a maintenant vingt-cinq ans. C'est la plus grande tragédie de notre vie.

Dennis se remémore des moments heureux : quand il fit faire à son fils un tour dans le sidecar d'un motard de la police ; le jour où il témoignait contre un trafiquant : Randy, qui était au fond de la salle, s'exclama soudain : « C'est mon papa ! »

— Où est-il maintenant ? lui demandai-je.

— Je l'ignore. C'est sans doute cela le plus dur.

— Nous espérions toujours qu'il reviendrait, ajouta Lee. Mais maintenant... Cela fait si longtemps...

— Vous n'avez aucune idée... ?

— Pas la moindre, répondit Dennis.

— Il a donc simplement...

— Disparu.

Ce n'était bien entendu pas aussi simple que cela. J'espérais en apprendre davantage un jour.

Nous en étions au café lorsqu'un garçon amena à la table du soi-disant asthmatique un énorme gâteau d'anniversaire orné de cierges magiques qui lançaient des étincelles et de la fumée en tous sens, sans que cela parût gêner quiconque.

Ecarlate, Dennis serra son verre à le briser. Lee posa une main sur ses genoux. Il la regarda, hocha la tête et sourit.

3

Peu après cette soirée, Dennis acheva les préparatifs de la réunion secrète de Tucson, qui allait peut-être causer la chute d'une des plus énormes organisations criminelles du monde. Elle était dirigée par un Chinois plus très jeune, du nom de Liou Chou-chouei. D'une extrême discrétion, Liou était connu davantage par son action que par observation directe. Son héroïne était partout, de même que son argent, son influence et les conséquences sanglantes de son déplaisir. La réunion de Tucson devait marquer le début de l'action du Centac contre lui.

Dennis considère les cibles du Centac comme des adversaires

personnels — des Goliath que la fronde du Centac devra abattre. Il s'efforce de déterminer leurs faiblesses, emmagasine dans sa mémoire les rapports des services de renseignements, les sommaires énumérant tous les faits, toutes les rumeurs concernant l'homme qu'il pourchasse. Il réussit généralement, ce dont il n'est pas peu fier, à se faire une idée très précise de la personnalité de son adversaire.

Dans le cas de Liou Chou-chouei, ce n'était pas facile. Sa manie du secret, sa réserve innée l'isolaient du monde extérieur. Ses habitudes personnelles, l'importance exacte de sa fortune, l'étendue de son extraordinaire pouvoir continuaient à faire l'objet de conjectures. Au fil des années, toutefois, certains de ses associés chinois avaient révélé son caractère impitoyable, son sens aigu des affaires, et ses origines modestes.

Probablement né d'un marchand ambulant et d'une femme de ménage, Liou avait vu le jour le 8 octobre 1928 au village de Dao Young, district de Chan-T'Eou, Chine du Nord. Chan-T'Eou est aux criminels chinois ce que la Sicile est à la Mafia. Ses natifs sont appelés « Chiu Chow ». Lourd et trapu, son visage rectangulaire dominé par des yeux noirs au regard pénétrant, Liou n'avait jamais fait d'études ; le peu qu'il savait, il l'avait appris dans les rues de Bangkok et en observant d'autres criminels. Méfiant comme un cobra, il vivait à l'abri des regards, mais se déplaçait avec agilité dans les sentiers tortueux du monde asiatique de la drogue, de la finance, du commerce et de la politique.

A en croire la rumeur, il avait débuté comme coursier pour son frère, qui possédait un commerce d'or à Bangkok, avant de devenir homme de main, puis gangster mineur. Selon ses employeurs, il était avide et cruel.

Prompt à détecter où se trouvait le véritable pouvoir, Liou avait réussi — à force de cadeaux, de faveurs, de pots-de-vin — à s'insinuer dans la confiance d'hommes politiques, d'officiers et de policiers. Au début des années 70, il utilisait des appareils de l'aviation royale du Laos pour larguer des ballots d'opium dans les eaux de Hong Kong, où des bateaux venaient les repêcher. Il contrôlait de hauts fonctionnaires du Gouvernement thaïlandais, y compris un général de la police. Parmi ses associés, figurait le président du conseil d'administration d'une banque thaïlandaise doublée d'une société de gestion et d'une compagnie d'assurances.

A Bangkok, Liou possédait deux sociétés spécialisées dans le commerce de l'or — des bijoux aux lingots coulés à son intention. Estampés d'un coq, les lingots de Liou étaient très appréciés des trafiquants implantés dans les montagnes du nord, aux confins de la Thaïlande, de la Birmanie et du Laos. Liou était suffisamment riche pour financer d'autres trafiquants, notamment pour l'achat de navires. Impressionnés par sa puissance, ses confrères asiatiques le classaient parmi les quatre « rois des rois » du crime.

Lorsqu'un écrivain résidant à Hong Kong demanda au chef du Bureau des Stupéfiants de la colonie de lui décrire un trafiquant de drogue asiatique de haut niveau, celui-ci brossa ce qui pourrait être un portrait de Liou Chou-chouei :

— C'est un Chiu Chow d'une cinquantaine d'années. Parti de rien, il s'est frayé un chemin dans la jungle. La famille compte énormément pour lui — surtout les enfants. Il mène une existence discrète, ne s'affiche jamais. En bon traditionaliste et bouddhiste, il recherche une certaine respectabilité grâce à des actes philanthropiques, accumulant des mérites pour sa vie future. Mais, contrairement à un riche Occidental, il n'essaiera pas de se faire un nom en versant de l'argent à des associations charitables. Il préfère ses vieux amis aux nouveaux que sa richesse pourrait lui acheter. Il fera cependant des dons importants aux fonds de secours de sa commune ou aux boy-scouts. Il ne s'affilie pas à un tas d'associations et de clubs, mais tient à être considéré, par les membres de sa famille et par ses amis, comme un membre respectable de la communauté. C'est un homme très occupé. Il investit probablement les profits tirés du trafic de la drogue dans des entreprises parfaitement licites. Il traite la majeure partie de ses affaires sur la base de contrats oraux, et se fait un point d'honneur d'être fidèle à sa parole.

En 1977, Liou se rendit aux Etats-Unis, acheta l'hôtel Shaw de San Francisco (en payant comptant une avance de 900 000 dollars), fonda une société de holding, et, pense-t-on, acquit le contrôle de cinq ou six autres hôtels californiens, ainsi que de diverses entreprises, notamment des agences de voyages, des restaurants, des bars... Ses fils faisaient leurs études aux Etats-Unis.

Depuis de longues années, Liou exportait aux Etats-Unis des quantités énormes d'héroïne — pour des milliards de dollars. Il était à l'héroïne d'Asie du Sud-Est ce que Toyota était à l'automobile, et cela, grâce à l'aide indirecte de plusieurs gouvernements souverains, y compris celui des Etats-Unis.

L'opium et la morphine-base que Liou transformait en héroïne provenaient en grande partie de diverses armées révolutionnaires et de groupes de bandits armés opérant dans le nord de la Thaïlande et en Birmanie avec le soutien secret du Gouvernement thaïlandais et de la CIA.

Depuis peu, Liou accroissait ses opérations américaines et ses investissements. Il envisageait même de bâtir aux Etats-Unis une ville nouvelle — avec tous ses services, y compris un poste de police.

Dennis était déterminé à causer la chute de Liou et de toute son organisation — en Asie, en Amérique et dans le monde entier. Et il pensait avoir trouvé le moyen d'y parvenir.

A Bangkok, un criminel chinois avait refait surface : un homme qui semblait avoir accès à l'organisation de Liou. Convenablement encouragé, motivé et contrôlé, il pourrait devenir l'outil de la perte de Liou. Mais accepterait-il ? Accepterait-il de travailler pour le Centac, de pénétrer dans l'univers secret de Liou, d'accumuler des renseignements et des preuves contre ce dernier et ses associés — et, au péril de sa vie, de témoigner devant un tribunal et un jury américains ? Pour en avoir le cœur net, Dennis avait invité cet homme — désigné sous le nom de code de Robert Yang — à Tucson, pour une réunion secrète entourée de toutes les mesures de sécurité souhaitables.

Robert Yang était en route — ainsi que trois agents américains, qui le connaissaient, ou connaissaient du moins l'univers dangereux dans lequel il vivait.

4

Sa mise témoigne de sa puissance : il porte de l'or, des saphirs, des diamants partout où l'autorise le code de l'élégance des criminels asiatiques. Grand, avec une bedaine prospère, Robert Yang traverse d'un pas assuré le hall des départs de l'aéroport Don Muang de Bangkok, tend à un fonctionnaire à l'uniforme fripé un passeport de la république de Singapour, imité à la perfection. Sa maîtresse, une ravissante jeune Chinoise, se dresse sur la pointe des pieds pour l'embrasser sur la joue.

Il est le fils d'un général de division chinois, et cela se sent. Eduqué en Angleterre, formé par la Marine royale britannique, il est devenu un criminel accompli, recherché par la police à Hong Kong et en Thaïlande, confident de nombreux princes de la pègre, tant en Malaisie qu'à New York et ailleurs. Sa maîtresse, qui l'a conduit à l'aéroport dans sa nouvelle Mercedes, est apparentée à Liou Chou-chouei, et proche, tant par des liens personnels que par intérêt, de la plus importante organisation de trafic de stupéfiants de la planète : une force internationale disposant en permanence de 3 000 hommes en armes, et de l'assistance ultra-secrète de la CIA américaine.

D'un baiser hâtif, Robert Yang prend congé de sa maîtresse et se dirige vers son avion : vol 002 de la PanAm, à destination de San Francisco. Il lui a dit qu'il devait s'occuper d'une transaction d'héroïne portant sur plusieurs millions de dollars. En réalité, Robert a un tout autre projet, le plus ambitieux, peut-être, et le plus dangereux de sa longue carrière.

Presque au même moment, Bruce Stubbs, ancien officier de renseignements de l'armée, actuellement attaché à l'ambassade US de Bangkok, prend un autre avion à Hong Kong. Large d'épaules et musclé, Stubbs a laissé son 9 mm chez lui — il empruntera une arme à un collègue américain. Il porte en bandoulière un sac empli de documents confidentiels. Il se rend à Tucson, sous les auspices du Centac.

Un homme d'une élégance aristocratique, aux cheveux d'un blond roux, aide sa femme — d'origine chinoise — à monter dans leur Jaguar décapotable. Peu après, ils traversent la banlieue résidentielle de San Francisco pour gagner l'*Interstate 5*. Quelques années auparavant, Pete Niblo était un agent de la CIA; allant de pays en pays, il s'introduisait dans des ambassades ou des consulats, y dissimulait des appareils de surveillance électronique, puis se hâtait de repartir par le premier avion. Il est devenu nageur; sa spécialité est le marathon : au moins une fois par an, il traverse la baie de San Francisco dans toute sa largeur. Arrivé sur l'autoroute, il se détend, prêt à affronter le long voyage : deux jours de route jusqu'à Tucson. Ses réservations sont faites. Tous ses frais sont couverts par le Centac.

A Washington, un spécialiste de la criminalité asiatique range des graphiques et des sommaires biographiques dans un attaché-case noir. Il sort d'un tiroir un pistolet plat et léger, relève son impeccable pantalon gris à fines rayures, et fixe l'arme à sa cheville. Il consulte sa montre. Le vol pour Tucson est dans soixante-cinq minutes. Paul Brown sait qu'il est impoli d'arriver en retard lorsque quelqu'un d'autre paie la note. Surtout lorsqu'il s'agit de Dennis Dayle et du Centac.

5

— Ça lui donnera quoi, de se retrouver avec une balle dans le dos ? A combien peut-on estimer ça ? Si j'étais l'avocat du Gros...
— Mais tu n'es *pas* son avocat. Tu es Bruce Stubbs, et ta responsabilité...
Nous sommes dans le duplex de Dennis, au dernier étage de l'hôtel Santa Rita, à Tucson. Stubbs et Dennis Dayle recommencent à se chamailler : est-il moral de mener le mouton à l'abattoir, etc.? En

l'occurrence, le mouton, c'est Robert Yang (à cause de sa bedaine, on l'a surnommé « le Gros », ce qu'il ignore, d'ailleurs).

Depuis quelques mois, Robert est l' « informateur confidentiel », le « CI » de Bruce Stubbs à Bangkok. Dennis, Bruce et les autres essaieront de tirer au clair les raisons de sa coopération avec les Américains : l'argent, le « sport », ou bien une sinistre machination de son cru ?

La grande question demeure : Robert Yang acceptera-t-il de témoigner contre Liou Chou-chouei devant les tribunaux américains ? Il est déjà arrivé au Gros de trahir des complices, mais sans s'exposer à ce point.

Lorsque Robert arrivera (pour des raisons de sécurité, il n'a pas pris le même avion que Bruce), Dennis va lui parler, l'écouter — et le soumettre à une souriante inquisition.

Pour le moment, Bruce essaie d'obtenir pour Robert davantage d'argent que Dennis ne semble prêt à lui en accorder. Après tout, quel est le juste prix du risque qu'il court ? Robert est doué pour la survie, certes, mais il n'ignore pas qu'une balle dans le dos est le sort réservé aux criminels qui témoignent contre leurs amis.

Dès que Robert commencera à travailler pour le Centac — s'il y consent — il sera placé sous le contrôle de Stubbs. Bruce témoigne déjà d'un intérêt tout personnel pour le Gros. Si cela marche, il devra l'encourager et le surveiller pendant un ou deux ans. Le plus fort et le plus rusé l'emportera. Bruce a vécu de longues années en Asie, et contrôlé nombre d'indicateurs, mais c'est la première fois qu'il aura affaire à un homme de l'envergure du Gros. Yang est rusé comme un renard, moral comme un chat de gouttière, rapide et meurtrier comme un crotale. Et il était déjà un criminel quand Bruce portait encore des culottes courtes.

Bruce est âgé de trente-huit ans ; il a d'abondants cheveux châtains et une moustache, de grands yeux emplis de malice, et porte des lunettes. Il adore l'Orient, et a en fait le tempérament d'un Asiatique. Il écoute patiemment ce qu'on lui dit, est d'une modestie excessive, esquive les attaques, se montre conciliant, approuve poliment... puis n'en fait qu'à sa tête. Ce n'est pas qu'il soit obstiné, mais il reste fidèle à certains principes, méthodes et idées.

Cadet de six enfants, il est né à Yacimaw, dans l'Etat de Washington. Petit-fils d'un pianiste, fils d'un militant syndical socialiste, il s'est engagé dans l'armée en 1965. Cela le mena en Corée, où il chassa le faisan, fit du contre-espionnage et rencontra sa femme.

— J'ai été élevé de façon très conservatrice... Sans doute la dernière génération qui... Bref, je ne savais même pas ce que c'était qu'un joint.

Bruce, l'Américain imprégné de politesse orientale, cache son assurance derrière un discours hésitant.

— Au *college*, nous buvions du vin et de la bière en cachette. Le haschisch, c'était bon pour les drogués. Ce n'était plus l'époque des beatniks, et pas encore celle des hippies... J'ai été éduqué dans le respect de l'autorité, dans l'idée... qu'il fallait servir son pays.

Après l'école de candidats officiers, ce fut l'entraînement au parachutisme, puis une formation d'officier de renseignements :

— J'étais diablement endurci. J'aurais pu digérer des clous. J'ai dû trop aller au cinéma : John Wayne... l'image du héros. Une sorte de patriotisme... stupide... je suppose. Le goût de l'aventure, surtout.

Démobilisé, marié à une jeune Coréenne, Bruce travailla d'abord pour une compagnie d'assurances.

— Il y avait de quoi se suicider. Une gigantesque salle, avec des centaines de pupitres... Je voulus retourner à l'armée. Impossible. Puis il se passa une drôle de chose. En retournant à notre ancien appartement, ma femme trouva une lettre épinglée à la porte : le gouvernement me proposait un poste dans la police des stupéfiants.

Décidé à lutter contre la drogue, dont l'usage s'était accru après la guerre du Vietnam, le gouvernement fédéral cherchait à recruter d'anciens soldats particulièrement qualifiés.

— Devenir policier ? Cela ne me serait *jamais* venu à l'esprit. En réalité, c'était exactement ce qu'il me fallait. On lutte pour une cause, on essaie de sauver le monde de la mort blanche. Cela donne un sens à la vie — tandis que dans les assurances, tout ce que l'on fait semble dénué d'importance.

Stubbs connut également des moments difficiles. A Seattle, il travaillait avec un agent qui avait du sang Cherokee dans les veines. Presque toujours sur le terrain, ils se protégeaient mutuellement, et passaient plus de temps ensemble qu'avec leur propre femme. Un jour, Stubbs fut nommé à Bangkok, et son partenaire, au Japon. A son arrivée en Thaïlande, Stubbs apprit que ce dernier avait été tué par un trafiquant d'héroïne au cours d'une mission à Guam.

— Ça m'a fichu un coup, dit Stubbs. Nous étions très proches. Chacun de nous savait ce que l'autre allait faire avant même qu'il ne bouge. Sa mort m'a beaucoup fait réfléchir.

Pour Bruce, l'Asie était une seconde patrie. Devenu agent de la DEA, souvent en mission secrète, il se retrouva entouré de personnages sortant tout droit des romans de Conrad, de Maugham ou de Greene : Allemands vieillissants entourés de l'inquiétante aura d'atrocités passées ; épaves de l'ancienne French Connection ; Latino-Américains trempant dans la drogue, les affaires d'argent, de mystérieux réseaux de renseignements ; financiers, intermédiaires, aventuriers attirés par l'argent comme les mouches par la viande avariée, prêts à tout, passant de l'or aux pierres précieuses, des stupéfiants aux armes.

Bruce et les autres agents ne tardèrent pas à s'insérer dans l'incessant va-et-vient entre les capitales de l'Asie du Sud-Est, mêlés à la foule des brasseurs d'affaires en quête d'argent facile, des banquiers, espions, trafiquants, marchands d'armes : les protagonistes du complexe insurrection-argent-trafic. Ils connaissaient les bordels où l'on pouvait passer la nuit pour pas cher (ce qui faisait économiser quelques dollars au gouvernement), et les hôtels douteux où l'on risquait de se retrouver la gorge tranchée pour moins cher encore. Ils apprenaient par cœur les données essentielles du métier : noms de code des indicateurs, numéros de téléphone, taux de change, horaires des lignes aériennes, éléments de thaï et de cantonnais, adresses sûres, maisons et restaurants où les criminels recrutaient des assassins, achetaient des passeports, des armes ou de la drogue. Ils découvraient les minuscules échoppes où disparaissaient les millions illicites et les endroits où ces millions refaisaient surface dans d'autres pays, au terme d'un mystérieux voyage. Ils connaissaient le prix de l'héroïne et de l'or, du sexe et des tueurs à gage, et celui du meilleur canard laqué d'Asie.

Bruce aimait l'Asie, mais avait du mal à expliquer pourquoi :

— Je crois que c'est en partie... le fait qu'on ne parle pas la langue. On se trouve isolé, comme dans une bulle. On peut bien sûr essayer de communiquer, mais rien ne vous y oblige. J'adore le parfum de l'Asie. J'adore les femmes asiatiques, c'est ma grande faiblesse. Je ne leur fais pas nécessairement la cour, mais j'aime les regarder. Elles sont pour moi la beauté incarnée. Et les Chinois — ce sont les gens les plus fascinants que je connaisse. Ils vendent de la drogue comme ils vendraient n'importe quoi d'autre. Si le tapioca rapportait autant, ils feraient le commerce du tapioca. La plupart ne correspondent pas du tout à l'idée que nous nous faisons d'un criminel... ils n'agissent pas comme des criminels, et n'en ont pas l'allure. Bien sûr, il leur arrive de faire tuer des gens et tout ça, mais cela semble presque normal, cela fait partie du business. Et ils sont bien plus forts à ce jeu que les gens d'autres nationalités. J'admire leur sens de l'organisation ; dommage que nous ne soyons pas aussi efficaces qu'eux. C'est plus stimulant que de lutter contre de petits malfrats plus ou moins amateurs. D'un bout à l'autre du monde, la DEA lutte contre des criminels connus, des repris de justice — pas contre les vrais professionnels. C'est toujours la même histoire : ce type est fiché ? Non ? Alors, il ne compte pas. En réalité, c'est l'inverse qui est vrai. Le meilleur signe qu'un indicateur est valable, c'est quand il vous parle d'un type qui n'est *pas* connu de la police. Cela signifie qu'il est très fort, que c'est un vrai professionnel, qui ne s'est jamais fait prendre. Liou Chou-chouei en est l'exemple parfait. Nous avons entendu parler de lui, mais personne ne l'a jamais vu, personne ne lui a jamais mis la main au collet. Il est très, très fort.

« Si nous parvenons à y mettre pied, nous verrons qu'une organisation chinoise comme celle de Liou Chou-chouei est divisée en compartiments étanches, et que son fonctionnement est infaillible. Les Corses sont peut-être organisés de façon analogue, et les Italiens, les Latino-Américains, je ne sais pas. Mais les Chinois — ils sont capables de manipuler... la planète entière. J'ignore comment ils s'y prennent. Un de ces jours, j'espère pouvoir vous l'expliquer.

A Bangkok, Bruce entendait souvent parler de Liou, mais l'image qu'en donnaient les dossiers de l'ambassade paraissait irréelle et lointaine. En fait, Liou était plus proche du propre appartement de Bruce.

Pour le voir en chair et en os, il lui aurait suffi de prendre un taxi pour Yaowarat Road, de se frayer un chemin dans la circulation chaotique de la principale artère de la ville chinoise, et de se faire déposer à l'angle de Mangkon Road. Au coin de la rue, entre un magasin de jouets et un bureau de change, derrière des trottoirs encombrés de vieilles femmes servant des boissons glacées et de paysans basanés vendant des mangues, des papayes et de minuscules bananes grillées sur un feu de braises, se trouvait la *Lang Hong gold shop*, l'un des plus grands magasins de Bangkok spécialisés dans le commerce de l'or, dont les coffres recelaient davantage de richesses que ceux de bien des banques occidentales. Protégés du tumulte de la rue par une grille de fer forgé et par un garde armé, des rangées de chaînes, de colifichets et de boucles d'oreilles resplendissaient à la lumière du néon, dans un décor aux vives couleurs orné de dragons peints. Avec un peu de chance, l'on pouvait aussi entrevoir un homme trapu au front haut et aux joues rebondies, toujours impeccablement vêtu : Liou Chou-chouei, propriétaire des lieux.

Liou possède également d'autres affaires « légales ». A quelques rues de là, se trouve une autre bijouterie, plus discrète, dont la façade de marbre marron arbore l'emblème du coq et du dragon ; depuis des décennies, la même estampille, marquant des lingots d'or, est une garantie de pureté pour les trafiquants yunnanais des montagnes de Thaïlande et de Birmanie. Liou possède aussi des hôtels, un supermarché, une rizerie, et de nombreuses autres entreprises cachées dans les replis impénétrables du monde de la finance chinoise.

6

Dans la chambre d'hôtel de Dennis, Paul Brown, spécialiste des associations de trafiquants asiatiques, retire le revolver fixé à sa cheville et se verse une rasade de Dewars — il en a amené une bouteille dans sa valise. Il s'installe confortablement près de la fenêtre donnant sur les toits de Tucson, inondés de soleil.

Paul est originaire de Boston. Grand et mince, vêtu d'un élégant complet avec gilet, c'est un homme calme et réfléchi. Il connaît bien Robert Yang : c'est lui qui l'a recruté, il y a sept ans.

— Les gros bonnets sont tous en Thaïlande, explique-t-il à Dennis, à propos de l'organisation de Liou Chou-chouei. Aux Etats-Unis, vous ne trouverez que des sous-fifres.

— C'est vous qui le dites, proteste Dennis, manifestement déçu par le manque de confiance de ses partenaires. Nous n'en savons rien. Personne n'y est jamais allé voir de plus près.

A son grand regret, Dennis est sans cesse contraint de convertir les incrédules qui doutent que le Centac soit capable de détruire les plus solides forteresses de la criminalité mondiale.

— Liou Chou-chouei est fort, certes, mais pas autant que le Centac.

— Surtout avec l'aide de quelqu'un comme Su San, intervient Bruce Stubbs en souriant.

Su San est la superbe jeune Chinoise qui a conduit Robert à l'aéroport de Bangkok. Dennis espère qu'elle lui permettra de détruire Liou Chou-chouei. Il a échafaudé un stratagème d'une telle complexité que personne n'ose y croire, sauf bien entendu lui-même. Sous sa direction, Bruce Stubbs contrôlera Robert Yang, lequel manipulera Su San, qui — sans se douter de rien — réduira toute l'organisation de Liou à néant, en amenant ce dernier à vendre une grosse quantité d'héroïne à Robert.

Une fois le marché conclu, Liou et ses associés seront arrêtés, Robert Yang révélera tout à la justice, et ce sera la fin de Liou et de son trust international de la drogue. *Si* Robert se laisse convaincre de témoigner. Cette question devra être réglée ici même, à Tucson.

Comment Su San parviendra-t-elle à introduire Robert dans les rouages les plus secrets de l'organisation d'un homme aussi obsédé de prudence que Liou Chou-chouei ? Dennis n'en sait trop rien, mais il a confiance : l'avidité de Su San, son amour pour Robert, ses liens avec Liou finiront bien par susciter une occasion.

Il faut dire que Su San est remarquablement bien placée. Son influence auprès de Liou tient à de multiples facteurs : parenté, amitié, affaires, relations communes avec le sommet de la hiérarchie criminelle d'Asie — jusque et y compris dans les services du premier ministre de Thaïlande.

Su San et Liou sont nés et ont grandi dans le même village. Ils se connaissent depuis de longues années. Elle a été la maîtresse de certains de ses amis. Son propre frère a aidé Liou à acheminer de l'héroïne à Hong Kong par bateau. Sa loyauté à l'égard de Liou ne saurait être mise en doute.

Des années durant, Su San a été la confidente et la courtisane, non seulement des princes du crime, mais aussi des hauts fonctionnaires qui les protègent. Sa maison de Bangkok lui a été offerte par nul autre que le frère de Kriangsak Chamanand, premier ministre de Thaïlande.

Selon des rapports confidentiels, recoupés par d'autres sources, Kriangsak aurait personnellement reçu d'importants pots-de-vin des chefs de groupes armés contrôlant le trafic de l'opium dans les montagnes de Thaïlande et de Birmanie — alors que ces mêmes groupes fournissent de l'opium et de la morphine-base aux raffineries de Liou, où ils sont transformés en héroïne. Ces groupes comprennent au moins trois armées rebelles bénéficiant ou ayant bénéficié du soutien clandestin de la CIA.

Mais Su San n'est plus la maîtresse du frère de Kriangsak. Elle a pris pour amant Robert Yang. Ce qui explique la venue de Robert à Tucson.

Su San a confié à Robert que sa famille avait une longue expérience du trafic de l'héroïne, et que cette tradition se perpétuait. Elle lui a également dit que sa famille possédait 60 pour cent du Chiang Inn, l'hôtel le plus moderne de Chiang Mai, seconde ville de Thaïlande et centre du commerce de l'héroïne. Comme il est avéré que Liou Chouchouei possède 60 pour cent de cet hôtel, cela constitue une preuve supplémentaire de leurs liens de parenté.

Selon Robert, Su San l'avait présenté en avril 1979 à deux frères (des Chinois) qui affirmaient posséder des parts de l'hôtel Shaw à San Francisco ; ils avaient ajouté qu'un membre de leur famille allait sous peu devenir sous-directeur de l'hôtel, ce qui permettrait de l'utiliser pour contrôler le trafic d'héroïne aux Etats-Unis.

Deux mois après cette conversation, Robert avait entendu la nièce de Su San dire que son père (le frère de Su San) venait d'envoyer une importante quantité d'héroïne à San Francisco.

Cinq mois plus tard — deux mois avant la réunion de Tucson — le frère de Su San fut arrêté à Bangkok : une perquisition avait permis de découvrir cinq kilos d'héroïne à son domicile. Il était toujours en prison.

La liste complète des relations connues de Su San avec les milieux criminels et politiques d'Asie constitue une avalanche de noms et de pseudonymes orientaux que seuls des analystes expérimentés, assistés par des ordinateurs, peuvent comprendre et exploiter. Il est en tout état de cause certain que Su San offre une voie directe pour accéder à Liou et au cœur de l'industrie de l'héroïne d'Asie du Sud-Est.

Or, Su San aime Robert. Et Robert, pour des raisons qui demeurent impénétrables, a accepté de mettre l'amour de Su San au service du Gouvernement américain.

— Liou Chou-chouei est totalement isolé du monde, poursuit Dennis, mais c'est précisément ce qui le rend vulnérable. Chaque fois qu'il se cache derrière une autre personne, et celle-ci derrière une autre encore, il se croit plus que jamais en sécurité. Mais c'est faux. Parce que cela fait une personne de plus sur laquelle nous pouvons mettre la main.

C'est ainsi que le Centac procède. On commence par des hommes faibles, placés au bas de l'échelle, qui trahissent leurs chefs ; le plus faible de ces derniers trahit *ses* chefs, dont le plus faible... et l'on finit par atteindre le sommet. Dennis se tourne vers Bruce :

— Ce sera une opération massive. Avec *toutes* les ressources nécessaires. Personne n'a jamais touché à ces gens parce que personne n'a osé affirmer : « Nous *allons* les détruire. »

Bruce ne semble pas convaincu. Il sirote son whisky sans rien dire tout en lissant sa moustache.

Tous vont dîner au restaurant. Paul et Bruce, qui ont une longue expérience de l'Orient, auraient pu passer une agréable soirée à se raconter des histoires sur Bangkok et le bon vieux temps. Seulement, Dennis est là. On rit, mais le cœur n'y est pas. Toute la jovialité de Dennis ne peut cacher le sérieux de l'homme entièrement voué à une cause. Personne ne connaît ses secrets. Personne ne le comprend.

Le lendemain matin, en prenant son petit déjeuner à la cafétéria de l'hôtel, Dennis mâchonne songeusement son omelette aux piments ; il met au point sa stratégie pour la journée à venir.

— Un chieur de première, dit Bruce, parlant de Robert. Mais tous les mouchards sont des emmerdeurs.

— Et plus ils nous cassent les pieds, meilleurs ils sont, approuve Dennis.

Dennis continue à manger son omelette et attend la suite. Cela fait plus d'un an que Bruce a la responsabilité de Robert, qu'il le suit d'un bout à l'autre de l'Asie pour des contacts avec des trafiquants d'héroïne de moyenne importance. Tôt ou tard, tous les agents s'identifient avec leurs indicateurs.

— Il pourrait passer le restant de ses jours à saisir les occasions qui se présentent, que ce soit à Bangkok, Hong Kong, Amsterdam, ou New York, explique Bruce. Alors, pourquoi ?... Le connaissant, je me demande pourquoi il se brûlerait pour nos beaux yeux ?

— Parce que, si je ne me trompe pas, Robert est le genre d'homme qui ne pourra résister à la proposition que nous allons lui faire.

— A savoir ?

— Que fait un cobra très ambitieux quand on lui donne l'occasion de manger une mangouste ? Dira-t-il « Non, merci, les rats me suffisent » ?

Bruce approuve de la tête. Un homme aussi orgueilleux et imbu de sa personne que Robert laissera-t-il passer l'occasion de se montrer supérieur à une personnalité de l'envergure de Liou Chou-chouei, se refusera-t-il la satisfaction d'avoir été l'outil de sa perte ?

— Evidemment, dit Bruce en souriant. Robert... Robert choisira certainement la mangouste... Pas de doute. La mangouste.

Ils attendent, dans le salon du duplex de Dennis.

Paul et Bruce sont installés dans des fauteuils de velours couleur or, devant une table basse. Pete Niblo arrive — le nageur, ancien membre de la CIA, devenu spécialiste des questions asiatiques de la DEA à San Francisco. Il se révèle d'emblée intelligent, affable, raffiné comme un gentleman britannique. C'est l'aîné du groupe.

Dennis Dayle prend place près de la fenêtre, un peu à gauche du sofa, où Robert Yang sera bien obligé de s'installer lorsqu'il arrivera, car c'est le seul siège qui reste.

— En fait, dit Pete à Dennis en étalant des rapports sur le tapis, nous ne sommes même pas *certains* que Liou possède une organisation aux Etats-Unis.

— Su San a dit à Robert qu'il a des liens avec l'hôtel Shaw, lui rappelle Dennis, mécontent de cette nouvelle marque de pessimisme. Il se masse le coude gauche : six semaines auparavant, il s'est blessé lors d'un voyage à Manille.

— Il nous faudra une équipe, dit Pete, pas vraiment convaincu, mais néanmoins prêt à se mettre au travail.

Pete suggère d'envoyer un analyste du Centac à Bangkok pour consulter les dossiers de l'ambassade relatifs à Liou Chou-chouei. Il connaît aussi un fonctionnaire des services d'immigration de San Francisco, qui pourrait apporter des précisions sur les membres du groupe de Liou aux Etats-Unis.

— Il nous reste beaucoup de travail de routine à faire, continue Pete. Surveillance, écoutes téléphoniques... Dès mon retour, je chargerai quelques hommes de tirer au clair ce qui se trafique à l'hôtel Shaw.

— Parfait! s'exclame Dennis, qui essaie de se montrer enthousiaste pour quatre. Nous obtiendrons tous les moyens nécessaires, ne vous inquiétez pas.

A une heure et demie, Bruce et Paul partent pour l'aéroport; l'avion de Robert Yang arrive dans une heure.

A trois heures, Pete et Dennis ont déjà ouvert et éteint la télévision à trois reprises. En définitive, ils la laissent marcher, mais coupent le son.

Une demi-heure plus tard, toujours pas de nouvelles du Gros. Dennis et Pete n'essaient même plus de meubler le silence.

A quatre heures moins cinq, on frappe. Dennis reste impassible. Pete va ouvrir.

— Il n'était pas dans l'avion, annonce Bruce, entrant à la suite de Paul.

— Ça ne prend pas, rétorque Dennis.

— Il est allé se changer dans sa chambre, explique Paul. A Los Angeles, la douane n'a même pas fouillé ses bagages; il a pourtant le profil-type du trafiquant asiatique. Il dit que s'il était encore dans les affaires, il aurait pu en passer dix kilos.

— Qui sait s'il ne l'a pas fait, commente Pete.

— Très drôle, fait Dennis.

Vingt minutes durant, ils attendent. Dennis et Robert ne se sont même pas encore vus, mais la partie a déjà commencé.

Enfin, on frappe.

Robert Yang entre et se met aussitôt à parler d'une voix qui fait trembler les murs. Un mètre quatre-vingts, une imposante bedaine, et tous les signes de la richesse : bague avec diamants et saphirs, Rolex en or ornée de brillants, boucle de ceinture en or, stylos en or agrafés à la poche de son gilet marine...

Les présentations faites, il s'installe sur le sofa; il en prend possession, comme il prend possession de tout ce qui l'entoure, parfaitement à l'aise, trouvant d'emblée la meilleure position.

— Bizarre, crie-t-il, ces douaniers... Ils m'ont même pas regardé... vraiment curieux.

Il rit convulsivement, faisant tressauter son gros ventre. Dennis a allumé sa pipe; il observe Robert, qui, se rendant compte qu'il a intentionnellement été mis dans une position d'infériorité, essaie de se tourner de côté, mais le sofa est trop profond.

— Ils ne vous ont pas fouillé? demande Bruce, souriant comme un professeur qui présente son meilleur élève.

— Ils m'ont laissé passer sans un mot, s'esclaffe Robert. Ses cheveux noirs clairsemés poussent anarchiquement sur sa nuque et autour de ses oreilles charnues, aux lobes minuscules. Facile de passer de la came, ici. J'aurais pu en avoir dix kilos dans ma valise, ils ne m'auraient pas dit un mot.

— Vous ne feriez quand même pas ça, Robert, dit Paul avec un sourire forcé.

— Pas question ! Je ne pourrais plus me remettre aux affaires : vous me connaissez trop bien, maintenant.

Nouvel éclat de rire. Son assurance est fantastique. A croire que c'est *sa* suite et que tous les autres sont ses invités.

— Comment était le vol ? demande Bruce.

— Très bien.

Robert paraît de plus en plus gêné par cet homme assis à sa gauche, qui l'observe sans mot dire. Il sait qui il est, et n'apprécie pas trop de parler aux subordonnés quand le patron est présent.

Sentant l'énervement croissant de Robert, Dennis retire sa pipe de la bouche et exhale un long filet de fumée bleuâtre. Il prend son temps. Finalement, sur le ton d'un homme affamé qui s'attable devant un plantureux repas, il dit :

— Nous attendions ce moment avec impatience, Robert.

Deux heures plus tard, Stubbs et Paul Brown prennent toujours des notes ; des dossiers sont entassés sur tous les meubles et même sur la moquette. Pete Niblo, l'ancien de la CIA, sort des documents — certains sont marqués SECRET — d'un attaché-case et les étale sur une table. Il dispose contre le mur un graphique — des cercles emplis de noms et reliés par des lignes — montrant les éléments connus de l'organisation de Liou. Tous, sauf Dennis, fumant toujours sa pipe, toujours assis près de la fenêtre, assaillent Robert de questions. Robert répond d'une voix tonitruante. Il mentionne un nom chinois, dont il donne la prononciation cantonaise.

Pete s'approche du sofa, lui tend un bloc et un crayon. En cantonnais, il lui demande d'écrire le nom en caractères chinois. La prononciation étant différente selon les dialectes, c'est le seul moyen de l'identifier avec certitude. Robert se tourne vers Bruce :

— Il parle vraiment bien le cantonnais.

D'un geste rapide, Robert trace les caractères.

Les questions continuent à se succéder. Dennis observe, écoute, tire sur sa pipe, masse son bras endolori. Ce que Robert dit ne l'intéresse pas outre-mesure : il n'y a pas grand-chose de nouveau. Il essaie surtout de cerner sa personnalité, son caractère. Il est essentiel de dominer Robert, de bien lui faire comprendre, intellectuellement et émotionnellement, qui va contrôler son destin. Tôt ou tard, tout mouchard se met dans la peau de ceux qui le manipulent. Celui-ci l'a fait dès son arrivée. Il faudra surveiller ce Robert Yang de très près.

— Nous sommes très heureux de vous avoir avec nous, reprend Dennis, se détendant.
— Je veux vous aider, dit Robert, lui faisant face. J'aime beaucoup travailler pour vous. Je trouve ça très intéressant, très chouette.

Dennis lui décoche son sourire le plus chaleureux, le plus débonnaire, et le laisse parler à cœur joie du plaisir qu'il prend à trahir ses amis. Puis, il passe à l'attaque.

— Je suis content de vous entendre dire cela, car il y a un sujet que nous devons aborder.

Robert ne sourit plus. Comme un animal sauvage, il sent le danger. Il tripote sa bague et fait craquer ses jointures.

Bruce, Paul et Pete ont posé leurs blocs-notes. Ils devinent la suite.

— Je vais être très franc avec vous, poursuit Dennis. Vous l'avez été avec nous, et je ne veux pas vous raconter de bobards. Sa voix est douce, persuasive : la sincérité d'un Casanova sur le point de faire une conquête. Un jour, lorsque nous aurons rassemblé tout ce dont nous avons besoin, et s'il se révèle absolument impossible de faire autrement, il n'est pas exclu que vous deviez témoigner devant les tribunaux.

Autant demander à la reine d'Angleterre de se déshabiller en public. Tous les regards sont fixés sur Robert, dont les traits se sont figés.

— Nous ferons tout notre possible pour éviter cela, Robert, mais il serait malhonnête de ma part de ne pas vous dire dès le départ que vous devrez peut-être aller à la barre des témoins. Je ne veux pas attendre deux ans pour vous l'annoncer. Ce n'est qu'une éventualité. Nous ferons tout pour que les choses n'en arrivent pas là, mais ce n'est pas exclu.

Pour la première fois depuis son arrivée, Robert ne domine plus la situation. Son front est moite de sueur.

— Je ne pense pas que je pourrai faire ça.

Robert fait de nouveau craquer ses jointures. Cela produit un claquement sec, comme un coup de pistolet.

Tous les regards sont rivés sur lui. Pendant dix secondes, c'est le silence total.

— Si je fais ça, reprend Robert, je deviens un fugitif jusqu'à la fin de mes jours. D'un bout à l'autre du monde, ils seront à mes trousses.

— Le principal, c'est de jouer cartes sur table dès maintenant, dit

Dennis. Inutile de jouer à cache-cache. Il n'est pas certain que vous soyez obligé de témoigner, mais ce n'est pas exclu. Qui sait ce qui peut arriver pendant les deux ou trois années à venir ?

Bruce, qui est responsable de Robert et le connaît mieux que les autres, essaie d'aider Dennis :

— Il s'agit d'une conspiration, Robert, et il faudra bien que quelqu'un relie les divers éléments. Même si nous avons toutes les preuves, quelqu'un devra témoigner, pour dire : c'est un tel qui a dit ceci, un tel qui a fait cela, ces gens-là sont allés dans ce lieu et ont parlé avec tels autres, etc.

— Il ne s'agit pas simplement d'arrêter un trafiquant, ajoute Dennis, mais de détruire une organisation qui s'étend au monde entier.

Le silence retombe. Le visage de Robert est baigné de sueur. Dans son anglais approximatif, il cherche des mots pour exprimer sa détresse, et finit par dire :

— Ça va choquer beaucoup de personnes.

— Oui, Robert, acquiesce Dennis avec gravité. C'est fort probable.

Nouveau silence.

— Je peux réfléchir jusqu'à demain ?

— Bien entendu, Robert. Ce n'est pas une décision que l'on peut prendre à la légère.

L'attente va être dure. Si Robert refuse, autant renoncer à l'opération contre Liou Chou-chouei.

— Vous comprenez, dit Bruce, nous ne voulons pas... vous faire travailler deux ans... et travailler nous-mêmes pendant ces deux ans... et puis vous demander ça, et nous heurter à un refus.

— Je suis un homme de parole. Si je dis oui, je le ferai. Je n'essaie pas de marchander, je ne demande rien. Seulement j'hésite, parce que si je le fais, je dois courir toute ma vie. Un tas de gens seront à mes trousses.

— Réfléchissez-y.

Cette fois, le silence se prolonge. Pour le rompre, Bruce demande :

— Comment va Su San ?

— Oh, Su San... gémit Robert. Elle est très gentille, mais elle me fait des ennuis.

— Et quels ennuis ! dit Bruce en souriant aux autres agents. Ils vivent dans un vrai palace, elle lui a offert une voiture, une montre en or...

— Sûr, elle me fait de beaux cadeaux, dit Robert en riant.

Il remonte sa manchette pour montrer sa Rolex, exhibe sa bague, un saphir ovale entouré de brillants.

— Je lui ai dit, si je te quitte, je te rends tout. Elle est parfois très difficile. Avec les autres, elle est si calme, si charmante. Mais quand elle est seule avec moi, elle crie et fait des scènes. Une fille très difficile, je crois. Vous voulez voir des photos ?

Il se dépêtre du sofa et fonce vers la porte. Dennis regarde les autres agents avec un sourire satisfait :

— Un bulldozer avec quelque chose dans la cervelle. Il faut les deux, sinon, ça ne marche jamais.

Tous ses doutes concernant ce Centac se sont dissipés : Robert est à coup sûr l'homme de la situation.

Le Gros revient en courant et montre à la ronde des clichés où une jeune femme élégamment vêtue sourit à l'ombre d'un bananier, près d'une grande maison d'un blanc immaculé. Incontestablement, elle est belle. Sous des cheveux ondulés tombant jusqu'aux épaules, son visage reflète la douceur d'une enfance protégée.

Dennis l'examine avec intensité, comme s'il voyait pour la première fois la future femme de son fils. Quel genre de personne est-ce ? Est-elle perspicace ? Davantage que Robert ? Se doutera-t-elle de quelque chose lorsque celui-ci essaiera de se servir d'elle pour infiltrer l'organisation de Liou ? A-t-elle de la force de caractère ? Si elle est arrêtée, gardera-t-elle le silence ? Ou bien parlera-t-elle pour se sauver ? Dennis scrute la douceur du regard, la longue chevelure ; oui, elle est sans doute de ceux qui parlent.

Et si elle parle, que ne pourrait-elle pas dire ? Si elle le voulait, cette aristocrate du crime pourrait mener une escouade d'agents du Centac au cœur même de l'Empire clandestin d'Asie du Sud-Est — dans les camps des armées qui contrôlent le trafic des stupéfiants, dans les repaires des criminels chinois et de leurs syndicats, dans les bureaux de directeurs de banques et de sociétés commerciales, dans des tribunaux, des parlements, jusqu'à la résidence du premier ministre thaïlandais.

A l'horizon, le soleil disparaît derrière les montagnes. Une lumière orangée baigne la pièce. Bruce étudie un dossier chronologique de 24 pages — basé sur des factures téléphoniques, sur l'examen du courrier, sur des contrôles de passeports, des rapports de filatures, des dépositions d'indicateurs — concernant les événements connus de la vie de Liou Chou-chouei.

— Dites, Robert, pourquoi Liou a-t-il tant voyagé en soixante-dix-sept ?

En l'espace de six mois, Liou s'était rendu en Suisse, en Autriche, aux Pays-Bas, à San Francisco, à Tokyo et en Italie, parfois à plusieurs reprises.

— Aucune idée. Je peux demander à Su San.

Robert est de nouveau détendu. En parlant de trafiquants qui ont

réalisé un bénéfice de cinq millions de dollars, il éclate soudain d'un rire tonitruant :
— C'est *fou* ce qu'on peut se faire comme fric, des fois !
— Vous nous tentez, Robert, dit Pete sur un ton ironique.
— Mais avec vous, c'est du travail facile. Deux, trois heures par jour. Je vais finir par connaître tant d'agents américains que si je me remets aux affaires, personne n'aura besoin de photos de moi, tout le monde me connaît !
— Et quand comptez-vous vous y remettre ? demande Pete.
Robert se redresse, redevient sérieux :
— Je promets, je travaille uniquement pour vous. Je ne me remets pas aux affaires, *jamais*. J'ai mené une vie très drôle, très chouette. Avant, quand je faisais du trafic, tous les agents sont à mes trousses, et maintenant, je vous connais tous, et je travaille pour vous !
Un rire secoue de nouveau sa bedaine, et il s'exclame :
— Quelle *vie* !

Pete a regagné son hôtel pour dîner avec sa femme. Dennis, Bruce et Paul sont descendus au bar. Une fois de plus, ils attendent Robert.
Il arrive, rasé de frais, en pantalon et sweater marine sur une chemise à rayures bleues et blanches. Son élégance très jet-set fait paraître les agents bien ternes dans leurs vestons sport. D'autorité, il s'installe à côté de Dennis.
Robert et Dennis ont une chose en commun : chacun est venu pour savoir qui est l'autre. Bruce et Paul participent à la conversation, mais pendant ces minutes, ils n'existent plus. Robert se vante bruyamment de ses exploits criminels, des millions qu'il a gagnés puis perdus, de la valeur de ses bijoux. Il a mis une nouvelle ceinture, avec une boucle en or encore plus massive. Il fait brièvement un cours sur l'instabilité du marché de l'or, sur ses perspectives pour les investisseurs.
Un jeune homme que les agents avaient aperçu à la réception de l'hôtel s'approche respectueusement de la table et murmure quelques mots à l'oreille de Robert. Celui-ci l'écoute attentivement, puis congédie le messager d'un geste souverain.
— Il travaille pour vous ? demande Dennis, saisissant l'occasion de flatter Robert. Vous n'êtes ici que depuis quelques heures et vous avez déjà des assistants ?
C'est exactement ce que Dennis lui-même aurait fait : reconnaître le terrain, constituer une équipe, ne rien laisser au hasard. Cela le rapproche de Robert : il sent qu'il a affaire à un égal. Le monde est dangereux. Dennis aimerait le faire comprendre à Bruce, le jeune agent au regard trop confiant. Dennis revient aux affaires sérieuses :

— J'ignore quelle réponse vous nous donnerez demain, Robert. Mais si vous décidez de témoigner, vous avez toutes les qualités requises pour que ça marche : le cran, l'intelligence, l'habileté. Vous pourrez réussir ce qui n'a jamais été fait : prendre Liou au piège.

Robert affecte un air modeste, mais ne trahit rien de ses intentions.

Après le dîner — un simple steak — Robert prend congé et monte dans sa chambre. Pendant que nous attendons l'ascenseur, je demande à Bruce :

— Qu'est-ce que ce type va devenir ?

— Il va se faire descendre, répond-il sans un instant d'hésitation.

7

Le lendemain, Robert arrive à la cafétéria en fort mauvais point. Ses traits sont crispés par la douleur. Son teint est gris.

— Vous avez très mal ? demande Dennis. Vous avez peut-être mangé trop de steak.

— Le Bouddha a dit : ne mange pas de bœuf, gémit Robert.

Il ne peut rien avaler. Au bout de quelques minutes, il se lève péniblement pour regagner sa chambre. Dennis le regarde s'éloigner et fait observer avec ironie :

— Il faudra lui trouver un restaurant chinois. Qu'en penses-tu, Bruce ?

— A ma connaissance, il est en parfaite santé. Couché à trois heures du matin, en pleine forme à sept. Je ne l'ai jamais vu dans cet état.

— Il a sans doute une petite crise de Daylite, voilà tout.

Une heure plus tard, ils sont tous assemblés dans le duplex de Dennis, et attendent Robert. Dennis est optimiste :

— Je suis certain qu'il brûle d'impatience de nous annoncer qu'il accepte.

Mais lorsque Robert arrive, vêtu d'un sweater de cachemire vert, il s'affale sur le sofa et se tient le dos en gémissant. Est-ce une sorte de comédie orientale, une façon d'éviter de perdre la face, de retarder le moment où il annoncera son refus de témoigner ? Dennis ne se laisse pas décourager :

— C'est peut-être l'eau glacée ?

Robert ne réagit pas.

Les agents ouvrent leurs attaché-cases ; bientôt, des documents et des graphiques sont étalés partout. Des noms orientaux fusent de toutes parts. Robert les connaît tous. Bruce, Paul et Pete prennent fiévreusement des notes. Dennis a repris sa place près de la fenêtre ; il fume sa pipe, écoute, observe, réfléchit. Profitant d'un silence entre deux questions, il demande :

— Avez-vous réfléchi à ce dont nous avons parlé hier ?

Pâle et couvert de transpiration, Robert se tourne péniblement vers lui :

— Il faut que je vous dise. Si quelqu'un d'autre peut témoigner, je ne le ferai sûrement pas.

— Dans ce cas, nous ne vous le demanderions pas.

— Si vous trouviez quelqu'un d'autre... ça serait vraiment mieux.

Quelqu'un d'autre ? Le Centac met tous ses espoirs en Robert.

— Je n'en doute pas, Robert, mais c'est à nous de prendre cette décision. *Nous* allons détruire Liou et son organisation, avec ou sans l'aide d'autres personnes.

Dennis bluffe. Il n'y a vraiment que Robert.

Celui-ci gémit, se tourne en tous sens, enfonce sa tête dans les coussins du sofa. Dennis insiste, sur un ton compatissant et amical :

— Si nous trouvons quelqu'un qui a la clef de la porte, et accepte de nous aider, ce sera parfait. Sinon, nous enfoncerons la porte s'il le faut.

— Mais je *veux* vous aider, marmonne Robert. Et s'il faut enfoncer la porte, je veux vous aider à l'enfoncer.

Cela signifie-t-il qu'il accepte de témoigner ? Dennis interroge les autres agents du regard.

Robert triture sa bague, fait craquer ses jointures. Bruce intervient :

— Comprenez-nous, Robert, nous ne voulons pas attendre le dernier moment pour vous pousser à prendre... cette décision...

Robert l'interrompt par un rot assourdissant, se lève maladroitement et s'excuse, disant qu'il doit regagner sa chambre. Il sort en titubant.

— Vous l'attaquez en son point le plus sensible, dit Bruce après son départ. S'il témoigne, il brûle ses ponts. Avec Su San, avec tout le milieu. C'est du suicide.

Dennis reste silencieux. Paul et Pete relisent leurs notes.

— Il ne sait plus à quel saint se vouer, insiste Bruce. Il ne peut pas savoir ce qui va arriver... Il se demande ce qui l'attend.

— Il fallait lui poser la question, Bruce, dit Dennis. Quand il aura finalement trouvé des renseignements, accumulé des preuves, il sera trop tard pour lui demander de témoigner. D'un point de vue à la fois pratique et moral, il fallait aborder ce sujet sans tarder.

Bruce est un brave garçon. Il comprend que Robert hésite à tendre le cou au bourreau. Il sympathise avec lui :

— Nous lui demandons de signer avec son sang un engagement dont nous ne pouvons même pas préciser la nature. Témoigner ? Peut-être. A quel sujet ? Nous l'ignorons. Contre qui ? Nous n'en sommes pas certains. C'est un contrat en blanc. Robert est un homme de parole. Mais s'il accepte, il se demande à quelle croix nous allons le clouer.

— Il nous faut pourtant sa réponse tout de suite. Parce que s'il refuse, nous n'avons plus qu'à plier bagages.

Brusquement, la porte s'ouvre et Robert apparaît :

— Excusez-moi. J'ai besoin d'un docteur.

Il fait deux pas et s'écroule sur le sofa, où il s'étend de tout son long, les mains sur le front. Un rot lui échappe.

— Très mal, dans le dos. Jamais eu ça...

Dennis appelle la réception pour demander où se trouve l'hôpital le plus proche.

Bruce aide Robert à se lever, pendant que Dennis lui explique comment s'y rendre.

— Très malade, gémit Robert en se tenant le dos.

Robert et les agents partent pour l'hôpital. Dennis va à la fenêtre et regarde songeusement les façades décrépites du café Olé et du lycée de Tucson.

Deux heures après, ils sont de retour. Selon les médecins, il s'agirait d'un calcul rénal. S'il ne va pas mieux demain, il faudra sans doute l'opérer.

Dennis monte voir Robert dans sa chambre aux volets fermés. Il s'approche du lit sur la pointe des pieds, touche son front couvert de sueur. Robert le regarde fixement, hébété par les calmants qu'on lui a administrés.

— Désolé, bredouille-t-il. Dès mon arrivée... Vraiment désolé.

— Ne vous faites pas de bile. Pensez à guérir. Tout ira bien.

Dennis contourne le lit et remonte la couverture jusqu'au menton de Robert.

— Si vous avez besoin de quoi que ce soit, vous savez où nous trouver.

Dans le couloir, Dennis demande à Bruce qui a payé l'hôpital.

— Robert lui-même.

— C'était à nous de payer. Il ignorait qu'il allait avoir un calcul rénal en arrivant ici.

— Il le savait. Cela fait des semaines que ça le travaille. Je lui ai dit : « Attendez d'être à Tucson, Dennis paiera... »

— Combien allons-nous le payer ? demande Paul dans la soirée, en ouvrant la bouteille de Dewars qu'il avait laissée dans la suite de Dennis. Avec une pointe de sarcasme, il ajoute : Nous pourrions au moins lui dire ça ?

— Deux mille par mois ? suggère Dennis. Plus les frais. Inutile de monter plus haut ; cela finira peut-être par nous revenir à cent mille dollars, et il faudra payer un tas d'autres gens.

Il sait que Robert touche déjà quinze cents dollars par mois à Bangkok, à titre d'indic de la DEA.

Bruce et Paul, qui ne sont pourtant pas tendres pour les mouchards, sont conscients des dangers qui menacent Robert s'il essaie de s'introduire dans l'organisation de Liou. Le meilleur indicateur que Paul ait jamais eu, un Chinois ressemblant assez à Robert, avait été condamné à mort à Formose pour trafic de drogue. De sa prison, il écrivit à Paul, l'implorant de lui venir en aide. Pour le sauver, Paul aurait dû prétendre que ses activités illégales faisaient partie d'une opération américaine. Il refusa. Deux jours plus tard, l'informateur fut exécuté. Il avait une femme et deux enfants. Bruce avait de son côté été traumatisé par la mort d'un camarade, tué lors d'une mission à Guam. Ils savent parfaitement qu'ils entraînent Robert dans une aventure pour le moins dangereuse.

— Les gens s'imaginent que pour démanteler ces organisations, il suffit d'avoir de *l'argent,* soupire Dennis, se détournant de la fenêtre. Si ce n'était que ça...

Personne ne réagit.

— Ce Centac vient à peine de commencer, et qui sait où il va nous mener ? En deux jours, tout ce que nous avons de nouveau, c'est un calcul rénal.

Paul voudrait donner à Robert 5 000 dollars par mois :

— Si on paie des clopinettes, on récolte des cacahuètes.

Dennis accepte finalement de lui accorder 2 500 dollars, plus les frais importants.

— Mais il nous faut sa réponse, insiste-t-il. Il est *indispensable* de savoir s'il témoignera ou non.

8

Le lendemain midi, Robert est toujours dans sa chambre. Il dort, ou fait semblant. Personne ne tient à le déranger. Pas de nouvelles, bonnes nouvelles.

Dennis et moi allons déjeuner, laissant les autres agents à l'hôtel. Dennis porte une veste de sport blanche et des lunettes de soleil réfléchissantes. Il choisit une table à l'écart, commande un homard, puis parle, parle sans s'arrêter. Après ces longues heures de tension, cela lui fait du bien.

Il m'explique qu'il sollicite les opinions et les suggestions des autres agents pour leur donner la possibilité de s'exprimer — tout en sachant parfaitement qu'il n'en fera qu'à sa tête. Il paraphrase Machiavel :

— Il faut connaître ses ennemis, mais plus encore ses amis... Pour réussir, il faut utiliser au maximum les capacités de ses assistants, et avoir un plan à toute épreuve. Nous voulons remporter une victoire totale, rien de moins. Pour y parvenir, il est indispensable d'encourager et de mobiliser ceux qui en sont *potentiellement* capables. Nos loyaux supporters méritent une équipe gagnante.

— Supporters ?

— Le Capitole, le ministère de la Justice, la Maison Blanche, les contribuables.

— Et Dennis Dayle, dans tout ça ?

— Tout ce que je demande, c'est de gagner une partie puis une autre, puis le grand championnat, puis de gagner de nouveau — et de mourir avec le sourire.

Il termine son homard, commande du café et un cognac.

— Liou Chou-chouei est une proie facile, continue-t-il. Une poire mûre qui attend d'être cueillie. Le problème, c'est les gars qui vous procurent l'échelle, les gars qui vous aideront à la porter jusqu'à l'arbre, et ceux qui la tiendront pendant que vous y montez.

En début de soirée, Robert se sent mieux. En pyjama de soie et cardigan vert, il arrive dans la chambre que se partagent Bruce et Paul, s'affale sur le lit, et, s'arrachant un sourire, se lance dans son sujet de prédilection : les millions qu'il a gagnés et perdus. Quelqu'un finit par lui demander de parler de son enfance, d'expliquer comment un fils de général comme lui est devenu... enfin, ce qu'il est. Cela l'intéresse encore plus que de parler d'argent.

— Je suis né à Shanghaï en 1929. Mon père est général de division de l'armée chinoise. (Souvent, Robert utilise le présent au lieu du passé : les verbes chinois ne se conjuguent pas comme les nôtres.) Il a une position très importante, au bureau de Chang Kaï-chek. Quand j'ai quinze ans, la troisième femme de mon père se querelle avec ma mère, et lui lance une bassine d'eau bouillante. Je prends un revolver, et la touche à l'épaule. Pour éviter les ennuis, mon père m'envoie en Angleterre, dans la Marine. « Tu n'as pas l'âge, me dit-il, mais je marque que tu as dix-huit ans. Tu es assez grand. »

Après un an d'entraînement, Robert revient en Chine, et devient capitaine d'une vedette garde-côtes.

— Parfois, nous arrêtons un bateau de contrebandier avec 200 bicyclettes, plein d'argent liquide. Nous prenons le tout et coulons le bateau. A Shanghaï, nous vendons tout et gagnons plein d'argent.

Il rit à gorge déployée. Il n'a apparemment plus mal.

— C'est comme ça que je suis devenu ce que je suis. C'était le début. La vedette avait deux torpilles, mais nous avions ordre de ne pas tirer. Comme le commandant de la marine est un ami de mon père, je me dis que je peux utiliser les torpilles. Je serai le seul dans toute la marine chinoise à m'en servir ! Nous poursuivons un bateau qui essaie de s'échapper ; je lance une torpille. Le bateau est touché, il prend feu. J'ai très peur. Je me dis : « Ça y est, nous voilà en guerre avec la Chine communiste ! » Après, mon père dit à ma mère : ce garçon ne nous cause que des ennuis, il a lancé une torpille sans raison valable. Et ma mère me conseille de quitter la marine. Alors, je quitte la marine.

La porte s'ouvre et Dennis entre. Robert veut se lever, mais Dennis lui fait signe de ne pas s'interrompre.

— Il y a beaucoup de corruption, mon père gagne plein d'argent. Nous avons une grande maison à Shanghaï, et je commence à fréquenter des play-boys, les fils des grands gangsters. Le fils de Tu Yueh-sheng par exemple, le plus grand bandit de l'histoire de la Chine. Le roi des gangsters de toute la Chine. Plus grand que votre Al Capone.

Tu Yueh-sheng aurait ressenti comme une insulte d'être comparé à un amateur comme Al Capone. Un des fondateurs de la criminalité moderne en Asie, ce virtuose de la corruption fut le promoteur des alliances entre le crime et le gouvernement.

Le souvenir de cet homme qui fut sans doute le criminel le plus puissant, le plus riche et le plus impitoyable de l'histoire s'est dissipé (à Shanghaï, sa banque privée est devenue un musée de céramique, Robert est certainement un des derniers Chinois qui l'aient rencontré et entendu parler.

Né en 1888, l'année du Rat, Tu Yueh-sheng se refusait à lutter contre les rats qui envahissaient sa maison. Il contrôlait la quasi-totalité des activités illégales de Shanghaï, de la mendicité (selon un guide de 1936, la guilde des mendiants, qui comptait 50 000 membres, était « mieux organisée que la Standard Oil Company »), à la prostitution (une rue qui comptait 24 maisons closes s'enorgueillissait par exemple d'avoir une fille par mètre de chaussée), à l'extorsion de fonds, au kidnapping, au vol à main armée et au trafic des stupéfiants.

— J'avais seulement dix-sept ans, continue Robert. La maison de mon père était très opulente. A quelques rues de là, il y avait le « Parlement », le plus grand dancing de Shanghaï. Mes amis, les fils des gangsters, y vont souvent. Nous avons une table réservée, la table du fils de Tu Yueh-sheng. Personne n'osait s'y asseoir, même quand nous n'étions pas là.

« Nous allons aussi dans la maison de Tu, la plus belle maison de Shanghaï. Quand il rentre, nous cessons de jouer et de discuter, pour l'écouter parler de la vie des gangsters. Il a peut-être cinquante hommes sous ses ordres, peut-être cent. Et vous savez comment il a commencé? A douze ans, il n'avait rien; il allait sur les quais, ramassait les fruits avariés, enlevait le côté pourri, coupait le reste en morceaux et allait le vendre dans les rues. Voilà comment il a commencé, et il est devenu très riche, l'homme le plus puissant de Shanghaï. »

Ce gros Bouddha en pyjama de soie, racontant sa vie aux agents fascinés — Dennis n'aime pas trop cela. Mais il regarde Bruce, et voit qu'il observe attentivement le Gros; dans quelques mois, quand il faudra jouer serré, Bruce n'en saura jamais trop sur son adversaire.

Robert raconte comment Tu monte dans la hiérarchie du crime, et finit par diriger la distribution de l'opium à Shanghaï. C'est ensuite que son génie se révèle vraiment :

— Tu dépensait tout son argent pour les employés de la compagnie d'électricité, des bus, du téléphone. Le père d'un employé meurt, Tu lui donne de l'argent pour payer le cercueil. La mère d'un autre est malade, Tu paye l'hôpital. Un jour, Tu réunit les dirigeants syndicaux : « Vous voulez que je continue à faire tout cela pour vous? Comme si j'étais votre père? » Ils sont d'accord. « Bien, dit Tu. Votre père vous donne un ordre. Demain, vous faites tous la grève. » Et tout Shanghaï est paralysé. Pas de bus, pas d'électricité, pas d'eau, pas de téléphone, pas de funiculaire.

Robert, assis sur le rebord du lit, rit si fort qu'il est obligé de se plier en deux.

— Tu Yueh-sheng est dans la partie française de la ville. Le consul de France va voir les dirigeants syndicaux : « Pourquoi faites-vous cela? Vous êtes fous? » Ils répondent : « Nous n'avons pas envie de travailler. » Le consul de France n'y comprend rien. La ville entière est morte. Alors, Tu va voir le consul, et lui dit : « Je peux faire cesser la grève. » Le consul lui demande ce qu'il veut, et Tu répond : « Une seule chose. Quand mes hommes livrent un colis, je veux que la police leur fiche la paix. » « D'accord, dit le consul, je ne gênerai pas vos affaires. Dites aux hommes de se remettre au travail. »

Tu put poursuivre son prospère commerce d'opium sans être inquiété par les autorités. Il devint membre honoraire de la police de Shanghaï, et même, poussant le cynisme et l'humour encore plus loin, président de la Ligue nationale contre l'opium.

Lors de la prise du pouvoir par les communistes en 1949, Tu était en passe de devenir l'un des hommes les plus puissants de Chine. Il s'enfuit à Hong Kong à bord d'un navire loué, emmenant avec lui la famille de Robert. Il ne retrouva jamais sa puissance passée, mais son exemple reste bien propre à inspirer les dirigeants actuels de l'Empire clandestin.

— Lorsque j'arrive à Hong Kong, j'ai à peu près vingt ans, je fréquente tous ces fous venus de Shanghai, et à force... mais ce n'est pas le moment de vous raconter tout ça. Ma vie est une histoire passionnante.

— Je n'en doute pas, dit Dennis ; cela nous a beaucoup intéressé. Il se lève et va vers la porte.

Soudain, Robert bondit du lit :

— Je témoigne pour vous !

La main déjà sur la poignée de la porte, Dennis se retourne lentement. Son expression ne trahit aucune surprise.

— Je témoigne pour vous, répète Robert.

Dennis sourit.

— Si, le moment venu, vous n'avez personne d'autre, je le ferai. Mais je perdrai Su San. Et il me faudra un lieu sûr pour me cacher.

— Vous l'aurez, Robert.

Dennis lâche la poignée et met la main sur l'épaule de Robert.

— Pour le moment, l'opération, c'est de pincer Liou ; ensuite, l'opération, ce sera de vous obtenir ce dont vous aurez besoin. C'est une promesse.

— D'accord. Je témoigne. Vous pouvez dormir tranquille.

— Je ne me ferai pas de bile, Robert. Je sais que vous tiendrez parole.

Dennis se tourne vers les autres et leur souhaite une bonne nuit. Il sort et referme la porte derrière lui.

9

Tôt le lendemain matin, Dennis frappe à la porte de Robert. Ce dernier lui ouvre, toujours en pyjama de soie et cardigan. Dennis lui annonce qu'il doit prendre le premier avion pour Washington, et qu'il vient lui dire au revoir.

— Je suis désolé d'être venu de si loin pour être malade, dit Robert.

— Aucune importance, Robert. Je vous remercie d'avoir fait ce long voyage pour nous éclairer et nous aider.

— Je connais le travail que je dois faire. Je crois que je saurai m'y prendre.

— C'est un gros travail, dit Dennis. Un travail énorme.

— Je crois que j'y arriverai.

— Content de vous avoir dans mon équipe, Robert.

Les deux hommes se serrent la main.

Bruce aide Dennis à charger les valises dans le coffre de la voiture de location. Le soleil est à peine levé, et le capot est couvert de givre. Dennis frissonne.

Au moment de monter en voiture, il entend crier et lève les yeux. Robert, en pyjama et pieds nus, lui fait de grands signes du balcon de sa chambre. Est-ce un allié ou un ennemi ? Qui manipule qui ? Qui a le dessus, dans ce jeu ? Le Centac ou Robert ?

Souriant, Dennis lui retourne son salut.

— Que penses-tu de ce gars ? demande-t-il à Bruce par la vitre ouverte. Le reverrai-je un jour ?

Bruce s'écarte d'un pas, lui fait signe de la main, mais ne répond pas.

Dennis engage sa vitesse, sort du parking et prend la direction de l'aéroport.

Dennis s'est rendu compte qu'il a beaucoup en commun avec Robert. Le Gros aime manipuler les gens, il est indépendant, bourré d'énergie, jamais à court de ressources. Il faudra le surveiller de près. Si on lui lâche la bride, il risque de sauter à pieds joints dans le premier bourbier venu, pour revenir au Centac tout mouillé et puant, remuant gaiement la queue comme si de rien n'était.

Contrairement à Bruce, Dennis ne doute pas que Robert soit capable de faire tomber Liou. En jouant sur l'amour et la cupidité de Su San, Robert va l'inciter à le faire participer activement au trafic d'héroïne de Liou. Suffisamment, en tout cas, pour leur fournir les preuves exigées par la loi sur les associations de malfaiteurs.

Pendant que Dennis et son équipe de Washington prépareront un plan d'opérations détaillé, Bruce continuera à interroger Robert à Tucson, avant de le raccompagner en Asie.

Ensuite, la bataille pourra commencer : Centac contre Liou Chouchouei.

Elle allait être pleine de dangers et d'interrogations, de surprises et de révélations, et s'étendre des montagnes de Thaïlande du nord aux night-clubs de Hong Kong et de Taipeh et aux rues de San Francisco. Aux côtés des agents du Centac, j'allais assister à toutes ses péripéties.

DEUXIÈME PARTIE

Centac-12 : *Alberto Sicilia-Falcon*

« J'enfonce une porte d'un coup de pied, puis il faut que je baratine un type pour qu'il baisse son flingue... Et quand je rentre à la maison, ma femme est dans tous ses états parce que la pelouse n'est pas tondue et que les gosses n'ont pas été sages. Pour *elle*, c'est ça le drame. »

CHAPITRE PREMIER

1

Il faut une heure de voiture pour aller de Washington à Severna Park, dans le Maryland, où habite Dennis. Pendant que nous roulons, il fait ce commentaire :

— Quand on est gardien de zoo, il vaut mieux vivre le plus loin possible du zoo.

Quelques jours après notre retour de Tucson, il est venu me prendre pour passer le dimanche dans sa famille. Willie, son berger allemand, est sur le siège arrière. Il obéit à la voix et au geste et est capable de compter jusqu'à dix avec sa patte. Dennis l'a aussi habitué à ne manger que ce qu'on met dans son plat. Je me demande comment la famille de Dennis réagit à la nécessité d'avoir un chien de garde qu'il faut protéger contre les risques d'empoisonnement.

A côté de la maison de Dennis, il y a un vieux camping-car et un petit bateau de plaisance sur une remorque. Dans une salle de séjour en sous-sol, Dennis, sa femme Lee, leurs deux filles et moi sommes assis autour d'une table et regardons des photos, des albums et des coupures de presse, chronique nostalgique de la vie d'une famille. Cathy, vingt-trois ans, espère travailler au Parlement. Linda, vingt-deux ans, veut entrer dans l'aviation. Toutes deux sont jolies, enjouées, toujours prêtes à raconter des histoires et à rire.

Cathy nous montre un album contenant des photos de sa sœur, qu'elle a réalisé quand elle avait huit ans.

— Regardez ça, dit Dennis qui n'a pas vu l'album depuis des années. C'était la plus mignonne des petites filles. Franchement n'a-t-on pas envie de la serrer sur son cœur ? » Sur une autre photo, on voit Linda un soir de Noël. « Regardez ce visage. C'est ça, l'émerveillement. »

Dans la pièce aux murs lambrissés, il y a un bar, une cheminée, des portraits de famille, un piano droit, une armoire vitrée où sont exposés cinq fusils. Willie est dans la cour, mais Susie, un caniche, joue à nos pieds. La femme et les filles de Dennis sont à ma connaissance les seules personnes capables d'interrompre Dennis sans donner l'impression de lui infliger une souffrance physique. Quand elles le reprennent, il reconnaît qu'il a tort et s'excuse.

Une photo montre Cathy à huit ans, costumée en gitane. Randy, leur fils disparu, neuf ans, est debout sur un plongeoir. Je décide de ne pas en parler maintenant, et demande à Linda et Cathy ce qu'elles pensent du Centac.

— C'est entouré d'un grand mystère, répond Cathy en riant. Quand les gens demandent ce que fait papa, c'est à peu près tout ce que je peux dire. « C'est un grand mystère. »

— Quand nous sommes entrés à l'école primaire, enchaîne Linda, on nous a demandé d'écrire un petit texte sur nos pères ; j'avais mis : « Mon père travaille beaucoup. Quand il rentre je dors déjà et il part avant que je sois réveillée. J'aime mon père. »

— C'était très simple, intervient Lee, une ou deux lignes, mais ça disait tout.

Me rappelant que Lee m'a dit qu'elle avait peur quand Dennis travaillait, je demande aux filles si elles s'inquiètent aussi pour lui.

— Oui, dit Cathy, mais ça n'a jamais été quelque chose... je veux dire que c'était dangereux mais je me disais que c'était sa vie quotidienne, alors je l'acceptais, en quelque sorte. Je ne crois pas avoir eu vraiment peur pour lui, même si je savais qu'il pouvait se faire tuer. On évite d'y penser. Un gosse oublie facilement. Quand vous vivez longtemps avec un danger... à force, on ne le prend plus au sérieux.

— Cela se comprend, dit Lee. Si on éprouve une douleur constante, on s'y habitue. Elle ne disparaît pas complètement, mais on apprend à vivre avec.

Je me demande si elle pense à son fils.

— Dennis a toujours donné aux autres l'impression que si l'on a confiance en soi, rien ne vous est impossible, poursuit Lee. Je pense que Cathy et Linda ont toujours été persuadées qu'il reviendrait, parce qu'il le disait. Elles n'ont jamais imaginé qu'il ne puisse pas réussir ce qu'il avait décidé. L'idée ne leur est jamais venue que si quelqu'un l'affrontait, il ne serait pas forcément le plus fort. Et j'avais pratiquement la même impression. C'était très réconfortant.

Plus tard, quand je me retrouve seul avec Lee, je lui demande si elle sait beaucoup de choses sur le Centac et sur le travail de Dennis.

— Pas vraiment. Quand il est à la maison, il tient à s'en échapper. En gros, j'en ai une idée, mais je ne sais rien des gens auxquels il s'attaque maintenant.

Elle a pourtant conscience du danger.

— Il y a toujours du danger à vouloir détruire un de ces groupes. Ces gens sont terriblement habiles, puissants et riches. Autrefois, j'étais sûre que tirer un trait sur la famille Dayle ne les dérangerait pas. Une simple affaire d'élimination. La fin des Dayle. Il n'est pas facile de vivre avec cette idée.

Lee ajoute qu'elle ne parle jamais du travail de Dennis à ses amis et voisins.

— Les gens trouvent que c'est idiot. Ma foi, c'est peut-être idiot mais c'est une précaution. Ce que les gens ne savent pas ne peut pas vous nuire. Nous avons toujours dit aux enfants qu'on ne parle pas aux amis de ce que fait son père, quoi qu'il fasse.

Dennis apporte les hors-d'œuvre qu'il a préparés lui-même, saumon, fromage et raifort. Il m'offre un scotch et se fait un cocktail. On ouvre un autre coffret contenant des souvenirs. Des coupures de journaux s'en déversent. Lee déroule une grande affiche blanche et l'étale sur la table. Elle porte un nom en lettres bleues de trente centimètres de haut :

BORZYNSKI
Salle Chopin, 8 rue Daru, Métro Ternes
Présentation à Paris du violoniste
le vendredi 20 janvier à 21 h
Haendel, Beethoven, Sinding, Viotti, Paganini
Places de 100 à 3 200 francs

Dans le texte, se trouve une photo émouvante, romantique, du musicien dont l'affiche annonce le concert. Il est en habit et cravate blanche, les yeux baissés sur un violon niché sous son menton. Il a à peine plus de vingt ans, les cheveux noirs, un beau visage. Bien que les années aient passé et qu'il ait pris du poids, il est facilement reconnaissable.

C'est Dennis Dayle.

Regardant l'affiche, presque incapable de croire que Dennis Dayle, chef du Centac, a jadis été violoniste et donné des récitals, je pose la question qui va de soi :.

— Comment vous étiez-vous lancé dans cette carrière ?

— Un homme est venu à la maison. Quand j'avais six ans.

2

Une sacoche de wattman en cuir noir, pendue au mur de la salle à manger, retenait l'attention de Dennis pendant que ses parents écoutaient le chef de l'orchestre symphonique de Milwaukee. Dennis avait dix-sept ans, et ils parlaient de son avenir — études, voyages, dépenses, cachets. Le sac — rempli de billets de correspondance, d'une poinçonneuse, d'un distributeur de monnaie — semblait opposer un démenti silencieux à ces projets fantastiques. Le propriétaire de ce sac, le père de Dennis, cet ancien marin tatoué, ce fumeur de pipe aux yeux bleus, alors conducteur de tramway, allait-il payer tout cela ? Il avait déjà payé pendant dix ans, plus qu'il ne pouvait se le permettre, pour faire plaisir à sa femme, et à son beau-frère obsédé de culture qui vivait dans leur grenier et pimentait son vocabulaire de grands mots puisés dans les livres. Dans le quartier polonais de Milwaukee, les voisins harcelaient le père de questions, parfois de sarcasmes. Pourquoi Dennis ne travaillait-il pas dans une usine, n'apprenait-il pas un métier au lieu de perdre du temps et de l'argent à étudier le violon ?

Dennis regardait le sac de cuir et balayait les doutes qu'il y lisait. Il allait devenir célèbre et riche. Au début, quand l'homme s'était présenté devant leur minuscule maison de bois de la 9ᵉ rue Sud, et avait proposé de lui donner des leçons, cela lui apparaissait comme une aventure. Pour cinquante cents par semaine, l'homme vous donnait une leçon chez lui et vous fournissait un violon. Ses parents étaient venus de Pologne en voyageant dans l'entrepont, cherchant un endroit où l'on pourrait travailler dur, se faire des amis solides et élever une famille. Ils trouvèrent cela à Milwaukee, la plus grande des petites villes du pays, honnête, conservatrice et fière. Elle était ouvrière dans une fabrique de tapis.

A douze ans, Dennis dirigeait les concerts de l'orchestre scolaire et jouait en soliste à une station de radio locale. Il jouait aussi au football américain, au base-ball et se bagarrait avec ses camarades de classe, qui considéraient comme leurs pères que les joueurs de violon n'étaient pas bien virils.

— Pour me parler de mon violon, dit Dennis, il fallait être capable de me botter le cul, et il n'y en avait pas beaucoup qui s'y risquaient.

Il se mit à diriger les concerts de l'orchestre symphonique des jeunes de Milwaukee et étudia au *Musical College* de Chicago. A quinze ans, il donnait des leçons de violon, puis fut engagé comme premier violon dans l'orchestre symphonique de Milwaukee.

Trop occupé par les répétitions, les concerts, les leçons et son travail scolaire, il n'avait plus le temps d'aller à Chicago. L'organisateur des concerts de l'orchestre symphonique de Milwaukee était un Hongrois à moitié chauve du nom d'Ivor Karman, ancien élève de Jenö Hubay. A la fin de la saison, Karman était venu chez Dennis avec le chef d'orchestre et un riche homme d'affaires et politicien, Carter Wells. Ce fut lui qui apporta les réponses à la question que se posait Dennis. Qui allait payer tout cela ?

Assis dans un des fauteuils bancals de la salle à manger, Ivor

Karman, un homme mûr avec un large sourire qui découvrait toutes ses dents, et une bonté que Dennis n'oublierait jamais, annonça aux parents de Dennis qu'il rentrait chez lui à New York et voulait que Dennis l'accompagne pour y poursuivre ses études. Il lui donnerait des leçons gratuitement. Il estimait que Dennis pourrait faire une carrière de soliste.

Carter Wells offrait de payer le voyage de Dennis et de participer à ses frais de logement et de nourriture.

Dennis écoutait avec ravissement. Il avait depuis longtemps sacrifié le football et le base-ball au violon. A l'école, il était une célébrité. Les journaux publiaient sa photo. Il avait rencontré Nathan Milstein à un concert quand il avait dix ans, avait entendu parler de Jascha Heifetz, savait quels cachets ces grands musiciens touchaient, quelle vie fascinante ils menaient. Il avait envie de voyager, de descendre dans de grands hôtels, de manger dans des restaurants en vogue.

Un seul inconvénient le faisait hésiter. Lorsqu'à quatorze ans il faisait partie de la chorale de l'école, il avait rencontré une jeune et jolie Allemande, Ursula Habisch, sérieuse comme lui ; ils étaient devenus inséparables, faisant de longues promenades, parlant de musique, de la vie et de l'avenir. Elle demeurait silencieuse, fascinée, tandis qu'il faisait des exercices pendant des heures chez lui. Se séparer d'elle ne serait pas facile.

3

Loin de Washington, dans la salle de séjour des Dayle, Lee me raconte sa première rencontre avec Dennis, un joli garçon aux cheveux châtains ondulés. (Sa sœur avait transformé Ursula en Ursulee ; plus tard Dennis l'avait tout simplement appelée Lee.)

— A l'école, il était vraiment une célébrité. J'étais frappée de voir qu'il savait ce qu'il voulait. Selon les critères de mon éducation, il était important d'avoir un but, d'aller quelque part dans la vie. Je le trouvais merveilleux. J'assistais à ses concerts, petite souris silencieuse assise dans un coin. Cela déplaisait à certains, qui estimaient qu'il ne devrait pas avoir de petite amie, mais se consacrer uniquement à la musique.

« Nous faisions des kilomètres et des kilomètres à pied, en parlant de tout. Maintenant on ne fait plus cela, on va dans une discothèque et on ne discute même pas, on ne connaît jamais vraiment la personne qu'on va épouser, on ne sait pas ce qu'il y a à l'intérieur.

4

Installé à la table, Ivor Karman expliqua aux parents de Dennis que c'était un coup de dés. Même si Dennis allait à New York, travaillait dur, excellait dans son art, cela ne garantissait pas qu'il ferait une carrière de soliste. C'était un monde difficile, aux hasards imprévisibles. Mais il était doué, et il devrait tenter sa chance.

Fier mais troublé, pensant aux gens riches, haut placés, cultivés et intelligents que son fils avait attirés chez lui, le père de Dennis accepta.

Dennis arriva à New York avec une valise en toile qu'il avait empruntée, son violon, 44 dollars, et la ferme résolution de vivre au cœur de la musique. Il rencontra un jeune Panaméen qui étudiait le piano à l'école Juilliard et emménagea avec lui dans un studio.

Dennis prit part à un concert à l'école Juilliard, dont le président envoya un télégramme à ses parents. « FELICITATIONS. VOTRE FILS FORMIDABLE HIER SOIR. »

Convié à des soirées parfois princières, Dennis s'aperçut qu'on s'attendait à ce qu'il apportât son violon et jouât pour les invités.

— C'était la mode d'inviter un concertiste quand on donnait une réception. Les hôtes bénéficiaient d'un spectacle gratuit. Mais on se servait de moi et je le savais. De façon agréable certes, mais être exploité, c'est être exploité.

Parfois, les services qu'on lui demandait dépassaient le cadre musical.

— A toutes ces soirées, des gens me parlaient, avec plus ou moins de sincérité, de mécénat ou de commandite, comme cette femme d'environ quarante-cinq ans, du genre scandinave, riche, très bien habillée, intelligente. Elle me dit qu'elle s'intéressait beaucoup aux arts et en particulier aux solistes, qu'elle était très impressionnée par ma façon de jouer et envisageait de devenir mon mécène. Mais elle n'était pas encore décidée. Elle me proposa de passer quelque temps avec elle pour en discuter.

« J'étais dégoûté par tout cela. New York regorgeait de bonnes femmes. Je lui dis que j'étais très occupé, que j'étudiais de huit à neuf heures par jour et que je prenais des leçons trois fois par semaine. Elle insista, disant qu'il y avait beaucoup de place chez elle et qu'elle pouvait m'y recevoir. Je répondis que j'y réfléchirais. J'espaçai mes visites dans cette maison et ne la revis jamais.

Des restaurants à la mode et des salons d'amateurs, Dennis fut également propulsé dans les appartements privés des plus grands noms de la musique contemporaine. Un soir, il se retrouva dans un quatuor à cordes aux côtés du maître des maîtres, Jascha Heifetz.

— Donner des concerts professionnels peut devenir fastidieux, parce que c'est en somme une obligation. Mais pour les musiciens classiques, jouer de la musique de chambre en privé est un plaisir total. A New York, je jouais avec les camarades d'Ivor Karman et avec des gens de Juilliard et d'ailleurs, mais nous avions rarement l'occasion d'écouter les grands noms de la musique. Quand cela se produisait, nous apportions toujours notre instrument : sait-on jamais...

« Cette fois-là, c'était dans l'appartement de je ne sais qui, et j'ignore qui étaient les trois autres musiciens : lorsque Jascha Heifetz est là, les autres n'existent pas. Ils se mirent à jouer ; peu après l'un d'eux voulut s'absenter un moment. Je proposai en toute simplicité de le remplacer jusqu'à son retour. Ils acceptèrent. Et pendant une dizaine de minutes, un jeune Polonais d'un quartier pauvre de Milwaukee a joué de la musique de chambre avec Jascha Heifetz.

« Je voulais leur montrer que j'étais capable de me joindre à eux. C'était un morceau que j'avais souvent entendu mais que je n'avais jamais joué, et je ne l'interprétai pas trop mal. Ce fut une expérience extraordinairement émouvante — bien que je ne l'aie pas ressenti sur le moment. J'étais trop pris par la musique, trop concentré. Ce n'est qu'après qu'on se laisse aller à ses émotions. Je n'oublierai jamais ces dix minutes avec Jascha Heifetz.

Pendant que Dennis était à New York, Lee et lui s'écrivaient tous les jours.

— C'était un correspondant plein de charme, dit Lee. Je ne me sentais pas contrariée par son départ. C'était une décision commune : Dennis et moi discutions toujours de ce que nous allions faire. Cela évite bien des malentendus. Après avoir passé un second hiver à New York, Dennis rentra à Milwaukee. Ayant participé à de nombreux concerts, il était prêt à se lancer dans une carrière de professionnel. Un concert lancé à grand bruit à Milwaukee permit de financer une tournée en Europe, et Carter Wells prit contact avec un imprésario international pour qu'il organise des concerts à Paris, Amsterdam, Genève et Stockholm.

« Ce qu'on ressent sur scène... c'est comme ce qu'on doit éprouver dans la capsule d'une fusée Apollo pendant le compte à rebours. J'éprouvais un sentiment de puissance à la pensée qu'il y avait cinq cents ou mille personnes dans la salle, qui voulaient toutes entrer en contact avec moi, et ma seule façon de communiquer avec elles, c'était ce que je pouvais tirer des quatre cordes d'un violon. En servant de lien avec Mozart, puis avec Bach, puis avec Mendelssohn.

Il savait que son avenir de musicien dépendait de cette tournée ; il savait aussi avec quel mépris, quel snobisme, les critiques européens pouvaient traiter les artistes américains. Autant demander à un Français de dire quelque chose d'aimable sur la cuisine américaine.

Dennis ne fut pas vraiment accueilli avec la condescendance et l'arrogance qu'il craignait. Certains l'attaquèrent, mais il y eut aussi d'émouvantes louanges. A Amsterdam, un critique estima qu'il y avait dans le jeu de Dennis des « qualités annonçant un bel avenir ». D'autres louèrent sa « technique intelligente » et le qualifièrent de « virtuose du savoir-faire ». Des critiques genevois parlèrent de « son élégance et de sa sobriété » et lui prédirent « une carrière de soliste ». A Stockholm, ils s'émerveillèrent sur « sa finesse et sa sensibilité... une représentation fantastique ». A Paris, à la suite du concert de la salle Chopin, l'attaché culturel américain organisa un récital supplémentaire à l'ambassade.

Finalement, sa tournée se terminant à Paris, Dennis télégraphia à Lee : « DEPART DE LIVERPOOL LE 11. CONCERTS EN EUROPE COURONNES DE SUCCES. »

— C'était terriblement excitant que Dennis soit parti pour l'Europe, se souvient Lee. Cela ressemblait à un rêve. Bien sûr, il a toujours fait ce que j'estimais impossible. Même maintenant, dans certaines affaires difficiles où il a toutes les cartes contre lui et où ça ne peut vraiment pas marcher, eh bien, il gagne. Et cela ne me surprend nullement.

6

Deux mois après être parti pour l'Europe, Dennis rentra à Milwaukee. Il avait été loué par la presse européenne, ce qui devait impressionner le public américain. Mais seul le mécénat pouvait lui permettre de poursuivre sa carrière, et il avait appris à New York ce que cela pouvait impliquer. C'était un prix qu'il ne voulait pas payer. « Je me fichais de leur donner mon corps, mais je n'allais pas leur donner mon âme. »

Dennis était très demandé dans les cercles musicaux de Milwaukee, « mais cela avait à peu près autant de signification pour un concertiste que, pour un joueur de base-ball, d'être un crack dans son équipe locale. J'avais des élèves, je jouais avec l'orchestre symphonique de Milwaukee, je donnais de petits concerts ici et là. Mais je n'étais pas satisfait ».

Ces considérations perdirent bientôt de leur importance. Quatre mois après son retour d'Europe, 60 000 Nord-Coréens envahirent la Corée du Sud. La carrière de violoniste de Dennis passa brusquement au second plan.

— J'avais goûté à la vie de concertiste, je venais de faire une tournée, et voilà que j'allais être appelé sous les drapeaux. Je n'envisageais pas l'armée comme une perspective désagréable. Ce qui arrivait à mon pays me mettait vraiment en rogne. J'étais empli de ferveur patriotique et j'estimais que ces Nord-Coréens, il fallait leur botter le cul et leur faire payer ça. Mais je ne voulais pas être un appelé. Je m'y refusais absolument. Dans mon optique, les gens ne doivent pas entrer au service de leur pays en y étant contraints.

« J'envisageai donc de m'engager dans le corps des Marines, et je m'adaptai à une vie plus terre à terre, plus normale. Je pris un boulot dans une station-service. Les violonistes n'entrent pas dans les Marines, les employés de station-service, si.

« En juillet 1950, je pris le train pour Parris Island, en Caroline du Sud. Tout ce que je savais, c'était que je rejoignais le corps des Marines et que j'allais servir mon pays. Ça a l'air d'un poncif, j'hésite même un peu à le dire, mais c'est ce que je ressentais.

« Le wagon était plein de recrues, et nous étions remontés à bloc. En Caroline du Sud, ce fut *intenable*. Notre monde vola en éclats, brisé par une voix qu'on ne peut entendre que chez les Marines. C'était un sergent, tenant un bloc-notes et portant un casque.

« " Ecoutez-moi *tous*, bande de cons ! "

« Il y eut un silence de *mort*. Ce fut dans cette atmosphère que se passèrent les douze semaines suivantes. J'avais passé l'essentiel de ma vie à être violoniste, mais les Marines m'apprirent que je pouvais faire des choses dont je ne me serais jamais cru capable. En fait, j'y appris qu'il n'existait *rien* que je ne puisse faire. Je ne voudrais pas avoir vécu sans avoir connu cette expérience.

« Nous sommes dans un car, on nous conduit quelque part, et le sergent hurle : " Bande de petits cons... "

« Un moment, hein ? *Je suis* un violoniste. Je viens de donner un concert dans une salle où avaient joué Franz Liszt et Frédéric Chopin. On ne peut pas *me* parler sur ce ton... mais lui, il peut. C'est *son* concert.

« Nous sommes à poil, les cheveux coupés ras, et nous partons tous de zéro. Il n'y a plus de violonistes, plus d'écrivains, il n'y a que des gens qui vont devenir des US Marines. Tout le monde démarre avec ce que Dieu lui a donné. Nous ne sommes plus des pauvres cons, nous sommes des pauvres cons à la tête rasée, et je suis nommé chef de peloton. J'ai fait un *énorme* pas en avant : de violoniste de concert, je suis devenu ouvrier de station-service, puis petit con à tête rasée, puis chef de peloton.

Dennis sortit de Parris Island trois mois plus tard et fit un autre « énorme pas en avant ». Il épousa Lee. Ils décidèrent de changer de nom.

— Il faut s'y préparer, se souvient Lee, ce n'est pas facile d'abandonner son nom de famille. Mais Dennis a dit : « Ecoute, il n'y aura jamais un moment plus propice. Plus tôt on le fera, moins on aura de papiers à changer. » En allant en voiture chez le juriste, nous avons commencé à dire des noms. Et on est arrivé à Dayle... Essayons celui-là.

Après son entraînement à Quantico, Virginie, Dennis fit partie d'une escadrille de reconnaissance aérienne en Corée. A chaque mission, il emportait une mèche des cheveux de Lee.

Dennis fut blessé à la jambe et au bras quand son avion fut touché par l'ennemi. Randy était né quelques semaines avant sa libération. Il se retrouva à Milwaukee avec une femme, un fils et pas de travail.

Il n'avait pas tenu un violon depuis quatre ans. Avec une famille à nourrir, revenir au concert était impossible. Pendant ses heures de liberté à Quantico, il avait appris à piloter. Il acheta un avion et gagna de l'argent en pulvérisant des insecticides sur les champs et en faisant le taxi. Lorsqu'on lui proposa un travail fixe comme pilote et moniteur, Dennis céda aux craintes de sa femme et refusa. Dans la caravane où ils vivaient, ils parcouraient les petites annonces. L'une d'elles émanait des services de police de Milwaukee.

Dennis y répondit et fut engagé. A peine un an plus tard, ayant désarmé un voleur dans un bistrot lors de sa première patrouille, il devint le plus jeune inspecteur du service. De nouveau, son nom et sa photo furent dans les journaux. Le *Federal Bureau of Narcotics* l'invita à suivre un stage de quinze jours à Chicago. Quand ce fut terminé, on lui offrit un poste. Il l'accepta.

A Chicago, Dennis s'attaqua aux membres corrompus de la police locale ; dans son rétroviseur, il voyait leurs voitures qui le filaient ; il recevait des coups de téléphone anonymes lui demandant des nouvelles de sa femme et de ses enfants...

Il se cacha dans le coffre de la Cadillac d'un indicateur pour épier des conversations disculpant onze agents du FBN accusés d'enquêter illégalement sur un trafiquant de drogue « intouchable ».

A Chicago, Dennis passait l'essentiel de son temps sous un faux nom, se présentant comme « Mike Novak », un dur qui venait de sortir de prison. Il manœuvra si adroitement une de ses cibles, un grossiste en héroïne de Chicago, que lors de son arrestation, l'homme se retrouva les mains sur le capot d'une voiture de patrouille pleine de bureaucrates de Washington en visite, qui avaient voulu voir un peu d'action.

Dennis travailla sur sa première affaire de conspiration, et découvrit qu'il était plus amusant de jouer aux échecs contre les pontes de la drogue qu'aux gendarmes et aux voleurs avec les revendeurs des rues. Il découvrit aussi quelques juges qui lui plaisaient. L'un d'eux lui plut tellement qu'il décida de l'imiter. Tard le soir, on lui amenait des vendeurs de drogue dans une salle de tribunal déserte où, en robe, à son banc de juge, il entendait leurs affaires et les mettait en liberté surveillée, à la condition qu'ils coopèrent pleinement avec l'agent qui les avait arrêtés. Aujourd'hui, Dennis s'en souvient en souriant : « J'ai mis plus de gens en liberté surveillée que le juge ! »

— La période de Chicago a été terrible pour moi, raconte Lee. Dennis travaillait souvent clandestinement, essayant de constituer des dossiers sur des gens terriblement puissants. Il ne savait jamais d'avance où il allait, ni s'il pourrait rentrer le soir ou resterait absent plusieurs jours. Et je n'avais personne à qui en parler. Les voisins ne savaient même pas ce qu'il faisait. C'est dur de garder cela pour soi. Impossible d'en parler aux enfants, de leur faire partager cette peur. Randy, Cathy et Linda n'ont jamais su que Dennis et moi étions allés dire au directeur de leur école que s'il leur arrivait d'avoir plus d'une heure de retard, il devait téléphoner d'urgence à la maison.

« C'est l'incertitude, les longues heures d'attente. Un cauchemar. On croit qu'on ne tiendra pas le coup. C'est étonnant ce qu'on peut supporter. Je n'ai appris que bien plus tard comment ils pénétraient dans les maisons en enfonçant la porte, et se trouvaient face à des 9 mm et à des fusils. Les gens ne se rendent pas compte. Pour eux, c'est un monde imaginaire. Ils voient ça à la télévision. Bang bang, et le type se relève. Ils ne réalisent pas combien d'agents ne se relèvent *pas*.

Quelques mois après la spectaculaire arrestation du grossiste en héroïne, on demanda à Dennis s'il voulait aller à Beyrouth. « Vous n'êtes pas obligé de vous décider immédiatement, dit son patron. Réfléchissez-y et répondez-moi demain. »

— Nous habitions alors une ferme de la banlieue de Chicago, raconte Dennis, une douzaine d'hectares avec une écurie, des faisans, des lapins et tout. Randy avait huit ans, Cathy six et Linda cinq. Ils adoraient ça. Après le dîner, je demandai si ça leur plairait d'aller à Beyrouth. Beyrouth ? Nous avons sorti les atlas. Après en avoir discuté, nous nous sommes dit, pourquoi pas ?

7

C'était en 1963. Un réseau par la suite baptisé French Connection inondait les Etats-Unis d'héroïne fabriquée à partir d'opium et de morphine base en provenance de Turquie, de Syrie et du Liban. Un agent du FBN en poste à Beyrouth, surpris à faire du marché noir, avait été relevé de ses fonctions, mais les diplomates américains et les officiers de renseignements du Moyen-Orient continuaient à se méfier de tout ce qui portait la marque FBN. Dennis avait quatre-vingt-dix jours pour prouver qu'il pouvait tout remettre en ordre, regagner le soutien des autorités locales, et engager des poursuites. Après cela, ou bien ils le rappelleraient, ou bien ils enverraient sa famille le rejoindre.

Dennis se bagarra pour monter un réseau d'indicateurs dans un pays dont il ne connaissait ni la culture ni la langue. De son studio, il écrivait quotidiennement aux siens.

>Ma chérie,
>
>Je retourne en Turquie dimanche. Si je réussis dans cette mission, vous pouvez préparer les bagages. J'essaie de faire l'impossible, d'instruire des affaires malgré les soubresauts révolutionnaires qui agitent le pays.
>
>Ne manque pas de montrer mon nouveau cachet à Randy et demande-lui ce qu'il en pense. Il s'est montré si adulte sur tout le reste que son avis est important pour moi. Je suis vraiment fier de lui.

Et deux jours plus tard :

>Ma chérie,
>
>J'ai reçu deux nouvelles lettres aujourd'hui, dont celle qui contient les merveilleuses photos des enfants. J'avais besoin de revoir ces visages revigorants. Je pars pour la Turquie dans trois jours. Je penserai à vous quatre à chaque instant. Cela me remonte le moral, tu sais.
>
>Fais attention et souviens-toi que je vous aime tous beaucoup beaucoup. J'ai hâte de prendre ces trois gosses dans mes bras.

Dans les montagnes de Turquie, Dennis rencontra cinq trafiquants d'opium qui jetèrent un coup d'œil à l'intérieur d'une boîte métallique censée contenir de l'argent, découvrirent qu'elle était vide, le rossèrent et le laissèrent pour mort sur le bord d'une route. Un autocar le ramassa et l'amena dans un hôpital où on le soigna pour des estafilades, des contusions et des côtes cassées.

Cher Randy,

Mon voyage en Turquie a dû être écourté à cause de difficultés imprévues. Les dernières semaines sont devenues de plus en plus difficiles à supporter, surtout parce que vous n'êtes pas là pour me remonter le moral.

Quatre jours plus tard :

Mes Chéris,

Si je ne suis pas l'homme le plus heureux du monde, je viens immédiatement au second rang. J'ai reçu votre merveilleux coup de téléphone à minuit vingt. A ma grande joie, vos premiers mots ont été « Nous venons. » Si j'avais pu pousser des cris, je l'aurais fait.

J'ai envie de sauter, de courir dans mon bureau, de faire toutes sortes de choses indignes de moi... Je crois que je vais me contenter de flotter en silence, en espérant que personne ne remarquera que mes pieds ne touchent pas terre.

Le lendemain, il écrivait de nouveau :

Mes chéris,
Je brûle d'impatience !
Dépêchez-vous d'arriver. Plus que quinze jours. Je vous aime tous beaucoup. Rand, c'est toi l'homme, surtout durant le vol qui vous amènera ici. Je compte sur toi.

8

Il fallait regarder très attentivement pour discerner la peur. Des voitures avec chauffeurs venaient chercher Lee pour l'emmener prendre le thé avec la femme de l'ambassadeur. Aux réceptions, aux dîners et aux cocktails, elle prenait des toasts au caviar dans des plateaux d'argent présentés par des domestiques en jaquette blanche, bavardait avec des ambassadeurs, des hommes d'affaires millionnaires et des agents de renseignements.

Leur appartement, un des plus modernes de Beyrouth, avait des sols en marbre blanc, des logements de domestiques, des baies vitrées ouvrant sur des terrasses, et des boutons partout pour appeler la bonne française.

Lee écrivit à sa sœur : « Le travail de Dennis est absolument invraisemblable. Crois-moi, c'est exactement comme dans les films policiers, avec plein d'intrigues et de gens qui jouent double jeu. Chicago, et tu sais à quoi ressemblait son travail là-bas, était un terrain de jeu en comparaison. »

Randy et Cathy étaient ramenés tous les jours de l'école par un chauffeur particulier (l'homme du KGB). Quand un riche marchand de céréales arabe, présenté par le fils d'un ancien premier ministre libanais, invita Dennis à chasser le canard, il emmena Randy, alors âgé de neuf ans.

Le jour de la fête de l'indépendance libanaise, Dennis et Randy furent conduits par un chauffeur de l'ambassade à l'ancien quartier général du chef de la police libanaise. Par les fenêtres à barreaux, ils virent comment, à coups de matraque, de crosses de fusil et de fouet, la police repoussait des milliers d'Arabes qui se battaient pour voir le feu d'artifice tiré d'une place avoisinante. Randy rentra bouleversé par cette expérience.

Libérée des tâches ménagères par la bonne, Lee passait l'essentiel de son temps à l'ambassade à taper les rapports de Dennis. Contrairement à ce qui se passait à Chicago, elle connaissait ses activités dans le détail :

— Chaque fois qu'il allait quelque part, je pensais que c'était pire que tout. Il allait dans les collines, où les gens vivent dans un monde à part. Si vous mentez, on vous tranche la langue ou on vous coupe l'oreille...

« L'ambassade ne savait jamais où était mon mari. Je me retrouvais seule avec trois enfants, pendant qu'il traversait la Syrie ou la Turquie en voiture. Je ne savais même pas s'il était arrivé à destination. C'était vraiment terrible.

Souvent déguisé, portant tantôt la barbe, tantôt une moustache, Dennis disparaissait pendant des jours, incognito, au fin fond de ruelles ou dans des planques de montagne.

Il travaillait en étroite collaboration avec les services de sécurité et de renseignements libanais, turcs et syriens. Il rencontrait beaucoup d'agents secrets, d'indicateurs occasionnels (« des enquêteurs sans portefeuille », comme disait Dennis), des hommes de main, des aventuriers, qui semblaient sortir tout droit des films d'espionnage en noir et blanc des années 50.

Un millionnaire libanais, un maigrichon aux cheveux gris, vêtu de soie, du nom de Samil Khouri, qui avait fait fortune grâce à la contrebande de cigarettes vers Tanger et de drogue vers l'Europe et les

Etats-Unis, invita Dennis dans sa maison, sur la plage au nord de Beyrouth.

— C'était un des plus grands trafiquants internationaux. Son garde du corps était un Noir gigantesque et sourd-muet, vêtu d'une chemisette déboutonnée jusqu'au nombril. Nous étions installés dans une pièce lambrissée donnant sur la plage, mangeant des pistaches et buvant du Johnny Walker servi par le Noir. Khouri m'offrit un pot-de-vin. Combien? Dites votre prix. Que devrais-je faire pour cela? Tout ce que je demanderai. A savoir? Qu'on me facilite les choses.

« Je savais ce qu'il valait et je savais qu'il était sincère. Il parlait d'une somme astronomique. Un million de dollars? Deux millions? Il ne comprenait pas que je refuse le pot-de-vin.

« Ensuite, nous bavardâmes un peu. Il voulait m'exploiter, mais je lui laissai entendre que ce pourrait être le contraire. Il finit par nous servir d'indicateur. Ce n'était pas très différent de ma situation avec les soi-disant mécènes quand j'étais violoniste. On me promettait des enregistrements, des tournées à l'étranger, etc., à condition de faire ce qu'ils voulaient. Depuis, j'ai vu des centaines de milliers de dollars sur des tables dans des salles obscures, des fortunes offertes par des gens qui voulaient que je fasse ce que je ne voulais pas faire, et je n'ai jamais accepté.

9

Après avoir passé deux ans au Moyen-Orient, Dennis rentra aux Etats-Unis, d'abord à Chicago, puis à Washington et à Miami. Trois ans après Beyrouth, il était de nouveau à l'étranger, cette fois à Managua pour discuter avec le président du Nicaragua, Anastasio Somoza. Il n'allait pas tarder à apprendre ce que l'on peut faire contre les criminels internationaux les mieux protégés quand les pays ont la volonté de coopérer.

Le patron de la production et de la distribution de la cocaïne, Pedro Luis Rodríguez y Paz, avait été secrètement inculpé avec douze autres personnes à Miami, où des agents des stupéfiants dirigés par Dennis avaient, pendant plusieurs mois, assemblé les pièces d'une association multinationale de malfaiteurs. Le problème était que Rodríguez vivait tranquillement à Managua, sous la protection du chef des services d'immigration du Nicaragua.

— J'étais d'abord allé à l'ambassade pour y rencontrer notre représentant, Kennedy Crockett. Il passa quelques coups de téléphone; dans l'heure, nous étions conduits à la résidence présidentielle. Somoza, en bras de chemise, nous reçut dans un bureau au sol recouvert d'un épais tapis.

« Il était très impressionnant, énergique ; son caractère se lisait sur ses traits. De toute évidence, il savait exactement ce qu'il voulait. Je lui exposai ce que nous savions de la situation avec Rodríguez y Paz et le chef de l'immigration.

« Trois semaines plus tard, je fus rappelé à Managua ; l'ambassadeur Crockett, Somoza et moi nous réunîmes autour d'une table de conférence, dans le bureau présidentiel. J'en déduisis que certaines de mes informations avaient été corroborées par ses services et que nous allions pouvoir parler franchement. Nous parvînmes à l'accord suivant : si nous arrêtions Rodríguez y Paz, nous ne porterions aucune accusation contre le chef de l'immigration, ce qui épargnerait une foule d'ennuis à Somoza. Celui-ci mit fin à la réunion sur ces mots : " On vous contactera. "

« Peu après mon retour à Miami, j'assistais à un cocktail lorsqu'on me demanda au téléphone. C'était Somoza. Il me dit : " Allez à la gare de fret de l'aéroport international de Miami ; il y a quelque chose pour vous sur le prochain vol de la Lanica. "

« Je me rendis aussitôt à l'aéroport avec deux agents. Un avion-cargo de la Lanica venait d'atterrir. La porte s'ouvrit, on descendit l'échelle, quelqu'un sortit avec un sac postal renversé, dont dépassait une paire de jambes. Une autre personne descendit l'échelle, vida le sac, puis les deux hommes remontèrent dans l'avion. La porte se referma, et l'avion s'éloigna, laissant un homme allongé sur la piste d'envol. C'était Pedro Luis Rodríguez y Paz.

— L'arrestation, poursuit Dennis, fut violemment contestée devant les tribunaux ; les avocats plaidèrent le kidnapping. Mais il n'y avait pas de problème : je l'avais trouvé aux Etats-Unis. Je ne savais même pas qui l'avait mis dans l'avion. De toute évidence, les choses avaient mal tourné pour lui.

Rodríguez fut déclaré coupable de posséder des fabriques de cocaïne au Nicaragua et en Equateur, et d'expédier la drogue par mer vers les Etats-Unis depuis le Nicaragua, l'Equateur, le Pérou et Porto Rico. Il fut condamné à quinze ans de prison. Le procureur écrivit au directeur du *Bureau of Narcotics and Dangerous Drugs* : « J'ai rarement été à ce point impressionné par la façon dont un enquêteur maîtrisait les faits dans une affaire d'une extrême complexité. » La réputation de Dennis Dayle comme expert des conspirations criminelles internationales ne cessait de s'accroître.

— La façon dont l'ambassadeur Crockett nous avait facilité la tâche dans cette affaire pourrait être étudiée avec profit par nos services diplomatiques.

Après l'affaire Rodríguez y Paz, Dennis fut muté de Miami à Detroit, puis de nouveau à Chicago et enfin à Washington, où il prit la tête d'un groupe spécial de huit agents de la DEA s'attaquant aux grands trafiquants basés dans la capitale.

Ensuite, il fut affecté au Centac. Mais c'est une autre histoire.

10

Quand je demandais à Dennis et aux membres de son équipe si un Centac leur paraissait exceptionnellement intéressant, ils répondaient invariablement le Centac-12. Il avait là quelque chose de spécial, disaient-ils, de très différent. Ils parlaient de place forte, de fossés, de lions, d'assassins, de la CIA — et de sommes d'argent astronomiques.

En évoquant les opérations du Centac, Dennis avait dit qu'elles constituaient les diverses faces d'une unique pyramide. Avant de me remettre à observer Bruce Stubbs et son indicateur Robert Yang entreprenant l'escalade d'une face de la pyramide à la poursuite de Liou Chou-chouei, il me parut intéressant de passer à une autre face et de jeter un coup d'œil sur le Centac-12.

Je demandai s'il existait un agent particulièrement bien placé pour m'en parler.

— Ça devrait être Pat Gregory.

Ils le disaient en souriant, comme s'ils savaient à l'avance dans quoi j'allais m'embarquer.

CHAPITRE DEUX

1

Penché sur son bureau, exalté, angoissé, il tripote un crayon jaune de ses doigts fuselés : « Nous étions tous marqués, blessés, aucun n'a survécu. » Son regard vous transperce, vous suppliant de comprendre, comme si le simple fait d'être cru pouvait changer quelque chose. Dans un instant, il va avancer le bras et vous saisir au collet.

« Nous aurions pu les avoir tous. Jusqu'au dernier. Vous comprenez ? *Tous.* Dans *tout* le pays. Mais ils nous en ont empêchés. »

Voilà Patrick Gregory, grand, fort, célèbre pour ses obsessions, sa paranoïa, ses innombrables conspirations. Beau garçon, avec une masse de cheveux bruns qui lui descendent sur le front, il a de bonnes manières qui lui ont été inculquées par des parents exigeants, et une disposition à être coriace qu'il a acquise dans la rue. Si vous demandiez pour un film le type parfait du jeune agent de la CIA, on vous enverrait Pat Gregory. En fait, il a travaillé pour la CIA. A travaillé ? Cela fait sourire certains. « Quand l'a-t-il quittée ? » demandent-ils.

C'est un vétéran du Centac-12.

Commencée il y a des années, toujours en cours, c'est l'enquête criminelle la plus vaste de tous les temps. Elle couvre pratiquement tous les Etats américains, une douzaine de pays, quatre continents, des milliers de conspirateurs, des armées secrètes, la prise de contrôle de gouvernements, des assassins, de la drogue et le culte du démon.

— Mais ils nous ont arrêtés, répète Gregory.

Washington a crié halte. Depuis le début, des forces mystérieuses s'opposaient à lui. D'étranges intrigues, des chuchotements, des menaces inexprimées. Il montait rarement dans sa voiture sans vérifier s'il n'y avait pas de bombe sous le capot. Se méfiant de son patron, il conduisait avec un .45 armé sur lui. Les gens disaient qu'il était cinglé. Même sa femme ne le croyait pas. Mais en définitive, tout était vrai.

Rendant visite à Gregory au bureau de la DEA de Sacramento, où il est affecté maintenant, je l'invite à déjeuner. Il refuse. Il a trop de travail. Nous nous serrons la main et il me raccompagne jusqu'à la réception. Il continue à parler, avec toujours cette intensité qui vous tire par la manche, cette angoisse presque frénétique. Nous nous serrons de nouveau la main et nous disons au revoir. Sans cesser de parler, il me suit jusqu'à l'ascenseur, me donne une troisième poignée de main, me demande si j'ai une voiture. Je lui dis que je suis venu en taxi. Il prend l'ascenseur avec moi et me conduit, sans cesser un instant de parler, à un restaurant italien. Sa voiture est pleine de vêtements disparates, de cendriers débordants, d'emballages de films Kodak. Il est fils de flic et a été dans les Marines. Il dit qu'il ne parle pratiquement pas de son travail à sa femme : « La seule raison pour laquelle nous sommes encore mariés c'est parce qu'elle ne s'intéresse pas à mon travail. Pour elle, je suis représentant en chaussures. Si jamais elle comprenait ce que je fais, elle deviendrait hystérique et invivable. »

Il me quitte au restaurant. Une demi-heure plus tard, alors que je finis mes spaghettis, je lève les yeux ; il est planté devant moi. Il doit voir un indicateur, aimerais-je venir ? Nous pourrons bavarder. Je paie l'addition et l'accompagne. Plus tard, il me conduit à l'aéroport, sans cesser de parler. Gregory a manifestement de grands soucis.

Ce qui préoccupe Pat Gregory, c'est un homme nommé Alberto Sicilia-Falcon. Depuis 1972, et ce n'est pas fini. Pendant ces huit années, Gregory a étudié Sicilia, l'a observé, pourchassé, l'a vu dans la splendeur de la fortune et la douleur de la torture, et il est obsédé par le besoin de répondre à cette question : D'où venait la puissance de cet homme, comment réussissait-il à faire ce qu'il faisait ?

Pour comprendre à quelles profondeurs le crime international peut pénétrer un grand pays — contrôlant le parti politique au pouvoir, la police, les bureaux de renseignements, les services judiciaires, législatifs et exécutifs — vous pourriez commencer par Alberto Sicilia-Falcon.

Homosexuel, brun, beau, encore dans la trentaine, Sicilia-Falcon fait partie d'un monde de demeures-forteresses tentaculaires, de voitures hors série, de bateaux de course, de champagne Dom Pérignon, de cigares Montecristo, de cocaïne par kilos. Ses soirées — sur des yachts transatlantiques, dans des salles de bal d'hôtels ou dans des demeures privées de trois continents — ont diverti des dirigeants politiques, des industriels, des vedettes de cinéma, des criminels internationaux et des officiers de renseignements. Ses pots-de-vin et ses cadeaux vont des voitures de sport italiennes et des bijoux à des millions de dollars en liquide.

Cubain installé au Mexique, Falcon et son petit ami encore adolescent ont vécu dans plusieurs maisons — dont la « Maison Ronde », véritable forteresse circulaire. Son service de sécurité personnel a livré des batailles, saisi des bateaux, assassiné, volé — au vu et au su du gouvernement mexicain, et sous sa protection.

L'argent de Falcon était caché dans les banques d'une demi-douzaine de pays, y compris la Russie. Son influence s'étendait aux services de renseignements de nombreux pays, parmi lesquels le Mexique, Cuba et très probablement les Etats-Unis.

Tour à tour charmant et meurtrier, Sicilia avait donné des millions de dollars à ses amis et causé la mort d'innombrables ennemis. Sa principale aspiration fut toujours d'exercer son autorité — sur ses amis, sur ses ennemis, sur le monde entier. Les instruments de cette autorité étaient l'argent et la mort.

Comment Alberto Sicilia-Falcon acquit-il un tel pouvoir ? Où débuta-t-il ? Quelles aides reçut-il ?

Pour y répondre, commençons par examiner les rares faits connus sur son mystérieux passé.

Alberto Sicilia-Falcon est né le 30 avril 1945 à Matañzas, un port de la côte nord de Cuba, à quelque quatre-vingts kilomètres à l'est de La Havane, où, dit-on, il fréquenta une école primaire catholique. A quinze ans, deux ans après l'arrivée au pouvoir de Fidel Castro, il arriva à l'aéroport international de Miami à bord du vol 422 de la Pan American, en qualité de réfugié politique. Son père, Cristobal Sicilia, et sa mère, Hilda Falcon, se réfugièrent eux aussi à Miami. Sur sa demande de visa d'étudiant, datée du jour où il entra aux Etats-Unis, Falcon mentionna le « diocèse de Miami » comme l'institution l'admettant pour y faire « toutes ses études ». Plus tard, le bruit courut que Sicilia-Falcon avait jadis étudié pour devenir prêtre catholique.

A dix-huit ans, Falcon entra dans l'armée américaine comme simple soldat et fut envoyé à Fort Jackson, Columbia (Caroline du Sud). Il accepta qu'une délégation de solde de 123,10 dollars fût envoyée à ses parents. Durant son séjour à Columbia, un juge local le condamna à quinze jours de prison et 15,50 dollars d'amende pour inconduite, plus 50,50 dollars et trente jours pour avoir résisté à l'arrestation.

Deux ans après, démobilisé et de retour en Floride, Falcon fréquenta une école secondaire de Miami. Il travailla successivement comme employé dans un supermarché, guichetier de banque, et vendeur chez un fleuriste. Il fut arrêté avec un ami dans un jardin public de Miami à une heure moins vingt du matin pour actes de vandalisme.

En mars 1966, un mois avant son vingt et unième anniversaire, Falcon plaida coupable à Miami d'une accusation de crime de sodomie (« c'est-à-dire que ledit Albert Sicilia a mis le pénis dudit [nom effacé] dans sa bouche à lui, ledit défendant, en violation de la loi 800.01 de l'Etat de Floride ») et fut placé en liberté surveillée pendant cinq ans. On lui ordonna de « ne pas se livrer à des actes nuisibles et vicieux, de mener une existence pure, honnête et sobre, de vivre honorablement et faire avec application un travail licite ».

On lui demanda aussi de subir périodiquement des examens psychiatriques. Les rapports de police le décrivent comme un garçon d'un mètre soixante-quinze, soixante-dix kilos, aux cheveux et aux yeux noirs, avec une petite cicatrice au-dessus du sourcil gauche. Une photographie montre un joli jeune homme en veston et cravate, au visage peut-être un peu grassouillet.

A l'âge de vingt-trois ans, Falcon épousa Jill Waller, une jeune fille de dix-neuf ans d'origine allemande qui vivait en Floride, où son père était le chef de la police locale. Le mariage eut lieu à New York. Il n'y eut pas d'enfant ; quelques mois plus tard, une procédure de divorce était entamée.

Falcon quitta la côte Est et, dix jours après avoir filé d'un motel de San Diego en laissant une note de trente-sept dollars, il alla à Tijuana (Mexique) en passant la frontière à San Diego. Lorsqu'il voulut regagner les Etats-Unis dans la soirée, sans papiers, il déclara à la police frontalière qu'il était citoyen américain. Cela se révéla faux, et il fut arrêté. Un mois plus tard, averti que Falcon avait contrevenu aux règles de la liberté surveillée, un médecin des services de santé l'examina et rédigea son diagnostic : « Troubles de la personnalité, déviation sexuelle, homosexualité. »

Les fonctionnaires mexicains n'autorisèrent pas Falcon à revenir au Mexique ; on lui permit de rentrer aux Etats-Unis, censément pour rejoindre ses parents et sa femme à Miami.

Pour les années suivantes, il n'existe pratiquement aucun document digne de foi. Restent quelques indications. Lorsque Falcon paya par chèque une Rolls-Royce décapotable neuve, il fournit comme pièce d'identité un passeport cubain délivré le 12 septembre 1972. Que faisait-il à La Havane ? Rétrospectivement, il semble possible qu'il ait travaillé pour un ou plusieurs services de renseignements.

Cinq ans après l'arrestation de Falcon lors de son passage de la frontière à Tijuana, un officier des douanes de San Diego prit note d'un coup de téléphone d'un collègue de Reno, au Nevada :

Alberto Sicilia-FALCON. Soupçonné d'être un passeur de drogue... Les Stups du Nevada l'ont à l'œil... adresse, 760 Chapultepec, Tijuana, téléphone 903 384-4260... fait régulièrement des voyages entre le Nevada et le Mexique... Suggère examiner dossier et établir SURVEILLANCE à SYS.

SYS est le poste de contrôle de San Ysidro, Californie, proche de la ville mexicaine de Tijuana.

Et 760 Chapultepec, c'est la Maison Ronde, la demeure-forteresse de Falcon.

2

Circulaire, bâtie sur une colline, la Maison Ronde présentait au monde de hauts murs et de lourdes portes de bois vernies au point d'avoir des reflets métalliques. Ce qui se passait derrière, Dieu seul le savait, et les hypothèses n'étaient généralement pas fondées.

Elle comportait au sous-sol un stand de tir avec une installation spéciale d'isolation phonique, d'éclairage et de ventilation. Falcon et ses hommes y essayaient tous les types d'armes, des pistolets aux mitrailleuses automatiques. Il y avait bien entendu une piscine avec toboggan, ainsi qu'un terrain de handball couvert, un gymnase et un sauna. Dans une des pièces, une partie du mur lambrissé pouvait s'escamoter pour donner accès à une voûte abritant des centaines de milliers de dollars en liquide et des kilos de cocaïne.

A gauche de ce panneau secret, était accroché un immense tableau ovale dans un cadre doré, représentant les parents de Falcon — son père presque chauve, avec des lunettes, sa mère coiffée d'un énorme chignon. D'autres portraits montraient la ravissante sœur de Falcon aux longs cheveux, et Falcon lui-même enfant. Les œuvres étaient réalisées dans un style très particulier, qui devait répondre aux aspirations impériales et au tempérament homosexuel de l'homme qui avait meublé la chambre à coucher contiguë d'un tapis persan rouge et vert, et recouvert les murs de miroirs et de tissu rouge à motifs chinois. Le plafond était également en miroirs. L'immense lit rond tournant, couvert d'un dais de velours rouge aux glands dorés, pouvait s'incliner pour qu'on fût plus à l'aise pour téléphoner, regarder la télévision, ou s'adresser aux collaborateurs venus assister à des conférences ou à des soirées.

La chambre communiquait avec une salle de bains équipée d'une douche en marbre et d'une baignoire encastrée, de robinets d'or et d'un bain à remous.

Au-delà d'un patio dérobé à la vue, un bâtiment séparé abritait les comptables et les responsables des divers services. Des caméras de télévision et des micros invisibles espionnaient les invités. Des jumelles très puissantes permettaient d'observer les visiteurs logés à l'hôtel El Conquistador, à un kilomètre et demi de là, au-delà du terrain de golf. Personne ne pouvait s'approcher de la maison sans que Falcon le sût ; personne n'y entrait sans y être invité et sans avoir reçu de strictes instructions concernant l'heure d'arrivée et le moyen de transport. Les gardiens et les domestiques, qui étaient légion, avaient ordre de ne parler à personne. Les invités qui descendaient à l'El Conquistador étaient escortés par des gardes obstinément muets.

Un des habitués de la Maison Ronde était un jeune sympathique Mexicain du nom d'Alberto Barruetta.

Barruetta avait fait la connaissance de Falcon en 1969, lorsque celui-ci avait débarqué dans les bars crasseux et étouffants de Tijuana en jeans délavé, avec pour tout passé un mandat d'amener (établi à San Diego) pour avoir négligé de régler une note de motel de trente-sept dollars. Barruetta suivit la carrière de Falcon, travailla pour lui, fut témoin de son ascension. Il était avec Falcon pour les soirées, la drogue, les coucheries et les assassinats. Il eut toute sa vie pour le regretter.

3

Se cachant, toujours sur ses gardes, avec un contrat d'un demi-million de dollars sur sa tête, Alberto Barruetta vit seul maintenant. Il est sur les routes toute la journée et la moitié de la nuit, écoutant la radio dans sa camionnette, se passant des cassettes, dormant dans des motels. Et ce n'est qu'un début. Il attend ce qu'il appelle la Grande Chasse — quand Falcon se mettra vraiment à sa recherche. Si vous aimez les paris, voici son conseil : pariez perdant sur lui.

Dans un hôtel proche de la frontière mexicaine, nous avons parlé pendant deux jours. C'est un homme trapu, avec des cheveux noirs coupés court, un large sourire et, dans ses yeux noirs, un rien de timidité, de doute et d'inquiétude. Je ne savais pas d'où il venait ni où il allait, et sous quel nom il se déplaçait. Il a pris le risque de venir, a parlé, puis a continué sa route. Il avait trente-deux ans.

Barruetta a grandi dans la poussière des rues étouffantes de Tijuana, dans les bars pour touristes, les bordels, sur les champs de courses, où le crime et la corruption, la contrebande, la prostitution, le meurtre et la trahison étaient monnaie courante. Il était amical, sympathique et très ambitieux.

— J'ai joué depuis l'âge de cinq ans. A huit ans, je vendais des bordereaux sur les champs de courses. Mon père était pilote ; il avait aussi des chevaux de courses et fréquentait les hippodromes. Nous avions un terrain juste derrière le champ de courses. Tout près, se trouvait le Gold Room, un club très élitiste pour les gros joueurs.

Pour Barruetta, la piste était un cirque. Qu'importait si dans l'arène les lions grondaient et si des hommes tombaient de haut ; d'où il était, il ne voyait que des clowns et de la barbe à papa. Il jouissait de l'heureux optimisme d'un gosse de huit ans. Son ambition était d'entrer dans ce monde où l'on s'amuse, plein de beaux vêtements et de jolis visages.

Barruetta voyait la violence et la corruption de la ville, en parlait avec ses amis, mais pour l'influence que cela avait sur lui, cela aurait pu tout aussi bien se passer dans un film. Les gens l'aimaient bien parce qu'il était évident que son seul désir était de s'amuser. L'innocence l'empêchait de voir l'autre face de l'amusement, la méchanceté et le mal.

Il s'initia à l'anglais avec les entraîneurs et les turfistes américains. Il aimait nager et jouer au base-ball, mais les meilleures piscines et les plus beaux terrains se trouvaient à San Diego. Il franchit la frontière illégalement — ce fut en quelque sorte son initiation à la contrebande.

A la mort de son père, sa mère l'envoya vivre chez des amis de Los

Angeles. Il termina ses études secondaires, et commença à passer des pilules en fraude.

— Un de mes amis à Tijuana avait une pharmacie ; il me vendait tout le Seconal que je voulais pour presque rien. Et mon oncle avait un atelier, derrière un garage, où il fabriquait de la benzédrine. J'avais tout ce que je voulais à l'œil. C'était fantastique. J'allais devenir riche !

« Je passais la frontière avec mes vieux livres d'écolier dans ma Volkswagen, les pilules collées avec du ruban adhésif sur la transmission. Je gagnais déjà beaucoup d'argent. C'est comme ça que j'ai démarré.

« A All State, dans le comté d'Orange, où j'étais allé pour assurer ma voiture, j'ai rencontré une secrétaire, Christine, et nous nous sommes mariés. Elle était blonde, mince. Une jolie fille. Je suis passé des pilules aux cigarettes de marijuana. Pilules, joints, pilules, joints, pilules, joints. Tout d'un coup, c'est devenu un travail à plein-temps.

Peu après, Barruetta fit la connaissance d'Alberto Sicilia-Falcon.

— Il ne dirigeait rien du tout à l'époque. Toujours en jeans et T-shirts, il conduisait une vieille Porsche verte. Il trafiquait un peu, c'était un brave type. « Hé, Alberto, qu'est-ce que tu fais ? Tu viens fumer un joint ? Nous nous appelions *Tocayo*, comme on le fait quand on porte le même prénom. »

Ils se retrouvaient sur le champ de courses et aux corridas, allaient au Jai Alai Palace avec des copains, puis traversaient la poussiéreuse Avenida Revolución, la principale artère de Tijuana, pour aller manger et boire chez Guillermo.

— Il avait un accent très particulier, un accent cubain mitigé d'américain. Rien qu'à son parler, on le reconnaissait tout de suite dans une foule. Tout ce que je savais, c'était qu'il venait de Miami. Nous avions d'autres sujets de conversation... L'argent, l'argent, l'argent. Toujours l'argent.

Barruetta acheta six chevaux, engagea un entraîneur, et se lança dans les courses. Il n'avait que vingt ans.

— Je faisais du trafic tout seul, avec ma femme Christine. J'achetais des joints aux petits vendeurs de Tijuana. Il m'était si facile de traverser la frontière. Bien habillé, avec mon air de collégien, et ne portant pas les cheveux longs. A la frontière, juste : « Salut, ça va ? » Je n'ai jamais eu d'ennuis. Les gens disaient que j'avais un pacte avec le diable.

« Puis, les Etats-Unis ont commencé à exercer une sacrée pression sur le gouvernement mexicain pour stopper le trafic. Toutes les voitures qui franchissent la frontière sont fouillées. Je fais passer des cargaisons par la plage, en nageant avec des combinaisons de plongée. Et j'en fais passer d'autres par les collines.

« Un tas de petits dealers sont arrêtés. Deux types se sont fait descendre. C'est vraiment dur de faire passer de l'herbe. J'ai besoin d'argent pour les courses, et mes clients ne me lâchent pas : ils veulent leur marijuana.

« Alors je me suis adressé à Carlos Kyriakides, qui est un bon copain à moi. »

Quand Barruetta vendait des bordereaux aux joueurs sur le champ de courses, Carlos Kyriakides était son idole. Fils d'un riche immigrant grec possédant à Tijuana un casino qui présentait des vedettes américaines, Carlos était devenu le play-boy numéro un de la ville, il allait faire des tours à Acapulco, à Las Vegas et en Europe, se vantait d'avoir assisté à des soirées sur le yacht d'Aristote Onassis. Barruetta l'appelait « M. Tijuana ».

Beau garçon, impeccablement coiffé et manucuré, Kyriakides se baladait en ville dans une Rolls décapotable pleine de jolies filles, d'amis riches et de célébrités. Les gens disaient qu'il ressemblait à l'acteur Ricardo Montalban. Aimant faire de l'esbroufe, il adorait les bagues ornées de pierres précieuses, les chaînes en or, le champagne, la cocaïne et le jeu. A Las Vegas, on l'appelait la Main d'Or. Les gens se demandaient pourquoi Carlos, dont la famille avait tant d'argent, s'embarquait dans des affaires de drogue. Peut-être parce que ça l'excitait. Evidemment, il connaissait tout le monde, et avait tout ce qu'il voulait. Un de ses meilleurs amis était Alberto Sicilia-Falcon.

— Quand je me suis adressé à Carlos la première fois pour obtenir de la marijuana, il ne vendait ni n'achetait de la drogue. Il servait simplement d'intermédiaire. Quand les gros trafiquants s'adressaient à lui, il arrangeait un deal et prenait sa part. Mais avec moi, il voulait que nous soyons associés. Il faut en acheter au moins une tonne, me dit-il. Ça coûte 60 000 dollars. Je fournirai la marchandise et tu l'amèneras aux Etats-Unis.

« Nous la passions par les collines. Je montais dans la tour de contrôle de l'aéroport, où mon oncle travaillait, et j'observais les patrouilles frontalières à la jumelle. Quand elles étaient loin, je donnais le signal, et les autres découpaient la clôture métallique et passaient avec un camion. Nos clients arrivaient à l'aéroport de San Diego, où nous leur remettions une voiture de location bourrée de marijuana.

« Puis les fouilles à la frontière se calmèrent. Après une nuit passée à fumer, en avant la contrebande ! J'observais attentivement les gardes-frontière. Quand un gars prend son service, il est plein d'énergie. Puis il pose son cul sur le bord d'une chaise. C'est le moment de passer !

Juste quand l'argent entrait à flots, ce fut la catastrophe. La source de marijuana de Carlos se tarit brusquement. Le fournisseur avait-il été tué ou arrêté, Barruetta ne le sut jamais avec certitude. Il fallait en trouver un autre rapidement, sinon les clients s'envoleraient et la partie serait terminée. Carlos suggéra de tenter le coup avec Alberto Sicilia-Falcon.

Falcon était prêt. Il possédait à Mexicali des entrepôts secrets emplis de tonnes de marijuana. Il passa un marché avec Carlos et Barruetta ; tous trois furent bientôt associés. La marijuana arrivait par camion à Tijuana ; ensuite, Barruetta lui faisait passer la frontière. L'argent afflua de nouveau, plus que quiconque ne pouvait le désirer ou le rêver.

Quiconque sauf Falcon.

— Je frayais avec Alberto, continue Barruetta. Nous allions à San Felipe avec un tas de gens, pour pêcher, en se bourrant de coke. Quand j'ai vu Alberto la première fois, il n'était rien. Maintenant, il était quelqu'un ; toute la ville parlait de lui. Seulement, je ne savais pas *à quel point* il était quelqu'un. Il jouait un rôle capital dans les affaires de la ville, et même du gouvernement. Il était *puissant*.

Barruetta aimait beaucoup travailler pour Falcon — il était courtois, efficace, et on s'amusait avec lui. Et Falcon savait ce qu'il voulait :

— De l'argent. Et le pouvoir. Etre le maître. Etre le maître du monde. Le maître absolu. Avoir de l'argent. Immensément d'argent.

Falcon dirigeait son affaire comme une grosse entreprise industrielle. Rien n'était laissé au hasard. Il avait des bureaux, des comptables, des avocats. Fréquemment, des valises pleines de billets de banque quittaient sa forteresse de Tijuana pour Mexico City : les pots-de-vin des fonctionnaires du gouvernement.

— C'était fantastique d'être associé à ce type. D'être un rouage de son organisation. Il avait des relations. Il avait une *super*-organisation. Le *gouvernement* le soutenait.

A Tijuana, il acheta une maison juste en face du bureau de la police judiciaire, la décora, la meubla et y installa un bordel privé. La pièce principale était une imposante bibliothèque équipée d'un bar. Si l'on touchait une certaine partie de la bibliothèque, elle pivotait et s'ouvrait sur une des cinq grandes chambres aux tapis rouges, aux plafonds recouverts de miroirs, aux draps de satin. Falcon, Carlos et Barruetta y amenaient des amis, des jockeys, des turfistes, des clients du Jai Alai Palace, des politiciens et des policiers. Ils n'avaient jamais de mal à trouver des filles. Si celles qui étaient de la région hésitaient, Carlos avait des amis à Los Angeles.

— C'était : comment les voulez-vous ?, se souvenait Barruetta. Blonde, brune, pas de problème. Des filles hors ligne. Et aussi des garçons.

Les garçons étaient pour Falcon.

Ce que Barruetta aimait le plus dans sa vie, c'était les plaisirs sexuels, « les orgies », comme il disait. Mais il savait que cela ne suffisait pas à Falcon.

— Ces deux gars, Falcon et Carlos, ils aimaient le pouvoir, la puissance. Ils *exerçaient* le pouvoir. Ils *exprimaient* le pouvoir. Ils contrôlaient Tijuana comme personne ne l'avait jamais fait. Ils contrôlaient tout. Quand ils disaient à la police de ne pas venir dans les parages, la police restait à cinq kilomètres de là.

Carlos, « M. Tijuana », regardait Falcon passer du minable en T-shirt à l'homme le plus puissant de la ville. Il le vit bientôt surpasser son propre pouvoir. Il restait calme, souriait, cachait sa jalousie, et essayait de soutenir la concurrence. Mais avec Falcon, aucune concurrence n'était possible. Falcon avait toujours un atout de plus.

— Des années durant, dit Barruetta, les gens avaient respecté Carlos. C'était *M. Tijuana*. L'homme le mieux habillé de la ville, qui sortait le plus, qui avait les plus belles femmes. Des vedettes de cinéma venaient de Los Angeles pour le voir et s'amuser ; filles ou cocaïne, il leur procurait tout ce qu'elles désiraient. C'était l'hôte attitré des gens riches. Il est très difficile de déboulonner un type comme ça. Naturellement, il voulait parvenir au sommet. Tout le monde trouvait cela normal. Et Sicilia n'était qu'à une marche en dessous de lui.

« Un jour, Sicilia devint plus puissant. Bien plus puissant que Carlos. Carlos s'associa à lui, devint son bras droit, son conseiller. Bien entendu, Carlos n'aimait pas cela. Il était jaloux de Falcon. Mais il ne le montrait pas. Il connaissait Alberto, il connaissait ses faiblesses. Il avait probablement couché avec lui.

« Alberto avait d'autres contacts en dehors de Carlos et de moi. Pour l'héroïne, il était en rapport avec Jorge Favela, le trafiquant numéro un du Mexique, peut-être du monde. La seule différence, c'était que Carlos et moi étions ses amis intimes. Mais nous n'étions qu'une branche de son organisation. C'était comme un gouvernement, comme une branche d'un gouvernement. Combien de branches a un foutu gouvernement ?

Falcon donnait des fêtes non seulement au bordel de la société, mais dans des suites d'hôtels, des villas et sur des yachts, à Acapulco, Mazatlán, San Felipe, à Mexico et en Europe. De toutes, les réceptions à la Maison Ronde étaient les plus fréquentes et souvent les plus éblouissantes.

Nourriture, boisson, drogues et plaisirs sexuels étaient dispensés avec prodigalité et dans un seul but, faire étalage de la richesse et de la puissance de l'hôte. C'était également à la Maison Ronde que des marchés de plusieurs millions de dollars étaient conclus, des assassinats décidés, des pots-de-vin distribués, des employés malhonnêtes menacés et rossés. C'était là aussi, disait-on, que les adorateurs de Satan célébraient leur rituel et avaient élu Falcon, le prétendu futur prêtre catholique, « prince des démons. »

— La maison elle-même, raconte Barruetta, avait des airs à la James Bond. Une vraie forteresse. Des armes partout, bien astiquées, des fusils de chasse à canon scié, des pistolets par terre et des balles dans les cendriers. Dehors, des gardes armés étaient postés dans des camions munis de judas. On relevait le numéro de toutes les voitures qui passaient dans les parages.

« Il avait des caisses et des caisses de Dom Pérignon. Tout ce qu'on voulait manger, le cuisinier le faisait. Falcon portait au doigt un énorme diamant vert que Carlos avait eu d'un gros lard qui vendait des pierres volées.

« Falcon cessa de fréquenter le Jai Alai Palace. Il n'allait plus qu'à la discothèque Conquistador, tard le soir, quand c'était un club privé réservé aux amis, des gens d'une certaine classe. Mais il ne quittait guère la Maison Ronde. Il jouait au jacquet avec Carlos — des enjeux de l'ordre de cinquante mille dollars. Il donnait des soirées et faisait des affaires.

« Il restait toute la journée au lit avec des jeunes garçons et les prenait en photo. Quelqu'un lui donna une jolie Mexicaine de quinze ans et il l'offrit à Jaime, le frère de Carlos. Jaime la baisait à n'en plus pouvoir. Elle traînait dans la maison, ne disant pratiquement rien. Je me souviens que Jaime disait : « Dis, Alberto, je peux vraiment la baiser ? » « Vas-y, et pas la peine de t'arrêter si j'entre dans la chambre. » La dernière fois où je l'ai vu, la fille était toujours là. Comme il était pédé, Falcon devait s'en fiche éperdument.

« Il avait toujours ses gardes du corps, Rubi et Chu-cho, pas le genre distingué, des gars qui aimaient les voitures pleines de chromes avec des gros pneus et tout le fourbi. Un jour, ils ont fait venir un vieux bonhomme de Mexicali, où se trouvaient les entrepôts de marijuana. Il avait l'air inoffensif, il était au bord des larmes. Falcon a envoyé Rubi le tabasser dans le bain de vapeur. Je ne sais pas pourquoi. Falcon faisait des tas de choses, mais on ne posait pas de questions.

Après avoir fait équipe avec Falcon, Barruetta et Carlos achetèrent une maison de cinq chambres sur la plage à Coronado Cays, et un hors-bord. Leur embarcadère privé se trouvait à côté de celui de Steve Allen, la vedette de la télévision. Ils emplirent le garage de marijuana passée dans les voitures de Barruetta, et se préparèrent à compter l'argent.

Les clients arrivaient de tous les Etats-Unis, attirés par une généreuse politique de relations publiques : nourriture, boisson, cocaïne et filles à volonté. Devant cet incessant défilé de voitures et de filles, les voisins commençaient à se poser des questions.

Ils faisaient d'incessants voyages à Mexico, Acapulco et Las Vegas. Falcon, qui savait peut-être qu'il figurait sur la liste des « gens à surveiller » à la frontière, renonça à aller à Las Vegas, mais cela n'avait pas d'importance. Carlos connaissait tout le monde.

A Las Vegas, le directeur du Caesar's Palace accueillait gratuitement les connaissances de Falcon dans des suites luxueuses. Barruetta nageait dans l'abondance. Même l'argent était à volonté.

Toujours impeccable dans ses costumes italiens sur mesures, ses chemises de soie à moitié déboutonnées, portant des chaînes d'or sur son torse bronzé, Carlos ne quittait guère la table de baccarat que pour les filles et la cocaïne. S'il avait faim, on lui apportait à manger. S'il voulait voir Sinatra, il avait une table au premier rang. C'était très simple, dit Barruetta : « Nous faisions tout ce que nous voulions. Point final. »

Barruetta admirait Carlos. Il n'était pas aussi fort que Falcon, mais à Las Vegas, il faisait le poids.

— Il parlait avec *autorité*. Il lançait : « Hé ! Viens ici ! » ou bien : « donne-moi ça ! » Et ça marchait. Il mettait la main au cul des filles et aucune ne rouspétait. Il disait à une fille qu'il n'avait jamais vue : « Eh toi, viens me faire une pipe. » Il avait la *façon* de le dire pour que... ça marche. Au minimum, la fille ne devenait pas complètement hystérique, elle restait éberluée. — Bon dieu... ce gars avait quelque chose. Il était très très direct, mais bien... Il ne laissait jamais aux gens le temps de réfléchir.

Rentrés de leurs virées, ils cherchaient où s'amuser aux environs de Tijuana :

— On prend quelques joints et des filles et on fait quatre-vingts bornes en Rolls pour aller manger des pâtisseries ! Carlos conduit pendant que sa petite amie Joan Beck lui taille une plume ; je suis à l'arrière avec une autre fille. Joan est presque nue et ma copine aussi. On fume des joints, on roule, on va bouffer des gâteaux !

Joan Beck était plus qu'une amie de passage, une souris avec qui on allait manger des friandises. Elle avait débuté en faisant les courses ; elle finit par disposer de la vie des gens. Elégante, subtile et attirante, elle était prête à tout pour assurer sa position dans l'organisation de Falcon. Certains pensaient qu'elle avait même appris à tuer.

— Elle était la petite amie de Carlos, poursuivit Barruetta, mais il pouvait baiser une autre fille devant elle sans qu'elle y trouve à redire. Elle était très sophistiquée, mais quand nous l'avons rencontrée elle n'avait pas les moyens qui allaient avec cette sophistication. Carlos les lui donna. Elle aimait le décorum. Et toujours prête à rendre service. Quand on voulait une fille, par exemple, elle vous en trouvait une...

« A San Diego, il nous arrivait d'avoir quatre ou cinq cent mille dollars dans des porte-documents ou des sacs ; quand nous voulions sortir en boîte, nous laissions l'argent chez Joan (elle habitait chez ses parents).

« Une fois, Falcon a dû faire l'amour avec Joan Beck, ou bien Joan a essayé. D'autres filles aussi. Il était beau garçon. Joan couchait aussi avec des filles. Je la revois encore, sur le lit pivotant de Falcon avec une autre fille ; nous étions assis autour à regarder en buvant de la bière.

4

Barruetta enfonça brutalement l'accélérateur. Les roues de la Camaro patinèrent sur l'asphalte de la zone d'inspection des douanes et elle fonça vers l'Interstate 5. Collé à son siège, se battant pour redresser les roues, Barruetta aperçut dans son rétroviseur le douanier qui lui faisait des signes furieux.

Que se passait-il, nom d'un chien ?

Barruetta n'avait pas son pareil pour franchir la ligne ténue des postes de contrôle séparant Tijuana de la Californie. Pourtant, le douanier lui avait brusquement fait signe de se ranger sur la « secondaire », où, il le savait, on soulèverait le capot et trouverait la marijuana, ce qui l'enverrait en prison. Il fit ce qu'il avait toujours prévu de faire. Il obéit aux ordres, entra lentement sur la voie secondaire, puis démarra sur les chapeaux de roue.

A un kilomètre et demi de là, il s'enfila dans un parking, ferma la voiture à clef, et regagna calmement la rue. Une voiture de la douane passa à toute allure, sirènes hurlantes.

Il savait exactement ce qui allait se passer. L'agence de location avait son adresse. Quinze jours plus tard, les flics arrivèrent chez lui :

— Où est la voiture ?
— Je ne la retrouve pas. On a dû me la voler.
— Pourquoi avez-vous filé ?
— Je ne sais pas. J'étais énervé.

Il paya cent dollars d'amende. Deux jours après, il alla décharger la marijuana, et rendit la Camaro à la compagnie de location.

Trois jours plus tard, ce fut au tour de Carlos. Il s'arrêta à la frontière avec sa somptueuse Rolls beige équipée d'un bar, en compagnie de deux filles de Beverly Hills, dont l'une portait un collier de diamant de quarante mille dollars qu'il lui avait offert. Carlos lui-même avait quatre-vingt-dix mille dollars en liquide dans un attaché-case. Il arbora son large sourire à la Ricardo Montalban :
— Ça va ce soir, chef?
— Très bien, merci. Vous voulez bien vous garer là-bas, s'il vous plaît?

On fit sortir Carlos et les filles de la voiture, et ils subirent une fouille en règle. M. Tijuana était stupéfait. Il y avait un os, mais où?

L'os, c'était Pat Gregory.

Huit ans avant que je ne le rencontre, obsédé et sur les nerfs, dans son bureau de Sacramento, Pat Gregory s'était intéressé à Carlos Kyriakides.

Fils d'un flic irlandais, Gregory avait passé trois ans et demi à la CIA « dans le secteur de l'insurrection urbaine ». Il présenta une thèse universitaire sur les opérations de renseignements, quitta la CIA, et après avoir travaillé quelque temps au Conseil de la police judiciaire de Californie, passa à la brigade fédérale des stupéfiants.

Assigné à San Diego en 1972 (un an avant la création du Centac) il comprit bientôt (comme Dennis Dayle, qui dirigeait alors son groupe de huit hommes à Washington, l'avait déjà découvert) que la plupart des agents — et le gouvernement lui-même — s'intéressaient davantage aux affaires vite réglées qu'au travail en profondeur sur les conspirations. « Ils essayaient de les avoir en multipliant les petites actions et en saisissant la marchandise. »

Gregory, sa femme Nancy et moi prenons un verre au bar d'un restaurant de Sacramento, en attendant de dîner. Auparavant, il m'avait expliqué qu'il ne pouvait guère parler de son travail à Nancy : « Non que je ne le *veuille* pas, vous comprenez? Parfois, on a besoin de se confier à quelqu'un. Mais je sais qu'elle ne veut pas en entendre parler. J'enfonce une porte d'un coup de pied puis il faut que je baratine un type pour qu'il baisse son flingue. Après, j'ai rendez-vous dans une station-service abandonnée avec un truand qui est un tueur connu ; il m'engage pour descendre quelqu'un, et je sais ce qu'il fera s'il soupçonne qui je suis. Et quand je rentre à la maison, ma femme est dans tous ses états parce que la pelouse n'est pas tondue et que les gosses n'ont pas été sages. Pour *elle,* c'est ça le drame. C'est son monde, les gosses et la maison. Alors, parfois... nos ordres de priorité ne concordent pas.

Nancy Gregory, jolie, politiquement libérale, se doute bien des angoisses qui l'attendraient si elle en savait trop sur le travail de son mari. Elle en sait déjà assez pour me dire : « Ce que Pat faisait à la CIA n'était *rien* en comparaison de ce qu'il fait maintenant. »

Tandis que nous attendons une table, je lui demande ce qu'elle sait de l'affaire Sicilia-Falcon. Cela nous conduit à aborder le problème du risque.

— A San Diego, un agent a été atteint à la colonne vertébrale, à peu près de l'âge de Pat, paralysé en dessous de la ceinture. On a toujours conscience du danger. Une fois, Pat a téléphoné pour me dire quand il rentrerait. Les heures passaient, et il n'arrivait pas. Puis, un livreur s'est présenté à la porte avec des fleurs et une carte disant « Regrets ». J'ai cru que c'était une façon horrible de m'apprendre quelque chose... Je me suis affolée, j'ai téléphoné partout. Personne ne savait où était Pat ni pourquoi quelqu'un m'aurait envoyé des fleurs. En fait, c'était Pat lui-même qui les avait fait envoyer : la personne qui avait pris le message au téléphone avait mal compris...

Je l'interroge sur leurs enfants, un garçon et une fille.

— Je surveille toujours ce qu'ils regardent à la télévision ; je ne veux pas qu'ils voient des films policiers violents. Je leur explique que Pat n'a jamais tué personne, qu'il ne se sert presque jamais de son arme. Je ne crois pas qu'ils pourraient faire face à l'idée que leur père est en danger, que des gens lui tirent dessus. Je ne crois pas qu'ils comprendraient. Même moi, j'ai du mal, quand je suis prise de panique au milieu de la nuit, sans savoir où il est.

— Et puis, ajoute Pat, il existe un autre problème. Il y a tant de divorces et de gars qui ont des aventures.

— Souvent, Pat n'est pas à la maison quand tous les autres pères sont là, explique Nancy. Surtout au printemps et en été, quand il fait jour tard ; les enfants jouent dehors le soir, et voient les pères des autres enfants rentrer en voiture. Une fois, Pat n'est pas rentré, alors que nous l'attendions. Mark avait trois ans et demi, et les voisins m'ont téléphoné : ils craignaient qu'il n'ait été renversé par une voiture. Je suis sortie en courant et je l'ai trouvé dans la rue, la tête dans le caniveau. L'eau coulait tout autour de lui. Il s'était assis sur le bord du trottoir et s'était endormi en attendant son père.

Le maître d'hôtel nous conduit à nos tables et nous tend les menus. Nancy est trop prise par la conversation pour le consulter.

— Quand Mark avait trois ans, dit-elle, il a été hospitalisé pour une occlusion intestinale alors que Pat était à Mexico.

— Quelqu'un m'a téléphoné, explique Pat, et a dit : « Votre femme ne vous en a pas vraiment parlé, mais... »

— Oh, j'en avais parlé, seulement...

— « ... mais votre fils a une hémorragie interne et on va l'opérer. Votre femme est vraiment bouleversée. » Cela faisait cinq nuits que je ne dormais pas, car c'était un moment critique pour l'affaire Falcon. Je me suis précipité à l'ambassade pour leur dire : « Désolé, mais je rentre chez moi. »

— Non, chéri. Non.

— Je suis rentré dans les...

— Cinq jours, enchaîne Nancy en riant. Il était sorti de l'hôpital et en voie de guérison quand tu es arrivé. Tu penses à une autre opération. Mark a eu un tas d'ennuis.

— Et chaque fois, je n'étais pas là... C'est dur, hein ?

Le serveur traîne dans les parages pendant que Pat regarde le menu. Nous commandons des steaks.

— C'est un aspect des choses, dit-elle calmement quand le serveur s'est éloigné. Le plus frustrant — c'est mon excuse habituelle quand je deviens hargneuse et acariâtre — c'est que vos gosses ne sont petits qu'une fois, tandis que vous aurez beau arrêter quelques trafiquants de drogue, il en restera toujours plein.

— Pas si on s'attaque aux gros bonnets, dit Pat.

— Mais il y en aura *toujours* d'autres. C'est une lutte sans fin. Ça doit être frustrant pour Pat. Au moins, il fait un travail utile à la communauté, qui vise à des fins élevées. Tout le monde ne peut pas en dire autant.

— Cela ne se limite pas au seul problème de la drogue. C'est un problème bien plus vaste, qui nous concerne tous. Cela dépasse la politique locale et même nationale.

— Et personne, *personne,* ne prend cela plus au sérieux que toi, Pat.

On nous sert. Entre deux bouchées. Pat Gregory me dit qu'on exagère les dangers du travail d'agent secret :

— C'est un risque, mais un risque calculé. Ce n'est pas un jeu de hasard. On prévoit et on met au point ce qu'on fait. Ce n'est pas tellement dangereux. Je veux dire... bon, on peut monter dans sa voiture, mettre le contact et partir en fumée. Mais on fait tout ce qu'on peut pour réduire les risques. Comme le font les pilotes de ligne.

— C'est ce que tu me dis chaque fois que je prends l'avion.

Elle n'est pas convaincue. Elle n'aime pas les avions, elle n'aime pas les armes à feu, et elle n'aime pas ces moments de panique à trois heures du matin, quand elle se demande où est son mari. Elle n'aime pas non plus la façon dont le travail de Pat a envahi son foyer :

— Il arrive qu'un de ces... indicateurs téléphone *à la maison*. Pat décroche et toute sa façon de parler change. Ou encore, quand j'étais malade, une certaine Susan, la petite amie d'un indicateur, téléphone, et Pat lui fait du charme. Pas la cour, mais... il lui remonte le moral et l'assure que tout va bien. Dans un langage que je comprends à peine. J'ai toujours ressenti cela comme une sorte d'intrusion.

— C'en est une, reconnaît Pat.

— Parfois, on en a vraiment assez que son mari fréquente ce genre de gens. Tantôt, il leur parle en espagnol, tantôt dans un argot d'une vulgarité effroyable.

— Je change de personnalité. A la maison, je m'efforce de ne pas jurer et de ne pas me comporter de façon vulgaire, mais il m'arrive de me laisser aller.

— Nous sortons chez des amis, et le voilà qui retrouve son langage vulgaire. Ça me met en rage ! Mon mari mène vraiment une double vie. Et le contraste est énorme. Certains des types dont Pat s'occupe vivent comme dans un rêve... des millions et des millions de dollars... alors que nous avons du mal à payer les factures du mois.

Elle s'arrête un instant, puis reprend :

— A dire vrai, Pat a toujours été... » Elle lui lance un coup d'œil : « Comment dire...

— Dis-le. Ça ne me blessera pas.

— Un romantique. Je voudrais... je ne trouve pas mes mots... Comme quand cette affaire du Centac a commencé... cela paraissait complètement chimérique. Et quand votre mari passe des heures et des heures sur une chose à laquelle vous ne croyez pas... Puis, il est apparu que ce n'était pas une chimère du tout, que c'était très important. J'ai eu comme l'impression que Pat y trouvait une justification... Que c'était normal qu'il ne soit pas là quand son fils allait être opéré. Oui, une justification.

5

En 1972, ne voulant pas se contenter d'attaquer la périphérie du trafic international de stupéfiants, Gregory avait trouvé un allié en la personne d'un autre agent de la DEA de San Diego.

— Rich Gorman et moi avions beaucoup en commun. Nos pères étaient flics et s'étaient connus. Nos femmes s'entendaient bien.

Les gens disaient que Gregory et Gorman se ressemblaient. Physiquement, peut-être, mais pas mentalement. Formé par la CIA, Gregory voyait partout des relations suspectes ; nourri par une mémoire gigantesque, son esprit travaillait comme un ordinateur pour trier les données, recouper les faits, conclure. Gorman, lui, abordait les problèmes par la bande, tournait autour avec circonspection, en quête de faits solides — et se méfiait des hypothèses comme de la peste. Il était calme, gentil, réservé, n'hésitant pas à accorder le bénéfice du doute, mais hésitant bien moins encore à foncer quand il n'y avait pas de doute.

Sorti de l'université de Berkeley, Gorman était un beau garçon de taille moyenne aux cheveux noirs. Deux de ses trois frères étaient dans la police. Il était marié et avait deux enfants, un garçon et une fille. Jadis, il avait confié à un ami qu'il voulait qu'on se souvienne de lui « comme d'un homme qui jouait franc-jeu ». Selon lui, les hommes qu'il avait envoyés en prison ne le haïssaient pas assez pour lui vouloir du mal :

— Ils se sont mis eux-mêmes dans ce merdier. Vous vous infiltrez en douce et vous les baisez alors qu'ils essaient de vous baiser. Quand vous les coffrez, la plupart ne semblent pas nourrir d'animosité à votre égard. Ils se disent : « J'ai joué et j'ai perdu. Vous m'avez battu, voilà tout. »

Rich Gorman et Pat Gregory faisaient une bonne équipe. Ils se complétaient — les spéculations parfois délirantes de Gregory, la solide réserve de Gorman. Ils s'aimaient bien et se faisaient confiance.

En ayant assez de la vanité des minables affaires de flagrant délit, Gregory et Gorman décidèrent de viser plus haut. Ils fouillèrent dans les dossiers du bureau de San Diego, en quête de noms revenant fréquemment, de fils menant au centre d'une conspiration. Et ils trouvèrent Carlos Kyriakides.

— Il revenait sans cesse dans ces vieux rapports, dit Gregory. D'une élégance tape-à-l'œil, conduisant une Rolls, toujours accompagné de jolies filles, il ne passait pas inaperçu. D'après les rapports, c'était un trafiquant de cocaïne et d'héroïne. De l'héroïne blanche en provenance d'Europe. Il devait donc avoir des relations bien placées.

Peu après, Rich Gorman dénicha un indicateur qui lui parla d'un « type nommé El Cubano », un trafiquant de Tijuana. L'indicateur incita Gorman et Gregory à jeter un coup d'œil sur la maison d' « El Cubano ».

— C'était une sorte de forteresse ronde, près du golfe de Tijuana précise Gregory, sur une hauteur en face de l'hôtel El Consquistador. Elle était entourée de murs et pleine de chiens de garde. Nous avons creusé un abri dans une colline pour l'observer. Le propriétaire était un ami de Carlos Kyriakides — il s'appelait Alberto Sicilia-Falcon.

Installés dans leur abri, épiant les visiteurs qui se rendaient à la demeure fortifiée de Falcon, Gregory et Gorman comprirent vite qu'il ne s'agissait pas de l'habituel petit fretin de Tijuana. Tout proclamait leur puissance : vêtements coûteux, bijoux en or, voitures de sport italiennes. Les agents vérifièrent les numéros d'immatriculation, exhumèrent les listes d'appels téléphoniques à longue distance facturés à ce domicile, retrouvèrent les noms des correspondants. Peu à peu, ils établirent une liste des associés de Falcon.

Qui était vraiment ce Falcon et quel genre d'organisation dirigeait-il à partir de cette forteresse ? Gregory et Gorman savaient qu'ils n'avaient aucune chance de le découvrir de première main. Leur seul espoir était de dénicher et de contrôler quelqu'un qui soit déjà sur place, quelqu'un qui pourrait craquer l'allumette et y mettre le feu de l'intérieur. Il fallait trouver dans l'entourage de Falcon un homme qui ne résisterait vraisemblablement pas aux pressions, un homme qui n'irait pas en prison pour protéger ses amis.

— Nous cherchions le maillon le plus faible, dit Gregory. Ce fut Alberto Barruetta qui l'emporta.

Les agents cessèrent de surveiller les autres associés de Falcon et se concentrèrent sur Barruetta. Ils s'assurèrent qu'il avait conscience de cette surveillance. Ils voulaient le tenir en alerte, le harceler, le rendre nerveux.

Ils devenaient eux aussi nerveux. Sans connaître encore l'énormité de l'organisation Falcon, ils en avaient quelque idée.

— Quelqu'un nous avait dit que Falcon vendait des centaines de tonnes d'herbe, poursuivit Gregory. Des *centaines* de tonnes ! « Enfin, Gregory, me dit mon patron, personne ne vous croira ! On vous prendra pour un fou. » Ils ont tous bien rigolé. Des centaines de tonnes !

« L'agent responsable du service nous dit, à Gorman et à moi, que notre boulot consistait à débarrasser les rues de la drogue, non à travailler sur l'organisation du crime. Il me demanda de détruire tous les dossiers concernant ce sujet. Je les ai mis dans une boîte et je les ai cachés dans mon garage. Quelque chose clochait. Falcon, ce jeune Cubain vivant à Tijuana, était sans conteste le grand patron. Et personne n'osait s'opposer à lui. Il commençait à devenir une légende.

L'impression qu'une force sinistre les empêchait de s'en prendre à Falcon se trouva bientôt confirmée. Ils avaient incité un général mexicain — alarmé par des rumeurs selon lesquelles il y aurait chez Falcon un stand de tir clandestin et des armes automatiques — à effectuer une perquisition à la Maison Ronde. En pleine nuit, alors qu'ils attendaient au bureau de Tijuana que commence la descente de la Police judiciaire fédérale mexicaine, les Feds, Gorman et Gregory reçurent un coup de téléphone du contrôleur de la DEA leur donnant l'ordre de ne pas bouger. Leur patron était en route.

— Le patron arrive. Il était rond comme une baleine, raconte Gregory. Absolument cramoisi. Nous l'appelions le Raisin. Il était fou de rage : « On peut savoir ce que vous fabriquez ? »

« Le Raisin monte à l'avant de ma voiture. J'arme mon 9 mm, je mets le cran de sûreté, et je le glisse sous ma jambe. J'ai grandi dans une famille de flics, vous savez. A douze ans, je connaissais déjà les manœuvres politiques, les règlements de comptes, et toutes les petites saloperies du monde. Je *flairais* le coup monté. Dans son état, il était capable de tout. Je n'aurais pas du tout été surpris s'il m'avait braqué avec un pistolet. Et s'il avait tenté quelque chose, je l'aurais tué. Il n'y avait aucun doute dans mon esprit. Bref, nous nous sommes dirigés vers la frontière et il a commencé à me harceler :

« — Qu'est-ce qui s'est passé ce soir ?

« — Bien, nous nous sommes arrêtés au bureau des Feds et ils nous ont annoncé que l'armée allait faire une descente chez Sicilia.

« — Qui a organisé ça ?

« — Aucune idée. Le général a téléphoné au *commandante*. Il se trouve que c'est son droit ; c'est son pays, après tout.

« — Qu'est-ce que vous avez dit au commandant ?

« — Je lui ai dit que j'avais entendu raconter que le gars avait des armes chez lui, et j'ai ajouté que je pensais qu'il y avait aussi de la drogue.

« J'essayais de garder les yeux fixés sur la route sinueuse tout en surveillant le Raisin : "Je veux un rapport écrit sur tout ce qui s'est passé", me dit-il : "Parfait. Pas de problème."

« Après avoir déposé le Raisin, j'ai passé toute la nuit à rédiger un rapport demandant qu'on examine l'affaire à fond. Au Mexique, le problème, c'est d'*amener* les Fédéraux à perquisitionner dans une maison, parce que neuf fois sur dix, ils touchent du fric. Mais, cette fois, mon propre patron est intervenu pour s'y opposer... »

La demande d'enquête de Gregory n'aboutit pas. Il garda toutefois une copie du rapport. Elle devait se révéler fort utile par la suite.

Rich Gorman était tout aussi troublé que Gregory.

— Nous *savions* qu'il se passait des choses bizarres. Chaque fois que nous nous retournions, quelqu'un nous filait subrepticement. Une force invisible semblait faire tout son possible pour bousiller notre travail.

Ils ignoraient quelle pouvait être cette force invisible. Ce sabotage était-il délibéré ? Venait-il des autorités américaines ? Pourquoi ? C'était pour le moins curieux.

Tout en se rendant compte qu'on leur mettait des bâtons dans les roues, ils n'imaginaient pas encore à quel point c'était curieux. Certains événements continuaient à attirer leur attention. Sur une route proche de la forteresse de Falcon, ils virent une ruine complètement calcinée à l'endroit même où se dressait une maison la semaine précédente. Une fois, ils avaient remarqué une Nash bleue garée devant cette maison. Or, Gregory conduisait une Nash bleue. Il leur fallut des mois pour évaluer la portée de cette coïncidence.

La puissance de Falcon se manifestait de plus en plus nettement.

— Il était absolument évident que Falcon avait d'excellentes relations, dit Rich Gorman. Apprenant par un indic qu'il y avait de la cocaïne chez Falcon, nous avons de nouveau passé le tuyau aux Feds de Tijuana. Cette fois, ils firent une descente dans la maison, saisirent deux kilos de cocaïne et arrêtèrent un garde du corps qui portait un automatique. Falcon lui-même se rendit au poste de police. Furieux, il exigea la libération de son garde du corps.

« Ils le relâchèrent, poursuit Gorman. Tous les Feds qui avaient été mêlés à l'affaire furent mutés. L'un d'eux fut envoyé patrouiller à cheval sur une plage ; un autre se vit assigner la tâche de monter la garde sur le flanc d'une colline pour observer les avions...

Les agents découvrirent avec inquiétude que les contacts de Falcon allaient, bien au-delà de la police fédérale, jusqu'aux bureaux du *Gobernación*, l'équivalent mexicain de la CIA.

Gorman avait au Gobernación un indicateur qui se procura des documents et des photos concernant une cargaison d'héroïne envoyée par Falcon à Chicago. Le chef de service de l'indicateur lui avait dit d'oublier toute cette affaire ; effrayé, mais ne voulant pas détruire les documents, il les enterra au pied d'un palmier, sur le terrain de golf de Tijuana.

— Ils venaient d'installer un nouveau système d'ordinateur, explique Gorman. Un soir, l'indicateur tape le nom de Sicilia. L'ordinateur se met à cracher des pages et des pages ; il ne savait plus comment arrêter la fichue machine. Son patron le prit sur le fait et menaça de le faire arrêter. Il décampa ; je l'ai caché dans un appartement à San Diego pendant trois semaines jusqu'à ce que les choses se tassent. A son retour, il déterra les documents et me les donna.

Avec l'aide d'autres agents du bureau de San Diego, Gorman et Gregory accentuèrent la pression sur Alberto Barruetta, dans l'espoir d'atteindre Falcon par son intermédiaire. Mais plus ils le surveillaient, plus il devenait coriace.

Gorman suivit Barruetta pendant des mois. Finalement, une équipe spéciale de surveillance composée de sept hommes fut envoyée de Los Angeles : « Un jour, Barruetta s'arrêta sur le bord de la route et leur lança des pierres... »

Gorman mit un mot dans la boîte aux lettres de Barruetta : « Téléphonez-moi. » Barruetta n'appela pas. En passant en voiture devant sa maison, Gorman le repéra sur le trottoir, en train de discuter avec sa femme Christine. Gorman attendit qu'elle soit rentrée, puis invita Barruetta à prendre un café. Ils se retrouvèrent dans une grande cafétéria. Barruetta était agréable, puéril, sans malice. Il était aussi très effrayé.

— Falcon est informé de tout ce que vous faites, dit-il.

6

Les agents filaient Alberto Barruetta et Carlos Kyriakides chaque fois qu'ils franchissaient la frontière. A Coronado Cays, un des voisins, qui s'était posé des questions sur toutes ces voitures et toutes ces filles, dit à Barruetta :

— La police est venue regarder la maison. Je ne sais pas pourquoi.
— Nous non plus.

Adieu, Coronado Cays. Ils déménagèrent.

Une chose était certaine. La douane veillait. Plus question de passer par la route. Et personne ne voulait recommencer l'histoire des canots pneumatiques, des combinaisons de plongée, ni du cisaillage des barbelés dans les collines. Alors, que faire ?

Carlos eut une idée.

Un de ses amis, qui l'accompagnait parfois lors de ses virées à Las Vegas, était Gaston Santos, un torero mexicain de bonne famille, riche et célèbre. Assez clair de peau pour paraître américain, élégant, avec une façon de prendre la vie comme elle venait qui rendait sa compagnie agréable, Santos toréait à la manière portugaise, à cheval, sur ces descendants des pur-sang arabes que les Maures avaient introduits en Espagne.

C'était aussi le fils d'un général révéré comme héros de la révolution mexicaine, position qui, avec sa fortune, donnait à Santos un poids social et politique considérable. On disait qu'il possédait pratiquement tout l'Etat de San Luis Potosi, au nord-est du Mexique, où il vivait d'un colossal élevage de bétail et entretenait une armée privée de quinze cents hommes.

— Tout le bœuf du Mexique vient de là, s'émerveillait Barruetta. Il possède tout ce foutu Etat. Je ne plaisante pas : l'Etat est vraiment *à lui*.

Cela paraissait tout à fait exact. Une controverse entre Santos et le gouvernement mexicain sur le contrôle de 2 500 hectares avait, paraît-il, pris fin quand l'armée régulière avait essayé de reprendre ces terres par la force. L'armée privée de Santos l'avait repoussée.

— Il a prêté à Falcon des soldats de son armée, ajoute Barruetta. Il avait des tas de *pistolas*, des gars armés de fusils, excellents tireurs. Des gosses de quinze ans capables de vous coller une balle entre les deux yeux.

En plus de son pouvoir politique et militaire, Santos était une vedette de cinéma fort populaire, une sorte de John Wayne. Il était également associé en affaires avec Alberto Sicilia-Falcon. Et, disaient certains, son amant.

Santos impressionnait Barruetta.

— Carlos avait plus de classe que Santos, mais Carlos était un personnage clandestin. Santos était une figure publique — star de cinéma, torero. Mais le *meilleur*, c'était incontestablement Falcon. Et tous les trois, ils étaient... ciel ! Il fallait voir ça. Si vous étiez avec eux on vous respectait, au Mexique. C'était une vraie police d'assurance. Personne ne vous aurait roulé.

Malgré sa fortune et son influence, Santos avait un problème. Son avion privé était immobilisé à l'aéroport de San Diego avec une facture de réparations de 235 000 dollars, somme dont il ne disposait pas en liquide pour le moment. Pour avoir l'argent, il expédia aux entrepôts de Falcon à Mexicali quelques tonnes de marijuana que lui avait fournies un chef de guérilla implanté dans les vertes montagnes de la Sierra Madre del Sur, non loin d'Acapulco. De Mexicali, les camions livraient la drogue en Californie, où les clients new-yorkais venaient la chercher.

Carlos eut donc une idée. Puisque ces clients achetaient la drogue de Falcon livrée en Californie, pourquoi Carlos et Barruetta ne feraient-ils pas comme eux ? Il fallait commander par tonne et le prix était plus élevé qu'au Mexique — 80 000 dollars — mais l'on n'avait pas à se préoccuper des frontières ; plus de poursuites à tombeau ouvert, plus de petites amies déshabillées et fouillées.

Carlos et Barruetta prirent un appartement à l'hôtel Circle à San Diego. Ils en transformèrent une partie en bureau. Carlos s'installa dans le reste avec Joan Beck et deux autres filles.

Barruetta loua également quatre maisons à Los Angeles (l'une proche de celle de John Lennon) et y emmagasina la marijuana de Falcon livrée par un jeune maigrichon du genre hippie, nommé Roger Fry.

Vêtu de jeans crasseux, conduisant une vieille Volkswagen cabossée, Fry était aussi simple et débraillé que Carlos était élégant et d'un chic douteux. Mais son apparence était une pose savamment calculée. Il était en fait le plus important représentant de Falcon aux Etats-Unis, avec un réseau de distribution allant d'une côte à l'autre, et des millions de dollars sur des comptes chiffrés en Suisse.

Cela fonctionnait ainsi. Barruetta louait un camion, le garait devant un centre commercial et en informait Fry. Fry prenait le camion, rencontrait Barruetta un ou deux jours plus tard et lui donnait le nom d'un autre centre commercial. Barruetta allait y reprendre le camion, qui contenait alors deux tonnes de marijuana ; il la distribuait ensuite à des grossistes de moindre importance.

Fry était on ne peut plus prudent.

— Il se méfiait terriblement du téléphone, explique Barruetta. Il disait : « Si vous êtes à cent cinquante kilomètres et que je veuille vous dire merde, je ferai cent cinquante kilomètres en bagnole pour vous dire merde ! »

Barruetta et Carlos n'appréciaient pas tellement Fry. Il n'aimait pas la rigolade. Comment avoir de la sympathie pour un type aussi riche qui continuait à conduire une Volkswagen ? Fry ne les aimait pas davantage. Il ne les trouvait pas assez prudents, et trop « tape-à-l'œil ». Carlos avait toujours sa Rolls, Barruetta conduisait une Pantera. Ce n'était pas le style de Fry. Son style à lui, c'étaient les jeans sales, les T-shirts déchirés, les vieilles bagnoles — et des tonnes d'argent dans des banques suisses.

Barruetta l'ignorait encore, mais le sombre et prudent Roger Fry avait un autre sujet de préoccupation concernant Falcon. Lors d'une réunion à la Maison Ronde, Fry avait entendu Falcon parler de s'emparer d'un pays. Le Belize. Pas un grand pays, certes, mais un *pays*.

Jadis appelé Honduras britannique, enclave sur la mer des Antilles entre le Mexique et le Guatemala, le Belize était la dernière colonie britannique sur le continent américain. Falcon allait-il se battre contre la Grande-Bretagne ? Fry, qui se désintéressait de la politique, de la diplomatie et de toute abstraction qui n'était pas immédiatement convertible en francs suisses, avait confié à un ami que Falcon allait « vraiment trop loin ».

Barruetta affirma par la suite que l'essentiel de la marijuana allait aux clients de Fry. Barruetta et Carlos devaient se contenter des restes.

— Nous voulions en tirer 70 000 dollars par tonne. Nous n'en étions qu'à 45 000. Ce n'était pas assez. Nous avions vendu une tonne en une semaine et gagné 45 000 malheureux dollars. Roger, lui, vendait à des gens de New York et de Detroit, des types qui ne payaient pas 135 000

105

dollars la tonne comme en Californie, mais 200 000. Il se faisait un fric fou.

Ils s'en plaignirent à Falcon. Celui-ci les invita tous — Barruetta, Carlos et Roger Fry — à une réunion dans sa villa d'Acapulco.

Il ne leur dit pas pourquoi.

Barruetta estimait qu'il ne gagnait pas assez d'argent ? Falcon avait un plan qui en rapporterait plus qu'il ne l'aurait jamais imaginé. Barruetta allait se trouver projeté dans le monde violent du crime et de la politique révolutionnaire.

La villa d'Acapulco, juchée en haut d'une falaise, s'appelait *Casa de la Carcajada,* « la Maison de l'Eclat de Rire ». La salle de séjour s'ouvrait sur une terrasse bordée d'une piscine.

Falcon donna une soirée. Les invités emplissaient la maison et le jardin, dansant, buvant, nageant. L'air lourd embaumait le jasmin. Quand la musique s'arrêtait, le rugissement du Pacifique montait du pied de la falaise.

Deux ou trois invités, ignorant les autres, semblaient curieusement déplacés — des hommes frustes, vêtus comme des paysans. Ils dirent quelques mots à Falcon et partirent.

Barruetta avait trop bu. Falcon proposa à Christine de l'aider à le mettre sous la douche pour le dessoûler.

— Falcon semblait bizarre, dit plus tard Christine à un ami. Le seul qui restait sobre, le seul à être vraiment calme. Il voulait tout dominer.

« J'ai vu Falcon pour la première fois à Tijuana. Il était différent de ce que j'imaginais. Pas du tout excessif. Il observait. C'était un curieux personnage, secret. Il allait à la banque avec ses dobermans, dans une Audi rouge. Habillé sans recherche, totalement différent de ce qu'on m'en avait dit. Je pensais, ce type ne peut pas être *tellement* mauvais. Il semblait avoir vécu des expériences très dures ; peut-être avait-il besoin de voir un psychiatre. Il y avait quelque chose de bizarre en lui.

« J'ai entendu dire qu'il avait étudié pour être prêtre, qu'il avait passé deux ans dans un séminaire. C'est pour cela que la violence dont on parlait m'a toujours surprise. Certaines choses doivent rester difficiles pour un homme qui a reçu une éducation religieuse, à moins que... que quelque chose ne se brise en lui.

Le lendemain de la réception, peu avant la tombée de la nuit, trois camions bâchés firent leur apparition dans l'allée menant à la villa.

Des paysans en bottes, sarapes et sombreros, avec des moustaches à la Pancho Villa, armés de mitraillettes, de couteaux et de pistolets, s'en déversèrent pour entourer la maison, prendre possession du jardin et de la piscine, s'égailler dans la salle de séjour.

Confortablement installé sur un divan de cuir, Barruetta admirait le coucher du soleil lorsqu'il vit le premier des partisans apparaître sur le bord opposé de la piscine. N'en croyant pas ses yeux, il jeta un coup d'œil sur Carlos, resplendissant dans un pantalon de soie, avec sa poitrine nue et ses chaînes d'or, qui repliait un jeu de jacquet. Carlos n'acheva pas son geste. M. Tijuana paraissait mort de frousse.

Tranquillement, pratiquement sans un mot, les partisans se déployèrent. Trois minutes plus tard, quand ils eurent pris possession du terrain, un homme grand, basané, en chemise blanche, pantalon kaki et chapeau de paille, portant un pistolet à la ceinture, pénétra dans la maison comme si elle lui appartenait.

Surgissant d'une chambre, Falcon accueillit l'homme avec joie ; ils s'embrassèrent en riant, comme de vieux amis.

Sans un mot à ses autres invités, Falcon monta avec lui au premier étage et ils disparurent dans une vaste chambre.

Les hommes en armes pénétrèrent dans la cuisine et demandèrent qu'on leur servît à boire. D'autres traînaient dans la salle de séjour d'un air maussade ; lorsqu'on croisait leur regard, ils souriaient d'un air sinistre en découvrant des gencives édentées. Mitraillette en bandoulière, ils regardaient les camions, la propriété et les invités élégamment vêtus qui s'efforçaient de bavarder et de jouer aux cartes ou au jacquet comme si de rien n'était.

Barruetta avait entendu parler de l'alliance que Falcon avait conclue avec un chef de guérilla qui se battait dans les montagnes riches en cannabis de la Sierra Madre del Sur, entre Acapulco et Mexico. Gaston Santos, le torero jouissant d'appuis politiques, amenait par avion la marijuana des guérilleros aux entrepôts de Falcon à Mexicali. Falcon lui-même avait dit que le guérillero qui contrôlait toutes les collines de l'Etat de Guerrero était un ami, un vrai. Sur ordre de Falcon, Barruetta avait acheté cinquante mitraillettes à San Diego, les avait fait vérifier au stand de tir de la Maison Ronde, puis livrer aux guérilleros. Mais Barruetta n'avait en fait jamais vu le guérillero, et ce qu'il voyait maintenant l'inquiétait.

Avec Carlos, Roger Fry et deux ou trois autres invités, il était attentif aux bruits qui venaient de la chambre. Pendant deux jours, il y avait eu beaucoup d'allées et venues à la villa. Les amis homosexuels de Falcon étaient venus, bien sûr. D'autres étaient là uniquement pour affaires. Un homme aux cheveux crépus, d'une trentaine d'années, était venu en avion de Miami pour parler d'une livraison de marijuana. Il y avait aussi un homme grand aux cheveux blancs, tout couvert d'or, qui, avait-on dit à Barruetta, était haut placé dans le système judiciaire mexicain; il venait souvent à la Maison Ronde, toujours d'une sobre élégance, et repartait pour Mexico avec des valises pleines d'argent.

Près de trois heures plus tard, Falcon et le chef de la guérilla sortirent de la chambre. Ils s'étreignirent et se dirent au revoir. Le guérillero et ses hommes s'entassèrent dans leurs camions, qui disparurent dans l'obscurité.

Falcon revint dans la salle de séjour. Personne ne souffla mot. Il regarda les visages interrogateurs ou soucieux qui l'entouraient.

— Allons manger, dit-il. Nous avons beaucoup à parler.

Ils allèrent chez Carlos'n' Charlie, sur le Costera Miquel Alemán. Le propriétaire les fit passer devant une file de clients qui attendaient et les installa à une table tranquille, tout au fond. Falcon attendit que le serveur ait débouché le Dom Pérignon et empli les verres.

— Señores, commença-t-il, la police nous a toujours recherchés et nous recherche toujours. Il faut subir cette pression, ou y réagir. Dorénavant, la pression de la police va s'exercer sur quelqu'un d'autre.

Barruetta baissa les yeux sur les huîtres à la Rockefeller. En dehors des filles, son plus grand plaisir était de bien manger. Il détacha soigneusement une huître, la couvrit de fromage et d'épinards chauds et la porta à sa bouche. Il pensa un instant à sa femme, Christine. Il avait l'impression qu'il y avait quelque chose entre Carlos et elle.

— Il n'y aura plus de problèmes avec ceux qui ne tirent que 45 000 dollars d'une tonne, poursuivit Falcon. Nous allons contrôler *toute* la marijuana au Mexique.

Barruetta en leva la tête de son assiette, et cessa de penser à Christine.

Falcon avait un plan. La guérilla allait lui fournir plus de cent tonnes de marijuana. Et ce n'était qu'une première livraison. L'autre grande source d'approvisionnement au Mexique se trouvait dans l'Etat de Sinaloa. Grâce à un pot-de-vin énorme, même selon ses critères, Falcon s'était arrangé pour que la police mexicaine des stupéfiants concentre tous ses efforts sur le Sinaloa. La DEA américaine, dont les opérations au Mexique dépendaient de l'autorisation du gouvernement mexicain, allait elle aussi limiter son action au Sinaloa. Harcelés par les autorités mexicaines et américaines, les concurrents de Falcon au Sinaloa abandonneraient la partie. La seule et unique marijuana mexicaine serait alors celle de Falcon.

Et Falcon faisait monter les prix :

— A partir de maintenant, personne n'aura de marijuana mexicaine en Californie à moins de 170 dollars la livre, achetée par tonne.

Falcon sourit et sortit un gros morceau de chair d'une pince de homard. Il la trempa dans du beurre et prit sa coupe de champagne.

Les autres étaient interloqués, chacun faisant des efforts de calcul mental. Cent tonnes à 170 dollars la livre représentaient 34 millions de dollars. Et Falcon avait dit plus de cent tonnes — avec d'autres cargaisons à venir.

Il y avait toutefois un hic. Falcon n'allait pas payer ce pot-de-vin tout seul. Chacun devrait payer sa part et vendre quelques tonnes supplémentaires pour compenser la perte.

— Bien sûr. Absolument ! Pas de problème, Alberto.

Ensuite, ils allèrent dans une boîte et passèrent la nuit à danser, à boire et à sniffer de la coke.

Personne ne demanda de détails. Du genre : comment faire traverser le Mexique à cent tonnes de marijuana ? Comment faire passer la *frontière* à cents tonnes de marijuana — à plusieurs reprises ! Et pouvait-on avoir constamment prise sur la police fédérale mexicaine ? Avec quoi et comment Falcon payait-il ce guérillero et sa bande de coupe-jarrets des montagnes ? Et que mijotait exactement le guérillero ?

Personne ne posa de questions. Cela n'aurait d'ailleurs eu aucune importance. Falcon avait réponse à tout.

CHAPITRE TROIS

1

C'était une nuit sans lune, noire et silencieuse. Deux mois s'étaient écoulés depuis la réunion d'Acapulco, et Barruetta avait loué un ranch. Il attendait. A huit heures du soir, quatre hommes étaient arrivés. Ils venaient de Los Angeles, à 70 kilomètres à l'ouest. Deux d'entre eux repartirent et revinrent à neuf heures avec deux gros camions Ryder de location. Tous entrèrent dans la maison et attendirent.

A dix heures, Barruetta entendit un grondement de moteur. La lumière des phares frappa les fenêtres de la maison. Il sortit et vit arriver un énorme camion-citerne, un Peterbilt à remorque. Le chauffeur, un

Mexicain, sauta de la cabine, salua Barruetta et les autres, puis se changea : grosses chaussures, salopette, gants et bonnet en caoutchouc. Il grimpa ensuite sur la citerne et, chose stupéfiante, disparut à l'intérieur. On aurait dit qu'il avait plongé dans l'essence.

Deux autres hommes montèrent à leur tour. Un instant plus tard des balles de marijuana tombèrent sur le sol. Les hommes qui étaient dans la citerne les faisaient passer à celui qui se tenait sur le toit. Barruetta comptait les balles. Il y en avait pour trois tonnes. Le tout avait pris une heure.

Le chauffeur du camion monta dans la cabine et sortit du ranch dans un rugissement de moteur. Les quatre hommes le suivirent dans leur voiture. Se sentant plus riche qu'il ne l'avait jamais été, Barruetta alla se coucher.

Jour après jour, les camions-citernes arrivaient. Ils chargeaient la marijuana dans un chantier de bois de Mexicali, à 200 kilomètres à l'est de Tijuana. Parfois, le camion tirait deux remorques à la fois. En un mois, Barruetta compta dix-neuf citernes et 57 tonnes de marijuana. Près de 20 millions de dollars au prix de gros, des centaines de millions au détail. Barruetta n'avait jamais rêvé d'une telle opération. Il se trouvait soudain à la tête d'un parc de camions. Il louait des ranches, des entrepôts, des villas. S'il avait jamais douté de la capacité de Falcon à faire passer des chargements de plusieurs tonnes de marijuana du Mexique en Californie, les événements lui donnaient tort. C'était comme si la Compagnie américaine des Tabacs s'était soudain mise au commerce de la marijuana, et il était le vice-président responsable des importations.

Falcon dirigeait-il d'autres opérations de ce genre, à l'insu de Barruetta ? Certains camions transportaient aussi des sacs de cocaïne. Une fois on lui avait même livré une mitrailleuse. Que diable ferait-il d'une mitrailleuse ?

Christine n'aimait pas le travail de son mari, et pas davantage les amis de Barruetta. Elle en voulait à Carlos de l'avoir détourné du droit chemin. Il lui semblait qu'on avait entraîné Barruetta dans une vie mondaine, snobinarde, pour laquelle il n'était pas fait. Elle savait qu'il couchait avec d'autres femmes ; de son côté, il l'accusait d'avoir des aventures avec d'autres hommes.

Il était souvent absent ; quand il rentrait, ils se bagarraient et il repartait. Ils avaient un fils, Eric, mais Barruetta le voyait rarement.

Finalement, dans une boîte de Tijuana, le désaccord entre Barruetta et Christine éclata au grand jour. Cela déclencha une série d'événements qui allaient affecter la vie de tous ceux qui touchaient à l'organisation Falcon.

La discothèque, qui faisait partie de l'hôtel El Conquistador, avait été conçue avec l'aide de Joan Beck pour répondre à des critères susceptibles de plaire à Falcon. C'était de fait son club privé. Le soir où les ennuis commencèrent, il était plein d'amis et d'associés de Falcon : des gens qu'il ne pouvait se permettre d'offenser.

— Christine avait fait monter la tension jusqu'au seuil critique, se rappelle Barruetta. Depuis quelque temps, elle allait dans les boîtes pour savoir ce que Carlos et moi fabriquions quand elle n'était pas là. Les filles lui disaient : « Ma foi, on s'est drôlement amusés », en lui donnant tous les détails. Folle de rage, elle est arrivée à la discothèque de l'El Conquistador. Nous étions tous là ; il y avait aussi certains des plus grands pontes du trafic des stupéfiants du Mexique. Elle s'est mise à hurler. Elle a essayé de tabasser une des filles dans les toilettes. Elle disait à tout le monde d'aller se faire foutre, et les traitait de sales trafiquants.

« Il y avait des policiers, le fils du gouverneur, un juge, sans compter Falcon, Carlos et moi. Pour tout arranger, il y avait Roger Fry qui ne cessait de nous demander à quoi rimait tout ce faste. Bref, le gouvernement et les riches du Mexique réunis pour une soirée très privée.

« Christine a fait un scandale épouvantable. La discothèque s'est entièrement vidée. Elle sortit dans le parking et lança des pierres sur ma voiture.

La police arriva :
— « Nous allons vous ramener à votre voiture. Vous y monterez, vous traverserez la frontière et vous rentrerez directement chez vous. » Elle obéit.

« Plus tard dans la soirée, poursuit Barruetta, je me suis retrouvé chez Falcon à la Maison Ronde. Ecoute, me dit-il, il faut faire quelque chose. Christine rend tout le monde paranoïaque. Il va falloir que tu l'amènes ici pour que nous nous en débarrassions.

« Le lendemain, j'en ai parlé à Christine. Je lui ai expliqué ce qui se passait, pour qu'elle essaie de m'aider, pour qu'elle cesse de se rendre insupportable. Malheureusement, elle ne m'a pas cru. Elle n'avait aucune idée de ce qu'étaient ces types. Elle n'a *jamais* manifesté le moindre respect à leur égard.

Même si Albert et Christine se chamaillaient, et en venaient parfois aux mains, quelque chose les ramenait toujours l'un vers l'autre. Mais ça ne durait jamais. Séparés, ils avaient hâte de se retrouver. Ensemble, ils ne pouvaient se tolérer. C'était toujours le même scénario, et chaque fois c'était un peu plus douloureux. Et maintenant, c'était devenu non seulement leur problème, mais celui de Falcon. Il insistait pour que Barruetta la supprime. « Tue-la, disait Falcon, ou suicide-toi. Amène-la à la Maison Ronde, elle n'en ressortira pas. »

Une fois déjà, Barruetta avait été convoqué à la Maison Ronde où on lui avait enjoint de participer au meurtre d'un ami. Falcon, Carlos et Chu-cho (un des gardes du corps de Falcon) pensaient que cet ami avait parlé à la police. C'était la première fois que la violence de Falcon atteignait personnellement Barruetta. Il avait l'art de ne pas penser aux choses qu'il voulait ignorer. Il voulait penser aux filles, aux boîtes de nuit et aux restaurants, aux belles voitures et aux chevaux de course, pas au reste.

— Ils voulaient que je l'amène à Tijuana pour qu'ils puissent le tuer, dit Barruetta. Et ce gars était un très bon ami à moi. A la Maison Ronde, tout le monde me harcelait de questions : « Ce type est allé au ranch et t'a vu, est-ce que tu connais sa femme, où prend-il tout le fric qu'il joue aux courses, il dépense plus qu'il ne gagne, où prend-il le fric, qu'est-ce qu'il fait ? »

« Falcon avait un avocat de Beverly Hills, Barry Tarlow, qui engageait des types pour enquêter sur nous tous ; ils avaient déniché des rapports de la police américaine sur ce gars. Falcon faisait cela avec tous nos clients, leur collant des enquêteurs aux fesses pour savoir ce qu'ils faisaient, où ils allaient, qui ils étaient. Et ils voulaient que je les aide à tuer ce gars, cet ami à moi. Je ne voulais pas me mêler de ce genre d'histoires. Ça me terrorisait. Je leur disais : " Il doit y avoir un autre moyen. "

« J'avais vu comment ils se débarrassaient de certaines personnes. Ils faisaient ça avec une maestria... Au beau milieu d'une soirée, on les retrouvait morts, et la fête continuait. Ils se mirent à me parler de deux personnes qu'ils avaient tuées la semaine précédente. Ils avaient attaché ce gars et cette fille au siège de leur Volkswagen et y avaient mis le feu. J'avais du mal à croire qu'ils pouvaient faire ça à des gens si gentils. Rubi, un autre garde du corps, s'était chargé du boulot. Il les avait brûlés vifs.

« Falcon faisait n'importe quoi. Un bateau était venu par le canal de Panama jusqu'à Acapulco avec une cargaison de cocaïne. Il attaqua le bateau et s'empara de la coke. Ce genre de truc l'amusait. Il aurait également fait une razzia dans la maison d'un type, tué les gardes, puis obligé le type à dire où tout était planqué avant de le descendre.

« Après la réunion à Acapulco avec le guérillero, Falcon transportait sa marijuana en avion vers un endroit proche de la frontière où on la comprimait et l'emballait. Des paysans qui y travaillaient parlèrent aux Feds mexicains. Falcon fit abattre toute l'équipe d'emballeurs. Une dizaine de types, comme ça. Il pouvait empêcher la police d'y fourrer son nez. Il avait une telle emprise sur le gouvernement mexicain qu'il pouvait faire tout ce qu'il voulait.

« Finalement, j'ai promis à Falcon d'essayer de faire venir son ami, mais je n'ai rien fait, et je n'en ai plus jamais entendu parler.

Peu après l'incident de la discothèque, Christine reçut un coup de téléphone de Falcon.
— Comment ça va ? lui demanda-t-il d'une voix chaleureuse. Si j'ai bien compris, vous vous êtes disputés. Ça va s'arranger ?
La veille, elle s'était de nouveau bagarrée avec Barruetta.
— Ça va, dit-elle. Le seul ennui, c'est que je suis imprésentable. Alors, je ne bouge pas de la maison.
— Pourquoi ne viendriez-vous pas ici pour bavarder un moment ?
Christine ne croyait pas tout ce que Barruetta lui disait sur la brutalité de Falcon, mais elle en croyait assez pour être prudente. C'était la première fois que Falcon lui téléphonait.
— Eh bien... je suis incapable de conduire. Je me suis fait mal à la jambe. Je ne mettrai pas les pieds dehors avant au moins une semaine. Je me boucle à la maison.
— Ne vous inquiétez pas pour ça. Je vais vous envoyer une voiture.
Pourquoi agissait-il ainsi ? Elle refusa, lui dit au revoir et raccrocha.
Plus tard, Barruetta téléphona pour s'excuser à propos de leur bagarre. Elle lui dit que Falcon l'avait invitée à la Maison Ronde.
— N'y va pas ! s'écria-t-il, terrifié.
— Crois-tu réellement que je l'aurais fait ?
— Cette fois, tu as vraiment réussi ton coup, Christine.

2

Barruetta savait ce qui arrivait quand on était vulnérable — et il l'était. Ce n'était pas uniquement la scène de Christine à la discothèque. Barruetta lui-même se débattait depuis des mois au milieu d'une nuée de flics et d'agents. Ils le suivaient partout, l'assiégeaient à son domicile, l'appelaient au téléphone. Ils ne lui laissaient pas un instant de répit. En désespoir de cause, il leur lançait quelques miettes, un paysan russe jetant de la viande aux loups.

— Un flic de la douane me persécutait. Chaque fois qu'il me voyait à la frontière, il m'arrêtait, m'obligeait à me déshabiller, me fouillait, m'interrogeait et me retenait pendant des heures. Mais je ne disais jamais rien sur *nous*. Je ne tenais pas à tuer la poule aux œufs d'or. Alors, je lui parlais d'autres gens, des types du Sinaloa, des broutilles dont j'entendais parler dans les bars. Il me harcelait, me téléphonait chez moi, se faisait insistant...

« Il me pourchassait partout. Même mon fils Eric qui avait trois ans disait : " Dis, maman, tu as vu ce type ? Il n'arrête pas de nous suivre."

« Ils ne prenaient pas la peine de se cacher. Je changeais de numéro de téléphone, ils m'appelaient dès le lendemain. Je les avais au cul. A force, j'ai commencé à leur lâcher quelques vétilles. Mais au bout d'un moment, ça ne leur suffit plus. Ils voulaient une vraie affaire. Ils *m'emmerdaient* pour ça. Ils voulaient coffrer quelqu'un.

« Alors, je suis allé acheter la marijuana la moins chère que j'aie pu trouver à Tijuana. Ça m'a peut-être coûté 10 000 dollars. Je me suis procuré une voiture et j'ai engagé un gars qui avait été dans les Feds mexicains. Quand j'étais un petit dealer, j'achetais ma marijuana aux Feds : ils la vendaient bon marché, elle ne leur avait rien coûté. J'ai passé l'herbe en fraude et j'ai dit à l'ex-Fed d'aller la planquer dans un parking. Et j'ai fait agrafer ce gars, pour me débarrasser de la pression des flics. Je sais que ça a l'air horrible, mais dans ce boulot, on n'a pas le choix. Et après, je leur ai donné un autre type. Mais je ne leur ai jamais donné ce qu'ils cherchaient vraiment. Je savais ce qu'ils cherchaient. Ils voulaient Falcon.

Barruetta rencontra Carlos au bordel de la compagnie. Ils s'installèrent au bar de la bibliothèque. Les chambres dissimulées derrière les livres étaient vides.

« Il va falloir que tu t'occupes de Christine, commença Carlos. Il y a trop d'argent en jeu et trop de gens dans le coup pour que quelqu'un se conduise de cette façon. Elle fait peur à tout le monde. Il va falloir que tu l'amènes au Mexique, que tu fasses quelque chose pour te débarrasser d'elle. »

— Je lui ai dit que je ne pouvais pas. J'étais désespéré. J'ai tout essayé. Je lui ai raconté qu'elle avait un cancer, qu'elle allait mourir de toute façon, mais il ne goba pas cette histoire. Il se contentait de me répéter ce qu'Alberto lui avait dit.

Le téléphone de Barruetta sonna. C'était Falcon.
— Sois ici dans deux heures. J'ai à te parler.
— A quel sujet ?
Falcon raccrocha.
Barruetta avait entendu des rumeurs. Les gens disaient que Falcon ne voulait pas uniquement la peau de Christine, mais aussi la sienne.

Il alla à l'hôtel El Conquistador dans sa Pantera ; Rubi, le garde du corps qui avait brûlé le couple dans la Volkswagen, vint le chercher. Quand Barruetta arriva à la Maison Ronde, Carlos et Falcon l'attendaient dans la grande salle de séjour.

Falcon lui offrit un joint. Tout le monde était amical. Ils parlèrent des camions-citernes et des ranches, du déchargement. Puis, Falcon dit :

— Allons dans la chambre.

Barruetta s'assit sur le lit rond, sous le plafond recouvert de miroirs. Bien entouré.

— Christine, dit simplement Falcon.

— Et alors ?

— Elle va trop loin, mon vieux. L'organisation veut se débarrasser d'elle, et vite. Elle est complètement givrée. Il va falloir que tu fasses quelque chose. Amène-la ici, ou tue-la toi-même. Puis fais-toi oublier. Prends un bon bénéfice sur la prochaine affaire, achète une maison sur la plage à Mazatlán.

— C'est ma femme, Alberto.

— Tu n'as qu'à l'amener, nous nous occuperons du reste. Mais ce n'est pas exactement pour cela que je t'ai fait venir. Il y a un autre problème.

Falcon attendit, examinant Barruetta.

— Quel problème ?

Son estomac disait à Barruetta que les rumeurs étaient vraies : Falcon allait le tuer.

— Les renseignements que tu as donnés aux flics.

— Quels renseignements ?

— Tu as été arrêté à la frontière.

— Et alors ?

— Tu as signé des déclarations. Des choses que tu as dites aux flics.

— Eh bien, tu es mal informé, Alberto. C'est faux.

— Vraiment ?

Falcon avança la main droite. Un morceau de papier blanc se balançait entre ses doigts. Barruetta n'en croyait pas ses yeux. Il savait que s'il prenait le papier, sa main tremblerait et que Falcon prendrait sa nervosité pour un signe de culpabilité.

Falcon poussa le papier vers lui. Finalement, il le prit. C'était une photocopie du rapport de la Douane. Barruetta avait signé le rapport quinze jours auparavant, à la frontière.

— Où as-tu eu ça ? demanda Barruetta, cherchant à gagner du temps, essayant de faire fonctionner son cerveau.

— Au bureau de la Douane. Tu leur as parlé du camion vert.

Carlos et Rubi le regardaient. Il eut une sorte d'hallucination : ils tenaient tous des verres de bière à la main et il était Joan Beck, couchée sur le lit avec une autre fille.

— Tu as parlé aux flics et tu ne nous l'as même pas dit, continua Falcon.

Il se mit à gueuler contre Barruetta, lui lançant des accusations et des insultes à la figure. Carlos et Rubi joignirent leurs hurlements à ceux de Falcon. Barruetta riposta en criant, mais ils ne l'écoutaient pas. Il se demandait s'il allait sortir vivant de la pièce.

— Ils ont arrêté ma voiture ! criait Barruetta du milieu du lit. Ils m'ont fait signer des choses. Ils ne cessaient de me poser des questions. Ils m'ont déshabillé et fouillé ; ils savaient que je n'avais pas de papiers. Il *fallait* que je leur dise quelque chose. Mais je ne leur ai rien dit sur nous, pas un mot. J'ai toujours parlé d'autres types.

— Comme le camion vert, dit Falcon qui ne criait plus maintenant.

Barruetta avait parlé aux douaniers d'un camion vert qu'utilisaient des contrebandiers. Ils s'étaient fait arrêter par un groupe de Feds mexicains, qui avaient piqué la drogue pour la passer eux-mêmes. Comment Falcon était-il au courant de cette histoire ?

— Ça n'a rien à voir avec nous ! protesta Barruetta.

— Es-tu sûr de ne leur avoir rien dit sur nous ?

— Absolument !

— Qu'as-tu dit sur Carlos ?

— Rien !

— Et sur moi ?

— Non et non ! Rien de rien ! Tu crois que je veux foutre l'affaire en l'air ? Je n'ai parlé que de gens de l'extérieur, une conversation que j'avais surprise...

Cela dura deux heures, ses inquisiteurs se reflétant dans les miroirs posés sur des murs rouges de la pièce. Combien de rapports avaient-ils lus, bon dieu ?

— On nous a informés que quelqu'un avait parlé à la police de San Francisco, dit Falcon. Nous *savons* que quelqu'un a parlé. On disait que c'était toi.

— Non !

Falcon exhiba une liste des gens à qui Barruetta avait parlé, des clients personnels avec qui il avait traité... un Italien, deux frères habitant San Francisco et d'autres. Barruetta était surpris et terrifié. Comment Falcon pouvait-il savoir tout cela ?

Soudain, tout le monde cessa de hurler. Dans le silence, Falcon coupa le bout d'un Montecristo n° 1 et l'alluma. Un instant, ce geste rendit espoir à Barruetta. Falcon était si absorbé par son cigare qu'il semblait avoir oublié le reste.

— On ne quitte notre organisation, dit Falcon en soufflant la fumée, qu'avec une médaille.

Il fallut un moment à Barruetta pour comprendre. Une médaille décernée à titre posthume.

— Je n'ai pas dit un mot à notre sujet, répéta Barruetta, à court d'arguments.

— Bon, dit finalement Falcon. Tu deviens trop dangereux pour nous, mon ami. Et Christine aussi. Tu peux partir. Mais débarrasse-toi de ta femme. Envoie-la ici. Nous nous en occuperons. Et ne reviens pas. Va à Mazatlán, installe-toi dans ma maison, nage et détends-toi. Prends deux ans. Mais ne remets pas les pieds ici. Tu comprends ? Ne reviens pas. *Jamais.*

— D'accord. J'enverrai Christine.

— Je te le conseille.

— Merci, dit Barruetta. Merci d'avoir compris ma situation.

Rubi le ramena en voiture jusqu'à l'El Conquistador. Barruetta respira avec volupté l'air qui entrait par les vitres ouvertes. Il n'aurait jamais imaginé que l'air de la campagne pût être aussi vif et pur.

— Je sortis en tremblant, me raconta Barruetta. Un moment, j'avais pensé que je ne m'en sortirais pas. Mais je n'allais pas me soumettre. Même s'il me terrorisait.

« J'ai dit à Christine que Falcon voulait la tuer, mais elle ne me crut pas. Elle ne les pensait pas capables de cela. Nous nous sommes disputés et séparés une fois de plus.

Barruetta s'installa dans une maison située dans un faubourg de San Diego appelé Mount Helix.

CHAPITRE QUATRE

1

Le visiteur de la Maison Ronde ressemblait à Clint Eastwood. Il était grand, costaud, bâti comme un arrière de rugby. Il sentait la puissance qui se dégageait de ces lieux, et bien qu'il n'eût pas peur, il prit garde de mesurer ses paroles.

Pour entrer, il avait franchi de lourdes portes de bois et était passé devant trois dobermans et un danois, des gardes armés, une multitude de domestiques. D'autres gardes l'avaient escorté en silence en passant devant la piscine, une fontaine, des fleurs tropicales, des bureaux, puis ils lui avaient fait traverser le court de tennis, la salle de jeu, les chambres d'amis, le sauna, le stand de tir, et, après avoir grimpé un escalier en colimaçon, les chambres de maître, le bar, la salle à manger, la salle de séjour. Ils voulaient qu'il voie tout.

On l'avait ensuite fait attendre dans l'imposante salle de séjour donnant sur le terrain de golf et les toits de Tijuana. Devant lui, une table basse était incrustée de pépites d'or dessinant en lettres de deux centimètres et demi un nom : *Falcon*. Une petite pile de documents officiels américains attira le regard du visiteur. Il les reconnut instantanément. Beaucoup étaient *top secret*. Ils racontaient son histoire, celle d'un homme qui, dans la vie réelle, n'était pas loin de ressembler à James Bond.

L'armée américaine lui avait appris l'art de la violence. Il savait tuer discrètement : à mains nues, avec des armes exotiques ou des bombes artisanales. Il allait bientôt posséder une voiture équipée d'armes automatiques dissimulées sous les phares et dans le coffre. Les autorités allaient le désigner par le code secret 0010.

Ces documents avaient été mis en évidence sur la table pour l'impressionner. Comment son hôte se les était-il procurés ?

Falcon entra à grands pas. Domestiques et gardes du corps s'inclinèrent devant lui comme si c'était le roi-soleil. Il était proche de la trentaine (en fait, c'était son vingt-neuvième anniversaire), bel homme, basané, rasé de près, portant un costume havane à boutons dorés, une chemise de soie coquille d'œuf ouverte au col, une Rolex en platine ornée de diamants jaunes, une bague en platine avec un diamant bleu, une chaîne en or au poignet, des souliers vernis jaunes.

Il prit place sur le divan et aborda immédiatement le vif du sujet :

— Croyez-vous pouvoir vous charger de cette affaire ?

— Je peux me charger de n'importe quoi. » Il mit l'accent sur *n'importe quoi*. Il ajouta : « Quoi que vous me demandiez de faire, je l'ai déjà fait.

L'homme qui avait dit à Falcon : « Je peux me charger de n'importe quoi » s'approcha de la maison de Barruetta avec autant de discrétion et d'agilité qu'un lynx des marais. Il y avait une bonne brise, juste ce qu'il fallait. Assez pour faire bruire les feuilles et les buissons et couvrir le bruit qu'il faisait, mais pas assez pour dévier la trajectoire de la balle.

Il portait un pantalon noir de karatéka, un T-shirt noir, des baskets noirs, et de la graisse de camouflage sur les mains et le visage. Il était invisible.

Se mouvant rapidement dans la chaude nuit de mai, il atteignit la maison de plain-pied, longea la façade en passant devant un yucca, quelques cactus et deux cocotiers, évita soigneusement une allée de gravier, et s'agenouilla à côté d'un palmier, derrière un muret de pierre. Le garage était juste sur sa droite, la fenêtre de la cuisine sur sa gauche, et en face de lui, au-delà d'un patio herbu, se trouvait la salle de séjour, dont la vaste fenêtre était protégée par une grille en fer forgé.

C'était une maison coûteuse, en haut d'une colline, une solide bâtisse de pierre, bien meublée. Il y avait pénétré deux fois sans y être invité, rôdant dans les pièces la nuit, regardant Barruetta et une fille dormir paisiblement dans le grand lit, le drap se soulevant et s'abaissant au rythme régulier de la respiration des amants satisfaits. Il avait remarqué que Barruetta ronflait.

Lors d'une de ces incursions, il avait décidé que la meilleure solution serait de tirer un seul coup à travers la fenêtre du living.

Ce soir-là, Barruetta avait invité quelques personnes à dîner. Le temps que les invités partent et que Barruetta et la fille soient prêts à se coucher, il était minuit passé.

Le living donnait sur la chambre. De sa position, l'homme en noir apercevait la fille allongée sur le lit, nue. Elle regardait la télévision. Baruetta et elle plaisantaient et riaient.

Barruetta, en jean et T-shirt blanc, allait sans cesse à la cuisine, en traversant le living. Il mangeait sans arrêt. Il alla d'abord chercher une bière. Puis un sandwich. La fille ne mangeait rien. Elle était jolie, attrayante, petite mais bien faite, avec des cheveux châtains, de jolis seins.

Barruetta se leva et retourna à la cuisine.

— Cette fois, c'est bon, se dit l'homme en noir. Quand il ressortira de la cuisine, il y aura droit.

Il avait un Magnum 357 Model 19 avec un canon de dix centimètres qu'il tenait fermement, en s'appuyant des deux mains sur le mur. Entre deux barreaux qui se croisaient sur la fenêtre du living, il visait l'entrée de la chambre, corrigeant la déviation que subirait la balle en traversant la vitre. L'arme était chargée de six balles de 17 grammes, à charge creuse.

Barruetta sortit de la cuisine, portant quelque chose dans un bol. Il entra dans le living, puis s'attarda dans l'entrebâillement de la porte de la chambre, exposant son profil droit à la fenêtre. Il bougea les lèvres, s'adressant à la fille allongée sur le lit, qui se retourna pour lui répondre. Il leva le bol pour la tenter et en sortit une cuillère pleine à ras bord de glace à la vanille. Il porta la cuillère à ses lèvres, suçant lentement la glace pour taquiner la fille. Elle rit.

La porte de la chambre explosa. Des éclats de bois volèrent en tous sens, frappant la fille, criblant le lit. Projeté de côté, Barruetta s'était affalé sur le plancher. A genoux sur le lit, les mains sur les oreilles, la fille hurlait.

L'homme en noir piqua un sprint, le coup de feu résonnant à ses oreilles en même temps que les hurlements de la fille. Il courut jusqu'au bout de la rue, tourna à gauche en arrivant à un verger, et sauta dans une Datsun 260 Z. Il avait préparé une serviette et un pot de cold-cream. En dix secondes, il débarrassa son visage et ses mains de la graisse de camouflage.

Il se changea rapidement puis, vêtu d'un pantalon et d'une chemise sport clairs, gagna sans se hâter le Sheraton Airport Inn, à côté de la marina. Il souhaita une bonne nuit à la fille de la réception. Il l'avait déjà remarquée. Très jolie. Et elle se souvenait de lui.

Si on l'avait interrogée, elle aurait probablement dit qu'il ressemblait à Clint Eastwood.

2

Falcon était le maître. Il contrôlait de hauts fonctionnaires de la police fédérale mexicaine, et avait prise sur le Gobernación (la CIA mexicaine). Son influence et sa fortune ne cessaient de croître.

Il avait engagé un nouveau responsable de la sécurité, un type formidable (qui avait réglé sans bavure l'affaire Alberto Barruetta — du moins le semblait-il). Les autorités américaines, dont Falcon connaissait à l'avance tous les mouvements grâce à des espions au sein de la police et même du gouvernement fédéral, n'étaient guère plus embêtantes qu'une nuée de mouches.

A certains moments, Pat Gregory, l'ancien de la CIA, et le paisible et tenace Rich Gorman, seraient convenus avec Falcon qu'il n'avait pas grand-chose à craindre. Toutes les autorités légales (et illégales, d'ailleurs) du Mexique semblaient le craindre comme la peste. Dans leurs moments de dépression, Gregory et Gorman se demandaient comment Falcon était devenu si puissant, et s'il n'était pas de ce fait intouchable. Avaient-ils visé trop haut ?

Ils n'avaient pas encore entendu parler du Centac. Et le Centac, qui n'avait que six mois d'existence, ne s'était pas encore intéressé à Alberto Sicilia-Falcon. En ce mois de mai 1974 (le mois où un inconnu avait tiré sur Barruetta), Rich Gorman et Pat Gregory n'imaginaient pas jusqu'où ce Centac allait un jour les entraîner. Vu des hauteurs stratosphériques du crime international, Falcon disparaîtrait presque aux regards.

TROISIÈME PARTIE

Centac-20 : Donald Steinberg

« Le chef m'a demandé si je savais ce qu'était le Centac. Je lui ai répondu que je n'en avais jamais entendu parler. Il m'a appris qu'il s'agissait d'une brigade d'élite, hautement prioritaire. C'est tout ce qu'on m'a dit, je ne savais rien de plus. »

CHAPITRE PREMIER

1

Après avoir pris connaissance de l'affaire Falcon, je décidai — si je devais passer quelques années de ma vie à accompagner le Centac au cœur de l'Empire Souterrain — d'en apprendre davantage sur l'un et sur l'autre que ce qu'avaient pu m'en dire Dennis Dayle et ses agents. Je me mis donc en quête de l'homme qui, six ans auparavant, avait inventé le Centac.

Je le rencontrai dans un parking, en plein vent, sous le crachin. C'était un Français assez corpulent nommé Tony Pohl; il portait un trench-coat et ressemblait à Hitchcock. Dennis Dayle m'avait dit : « c'est un personnage complexe, opiniâtre, brillant, impitoyable ». Pohl accepta de parler, à condition que je ne divulgue ni la nature de son travail, ni le lieu où il l'exerçait, ni pour le compte de qui il opérait.

— Dites simplement que je suis dans le secteur, que je reste à couvert.

— J'ai rencontré Tony Pohl. Il est dans le secteur. Point final.

La criminalité internationale explosa après la Seconde Guerre mondiale. Les policiers de New York pouvaient enquêter sur un meurtre, les Stups de Singapour saisir un chargement d'héroïne, les Turcs découvrir une cache d'or, sans se douter le moins du monde qu'ils travaillaient tous sur la même affaire. Le crime était à l'âge du jet et les flics étaient restés collés au sol. La coopération policière d'une ville à l'autre était encore au stade expérimental ; à l'échelle internationale, elle existait à peine. La bureaucratie était souveraine et la protection des zones d'activité des malfaiteurs prenait souvent le pas sur la chasse aux criminels.

Plus que nulle part ailleurs, la rivalité, la paranoïa et les luttes de pouvoir dominaient les relations entre les agents fédéraux des stupéfiants et l'administration des Douanes. Parfois, ces conflits dégénéraient en guerre ouverte ; au début des années 1970, la Maison-Blanche faisait fréquemment office de médiatrice.

Tony Pohl, écrasé par la routine bureaucratique, en butte à l'hostilité des inspecteurs des douanes, voyait les grands criminels se livrer sans encombre à leurs trafics. Il tenta une ultime manœuvre. Il était à l'époque agent fédéral à la Brigade des stupéfiants de New York. Il décida de fonder sa propre section, constituée d'un groupe de francs-tireurs irréductibles, sourds aux guerres de faction, pour traquer les trafiquants de drogue et les mettre sous les verrous, non pas l'un après l'autre, mais en bloc. Plus question de pourchasser des individus. Il visait des associations de malfaiteurs. Son expérience et son tempérament le prédisposaient à cette tâche.

Né à New York de parents musiciens (son père devait diriger l'orchestre de l'opéra de Strasbourg), il avait pendant des années enquêté sur les associations de malfaiteurs pour l'Armée américaine et la Brigade fédérale des stupéfiants. Il avait travaillé à Chicago, New York, Paris, Marseille, parlait le français, l'allemand, l'espagnol et l'italien.

— A mon avis, il existe deux sortes de représentants de la loi, me dit-il. Toutes deux sont nécessaires. Vous avez le type cogneur, celui qui défonce la porte à coups de pied, qui fait hurler la sirène. Et vous avez, je ne dirais pas le type intellectuel, mais disons, celui qui raisonne. Je pense appartenir plutôt à la seconde catégorie. J'adore me défouler sur l'autoroute à coups de sirène, mais ce n'est pas vraiment comme ça qu'on expédie les gens en prison. Pour démanteler des associations, il faut une énorme ténacité. C'est le seul moyen d'en venir à bout.

Lorsqu'il décida de constituer sa brigade de choc dissidente, renégate et clandestine, il se retrouva à la tête d'un groupe de huit agents.

— Au sein de ce formidable appareil compétitif, bureaucratisé, étouffant, il m'a fallu créer un organisme un peu... nébuleux, pour que personne ne puisse mettre le grappin dessus.

Ses collègues furent tout bonnement stupéfaits de le voir abandonner son service.

— On a déménagé tout le bataclan, embarqué nos dossiers, nos coffres-forts, nos chaises, nos bureaux. J'ai dégoté un local inoccupé au Palais de Justice fédéral de Manhattan et on s'y est installé.

Il baptisa son équipe « Unité tactique spéciale ». Personne n'y comprit goutte, ne sut au juste de quoi il s'agissait, et par conséquent, tout le monde prit peur :

— Les douanes en sont restées pétrifiées.

Il résolut une affaire, s'attaqua à une autre, et sa petite escouade gonfla jusqu'à compter 150 agents fédéraux, policiers municipaux et gardes mobiles fédéraux. Cette coopération sans précédent fut couronnée par une énorme réussite.

Trop énorme pour être tolérée. En 1973, la brigade fédérale des stupéfiants (qui s'appelait à l'époque *Bureau of Narcotics and Dangerous Drugs*), fusionna avec les Douanes et prit le nom de *Drug Enforcement Administration,* Direction de la répression contre les stupéfiants (DEA). La DEA du secteur de New York tomba sous l'autorité d'un des rivaux les plus puissants de Pohl, qui s'empressa de mettre fin aux activités de son unité tactique spéciale. Pohl fut transféré à Washington. Si les bureaucrates de Washington s'étaient douté de ce qui leur arrivait, ils l'auraient sans doute réexpédié à New York en toute hâte.

— A Washington, je me suis heurté à un gigantesque appareil bureaucratique, tandis que sur le terrain, les agents étaient confrontés à des problèmes de plus en plus nombreux et recevaient de moins en moins d'aide. Alors je me suis dis, ça a marché à New York, pourquoi cela ne marcherait-il pas ici ?

Cette fois, il ne bougea pas de son bureau et réfléchit au moyen d'intimider les responsables timorés qui pourraient tenter de lui barrer la route.

— J'ai cherché un nom excitant, étudié une variété d'abréviations et Centac, pour *Central Tactical Unit* (Unité tactique centrale), m'a paru coller. Bien enveloppé, ce serait facile à vendre. Une fois qu'on aurait entendu ce nom accrocheur, on n'aurait pas trop envie de savoir ce qui se cachait derrière. Ça sonnait bien. Même l'*Office of Management and Budget* (OCB) l'a acheté. J'en ai touché deux mots à un délégué de ce service de la gestion et du budget ; dès que j'ai prononcé le mot Centac, il a été client.

— Oui, oui... excellent ! Ça servira à quoi ? m'a-t-il demandé, très enthousiaste.

— A un tas de choses.

— Ah bon... très bien. Nous soutiendrons ce projet.

Tout ce que voulait Pohl, c'était un outil pour faire son travail. Il s'est donc procuré cet outil. Il fit fabriquer des cachets en caoutchouc marqués CENTAC et en tamponna tous ses dossiers.

— Et la foutue machine a pris son vol.

Elle vola même plus qu'il n'aurait cru.

— Personne ne savait ce que c'était. Le Centac est devenu un truc mystérieux auquel personne n'avait vraiment envie de se frotter. On ne se bat pas contre ce que l'on ne comprend pas.

Les directeurs régionaux de la DEA en comprirent toutefois assez pour lutter contre le Centac comme s'il s'agissait d'un cancer. Il menaçait leur propre existence, leurs enclaves privées, pratiquement autonomes, où ils régnaient en maîtres. Les directeurs régionaux, les RD, comme on les appelait, étaient totalement obnubilés par les affaires concernant leur région. Entre eux, la compétition était féroce et la coopération pratiquement inexistante. Les agents ne pouvaient même pas voyager d'une région à l'autre sans l'autorisation du RD. La simple idée qu'un agent pourrait débarquer de Washington, mandaté par une chose appelée Centac pour enquêter sur un cas en indépendant, était un appel aux armes. Et celles des RD n'étaient pas négligeables, car certains avaient des relations politiques puissantes et des amis haut placés à Washington.

— Le RD est une entité indépendante, m'explique Pohl. Il peut viser à sa propre gloire plutôt qu'à mettre des malfaiteurs en prison. Sa région est son royaume et n'y pénètre pas qui veut. L'ennui, c'est que les trafiquants de drogue ne se sentent pas tenus de respecter les limites du royaume. Ils naviguent librement entre l'Europe et l'Amérique du Sud, l'Extrême-Orient et les Etats-Unis.

Les agents du Centac envahirent les royaumes des RD. Tony Pohl fit de son mieux pour qu'ils en sortent vivants et tint sa langue. Si les politiciens de Washington eurent vent de son groupe de mutants proliférant voracement au flanc de la DEA, il n'y fut pour rien. Il était assez intelligent pour savoir ce que la notoriété coûterait au Centac. Il finirait par ne plus y avoir assez de place en ville pour le Centac et la DEA.

— J'ai fui comme la peste tout contact politique. Je n'en ai parlé à personne.

Pohl amena à chaque Centac des agents de la DEA recrutés sur le terrain et se débrouilla comme il put pour les caser.

— Dix agents travaillaient dans un espace pouvant à peine en contenir trois. Plus la tâche était dure, plus ils étaient efficaces. Je n'en reviens pas. Je n'ai jamais vu des hommes aussi acharnés au travail que les agents des stupéfiants, pour peu qu'on sache s'y prendre avec eux.

Il demanda un jour la mutation d'un agent qui travaillait dans une région.

— Le directeur régional s'est mis à brailler comme un putois. Vous savez bien que je ne peux pas me passer de lui ! C'est pour ça que vous l'avez choisi ! Si on vous l'accorde, vous regretterez cette erreur !...

Un an à peine après la création du Centac, Pohl démissionna. On lui avait offert un poste dans le privé qui lui convenait. On lui demanda de rester. Il posa pour condition que les directeurs régionaux soutiennent les efforts du Centac. Sa condition ayant été jugée inacceptable, il s'en alla.

2

Après mon entrevue avec Tony Pohl, je rendis visite à son successeur au Centac, Marty Pera, l'homme qui précéda Dennis Dayle. Il me reçut en pantoufles et blue-jean, accoudé sur la table de sa cuisine, quelque part dans la banlieue de Washington. Il avait les cheveux gris, les sourcils broussailleux, et la voix douce et circonspecte de ceux qui ont beaucoup étudié et beaucoup réfléchi.

— Si Tony était resté au Centac, il se serait retrouvé entre quatre planches, me confia Pera. Il souffrait de troubles cardiaques, de tachycardie. Il n'en pouvait plus. Tous les directeurs régionaux voulaient sa peau. Nous n'avons pas le même caractère. Moi, je ne m'énerve pas. Il aurait suffi de leur tenir tête, de leur dire, c'est comme ça et pas autrement... Ce qu'il ne faut pas oublier avec les représentants de la loi, et surtout avec ceux de cette vieille brigade des stupéfiants, c'est que travailler là-dedans, c'est travailler dans un bourbier... Quand on est de la police secrète, on ment, on triche, car si l'on veut s'infiltrer dans une organisation, la fin justifie les moyens. On est formé pour ça. Une structure mentale particulière se construit dans votre tête, et si vous n'avez pas la fibre morale extrêmement solide, ça finit par faire partie de votre personnalité. Cela donne des gens très habiles à vous faire prendre du noir pour du blanc, les meilleurs vendeurs, les plus grands escrocs de la terre. Quand on travaille dans la clandestinité, on devient un escroc, c'est votre point fort, votre atout dans la partie. C'est cette image de macho que les journaux et la télévision glorifient. On peut y laisser sa personnalité, son sens des valeurs conventionnelles et se laisser entraîner dans ce monde criminel. Pour beaucoup, la tentation est forte. Ça devient un mode de vie qui influe sur leur conception du métier, et lorsqu'ils sont en compétition avec leurs collègues, ils utilisent les mêmes techniques.

Ce sont ces techniques que les directeurs régionaux appliquèrent pour se débarrasser de Tony Pohl, de Marty Pera et du Centac lui-même.

— Le Centac s'est heurté à une opposition massive. Toute activité coordonnée, centralisée hors de Washington, était condamnée d'avance par les directeurs régionaux de la DEA. Et ils se sont ligués, bien décidés à couler le Centac.

Pera connaissait bien Tony Pohl. Il avait été son chef de service à New York, son patron à Rome quand Pohl travaillait en Europe, à savoir en France, et faisait partie de l'état-major de la DEA à Washington quand Pohl avait créé le Centac. Il partageait sa passion pour les affaires d'associations de malfaiteurs. Quand Pohl démissionna, Pera lui succéda tout naturellement.

— Un bon dossier du Centac exige beaucoup de compétences. Le travail de la police est devenu très complexe. Dès qu'il est question de trafic de drogue, la plupart des gens pensent à un mafioso moustachu, au livre de Mario Puzo, Le Parrain. Mais cela a bien changé. Les intermédiaires et les grandes organisations sont très nombreux et fonctionnent très longtemps impunément sans que personne y touche. Ils ont de leurs activités une conception totalement différente de la nôtre. Pour ces gens-là, il ne s'agit pas d'un délit mais du summum de la libre entreprise. Les trafiquants prennent des risques énormes et ils en sont fiers. Les agents sont obligés de marcher sur la corde raide, de connaître toute une panoplie de lois, d'accomplir un tas de choses très compliquées pour constituer un dossier légal. Il ne suffit pas de disposer d'une meute de policiers capables de procéder à des arrestations, de parler la bouche en coin, de décharger leurs armes et de raconter leurs prouesses. Il n'en manque pas, mais tout ce qui compte, pour ces fiers-à-bras, c'est le nombre d'arrestations, les quantités de poudre déposées sur la table. Celui qui s'efforce de changer cet aspect de la répression, de démanteler les grandes associations, de rechercher la qualité plutôt que la quantité d'arrestations et de drogue saisie, devient une menace. Il faut l'éliminer, comme un organisme qui rejette tout corps étranger. Quand une organisation comme le Centac commence à se développer, on doit la neutraliser. Il faut une sacrée confiance en soi pour s'attaquer à cinq ou six affaires par an, et uniquement aux grosses. Si on échoue après des mois de travail, avec tous ces agents qui vous tournent dans les pattes et qui n'attendent que ça... Le Centac, c'est comme une glorieuse ascension... une récompense au paradis. Pour y arriver, il faut du temps et des efforts colossaux, avec peu d'arrestations pour se dédouaner en route. Tout ce que j'espérais, c'était de pouvoir accomplir un travail *énorme* et qui n'avait jamais été fait, avant d'être liquidé. En aurais-je le temps? Là était le problème.

Le Centac dut résister à la pression de ceux qui exigeaient des arrestations rapides et nombreuses.

— Vous voyez ce que je veux dire... la récompense immédiate. Les gens de l'OMB (*Office of Management and Budget*) avaient beau faire mine de comprendre, la pression était là. Combien en avez-vous mis à l'ombre? Des chiffres. Ne parlez pas des difficultés. Soyez simple. D'ailleurs la complexité du travail, ça intéresse qui? Les journalistes? Fichtre non. J'en ai parlé à tout le monde, à Jack Anderson, à ceux de la télé. J'en discute avec vous aujourd'hui. C'est partout du pareil au même. Tout ce qu'ils veulent savoir, c'est qui est le bon et qui est le méchant, qu'on leur explique qui ils doivent haïr. Dès qu'on entre dans les détails et les complications, leur regard se fige. J'ai eu un entretien avec le sénateur Lawton Chiles. Il m'a posé des questions qui montraient qu'il n'avait pas la moindre idée, même la plus vague, de ce qui se passait. Quand j'ai essayé de lui expliquer que c'était un peu plus compliqué qu'il n'y paraissait, il s'est carrément endormi.

Après deux années de combat au Centac, Pera, écœuré et meurtri, finit par prendre sa retraite et par enfiler ses pantoufles. La chose ne se fit pas sans éclat. Au cours de l'année qui précéda son départ, cinq Centacs furent, à eux seuls, à l'origine de 400 inculpations de trafiquants de drogue, dont une centaine à la source de la production et du financement, à la fois en Thaïlande, au Canada, à Hong Kong, à Singapour, au Mexique, à Belize, aux Antilles néerlandaises, au Liban, en Scandinavie et aux Etats-Unis. Des organisations entières de trafiquants, jadis grignotées rouage par rouage, furent totalement effacées de la carte. Pera ne voulut pas abandonner le Centac, ne voulut pas que ses ennemis s'imaginent pouvoir le tuer impunément, sans que personne s'en soucie.

C'est pourquoi en 1976 — la deuxième année d'exercice du gouvernement Ford — Marty Pera pénétra un matin de juillet dans la pièce 3302 du Dirken Senate Office Building, et déposa devant la sous-commission permanente d'enquête. Il témoigna avec la candeur et la passion d'un homme ayant quitté un système qui ne pouvait plus le menacer, et dit aux sénateurs ce qu'ils n'avaient pas envie d'entendre.

Il fustigea « le barrage à l'information de la presse, l'insignifiance des proclamations publiques ne visant qu'à rehausser l'éclat d'une image de marque à des fins politiques ». Il condamna la politisation de longue date des lois fédérales de répression du trafic de drogue, déclara aux sénateurs que le fait n'était pas nouveau, mais qu'il s'exerçait à présent sur une plus vaste échelle puisqu'on l'appelait aujourd'hui « la guerre du Président contre la drogue », tandis que les actions à long terme, efficaces, contre des associations majeures de malfaiteurs se livrant au trafic de la drogue, étaient tenues sous le boisseau au profit d'opérations tapageuses, destinées à être exploitées à outrance par les médias. Il dénonça la mascarade des opérations de prestige, « des commissions, des sous-commissions et des groupes de travail chargés d'examiner des problèmes déjà étudiés *ad nauseam* sous tous les angles... comme des mises en scène de vieilles pièces usées jusqu'à la corde, destinées à un public blasé ». Il déplora que des hommes de métier, des professionnels compétents soient évincés par des politiciens opportunistes... « experts essentiellement en compromissions... faciles à circonvenir... ambitieux à l'excès ou simplement faibles ». Dans un tel climat, « le travail de qualité... est une anomalie ». Il doit être jugulé ou détruit.

Pour s'attaquer efficacement au problème de la drogue, « il faut faire appel à des professionnels de la planification, de l'analyse en profondeur, à une action simultanée à long terme, alors que le pays n'a droit qu'à des opérations spéciales, voyantes, durant six ou sept mois. On étale dans les médias un nombre impressionnant d'inculpations, les quantités d'héroïne saisies, dans le seul but de faire croire au public à une réussite spectaculaire, juste avant une élection ».

Que faut-il donc faire ? lui demanda le sénateur Sam Nunn. Lui rappelant les difficultés du Centac avec les directeurs régionaux de la DEA, Pera suggéra « un effort soutenu de centralisation de la répression ». Lorsqu'on s'attaque à un gros trafiquant capable de toucher trois continents en deux jours par la voie des airs, et qui, en chaque point, va poursuivre ses transactions, on ne peut se contenter d'un effort limité à la juridiction des régions.

Pera expliqua aux sénateurs « l'épouvantable bataille » que le Centac dut livrer aux directeurs régionaux de la DEA, et affirma qu'à l'issue de ce conflit, des agents du Centac et leurs responsables avaient constaté que « leur carrière était compromise », pour avoir déclaré la guerre aux méthodes de travail de la DEA, en dépit de l'effort exceptionnel du Centac et des résultats obtenus.

Je demandai à Pera, assis à sa table de cuisine, s'il pensait que sa harangue avait porté ses fruits.

— Je savais, avant même d'y aller, que mon témoignage ne servirait à rien. J'avais affaire à une sacrée bande de politicards. Quand un individu a un autre point de vue que le leur et qu'il commence à devenir dangereux, il leur suffit de le faire témoigner devant la commission. Quoi qu'il dise, après, ils font ce qu'ils veulent. Et c'est exactement ce qui s'est passé. Rien ne fut fait. Mon seul but était de sauver le Centac et d'éviter que les agents qui l'avaient créé ne soient mis à pied. Je ne voulais pas qu'ils tuent le Centac et qu'ils fassent du tort à mes agents. Ils ne se sont pas gênés. Les hommes qui travaillaient pour moi ont été dispersés aux quatre vents. Quand Dennis Dayle a repris le Centac, tout l'effectif avait changé.

3

Après ses entretiens avec Anastasio Somoza, le président du Nicaragua, et la livraison par retour du courrier d'un gros trafiquant d'héroïne, Dennis se maintint à la tête d'une section spéciale de la DEA basée à Washington. Il tenait le Centac à l'œil depuis sa formation, trois ans auparavant, par son ami Tony Pohl, avec lequel il avait travaillé à Chicago, et échangé des idées et des théories sur la nature des associations de malfaiteurs.

Il avait assisté à la soirée d'adieu donnée en l'honneur de Pohl lorsqu'il démissionna, et observé l'évolution du Centac sous la direction de Marty Pera. Ce dernier ne tarda pas à être en butte aux mêmes attaques que Pohl avant lui. La méthode du Centac consistait à combattre l'empire de la drogue dans le monde entier à partir d'un poste de commande basé à Washington, prêt à intervenir sur-le-champ en passant outre aux directives paroissiales et obstructionnistes des directions régionales. Il parut évident à Dennis que les directeurs régionaux combattraient le Centac jusqu'à sa mort.

— Par la suite, le Centac empiéta sans ménagement sur les territoires opérationnels de la DEA, m'expliqua Dennis Dayle. Une situation très tendue s'installa. C'était chacun pour soi. Tous les officiers de terrain et directeurs régionaux sont devenus extrêmement hargneux à notre égard.

Lorsqu'en 1976, Peter Bensinger fut nommé administrateur de la DEA et responsable de la stratégie générale de la lutte contre la drogue, les RD se montrèrent plus que disposés à l'aider à faire le ménage.

— Ils se sont dit qu'un balai neuf cherche généralement quelque chose à balayer. La vie est devenue très difficile pour le Centac, et en particulier pour Marty Pera.

Dennis était en train de donner à une classe d'agents un cours sur la complexité des enquêtes concernant les associations de malfaiteurs, quand, peu de temps après le départ de Marty Pera, il reçut un message de Jerry Jensen, administrateur délégué de la DEA, un ami de longue date. Ce dernier désirait le voir immédiatement.

— Jerry m'a prié de m'asseoir. « Vous n'ignorez pas, m'a-t-il dit, à quel point le Centac est controversé. Les régions y sont totalement hostiles. Bensinger pense que le Centac fait du bon travail, mais il aimerait que vous vous chargiez d'y mettre un peu d'ordre. »

Dayle lui demanda sur quel soutien il pourrait compter. Il ne tenait pas à s'occuper d'une affaire aussi importante pour se retrouver maître d'un tigre en papier.

— Nous voulons que vous soyez performant. C'est vous qui serez le patron. Nous allons inverser le problème, lui déclara Jensen.

Les gens de la DEA voulaient que le Centac rentre au bercail. Il avait quitté leur univers et volait sur sa propre orbite, loin de tout. Dayle accepta. C'était ce qu'il attendait depuis toujours.

— Tout ce que j'ai fait dans ma vie, j'ai toujours voulu le faire bien. Quand je jouais du violon, je voulais être concertiste et partir en tournée avec mon Stradivarius. Mais à moins de vendre mon âme au diable, je n'y serais jamais arrivé. Dans les Marines, je ne serais jamais devenu commandant. Quand j'ai piloté un avion, je savais que je ne deviendrais jamais P-DG de la Pan-Am. Mais le Centac... Le Centac était un véhicule grâce auquel je pourrais faire aboutir les plus grosses affaires. Il m'a donné une Mario Andretti, la voiture la plus rapide du monde, à quelques jours de la course d'Indianapolis !

A quelques jours, le terme était exact. On était en 1976. Toute une pharmacopée de drogues illégales allait se déverser sur le pays, sur les terrains de jeux, les écoles, les bureaux et le gouvernement à tous les niveaux, des hôtels de ville à la Maison-Blanche.

4

De Washington à Tucson, de la Californie au Mexique, j'avais vu naître un Centac (Liou Chou-chouei) après avoir assisté aux premiers pas d'un autre (Alberto Sicilia-Falcon) et me préparais à observer l'évolution des deux. C'est alors que je découvris que si la plupart des collègues de Dennis Dayle applaudissaient à ses succès, ses subordonnés, en revanche, supportaient mal sa farouche détermination sans compromis. En raison de son obsession quasi monstrueuse du secret, beaucoup éprouvaient pour lui un sentiment très proche de la haine.

Dick Jarret, un des coordinateurs du Centac à Washington, ne se gênait pas pour le dire :

— Dennis est un emmerdeur. Son ego ne lui permet pas d'imaginer qu'il puisse avoir une faiblesse. Il est renfermé, complètement introverti. Sa pire ennemie, c'est sa parano.

Nous étions au FOP (*Fraternal Order of Police*), le club privé des représentants de la loi de Washington. Lorsque les bureaux du FBI, de la DEA et des services secrets fermaient leurs portes en fin d'après-midi, le bar du FOP se remplissait de policiers et d'agents. C'était probablement le seul club privé de la ville dans lequel les membres pouvaient entrer armés. Les consommations et les repas y étaient peu coûteux et les conversations, sans retenue.

Dick Jarret, poupin, moustachu et bon vivant avait travaillé en Allemagne, parlait l'allemand et avait épousé une Allemande. Au Centac, on l'avait surnommé « le Burgmeister ». Dennis le tenait pour le collaborateur « le plus acharné au travail qu'il ait jamais eu ».

Assis devant sa bière, Jarret rouspétait. A son retour d'Allemagne, où, en sa qualité d'agent de la DEA, il traitait avec les représentants officiels du gouvernement allemand, il était entré au Centac, et le contrôle rigoureux exercé par Dennis le frustrait et le rendait furieux.

— On prend une décision et Dennis ordonne le contraire. Si on lui demande pourquoi, il répond qu'on n'a pas toutes les données.

Paul Brown, l'expert de Boston qui s'occupait des gangs de trafiquants asiatiques et avait accompagné Dennis à Tucson, était attablé avec nous.

— Pour Dennis, savoir égale pouvoir, dit-il. S'il vous disait ce qu'il sait, vous seriez aussi puissant que lui.

— Il ment, et il croit à ses mensonges, insista Jarrett. Si on essaye de le contrer, il se met en rogne. Avant de travailler pour Dennis, je ne m'étais jamais senti mal à l'aise avec quiconque. On ne travaille pas dans la joie, ici. Tout le monde préférerait travailler ailleurs. Qui peut fonctionner avec cette agitation perpétuelle, ces coups de sang, ces crises de tabagie ? Ça fait deux ans que je suis là et je ne sais toujours pas ce qui se passe en coulisse. Personne ne met ses capacités en doute. Même ses ennemis le respectent. L'un dans l'autre, il est imbattable. C'est son style qui est déplaisant. C'est un emmerdeur.

Je lui demandai ce que penserait Dennis de notre conversation s'il pouvait l'entendre.

— Il s'en tamponnerait, m'assura Jarrett. Je lui ai déjà dit en face que c'était un chieur. Il a piqué un fard et s'est calmé pendant quelque temps, et puis le cirque a recommencé comme avant. Pourquoi serait-il choqué par cette conversation ? Il pourrait même estimer que ce sont d'excellents traits de caractère et devenir encore plus égocentrique. Son orgueil lui interdit de se comporter comme le commun des mortels. C'est dommage, parce qu'au fond, il a le cœur tendre comme un petit chiot.

Travailler avec Dennis n'était certainement pas chose facile. Il était comme un moine qui aurait fondé son ordre personnel. Personne mieux que lui ne comprit ce qu'était le Centac, ne lui apporta autant, ne lui insuffla une telle émulation, ne sut mieux protéger ses secrets. Quand on l'interrogeait sur le Centac, il vous enveloppait de paroles, y allait de son charme. Mais si on lui demandait des détails spécifiques, il répondait comme s'il avait affaire à un avocat de la défense procédant à un contre-interrogatoire. Un jour, je lui demandai ce qu'il était en train de lire.

— Un bout de papier, me répondit-il sans la moindre intention ironique, par pur réflexe.

Trois coordinateurs du Centac travaillaient dans de minuscules bureaux situés tout près de celui de Dennis et dirigeaient d'innombrables analystes de renseignements et agents à travers le monde. Des hommes intelligents, durs à la tâche, expérimentés. Tous se plaignaient de Dennis, qui refusait de leur communiquer ses informations, contre-carrait leurs décisions, cachait ses cartes si sournoisement qu'ils ne savaient jamais ce qui se passait. Je me rendis dans le bureau de Jarrett et l'entendis parler avec un coordinateur de dossiers concernant des gros trafiquants.

— Toutes les affaires importantes sont là-bas, fit l'agent en pointant le pouce vers le mur.

Selon lui, les documents concernant les affaires les plus importantes du monde étaient dans des dossiers, derrière ce mur, dans le bureau de Dennis Dayle, qui les gardait pour lui seul avec une jalousie obsessionnelle de pape paranoïaque.

Je questionnai Dennis au sujet de ces récriminations.
Il ôta ses lunettes cerclées et les posa sur un monceau de télex.

— Si je le voulais, je pourrais déléguer tous mes pouvoirs et ne rien faire du tout ; en fait, c'est ce que l'on attend de moi... que j'arrive en retard, que j'aie des déjeuners interminables, que je parte de bonne heure. Mais pas question, non, pas question de ça. Quand quelqu'un salope le travail en rédigeant un rapport ou en s'occupant d'un problème, ou bien donne un coup de téléphone, disons, orienté sur le plan politique, ça me dérange. Si je fais le travail moi-même, je suis rarement déçu. Je suis un loup solitaire.

Je voulus savoir pourquoi.

— Je n'en sais rien. Je préfère cela, c'est tout. Je ne fais pas très confiance aux autres. Je suis plus tranquille si je fais tout moi-même. Les petits détails m'exaspèrent. Par exemple, quand un de mes hommes s'amène à neuf heures cinq, ça me fiche en rogne, et je ne peux m'empêcher de le regarder de travers. L'horaire officiel, c'est neuf heures — dix-sept heures trente. Mais l'horaire non officiel que j'acceptais quand j'avais faim et que j'avais besoin de travailler prouve que cet horaire affiché ne signifie rien pour moi. Dick Jarrett est à l'échelon 14, c'est un ancien et il gagne probablement quarante-cinq mille dollars par an. Quand il arrive en retard, ça me fout les boules, parce que ce matin-là, il ne s'est pas donné la peine de se lever à l'heure. Vous me direz, qu'est-ce que ça change ? A quoi je réponds : allez donc raconter ça à ceux qui arrivent à l'heure, quand les téléphones se mettent à sonner... Vous êtes payé pour être là à neuf heures. Alors, soyez là à neuf heures.

Dennis choisit une pipe dans un des deux râteliers, la bourra de Captain Black et se souvint d'une anecdote. Bien des années auparavant, un jeune agent était entré dans son bureau alors qu'il venait de donner ses dernières instructions pour une descente de police.

— Il m'a demandé s'il pouvait me parler en tête à tête. J'ai répondu oui, bien sûr... Il me raconte qu'il ne pourra pas participer à l'opération prévue. Je lui demande pourquoi, pensant qu'il **allait me dire que sa** femme était malade ou que sa mère était mourante. « Parce que ce soir, j'ai ma leçon de guitare. » Voilà ce qu'il me sort ! Si je m'étais écouté, je lui aurais sauté sur le râble par-dessus le bureau. Je lui ai dit... okay, allez à votre cours de guitare, écoutez bien les conseils de votre professeur et travaillez dur, parce que demain matin à neuf heures vous allez vous retrouver guitariste. Il a participé à la descente. Il est devenu un excellent agent...

Dennis grimaça un sourire.

— ... mais n'a jamais valu tripette comme gratteur de guitare !

5

Je n'étais pas auprès de Dennis et de ses agents depuis très longtemps quand des enquêteurs indépendants du gouvernement émirent leur opinion personnelle sur le Centac.

Depuis des années, le Congrès incitait les fédéraux à ne plus pourchasser les petits revendeurs et à s'attaquer aux grands patrons internationaux de la drogue. Les agences s'étaient toujours pliées avec obéissance, avaient dressé des listes comme la Mint List *(Major International Narcotics Traffickers),* répertoriant les grands trafiquants internationaux, agité des câbles et des circulaires, puis s'étaient remises sans plus tarder à défoncer les portes des distributeurs locaux.

Sur ces entrefaites, une officine appelée le Centac était née, s'était attaquée exclusivement aux grandes organisations, les avait déchiquetées comme un fox-terrier tue les rats. Le Congrès se montra aussi suspicieux que les parents d'un débile mental qui, tout à coup, aurait rapporté un excellent carnet de notes à la maison... Aurait-il triché ?... Soudoyé le professeur ?

Le *General Accounting Office* (GAO), la branche du Congrès spécialisée dans les enquêtes concernant la comptabilité générale, fut chargé de jeter un coup d'œil sur ce qui se passait au Centac. Fallait-il le soutenir ou l'éliminer ?

Ed Stephenson, âgé de trente-trois ans, un vétéran du GAO où il travaillait depuis dix ans, fut chargé de mener l'enquête.

— Nous y sommes vraiment allés comme s'il s'agissait d'un travail courant du GAO, pour découvrir la faille du Centac.

Stephenson passa un an à fouiner partout, à poser des colles aux agents fédéraux et aux procureurs. Il choisit cinq affaires classées du Centac et les examina sous toutes les coutures. A l'issue de cette enquête, le GAO rédigea un des rares rapports favorables de son histoire.

En conclusion de son analyse de vingt-six pages, le GAO qualifia le travail du Centac « d'approche efficace en matière d'investigation sur les grands trafiquants, méritant d'être développée ». Le rapport souligna que les arrestations de la DEA ne comptaient que 12 % de grands trafiquants, alors que le Centac, en trois années d'exercice, avait à son actif 731 inculpations, dont 36 % de contrevenants de haut vol.

Selon le commentaire d'un officiel, le Centac était « apte à faire face efficacement aux organisations nationales et internationales les plus mobiles ». Il fut noté également que 3 % seulement de l'effectif total des agents de la DEA travaillaient pour le Centac, alors qu'ils comptabilisaient néanmoins 12 % des grands trafiquants arrêtés par la DEA, et que les « détachements spéciaux, composés de nombreux agents de la DEA et du FBI, étaient loin d'égaler les records du Centac. En un an et demi, ils n'étaient parvenus à inculper que 12 grands trafiquants, alors que le Centac-16, à lui seul, atteignait cinq fois ce nombre ».

Déplorant toutefois que le Centac ne se soit pas attaqué plus énergiquement aux biens financiers des trafiquants (une défaillance qui fut corrigée avant la parution du rapport), le GAO conclut que la seule chose que l'on pût reprocher au Centac était sa taille, trop réduite : loin de le combattre, il mit l'accent sur la nécessité de lui donner de l'extension.

Trois jours avant la parution du rapport, Ed Stephenson me confia :
— Nous nous sommes rendu compte que le Centac souscrivait exactement aux recommandations faites par le Congrès à la DEA, en dépit des nombreuses barrières institutionnelles dressées contre lui, et qu'il traquait de gigantesques organisations sans l'aide matérielle qui aurait dû lui être attribuée.

Que pensait-il de Dennis Dayle ?
— Je le trouve extraordinaire. C'est un grand bonhomme et le Centac est unique en son genre. Il est ce que devrait être la DEA.

Unique... un mot qui, dans une bureaucratie, sonne comme une épitaphe...

6

Le Centac Liou Chou-chouei s'attaqua à une organisation basée en Asie. Le Sicilia-Falcon à un gang opérant en Amérique Latine. D'autres, que je pus observer de beaucoup moins près que ces deux premiers, traquèrent des groupes sévissant en Europe et au Moyen-Orient. Mais que se passait-il aux Etats-Unis, où une organisation était gérée par un Américain bon teint, né sur place ?

Pour combler cette faille, je décidai d'ajouter un Centac à ceux que je m'étais proposé d'étudier.

Lorsque j'avais rencontré Dennis pour la première fois, son bras entourait affectueusement le dossier d'un fauteuil vide.

— Je tiens Donald Steinberg aussi solidement que s'il était ligoté sur ce fauteuil, me déclara-t-il.

Il parlait d'un des délinquants les plus alléchants que le Centac ait jamais visés, car il occupait un vaste territoire dans la vision panoramique du Centac sur le monde de la pègre, une des faces de la pyramide opérationnelle de Liou et de Sicilia-Falcon.

Hormis son âpreté au gain, Donald Steinberg n'avait rien de commun avec des hommes comme Liou et Sicilia. Il n'était ni retors, ni violent, pas même né à l'étranger. C'était un Américain entreprenant, ambitieux, talentueux, en dépit de certaines faiblesses déconcertantes.

Donald Steinberg était le Henry Ford de l'industrie internationale de la marijuana. Il avait eu une idée de base, l'avait testée, peaufinée, réinventée, avec une minutie imaginative, et avait fini par lui appliquer des normes durables, pendant une dizaine d'années. A trente ans à peine, il gagnait chaque jour plus d'argent que le président des Etats-Unis en quatre ans d'exercice, beaucoup plus que les criminels de jadis comme John Dillinger et Willie Sutton n'en avaient amassé dans leur vie entière. Ses bénéfices dépassaient la valeur de tous les vols à main armée commis aux Etats-Unis. Il dépensait 2 millions de dollars par an en location de jets, qu'il prenait parfois par trois à la fois pour faire circuler son argent liquide à travers le pays. Il en avait tellement qu'il n'avait que le temps de compter les valises, à raison d'un demi-million de dollars par Samsonite.

Dès lors qu'il s'agissait d'argent, aucune idée n'était trop audacieuse, trop irréalisable, trop énorme pour Donald Steinberg. Du moment que la pensée humaine pouvait la concevoir en rêve, il la réalisait. S'il avait besoin d'affréteurs pour faire passer en fraude un chargement de 50 tonnes de marijuana d'une valeur de 20 millions de dollars au départ de Colombie, il se disait aussitôt : « Qui a besoin d'affréteurs ? » Et quand il eut ses propres passeurs, il se demanda : « Qui a besoin de la Colombie ? » Il avait ses propres gestionnaires, ses affréteurs, ses horticulteurs, en Thaïlande, à Singapour, à Hong Kong, en Afrique, en Hollande, à Panama. Il enseignait à chacun comment cultiver sa propre production, comment l'acheminer par mer ou par les airs, et comment la vendre.

En matière d'organisation et de logistique, Donald Steinberg était génial. Il importait jusqu'à quatre chargements de marijuana par jour tout au long des côtes, la distribuait par le canal d'un complexe réseau sillonnant le continent nord-américain, dirigeait de main de maître, en coulisse, tout un système d'approvisionnement, d'importation, d'entreposage, d'expédition et de commerce de gros que lui auraient envié Sears et Roebuck, tout ceci en secret, au nez de la police de quatre continents.

Il n'avait jamais recours à la violence et en était fier. Il considérait que ses activités étaient propres, et en fait, n'avaient rien de délictueux, mais qu'inexplicablement, *injustement* en quelque sorte, la violence le poursuivait. Car il y eut des batailles, des rapts, des millions de dollars de rançon et des morts.

Donald Steinberg, un jeune homme efflanqué aux cheveux bruns, au regard doux et profond, vivait comme une rock-star : avions privés, limousines, groupies, week-ends chez Frank Sinatra dans sa suite du Caesar's Palace. Et il essuyait de dures leçons sur lui-même, sur ses amis, ses déceptions et ses rêves. Dennis Dayle comptait bien compléter son éducation.

L'aspect le plus remarquable de Donald Steinberg n'était pas tant sa réussite, si exceptionnelle fût-elle, que le charisme qu'il exerçait sur tous ceux qui l'approchaient, et même sur ceux qui ne l'avaient jamais rencontré. Ses employés l'appelaient Daddy Don. Tout flic, inspecteur ou agent de renseignements à qui l'occasion était donnée de jeter un simple coup d'œil au dossier Steinberg du Centac était impressionné et ne pouvait se défendre de rêver... « Je donnerais n'importe quoi pour bavarder juste une heure avec ce type... »

Que ce soit de l'envie, de l'admiration ou de l'avidité par procuration, Steinberg touchait chez les Américains de classe moyenne, bien éduqués et respectueux des lois, quelque chose de profond, de largement partagé.

Dennis Dayle était le seul à n'avoir jamais manifesté le désir de s'entretenir personnellement avec Donald Steinberg, peut-être par orgueil, ou parce qu'il pensait avoir déjà compris tout ce qui méritait de l'être au sujet de cet homme. Il avait pour seul objectif de le fourrer en prison. Mais pas trop vite. Son idée était de le laisser circuler librement, de lui permettre de vaquer à ses affaires ici et là, jusqu'à ce que des charges explosives puissent être tranquillement mises en place aux quatre coins de son empire florissant, puis d'appuyer sur le détonateur et admirer le superbe feu d'artifice orange et noir disperser ce charisme, cette criminalité, cette autosatisfaction, les voir voler en éclats et disparaître en fumée.

Pour mener à bien cette mission, Dayle comptait sur un des agents les plus singuliers qu'il eût jamais dirigés. Il s'appelait Richard Mangan. Je fis sa connaissance dans le bureau de Dennis à Washington.

Il était grand, svelte, disert et bien élevé, aristocratique, impeccablement mis, un jeune homme que toutes les mères au sang bleu souhaiteraient voir arriver avec leur fille à l'heure du thé. Naturel, décontracté, les jambes croisées, la montre en or de chez Cartier dépassant du poignet de sa chemise sur mesure, il tenait d'une main délicate sa tasse et sa soucoupe sur son genou vêtu de serge bleue. Dick Mangan transformait le bureau de Dennis en salon victorien.

— Il existe bien des gentlemen-farmers, pourquoi n'y aurait-il pas des gentlemen-agents fédéraux ? se plaisait-il à dire.

Il avait suivi des cours d'art dramatique (aimait-il également dire) et avait conscience, comme un acteur, de l'effet qu'il produisait dans ce bureau-cagibi peu imposant. Dennis, en spectateur éclairé et metteur en scène critique, l'écoutait, retardant le signal connu d'eux seuls, qui, d'un instant à l'autre, ferait tomber le rideau.

Mangan travaillait pour Dennis depuis six ans, et bien qu'il n'eût jamais pénétré ses secrets, ignorât son véritable nom et ne sût, à de vagues détails près, pratiquement rien sur sa famille, il connaissait ses faux-fuyants et ses singularités, bref, ce qu'il fallait savoir pour survivre.

Ils étaient liés par d'étranges similitudes. Tous deux étaient romantiques, sentimentaux, avaient leur jardin secret, impénétrable. Mangan, trente-sept ans, ne s'était jamais marié, prenait rarement un verre avec ses collègues, ne participait jamais à leurs fêtes. Sa vie privée l'était réellement. Il avait hérité d'une fortune, disait avoir fait ses études à Exeter en Nouvelle-Angleterre, collectionnait les voitures d'époque, possédait un caniche blond prénommé Miss Bea et n'invitait ni ses collègues ni Dennis à ses soirées élégantes. Mangan avait apporté sa contribution de 1 000 dollars à la campagne présidentielle de Reagan, et une fois par an au moins, prenait deux semaines de vacances pour faire une balade en Amérique du Nord en train, dans le wagon privé d'un ami. Quand il voyageait pour son travail, il complétait de sa poche ses défraiements journaliers et descendait dans des hôtels de luxe. En avion, il ne volait qu'en première classe, comme il l'avait toujours fait. Il racontait à ses amis d'un ton badin qu'il lui avait fallu atteindre l'âge de quatorze ans pour se rendre compte qu'il existait des gens pouvant vivre différemment. Ce comportement suprêmement désinvolte, combiné à son amitié de longue date avec Dennis, suscitait la défiance des autres agents du Centac. Manifestement, Mangan appartenait au mystérieux arrière-plan de Dennis. Ils ne comprenaient ni Mangan, ni le lien qui l'unissait à Dennis. Pourquoi Dennis l'avait-il amené au Centac ? Pour en faire une sorte d'espion ? Que savait Mangan qu'eux-mêmes ignoraient ?

La profondeur des sentiments de Mangan à l'égard de Dennis était indéniable, en dépit de ses contradictions et de sa complexité. Personne ne lui témoignait un plus grand respect. Personne non plus n'était capable de porter un jugement plus impitoyable sur ses défauts et ses excentricités. Il le voyait comme un homme s'évertuant à se construire un personnage et qui, en quelque sorte, y parvenait. Selon lui, Dennis aurait aimé être chic, désinvolte, hollywoodien, jovial, sémillant, en chapeau haut-de-forme et canne à pommeau, un limier en guêtres, fumeur de pipe. En un mot, il aurait aimé être Sherlock Holmes.

Mangan s'en remettait parfois à Dennis comme s'il était son tuteur et Dennis disait de Mangan : « c'est moi qui l'ai formé ». Cette amitié était aussi importante pour l'un que pour l'autre et faisait penser, par bien des côtés, au lien unissant un père et son fils. Il était sans doute aussi fragile. Trop fragile pour résister aux tensions du Centac, comme allait le montrer la suite des événements.

Mangan venait tout juste de rentrer après avoir passé une semaine de vacances avec « des amis » à Acapulco. Quels étaient ces amis, Dennis n'en avait pas la moindre idée. Sûrement pas des agents fédéraux, des flics, des procureurs, ni aucun de ses collègues. Le seul agent qu'il ait jamais fréquenté était son associé, lorsqu'il travaillait pour Dennis et qu'ils n'avaient encore entendu parler du Centac ni l'un, ni l'autre. Son associé travaillait à présent pour la CIA.

— A propos, Craig m'a appelé. Il est de retour à Langley, dit Mangan.

S'il portait de l'intérêt au retour de Craig, jusqu'alors en poste à Beyrouth, Dennis n'en laissa rien paraître. Il exhala une bouffée de fumée. Mangan but une gorgée de café et reposa sans bruit sa tasse sur la soucoupe.

— Je lui ai dit... « Alors, de retour parmi nous !... Que faites-vous maintenant ? »... « Je travaille à la DCS »... Je lui demande ce que c'est... « *Domestic Clandestine Services* » (Service Secret aux Affaires Intérieures)... « Je croyais que vous ne vous occupiez plus de ça. »... « En effet » me répondit-il !

Mangan rit. Le cynisme et l'irrespect des lois de la CIA amena sur les lèvres de Dennis un petit sourire indulgent.

— Je me suis laissé dire qu'autrefois vous étiez un excellent pianiste, est-ce vrai ? ajouta Mangan.

— Non... je joue avec deux doigts, c'est tout.

Sa carrière musicale était un des secrets les mieux gardés de Dennis.

— Tiens... Vous n'avez jamais été pianiste? Craig m'a pourtant soutenu le contraire.

— Craig est le vivant exemple de l'incompétence de nos agents de renseignements.

Le sourire de Dennis s'attardait encore sur ses lèvres lorsqu'il décrocha le téléphone pour convoquer un analyste, un agent de renseignements et un coordinateur qui travaillaient dans des bureaux voisins du sien. Il les assigna tous trois au Centac-20 qui s'occupait de l'organisation de Donald Steinberg. Mangan était rentré, il était temps de discuter de stratégie. Il fouinait dans l'empire Steinberg depuis plus d'un an et connaissait le dossier par cœur. Les noms, les adresses, les numéros de téléphone, des licences, des comptes en banque, les fiches d'enregistrement des expéditions par avion, les noms des bateaux et des raisons sociales, tout était mémorisé, il les avait tous en tête. Pour ceux qui mouraient d'envie de rencontrer Steinberg, Mangan était d'une importance extrême, d'autant plus important que lui-même avait eu la chance d'y parvenir. Les deux hommes avaient passé cinq heures à essayer de se séduire en partageant un Kentucky Fried Chicken assis sur un lit défait, dans une chambre d'hôtel minable. Jusqu'à quel point Mangan y était-il parvenu? Là était la question. Steinberg, quant à lui, avait fait de l'excellent travail. Il avait réussi à inspirer à Mangan un réel respect. Ce sentiment n'allait pas tarder à ressembler étrangement à de l'amitié.

CHAPITRE DEUX

1

Lorsqu'il était enfant, Donald Steinberg ne rêva jamais de devenir pompier, astronaute ou joueur de base-ball. Ses rêves étaient à la fois beaucoup plus abstraits et beaucoup plus précis. Il voulait être riche. La pauvreté, il connaissait déjà. Dès l'âge de dix ans, son économie politique du bonheur était claire. Ce qui faisait la différence entre la morne existence de conducteur de bus de son père et la liberté, c'était l'argent. L'argent, s'était-il dit, c'est la vie.

Sans avoir réellement réfléchi au moyen de le devenir, il avait la certitude, en quelque sorte, qu'un jour, il serait riche. Certains étaient nés pour être pauvres. Peut-être fallait-il qu'ils le soient. Mais la richesse était son droit, sa destinée. Cette certitude lui donna de l'assurance, et une secrète fierté.

Il ne perdit pas de temps. A onze ans, il descendit dans la rue vendre des graines, puis des abonnements à des revues, et deux ans plus tard, il possédait assez d'argent pour envisager de monter une affaire d'import-export. A dire vrai, il n'exportait rien, mais le titre impressionnait ses amis et c'était un début, avec très peu d'argent investi.

Il emporta ses marchandises à l'école, fit du porte à porte dans le voisinage, ouvrit une galerie dans sa cave où il exposa des tapis africains, des poupées hollandaises, des bijoux siamois, des pendules à coucou de la Forêt Noire, des articles vraiment exotiques et chargés de rêves pour cette morne banlieue ouvrière de Chicago appelée Carpentersville.

Donald vit le jour à Chicago. Ses parents étaient pauvres. Il avait à peine un an lorsqu'ils l'emmenèrent avec son frère Gene, âgé de quatre ans et demi, en Californie. Ils s'installèrent à Santa Monica, espérant y prendre un nouveau départ. Mais la vie en Californie s'avéra encore plus rude qu'à Chicago. George, le père de Donald, dans son emploi de conducteur de bus d'une compagnie locale, gagnait trop peu d'argent pour subvenir aux besoins de sa famille. Ils retournèrent à Chicago et le sort des Steinberg s'améliora un peu. George devint chauffeur à la compagnie Greyhound, et sa femme Millie tint la comptabilité de son frère, qui possédait des épiceries. Ils purent rapidement fuir les embouteillages de la ville et s'installer dans la vallée de la Fox River. Pour George, Millie et Gene, ce changement fut un pas en avant, mais pour Donald, qui aspirait à une vie de richesse et de privilèges, ce fut une descente dans un gouffre d'ennui.

A Carpentersville, il existait un centre commercial comportant un cinéma, une patinoire et un restaurant Mc Donald. C'était dans ce Mc Donald que les jeunes se retrouvaient pour discuter des trois seuls sujets d'une importance fondamentale à leurs yeux : le sexe, les voitures et le moyen d'échapper à cette ville. Tous étaient d'accord sur un point. Passer sa vie dans la vallée de la Fox River était aussi dérisoire que de la passer dans l'armée. Etre fermier et cultiver le soja ne rapportait que dur labeur, monotonie, et les industries chimiques puaient.

Chaque année, Donald louait ses services, dressait et desservait les tables des restaurants du coin. Lorsqu'il fréquenta l'Irving Crown High School, il légua sa florissante affaire d'import-export à son père qui la développa en vendant des pendules à coucou aux étapes de l'itinéraire Greyhound, et qui, pour finir, devint grossiste en articles de nouveautés. Dans les études dispensées à Irving Crown, Donald ne détecta rien qui fût susceptible de l'enrichir un jour. Il délaissa ses études au profit des motos. Il était maigre comme un clou, ses joues étaient creuses, mais les motos, puissantes, étincelantes, fastueuses, étaient des engins d'une splendeur quasi mythique et lui conféraient du prestige, une sensation de pouvoir au moindre mouvement du poignet. Les adultes eux-mêmes en étaient fous.

Ses professeurs en conclurent qu'il manquait d'initiative, n'était pas motivé et n'arriverait jamais à rien. Ce jugement était un peu prématuré.

Donald occupa pendant six mois un poste d'assistant à la Quaker Oats, auprès de chercheurs espérant concocter une mixture à la fois assez nourrissante pour les chiens et pas trop écœurante pour leurs maîtres. Après quoi, il abandonna définitivement l'espoir d'atteindre la richesse dans le droit fil du commerce américain. En 1968, toujours sans travail et avide d'émotions fortes, il s'engagea dans l'armée pour changer de décor. L'armée s'avéra être précisément ce qu'il recherchait, ce qui renforça sa conviction. Le chemin de sa vie avait été tracé pour traverser un paysage plus coloré que le morne asphalte hérissé d'obstacles de ses compagnons. Il découvrit dans l'armée les deux éléments de sa future fortune, son don pour échapper au travail et à ses inconvénients, et la marijuana.

Il trouva moyen de couper à l'entraînement militaire en feignant vouloir devenir officier, une possibilité qu'il n'avait pas envisagée au départ, car elle exigeait un supplément de service. Lorsqu'un parcours du combattant ou une corvée de pluche le menaçait, il racontait qu'il devait passer un examen et disparaissait.

Après une période d'instruction militaire incontournable, il dut prendre des cours de secourisme, et ne voulant pas devenir secouriste, fit tout son possible pour échouer. Il réussit néanmoins à son examen et fut envoyé dans un hôpital militaire du New Jersey. A son arrivée, il vit des aides-soignants laver les parquets, transporter des bassins. Il remarqua aussi un soldat à l'uniforme élégant aux plis impeccables. Celui-là ne lavait rien, ne transportait rien, se baladait toute la journée et avait l'air heureux d'un planqué. Il demanda à ce soldat quelle était sa fonction dans l'armée.

— Je suis le chauffeur du commandant, lui répondit-il.

Le lendemain, Donald était chauffeur du commandant. Comment s'y prit-il ? L'affaire n'est pas claire, mais il prétendit avoir brigué ce poste et l'avoir obtenu, tout simplement. Il améliora encore sa position en prévenant les officiers des arrivées impromptues du commandant, ce qui lui valut de solides amitiés et, de surcroît, l'assurance que partout où surgirait le commandant, tout serait à sa convenance et la bonne humeur régnerait. Une bénédiction pour son entourage immédiat et, par conséquent, pour Donald Steinberg.

Puis, vint le désastre. Donald fut désigné pour partir au Vietnam. Il se traîna aux pieds du commandant, lui avoua qu'il avait fait son possible pour échouer à son examen de secourisme, argua que pendant les neuf mois qu'il venait de passer à l'hôpital, il n'avait rien fait d'autre que conduire une voiture, qu'il serait nul en médecine, catastrophique au combat. Sachant cela, aucun officier conscient de ses responsabilités ne pouvait infliger à ses troupes, à des blessés, des héros, un ignorant de son espèce, aussi totalement incompétent, un faux secouriste.

— Pas question, Don. Tout le monde y va. Tout le monde doit faire son devoir, toi comme les autres, fit le commandant.

Don n'oublia jamais cette cruelle réponse, et s'en fut avec des centaines d'autres soldats à l'aéroport militaire, attendit comme eux d'être entassé dans l'avion.

— Steinberg!... soldat Steinberg, présentez-vous à l'appel, entendit-il crier à l'avant de l'attroupement.

Il fraya son chemin avec crainte, s'approcha d'un sergent qui lui demanda s'il était aide-soignant. Donald fut bien obligé de répondre affirmativement. Aimerait-il voyager en bateau? Son instinct l'avertit. Cette proposition semblait le distinguer du troupeau, et il mettrait sûrement plus longtemps en bateau qu'en avion pour arriver au Vietnam.

Le bateau en question était un cargo civil transportant des hélicoptères en Corée, puis poursuivant sa route pour livrer du matériel militaire au Vietnam et en Australie. Seize mécaniciens de l'armée escortaient les hélicoptères, et la santé de ces hommes, à bord du cargo, avait été confiée aux bons soins de Donald.

Les hélicoptères et les mécaniciens débarquèrent en Corée, et Donald demeura à bord, seul passager du bâtiment. Ils firent ensuite escale au Vietnam, à Da Nang. Donald descendit à terre, regarda autour de lui et déclara à l'équipage que cet endroit ne lui disait rien qui vaille. Qu'il descende là ou ailleurs, qui s'en souciait? Pour l'équipage, c'était du pareil au même!

Le cargo fit sa deuxième escale au Vietnam. Cette fois, Donald ne se donna même pas la peine de mettre un pied à terre. Ses amis de l'équipage lui proposèrent de l'emmener en Australie.

Au troisième et dernier arrêt au Vietnam, Donald réfléchit intensément à sa situation. En Corée, un pickpocket lui avait volé son portefeuille. Il avait dix-huit ans, n'était pas très sûr d'avoir envie de se retrouver tout seul en Australie, sans un sou, déserteur de surcroît.

Certes, il n'avait pas envie d'aller se battre au Vietnam, mais demeurer à bord du cargo en partance pour l'Australie, c'était aller au-devant d'imprévisibles difficultés et d'éventuelles représailles. Il décida de débarquer.

Il flâna dans le port, joua des coudes au milieu de la foule vietnamienne et finit par aborder un MP. Il lui raconta qu'il venait tout juste d'arriver, qu'il était seul et lui demanda ce qu'il devait faire. Le MP lui donna le nom d'une base de l'armée et pointa le doigt vers un bus rempli de Vietnamiens. Donald monta dans le bus, trouva la base et fit son rapport.

— Mais où sont les autres ? Il manque cinq cents hommes, lui apprit un officier.

— Je suis venu tout seul, répondit Donald.

Il passa une semaine dans un camp d'orientation à Biên Hoa, au nord de Saïgon, puis fut envoyé à l'hôpital de Cu Chi. Ce qu'il y trouva ne lui plut guère. La discipline était stricte, les souliers bien cirés et les uniformes immaculés. Il s'attendait à trouver au Vietnam une ambiance plus décontractée, un territoire où un garçon plein de ressources pouvait vivre à l'aise, faire son trou confortablement. Il examina la situation de plus près et observa qu'il existait effectivement quelques assistants médicaux aux cheveux longs, débraillés, qui apparemment se la coulaient douce. Il s'informa. Il s'agissait de volontaires pour missions spéciales. Un camp nommé Tay Ninh, situé près de la frontière cambodgienne, réclamait des assistants médicaux.

— Tu devrais y aller, lui conseilla quelqu'un. Dans ce trou perdu, tu pourras faire ce que tu veux. En qualité d'aide médical, tu ne seras pas sous les ordres du commandant local et tu ne verras jamais ton propre chef de section. Il ne vient jamais.

Lorsque Donald arriva à Tay Ninh, il s'aperçut que le camp était si souvent pilonné qu'on l'avait surnommé Rocket City. Pour le reste, on ne lui avait pas menti. Son supérieur se montrait rarement. Livré à lui-même, il put faire tout ce qui lui plaisait. Il avait sa maison privée (les installations médicales en façade, son appartement derrière), deux domestiques, nulle obligation de s'aventurer au-delà de la relative sécurité du camp. Sa tâche consistait à veiller à l'hygiène du mess, et il s'en déchargea en l'ignorant complètement, en échange d'une quantité illimitée de nourriture. Il annexa l'unique distributeur de boissons non alcoolisées de la compagnie, et troqua ses Coca-Cola contre diverses faveurs. La marijuana locale était abondante et excellente, tout comme l'opium.

Donald demeura à Rocket City pendant six mois et reconnut que, somme toute, la vie n'y était pas si désagréable que ça.

— On fait son possible pour aider ses amis. Ils font ce qu'ils peuvent pour vous rendre service, et tout le monde essaie d'être heureux.

L'armée le démobilisa avec trois mois d'avance pour qu'il puisse se remettre à ses études. Dix jours après son départ du Vietnam, il se retrouva dans une classe de l'Elgin Community College, revenu, à vingt ans, à la case départ, dans la vallée de la Fox River. Pour obéir à son destin évident, il étudia la gestion. Mais ses compagnons avaient deux ans et une guerre de moins que lui. A la fin du premier semestre, il cessa d'assister aux cours.

— Le Vietnam, ça vous démolit. Nous étions tous des gentils garçons avant d'y aller, disait-il souvent, pour se moquer de lui-même et de ses amis.

Il parvint à importer du Vietnam de modestes quantités de marijuana, cachées dans des enceintes stéréo. Son père découvrit le pot aux roses et menaça de tout jeter dans les toilettes. Donald plaida si bien sa cause, que le père finit par lui concéder des petites quantités de marijuana, assez pour fumer, trop peu pour la revendre. Puis, George se mit à son tour à fumer et à trouver qu'après tout, ce n'était pas un mauvais moyen de gagner de l'argent.

Donald vécut pendant quelque temps dans un vieux ranch de location avec une douzaine de copains et recruta des musiciens pour jouer du rock sur le toit de la grange, devant des hippies disséminés sur les collines environnantes. Il conduisait une vieille Fiat orange, se débrouillait pour trouver de l'argent. Mais quand vint l'hiver, ses amis débitèrent un piano trouvé dans la maison pour faire du feu dans la cheminée, si bien que la maison finit elle aussi par brûler.

Donald partit s'installer à Elgin dans une maison de crépi blanc à toit rouge, environ à un bloc de la Fox River. Il passa son temps à se droguer et à fréquenter les festivals de rock, puis retourna à ses affaires d'import-export. Il monta avec son père une société de gros d'articles de nouveautés qu'ils appelèrent Don-Gee Sales, amalgamant leurs deux prénoms.

Il finit par abandonner les pendules à coucou pour s'occuper d'une marchandise plus lucrative. Il avait rencontré un Mexicain nommé Pepino qui l'avait mis en rapport avec un trafiquant de marijuana de petite envergure opérant à la frontière du Mexique. Donald alla rendre visite à Mc Allen, au Texas, collecta quelques kilos de marijuana et la revendit à ses amis hippies. La combine n'était pas grandiose mais lui rapporta un peu d'argent, et accrut son prestige. Il possédait ce que d'autres recherchaient, ce qui lui importait peut-être plus que l'argent.

Dans la vallée de la Fox River, les jeunes qui partageaient les rêves de Donald ne manquaient pas... les voitures de course, les yachts, les filles, le soleil... Mais ils n'avaient ni sa volonté, ni son assurance pour réussir à s'offrir de telles merveilles. Ils s'attachèrent à ses pas et il s'en occupa pour eux. C'était un bon contrat. L'orgueil de Donald y trouva son compte, et ils espéraient tirer profit de la fortune et de la gloire que cet orgueil pourrait peut-être lui rapporter. Sur qui d'autre auraient-ils pu miser ?

Donald épousa Barbara, une camarade d'université, une jolie brune aux yeux verts, intelligente, élégante, sociable, plus riche que les autres filles qu'il fréquentait. Ils s'installèrent dans la maison d'Elgin et achetèrent un saint-bernard qu'ils appelèrent Sacha. Tout se passa le mieux du monde avec Barbara, jusqu'au jour où il fut arrêté à Kingsville, au Texas, en possession de 250 kilos de marijuana. Un juge condamna Donald à dix ans de liberté surveillée et il rentra à Elgin. Effrayée par cette arrestation, mécontente des activités de Donald, de ses amis hippies et de la Fox River, Barbara le supplia de quitter la région. Elle voulait vivre ailleurs, dans un endroit où Donald pourrait repartir à zéro, utiliser son talent d'homme d'affaires, ne plus être tenté par la drogue.

Ils optèrent pour une ville balnéaire de Floride, propre, respectable, Fort Lauderdale. Mais la providence n'était pas du côté de Barbara.

Donald, avec son don pour les affaires et son penchant pour la drogue, n'aurait pu atterrir en un lieu et à un moment plus propices. La Colombie rivalisait avec le Mexique pour la place de premier pays producteur du monde de marijuana. Un des plus grands ports d'entrée de la drogue était Fort Lauderdale. Donald continua son trafic à petite dose, gagna suffisamment d'argent pour pouvoir s'offrir une Jaguar d'occasion, la conduisit dans un atelier de réparation pour la faire remettre à neuf, un garage appelé Star Jag. C'est là qu'il rencontra un jeune homme à lunettes du nom de Lynn Mizer.

Cette rencontre fut le point de départ d'un empire.

A demi indien, à demi américain, Lynn Mizer avait les cheveux noirs, les traits presque orientaux et une bedaine si protubérante, sur un corps mince par ailleurs, qu'à le voir de profil, on ne pouvait s'empêcher d'en rire. Il était né dans une petite ville du nord-est de l'Ohio et l'avait quittée avec son épouse et sa petite fille pour venir s'installer au sud de la Floride. Lorsque sa femme mourut dans un accident de voiture, il utilisa l'argent de l'assurance pour acheter un garage, le Star Jag. Il en était propriétaire depuis un an environ quand Donald Steinberg arriva chez lui dans sa Jaguar vieille de cinq ans. Lynn lui rendit sa voiture à l'état neuf et les deux hommes sympathisèrent. Ils avaient presque le même âge. Donald avait vingt-six ans, Lynn en avait vingt-sept. Tous deux débordaient d'énergie et partageaient la même ambition, le même désir ardent d'opulence. Ils fréquentèrent ensemble les bars et les discothèques de Fort Lauderdale, et Lynn finit par découvrir que Donald était un vendeur de marijuana, peu important, mais ambitieux.

Ils parlaient souvent des richesses qu'il serait possible d'amasser grâce au trafic de drogue. Lynn confia à Donald que son beau-frère importait de la marijuana en provenance de Colombie. Donald suggéra qu'ils pourraient faire de même.

Lynn possédait un yacht à coque en bois d'une douzaine de mètres, et les deux hommes ne tardèrent pas à envisager de descendre aux Bahamas, de charger le bateau de marijuana transbordée d'un cargo colombien et de remonter avec à Fort Lauderdale. Donald la revendrait ensuite à ses amis de la Fox River. Le beau-frère de Lynn les mit en rapport avec Samuel Alarcón, un fournisseur de drogue colombien.

Lynn prit l'avion pour la Colombie, acheta cinq tonnes de marijuana à crédit sur le compte d'Alarcón. Peu confiants en leurs talents de navigateurs, Lynn et Donald engagèrent un ami de Donald, Pete Wagner, un solide vétéran du Vietnam, pour conduire le bateau à son rendez-vous en pleine mer avec le cargo colombien.

Pete Wagner avait quatre ans de plus que Donald et venait lui aussi de l'Illinois. Sympathique mais un rien patibulaire, avec ses cheveux hirsutes, ses dents supérieures écartées et ses bras couverts de tatouages... Il y en avait de toutes sortes : une tête de panthère, un poignard, un cœur, des aigles, Mom, Dad, et USA. Il avait servi dans le génie et gagné aussi des tas de décorations : deux Bronze Stars, deux Silver Stars et deux Purple Hearts, pour blessures de guerre. Après l'armée, il avait monté son affaire d'entretien de pelouses au sud de la Floride, où il rencontra Mark Gallagher, un jeune homme efflanqué qui travaillait dans une société de camionnage de Fort Lauderdale et vendait de la marijuana et de la cocaïne par-dessus le marché. Pete fut mis en rapport avec Donald Steinberg par des amis de Mark. Il acheta d'abord de la drogue à Mark pour la revendre à Donald, puis une solide amitié se noua entre eux. Wagner était un homme sûr. Il pourrait mener cette affaire à bien et, de plus, y prendre plaisir. Donald l'avait surnommé Wild Peter et quand on lui demandait ce qu'il pensait de lui, il répondait :

— C'est un type formidable, super-gentil, généreux et dynamique.

Pour 25 000 dollars, le dynamique Pete Wagner qui aimait le risque accepta de conduire le Starship à son rendez-vous avec le cargo colombien. Tout se passa fort bien jusqu'au moment où la tempête se leva. Le Starship secoué par les vagues se mit à embarquer des trombes d'eau, menaçant de couler. Wagner, au péril de sa vie, ramena le bateau et ses cinq tonnes de marijuana jusqu'aux canaux de Fort Lauderdale, où il coula. Wagner, épuisé mais sain et sauf sur la terre ferme dut alors faire face à un autre danger. Le bateau ensablé attira l'attention de la police, des agents de la DEA et des douanes. Lorsqu'un douanier lui tapa sur l'épaule, Wagner plongea dans le canal et nagea vers la liberté.

Lynn Mizer et Donald Steinberg furent privés de bateau, mais pas des Colombiens qui réclamèrent impatiemment le paiement de leur marijuana. Ils promirent de s'acquitter de leur dette dès qu'ils pourraient négocier un autre chargement. Samuel Alarcón donna son accord et la cargaison suivante arriva sans encombre. D'autres suivirent. Donald et Lynn s'installèrent solidement dans les affaires. Pete Wagner s'occupait des opérations maritimes, Lynn, des relations avec les Colombiens, et Donald, bien entendu, devint le patron. Il fut le cerveau, le planificateur, l'organisateur hors pair de l'association.

Pour débuter, Donald et Lynn durent louer les services d'une équipe de contrebandiers pour effectuer le transport de la marijuana du cargo à terre. En réinvestissant leurs bénéfices dans l'affaire, ils furent bientôt possesseurs d'une flotille d'une trentaine de yachts, auxquels vinrent s'ajouter une demi-douzaine de vedettes rapides très performantes. Ils purent même monter un service de location de bateaux de contrebande. Lynn et Pete les baptisèrent du nom de leurs filles respectives, Heather et Chanel. Wagner était très strict avec l'équipage. Pas de cheveux longs, de jeans, de tee-shirts fantaisistes. Rien qui puisse attirer l'attention de la police. Il imposa des uniformes blancs, bien coupés, ornés d'écussons indiquant leur grade, capitaine, officier ou matelot.

Très vite, des chargements de marijuana d'une valeur de 20 millions de dollars partirent de Colombie. Le transbordement des balles s'effectuait dans les eaux internationales, dans de gros yachts, en pleine mer ; à proximité de la côte, des hors-bord les acheminaient dans de riches résidences disposant de bassins privés, le long des nombreux chenaux résidentiels de Fort Lauderdale.

Ces villas, que l'organisation appelait des water-houses ou load-houses, étaient achetées ou louées par quarante à la fois. La drogue était chargée la nuit dans des camions ou des caravanes de camping et transportée dans des « stash-houses » situées dans les terres par une autre équipe de conducteurs de camions et de caravanes, souvent accompagnés de grands-mères de complaisance, afin d'endormir les soupçons des patrouilles de police. La marijuana était ensuite répartie entre des dizaines de milliers de distributeurs locaux ; avant d'arriver aux consommateurs, son prix atteignait des milliards de dollars.

Les grossistes de Steinberg affluaient à Fort Lauderdale. Ils achetaient souvent la marchandise, non pas par balles ou par camions, mais par adresses. Une maison pleine de marijuana recélait cinq tonnes de drogue. Un acompte était exigé et, plus tard, les collecteurs de fonds de Steinberg sillonnaient le pays en learjets privés et récoltaient l'argent qu'ils expédiaient aux comptables de l'organisation.

Moins d'un an après l'envoi de sa première cargaison, Donald Steinberg possédait ce qu'il voulait depuis toujours. Une affaire hautement rentable, à croissance rapide, amusante à gérer. Il l'appela la Compagnie et fonda sur elle de grandes ambitions.

2

L'affaire de marijuana de Donald s'avérant florissante, ses amis de la vallée de la Fox River affluèrent en masse.

Il vit arriver Jimmy Bell, un garçon dégingandé, pâle et taciturne qui vivait jusqu'alors chez ses parents dans une maison de plain-pied accolée à l'église, concédée aux paroissiens trop pauvres pour payer un loyer. Il gagnait chichement sa vie en réparant les cheminées.

Le meilleur ami de Donald, Joe Gonterman, un robuste fermier aux cheveux bruns et bouclés, rappliqua aussi. Il aidait son père métayer à cultiver quelques acres de terre à blé et à soja, situés près d'une carrière.

Une demi-douzaine d'autres suivirent, désireux de contribuer à la croissance de la Compagnie. Certains participèrent par la suite à la campagne menée par le Centac contre cette même compagnie. Ils s'appelaient Jerry « Tark » Angsten, Rene Larsen, Sandro « Quiet » Wyatt, Ray Mendoza et Bob Straus.

Straus, presque aussi futé que Steinberg, avait lancé son propre journal underground à l'université où il était connu comme l'individu « le plus antiaméricain » et « le moins susceptible de réussir » de la fac. Il travaillait dans une usine de produits chimiques de la Fox River fabriquant des résines et vendait de l'herbe pour Donald. Il fut promu chauffeur et transporta des chargements de 200 kilos de marijuana de Mc Allen à Carpentersville, à raison de dix dollars la livre. Il perdit deux doigts dans un accident de travail à l'usine, qu'il quitta pour travailler à plein temps pour Donald.

Sa main était encore dans le plâtre lorsqu'en sortant d'une maison qui servait d'entrepôt de marijuana, il fut pris en chasse par deux voitures de police. Sous la menace des revolvers, il fut contraint de se garer sur le bas-côté.

— Police ! On ne bouge plus ! lui crièrent les policiers.

Straus leva les mains en l'air.

— Je ne tiens pas à me faire descendre, répondit-il.

Les agents fédéraux trouvèrent 20 kilos de marijuana dans le coffre et 250 kilos dans la maison. Straus fit deux ans de prison.

A sa libération, il entendit parler de la réussite de Donald et se précipita à Fort Lauderdale. Il devint capitaine d'un bateau de Steinberg et gagna 75 000 dollars par voyage. Straus adorait la mer, l'aventure, le danger. Rien ne lui plaisait plus que rechercher les cargos lestés de marijuana quand la mer était démontée.

— Ils chargent ton rafiot jusqu'à ce qu'il coule! racontait-il à ses amis. Tout ce qu'ils veulent, c'est se débarrasser de la came en vitesse pour la transborder dans le tien. Ils savent que s'ils rentrent en Colombie avec, ils seront fusillés.

Il embarqua même la cargaison d'un cargo inconnu qui naviguait à la dérive, presque sans vivres et sans eau. Il avait à peine assez de fuel pour retourner en Colombie. L'équipage estima plus sage de confier la cargaison à Straus plutôt que de la ramener, espérant être payé plus tard.

— Ce qui compte, c'est la marchandise. Si tu heurtes la coque de ton yacht contre celle du cargo quand ça tangue, tout le monde s'en tape. Le rafiot vaut 200 000 dollars, la came 10 millions de dollars! Le leur était si luxueux qu'on aurait dit le Queen Mary, des cabines immenses, des baignoires encastrées. Ils m'ont raconté qu'il était bourré à craquer. Soixante tonnes d'herbe!... Il y en avait pour 30 millions de dollars! On n'aurait même pas pu la trouver! raconta-t-il.

Si les yachts étaient luxueux, les maisons ne l'étaient pas moins. Les employés de Steinberg achetaient les appareils de télévision par quarante à la fois et faisaient le tour de Fort Lauderdale en camion pour les distribuer à ceux qui attendaient les chargements. Straus admirait la classe de Steinberg.

— Quand tu dépenses 20 000 dollars pour meubler un entrepôt et que tu dois te tirer le lendemain, tu t'emmerdes pas avec les détails...

Straus remarqua un changement dans les relations entre Donald et sa femme Barbara. La drogue avait apporté à Donald tout ce dont il rêvait, mais à Barbara, des cauchemars. Désespérant de le voir renoncer à la fortune et à l'excitation que lui procurait son trafic, Barbara finit par demander le divorce. Elle retourna dans l'Illinois.

— Donald était un nouveau riche, expliqua Straus quand elle l'eut quitté. Les filles étaient faciles et il a commencé à cavaler dès qu'il s'est mis à gagner de l'argent. Tout ce fric, ça vous monte à la tête. Il l'aimait, mais il n'allait pas renoncer à ses affaires et à son train de vie simplement parce que ça déplaisait à sa femme. De toute façon, des filles, il en avait à la pelle. Elles tournaient toutes autour de lui. Barbara savait qu'il n'arrêtait pas de baiser à droite à gauche, et ça, elle ne l'a pas accepté non plus. Elle voulait un foyer, des enfants et Don n'y tenait pas du tout. Trop de responsabilité, trop de temps à leur consacrer. Il ne pouvait pas. C'était pas son truc. Ce n'était pas non plus celui de Straus. Il adorait l'argent et cette vie exaltante.

— Tout ce fric, dans des sacs, des valises, partout...

Il renonça même à aller chercher sa part.

— Pourquoi sortir sous la pluie quand on est déjà trempé jusqu'aux os ? disait-il.

Il se souvenait de ses déboires à l'université.

— Un jour, j'y retournerai et je leur montrerai si j'étais le moins doué pour réussir ! Je gagne des millions, et eux, ils travaillent à l'usine pour quatre dollars de l'heure et ils crèvent de faim !

Pour Donald, l'argent, c'était le pouvoir. Il l'appelait le « go ». (« Envoie un peu de go à Pete, aux Bahamas », disait-il, par exemple.)

Les décisions étaient prises rapidement. L'exploit apportait la fortune, l'échec la disgrâce. Si on demandait au concessionnaire Powell Ford de Fort Lauderdale de livrer sept caravanes Ranchero aux vitres peintes en noir, le soir même, au coucher du soleil, l'ordre était exécuté.

Quand la flotte entière était portée sur la liste rouge secrète des garde-côtes (secrète pour les garde-côtes, mais pas pour Steinberg) Pete Wagner faisait appel à un courtier en bateaux de Fort Lauderdale, et, le jour même, s'offrait un yacht en alu de 54 pieds et d'un demi-million de dollars, battant pavillon des Bahamas et dont l'ancien propriétaire n'était autre que Robert Vasco, en fuite pour fraude fiscale.

Du haut en bas de la vallée, Steinberg et son équipe de millionnaires en jeans n'avaient que des amis. Fort Lauderdale semblait leur appartenir. Tout le monde voulait travailler pour Donald. Il importait des cargaisons de 50 000 tonnes sans se faire pincer, payait rubis sur l'ongle, s'occupait de tout, du fret, des bateaux, du débarquement et de la distribution comme un professionnel.

Plus il gagnait de l'argent, plus il travaillait dur.

— Ce n'est pas marrant d'être riche tout seul, disait Straus. On a envie que les copains soient riches aussi.

Le pire qui puisse arriver, c'était la disgrâce.

— S'il te saque, s'il t'appelle plus, t'es sur le pavé. Qu'est-ce tu peux faire ? C'est Daddy Don, disait Straus.

Bientôt, Donald eut envie de viser plus haut que le but qu'il s'était fixé quand il avait dix ans. Il ne lui suffisait plus d'être millionnaire. Il s'estima capable de gérer une compagnie de marijuana de contrebande au chiffre d'affaires annuel d'un milliard de dollars. 2,75 millions de dollars par jour. Un revenu supérieur à ceux de la US Steel, de Xerox et de General Foods réunis.

Il se rendit compte aussi qu'il exigeait davantage de la vie que de l'argent à foison. Il possédait des villas, des yachts, des voitures, tout un clan de subordonnés soumis à ses ordres. Il lui manquait ce qu'on ne peut envoyer acheter par un larbin, quelque chose qui lui appartiendrait en propre, une parure magnifique, intelligente, que les autres lui envieraient, qui se baguenauderait à ses côtés en Maserati, dans ses hors-bord Cigarette, siroterait du Dom Perignon au bord de sa piscine et exciterait ses copains. Il avait besoin d'un être en adoration devant lui, une personne loyale qui ne se cavalerait pas, qui veillerait sur lui comme l'avait fait Millie, sa maman. Il la rencontra chez des amis. Elle s'appelait Carol.

CHAPITRE TROIS

1

A l'âge de quatre ans, le père de Carol tapait sur une grosse caisse plus haute que lui pour accompagner ses parents qui jouaient dans l'orchestre de l'Armée du Salut de Montclair, dans le New Jersey.

Quelques années plus tard, il participa à une réunion qui se tenait dans un camp militaire du Massachusetts et prit place sur la colline au milieu de la foule pour écouter une jeune fille qui chantait des cantiques. Il la revit le même soir à l'orée du terrain de camping, appuyée contre une palissade. Elle contemplait la pleine lune. Il s'approcha d'elle et lui dit :

— Que cette lune est belle, ne trouvez-vous pas ?

Il avait quinze ans. Elle en avait treize. Quand l'Armée de l'Air le libéra après la Deuxième Guerre mondiale, il l'épousa.

Fillette, elle avait été recueillie par l'Armée du Salut lorsque sa mère mourut d'une maladie de cœur à l'âge de trente-deux ans et que son père alcoolique s'avéra incapable de l'élever. Sa foi chrétienne était aussi forte que celle de son mari. Ils jouaient de la musique ensemble dans les groupes de l'Armée du Salut (il avait fait des progrès et était passé de la grosse caisse au cornet à pistons).

Ils s'installèrent à Fort Lauderdale, où il trouva un emploi de mécanicien chez un concessionnaire Dodge. Ils eurent quatre filles. Le foyer était pauvre d'argent, mais riche d'amour.

Carol était la troisième. Elle prit des leçons de piano, comme ses sœurs. Tous les matins avant d'aller à l'école, elle lisait la Bible et s'agenouillait pour prier avec toute la famille. Ses parents lui offrirent sa Bible personnelle, avec son nom gravé sur la reliure. Sous le regard de sa mère, elle y inscrivit une citation : « Sur tous les chemins de la vie, reconnais-Le, et Il guidera tes pas. » Elle emporta sa Bible au cathéchisme et souligna ses passages favoris. Elle l'ouvrit tant de fois pour s'y plonger que le fermoir de la couverture se rompit. Le soir, lorsqu'il allait lui dire bonsoir avant de dormir, son père la trouvait souvent en prières, agenouillée.

Tant qu'elle fut la dernière née, l'affectueuse et enjouée Carol fut la favorite, choyée par ses parents et ses sœurs. Mais lorsqu'elle atteignit l'âge de onze ans, sa sœur Karen vint au monde. Elle était fragile, souffrait de bronchites et quand elle pleurait, il lui arrivait d'étouffer. Son état réclamait beaucoup d'attention et de caresses. Carol sentit la tendresse de la famille se détourner d'elle au profit de sa sœur, et, au seuil de l'adolescence, connut les affres de la jalousie et de la rancune. Elle s'éloigna des siens, se fit ses propres amis. Le père de Carol nota le changement et sentit « qu'elle courait après quelque chose », que, n'ayant connu qu'un aspect de la vie, elle en recherchait d'autres.

Après ses études universitaires, elle devint secrétaire dans une banque et s'installa dans une chambre que son père avait aménagée dans le garage. Elle était blonde, belle et intelligente et invitait un tas de soupirants à dîner à la maison. Ses parents les trouvaient superficiels, insignifiants et sans intérêt. Ils étaient sûrs que Carol pouvait espérer mieux, mais ne disaient rien, pensant que si Carol les aimait bien, ils devaient en faire autant.

Carol confia à ses parents qu'elle s'était sentie rejetée à la naissance de Karen. Ceux-ci admirent que sans en avoir conscience, ils avaient peut-être témoigné davantage d'affection à Karen, mais qu'ils chérissaient toutes leurs filles également et n'avaient jamais cessé de l'aimer. Quoi qu'il en fût, leur dit-elle, elle se confierait toujours à eux et leur resterait attachée à tout jamais. Ni elle ni ses sœurs ne seraient capables de commettre un acte impardonnable. Plus tard, l'aînée raconta aux parents que Carol lui avait dit :

— Nous avons les parents les plus merveilleux du monde.

Carol tomba amoureuse et fut délaissée. Jamais ses parents ne l'avaient vue dans un tel état de détresse. Son père fit de son mieux pour la consoler, lui expliqua que la vie était faite de ce genre d'expériences :

— Ce sont des choses qui arrivent. Mais tu es vulnérable. Le Démon peut te tromper.

2

Peu après cette cruelle déception, quelques semaines avant Noël, Carol rentra à la maison avec une grande valise. Sa mère la suivit dans sa chambre et la regarda l'ouvrir. Carol lui raconta qu'elle avait rencontré un garçon chez des amis et qu'il lui avait demandé d'emporter cette valise pleine de vêtements neufs et de la lui garder.

— Mais, c'est un gosse, fit sa mère, en lui faisant observer que les pantalons étaient à sa taille.

La jeune fille lui expliqua qu'il s'appelait Donald Steinberg, qu'il était très mince et qu'elle l'avait invité au dîner de Noël.

Avant l'arrivée de Donald, Carol convoqua toute la famille pour les mettre au courant des habitudes alimentaires de son nouvel ami. Au restaurant, leur apprit-elle, quand il n'aime pas un plat, il le répand sous la table. Il éponge l'huile ou la sauce de son assiette avec sa serviette, et la jette par terre. Elle l'avait vu agir ainsi dans de nombreux restaurants, trop gênée pour pouvoir rien avaler quand il l'invitait. Carol et sa mère concoctèrent ensemble un menu, qui, espéraient-elles, conviendrait à Donald. Carol assura qu'il ferait de son mieux pour être poli.

— Mais n'aie pas l'air choquée s'il manque aux usages, la prévint-elle tout de même. Il n'est pas vraiment beau, mais il gagne à être connu.

Donald arriva en jean impeccablement repassé et col roulé, pas exactement en tenue de gala, mais pas débraillé non plus. Karen, qui allait sur ses treize ans, trouva qu'il ressemblait à un musicien des Bee Gees.

— On dirait Robin Gibb avec des cheveux courts.

Ils passèrent à table et le père de Carol récita le bénédicité. Le rôti, la sauce, la purée, le maïs et la tarte aux pommes maison passèrent sans dommage de l'assiette de Donald à sa bouche et sa serviette demeura sur ses genoux. A la fin du repas, ils avaient tous succombé à son charme. Carol avait vu juste. Il n'avait pas très bon genre, mais il gagnait à être connu. Il n'était pas très beau, mais jamais Carol n'avait ramené à la maison un garçon aussi charmant et aussi bien élevé. Il avait une quantité de choses à dire sur une infinité de sujets. Il les avait écoutés avec une attention soutenue, avait manifesté beaucoup d'intérêt pour leurs opinions, avait questionné ses sœurs sur ce qu'elles faisaient et leurs projets d'avenir. Dès que quelqu'un intervenait, il semblait suspendu à ses lèvres. Il séduisit toute la famille.

— Ce garçon a beaucoup de personnalité, fut le verdict du papa.

On s'enquit avec tact de ce que Donald faisait dans la vie.

— Du commerce, leur répondit-il.

Plus tard, Carol expliqua que Donald s'était lancé dans les affaires dès l'âge de treize ans, et qu'à présent il était courtier en or et en argent.

Donald invita toute la famille dans sa maison de Coral Springs, à une trentaine de kilomètres au nord, et là, l'étendue de sa fortune devint flagrante. Le père de Carol, qui travaillait les mains dans le cambouis dont elles gardaient la trace, n'avait encore jamais vu s'étaler sous ses yeux une telle opulence. Ils empruntèrent une allée bordée d'arbres menant à une pièce d'eau alimentée par une source jaillissant de rochers ombragés par des palmiers, au milieu d'une immense pelouse admirablement entretenue. Ils franchirent la porte d'entrée abritée d'un cyprès ; ce qu'ils virent à l'intérieur ressemblait à un rêve. Des sols carrelés de blanc, des poutres apparentes, une cheminée de pierre flanquée de bibliothèques, un bac, un billard, une cuisine équipée de six imposants sièges en cuir, une salle à manger aux murs tapissés de miroirs, aux chaises chromées tendues de velours bordeaux, une chambre de maître et sa salle de bains en forme de vasque. Cela, pour le seul rez-de-chaussée ; aux étages, ils visitèrent d'autres chambres, un cabinet de travail, des terrasses en bois et des solariums. Dehors, l'allée s'enfonçait dans les massifs et menait à un garage pour deux voitures et à une maison destinée aux invités.

Donald leur fit ensuite traverser le salon pour les conduire au patio fleuri meublé de fauteuils d'osier, équipé d'un grill électrique, d'une glacière et d'un distributeur de boissons en bois et orné d'une grosse grenouille en porcelaine. Une demi-douzaine de marches descendaient du patio à la piscine bordée de palmiers, de plantes, et d'une terrasse meublée de chaises longues. Sacha, le saint-bernard, se prélassait sur le gazon. Ils trouvèrent la maison chaleureuse, accueillante, et Donald plus encore. Il taquina Karen comme un grand-frère et le père de Carol qui refusait de prendre un verre :

— Vous ne buvez donc jamais rien !

Il insista pour le photographier au volant de sa Rolls Corniche décapotable. Le père de Carol était aux anges. Il avait beau être un professionnel de la mécanique, il n'avait jamais encore eu l'occasion de conduire une Rolls et doutait fort qu'elle se représenterait de sitôt. Donald lui proposa de faire un tour en ville, mais il n'osa pas. Remonter la rue avait suffi à son bonheur.

Donald ne possédait pas qu'une Rolls. Il avait aussi une Mercedes, une Jaguar, une Maserati, une Lamborghini et un coupé hors série avec le téléphone, des hors-bord Cigarette coûtant 100 000 dollars, des yachts imposants aux équipages en uniforme. Tout petit, il avait décrété qu'à trente ans il serait millionnaire, expliqua Carol à ses parents. Il n'avait que vingt-sept ans et valait déjà des dizaines de millions de dollars.

Un dimanche après la messe, toute la famille revint lui rendre visite. Cette fois, Donald parla affaires, avec le père de Carol.

— Nous envisageons de bâtir des résidences d'été à Aspen, Hawaii et dans des endroits de ce genre, et d'en vendre des parts. Qu'en pensez-vous ? On pourrait y aller une année, et l'année suivante, quelqu'un d'autre pourrait y passer ses vacances.

— Ça me paraît être une excellente idée, répondit le père de Carol.

Donald lui parla aussi de son projet de construction d'immeubles à Palm Beach, de ses pourparlers avec National Airlines. Il envisageait également de faire construire une marina.

— Vous vous y connaissez en bateaux et en matériel maritime ? voulut-il savoir.

Il raconta ensuite à Karen qu'il voulait louer l'Orange Bowl pour y donner des concerts de rock.

— A ton avis, Karen, qui dois-je engager ? Quels sont tes groupes préférés ?

Karen aimait bien Donald. Il n'était pas beau et ses amis l'appelait « sac d'os » derrière son dos. Il était excessif, agité, mais c'était, de loin, le flirt le plus sympa que Carol ait jamais eu. Tous les autres ne lui prêtaient aucune attention, comme si elle n'existait pas, mais Don était gentil et généreux avec elle. Il l'écoutait, lui demandait son avis, la taquinait, jouait avec elle, la décontractait. Il avait même proposé de lui prêter sa Jag.

— Garde-la une semaine pour emmener tes copains à la plage !

Mais Karen était moins enthousiaste à l'égard des amis de Donald. Parfois, elle rencontrait chez lui des hippies aux cheveux longs qui lui semblaient « inquiétants ». Tous avaient des surnoms. « Old Man » ressemblait à une rock-star. « Semi-Foxy » était un beau garçon de dix-neuf ans ; mais il piquait des crises d'hystérie dès qu'on le contrariait et il était le seul qu'elle ait vu fumer de la marijuana. « Cow-boy » avait l'air ivre la plupart du temps et lui donnait la chair de poule. Sa petite amie avait l'air d'une brute, on aurait dit un mec.

— Cow-boy est un bon garde du corps, lui avait répondu Carol quand elle lui avait confié qu'elle ne l'aimait pas. Quant à son amie, elle ne craint personne.

Un jour, Carol avait tenté de chasser des gamins qui jetaient des pierres dans sa pièce d'eau. Ils lui avaient ricané au nez, mais quand l'amie de Cow-boy était venue lui prêter main-forte, ils avaient détalé à toutes jambes.

Selon Karen, le seul qui avait l'air vraiment clair dans cette maison était Eric. Il mesurait plus d'un mètre quatre-vingts, avait les épaules larges, des cheveux bruns et une moustache. Il s'exprimait correctement. Pour la taquiner, les autres lui avaient raconté qu'il était de la police, et qu'il la ferait arrêter si elle séchait l'école.

Les parents de Carol avaient eux aussi rencontré quelques amis de Don qu'ils avaient trouvés bizarres. Mais Carol leur avait expliqué que lorsque Don avait servi au Vietnam, il avait promis à ses compagnons d'armes que s'il devenait riche un jour, il ne les oublierait pas. Il avait tenu parole. Ses parents convinrent qu'il n'en avait que plus de mérite.

Tous les deux ou trois mois, Donald invitait la famille de Carol à passer l'après-midi chez lui et à dîner. Quand la mère de Carol téléphonait et qu'elle tombait sur lui, il prenait toujours plaisir à bavarder un moment avec elle et la traitait « comme la Reine d'Angleterre » en personne.

Jamais un quelconque membre de la famille de Carol ne se douta que ce brillant, généreux et jeune businessman se livrait à des activités louches. Carol avait enfin trouvé un homme digne de sa beauté, de son intelligence et de sa confiance. Il était même allé jusqu'à leur donner le nom de son avocat, leur recommandant de l'appeler s'ils avaient besoin du moindre renseignement d'ordre juridique. Cet avocat était Jim Reilly.

Carol s'installa chez Donald. Ses parents n'en furent pas très heureux, mais pouvait-on l'empêcher de vivre sa vie ?

Un jour, ils firent la connaissance du père de Donald, George, un homme robuste aux cheveux noirs et bouclés qui mâchonnait un cigare. Comme son fils, il se montra aimable, poli et détendu. Il leur plut. Il expliqua au père de Carol qu'il avait converti un combi Trailways en véritable appartement. Il y avait installé un bar, deux télés couleur, une chambre-living avec des sièges pour vingt-trois personnes, une salle de bains et une cuisine complète avec four à micro-ondes, congélateur, réfrigérateur... et le père de Carol lui dit qu'il aimerait voir ça. George lui promit de venir un jour pour les emmener en promenade.

Le Noël suivant, Donald retourna souper chez eux. Pour son anniversaire, cette année-là, la mère de Carol confectionna un gâteau au chocolat que Carol lui apporta. Il lui téléphona pour la remercier, heureux comme un enfant. C'était la première fois de sa vie que quelqu'un lui préparait de ses mains un gâteau d'anniversaire. Et au chocolat, en plus ! Son dessert préféré.

Donald avait une domestique, qu'il renvoya lorsqu'il s'aperçut que

Carol faisait tout le travail. Elle préférait. Elle ne disait que du bien de Donald. Tous deux aimaient les fleurs et ils s'occupaient du jardin ensemble.

Carol répéta à ses parents ce que Donald lui avait expliqué : il s'était déjà marié une fois et n'était pas pressé de recommencer, mais il lui avait offert une bague de fiançailles, un diamant, et lui avait promis qu'après une année de vie commune il l'épouserait.

Une année s'écoula. Elle le pressa de tenir sa promesse. Il résista et, pour finir, lui envoya un ami, porteur du message suivant :

— Donald m'envoie te dire qu'il faut que tu emballes tes affaires et que tu t'en ailles.

Carol, le cœur brisé, retourna chez ses parents et leur raconta ce qui lui arrivait. Pourquoi Donald n'avait-il même pas eu le courage, la politesse de le lui dire lui-même ? Elle se réfugia chez une amie, y passa deux nuits puis se révolta. Elle avertit ses parents :

— Oublions tout cela. Je ne me laisserai pas mettre à la porte comme ça.

Donald ne savait plus où il en était, tout simplement. Il avait besoin d'elle, c'était évident. N'importe quelle autre fille aurait profité de lui, dépensé tout son argent. Si elle n'était pas là pour le protéger, il y laisserait sa chemise. Elle retourna voir Donald.

— Même si tu ne veux plus de moi, je resterai ici. Tu as besoin de moi.

Il s'effondra, pleura, et ils se réconcilièrent.

Carol déclara à Karen que jamais Don et elle ne se quitteraient. Ils avaient besoin l'un de l'autre. Jamais elle n'avait vécu un tel amour. Les autres hommes l'avaient traitée comme un objet. Don partageait tout avec elle. Ils vivaient des moments intenses. Elle était heureuse avec lui.

Mais insidieusement, tout se dégrada. Carol se plaignit de migraines, perdit du poids, s'étiola.

— J'espère qu'un jour, moi aussi j'aurais beaucoup d'argent, lui dit Karen venue lui rendre visite et émerveillée par tant de luxe.

La réponse de sa sœur la surprit :

— L'argent n'est pas tout, Karen... Il n'apporte pas le bonheur...

CHAPITRE QUATRE

1

Un bâtiment d'un étage, sans fenêtres, sans la moindre inscription, se cachait dans le chaos des terrains en construction, perdu dans le dédale sinueux des canaux de Fort Lauderdale. Aux alentours, les noms des rues changeaient constamment, les numéros des immeubles sautaient et se multipliaient sans suite logique. Les chauffeurs de taxi, même munis d'un plan, cherchaient en vain leur route et, de guerre lasse, finissaient par renoncer.

Ce bâtiment recevait peu de visiteurs et aucun n'y venait sans y avoir été invité. La plupart des hommes et des femmes qui travaillaient là étaient jeunes et circulaient en jean et en tee-shirt. Ceux qui téléphonaient entendaient une voix féminine répondre suavement : « Organisation du crime, j'écoute » comme s'ils avaient été mystérieusement branchés en direct sur le quartier général mondial de la Mafia.

Les trente policiers en civil affectés à cet *Organised Crime Bureau* ne chômaient pas depuis le milieu des années 1970, car depuis lors, le sud de la Floride était devenu l'aiguille par laquelle un océan de cocaïne et de marijuana était injecté dans la côte est de l'Amérique.

C'est à cette époque qu'Al Ortenzo, fils d'un mécanicien new-yorkais, décida de faire ses études de criminologie en Californie. Il obtint son diplôme et entra à l'*Organised Crime Bureau*. Il fut immédiatement emballé par son travail. Alors que quelques trafiquants locaux étaient devenus si puissants qu'on les estimait intouchables, un homme les avait tous supplantés car il ne se contentait pas d'être intouchable, il était de surcroît invisible. Il faisait rarement parler de lui. On ne le rencontrait jamais nulle part. Les gros trafiquants de la région, les policiers eux-mêmes évoquaient ce personnage qui contrôlait tout à distance avec une sorte de crainte respectueuse. Il s'appelait Donald Steinberg, et pour Al Ortenzo, il devint et demeura pendant des années un mythe inaccessible.

Ortenzo était le policier le plus petit — sa taille excédait à peine un mètre cinquante —, le plus intelligent, le plus sympathique de l'OCB. Tout le monde l'appelait Little Al, même les contrebandiers. Son coéquipier, Joe Puleo, était un taureau sauvage élevé dans les rues de Brooklyn et se battait contre les contrebandiers comme Custer combattait les Indiens. Les résultats étaient parfois similaires. Les deux hommes se complétaient et faisaient du bon travail. L'un était la tête, l'autre les bras.

— Donald est un personnage fantomatique. Son organisation est tout simplement fascinante. Ce qu'ils font est inimaginable sauf en rêve. Un tas de flics s'y sont cassé les dents, disait Al de Steinberg.

Ortenzo et Puleo, conscients du fait que, seuls, ils n'avaient aucune chance de venir à bout d'une organisation de cette envergure, sollicitèrent l'aide du gouvernement fédéral. Mais à Washington, on avait d'autres chats à fouetter. Alberto Sicilia-Falcon, ses amis et ses rivaux déversaient alors des quantités impressionnantes d'héroïne et de marijuana sur les Etats-Unis à travers la frontière mexicaine. L'héroïne arrivait à flots de Thaïlande et de Chine, expédiée par des trafiquants tels que Liou Chou-chouei, et les fédéraux avaient été sommés d'endiguer ce déluge.

La DEA avait eu vent des activités de Donald Steinberg. On savait qu'il se trouvait du côté d'Elgin, dans l'Illinois et qu'il avait été arrêté au Texas, en 1973, en possession de 250 kilos de marijuana. Quelques mois plus tard, un autre rapport avait fait état d'une lettre remplie de cocaïne, envoyée de Cali en Colombie à un destinataire situé non loin d'Elgin, en relation avec une société de Fort Lauderdale qui livrait des camions à un individu nommé Robert Steinberg. Peu de temps après, la police brésilienne avait communiqué qu'elle avait procédé à l'arrestation d'un Californien qui avait tenté de faire passer 4 kilos de cocaïne en contrebande pour le compte d'un certain George Steinberg, résidant à Miami.

Robert Steinberg, George Steinberg, la Colombie, le Brésil, la Californie, l'Illinois, la Floride... les rapports étaient disséminés et peut-être sans relation les uns avec les autres. Lorsque Al Ortenzo et Joe Puleo mentionnèrent l'existence d'un supertrafiquant fantôme nommé Donald Steinberg, les autorités fédérales leur tournèrent tout bonnement le dos. La pièce se jouait ailleurs, au Mexique, en Asie.

Puis soudain, tout à fait par hasard, un incident survint qui obligea les têtes des bureaucrates sceptiques à se tourner du côté de Fort Lauderdale. En une nuit, Joe Puleo et Al Ortenzo devinrent alors les flics les plus populaires de Floride.

2

Une quantité phénoménale d'argent, plus qu'ils n'en avaient jamais vu de leur vie et n'en reverraient sans doute jamais. Des billets de cent, de cinquante, de vingt, de dix dollars, entassés en liasses dans des valises, croulant des lits, débordant de partout... Ceux qui veillaient sur cet argent devaient tellement s'ennuyer à le contempler qu'ils avaient empesé des billets à la cire pour les faire voltiger dans les chambres. Il fallut quatre appareils électroniques ultra-rapides qui mirent six heures à le compter. La cire coinçait constamment les machines. Toute la nuit et la matinée qui suivit il ne fut question que d'argent, de cocaïne, de marijuana, de chasse à l'homme, de descente de police, de la Cadillac, de l'avion, de prêtres et du fusil de chasse. Mais tout ça, c'était la même histoire. Ce qui changeait tout, c'était quelques carnets à spirale, d'aspect anodin, posés là, avec l'argent et la drogue, attendant paisiblement qu'on en secoue la poussière pour exploser.

Le hall de l'Ireland's Inn de Fort Lauderdale était décoré de tentures vertes, d'un lustre en cristal, de boiseries aux murs et offrait à sa clientèle tout le calme et la respectabilité souhaitable dans une capitale de la cocaïne de l'Amérique du Nord. Piscine, plage, restaurant élégant, trois bars, deux annexes, l'une contiguë au bâtiment principal, l'autre de l'autre côté de la rue. La clientèle comportait beaucoup d'habitués, des personnes d'âge moyen, en veston et cravate même au petit déjeuner, qui réservaient leur table.

Jack Ireland, un homme trapu d'une quarantaine d'années, les comprenait et partageait leur respect justifié des convenances. Son établissement n'était qu'un des milliers d'hôtels résidentiels du sud de la Floride, dont beaucoup périclitaient. Pendant des années, il s'était efforcé de faire de l'Ireland's Inn un des meilleurs hôtels de la côte et avait su conserver sa clientèle en veillant à lui donner ce qu'elle venait y chercher, des vacances tranquilles, sans complications ni surprises. Il n'ignorait pas qu'au moindre faux pas, sans parler de scandale, cette fidélité s'évanouirait en fumée.

Cela dit, nonobstant sa vigilance et ses précautions, une chambre vide est une chambre vide. C'est pourquoi par un chaud lundi de juillet, lorsqu'un jeune homme blond pouvant avoir entre vingt et trente ans se présenta vers onze heures du soir à son hôtel, sans bagages, sans voiture et lui décocha un irrésistible sourire, Ireland lui donna les deux chambres contiguës qu'il demandait.

Le jeune homme accepta de payer d'avance et tira de la poche de son pantalon une liasse de billets de dix centimètres d'épaisseur. Le réceptionniste lui présenta une fiche et l'observa tandis qu'il y inscrivait une adresse à San Diego et son nom, Kevin Klassen. Il signa en caractères d'imprimerie et Ireland y vit un mauvais présage.

A peine Mr. Klassen eut-il gagné les chambre 251 et 252, au deuxième étage de l'annexe située de l'autre côté de la rue, que les appels téléphoniques commencèrent. Ils se poursuivirent le lendemain matin de bonne heure. Beaucoup d'appels longue distance pour les

Etats de New York, Massachusetts, Ohio, Californie. Des hommes à l'accent étranger appelèrent à l'hôtel et demandèrent à parler à Mr. Klassen. Bientôt, les téléphones des deux chambres se mirent à sonner en même temps. Lorsque la femme de chambre vint faire le ménage, elle trouva Mr. Klassen en compagnie de deux autres hommes dont aucun n'était inscrit au registre. En fin d'après-midi, les appels se suivaient à une telle fréquence que la standardiste dut les tenir en attente, de sorte qu'aucune ligne ne fut plus disponible pour les autres clients de l'hôtel.

L'opératrice était en train de signaler à Jack Ireland que Mr. Klassen allait devoir acquitter une note de téléphone exorbitante lorsqu'elle l'aperçut au restaurant, demandant de la monnaie pour utiliser l'appareil distributeur de cigarettes.

— Monsieur 252 ! cria-t-elle.

Klassen se retourna, le sourire aux lèvres.

— C'est bien la première fois que quelqu'un m'appelle 252, lui répondit-il.

La standardiste s'excusa et lui parla de sa note de téléphone. Il tira aussitôt quatre billets de vingt dollars de sa liasse et les lui tendit aimablement avant de quitter le hall.

Ireland se mit à réfléchir au sujet de cette liasse, des deux hommes qui se trouvaient dans les chambres de Klassen sans avoir rempli de fiches, de toutes ces communications saturant son standard. Il en conclut que cette affaire risquait de mal finir. Il monta dans son bureau situé au deuxième étage, tira des jumelles d'un tiroir et les braqua sur les fenêtres des chambres 251 et 252. Les rideaux étaient écartés et toutes les lumières allumées. Il vit des hommes aller et venir dans les chambres.

L'affaire n'était pas claire et Ireland le savait. Il répugnait à prendre une décision qui pourrait entacher la réputation de son hôtel, mais s'il n'agissait pas, qui sait ce que ces hommes seraient capables de manigancer ?

Ireland vit aussi des voitures se garer au parking et des hommes portant des mallettes gravir les marches conduisant à la terrasse des chambres du deuxième étage de l'annexe. Ils entrèrent chez Klassen, en ressortirent un moment plus tard, regagnèrent leur voiture et s'en allèrent. Ireland reposa les jumelles sur son bureau et appela le service de renseignements téléphoniques de San Diego. On lui répondit qu'il n'existait pas de Mr. Klassen à l'adresse inscrite sur sa fiche. Ireland appuya sur un bouton, et lorsqu'il eut obtenu la tonalité, téléphona à la police.

Postés dans le bureau d'Ireland, les inspecteurs Gerry Benoit et Doug Haas, armés de jumelles, virent des hommes se succéder à tour de rôle au téléphone dans les chambres de Klassen. Puis un homme corpulent d'une cinquantaine d'années, au type latin, portant des lunettes de soleil, descendit d'une Cadillac jaune flambant neuve, une mallette en cuir marron à la main, escalada les marches et entra dans la chambre de Klassen. Haas et Benoit, convaincus d'assister à une transaction concernant de la drogue, réclamèrent l'aide de l'OCB par appel radio. Quelques instants plus tard, une autre Cadillac dernier modèle, marron au toit blanc, vint se garer à côté de la Cadillac jaune. Le conducteur se rendit également chez Klassen, en ressortit en compagnie de ce dernier et d'un autre comparse. Ils entassèrent les mallettes dans la Cadillac marron et disparurent.

Les inspecteurs Joe Donisi et Dave Ecklind, à bord d'une voiture banalisée de l'OCB, reçurent un message radio. Une Cadillac marron et blanc venait de quitter l'aire de surveillance en direction du nord de la ville. Ils firent aussitôt demi-tour et s'engagèrent sur l'autoroute A1A longeant la plage. Ils repérèrent la Cadillac et demandèrent du renfort par radio. Deux hommes de la Tactical Impact Unit, en patrouille sur la plage à quelques kilomètres au sud à bord d'une voiture de location, glissèrent un gyrophare rouge « Kojak » sur le toit du véhicule et foncèrent vers le nord au milieu du flot de voitures circulant sur la I-95 à trois voies. Quelques instants plus tard, ils entendirent les inspecteurs de l'OCB annoncer qu'ils tenaient la Cadillac en filature, en direction de l'Executive Airport.

Donisi et Ecklind, à la suite de la Cadillac, arrivèrent à l'aéroport, situé à six kilomètres à l'ouest de la plage. Elle s'arrêta sous le fuselage d'un bimoteur turbojet Cessna Conquest. Deux employés en tenue blanche faisaient le plein avant le décollage. Un jeune homme en jean et polo jaune sauta de la voiture, suivi de Klassen, et la Cadillac s'éloigna. Le jeune homme entra dans une cabine téléphonique accolée au mur d'un bâtiment bordant la voie d'accès. Klassen jeta ses bagages dans l'avion et monta à bord. Donisi et un des patrouilleurs de la Tactical Impact Unit approchèrent de l'avion et interpellèrent Klassen à la portière de la carlingue. Klassen sauta à terre. Les policiers demandèrent à voir ses papiers d'identité et Klassen, aussi aimable et souriant qu'il l'avait été avec la standardiste de l'hôtel, retourna prendre un attaché-case dans l'appareil, l'ouvrit et tira un permis de conduire d'un portefeuille.

Pendant que Klassen fouillait dans la mallette, Donisi entrevit un sac en plastique dont le contenu ressemblait fort à de la marijuana. Il arrêta Klassen pour possession de drogue, pénétra dans l'avion et fit sauter le fermoir de la valise que Klassen y avait lancée. Elle était bourrée de billets de banque.

Il découvrit aussi dans l'avion de la marijuana et de la cocaïne en petites quantités et un plan de vol programmant le décollage treize minutes plus tard.

Donisi, stupéfait devant la valise bourrée d'argent, vit alors surgir sur la piste d'envol des voitures de la Tactical Impact Unit, averties qu'un avion suspect était sur le point de décoller.

Deux inspecteurs en civil approchèrent prudemment de l'homme qui était au téléphone et exhibèrent leurs insignes. L'homme eut un regard furtif, comme s'il envisageait de s'enfuir. Les flics sortirent leurs armes, lui ordonnèrent de se retourner, les mains à plat sur le mur. L'homme parut hésiter. Les policiers réitérèrent leur ordre et le plaquèrent contre le mur, sous la menace d'un revolver. L'un d'entre eux le fouilla et trouva dans la poche de sa chemisette sept cigarettes roulées à la main. Il en brisa une, la renifla, et l'arrêta pour possession de marijuana. Son permis de conduire était établi au nom de James Bell.

Tandis que les pistes de l'Executive Airport grouillaient de policiers, Jack Ireland, Haas et Benoit virent une troisième Cadillac Seville beige se garer sous les fenêtres des chambres de Klassen. Une camionnette Chevrolet marron à filet jaune arriva à la suite. Un homme barbu aux cheveux gris, en short blanc et en chemise sortit de la camionnette, un grand sac en plastique bleu à la main et se rendit dans la chambre 251.

Les agents de la sûreté estimèrent utile d'aller examiner l'affaire de plus près.

Ireland appela un groom, lui mit une valise dans la main et l'envoya conduire Benoit dans une chambre de l'annexe contiguë, plus proche de l'axe de celles de Klassen que son bureau.

L'inspecteur Haas demanda du renfort par radio pour assurer la surveillance. Le conducteur de la Cadillac jaune réapparut avec son porte-documents marron, le posa sur le siège avant et démarra. Haas aurait pu dire ce que contenait ce porte-documents avec la même certitude que s'il eût été transparent.

Deux inspecteurs en civil qui patrouillaient dans une voiture banalisée entendirent l'appel radio de Haas. Ils arrivèrent à l'Ireland's Inn au moment où la Cadillac démarrait. Haas leur cria de la prendre en filature.

Le conducteur de la Seville, un petit homme obèse aux cheveux bruns, descendit à son tour et jeta une valise dans le coffre qu'il verrouilla avant d'en glisser la clé dans sa chaussure droite. Voyant que les acteurs de cette petite scène n'allaient plus tarder à échapper à son champ visuel, Haas ne put se contenir plus longtemps.

— Je vais épingler celui-là sur-le-champ, dit-il à Ireland.

Ils descendirent tous deux l'escalier en courant et se ruèrent dans la rue au moment où la Seville manœuvrait, prête à démarrer. Haas sortit son pistolet, ordonna au gros de descendre et alla droit au coffre dont il demanda la clé. L'homme fourragea dans sa chaussure et la lui tendit.

— Il y a de l'argent, mais il n'est pas à moi. On m'a dit de l'emporter, mais je n'en sais pas plus, prétendit-il.

Haas sortit la valise du coffre, l'ouvrit et découvrit un tas impressionnant de liasses de billets de cent dollars. L'homme dit s'appeler Joaquin Gallo, donna une adresse à Miami. Il était colombien. Haas, qui n'avait jamais entendu parler de Gallo, ignorait qu'il avait affaire à un des trafiquants les plus endurcis de Floride. Il était propriétaire d'une résidence à Miami qu'on appelait « la Cathédrale » dans le monde de la drogue.

Les amis de Klassen se rendirent compte qu'il se passait quelque chose d'anormal dans la rue. L'un d'eux sortit sur le balcon. L'inspecteur Benoit quitta sa chambre et se précipita au parking. L'arme à la main, il cria à l'homme au balcon de ne plus faire un geste. Haas, la valise bourrée d'argent dans une main, le revolver dans l'autre, fit avancer Gallo, les mains en l'air, jusqu'au balcon des chambres de Klassen.

La porte du 252 était ouverte. Les policiers aperçurent deux sacs en plastique transparent posés à terre entre les lits jumeaux, contenant vraisemblablement de la marijuana. Ils passèrent les menottes à l'homme qui se tenait sur le balcon et pénétrèrent prudemment dans la chambre. Ils y trouvèrent le barbu arrivé en camionnette, auquel ils passèrent également les menottes, lui ordonnèrent de s'allonger le visage au sol et demandèrent du renfort.

En attendant, Haas et Benoit vérifièrent l'identité du barbu aux cheveux gris, qui n'était autre que John Bell, le père de James Bell qui venait d'être arrêté dans la cabine téléphonique de l'aéroport. Son comparse du balcon était porteur de pièces d'identité au nom de Michael Allen Taylor. Sur un des lits des chambres 251-252, ils trouvèrent un porte-documents contenant une trousse à fermeture Eclair pleine de cartes de navigation, de carnets et de blocs-notes à spirale. Ils découvrirent aussi une valise marron bourrée de dollars.

Après une série de virages rapides, la Cadillac jaune prit de la vitesse, puis, se sachant peut-être filée, tourna brusquement sur la gauche pour se perdre dans la circulation très dense. Les policiers à sa poursuite entendirent à la radio l'inspecteur Haas ordonner d'intercepter le véhicule. Ils s'acharnèrent frénétiquement à ne pas le perdre de vue et lancèrent un message radio connu de tous les policiers de Fort Lauderdale sous le nom de « Bolo », signifiant « Be on the lookout », un appel à toutes les voitures de police.

Kerry Hardison patrouillait au sud de la North Federal Highway, à un kilomètre et demi environ de la plage et des embarcadères privés des luxueuses résidences de Fort Lauderdale, lorsqu'il reçut le Bolo concernant une Cadillac jaune, conduite par un individu de race blanche, d'âge moyen et de sexe masculin. Il accéléra, louvoya à travers la circulation et fut à peine surpris de se retrouver derrière une Cadillac jaune déjà filée par une autre voiture de la police.
Hardison la doubla, alluma le gyrophare de son toit et força la Cadillac à s'arrêter. Couvert par le conducteur de l'autre voiture de police, Hardison s'approcha de la Cad. Le Bolo mentionnait que l'homme était recherché par les stups et Hardison avait entendu dire que les « cocaine cowboys » du sud de la Floride avaient la gâchette facile. Il ordonna au conducteur de descendre du véhicule et de poser les mains sur son capot. Celui-ci ne bougea pas d'un pouce.
— Dehors ! Les mains sur le capot ! cria à nouveau Hardison.
L'autre n'obtempéra pas pour autant.
Les voitures défilaient en vrombissant. Hardison réitéra son ordre et la portière s'ouvrit enfin. Un homme corpulent de type latin, moustache fine et lunettes à monture d'écaille, sortit lentement et posa ses mains sur le toit de la voiture.
Hardison palpa ses poches. Son permis de conduire portait le nom d'Hernando Depineres, âge cinquante-cinq ans, domicilié à Miramar, une petite localité située à quelques kilomètres au sud de Fort Lauderdale. D'autres voitures de police étaient arrivées sur les lieux entre-temps. Mais pour les policiers groupés au bord de l'autoroute sous les flashs des gyrophares rouges, ce nom ne signifiait rien. Depineres leur raconta qu'il était colombien et propriétaire d'une société d'exportation.
Informés par les policiers postés à l'Ireland's Inn que Depineres venait de quitter une chambre pleine de marijuana en emportant un porte-documents marron, ils trouvèrent la mallette en question sous le siège avant de la Cadillac, l'ouvrirent et virent les billets. Depineres prétendit que cet argent appartenait à sa société d'exportation et qu'il se baladait pour draguer des filles.
Les policiers lui passèrent les menottes, le flanquèrent sur le siège

arrière de la voiture blanche d'Hardison et le conduisirent à la prison de Fort Lauderdale.

Jack Ireland eut l'impression que son hôtel grouillait de policiers. Les chambres 251 et 252 étaient bondées de flics, d'inspecteurs des stups et d'experts en tout genre. Il entendit parler d'arrestations à l'aéroport, de valises pleines d'argent. Les amis de Mr. Klassen avaient été embarqués menottes aux mains, la Seville et la camionnette remorquées par la police, sans parler des Cadillac jaune, marron et blanche à présent. L'affaire avait fait sensation mais la clientèle avait semblé prendre les choses du bon côté. Il est vrai que le plus gros de l'affaire s'était déroulé dans la rue et dans l'annexe ouest. L'hôtel proprement dit avait bénéficié d'une paix relative et il était probable que certains clients qui se trouvaient aux bars seraient déçus d'apprendre qu'ils avaient manqué un événement aussi excitant. L'incident, grâce à Dieu, était clos. Personne n'avait été blessé. Le pire avait été évité.

Ireland s'installa dans son bureau, espérant expédier quelques affaires courantes au cours de la soirée. Il se rendit au bar et, se souvenant que le restaurant fermait la nuit, alla chez lui pour s'alimenter un peu. La nuit était chaude et l'air conditionné bouché. Il décida d'aller nettoyer le filtre, derrière l'annexe où tous ses ennuis avaient commencé, puis retourna chez lui : l'appareil consentit enfin à dispenser un peu d'air frais. Sa mère l'appela et ils conversèrent pendant quelques minutes. Puis il se confectionna un sandwich, le mangea, se dit qu'il ferait bien de faire une dernière inspection avant d'aller se coucher et appela le standard.
L'opératrice avait l'air contrariée. Avec toutes ces communications à passer entre deux autres chambres, ces appels incessants de l'extérieur, le standard était une fois de plus saturé.
Ireland se rua hors de son appartement, courut jusqu'à l'annexe ouest, s'arrêta sous les chambres qu'avait occupées Klassen et ne fut pas peu surpris de trouver dans la rue un flic en uniforme et un jeune homme étendu sur le coffre d'une voiture, immobilisé par le policier qui tentait en même temps d'ouvrir un petit sac en toile à courroie havane.
Ireland n'en croyait pas ses yeux. Ça recommençait.

Rick Symanski était arrivé sur les lieux après l'agitation générale, mais juste à temps pour finir le travail. Ce robuste jeune homme d'à peine vingt ans avait une licence en droit criminel et quatre années d'expérience passées dans une voiture radio de Fort Lauderdale. Aidé d'une jeune femme de la police arrivée dans une autre voiture, il avait rassemblé trois hommes arrêtés dans les chambres de Klassen, leur avait passé les menottes et leur avait récité l'article concernant leurs droits. Puis il les avait fourrés dans la voiture de sa collègue pour être conduits en prison. Il resta auprès de la voiture pour s'assurer que les portières étaient bien verrouillées, puis regagna sa propre voiture de patrouille.

Il surveillait les abords des bars et des night-clubs de la plage de Fort Lauderdale lorsqu'il reçut l'ordre de retourner à l'Ireland's Inn.

Lorsqu'il arriva devant l'hôtel, un chasseur lui expliqua qu'après l'intervention de la police, il était allé fermer les chambres de Klassen et qu'il avait vu une Ford LTD blanc et or se garer au parking. Le conducteur, un jeune homme à moustache, avait observé les fenêtres obscures des chambres de Klassen comme s'il espérait y découvrir un signe de vie. Il était ensuite entré dans le bâtiment principal et avait passé un rapide coup de téléphone avant de retourner au parking où il avait retrouvé un homme en short.

Le conducteur de la Ford avait sorti une valise de sa LTD et avait accompagné l'homme en short jusqu'à la terrasse du troisième étage de l'annexe est, contiguë à l'hôtel, face à l'annexe ouest située de l'autre côté de la rue, où se trouvaient les chambres précédemment occupées par Klassen. Le jeune chasseur avait observé les deux hommes sur le balcon, mais en raison de l'obscurité, il n'avait pu voir dans quelle chambre ils étaient entrés.

Symanski écouta son récit puis entra dans l'hôtel où la réceptionniste lui parla des innombrables communications échangées entre deux chambres de l'annexe est. Soudain, le groom arriva en courant, hors d'haleine, surexcité. Le conducteur de la LTD venait de descendre déposer des valises dans sa voiture, et semblait être sur le départ.

Symanski courut au parking et trouva l'homme, debout dans la pénombre, près du coffre qu'il tentait d'ouvrir à l'aide de deux trousseaux de clés. Un attaché-case Samsonite et un sac de sport en cuir souple étaient posés à terre près de lui. L'homme dit s'appeler George Jenish. Symanski voulut savoir ce qu'il faisait devant l'hôtel et Jenish déclara qu'il était allé rendre visite à des amis demeurant au troisième étage.

Sachant ce qui s'était passé à l'hôtel, Symanski brûlait d'envie de jeter un coup d'œil sur le contenu de ses bagages. Mais il savait que légalement, il n'en aurait le droit que s'il trouvait un motif valable pour arrêter cet homme. Il lui demanda le nom des amis auxquels il avait rendu visite. L'homme lui répondit qu'il n'en savait rien.

Il avait remarqué que la mallette et le sac de sport étaient verrouillés et en réclama les clés, afin de les ouvrir. L'homme prétendit ne pas les avoir. Symanski lui demanda ce qu'il y avait dedans. Des vêtements, lui répondit-il. Il palpa le sac de sport et sentit deux longs cylindres.

Le suspect, à présent nerveux, proposa à Symanski de l'accompagner à la chambre 332 où se trouvaient les amis dont il ne se souvenait pas des noms, mais qui seraient capables de l'identifier, lui et ses bagages.

Symanski le trouva un peu trop coopératif. Il continua à ausculter le sac de voyage, cherchant à gagner du temps pour mûrir un plan, pendant que l'homme insistait pour retourner à la chambre 332.

Symanski décida qu'il était hors de question de satisfaire à sa demande. Plus désireux que jamais d'inspecter ses bagages, il révisa fébrilement dans sa tête toutes les lois relatives aux rôdeurs. Il avait trouvé un individu sortant d'un hôtel, prétendant avoir rendu visite à des amis dont il avait oublié les noms et transportant des bagages dont il n'avait pas les clés. L'homme avait été incapable de fournir les explications qui lui étaient demandées.

Symanski ôta ses mains du sac de sport, sortit une paire de menottes.

— Vous êtes en état d'arrestation pour vagabondage, décréta-t-il.

Il conduisit l'homme jusqu'à sa voiture de police et appela du renfort avant de procéder à la fouille de son prisonnier, sur lequel il trouva un troisième trousseau de clés. L'une d'elles ouvrit l'attaché-case dans lequel il trouva deux grandes trousses à fermeture Eclair contenant une poudre blanche qui ressemblait fort à de la cocaïne.

Aucune clé n'ouvrant le sac de sport, Symanski en coupa la courroie. Il y trouva deux bouteilles Thermos, une autre trousse à fermeture Eclair et deux sacs en plastique servant à envelopper les sandwichs. Tous étaient remplis de poudre blanche en quantité suffisante pour que Symanski ait envie de savoir aussi qui étaient les occupants de la chambre 332 et ce qu'ils y fabriquaient.

Une voiture de police arriva, répondant à son appel. Jack Ireland et quelques employés de l'hôtel firent également irruption au parking et apprirent à Symanski que les chambres 332 et 225 avaient donné et reçu plus de soixante-dix coups de téléphone. Symanski informa par radio la police et l'OCB qu'une seconde édition des événements de la soirée était en préparation et demanda du renfort.

L'arrestation du conducteur de la LTD s'était déroulée dans le champ de vision des chambres 332 et 225. Symanski pouvait voir des hommes entrer et quitter les chambres. Dès que des voitures de police arrivèrent en renfort, il se débarrassa de son prisonnier et envoya un policier monter la garde à l'extérieur de la chambre 225. Puis, armé d'un fusil de chasse et couvert par deux policiers en uniforme il monta au troisième étage et passa par le balcon pour se rendre à la chambre que son prisonnier était si désireux de regagner.

Apprenant que Symanski avait l'intention d'approcher de la chambre 332, Jack Ireland courut à l'arrière du bâtiment donnant sur la plage pour surveiller le balcon qui le longeait mais qui, de ce côté, ne donnait ni sur un ascenseur, ni sur un escalier. Pour quitter ce balcon, il fallait, soit passer par une chambre, soit sauter dans le vide d'une hauteur dangereuse.

Symanski arma son fusil, et flanqué des deux autres policiers, frappa à la porte de la chambre 332. Personne ne répondit. Il frappa plus fort.

— Police ! Ouvrez ! cria-t-il.

Toujours rien.

Il essaya d'ouvrir la porte avec un passe fourni par Ireland, mais le verrou avait été tiré de l'intérieur. Soudain, il entendit cogner au fond de la chambre comme si quelqu'un, coincé sur le balcon donnant sur la plage, essayait de pénétrer de force dans la chambre.

Jack Ireland, du côté de la plage, leva la tête et vit deux hommes sur le balcon. L'un d'eux, un géant à favoris et moustache, se tenait à l'extérieur de la chambre d'un client de l'hôtel et tambourinait à sa porte, s'efforçant manifestement de l'enfoncer pour fuir par la porte du devant. Ireland cria à l'homme de cesser ce vacarme. L'autre continua à cogner comme un sourd. Il resta là, à observer l'homme qui s'acharnait sur la porte... Des années de labeur et de bonne réputation, ruinées par un moment de violence inconsidérée...

Une fenêtre verticale constituée de huit jalousies bordait la porte fermée à clé. Symanski demanda au policier muni d'une torche électrique qui l'accompagnait de casser les vitres. Celui-ci leva la torche au-dessus de sa tête et l'abattit dans un fracas de verre et de bois brisés, ouvrant les jalousies comme l'aurait fait une fermeture Eclair.

Symanski pointa son fusil par l'ouverture.

— Police ! Pas un geste ! cria-t-il.

Le martellement à la porte du fond cessa aussitôt. Symanski écarta les rideaux, passa prudemment la tête par-dessus le barillet de son arme et se retrouva face à face avec deux paires d'yeux terrorisés. Un homme âgé, en sous-vêtements, se tenait immobile auprès d'un vieillard en tenue ecclésiastique. Symanski comprit alors en un éclair que la fenêtre placée près de la porte du 332 appartenait en fait à la chambre 333. Il abaissa son fusil, bredouilla toutes les excuses qui lui passaient par la tête et pria les deux prêtres terrifiés de lui permettre de traverser leur chambre pour gagner le balcon. Paniqués par le bris de la fenêtre, l'irruption d'un fusil dans la chambre et les coups frappés à la porte du fond, les deux hommes accédèrent aussitôt à sa demande et déverrouillèrent leur porte.

Symanski et les policiers qui le couvraient se ruèrent à travers la chambre jusqu'au balcon. Ils y trouvèrent un grand gaillard bronzé d'un mètre quatre-vingt-cinq à favoris et à moustache, aux muscles d'haltérophile. Lorsqu'il vit les revolvers et le fusil de chasse, il lâcha son porte-documents marron et leva les bras. Un autre homme blond et bouclé se tenait près de la porte de la chambre 332. Les deux hommes reçurent l'ordre de s'allonger sur le balcon, face au sol et bras écartés. Puis, Symanski et les deux policiers leur passèrent les menottes et les attachèrent à la balustrade. S'abritant derrière leurs armes, ils franchirent le seuil de la chambre 332.

Ce qu'ils trouvèrent dans cette chambre les laissa aussi pétrifiés que les prêtres. De l'argent plein le lit, comme si on l'avait déchargé d'un camion. Des tas de liasses entourées d'élastiques, amoncelées sur le tapis, d'autres éparpillées sur le sol et sur les meubles. Ils avancèrent dans la pièce en enjambant des montagnes d'argent, y découvrirent une balance de précision, des sacs en plastique, des filtres et des bouteilles Thermos encore emballés dans de la cellophane. Des traces de poudre blanche striaient le miroir recouvrant une coiffeuse. L'eau coulait encore dans les toilettes.

Le sergent Bobby Dietrich de l'OCB arriva dans la chambre et s'arrêta auprès de Symanski au bord de cette montagne de billets, regarda autour de lui, repéra les bouteilles Thermos et une mallette brune fermée. Se souvenant du contenu de tous les sacs ouverts cette nuit-là, Dietrich fit sauter le fermoir et ne fut pas autrement surpris de la trouver bourrée de dollars.

La chambre disposait d'une kitchenette et d'un four. Il l'ouvrit, y découvrit une poêle en Teflon remplie d'une livre de ce qui s'avéra être un agent chimique destiné à couper la cocaïne. Utilisant la balance à fléau, il pesa la cocaïne contenue dans le sac saisi par Symanski : un peu plus de trois kilos, d'une valeur de 160 000 dollars environ au prix de gros.

Dehors, le costaud moustachu à favoris déclina son nom : Jeff Trager, inscrit sur le registre de l'hôtel à la chambre 332. Il reconnut que cette chambre était la sienne. Lorsqu'il fut conduit à l'intérieur de la chambre, Trager secoua la tête et prétendit n'avoir aucune idée de la provenance de tout cet argent qui, en aucun cas, ne pouvait lui appartenir.

Dietrich lui montra la mallette marron bourrée de billets. Il déclara qu'il n'en revenait pas lui-même.

Le garçon à boucles blondes découvert sur le balcon en compagnie de

Trager s'appelait Gary Starnes. Il refusa la chance de s'approprier cette fortune qu'il prétendit n'avoir jamais vue auparavant.

Pendant que Symanski et les policiers réconfortaient les ecclésiastiques et découvraient des fortunes, une autre aventure arriva au policier qui gardait la chambre 225. Il était en faction sur le balcon lorsqu'il entendit un déclic et vit tourner la poignée de la porte. Il sortit son revolver. La porte s'entrouvrit et un visage âgé au nez chaussé de lunettes apparut. Le policier lui pointa son arme entre les yeux et lui intima l'ordre de ne plus bouger. L'homme rejeta immédiatement la tête en arrière, claqua la porte et s'enferma dans la chambre. La chasse d'eau fonctionna à l'intérieur. Le policier appela à l'aide.

Le sergent Dietrich et l'inspecteur Donisi, qui se trouvaient à l'étage supérieur, arrivèrent en courant et frappèrent à la porte ; l'homme ouvrit et permit aux policiers d'entrer. On lui demanda ses papiers d'identité. Il répondit que son permis de conduire était dans sa trousse de toilette dans la salle de bains. Craignant que cette trousse ne contienne aussi une arme, Donisi l'ouvrit lui-même, y trouva des liasses de billets et un sac en plastique portant des traces de poudre blanche. Le sol de la salle de bains était jonché de sacs en plastique humides. En perquisitionnant dans la chambre, Donisi découvrit une autre valise pleine d'argent. L'homme dit s'appeler Charles Froschauer. Il ne savait pas comment cet argent était arrivé là.

Symanski retourna s'excuser auprès des prêtres, auxquels Jack Ireland promit un appartement en terrasse au dernier étage. Les prêtres, réjouis, remercièrent Symanski de les avoir sauvés de l'homme qui avait tenté d'entrer chez eux par effraction en forçant la porte de leur balcon.

Les prisonniers furent conduits en prison et Jack Ireland put enfin aller se coucher. A l'OCB, les inspecteurs essayèrent de mettre un peu d'ordre dans les événements confus de la soirée. Ils avaient dix hommes en prison, des valises pleines d'argent, des kilos de cocaïne et de marijuana, plusieurs voitures et un avion. L'homme qui avait déclenché toute l'affaire avait reconnu qu'il ne s'appelait pas Klassen mais Rene Larsen ; il donna une adresse à Fort Lauderdale et se prétendit artiste peintre.

Cinq policiers et une secrétaire comptèrent et recomptèrent l'argent jusqu'aux premières heures du jour sans parvenir au même montant. Avec plus de cinquante mille billets, c'était presque impossible. Le lendemain, l'argent fut porté dans une banque où quatre machines électroniques se chargèrent d'en faire le compte, non sans mal en raison de la cire qui bloquait les appareils, mais un total acceptable finit tout de même par être établi.

La police avait saisi 125 447 dollars dans le turbojet Conquest de Kevin Klassen et James Bell, 197 970 dollars dans la Cadillac jaune d'Hernando Depineres, 204 000 dollars dans le coffre de la Seville de Joaquin Gallo, 249 580 dollars plus 10 000 dollars de coupures canadiennes dans les chambres 251 et 252, 10 000 dollars dans le sac de sport de George Jenich, 250 260 dollars dans le porte-documents de Jeff Trager de la chambre 332, et 95 000 dollars dans la valise de Charles Froschauer.

Des sommes moins importantes, trouvées ici et là, dans divers portefeuilles, sacs et poches, portèrent le total à 1 143 133 dollars, la plus grosse prise d'argent de l'histoire du sud de la Floride, la place du marché américain de la cocaïne et de la marijuana.

Mais l'argent n'était pas la finalité de l'affaire, et en fait, à peine le commencement.

Al Ortenzo et Joe Puleo étaient en congé la nuit de la descente de police de l'Ireland's Inn. Le lendemain matin, lorsqu'ils arrivèrent au quartier général de l'OCB, ils tombèrent en pleine tornade. Tout ce fric ! Des voitures ! Un avion ! Dix prisonniers !

Assis face à face, de part et d'autre de leurs bureaux accolés dans un coin de la pièce principale du bâtiment, ils lurent les rapports et examinèrent les fiches anthropométriques des détenus. Quand Puleo en arriva à la photographie de l'homme qui prétendait s'appeler Michael Allen Taylor, il poussa un rugissement et fit voltiger la photo vers Ortenzo.

— Tu sais qui c'est ?

Ortenzo regarda le nom inscrit au dos de la photographie.

— Michael Allen Taylor.

— Faux ! s'écria Puleo. C'est Donald Steinberg.

Puleo était le seul policier de Fort Lauderdale à avoir vu de ses yeux l'invisible Donald Steinberg. Deux ans auparavant, alors qu'il travaillait comme agent infiltré, il avait rencontré Steinberg pour essayer de lui acheter 450 kilos de marijuana. Steinberg l'avait envoyé à un associé, Pete Wagner. Puleo n'avait pu réussir à conclure l'affaire, mais le visage de Steinberg était resté gravé dans sa mémoire.

Sachant que Steinberg avait fait l'objet d'une enquête dans l'Illinois, Puleo appela la police de Chicago et demanda un fac-similé de ses empreintes digitales par dépêche. Les empreintes correspondaient à celles de Michael Allen Taylor. C'était donc bien de Donald Steinberg qu'il s'agissait. Donald Steinberg, en chair et en os, ou du moins ce qu'il en restait. Il mesurait un mètre quatre-vingt-trois et ne pesait que soixante-dix kilos.

L'arrestation de Donald Steinberg après les événements de l'Ireland's Inn excita bien plus Puleo et Ortenzo que la prise de tout cet argent. Ils n'allaient pas tarder à avoir d'autres surprises.

Dans les chambres des prisonniers, on avait saisi des vêtements, des objets de toilette, une caisse de bière Coors, des bouteilles de Schweppes, de Tab, de Michelob, un paquet de fourchettes en plastique, une boîte de cure-dents et plusieurs carnets et blocs-notes à spirale. Puleo et Ortenzo décidèrent d'y jeter un coup d'œil.

Ce qu'ils découvrirent rendit tout le reste insignifiant, y compris le million de dollars. Une page de bloc-notes, intitulée « Facture totale », comportait une liste de onze chiffres. Un trait était tiré dessous et un montant de 7 781 806 dollars était inscrit.

Sur une autre page marquée « Ma facture (gaspillage) » un trait était tiré sous quatre sommes, et sous le trait, on lisait : « 2 603 135 dollars. ULGH ! »

Stupéfaits, Ortenzo et Puleo feuilletèrent rapidement les pages et trouvèrent d'autres annotations remarquables : « Fin mai, reçu de Jack : 1 591 768 dollars. Somme totale : 7 842 277 dollars ». « Montant déjà versé, 4 835 000 dollars. »

Ecrit en gros, à travers une page d'une main pressée, comme si on craignait de l'oublier, un montant de 2 715 300 dollars.

Une page était intitulée « Yacki » et contenait une colonne de nombres totalisant 6 060 000 dollars. Une autre indiquait simplement « Beard » et une colonne totalisant 5 185 000 dollars. La page intitulée « Jack » comportait cinq nombres pour un total de 12 130 000 dollars, et la page « Yacko » valait 8 855 000 dollars.

Une addition de dix centimètres de long sur une bande de papier de machine à calculer était pliée dans un carnet où douze sommes totalisaient un montant de 5 360 000 dollars. Une autre bande longue de douze centimètres était simplement marquée du nom « Sam ». Elle comportait huit sommes totalisant à peu de choses près 6 000 000 de dollars.

Ailleurs, une page indiquait « 81 000 livres » et le nombre « 80 », probablement le prix que payait l'organisation Steinberg pour une livre de marijuana en Colombie.

De grosses sommes étaient griffonnées à côté de noms de villes ou d'Etats : San Diego, Santa Barbara, Portland, San Francisco, Las Vegas, Aspen, Pennsylvanie, Illinois, New York, Santa Cruz, Floride, Kansas City, Cincinnati, Dallas, Wisconsin, B-Town. D'autres sommes furent élucidées. Elles représentaient des paiements pour des bateaux, des équipages, des avions et des pilotes.

Puleo et Ortenzo ne purent en croire leurs yeux. De toute évidence, ces sommes colossales, stupéfiantes pour les deux détectives, avaient rebuté les autres policiers. Les marges de certaines pages étaient remplies de gribouillages. Des nombres astronomiques de dollars étaient inscrits sans plus de soin que s'il s'agissait d'un numéro de téléphone ou d'une liste de blanchissage.

Certaines annotations faisaient penser à des aide-mémoire personnels :

Sandy — envoie 5 G à Joe au Kenya.

David a appelé. Tous ceux de l'ouest seront à la réunion.

DAP a le nom des malfrats.

3 299 027 — Hong Kong.

Appeler le Snake.

George se planque — il dit à cause de la Mafia.

On doit 3 2 mil. à Jackie.

Ron à Tokyo veut 20 G. ou il repart demain.

Mais il y avait mieux encore, une rame de papier imprimé de rubriques telles que : « NOM... DATE... TRANSPORT... NOMBRE... POIDS... AUTRES COMMENTAIRES. » Ces listes correspondaient sans doute aux noms codés des membres du personnel, des véhicules, des bateaux, au nombre de balles de marijuana, au poids total vendu aux distributeurs particuliers à travers les Etats-Unis. Un distributeur de Boston en avait reçu 58 383 livres (26 tonnes et demie) à 400 dollars la livre (prix de gros minimum pour Boston), ce qui revenait à la somme de 23 000 000 de dollars pour une cargaison livrée à un seul distributeur dans une seule ville.

Puleo et Ortenzo en restèrent pantois.

L'affaire commençait à faire sérieusement boule de neige. Plus tard, au cours de la journée, Hernando Depineres et Joaquin Gallo, qui n'avaient encore jamais été arrêtés, furent identifiés comme les plus gros trafiquants de drogue colombienne de Miami. L'Ireland's Inn reçut des menaces d'attentat à la bombe et les blocs-notes furent envoyés à Miami pour être analysés par un organisme intitulé « Opération Banco ».

4

L'année passée, les trente et un agents fédéraux, les procureurs et leurs équipes d'assistants participant à l'Opération Banco s'étaient acharnés à démêler la filière des banques, des revendeurs, des sociétés d'import-export, des manipulateurs de fonds par lesquels passaient des millions de dollars dans des mouvements de fonds couvrant pratiquement tout le trafic de cocaïne et de marijuana d'Amérique. Ils avaient épluché 8 000 relevés bancaires de 600 sociétés diverses, de cinquante-cinq compagnies d'import-export, de dix bureaux de change. Un véritable casse-tête, à faire fumer leurs ordinateurs, sans parler de leurs cervelles. Mais jamais ils n'avaient eu à traiter des documents aussi révélateurs que ceux de l'Ireland's Inn, véritable pierre de Rosette des « narcodollars » du réseau Colombie-Miami.

Un jeune et très brillant agent de la DEA, Bill Malarney, son coéquipier du FBI, Steve Uriarte, habile comptable et mathématicien, se jetèrent sur les carnets de Steinberg comme des oiseaux de proie. Ils commencèrent par localiser toutes les communications téléphoniques à longue distance à l'aide des numéros mentionnés sur les carnets, et plantèrent des épingles sur une carte des Etats-Unis, tant pour l'origine des appels que pour leur destination. Ils prirent ensuite du recul et constatèrent qu'ils étaient en présence d'une gigantesque organisation, quadrillée par régions dans chaque Etat. Un réseau impressionnant, aux dires de Malarney :

— Il comprend la Côte Ouest, la zone Centre, la région de Chicago et la Côte Est. Une organisation fantastique, réellement efficace. Quand je pense que c'est la standardiste de l'Ireland's qui a tout foutu en l'air !

Les carnets mentionnaient des sommes colossales versées à un certain Yacki. Malarney savait de qui il s'agissait. Joaquin Gallo était surnommé Jacky, ce qui, avec la prononciation espagnole donne Yacki. C'était déjà une des cibles majeures de l'Opération Banco.

Jacky Gallo était un homme d'affaires marron, jeune et pansu. A Miami, il incarnait l'opulence, et appartenait à une famille colombienne influente sur le plan politique, une de celles qui expédiaient la drogue aux Etats-Unis. Il parlait l'anglais couramment et avait la faveur des Américains. Sa loyauté était scellée par son alliance avec la famille Cortez, une autre famille de trafiquants colombiens. A Miami, Jacky Gallo était le représentant idéal de la cocaïne, digne de figurer dans le Who's Who de l'industrie de la drogue américaine. Parmi ses clients se comptaient Samuel Alarcon, Lynn Mizer et Donald Steinberg, qui lui avaient acheté leur première cargaison, ainsi que Orlando Pimienta, qui devint plus tard un autre fournisseur de marijuana de Steinberg.

Gallo arriva aux Etats-Unis à l'âge de dix-neuf ans et passa un an à l'université de Miami. Il obtint le statut de résident permanent et prospéra... Bientôt, il fut à la tête de trois compagnies de ventes de voitures en leasing, et de sociétés d'import-export, dont l'une nommée effrontément Am-Col Imports ; elle méritait bien ce nom, car à l'époque, il était déjà un des plus gros importateurs de drogue colombienne aux

Etats-Unis. Il épousa une Colombienne qui lui donna six enfants coup sur coup.

Ils vivaient dans une somptueuse demeure que ses associés et les collaborateurs de Steinberg eux-mêmes appelaient « La Cathédrale », une superbe résidence carrée de trois étages, située au bord d'un des canaux de Miami. Le hall d'entrée de la Cathédrale donnait sur une immense cour, flanquée de chaque côté d'un escalier conduisant aux chambres à coucher qui communiquaient par une terrasse surplombant la cour. Le rez-de-chaussée s'enorgueillissait d'un fumoir, de bureaux, d'une immense cuisine aux réfrigérateurs encastrés et d'une piscine. C'était dans le fumoir que Steinberg et ses collaborateurs venaient commander la marijuana, recevaient les coordonnées des arrivages par cargo et versaient en argent liquide des sommes atteignant plusieurs millions de dollars.

Gallo était un homme sympathique, si on était correct avec lui, aimant la vie.

— Quand il veut s'en donner la peine, Gallo à l'air d'un richissime homme d'affaires. Il a le sens de la famille et se consacre beaucoup au bonheur des siens. Mais il y a des armes partout. C'est un vrai macho. Il n'a jamais été arrêté et connaît toutes les familles criminelles de Colombie. Il veille beaucoup à sa sécurité. Il a un tas d'appuis. Si on ne veut pas se retrouver au fond de l'eau, il vaut mieux ne pas s'attaquer à lui, affirma un de ses associés.

Jacky Gallo et Hernando Depineres — une autre cible de l'Opération Banco arrêtée au cours de la descente de police à l'Irelands'Inn — étaient connus pour faire passer des millions de dollars de bénéfices provenant de la drogue par un dédale de banques et de sociétés, au profit de trafiquants politiquement influents. Au moins un de ces comptes en banque était géré par Isaac Kattan, le collecteur de fonds des plus gros trafiquants de cocaïne fichés par plusieurs Centacs, notamment par le Centac Sicilia-Falcon. Souvent, Gallo et Depineres exportaient ces bénéfices illicites non pas par virements bancaires, bulletins de dépôts ou chèques, mais en expédiant du matériel lourd acheté aux Etats-Unis : tracteurs, camions ou équipement agricole. Ces marchandises étaient ensuite revendues avec profit en Colombie. Une subvention supplémentaire leur était octroyée par le gouvernement colombien, qui encourageait l'importation de matériel agricole, de sorte que les employeurs de Gallo et de Depineres tiraient un triple bénéfice de leurs activités délictueuses, à la fois de la drogue, du matériel agricole et de la subvention.

— Gallo est un brave type, disait Bill Malarney qui avait passé pas mal de temps à le suivre. Il s'entend très bien avec les revendeurs. Il n'a aucun complexe. Ça ne le gêne pas du tout d'emmener ses gosses avec lui quand il va encaisser quatre ou cinq cent mille dollars. Il les colle sur le siège arrière et en avant !

Quelqu'un demanda à Malarney si, selon lui, le gouvernement colombien était impliqué dans le trafic de stupéfiants.

— Evidemment non ! pas officiellement, répondit-il non sans une pointe d'ironie.

5

Donald Steinberg et ses comparses arrêtés à l'Ireland's Inn furent libérés sous caution. Une audience eut lieu par la suite devant un jeune magistrat fédéral nommé Patty Kyle, et l'affaire fut renvoyée pour des raisons techniques.

— Entre nous, me confia Malarney, l'affaire de l'Ireland's Inn était trop importante pour être jugée sur place. Trop confuse. Tout le monde était débordé. Ils se sont trouvés des avocats incroyables. Les meilleurs spécialistes de la drogue étaient là. Jim Reilly connaît bien son boulot. C'est un avocat très subtil. Un policier est venu à la barre et les inculpés le montraient du doigt en rigolant. Jim Reilly s'est retourné, les a regardés, et ils ont instantanément cessé de faire les mariolles. Le procureur était comme un débutant face à Joe Frazier, Mohamed Ali, Alberto Duran et Sugar Ray Leonard réunis.

Après avoir consulté Puleo et Ortenzo, à l'issue de semaines de travail, Malarney et Uriarte conclurent que les documents saisis à l'Ireland's Inn portaient sur un trafic de marijuana d'une durée de trois mois, chiffrant à 35 millions de dollars. L'organisation qui avait mené cette opération était à l'évidence supérieurement organisée et d'envergure mondiale. Ce qu'elle avait pu faire, par ailleurs, au cours de ces trois mois, restait à élucider.

Les dossiers surabondants de l'affaire de l'Ireland's Inn parvinrent bientôt à Washington, où Dennis Dayle les étudia dans son bureau en tirant sur sa pipe, au son d'une sonate de Mozart diffusée à la radio.

Peu de temps après, Joe Puleo et Al Ortenzo furent invités à passer trois jours à Washington, aux frais du Centac.

CHAPITRE CINQ

1

« Little Al » Ortenzo se sentit comme un crapaud recevant un baiser d'une princesse. Soudain, il était devenu séduisant, désirable. Tous les analystes de la DEA, de la Floride à la Californie, voulaient explorer ses méninges. Toutes les enquêtes menées sur Steinberg qui n'avaient jamais pu être liées les unes aux autres s'assemblaient comme un puzzle, et tous en voulaient un morceau.

— A Miami, à Chicago, à Los Angeles, ils réclamaient tous leur brigade spéciale. Moi, tout ce que je voulais, c'était qu'ils me laissent ramener un gars, qu'ils le laissent travailler avec moi dans nos services. C'est ça qui aurait été formidable, raconta-t-il plus tard.

Des agents réclamèrent Ortenzo à Chicago et le questionnèrent pendant trois jours. Ils s'apprêtaient à l'expédier à Los Angeles, quand l'ordre arriva de le mettre dans l'avion de Washington.

A Washington, il se retrouva installé à une table de conférences avec son coéquipier Joe Puleo, entouré d'hommes graves en complet trois-pièces. Au bout de la table, le corpulent et jovial Dennis Dayle leur souhaita la bienvenue comme à des confrères et la réunion commença.

— Nous avons raconté notre histoire. Ensuite, le chef m'a demandé si je savais ce qu'était le Centac, expliqua Ortenzo. J'ai répondu que je n'en avais jamais entendu parler. Il m'a appris qu'il s'agissait d'une brigade d'élite, hautement prioritaire. C'est tout ce qu'on m'a dit. Je ne savais rien de plus.

Les deux jours suivants, Ortenzo et Puleo exposèrent l'affaire à Dennis Dayle et aux membres du Centac.

— J'ai présenté mon dossier à tous ces gens qui disaient faire partie du Centac et qui étaient en poste dans tout le pays et dans le monde entier. A la fin, ils m'ont demandé si je voulais faire partie de leur machin, le Centac, comme si c'était l'affaire du siècle. Ils disaient par exemple, nous sommes le Centac-20. Moi, je ne savais pas trop ce qu'ils voulaient dire par là, si ce n'est que le Centac-20 voulait la peau de Donald Steinberg. Apparemment, on avait fait du bon travail, du travail d'une importance capitale pour le Centac, mais la DEA ne voulait pas qu'ils mettent le nez dans cette affaire. Steinberg ne faisait pas partie des organisations traquées par la DEA, des familles traditionnelles du crime organisé. Même chez nous, à l'OCB de Fort Lauderdale, si un type ne s'appelle pas Joey Batchagalupe, autant laisser tomber. C'est comme ça. Des gens écrivent des livres sur ces types-là. Ce sont de gros morceaux. Mais Steinberg, c'est qui ? Personne n'a jamais entendu parler de lui ni de sa bande. C'est justement pour ça qu'il est si fort.

Dennis était aux anges. Il admirait la ténacité des policiers tels que Puleo et Ortenzo.

— Le jour où Donald Steinberg s'est fourré dans les pattes de Joe Puleo et d'Al Ortenzo fut un triste jour pour lui, disait-il d'un air narquois.

Les analystes du Centac s'enfermèrent dans une pièce avec Ortenzo et lui demandèrent de dresser la liste des noms associés à celui de Donald Steinberg et à ses affaires. Il aligna de mémoire deux cent cinquante noms, et ceux d'une cinquantaine de raisons sociales et de corporations.

Peu après, alors que le Centac était encore à la poursuite de ces noms, je demandai à Ortenzo quelle impression il garderait de ces trois jours de réunion au Centac et ce qu'il pensait de Dennis Dayle.

— J'ai été impressionné par sa sincérité. Il ne cherche pas à mettre son grain de sel là-dedans pour soigner sa publicité. Son approche du problème est très orientée et il s'investit vraiment dans son travail. Le gouvernement dispose de forces d'intervention en vue d'une répression à court terme, productive. On arrête vite, on saisit un tas de dope, on se fait de la pub pour dire : « Vous avez vu le travail ? » J'ai l'impression que Dayle a très vite saisi le cas Steinberg : il a compris qu'une intervention rapide n'était pas la bonne tactique. La bonne, c'est d'attaquer là où ça fait le plus de ravages. Mais pour ça, il faut beaucoup de temps et d'argent. Steinberg a des antennes dans tout le pays. Maintenant, pour l'arrêter, il faudrait attendre un gros coup. Et je ne suis même pas certain que ça suffirait. Steinberg n'est peut-être déjà plus à la portée du Centac.

Joe Puleo confirma cette opinion. Steinberg était probablement plus fort que le Centac. Il déclara n'être pas impressionné par tout le cirque de Washington, par ces personnages, ces réunions, ces plans, cette stratégie. Il avait remarqué que les graphiques avaient été faits sur un tableau noir suranné, alors que Dennis disposait d'écrans escamotables commandés par un bouton. Pour lui, tout ça c'était du chiqué :

— Des conférences, des voyages en avion, c'est tout ce qu'ils savent faire. J'en fais plus, par hasard, qu'eux quand ils le font exprès.

Mais Puleo, c'était le taureau sauvage de Brooklyn. Difficile de savoir ce qu'il en pensait réellement.

2

Le Centac-20 fut officiellement opérationnel quelques semaines après la conférence de Washington. Premier problème à résoudre : où localiser l'enquête et, éventuellement, où traduire Steinberg en justice ? Ses activités étaient manifestes à Miami, Los Angeles, Chicago et New York. Mais les juges de ces villes n'étaient pas tous disposés à affronter les complications d'un procès intenté à une association de malfaiteurs défendue par une cohorte d'avocats.

Pour le Centac, ce problème n'était pas nouveau. Les juges d'instruction, comme d'ailleurs beaucoup de policiers et d'inspecteurs, préféraient les affaires faciles, expéditives, bénéficiant d'une publicité immédiate. Ne disait-on pas : grosses affaires, gros problèmes, petites affaires, petits problèmes, pas d'affaires, pas de problèmes ? Passer un an ou plus à convaincre en secret d'innombrables témoins de se laisser traîner devant les jurys d'accusation, compulser des milliers de pages de rapports n'est pas le genre de travail qui convient à un cabinet de procureur général en vue et politiquement sûr. C'est peut-être une bonne façon d'appliquer la loi. Ce n'est certainement pas le meilleur moyen de soigner ses relations publiques. New York avait commencé par accepter l'affaire, puis s'était récusé. Chicago fit de même. Dennis ne pouvait se prévaloir d'aucune juridiction pour les contraindre à coopérer. Il ne pouvait compter que sur sa diplomatie personnelle. Après deux abandons, il invita tous les procureurs qui voulurent bien se déplacer à participer à une réunion du Centac à Washington. Le moins que l'on puisse dire, c'est qu'ils manquèrent d'enthousiasme.

Pour finir, Pat Sullivan, le jeune chef de la division criminelle du cabinet du procureur général de Miami, se porta volontaire et accepta d'engager des poursuites. Dennis était content, mais sceptique. On lui avait déjà fait le coup. Il demanda à Sullivan un engagement plus concret. Sullivan promit deux procureurs à plein-temps et un à temps partiel. Poussant son avantage, Dennis tenta de lui arracher une petite assurance supplémentaire.

— Si ça tourne mal, Pat, et si je viens à Miami, serez-vous là pour moi ?

— J'y serai, promit Sullivan.

Dennis n'ignorait pas qu'avec les juges d'instruction, les choses tournent toujours mal... Sullivan lui avait fait une promesse qu'il aurait de bonnes raisons de regretter plus tard.

Le juge d'instruction et Steinberg étant tous deux domiciliés dans le sud de la Floride, Dennis décida pour commencer d'instruire l'affaire à Fort Lauderdale. Des agents du Centac pourraient, par ailleurs, suivre les pistes de Steinberg à travers le pays et au-delà des mers, mais le coup d'estoc préliminaire serait porté en Floride. Dayle savait qu'il ne pouvait espérer aucune aide des services de la DEA de cet Etat. Ils avaient leurs propres chats à fouetter, seraient mécontents de voir l'affaire Steinberg leur échapper, et peu disposés à perdre leur temps au profit du Centac. Ce qu'il fallait à Dennis, c'était un agent motivé, agressif et plein de ressources pour investir le sud de la Floride, rallier la police locale et les shérifs à sa cause. Un leader du Centac capable de braver l'Empire Steinberg.

Qui envoyer ?

3

Dick Mangan avait été un enfant rebelle, indépendant, fréquemment en désaccord avec des parents pourtant bien intentionnés. Il disait souvent que les souvenirs d'enfance qu'il chérissait le plus remontaient à l'époque où il vivait chez sa grand-mère, à quatre-vingt-dix kilomètres de la frontière canadienne, dans les White Mountains du New Hampshire.

— La maison était très très grande, vraiment immense, située au milieu de la ville, avec une cour imposante, des jardins, des arcades. De la vigne courait sur les arcades, les oiseaux se baignaient dans les bassins, il y avait des cerisiers et une grosse automobile, une Packard Clipper, je m'en souviens encore. Je me suis toujours intéressé aux voitures.

Ses parents avaient quitté le Massachusetts pour aller s'installer chez sa grand-mère quand il avait six ans. Il passait le plus clair de son temps avec ses amis. A la maison, il avait souvent des discussions déplaisantes avec ses parents et préférait tenir ses distances.

— Ce n'était pas forcément de leur faute. Je n'ai jamais eu le sens de la famille. Je sortais de l'école à trois heures mais je ne rentrais à la maison qu'à six heures. J'y dînais, et à sept heures et demie, j'étais dehors pour retrouver mes copains. L'été, je campais dans la maison de ces derniers ou sur la plage, et j'ai commencé à travailler pendant les vacances dès mes premières années d'université.

Il joua dans des pièces de théâtre et fut nommé « Meilleur Comédien » en terminale. Il décida d'être juriste, étudia les sciences politiques à l'université du New Hampshire, mais perdit son engouement pour la loi au cours de sa dernière année d'études :

— Je m'étais aperçu que c'était l'occupation la plus ennuyeuse du monde.

Un été, il travailla comme garçon de café à Nantucket Island et y rencontra des étudiants de Floride. Ils lui parlèrent de leur école d'art dramatique. Il eut envie d'essayer.

— Lorsqu'on a vu le jour en Nouvelle-Angleterre, qu'on y a été élevé et qu'on est censé y passer le restant de ses jours, on commence à se demander ce qui se passe ailleurs.

Pour des raisons peu éloignées de celles qui poussèrent Donald Steinberg à quitter la vallée de la Fox River, Mangan quitta les White Mountains.

— J'ai eu envie de partir quelque part où je ne connaîtrais personne, pas un chat, où l'on pourrait, si on le voulait, changer complètement de personnalité.

Il obtint un diplôme de diction et d'art dramatique.

Il dut ensuite accomplir quatre années de Préparation Militaire Supérieure (ROTC) à l'université du New Hampshire et fut, pendant deux ans, lieutenant de Police Militaire à Fort Benning, en Georgie.

— J'aimais l'armée, la parade, mais je n'ai jamais songé à y passer ma vie. L'armée fait peu de cas de l'esprit d'initiative.

Il donna des cours de diction et d'art dramatique à la section théâtrale de l'université du Maryland ; le comédien qui dormait en lui fut satisfait de cet enseignement :

— Un groupe d'étudiants enfermé dans une classe, c'est l'occasion idéale d'exprimer ses émotions devant un public attentif. Quand on est acteur, il peut être éprouvant de jouer la comédie devant ses pairs, mais devant des subordonnés, quel régal ! Un peu comme Dennis Dayle quand il réunit son équipe pour dicter ses instructions.

Au cours d'une party, Mangan rencontra des policiers du Maryland. Apprenant qu'il avait servi dans la Police Militaire, ils lui offrirent de venir travailler dans leur service. Il accepta, et pendant un an patrouilla dans Silver Springs en voiture radio.

— J'ai appris un tas de choses, mais je n'avais pas envie de faire carrière. Passer la nuit du dimanche, de minuit à huit heures du matin, à écouter des gens se plaindre parce que les chiens aboient, n'a rien d'exaltant.

Il prêta main forte aux agents fédéraux du Maryland dans leurs descentes de police et posa sa candidature à la DEA. Il fut accepté et envoyé au bureau de Washington. Il y était depuis deux ans quand un nouveau chef de groupe fut nommé. Il s'appelait Dennis Dayle.

— Un jour, le chef du service m'a dit : « Vous faites du bon travail, vous avez résolu beaucoup d'affaires, mais vous n'êtes encore qu'un diamant dans sa gangue. Je vais vous muter dans le groupe de Dennis. » Dennis était en train d'organiser son petit empire. Il ne voulait s'occuper que des associations de malfaiteurs.

La police secrète de Washington offrit au comédien qu'était Mangan une scène où la vie et la mort se jouaient pour de bon. Il enquêta d'abord sur les Cubains qui amenaient de l'héroïne et de la cocaïne de Floride.

— J'adorais ça, me balader en blouson de cuir, la chemise ouverte avec un tas de chaînes en or. Les Latins affectionnaient les bons restaurants. Je m'arrangeais toujours pour leur laisser payer l'addition. Comme ça, je n'avais pas de notes de frais à justifier.

Les Cubains n'étaient pas sa seule cible. Il apprit vite, et de première main, que certains gouvernements étaient impliqués dans le trafic de la drogue et qu'ils jouissaient de la protection des Affaires étrangères.

— Mon jeune collaborateur Craig Walker avait quitté la CIA pour venir travailler avec nous. Il avait l'air un peu dingue, mais il ne l'était pas vraiment. Quand on travaille dans la police secrète, on est obligé de faire deux ou trois achats par jour pour différentes affaires. Ces achats clandestins coûtaient énormément d'argent. La drogue était achetée dans les ambassades, à des diplomates de la liste blanche. Craig était excité comme un fou. Après un ou deux achats, je l'avais mis dans le coup en évinçant l'informateur. Nous étions vraiment dans le bain. J'ai traité de la main à la main avec l'adjoint d'un attaché militaire vénézuélien.

Ils enquêtaient sur les Péruviens, les Boliviens, les Vénézuéliens...

— Nous avions complètement infiltré la communauté latino-américaine de Washington, diplomates y compris. Tous mouillés dans des affaires de cocaïne. Les Vénézuéliens étaient les plus forts.

Un jour, brusquement, la fête fut terminée.

— Le département d'Etat nous a déchargés de ces affaires. Il était en pourparlers avec l'ambassade du Venezuela. Manifestement, le pétrole du Venezuela les intéressaient plus que la drogue. Ils n'ont pas voulu se mettre l'ambassade à dos.

Mangan et Craig reçurent l'ordre de laisser tomber.

Mangan entendit prononcer le mot « Centac » pour la première fois au bureau régional de la DEA de Washington :

— Deux agents de notre service avaient été mutés au Centac. Ils allaient disparaître de la circulation pendant pas mal de temps, un an au moins. Je savais donc qu'il s'agissait d'une promotion exceptionnelle, extrêmement enviable. On vous confiait un dossier, et vous aviez carte blanche pour aller où vous menait l'enquête. Plus question de rendre des comptes à un chef de groupe, d'en référer à l'agent responsable de l'affaire, d'expliquer le pourquoi, le comment. Dans les cas courants, le problème vient de ce que l'on est obligé de se fier à un autre agent pour faire le travail dans une autre ville, alors qu'un agent de San Francisco, de Los Angeles ou de Houston n'a aucun intérêt à vous aider. Sa promotion dépend de ses propres performances, et votre affaire ne lui rapportera que des clopinettes. Alors il travaille superficiellement. Mais au Centac, on peut aller faire le travail soi-même. C'est ça, le secret du Centac. Sa conception consiste à viser les organisations internationales, et à les attaquer avec le maximum de moyens.

Mangan fut transféré par la suite au Bureau de la DEA du Washington's Dulles Airport. Craig Walker réintégra la CIA et Dennis quitta la DEA pour devenir patron du Centac.

4

L'homme qu'il fallait à Dennis était Dick Mangan.

Dennis tira quelques ficelles ; Mangan fut muté et devint un agent du Centac-20. A dater de ce jour, son seul but dans la vie serait de traquer Donald Steinberg.

— Vous allez partir tout seul à Fort Lauderdale, lui ordonna Dennis. Ne comptez pas sur l'aide de la DEA, car vous n'en tirerez rien. Fiez-vous plutôt aux flics locaux. Allez voir Puleo et Ortenzo.

Mangan savait ce que cela signifiait.

Plus d'un an avant le coup de filet de l'Ireland's Inn, Al Ortenzo et Joe Puleo avaient fait la connaissance d'un garçon exubérant et rusé nommé Roy Blanchard.

— Une des clés de l'affaire — pour ce que nous avons découvert, pour le Centac, pour absolument tout — vient de ce que Roy Blanchard n'a pas voulu payer la note, quand il est tombé pour trafic de drogue, me confia Ortenzo.

Ortenzo et Joe Puleo avaient entendu parler d'un très gros trafiquant de marijuana de Fort Lauderdale travaillant pour Donald Steinberg. Il s'appelait Pete Wagner. Les deux policiers avaient une dent contre lui, mais ils avaient beau travailler d'arrache-pied, ils n'étaient jamais parvenu à l'arrêter, ni même à l'approcher.

— Wagner nous appelait au téléphone, Joe et moi. Il nous insultait, nous traitait de pédés, nous narguait, nous disait qu'on ne l'aurait jamais. On le rappelait dans sa jeep. On lui disait qu'on arrivait, qu'on était juste au coin de la rue... mais on en était loin, et ça nous décourageait complètement. Tout le monde nous conseillait de laisser tomber, disant que ce type était trop fort pour nous... « Ne t'en fais pas... on va s'en occuper... on va aller lui acheter cent kilos de poudre... »

Mais un jour, ils reçurent un coup de téléphone de la prison :

— « Un détenu voudrait parler à un agent des stups... » On finit toujours par les avoir. Parler à un stup, c'est le meilleur moyen de sortir de taule. On est allé le voir. Le gars en question était Roy Blanchard. On lui a demandé ce qu'il savait. Il a balancé un tas de noms. Pas un seul ne nous était inconnu. Ce minable ne valait même pas le coup qu'on le sorte de taule. On était prêts à laisser tomber, quand Joe lui a dit : « Bon... Tu ne connais personne d'autre ? » Joe est un type très tenace. Dans ce genre d'affaire, c'est une force. Finalement, Roy a mentionné Pete Wagner. Joe m'a regardé... « Ouais... continue... » Et là, tout s'est débloqué.

Cela faisait un bon moment que Roy Blanchard s'était mis à table et avait fait avancer les affaires de Puleo et d'Ortenzo, mais il était resté un dealer et vendait de la came par-ci, par-là, plus roublard que jamais. Il lançait plus de balles en l'air qu'un jongleur de cirque. Il était probablement un peu cinglé. Tout le monde ne réussit pas à faire sa pelote dans le trafic de la drogue. L'audace et l'esprit d'entreprise ne courent pas les rues. Pour un Lee Iaccoca, combien de batailles perdues, de trahisons, d'ambitions déçues ?... Roy Blanchard était un raté. Mais pour Ortenzo, Puleo et plus tard pour le Centac, ce fut un élément d'une grande importance, car il permit de découvrir *la* minuscule fissure de l'organisation Steinberg.

Je le rencontrai dans une chambre d'hôtel. C'était un garçon de vingt-quatre ans, moustachu. Il portait une chemise blanche, une chaîne en or et des chaussures à bride en lézard. Il n'arrêtait pas de bouger, d'arpenter la chambre, d'agiter les bras, de vociférer des fanfaronnades, de râler, de raconter des choses invraisemblables, d'exploser de gaieté et d'optimisme. Il lui manquait beaucoup de choses mais pas l'énergie.

— J'ai travaillé pour Pete Wagner. J'ai tondu des pelouses pour lui à deux dollars soixante-quinze de l'heure. Je lui ai vendu des petites quantités de dope. Un jour, Pete m'a demandé de lui procurer une livre de coke pour un de ses copains qui allait venir le voir. L'ami en question avait l'air d'un sauvage avec ses cheveux qui lui tombaient sur la poitrine. Maigre comme un clou, et en baskets. Il ne payait pas de mine mais il était plein aux as. Le maigrichon voulait que j'aille lui acheter une livre de coke.

Blanchard ne disposait pas d'assez de crédit chez son fournisseur pour en obtenir une livre, aussi n'en rapporta-t-il qu'une once (30 grammes). Puis il retourna en acheter une autre, et une autre encore...

— Je lui en ai vendu comme ça, once par once, pour trente mille dollars.

Ce grand type maigre à cheveux longs, c'était Donald Steinberg, un nom qui ne signifiait rien à l'époque.

Puis Blanchard se maria et quitta la ville, pour y revenir un an plus tard, fauché comme les blés. Il alla voir Pete Wagner, espérant trouver du travail.

— Devant chez lui, j'ai vu une Mercedes et plein de voitures de luxe. J'ignorais ce qu'il fabriquait pour se payer tout ça, mais j'en voulais ma part. J'ai sonné. Je lui ai dit « salut Pete, c'est moi, Roy ». Il avait les cheveux longs et une barbe. Il m'a reçu comme un frère disparu, m'a donné mille dollars pour que j'aille me faire couper les douilles, m'acheter un costard, me faire tout beau et m'a dit de revenir ensuite. J'ai commencé à marcher sur la route... « Eh! où tu vas comme ça? » Je lui réponds que j'allais me faire couper les cheveux... « Quoi... à pied?... Tu ne vas pas faire ça! » Et il m'a lancé les clés de la Mercedes. Je me suis dit, eh! là... Qu'est-ce qui se passe... Il y a une minute, j'étais raide, et maintenant, j'ai mille dollars et une Mercedes. Je me suis demandé en conduisant la bagnole s'il n'allait pas me demander de descendre un mec en échange! Je me suis trouvé un coiffeur, un costume et quand je suis revenu, Pete m'a demandé si je m'y connaissais en bateaux. Il en avait un et voulait que je m'en occupe. Je n'avais jamais touché à un bateau de ma vie; mais je me suis dit : s'il me file mille dollars pour me faire couper les cheveux, qu'est-ce qu'il va m'offrir pour entretenir un bateau!

Wagner lui donna une once de cocaïne pour l'occuper et le laissa auprès d'un bateau amarré derrière la maison. A peine Wagner hors de vue, Roy monta à bord et y découvrit trente balles de marijuana. Cette nuit-là, Wagner arriva dans un camping-car avec des hommes portant des talkies-walkies, afin de communiquer avec les guetteurs postés dans les environs en vue de les prévenir d'une arrivée éventuelle de la police.

Roy faisait partie de l'équipage des bateaux, déchargeait la marijuana dans les villas-entrepôts; c'est ainsi qu'une nuit, il retrouva une vieille connaissance.

— J'étais chez Pete, avec une vingtaine de gars en train d'attendre un cargo à décharger. Un type se pointe, descend d'un camping-car plein de nanas avec un groupe de petits mecs qui l'escortaient, les bras chargés de cartes. Il portait un complet et il avait les cheveux courts. Il m'a serré la main d'entrée et m'a dit : « Content de te revoir. » Je ne me souvenais pas avoir jamais rencontré ce gars-là de ma vie. Et puis je me suis rappelé du hippy marrant auquel j'avais vendu une livre de coke, once par once. C'était Donald Steinberg. A présent, c'était un type important.

Blanchard, accompagné d'un homme d'équipage, conduisit le bateau à Memory Rock, aux Bahamas, où ils retrouvèrent une demi-douzaine d'autres yachts de Steinberg et des hors-bord. Donald, à bord de sa « Cigarette », dirigeait les opérations par mégaphone. Ils déchargèrent ainsi 94 balles de marijuana d'un cargo et les entreposèrent dans une villa de Fort Lauderdale où elles furent pesées et numérotées.

Mais entre-temps, Roy Blanchard avait rencontré Joe Puleo et Al Ortenzo en prison et s'était mis à travailler pour eux. Dès qu'il eut quitté l'entrepôt, Roy téléphona à Puleo. Au cours de la nuit, la police fit une descente dans la villa et saisit 25 tonnes de marijuana. Le lendemain, Roy se présenta chez Wagner et réclama son salaire. Wagner lui remit 24 000 dollars qu'il tira d'une Samsonite bourrée de billets.

Roy s'acheta immédiatement une Mercedes 450 SLC dernier modèle, puis fit une chose révélatrice de son caractère. Il retourna dans la villa prendre trois balles qu'il avait dissimulées sous un bateau la nuit du déchargement et les vendit, de sorte qu'il fut payé trois fois pour la même cargaison : par Wagner, par la police et par ceux qui lui achetèrent les trois balles. Ce genre de crapulerie le rendait follement heureux. Il ne lui suffisait pas de flouer les flics, il fallait en plus qu'il escroque les contrebandiers.

Peu de temps après cette trahison, raconte Blanchard, Pete lui demanda s'il voulait l'accompagner à Aspen, dans le Colorado, pour prendre « quelque chose » le lendemain matin.

— Bien sûr, pourquoi pas ? répondit-il.

Il passa la nuit dans la maison de Pete, mais au moment de partir, Pete lui apprit qu'étant retenu par une autre affaire, il devrait faire le voyage tout seul.

— J'ai donc pris l'avion pour Aspen, j'ai ramassé sept Samsonites et un coffre et je les ai rapportés à Pete. Il les a ouverts devant moi pour me montrer ce que j'avais transporté : 47 millions de dollars.

En me racontant cela, Blanchard éclata littéralement dans la pièce, bondit d'un mur à l'autre. Soudain, il s'arrêta net devant la fenêtre.

— Quelqu'un pourrait nous voir, de ce côté.

Je lui proposai de tirer les rideaux.

— Laissez tomber, fit-il en s'affalant sur une chaise.

Je lui demandai s'il voulait manger quelque chose.

— Non, merci, répondit-il en s'emparant d'un cornichon qui restait d'un sandwich arrivé deux heures plus tôt dans la chambre.

Il mordit dans le cornichon et se mit soudain à gambader en brandissant le bout de cornichon, s'esclaffant sur la drôlerie de ses activités avec les trafiquants et les flics, ravi d'être payé par les deux, ravi de dénoncer les dealers et d'être de nouveau payé pour ça.

— Je suis pourri jusqu'à l'os ! conclut-il joyeusement.

Un jour, Wagner l'envoya chez Sears Roebuck acheter un aspirateur pour nettoyer un bateau des graines de marijuana, après un déchargement. De nouveau Blanchard téléphona à Puleo pour tout lui raconter au sujet de cette cargaison, puis appela Wagner pour lui expliquer qu'il n'était pas rentré parce qu'il n'y avait plus un seul aspirateur dans le magasin. Craignant que Wagner ne téléphone chez Sears pour vérifier ses dires, il courut acheter tous les aspirateurs en stock, une douzaine en tout.

Il était aussi fier de travailler pour la police que de ses talents de contrebandier.

— On m'appelle Black et Decker. Si vous avez un boulot à faire, adressez-vous à Black et Decker ! Il saura comment faire !

Il raconta que Steinberg possédait à Galt Ocean Terrace, sur la côte, un appartement rempli de deux millions de dollars d'appareils électroniques grâce auxquels il pouvait tout contrôler, les garde-côtes, la DEA, la police locale et la police d'Etat... Il était tenu par des anciens de la Navy et des ex-garde-côtes payés 30 à 50 000 dollars par semaine.

— J'adore ça !... manipuler tout le monde, les bateaux, les avions, débarquer la dope malgré tous les dispositifs de défense, les radars... On pourrait aussi bien débarquer des bombes A !... C'est comme la guerre... l'espionnage... Synchronisez vos montres et tout le bordel... Steinberg est un as... J'ai travaillé avec les Cubains. Ils vous refilent cinq cents dollars pour acheter un camion. Alors on achète un vieux camion pourri, il casse, et en plus des problèmes de contrebande, on a des problèmes de camion. Quand on se paye des camions neufs, on sait qu'on n'aura pas de problèmes. Evidemment, si on dépense douze millions pour n'en gagner que douze millions cinq, inutile de se cacher.

Blanchard alla voir son père et lui raconta comment il se débrouillait dans la vie.

— Mais mon père me disait toujours ce qu'il fallait faire. Il n'admettait pas d'autre solution que la sienne. Il m'a toujours dit que je n'étais qu'une merde. Alors je suis allé le voir et je lui ai dit : Je fais de la contrebande, je travaille pour les flics et je suis le meilleur, c'est tout. Mon père m'a répondu que c'était un boulot répugnant.

Roy m'expliqua qu'un jour, alors qu'il était en train de transporter un chargement dans une « Cigarette » en compagnie d'un Noir, un hélicoptère des douanes s'était posé et les avait interpellés.

— Arrêtez le bateau, nous allons monter à bord !

— On était dans les eaux territoriales... J'ai mis les gaz, mec, et j'ai filé dans le canal... L'hélico m'a pris en chasse... Je me suis arrêté sous un pont. De là-haut, ils ne pouvaient pas me voir. J'ai sauté du bateau et j'ai couru jusqu'à un bar. J'entendais des sirènes de police partout. Tout à coup, j'ai repéré un hippy et sa nana. Il avait arrêté sa voiture près d'une cabine pour téléphoner. Je fonce le voir et je lui dis : Je te donne un billet de cent dollars et une once de coke si tu m'emmènes là où je veux. Ah ! dis donc !... Il n'a même pas pris le temps de raccrocher. On a sauté dans la bagnole et on a filé. Je lui ai refilé deux cents dollars et une once et il m'a dit : « Je ne sais pas ce que tu fabriques, mais si tu as besoin d'aide... »

Blanchard m'apprit que son père était cascadeur à la télévision et que lui-même avait tenu un rôle dans « Gentle Ben » et doublé les cascades du garçon qui jouait dans « Flipper ».

Roy était un optimiste-né :

— On peut tout faire, tout... Mais si on n'a pas vraiment envie de le faire, on ne réussira pas. Tu peux même être président, si tu y tiens vraiment. Sinon, autant rester assis les bras croisés. Si on dort, on est mort.

Blanchard initia Joe Puleo et Al Ortenzo au déroulement des opérations de base de Pete Wagner : le débarquement, la constitution des équipages, le transport de la marijuana. Mais il ne leur en raconta jamais assez pour qu'ils puissent inculper Wagner et encore moins Donald Steinberg.

Et Donald demeura une légende.

J'appris à Al Ortenzo que j'avais eu un entretien avec Blanchard.

— Pendant un certain temps, il a été notre meilleur mouchard. Nous avons conduit des bateaux, et travaillé sur des bateaux ensemble, me répondit-il.

— Il m'a dit qu'il avait été comédien.

— Pour nous, c'en était un.

— Il m'a raconté qu'il avait joué dans « Gentle Ben » et dans « Flipper ».

— Il nous a aussi raconté cette histoire, mais nous ne l'avons jamais cru.

— C'est un curieux mensonge.

— L'histoire de Roy Blanchard est curieuse elle aussi.

Curieuse, en vérité. Mais je ne connaissais pas encore la dernière.

5

Tandis qu'Al Ortenzo et Joe Puleo s'efforçaient, sans grand espoir, de s'infiltrer au-delà des échelons inférieurs de l'organisation de Donald Steinberg, celui-ci devenait de plus en plus téméraire. Son énorme fortune et son ambition l'avaient propulsé dans un monde qu'il ne pouvait ni voir ni comprendre, un monde au-delà même du crime, aussi violent, sans merci et imprévisible que les forces de la nature.

Ses affaires ayant pris une immense extension, les bateaux fournis par les familles de trafiquants colombiens ne lui suffirent plus. Pourquoi ne deviendrait-il pas l'Aristote Onassis de l'industrie de la marijuana ? Donald commença à constituer sa propre flotte. Il acheta des cargos presque aussi librement qu'il avait acquis ses yachts et ses hors-bord, les groupa non seulement dans les eaux internationales au large de la Floride, mais jusqu'aux côtes de la frontière canadienne.

De Norfolk à Long Island et au Massachusetts, les hommes de Steinberg circulaient en ville, achetaient ou louaient des maisons au bord de la mer, débarquaient des centaines de milliers de tonnes de marijuana des yachts et des hors-bord qui rencontraient les cargos en haute mer, les chargeaient dans des caravanes ou des semi-remorques, puis disparaissaient dans la nature. Présumant que des opérations aussi hardies, coûteuses et réussies devaient faire partie d'une planification continue, les policiers locaux et les agents de la DEA ouvraient des enquêtes, établissaient des surveillances et attendaient. Mais les exécutants de Steinberg ne reparaissaient jamais, pour la bonne raison qu'ils étaient déjà à des centaines de kilomètres, dans un autre port, en train d'acheter d'autres maisons, encore plus de yachts, en prévision d'autres cargaisons de 20 millions de dollars chacune.

La réussite de Donald ne fit pas qu'attirer l'attention du gouvernement fédéral. Une autre bureaucratie, toute aussi puissante, s'intéressa à lui. Au cours d'un voyage d'affaires à Boston, il eut l'occasion de participer à ce que l'on pourrait appeler un séminaire de gestion d'affaires criminelles — le premier de toute une série — qui se tint non pas dans une université de Boston, mais dans un entrepôt à poisson abandonné. Ses instructeurs arrivèrent dans des limousines, accompagnés de gardes du corps armés jusqu'aux dents.

Donald, toujours en quête de méthodes plus efficaces, décida qu'on pouvait mieux faire que de décharger des cargos en mer au moyen de yachts et de vedettes rapides. Il voulait faire accoster un cargo dans un port, décharger ses balles de marijuana directement dans d'énormes semi-remorques à dix-huit roues. Ses lieutenants estimèrent que la zone de Boston serait la plus propice à cette audacieuse manœuvre et jetèrent leur dévolu sur une digue de Plymouth, au sud de Boston.

Malheureusement, le subordonné chargé des tractations pour avoir accès à cette jetée rencontra quelques problèmes.

Mike Romanelli, un homme d'affaires de Plymouth âgé de cinquante-cinq ans, alla voir les propriétaires d'une jetée de trois cents mètres, située au Cordage Industrial Park de Plymouth. On lui confirma que cette jetée était effectivement disponible en leasing.

Romanelli, un homme jusqu'alors respectueux des lois, bon père d'une famille de huit enfants, s'était laissé séduire par l'organisation Steinberg et la perspective d'un gain rapide de 300 000 dollars. Il fit visiter la jetée à Alan Arruda, un directeur musclé, d'âge moyen, de Steinberg, qui, comme Romanelli, avait été incapable de résister à la tentation d'un gros bénéfice. Arruda était entrepreneur en construction et avait été recruté pour conseiller Donald dans des affaires d'investissements légaux. Il avait déjà conclu pour lui l'achat d'un avion Cessna Conquest de 900 000 dollars (piloté par d'anciens pilotes de la CIA et d'Air America) afin de réduire les frais de location de jets, qui se montaient à 100 000 dollars par mois. Il avait ensuite été chargé des opérations de Plymouth.

Arruda reconnut avec Romanelli que cette jetée correspondait exactement à leurs besoins. Il rejoignit Donald et son amie Carol à Plymouth Rock, où le couple était allé contempler le site où accostèrent les premiers colons d'Amérique, puis il les emmena à Cordage Park. Donald alla jusqu'au bout de la jetée et manifesta ouvertement sa joie. Elle était parfaite.

— Achetez-la, ordonna-t-il à Arruda. On pourra l'utiliser pendant un an et demi avant que quelqu'un s'aperçoive de ce qui se passe.

Deux jours avant l'arrivée du cargo et de son chargement de 20 millions de dollars de marijuana, les propriétaires de la jetée changèrent d'avis et informèrent Romanelli que l'affaire avait été conclue avec la Mid Cap Fish Company, dont le propriétaire était Frank Lepere, un homme d'affaires de trente-quatre ans. Douze ans auparavant, Lepere avait été arrêté pour vol de camions mais, depuis, tout s'était arrangé et il roulait dans une Cadillac Coupé de Ville dernier modèle.

Trop embarrassé pour avouer à Arruda que la jetée n'était plus disponible et n'ayant plus le temps d'en trouver une autre, Romanelli alla voir Lepere et le supplia de lui venir en aide. Il prétendit avoir un besoin urgent de cette jetée pour réparer un bateau de forage en mer loué à des pétroliers. Lepere consentit volontiers à lui rendre ce service et refusa même l'indemnité de 20 000 dollars offerte par Romanelli. Il ne posa qu'une seule condition.

— Mike, je vous accorde de bon cœur l'autorisation d'utiliser cette jetée. Mais je veux que vous m'assuriez qu'il s'agit d'une opération légale.

Il insista beaucoup sur ce point.

— Surtout, pas de trafic illégal.

Romanelli ignorait probablement que Lepere était affilié à une famille de la Mafia du Massachusetts et qu'il avait sans doute lui-même des projets d'utilisation illicite de la jetée. Il ne tenait donc nullement à ce qu'un autre la lui « brûle ».

Le cargo arriva en pleine nuit, dans le brouillard, un dimanche à quatre heures du matin. Les 25 000 tonnes de marijuana furent déchargées et Romanelli invita deux des employés à prendre le petit déjeuner chez lui. Ils étaient assis dans la cuisine en train de boire leur café en se félicitant d'avoir eu autant de chance quand la porte d'entrée s'ouvrit brutalement. Frank Lepere, suivi de deux hommes, fit irruption dans la cuisine, pointa un calibre .38 sur le cœur de Romanelli et lui ordonna de sortir de la maison.

Lepere et ses hommes jetèrent Romanelli dans une voiture et le conduisirent à la jetée. Ils le firent entrer dans un vaste entrepôt aux portes surélevées, et le traînèrent jusqu'à un bureau du premier étage. Tandis que ses hommes de main tabassaient Romanelli, Lepere ne cessait de lui répéter :

— Je t'avais prévenu, Mike ! Je t'avais dit, assure-toi bien que c'est une affaire honnête. Je te l'avais dit, Mike, mais tu ne m'as pas écouté.

Meurtri, ensanglanté et terrifié, Romanelli fut ensuite conduit dans un appartement.

La Mafia, stupéfaite, à juste titre, qu'une bande de gamins en jeans ait eu le culot de faire entrer un cargo chargé de 25 000 kilos de marijuana en pleine Baie de Plymouth, de l'amarrer à une jetée et de le décharger comme si de rien n'était, avait des questions à poser, de sévères leçons à prendre et à donner.

Lepere voulut savoir pour qui travaillait Romanelli. D'où sortaient ses patrons et comment les joindre. Romanelli lui donna le numéro de téléphone d'Arruda à Cape Cod.

Lepere laissa Romanelli aux mains de ses tueurs et s'en alla. Il fut de retour deux heures plus tard.

— Mike, dit-il à Romanelli, j'espère pour toi que tu es très important pour ton organisation.

Romanelli déclara qu'il n'en était pas certain et demanda pourquoi.

— Parce que je vais demander un million de dollars de rançon.

Dans l'organisation Steinberg, c'était un fait sans précédent ; Romanelli ignorait comment elle réagirait.

Il prit sa tête endolorie entre ses mains... Seigneur ! se dit-il, faites que je sois important ! Que je sois vraiment important... sinon, ces types vont me liquider.

Ils étaient presque tous montés à Plymouth, tous ceux de la Fox River : Jimmy Bell le ramoneur; Bob Straus l'ancien taulard; Dale Johnson, arrivé en Floride au moment où les affaires de Donald battaient leur plein. Dale conduisait ses voitures, équipait ses bateaux, faisait ses courses. Il transportait souvent de l'argent, trimballant des Samsonites pleines de dollars des distributeurs à la Compagnie et de la Compagnie aux trafiquants colombiens de Miami. Presque tout son argent passait dans la cocaïne. Il imitait les sauvages guerriers en enfilant une allumette dans sa cloison nasale perforée par la drogue; on avait fini par l'appeler Cocaine Johny, « CJ ».

Lorsque le cargo approcha de la côte, CJ, Bob Straus et le directeur des ventes de Steinberg au Massachusetts : « Johny Love » Mc Cormick, s'installèrent dans la ferme-entrepôt, de l'autre côté de la frontière du New Hampshire. CJ avait emporté des feuilles de plastique pour protéger les moquettes, des rames de papier rose, jaune et blanc imprimées de quatre colonnes de vingt-cinq lignes, de quoi noter le poids de cent balles par page.

Donald, qui dirigeait les opérations depuis la suite qu'il avait réservée pour Carol et lui au Statler Hilton de Boston, eut Arruda au téléphone. Arruda lui fit son rapport. Il était sur la jetée quand le cargo était arrivé à quai.

Lorsqu'Arruda vit émerger l'immense étrave du navire du brouillard épais de la Nouvelle-Angleterre, il se dit : « Mais c'est le Titanic ! » Le déchargement se passa en douceur. Les camions furent répartis entre la ferme de CJ et les deux maisons de Hyannis, où les ouvriers déchargèrent les balles dans des semi-remorques afin de les distribuer dans le pays. Cela fait, Arruda appela Donald pour lui annoncer qu'il s'était enrichi de 20 millions de dollars.

Arruda retourna chez lui à Cape Cod, espérant passer le dimanche du Memorial Day en compagnie de sa femme et de ses cinq enfants. Mais à l'aube, un homme qu'Arruda ne connaissait pas téléphona de chez Romanelli pour lui apprendre que celui-ci avait été enlevé. Arruda raccrocha et reçut un autre appel d'un ami de Mike. L'ami lui annonça que les ravisseurs voulaient lui parler. Arruda donna le numéro de téléphone d'une cabine téléphonique située à quelques kilomètres de sa maison. Puis il s'y rendit et attendit. Le téléphone sonna ; il décrocha et entendit une voix vociférer des menaces. S'il ne se conformait pas exactement aux ordres, on ne reverrait jamais plus Romanelli vivant. L'homme demanda une rançon. Arruda répondit que tout ce qu'il possédait était l'argent que Steinberg lui avait promis pour mener à bien

l'opération de Plymouth. De plus, cette somme comportait son salaire et celui de Romanelli.
— Combien ?
— Un million.

En réalité, la somme se montait à un million deux cent mille dollars, mais Arruda aimait les chiffres ronds. Son correspondant lui dit qu'il voulait parler au patron, à Steinberg.

Arruda rentra chez lui et appela Steinberg au Statler Hilton. Personne ne savait quoi faire. Romanelli s'était-il kidnappé lui-même pour obtenir davantage d'argent ? Donald, un génie de la gestion qui n'avait pas son pareil pour gagner de l'argent, n'avait jamais eu besoin d'avoir recours à la violence, aux armes, aux menaces ou à des enlèvements. Comment s'y prendre ? Ils pensèrent même appeler le FBI, mais l'idée leur parut tout de même un peu risquée. Finalement, Donald appela Jim Reilly, son avocat de Chicago. Celui-ci envoya un de ses associés à Plymouth pour conduire les négociations avec les ravisseurs. Ceux-ci refusèrent de traiter avec un intermédiaire. Ils voulaient le patron. Ils voulaient Steinberg.

Ce fut une scène digne des films de gangsters des années 1950. Un quai noyé de brouillard, un entrepôt glacial qui sentait le poisson. Il ne manquait que George Raft. Ils prirent place de chaque côté d'une table, Donald en tee-shirt et en jean, et les ravisseurs en chemises de soie et vestons en cachemire, le cigare à la bouche. Deux générations, deux cultures, rien en commun, sauf le crime.

Lepere fut poli, souriant, nonchalant. Mais ses gardes du corps étaient armés, et à quelques pas derrière son dos on distinguait une gigantesque machine à faire des glaçons. On plaçait un bloc de glace de la taille d'un homme en haut de la machine. Elle vrombissait, grognait et crachait de la glace broyée par le bas. Personne ne fit allusion à la machine. Elle était assez éloquente.

Donald accepta de payer la rançon d'un million de dollars. La machine à glaçons coupa court à toute argumentation. De toute façon, ce n'était pas son argent. Il en versa la moitié comptant et promit l'autre moitié dans trente jours. Puis chacun remonta dans sa voiture et s'en alla. Cinq jours après son enlèvement, Romanelli fut conduit dans une rue proche de son domicile et libéré.

Mais la Mafia n'en avait pas terminé avec Donald Steinberg. Elle lui avait donné une leçon de conduite pour lui apprendre les conséquences violentes et coûteuses d'un manquement à l'étiquette du milieu. Se servir de la jetée des autres, par exemple. Steinberg avait de son côté des choses à apprendre à la Mafia. Par exemple, comment débarquer une cargaison de 20 millions de dollars de drogue en plein port de Plymouth, comme si c'était légal. De quoi ce gamin juif et maigrichon était-il encore capable ? Où allait-il, comme ça ? Un homme doué d'un tel talent d'organisateur, qui répugnait à se battre, qui versait un million de dollars de rançon comme s'il s'offrait un déjeuner, c'était trop beau pour qu'on l'oublie ! La Mafia constitua une sorte de détachement spécial pour surveiller ça. Dennis Dayle et ses agents découvrirent par la suite qu'ils n'étaient pas les seuls à l'affût de Steinberg. Ils sentirent la présence perturbante d'enquêteurs parallèles, d'une autre équipe de limiers qui mobilisait ses forces et attendait le moment propice pour frapper.

En dépit des mauvais présages augurés par ce kidnapping, les cigares des gangsters, les revolvers et la machine à glace, Donald poursuivit sa poussée en avant par-delà la Floride, au-delà de son aire de contrôle direct, dans une stratosphère de forces indistinctes qu'il ne pouvait ni prévoir ni comprendre. La réussite stimulait son imagination et le phénomène fonctionnait dans les deux sens. Son organisation piétinait d'impatience aux frontières du pays, aspirait aux verts pâturages encore vierges de l'étranger. La côte Est était devenue trop étroite. Donald avait besoin d'espace vital, du Pacifique et, plus que tout, de l'Asie. Il laissa Arruda et Romanelli à Boston préparer l'arrivée d'un autre cargo et partit avec Carol pour la Californie.

Malgré ses propres cargos, ses yachts, ses vedettes, ses entrepôts, ses villas et son réseau de distribution privé, Donald restait dépendant des Colombiens. Pourquoi importer de la marijuana uniquement de Colombie, si un produit de qualité supérieure pouvait être cultivé ailleurs à un prix inférieur ? La Compagnie pourrait créer des sources d'importations neuves et exclusives. Si Donald voulait atteindre à des milliards de dollars de chiffre d'affaires, il fallait qu'il puisse assurer sa propre production, contrôler au besoin son propre territoire, dans plusieurs pays même, qui sait ? La Compagnie pourrait alors devenir l'unique société de marijuana du monde, contrôler sa production à tous les échelons, de la graine à la rue. Se limiter aux fournisseurs et aux méthodes pré-existantes était une politique étriquée.

Au-delà de la frontière, il y avait le monde entier.

Donald se rendit compte qu'il allait avoir besoin d'un vice-président chargé des Affaires étrangères. A peine le besoin s'en fit-il sentir qu'il fut satisfait. Un homme était là, son bras droit depuis le début, qui aspirait au voyage et à l'aventure. Lynn Mizer. Donald aimait son vieux copain Lynn, depuis leur première rencontre au garage Star Jag. Il lui devait beaucoup. N'était-ce pas Lynn qui lui avait procuré son premier contact avec un fournisseur d'herbe colombienne ? Donald éprouvait pour Lynn de l'admiration et du respect. Il le considérait comme le membre le plus imaginatif et le plus imprévisible de son organisation. Donald avait coutume de dire : « Parlez avec Lynn pendant dix minutes, et votre cerveau ne sera plus jamais le même. C'est l'homme le plus fou, le plus passionnant que j'aie rencontré. Son imagination est illimitée. Dans sa tête, c'est le délire. »

Lynn, entre autres talents, avait celui de dépenser de l'argent. Ceux qui s'imaginent qu'il est impossible de dépenser des millions et des millions de dollars en un temps record n'ont qu'à observer Lynn Mizer. Il était né pour être le ministre des Affaires étrangères de la Compagnie, pour courir le monde avec une inépuisable source de richesse, pour acheter des maisons, des voitures, des affaires, des gens, des pays, comme s'il avait gagné le gros lot à une super-loterie, le prix des prix, un trésor inimaginable ! Tout ce qu'il voulait, il l'obtenait comme par magie.

Lynn Mizer fit ses bagages, sans oublier d'y glisser un quart de million de dollars en billets de cent dollars et s'envola pour Hong Kong. Avec son gros ventre et son paquet de fric, il était prêt à se mesurer aux taipans et aux shoguns de l'industrie extrême-orientale de la drogue.

LIVRE DEUX

PREMIÈRE PARTIE

Centac-24 : Liou Chou-chouei

« Prenez garde, vous aurez du sang sur les mains. Si vous lui adressez la parole, il est fini, et notre source est fichue. Ce serait une condamnation à mort. »

CHAPITRE PREMIER

1

— Ce qui intéresse avant tout Donald, c'est la puissance que donne l'argent, m'explique Dennis Dayle, en comparant Steinberg à Liou Chou-chouei et à Alberto Sicilia-Falcon, principales cibles des deux autres Centacs que je suis de près. Il peut mener les gens par le bout du nez parce que son argent les intéresse. Sicilia-Falcon et Liou, par contre, veulent exercer un pouvoir physique, brutal, un droit de vie et de mort. Si l'argent leur donne ce pouvoir, fort bien. Sinon, ils trouveront d'autres moyens. Je ne crois pas que cela intéresse Steinberg ; il ne tient pas à tuer ou à faire tuer des gens, du moment qu'il récolte l'argent.

Comme Dennis n'a guère le temps de parler au bureau, et ne veut pas sacrifier ses week-ends en famille, nous allons souvent dîner au restaurant. Aujourd'hui, nous sommes dans une auberge, juste à la sortie de Washington.

— Steinberg a une envergure bien moindre que Liou Chou-chouei ou Sicilia-Falcon, poursuit Dennis. Non que ce soit un amateur, mais ses objectifs sont plus limités. Si Donald Steinberg était ici, assis à côté de vous, James Mills, il vous dirait sans doute : « Jim, je sais que vous avez un million de dollars en poche, et cela m'ennuierait qu'il vous arrive un malheur. Mais si la seule façon d'obtenir ce million, vraiment la *seule*, était de vous trancher la gorge, je chargerais quelqu'un de le faire, et je lui donnerais dix pour cent. » Sicilia-Falcon, lui, dirait : « Mills, il me faut votre million de dollars pour acheter des armes, et je n'aime pas quémander, donc, je les prends. » Là-dessus il vous égorgerait. Liou est sans doute un mélange des deux autres. Aussi cupide que Donald et aussi avide de pouvoir que Sicilia-Falcon. Mais, avec son esprit d'Oriental, il est prudent, méthodique, et calcule ses coups longtemps à l'avance.

Vers le milieu du repas, ce sujet étant momentanément épuisé, j'encourage Dennis à parler musique.

— Souvent — d'abord dans la salle, puis sur scène — j'ai ressenti le drame, l'émotion, le magnétisme presque sexuel de l'artiste qui, deux heures durant, tient une foule sous son charme...

Dennis gobe une huître, puis demande une autre bouteille de vin à la serveuse.

— Il existe un lien direct entre mon expérience de la musique et mon travail au Centac. J'ai toujours été convaincu qu'il existait une grande analogie entre un fait aussi subtil que la composition musicale et une action aussi brutale que l'application de la loi. Il y a autant d'émotion dans un mandat de perquisition que dans la tarentelle de Wieniawski. Un compositeur exprime la révolte de son âme, et le musicien qui exécute son œuvre doit recréer cette révolte, cette violence. Au bureau, quand le dégoût et la rage me submergent devant les succès des trafiquants, je prends mon crayon et je compose un Centac.

La complexité de ces gigantesques conjurations internationales — des centaines de personnes, accomplissant des milliers d'actions — lui rappelle la complexe structure mathématique d'une symphonie de Mozart.

— Au début, quand nous prenons conscience de l'existence d'un groupe comme celui de Steinberg, nous ne voyons qu'un bloc indifférencié. Peu à peu, les détails se révèlent : l'énorme complexité de cet organisme qui ne demande qu'à croître et à se nourrir. Et nous prenons tous ces détails, ces notes éparses, et essayons de les ordonner pour en faire un tout cohérent. L'apparent chaos du début devient une symphonie.

Il s'interrompt pour déguster quelques huîtres. Je lui demande si cette approche pour ainsi dire esthétique, en tout cas globale, de son travail, l'éloigne de ses collaborateurs du Centac et des autres policiers.

— Dans certains cas, oui. Chaque fois qu'un agent m'explique ce qu'il compte faire pour attraper un certain dealer, en lui achetant de la drogue, par exemple, je prends inconsciemment mes distances. Au lieu d'écouter les détails concernant ce dealer, je pense à l'ensemble dont il fait partie, à tous ces conspirateurs que nous ne connaissons pas, mais dont l'existence ne fait pour moi aucun doute. Un revendeur a été identifié, mais autour de lui, au-dessus et au-dessous de lui, gravite toute une armée du crime, un véritable orchestre philharmonique. La plupart des agents se contentent d'arrêter le joueur de tuba, mais quelques-uns veulent l'orchestre au grand complet.

2

Après le départ de Dennis, Bruce Stubbs est resté à Tucson pour continuer à interroger Robert Yang au sujet de Liou Chou-chouei. Robert a déjà parlé aux agents de sa vie dans la Shanghai d'avant Mao, et de Su San, sa ravissante maîtresse.

Su San joue un rôle central dans l'attaque que le Centac compte monter contre Liou, chef du plus important réseau d'exportation d'héroïne d'Asie du Sud-Est. Ancienne maîtresse du frère du Premier ministre thaïlandais, confidente de nombreux criminels de haut niveau, Su San est à la fois une parente, une amie, et une partenaire de Liou Chou-chouei.

Le travail de Robert consistera à amener Su San, qui ne devra se douter de rien, à le faire participer au trafic d'héroïne de Liou. Il a promis à Dennis Dayle qu'en cas de succès, il témoignerait devant un tribunal américain.

Pourquoi Robert Yang aide-t-il le Centac à détruire Liou ? Ses mobiles ne sont pas très clairs. Peut-être le fait-il pour l'argent (bien que Dennis n'ait pas voulu lui verser plus de 2 500 dollars par mois), peut-être par goût de l'aventure. A moins que Robert n'essaie de se servir du Centac dans un but plus ténébreux.

Bruce, l'amoureux de l'Asie, dont il a acquis la discrétion, observe, penché en avant, les coudes sur les genoux, ce Chinois jovial et bedonnant, à la calvitie naissante, qui lui fait face, confortablement installé dans un fauteuil.

— Alors, je laisse mes parents à Taiwan, et vais à Hong Kong. D'abord, je travaille chez un tailleur ; rien d'important, juste pour tuer le temps.

Robert Yang raconte de nouveau sa vie, après son départ de Shanghai suite à la prise du pouvoir par les communistes. Bruce allume une Winston. Il va passer sa vie avec Robert. Ils auront des rencontres furtives, dans de misérables chambres d'hôtel, des cafés ou des bars, comme des amants clandestins.

— Puis, à Hong Kong, je rencontre un ami qui me donne le nom d'un colonel de la US Air Force à Saigon. C'est pendant la guerre du Vietnam. A Saigon, je fais de la contrebande avec ce colonel et d'autres pilotes américains — rien de méchant, des montres, des tissus...

Bruce a de la sympathie pour Robert. Pour un peu, il aurait pitié de lui, en considérant ce que l'avenir lui réserve. Robert n'est plus un ennemi, mais un complice de Bruce et du Centac. C'est un excellent indicateur. Quand une mission dépasse ses capacités, il n'hésite pas à le dire. Il est sérieux, professionnel. Il vient toujours aux rendez-vous. Il ne quémande pas et ne se plaint jamais. Il rit beaucoup : c'est un compagnon agréable. Bruce l'aime bien, mais comme on aime un léopard apprivoisé. Un jour, sans prévenir, il retrouvera sa férocité innée, égorgera son gardien et regagnera la jungle. C'est en prévision de ce jour que, dans l'intérêt du Centac comme pour sa propre sauvegarde, Bruce veut tout savoir de Robert Yang.

— Et ensuite ? demande-t-il, lissant sa moustache.

— Ensuite, je fais un tour à Bangkok, où un ami me dit « Tu te débrouilles pas mal, tu fais de l'argent, mais je peux te présenter un gars qui t'en fera gagner des tas. » C'est comme ça que j'ai fait la connaissance de Sukree, au bar d'un hôtel.

Sukree Sukreepirom (que l'on croit mort, à moins qu'il ne se cache au Laos) était avec Liou Chou-chouei l'un des quatre « rois des rois » de la drogue en Asie.

— Je dis à Sukree : « Vous êtes sûrement un des plus gros marchands de noir. » C'est ainsi qu'on désignait l'opium. « Oh non, répond-il, il en existe un bien plus important que moi. » Et il me parle de Liou Chou-chouei. C'était la première fois que j'entendais ce nom.

Robert ne tarda pas à étendre ses opérations. Faisant toujours appel à des pilotes américains, il commença à transporter de la morphine-base (un dérivé de l'opium dont on tire l'héroïne) de Bangkok à Hong Kong.

Un jour, après avoir pris livraison d'une valise pleine de morphine-base dans un hôtel de Kowloon, Robert se dirige vers le ferry pour gagner Hong Kong, où se trouve son client.

— Quand j'arrive au ferry, vous savez ce qui se passe ?

Bruce ne réagit pas ; il sait que Robert déteste être interrompu.

— Sur l'embarcadère, il y a *cent* policiers. Et dans ma valise, j'ai dix briques de « Triple Neuf ». C'est le nom d'une qualité de morphine-base. Impossible de m'enfuir ! Je réfléchis. J'avais à l'époque un passeport philippin. Je sors mon passeport et vais droit vers un type qui a plein de galons dorés à sa casquette. Sûrement le chef. Je lui dis, « Excusez-moi, s'il vous plaît, pour aller à l'hôtel Mandarin ? » Le Mandarin est de l'autre côté, à Hong Kong, là où je veux aller. « D'où venez-vous ? » me demande-t-il. « De Manille. » Très poli, il m'explique : « L'hôtel Mandarin est sur l'autre rive. » Et il demande à un flic de m'accompagner jusqu'au ferry !

Robert se plie en deux de rire.

— Et le policier m'emmène au ferry, moi et ma valise pleine de base !

Bruce n'a pas besoin de se forcer pour sourire. Pas de doute, Robert est habile, et sait manier les gens. D'abord des aviateurs américains, puis des policiers de Hong Kong... et des agents du Centac ? Bruce a connu plus d'un indicateur trop malin, mais ce Chinois au naturel enjoué ?

Robert raconte ensuite une histoire encore plus provocante. Voyez ce dont je suis capable, semble-t-il dire ; vous devriez vous réjouir de m'avoir pour ami et non pour ennemi. Bruce repensera souvent à cette histoire — avec des sentiments mitigés.

Sachant que Robert Yang fréquente des pilotes américains, une commerçante de Hong Kong, Elsie Tu, lui dit qu'elle connaît un chef de gang chinois désireux de faire transporter une importante quantité d'or en Inde. Robert promet de s'en occuper. Il se rend à l'ambassade US de Bangkok et demande à voir l'attaché responsable des affaires de stupéfiants, qu'il n'a jamais rencontré :

— Je connais des gens qui font la contrebande de l'or avec l'Inde, et ramènent de l'opium. Etes-vous intéressé ?

Robert explique ensuite à l'attaché que, pour s'introduire auprès des trafiquants et les faire arrêter, il lui faut un pilote de l'ambassade. L'attaché accepte de lui en fournir un.

Robert téléphone à Elsie Tu, qui arrange un dîner pour que le gangster chinois puisse rencontrer Robert et le pilote américain. Robert met le pilote en garde de ne parler que d'or, surtout pas d'opium, pour ne pas éveiller la méfiance du gangster.

Le pilote arrive en uniforme et montre son passeport diplomatique : il peut à coup sûr transporter n'importe quoi sans être inquiété. Le gangster dit qu'il veut faire passer 1 000 onces (environ 28 kilos) d'or en Inde. Le pilote recevra 200 onces, et Robert, 100. Les deux hommes acceptent ces conditions.

Trois jours plus tard, Robert obtient de l'attaché du papier à en-tête de l'ambassade, et s'écrit une lettre à lui-même :

« Cher Robert, désolé, mais mon travail m'appelle à Tokyo : je ne pourrai donc pas assurer le vol dont nous avons parlé. Je vous envoie toutefois le colonel Anderson, qui a accepté de me remplacer. Comme ce projet l'inquiète un peu, il a imposé une condition : il veut traiter exclusivement avec vous, et se refuse à voir qui que ce soit d'autre. »

Robert signe la lettre du nom du pilote de l'ambassade, et charge un ami de la poster de Tokyo.

Lorsque la lettre arrive à Hong Kong, Robert la donne à Elsie, qui la montre au gangster. Pas de problème, disent-ils, un pilote américain en vaut un autre.

Robert va ensuite à l'hôtel International, où il réserve une chambre au nom du « colonel Anderson », et paie une nuit d'avance. Cela fait, il appelle Elsie Tu pour lui annoncer que le colonel arrive à l'hôtel à midi et occupera la chambre 301. Il sait qu'Elsie téléphonera pour vérifier.

Le gangster montre peu après à Robert la caisse contenant les mille onces d'or. Robert la soulève et déclare qu'elle est trop lourde. Ils ne peuvent transporter que 800 onces. Le gangster accepte, et promet de donner 160 onces au pilote, et 80 à Robert. Ensuite, il pose à son tour une condition : puisque le nouveau pilote refuse de le rencontrer, il veut au moins le voir. Cet homme va après tout partir avec 800 onces d'or.

Sans se troubler, Robert accepte. En présence d'Elsie et du gangster, il téléphone à l'hôtel, demande le 301, et engage une conversation animée avec le fictif colonel Anderson.

— Tout est réglé, annonce Robert au gangster et à Elsie. Je le retrouve à huit heures dans le hall de l'hôtel : ainsi, vous pourrez le voir.

Peu avant huit heures, Robert les emmène à l'hôtel dans sa voiture ; la caisse d'or est dans le coffre. Il se gare dans une allée offrant une bonne vue du hall, puis entre dans l'hôtel.

— Tu comprends, explique Robert à Bruce, cet hôtel était toujours plein d'officiers américains, de pilotes aussi. Et j'étais bien habillé, j'avais une Rolex en or. Je repère un type qui a l'air sympa, et je vais vers lui, la main tendue : « Salut, mon vieux ! Content de te revoir ! » Le type me regarde et dit :

— Mais je ne vous connais pas.

— Tu ne te souviens pas de moi ? Je suis le colonel Lee, médecin dans la Air Force !

— Ah oui ! fait-il, je me souviens. Nous nous sommes rencontrés, en effet.

— Je suis à l'hôtel, chambre 301.

— J'ai également une chambre ici. Dis-moi, comme tu es Chinois, tu dois connaître Hong Kong mieux que moi. Où trouve-t-on des filles ?

— Rien de plus facile. J'en connais un tas, tu verras. Ecoute, je t'invite à prendre un verre dans ma chambre. Je reviens te prendre dans une minute, juste le temps de donner un coup de fil.

Robert regagne la voiture, d'où Elsie et le gangster ont suivi toute la scène. Ce qu'ils ont vu a apaisé leurs craintes.

Robert rentre chez lui avec l'or, et le vend dès le lendemain.

— Ensuite, quand le gangster comprend qu'il s'est fait rouler, la nouvelle se répand dans tout Hong Kong : Robert Yang va se faire descendre, pas de doute.

Ils l'avaient sous-estimé. La valeur de 240 onces d'or en poche, il va voir le gangster :

— Ils me regardaient comme si j'étais devenu fou, persuadés que j'allais me faire descendre. Je vais droit au bureau privé du gangster, et lui dis : « Ce n'est pas moi qui ai volé votre or, c'est le pilote. Si j'avais voulu le voler, j'aurais pris les mille onces, et pas huit cents. Mais tenez, si vous me suspectez, voilà la contre-valeur de 240 onces, soit trente pour cent. » A Hong Kong, la loi du milieu veut que si un gangster en a trompé un autre, et lui rembourse trente pour cent de ce qu'il lui a pris, la victime doit oublier toute l'affaire. S'il est assez bête pour s'être fait voler, il l'a mérité. Le gangster ne pouvait rien faire. Et j'ai empoché 560 onces d'or.

Bruce a écouté Robert avec un sourire méditatif. Ce type est diablement rusé, pas de doute. Qui sait ce qu'il mijote encore ? Sa prochaine victime sera-t-elle le Centac ?

Quelques mois plus tard, le colonel de l'Air Force que Robert connaissait à Saïgon fut arrêté. Il réussit à faire savoir à Robert qu'une importante quantité de drogue qu'il avait planquée était toujours là : « Viens à Saïgon pour la récupérer. »

— Le colonel travaillait peut-être pour la police, et me racontait des histoires. Mais j'étais fauché : j'avais mis tout mon argent dans cette affaire. Il n'y avait qu'une solution : aller voir sur place pour en avoir le cœur net.

« Je prends donc l'avion pour Saïgon et rencontre dans un bar le type dont le colonel m'avait donné les coordonnées. Il me dit qu'il est ingénieur, qu'il travaille pour des compagnies aériennes. Mais il ne ressemble vraiment pas à un ingénieur : il m'avait tout l'air d'un flic. Ça va mal, me dis-je, je vais à coup sûr me faire pincer. »

Robert promet à l'« ingénieur » de le revoir le lendemain et quitte le bar. Il sait qu'il est pris au piège : la police ne lui permettra sûrement pas de quitter Saïgon. Il apprit par la suite que le commandant de l'US Air Force à Saïgon avait dit : « Descendez-le sur-le-champ. Même pas la peine de lui poser des questions. »

Face à ce problème qui n'était pas sans rappeler celui de la valise pleine de drogue, Robert imagina un stratagème :

— Je crois qu'aucun agent au monde ne peut résister à l'attrait d'une grosse affaire. Le lendemain, en revoyant le gars qui était censé m'aider mais était en fait un flic, je lui ai dit : « Oubliez pour le moment la drogue qu'on a planquée ici, j'ai mieux que ça : une tonne de marchandise m'attend à Bangkok. Si vous trouvez un avion pour l'amener à Hong Kong, nous pourrons gagner gros. » Il a marché, certain qu'il allait faire une importante saisie à Bangkok. Je lui ai dit qu'on se retrouverait dans un restaurant de Bangkok pour aller chercher la marchandise. C'était pour moi la seule façon de quitter Saïgon : il fallait que les flics donnent le feu vert. Je prends donc l'avion du matin pour Bangkok. Dès mon arrivée, j'appelle mon ami Sukree, qui connaît un colonel de la police thaï. Lorsque je retrouve l'« ingénieur » au restaurant, le colonel de la police vient jeter un coup d'œil. Dans l'après-midi, Sukree me téléphone : « Robert, taille-toi sans perdre une minute. Ce type est un agent américain. C'est le *chef*. Si tu ne disparais pas de la circulation, tu vas avoir de sérieux ennuis. »

Robert s'enfuit à Penang, où il resta deux mois avant de regagner Hong Kong. Sans le sou, ayant besoin d'argent pour se remettre au trafic, il imagina un plan pour extorquer 50 000 dollars au distributeur des montres Rolex à Hong Kong. Deux complices trop pressés attaquèrent un coursier du distributeur, et l'affaire éclata au grand jour. Robert dut de nouveau prendre la fuite.

Arrivant à Bangkok par bateau, il fut reconnu et arrêté. Quatre mois plus tard, après son audition par le juge, il devait être extradé à Hong Kong afin d'y être jugé pour l'affaire Rolex.

Il téléphona à son influent ami Sukree, qui promit de le sortir de prison. Les quatre mois tiraient presque à leur fin, sans que Sukree se fût manifesté. Dans cette situation désespérée, Robert fit ce qu'il avait déjà fait à l'embarcadère du ferry de Hong Kong : il s'adressa à un flic. Plus précisément, il dit a un pasteur protestant visitant les prisonniers qu'il désirait voir un agent de la police américaine des stupéfiants. Le pasteur transmit le message à un ami travaillant pour la DEA, Paul Brown.

Cela se passait huit ans avant que Paul Brown, le laconique Bostonien, ne participe avec Robert, Dennis Dayle, Bruce Stubbs et Pete Niblo à la réunion organisée par le Centac à Tucson — mais le nom de Robert Yang était déjà célèbre à Bangkok. L'on connaissait notamment ses liens avec Sukree Sukreepirom, l'un des quatre « rois des rois », activement recherché par la DEA de Bangkok.

Paul Brown réussit à faire sortir Robert de prison pour une entrevue avec des agents américains, dans une maison proche de l'ambassade. Quatre heures durant, Robert leur dit tout ce qu'il savait de Sukree. Si les Américains réussissaient à convaincre Hong Kong d'abandonner les poursuites contre lui, il se déclarait prêt, en échange, à travailler pour eux. S'ils le faisaient libérer, il leur donnerait Sukree. Les agents promirent de voir ce qu'ils pouvaient faire.

Deux agents américains prirent l'avion pour Hong Kong, mais les autorités britanniques refusèrent catégoriquement d'abandonner les poursuites contre Yang. Paul Brown fit savoir à ce dernier qu'il était désolé, mais qu'il n'y avait rien à faire.

Trois jours avant la date prévue pour l'extradition de Robert, Sukree arriva enfin avec la bonne nouvelle : « Je vais te faire sortir de prison. »

— Sukree me dit qu'il allait me faire sortir le surlendemain, un dimanche, raconte Robert à Bruce. En sortant du portail, m'expliqua-t-il, tu verras une voiture sur la gauche. Tu montes, et je t'emmène. Mais je n'étais pas tranquille. Sukree avait peut-être appris que j'avais parlé aux agents américains, et avait l'intention de me descendre.

Bruce l'écoute toujours, manifestant suffisamment d'intérêt pour que Robert continue à parler, mais pas assez pour paraître conquis par ses histoires.

— Dimanche, sept heures du soir, continue Robert. Le garde m'appelle : « Hé, toi, viens prendre une douche. » Je descends. La porte arrière est déverrouillée. Je sors, et me retrouve dans la rue. On m'avait dit de prendre à gauche. Mais j'ai peur que Sukree ne veuille ma peau. Alors, je tourne à droite. Je saute dans un taxi. Je n'ai rien, même pas dix cents en poche.

Dans un restaurant, il vend pour trente dollars son briquet, un Dunhill en or, puis va chez le pasteur protestant qu'il avait vu en prison, et lui raconte tout. Le pasteur va voir Paul Brown. Une heure après, il est de retour :

— Il me dit : « D'abord, les mauvaises nouvelles, ensuite les bonnes. Les mauvaises, c'est que les gens de l'ambassade ne peuvent pas s'occuper de vous maintenant ; ils ont peur d'avoir des ennuis avec les autorités thaïlandaises. Et maintenant, la bonne nouvelle : voilà deux cents dollars de la part de Paul Brown ; prenez la fuite, débrouillez-vous tout seul. Et dans un an ou deux, prenez contact avec son bureau. »

Robert trouve cela très drôle. Il répète en s'esclaffant :

— Voilà deux cents dollars, revenez nous voir dans deux ans !

Changeant fréquemment d'autocar ou de train pour éviter les contrôles, Robert finit par arriver à Hatyai, un peu au nord de la frontière malaise. Célèbre repère de trafiquants, de bandits et d'insurgés communistes, Hatyai est l'endroit idéal pour un malfaiteur en cavale.

— Tous les journaux — chinois, thaïs, anglais — montrent ma photo. Je ne sors même pas pour manger. Dans un salon de massage, je vois le propriétaire : c'est un vieil ami. Je lui explique qu'il faut que je passe en Malaisie. « Ce n'est que ça ? me dit-il. Te fais pas de bile, c'est un tout petit problème. On te fera entrer en Malaisie, même s'il faut descendre quelques types pour ça. » Il fait venir un gars et m'explique : « Va avec lui et ne dis pas un mot. Reste simplement dans la voiture. Un autre gars va arriver : tu lui dis que tu es mon ami. Il s'occupera de tout. » Le premier me conduit jusqu'au poste thaïlandais — ils n'arrêtent même pas la voiture ; il les salue de la main et continue jusqu'à la frontière. Là, l'autre gars arrive. Il s'appelle Lin, il possède une grande raffinerie d'héroïne en Malaisie. « T'inquiète pas, me dit-il. On te fait passer cette nuit. » On reste là à boire et à manger, jusqu'à onze heures du soir. J'ai vu sa carte d'identité, le numéro de sa voiture... Plus tard, j'ai pu mettre tout ça dans mon rapport.

Bruce hoche la tête. Quel Judas, se dit-il. Un type lui sauve pratiquement la vie, et pour le récompenser, il le trahit à la première occasion. Et le voilà qui se confie à moi, plus amical et chaleureux que jamais...

— Sur la frontière, il y a des barbelés. Ils découpent un trou grand comme une porte, et on passe de l'autre côté. Je prends le ferry pour Penang, et le lendemain matin, je vais dans une agence de la banque de Malaisie. Je dis au directeur que je suis un trafiquant d'or de Saïgon. Je me suis enfui, je n'ai pas de papiers, et j'ai besoin d'argent : « Je peux télégraphier à Hong Kong en donnant votre nom et votre adresse, pour qu'on vous envoie l'argent. Vous aurez cinq pour cent. » Le directeur dit « Okay. »

Il envoie un télégramme à Ng Sik Ho, qui était à l'époque le plus puissant criminel de Hong Kong (il a depuis été condamné à trente ans de prison).

— Il m'envoie 5 000 dollars. J'en donne 500 au directeur : pour lui, c'est un mois de salaire. Ensuite, je vais à Kuala Lumpur, et je passe à Singapour. J'ouvre un restaurant. Quand j'ai un peu d'argent, je me remets à la contrebande — des radios et des télévisions, de Singapour vers la Malaisie. Ça marchait pas mal, jusqu'au jour où j'ai tout investi dans une opération. La police saisit la marchandise, et je me retrouve sans le sou. Je me dis : il est peut-être temps de travailler pour les Américains, et j'appelle l'ambassade US de Singapour.

Paul Brown, qui avait été muté de Bangkok à Singapour, prit son appel. Il n'avait pas entendu la voix de Robert depuis son évasion de prison, six ans auparavant.

Ils prirent rendez-vous et discutèrent. Paul, qui devait peu après regagner les Etats-Unis, fit engager Robert comme indicateur par le bureau de Bangkok de la DEA. La police de Bangkok assura Paul que Robert n'aurait pas d'ennuis, à condition d'éviter les agents de la police frontalière qui avaient été tenus responsables de sa sortie du pays.

Peu après son arrivée à Bangkok, Robert se trouva dans une situation embarrassante :

— L'agent de Bangkok me dit : « Nous voulons que vous alliez sur la frontière laotienne pour verser un acompte sur la livraison de deux tonnes d'opium. » Je rétorque que cette affaire ne me paraît pas catholique.

Robert avait raison de se méfier, car au Laos communiste, les tentatives pour se procurer illégalement de la drogue risquaient fort de très mal se terminer.

En l'écoutant raconter cette histoire dans la chambre d'hôtel de Tucson, Bruce Stubbs ne peut s'empêcher de sourire. Il en sait bien plus que Robert sur ce mystérieux marché laotien, sur la sinistre lumière qu'il projette sur le trafic mondial des stupéfiants, et sur ses liens mal connus, mais qu'il serait intéressant de préciser, avec Liou Chou-chouei.

Le Gouvernement laotien, devenu communiste trois ans auparavant, était secrètement engagé dans un trafic d'héroïne de grande envergure. Bien que parfaitement connues des services de renseignements occidentaux, ces activités n'avaient pas été révélées afin de ne pas compromettre une amélioration des relations diplomatiques avec le Laos. Un des principaux trafiquants d'héroïne thaïlandais, Poonsiri Chanyasak, âgé de quarante-neuf ans (et, avec Liou Chou-chouei et Sukree Sukreepirom, l'un des quatre « rois des rois »), était devenu, avec l'aide du Gouvernement laotien, le directeur et unique actionnaire de la firme Rasita Imports, dont l'activité officielle consistait en transactions commerciales licites avec d'autres pays asiatiques et occidentaux.

Bien que sa tête eût été mise à prix en Thaïlande, Poonsiri jouissait, à l'époque où Robert s'entretenait avec Bruce à Tucson, de tous les privilèges d'un ministre, voyageant avec un passeport diplomatique laotien, conduisant une Toyota Crown avec des plaques d'immatriculation officielles et distribuant des cartes commerciales portant la mention « Fournisseur du Gouvernement. »

Pour citer un agent américain, Poonsiri était le « ministre de l'héroïne » du Gouvernement laotien.

L'immeuble de Rasita Imports, à Vientiane, comprenait à un moment donné, outre les bureaux de Poonsiri et de son assistant (un chimiste spécialiste de l'héroïne, promu directeur d'une fabrique de savon et d'une brasserie gouvernementales), un « club » caché à l'arrière du bâtiment (il fallait passer par les toilettes des bureaux pour y accéder), avec bar, stéréo, télévision, moquette, et aussi, peut-être eu égard à la position quasi officielle de Poonsiri, des photos de machines agricoles fabriquées en Chine populaire.

Le ventripotent, affable et élégant Poonsiri, qui parlait couramment l'anglais et plusieurs langues orientales y recevait somptueusement des commerçants, de hauts fonctionnaires laotiens et des diplomates étrangers. C'était également là, pensait-on, qu'il vendait de l'opium et de l'héroïne pour le compte du Gouvernement laotien.

Le « club » finit par être fermé, mais Poonsiri conserva sa haute position dans la hiérarchie du Laos communiste, et continua à vendre l'héroïne laotienne à l'Occident — activités décrites, preuves à l'appui, dans des dossiers secrets de la DEA et de la CIA.

Bruce s'intéressait particulièrement au fait que Poonsiri était de surcroît cousin de la femme de Liou Chou-chouei : Liou et Poonsiri Chanyasak, deux « rois des rois », étaient donc parents par alliance.

Pour les trafiquants chinois, la famille passe avant tout. Si Poonsiri vendait des stupéfiants pour le compte du Gouvernement laotien, Liou Chou-chouei était selon toute probabilité un de ses clients. Il était en tout état de cause établi que Liou se rendait fréquemment en Chine populaire — pour des raisons qui demeuraient mystérieuses.

Ce fut vers cette époque, alors qu'il s'apprêtait à aller au Laos pour verser une avance de 10 000 dollars sur une livraison d'opium, que Robert revit sa vieille amie Su San — et que commença la liaison qui devait aboutir à l'opération du Centac contre Liou Chou-chouei.

Robert avait fait la connaissance de Su San des années auparavant à Hong Kong, au restaurant Fortune, où elle dînait avec le chef de la police des stupéfiants... Ils se lièrent d'amitié et se revirent de temps en temps à Hong Kong et à Singapour ; chacun savait que l'autre trempait dans le trafic des stupéfiants. Peu avant de se rendre au Laos, donc, il la rencontra par hasard dans un centre commercial de Bangkok :

— D'où sors-tu ? me demanda-t-elle. Comment as-tu fait pour revenir à Bangkok ? Elle était bien entendu au courant de mon évasion. Je lui expliquai qu'il n'y avait pas de problème, et que je travaillais ici. Elle me conseilla de ne commettre aucune imprudence, car si je me faisais prendre, j'étais bon pour une condamnation à perpétuité.

Ils allèrent dîner au restaurant, puis terminèrent la nuit chez elle. Su San devait être réellement éprise de Robert, car elle lui offrit de somptueux cadeaux : une BMW, des complets sur mesure, de l'or, des diamants. Il s'installa chez elle. Peu après, il allait faire la connaissance de Bruce Stubbs : un pas de plus vers le Centac-24.

Un jour où nous sommes seuls, Bruce me parle de sa première rencontre avec Robert Yang.

— C'était à l'ambassade de Bangkok. En jetant un coup d'œil dans le bureau d'un agent de la DEA, je vis ce gros type assis sur une chaise, l'air assez quelconque, transpirant tant qu'il pouvait. Ils l'avaient fait venir de Singapour, et voulaient l'envoyer au Laos pour une affaire complètement dingue. J'avais entendu les gars se plaindre de lui : au lieu de s'intéresser à sa mission au Laos, il ne cessait de leur raconter des histoires sur de gros trafiquants de Bangkok, sur des marchés de cent cinquante kilos d'héroïne et des trucs dans ce genre.

« Environ un mois plus tard, vers Noël — presque tout le monde était en vacances — un agent vient me voir : « Il y a un type qui attend en bas. Il commence à nous casser les pieds. Tu pourrais t'en occuper ? » Je l'emmène dans mon bureau, et je lui demande ce qu'il sait, et ce qu'il est capable de faire. Au lieu de répondre, il demande s'il peut me poser une question.

« Il était manifestement exaspéré. Je le trouvais plutôt comique. Bref, il me dit : « Votre travail consiste-t-il *vraiment* à lutter contre les trafiquants de drogue, à les mettre en prison, et tout ça ? » Je lui réponds : « Bien sûr. Moi, en tout cas, c'est ce que je fais. » Il poursuit, plus en colère que jamais : « Eh bien, je ne comprends pas votre façon de travailler. Ça fait six semaines que je suis ici, et je *sais* que des trafiquants sont en train de monter un gros coup. 300 livres d'héroïne qu'ils veulent amener à Hong Kong sur un cargo. Et *personne* ne veut m'écouter. Je les connais, ces gars, je les *vois* tous les jours en ville. Alors, je téléphone ici pour vous mettre au courant, et chaque fois, on me dit : « On est occupés. Mais rappelez-nous si vous les revoyez. »

« Robert ajoute qu'il connaît leurs noms, qu'il a tout mis par écrit, et que c'est dans un dossier. Je déniche le dossier ; il contient effectivement un rapport manuscrit détaillé, avec les noms des trafiquants écrits en caractères chinois. Il me dit que l'un d'eux s'appelle Pak. Je connaissais ce nom : deux ans auparavant, à Seattle, nous avions inculpé Pak Yok Lin ; il avait été condamné à dix-huit mois, mais avait réussi à sortir avant la fin de sa peine.

« Je sors une poignée de photos de Chinois, j'y glisse une photo de Pak, et je demande à Robert s'il connaît un de ces types. Sans hésiter, il désigne la bonne photo : « Celui-là, c'est Pak. » Cela commence à m'intéresser, parce que Pak Yok Lin est un dangereux criminel, que tout le monde essaie de pincer depuis des années. Sur ma demande, Robert m'explique de nouveau la situation : « Pak et quelques autres ont une importante source d'héroïne. Ils sont en train d'organiser l'envoi de plusieurs centaines de livres d'héroïne-base à Hong Kong. D'ici. Sur un cargo. Et je peux... ils m'ont proposé de participer. »

« Bref, pendant trois mois, je me suis occupé de Pak avec Robert. Ses renseignements étaient... parfaits. Il était au courant de tout. Il jouait aux cartes avec eux tous les jours. Il nous a fourni les adresses, les numéros de téléphone. Les Thaïs les ont mis sur table d'écoute. C'était idéal : nous pouvions recouper tout ce que Robert nous disait. Ce dont ils avaient discuté au déjeuner, nous l'entendions le soir au téléphone. Dans ce cas, au moins, le Gros a toujours été honnête avec nous. Il ne nous a pas menti une seule fois. A son arrivée à Hong Kong, Pak a été arrêté avec quinze kilos d'héroïne sur lui. Il a été condamné à la prison à perpétuité. Pak Yok Lin, la terreur de l'Orient...

« C'est là qu'intervient Su San, la maîtresse de Robert, qui va, du moins nous l'espérons, nous conduire au cœur de l'organisation de Liou Chou-chouei. Pendant que nous nous occupions de Pak, Robert vivait chez Su San. Une luxueuse maison moderne, avec des tapis partout, un bar plein de bouteilles de cognac français... Robert a bien entendu accès à la chambre de Su San, où celle-ci garde ses photos.

« Or, Su San a un frère, Iam, qui semble mêlé aux projets de Pak.

Nous savons par ailleurs que Pak a jadis travaillé pour Liou Chouchouei. Iam passe parfois chez Su San, arrive soudain lorsque Robert discute avec Pak dans un café. Robert nous procure son adresse, son numéro de téléphone, les noms de ses associés, etc.

« Finalement, la police thaïlandaise trouve quatre kilos d'héroïne dans l'appartement de Iam. Mais Iam est à Chiang Maï, et la police locale ne sait même pas à quoi il ressemble.

« J'avais déjà demandé à Robert s'il pouvait me procurer une photo de Iam. Pas de problème... Dans la commode de la chambre à coucher de Su San, il en trouve une, où Iam figure aux côtés d'une de ses femmes, de sa mère et de Su San, sur un fond de palmiers. Je fais faire des agrandissements et les envoie à nos agents de Chiang Maï, en leur demandant de n'utiliser que le portrait de Iam. En fait, ils se contentèrent de découper le quart de la photo. Après l'arrestation de Iam, la police donna la photo au journal de Chiang Maï. L'on y voyait Iam en pied, ainsi que les palmiers qui constituaient l'arrière-plan. En comparant avec l'original, il était évident que c'était la même photo.

« C'est précisément ce que fit Su San. Elle était folle de rage, disant à Robert qu'elle avait pris cette photo elle-même et en possédait les seules copies, qui se trouvaient dans la commode de sa chambre. Seul Robert avait pu en voler une. Elle allait dire à tout le monde qu'il était un salaud, un espion travaillant pour la police.

« Ça risquait d'être grave pour Robert. Je lui conseillai de retourner chez Su San et de tout nier. Catégoriquement. Il n'avait rien fait, n'était au courant de rien — peut-être la police s'était-elle introduite chez elle, ou bien c'était un autre visiteur... Il suivit mon conseil et lui dit : « Si tu crois *vraiment* que je suis un mouchard, je m'en vais séance tenante. C'est fini entre nous. Je ne veux pas vivre avec quelqu'un qui n'a pas confiance en moi... » Sur le moment, elle se calma, mais de temps à autre, cela remonte à la surface, et ils recommencent à se chamailler à ce propos.

« Pour commencer, donc, Robert nous avait permis de mettre la main sur Pak Yok Lin, qui était recherché depuis des années. Ensuite, grâce à ses renseignements, la police put arrêter Iam, un important fournisseur qui avait de nombreux contacts dans le nord du pays. Pour finir, il nous donna des tuyaux grâce auxquels la police française put saisir douze kilos d'héroïne à Paris. Et *en plus,* il vit avec la sœur de Iam, Su San, qui connaît Liou Chou-chouei. Pas mal, pour un indic qui débute.

« Soudain, je reçois un message de mon patron m'informant qu'un certain Dennis Dayle est à Bangkok et qu'il veut me voir au sujet du Centac. Dayle ? Centac ? C'était bien la première fois que j'en entendais parler.

« Bref, Dennis me fait un petit topo d'un quart d'heure sur le Centac. A priori, je n'avais rien contre l'idée de travailler pour le Centac, mais comment savoir si cela me plairait vraiment ? « Ecoutez, me dit Dennis, voilà ce que nous allons faire. Dès que je serai de retour à Washington, je prendrai des dispositions pour que vous veniez aux Etats-Unis avec cet indicateur. Nous en reparlerons là-bas. » Comment résister à une offre pareille ? Et voilà comment je me suis retrouvé à Tucson.

3

Après la réunion de Tucson, Bruce et Robert regagnent Bangkok, siège de l'empire de Liou Chou-chouei. Couvert de bijoux, habillé comme un gigolo, Robert vit toujours chez Su San. Tous les jours, il traverse en taxi les rues étouffantes de la ville pour retrouver Bruce dans quelque bar obscur. Ils discutent des heures durant. Comment amener Su San à présenter Robert à Liou, en le faisant passer pour un client ? Comment Robert pourrait-il s'insinuer dans le trafic des membres de la famille de Su San, de sorte à incriminer Liou lui-même ?

Chaque fois que Bruce regagne l'ambassade, il est assailli par des questions bien plus troublantes. Robert et lui ont-ils vraiment une chance de duper l'un des criminels les plus rusés et les plus puissants de toute l'Asie ? Et Robert est-il vraiment de son bord ? Ou bien agit-il pour son propre compte, tramant patiemment une intrigue colossale et sanguinaire, se jouant de Bruce ?

Quelques semaines après leur retour à Bangkok, au bar d'un hôtel, Robert annonce à Bruce que, pour la première fois depuis deux ans, Liou s'est montré en public. Il lui tend un article paru dans un journal thaï, dont il lui résume la teneur. Stubbs emmène l'article à l'ambassade pour le faire traduire.

Liou Chou-chouei « avait fait un don de plus de 100 000 dollars à un village, pour la construction d'une école, d'un temple bouddhiste et d'un crématorium ». A l'occasion de la cérémonie organisée par les villageois reconnaissants, le bonze avait, selon le journal, « loué la bonté et l'altruisme de Liou... Sous les applaudissements et les félicitations, il annonça que pour le récompenser, le roi en personne allait lui remettre l'ordre de l'Eléphant Blanc ».

Le roi en personne, pas moins. En lui lisant ce passage, Robert avait éclaté d'un rire tonitruant. Bruce, lui, trouvait cela plutôt déprimant. Comment toucher à un personnage tel que Liou ? Même avec tous les moyens du Centac ?

Bruce ne pouvait partager la confiance et l'enthousiasme de Dennis Dayle, qui était certain que Robert les conduirait jusqu'à la tanière de Liou Chou-chouei. Tout cela lui paraissait par trop irréel. Robert était l'amant d'une femme qui connaissait Liou de très près, soit — mais cela ne *garantissait* pas que Liou le ferait travailler pour lui. Robert lui-même ne promettait d'ailleurs rien : « Vous me connaissez, Bruce, je suis votre ami, je fais tout mon possible. » Et Bruce attendait, ruminant de sombres pensées.

Un jour, pour finir, le téléphone sonna dans son bureau, et ce qu'il entendit confirma ses doutes.

Robert Yang était en prison.

Robert avait été victime du désir de montrer sa puissance. Deux amis de Formose lui avaient demandé de les aider à faire prolonger leurs visas. Bombant le torse, Robert les avait accompagnés à la police des étrangers.

Le sous-chef des services de l'immigration reconnut immédiatement Robert. Sept ans auparavant, il avait eu la désagréable tâche d'annoncer aux policiers britanniques qui devaient le ramener à Hong Kong pour l'affaire Rolex, que Robert était passé à l'étranger. Robert raconta la suite à Bruce au parloir de la prison centrale de Bangkok :

— Il me regarde :« Vous êtes Robert Yang. » Je lui réponds : « Oui, c'est moi. » « Depuis sept ans, nous vous cherchons *partout*. Que faites-vous ici ? » Je lui explique que je travaille pour l'ambassade des Etats-Unis. Il me dit qu'il va téléphoner pour s'en assurer. Il en parle aussi à son chef. Craignant que l'ambassade ne trouve un moyen de me faire sortir, ils ne perdirent pas une minute. Résultat, l'inculpation la plus rapide de l'histoire de la Thaïlande.

Arrêté à neuf heures du matin, Robert comparut devant un juge à onze heures. A une heure de l'après-midi, il était incarcéré à la prison centrale de Bangkok.

Combien de temps allaient-ils le garder ? Allaient-ils l'extrader vers Hong Kong pour l'affaire Rolex ?

Bruce télégraphia la mauvaise nouvelle à Dennis.

CHAPITRE DEUX

1

Washington, neuf heures du matin. Dennis Dayle prépare le « briefing » du Centac-24, à la fois présentation, baptême et manifestation de force. A Tucson, il s'agissait de convaincre Robert Yang. Ici, il fallait convaincre les « autorités de Washington ». C'était avant tout une question de psychologie.

La principale « pièce à conviction » serait le « Cas du Piédestal », une opération réussie grâce aux renseignements fournis par un agent dont le code était SWH-4-0002- « 02 » pour abréger.

02 était l'un des hommes les plus extraordinaires qui se fût jamais attaqué à l'Empire clandestin. Cet aristocrate fortuné était issu d'une des dernières grandes familles de « seigneurs de la guerre » chinois. Il menait la double vie d'un agent secret de feuilleton télévisé, à la fois play-boy adoré des vedettes de cinéma et conseiller d'armées rebelles et de services de renseignements, intermédiaire entre le monde du crime et celui de la politique. Sa survie tenait du prodige. L'on n'aurait pu imaginer meilleur guide pour visiter l'empire du crime asiatique. J'espérais vivement le rencontrer un jour.

Une des personnes qui participaient à cette « répétition générale » était Mary Greenly, une femme d'une quarantaine d'années, timide et réservée, spécialiste de l'analyse du renseignement. Elle demanda à Dennis Dayle si elle pouvait parler de 02 dans le cadre de la présentation du Centac-24. Dennis croyait comprendre Mary, et sa passion pour les documents, pour l'histoire, même si elle ne participait pas à l'action.

— Vous pourrez parler de tout ce qui vous plaira, Mary. Mais attention, pas d'hypothèses : tenez-vous-en aux faits. Si vous êtes prête, vous pouvez commencer.

Peu habituée à parler en public, Mary croisa les jambes, tripota la chaînette en or qu'elle portait autour du cou et commença d'une voix hésitante :

— Liou Chou-chouei fut pour la première fois mentionné en 1971, lorsqu'un de ses associés confia à un informateur que 2 000 kilos d'opium saisis à Kowloon appartenaient en réalité à Liou. A peine un an plus tard, nous fûmes informés que Liou avait financé 2 700 kilos d'opium, de morphine-base et d'héroïne découverts dans une maison de Mai Sai, sur la frontière entre la Birmanie et la Thaïlande. Le 24 décembre 1973, la police thaïlandaise arrêta le beau-frère de Liou après avoir saisi 13 kilos d'héroïne dans sa maison de Chiang Mai. Quelques mois après, Liou mentionna à un informateur qu'il comptait envoyer de l'héroïne aux Etats-Unis, cachée dans des « maisons d'esprits », sortes d'autels miniatures. L'année suivante, Liou aurait envoyé par cargo 3 000 kilos d'opium à Hong Kong. Ensuite, il y eut l'Affaire du Piédestal...

Steve Green, un coordinateur du Centac, arriva sur ces entrefaites, et, souriant, s'excusa de son retard. Mary feuilleta les dossiers qu'elle tenait sur ses genoux, et demanda si elle pouvait continuer. Sur la réponse affirmative de Dennis, elle résuma l'Affaire du Piédestal.

— Merci, Mary, dit Dennis lorsqu'elle eut terminé. C'était très bien. Mais n'oubliez pas que rien ne nous oblige à révéler les lacunes de ce que nous savons sur Liou et son organisation. Et il n'est *évidemment* pas question de mentionner l'arrestation de Robert. Cela ne regarde que nous. Par ailleurs, nous avons beaucoup de points positifs en notre faveur.

— Absolument, acquiesça Steve.

— Cela me paraît certain, ajouta Mary avec gravité.

Comme Dennis avait souvent été critiqué pour sa direction autocratique, il avait décidé de ne pas jouer à la vedette, et de donner la parole à un de ses collaborateurs. Aujourd'hui, le premier rôle allait revenir à Mary Greenly.

Sans doute à cause de la proximité d'un centre de communication exigeant une puissante climatisation, la salle de conférences est glaciale.

Dennis observe Mary Greenly — seule femme parmi les vingt participants — et se demande s'il n'a pas fait une erreur. Un châle blanc autour du cou, les épaules rentrées, elle frissonne. Le siège voisin est occupé par le patron de la DEA de Chicago, un ennemi juré du Centac.

Ces hommes, venus du pays entier, ont été invités par le Centac à donner le coup d'envoi de l'opération contre Liou Chou-chouei. Ils représentent diverses agences gouvernementales. Les grands absents sont le FBI — fidèle à sa tradition, il ne se mêle jamais d'affaires de stupéfiants — et la bureaucratique CIA, qui, fière de ses prérogatives, ne participe jamais à des réunions organisées par d'autres services.

Les présentations faites, Dennis pose sa pipe et se lève :

— Notre but n'est pas de saisir de la drogue, mais de neutraliser des hommes et des organisations.

Il sait qu'en disant cela, il va à l'encontre de la tendance dominante (« *Des agents mettent la main sur cent kilos de cocaïne...* »).

— L'objectif du Centac est de causer la chute de Liou Chou-chouei et de la totalité de son organisation — ses fournisseurs primitifs, ses réseaux de contrebande, ses distributeurs et sous-distributeurs, ses avoirs financiers...

Il cite par cœur le dossier, simplement intitulé CENTAC-24 : *Liou Chou-chouei,* dont un exemplaire a été placé devant chaque fauteuil. C'est un plan pour le moins ambitieux. Neutraliser les « fournisseurs primitifs » de Liou ? Autrement dit, le général yunnanais Li Wen-huan, et le puissant rival de celui-ci, le chef de l'Armée Shan unifiée, Chang Chi-fu, ainsi que d'autres chefs rebelles de Birmanie et de Thaïlande du Nord ? Dennis va-t-il lancer une campagne militaire dans les montagnes d'Asie du Sud-Est ? Un nouveau Vietnam ? Il doit y avoir erreur.

Dennis est placé à la tête de la table. Devant lui, une série de boutons permettent de faire pivoter des panneaux, pour montrer des cartes ou des graphiques. Mais il ne s'en sert pas. Il n'a pas eu le temps d'effectuer cette mise en scène, ou l'a estimée inutile. Rien ne détourne l'attention du Plan.

Il mentionne que Liou a acheté des hôtels à San Francisco, qu'il est suffisamment proche du Gouvernement thaïlandais pour avoir reçu de la main du roi l'Ordre de l'Eléphant Blanc. Il envoie aux Etats-Unis, non seulement d'énormes quantités d'héroïne, mais aussi une bonne partie de sa fortune, ainsi que des membres de sa famille ; plusieurs de ses enfants font leurs études dans des universités américaines.

Les hommes consultent le dossier. Il est question de 61 « inculpés probables », de 6 « témoins potentiels » et de 12 « indicateurs éventuels » (dont Robert Yang). Des « unités opérationnelles » seront basées à Bangkok, New York et San Francisco, avec des « équipes de soutien » à Honolulu, Los Angeles, Boston, Chicago, Seattle, Ottawa, Hong Kong, Séoul et Tokyo. Ensuite, vient une liste de 36 policiers, agents de renseignements, analystes et superviseurs de diverses nationalités, qui seront affectés au Centac-24, avec l'assistance des autorités de leurs pays. Fumant tranquillement sa pipe, Dennis attend qu'ils aient fini de parcourir le document.

— Messieurs, le Centac n'a jamais connu un échec. Cette nouvelle opération, qui porte le numéro 24, ne faillira pas à cette tradition.

Il présente Mary Greenly et se rassied. D'une voix monotone, Mary donne une version abrégée des événements qui ont conduit à l'Affaire du Piédestal. Pour terminer, elle dit que Liou « est le plus important trafiquant d'Asie du Sud-Est » et que sa fortune est estimée à « cinq millions de dollars ». Elle regarde anxieusement Dennis, qui s'efforce de cacher sa consternation. Cinq millions de dollars ? Où a-t-elle pris ça ?

Dennis la remercie, jette un coup d'œil sur le Plan et poursuit :

— Cela nous amène à l'automne 1976, lorsqu'un indicateur de Hong Kong particulièrement bien placé — dans le dossier, il est identifié par le code SWH-4-0002 — nous fit savoir que Liou se préparait à envoyer une importante quantité d'héroïne aux Etats-Unis. M. John Coleman, qui dirigeait cette mission, a bien voulu interrompre ses activités pour venir nous en parler.

Un jeune agent assis non loin de Dennis se lève. Il explique que c'était la première fois que les services américains apprenaient que Liou Chou-chouei était mêlé à un trafic d'héroïne vers les Etats-Unis. Celle-ci était dissimulée dans le piédestal en béton d'une « maison d'esprits ».

— Lorsque le bateau arriva à Staten Island, nos services ont brisé le socle ; il contenait 16 livres d'héroïne à 92 % de pureté. Peu après, un petit homme nommé Prasorn Bhongsupatana se présenta chez le transitaire, muni d'un reçu, pour prendre livraison de la maison d'esprits. Arrêté, Prasorn fut inculpé de contrebande et possession de stupéfiants, et se déclara prêt à parler. Il nous dit qu'il avait un billet aller-retour Bangkok-New York, et qu'il aurait touché 10 000 dollars à son retour si l'héroïne avait été livrée. Il nous a donné les noms de ses contacts en Thaïlande ; bien entendu, il n'avait jamais entendu parler de Liou Chou-chouei.

Coleman a terminé son exposé. Dennis rompt le silence :

— Merci, John, merci beaucoup. Mary, si vous voulez prendre la suite pour nous parler de la famille de Liou et de ses intérêts aux Etats-Unis ?

— Voyons, commence Mary, fouillant dans ses papiers... Le 12 mai 1977, le fils de Liou est entré aux Etats-Unis à San Francisco, avec un visa de tourisme. Le 4 juin de la même année, un autre fils de Liou le rejoint. Un troisième fils les suit, avec un visa d'étudiant, cette fois. Le 27 mai, le frère de la femme de Liou arrive à San Francisco avec un visa de tourisme. Il s'appelle Vichit Kitkeatlers.

La plupart des assistants échangent des regards dubitatifs. Comment se souvenir de noms pareils ? Ils feraient pourtant bien de garder en mémoire celui de Vichit, qui deviendra quelques mois plus tard l'une des principales cibles du Centac-24, et mobilisera l'attention de Bruce Stubbs, de Robert Yang et de Su San.

— Finalement, le 14 juin, continue Mary, Liou arrive aux Etats-Unis...

— En personne, précise Dennis, essayant de rendre l'exposé de Mary plus vivant.

— Oui. Deux jours après son arrivée, Liou et deux de ses fils achètent l'hôtel Shaw, à San Francisco, en versant un million et demi de dollars. Quatre jours plus tard, Liou constitue à San Francisco la June Enterprises Corporation, société de holding destinée à contrôler l'hôtel Shaw ainsi que d'autres propriétés. Au cours des mois suivants, plusieurs membres de la famille de Liou achètent à San Francisco et dans la région de luxueuses villas et autres biens immobiliers.

Mary rajuste ses lunettes et consulte une pile de documents en équilibre instable sur ses genoux. Depuis un an, en préparation de ce Centac, un énorme effort a été entrepris pour élucider la complexité bien orientale de la famille de Liou et de ses affaires. Des agents ont été détachés à San Francisco, des télégrammes ont été envoyés à Djakarta, Singapour, Séoul, Hong Kong, Taipeh, Manille, Tokyo, Wellington et dans de nombreuses villes américaines, pour identifier les destinataires de communications téléphoniques données de l'hôtel Shaw. Ces recherches, ainsi que des filatures et de laborieuses vérifications dans des banques, agences immobilières, etc., ont produit une tonne de papier et une montagne de faits. Relevant une mèche de cheveux déjà grisonnants, Mary Greenly poursuit son analyse apparemment interminable, mais en fait très résumée, des activités de Liou Chou-chouei.

En Californie, Liou a acheté plusieurs entreprises, et l'on pense qu'il en contrôle nombre d'autres. Un de ses associés participe fréquemment à ces transactions : Phongsoon Dejanu, quarante-trois ans, ex-directeur de deux grands hôtels de Bangkok et du Siam International Hotel de Singapour. Il est également proche d'un groupe d'Indiens qui a acheté plus de huit mille hôtels aux Etats-Unis, et possède un hôtel sur six en Californie. L'on ignore dans quelle mesure Liou, par l'intermédiaire de Dejanu, contrôle lesdits Indiens — mais elle est probablement substantielle.

Lorsque Mary a terminé, Dennis se lève pour conclure. Il est éloquent, et d'une habileté presque démoniaque. Ces vingt et une personnes sont venues du pays entier — ce qui a coûté cher, ce qui a été difficile à organiser — afin de l'entendre exposer son plan grandiose (certains diraient : délirant) pour mettre sous les verrous l'un des criminels les plus puissants et les plus secrets du monde — alors que son seul indicateur, son *unique* arme réellement efficace, est en prison à Bangkok, et nul ne sait quand il en sortira.

Le regard brillant, l'allure décidée, Dennis leur fait face :

— A Tucson, des agents du Centac ont déjà rencontré un informateur dont la valeur ne saurait être mise en doute. Il a confirmé qu'il était prêt à témoigner, et a regagné Bangkok, où il est en contact avec des sources très proches de Liou.

En réalité, Robert n'a de contacts qu'avec la seule Su San, à travers les barreaux d'une prison. Dennis s'adresse à Shakey O'Neal, qui dirige le service Extrême-Orient de la DEA :

— Vous voulez ajouter quelque chose, Shakey ?

— Pas vraiment, Dennis. Sinon qu'il serait peut-être utile de préciser à nos amis la situation actuelle de cet informateur.

Dennis lui lance un regard meurtrier, qui lui fait rentrer les mots dans la gorge. Shakey se reprend du mieux qu'il peut :

— Il a énormément de relations haut placées... Un homme très bien informé, mais difficile, avide...

La couleur de Dennis revient à la normale.

— Exactement ce qu'il nous faut, fait observer un envoyé du ministère de la Justice.

— Nous aimerions, si possible, dit Dennis, suivre à la trace l'argent déposé par Liou dans une banque : observer son comportement, savoir où il va, et par quels intermédiaires.

Un représentant de la section des enquêtes financières de la DEA l'assure de son soutien, ajoutant qu'à son grand regret, leur spécialiste du système bancaire chinois, en déplacement à La Haye, n'a pu assister à cette réunion.

A douze heures trente, il y a une interruption de deux heures pour le déjeuner. En revenant, Steve Greene mentionna au chef de la DEA de Chicago que les *Pen Registers* (qui sont, non des tables d'écoute, mais des appareils enregistrant les numéros de téléphone demandés) installés sur les lignes des associés de Liou Chou-chouei à San Francisco avaient enregistré plusieurs appels destinés à un Chinois du nom d'Andrew Lee, habitant Chicago. Le représentant de la DEA de Chicago répond que ses agents n'ont pas beaucoup travaillé à Chinatown ces derniers temps. Peut-être le FBI sait-il quelque chose ? Il ne semble guère intéressé.

Dennis examine la liste des agents affectés à ce Centac. Il a des doutes concernant l'homme de l'IRS (services du fisc) de San Francisco. Un agent californien promet de se renseigner.

— Et le chef de groupe à Bangkok ? demande Steve Greene. Est-ce vraiment l'homme qu'il nous faut ?

Kevin Gallagher, grand et mince, portant moustache, les cheveux grisonnants, est un agent très favorable au Centac. Il va quitter son poste de New York pour prendre la tête du bureau de la DEA à Bangkok.

— Je m'en occupe, dit-il à Dennis. Je vous garantis que vous aurez tous les moyens nécessaires, tant à New York qu'à Bangkok.

Quelqu'un fait observer qu'il faudrait un agent à Honolulu. Aussitôt, les dispositions nécessaires sont prises.

A cinq heures de l'après-midi, le briefing est terminé. Dennis a regagné son bureau.

— Je le lui ai rappelé je ne sais combien de fois ! s'exclame-t-il avec rage. Dites seulement ce dont vous êtes *sûre !* Fortune estimée à cinq millions de dollars ! A lui seul, l'hôtel Shaw vaut davantage. Comment voulez-vous que l'auditoire se passionne pour un soi-disant criminel de top niveau qui n'est même pas capable d'amasser plus de cinq millions de dollars ? En plus, elle avait l'air de *s'ennuyer.*

Steve Greene est le seul agent présent ; il se garde bien d'interrompre Dennis.

— Rappelez-moi de ne plus *jamais* la faire parler en public. Elle connaît son boulot, c'est une analyste de première force, mais elle mérite d'être enfermée dans une pièce sans fenêtres, seule avec des tonnes de dossiers.

Il se lève et regarde par la fenêtre, tout en bourrant sa pipe. Kevin Gallagher, l'agent new-yorkais nommé à Bangkok, arrive et se perche sur le bras d'un fauteuil. Dennis et lui sont très amis.

— Ça va marcher, Dennis. Mais ça ne sera pas facile.

— J'espère bien, marmonne Dennis, dont la colère n'est toujours pas retombée.

— Allez, viens prendre un verre, lui dit Kevin, sentant l'atmosphère explosive qui règne dans la pièce.

Encore faudrait-il convaincre Dennis de quitter son bureau. Il tient à sa réputation de travailleur infatigable. Toujours le premier arrivé et le dernier parti, il déjeune généralement sur place et ne prend que tout à fait exceptionnellement des jours de congé.

— Ne t'inquiète pas, dit Kevin en le prenant par le bras. Personne ne le saura. Nous trouverons un barman aveugle, et tu te passeras un bas sur le visage pour sortir.

2

La CIA n'avait pas assisté au lancement du Centac-24, mais sa présence se faisait sentir, menaçante. Cinq ans auparavant, déjà, Liou Chou-chouei était en bonne voie de finir ses jours dans un pénitencier américain — mais la CIA avait brutalement mis fin à l'opération.

Lorsque Stubbs avait été muté à Bangkok, il avait pour collègue Matty Maher, un ancien joueur professionnel de base-ball, agressif et volubile. En dépit de son aspect juvénile, Maher était loin d'être stupide. Ses supérieurs le disaient perfide — ce qu'il aurait sans doute pris pour un compliment. Mais face à la CIA, sa traîtrise, son intelligence et son dévouement à la DEA n'avaient pas fait le poids.

Peu après le lancement du Centac-24, je téléphonai à Matty Maher, qui travaillait à la DEA de Newark (je l'avais déjà rencontré à Bangkok alors que je faisais des recherches pour un autre livre) pour lui demander s'il pouvait me parler de Liou Chou-chouei.

— C'est un sujet qui m'intéresse toujours, répondit Maher. Un gros morceau. Mais... pas au téléphone.

Assis sur un banc dans un parc de Manhattan, non loin du quartier où Matty passa son enfance, nous frissonnions dans le vent glacial. Il n'y avait pas grand monde, en dehors de quelques camés ; devant l'allure athlétique et les cheveux en brosse de mon compagnon, ils ne s'attardaient pas.

— Avant d'aller là-bas, commença Matty, j'avais eu à New York quelques contacts avec un indicateur chinois. Il avait passé quelque temps dans le triangle Birmanie-Laos-Thaïlande, avant de devenir garde du corps de Chang Kaï-chek à Formose. Pas du tout le type du dur, plutôt distingué au contraire. Beaucoup de gens le prenaient pour un agent double, travaillant plutôt pour Formose que pour nous. Toujours est-il que la DEA de New York fit appel à ses services, pour obtenir des renseignements sur l'Association Hip Sing de New York, dont il fait partie.

— Il s'agit d'un tong*?

— Ouais. Enfin, ils disent que c'est une association de commerçants.

— Comme la Mafia, quoi.

— Erreur, la Mafia est une société de bienfaisance catholique.

Il eut le rire narquois d'un gamin des rues de New York qui a grandi trop vite.

— Un drôle de client, mais qui ne connaissait manifestement rien à la drogue. Autrement dit, juste ce qu'il me fallait : un type qui n'était pas connu dans ce milieu, et pouvait donc approcher Liou sans éveiller ses soupçons.

Sur la suggestion de Maher, une opération baptisée Durian fut mise sur pied pour financer et coordonner la mission de l'indicateur à Bangkok. A Washington, l'opération devait être contrôlée par la DEA et la CIA et à Bangkok, par l'ambassadeur des Etats-Unis et le chef du bureau local de la CIA.

— A son arrivée à Bangkok, continua Matty, je lui dis d'aller à Chinatown. Quelques vieux Chinois y possèdent des bijouteries, des « gold shops », et nous pensons que certains d'entre eux exercent des activités illégales. Il va donc y faire un tour, et voilà qu'en revenant, il

---

* Tong : association secrète chinoise établie dans les grandes villes américaines, dont les principales activités sont le racket, le jeu et le commerce des stupéfiants. (N.d.T.)

me dit qu'il y a rencontré une vieille connaissance. Ah oui ? Qui donc ? lui demandai-je. « M. Liou. » Je n'avais jamais entendu ce nom. « Il travaille dans cette gold shop », m'explique-t-il en me tendant une carte de la bijouterie Lang Hong, dont Liou est en fait le propriétaire. Il n'avait pas appris grand-chose, mais allait retourner le voir.

Le lendemain, il me raconte que Liou lui a dit : « Vous ne connaissez rien à ce business. Vous n'êtes pas un trafiquant de drogue. Pourquoi voulez-vous vous mêler de ça ? Ça ne vous rapportera que des ennuis. Ce n'est pas votre partie. » Il ajouta toutefois : « *Néanmoins*, si vous voulez *vraiment* essayer, je vous apprendrai comment il faut s'y prendre. »

L'opération Durian avait pris un virage décisif.

Dans l'arrière-boutique de sa bijouterie, Liou dit à l'indicateur qu'il voyait bien qu'il n'était « pas n'importe qui », et l'invita à revenir bavarder avec lui. La fois suivante, l'indicateur fut accueilli par le fils de Liou, un jeune diplômé de l'université de l'Indiana surnommé « Boon », qui le fit sortir par l'arrière de la bijouterie et l'emmena dans un magasin de tissus tenu par un Indien. Liou s'y trouvait déjà. Tandis que Liou et Boon regardaient en silence, l'Indien déplia des pièces de tissu et en sortit deux sachets en plastique emplis d'héroïne. Il les enveloppa dans du papier kraft puis dans de vieux journaux, et les remit à un messager chinois arrivé entre-temps.

Après le départ du messager, Liou se mit à parler, donnant à l'indicateur des conseils paternels sur le trafic de l'héroïne. Ne travaillez qu'avec un petit nombre de personnes. Maintenez rigoureusement le secret. Faites deux ou trois grosses affaires, puis laissez tomber. Liou lui confia ensuite qu'il pouvait transporter de l'héroïne par mer jusqu'à la côte Ouest des Etats-Unis ou à Vancouver, au Canada. La livraison était effectuée quatre mois après l'achat de la drogue en Thaïlande. Si quelque chose paraissait suspect à l'arrivée, le bateau regagnait la Thaïlande en vue d'une tentative ultérieure. Liou ajouta qu'il envoyait également de l'héroïne à Hong Kong et au Japon, et avait des contacts pouvant effectuer des livraisons en Europe.

— Selon l'indicateur, continua Maher, Liou était prêt à lui avancer une unité — 700 grammes — d'héroïne N° 4 ; il pouvait aller aux Etats-Unis, en distribuer gratuitement des échantillons à des clients potentiels, et prendre leurs commandes. Liou lui expliqua qu'ils ne stockaient pas la marchandise, mais la fabriquaient au fur et à mesure des commandes. Les conditions de paiement étaient : un tiers d'avance, deux tiers à la livraison. Il n'avait plus qu'à aller en Amérique pour trouver des clients. Telle était la proposition de Liou.

« A mon retour à Washington, l'indicateur y était déjà. Mon idée était de lui permettre de passer les 700 grammes d'héroïne, puis de trouver des gens intéressés, d'en sélectionner quelques-uns et de leur donner des échantillons, avant d'arrêter tout le monde, Liou compris.

« Le dirigeant de la DEA auquel j'en parlai était totalement opposé à mon projet. Selon lui, mon indicateur se refuserait à témoigner, par peur des représailles. Mais ce n'est pas comme ça que ça se passe. Quand un type arrive chez le docteur avec un panaris, il ne lui annonce pas tout de go que c'est beaucoup plus grave, et qu'il va falloir l'opérer à cœur ouvert. Il prendrait la fuite, n'est-ce pas ? Non, le médecin l'examine et se rend compte qu'il a le cœur malade. Il ne le lui annoncera que quand il sera sur la table d'opérations : à propos, en vous réveillant, vous aurez peut-être une grande cicatrice à travers la poitrine, mais ne vous inquiétez pas, vous vous porterez bien mieux après.

« Bref, ils me disent : nous voulons être *sûrs* qu'il va témoigner. C'est comme s'ils vendaient la peau de l'ours avant de l'avoir tué. Je leur explique qu'il faut s'y prendre autrement. Je ne pouvais rien leur garantir, mais à mon avis, si nous menions l'affaire habilement, il finirait par accepter de témoigner. Si on le payait. Car son unique motivation était le *fric*. Et puis, il y avait un autre problème...

Matty imite un gémissement bureaucratique à proprement parler bovin.

— Comment le *Gouvernement* pouvait-il *autoriser* que l'on distribue 700 grammes de poudre dans les rues ? Il valait mieux les faire acheter par un agent déguisé. Je leur expliquai qu'ils n'avaient rien compris. Cette héroïne ne nous coûte pas un sou, c'est un cadeau, gratis. Sans compter que pour coincer Liou, il faut lui donner une commande importante. Mettons vingt kilos. Un tiers payable d'avance. Vous allez sortir cet argent ? Vous ne préférez pas que ce soit un dealer chinois qui paie ? Avec ça, vous aurez les preuves nécessaires, et tous les membres de la conspiration, Liou compris, pourront être coffrés. Et ça ne nous aura même pas coûté un sou !

« Rien à faire. Leur attitude restait totalement négative. La bouteille était toujours à moitié vide, jamais à moitié pleine. A désespérer.

« Pour essayer d'arranger ça, je regagne Bangkok. Et soudain, coup de théâtre — et rideau. Mon indicateur me téléphone de Washington pour me dire qu'un ami de Liou vient d'arriver en Californie et l'a appelé pour qu'ils se voient. Je lui demande si ce type a amené la came — il n'en sait rien.

« J'étais certain que Liou lui avait envoyé l'héroïne. Ah oui, j'oubliais : comme j'étais en Thaïlande, j'avais demandé à un agent auquel je *croyais* pouvoir faire confiance de me servir d'intermédiaire pour faciliter mes contacts avec l'indicateur. Ce dernier va donc en Californie, où il rencontre l'ami de Liou. Au téléphone, je lui demande qui est exactement ce type. Vous savez ce qu'il me répond ? « Bof... rien d'intéressant. Il n'est pas envoyé par *Liou*, mais par un Chinois portant le même nom, que je connaissais à Formose. » Je lui demande qui est ce type de Formose. Et il me dit : « Quelqu'un de très important, de très haut placé. Il veut me confier une mission politique. »

« A l'époque, les Etats-Unis réduisaient leurs livraisons d'armes à Formose. Taipeh envoyait des émissaires dans le monde entier pour tenter de négocier des achats d'armes. Ils voulaient en quelque sorte que mon indicateur devienne leur commis-voyageur.

« Bien entendu, la DEA de Washington en informa la CIA : « Nous avons un informateur qui dispose de renseignements sur les activités des émissaires de Formose. Si vous voulez, nous vous l'envoyons. Etes-vous intéressés ? » « Oooh, répondirent-ils... pas vraiment... Mais écoutez, euh... dites-lui de continuer comme ça, et s'il apprend quelque chose, vous nous le transmettrez. »

« C'est ce qu'ils ont fait. Et l'agent de la DEA auquel j'avais demandé de me servir d'intermédiaire auprès de l'indicateur assura effectivement la liaison... mais au profit de la CIA.

En y repensant, Matty hoche la tête avec un ricanement incrédule.

— Rideau. Je fus averti que mon indic n'était plus disponible pour l'opération Durian : il était occupé ailleurs. N'étant pas homme à me laisser faire, je leur ai demandé s'ils se fichaient de moi. Qu'est-ce que c'était que cette histoire, pourquoi, hein, *pourquoi ?* Pour toute réponse, on me dit : « Pas d'histoires. Rompez tout contact avec cet informateur. C'est un *ordre !* » Ah bon, un ordre... Merci, mon capitaine. A vos ordres, mon capitaine !

Maher eut un rire sans joie, en remontant son col pour se protéger du vent. Plusieurs années s'étaient écoulées depuis, mais sa déception était restée aussi vive qu'au premier jour.

Neuf mois après le lancement de l'Opération Durian, le chef de la section des renseignements internationaux de la DEA rédigea un rapport final. C'était plutôt une notice nécrologique :

« Les activités entreprises dans le cadre de l'Opération Durian ont permis d'obtenir des renseignements concernant l'organisation illicite de Liou Chou-chouei. Lesdits renseignements étaient suffisamment précis et détaillés pour que Bangkok prépare une opération de police destinée à neutraliser Liou... L'Opération Durian fut suspendue au profit d'une opération de la CIA intéressant la sécurité nationale au plus haut niveau. »

Quelle que pût être l'importance de cette opération « intéressant la sécurité nationale » (s'agissait-il simplement de découvrir où en étaient les négociations de Formose pour se procurer des armes sur le marché international ?), et quelles que fussent les autres motivations de la CIA, était-il vraiment nécessaire de mettre fin à l'Opération Durian ? Avec elle, disparut une occasion sans précédent d'éliminer l'un des réseaux les plus importants et les mieux protégés de trafic d'héroïne à destination des Etats-Unis, du Canada et de l'Europe.

Les renseignements réunis par Durian sur le fonctionnement de l'organisation de Liou n'en allaient pas moins se révéler précieux pour Bruce Stubbs.

CHAPITRE TROIS

1

Robert Yang ne tarda pas à sortir de prison.

Statuant que, lors de son évasion sept ans auparavant, il n'était en fait inculpé que d'une infraction mineure — entrée sans visa — le juge thaïlandais se contenta de lui infliger une peine de principe : deux mois de prison. Adaptable comme un rat, Robert ne souffrit nullement de son incarcération.

— Vous savez, expliqua-t-il à Bruce après son élargissement, quand on a de l'argent, on ne risque rien en prison. On peut obtenir une cellule individuelle — spacieuse, avec un grand lit, des draps propres et même la télé couleur. Un gars fait votre lessive et votre cuisine. Si vous voulez de la came, on vous en procure. Vous pouvez commander à manger tout ce que vous voulez, et les visites sont autorisées à n'importe quelle heure de la journée.

Su San allait le voir tous les jours, lui apportant réconfort, caresses et friandises.

— Le garde me dit, mon frère va se marier, donne-moi cent bahts. Il y a deux ou trois ans, ce n'était que cinq bahts.

— Avec une inflation pareille, on ne va plus pouvoir se permettre d'aller en prison, commenta Bruce.

— Si vous voulez une fille, ils en font venir une à l'infirmerie : cinquante dollars américains pour deux heures. C'est du moins ce qu'on m'a dit. Ces filles douteuses ne m'intéressent pas.

— Ce n'était donc pas dur.
— Pas du tout. Mais à Bangkok, on ne sait jamais ce qui peut arriver. Si vous plaisez au juge, il vous donne un an, si vous ne lui plaisez pas, il vous en colle dix.
— Bien entendu, le juge aime surtout les gens qui ont de l'argent.
— Ouais. Le plus radical, c'est quand même à Formose. S'ils vous chopent, c'est illico le peloton d'exécution.

Revenu à sa vie de luxe dans la splendide villa de Su San, Robert crut voir une occasion de s'introduire dans la confiance de Liou Chou-chouei et de participer à ses affaires.

Ayant entendu dire qu'un groupe de criminels chinois, comprenant probablement Liou, devait se réunir à Formose, Robert décida de s'y rendre, seul, de se mettre à la recherche de Liou, et de faire sa connaissance en se servant du nom de Su San. Au minimum, cela faciliterait les contacts ultérieurs avec Liou

A peine arrivé, il rencontra un ami qui, entre deux verres, fit observer qu'Andrew Lee était en ville. Comme Robert ne connaissait pas Lee, il lui expliqua que c'était un grand Chinois efflanqué qu'une maladie avait rendu entièrement chauve — il n'avait même plus de cils. Ce tueur impitoyable, qui habitait Chicago, était également un excellent ami de Liou Chou-chouei.

Robert se mit en quête d'Andrew Lee.

Le surlendemain soir, Robert sortit dans une boîte de nuit avec une fille. Celle-ci reconnut une amie, qui était en compagnie d'un grand Chinois chauve. Elle l'enviait, dit-elle à Robert, car ce Chinois était très riche ; il venait deux fois par an de Chicago, emmenait son amie en voyage et dépensait plein d'argent.

Robert estima plus prudent de regagner Bangkok pour examiner la situation avec Bruce. Grâce aux fichiers du Centac, celui-ci apprit qu'un certain Andrew Kok Lee, qui correspondait à la description donnée par Robert, était surveillé de près par la police de Chicago. C'était l'un des plus puissants gangsters et trafiquants d'héroïne de la ville.

Andrew Lee dirigeait aussi un gang de jeunes Chinois, actif à New York et à Chicago, les « Spectres Noirs », spécialisé dans l'extorsion de fonds et le vol à main armée. Il avait investi 200 000 dollars dans un tripot clandestin de Canal Street, à New York, fréquenté par les Spectres Noirs. Lee avait également été vu dans des restaurants en compagnie de patrons de la Mafia. Il avait été arrêté une seule fois... pour non paiement de contraventions.

De Formose, Andrew Lee regagna Chicago, mais ne s'y attarda pas : assiégé par les policiers et les journalistes suite à la tentative d'assassinat d'un rival, il regagna l'Asie, où il espérait trouver la paix.

Apprenant que Lee devait s'arrêter à Hong Kong, Bruce alerta Jim Sweat, l'agent barbu originaire de Floride qui représentait le Centac dans la colonie britannique.

A l'arrivée du vol Northwest Orient 007 en provenance de Tokyo, l'aéroport Kai Tak de Hong Kong grouillait d'agents de la police des stupéfiants, en particulier d'une unité spécialisée dans la filature des suspects. Tâche difficile exigeant un entraînement et une organisation hors pair : pour suivre discrètement une unique voiture dans les embouteillages d'une grande ville, il faut souvent mobiliser une demi-douzaine d'agents ou d'unités de surveillance.

Des hommes et des femmes d'aspect banal, à pied, à bicyclette ou à moto, en voiture, en camionnette ou en taxi, soumirent Lee et ses associés à une surveillance discrète qui s'étendait de la chambre 1067 de l'hôtel Miramar aux restaurants, bars et boîtes de Kowloon, et de nouveau à la chambre 1067, qu'il regagnait régulièrement à quatre ou cinq heures du matin. D'autres groupes prenaient en filature tout homme ou femme avec lequel Lee avait échangé plus de deux ou trois mots. Leurs noms, adresses et numéros de téléphone étaient traités par les ordinateurs de la police, tant à Hong Kong qu'à Washington.

Cette surveillance aussi minutieuse que coûteuse en temps et en argent — entreprise par la police de Hong Kong parce que celle-ci « considérait que le Centac-24 était une opération internationale d'importance majeure » — se poursuivit jour et nuit pendant trois semaines.

Les résultats furent substantiels. Aucune des dix personnes — neuf hommes et une femme — avec lesquelles Lee avait apparemment parlé affaires n'était connue de la police des stupéfiants. Il en allait de même des six domiciles identifiés. Selon toute apparence, la filature de Lee avait permis de découvrir un groupe de trafiquants jusqu'alors inconnu de la police.

Si Robert parvenait à gagner les bonnes grâces d'Andrew Lee, celui-ci pourrait-il — et voudrait-il — le présenter à Liou Chouchouei ?

Lorsque Robert était sorti de prison, Bruce avait obtenu des autorités de Hong Kong qu'elles passent l'éponge sur la vieille affaire Rolex. Robert n'étant plus persona non grata à Hong Kong, il put s'y rendre en compagnie de Bruce, pour guetter l'occasion de rencontrer Lee « accidentellement » et tenter de se lier avec lui.

Quatre jours après leur arrivée, des agents signalèrent que Lee prenait le thé à l'hôtel Miramar. Cela semblait prometteur. Bruce dit à Robert d'y aller.

Robert enfila son veston et courut au Miramar. Lee y prenait effectivement le thé en compagnie d'un inconnu. Arborant son sourire le plus engageant, Robert releva discrètement sa manche pour révéler la Rolex en or et diamants, et s'approcha de leur table.

— Bonsoir. Nous nous sommes déjà vus à Formose, vous vous souvenez ?

Robert comptait sur l'imagination de Lee pour confirmer cette rencontre. Le regard noir de Lee détailla ce grand Chinois bedonnant, au cheveu rare, puis il se détendit :

— Je me souviens, en effet.

Là-dessus, Lee et son compagnon se levèrent.

— C'était dans un bar, se hâta d'ajouter Robert. Mon amie connaissait votre compagne.

— En effet. Dommage que je n'aie pas le temps, nous aurions pu bavarder un moment.

Robert fut de nouveau frappé par le regard implacable et les gestes brutaux du grand Chinois chauve.

— Qu'est-ce qui vous presse tant ? demanda Robert.

— J'ai un avion à prendre.

— Pour où, si ce n'est pas indiscret ?

— Formose.

— Je dois probablement m'y rendre dans quelques jours. Nous pourrions nous voir là-bas ? Je voudrais vous entretenir de quelque chose.

— Si vous venez à Formose, nous pourrons parler. Je serai au Regency.

En compagnie de Jim Sweat, Robert prit l'avion pour Taipeh, où ils furent accueillis par un autre agent, Richard LaMagna, grand spécialiste de l'Asie, qui parlait couramment le mandarin, le cantonais et le thaï.

Robert prit rendez-vous avec Lee pour le surlendemain soir. Deux heures durant, ils burent et parlèrent au King Taipeh Club, en compagnie de l'amie de Lee et d'un Chinois d'une quarantaine d'années, Li Chen-guo, chef des « Quatre Mers », le plus important groupe de gangsters de Formose. Sweat et LaMagna les observaient d'une autre table.

Lee commanda une bouteille de scotch et une de cognac. Robert ne boit pas, mais, se souvenant qu'ils étaient censés s'être rencontrés dans un bar, il prit du scotch. Lee, lui, emplissait son verre indifféremment de cognac ou de whisky. Dans un cantonais émaillé d'argot, il raconta à Robert qu'il devait être très prudent aux Etats-Unis, car le FBI le surveillait. Il ajouta qu'il dirigeait les Spectres Noirs et était le seul Chinois capable de s'entendre avec les chefs de la Mafia new-yorkaise.

Robert lui demanda ce qui l'avait amené à Hong Kong. Lee expliqua qu'il voulait trouver une nouvelle source d'héroïne ; il avait toutefois eu des ennuis, et, après trois semaines d'efforts, tout était tombé à l'eau :

— J'ai dépensé quinze mille dollars en pure perte pour cette histoire, dit Lee, ajoutant qu'il venait de toute façon deux fois par an, et reviendrait certainement en février.

Estimant qu'il serait risqué de lui parler directement de Liou Chou-chouei, et comme Lee lui-même ne le mentionnait jamais, Robert finit par lui raconter sa rencontre à Formose avec le gangster chinois qui lui avait demandé s'il connaissait Lee.

— Oui, dit celui-ci, c'est un ami. Nous dînons souvent ensemble quand je suis de passage.

— Il connaît très bien Liou Chou-chouei, ajouta Robert, comme s'il lâchait ce nom pour impressionner son compagnon.

— Je sais, dit Lee. Dans le temps, il m'est arrivé de dîner avec Liou, à Hong Kong et à Frisco.

— Il paraît qu'il se débrouille très bien en Amérique, qu'il gagne plein d'argent et achète des hôtels.

— Aucune idée. Il y a un bon moment que je ne l'ai vu. J'ai trop de choses à faire, trop d'ennuis.

— Quel genre d'ennuis ?

Lee mentionna une inculpation pour port d'armes aux Etats-Unis. Il était également très occupé avec les Spectres Noirs, qui extorquaient de l'argent à des hommes d'affaires chinois. Il donna à Robert deux adresses et deux numéros de téléphone à Chicago, où il pourrait le contacter.

Sweat et LaMagna — deux touristes prenant tranquillement une bière — avaient l'impression que Robert et Lee s'entendaient comme de vieux copains. L'amie de Lee et Li Chen-guo ne participaient guère à la conversation. De retour à l'hôtel, les agents félicitèrent Robert, qui répondit avec sa modestie coutumière :

— Oh, les gens se sentent à l'aise avec moi. Je m'en suis vraiment bien tiré, ce soir. Mais Lee ne m'inspire pas confiance, un vrai dur. Son regard me fait froid dans le dos.

Robert ajouta que, compte tenu de ce que son ami gangster avait dit des liens amicaux entre Liou et Lee, il pensait que Lee mentait en affirmant n'avoir pas vu Liou depuis « un bon moment ». Il ne croyait pas davantage que Lee n'avait pas réussi à trouver un nouveau fournisseur d'héroïne à Hong Kong. Dans ce métier comme dans bien d'autres, on ne révèle pas ses secrets.

Les agents dirent à Robert d'écrire à Lee à l'une des adresses de Chicago. Il pourrait peut-être le revoir, que ce fût en Asie ou en Amérique. Cela risquait d'être intéressant, qui sait ?

2

Su San était mécontente. Robert était sans doute sorti de prison — et allait pour Dieu sait quelles raisons se balader à Hong Kong et à Formose — mais son frère Iam y était toujours, en attente d'être jugé pour l'affaire des quatre kilos d'héroïne trouvés à son domicile.

Iam et Su San avaient une idée. Si Iam proposait aux policiers américains de travailler pour eux, ils pourraient peut-être le faire sortir ? Elle en parla à Robert, qui en parla à Bruce lors de leur rendez-vous quotidien. Bruce lui conseilla d'encourager Su San et de lui proposer, comme il parlait l'anglais, de servir d'intermédiaire auprès des Américains.

Robert raconta à Su San qu'il avait donné un coup de fil anonyme à l'ambassade US, et exposé les grandes lignes de la proposition de Iam ; deux agents étaient prêts à les rencontrer. Su San se déclara d'accord.

Ce fut ainsi qu'un après-midi, Bruce Stubbs et Richard LaMagna se présentèrent à Su San et Robert dans un café de Bangkok. Su San semblait avoir un faible pour LaMagna, qu'elle appelait M. Lum, prononçant à la cantonaise les trois premières lettres de son nom.

Les agents allèrent ensuite voir Iam en prison. Les débuts ne furent guère prometteurs. Faites-moi sortir d'ici, disait Iam en substance, et ensuite, je vous dirai tout. Pas question, lui expliqua Bruce, certain qu'une fois que Iam serait en liberté, ils ne le reverraient jamais ; *d'abord*, vous parlez, et ensuite, nous verrons ce que nous pouvons faire pour vous.

Iam regagna sa cellule, considéra le triste avenir qui l'attendait, et écrivit une lettre à Su San : l'apparent manque d'intérêt des agents américains l'avait déçu ; pour leur mettre l'eau à la bouche, il donnait un aperçu de ce qu'il savait — à ses yeux, de simples vétilles.

Su San montra la lettre à Robert, lequel en remit une copie à Bruce... qui n'en crut pas ses yeux.

Iam écrivait qu'un de ses partenaires, Liou Chou-chouei, faisait des affaires avec trois cousins de Poonsiri Chanyasak. Comme Bruce ne l'ignorait pas, Poonsiri était le « ministre de l'héroïne » du Laos communiste. Iam précisait que la femme de Liou était en fait une cousine de Poonsiri. Un cousin de Poonsiri, le frère de la femme de Liou, travaillait à l'hôtel Shaw de San Francisco, et était responsable de la distribution de l'héroïne de Liou aux Etats-Unis.

Bruce savait déjà que Liou était propriétaire du Shaw, mais ignorait totalement le rôle joué par son beau-frère, que Iam désignait par son nom thaï : Vichit Kitkeatlers. (Kitkeatlers avait été mentionné lors du briefing consacré au Centac-24 : en 1977, il était entré aux Etats-Unis avec les trois fils de Liou.)

Ce n'était pas tout. Iam révélait aussi qu'un autre cousin de Poonsiri — le frère de Vichit — dirigeait une fabrique de porcelaine à Lampang, non loin de Chiang Mai, où il transformait en héroïne l'opium et la morphine-base fournis par des groupes armés opérant dans le Triangle d'Or — la région montagneuse située aux confins de la Thaïlande, de la Birmanie et du Laos. Il s'agissait probablement du général yunnanais Li Wen-huan et de son ancien rival Chang Chi-fou, chef de l'Armée Shan unifiée.

Le beau-frère de Liou envoyait ensuite l'héroïne à un troisième frère qui possédait une fabrique de vêtements à Bangkok. Un quatrième frère était propriétaire, ou co-propriétaire, de l'hôtel Broadway, également à Bangkok, fréquenté par les trafiquants d'héroïne. Jadis proche confident de Liou Chou-chouei, tombé en disgrâce, il avait une véritable passion pour le bowling, et passait le plus clair de son temps à pratiquer ce sport.

Ayant déjà entendu dire (le renseignement était digne de foi, car il venait de l'agent 02) que Liou envoyait de l'héroïne aux Etats-Unis en sachets cousus dans des vêtements de ski matelassés, Bruce estima probable que l'opération s'effectuait dans la fabrique de vêtements du troisième frère.

Bien que certain que Iam ne coopérerait jamais pleinement avec les agents américains — et n'accepterait jamais de témoigner — Bruce était enthousiasmé par les renseignements que celui-ci venait de fournir.

Que se passait-il réellement à l'hôtel Shaw ? Et que fabriquait à San Francisco ce Vichit Kitkeatlers, beau-frère de Liou Chou-chouei, et cousin du marchand d'héroïne officiel du Gouvernement laotien ?

Peu à peu, Bruce conçut un plan.

En prison, Robert avait fait la connaissance d'un ancien trafiquant d'héroïne, Jack Cheung. Jack, qui parlait l'anglais, avait auparavant eu pour compagnon de cellule un Américain d'origine grecque nommé Ellis, jadis policier à Chicago, arrêté à Bangkok alors qu'il achetait de l'héroïne destinée aux Etats-Unis. Jack Cheung avait confié à Robert qu'Ellis, revenu à San Francisco, cherchait des fournisseurs d'héroïne ; il lui avait donné son adresse et son numéro de téléphone : « Dis à Ellis que tu viens de ma part, et il t'en achètera des kilos. »

Qu'en penser ? Un authentique dealer de San Francisco prêt à acheter de l'héroïne à Robert ? Bruce avait l'impression qu'on lui avait donné la moitié d'un billet d'un dollar en lui disant de trouver l'homme qui possédait l'autre moitié : il vous dira tout ce que vous désirez savoir.

Mais qui possédait l'autre moitié du billet ?

La réponse se trouvait très probablement à San Francisco.

3

— Il démarre !

Bob Cox, un agent du Centac en poste à San Francisco, saute dans sa voiture, effectue un virage en épingle à cheveux sans même refermer la portière, et aperçoit les feux arrière d'une Colt rouge qui s'engage dans Geary Boulevard. Il fonce, le pied au plancher. En dix secondes, il est au carrefour, mais la Colt a disparu — ainsi que Vichit Kitkeatlers, directeur de l'hôtel Shaw et, à en croire Iam, principal distributeur de l'héroïne de Liou aux Etats-Unis.

— Il a filé ! hurle Cox dans le micro de son émetteur.

Depuis une semaine, Bob Cox et d'autres agents de San Francisco suivent Kitkeatlers pour découvrir où il habite, mais chaque fois, il leur échappe ; ils n'osent pas le filer de trop près, de crainte d'éveiller ses soupçons. La Colt n'est d'ailleurs pas à lui, mais à la société June Enterprises, qui appartient à Liou Chou-chouei. Une fois son domicile connu, il sera possible de savoir à qui il téléphone, et d'enquêter sur ses principaux interlocuteurs. Cela permettra aux analystes de se faire une idée plus précise de la nature de ses activités.

Ce jour-là, la surveillance avait commencé à l'hôtel Shaw, longue bâtisse de sept étages en brique claire, située dans le quartier des boîtes de nuit. Des heures durant, dans la Malibu de Cox garée à distance respectueuse, les agents avaient guetté le départ de la Colt, entourés d'une foule bigarrée d'ivrognes, de drogués, de travestis et autres specimens de la faune de San Francisco.

Cox — un homme musclé, à l'abondante chevelure noire — et Lowrey Leong, un athlétique agent du Centac, avaient déjà suivi Kitkeatlers jusqu'au supermarché où il allait approvisionner la cafétéria de l'hôtel — qui, bizarrement, fermait tous les jours à quatorze heures. D'autres agents avaient découvert une agence de voyages appartenant au holding du Shaw... dont le numéro ne figurait pas à l'annuaire. « Qui a jamais entendu parler d'une agence de voyages dont le numéro de téléphone est confidentiel ? »

A six heures du soir, Kitkeatlers était allé chez un caissier de l'hôtel. Cox l'avait suivi. C'était là, alors qu'il était descendu de voiture pour regarder de plus près la maison du caissier, que Cox avait entendu Lowrey crier à la radio : « Il démarre ! » Peu après, l'ayant perdu de vue, Cox annonça : « Il suit Geary vers le nord. »

Poussant sa Chevrolet Malibu jusqu'au cent dix, brûlant tous les feux, Cox ne voit que d'innombrables feux arrière : à sept heures passées, il fait déjà presque nuit. Si la Colt continue tout droit, il a une chance ; si elle tourne avant qu'il ne la repère, c'est fichu.

— Dixième avenue ! annonce-t-il, franchissant l'intersection au rouge. Hurlements de pneus ; des voitures l'évitent de justesse.

— Vas-y, continue ! l'encourage Lowrey, qui est quelque part derrière lui.

Cox joue de malchance, tous les feux sont au rouge. Il franchit une autre intersection à quatre-vingts, la main crispée sur le klaxon. Sa sirène est cassée, mais il n'oserait de toute façon pas l'utiliser.

— Je passe la Seizième ! crie-t-il dans le micro.

— Je te vois, répond Lowrey, qui n'est plus qu'à une centaine de mètres, en lui faisant des appels de phares.

— Ça y est, c'est lui ! s'exclame soudain Cox. Zut ! C'était une VW.

Cox double la Volkswagen, et franchit la Vingt-cinquième Avenue au rouge. Une grosse Buick noire lui barre le passage. Cox écrase le frein et s'arrête à quelques centimètres, faisant tomber du siège une photo de Kitkeatlers et ses notes de surveillance.

— Vous avez bu, ou quoi ? crie le conducteur de la Buick, un respectable monsieur d'un certain âge. Vous ne voyez pas les feux, non... ?

Cox crie encore plus fort que le vieux monsieur, qui finit par comprendre : un flic ! Il se hâte de faire marche arrière, tout content de jouer aux gendarmes et aux voleurs, comme au cinéma. Cox le remercie d'un geste. Trente secondes après, il fait de nouveau du cent dix.

Soudain, il aperçoit la Colt rouge, à une vingtaine de voitures devant lui.

— Cette fois, c'est lui ! annonce-t-il à Lowrey. Il a été bien brave de ne pas tourner, ça lui vaudra deux mois de remise de peine.

Cox ralentit pour que Lowrey le dépasse, au cas où Kitkeatlers aurait fini par repérer sa Malibu.

Ils suivent la Colt jusqu'à la route côtière, qu'elle suit en direction de Daly City.

— Il va à Palisades, annonce Lowrey à Cox.

— Ça m'en a bien l'air.

La Colt s'engage dans l'allée d'une villa à deux niveaux, en bois et brique, sur une colline d'où l'on domine San Francisco. Le panorama est fabuleux — le prix doit l'être aussi. C'est au 101, Palisades Drive. Les agents connaissent bien cette adresse : c'est celle d'un des fils de Liou Chou-chouei, qui est inscrit dans une *high school* de la ville sous son nom thaï de Somsak Wachirakaphan.

— C'est donc là qu'habite ce salaud, commente Lowrey à la radio. Je me disais bien qu'un gamin de dix-neuf ans ne possédait pas cette maison à lui tout seul.

Cox se gare un peu plus loin et observe les fenêtres de la cuisine aux jumelles.

— Kit fouille dans les placards de la cuisine comme quelqu'un qui est chez lui, annonce-t-il.

— Il a rentré la voiture au garage, ajoute Lowrey. Il a bien l'air de crécher ici.

Cox griffonne quelques notes, puis reprend la surveillance. Kitkeatlers est au téléphone. Bangkok, peut-être, où il doit être huit heures du matin.

— Il téléphone, signale-t-il. Il est question de cinquante kilos d'héroïne.

— Tu lis sur les lèvres en thaï, maintenant ?

Cox vérifie sa jauge : elle est presque à zéro.

— Bouge pas, dit-il à Lowrey. Je vais faire le plein.

Dès son retour, il reprend les jumelles.

— *Toujours* au téléphone, dit-il à Lowrey. Pire que ma fille. Qui sait, c'est peut-être à elle qu'il téléphone !

Les agents sont là depuis plus d'une heure. Manifestement, Kitkeatlers ne ressortira pas ce soir. Ils savent enfin où il habite.

4

Le Japonais trapu assis au volant a les ongles du pouce et de l'auriculaire de la main gauche longs de près de trois centimètres, et une petite touffe de poils noirs sous la lèvre inférieure. Il n'a pas l'air commode : un brigand oriental vu par Hollywood. Ses amis l'appellent Attila le Hun.

Il trouve une place à quelques maisons du 101, Palisades Drive. Après avoir observé les alentours pendant une dizaine de minutes, il descend de voiture et se dirige d'un pas vif vers la villa de Vichit Kitkeatlers et du fils de Liou Chou-chouei, Somsak Wachirakaphan. Arrivé à l'allée, il s'arrête, et, sans un instant d'hésitation, s'empare du sac-poubelle déposé sur le trottoir. Il regagne prestement sa voiture, lance le sac sur la banquette arrière et démarre. Depuis quinze jours, il fait cela tous les matins.

C'est le lendemain du jour où Bob Cox et Lowrey Leong ont suivi la Colt de Kitkeatlers jusqu'au 101, Palisades Drive. Dans le garage de la DEA, Bruce Wakabayashi, dit Attila le Hun, vide le contenu du sac-poubelle sur le sol et fouille dans les pelures d'oranges et les os de poulet. Cette fois, il a de la chance. Il trouve un relevé de l'agence de San Francisco de la Chartered Bank of London, concernant un compte ouvert au nom de Leanthong Kitprasitsri, 101, Palisades Drive. Le Centac sait déjà que c'est le nom thaï du beau-frère de Liou, qui possède à Bangkok une fabrique de vêtements par où transite l'héroïne de Liou.

Mieux encore, Wakabayashi découvre une lettre, écrite à la main en mauvais anglais :

Cher Leo,

Comment va ? Je ne crois pas que je viendra aux USA. Pas dans ces quelques mois. Je veux donc que tu voies ce que dit la Savings and Loan, et que tu l'écrives à père, pour que nous puissions réunir l'argent. Nous avons environ 15 millions de bahts (750 000 dollars) de débit, et les stocks de deux magasins diminuent beaucoup. Il nous faudra aussi de l'argent pour acheter de l'or. Il nous en faut environ 25 kg pour reconstituer les stocks, ce qui fait à peu près 4 à 5 millions [200-250 000 dollars].

Je suis en forme depuis mon mariage. Tout va bien sauf que je ne peux toujours pas parler plus de 15 minutes à notre père.

Ecris cette lettre à père et dis-moi au sujet de l'argent.

T'embrasse,

Boon.

La voiture de Somsak est au nom de Leo Liou. Le fils aîné de Liou Chou-chouei s'appelle Liou Wen-choa, surnommé Boon ; il est diplômé de l'université de l'Indiana. C'est lui qui a escorté l'indicateur de l'Opération Durian de la bijouterie de Liou jusqu'au magasin tenu par un Indien, où des sachets d'héroïne étaient cachés dans des coupes de tissu.

Wakabayashi rédige un rapport sur ses trouvailles et en envoie un double au Centac de Washington. Installé dans un coin d'un immense bureau résonnant des sonneries de plusieurs téléphones et des allées et venues d'autres agents, il pense que le Centac-24 a bien progressé, depuis deux jours. Le fait de savoir que Liou s'intéresse à une société d'épargne et de crédit, la Savings & Loan, permettra peut-être de mieux savoir ce qu'il fait de son argent. Il est également intéressant d'apprendre que Boon participe aux affaires de son père, et même que ses fils ont des problèmes pour communiquer avec ce dernier.

Mais le plus important, c'est de savoir enfin où habite Kitkeatlers. D'ici peu, les agents de San Francisco pourront commencer à demander à leurs collègues étrangers des rapports sur les correspondants téléphoniques de Kitkeatlers. Lorsqu'on connaît les amis et les relations d'affaires d'une personne, on n'est pas loin de connaître ses crimes.

CHAPITRE QUATRE

1

Les agents de San Francisco pouvaient suivre des voitures ou subtiliser des sacs-poubelle selon leur bon plaisir. Quand on a affaire à des amants, c'est moins facile. Bruce Stubbs dut s'armer de patience. Su San savait que Robert était un dealer et qu'il voulait gagner de l'argent ; elle savait aussi que sa famille, en particulier Liou Chou-chouei, pouvait lui procurer du travail. Mais il fallait à tout prix éviter d'éveiller ses soupçons, surtout après l'incident de la photo de son frère Iam.

Heureusement, un autre plan était dans l'air. Les rapports venant de San Francisco confirmaient en grande partie ce que Iam avait écrit dans sa lettre de prison. Vichit Kitkeatlers, beau-frère de Liou Chou-chouei, travaillait effectivement à l'hôtel Shaw. Il était de surcroît suffisamment proche de Liou pour partager la maison de son fils. Pourquoi les autres affirmations de Iam, selon lesquelles Kitkeatlers serait le distributeur de l'héroïne de Liou aux Etats-Unis, ne se révéleraient-elles pas tout aussi exactes ?

Bruce pensait avoir trouvé l'homme qui possédait l'autre moitié du billet d'un dollar, Vichit Kitkeatlers. Le plan paraissait donc réalisable.

Le compagnon de cellule de Robert, Jack Cheung, avait confié à celui-ci qu'un Gréco-Américain nommé Ellis était prêt à acheter des kilos d'héroïne à San Francisco. A San Francisco, où Kitkeatlers était apparemment chargé de vendre l'héroïne de Liou Chou-chouei. Ajoutez Robert à cette équation, et qu'obtenez-vous ? Robert achète à Kitkeatlers, vend à Ellis, et tout le monde va en prison. Y compris Liou Chou-chouei, à titre de co-conspirateur.

L'idée paraissait excellente à Bruce. Il télégraphia à Dennis Dayle, qui en fut enthousiasmé.

Bruce en discuta avec Robert. Celui-ci dit qu'il allait essayer de faire en sorte que Su San ait l'impression que l'idée venait d'elle-même : faire servir Robert d'intermédiaire dans un marché de plusieurs millions de dollars entre Ellis et Kitkeatlers.

Avant même que Robert pût déployer toutes les ressources de sa séduction, Liou Chou-chouei lui-même mit un coup d'arrêt au plan. Il fit ses valises et disparut. Où était-il allé ? Que faisait-il ?

A l'aéroport Kai Tak de Hong Kong, un agent des services d'immigration examina le passeport thaïlandais que lui tendait un passager trapu, d'allure effacée, qui venait d'arriver de Bangkok par le vol 804 des China Airlines. L'agent feuilleta automatiquement la liste des personnes recherchées, s'arrêta aux W, déchiffra une succession de longs noms thaïs — pas de doute, celui-ci y figurait. Vichien Wachirakaphan. Il jeta de nouveau un coup d'œil sur le passeport, et, sans trahir son intérêt, le rendit à son propriétaire. Dès que celui-ci se fut éloigné, il téléphona au service des stupéfiants de la police de Hong Kong, le *Narcotics Bureau*, ou NB.

Peter Man, qui dirigeait les services Renseignements et Surveillance du NB, prit la communication. Dès qu'il eut raccroché, il appela Jim Sweat, l'agent du Centac originaire de Floride qui l'avait peu auparavant averti de l'arrivée d'Andrew Lee.

— Une surprise pour vous, dit Man.
— Oui ? fit Sweat d'une voix traînante.
— Votre homme est ici.
— Qui ?
— Liou Chou-chouei.

Sur le formulaire d'immigration qu'il avait rempli à bord de l'avion, Liou avait indiqué qu'il descendait au Luk Kwok, hôtel réputé pour sa clientèle de criminels. Peter Man déconseilla à Sweat de se renseigner auprès du personnel. Man fit par contre surveiller Liou vingt-quatre heures sur vingt-quatre. Neuf jours après son arrivée, les agents chargés de la filature le virent embarquer à bord du vol 828 des China Airlines, à destination de Taipeh.

Sweat communiqua le numéro du vol aux agents de Formose, qui suivirent Liou de l'aéroport à l'hôtel Emperor, où on lui donna la chambre 709. La police locale mit son téléphone sur table d'écoute. Le premier appel de Liou fut pour les China Airlines ; il se fit mettre sur la liste d'attente pour deux vols partant le week-end suivant : le 006 pour

Los Angeles et le 004 pour San Francisco. Trois jours plus tard, Liou téléphona à son fils à San Francisco.

Sweat télégraphia à Dennis Dayle : « Préparez-vous. » Liou n'avait pas remis les pieds aux Etats-Unis depuis que, trois ans auparavant, il avait acheté l'hôtel Shaw au nom de ses fils. Pourquoi y revenait-il ? Pour investir de l'argent ? Pour des transferts de fonds ? Pour une livraison d'héroïne ?

Deux semaines après son départ de Bangkok, Liou Chou-chouei prit à Hong Kong le vol 004 des China Airlines. A deux heures de l'après-midi — c'était un dimanche — il descendit du 747 à San Francisco, portant une serviette et un petit sac de voyage. Il n'avait pas d'autres bagages. Trouvant un prétexte pour faire attendre Liou quelques minutes, les agents de la police des frontières réussirent à photocopier son passeport et le contenu de son portefeuille. Ils ne purent toutefois fouiller la serviette.

Liou fut accueilli par quatre hommes : son fils Somsak ; Leanthong Kitprasitsri, fils du beau-frère de Liou qui centralisait à Bangkok la distribution internationale de l'héroïne de Liou ; Vichit Kitkeatlers, un autre beau-frère de Liou, probablement chargé de la distribution aux Etats-Unis, l'homme que Bob Cox et Lowrey Leong avaient suivi jusqu'au 101, Palisades Drive ; et Phongsoon Dejanu. Lors du briefing du Centac-24, Mary Greenly avait mentionné Dejanu. Ancien directeur de grands hôtels en Thaïlande et à Singapour, Dejanu était, pensait-on, responsable des investissements de Liou aux Etats-Unis.

Une joyeuse réunion de famille, en quelque sorte.

Les cinq hommes gagnèrent en voiture la maison de Palisades Drive. Cinq jours durant, Lowrey Leong, Bob Cox, Bruce Wakabayashi et d'autres agents du Centac basés à San Francisco surveillèrent Liou jour et nuit. Ils découvrirent ce que contenait son sac de voyage : une chemise bleue, une chemise jaune, un coupe-vent bleu, une paire de pantalons beiges, et une veste de safari également beige. Sa personnalité n'était pas plus imposante que ses vêtements. Effacé, ne parlant guère que quand ses compagnons lui adressaient la parole, il ressemblait davantage à un commis épicier qu'au boss multimillionnaire et meurtrier d'un trust criminel international.

Liou passait la majeure partie de son temps à la villa de Palisades Drive où à l'hôtel Shaw, et ne prenait contact avec des personnes étrangères à la famille que par l'intermédiaire de Kitkeatlers ou de Dejanu.

A une exception près. Une avenante Thaïlandaise arriva à la maison de Palisades Drive et y passa la nuit du mercredi au jeudi. Le lendemain, elle prit l'avion pour Los Angeles. Une rapide enquête révéla des détails intéressants sur cette Maree Starr. Hôtesse de l'air à la PanAm, elle travaillait auparavant pour la compagnie Air Siam (connue des initiés sous le nom d' « Air-Héroïne »). Elle était mariée à un Australien habitant Los Angeles. Pourquoi était-elle venue à Palisades Drive ? Certainement pas pour le sexe. Et Liou ne traitait jamais directement avec un messager, à moins qu'il ne fût de très haut niveau.

Vendredi, cinq jours après son arrivée, Liou et Dejanu allèrent à l'aéroport et prirent un vol d'Aeromexico pour Mexico City. Pris par surprise, et ne sachant s'ils devaient poursuivre la surveillance dans un pays étranger, Lowrey Leong et ses partenaires les laissèrent filer et téléphonèrent à Mexico. Liou et Dejanu avaient également acheté des billets pour continuer de Mexico à Acapulco, et revenir à San Francisco via Los Angeles la semaine suivante.

Qu'allaient-ils faire au Mexique ? Aucun des nombreux voyages effectués par Liou dans le passé n'indiquait un lien entre son organisation et l'Amérique Latine. L'hypothèse d'une connexion entre le gigantesque réseau Asie-Etats-Unis de Liou et les opérations Amérique Latine-USA-Europe de trafiquants tels qu'Alberto Sicila-Falcon était pour le moins troublante.

A Mexico, des agents américains attendaient Liou et Dejanu à leur descente d'avion. Vêtu d'un pantalon gris, d'une chemise blanche, d'un coupe-vent bleu clair et portant des lunettes de soleil, Liou déclara à la police de l'aéroport qu'il était citoyen thaïlandais, et âgé de cinquante-deux ans. Dejanu portait une valise havane. Tous deux indiquèrent qu'ils résidaient à l'hôtel Shaw, de San Francisco. Les policiers mexicains photocopièrent leurs visas d'entrée et transmirent les copies aux agents américains.

Liou et Dejanu allèrent droit à une agence de location d'automobiles et montèrent peu après dans un minibus Volkswagen rouge avec chauffeur. Ils dirent au chauffeur de les conduire à Acapulco, expliquant qu'ils avaient primitivement l'intention de s'y rendre en avion, mais que tous les vols étaient pleins.

Les agents américains s'adressèrent aussitôt à une unité spéciale de la DEA, composée de fonctionnaires mexicains payés — sous le manteau, en fait — pour fournir des dossiers gouvernementaux mexicains et autres documents ou renseignements qu'il serait difficile, ou trop long, d'obtenir par des voies plus légales.

L'unité spéciale détermina rapidement que Liou et Dejanu se firent effectivement conduire à Acapulco, où ils descendirent à l'Holiday Inn, réservèrent des places dans un avion partant quatre jours après à quatorze heures trente pour Los Angeles, avec continuation à dix-neuf heures pour San Francisco. L'unité put également fournir des copies des fiches d'hôtel de Liou et de Dejanu, et promirent d'obtenir la liste de leurs éventuelles communications téléphoniques à longue distance.

Liou et Dejanu regagnèrent effectivement San Francisco dans la soirée du mercredi suivant. Qu'avaient-ils fait exactement durant ces six jours ? Avaient-ils ou non rencontré des trafiquants latino-américains ? Les agents ne purent résoudre cette énigme. Ils apprirent toutefois la raison de la venue de Liou Chou-chouei aux Etats-Unis.

Il s'apprêtait à construire une ville.

2

Trois jours après le retour de Liou, Lowrey Leong et d'autres agents le suivirent, ainsi que son fils Somsak et Vichit Kitkeatlers, jusqu'à un petit bâtiment d'allure modeste, situé dans Kearny Street, non loin de l'*Embarcadero*. Une simple enseigne blanche annonçait : *Golden Coin Savings & Loan Association* (« La Pièce d'Or », société d'épargne et de crédit).

Traversant rapidement le hall de la petite banque, les trois hommes montèrent à un bureau du premier étage.

Dans la rue, les agents attendaient et observaient. Les taux d'intérêt en vigueur étaient affichés sur la vitrine de la banque. De nombreux clients chinois allaient et venaient. Au bout d'une heure, Liou et ses deux compagnons ressortirent et regagnèrent leur voiture.

Lowrey et ses camarades se souvenaient bien entendu de la lettre trouvée par Attila le Hun dans la poubelle de Somsak. Son frère Boon lui avait écrit de Bangkok : « Je veux donc que tu voies ce que dit la Savings & Loan, pour que nous puissions réunir l'argent. »

Trois jours après, Liou, Somsak et Kitkeatlers retournèrent au *Golden Coin* ; cette fois, ils étaient suivis par Wakabayashi. Ils y arrivèrent à quinze heures cinquante. Vingt minutes plus tard, ils ressortirent, montèrent à bord d'une Chevrolet 1977 (appartenant, vérification faite, à Leo Liou) ; quelques rues plus loin, ils se garèrent devant le *Bella Union Theater*.

Après avoir attendu un quart d'heure, ils s'engagèrent habilement derrière une Cadillac 1977 conduite par un Chinois au visage rond et à la calvitie naissante, qui fut par la suite identifié sous le nom de Hiram

J. Woo. Ils se garèrent devant la maison de Woo, au 625 West Santa Ines Drive et entrèrent.

Deux heures et quinze minutes plus tard, Lowrey Leong passa devant la maison en voiture ; par une fenêtre, il aperçut Woo, Liou, Kitkeatlers et Somsak en conversation dans une sorte de bureau.

A vingt heures cinquante-neuf, Wakabayashi vit les trois hommes repartir dans la Chevrolet. A vingt et une heures vingt-sept, ils étaient de retour à l'hôtel Shaw.

Qui était donc ce Hiram J. Woo, et pourquoi Liou lui consacrait-il tant de temps ?

Renseignements pris, la Golden Coin était la première banque de crédit mutuel chinoise (tant par ses propriétaires que par sa clientèle) de San Francisco. Parmi ses fondateurs, figurait Somboon Wachirakaphan, alias Boon, le fils aîné de Liou Chou-chouei. Et son président n'était autre que Hiram J. Woo.

Quelques semaines plus tard, la nature des relations entre Woo et Liou, ainsi que la raison du voyage de ce dernier aux Etats-Unis, devinrent claires comme le jour, lorsqu'un journal de San Francisco publia un article décrivant une ville nouvelle qui allait bientôt voir le jour à 60 km de Sacramento.

Baptisée Manzanita, cette agglomération couvrant 250 hectares devait comprendre trois cents appartements en copropriété et mille six cents villas (à des prix pouvant atteindre 400 000 dollars) avec jardin privé et piscine, ainsi que des équipements culturels et sportifs, un centre commercial, des écoles allant de la maternelle à la *high school*, un terrain de golf, des courts de tennis et des terrains de basket, des pistes pour le jogging, des sentiers équestres, une zone industrielle de 50 hectares et une mairie, sans compter un service de lutte contre l'incendie et même un poste de police.

Selon l'article, le promoteur de cette opération de vingt millions de dollars était un groupe dirigé par « Hiram J. Woo, président de la Golden Coin Savings & Loan ».

Une ville entière, donc, avec tous les services souhaitables. Mais pas un mot de Liou Chou-chouei, digne détenteur de l'ordre de l'Eléphant Blanc. Les respectables citoyens de Manzanita seront loin de se douter que leurs maisons ont été construites avec les profits tirés du trafic de l'héroïne.

Dennis Dayle était ravi. Compte tenu de la loi antiracket autorisant la saisie des biens meubles et immeubles, il était même aux anges : « Le Centac n'a encore jamais saisi une ville entière. *Avec* son poste de police ! »

Liou Chou-chouei était donc réel. Le voyage de Liou à San Francisco faisait pâlir toutes les promesses d'amoureux et lettres de prison, tous les espions de Formose et piédestaux de maisons d'esprits. Ses opérations américaines prenaient une réalité concrète. Ce timide petit homme à l'allure de bureaucrate avait été *vu*, en compagnie de Vichit Kitkeatlers et d'autres complices, investissant son argent, allant faire un tour au Mexique... Ses opérations américaines n'étaient pas qu'un simple mirage forgé par l'esprit enfiévré de Dennis Dayle.

Bruce, jusqu'alors sceptique, était lui aussi convaincu. Dennis avait raison, et ce n'était qu'un début. La victoire paraissait à portée de main. Dans son enthousiasme, Bruce brûlait d'impatience de mettre à exécution le projet d'introduire Robert, grâce à Su San, dans une opération de Liou.

Depuis la venue de Liou aux Etats-Unis, une ligne bien réelle, de chair et de sang, reliait les montagnes du Triangle d'Or et leurs champs de pavots aux rues de San Francisco. Mais, tandis que Bruce et d'autres agents s'efforçaient de détruire son organisation, Liou et ses amis renforçaient leurs défenses. Pour cela, ils disposaient d'agents et d'espions, de troupes en armes et de relations au plus haut niveau dans plusieurs pays. Les chefs de la branche orientale de l'industrie internationale des stupéfiants savaient reconnaître la menace qui pesait sur leur vie et leur liberté, et n'hésitaient jamais à prendre les mesures qui s'imposaient.

A peine deux semaines après le retour de Liou Chou-chouei en Thaïlande, les perspectives du Centac-24 s'élargirent brutalement — et Bruce Stubbs commença l'enquête la plus bouleversante de sa vie, une enquête qui allait révéler toute la puissance et la férocité de l'Empire clandestin.

Bruce avait une femme et une fille de sept ans. L'idée qu'elles pourraient mourir un jour lui était intolérable. Il avait déjà perdu un camarade, tué à Guam, et ne s'en était pas encore remis.

Bruce avait un ami, Mike Powers, qui dirigeait le bureau de la DEA à Chiang Mai, centre nerveux du trafic d'héroïne du Triangle d'Or. C'était à Chiang Mai que Liou Chiou-chouei achetait son opium et sa morphine-base à des chefs d'armées contrôlant le trafic, tels que le général Li Wen-huan ou Chang Chi-fu : la « source primitive » mentionnée lors du briefing du Centac-24. A quelques kilomètres de là, se trouvait également la raffinerie où le beau-frère de Liou transformait la morphine-base en héroïne, qu'il envoyait ensuite à la fabrique de vêtements de Bangkok. A Chiang Mai, Liou Chou-chouei et d'autres trafiquants de haut niveau étaient chez eux. Il fallait être stupide pour défier Liou sur son propre terrain.

Stupide, ou très, très courageux.

CHAPITRE CINQ

1

Les principes se paient cher. Mike Powers, jeune idéaliste barbu aussi costaud et téméraire qu'un taureau de Salamanque, paya les siens avec ce qu'il possédait de plus cher.

Dans la chaleur, la foule et la poussière de cette ancienne cité du nord de la Thaïlande, Powers, sa jolie et jeune épouse et leur fille de trois ans se trouvèrent soudain face à un tueur professionnel armé d'un 9 mm. Deux heures plus tard, dans le silence assourdissant qui suit une fusillade, deux personnes étaient mortes — et Liou Chou-chouei était certainement l'un de ceux à qui ce crime pouvait le plus profiter.

Quelques heures plus tard, Bruce Stubbs fut chargé de l'enquête.

Lorsque le Centac-24 avait été lancé en été 1980, l'organisation de Liou était depuis longtemps solidement implantée dans l'industrie de l'héroïne du nord de la Thaïlande. La principale ville de la région, Chiang Mai, au XIIIe siècle capitale fortifiée d'un royaume indépendant, est devenue une somnolente et pittoresque ville touristique, où le respect de la loi est si relatif que la plupart des véhicules n'y ont même pas de plaques d'immatriculation. La corruption est si répandue que seul l'uniforme distingue les policiers des malfaiteurs.

La CIA est active de longue date dans la région, encore que ce sigle n'y soit jamais prononcé par des agents américains — pas plus d'ailleurs que dans le reste de la Thaïlande. Elle opère sous le couvert de l'« *American Consular Liaison Service* », ACLS, qui a lui-même pour façade la « *Special Reporting Facility* », SRF. C'est également dans le cadre de la SRF que la CIA opère à Bangkok et dans divers autres centres.

La CIA a de bonnes raisons d'avoir une antenne secrète à Chiang

Mai. La ville est un centre logistique et de renseignements pour les contacts avec les forces du général Li Wen-huan et l'Armée Shan unifiée de Chang Chi-fu, ainsi qu'avec nombre d'autres groupes rebelles du Triangle d'Or. Ses hôtels, restaurants et boîtes de nuit bruissent de rumeurs et servent de centres de recrutement aux trafiquants d'armes, contrebandiers, espions ou terroristes — et aux trafiquants de drogue de haut niveau tels que Liou Chou-chouei.

Dans le domaine de la finance et des affaires, Chiang Mai est à l'héroïne du Sud-Est asiatique ce que Wall Street est à l'industrie américaine. Quiconque aurait l'intention de s'attaquer à la source de l'héroïne asiatique introduite aux Etats-Unis ouvrirait boutique à Chiang Mai. Précisément ce qu'avait fait Mike Powers. Il était arrivé sur son étalon, avec son chapeau de cow-boy et ses revolvers, avait rossé le sheriff malhonnête, et dit aux méchants de disparaître avant le lever du jour. Et il s'était passé la même chose que dans les westerns. A cela près que les méchants avaient gagné.

Mike Powers avait été lieutenant dans les Marines au Vietnam, où il avait notamment effectué des patrouilles de reconnaissance en profondeur. Un homme qui le connaît bien m'a confié : « Lui, c'était un vrai. Le visage noirci, un couteau entre les dents, il descendait une rivière accroché à un tronc d'arbre, des trucs comme ça. » Pour Dennis Dayle, c'était l'archétype de l'Américain, un homme qui concrétisait ses rêves.

Au Vietnam, Powers avait également travaillé pour la CIA. Ce qu'il avait fait (il n'en parlait jamais) était suffisamment dangereux et important pour lui valoir une décoration remise par le directeur de la CIA en personne, Richard Helms — qui l'invita ensuite à déjeuner avec ses parents. C'est dire que la CIA l'aimait, alors.

Après le Vietnam, Powers commença à travailler pour la DEA et se retrouva en Asie. Bruce Stubbs le décrit ainsi :

— Un fonceur, un homme de terrain, costaud et musclé — mais pas dans le genre haltérophile, il ressemblait plutôt à un taureau. Pas du tout agressif, il n'en avait pas besoin. Très gentil, au contraire, mais manifestement pas le gars qu'on peut emmerder impunément.

« Powers voulait faire du travail utile. Alors, ils l'ont envoyé à Chiang Mai. Il était le patron, mais il n'était jamais au bureau. Toujours sur le terrain, sautant d'hélicoptère, encourageant les gars... A force de rencontrer face à face des bandits de tout poil, il a fini par être connu. Il a beaucoup fait pour diminuer la corruption de la police, tenant un tas de gens à l'œil, faisant muter des officiers... Un jour, un colonel de la police devait amener un mandat d'arrêt pour arrêter un truand du coin. Il ne vint pas. Mike apprit que le colonel, mandat d'arrêt en poche, dînait chez le malfaiteur. Il s'y rendit de ce pas.

« Je ne sais trop s'il flanqua vraiment le colonel dehors, ou s'ils en vinrent aux mains, mais ce ne devait pas en être loin. Et ça, c'est mauvais en Thaïlande. Après une bagarre, que vous ayez gagné ou *non*, ils viendront lancer une grenade dans votre chambre à coucher ou dans le restaurant où vous dînez. Ils sont bizarres. Et Powers n'était pas discret ; il a été mêlé à un tas d'autres incidents du même genre.

« Le bureau de Chiang Mai avait introduit deux indicateurs chez Lao Su, une cible de choix : il possédait plusieurs labos d'héroïne dans les montagnes. Les indics furent tués. Il était manifeste que Lao Su ne plaisantait pas. De façon générale, la violence avait d'ailleurs tendance à augmenter. Et Powers était du genre à aller dans la montagne pour régler lui-même son compte à Lao Su. Sans hésiter.

Il n'en eut jamais l'occasion. Par une étouffante matinée d'octobre 1980, Powers se trouvait dans le bureau du général Prakorp Choothesa, commandant des forces de police de la province de Chiang Mai, où il avait été appelé d'urgence. Un informateur de Prakorp avait mis au point une transaction, et avait besoin d'un agent secret américain pour tenir le rôle de l'acheteur. Il s'agissait d'une seule « unité » de 700 g d'héroïne, et c'était à deux cents kilomètres, mais le général avait ses raisons pour estimer l'opération importante. Il mit les détails au point avec Powers.
Pendant ce temps, sa femme ne restait pas inoccupée. Joyce Powers, trente-six ans, était la compagne idéale pour Mike. Tout aussi active que lui, elle avait été infirmière, hôtesse de l'air, et était licenciée en biologie. Intelligente, indépendante et sportive — elle faisait du jogging avec Mike — elle était également considérée comme une excellente mère.
Ce matin-là, Joyce sortit avec ses trois enfants (Cynthia, Nicole et David), leur gouvernante « Pet » et miss Wallee, la cuisinière. Ils déposèrent cette dernière au marché et s'arrêtèrent un moment au consulat, puis à l'école de Cynthia, avant d'aller chez Harold « Tex » Lierly, un solide agent de la DEA qui ressemblait en tout point à un fermier texan, et parlait le thaï aussi bien qu'un professeur à l'université de Bangkok. Joyce déjeuna avec la femme de « Tex », Marcie, puis rentra chez elle avec les enfants.
Vers une heure et demie, elle ressortit, cette fois avec Pet, Nicole, âgée de trois ans, et le petit David, dix mois. Joyce voulait faire réparer les talons d'une paire de chaussures rouges, et avait entendu parler d'un petit cordonnier de Loy Kroh Road, une petite rue calme et étroite, conduisant au temple bouddhiste de Wat Patong. La minuscule échoppe du cordonnier, précédée d'un store déchiré ombrageant le trottoir, se trouvait à côté d'une autre cordonnerie.

Vers quatorze heures, Kong Kaew, propriétaire de la cordonnerie Kaew Faa, 59, Loy Kroh Road, vit une station-wagon Ford Cortina couleur bronze s'arrêter devant sa boutique. Une jeune et jolie Américaine vêtue d'un jean et d'un T-shirt en descendit avec une petite fille, entra et lui montra une paire de chaussures rouges dont les talons étaient usés. Elle était accompagnée d'une servante thaï qui portait un bébé dans les bras. Kong lui dit que la réparation ne prendrait qu'un quart d'heure ; elle décida d'attendre. Pendant qu'il s'occupait de sa cliente américaine, il vit un jeune et frêle Thaïlandais contourner la voiture et entrer à son tour dans la boutique. Le jeune homme demanda, sur un ton pas très poli, s'il pouvait lui faire des bottines noires à fermeture Eclair, du type de celles portées par les policiers.

Kong expliqua à l'homme, qui portait une chemise à carreaux, qu'il ne faisait que réparer des chaussures, mais n'en fabriquait pas, et lui conseilla de s'adresser à son voisin. Le jeune homme lui parut mal à l'aise, peut-être pas très normal.

Les deux boutiques n'étaient en fait guère plus que des éventaires séparés par une mince cloison. L'homme contourna cette dernière et entra dans l'autre magasin.

Trois minutes après, il revenait, demandant de nouveau avec une insistance gênante si Kong pouvait lui confectionner des bottines. Kong répéta qu'il n'en fabriquait pas. L'homme s'approcha alors de la bonne et voulu caresser le bébé. La bonne se recula précipitamment ; le bébé venait d'avoir la varicelle, et restait sensible aux infections.

Là-dessus, le jeune homme regagna l'échoppe voisine.

Prasert Singruam, propriétaire de la boutique voisine de celle de Kong, avait vu la jeune Américaine entrer chez ce dernier. Quelques minutes plus tard, un Thaïlandais vêtu d'une chemise à carreaux arriva et lui demanda sur un ton insolent de lui fabriquer une paire de bottines de police. Prasert accepta. Il lui sembla toutefois que le jeune homme, qui était fort agité, s'intéressait davantage à la femme américaine qui était chez son voisin qu'aux bottines. L'homme tendit dix bahts au fils de Prasert, en lui demandant d'aller lui acheter des cigarettes. Peu après, sans attendre ses cigarettes, le jeune Thaïlandais sortit, pour revenir presque aussitôt. Pendant qu'il parlait des bottines avec Prasert, la femme de Kong arriva de l'échoppe voisine pour demander la monnaie de cent bahts. Prasert sortit une liasse de billets de sa poche et la lui donna. En voyant tout cet argent, le jeune Thaïlandais devint encore plus agité.

Mme Kong prit la monnaie et retourna à côté. La dame américaine paya la réparation et regagna la voiture avec la bonne et les deux enfants. Lorsque la bonne et le bébé furent installés à l'arrière, elle assit la petite fille sur le siège avant, puis monta à son tour et mit le contact.

Le jeune Thaïlandais sortit alors un revolver de sa ceinture, se précipita sur la voiture, ouvrit la portière côté conducteur, et, repoussant brutalement la conductrice, prit place à côté d'elle. Pointant le pistolet vers sa tête, il lui ordonna en anglais : « Roulez, roulez ! »

Prise de peur, l'Américaine arrêta le moteur. Ensuite, elle essaya apparemment de redémarrer, mais, intentionnellement ou par nervosité, n'y parvint pas. Elle dit à l'homme qu'elle ne pouvait pas démarrer.

Voyant ce qui se passait, la bonne, qui avait surtout peur pour le bébé, ouvrit la portière arrière gauche et courut se réfugier dans la boutique de Kong, tout en appelant à l'aide ; les rares passants ne réagirent pas.

Entendant la bonne crier au secours, l'homme au pistolet tourna la tête pour voir ce qu'elle faisait. La dame américaine en profita pour ouvrir la portière et sortit précipitamment, en emmenant sa fille. Elle gagna elle aussi la boutique de Kong, en appelant à l'aide. Ses cris furent ignorés.

L'homme la poursuivit dans la cordonnerie en brandissant son pistolet. Il lui demanda une chaînette en or qu'elle portait au cou. « Okay, okay », dit-elle en lui donnant le bijou. L'homme le glissa dans la poche de sa chemise.

Trop effrayé pour intervenir, Kong entendit l'homme dire quelque chose en anglais à la dame américaine, mais ne put en saisir le sens. La dame répondit : « Okay. »

L'homme saisit alors la femme par le cou, tout en lui appliquant le pistolet contre la tempe, et les entraîna, elle et sa fille, en direction du temple bouddhiste.

Arrivé devant le temple, l'homme au pistolet fit signe à des « bahtbuses » — des camionnettes équipées de banquettes, prenant un baht par passager. Deux passèrent sans ralentir, mais le troisième s'arrêta. Il était conduit par le jeune Saeng Banchong ; à l'arrière, il n'y avait que deux passagers, un paysan et son fils, qui se rendaient à la gare. L'homme ouvrit la portière, et, poussant l'Américaine et la petite fille devant lui, s'installa à côté du conducteur. Effrayé, celui-ci demanda à l'homme où il voulait aller. « Avancez ! Roulez ! » lui ordonna l'homme en guise de réponse.

Saeng allait démarrer lorsque deux agents de la circulation en scooter s'arrêtèrent à la hauteur du baht-bus. Les policiers échangèrent quelques mots avec les occupants, qui avaient probablement trop peur pour demander de l'aide, puis autorisèrent Saeng à repartir. Le « bus » suivait Loy Kroh Road en direction de la gare, lorsque la bonne, sortant de la boutique de Kong, arriva en courant et héla les agents. Le sergent Sawai Nomsiri, qui conduisait le scooter, appela immédiatement de l'aide par radio et se lança à la poursuite du bus.

Revenant à la boutique de Kong, la bonne demanda si elle pouvait téléphoner.

Poursuivi par les policiers, le bus suivit Loy Kroh Road sur environ trois cents mètres, passa devant un autre temple, franchit un canal, puis à la hauteur de l'hôtel Suriwongse, s'engagea dans Chang Khlan Road. Après avoir traversé un quartier de petits commerces, le bus s'arrêta à un stop près du marché d'Amisan, non loin de la rivière Mae Ping, dont le cours suit l'enceinte de la ville ancienne.

Le sergent Sawai mit son scooter en travers du bus. Par la vitre ouverte, l'homme tira sur le policier, le touchant à l'épaule droite — non avec une balle, mais avec des plombs de chasse. En entendant le coup de feu les deux passagers installés à l'arrière sautèrent sur la chaussée et partirent en courant. Saeng, le conducteur, prit lui aussi la fuite, et se joignit, à l'entrée du marché, à un groupe de passants qui s'étaient arrêtés pour assister au spectacle.

D'autres policiers arrivèrent en renfort. Le jeune Thaïlandais réarma son revolver et appuya le canon derrière l'oreille droite de la femme américaine.

Comme les policiers s'avançaient vers le bus, l'homme leur cria qu'il tuerait la femme s'ils tentaient d'intervenir. Serrant contre elle sa petite fille, la femme faisait aux policiers des signes désespérés pour qu'ils restent à distance.

Craignant de précipiter une catastrophe s'ils approchaient, les policiers ne pouvaient communiquer avec l'homme au revolver. Un Thaïlandais en chemise sport sortit alors de la foule et leur proposa son aide. Il s'appelait Virasak Pherngsap, et était prêtre chrétien. Il réussit à convaincre les policiers et l'homme au pistolet de leur servir d'intermédiaire. Parlant l'anglais, il pouvait également communiquer avec l'Américaine.

Très agité et effrayé, l'homme au pistolet, qui fumait cigarette sur cigarette, dit à Virasak qu'il était totalement désespéré. Sa femme et lui venaient de se quitter ; comme il était musulman, et elle, bouddhiste, une réconciliation était impossible.

Virasak s'efforça de le calmer, mais l'homme restait agité et fébrile ; le canon du revolver ne quitta pas un instant la nuque de la femme. La petite fille, qu'elle avait prise sur ses genoux, tremblait de tout son corps.

Les policiers dirent à Virasak d'essayer de convaincre l'homme de désarmer son revolver. L'homme refusa.

Lorsque Pet, la bonne, téléphona chez les Powers de la cordonnerie, peu après avoir parlé aux policiers en scooter, ce fut miss Wallee, la cuisinière, qui répondit. Pet lui expliqua brièvement la situation, puis raccrocha afin que miss Wallee puisse téléphoner pour demander de l'aide. Elle appela d'abord le bureau de Powers, mais celui-ci était encore avec le général Prakorp. Elle put cependant parler à Tex Lierly, l'agent de la DEA avec la femme duquel Joyce avait déjeuné.

Lierly dit à sa secrétaire d'appeler l'ACLS et le consulat, tandis qu'il téléphonait au bureau du général Prakorp ; il informa ce dernier et Powers de la situation.

Lorsque Powers arriva sur la pelouse proche du marché, où se pressait maintenant une foule de policiers, de journalistes et de curieux, il déboutonna sa chemisette pour montrer qu'il n'était pas armé et s'avança vers le bus. Il vit sa femme et sa fille assises à la place du conducteur, et un jeune Thaïlandais tenant un revolver.

Powers n'avait aucune idée de ce qui se passait réellement, aucune idée de ce qu'était cet homme qui menaçait de tuer sa femme et sa fille, ni de ses motivations.

2

L'homme au revolver s'appelait Narong Promsiri. Agé de vingt-trois ans, fils d'un fabricant de bonbons, Narong avait grandi au village de Kamphaengphet, environ à mi-chemin entre Chiang Mai et Bangkok. Ce village bien connu de la police thaïlandaise était une véritable pépinière de voleurs à main armée et de tueurs à gages.

A vingt ans, Narong s'était fait moine. Sa vocation ne dura qu'un an. Dans un bordel de la petite ville de Phitsanulock, il tomba amoureux d'une des pensionnaires, une toute jeune fille pas très jolie mais intelligente, Laila Iamsopha. Il l'appelait simplement « Pum ». Elle portait de grosses lunettes, était courtaude, et avait connu bien des malheurs. Fille d'un employé des téléphones, elle faisait sa première année de droit lorsqu'un ami l'avait invitée à passer le week-end à Phitsanulock.

Elle accepta. Aussitôt arrivés, son amoureux la vendit à la maison close locale. Il y avait cinq mois de cela. Elle supplia Narong de l'aider à retrouver sa liberté. Narong paya ce que les propriétaires demandaient, et la ramena chez son père et sa belle-mère, prétendant avoir fait sa connaissance à Bangkok.

Depuis sept mois, Laila et Narong vivaient chez le père de celui-ci et l'aidaient dans son commerce de bonbons. Bien que Narong fût d'aspect chétif, Laila lui trouvait d'autres qualités; au début du moins, il lui paraissait solide et sérieux. Il ne buvait pas, ne jouait pas, ne se droguait pas, et n'avait que peu d'amis. Elle finit cependant par se rendre compte que Narong avait d'autres sources de revenus que les bonbons.

Il lui arrivait souvent de s'absenter quelque temps, et envoyait alors de l'argent à Laila et à son père. Parfois, il emmenait Laila, qui ne manquait pas de trouver ces voyages étranges. Se déplaçant sans cesse, ils allaient de ville en ville sans raison apparente, dans le nord, le nord-est et le centre de la Thaïlande. Parfois, il enfermait Laila dans leur chambre d'hôtel et disparaissait un jour ou deux, pour « affaires », disait-il. A son retour, il lui offrait de l'argent et des bijoux. Une fois, elle trouva un pistolet sous le matelas et lui demanda s'il était à lui. Pour toute réponse, il le lui arracha des mains et la battit. Laila commençait à se demander qui était réellement ce galant jeune homme qui l'avait sauvée de la prostitution.

Un jour, Narong confia à Laila qu'il avait fait de la prison pour avoir kidnappé « une dame riche », ajoutant qu'il envoyait régulièrement de l'argent à son complice, qui était toujours en prison. Elle apprit également que Narong était recherché pour avoir tué quelqu'un avec sa voiture.

Pendant un de ces voyages, Narong revint à l'hôtel avec du sang sur ses vêtements et une blessure par balle à l'épaule. Il lui expliqua qu'il avait échangé des coups de feu avec la police de Phitsanulock, ajoutant que ce n'était pas la première fois. A partir de ce moment-là, Laila vécut dans la peur. Narong se révélait impitoyable et sans scrupule. Il se vanta de travailler pour « un gros bonnet de Chiang Mai », un homme si influent qu'il ne risquait absolument rien.

Un an et demi après le début de leur vie commune, Narong et Laila allèrent s'installer chez la sœur aînée de celle-ci, lui expliquant qu'ils avaient été mariés selon le rite musulman par un certain Preecha Maleekul. Une semaine après, Narong disparut — en emportant quatre montres, trois bagues en or, vingt-quatre cassettes stéréo et 5 000 bahts (250 dollars) en liquide.

Laila et sa sœur s'étaient à peine remises du choc lorsque Narong revint aussi soudainement qu'il était parti, empoigna Laila par le bras et l'emmena dans une autre maison de Bangkok, appartenant selon lui à un parent. Les jours suivants, Narong s'absenta souvent, à n'importe quelle heure; une fois, il revint prendre cent bahts; lorsqu'il rentra quelques heures plus tard, il en avait plusieurs milliers.

De plus en plus alarmée, Laila s'enfuit de nouveau et retourna chez sa sœur, qui l'emmena aussitôt dans la maison d'une autre sœur, située en pleine campagne. Laila y vécut cachée.

Peu après, une lettre de Narong adressée à Laila arriva chez la sœur de Bangkok. Il y avait joint la carte d'identité de Laila et d'autres documents qu'il avait subtilisés. Voici une traduction de cette lettre :

Pum,

J'ai pris les objets suivants : trois bagues en or, quatre montres et 1 500 bahts en billets. J'ai vendu les trois bagues 900 bahts, et les montres, 1 500 bahts. Cela fait un total de 3 900 bahts.

Je te rembourserai 5 000 bahts, mais donne-moi un peu de temps, parce qu'en ce moment je travaille. Ne te demande pas où je suis. En cas d'échec, je me retrouverais peut-être mort ou en prison.

Pour le moment, je n'ai plus d'argent, parce que j'ai utilisé les 3 900 bahts pour acheter le matériel nécessaire à mon travail. Quand le travail sera fait et que je serai payé, je t'enverrai l'argent. Ne t'inquiète donc pas.

Je me fais du souci pour toi.

Une semaine plus tard, Narong écrivit à Laila une autre lettre, postée de Chiang Mai. Il indiquait, non seulement la date, mais l'heure à laquelle il l'avait écrite : trois heures vingt du matin.

Pum chérie,

Je n'ai pas travaillé aujourd'hui, mais j'espère m'y mettre demain. Si je réussis, je t'enverrai les 5 000 bahts par la poste. Si j'échoue, tu auras de mes nouvelles par les journaux.

Quelques heures après avoir écrit cette lettre, Narong prit le « matériel » qu'il avait acheté, un revolver de calibre 9 mm à cinq coups en acier bleu, à canon court, et le chargea avec trois cartouches de petits plombs et deux cartouches à balles Winchester Western. Dans la poche de sa chemise, il mit deux autres cartouches de plombs et trois cartouches Winchester, ainsi qu'un inhalateur Vicks.

Ces préparatifs achevés, il partit en direction de Loy Kroh Road.

3

Mike Powers ne parlait pas le thaï ; accompagné de Virasak qui lui servait d'interprète, il put approcher tout près du bus. Sur la portière, il y avait un motif peint au pochoir : quatre mains entrelacées. En tendant le bras, il aurait pu toucher sa femme et sa fille, couvertes de transpiration et terrifiées au point de ne pas oser faire le moindre geste.

L'homme au revolver était tantôt conciliant, tantôt agressif. Sans cesser de fumer une cigarette après l'autre, il sortit un paquet de Kleenex roses et essuya la sueur qui couvrait son visage, ses mains et le revolver. Sachant que la moindre secousse risquait de faire partir le coup, Powers le supplia de le désarmer. L'homme refusa.

Powers parlementa avec l'homme pendant plus d'une heure. Peut-être songeait-il à lui arracher son arme, mais il n'avait aucune chance : le canon du revolver ne quitta pas un instant la nuque de Joyce. Un geste imperceptible de l'index du tueur, et Joyce Powers ne serait plus.

La foule de journalistes et de curieux était de plus en plus dense. Des dizaines de policiers, armés de pistolets et de fusils automatiques, étaient à l'affût derrière des arbres et des voitures en stationnement.

L'homme demanda des boissons gazeuses et des cigarettes. Il voulut également savoir s'il irait en prison. Virasak lui dit que c'était le cas, mais qu'il aurait la vie sauve s'il libérait ses otages sans leur faire de mal. L'homme demanda à combien d'années il serait condamné. Virasak n'en avait aucune idée ; voulant paraître à la fois crédible et encourageant il répondit, quatre ou cinq ans.

Powers demanda à Virasak si l'homme voulait de l'argent. Celui-ci demanda 5 000 bahts, pour sa femme qui était à Bangkok. Powers lui répondit par l'intermédiaire de Virasak qu'il les lui donnerait, ou même dix mille, cent mille bahts, n'importe quoi.

Finalement, l'homme accepta de se rendre, mais seulement en présence d'un ami, un certain Preecha, qui était, précisa-t-il, l'oncle de sa femme. Il indiqua que Preecha vivait dans une maison située juste derrière le grand magasin Tantrapant. Des policiers s'y rendirent en toute hâte, et y trouvèrent effectivement Preecha Maleekul, un homme plus très jeune, portant lunettes. Il accepta d'accompagner les policiers et de parler à l'homme au revolver pour tenter d'arranger la situation.

Pendant ce temps, l'homme, fumant toujours sans discontinuer, mais maintenant fermement le revolver pointé sur la tête de Joyce, accepta de relâcher la petite fille. Virasak prit aussitôt l'enfant par la portière, puis, se retournant, la remit à son père. Tenant sa fille dans les bras, Powers fit face au tueur et lui demanda, par l'entremise de Virasak, s'il acceptait de libérer sa femme : il était prêt à prendre sa place.

L'homme refusa.

Serrant la petite Nicole contre lui, Powers traversa la pelouse et confia l'enfant à un commandant de police thaïlandais. Au moment où il faisait volte-face pour regagner le bus, il entendit un coup de feu. Sa femme s'affaissa sur le volant, puis bascula vers sa droite.

Après avoir tiré une balle dans la tête de Joyce, juste au-dessus de l'oreille gauche, le tueur déchargea son arme — il lui restait trois cartouches — sur la foule, blessant légèrement un journaliste et un policier.

Les policiers ouvrirent le feu. Blessé aux deux cuisses, le tueur prit les cinq cartouches qu'il avait glissées dans sa poche, et, luttant contre la douleur, essaya de recharger son arme.

Un déluge de feu se déversa sur le bus. Le bilan établi par la suite faisait état de trois pneus crevés, vingt-deux impacts sur la carrosserie, six autres dans la cabine ; des balles furent retrouvées dans le dossier des sièges et dans les portières ; une balle égratigna même le majeur droit de Joyce, qui était étendue, morte ou mourante, en travers du siège.

— Tuez-le ! Tuez-le ! cria quelqu'un.

Un sergent-chef de la police courut vers le bus, appliqua le canon de son pistolet au-dessus de l'oreille gauche du tueur, et fit feu. Le tueur s'affala sur le plancher de la camionnette, la tête et le torse retenus par le siège, à côté du corps de Joyce Powers. L'autopsie révéla que la balle, après avoir traversé le cerveau, s'était écrasée contre le maxillaire droit.

Powers s'élança vers le bus, prit le corps de sa femme dans ses bras et la porta jusqu'à une camionnette de la police.

Il était quinze heures seize ; une heure et quarante-cinq minutes auparavant, Joyce Powers sortait de chez elle pour faire réparer ses chaussures rouges.

La fumée s'était à peine dissipée au-dessus de la pelouse lorsque Preecha Maleekul arriva. Les policiers lui montrèrent le corps du tueur, sur lequel l'on avait trouvé des papiers au nom de Narong Promsiri. Preecha déclara qu'il ne l'avait jamais vu. Intrigués par son attitude, car les déclarations du tueur lui-même ne permettaient pas de douter qu'il connaissait Preecha, les policiers emmenèrent par la suite ce dernier à la morgue et lui montrèrent de nouveau le corps du tueur.

Preecha réitéra qu'il n'avait jamais vu cet homme auparavant.

Dans l'ombre, les rouages de l'administration s'étaient déjà mis en marche pour cacher le policier qui avait tué Narong, brouiller toutes les pistes concernant le passé de l'assassin et ses liens avec des milieux criminels, et pour présenter l'assassinat de Joyce — aux enquêteurs et à la presse — comme un banal vol de bijoux qui avait mal tourné.

4

La foule entourant le bus criblé de balles commençait à peine à se disperser lorsque le téléphone sonna sur le bureau du commandant Viraj Jutimitta, chef d'une section d'élite de la police des stupéfiants de Bangkok.

Un journaliste lui téléphonait de Chiang Mai pour lui annoncer que la femme de Mike Powers avait été prise en otage. Viraj connaissait Joyce Powers, qu'il avait rencontrée à des soirées, tant à Chiang Mai qu'à Bangkok ; elle lui avait fait l'impression d'une « femme agréable, à l'esprit ouvert, toujours prête à rendre service ».

Viraj appela l'ambassade des Etats-Unis et put parler à Bruce Stubbs, qui revenait juste de son rendez-vous quotidien avec Robert Yang. Viraj lui communiqua ce qu'il avait appris, ajoutant qu'il n'avait aucune confirmation. Quelques minutes après, tandis que Bruce essayait de se renseigner de son côté, le journaliste rappela Viraj pour lui annoncer que Joyce Powers était morte.

A quinze heures trente, Bruce fut informé du meurtre par des agents de Chiang Mai. Ceux-ci avaient trouvé dans la poche de Narong un papier portant une adresse de Bangkok. S'agissait-il du domicile de Narong, ou de celui d'un ami ? Le tueur étant mort, c'était la seule piste dont ils disposaient. Bruce communiqua l'adresse à Viraj.

Le maigre Viraj, à l'expression presque fanatique, était selon certains « le seul flic honnête de Thaïlande ». Une réputation que peu lui enviaient ; elle lui valait pour toute récompense une maigre solde, peu d'espoirs de promotion, et une existence dangereuse. Il ne sortait jamais sans son Smith & Wesson chargé de seize balles, dont une dans le canon. Sa maison était protégée par des barbelés et par cinq féroces chiens *kamoy*. Il avait appris à ses enfants à se servir de sa carabine Remington.

S'il arrivait quoi que ce soit à Viraj ou aux membres de sa famille, ses hommes savaient qui rechercher et que faire. Nul ne doutait de leur résolution et de leur efficacité. Viraj mangeait avec ses hommes, partageait des chambres d'hôtel avec eux, et payait de sa poche leurs frais médicaux. Il leur avait également acheté quelques fusils d'assaut M 16. Comme Powers, Viraj ne mettait jamais ses principes en doute. Et il savait qu'un jour, il risquait de payer le prix de ses convictions : comme cela venait d'arriver à Mike.

— Pour les Thaïlandais, m'expliqua Viraj, les policiers sont des chiens — l'animal le plus vil qui soit. Ils touchent des pots-de-vin et ne rendent jamais justice. Un colonel de la police les trahit, et le voilà millionnaire. Moi, par contre, je veux que les gens aient une *vraie* justice, une *bonne* police. Certains pensent que mes efforts sont futiles. Je dis à ma femme : « Je ne plante pas des choux, mais des tecks. C'est tout petit au début, et cela pousse lentement, mais c'est solide. » Je suis ce que je suis. Les gens savent qu'ils peuvent me faire confiance. Lorsque c'est une question de vie ou de mort, c'est moi qu'ils viennent voir.

Titulaire d'un diplôme de criminologie de Berkeley, Viraj avait passé une année dans la police de San Jose, et une autre dans la brigade des stupéfiants et des mœurs de San Francisco. Lorsque le FBI et la CIA voulurent le recruter, il refusa : « Mon pays a davantage besoin d'hommes de valeur que le vôtre, qui en a déjà beaucoup. »

Revenu en Thaïlande, Viraj se forgea rapidement une réputation de justicier inébranlable — pour tout dire, d'empêcheur de danser en rond. Sa brigade arrêta notamment l'intouchable Sukree Sukreepirom, le mentor de Robert Yang, l'un des Rois des Rois. Assis dans le bureau de Viraj, Sukree lui avait dit avec arrogance : « Que désirez-vous, lieutenant Viraj ? *Dites* ce que vous désirez.

— Je désire vous mettre en prison.

— Je vois. Mais ne soyez pas trop certain de pouvoir m'y garder. Il peut se passer bien des choses...

Quatre-vingt-quatre jours après son incarcération, Sukree fut effectivement libéré par un procureur vénal. Viraj stupéfia les milieux judiciaires en révélant l'affaire à la presse, manquement sans précédent à la tradition. Embarrassé, le gouvernement démit le procureur de ses fonctions. Sukree dut s'enfuir à l'étranger.

— Il est très bouddhiste de ne pas se mêler des affaires des autres, de ne pas toucher aux traditions, m'explique Viraj. Si vous êtes tantôt honnête, tantôt malhonnête, vous finirez par vous faire tuer. Tandis que si vous restez honnête tout le temps, vous ferez peur.

Viraj faisait peur. Nombre de ses compatriotes ne comprenaient pas pourquoi il préférait la droiture à la richesse et à la puissance. Venu à San Francisco pour l'arrestation d'un trafiquant, consécutive à une enquête menée à Bangkok, Viraj se trouva pour la première fois face à face avec sa proie.

— Ah ! Viraj ! dit le trafiquant. J'ai beaucoup entendu parler de vous. Mais imaginez... il vous aurait suffi de donner *un* coup de téléphone, un seul, pour que je vous offre un demi-million de dollars. Vous seriez riche, maintenant.

Le trafiquant fut condamné à trente ans de réclusion.

Viraj pensait-il qu'il pourrait continuer longtemps à menacer des hommes aussi puissants sans être tué, licencié ou mis à la retraite ?

— Excellente question. Je n'en sais absolument rien. Je n'ai que mon intégrité, mon acharnement au travail, mon intelligence — et je suis un tireur de première force.

Dennis Dayle, qui avait rencontré Viraj lors d'un voyage à Bangkok, le décrit ainsi : « Intelligent, courageux, passionné, retors mais jamais immoral, le profil du policier idéal. Mais c'est un homme marqué. Etonnant qu'il ait duré si longtemps. »

Muni de l'adresse trouvée dans la poche de Narong (adresse qui se révéla soit fictive, soit ancienne), Viraj s'efforçait de trouver ce qu'il espérait être la maison de l'assassin. Il n'y avait pas une minute à perdre : à Bangkok, une maison ne peut être fouillée après la tombée de la nuit, même avec un mandat de perquisition, à moins qu'il ne soit certain qu'il s'y trouve des stupéfiants. A vingt-deux heures, Viraj demanda au directeur général de la police l'autorisation exceptionnelle d'effectuer une perquisition nocturne. Elle lui fut refusée.

Viraj continua sa vaine recherche jusqu'à une heure du matin, puis envoya ses hommes se coucher.

A cinq heures trente, Viraj et ses hommes, accompagnés de Stubbs et de l'agent de la DEA George Whelan, se remirent au travail. Ils finirent par apprendre que le bâtiment situé à l'adresse dont ils disposaient avait été détruit, et remplacé par un immeuble d'appartements situé dans une autre rue. Aucun des vingt locataires du nouvel immeuble ne connaissait Narong Promsiri, ou ne voulut le reconnaître.

C'était une impasse totale. Il y en eut tant d'autres que cela finit par constituer un indice en soi : faux tuyaux, pistes ne menant nulle part, indicateurs muets se succédaient sans trêve.

Une demi-heure après avoir cessé cette inutile recherche, Viraj reçut de Chiang Mai un numéro de téléphone trouvé sur l'assassin. C'était celui d'une standardiste de la compagnie du téléphone. Viraj la fit chercher.

D'un abord agréable, âgée d'une quarantaine d'années, elle fut d'une entière franchise. Bien sûr, elle connaissait ce jeune homme, Narong Promsiri. C'était l'ancien ami de sa sœur Laila. Un garçon pas très recommandable, au point que pour lui échapper, Laila vivait actuellement cachée chez une troisième sœur, qui avait une maison dans un verger, à quelque distance de Bangkok.

Les hommes de Viraj trouvèrent la maison et revinrent avec Laila et la troisième sœur.

Laila avait manifestement peur. Petite, rondelette, avec des doigts courts et épais, la tête rentrée dans les épaules, elle fixait à travers ses grosses lunettes une carte du Triangle d'Or accrochée au mur d'une salle de conférences voisine du bureau de Viraj.

Faisant face à Laila et à ses deux sœurs, Viraj, Stubbs et George Whelan regardaient avec attention cette jeune fille pas très jolie qui avait été la maîtresse du meurtrier de Joyce Powers. Que savait-elle de lui ? De ses mobiles ? Savait-elle au moins s'il avait agi seul, où s'il avait été à la solde de quelqu'un ? Et de qui ? L'avait-elle aidé ?

Viraj se leva, et, sans un mot, étala sur la table une page du *Post* de Bangkok. Il vit les yeux de la jeune femme, grossis par les verres de ses lunettes, parcourir les titres, s'attarder sur les photos montrant des policiers qui entouraient un baht-bus. L'on voyait également un Américain barbu parler à un homme assis dans la camionnette ; ses traits n'étaient pas reconnaissables. Laila jeta un regard interrogateur sur Viraj.

— Narong Promsiri, dit Viraj.

Affolée, Laila se tourna vers ses sœurs. Celles-ci lui firent des gestes d'encouragement.

Faisant de nouveau face à Viraj, elle reconnut qu'elle connaissait Narong.

Pouvait-elle leur parler de lui ?

Elle secoua la tête avec détermination. Il était évident que quelque chose lui faisait encore plus peur que ces policiers en uniforme et ces deux Américains à la mine sombre et résolue.

Viraj posa sur la table des photos prises à la morgue de Chiang Mai.

Après avoir jeté un coup d'œil, Laila détourna vivement la tête. Puis, curieusement, elle parut se détendre. Le premier choc passé, ces photos semblaient plutôt la rassurer.

Elle fit face à Viraj. Oui, dit-elle, elle était prête à leur dire tout ce qu'elle savait sur Narong, tout ce dont elle se souvenait.

Elle se souvenait de bien des choses : comment il l'avait sauvée du bordel, les étranges voyages dans la région de Chiang Mai, le pistolet, les amis influents qui, disait-il, le protégeaient. Elle avait également reçu des lettres de Narong. Il parlait notamment d'un travail qu'il devait faire. En cas d'échec, lui avait-il écrit, il serait mort ou en prison, et elle le saurait par les journaux. Cette prédiction s'était réalisée. Elle se souvenait aussi que Narong lui avait dit qu'à Chiang Mai, il allait souvent dans une maison située au 80/2, Suandok Road. Quand ils allaient à Chiang Mai, ils occupaient toujours la chambre 2 de l'hôtel Thai Chareon. Laila avait d'ailleurs un parent habitant près de cet hôtel, Preecha Maleekul.

Narong connaissait-il Preecha ?

Oui, elle le lui avait présenté.

Viraj et Stubbs eurent la même pensée : pourquoi Preecha niait-il obstinément connaître Narong ?

L'article du *Post* que Viraj avait montré à Laila était lui aussi énigmatique :

DRAME A CHIANG MAI
UNE FEMME TUEE D'UN COUP DE FEU

« Un tueur solitaire a abattu l'épouse d'un agent de la DEA américaine, qu'il avait prise en otage après une tentative de vol à main armée, hier après-midi à Chiang Mai.

Selon un communiqué de l'ambassade des Etats-Unis, rien n'indique qu'il s'agisse de l'œuvre d'un terroriste, ou que le crime ait un rapport avec les fonctions de Powers... »

Vol à main armée ? Sans rapport avec les fonctions de Powers ?

— Le soir même du jour où elle a été tuée, dit Stubbs, la police de Chiang Mai avait déjà tout résolu. Un simple vol à main armée. Le type l'a tuée accidentellement. Que voulez-vous de plus ? Affaire classée.

Quelques heures après le meurtre, des fonctionnaires du Gouvernement thaïlandais s'efforçaient déjà de convaincre quiconque voulait les écouter qu'il s'agissait d'une affaire banale, d'un simple vol qui avait eu des conséquences tragiques. De son côté, le Gouvernement américain semblait avoir de bonnes raisons de vouloir cacher les circonstances réelles du crime. Mike Powers, responsable de l'action américaine contre les stupéfiants dans le Triangle d'Or, bénéficiait du statut diplomatique. Il aurait été pour le moins embarrassant que les Etats-Unis accusent la Thaïlande de complicité dans le kidnapping de la femme d'un diplomate américain. Et puis, que pesaient une vie ou deux, face au maintien de bonnes relations internationales ?

Le lendemain, Laila revint au bureau de Viraj avec les lettres de Narong.

« ... en ce moment, je travaille... En cas d'échec, je me retrouverai peut-être mort ou en prison... acheter le matériel nécessaire à mon travail... Si je réussis, je t'enverrai les 5 000 bahts... Si j'échoue, tu auras de mes nouvelles par les journaux... »

Viraj doutait fort que ces mots eussent été écrits par un petit voleur à la recherche d'une occasion.

A peine le revolver de Narong récupéré sur le siège avant du baht-bus, les agents américains de Chiang Mai envoyaient un télégramme urgent, décrivant toutes les caractéristiques de l'arme, à l'EPIC, le centre de renseignements d'El Paso, Californie, qui centralisait pour la DEA tous les renseignements concernant le trafic des stupéfiants.

Aidé par d'autres services spécialisés, l'EPIC put effectuer en l'espace de quarante-huit heures une « autopsie à distance » de l'arme du crime. Les résultats furent décevants. Fabriqué par la société italienne Giancosa, le revolver avait été importé aux Etats-Unis en 1968 par la société Eig, de Miami. Ce type d'arme ayant peu après été interdit aux Etats-Unis, la société Eig se débarrassa de son stock. Le revolver, ressemblant fort à un Smith & Wesson modèle 37, était en fait assemblé à partir de pièces provenant de diverses armes, probablement dans un atelier thaïlandais. Le numéro de série ayant de surcroît été effacé, il était impossible de déterminer quels avaient été les propriétaires successifs de l'arme utilisée par Narong.

Quelques jours après le meurtre, le directeur national de la police thaïlandaise déclara que l'enquête était close, tous les éléments nécessaires ayant été réunis. Sous le titre « Le meurtre de Chiang Mai : simple vol à main armée », le *World* de Bangkok écrivait :

« *Le mystère entourant la mort à Chiang Mai de l'épouse d'un agent de la police américaine des stupéfiants a été éclairci. La police a conclu que l'unique mobile de l'incident était un vol à main armée.*
Selon une source bien informée, le directeur général de la police a reçu le rapport définitif concernant la mort de Mrs Joyce A. Powers, épouse de Michael Powers, officier de la DEA américaine.
Selon cette source, le rapport, établi conjointement par la police criminelle de Bangkok et la police de Chiang Mai, conclut que Mrs Powers a été tuée d'un coup de feu par un voleur.
L'hypothèse d'autres mobiles éventuels n'a pas été retenue. »

Un influent hebdomadaire thaï, la *Siam Rath Weekly Review*, publia cependant un curieux article, allant à l'encontre de la position officielle. Selon son auteur, il s'agirait de l'œuvre d'un « gang international de trafiquants de drogue ». L'article se terminait par une question : « Le gouvernement applique-t-il avec sincérité sa politique d'éradication du trafic des stupéfiants ? Ou bien cette politique ne constitue-t-elle qu'un trompe-l'œil ? »

La source de cet article était inconnue, mais certains croyaient y reconnaître la main du commandant Viraj.

CHAPITRE SIX

1

Quels étaient les liens éventuels entre l'assassinat de Joyce Powers et Liou Chou-chouei ? Je demandai à Bruce Stubbs ce qu'il en pensait.

— A en croire Laila, l'endroit que Narong fréquentait le plus volontiers, en dehors de Chiang Mai, était Lampang, à environ une heure de voiture au sud. Lampang est la patrie d'un des beaux-frères de Liou, et abriterait en outre une raffinerie d'héroïne utilisée par ce dernier. Ces messieurs ont dû organiser une sorte de réunion générale, à laquelle assistait certainement Liou ou un de ses représentants, pour mettre fin à la menace que représentait Mike.

« Ils commencèrent sûrement par aller voir la police : elle avait beau être à leur solde, il fallait la prévenir. Elle n'aurait pas apprécié de voir survenir à l'improviste un incident international sur son territoire. Ils ont certainement dit aux policiers quelque chose du genre : « Nous préparons un coup, mais ne vous énervez pas. Tenez, voilà de l'argent, allez passer un bon moment dans un salon de massage, et ne vous faites pas de bile. »

« N'oubliez pas que l'important travail de renseignements sur Liou et ses complices à Chiang Mai, Lampang et dans tout le Nord, était effectué sous la direction de Mike Powers. Powers travaillait sur les mêmes dossiers que le Centac. Et il forçait la police locale à coopérer. Il l'obligeait à *agir*, que cela lui plût ou non.

« Les hommes de Liou savaient que leur position était menacée, et ils savaient par qui.

Le chef de la police thaïlandaise avait classé l'affaire, mais Stubbs, George Whelan et d'autres agents américains poursuivaient leur enquête. Ainsi que Viraj. « Le seul flic honnête de Thaïlande » était également le seul flic thaïlandais qui maintenait que le vol n'était pas le mobile du meurtre de Joyce Powers.

Le directeur de la DEA pour la région de Bangkok n'appréciait guère le franc-parler de Viraj, qu'il taxait de « petit malin qui ne vaut pas cher ». Petit malin, peut-être, mais honnête. Aussi, après le meurtre de Joyce Powers, et compte tenu de l'impéritie des enquêteurs officiels, ses premiers mots, ou presque, furent : « Prévenez Viraj. »

Viraj ne se le fit pas dire deux fois. Il prit son sac de voyage, appela deux de ses hommes, et, en compagnie de Stubbs et de Whelan, partit pour Chiang Mai. Fonçant sur la route entourée de rizières, de greniers à tabac, de broussailles en feu dégageant une épaisse fumée destinée à chasser les moustiques, ils arrivèrent à Chiang Mai à vingt et une heure trente. Après un rapide briefing au consulat, ils allèrent se recueillir sur les lieux où Joyce Powers avait trouvé la mort.

Le lendemain matin, Viraj, Stubbs et Whelan allèrent voir Mike Powers chez lui.

— Cela me fit penser à ces films de chasse, se souvient Stubbs, vous savez, où l'on voit un éléphant mâle face à la dépouille de sa compagne... dégageant une telle impression de force, mais si triste et démuni. Mike était comme ça. Il ne pouvait y croire... C'était arrivé devant lui, et il n'avait rien pu faire. Cet affreux sentiment d'impuissance...

Peu après, une visite à la cordonnerie de Loy Kroh Road renforça Stubbs dans sa conviction que Narong en voulait spécifiquement à Joyce. Parlant en thaï à Viraj, sur le ton respectueux d'un honnête commerçant qui n'a rien à cacher, Kong déclara qu'à son avis, Narong avait suivi Mrs Powers.

Tout confirmait cette vue. La boutique se trouvait dans un quartier indigène, loin du centre touristique de la ville. Il n'y avait aucun café, aucun magasin d'alimentation dans la petite rue ; les piétons y étaient rares, et les voitures, encore plus. Ce n'était certes pas l'endroit où un voleur irait chercher une victime potentielle.

L'échoppe elle-même, emplie de l'odeur du cuir fraîchement tanné, n'était guère qu'une boîte large de trois mètres et profonde de deux. Se plaçant au milieu de la rue, Stubbs ne put rien distinguer à l'intérieur de la sombre boutique. Une fois Joyce entrée, il aurait fallu se mettre juste devant l'ouverture pour la voir. Personne n'avait vu quelqu'un traîner dans la rue, et l'endroit le plus proche où un homme aurait pu se cacher se trouvait au coin de la rue, à soixante-dix mètres de là.

L'après-midi, visite à l'hôtel Thai Chareon, où Laila disait être venue avec Narong. Levant les yeux de ses comptes, le directeur regarda la photo de Narong. Oui, ce jeune homme était souvent descendu à l'hôtel. Il s'en souvenait d'autant mieux que la dernière fois, il y avait quatre mois de cela, il avait filé sans régler la note.

Au 80/2, Suandok Road, où Narong serait souvent allé, Viraj et Stubbs trouvèrent une femme d'une cinquantaine d'années, visiblement réticente, ainsi que son fils et sa fille, tous deux d'âge adulte. Ils reconnurent qu'ils vivaient dans cette maison depuis dix ans, mais affirmèrent n'avoir jamais vu le jeune homme de la photo, ni entendu le nom de Narong Promsiri.

Dans la poche de Narong, la police avait également trouvé une clef, du type de celles utilisées pour les chambres d'hôtel. Les hommes de Viraj essayèrent la clef sur toutes les portes des chambres d'une trentaine d'hôtels de Chiang Mai. Elle n'en ouvrait aucune.

Viraj convoqua tous les truands de Chiang Mai qui lui devaient une faveur. Bien que flic, les criminels lui faisaient confiance. S'il leur disait, venez, je voudrais vous poser des questions sur une affaire qui n'a aucun rapport avec vous, ils venaient et parlaient. Stubbs regarda avec stupéfaction l'interminable défilé de maquereaux, de prostituées, de videurs de tripots, de petits dealers et de tueurs professionnels.

Du premier au dernier, ils ne savaient rien — ou ne voulaient rien dire. Narong Promsiri ? Le type de la photo ? Jamais entendu parler.

D'autres pistes, prometteuses au début, tournèrent court. Le surlendemain de la mort de Joyce, l'indicateur qui avait arrangé la transaction d'héroïne au sujet de laquelle le général Prakorp avait fait venir Mike Powers le jour du meurtre, se présenta au bureau de Chiang Mai de la DEA. Deux ou trois semaines auparavant, expliqua-t-il, des trafiquants de drogue de Bangkok, dont l'un se nommait Samart, lui avaient offert mille dollars pour une photo de Mike Powers. Après le meurtre, le même Samart lui avait confié que Joyce avait été tuée par un membre d'un groupe criminel dirigé par Mae Liang. En dépit de tous leurs efforts, les enquêteurs ne purent obtenir aucune confirmation de ces allégations.

— Le plus incroyable, dit Bruce, c'est que tout le monde ne cessait d'affirmer qu'il s'agissait d'un simple vol, suivi d'un homicide par accident. Les généraux de la police, les supérieurs de Viraj — tous harcelaient Viraj : « Pourquoi insistez-vous ? C'est stupide. Même les Américains sont satisfaits des résultats de l'enquête. » Au début, Powers lui-même n'arrivait pas à croire que ce fût un meurtre prémédité. Mais quand nous avons vu les lettres de Narong... Pour moi, ces lettres expliquent tout... C'est clair comme le jour... il a été *payé* pour faire ce qu'il a fait. Aucune autre explication ne tient le coup.

Dans une de ses lettres, Narong écrivait : « Je n'ai pas travaillé aujourd'hui, mais j'espère m'y mettre demain. »

Le jour où il n'avait pas « travaillé » était le *Columbus Day*, fête observée par tous les fonctionnaires américains, fût-ce au fin fond de la jungle. Les Powers avaient passé une bonne partie de la journée au zoo de Chiang Mai, puis étaient rentrés chez eux dans l'après-midi. Mike était ressorti un moment, mais Joyce et les enfants n'avaient plus quitté la maison. Viraj était certain que Narong suivait Joyce dans l'intention de la kidnapper. Il n'avait pu le faire ce jour-là car elle n'était jamais sortie sans son mari.

Les tenants de la thèse du vol faisaient valoir que le meurtre n'était pas intentionnel : le coup serait parti accidentellement alors que Narong s'essuyait le visage et les mains avec un Kleenex.

Viraj, Stubbs et quelques autres faisaient observer que dans ce cas, Narong lui-même aurait été surpris par le coup de feu soudain. Il aurait au moins marqué une pause avant de vider son chargeur. Or, les témoins affirmaient que les coups avaient été tirés en succession rapide. « Tous étaient d'accord sur ce point, dit Stubbs. C'était vraiment " pan-pan-pan-pan ", sans un instant d'arrêt. »

Et s'il s'était agi d'un simple vol, pourquoi Narong aurait-il demandé à Joyce de démarrer ? N'aurait-il pas simplement pris tout ce qu'il pouvait avant de s'enfuir ?

Par ailleurs, si le véritable but de Narong était de kidnapper Joyce ou de la tuer, pourquoi lui avait-il pris son collier ? Peut-être pour en faire cadeau à Laila. Selon celle-ci, il lui ramenait souvent des bijoux après ses mystérieuses absences.

L'argument le plus solide des partisans de la thèse du vol était les cartouches emplies de petits plombs. Pourquoi un assassin chargerait-il son arme avec des plombs destinés à chasser des oiseaux ? Stubbs et Viraj essayèrent longtemps de résoudre cette énigme. Narong avait cinq cartouches dans son arme et cinq dans sa poche. Trois de chaque série étaient des cartouches de chasse. Les quatre autres étaient de vraies balles.

— Selon Viraj, poursuit Bruce, Narong a le profil type du tueur à gages thaïlandais : ne boit pas, ne joue pas, ne se drogue pas, a peu d'amis. Tout correspond — sauf ces cartouches de chasse. Personne n'a jamais entendu parler d'un tueur utilisant des plombs. S'il n'avait pu se procurer que quatre balles, il en aurait chargé son arme, et aurait gardé les plombs en réserve. Pourquoi a-t-il réparti les plombs et les balles moitié moitié ? Je n'ai trouvé aucune explication satisfaisante, et Viraj pas davantage. C'est le seul détail qui ne cadre pas avec la thèse de l'assassinat commandité. Le seul argument réel des tenants de la théorie du coup parti accidentellement, de ceux qui s'efforcent de faire oublier cette pénible affaire.

2

Joyce Powers avait été tuée un mardi. Le samedi suivant, un agent de l'ACLS rédigea un rapport secret destiné à son directeur. En voici l'essentiel :

1) Viens de recevoir rapport indiquant qu'un trafiquant de drogue non identifié est à l'origine du kidnapping/meurtre de Mrs Powers.

2) Un trafiquant de Chiang Mai (pas d'autres détails), Ngo Sisombat-Ma Ching Tsai (pas de transcription en caractères chinois) a confié à un associé qu'un trafiquant (non identifié) a chargé un groupe de criminels de kidnapper Mrs Powers en vue futures négociations avec M. Powers. Lesdits criminels ont suivi Mrs Powers en baht-buses loués les trois jours précédant le kidnapping. Ngo déclara également que M. Preecha, dont Narong (le kidnappeur) demanda la présence, connaissait très bien Narong, mais le nia énergiquement après la mort de ce dernier.

3) Ngo a fait les déclarations ci-dessus à Tua Sae Lim, ancien trafiquant de Chiang Mai. Base n'a rien sur Ngo/Ma. Un certain Lim a été mentionné à deux reprises dans renseignements concernant produits chimiques raffinage.

4) Compte transmettre ces infos à DEA/Chiang Mai. Essaie obtenir autres renseignements.

Le lundi suivant, l'ACLS envoya un rapport à ce sujet au bureau de Chiang Mai de la DEA. Aucun des noms mentionnés ne figurait dans les dossiers de la DEA. En l'absence de transcription en caractères chinois, aucune recherche ne pouvait être entreprise sur une autre prononciation de ces noms.

Un agent de la DEA avait griffonné une note au bas du rapport : « Bureau DEA Chiang Mai a demandé procéder interview source informations ; requête refusée par ACLS. Demandé interview avec source déguisée ou cachée en lieu sûr — requête refusée par ACLS. Seule possibilité : poser questions par intermédiaire ACLS, qui transmettra réponses. »

Powers et les autres agents étaient furieux. La femme d'un agent américain avait été tuée, et les représentants locaux de la CIA refusaient leur aide pour retrouver l'assassin !

Tex Lierly, l'agent avec la femme duquel Joyce avait déjeuné le jour de sa mort, établit une liste de trente-six questions à poser à la source de l'ACLS. Dans l'ignorance totale de l'identité de cette source, les questions manquaient inévitablement de précision.

La réponse que l'ACLS envoya neuf jours plus tard se limitait à quelques données biographiques sur Ngo Sisombat, un des hommes mentionnés dans le rapport de la source anonyme, et à un commentaire selon lequel ladite source « ne sait rien des raisons du kidnapping/ meurtre de Mrs Powers en dehors des renseignements déjà fournis ».

Déçus et exaspérés, les enquêteurs décidèrent de trouver Ngo et Tua Sae Lim, l'autre homme mentionné dans le rapport, pour leur tirer les vers du nez. Un agent de l'ACLS avertit Tex Lierly que si Ngo était interrogé, ou même contacté, Ngo, ainsi qu'une « source secondaire » (probablement Tua) « risquaient la mort ». Il se refusa à donner des précisions, mais resta catégorique. *La mort.*

Quarante-huit jours après le décès de Joyce, les agents de la DEA, retardés par l'excessive discrétion de l'ACLS, retrouvèrent l'« associé » de Ngo, Tua Sae Lim : un homme décharné de quarante-cinq ans, propriétaire d'une manufacture de nouilles. Tex n'avait pas besoin d'interprète. Il posa les questions lui-même, en thaï, se basant sur la liste qu'il avait soumise à l'ACLS six semaines auparavant.

Tua lui dit qu'il ne *savait* en fait rien. Néanmoins, à force de lire les journaux et d'écouter les rumeurs, il avait tout naturellement conclu, Powers étant le chef de la DEA à Chiang Mai, que le crime avait un rapport avec le trafic des stupéfiants. Il avait également entendu Ngo parler de la mort de Mrs Powers, mais pensait que Ngo ne faisait que répéter des bruits qui couraient. Il ajouta que Ngo connaissait Preecha, car tous deux étaient musulmans.

Tua précisa qu'à sa connaissance, Preecha n'avait aucun lien avec des groupes criminels, et que ni Preecha, ni d'autres associés de ce dernier, n'étaient en relation avec des terroristes ou des dissidents. Ngo n'avait selon lui aucun lien avec un quelconque gouvernement. Il ne connaissait pas Narong, ignorait où Narong résidait à Chiang Mai, et ignorait pourquoi Narong avait kidnappé Mrs Powers, sinon qu'il supposait personnellement que c'était une histoire de stupéfiants. A son avis, Narong comptait marchander la libération de Mrs Powers. Il n'avait aucune idée de l'endroit où Narong emmenait celle-ci lorsque la police avait arrêté le bus, aucune idée de l'identité de ceux qui les attendaient éventuellement.

Lierly demanda à Tua d'essayer de soutirer à Ngo d'autres renseignements sur le meurtre. Tua accepta. Par la suite, il informa Lierly que Ngo jurait n'être au courant de rien ; il ne savait du crime que ce qu'il avait lu dans les journaux ou entendu au marché.

Stubbs, Viraj et les agents de Chiang Mai décidèrent qu'il était temps d'aller voir Ngo en personne. Après bien des efforts, ils trouvèrent son domicile : une maison à un étage, en bois et béton, ne portant pas de numéro, située à peu de distance du consulat de l'Inde. Une discrète enquête sur les fréquentations de Ngo révéla un fait troublant.

Ngo entretenait d'étroites relations avec la police de la province de Chiang Mai — dont le commandant, le général Prakorp, avait convoqué Powers le jour même où Joyce fut assassinée.

A Bangkok, des enquêteurs allèrent voir Chuck Riggin, l'agent du SRF assurant la liaison avec la DEA, et lui dirent sans détours qu'ils allaient à Chiang Mai pour parler à Ngo — que cela plût ou non au SRF. Selon un des agents qui assistèrent à la réunion, la réponse du SRF fut : « Prenez garde, vous aurez du sang sur les mains. Si vous lui adressez la parole, il est fini, et notre source est fichue. Ce serait une condamnation à mort. »

Informés de la position du SRF, Stubbs et Whelan allèrent voir Viraj pour lui demander ce qu'il en pensait.

— En substance, m'expliqua Stubbs, la réaction de Viraj fut : « Je m'en fiche éperdument. Que nous importe que leur source se fasse tuer ? S'il est mort, eh bien, il est mort. Nous ne le pleurerons pas : nous ne savons même pas qui c'est. »

Viraj, Stubbs et Whelan retournèrent à Chiang Mai.

— Nous sommes donc allés voir ce Ngo, poursuit Stubbs. Au beau milieu d'un petit trafic. Un type en moto arrive pour prendre un paquet, et file dès qu'il nous aperçoit. Bref, Viraj et un de ses hommes vont chercher Ngo. Il était terrifié, tremblant et couvert de sueur. Viraj lui dit en tout et pour tout : « Je suis de la police, et je voudrais vous inviter à déjeuner. » Le type était à deux doigts de la crise cardiaque. Il se demandait si on allait l'arrêter, ou le tuer ou je ne sais quoi.

« Nous l'emmenons donc déjeuner, et lui posons des questions sur l'affaire Powers. "Curieux que vous me demandiez cela, dit-il, parce que j'en ai effectivement discuté avec quelqu'un. Je ne savais pas grand-chose, juste des rumeurs selon lesquelles c'était manifestement plus qu'un simple vol. Nous parlions de ces rumeurs, et, maintenant que vous m'y faites penser, il y avait un autre homme, qui en rajoutait, vous savez, comme pour nous faire parler : " Vous croyez qu'il s'agit d'un complot ? Qu'il y a quelqu'un d'autre derrière ? " Mais je ne sais rien de concret. Rien de plus que ces rumeurs. "

« Il nous parla ensuite de sa plantation de litchis et nous assura qu'il était un citoyen honnête, respectueux des lois. La récolte de litchis allait être bonne, il allait gagner beaucoup d'argent. Si jamais il en apprenait davantage, nous serions les premiers à le savoir.

« Nous avions donc perdu notre temps. Après en avoir informé Powers et les autres, nous avons regagné Bangkok.

Powers fit le point de la situation. Quelque part dans le nord de la Thaïlande, se trouvait un homme qui avait parlé à un homme affirmant qu'*il* avait parlé à un autre homme qui avait, ou disait avoir, des renseignements sur le meurtre de la femme de Mike Powers.
Maigre. Et peut-être entièrement faux. En tout cas, le seul moyen d'en avoir le cœur net était de partir de la source et de remonter aux faits. Et si le SRF interdisait tout contact avec cette source, qui était peut-être l'unique personne au monde pouvant le conduire aux assassins de sa femme — eh, bien, au diable le SRF.
Powers remua des montagnes, passa la brousse au peigne fin — et finit par dénicher la mystérieuse source du SRF. L'homme était — fait curieux, compte tenu de la manie du secret de l'ACLS — un indicateur qui avait souvent travaillé pour la DEA. Pourquoi n'avait-il donné ces renseignements qu'à l'ACLS et non à la DEA ? Il croyait que tous les services américains se valaient, et se communiquaient les renseignements dont ils disposaient.

Son agent ayant été « exposé » et ses mises en garde ayant été ignorées, c'était au tour de la CIA d'être en colère. Peu importaient les services rendus par Powers au Vietnam, ses décorations, les déjeuners avec le chef de la CIA. Powers était devenu l'ennemi.
— Selon eux, Powers se conduisait comme un éléphant dans un magasin de porcelaine, commente Stubbs, compromettant tous ceux qu'il réussissait à contacter. Accusation absurde pour quiconque connaît Powers. Et même autrement. Comment aurions-nous pu compromettre leurs indicateurs ? Encore aurait-il fallu les connaître : le SRF préfère se confier à Viraj qu'à nous. Nous sommes l'ennemi. Notre sécurité laisse peut-être à désirer, d'accord. Nous sommes des enquêteurs, pas des espions. Nous avons d'autres méthodes et d'autres objectifs, même si ce que nous faisons *ressemble* parfois à de l'espionnage. On n'est jamais trop prudent, c'est certain. Ils estiment que, vu notre façon d'agir, tous nos indics devraient déjà être morts — ou le seraient si quelqu'un jugeait que cela valait l'effort. Peut-être ont-ils raison. Mais je dois dire que je n'ai pas été particulièrement impressionné par *leurs* actions de ces cinq dernières années. S'il fallait mesurer leur efficacité en prenant pour exemple le Vietnam, pour ne pas mentionner l'Iran... A croire qu'il existe quelque part une *vraie* agence de renseignements, et que la CIA n'est qu'une façade.

« Ils exigeaient donc des sanctions contre Powers. Powers lui-même n'y comprenait rien. De quoi l'accusaient-ils ? Ils devaient pourtant *savoir* qu'il n'avait jamais compromis un indicateur. Mais l'honnêteté n'est décidément pas leur fort. L'hypocrisie et le mensonge sont tellement devenus pour eux une seconde nature qu'ils sont incapables de dire la vérité, même s'il n'existe aucune raison de ne pas le faire. Ils préfèrent mentir. Pourquoi ? " A quoi bon dire la vérité ? C'est tellement plus *agréable* de mentir. "

Comme tant d'autres pistes suivies par Stubbs et Viraj, celle-ci se termina dans un cul-de-sac empli de rumeurs et de contradictions. Cet échec était toutefois pire que les autres, car il causa une nouvelle blessure à Mike Powers, qui se trouva brutalement repoussé par la CIA, pour laquelle il avait jadis risqué sa vie.

L'enquête s'enlisa. Un fonctionnaire du *State Department* en poste en Thaïlande rassembla ses conclusions dans un beau dossier relié, avec table des matières, cartes, coupures de presse et photos de l'assassin et de sa jeune victime, prises à la morgue et sinistres à souhait.

Portant la mention « Usage Officiel Limité » pour que le Gouvernement thaïlandais n'y ait pas accès, ce rapport était rédigé dans le typique et froid jargon bureaucratique américain, avec cependant une note plus humaine à la fin :

« Diverses unités de la police thaïlandaise ont effectué des enquêtes sommaires sur ce crime. La plupart n'avaient pour objet que de mettre leurs auteurs en valeur et de brouiller encore davantage les pistes. Le commandant Viraj Jutimitta continue à enquêter activement sur cette affaire, bien que les autorités thaïlandaises ne lui aient accordé aucun crédit à cette fin. La DEA a débloqué des fonds spéciaux pour couvrir les frais du commandant Viraj et de son équipe. Cette réticence de la part de la Police nationale thaïlandaise a donné naissance à des spéculations quant aux véritables mobiles du meurtre de Joyce Powers. Les théories abondent. Pour les membres de la famille Powers et leurs amis, la vie n'en continue pas moins à Chiang Mai, malgré la perte d'une personne aimée et d'une amie. »

CHAPITRE SEPT

1

Depuis des semaines, aucun élément nouveau n'est apparu dans l'enquête sur la mort de Joyce Powers. Déprimé, Bruce Stubbs allume une nouvelle Winston dans son bureau de l'ambassade de Bangkok.

— Incroyable, dit-il. Difficile à imaginer. On ne sait *rien*. Nous ne disposons d'*aucun* renseignement. Le seul homme qui aurait pu nous révéler la vérité était Narong. Qu'ils ont abattu. Narong disparu, il ne reste rien. Nous n'avons même pas pu découvrir où il vivait juste avant le meurtre ! Tel hôtel ne l'a pas vu depuis deux mois ; ailleurs, on ne l'a *jamais* vu.

Sur sa table de travail, un dessin humoristique montre un gros et gras fonctionnaire disant à un collègue : « Le secret de ma réussite ? Je suis un con. » Au mur, un autre dessin, accompagné de la légende : « Découragé ? Déprimé ? Désespéré ? On s'en fout ! »

Juste à côté, un graphique figure tout ce qui est connu de l'organisation de Liou Chou-chouei. D'innombrables cercles et carrés portant des noms chinois ou thaïlandais sont réunis par un inextricable réseau de lignes qui se recoupent en tout sens.

Quel rôle Liou a-t-il pu jouer dans le meurtre de Joyce Powers ? Ou, sinon Liou, du moins ses fournisseurs d'opium et de morphine-base : Chang Chi-fu, le général Li Wen-huan et d'autres rebelles ou bandits de moindre envergure ? Le bruit courait que Chang Chi-fu était acquéreur de photos d'agents américains en poste à Chiang Mai.

— C'est vraiment l'enquête la plus étrange à laquelle j'aie jamais participé, continue Bruce. Une page blanche. Laila nous a parlé de deux ou trois mystérieux amis de Narong. Impossible de les trouver, et croyez-moi, ce n'est pas faute d'avoir essayé. Prenez ces apaches que Viraj connaît à Chiang Mai. Ils ne nous ont pas donné *un seul* renseignement sur ce garçon. Rien. Même pas des rumeurs. Sauf que tous sont d'accord sur un point : ce n'était pas un simple vol qui a mal tourné. Tous trouvent cette thèse ridicule. Ce n'était *pas* un vol à main armée. *Quelqu'un* a commandité cela. Quelqu'un d'important, d'influent.

A chaque détour de leur enquête, les agents butent sur le nom de Preecha Maleekul, l'homme que Narong avait demandé dix minutes avant de mourir. Laila jure qu'elle les a présentés. Plusieurs indicateurs affirment qu'il avait des liens avec le tueur. Pourtant, Preecha lui-même soutient mordicus qu'il ne connaissait pas Narong. Faute d'autres pistes, les enquêteurs s'intéressent de plus en plus à ce Thaïlandais âgé de cinquante-six ans.

Né de parents pakistanais, Preecha Maleekul est un membre respecté de la communauté musulmane de Chiang Mai. Selon la police locale, il fait la contrebande du bétail. Son fils de vingt-sept ans est un médiocre petit dealer et un ami du fils de Ngo Sisombat, lequel avait confié à une source de la CIA que des trafiquants de drogue étaient à l'origine de l'assassinat de Mrs Powers.

Quelque part dans les affaires embrouillées des familles Preecha et Ngo, se cache peut-être un *véritable* indice sur l'identité des assassins. Viraj et les agents américains se creusent la cervelle pour le trouver.

Transpirant dans son complet tropical kaki, Viraj est assis à son bureau, entouré de six classeurs métalliques bourrés de documents. Il feuillette un dossier dont la couverture écarlate proclame ULTRA SECRET, et qui contient tout ce qu'il a jamais écrit, ou reçu par écrit, sur le kidnapping et le meurtre de Joyce Powers. Il s'est déjà rendu quatre fois à Chiang Mai, a interrogé des dizaines d'indicateurs, lu les transcriptions d'innombrables conversations téléphoniques, étudié attentivement les rapports de Bruce Stubbs et d'autres agents américains. Et il croit savoir ce qui s'est passé.

Trois groupes pourraient être impliqués, m'explique-t-il. Tous trois avaient souffert de l'action de Mike Powers dans le nord de la Thaïlande.

Le premier de ces groupes était l'Armée Shan unifiée, trois mille hommes commandés par Chang Chi-fu. Ce ne serait pas le premier kidnapping dans l'histoire de l'Armée Shan. Lorque les Birmans emprisonnèrent Chang Chi-fu en 1969, ses hommes prirent en otage deux médecins russes ; ils les gardèrent jusqu'à la libération de Chang en 1974. Les négociations en vue de l'échange furent menées par 02 — cet agent secret, fils d'un seigneur de la guerre chinois, dont il avait été question lors du briefing de Washington.

Le second était un groupe de trafiquants musulmans dirigé par deux frères thaïlandais d'une cinquantaine d'années, qui entretenaient probablement des liens avec Preecha Maleekul.

Le troisième groupe était dirigé par Prakit Charusiri, ancien membre de la Brigade anti-crime, l'équivalent thaïlandais du FBI.

— Chacun de ces groupes exerce une fonction différente, m'explique Viraj. Chang Chi-fu cultive l'opium, le transporte et le vend. Les frères musulmans prennent livraison de l'héroïne raffinée dans les montagnes, la transportent dans le sud du pays, et l'exportent. Les hommes de

Prakit fournissent aux laboratoires clandestins les produits chimiques nécessaires à la fabrication de l'héroïne ; ils transportent et vendent également de l'héroïne.

Un ou plusieurs de ces groupes ont-ils des relations avec Liou Chou-chouei ?

— *Tous* sont en rapport avec Liou, et tous sont reliés entre eux. Lorsqu'un groupe a des ennuis, les autres viennent à la rescousse. Liou a probablement investi de l'argent dans les raffineries que Prakit approvisionne ; il est en tout état de cause certain qu'elles lui fournissent de la drogue.

Une source d'opium commune aux trois groupes était l'ancienne Troisième armée du Kouo-min-tang, toujours retranchée dans les montagnes, sous les ordres du puissant et inabordable général yunnanais Li Wen-huan.

— N'oubliez pas que Liou Chou-chouei est lui-même en partie yunnanais, précise Viraj. Sa famille est Chiu Chow, mais il a du sang yunnanais dans les veines.

Pour quelle raison auraient-ils voulu tuer Joyce ?

— Je ne crois pas qu'ils avaient l'intention de la tuer. Ils voulaient la prendre en otage pour toucher une rançon, ou obtenir d'autres avantages, mais cela a mal tourné. Si Narong avait réellement l'intention de la tuer, il lui aurait suffi de tirer, puis de s'enfuir. A quoi bon essayer de la faire démarrer, puis de la forcer à monter dans un baht-bus ?

Viraj range le dossier dans un classeur, qu'il ferme soigneusement à clef. N'importe lequel de ces groupes pourrait être le coupable, mais Viraj a un favori.

— Plus j'y pense, plus je suis certain que c'est Prakit. Il connaît de nombreux policiers auxquels Mike a causé des ennuis. La plupart des policiers et des hauts fonctionnaires du Nord sont mêlés au trafic de la drogue, à la prostitution, aux maisons de jeu, à un tas d'activités illicites. Longtemps, personne n'avait la moindre preuve contre Prakit, mais la police a finalement réussi à l'arrêter. Reconnu coupable, il est en prison en ce moment même — et a menacé de me tuer.

Stubbs est du même avis que Viraj :

— La principale activité de Prakit consistait à fournir des produits chimiques aux laboratoires. Il était copain avec les gens du Yunnan, copain avec les musulmans, copain avec tout le monde. Un homme important. Il livrait les produits chimiques et repartait avec de la drogue. Son principal acolyte est un certain lieutenant Charnpichai — dont la femme, soit dit en passant, est la belle-fille de Chang Chi-fu.

L'on sait, par exemple, qu'il convoyait de la drogue dans une jeep de la police. Point particulièrement intéressant, Charnpichai était en quelque sorte l'homme à tout faire du général Prakorp, commandant des forces de police de la province, qui, comme nous le savons, convoqua Mike dans son bureau deux heures avant l'assassinat de Joyce.

« Les activités de Prakit, du lieutenant Charnpichai et de Prakorp sont d'ailleurs bien connues. Depuis trois ans, les Thaïlandais avaient mis leurs téléphones sur table d'écoute. Nous avons pu entendre le général Prakorp dire des choses comme : « Va prendre livraison du colis et dépose-le à mon bureau. »

« Deux mois environ avant la mort de Joyce, Prakit et Charnpichai ont été arrêtés entre Chiang Mai et Bangkok avec dix kilos de came dans leur voiture. Une fois en prison, ils ont comme toujours essayé d'acheter les témoins, les geôliers, les juges, tout le monde — mais il y avait trop de pressions et de publicité, personne n'a voulu accepter leurs pots-de-vin. Fait rare en Thaïlande quand il s'agit d'un trafiquant d'une certaine stature. Ses complices n'ont pas pu les faire sortir.

« Peu avant le meurtre de Joyce, Prakit a téléphoné à quelqu'un de prison — nous avons reçu une transcription de la conversation. Prakit disait à un inconnu qu'il voulait faire assassiner Viraj. Engagez un tueur, disait-il, descendez-le. Sa femme et ses enfants aussi. Tuez-les tous !

« Prakit est un homme important, ne l'oubliez pas. Il trouve très frustrant de ne pouvoir sortir de prison malgré ses millions. Après avoir lu la transcription, Viraj a eu une réaction typique : « Qu'ils viennent me tuer. Je les attends. » Pour lui, la meilleure défense, c'est de passer à l'offensive.

« Par la suite, Viraj a fait une analyse du meurtre de Joyce Powers, que je pense exacte : ce n'était *pas* un assassinat. Narong n'avait pas été payé pour abattre la femme de Powers, mais pour l'enlever, sans doute en vue de marchander. Et par la même occasion, de se débarrasser de cet emmerdeur de Powers. Ils s'étaient sûrement dit qu'après un coup pareil Powers n'allait pas rester à Chiang Mai. C'était selon toute probabilité ce que ce crétin de Narong était censé faire : kidnapper Joyce et l'emmener quelque part. A défaut, ses instructions étaient peut-être : si tu n'y arrives pas, ou s'il y a des problèmes, tue-la.

— Marchander pour obtenir quoi ?

— Par exemple — c'est du moins ce que nous supposons — la libération de Prakit et du lieutenant Charnpichai. Ou bien, pour ne pas se compromettre, la libération de *tous* les prisonniers. En Thaïlande, ce genre de chantage marche très bien. Si vous détenez des otages, et voulez obtenir une quelconque concession du gouvernement, pas de problème. Selon Viraj, c'était donc cela la véritable mission de Narong.

« Les trafiquants de la région de Chiang Mai sont de moins en moins tranquilles. A cause de la pression américaine. Ils sont nerveux : si vous allez dans les montagnes du Nord et qu'ils ont le moindre doute à votre sujet, ils vous tuent. Peu leur importe si c'était vraiment justifié. Une rafale de M16, et un jour, on retrouvera votre corps criblé de balles.

Vous pensez toujours que c'était Prakit et le lieutenant Charnpichai ?

— Oui, en collusion avec la police de la province. [Autrement dit, le général Prakorp.] Mais comment le prouver ? La seule personne qui aurait pu le faire était Narong. Et ils l'ont tué. Nous nous retrouvons donc les mains vides. Et je ne vois malheureusement pas ce qui pourrait faire redémarrer l'enquête. Nous ne rassemblerons jamais des preuves suffisantes pour obtenir une condamnation en Thaïlande. Nous espérons tout de même acquérir une *certitude*. Savoir à coup sûr ce qui s'est passé.

— Quelqu'un a-t-il jamais envisagé d'assassiner Prakit et le lieutenant Charnpichai ?

Bruce lisse longuement sa moustache.

— Hum... une ou deux personnes l'ont effectivement suggéré. En disant que ce serait approprié. Je précise qu'il s'agissait de Thaïlandais. Ils estiment qu'un crime doit être puni, et qu'il le sera probablement lorsque — ce qui, selon eux, ne saurait manquer d'arriver un jour — l'on saura exactement *qui* a fait *quoi*. Et je ne leur donne pas tort. La loi thaïlandaise ignore la notion de conspiration, d'association de malfaiteurs. On aurait beau trouver dix témoins à charge, cela n'aurait pas un poids suffisant. Il n'y a aucune chance d'obtenir une inculpation dans cette affaire... zéro. Alors, si l'on veut néanmoins que justice soit faite...

Au moment où j'avais cette conversation avec Bruce Stubbs, Mike Powers avait regagné Washington avec ses trois enfants. Il travaillait à la direction générale de la DEA, section Extrême-Orient. L'enquête sur l'assassinat de sa femme était cependant loin d'être close. De nouveaux indices allaient apparaître, de nouvelles pistes allaient être suivies avec une détermination de plus en plus farouche.

DEUXIÈME PARTIE

Centac-12 : Alberto Sicilia-Falcon

« Les filles constituent probablement 60 % des meilleurs assassins du monde... Où un homme est-il le plus vulnérable ? Au lit. »

CHAPITRE PREMIER

1

Dennis était dans son bureau quand il entendit parler du meurtre de Joyce Powers.

— Aïe. Ça... ça a été... un des coups les plus dégueulasses que j'ai pris dans ma vie. Ça m'a atteint au plus profond de mon être. J'étais fou de rage.

Il n'était pas tellement ravi non plus par l'attitude de la CIA, furieuse parce que Mike Powers avait soi-disant compromis une de ses sources.

— Les fonctionnaires de la CIA se sont conduits comme une bande de demeurés. Non seulement Mike faisait ce que quelqu'un d'autre aurait dû faire, mais il poursuivait officiellement une enquête sur une importante affaire criminelle. Si un indicateur de Mike avait été subtilisé par la CIA, Mike aurait sans doute dû faire face à une situation dramatique. Mais cela arrive tout le temps aux agents de la DEA. On tue leurs indicateurs, on les jette en prison, ou bien ils virent de bord ou jouent double jeu — toutes ces choses n'arrivent pas une fois par-ci par-là, mais continuellement. Les fonctionnaires de la CIA n'étaient pas des professionnels assez avertis pour accepter cette situation comme un fait banal.

Pendant que l'enquête sur la mort de Joyce se poursuivait, Bruce continuait à diriger l'action de son indicateur Robert Yang. Robert s'efforçait toujours de persuader sa maîtresse Su San de le faire participer à une vente d'héroïne entre Vichit Kitkeatlers, le représentant de Liou Chou-chouei aux Etats-Unis, et un Gréco-Américain nommé Ellis.

Dennis espérait apprendre sous peu par Bruce que Robert et Su San étaient partis pour San Francisco afin d'y rencontrer Kitkeatlers.

Plus je passais de temps avec Dennis, plus il m'apparaissait comme un romantique pris entre une sentimentalité de rêveur et un réalisme de dur, tendre un instant, cruel le suivant. Pour le responsable du Centac, c'était une dualité dangereuse, et il le savait.

— On ne peut pas être un jeune homme qui étudie la musique, me confia un jour Dennis, qui se produit dans des salles de concert, qui se voue totalement à la musique, sans être dans une certaine mesure romantique. Et l'on ne peut pas être ce que je suis ici, derrière ce bureau, sans être pragmatique. Je détesterais que quelqu'un pense qu'il y a un rêveur derrière ce bureau.

Alors qu'il était peut-être vrai, comme le disait aussi Dennis, que si les violonistes n'entrent pas dans les Marines, les employés de station-service le font, il était tout aussi vrai que les violonistes ne pourchassent pas les criminels. Il gardait donc secret son passé musical, enfermé à double tour, comme les béquilles d'une vieille infirmité.

Quand je lui demandai s'il verrait un inconvénient à ce que je dise à un de ses collègues qu'il avait été violoniste, il réagit avec une colère à peine réprimée.

— Cela appartient à une vie complètement différente, Jim. Cela nuirait à mon image, celle d'un homme chargé de faire respecter la loi, que j'ai mis vingt-cinq ans à peaufiner. Cela ferait rigoler les gens, et je ne suis pas là pour ça. C'est une période de ma vie que j'ai vécue aussi intensément que celle que je mène aujourd'hui, mais je ne veux pas passer le reste de mon existence à l'expliquer aux autres.

Ce qu'il craignait en fait, pensais-je, c'était les sarcasmes des durs avec qui il travaillait.

— Pouvez-vous imaginer à quel point ce serait irritant pour moi de recevoir toute la journée des coups de fil d'amis et de connaissances me posant des questions sur ma carrière de violoniste ? C'est une idée épouvantable, qui me fout le cafard. Ça ne les regarde pas, merde ! Dans mon métier, j'exploite délibérément les gens, d'une façon différente certes, mais l'exploitation, c'est l'exploitation, et je ne veux pas être exploité. Si je pinçais un type comme Donald Steinberg, s'il était arrêté et proposait de coopérer, je l'exploiterais. Je le passerais à l'essoreuse et quand il en sortirait, il ressemblerait à des spaghettis de la veille. Je n'aimerais pas être Donald Steinberg, ni ressembler à des spaghettis de la veille.

Mais il se confiait à ceux devant qui il ne craignait pas d'être ridicule. Tony Pohl, l'inventeur du Centac, un homme distingué et intelligent, avec qui Dennis discutait souvent des coalitions de criminels, m'avait dit que Dennis lui avait parlé de sa carrière musicale, « mais il était très réservé à ce propos ».

Dennis ne niait pas qu'il était resté aussi romantique que lorsqu'il jouait du violon :

— Tout homme qui s'embarque dans des aventures est un romantique. Je suis un romantique chaque fois que je crée un nouveau Centac, parce qu'invariablement tout le monde dit que c'est impossible. Mais quand on s'y est engagé, il faut agir en pragmatique. Il faut être les deux à la fois.

2

Un jeune homme bourru du nom de Stu Glickman entra précipitamment dans le bureau de Dennis, l'air tourmenté. C'était un expert qui dirigeait un système informatique du Centac appelé Pathfinder. Quand un nouveau Centac était prêt à fonctionner, on introduisait dans le Pathfinder toutes les informations disponibles sur les membres de l'organisation visée. Noms, descriptions physiques, adresses, numéros de téléphone, numéros des comptes bancaires, renseignements commerciaux, numéros d'immatriculation des voitures, avions et bateaux — tout entrait dans le Pathfinder.

Stu Glickman préparait ensuite des tableaux noirs et bleus de trente centimètres sur quarante-cinq, où se révélaient les toiles d'araignée de la conspiration : qui téléphonait à qui et quand, à qui appartenaient les voitures qu'on voyait à côté de celles d'autres trafiquants, qui avait des amis qui étaient amis d'amis d'autres trafiquants, qui habitait à côté de quelqu'un qui prenait le même taxi que quelqu'un à qui avait téléphoné un conspirateur suspecté qui était par ailleurs copropriétaire d'un avion avec...

Aucun conspirateur ne peut échapper au Centac, aimait à dire Dennis, parce qu'il ne peut effacer ce qu'il a fait. Ce sera toujours là et le Centac le déterrera. Le Pathfinder était une des pelles fouisseuses.

Ce jour-là, Stu voulait parler d'une étude du Pathfinder concernant le Centac-19. Des centaines de ressortissants mexicains avaient pendant vingt ans importé à Chicago de l'héroïne fournie par une organisation basée à Durango. Le Centac s'était procuré 20 000 chèques que l'organisation utilisait pour faire sortir en fraude des Etats-Unis des centaines de millions de dollars.

— Vingt mille chèques, insista Stu, espérant impressionner Dennis, tirés sur *trente* établissements bancaires différents.

Nourri de centaines de noms, de chiffres, et d'adresses relevés au recto et au verso de chaque chèque, Pathfinder les classa, suivit le parcours de chaque dollar d'une banque à l'autre, et aboutit finalement au centre d'un dédale financier bien trop complexe pour qu'un homme pût réussir à l'analyser. Il avait découvert où aboutissait en fin de compte la majeure partie de l'argent.

Dennis parut content, mais pas surpris.

— Vous êtes rudement efficace quand vous vous y mettez, Stu.

— Ne l'ai-je pas toujours été ?

Stu allait partir quand je lui demandai s'il voulait bien me montrer son invention.

Il me conduisit à l'autre bout du couloir. En plus des nombreux systèmes de sécurité nous séparant déjà du monde extérieur, la porte avait une serrure possédant sa propre combinaison. Stu fit tourner les boutons, les cliquets s'ouvrirent, et nous prénétrâmes dans un vestibule grand comme une cabine téléphonique, dont le mur opposé était constitué par une seconde porte munie d'une autre serrure à combinaison. Stu manipula les cinq boutons, et nous entrâmes dans une grande pièce sans fenêtre où de nombreuses personnes s'activaient devant des terminaux d'ordinateurs.

Il donna un petit coup sur le bouton d'une boîte rouge ; aussitôt, des plafonniers répandirent une lueur rouge sur la pièce.

— Cela nous indique qu'il y a ici quelqu'un qui n'a pas les autorisations délivrées par la sécurité, m'apprit Stu.

Les opérateurs éteignirent les écrans des terminaux, et escamotèrent rapidement les documents. Sur un des murs, une inscription proclamait :

    PARLEZ DE CHOSES SÉRIEUSES, NE PAPOTEZ PAS

Je parcourus la pièce du regard et vis une autre inscription :

    VOUS VOULEZ FAIRE UN BEAU CADAVRE BIEN PROPRE ?
            VIOLEZ LA SÉCURITÉ

J'eus l'impression d'être dans un poste de commandement au front, lors de la Seconde Guerre mondiale.

De retour au bureau, Dennis me vit parcourir un listage du Pathfinder concernant Alberto Sicilia-Falcon. Il ne donnait guère plus que ses nom et âge, les nom et adresse de son ancienne femme, et quelques autres détails sur un passé très nébuleux.

Dennis prit une pipe, ce qui indiquait qu'il voulait faire une pause pour bavarder, et me parla de Falcon et de sa fabuleuse fortune :

— *Seul* l'argent lui a permis de faire de ce grand corps maigre quelque chose d'attirant. Il s'habillait chez Gucci de pied en cap.

Il le fait toujours.

CHAPITRE DEUX

1

Quand je rentrai à l'hôtel ce soir-là, mon téléphone sonnait. Sans enlever mon manteau, je décrochai. Une voix d'homme me dit que si je prenais le premier vol pour San Diego, réservais deux chambres à mon nom dans un hôtel, et attendais seul dans l'une d'elles, il pourrait se passer quelque chose d'intéressant.

Le lendemain en fin d'après-midi, j'étais dans la chambre 417 au Hilton de San Diego, regardant un vieux feuilleton télévisé ; l'odeur de l'herbe fraîchement coupée entrait par un store vénitien.

J'étais venu en Californie neuf mois auparavant, en mars 1980, pour parler avec Pat Gregory et Rich Gorman, les agents qui consacraient une bonne partie de leur vie au Centac-12. Ils m'avaient raconté comment Falcon avait engagé un mystérieux assassin ressemblant à Clint Eastwood pour descendre Alberto Barruetta.

J'avais récemment passé beaucoup de temps avec Bruce Stubbs sur le Centac Liou Chou-chouei, ainsi qu'avec Dick Mangan et d'autres sur l'affaire Donald Steinberg, et j'étais impatient de revenir au cas Falcon pour en savoir plus sur cet homme qui, disait-on, avait rêvé de conquérir des nations entières.

On frappa à la porte. J'ouvris et vis un homme puissamment bâti, de près d'un mètre quatre-vingt-dix, avec de grandes mains et le visage d'une vedette de cinéma. Il ressemblait tant à Clint Eastwood qu'on aurait pu le prendre pour son frère.

Son vrai nom, bien qu'il ne l'eût pas utilisé depuis des années, était Michael Decker. J'avais entendu parler de certaines des choses que Decker était censé avoir faites — le nombre de gens tués était littéralement incalculable — et j'avais croisé trois personnes qui l'avaient connu. Toutes étaient d'accord sur deux points. D'abord, que son passé était quasiment impénétrable, qu'il était impossible de savoir avec certitude pour qui il travaillait vraiment et sur quoi, bien qu'il y eût unanimité pour considérer la CIA comme une forte probabilité.

Le second point d'accord était, pour citer un de mes informateurs :
— Decker est un tueur à froid, un psychotique diabolique, doté d'un visage innocent. Il est absolument amoral. Il est bien de sa personne, affable, doué d'une bonne santé morale et physique, et il parle bien. Du genre : « Ouais, bien sûr, je *tue* des gens pour vivre... mais oh zut alors... »

J'éprouvais une curiosité naturelle pour les crimes de Michael Decker, les meurtres et les tueries, les sinistres arcanes de la violence du professionnel formé par l'armée et le gouvernement. Je savais que s'il le voulait il pourrait m'apprendre bien des choses sur la mystérieuse histoire, le caractère violent, et les étranges liens qu'avait noués Alberto Sicilia-Falcon avec le monde de la politique et de l'espionnage.

Je me demandais aussi ce qui avait façonné Decker, d'où il sortait, comment il était devenu ce qu'il était. Ce n'était pas un homme de main ordinaire, un quelconque tueur de la Mafia. Il existe une différence de classe entre les tueurs et les assassins. Alberto Sicilia-Falcon n'aurait jamais eu de rapports avec un simple tueur. D'abord, il en aurait eu une peur bleue, et il aurait considéré qu'un tel individu était incompatible avec son image de marque.

Mais Decker était différent. Decker était un assassin. Il n'était pas non plus un gros lard vidé de la CIA, ayant des relations à exploiter. Son habileté, son courage, son sang-froid avaient fait leurs preuves dans le métier. C'était un produit solide, de haut de gamme. Il se comportait, s'habillait, parlait et agissait comme un tueur professionnel responsable, fiable, respectable. Si jamais IBM engageait un assassin, ce serait un homme comme Michael Decker.

Comment ces hommes sont-ils fabriqués, où étudient-ils, où s'entraînent-ils, pourquoi font-ils cela, comment devient-on un Michael Decker ? Depuis un certain temps, je voulais le rencontrer et lui poser la question.

C'est le lendemain de notre première rencontre. Decker et moi sommes dans ma chambre, assis à une table près du store vénitien qui s'ouvre sur une pelouse plantée de palmiers. Il est si grand qu'il se tient un peu voûté. Il porte un jean, une chemise sport de soie bleue et des bottes beiges. Les muscles de ses paumes, à la base des pouces, sont de la taille d'un citron. Les articulations hypertrophiées de ses majeurs sont, on ne sait pourquoi, couvertes de petites taches blanches. Bien qu'il ait trente-deux ans, il en paraît vingt-cinq. Je ne connais pas son nom actuel et je ne sais pas d'où il est venu. Il est poli, jovial et patient, comme s'il avait tout son temps. J'ai vite l'impression qu'avec lui, quand on décide de faire quelque chose, on décide en même temps de le faire aussi parfaitement et sans erreur que possible, sans tenir compte du temps, de l'argent, du risque ou de la peine. Son histoire est faite d'éléments allant du fait vérifiable au mensonge presque certain. Il est difficile de savoir que croire. Les anecdotes et les affirmations qui semblent les plus étranges apparaîtront lors de vérifications ultérieures les plus dignes de foi. Il propose que nous commencions par le début, et je dis d'accord. Toute l'histoire nous prend trois jours, durant lesquels, pour des raisons de sécurité, aucun de nous ne quitte l'hôtel.

2

DECKER

Mon père par le sang, mon vrai père, était un basketteur professionnel. Il jouait avec Washington et New York dans les années 50. Ensuite, il fit deux fois le tour du monde avec le House of David, les joueurs portant de grandes barbes, et trois fois encore avec les Harlem Globetrotters. Un grand type athlétique, deux mètres, 130 kilos. Il aimait la vie, mais pas les responsabilités. Ma mère et lui ont divorcé quand j'avais deux ans. Quand j'en ai eu trois, il a décrété qu'il voulait m'avoir avec lui, alors il m'a enlevé et emmené en Floride. Neuf mois plus tard, le shérif est venu chercher mon père et a dit qu'il fallait que je rentre chez ma mère au Texas.

J'étais au Texas depuis environ dix mois quand mon père est passé par la ville. Ma mère m'a laissé aller avec lui dans un drive-in et il m'a de nouveau emmené, au Colorado, cette fois. Bien entendu, on m'a repris et ramené.

Quand j'avais six ans, ma mère s'est remariée. Un mois après ils ont eu un accident de voiture, et son nouveau mari est resté paralysé à partir de la taille. Cela lui a affecté non seulement le corps, mais aussi l'esprit. Il ne pouvait pas supporter que ma sœur, qui a un an de plus que moi, ma mère et moi puissions marcher... Il se mit à devenir violent avec ma mère et avec nous ; le mariage ne dura que huit mois.

Nous sommes allés au Nouveau-Mexique, où ma mère eut une brève aventure avec un autre homme. Ensuite il y eut Glen Hancock. Peu avant mon huitième anniversaire. Ma sœur et moi le détestions.

[Decker luttait contre un rhume ; il alla dans la salle de bains prendre un Kleenex. Quand il revint, je l'interrogeai sur ses mains. Il en parla comme s'il s'agissait d'une paire de pistolets d'un modèle peu commun :]

Il faut les regarder à la lumière. Les articulations normales sont comme ça : je ne force pas beaucoup avec cette main. Les autres articulations ont des taches blanches partout. Ce sont des dépôts calcaires. Vous voyez comment cette jointure s'est développée ? C'est parce que je cogne uniquement avec cette partie-là. Il y a une boule à l'extrémité de l'articulation. Vous voyez le dépôt calcaire qui s'est formé sur la jointure elle-même ? La plupart des gens n'ont pas ça. Ça vient de cet exercice-là. Ça donne des muscles, les flexions. Même chose pour le tranchant de la main. Je travaille ma main sur une planche de bois de cinq centimètres d'épaisseur. Je l'enveloppe dans un morceau de couverture et je cogne comme ça, sur la planche, ça développe le muscle. Le calcium s'accumule sur le tranchant de la main ; en un mois, il devient dur comme cette table.

Mais revenons à mon enfance. Glen Hancock et ma mère étaient mariés depuis un mois quand j'ai reçu mon premier coup de poing dans la figure. C'était sa façon d'exercer son autorité. Le poing. C'était la loi. Si vous disiez un mensonge, si vous rentriez en retard, si vous couriez dehors sans vos chaussures, si vous renversiez votre lait à table — c'était *ça* la loi. Et vous la preniez en pleine poire.

Je crevais de peur. Je *savais* que pour le reste de ma vie j'allais être battu. A l'époque j'ignorais naturellement que j'allais grandir et devenir plus fort que lui. Tout ce que je savais, c'était qu'il brandissait une épée de Damoclès au-dessus de ma tête.

Glen Hancock était un photographe qui officiait dans les écoles, pour les fêtes annuelles dans les lycées et collèges par exemple. Il réussissait très bien. Lorsque j'avais quinze ans, il avait des employés et se faisait plus de 150 000 dollars. Pourtant, si je voulais quelque chose qui n'était pas absolument nécessaire, je devais le payer moi-même. A douze ans, je commençai à travailler. En bon père qu'il était, il sauta immédiatement sur l'occasion pour me ridiculiser, parce que je n'étais pas capable de travailler aussi dur qu'un adulte. Il avait acheté un terrain au Colorado et il m'employait pour construire des cabanes, à 75 cents de l'heure ; il s'attendait à ce que je fasse tout ce que faisaient ses ouvriers qualifiés. A quatorze ans, j'étais capable de travailler aussi dur qu'eux. Il se mit alors à me ridiculiser parce que je cherchais à épater les gens en en faisant trop.

Il détestait tout simplement les gosses. Je ne l'ai vraiment compris que lorsque ma mère me dit — j'avais alors vingt ans — que son mariage précédent avait été brisé parce qu'il battait ses enfants. Puis je découvris qu'il avait été élevé dans une maison de ce genre et que cela se transmettait de génération en génération.

J'avais peut-être onze ans et j'étais couché quand j'entendis un bruit de vaisselle cassée, et ma mère qui criait. Je me levai et y allai ; il était en train de lui agiter un cigare sous le nez. Elle lui arracha le cigare de la main et le lui colla sur le front. Je trouvai ça hilarant. Pas lui. Il se mit à lui cogner dessus. Alors je revins en courant, vous savez, le genre preux chevalier, et il m'a flanqué une sacrée dérouillée. Ma mère m'emmena à l'hôpital, où on lui demanda : « Dites donc, vous n'habiteriez pas dans une épave de voiture, par hasard ? » Elle était couverte de bleus, et avait des contusions au visage, etc. Mais elle ne voulut rien dire.

Il m'envoya à l'hôpital trois ou quatre fois, et j'aurais peut-être dû y aller plus souvent. Il était très sévère. Tout devait être parfait. Je n'ai pas souvenir de beaucoup d'amour ou de compliments. Pas du tout de sa part à lui, et très peu de celle de ma mère. Aussi loin que je remonte, j'étais un solitaire.

Je crois que Glen était un homme malheureux. Il n'aimait pas vraiment la vie. Maintenant je le plains. A soixante-douze ans, il a des masses d'argent et des maisons et tout ça, mais il n'a rien dans la tête. Il n'a pas de vrais amis. A peu près tout ce qu'il m'a appris, c'était, un, à réaliser des choses bien construites, deux, à travailler dur, et trois, à me battre. Quand j'y repense, il ne m'a rien donné d'autre.

La bagarre avec mon beau-père ne s'arrêta jamais. Je veux dire que c'était un combat jour après jour... Finalement j'ai pris tout ce que j'ai pu et je suis parti. A seize ans je me suis retrouvé à Albuquerque. Glen m'avait envoyé quatre fois à l'hôpital ; j'avais suffisamment été battu, et vu ma mère et ma sœur battues, pour décider que plus jamais *personne* ne *me* battrait. Quelles que soient les circonstances. Et à l'époque, je n'étais pas tellement gros. J'étais grand mais je ne pesais que soixante-six kilos.

Je travaillai dans un grand magasin au rayon enfants, le seul boulot que j'avais pu trouver, tout en continuant mes études. Je partageais un logement avec un gars de dix-neuf ans. On prenait des repas très riches en protéines, beaucoup de beurre d'arachide et de hot dogs. Le régime classique des étudiants qui vivent seuls. Bien entendu, les copains se réunissaient tout le temps chez moi pour rigoler ; ça m'empêchait de dormir.

Un soir, peu après mon départ de la maison, je suis allé faire une balade avec des copains. Nous avons volé une voiture, et nous nous sommes fait prendre. Ils ont téléphoné à nos parents. Bien entendu, les flics étaient là quand Glen est venu me chercher. Sa première réaction, en sortant de sa voiture, fut de se précipiter sur moi en criant : « Sale petit con ! » Il m'a étendu d'un coup de poing. Et les flics l'ont empoigné. Il me traitait de tous les noms et disait : « Je punis mon fils comme je veux. » « Okay, ont dit les flics, nous vous arrêtons pour avoir battu un enfant. »

Après, le juge pour enfants a dit que je pouvais aller soit en maison de redressement soit dans une école militaire. Mes parents m'ont envoyé à l'Institut militaire du Nouveau-Mexique. A seize ans, me voilà dans l'armée.

Sitôt arrivé, on me rase la tête et on me met en uniforme. On allait manger au pas et on en revenait au pas. J'étais de toute façon un rebelle et toute cette discipline n'avait pas grand succès avec moi. J'étais là depuis à peine quinze jours, et un caporal, un petit malin de dix-sept ans, me faisait laver sa carrée et les toilettes.

Il venait d'une famille riche et n'avait jamais travaillé. Il était gras, et gros de *partout*. Roger Mauro. Finalement, un jour où il m'a dit de faire je ne sais plus quoi, je lui ai lancé : « Va te faire foutre ! »

Il m'a regardé : « Qu'est-ce que t'as dit ?

— J'ai dit, va te faire foutre. Et je ne vais plus laver par terre et récurer les chiottes. Je ne ferai plus *rien*. Et si tu ne te tires pas de là, je te casse la gueule.

Le type se contenta de me regarder. Cinq ou six autres bleus observaient tout ça en se disant : « Nom de Dieu, ce type mérite une correction. »

A l'heure du réveil, il ouvrit ma porte d'un coup de pied :

— Decker, viens ! On va régler ça.

Tous les autres se tenaient prêts.

Nous sommes allés dans les chiottes. Il me donna un coup dans la poitrine. Je l'ai laissé faire trois ou quatre fois, puis je me suis reculé et je lui ai cogné dessus. Je lui ai cassé le nez. Pour finir, je lui ai balancé trois ou quatre coups et l'ai étendu pour le compte.

Après le breakfast, le commandant de la compagnie m'a appelé dans son bureau. C'était un étudiant de deuxième année, d'environ vingt ans. Il m'a dit :

— Tu ne sais pas que ça fait partie des brimades, partie de ton initiation, de faire ce que Mauro te dit de faire ?

— Possible, dis-je, mais je ne le ferai plus.

Et je sortis. Personne ne vint dans ma chambre et on ne me dit plus rien. Je pense que j'étais très agressif comparé aux autres. Ils faisaient tous ce qu'on leur disait de faire. Quand Roger revint de l'infirmerie avec un nez comme une patate, le commandant de la compagnie lui conseilla :

— Vous devriez peut-être laisser ce gars tranquille.

Alors je subis cette première année.

Dès le début de la deuxième année, je me suis mis à aimer la vie que je menais. Plus de beau-père, plus de bagarres quotidiennes. Quand j'allais chez moi en permission, c'était pour deux ou trois jours, et il pouvait me supporter pendant deux ou trois jours.

Je me mis à travailler avec des haltères, à faire de l'exercice et du sport. L'été suivant, je suis allé travailler au Texas dans les champs de blé de mon grand-père maternel. J'étais avec un gars qui s'appelait Skeeter Downing et une bande de types qui bossaient dans les fermes. Nous allions en ville les vendredi et samedi soir draguer les filles. Ce fut un bon été.

Je retournai à l'école militaire. Notre équipe de football marchait au poil — nous avions gagné les six premiers matches — et nous étions dans un car nous ramenant de Silver City. Il nous déposa au centre ville, d'où nous étions censés rentrer à la caserne. Sept d'entre nous décidèrent d'aller à une partie dont nous avions entendu parler. Il y avait plus d'alcool et d'étudiantes cinglées que je ne l'aurais jamais imaginé. J'y ai sauté à pieds joints, mon vieux. C'était la première fois que je buvais depuis *longtemps*. Les autres rentrèrent à l'école vers minuit, juste avant que l'officier ne vienne faire sa ronde, mais je me retrouvai au lit avec une fille et n'en sortis pas avant trois heures du matin.

Je me suis fait pincer, et le commandant Thompson m'a fait venir dans son bureau :

— Voilà ce qui arrive quand on boit dans une école militaire. Nous voulons que tout le monde sache que ce n'est pas parce que vous êtes un crack et un atout pour l'équipe de football, de basket et d'athlétisme que ça change quoi que ce soit.

J'ai été viré comme un malpropre.

Ce fut une épreuve qui me bouleversa. Parce que j'aimais ces gars. C'était la seule camaraderie que j'avais jamais connue. J'allai raconter aux gars ce qui s'était passé, et ils se mirent à pleurer. C'était... bouleversant.

Je téléphonai à ma mère, qui dit : « Ton beau-père va te botter les fesses. » Comme si je le savais pas. Les copains m'aidèrent à faire mes bagages et je pris un taxi jusqu'à l'arrêt du car. Ce fut un voyage solitaire jusqu'à Albuquerque. Glen ne dit pas un mot. Il avait une attitude du genre : « Tu te fais virer de partout, hein... »

J'allais donc à la *public school* et vivais chez moi. Je participai à la deuxième moitié de la saison de football. Cela me valut quatre offres de bourse pour l'université. C'était la seule raison pour laquelle je voulais aller à l'université, pour jouer au foot américain et devenir professionnel après... Quatre jours avant mon examen, je reçois une feuille de route pour accomplir mon service militaire.

En discutant avec le conseil de révision, j'obtiens un sursis de quatre-vingt-dix jours. Cela me donnait l'été de libre. Quinze jours avant mon examen, un copain se fit rosser après un tournoi de lutte, et nous rôdions dans ma voiture pour trouver le type et les quatre autres qui étaient avec lui lors de la bagarre.

Il y avait lui, un autre copain et moi dans la bagnole. Une vraie course-poursuite dans la ville. Finalement, j'obligeai le type à arrêter sa voiture et il se mit à courir. Je l'agrippai et l'étendis raide. J'en ai dérouillé un second pendant que mes copains s'occupaient de deux autres. Le cinquième nous échappa. Deux jours plus tard la police vint m'arrêter à l'école.

Toute ma vie, chaque fois que je me suis battu avec un type, je suis tombé sur le mauvais numéro. Le gars que j'avais rossé était le fils du chef de la police d'Albuquerque ! Je fus accusé de coups et blessures. Mon beau-père était en rogne. Son avocat me dit de plaider *nolo contendere*. Ils m'expliquèrent que cela voulait dire qu'on est coupable mais qu'on regrette. Cela me valut une condamnation avec sursis et un an sous surveillance.

Tous mes amis disaient : « Mec, tu es passé devant le tribunal. » J'en jouais à fond avec les filles : « Ouais, j'ai été jugé parce que j'ai rossé ce type. »

La fille que j'aimais vraiment, c'était Patty Hunt. Elle était la reine de la cérémonie annuelle de l'école et j'étais capitaine de l'équipe de foot. L'idylle classique des lycéens.

Je l'avais connue à l'école avant d'aller à l'académie militaire. Quand j'y étais, elle m'avait envoyé une photo d'elle et un disque. « The Lonely Soldier », de Bobby Vinton. Je ne l'ai jamais oublié. C'était tout à fait ce qu'il me fallait.

Patty était une blonde de 1,65 m, avec des yeux bleus comme la mer. Une peau douce et veloutée, un joli visage. Merveilleusement bien proportionnée. Très intelligente. Très chouette en jean, élégante en robe du soir. Pas besoin de maquillage. On pouvait la réveiller le matin, elle était aussi belle, et même plus, qu'une fois arrangée. Une forte personnalité. Physiquement une des plus belles femmes que j'aie connues.

Elle était modèle pour *Vogue* et d'autres magazines à cause de son père et de sa position mondaine. Son père — son beau-père plutôt — était William Rockefeller, de *la* famille Rockefeller. Il avait de gros intérêts dans la Dow Chemical Company et ailleurs. Très riche. Et il fallait toujours que j'essaie de savoir de quelle fourchette ou de quel verre me servir. C'était chouette d'aller chez elle, parce que son père n'avait pas de fils et qu'il m'avait en quelque sorte adopté.

Quand je sortais du lycée, Patty et moi ne nous quittions pas d'une semelle. Nous allions au spectacle ensemble, nous mangions ensemble, nous couchions ensemble. Nous faisions tout ce que nous voulions. C'était magnifique et j'étais le gars le plus formidable de la ville... jusqu'à ce que ses parents me pincent au lit avec elle, dans un appartement que j'avais loué à Albuquerque, sur Louisiana Boulevard. Nous étions avec quelques copains et une bande de filles.

Les parents de Patty avaient je ne sais comment trouvé l'adresse de cet appartement. Il était environ une heure du matin, et la moitié des gens étaient à poil, baisant dans tous les coins et fumant de l'herbe, quand son père et sa mère frappent à la porte. Pas un coup normal. Mais « bang ». « Patty, sors d'ici ! »

Nous nous traînions à quatre pattes, cherchant nos fringues, devenant cinglés. Elle avait des vêtements de rechange chez moi, alors elle les a mis. Ce n'étaient pas ceux qu'elle portait en partant de chez elle. Quand elle sortit, son père vint me dire :

— Je devrais vous botter le cul.

Je l'ai regardé et je lui ai dit d'aller se faire foutre. J'étais complètement bourré. « Vous ne reverrez *jamais* ma fille », ajouta-t-il en l'emmenant.

Je restai à remâcher ça pendant un quart d'heure, puis je sortis, montai dans ma voiture et arrachai presque le pare-chocs arrière. J'entrai en coup de vent dans leur allée et me mis à cogner à la porte. Son père ouvrit.

— Monsieur Rockefeller, je veux vous parler. Eclaircissons cette affaire, ne laissons pas les choses comme ça.

Au lieu de me botter le cul tout de suite, il me dit :

— Bon, bon. Entrez.

C'était comme au bon vieux temps. J'allais pouvoir m'expliquer. On est allé dans le cabinet de travail. Patty pleurait toutes les larmes de son corps.

— J'aime vraiment votre fille, dis-je. Ce n'est pas seulement pour rigoler. Je l'aime vraiment et un jour je l'épouserai. Peut-être que le mieux serait que je change un peu de vie. Je vais partir pour l'été, et quand je reviendrai nous verrons ce qui se passe.

— Bon, dit-il, quand vous reviendrez, nous verrons si elle veut toujours sortir avec vous.

Quinze jours après ses parents s'absentèrent. Ils étaient censés partir pour quatre jours, mais revinrent au bout de deux. Patty et moi dormions dans leur chambre. Je me réveillai brusquement et murmurai :

— Patty, il y a quelqu'un.

— Merde ! qu'elle dit, c'est mes parents.

Je saute du lit, j'enfile mon pantalon, j'attrape ma chemise et mes chaussures, et je sors dans le couloir.

Sa mère et son père... ils en étaient bouche bée.

A partir de là, son père pensa que j'étais le plus beau salaud du monde. Je me suis dit, il est temps de quitter la ville. Je n'avais pas vu mon vrai père depuis un peu avant mon quatrième anniversaire, mais je savais où il vivait. Après avoir cessé de jouer au basket, il était parti au lac Tahoe, où il dirigeait le casino « Sahara Tahoe ». Pourquoi pas aller travailler au lac Tahoe ? J'y suis allé et je n'ai rien fichu. J'ai passé tout l'été à faire le con.

Quand je suis revenu à Albuquerque, mon sursis de quatre-vingt-dix jours expirait. J'avais le choix : faire simplement mon service ou m'engager, mais je devais être un vrai patriote, mon vieux. Je me suis engagé dans la marine.

Deux ou trois jours avant mon départ Patty me dit : « Tu me manqueras », et je répondis : « Je t'écrirai. » Les trucs habituels, quoi. Alors j'ai pris le car pour San Diego. Tous les autres se demandaient avec inquiétude à quoi ressemblerait le camp d'entraînement des jeunes recrues. Mais pour moi, c'était vraiment le rêve. Parce que j'étais déjà passé par l'école militaire. On me nomma chef des recrues de ma compagnie. Notre commandant était le roi des cons. Un bosco de trente ans, de la vieille école. A bien des égards il me rappelait Glen. Je veux dire un vieux marin emmerdant, qui se baladait en faisant l'important avec son gros ventre et qui nous rossait quand on faisait des conneries. Bien entendu, c'était contraire au règlement. Un jour, il a frappé un des gars de ma compagnie ; alors, je l'ai empoigné et je l'ai envoyé valdinguer sur son derrière.

J'ai pensé, mon petit vieux, ta carrière militaire est fichue. Tu vas encore te faire virer.

Nous sommes passés devant le tribunal militaire et le type a été saqué. Et nous avons eu un nouveau commandant de compagnie. Il est venu me dire :

— Pas de problème, votre livret militaire est vierge, vous n'avez fait que votre devoir.

Ça m'a fait un drôle de coup. J'ai pensé, ma foi, je vais faire carrière dans la marine. Je vais vraiment en mettre un coup.

Pendant tout ce temps, je pratiquais l'haltérophilie et les arts martiaux. Quand je rencontrais quelqu'un qui savait faire quelque chose que je ne connaissais pas, je voulais qu'il me l'apprenne.

Après avoir accompli les deux tiers de mon temps au camp d'entraînement, je décidai de ne pas prendre ma permission de fin d'année. Patty était d'accord. Ils organisaient ce qu'ils appelaient des compagnies de Noël. J'étais responsable de la mienne et je m'entendais bien avec tout le monde à l'exception d'un gros lard. 1,80 m, 120 kilos. Il m'emmerdait depuis le premier jour. Alors que nous nous préparions à aller bouffer, je lui dis de rentrer dans le rang. Il me répondit d'aller me faire cuire un œuf. Je lui ai demandé gentiment deux fois, puis je lui ai dit de foutre son gros cul dans le rang et je l'ai poussé pour le mettre à sa place. Alors, il m'a dit : « Après l'extinction des feux dans les chiottes. »

Je n'oublierai jamais cette soirée. C'était presque une répétition de ce qui s'était passé avec Roger Mauro à l'école militaire.

Nous entrons dans les chiottes. Le gars me dit : « Tu vas avoir des ennuis », et frappe du gauche, me balançant des grands coups au visage. Bon, je n'aurai pas recours aux arts martiaux ; je vais boxer, le laisser cogner et esquiver, puis je lui balancerai quatre ou cinq coups secs et je décrocherai.

Je lui ai fait une sérieuse entaille. Je l'ai touché aux yeux, à la bouche, et il s'est mis à saigner du nez. Il fonçait les yeux fermés comme un taureau furieux.

Les gars criaient, hurlaient, ça faisait un fichu boucan. Finalement je l'étendis par terre et me préparai à sortir, croyant que c'était fini. Puis j'entends un bruit qui ressemblait à la charge d'un élan.

Je me retourne. Le gars fonçait sur moi. Je m'écarte et quand il est tout près, je le frappe de toutes mes forces entre les yeux. Il s'est écroulé, inconscient. Et mes articulations étaient toutes retournées vers le poignet.

La douleur me gagnait le bras quand quelqu'un cria :

— L'officier de service !

Je déguerpis des chiottes, bondis sur ma couchette et m'enfile sous les draps. Il y avait du sang partout dans les chiottes, et ce type qui gargouillait et saignait, l'air d'une baleine échouée sur la plage...

L'officier de service entra dans les chiottes.

— Mince alors ! Vous avez pris un coup de couteau ?

Le gars grogne et gargouille, incapable de parler. L'officier de service entre... toutes les lumières s'allument... Il avait lancé un appel radio... les MPs des Marines et la Police côtière arrivent dans le quartier.

— Qu'est-ce qui se passe ici ?

On aurait pu entendre une mouche voler. L'officier de service demande :

— Je veux savoir qui a participé à cette bagarre.

Puis il regarde par terre. Comme j'étais pieds nus et que j'avais marché dans le sang, il y avait des empreintes de pieds rouges qui sortaient des chiottes et aboutissaient à ma couchette. C'était soit moi, soit le gars d'en dessous. L'autre gars était un maigrichon. Alors, il m'a regardé et je l'ai regardé. J'étais en nage et j'avais du sang plein la figure.

— Je veux vous parler, jeune homme.

On est retourné dans les chiottes, et le type était vraiment dans un bel état. L'officier de service me regarde :

— Vous voulez encore vous battre ?

— Non, que je dis.

Alors il regarde l'autre et le gars dit :
— Non, je ne veux plus me battre.
— Etes-vous blessé ? me demande-t-il.
— Oh... un peu à la main.

Je n'avais pas regardé ma main, que j'avais mise derrière mon dos. Je la ramène devant moi. Elle était tout enflée, énorme. J'avais trois jointures de cassées.

L'officier rédigea un rapport. Le lendemain, il me convoqua.
— J'ai décidé de le déchirer, dit-il. Mais il faudra vous tenir tranquille. Parce que si ça recommence, je le ressortirai.

Le lendemain, nous retournâmes dans nos compagnies régulières, et le surlendemain, on nous projeta un film. Sur les équipes du SEAL. Les forces spéciales de la marine. Bon dieu, mon cœur s'arrêta. C'était formidable. Des sauts en parachute, de la plongée en scaphandre autonome, des ponts qu'on faisait sauter ! Une bande de garçons qui couraient sur une plage avec des casques rouges, des shorts noirs et des T-shirts rouges. Tout le monde avait l'air musclé et en superforme physique, et j'ai pensé : « Voilà ce qu'il me faut ! »

Je suis allé voir le commandant de la compagnie :
— Je veux être un SEAL.

SEAL, ça veut dire *Search Evasion Air Land Sea*.

Mon commandant répond :
— Eh bien, je vous conseille de vous entraîner en natation parce que vous devrez passer un examen et il faudra vous casser le cul.

Pendant quinze jours, j'ai couru et nagé sans désemparer, et laissé ma main guérir. Un certain Jim Luding et moi fûmes les deux seuls sur quinze à le faire. On était un vendredi. Le lundi suivant, je me suis présenté à Coronado pour suivre seize semaines de cours à l'école UDT (*Underwater Demolition Teams*) ; c'était obligé avant de s'entraîner pour le SEAL. Je n'ai même pas fini mon temps au camp des jeunes recrues.

Nous étions soixante-cinq dans ma classe. Au bout d'un mois, nous n'étions plus que quinze. Debout à cinq heures du matin, on s'activait jusqu'à onze heures du soir, sept jours par semaine, à courir, traîner un barda, nager, faire des descentes en rappel, sauter de trente mètres dans l'océan à partir d'un hélicoptère, ramasser à toute vitesse des trucs dans l'eau pour les mettre dans des embarcations légères.

La quinzième semaine, nous n'étions plus que neuf. Je compris plus tard qu'on était arrivé à ce chiffre parce qu'une équipe du SEAL est composée de neuf hommes.

La dernière semaine fut ce qu'on appelle la Semaine de l'Enfer. Du dimanche minuit au dimanche minuit, presque sans dormir, des emmerdes en permanence, tout ce qu'on peut imaginer. A la fin du troisième jour, on est un zombie, réduit à dormir chaque jour un quart d'heure de moins que la veille, et alors tout n'est plus que purement physique. Le dernier jour, on se croit mort.

Quand c'est fini, c'est comme si on vous enlevait quarante kilos des épaules. Vous flottez, parce que vous n'avez plus rien à faire. Vous avez passé l'épreuve. J'étais vraiment fier parce que c'était coriace et que bien des fois j'avais pensé que j'allais abandonner, mais j'avais tenu le coup.

Soudain, nous avons entendu tirer de partout. Nous savions que l'ennemi était proche. Ils ne devaient pas être loin de mille. Nous étions neuf dans notre équipe du SEAL, le commandant Thomas, un autre officier et sept sous-officiers. Puis ça s'est mis à grouiller de types qui parlaient vietnamien et pointaient des fusils sur nous. Il en sortait de partout. Ils nous firent enlever tous nos vêtements et nous conduisirent vers ce camp de PG. En approchant du camp, on entendait des bruits et on savait qu'il se passait quelque chose là-bas. Un des gardes ne cessait pas d'éternuer ; il éternuait, puis se détournait et se mouchait. Ça vous donnait cinq ou six secondes. J'observai son manège trois ou quatre fois. Et puis, il me tourna le dos ; personne ne regardait ; je m'enfonçai dans la jungle, au milieu des broussailles. Bon sang, je me faisais mal aux pieds, j'étais nu comme un ver, au milieu de cette jungle. Je m'éloignai un peu et grimpai dans un arbre.

C'était une erreur. Quelques minutes plus tard, ils me reprirent et me ramenèrent au camp des PG. Il y avait des barbelés, des vieilles baraques et des mecs en uniforme nord-vietnamien et un drapeau du Nord-Vietnam. Nous voilà donc dans l'enceinte du camp. Ils veulent faire un exemple. Avec moi, le type qui s'est échappé. Ils se mettent à m'emmerder, à me foutre des claques, à essayer de me faire faire des trucs.

Tout ce qu'ils peuvent tirer de moi, c'est « Mike Decker, B725026 ». Je n'ai pas dit un mot de plus. Je pensais : « Ces connards ! Je vais leur montrer qui est le plus fort. »

Ils m'ont emmené dans une pièce où il y avait six hommes, et ils ont commencé à m'interroger en anglais, sur ma mère, sur ma petite amie, sur tout. Puis un type est arrivé et a commencé à me faire chier. Il s'est mis à me foutre des coups dans le torse. Et ça continuait et ça continuait. A la fin, vieux, j'en pouvais plus. Comme un con, j'ai fichu une rossée à ce type. J'ai reculé et je lui ai balancé mon meilleur coup.

Alors, les cinq autres m'ont sauté dessus. Ils m'ont fait sortir et ils m'ont foutu une rossée. Devant tout le monde. Puis, ils m'ont jeté dans l'auge à cochons. C'était là-dedans que tout le monde chiait et pissait.

Ils m'ont jeté dans ce machin, et ça avait 1,80 m de profondeur ; j'en avais par-dessus la tête. Le truc le plus dégueulasse que j'aie jamais connu de ma vie. Bon Dieu, je me débattais toutes griffes dehors pour sortir de cette fosse, j'étais en rogne... J'allais botter le cul de quelqu'un et je me fichais bien de savoir qui. Ils ont été obligés de s'y mettre à quatre ou cinq pour me tenir, et puis à sept pour me *maintenir* à terre le temps de me passer les menottes. Je gueulais et je me débattais comme un beau diable.

Après, ils m'ont mis dans la boîte brûlante. Ça m'a refroidi ! C'était une boîte de métal noir monté sur du bois, et il faisait 43° dehors. Ils m'ont collé dedans, puis ont refermé le couvercle. Ils m'y laissèrent cuire pendant une dizaine de minutes. Quelle merde, il faisait au moins 65° là-dedans. J'ai bien failli m'évanouir. J'étais tellement furieux que je respirais fort, aspirant tout cet air brûlant, ce qui ne m'aidait pas.

Ils m'ont enfin sorti de là-dedans, puis ont essayé de faire faire des choses aux gars. Finalement, le commandant Thomas a eu une sorte d'illumination, comme quoi la meilleure chose à faire, c'était de se serrer les coudes, de rester dans un coin du camp, de ne rien faire de ce qu'on nous disait et de ne *rien* dire. Ne les injuriez pas, vous mettez pas en colère, ne faites rien et contentez-vous de dire : « Mike Decker, B725026. » Rien de plus. Et il ajouta :

— S'ils veulent tabasser l'un de nous, qu'ils nous tabassent tous. S'ils veulent que l'un d'entre nous fasse quelque chose, mettons-nous-y *tous*.

Ils disaient à un gars de creuser un trou et nous nous mettions tous à creuser. Ils disaient à un autre de pas bouger et nous restions tous immobiles. Nous ne disions pas un mot. Ils se sont mis à nous engueuler, à nous houspiller. Nous encaissions sans un mot. Brusquement il y a eu un grand coup de canon. On s'est dit : « Merde, qu'est-ce qui se passe encore ? »

Tout d'un coup, ils ont descendu le drapeau nord-vietnamien qui flottait au milieu du camp. C'était *vraiment* bizarre. Tout le monde était aux aguets, et bien entendu on était tous nus comme des vers et d'une saleté repoussante. Personne ne pouvait rester à côté de moi tellement je puais. Et... et tout d'un coup, voilà qu'ils sortent un autre drapeau et le hissent... Le drapeau américain !... Et puis on commence à jouer « The Star-Spangled Banner », notre hymne national.

Vous n'avez *jamais* vécu ça... On est pris de frissons. On comprend à quoi ça rime, pourquoi on a été entraîné. Et on est fier. On... on comprend qu'on est là pour défendre son pays.

Et tous ces hommes, des types costauds, qui se sont cassé le cul pour être au maximum de leur forme physique et mentale... soudain, des larmes coulent sur leurs joues, se mélangeant à la sueur et à la crasse.

Les uniformes nord-vietnamiens disparaissent et il y a des uniformes américains par-dessous. Tout d'un coup ces sales cons sont vos meilleurs amis, et un autocar décharge des gros sacs de vêtements. On prend quelque chose qui vous va à peu près, on monte dans le car et tout le monde s'embrasse. « Bon dieu, on s'en est tiré! On y est arrivé! Nous vaincrons au Vietnam! »

Tout le monde crevait de faim. Et la première chose qu'ils font, c'est de nous conduire dans un endroit où on nous sert le plus énorme repas de notre vie :

— Commandez ce que vous voulez, qu'ils nous ont dit.

Chacun commande quatre ou cinq hamburgers et six bières, et on mange un demi-hamburger puis on cale. On boit une demi-bière et on cale. Parce que durant ces quatre jours d'exercice où on a vécu cachés dans les marécages, notre estomac s'est tellement rétréci qu'on ne peut rien avaler. Nous remontons dans l'autocar et nous comprenons que c'est terminé. L'école du SEAL est finie.

L'école du SEAL, après celle de l'UDT, avait duré quatorze semaines. A Coronado et Little Creek, en Virginie. On a commencé à nous apprendre la recherche du renseignement, les techniques de démolition et d'évasion, tout un tas d'exercices de nuit. A nous servir d'armes spéciales, d'explosifs, etc. Puis on vous emmène en plein dans les marécages et on vous laisse vous débrouiller : « On vous reverra dans quatre jours. » Si vous êtes pris avant — et ils s'arrangent pour que tout le monde le soit — vous allez au camp de PG. On ne vous donne ni nourriture, ni eau, ni pilules de désinfection. Le problème est simple. Réagissez et restez en vie.

Ensuite, nous avons reçu nos affectations. Notre base était Da Nang, au Vietnam.

J'étais resté en contact avec Patty et comme j'avais quatre semaines de permission avant de partir pour le Vietnam, je passai une bonne partie de ce temps à Albuquerque. Patty et moi décidâmes de nous marier. Son père était d'accord.

On a passé dix-sept jours ensemble à Albuquerque avant mon départ. Dix-sept jours incroyables. Je veux dire, vraiment formidables. A part les trois derniers jours.

Nous étions allés au cinéma avec quelques amis, voir *Les Chiens de paille* avec Dustin Hoffman. Puis nous avons dîné en tête à tête au Bella Vista, un petit restaurant dans la montagne.

Après, on a regagné notre chambre du Holiday Inn, et ce fut... nous étions ensemble... si proches... nos cœurs battaient à l'unisson. Nous venions de faire l'amour, et nous étions allongés depuis une vingtaine de minutes quand Patty se met à pleurer.

— Qu'est-ce qui ne va pas, Patty ?
— Quelque chose me brise le cœur, Mike. Il faut que je t'en parle.
— Qu'est-ce que c'est ?
— Je suis enceinte. Et ce n'est pas notre enfant.

Je restai de marbre. Comme si... J'étais un colérique. Mais j'étais plus blessé que furieux. Parce qu'elle était mon amour d'enfance et qu'à mes yeux, c'était la seule fille que j'avais vraiment aimée. Comment était-il *possible* que ça soit arrivé ? Parce que je m'attendais à ce qu'elle soit sage même si j'étais absent pendant cinq ou six mois, même si je faisais ce qui me plaisait.

Mais c'était arrivé. Elle avait rencontré un garçon, et ça s'était terminé au lit. Jamais vu ce type. Il valait mieux.

Je ne lui pardonnai pas tout de suite. Mais je ne suis pas du genre à garder rancune bien longtemps. Je me mets vite en colère, d'accord. Mais ça me passe vite, aussi.

Elle m'a dit qu'elle ne voulait pas garder le bébé, qu'elle voulait se faire avorter. Et je crois que c'est une chose qui l'a vraiment changée psychologiquement. Toute cette affaire d'avortement, aller au Mexique, subir l'intervention, revenir...

Ma permission terminée, je suis parti pour le Vietnam. Après quatre jours à Key West pour nous entraîner à la plongée et à d'autres machins, on nous a envoyés sur la côte Ouest. En route, je me suis arrêté une nuit à Albuquerque pour voir mes parents. J'étais vraiment en forme, après tout cet entraînement et cinq ans de pratique des arts martiaux. Je n'oublierai jamais cette nuit, la veille de mon départ pour le Vietnam. Je dormais dans la maison de mes parents quand j'entendis ce bruit que j'avais entendu tant de fois quand mon beau-père rentrait soûl. Il envoyait valser la vaisselle sur le plancher, injuriait ma mère et la giflait. Je crus revivre toutes ces années. « Tiens, voilà l'heure de la revanche », me dis-je.

J'entrai en coup de vent dans la cuisine, l'empoignai et le frappai de toutes mes forces. Et je l'étendis par terre, j'ai bien failli le tuer. J'en avais tant accumulé intérieurement que ça avait fini par exploser...

Le lendemain, il alla à l'hôpital. Je m'y arrêtai sur le chemin de l'aéroport, pour mettre les choses au point :

— Si *jamais* tu touches encore une fois à ma mère, même si je dois traverser l'océan *à la nage* pour revenir du Vietnam, je te tue.

Il ne l'a jamais plus touchée.

Je partis pour le Vietnam. Quand nous fûmes sur le point d'atterrir, je me souvins d'un truc qui s'était passé quatre mois auparavant. Un garçon avec qui j'étais allé à l'école à Albuquerque, Clovis Acosta, était descendu de l'avion à Da Nang et avait été atteint à l'œil part une balle, sans être tué. Environ deux mois après, un de mes copains, Danny Karl, avait marché sur une mine qui lui avait arraché les deux jambes. Je me posais des questions :

— A quoi rime tout cela ? A quoi ressemble vraiment le Vietnam ? Je suis excité d'être ici, mais quelle odeur aura l'air ? Quelles couleurs verrai-je ? A quoi ressemblera le terrain ?

On voit des photos et des films, et on vous a dit des millions de choses. Mais ce n'est pas comme d'en faire soi-même l'expérience.

La porte de l'avion s'ouvre et c'est un pays tropical, de la végétation et de la saleté partout. Des bicoques et des gens partout, c'est animé et bruyant... c'est une *ville*. Je croyais débarquer dans un petit village de la jungle, je m'imaginais que tout le Vietnam n'était qu'une jungle. Mais bon sang, c'était une vraie ville.

A la descente de l'avion, on comprend tout de suite que c'est la guerre. On entend des tirs de roquettes et de canons dans le lointain et on voit des chasseurs décoller avec des bombes fixées en dessous et des boîtes de napalm...

La plupart des types avaient juste reçu huit semaines d'entraînement. On voyait des gosses de dix-sept, dix-huit, dix-neuf ans, déchiquetés, mourants, amputés des jambes, des mains, des bras, des gars qui resteront des légumes jusqu'à la fin de leurs jours. Ça vous fiche un sacré choc.

Nous avons commencé à aller en mission. J'eus l'impression de vieillir de dix ans en quelques jours. Au feu, il y a tant de bruit, des balles, des bombes et des grenades et tant de gens qui crient, tant de choses qui volent en morceaux... qu'on se croirait en enfer. L'enfer est tout autour de vous et vous en faites partie.

Après, il y a eu les opérations spéciales. L'objectif était de ne pas être vu. Faire ce qu'on a à faire et disparaître. Nous faisions sauter des multitudes de ponts, d'usines, de dépôts de munitions, et aussi des gens. Nous travaillions au Nord-Vietnam comme au Sud-Vietnam, essayant de localiser les camps de PG au-dessus du 19e parallèle. Nous remontions un canal en bateau PBR, on nous laissait à un centre de contrôle, puis nous allions effectuer notre mission ; il s'écoulait un mois avant que nous revenions au centre.

J'étais au Vietnam depuis six mois quand je cessai de recevoir des lettres de Patty. J'ignorais totalement ce qui se passait aux Etats-Unis. Je pensai : « Adieu le mariage. Elle est sûrement avec un autre. Je vais me battre comme un dingue. »

En juillet, il faisait 47° tous les jours. On avait repéré une concentration de troupes, soixante-quinze Nord-Vietnamiens divisés en deux pelotons. On y est allé vers cinq heures du matin, un jour très brumeux, presque comme le célèbre brouillard londonien. Il y a des jours où on peut presque sentir la mort. L'air semble plus lourd. On dirait que notre corps et notre esprit savaient qu'il va arriver quelque chose et que ce sera bref, que ça ne durera pas longtemps, mais que ça sera très violent.

Nous avons posé une série de Claymore le long d'une route, puis avons tout recouvert pour effacer les traces. Ça implose au centre de la route, sans qu'il y ait d'explosion à l'extérieur. Il y avait aussi des charges électriques, des grenades à fragmentation, deux mitrailleuses de calibre 30, et deux types de chaque côté avec des M16. Un autre gars et moi à chaque extrémité, avec des fusils automatiques qui envoient des rafales de ces petits dards — il y en a quarante à cinquante qui tournoient dans l'air — contenus dans les projectiles. Quand quelqu'un est touché, ça fait un petit trou, puis ça s'ouvre en éventail, et c'est comme si on avait une minuscule faucille à l'intérieur du corps.

Nous avons attendu environ quatre heures. Puis, nous les entendîmes et les sentîmes presque en même temps. Quand les Nord-Vietnamiens faisaient mouvement, ils fumaient presque toujours de l'herbe. Nous les entendions parler. De ma position élevée, je vis les premiers. Je fis un appel radio, deux clics.

Donc tous ces types marchaient — quand je dis marchaient, je ne veux pas dire au pas. Ils avançaient par deux, trois ou quatre de front ; le groupe s'étalait sur une vingtaine de mètres. Ils étaient vêtus de couleurs ternes, en partie des uniformes, en partie des vêtements de paysans. Et leurs armes étaient sales. Ils possédaient un bon équipement, comme des AK47 qui sont meilleures que les M16, mais ils ne les entretenaient pas.

Puis vous voyez les visages. Des visages de vieillards et des visages de gosses de neuf ou onze ans. Et vous *savez* que dans quelques secondes tous ces gens vont mourir.

Mais nous avions déjà vu tant de batailles... L'ennemi, ce ne sont pas des êtres vivants. Ce n'est qu'un objectif. Une mission à accomplir. Comme si on allait faire sa lessive. Si ça devenait plus réel, plus personnel, on deviendrait fou.

Ils avançaient, ces soixante-quinze types ; après un tournant, ils entrèrent dans la zone. Quand arrive le dernier clic, on y va. La première explosion se produit aux deux extrémités. Elle descend 40 % des gens, et la seconde, sur les côtés, encore 20 à 30 %. Après, c'est un immense chaos... Il reste des blessés, atteints aux bras ou aux jambes par les éclats... Il y a des cris à vous glacer le sang. Et on tire dans le tas. Ensuite, il ne reste plus qu'à s'assurer que tout le monde est bien mort. A les achever au poignard. Et ils *veulent* que vous le fassiez au poignard, j'en suis certain. Parce que ça vous aguerrit. Plus vous êtes de sang-froid, mieux vous ferez votre travail au cours d'une sortie pour aller tuer les sentinelles. Tout doit se passer dans un silence absolu. Ils veulent être sûrs que vous maîtrisez vos nerfs.

J'ai aussi participé à l'opération Phoenix de la CIA. La CIA, comme les gens des Services spéciaux et les équipes du SEAL, interrogeaient les responsables nord-vietnamiens qu'on capturait, les responsables vietcongs, et essayaient de les convaincre de ramener des documents. Ils devaient aussi dénicher les Vietcongs de la région et les tuer. Nous faisions des prisonniers et recueillions des informations. Lors des missions d'extermination, nous fouillions les corps pour prendre les cartes et tout ce qui intéressait les renseignements.

Je devenais de plus en plus froid et insensible. Après mon enfance, après le SEAL et le Vietnam, il y avait *un* truc que je savais faire. Je savais foutre les choses en l'air. J'étais un tireur d'élite. Je pouvais blesser des gens avec mes mains. C'était à peu près tout ce que je savais faire dans la vie.

Après j'ai pris ce qu'on appelait un R et R, repos et récupération, et suis parti pour Hawaii, après avoir écrit à Patty dans l'espoir de la retrouver là-bas. Elle était à l'aéroport. Je ne la reconnus pas. Quand je l'avais quittée, elle pesait 47 kilos, maintenant, elle en faisait 72. Elle avait passé tout son temps à bouffer, sans prendre soin d'elle. Elle était devenue paresseuse et ne ressemblait plus du tout à la fille énergique que j'avais connue. Je savais que moi aussi, j'avais changé. Ces cinq jours à Hawaii furent la pire période de ma vie. Chaque jour, je me disais : « Vivement que je rentre au Vietnam ! » C'était mieux qu'Hawaii. Je vous jure. Au moment de partir, j'ai dit à Patty :

— Je crois que c'est fini entre nous ?
— Oui.

Je ne croyais pas qu'elle le pensait vraiment, mais qu'elle disait ça pour faciliter les choses.

De retour au Vietnam, je lui écrivis pendant quelques mois. Puis je me rendis compte que ma période au Vietnam allait se terminer. J'y étais resté vingt-deux mois. Je me souvins de ce que m'avait dit un vétéran qui rentrait lorsque j'étais arrivé. Il m'avait conseillé d'être prudent au début et à la fin. C'est là qu'on est le plus insouciant, et c'est dangereux.

Il me restait quatorze jours à tirer. Mon groupe revenait d'une opération ; à minuit, nous étions à un kilomètre de Da Nang, quand la base aérienne fut attaquée par un tir de roquettes. Ouousch... *boum!*, ouousch... *boum!*, les roquettes passaient au-dessus de nos têtes. Nous étions figés sur place. Nous savions que si le tir était trop court, une roquette allait nous tomber dessus.

Ce fut le cas. J'étais passé au travers de tant de fusillades et de tant d'autres choses sans jamais être blessé. Et soudain, ce truc éclate au milieu de notre groupe.

Il y eut un éclair bleu et jaune. Aucun bruit. Personne n'eut conscience du moindre bruit. Je sentis mon corps se soulever, comme s'il était aspiré vers le ciel. Les autres faisaient eux aussi du vol plané. Je sus que j'étais touché. Pendant un instant, j'eus horriblement mal, puis plus rien. Quand je repris conscience, je sentis une odeur de chair brûlée.

Le sang me sortait des oreilles, des yeux et du nez. J'étais dans une rizière. En baissant les yeux, je vis un trou dans ma jambe droite. Un tas de viande et de sang. Et le reste de ma jambe disparaissait dans la boue. Je pensai : « Bon Dieu, plus que quinze jours, et voilà ! Je ne vais pas m'en tirer. Je vais crever ici. »

J'avais aussi perdu le petit doigt de la main droite. Je m'évanouis de nouveau. Je revins à moi dans un hôpital de campagne, à Freedom Hill. On était le 30 avril. En baissant les yeux, je vis deux protubérances soulever le drap : mes *deux* pieds. Ce que j'étais heureux. « Quatorze jours à tirer et je me casse ! Je ne suis pas mort et je n'ai pas perdu ma jambe ! Je vais quitter le Vietnam ! » J'en avais vraiment ras le bol. Je m'étais trop battu, j'avais vu trop de morts. Et tout le reste.

Après, je suis allé à Guam. C'est là qu'on s'aperçoit qu'on n'est pas le seul. Vous avez été blessé, et alors ? Regardez les autres ! Bon sang, j'étais dans une salle d'orthopédie à cause de mes blessures à la jambe, et 50 % des gars étaient paraplégiques ou tétraplégiques...

Ç'aurait pu être le pire de tout si je n'avais pas rencontré là-bas un petit Latino-Américain, Joey Chavez. De quoi vous faire réfléchir ! Il avait perdu les deux jambes à mi-cuisse. Cicatrisé avec une rapidité incroyable. Il circulait en fauteuil roulant, et il était d'une adresse avec cet engin... Il le faisait tourner, rouler à toute allure, prendre des virages. Il nous faisait sans arrêt des démonstrations. Sans cesser de sourire de toute la journée.

J'ai aussi rencontré un autre gars qui avait été blessé sept fois par une AK47. Il ne se remettait pas. Quelque chose en moi me dit : « Il faut que tu aides ce type. Remue-toi le cul et fais quelque chose pour lui. » Je pouvais me déplacer et me balader. Je suis allé lui parler. Les

99 % du temps, il n'écoutait pas ce que je disais. Il ne savait même pas que quelqu'un lui parlait. Mais je lui tenais la main et je le regardais. Il s'appelait Sam Crossman.

— Bon Dieu, Sam, que je lui disais, il y a d'autres gars ici qui ont sauté sur des mines, et ils ne meurent pas, *eux*. Pourquoi veux-tu mourir ?

Enfin, un jour — les médecins ne pouvaient rien obtenir de lui et ils abandonnaient, pensant qu'il allait mourir —, un jour, donc, il ouvrit vaguement les yeux. Je le regardai et lui dis :

— Tu as intérêt à me *parler* si tu veux pas que je te botte le cul.

Ça, il l'a enregistré. Personne ne lui avait jamais rien dit de ce genre. Tout le monde s'apitoyait, était gentil, mais moi, je le regardais durement en disant :

— Sam, tu as intérêt à me parler si tu ne veux pas que je te botte le cul.

Un petit sourire se dessina sur son visage. Il ne pouvait rien dire parce qu'il était trop faible : il avait été dans le coma pendant plus d'un mois. Mais trois jours plus tard, il me dit : « Merci. » C'était tout ce qu'il pouvait dire. Mais il avait réussi à le sortir. Dix jours plus tard, nous discutions, et encore dix jours plus tard, je le nourrissais. Il reprenait des forces de jour en jour. Cela me faisait du bien intérieurement. Je me disais : « Tiens, je l'ai vachement aidé, ce gars. »

Un an après ma sortie de l'armée, il m'écrivit une lettre aux bons soins de mes parents : il était marié, avait un gosse, et tout allait bien.

Je rentrai donc aux Etats-Unis, terminai ma période et quittai l'armée. Il n'y avait plus rien entre Patty et moi. Nous savions que c'était fini. Elle commençait à perdre du poids et à aller un peu mieux. Moi, je me sentais vidé.

J'achetai une nouvelle voiture et j'allai dans l'Arizona, près de Phoenix. Construire des maisons pour les ouvriers des mines de cuivre. Patty rentra à Albuquerque, et nous hésitâmes un moment. Puis, environ trois semaines plus tard, nous avons entamé le divorce.

Pour ce faire, il fallait que je retourne à Albuquerque. J'obtins une bourse pour l'université du Nouveau-Mexique, et je repris mes études, sans oublier le foot, bien sûr. C'était pas mal. Je travaillais comme videur dans une boîte de nuit, *The Golden Slipper*. J'étais très populaire à l'université ; j'étais plus vieux que les autres, et je laissais les copains entrer dans la boîte même s'ils n'avaient pas vingt et un ans. Toutes les filles étaient amoureuses de moi parce que je leur offrais à boire.

Je vivais dans une maison de la fraternité Pi Kappa Alpha, où nous passions tout notre temps à faire la fête. Je n'étudiais pas grand-chose. Je jouais au foot, je rigolais et je vidais les gens de la boîte.

Un soir, à la boîte, il s'est passé le genre de truc qui me tape vraiment sur les nerfs. J'avais vu tant de fois Glen frapper ma mère ou ma sœur que j'avais bien participé à une vingtaine de bagarres dans ma vie sans même savoir sur qui je tapais et qui je sauvais... Je ne peux pas supporter qu'un homme frappe une femme, ni qu'un malabar cogne un gringalet, comme Glen le faisait avec moi. C'est une chose que je ressentirai toujours.

Ce soir-là, donc, j'ai vu un type taper sur une femme comme il l'aurait fait sur un homme. Ça m'a rendu dingue. Je l'ai cogné quatre fois, et je l'ai envoyé valser sur la porte vitrée ; elle a volé en éclats et il est passé au travers.

La fille qu'il avait frappée était la sœur d'un gars de mon association d'étudiants, qui était aussi membre de l'équipe de foot. Il est arrivé au bar une heure plus tard, et je lui ai raconté ce qui s'était passé. Il était fou de rage. Deux autres copains sont arrivés. Des joueurs de foot, des petits gabarits, du genre 1 m 95 et 115 kilos.

Après la fermeture du bar, on a passé une heure à boire et à causer de tout ça. L'affaire était devenue colossale. Comme si la Troisième Guerre mondiale allait éclater.

Le téléphone a sonné. C'était le type que j'avais foutu dehors :

— Tu sais quoi ? Je crois que je vais te botter le cul. Pourquoi ne viendrais-tu pas à la maison SAE, on finirait le combat.

On a filé vers ma bagnole. On était vraiment *énervés*. Nous voulions tous la peau de ce type.

Après avoir tout cassé dans la baraque, nous avons foutu une rossée de première à tous ceux qui étaient là. On a envoyé dix-sept types à l'hôpital.

Au moment de partir, un mec est arrivé, pas très poli. Je l'ai frappé et lui ai cassé le nez. C'était le fils du président du conseil d'administration de l'université.

Trois jours plus tard, nous étions tous les quatre foutus à la porte de l'université. Des amis connaissaient quelqu'un qui était dans la restauration. Ils voulaient lancer une chaîne de restaurants. Ça me semblait pas mal. Je reçus aussi un coup de téléphone me proposant de jouer dans l'équipe d'Oakland. J'aurais pu faire une carrière où j'aurais gagné 40 000 ou 50 000 dollars par an en passant six mois à ne rien faire d'autre que de taper dans un ballon. Mais j'ai décidé de tenter ma chance dans cette affaire de restaurants.

Nous montâmes le premier à El Paso, puis un second. Ça marchait bien. On en a ouvert à El Paso, au Texas, puis à Albuquerque, et à Oklahoma. En fin de compte, nous avions onze restaurants. Ça rapportait beaucoup d'argent. A Albuquerque je rencontrai une barmaid. Je finis par l'épouser.

Elle avait dix-huit ans et moi vingt-quatre. Elle s'appelait Lisa et son père, qui était sicilien, ne voulait pas que sa fille épouse un homme qui avait déjà été marié. Vieille règle dans les familles italiennes. Son père et moi nous bagarrions tout le temps, mais jamais physiquement. Lisa était une belle fille qui aimait la vie au grand air et le sport. Il y avait une certaine rudesse en elle. Elle n'était pas mondaine comme Patty. J'étais le premier homme avec qui elle couchait.

Puis, l'affaire des restaurants commença à être un peu dépassée. Et General Foods demanda si nous voulions lui vendre notre chaîne :

— Nous vous offrons dix fois votre bénéfice net annuel.

Dix fois le bénéfice annuel de nos onze restaurants, ça faisait un paquet de fric. Nous avions tous entre vingt-trois et vingt-neuf ans, et pouvions toucher près d'un million de dollars chacun. Nous sentions un petit changement économique et deux de nos restaurants ne marchaient pas très fort. Alors nous avons vendu. Tout le monde prit son argent et fila.

Je touchai plus de 700 000 dollars. Et en une seule fois, ça faisait une *tonne* d'argent. La première chose que je fis fut de donner une réception, mais une *réception* ! J'étais à Dallas ; j'invitai tous les copains, billet d'avion payé. Et je donnai des soirées, des soirées. J'achetai une nouvelle voiture et un tas de trucs. Je fis deux investissements boursiers à court terme, et j'y perdis la peau des fesses. Au bout de trois mois, je me retrouvai avec 150 000 dollars. Tout s'était envolé. J'en étais malade. Voilà pour quoi j'avais bossé, pendant des mois et des mois. Je traitais l'argent avec une foutue légèreté. Vite gagné, vite dépensé. Seulement, je ne l'avais pas vite gagné — c'était ça qui me chiffonnait. En plus, les choses commençaient à se détériorer entre Lisa et moi.

Ce fut alors que je reçus un coup de téléphone d'un type nommé Brian Dennard.

J'avais rencontré Brian à l'école primaire d'Albuquerque. Ensuite, nous étions ensemble au lycée. Plus tard, quand je revins de mon service militaire, il était à l'université du Nouveau-Mexique, et nous habitions ensemble dans la maison des étudiants. Nous y restâmes près de trois ans. Nous étions inséparables.

C'est ce que j'appelle un faux costaud. 1 m 77, 75 kilos, râblé, avec des cheveux châtain clair, qu'il portait généralement longs, de gros traits par rapport à sa taille, un gros nez, de grands yeux, une grosse tête. Costaud physiquement, mais se dégonflant vite en cas de coup dur.

Apparemment digne de confiance. Nous avions fait plein de choses ensemble, et je n'avais pas de raison de douter de lui.

Bref, quand il m'a téléphoné nous avons commencé à parler ; après avoir évoqué le bon vieux temps, il m'a dit :

— J'ai une proposition à te faire.

— Qu'est-ce que c'est ?

— Il faut que je t'en parle de vive voix. Je viens demain à Dallas.

Nous avons déjeuné ensemble, et il m'a dit :

— Je ne peux pas te donner de détails. Mais est-ce que ça te plairait de gagner un million de dollars en six mois ?

Les dollars se mirent... à tournoyer dans ma tête. Formidable, lui dis-je. Je lui avouai que j'avais perdu beaucoup d'argent et que j'aimerais bien en gagner de nouveau. Il prit congé sur ces mots :

— J'ai quelques affaires à régler. Je t'appelle dans quelques jours et je t'envoie un billet d'avion. Et tu y réfléchis.

Tout ce qu'il m'avait dit sur l'employeur, c'était qu'il s'agissait d'une grosse société, et que cela avait quelque chose à voir avec mon entraînement militaire. Ça pouvait être un service de sécurité, une affaire de garde du corps ou quelque chose de ce genre. Mais je ne savais absolument rien.

Le mercredi, il me retéléphone :

— Tout est réglé. Je t'envoie un billet pour San Diego et de l'argent. Je viendrai te chercher à l'aéroport.

Dennard précisa qu'il était indispensable que je ne dise à personne où j'allais, ni pourquoi. Il ajouta :

— N'aie pas peur d'être suivi ou quelque chose comme ça. Il n'y aura pas de pépin.

— Qu'est-ce que tu entends par être suivi ? dis-je. Pourquoi diable me suivrait-on ? Bon Dieu, je vais simplement prendre l'avion pour la Californie !

— T'énerve pas, dit-il, je t'expliquerai plus tard.

Toutes sortes de choses me passaient par la tête. Mais je voulais avant tout me faire un million de dollars.

Je pris donc l'avion pour San Diego. Brian et un certain Hernandez Rubi m'attendaient à l'aéroport. Rubi est un Mexicain maigrichon. 1 m 60, 55 kilos, environ trente-cinq ans, avec des cheveux graisseux qui lui tombent sur les épaules. Portant des vêtements coûteux d'un goût épouvantable. Un pantalon de soie vert et une chemise rouge, des chaussures de chez Gucci d'un rouge foncé très bizarre, des chaussettes écarlates. Le type même de l'homme de main mexicain bourré de fric.

Je saluai Brian, qui me dit :

— Je te présente Rubi. Je te dirai qui c'est plus tard.

Ça me parut un peu étrange. Il ajouta :
— Il vaudrait mieux ne pas parler avant d'être dans la voiture.
Cela me parut également bizarre. Une fois dans la voiture, il m'annonça :
— Nous ne sommes pas sûrs de ne pas avoir été filés.
— Brian, lui dis-je, qu'est-ce que c'est que ces conneries ? Pourquoi n'arrêtes-tu pas de dire qu'on est suivis ?
— Eh bien... nous nous occupons de choses que certains ne trouvent peut-être pas très légales.

Il mentionna Sicilia-Falcon :
— Nous sommes au service d'une grande multinationale qui s'occupe d'import-export dans un tas de domaines... Nous sommes un peu dans les stupéfiants, aussi, précisa-t-il.

Il avait dit ça très prudemment, parce qu'il ne savait pas comment j'allais le prendre ; il craignait peut-être que je lui dise de me ramener illico à l'aéroport.

Je ne dis mot, mais je me demandais pour quel service ce type m'offrait un million de dollars.

Nous roulions sur l'autoroute en direction de Tijuana, Rubi au volant, Brian et moi sur le siège arrière. Il m'expliqua qu'il y avait énormément de fric, que nous vivrions comme des rois, que nous pourrions faire tout ce qui nous plairait, et qu'on voyagerait dans le monde entier.

— L'essentiel, c'est qu'on se fera plus d'argent qu'on n'a jamais rêvé d'en avoir.

Je connaissais Brian depuis mon enfance. Il n'avait jamais été bien riche. Son père était dentiste à Albuquerque, mais lui-même n'avait jamais le sou. Il n'était pas bien ambitieux. Bien qu'il soit devenu *très* ambitieux plus tard. Je lui demandai comment il avait connu ce Falcon.

Il m'expliqua qu'il avait rencontré une fille à une soirée à San Diego et qu'il s'était mis à vivre avec elle ; c'était par son intermédiaire qu'il avait connu Falcon. Il travaillait avec lui depuis huit mois et se faisait un fric fou.

— Dis donc, lui demandai-je, où prend-il tout cet argent ?
— Il le tire de ce qu'il fait, de ce qu'il transporte et livre. Je ne peux pas t'en dire plus. Attends de le voir.

Et il se mit à parler de la voiture dans laquelle nous étions. C'était une Dodge Monaco, hors série — bleu saphir foncé, avec toit en vinyle noir, roues spéciales, intérieur en cuir noir, tapis de sol en cachemire, tableau de bord en noyer équipé d'un tas de cadrans. Et un petit panneau en dessous, avec deux commutateurs et trois boutons.

— D'après ce que tu m'avais raconté au téléphone, je pensais que tu arriverais en Rolls ou en Bentley.

— On peut en avoir, si on veut. M. Falcon a tout ce qu'il veut à sa disposition. Mais nous prenons toujours cette voiture au cas où nous serions suivis.

— Qu'est-ce que tu entends par là ?

— Elle est équipée de fusils automatiques.

Je le regardai d'un air éberlué.

— Je ne plaisante pas. Si on veut coincer quelqu'un ou bien échapper à des poursuivants, pas de problème.

J'étais sûr qu'il me racontait des bobards. Il m'expliqua qu'un des commutateurs placés sous le tableau de bord permettait de verrouiller les portières, et les deux autres d'allumer des phares spéciaux. Les boutons, eux, commandaient les fusils.

La voiture possédait trois fusils automatiques de calibre 12 à commande électrique, avec des chargeurs de 120 cartouches qui se vidaient en une quarantaine de secondes. Deux étaient dissimulés dans les phares jumelés. Ils étaient orientés de façon que leurs lignes de tir convergent. Le troisième était dans le coffre. Il y avait une espèce de panneau, avec une petite grille au travers de laquelle le fusil tirait.

Ils me déposèrent au Royal Inn à Tijuana. Brian me dit que Falcon me téléphonerait le lendemain ; je devais attendre dans ma chambre. Il me dit aussi de m'habiller aussi bien que possible, de ne pas venir en jean et T-Shirt.

Trois quarts d'heure plus tard, on frappa. Je pensais : « En principe, personne ne doit venir avant demain. » Sans ouvrir la porte, j'ai demandé :

— Qui est là ?

Une fille dit quelques mots en espagnol. Une très jolie voix. J'ouvris la porte avec un large sourire. Elle me dit dans un très mauvais anglais :

— Señor Falcon m'a dit de venir. Si vous voulez quelque chose, je le ferai pour vous.

Je la regardai :

— Qu'est-ce que vous entendez par faire quelque chose pour moi ?

— Tout ce que vous voulez, señor.

Elle avait l'air pas mal du tout.

— Pas maintenant. Mais revenez plus tard.

Je refermai la porte. Quelque chose clochait dans cette histoire. Je ne voulais pas prendre de risque. Je n'avais aucune idée de ce qui se passait. J'en savais juste assez pour être prudent... il n'existe aucune fille au monde qui vaille la peine de se faire tuer pour elle.

Je n'avais pas envie de me laisser aller à l'ardeur de la passion avec ce qui allait se passer le lendemain. La seule chose que je voulais, c'était avoir l'esprit clair. J'essayai de dormir, mais je ne pus fermer l'œil de la nuit.

Le lendemain après-midi, le téléphone sonna.
— Allô ?
— Miguel ?
— Oui.
— Soyez en bas dans dix minutes. Brian y sera.

Il n'avait pas dit son nom, mais j'imaginai que c'était Falcon.

Je mis un complet de Pierre Cardin que j'avais acheté quatre mois auparavant, mon meilleur costard. On aurait dit que j'étais allé me fringuer chez un grand couturier pour me préparer à le rencontrer. « Me voilà ; si je vous plais, je suis à vendre. » C'était vraiment dingue.

On était le 30 avril, date de ma blessure, date de ma rencontre avec Lisa. J'appris par la suite que c'était aussi le jour du vingt-neuvième anniversaire de Falcon.

Dennard et Rubi passèrent me prendre. Brian s'était mis sur son trente et un, blazer bordeaux, pantalon de flanelle et chemise de soie grise. Il me dit de ne pas trop parler. Mieux valait tout observer.

Arrivés à la maison, les gardiens ouvrirent le lourd portail de bois et nous entrâmes en voiture. Ils me firent ensuite emprunter un escalier en colimaçon, puis traverser la cuisine pour arriver à la pièce principale. La première chose que je vis fut un danois blanc et noir si énorme que c'en était incroyable. J'appris par la suite qu'il s'appelait Skipper. Sur un ordre secret, *piskoff*, Skipper attaquait ; il devenait complètement cinglé, ne cherchant qu'à tuer.

Je m'assis face aux baies vitrées qui dominaient tout Tijuana. Cette baraque appartenait manifestement à un homme qui savait de quoi il retournait, à quelqu'un de très puissant. Tous les gens que je voyais étaient armés. Il y avait des fusils appuyés contre les fenêtres, et des grenades à main. Ce fut la première fois que je vis Chu-cho, un des gardes du corps de Falcon. Il était plus grand que Rubi, solide, du genre Pancho Villa, avec une grosse moustache en guidon de vélo, des cheveux en broussailles, des sourcils épais. En chemin, nous avions traversé un stand de tir clandestin. Ça m'avait fait une drôle d'impression... « Qu'est-ce que c'est que tout ça ? Dans quoi me suis-je embarqué ? »

J'avais déjà vécu beaucoup de situations dramatiques, tragiques, mais tout cela me donnait un choc auquel je n'étais pas vraiment préparé. J'aimais l'aventure, le risque physique, mais là, c'était peut-être trop pour moi. Malgré tout l'argent qu'on me promettait.

J'étais assis sur un divan à côté d'une table à thé avec le nom de

Falcon écrit dessus en pépites d'or. Brian était dans un gros fauteuil de cuir, et Rubi se tenait debout, regardant le panorama.

Puis, Falcon entra. Il *puait* le pouvoir. Il était presque princier. Tout le monde se tut. Brian et les autres ressemblaient à des mômes qui ont vu Dieu en personne.

Je veux dire qu'ils vouaient un culte à cet homme. Tout son entourage le traitait ainsi. Falcon avait bâti sa réputation sur le fait qu'il était le plus puissant, le plus riche, le *meilleur* dans *tout* ce qu'il entreprenait. Et ceux qui travaillaient pour lui étaient les meilleurs dans leur spécialité.

Je me rendis compte qu'il tenait vraiment à m'impressionner. Il étala devant moi le rapport complet de mes états de service dans la marine ; les deux tiers de ce rapport étaient ultra-secrets, des tas de choses que j'avais faites pour la CIA au Vietnam, comme l'Opération Phoenix. Il avait des photocopies de tout. Pour être impressionné, j'étais impressionné ! Comment avait-il pu se procurer ces dossiers ? Des frissons me parcouraient le dos... « Bon Dieu, qu'est-ce qui se passe à Washington, pour que ce type puisse obtenir une copie de ces rapports ? »

Il s'assit et inclina la tête, ce qui signifiait que tout allait bien. Il ne prononça pas mon nom. Il ne voulait pas que quiconque connaisse autre chose que mon visage. *Personne*, à l'exception de Brian et de Rubi, n'a jamais su mon nom. Quand ils me parlaient, ils me disaient « Señor », sans plus.

Il me dévisagea, m'examina de la tête aux pieds, puis dit :

— J'ai lu votre dossier. Je sais ce dont vous êtes capable. Croyez-vous pouvoir vous charger d'un travail ?

Je le regardai, et répondis sans une ombre d'hésitation :

— Je peux faire tout ce que vous me demanderez.

Il fut impressionné. *Moi aussi*. Je ne savais pas que j'allais dire ça. C'était sorti tout seul.

— Je peux me charger de n'importe quoi.

— Je vais vous faire une proposition. Si vous voulez, parfait. Si vous ne voulez pas, parfait.

Il m'expliqua qu'un certain Alberto Barruetta était trop bavard :

— Je pense qu'il a parlé à la police. Je n'en suis pas encore sûr. Je veux que vous lui tiriez dessus, pour lui faire peur... Non, ne me donnez pas votre réponse tout de suite.

Il tira de sa poche quelque chose qui ressemblait à un million de dollars, un énorme rouleau de billets de mille dollars.

— Voici mille dollars. Rentrez chez vous et réfléchissez-y. Je vous téléphonerai dans trois jours. Si vous acceptez, revenez.

Ce fut tout ce qu'il me dit. Ces quelques mots brefs et onctueux. Nous avions à peine communiqué.

Quand j'étais descendu de l'avion à San Diego, je n'avais pris aucune décision. Mais quand Falcon me fit cette proposition, j'avais déjà décidé. Avant même de franchir sa porte. Parce que j'avais vu comment il vivait. Et je voulais vivre comme ça. Quand il m'avait demandé si je pouvais me charger d'un travail, j'ignorais de quoi il s'agissait, mais ça ne pouvait pas être plus répugnant que le Vietnam. Je savais donc que je pourrais le faire. J'avais déjà décrété dans ma tête que ce serait pareil. Ce serait une mission comme au Vietnam. Si je devais tuer quelqu'un, ce serait un ennemi.

Je n'ai jamais envisagé d'être pris. Pas une seule fois. Je savais que j'étais trop malin pour ça. Je n'ai jamais bousillé mon travail. Je n'ai jamais négligé de prendre le temps nécessaire pour bien faire les choses. Je les ai faites si bien que les agents qui ont été sur l'affaire pendant les cinq ans où j'y ai participé ne m'ont jamais vu : ils ignoraient tout de mon existence. Personne ne savait que j'étais là. On ne m'a jamais pris. *Jamais.*

CHAPITRE TROIS

1

Alberto Barruetta, le petit homme trapu dont les yeux sombres reflétaient une certaine timidité et qui essayait d'échapper au sort qui le menaçait — sa tête avait été mise à prix un demi-million de dollars —, me fit le récit de ce qui se passa après que Falcon l'eut convoqué à la Maison Ronde à Tijuana pour lui ordonner d'organiser le meurtre de sa femme Christine.

— En sortant de chez Falcon, je suis allé dire à Christine qu'il voulait la tuer. Elle ne m'a pas cru. Elle n'a jamais voulu croire que ces types avaient le bras aussi long, qu'ils pouvaient tuer quelqu'un avec une facilité enfantine. Cela créa un tas de problèmes entre nous. Et nous avons de nouveau rompu.

« Vous savez, je n'avais pas l'impression d'avoir si mal agi, en parlant aux flics d'autres trafiquants. Et si Falcon craignait que je dise quelque chose qui puisse lui nuire, à lui ou ses hommes... eh bien, je n'allais pas les laisser tuer ma femme. Malgré tout ce que j'avais fait, je me souciais de Christine. Moi vivant, personne ne la tuerait... Je tirerais le premier. Qu'ils aillent se faire voir !

« Je louai une maison sur une colline à San Diego. J'avais dans les

340 000 dollars, pas même un demi-million. Et mes chevaux. Alors, je les fis courir. C'était mon boulot, les courses. Falcon et ses lieutenants me raflèrent mes principaux clients. Après un certain temps, des petits clients me convainquirent de reprendre le trafic. Au diable Falcon.

« J'entrai au Mexique carrément, sans arme. Vendeurs et clients avaient peur, ils ne voulaient pas avoir de contact avec moi. Je devais leur donner la marchandise et ils me payaient plus tard. Je me faisais rouler. Je ne pouvais plus rien faire sur une grande échelle. Puis, je commençai à entendre des rumeurs persistantes, selon lesquelles Falcon allait me tuer.

Sur le champ de courses de Delmar, Barruetta rencontra Carlos Kyriakides, « M. Tijuana ».

— Mon vieux, me dit Carlos, tu aurais intérêt à faire attention où tu mets les pieds. Fais gaffe. Ne parle même pas à des filles.

« Quand il m'a dit ça, mes nerfs ont craqué. Connaissant Alberto, et sachant comment ses hommes et lui prenaient leurs décisions... Bourrés de marijuana, de coke et de champagne, ils pouvaient fort bien décider de me tuer, après ce qui c'était passé.

« Au Mexique, je devais être très prudent. Je me remis à faire un peu de trafic, des coups de vingt mille dollars. Un soir j'étais chez moi avec Susan, une jolie fille, très sexy, qui ne paraissait que seize ans. Comme nous avions un peu faim, Susan m'a demandé d'aller chercher de la glace.

« Je suis allé jusqu'au réfrigérateur. Debout dans l'encadrement de la porte, je la taquinais en lui disant que j'allais manger toute la glace. Au moment où je baissais la tête... *Boum !*... Mes oreilles se mirent à tinter... sur le moment, je ne pouvais imaginer qu'on m'avait tiré dessus.

« La détonation venait de l'extérieur. Pendant une trentaine de secondes, je ne compris pas ce qui se passait. Je me retrouvai par terre. Après, quand j'ai vu tout ces éclats de bois sur le lit, et Susan qui criait, j'ai commencé à comprendre.

« Alors j'ai pris mon fusil. Je ne suis pas très... je vous vaux avec un fusil, disons. Et j'ai pissé dans mon pantalon. Je n'étais pas blessé, mais ce *Boum*, tout près de ma tête, m'avait mis KO. J'étais sûr que le tireur allait revenir.

« Puis ça s'est mis à grouiller de flics. J'ai fait une déclaration, et ils sont repartis. Je suis resté debout une bonne partie de la nuit, à attendre...

« Ça m'avait bouleversé que Falcon m'ait fait tirer dessus. Je n'avais pas tellement peur, en fait. J'étais surtout *vexé* qu'il ait voulu me faire ça à moi. J'essayais d'arranger les choses, de laisser agir le temps, dans l'espoir que cette affaire finirait par se tasser. J'espérais qu'ils comprendraient que je n'étais pas leur ennemi, et que le calme reviendrait. J'avais du mal à avaler que quelqu'un m'ait fait une chose pareille. Et je n'allais pas me laisser faire. J'allais remuer ciel et terre pour essayer de lui faire payer ça.

« La plus grosse erreur de Falcon a été de m'envoyer ce type. C'était stupide de la part d'un homme si intelligent. S'il craignait que je parle, pourquoi ne pas en finir définitivement ? Quelque chose clochait. S'imaginait-il que ça ne me rendrait pas fou furieux ? Je ne comprends pas. Il faisait tout à la perfection. Avec moi, il a bâclé le boulot.

Je demandai à Barruetta s'il avait rencontré l'homme qui lui avait tiré dessus.
— Non. Et vous ?
— Oui.
— Vraiment ? En prison ?
— Non.
— Il ne me cherche pas ?
— Non.
— Un professionnel, j'imagine.
— J'ai l'impression qu'il vous a raté délibérément, qu'il voulait simplement vous effrayer. Ce n'est pas le genre de type à manquer une cible par accident.
— Peut-être. Je ne sais pas. Il était assez près pour me descendre.
— Avez-vous jamais eu envie de le rencontrer ?
— J'aimerais lui parler. Beaucoup. Lui demander comment il m'a trouvé, essayer de savoir ce que Falcon lui a dit. Pourquoi a-t-il fait ça ? Lui a-t-il simplement dit, en passant, d'aller me descendre ? J'aimerais surtout parler à Falcon. Qu'est-ce qu'il avait dans la tête, pourquoi me faire tirer dessus ?
— S'il pensait que vous parliez aux flics, il n'avait pas besoin d'autre raison, non ?
— C'est vrai. Mais je crois leur avoir bien fait comprendre que j'avais été contraint d'agir ainsi, à cause de la pression que les flics exerçaient sur moi. Mais je n'aurais jamais dénoncé un des nôtres.
— Peut-être s'est-il imaginé que si vous en racontiez tellement sur d'autres gens, vous pourriez tôt ou tard parler de lui.
— S'il le pensait *vraiment*, pourquoi ne s'est-il pas débarrassé de moi pour de bon ? Pourquoi a-t-il juste envoyé un type pour me faire peur ? C'était inutile. J'avais bien assez peur comme ça.

2
DECKER

J'ai dit à Falcon que je ferais le boulot, que je tirerais sur le type en question.

Il me donna le nom de Barruetta, une photo, et indiqua qu'il habitait San Diego. Je me fis passer pour un enquêteur d'assurances ; en quatre jours, j'avais trouvé où il habitait. Je l'ai surveillé pendant deux jours. J'allais chez lui la nuit. Ça recommençait comme au Vietnam. J'étais de nouveau en mission.

Le lendemain de l'opération, j'allai voir Falcon. A mon arrivée, il m'accueillit avec un sourire radieux. Je compris qu'il savait exactement ce qui s'était passé. J'étais sur le point de m'asseoir quand il me dit : « Inutile de parler. C'était parfait. Voici 5 000 dollars. »

Trois jours plus tard, il me donna 3 000 dollars en prime. Cela faisait 8 000 pour un seul boulot, qui m'avait en tout pris cinq jours. Comprenant qu'il y avait gros à gagner, je lui dis que j'allais faire venir ma famille à San Diego. Il me donna 10 000 dollars pour le déménagement, qui allait me coûter bien moins. Le premier mois, je me fis 200 000 dollars.

Pour des riens, dénicher un renseignement sur quelqu'un par exemple, il m'en donnait deux ou trois mille. Un type qui livrait de la cocaïne à Los Angeles bousillait le boulot, un homosexuel. J'allai dans le bar où il traînait. Ça me rendait malade d'attendre là-dedans ; les habitués étaient habillés comme Rubi, seulement, eux, c'était à dessein. Finalement, le gars arriva et resta un moment. Il allait remonter dans sa voiture quand je le rattrapai. Je lui ai balancé deux coups qui lui ont brisé le nez avant de le jeter dans la bagnole. Pour finir, j'ai cassé une vitre et lui ai dit en brandissant l'index : « Ne bousille pas le boulot de Falcon, compris ! »

Il saisit très vite le message. Je retournai voir Falcon le lendemain : 5 000 dollars. Pour cinq minutes de travail ! L'après-midi, Falcon s'absenta ; quand il revint, j'étais encore là, en train de bavarder avec Brian Dennard. Je lui disais que j'avais besoin de meubles pour la maison. Falcon l'entendit et me refila 10 000 dollars. Pour acheter des meubles ! Ça arrivait tout le temps. En voilà 5 000. En voilà 10 000. Tiens, prends 15 000 dollars...

Un type qui possédait une société appelée Blue Chip Motor Homes acheta pour 200 000 dollars de marijuana à l'organisation de Falcon. Les comptables s'aperçurent que les billets étaient faux. Falcon me fit venir : « Détruisez la société. Faites ce que vous voulez, mais débrouillez-vous pour la foutre en l'air. »

Avec une série de bombes à l'alcool méthylique et un peu de napalm, je fis sauter les Blue Chip Motor Homes. L'alcool méthylique comprimé explose très bien. Le chlorure de potassium aussi. Mélangé à du sucre, ça devient presque comme de la nitroglycérine. Deux ou trois copains de San Diego étaient encore dans l'armée et me fournissaient tout ce que je voulais. Falcon me demandait : « Combien vous faut-il pour acheter le matériel ? » Je disais 5 000 ou 50 000, il ne tiquait jamais. Souvent je demandais 15 000 dollars alors que ça m'en coûtait cinq.

Je passais beaucoup de temps à tourner autour de lui. Falcon et ses amis allaient aux courses ou ailleurs, s'amusaient d'un tas de façons. Je traînais par là, avec d'autres types qui assuraient la surveillance. Je savais que certaines personnes ne devaient pas s'approcher de Falcon. Dès que je voyais quelqu'un de suspect, je suivais Falcon comme son ombre. Personne ne devait s'en rendre compte. Falcon avait souvent des réunions avec des gens qui ignoraient qui j'étais et que j'avais un rapport avec son organisation. C'était important, parce que si jamais Falcon voulait se débarrasser d'eux, il fallait que je puisse les approcher sans qu'ils se méfient. Falcon considérait les choses sous tous les angles. Il laissait très peu de place au hasard.

Ces fusils automatiques équipant la voiture m'intriguaient. Un jour, Brian Dennard nous a emmenés, Rubi et moi, au ranch d'Ensenada. Je n'en suis toujours pas revenu. Il y avait une sorte de citerne d'environ neuf mètres sur un mètre vingt de haut. Brian s'arrêta juste en face :

— Tu vois ce foutu réservoir d'eau ? Bien. Maintenant, appuie un petit coup sur ce bouton.

J'appuyai. Tacatacatacatac. Ça fit littéralement éclater le réservoir. Je ne sais pas si vous avez déjà vu tirer un calibre 12, mais quand la balle frappe la cible, ça fait des trous gros comme ça... et il y avait soixante-dix à quatre-vingts trous dans le réservoir.

— Voilà ce qui se passe, dit Brian, si on essaie d'avoir quelqu'un de face. Maintenant, regarde.

Il fit demi-tour, recula et appuya sur l'autre bouton. Ça se mit à tirer de l'arrière. Si une voiture nous avait suivis, ça aurait transpercé la calandre et le radiateur.

J'achetai un appartement dans un immeuble de Riviera Drive. Et plein de beaux meubles. Nous ne nous refusions rien. Lisa voyait un manteau de trois ou quatre cents dollars, et nous l'achetions, ou un canapé ou une bague... Comme sa mère et ses sœurs étaient pauvres, nous leur offrions plein de choses. A Noël, nous avons fait des cadeaux de 400 dollars à vingt personnes. Elles n'en revenaient pas.

C'était le bon temps. Nous avions des amis habitant le même immeuble, des gens riches qui ignoraient ce que je faisais. Ils pensaient que j'étais conseiller en sécurité pour une grande compagnie internationale. Ce qui n'était pas totalement faux.

Je pris certaines habitudes de Falcon. Sa personnalité déteignait sur un tas de gens. Je dépensais un argent *fou*. Je pensais que la réserve était inépuisable. Quand on sortait avec Falcon et Carlos Kyriakides il n'était pas exceptionnel de donner cent dollars de pourboire à une serveuse de bar, ou à un petit cireur de chaussures. Il m'est arrivé de dépenser cinq mille dollars en une nuit. On entre dans un bar où il y a deux cents personnes, on se soûle et on finit par payer une tournée générale. A San Diego, je suis arrivé dans un restaurant à dix heures du soir ; j'ai demandé qu'on ferme la porte et j'ai offert à boire à tout le monde pendant toute la nuit. J'avais soudain des amis *partout*. Les filles me couraient après : je n'étais pas trop moche, je conduisais une Porsche turbo, j'étais élégant, bourré de fric et je voyageais dans le monde entier.

Lisa ne savait pas exactement ce que je faisais. Je lui avais dit comme aux autres que j'étais conseiller en sécurité. Elle s'est un petit peu inquiétée quand j'ai commencé à trimbaler tout le temps une arme sur moi. Elle n'a jamais rien dit, mais ça la travaillait. Puis elle s'y est habituée. Elle était très passive, très calme.

Lisa aimait la danse, les sorties, la nage, le soleil, les chevaux. Et les caresses. Nous nous entendions drôlement bien au lit. Nos relations physiques étaient presque incomparables. Je voulais lui prouver qu'elle ne trouverait jamais mieux que moi. Pas question qu'elle aille baiser ailleurs. C'était okay que je le fasse, mais pas elle. Je crois qu'elle savait que je courais les filles, mais ça lui était égal, tant qu'il n'était pas question d'amour, que ça restait uniquement physique.

A l'époque, elle voulait avant tout me rendre heureux. Un jour, elle me demanda :

— Tu ne voudrais pas m'apprendre à tirer ?

Ça me flatta de voir qu'elle s'intéressait à cela. Je lui achetai un petit Smith & Wesson modèle 27 et nous allâmes nous exercer. Elle me faisait sans cesse des compliments. « Tu es vraiment un bon tireur », ou un bon je ne sais quoi. Ça me remontait le moral. Très respectueuse, très généreuse. Surtout généreuse. Elle donnait vraiment.

Savez-vous comment Falcon a démarré ? On l'avait viré de l'armée pour homosexualité, et il vendait un peu d'herbe. Il s'associa à une bande de Los Angeles pour acheter de l'herbe. Ils étaient dans un motel, surveillant le parking où la marijuana devait en principe être livrée à trois heures de l'après-midi dans un camion de location. Tout était payé d'avance.

Il me raconta l'histoire à quatre reprises. Une fois, ils étaient cinq dans la chambre, une fois quatre et une fois six. Bref, ils étaient plusieurs. Ils attendirent, attendirent... A minuit, toujours pas de camion. Un des gars est devenu nerveux : « Ça sent mauvais, je ne veux pas être dans le coup. Je sais que je perdrai mon fric, mais je ne veux pas me faire agrafer. » Et il partit.

Le lendemain matin, toujours rien. Un autre gars se dégonfla et partit.

Quelques heures plus tard, ce fut au tour d'un troisième. Il n'en restait plus que deux, dont Falcon.

Vers quatre heures de l'après-midi, le camion arriva enfin.

Il était convenu qu'une demi-heure après l'arrivée du camion, ils recevraient un coup de téléphone disant à quel moment ils devraient le vendre. Ils savaient déjà où ils devaient l'amener, mais pas quand.

Le coup de téléphone ne vint jamais.

Le dernier gars prit peur et partit.

Restait Falcon. Tout seul. Dans un motel, avec un camion plein d'herbe dans le parking. Puisqu'il était le seul à être resté, il décréta que la cargaison lui appartenait. Il sortit, monta dans le camion, le conduisit à l'endroit indiqué et attendit l'acheteur. Quand celui-ci finit par arriver, il lui demanda 35 000 dollars, et les garda pour lui.

Ensuite, Carlos Kyriakides lui prêta suffisamment d'argent pour acheter plusieurs tonnes de « marie-jeanne », et il démarra vraiment. Falcon et Kyriakides fondèrent une compagnie d'import-export, la World International. Puis Falcon se lança dans l'affaire des camions-citernes. A un moment donné, la moitié des douaniers américains de la frontière de Tijuana était à sa solde. Dans les cabines, les camions transportaient 40 à 60 kilos de cocaïne. Chaque voyage rapportait 5 000 dollars au douanier. Trois voyages par jour, 15 000 dollars. Très lucratif.

Un des boulots les plus intéressants que j'aie faits... Des hommes de Falcon avaient cambriolé un magasin d'armes de la National Guard dans le nord de la Californie. Ils amenèrent à Tijuana environ 50 M16, 6 mitrailleuses calibre 30 et des M60, des grenades à main, des lance-grenades M70, des caisses de munitions... A l'aéroport de Tijuana, Falcon fit embarquer le tout sur deux de ses avions. Nous partîmes pour Guadalajara vers midi. Je me croyais revenu au Vietnam.

Guadalajara était une des grandes zones de stockage de Falcon. Des gens de là-bas avaient volé plusieurs tonnes de marijuana dans un entrepôt. Falcon voulait qu'on s'en occupe.

Tous ses avions ressemblaient à des Beechcraft Duke ou des King Air de série, mais à l'intérieur il y avait tout ce qu'on pouvait imaginer, les tout derniers instruments et des moteurs à turbocompresseurs ; ils étaient capables de semer la plupart des avions de chasse disponibles sur la frontière.

On a donc chargé un Beechcraft Duke et mis le surplus dans un autre appareil, et nous avons décollé avec Rubi et le pilote. Falcon m'expliqua ce qu'il voulait. Quand les gens qui avaient pris la marijuana viendraient s'excuser et verser l'argent qu'ils auraient dû donner dès le début, il voulait que personne ne s'en tire :

« Je ne veux aucun survivant. Et il ajouta : S'il en restait un seul, vous seriez dans le pétrin. »

C'était un défi. Très excitant. Quand nous avons atterri, j'ai vu avec stupéfaction que des douaniers mexicains et quatre officiers de la police de Guadalajara attendaient sur la piste. Je me suis dit : « Il va y avoir du grabuge. »

J'étais assis sur le siège du copilote, avec Falcon derrière moi. J'ai détaché le baudrier qui contenait mon 38. Je portais aussi un Magnum 44 sur la hanche. J'étais sûr que quelqu'un allait se faire descendre.

Les flics et les douaniers ouvrirent alors la soute à bagages et se mirent à *décharger* les armes ! Ils étaient tous à la solde de Falcon !

Ils avaient une camionnette à fond plat. Il y chargèrent les armes tandis que Falcon et moi montions dans une Ford LTD noire conduite par un certain Arturo. Nous roulâmes pendant une vingtaine de minutes pour arriver à la forteresse. C'était une maison sans étage du style ranch, entourée d'un mur avec des tourelles aux angles, le tout sur une colline. Derrière, il y avait une école qui avait été transformée en église. De loin, on voyait le clocher s'inscrire exactement entre deux tourelles de mitrailleuses. Ça semblait vraiment incongru.

Sitôt arrivé, j'ai posté mes hommes, des gars qui travaillaient là-bas pour Falcon. Il est très difficile d'expliquer à des gens qui n'ont jamais vu autre chose qu'un vieux pistolet comment manœuvrer un lance-grenades M70, mais je fis de mon mieux.

Les types qui avaient pris la marijuana arrivèrent dans quatre voitures, peu avant la tombée de la nuit — six hommes dans une voiture de protection, puis la voiture des patrons avec un chauffeur et deux passagers à l'arrière, et ensuite deux autres voitures de protection avec six hommes dans chaque.

Ils devaient tourner à gauche, puis à droite pour pénétrer dans la propriété. Quand la dernière voiture eut tourné à droite, six hommes avec des armes automatiques surgirent brusquement derrière eux et ouvrirent le feu. Les chauffeurs accélérèrent pour tenter de leur échapper.

Quand ils arrivèrent à une quinzaine de mètres du portail, les deux M60 des tourelles d'angle et deux mitrailleuses ouvrirent le feu. J'avais posté trois tireurs armés de M16 de chaque côté de la route ; d'autres lançaient des grenades à main ou manœuvraient des lance-grenades. Bien entendu, les réservoirs d'essence explosèrent.

En trente secondes, ce fut terminé. Vingt et un morts, et les voitures réduites à des tas de ferraille. Au Vietnam, on appelait ça un tir d'extermination. Pas question qu'il y ait des survivants, pas question de riposte. Il ne s'agissait pas seulement de gagner de l'argent et de s'amuser un peu. Il fallait aussi penser à rester en vie. Tout ce qu'on m'avait appris, c'était à être efficace et à ne pas me faire tuer. Au corps à corps, ou avec une arme. Et depuis l'âge de 18 ans, je n'ai jamais été battu. Quelles que soient les conditions. Même après Falcon, quand j'ai tué le neveu d'un sénateur au Nouveau-Mexique et qu'il y avait dix types avec lui. J'y reviendrai.

Nous sommes rentrés en avion à Tijuana le soir même. J'avais gagné 25 000 dollars, pour un jour de travail. Puis, un autre groupe de clients de Falcon décida d'acheter la drogue qui restait à Guadalajara et l'entrepôt lui-même. Falcon était d'accord. Mais il apprit que ces types étaient secrètement liés à ceux qui avaient volé la marijuana.

Il prit donc leur argent, puis me dit :

— Je ne pense pas qu'ils devraient profiter de la marijuana, *ni* de l'entrepôt. Faites-moi sauter tout ça.

J'y suis allé avec un kilo de plastic C-7 et j'ai disposé tout autour de l'entrepôt des charges commandées par radio. Le napalm que j'avais mis à l'intérieur a tout brûlé. Il ne restait plus rien.

Il n'y eut jamais de rapports ni de plaintes concernant un incendie, une explosion ou quatre voitures criblées de balles et carbonisées avec vingt et un cadavres à l'intérieur.

Près de 95 % des fonctionnaires de Guadalajara étaient payés par Falcon. Ça me paraissait vraiment incroyable, quand je prenais le temps d'y réfléchir — toute une *ville* à la solde d'un seul homme...

Falcon savait faire les choses comme il faut. Il savait travailler... et s'amuser aussi. Après cette petite guerre et l'explosion de l'entrepôt, Falcon invita les gens de Guadalajara qui étaient encore dans ses petits papiers, et des gens de Mexico et de Tijuana ; certains vinrent même d'Europe. Il loua un yacht de trente mètres et nous allâmes tous à Acapulco. Une équipée de rêve.

Pendant quatre jours, ancré dans le port d'Acapulco, tout le monde mangea, but, fuma et fit la bringue à volonté. Il avait fait venir cinquante filles du monde entier, des Françaises, des Orientales, des Espagnoles, etc. Elles étaient à l'entière disposition de tous.

Il fit aussi venir des cuisiniers, des traiteurs. Il claqua 300 000 dollars pour ces quatre jours. Il s'est passé des choses folles, démentes. J'étais allé à des soirées où il y avait un plat minuscule avec peut-être une once de cocaïne et chacun se servait. Mais sur ce yacht, il y avait des jattes avec un *kilo* de cocaïne et des petites cuillères en or disposées tout autour. Un demi-million de dollars de drogue pour quatre jours ! « Allez... amusez-vous. » Il emmena cinq amis — Carlos Kyriakides, Roger Fry et trois autres que je ne connaissais pas — dans une cabine qui possédait une cheminée et y mit quatre kilos de super-herbe colombienne, puis ferma le volet de réglage et mit le feu à l'herbe ! C'était le genre de truc qui l'amusait.

Sur le pont, on fit rôtir un cochon entier et des gigots. Il y avait toutes sortes de fruits exotiques. Il prit un plateau de quelque chose qui semblait délicieux et le balança à la mer, en disant : « C'est de la merde, refaites-moi ça. »

Il était comme ça. Le type même du perfectionniste. A toutes ses soirées, il expliquait *exactement* ce qu'il voulait aux cuisiniers et aux serveurs. S'il voulait des décorations roses ornées de bleu, il entendait des décorations roses ornées de bleu, et non de turquoise. Et s'il voulait tel genre de dentelle pour la nappe, il se fichait que vous deviez aller en France pour la faire fabriquer. Pareil pour la nourriture. La viande coupée de telle façon. Les plateaux arrangés de cette manière. Le caviar servi exactement comme ça. Les vins et les alcools servis dans tel ordre. Et si tout était *vraiment* parfait, incroyable les pourboires qu'il pouvait distribuer.

Sur ce yacht, il y avait une table de black-jack et une table de roulette. Les invités, soûls et bourrés de cocaïne, y laissèrent un paquet de fric. Quand la fête fut finie, Falcon fit mettre tout l'argent perdu aux tables dans des sacs, et donna un sac à tous ceux qui avaient travaillé sur le bateau. Ils se firent une somme rondelette en ces quatre jours. Je veux dire *vraiment* rondelette. Et certaines des filles qu'il avait fait venir d'Europe furent royalement rémunérées par plusieurs invités.

Il y eut toutes sortes de partouzes. Si vous imaginez une orgie romaine avec plusieurs corps faisant neuf cents choses différentes, il y eut tout ça. Des hommes entraient dans une cabine avec quatre ou cinq femmes à la fois. Toutes les combinaisons imaginables. Avant l'arrivée des invités, et après leur départ, j'eus droit à de petits plaisirs, mais pendant qu'ils étaient là, je travaillais, veillant au bon déroulement de la fête et m'assurant que tout était parfait.

Comme à toutes les réceptions données par Falcon, ma façon de ne pas frayer avec les autres rendait les gens nerveux. Ça les effrayait, ce type un peu plus costaud que les autres qui traînait partout... Ils se disaient, si je fais un pas de travers, il est bien capable de m'arracher les yeux. C'était l'impression que je donnais parce que c'était ce que Falcon voulait.

Il y eut de petits incidents. Les gens étaient lessivés par la drogue. A force de se bourrer de cocaïne, ils flippaient. Je dus arrêter une ou deux bagarres.

Les membres de l'équipage pensaient évidemment que ces gens étaient cinglés, mais ils touchaient dix fois leur salaire habituel, et on leur avait dit que s'ils n'avaient rien à faire, ils pourraient s'amuser eux aussi, à condition que ce ne soit pas aux dépens d'un invité. Et il y avait assez de filles qui traînaient : dès le second jour, la plupart des gens étaient fatigués. *Crevés.* Beaucoup faisaient la sieste, nageaient, se baladaient en canot ou rentraient à Tijuana pour se requinquer avant la prochaine séance à bord.

Joan Beck était là. Elle jouait un rôle très intéressant dans l'organisation Falcon. Pour la plupart des gens, elle n'était qu'un joli visage. Certains la prenaient pour une simple commissionnaire. En fait... si je prends les dix filles les plus intelligentes que j'ai connues, elle en ferait certainement partie. Vingt-six ans, dans les 1 m 65, des cheveux blond cendré, de très beaux traits. De ravissants yeux noisette. Une peau très douce. Toujours très bien habillée. Jamais en jean. Calme et timide. Mais elle savait s'exprimer quand on lui posait une question, ou quand elle pensait mieux connaître un sujet que la personne qui en parlait. Et elle ripostait très vite si elle se sentait attaquée.

Quand je suis entré dans l'organisation, on disait qu'elle était la petite amie de Carlos Kyriakides. Puis on prétendit qu'elle était la maîtresse de Falcon. Très habile pour recueillir des renseignements. Elle pouvait se faire passer pour n'importe qui. En se livrant à quelques petites recherches, elle pouvait se présenter comme quelqu'un qui a fait ça toute sa vie. Excellente comédienne. Elle parlait très bien l'espagnol — le castillan.

Je pense qu'on avait *aussi* recours à elle pour... C'était une excellente tireuse, et elle n'était pas femme à rester clouée sur place dans une situation difficile. Je crois qu'on pouvait *très* facilement avoir recours à elle pour se débarrasser de quelqu'un.

J'ai été témoin d'un tas d'incidents, et entendu parler d'un tas d'histoires concernant des filles — les filles constituent probablement 60 % des meilleurs assassins du monde. Les femmes sont très douées pour ça. Personne ne les soupçonne. Une femme peut approcher un homme de plus près qu'un autre homme. Elles peuvent se rendre à des réceptions sans éveiller la méfiance. Elles peuvent aller n'importe où. Et si elles sont comme la plupart des femmes, c'est un aller simple. Où un homme est-il le plus vulnérable ? Au lit. Saoulez-le, faites l'amour avec lui, soutirez-lui des renseignements. Si nécessaire. Ou, si c'est pour le tuer, vous pouvez l'emmener dans un endroit écarté sans qu'il se méfie.

En tout cas, Joan Beck était sur ce yacht, et des types essayaient de la draguer comme si elle était une pute. Elle avait été très réservée, buvant peu, fumant peu d'herbe, prisant peu de cocaïne. Mais le troisième jour, elle se laissa aller. Il était vers les sept heures du soir. A mon avis, elle avait dû passer les deux premiers jours à repérer la personne qui lui convenait. Tout le monde sait que beaucoup de prostituées sont lesbiennes. Elles sont lasses des hommes parce que la plupart d'entre eux couchent avec elles uniquement pour tirer un coup, et salut.

Je remarquai qu'elle communiquait sans paroles avec une fille, sur le pont arrière. Je les surpris en train de se regarder avec une certaine expression. Puis, cette fille se dirigea vers une cabine. Cinq minutes après, Joan Beck alla la rejoindre.

J'avais bien entendu le droit d'aller où je le voulais, et j'ouvrais tout le temps des portes pour voir ce qui se passait.

Elles étaient dans la cabine depuis un quart d'heure, et en passant devant, j'entendis du bruit. Je revins sur mes pas et ouvris la porte. Elles étaient toutes les deux nues sur le lit. Faisant l'amour.

Joan Beck leva la tête... Son regard était éloquent : si jamais vous dites ça à quelqu'un, je vous coupe les couilles. C'était clair. Et je ne l'ai jamais dit à personne. En fait, c'est la première fois que j'en parle.

J'ai l'impression que Carlos la traitait comme la dernière des dernières. Enfin ! je suppose qu'à leur façon ils s'aimaient, mais que leurs rapports physiques ne comptaient pas.

Elle s'imaginait sans doute que si elle trompait Carlos avec un autre homme, il la tuerait. Même s'il couchait tout le temps avec d'autres femmes. Quand Joan Beck a couché avec cette fille, elle cherchait sûrement quelqu'un avec qui communiquer, quelqu'un qui pourrait la satisfaire. Et avec une femme, ce n'était pas vraiment une infidélité, ça ne comptait pas.

A certains égards, Falcon était un vrai gosse. Quand vous aviez fait un truc, il voulait connaître tous les détails. Comment et pourquoi. Lorsque j'ai fait sauter cette maison, par exemple.

La baie vitrée de sa salle de séjour donnait sur Tijuana ; il y avait installé une puissante longue-vue. Il pouvait reconnaître les visages des gens dans l'arène et sur le champ de courses. Ou aux fenêtres de l'hôtel El Conquistador, en bas de la colline. Un jour, il se mit dans la tête qu'une maison située à deux rues de là servait de planque à des agents américains. Il l'observait. Parfois il y avait des gens à l'intérieur, parfois pas ; ça le rendit carrément paranoïaque, il s'imaginait qu'ils le photographiaient au téléobjectif. A l'époque, il se bourrait de cocaïne pour se doper, pour ne pas dormir.

Il décida qu'il fallait détruire cette maison. C'était une villa à deux niveaux décalés, construite à flanc de colline. Je m'y introduisis tard dans la soirée et plaçai des charges de plastic aux quatre coins de l'étage et deux au niveau inférieur. Mon idée était que les premières explosions feraient sauter la superstructure et que le haut s'effondrerait. Ensuite, les charges du sous-sol l'éventreraient. C'était une jolie maison avec du cuir partout, une table de billard au sous-sol, des tableaux, plein de chromes et de vitres.

Toutes les charges étaient reliées par télécommande à un détonateur. Je répandis une centaine de litres d'essence tout autour et retournai chez Falcon en attendant que les vapeurs retombent. Il était complètement excité. Il voulait que je lui explique *tout*. Brian Dennard et Rubi étaient là, eux aussi. Falcon se réjouissait à l'avance du spectacle. Il répétait tout le temps :

— Dommage que ces types ne soient pas là. Je crois que je vais prendre une photo et la leur envoyer : « Voilà ce qui reste de votre bicoque ! »

Nous étions près de la fenêtre. Détonateur à la main, j'étais prêt à déclencher l'explosion. Il était plus de minuit, il faisait nuit noire. Soudain, Falcon m'arrêta : « Non, non ! »

Je le regardai avec surprise. Il ajouta : « Je veux le faire moi-même. » On aurait presque dit que cela allait lui procurer un plaisir sexuel.

Quand il prit la boîte et appuya sur le bouton, il se raidit de tout son corps. Quand il vit l'énorme éclair (Brian avait pris l'appareil pour prendre la photo) il ne se tenait plus de joie.

— Fantastique ! s'exclama-t-il. Génial !

La maison se désintégra. Le feu était si violent que tout brûla de fond en comble en cinq ou six minutes. Il n'y avait personne à l'intérieur.

Falcon ne tolérait pas qu'on puisse le surpasser. Il était obsédé par l'idée d'être le meilleur en tout. Il voulait être le maître absolu.

Il était très possessif. Personne n'arrivait chez lui à l'improviste. Si vous n'étiez pas invité, la porte restait close. Mais quand quelqu'un comme Carlos Kyriakides arrivait quand Falcon n'était pas là, les domestiques ne l'empêchaient pas d'entrer.

Un jour, donc, Carlos entra et fouilla dans les papiers de Falcon. Un domestique en parla à Falcon. Le lendemain, il demanda à Carlos de venir. Ils discutaient tranquillement, quand Falcon plongea brusquement la main dans sa poche et en sortit son .45 tout incrusté d'argent et de nacre, avec A F gravé dans la crosse. Comme si un pistolet tirait moins bien s'il n'avait pas des incrustations de nacre. Il adorait les pistolets. Quand il montrait la maison à des invités, il les emmenait toujours voir le stand de tir, un vrai stand de professionnel, insonorisé et avec éclairage encastré. Il sortait son pistolet et tirait deux fois, histoire de rire. Il fichait *constamment* une frousse bleue aux gens. Quand des invités abrutis par la drogue et l'alcool sortaient dans la cour pour se rafraîchir les idées, Falcon s'amenait, approchait son pistolet de la tête du type et appuyait sur la détente. Il trouvait cela drôle. Je ne comprends pas que personne ne soit jamais retourné pour lui faire sauter la cervelle. Mais il riait — et eux aussi. Personne n'osait s'opposer à lui. Tous le considéraient avec un mélange de terreur et de respect.

Cette fois, donc, il sortit son .45 et se mit à jouer avec. Puis il le pointa sur Kyriakides. Juste entre les yeux. Dirigeant le canon légèrement sur la droite, il appuya sur la détente.

Kyriakides crut qu'il lui avait fait sauter la cervelle. Jusque-là, je n'avais pas prêté grande attention à ce qui se passait, mais en me retournant, je vis un gros trou dans le mur et la pièce pleine de fumée. Falcon regarda Kyriakides :

— Tu as vu ce qui vient de se passer. Personne n'entre chez moi en mon absence.

Il n'ajouta rien. Lorsque Kyriakides fut parti, Falcon me dit :

— Vous êtes le seul à avoir le droit d'entrer chez moi quand je ne suis pas là.

Mais le plus sérieux affrontement que j'ai vu entre Carlos et Falcon — c'était d'autant plus spectaculaire que, de la part de Falcon c'était dénué de violence, uniquement mental — eut lieu à l'occasion d'une réception donnée par Falcon au Fiesta Palace Hotel à Mexico.

A l'exception du président Echeverría lui-même, tout le monde était là. Des procureurs, des banquiers, des politiciens. Tout ce qui comptait au Mexique. Près de la moitié des gens qui avaient participé à la fête d'Acapulco y assistaient, mais cette fois, avec leurs femmes. Je veux dire que la façon dont ils se comportaient sur le yacht et au Fiesta Palace, c'était le jour et la nuit.

C'était une soirée magnifique. Dans la grande salle de bal. Un buffet somptueux, avec des bols en or pleins de cocaïne. Quand Kyriakides arriva, Falcon lui dit : « Tu prendras bien un peu de sucre ? » Kyriakides regarda le buffet en souriant. Le contenu des bols en or ne faisait pas de doute.

Les gens continuaient à arriver, procureurs, médecins, hommes politiques, directeurs de banque... Il y avait davantage de diamants, de bijoux, d'or et de soie que la plupart des gens n'en voient dans toute leur vie.

Falcon et Kyriakides rivalisaient pour impressionner ce public. Kyriakides portait un complet couleur tilleul, d'une coupe parfaite, et toute sa panoplie de bijoux. Parfois, il en portait tant que c'était écœurant. Deux ou trois chaînes autour du cou, et une bague pratiquement à chaque doigt. Il jouait au maximum au gars qui jette l'argent par les fenêtres. Il dépensait des centaines de milliers de dollars en voyages — le jet-set. Ce soir-là, il était incroyable.

De son côté, Falcon exhibait sa Rolex en platine étincelante de tous ses diamants jaunes. Il portait son diamant bleu de cinq carats à la main gauche, et un jaune de cinq carats à la droite. D'ordinaire, il n'en mettait qu'un. Le diamant jaune était une pierre très rare, qui venait d'un domaine d'Amérique du Sud. Falcon avait entendu parler d'un vol et avait acheté la bague.

La soirée battait son plein. Il devait y avoir trois cents personnes dans cette salle de bal. Un des proches collaborateurs du président Echeverría était là. Un jeune type, d'environ trente-cinq ans. Kyriakides se dirigea vers lui alors qu'il se trouvait au milieu d'un groupe d'au moins vingt personnes, et lui tendit les clefs d'une Ferrari dernier modèle.

Une voiture de 55 000 dollars. Je l'avais vue, elle était magnifique : carrosserie rouge, intérieur en cuir noir. Carlos accompagna son geste d'un petit speech : « Je vous offre ceci en témoignage de reconnaissance pour les merveilleuses choses que vous avez faites pour notre pays, et aussi pour toute l'aide que vous nous avez apportée dans nos affaires. » Il les présentait comme des choses légitimes, mais le type était payé, cela ne faisait pas l'ombre d'un doute.

Tous poussèrent des oh et des ah, impressionnés par le geste de Carlos. Mais Falcon n'allait pas s'avouer vaincu. Il entra dans le groupe et le silence se fit. C'était... je suis sûr que vous pouvez imaginer ça... Toutes ces femmes en robes du soir, ces Mexicains sur leur trente et un, Kyriakides venait de lui tendre les clefs, et tout le monde s'exclamait : « Oh Carlos... ! Oh Señor Kyriakides... ! »

Falcon l'évinça totalement. Il s'adressa au collaborateur d'Echeverría, qui était bouche bée, tenant les clefs de la Ferrari à la main : « Je tiens à vous remercier personnellement de tout ce que vous avez fait... »

Tous comprirent ce qu'il allait faire. Tous. Beaucoup de gens avaient eu l'occasion d'admirer le diamant jaune de Falcon. C'était une bague magnifique, qui valait des centaines de milliers de dollars. Falcon la donna à ce type.

Vous parlez d'un choc. Carlos Kyriakides avait l'air d'un chiot qui pousse des cris plaintifs. Il sortit du cercle et *quitta* la salle. Quel camouflet ! Il s'en alla, la queue entre les jambes. C'était stupéfiant.

Et le type qui avait reçu la bague... ce qu'il fit me pétrifia d'horreur. Et pétrifia tout le monde, je crois. Il prit l'autre main de Falcon, sa main gauche, et la lui baisa. Comme si c'était un évêque ou un roi. Il s'inclina et lui dit : « Merci, monsieur Falcon, merci beaucoup. »

Kyriakides ne l'a jamais pardonné à Falcon. Il était manifeste que leur association ne tenait plus qu'à un fil. Tout craquait.

Falcon voulait toujours être le premier. Peu importait le prix ou les conséquences.

Le bateau le plus rapide d'Acapulco, il le voulait. Il faisait des trucs dingues avec ce bateau. Un Singer de 5,80 m, avec un moteur Chevrolet 454 gonflé. Il pouvait atteindre... je n'ai jamais oublié ce chiffre, 180 km/h en une vingtaine de secondes, départ arrêté. Incroyable.

Il l'acheta parce qu'il lui *fallait* le bateau le plus rapide d'Acapulco. Bourré de cocaïne, il sautait sur les vagues à 150 ou 160 à l'heure en plein océan. Un jour, nous sommes sortis en mer et Falcon a aperçu une nageoire qui fendait l'eau. Carlitos nageait et faisait du ski nautique pas loin de là... le petit garçon qui vivait avec lui. Vous connaissez Carlitos ?

Revenons un peu en arrière. Un petit garçon de dix ou onze ans vivait avec Falcon. Il s'appelait Carlos, alors tout le monde l'appelait Carlitos. Sa mère, Mercedes Coleman, ne s'était jamais occupée de lui, et Falcon l'avait en quelque sorte adopté. Et il couchait avec lui. Jadis, Mercedes était un courrier de haut niveau, élégante, très soignée. Mais quand je la vis, c'était une camée complètement défoncée, incapable d'assumer son rôle de mère. Mentalement et physiquement, cela lui était impossible. Lessivée.

Tout ce que Carlitos avait jamais eu, tout ce qu'on lui avait donné, était venu de Falcon. Falcon l'inondait de cadeaux. En observant la situation, j'ai compris pourquoi. Falcon se sentait coupable, il voulait réparer le gâchis qu'on avait fait de la vie de ce gosse et la façon dont il abusait de lui. Et ce môme de guère plus de dix ans se baladait tout le temps avec deux ou trois mille dollars en poche.

En ce qui concernait les garçons, d'ailleurs, Falcon ne faisait jamais rien devant moi. Une histoire d'ego, quelque chose concernant ma personnalité, parce qu'il me considérait comme un costaud, une sorte de macho. Il ne voulait pas que je sache qu'il aimait les garçons, de peur que je n'y décèle un signe de faiblesse. Il ne l'aurait pas toléré.

Ce jour-là donc, Carlitos nageait dans l'océan et nous étions sortis en bateau quand Falcon crut voir un aileron de requin. Il accéléra à fond. Nous étions plaqués sur nos sièges. Il poursuivit ce requin à 150 à l'heure. La coque heurta un obstacle et ce fut la catastrophe... Il n'avait le bateau que depuis trois semaines. L'hélice et le dessous de la coque étaient arrachés, les panneaux, absolument tout. Mais il avait tué le poisson. Qui n'était même pas un requin, mais un poisson pilote. Falcon déclara qu'il n'avait jamais rien vu d'aussi si drôle. Le bateau coula et il l'*abandonna*. La côte n'était pas loin. Après l'avoir gagnée à la nage, nous avons bavardé un moment, puis il partit dans sa voiture.

Allait-il abandonner ce bateau ? Comme ça ? je téléphonai à Brian Dennard : « Dis donc, appelle une société de sauvetage pour faire remorquer ce fichu bateau. »

J'ai révisé le moteur, et fait réparer le fond. Ça m'a coûté dans les 1 500 dollars, et j'ai gardé le bateau. Falcon ne l'a jamais su. Il s'en serait foutu, d'ailleurs. Il s'était bien amusé avec, puis était passé à autre chose.

Mais revenons à Carlitos. Je suis sûr qu'un jour ou l'autre, si ça n'est pas déjà le cas, il essaiera de suivre les traces de Falcon. On n'a pas fini d'entendre parler de lui.

Je l'observais lors des réceptions à la Maison Ronde. Falcon avait une grosse vieille Espagnole qui s'occupait de la cuisine et qui maternait vraiment Carlitos. Tout le monde l'appelait *Mujer*. C'était elle qui veillait à la réussite des réceptions. Elle s'acquittait de cette tâche avec grand talent. Elle préparait des repas somptueux.

Il y avait toujours un spectacle, une vedette du disque par exemple. Et un tas de politiciens, de gens du monde, de personnalités diverses. Chacun essayait d'en jeter plein la vue aux autres.

Falcon avait une installation de sécurité incroyable. Il y avait des caméras de télé en circuit fermé dans le grand salon et à l'extérieur de la maison. Il avait également fait placer des micros dans la plupart des chambres, et même sous la table de la salle à manger. Le monitoring se trouvait dans sa chambre.

Mon travail consistait à avoir l'œil sur tout ce qui se passait et à m'assurer que l'ordre régnait. On finit par sentir les choses. Quand quelque chose cloche, il y a de l'électricité dans l'air.

Je surveillais aussi Carlitos. Il se baladait partout, un verre de vin à la main. Jamais vu un gosse pareil. Il ne se comportait pas comme un gamin de dix ans, mais comme un homme de trente. Il ne jouait jamais. Il prenait tout au sérieux. Lors des réceptions, il observait Falcon et les autres personnalités. Il leur parlait. Je pense qu'il observait tout pour se préparer à être un autre Falcon.

Quand Falcon avait un public de gens importants, il se lançait dans son sujet de prédilection, l'étendue de son empire : « J'ai fait une percée dans tel secteur et dans tel autre... » Les gens étaient comme hypnotisés. Ils l'écoutaient divaguer pendant des heures. Il voulait créer des industries dans tout le Mexique, en Amérique centrale et du Sud. Construire des hôpitaux, des immeubles d'habitation, et que sais-je encore. Chaque fois que ça le prenait, j'avais la très nette impression que ce qu'il essayait vraiment de dire à ces gens, dont beaucoup étaient des hommes politiques, c'était : « Regardez quel type formidable je suis ! Je veux bâtir des hôpitaux et des logements, pour le bien du pays. Je veux construire des usines, où je pourrai donner du travail aux gens. » Il bâtissait pour l'avenir, jetant les fondations, semant quelques graines en vue du jour où... « Ce Falcon, attention, hein ! Il a l'étoffe d'un *grand* dirigeant. »

Roger Fry... un des hommes les plus intéressants de l'organisation Falcon. Il était chargé d'une bonne partie de la distribution aux Etats-Unis. Un énorme réseau de vente dans tout le pays. Et une *masse* d'argent en Suisse. Un homme très important, mais qui ne payait pas de mine.

Il était très intelligent. Il menait deux genres de vie complètement différents, contradictoires. Ceux qui le connaissent en Europe ne l'auraient pas reconnu en Californie. Le premier mois où j'ai travaillé avec Falcon, je croyais que Fry était une espèce de clodo. Je n'avais aucune idée de son importance.

Il avait vraiment l'air d'un clodo. Des cheveux noirs tout ébouriffés, et la plupart du temps une longue moustache. Frêle, le visage triangulaire. Du genre Hell's Angels. Le vrai motard. Il arrivait toujours sur une vieille Sportster. C'était sa façon d'annoncer la couleur, de rester fidèle à son passé. Il était plus malin que la moyenne des motards, mais parfaitement à l'aise avec les marginaux. Je pense que beaucoup de types qui entrent dans une bande de motards ou quelque chose dans ce genre-là ne sont pas vraiment des marginaux. Ce sont des solitaires qui se joignent à d'autres solitaires et qui *deviennent* des marginaux.

Il ressemblait beaucoup à Falcon en ce sens qu'il aimait dominer. Il enviait Falcon parce qu'il *possédait* l'empire, tandis qu'il ne faisait que travailler pour lui. Très intelligent. Pas cultivé, mais plein de bon sens. Il sentait tout de suite quand quelque chose clochait. Très organisé. Il n'avait pas oublié les leçons apprises quand il vivait à la dure. Il ne commettait jamais deux fois la même erreur. Un bosseur. Et il adorait l'argent.

Il donnait l'impression de se fiche des choses matérielles, il ne s'affichait pas, mais en voyage il vivait comme un prince. Quand il partait pour le Mexique, l'Europe ou les Caraïbes, il changeait du tout au tout. Il s'habillait avec élégance, descendait dans les meilleurs hôtels, voyageait en première classe, ne se refusait rien.

Il pensait sûrement que cette image de motard lui assurait l'incognito en Californie : personne ne croirait qu'un type comme ça pouvait être important. Mais je crois que c'était ça, le *vrai* Fry. Le Fry qui voyageait, c'était de la frime. Je suis sûr qu'il ne se sentait bien dans sa peau que lorsqu'il était sale comme un cochon, le routard traînant dans les bars à flippers. Je ne l'ai vu qu'une fois à une réception donnée par Falcon à la Maison Ronde. Il paraissait très mal à l'aise. Il est parti tôt. Il n'a été invité ni sur le yacht ni au Fiesta Palace Hotel à Mexico. Je crois qu'il se sentait socialement inférieur à Falcon. De toute façon, Falcon n'aimait pas mélanger ceux qui travaillaient pour lui aux Etats-Unis avec les gens du Sud.

D'après ce que m'ont dit Falcon et Dennard, Fry avait dans le temps de bons contacts pour la cocaïne et Falcon l'apprit. Fry avait été arrêté en flagrant délit. Falcon versa une forte caution pour le faire libérer et engagea un avocat de Los Angeles du nom de Barry Tarlow, qui tira Fry d'affaire. Il avait donc une grosse dette à l'égard de Falcon. Et Falcon le lui faisait sentir. « A partir de maintenant, tu es à mon service. » Fry ne le mit jamais en question. C'était une des raisons pour lesquelles il travaillait si dur, comme un esclave qui veut s'affranchir. Fry était obsédé, vraiment *obsédé* par la façon d'agir de Falcon. Il finit par devenir presque aussi important pour Falcon que Kyriakides. En somme, Kyriakides s'occupait des affaires au Mexique et au sud, et Fry était chargé de l'essentiel de la distribution au nord de la frontière.

Je vais vous raconter un incident montrant comment Falcon traitait Fry. Kyriakides et moi étions à la Maison Ronde un soir et Falcon nous demanda, sans raison apparente, de rester jusqu'au lendemain. Roger Fry s'amena vers six heures du matin. A moto. Jean, T-shirt noir. Je n'oublierai jamais ce spectacle. Il avait même mis ses cigarettes dans la manche de son T-shirt.

Il s'installe et annonce :

— J'ai un associé qui achète pour un ami de Carlos.

Ledit associé voulait acheter de la cocaïne, dix kilos d'un coup, pour quelqu'un que Carlos Kyriakides était censé connaître.

— Qui ? demande Carlos.

Fry dit un nom.

— Je ne connais personne de ce nom.

Fry eut l'air très ennuyé. Il avait dû promettre au type qu'il aurait sa cocaïne.

Falcon regarda Fry :

— Si tu as fait une connerie, tu es un homme mort.

Fry se retourna pour me regarder, l'air de dire : « Est-ce vous qui allez faire ça ? » Faisant de nouveau face à Falcon, il répondit :

— Je suis sûr qu'il n'y aura pas de problème. C'est parfaitement réglo. En fait, la transaction peut avoir lieu ici même.

— Personne d'autre que moi ne fait de transaction ici, dit Falcon.

Fry savait ce que cela signifiait. Si ça se faisait ici, il n'aurait pas sa part du gâteau. Et sa commission aurait été de 50 000 dollars environ. C'était une leçon pour Fry.

On était lundi. Vendredi, Fry revint avec un type portant une boîte en inox pleine de billets de cent dollars. Falcon fit compter l'argent, et vérifier si les billets n'étaient pas faux. Fry téléphona au type chargé de prendre la came et lui donna un numéro de dix chiffres. Les sept premiers sont un numéro de téléphone. Vous l'appelez, et la standardiste répond : « Holiday Inn, j'écoute. » Le passeur va donc à l'Holiday Inn ; les trois derniers chiffres correspondent au numéro d'une chambre. Il y prend la cocaïne et rappelle Fry pour dire que tout est en règle.

Et Fry ne toucha pas de commission. L'acheteur parti, Falcon lui dit :

— Ce sera notre unique transaction avec ces gens.

Fry était stupéfait. Tout s'était passé comme sur des roulettes, après tout. Mais Falcon voulait donner une leçon à Fry. Il avait commis une erreur sur cette personne, et une erreur de ce genre pouvait être lourde de conséquences. Parce que dix kilos, c'était assez pour que des gens importants soient impliqués. De la cocaïne pure. Une fois coupée, cela représente plusieurs millions de dollars. Falcon ne voulait pas prendre le risque de recommencer.

Fry avait donc perdu sa commission *et* un gros client. Il avala tout ça sans dire un mot. Aussi important que soit Fry, aussi costaud, mesquin, assoiffé d'argent et bourreau de travail qu'il soit, il n'était pas de force à s'opposer à Falcon. Vraiment pas.

Avant que la mère de Carlitos, Mercedes Coleman, ne commence à se défoncer, elle passait pour Falcon d'importantes quantités de cocaïne vers le sud et ramenait l'argent. Un beau jour, elle alla livrer un gros paquet de coke à San José, au Costa Rica, et garda l'argent. Le truc stupide, quoi.

Falcon me demanda d'abord de la retrouver. Peut-être était-elle à Guatemala City, mais il ne savait pas exactement où. Je pris donc l'avion pour Guatemala. Elle y était effectivement. Je la trouvai aux *Angel Apartments,* au-dessus d'un bar. On aurait dit qu'elle sortait de la tombe. La peau fripée, les cheveux ternes. Elle était toute petite, et donnait l'impression d'être complètement déshydratée, avec en plus des marques de petite vérole sur le visage. Vêtue d'une vieille chemise qu'elle portait par-dessus son pantalon. Elle était avec un type, le père de Carlitos. Totalement différent d'elle. Soigné de sa personne, attentif à tout ce qui se passait, mais mou.

Je rentrai faire mon rapport à Falcon, qui me dit :
— Retournez là-bas et réglez-moi cette affaire. Vous aurez 15 000 dollars tout de suite et 15 000 dollars après. Plus une prime.

A mon retour, ils n'étaient plus là. Soi-disant partis en voyage. J'attendis dix jours puis regagnai les Etats-Unis. Au bout d'une semaine environ, je retournai de nouveau au Guatemala. Les hôtesses de la Pan Am commençaient à me connaître...

J'avais fait enregistrer une société bidon, les Sun Conglomerates, qui figurait sur ma carte de crédit. Je racontais toujours un tas de balivernes. Un jour, j'avais une compagnie maritime, une autre fois, c'était une société d'assurances ou bien immobilière. Si quelqu'un voyait mon pistolet, dans un aéroport par exemple, je disais que je devais transporter de grosses sommes d'argent et que j'avais besoin de me protéger. Pas de problème. Un riche Américain a bien le droit d'avoir un pistolet. Et avec un bon pourboire, les gens se mettent en quatre pour vous être agréables, ou ils ferment les yeux. Ces armes étaient toujours enregistrées à mon nom, tout à fait régulièrement. Dans le boulot, j'utilisais par contre des armes sans marques distinctives, un pistolet volé que quelqu'un d'autre avait acheté, et je le détruisais après l'avoir utilisé. Je ne me sers jamais deux fois du même.

A Guatemala City, donc, je repérai aussitôt un agent américain aux *Angel Apartments.* Ça n'aurait pas été plus clair s'il avait eu DEA ou FBI tatoué sur le front. Ça se présentait plutôt mal. Si les flics ramenaient Mercedes et son ami aux Etats-Unis, et s'ils collaboraient avec la police, ça risquait d'être embêtant pour Falcon.

Il fallait prendre une décision. Je téléphonai à Falcon pour lui expliquer la situation, et lui dire que j'allais engager un type sur place pour faire le travail. Il promit de m'envoyer un mandat télégraphique.

J'attendis trois jours en vain. Ça ne ressemblait pas à Falcon. Je retéléphonai sans pouvoir le joindre. De retour à San Diego, je téléphonai de nouveau. Toujours personne. Je traînai dans les parages, j'allai dans tous les endroits où Falcon, Dennard, Rubi ou Chu-cho auraient pu se trouver. Personne. Je quitte un empire, je reviens, et il s'est envolé.

Alors je décide de ne plus bouger de mon appartement. Le lendemain, coup de téléphone de Dennard : Falcon veut me voir à Mexico City, au Fiesta Palace Hotel. Je l'y retrouve vers quatre heures de l'après-midi. Il y avait un énorme orage, je me souviens. Falcon me raconta alors une histoire que j'ai bien dû entendre cinquante fois par la suite. A la dixième fois, je n'en pouvais plus. Cré nom, me disais-je, s'il me raconte ça une fois de plus, je lui arrache les yeux.

Il s'agissait de la descente de police à l'entrepôt de Mexicali. Elle avait saisi un camion-citerne et toute la réserve de marijuana.

CHAPITRE QUATRE

1

C'était trop beau pour durer. Vingt-sept jours s'étaient écoulés depuis que Decker avait tiré sur Barruetta. Alertés par des rumeurs concernant des camions-citernes qui faisaient la navette entre un chantier de bois de Mexicali et le poste frontière de Tijuana, les avions de la DEA et des agents au sol passèrent quatre jours et quatre nuits à surveiller les camions. Finalement ils en arrêtèrent un au poste de contrôle de San Isidro, le fouillèrent et trouvèrent près de quatre tonnes de marijuana. Accompagnés par la police mexicaine, ils allèrent à l'entrepôt de Mexicali. Il était vide.

Les agents le fouillèrent de fond en comble, se refusant à y croire. Il était impossible que le camion ait transporté la dernière cargaison. Le bâtiment avait un sol en béton ; des piliers de bois soutenaient le toit en tôle ondulée. Quelqu'un remarqua qu'un des piliers reposait sur une plaque de métal. Un bon coup sur le pilier suffit à dégager la plaque. En la soulevant, ils découvrirent une petite ouverture donnant accès à une vaste cave. Elle contenait plus de trente tonnes de marijuana. La plus importante saisie de drogue jamais effectuée. Même pour Falcon, c'était un rude coup.

DECKER

Après la descente à Mexicali, Falcon s'était réfugié dans la clandestinité. C'était pour cela qu'il n'avait pas envoyé l'argent et que je ne pouvais joindre personne. Et maintenant, au Fiesta Palace, il faisait le fanfaron :

— Et alors ? J'ai perdu une centaine de tonnes, ce n'est pas une affaire. Je suis encore fort et puissant. Demain, je serai plus fort et plus puissant que jamais.

Il avait des photos de la descente de police, qu'il montrait aux amis en disant :

— Quelle bande d'enfoirés ! Ils ne savaient même pas qu'à huit kilomètres de là, j'en avais deux fois plus !

Et ainsi de suite. Il fallait absolument qu'il continue à impressionner les gens.

Selon lui, Barruetta était responsable de l'intervention de la police. Il voulait qu'on le descende. Il offrait 500 000 dollars pour la tête de Barruetta.

Il me dit que tout devait s'arrêter pendant quelque temps, et me donna 15 000 dollars. Je devais regagner San Diego pour attendre la suite des événements. Quatre jours plus tard, il me dit de revenir à Mexico. Mon passeport était déjà plein de tampons d'entrée et de sortie, un vrai album. Falcon vint me voir au Fiesta Palace Hotel : tout continuait comme avant, mais il voulait abandonner la marijuana, pour vendre uniquement de la cocaïne.

Il me demanda de constituer des groupes de sécurité pour les entrepôts, parce qu'il allait tout liquider très vite. Dorénavant, il allait vendre de la coke, par un ou deux kilos à la fois.

Je lui demandai ce qu'il fallait faire au sujet de Mercedes Coleman.

— Nous verrons cela plus tard, répondit-il.

Je retournai donc en Californie pour acheter des fusils et des munitions. Les copains qui me fournissaient des armes provenant des bases militaires n'étaient plus très chauds. Des gars qui conduisaient de vieilles bagnoles avaient maintenant des Corvette neuves. Pas très malin. Le gouvernement commençait à flairer quelque chose : les stocks des magasins d'armes s'épuisaient trop rapidement. Un type de San Diego qui avait un magasin d'articles de sport accepta de me vendre des armes sans les enregistrer à mon nom. J'installai une cache à San Diego, puis me mis à la recherche de lieux pour le ramassage. En utilisant le code à dix chiffres, vous savez.

Les ventes de coke démarraient bien. L'argent et la came étaient livrés dans des chambres d'hôtel ou de motel. L'argent était caché à la Maison Ronde derrière un portrait de la mère de Falcon. Une trappe donnait accès à une chambre forte. La première fois, nous avons mis dix heures à compter l'argent. Il y avait sept millions quatre cent mille dollars et des poussières. Pour une seule semaine. Peu de gens comprennent ce que cela représente matériellement. Il faut un tas de billets pour faire un million de dollars, des liasses et des liasses.

Un matin, vers huit heures, Falcon me dit d'aller à l'El Conquistador :
— Fouillez l'hôtel et videz tout le monde. Je ne veux *personne* dans cet hôtel.
Il me dit qu'il allait y tenir une réunion. Et quelle réunion !
J'allai à l'El Conquistador et posai sur le bureau du directeur une sacoche contenant dans les 25 000 dollars :
— Je ne veux plus voir personne ici dans une demi-heure.
Il me regarda comme si j'étais cinglé. Je précisai :
— *Todos los acomodaciones. Señor Falcon.*
Cette fois, il pigea. Ce fut une belle pagaille. Tous ces gens qu'on mettait dehors. Ceux qui ne voulaient pas partir, on les *vidait* de leurs chambres. En une demi-heure, ce fut fini. Sur la porte, une pancarte indiquait en espagnol : « Fermé pour cause de réparations ».
La réunion organisée par Falcon concernait les armes et la révolution. Un Américain du nom de James Morgan, de la Morgan Arms Company, était venu à Tijuana pour parler à Falcon d'une arme qu'il avait inventée. Toutes ces histoires de politique et de révolution étaient une autre facette de Falcon. Cela allait de pair avec la drogue, tout en étant à part.
Deux grandes chambres nous étaient réservées. L'une était pour les hommes de Falcon, et l'autre pour ce James Morgan. Je ne savais pas exactement qui les occuperait. Falcon m'avait simplement dit que tout était okay. J'ignorais qu'il y avait deux hommes armés dans la première chambre. James Morgan les avait amenés à toutes fins utiles. Si Falcon essayait de l'avoir, ils étaient censés s'occuper de Falcon et de moi.
Sentant que quelque chose clochait, j'avais demandé à Rubi et Chucho de rester dans la cour avec des fusils pointés sur la première chambre :
— Je ne sais pas qui est là-dedans, mais si quelqu'un en sort avec un pistolet pour entrer dans l'autre chambre, descendez-le. Ne posez pas de questions. Tuez-le. Je me fous de savoir *qui* c'est
Je laissai Falcon au salon de thé de l'hôtel et montai dans la chambre où la réunion devait avoir lieu. Il y avait deux lits, quelques chaises, un écran et un projecteur.
Je redescendis pour dire à Falcon que tout allait bien, et nous remontâmes. Morgan était déjà là, et trois de ses hommes arrivèrent. Un détective de la police de Los Angeles, un actionnaire de la Morgan

Arms Company, et un type qui avait testé le fusil que Morgan voulait vendre. Puis, vint Gaston Santos, l'ami toréador de Falcon.

Je croyais que tout le monde était là. Jamais de ma vie je n'avais senti autant d'électricité dans l'air. On ne pouvait pas dire que la confiance régnait.

Soudain, on frappa à la porte. Je sortis mon Magnum devant tout le monde et le pointai sur la porte. Falcon ne réagit pas, mais Morgan me dit : « Ça va, pas de problème. »

— J'en déciderai moi-même, dis-je.

Deux filles entrèrent dans la pièce et s'assirent. Je ne me serais pas fié à elles. *Toutes les deux* avaient un pistolet. Dans un étui de hanche. Elles étaient en jupes larges, et cela se voyait à leur façon de s'asseoir.

Je gardai tout le temps le Magnum à la main, prêt à tirer. J'étais *sûr* que quelqu'un finirait par perdre les pédales.

Morgan était un homme grisonnant aux traits délicats. En veston de tweed, chemise sport et cravate. Perpétuellement agité, inquiet, le type du vieux savant toqué.

L'inspecteur de police de Los Angeles, la cinquantaine, en strict complet gris, faillit chier dans son froc quand je sortis mon Magnum. Il croyait qu'il était le seul à être armé.

L'actionnaire ressemblait à un Européen. Chemise de soie ouverte au col, chevalière en or... Typique.

Le gars qui avait testé l'arme était très athlétique, avec des cheveux d'un blond roux. Une des filles était très attirante. Une petite brune sophistiquée. J'appris plus tard qu'elle était apparentée au président du Portugal. L'autre fille était plus grande, bien bâtie, avec de longs cheveux blonds. Elle était liée aux Valenzuela, une des « familles » de Los Angeles, ce qui m'inquiétait beaucoup.

Gaston Santos portait comme toujours sa veste de cuir bleue, sa chemise de soie blanche, et son collier fait de trois chaînes d'or entrelacées. D'une trentaine d'années, très athlétique, se mouvant et parlant vite, il ne perdait pas son temps à bavarder. Après son arrivée, on entra dans le vif du sujet. Je crois d'ailleurs que Gaston Santos et Falcon étaient amants. D'après ce que j'avais vu et entendu, leurs relations étaient assez équivoques. Ils passaient beaucoup de temps ensemble au ranch de Santos, par exemple.

Mais revenons-en à la réunion. Après avoir présenté ses collaborateurs, Morgan commença :

— Je tiens à ce que vous compreniez l'importance de cet événement, en termes financiers certes, mais aussi en termes de puissance.

Quand Falcon entendit le mot « puissance », son visage s'illumina.

— Quelle sorte de puissance ? demanda Santos.

Morgan s'apprêtait à répondre, mais l'inspecteur de police le devança :

— J'ai vu l'arme. Je suis un ancien des Marines, et je sais ce dont je parle. Il n'existe rien de mieux.

Morgan passa la parole à l'actionnaire.

— J'ai investi mon argent dans cette entreprise et j'en investirai encore. Cela nous donnera non seulement la célébrité, mais aussi la puissance.

Le visage de Falcon s'illumina de nouveau.

Santos et Falcon souriaient jusqu'aux oreilles. Falcon n'ouvrait pas la bouche. D'ordinaire, c'était lui qui dirigeait la conversation. Cela montre à quel point il était intéressé.

— Avant que nous discutions plus avant, dit Morgan, je veux vous montrer un film. Monsieur Decker, pourriez-vous éteindre la lumière ?

— Non, dis-je.

James Morgan se tourna vers moi :

— Comment allons-nous voir le film ?

— Nous en verrons bien assez.

Je jetai un coup d'œil sur Falcon. Il se contentait de sourire. C'était très curieux, parce que Falcon aurait dû être furieux de voir que c'était moi qui contrôlais la situation.

Je leur permis d'éteindre les deux lampes de devant, et la projection commença.

2

Sur l'écran, Decker vit apparaître le titre : « Super-fusil ». Le film était visiblement tiré d'une émission de télévision. L'annonceur avait une voix résonnante de professionnel ! Il aurait été parfait pour vendre des camions.

ANNONCEUR : A Los Angeles, un homme a inventé ce qu'il appelle un super-fusil. Il est équipé d'un viseur à laser et d'une fusée auxiliaire capable de détruire un char d'assaut. L'inventeur affirme qu'il est supérieur à la nouvelle arme que les Russes ont utilisée pour détruire des centaines de chars israéliens lors du conflit du Moyen-Orient. Pourtant, le Pentagone ne semble guère intéressé, comme l'explique notre confrère Don Harris de *Channel 4*.

[Quelque part dans une région accidentée, un homme en manches de chemise assiste au tir d'essai d'une arme automatique. Il fait face à la caméra.]

HARRIS : C'est le M 101 C. Un jour, il deviendra peut-être aussi célèbre que le M 16 ou le M 1, la Sten ou la mitrailleuse Bren. C'est une arme étrange, très science-fiction. Son inventeur affirme qu'elle peut révolutionner la guerre d'infanterie. James Morgan est physicien ; il a collaboré à notre programme spatial. Ce fusil tire plus vite que le M 16, a deux fois plus de cartouches par chargeur et utilise un viseur à laser. Selon Morgan, cela permet de viser bien plus vite qu'avec un viseur conventionnel. Le laser est également utilisable de nuit.

Bien qu'il tire plus vite, le fusil Morgan a tendance à reculer plutôt qu'à se cabrer, et même le recul semble moindre. Un jeune homme de quarante-cinq kilos peut l'utiliser, alors que le M 14 ou le M 16 le feraient tomber à la renverse en tir automatique. Le M 101 C est encore plus impressionnant comme lance-roquette. La roquette qu'il tire est elle aussi une invention du physicien Morgan. Lorsque la roquette et son lanceur sont en place, l'arme peut toujours être utilisée comme fusil ; elle peut aussi tirer un projectile spécial correspondant à un obus de mortier de 105. Le lanceur propulse la roquette en lui imprimant un mouvement giratoire. Il n'y a aucun recul. La roquette suit une ligne parfaitement droite, et non une trajectoire courbe, comme un obus. Elle peut détruire un char à près d'un kilomètre. Grâce à cette arme, une compagnie peut établir un barrage correspondant à toute une ligne d'obusiers.

Si le M 101 C est vraiment aussi extraordinaire, pourquoi Morgan ne le vend-il pas à l'armée américaine ? Ecoutons sa réponse.

La roquette qui traverse l'écran est une boule rouge vif de la taille d'un melon. L'inventeur, James Morgan, apparaît. Il ressemble à un homme d'affaires entre deux âges.

MORGAN : Nous préférerions bien entendu le vendre à l'armée des Etats-Unis, mais il lui faut entre cinq et sept ans pour se décider, ce qui est plutôt long. Et beaucoup de gouvernements étrangers sont intéressés.

HARRIS : En supposant que vous ayez un gros client comme l'armée américaine, à combien lui reviendrait cette arme ?

MORGAN : Le coût de production de ce fusil est inférieur à 40 dollars l'unité.

HARRIS : Connaissez-vous le coût de production du M 16 ?

MORGAN : Plus de 200 dollars.

HARRIS : Vous dites que votre arme révolutionnerait la guerre d'infanterie. Le croyez-vous vraiment ?

MORGAN : Le M 101 C est déjà un fusil unique en son genre. Comme fusil d'assaut, il est déjà largement supérieur. Mais avec sa roquette et son lance-roquette, il révolutionne complètement le concept de la guerre. Il met entre les mains du fantassin la puissance de feu d'une pièce d'artillerie. De ce point de vue, il révolutionnera la guerre.

HARRIS : Don Harris. NBC News, Los Angeles.

3
DECKER

Personne ne semblait surpris sauf moi. Un truc qui tire tout droit ? Pas de trajectoire à corriger ? Ils avaient pourtant suivi le film avec attention.

Après la projection, Morgan annonça :

— Un homme équipé de cette arme vaut cinquante hommes équipés d'une arme conventionnelle.

Falcon se mit à penser chiffres :

— Mettons que j'aie 1 500 hommes. Multiplié par 50, cela fait 75 000 hommes.

Un groupe de cent guérilleros du Salvador équivaudrait donc à 5 000 hommes. Falcon et Santos commencèrent à se demander quelle serait la meilleure utilisation de cette arme.

Le type athlétique qui l'avait testée prit la parole :

— Il y a autre chose. Certains l'ont baptisée la seconde chance.

Il sortit un gilet qu'ils avaient inventé. C'était fait d'une sorte de caoutchouc fibreux, couleur coquille d'œuf, poids plume. Il nous assura que cela pouvait arrêter n'importe quoi, y compris une balle de Magnum.

J'étais là avec mon gros calibre à la main. Je lui demandai :

— C'est vraiment efficace à ce point-là ?

— Absolument.

— Mettez-le.

Il le mit. Et le policier de Los Angeles tira sur lui avec son .38. D'environ cinq mètres. Le choc le renversa, mais il était indemne.

Je sortis alors mon 44 Magnum. J'ai descendu des gens dans des voitures avec cette arme. Ou à travers les deux vitres d'une voiture, en tirant sur quelqu'un qui essayait de se planquer de l'autre côté. En voyant le Magnum, le type m'arrêta d'un geste :

— Non. Le gilet arrêterait la balle, mais elle me briserait quelques côtes.

Il retira le gilet et le posa sur le dossier d'une chaise. Je tirai, sûr que cela allait faire un trou dans le gilet. Mais non. La balle s'imprima dans le tissu. Cela m'impressionna beaucoup. Morgan sortit alors une bouteille de vin. Du chablis de Californie. Il la déboucha, servit, et offrit le premier verre à Falcon. Je fis un signe de tête à Falcon et dis :

— Pourquoi ne le goûtez-vous pas d'abord, monsieur Morgan ?

Après un moment d'hésitation, **il** en but. Je pense qu'il avait hésité parce qu'il craignait que quelqu'un n'ait fait un échange de bouteille. Ça n'aurait pas été la première fois. J'avais vu Falcon faire le con avec des bouteilles de château latour en y mettant de la cocaïne et du LSD, puis en offrir à des gars qu'il voulait démolir.

Ensuite, Morgan reprit la parole :

— Voilà mon plan. Il me faut un million de dollars. Pour commencer. Ensuite, il m'en faudra neuf de plus pour passer à la production en série. Il ajouta : Le père de cette jeune femme accepte que nous construisions une usine au Portugal.

« A moins, monsieur Santos, que ce ne soit possible au Mexique, grâce à vos relations ?

— Oui, dit Santos, cela pourrait se faire au Mexique, mais il y aurait une taxe à la production.

— Ça ne m'intéresse pas, répondit Morgan.

— Pourquoi ?

— Je ne cède aucune part des bénéfices quand ce n'est pas indispensable. Avec un investissement de dix millions de dollars, nous pourrons faire trois à cinq cents millions dès la première année. De bénéfices.

Falcon prit à peine garde à ces chiffres. Ce n'était pas pour l'argent qu'il voulait ces fusils, mais pour s'emparer du pays entier. Pour avoir de l'argent, il lui suffirait d'aller en Amérique centrale et de troquer un de ces fusils contre de la cocaïne, dont il tirerait dix mille dollars en Californie. Un fusil de quarante dollars. Jolie marge bénéficiaire.

— Combien de temps faudra-t-il pour lancer la fabrication ? demanda Falcon.

— Six à huit mois.

— Faites-le en trois.

— Impossible.

Falcon le regarda en penchant imperceptiblement la tête de côté :

— Ou vous le faites, ou vous sortez immédiatement d'ici.

Il y eut un silence de mort. Santos et moi comprîmes aussitôt ce qui se passait. Morgan aussi. Il s'inclina obséquieusement devant Falcon, et dit : « J'essaierai de le faire en moins de trois mois. » Falcon avait une fois de plus prouvé qu'il était le maître. Il n'était plus question de partager avec Santos et Morgan. Ce serait *son* opération.

Morgan se tourna vers la Portugaise :

— Serait-il possible de rencontrer votre père dans le mois qui vient ?

— Je ferai le nécessaire, répondit la jeune femme.

Gaston Santos promit ensuite à Morgan de s'occuper des droits d'importation au Mexique. Les pièces devaient être fabriquées au

Portugal et assemblées au Mexique et en Amérique centrale, probablement dans la région de San José au Costa Rica.

J'entendis soudain un bruit dans la chambre voisine. Sans doute un verre qui était tombé. Falcon parut s'en alarmer. Je lui fis un signe de tête pour indiquer que je savais déjà qu'il y avait quelqu'un.

— Qui est à côté ? demanda Falcon à Morgan.

— Deux de mes hommes.

— Je vous avais dit qu'il ne devait y avoir personne dans l'hôtel en dehors de nous sept. Aviez-vous des objections à cela ?

— Oui, dit Morgan.

Il était vraiment obtus. Complètement idiot.

— Vous avez commis une grave erreur. Vous ne vous en rendez peut-être pas compte maintenant, mais un jour vous le comprendrez.

Je savais de quoi parlait Falcon. Je savais aussi ce qui allait se passer. Falcon ajouta :

— Nous nous reverrons dans une semaine. Nous prendrons contact avec vous par téléphone pour organiser une autre réunion, soit à Los Angeles, soit au Mexique.

Falcon serra la main à tout le monde, il me fit un signe de tête et partit, suivi de Santos. Je savais qu'ils rentraient à la Maison Ronde. Je sortis un moment pour donner mes instructions à Rubi et Chu-cho ; quelques gestes suffirent à leur faire comprendre ce que je voulais. Je regagnai la chambre et dis à tout le monde :

— Montez dans vos voitures et partez.

— Mais..., dit Morgan.

— Pas de mais. Montez dans vos voitures et partez. C'est un ordre.

Morgan, les deux filles et l'actionnaire montèrent dans une voiture, emportant le projecteur et l'écran. L'expérimentateur et le flic de Los Angeles dans l'autre. Je les entendis démarrer.

Je parcourus la pièce du regard pour m'assurer qu'il ne restait rien, puis descendis parler à Rubi.

— Laissez les deux types de l'autre pièce s'en aller. Mais il ne faut pas qu'ils passent la frontière. Faites ce que vous voulez, mais débrouillez-vous pour que ni la voiture ni ses occupants ne soient identifiables.

Je pris ma voiture, m'arrêtai à une centaine de mètres de l'hôtel et sortis mes jumelles. Un quart d'heure plus tard, je vis les deux types monter dans une Chevrolet verte.

J'ignorais que Rubi et Chu-cho avaient déjà placé une bombe dans la voiture. En fait, Falcon leur avait dit de préparer les trois voitures, afin de pouvoir les faire sauter si jamais il devenait nécessaire d'empêcher les invités de partir.

C'est une des deux seules fois où Falcon avait organisé quelque chose de ce genre lui-même. Lorsque je lui ai demandé pourquoi, il m'a répondu : « Je voulais participer de plus près à l'action. » Et il aimait effectivement l'action. Dennard m'a raconté qu'une fois un type s'était approché de Falcon dans un bar de Tijuana et lui avait débité un tas de conneries ; Falcon avait froidement sorti son revolver et lui avait fait sauter la cervelle.

Je regardai donc la Chevrolet s'éloigner et disparaître derrière quelques maisons. Puis j'entendis une explosion et vis de la fumée. Et je sus que c'en était fini des hommes de main de Morgan.

Peu après cette réunion Falcon se mit à me parler de son empire insulaire : « Bâtir mon île, mon empire... Tout mon avenir en dépend... »

Falcon n'est pas bête, loin de là. Mais c'est un self-made man, et à force de réussir tout ce qu'il entreprenait, il a fini par se prendre pour un dieu. Il avait l'idée bizarre qu'il ne faisait rien d'illégal. Il bâtissait un empire. Il voulait son île à lui, entièrement construite de ses mains, pour être totalement indépendant des hommes.

La veille de cette réunion avec James Morgan, Falcon m'avait demandé d'aller à la Maison Ronde pour m'assurer que tout était net et que personne ne traînait dans les parages. En parcourant la maison, je tombai par hasard sur deux relevés de comptes émanant de banques de Zurich. Sur l'un il y avait 156 millions de dollars, et sur l'autre, 110 millions.

En voyant les avions, les maisons, les ranches, l'argent liquide et tout, je savais bien sûr qu'il y avait beaucoup d'argent en jeu. Sans oublier qu'il dépensait 150 millions de dollars par an en pots-de-vin. Mais ces deux relevés de comptes... 266 millions de dollars. Ça fait un sacré paquet d'argent. Et il avait peut-être d'autres comptes ailleurs.

Que pouvait-il faire de sommes pareilles ? Car enfin, si on dépense 100 millions de dollars pour bâtir son île à soi, il reste encore 166 millions pour vivre jusqu'à la fin de sa vie. Peut-on dépenser 166 millions de dollars en une vie ?

La réponse est qu'il ne voulait pas *seulement* une île, un empire. C'est là-dessus qu'il fantasmait, c'est ce dont il parlait, mais en fait, je crois qu'il voulait être un roi, ou un empereur. Et je crois avoir connu Falcon mieux que quiconque. A force de l'observer, j'étais devenu capable de deviner ses pensées. Et je crois vraiment qu'il voulait être un souverain. Pas seulement le dictateur d'une île déserte.

Falcon aurait voulu, j'en suis sûr, être traité par le monde entier comme on le traitait dans sa maison. C'était profondément ancré dans sa personnalité. Il voulait être le souverain du monde. Aussi cinglé que cela puisse paraître. Et n'oubliez pas qu'il est toujours actif. Rien qu'à voir la façon dont il vit, il est évident qu'il continue.

C'était le rêve de Falcon. Il venait de rien, d'une pauvre famille cubaine, et quand il a vu comment ils étaient maltraités à Cuba, et comment les gens étaient maltraités dans le monde entier, il a dû décréter : « Pourquoi ne changerais-je pas le monde ? »
Gaston Santos était exactement pareil. Général, père de famille. Un homme très attiré par le pouvoir, très influent au Mexique, et dans toute l'Amérique centrale et du Sud.
À l'époque, Falcon possédait des hôtels et une société de transports, il avait investi dans le pétrole et était majoritaire dans de grandes sociétés immobilières. Maintenant, il lui fallait plus que cela. Il visait le pouvoir. Et voilà que se présentait une occasion en or. L'entreprise tournait autour de trois axes. Un, l'argent destiné à construire l'usine de Morgan. Deux, la répartition de sa super-arme : à qui donner ce fusil révolutionnaire qui permettrait de s'emparer de pays entiers. Et trois, quelle serait l'étendue exacte de son empire. Il voulait tout diriger, dans un monde divisé en amis et en ennemis. Pas de demi-mesures. Hitler.

La semaine suivante, Falcon et James Morgan se revirent au Fiesta Palace Hotel de Mexico. Je traînais dans les parages pour assurer la sécurité. J'appris par la suite que personne n'avait fait allusion aux deux hommes qu'on avait fait sauter dans la voiture. Si Morgan en avait parlé, Falcon l'aurait fait tuer.
Falcon et Morgan convinrent de se revoir un mois plus tard afin de faire démarrer la construction de l'usine au Portugal. Avant cette troisième rencontre, Falcon m'emmena au ranch que Santos possédait à San Luis Tamuin pour assister à l'entraînement des « troupes ».
J'avais donné un entraînement de base à quarante-cinq hommes dans les ranches proches d'Ensenada et Santa Rosa. Les dix meilleurs avaient été chargés d'entraîner d'autres hommes au ranch de Santos, à 150 kilomètres au sud-ouest de Mexico. Au moment de notre voyage, environ huit cents personnes y faisaient de la culture physique, pratiquaient les arts martiaux et s'initiaient au maniement des armes. C'était un énorme ranch avec des bovins de race Hereford élevés pour la viande et des chevaux de race, des étalons arabes et appaloosas.
Dans plusieurs pays visés par Falcon et Santos, ce dernier gardait des contacts politiques par l'intermédiaire de son père. Au Mexique et ailleurs : Honduras, Salvador, Nicaragua, Guatemala... L'armée privée de Santos y entraînait les forces de la guérilla et participait à leurs

opérations. Je *sais* que l'assassinat du président Somoza du Nicaragua faisait partie des plans de Santos. On en parlait. Assassiner Somoza.

Falcon disposait d'un noyau de gens qu'il essayait de pousser à renverser les gouvernements du Honduras, du Salvador, du Nicaragua et du Guatemala. Je suis pratiquement sûr qu'il rêvait de s'emparer du Mexique et de la majeure partie de l'Amérique centrale et du Sud. Avec l'aide de Gaston Santos. Tout visait à ça, tout y conduisait. Plus ce qu'il n'arrêtait pas de raconter au sujet de son île. J'avais finalement compris qu'il ne s'agissait *pas* d'une île. Quand il parlait d'île, il voulait dire un embryon. Un centre à partir duquel son empire pourrait croître.

Des cargaisons d'armes arrivaient sans cesse au ranch, en provenance de Californie. La plupart des vols dans les magasins d'armes de la National Guard de Californie se faisaient sous le contrôle de Falcon et Santos.

Falcon recevait aussi des armes de France. J'étais bien au courant de l'organisation européenne, mais on parlait d'énormes caches d'armes en France, achetées avec l'argent de la drogue. Il y eut une transaction portant sur quelque chose comme 5 ou 7 millions de dollars. Le gouvernement français avait des intérêts et des représentants dans certaines compagnies privées, auxquelles Falcon envoyait de grandes quantités de cocaïne et recevait en retour des armes en pièces détachées ; elles étaient destinées à la guérilla en Amérique centrale.

Après la réunion avec James Morgan à Tijuana, Falcon avait beaucoup accru sa production de cocaïne. Il lui fallait énormément d'argent, et tout de suite. Pour financer l'usine d'armes *et* ses rêves de conquêtes.

Je pense que Falcon était lié à la CIA, indirectement d'abord et plus tard très directement.

Falcon me demanda une fois si j'aimerais travailler pour des amis à lui. J'écartai la proposition d'un haussement d'épaules, mais quatre jours après il insista, et me demandant si je voulais me charger d'un travail.

— Pour qui ?

— Pour des amis du gouvernement, pas au Mexique.

Cela signifiait les Etats-Unis. Je déclinai l'offre, disant que j'étais occupé et que je gagnais assez d'argent. Mais toutes les semaines, il répétait :

— Si jamais les affaires se ralentissent pour moi, j'ai des tas d'amis qui aimeraient que vous travailliez pour eux, surtout aux Etats-Unis.

Je suis sûr qu'il ne s'agissait pas d'autres criminels parce qu'il ne collaborait pas avec des criminels. Il travaillait seul. Il ne pouvait s'agir que d'organismes officiels. A maintes reprises je fus tenté de faire au moins un de ces boulots, pour voir ce que c'était. En fait, j'étais *sûr* qu'il s'agissait de la CIA.

Certains des documents secrets que Falcon m'avait montrés lors de notre première rencontre émanaient de la CIA. Selon ces documents, la CIA était très intéressée par cette arme et son éventuelle utilisation par des groupes subversifs d'Amérique centrale et du Sud, surtout au Salvador et au Honduras. Si ces groupes la recevaient en grande quantité, cela concernait les Etats-Unis, qui étaient très engagés dans ces pays.

Falcon n'avait pas pu obtenir ces documents de la CIA par des voies légales. Il les avait sûrement achetés. Un document en particulier, sous forme de note, concernait l'arme de Morgan, qui pouvait permettre à de petits groupes de s'opposer à d'importantes forces militaires, voire de renverser des gouvernements.

Le second document — je ne me souviens pas de quand il était daté, mais je crois que Falcon le reçut peu de temps avant la venue de James Morgan à Tijuana — citait le nom de Sicilia-Falcon comme l'homme susceptible de monter financièrement l'affaire, et recommandait une intervention de la CIA. Il mentionnait également l'ATF *(Bureau of Alcohol, Tobacco and Firearms).*

Autre chose qui me fait dire que Falcon était lié à la CIA, c'est que précisément à ce moment-là, certains événements commencèrent à se déclencher en Amérique centrale. Or, Falcon avait une influence considérable dans ces pays. Quand il allait par exemple au Salvador, au Honduras ou au Guatemala, il était reçu comme un roi par les hommes politiques.

Je suis allé deux fois avec lui au Guatemala, une fois au Honduras et une fois au Salvador. Il rencontrait un tas de gens ; je ne pourrais pas vous citer de noms, mais je sais qu'il s'agissait de membres ou de chefs de gouvernement. Ces pays lui apportaient un tel appui que je peux affirmer qu'il existait de très forts liens politiques entre leurs gouvernements et Falcon. Et comme la CIA s'intéressait beaucoup à ces pays, il existait forcément des liens entre Falcon et la CIA.

Pendant notre second séjour au Guatemala, il me confia :

— Vous savez, je crois qu'au train où vont les choses, mon rêve de contrôler un vaste empire va bientôt se réaliser.

— Comment cela ?

— A cause de toute l'aide que je reçois.

Il entendait par là une... extraordinaire clémence de la part du gouvernement, qui lui permettait... Par exemple, nous débarquions avec de la cocaïne, et les politiciens venaient en prendre avec nous, vous voyez. Il était très sûr de lui, avec les gens du Guatemala. Il savait que lorsqu'il dirait : « Le moment est venu », il pourrait faire quelque chose dans ce pays.

Si vous me demandez si je crois possible que la CIA ait utilisé Falcon pour faire entrer clandestinement des armes, je répondrai oui.

CHAPITRE CINQ

1

Les liens d'Alberto Sicilia-Falcon avec la CIA nous amènent à une question à la fois plus vaste et plus mystérieuse : ses relations sur le plan des renseignements et de la politique non seulement avec les Etats-Unis mais avec nombre de pays d'Amérique latine, d'Europe et du bloc soviétique. Le cas Falcon jette une lumière imprécise mais révélatrice sur le rôle joué par l'Empire clandestin dans les domaines du trafic d'armes, de la subversion révolutionnaire et de la politique internationale en général.

Comment, par exemple, Falcon et James Morgan se sont-ils rencontrés ? Qui les a mis en contact dans l'affaire du super-fusil ?

Les faits vérifiables sont inextricablement emmêlés dans les impénétrables activités d'innombrables intermédiaires, courtiers, officiers de renseignements, négociants en armes aussi puissants qu'éphémères. Quelques bribes de vérité ne s'en dégagent pas moins.

La compagnie Morgan Arms envoya des représentants en Bolivie pour y établir une filiale. Une des femmes participant à la réunion Falcon-Morgan (à laquelle assistait Decker) était une diplomate bolivienne nommée Sarah Lasignor. Un rapport des services de renseignements américains l'identifie comme vice-présidente de la « Morgan Arms » de Los Angeles, « société fabriquant des mitraillettes, des explosifs et des fusils automatiques pour des compagnies sud-américaines contrôlées par la corporation Condor, de La Paz, Bolivie ».

On disait aussi que Sarah Lasignor envoyait des stupéfiants aux Etats-Unis dans des valises diplomatiques, pour le compte d'une organisation de trafiquants dirigée par un certain George Hatcher. Mike Decker eut l'occasion de voir un carnet d'adresses qui avait appartenu à Hatcher ; le premier nom qui y figurait, Armando Aguierre, était celui d'un contact de Falcon à Los Angeles, qui amenait des fusils à Tijuana pour l'organisation Falcon.

Falcon et Morgan étaient également engagés dans des affaires de véhicules militaires. D'après certains rapports, les deux hommes étaient associés à une compagnie appelée Ithelco, qui avait lancé un véhicule révolutionnaire, un transport de troupes 4×4 baptisé « Kraka ». Ce tout terrain était probablement fabriqué en Allemagne de l'Est.

L'Amérique latine et l'Europe de l'Est n'étaient pas les seuls objets de l'attention du groupe Morgan-Falcon. En poussant plus loin l'enquête sur les liens de la Morgan Arms Company avec Falcon et des trafiquants d'armes internationaux, l'on voit apparaître les deux frères Kondeguris, soupçonnés de livrer des armes à un groupe palestinien et à d'autres organisations révolutionnaires.

Aux Etats-Unis même, des faits troublants se produisirent. Des enquêteurs fédéraux de Los Angeles, sur la piste d'une éventuelle filière armes-révolution-stupéfiants dépendant de Falcon-Morgan, s'aperçurent que la souris avait décidé de chasser le chat. Une de leurs voitures de surveillance était elle-même devenue l'objet d'une contre-surveillance sophistiquée, effectuée par cinq voitures. Le numéro d'immatriculation d'une de ces voitures permit d'identifier son propriétaire : la Pennwalt Corporation, important fabricant de produits chimiques, pharmaceutiques et diététiques et d'équipement de précision (elle devait lancer des médicaments aussi connus que le Desenex et l'Allerest). La Pennwalt avait de fait vendu une machine à fabriquer des pilules à une société de Tijuana appartenant à un associé de Falcon, Luis Roldan-Melo, important trafiquant mexicain, qui devait par la suite être démasqué par le Centac. Selon les enquêteurs, la Société Pennwalt « serait également impliquée dans le crime organisé et le détournement de produits pharmaceutiques ».

Quel intérêt une entreprise comme la Pennwalt pouvait-elle avoir à se mêler de la surveillance exercée à Los Angeles, et pourquoi aurait-elle eu affaire, si ce fut vraiment le cas, à des hommes comme James Morgan ou Sicilia-Falcon ? On ne le sut jamais, et aucune accusation ne fut portée contre cette société.

D'autres questions demeurent obscures : où aboutissaient les armes de la filiale bolivienne de la société de Morgan ? Certains bureaux de renseignements étaient-ils implantés dans les compagnies Morgan et Condor ? L'on ne dispose que d'indications éparses. Notamment que Gaston Santos, qui avait de puissantes relations au Portugal, possédait à Mexico une société nommée Transcon SA, qui fabriquait des munitions. La Transcon avait des rapports de nature imprécise avec Falcon et avec des personnes ou des sociétés installées à Madrid et au

Portugal. Un *comandante* de la police fédérale mexicaine affirma par ailleurs que Falcon était un ami personnel du général Antonio de Spinola, chef de la junte militaire qui renversa la dictature au Portugal en avril 1974, en promettant des réformes libérales. Cinq mois plus tard (un mois environ avant que Falcon et Morgan n'envisagent de construire une usine d'armes au Portugal), Spinola, qui bénéficiait du soutien des Etats-Unis, démissionna sous la pression d'officiers de gauche. Le Parti communiste portugais, soutenu par l'Union soviétique, accrut son influence jusqu'à ce qu'un renversement de situation au mois de novembre suivant ne conduise à des élections qui donnèrent aux socialistes la majorité au parlement.

Un élément bien plus important des complexes affaires armes-stupéfiants-politique de Falcon apparut bientôt. Quatre mois après avoir rencontré James Morgan à Tijuana, et au moment où le Parti communiste portugais se renforçait à la suite de la démission de Spinola, Falcon se trouvait en Espagne pour négocier une autre affaire d'armes avec le Portugal — indubitablement montée avec l'assistance secrète de la CIA.

2

En 1965, un millionnaire cubain du nom de José Egozi-Bejar était installé au bar d'une discothèque de Miami Beach. Egozi n'avait pas grand-chose en commun avec les autres exilés anticastristes qui avaient envahi la Floride du Sud. Propriétaire, avec d'autres membres de sa famille, de la *Suave Shoe Corporation* de Miami (cotée à la bourse de New York), fabricant et importateur de chaussures de sport bon marché. Riche et respecté, Egozi était doué d'un sens aigu de la finance internationale. Depuis longtemps engagé dans la politique cubaine, il avait notamment servi d'officier de renseignements (formé par la CIA) lors du débarquement de la Baie des Cochons. Il fut emprisonné pendant deux ans par les Cubains. A sa libération, il fut longuement interrogé par ses « contrôleurs » de la CIA et était depuis resté en contact avec eux. Il était aussi (ou était devenu par la suite) étroitement lié à une personnalité de la Mafia travaillant au Caesars Palace de Las Vegas. Son frère Luis Egozi, un des directeurs de la compagnie de chaussures, vivait à Miami, et se rendait fréquemment à Las Vegas.

Le barman pensa qu'Egozi aimerait faire la connaissance d'un autre client, un compatriote cubain appelé Alberto Sicilia-Falcon. Il les présenta et les deux hommes se prirent d'amitié. Ils allaient dîner ensemble, et pêcher en haute mer. Ils devinrent probablement amants, car Egozi, comme Falcon, était homosexuel. Ensuite, leurs chemins se séparèrent, mais, trois ans plus tard, alors qu'il assistait à une présentation de chaussures à New York, Egozi tomba sur Falcon au Waldorf-Astoria. Son vieil ami vivait dans un immeuble minable à l'angle de Broadway et de la 84ᵉ Rue (Falcon venait d'épouser à New York la fille d'un inspecteur de police de Floride). Falcon dit qu'il était dans les stupéfiants et proposa à Egozi de lui vendre un kilo de cocaïne et un kilo d'héroïne. José refusa.

Trois ans plus tard, les deux Cubains se rencontrèrent de nouveau à Chetumal, aux Caraïbes. Falcon semblait avoir étendu ses opérations au niveau international. Il invita José à participer au transport par mer de 200 litres d'huile de haschisch du Maroc au Mexique.

José Egozi refusa de nouveau, mais finit par rendre visite à Falcon à la Maison Ronde de Tijuana. Il devint un habitué, fit la connaissance de Carlos Kyriakides, Roger Fry et Gaston Santos. Egozi pratiquait le culte du diable. Lors d'une de ses visites, il amena des membres d'une secte cubaine adoratrice du diable, qui célébrèrent une cérémonie destinée à faire de Falcon un « prince des démons ».

Mais la magie noire et les rapports sexuels n'étaient pas les seules choses qui intéressaient Falcon chez José. Il voulait bénéficier des conseils d'un spécialiste pour placer son argent. En homme d'affaires avisé, Egozi lui suggéra des banques étrangères, notamment suisses, et un plan d'évasion fiscale.

Falcon et Roger Fry allèrent à Zurich pour ouvrir des comptes, mais Falcon ne tarda pas à rentrer, désorienté par les complexes histoires de taux de change, de cotations et d'intérêts négatifs. José retourna à Zurich avec Falcon, rencontra un certain M. Léon du Crédit suisse et traduisit le jargon financier en un langage compréhensible pour Falcon.

Leur amitié s'épanouit. Un jour, Falcon apprit à Egozi que Gaston Santos et le chef des services secrets portugais lui avaient demandé de fournir des armes lourdes en vue d'un coup d'Etat anticommuniste au Portugal. Les armes devaient venir des Etats-Unis. Le chef des renseignements portugais avait dit qu'ils auraient besoin de la coopération de la CIA (il avait manifestement des raisons de croire que Falcon pourrait la leur assurer). Brian Dennard était également au courant ; en Floride du Sud, il confia par la suite à un agent clandestin du Centac que Falcon avait jadis aidé la CIA en fournissant des armes pour une tentative de coup d'Etat au Portugal.

Pour faciliter l'opération, Egozi prit contact par un intermédiaire avec un homme de la CIA basé à New York, qui lui remit une brochure décrivant les armes disponibles. Egozi donna cette brochure à Falcon, qui l'emporta lorsqu'il alla en Espagne avec Egozi et Kyriakides, pour la montrer à l'officier de renseignements portugais et au président portugais en exil à Madrid. (Cette brochure, ou une photocopie de celle-ci, figurait parmi les documents que Mike Decker affirme avoir vus à la Maison Ronde.)

A côté des armes faisant l'objet de ce marché, le super-fusil de Morgan faisait figure de pistolet à bouchon. Il était question de mitraillettes légères, de pièces d'artillerie, de véhicules amphibies, de jeeps, et d'une centaine de milliers de cartouches, le tout devant être livré FOB aux Açores. Le prix total s'élevait à un quart de milliard de dollars, dont 25 millions de commission à partager entre Santos, Falcon, Egozi et Carlos Kyriakides, qui participait lui aussi à l'affaire.

L'on ignore ce qu'il advint de ce marché, mais des indications concernant les tractations entre la CIA et Falcon continuaient à apparaître. Parfois, comme nous le verrons, elles sont à la limite du crédible.

3

Lorsque Falcon alla en Espagne pour s'occuper de ce marché, il en profita pour mettre sur pied une autre affaire hautement profitable. Celle-ci nécessitait une Rolls-Royce spéciale, ayant subi d'importantes modifications.

La voiture, une Corniche décapotable vert et bleu avec conduite à gauche, avait été livrée dix-sept mois auparavant par le concessionnaire Rolls de Madrid à un homme utilisant le nom du père de Falcon. Depuis, elle avait fait un aller et retour à Paris. Quelque part en route, elle avait été équipée de compartiments en laine de verre dissimulés sous les ailes avant.

A Madrid, Falcon, José Egozi et Joan Beck occupaient la suite 8B du Plaza, un luxueux hôtel offrant une des plus belles vues panoramiques sur la ville. Le trio ne dut guère profiter de la piscine couverte et du night-club, car il passa le plus clair de son temps au téléphone. En dix-neuf jours, il demanda 101 communications internationales pour San Diego, San Francisco, Los Angeles, Miami, New York, Porto Rico, Tijuana, Guadalajara, Acapulco, Mexico City, San Salvador, Barcelone, Londres, Milan, Lisbonne, Zurich et Paris. La plupart des appels à Paris étaient adressés à Carlos Kyriakides, qui résidait alors à l'hôtel Plaza Athénée, et à un garage (France-Britannic Auto Ltd.), peut-être au sujet des compartiments secrets de la Rolls.

Une communication encore plus curieuse révèle un nouvel aspect des rapports déjà mystérieux entre José Egozi, Falcon et les services de renseignements américains. Trois jours après l'arrivée de Beck, Falcon et Egozi, la suite 8B demanda, entre autres, un numéro aux Etats-Unis, le 305-573-3333. Or, ce numéro est celui du bureau du FBI à Miami. Des recherches ultérieures ont révélé que c'était José Egozi qui l'avait demandé, peut-être à l'insu de ses compagnons. Quels liens ce spécialiste du trafic international d'armes, de stupéfiants et d'argent, ancien (et peut-être actuel) agent de la CIA, pouvait-il avoir avec le FBI ? La question ne fut jamais éclaircie.

Le dernier jour de leur séjour au Plaza, Joan Beck se rendit précipitamment au bureau de la *Pan Ocean Ship-A-Car,* pour faire envoyer la Rolls Corniche au Mexique. L'employé la trouva si agitée qu'il lui en fit la remarque. Elle expliqua qu'elle était en retard pour prendre un avion.

La voiture fut conduite au Havre par un employé de la Pan Ocean, et embarquée sur un cargo en partance pour Veracruz. Pesée, par routine, lors de son arrivée dans le port mexicain, la voiture accusa 45 kilos de plus que lorsqu'elle avait quitté l'usine Rolls-Royce, un écart qui passa inaperçu, ou du moins ne fut pas mentionné par les fonctionnaires du port.

A Veracruz, précisément, se trouvait un ranch appartenant à Arturo Izquierdo-Ebrard, trafiquant d'héroïne française longtemps associé au gang des Corses de Marseille, lui-même associé (comme nous le verrons) aux services de renseignements français et américains.

Il était aussi à l'époque l'amant de Dolores Olmedo, ex-maîtresse du peintre communiste Diego Rivera, étroitement liée au Parti communiste mexicain et disposant d'un grand poids politique au Mexique.

4

Michael Decker avait accompagné Falcon en Espagne. Durant son séjour, il s'aperçut qu'il avait encore beaucoup à apprendre sur les étranges habitudes de Falcon.

DECKER

En Espagne, Falcon avait acheté une Rolls flambant neuve, couleur or. Nous roulions, Falcon, le chauffeur et moi, quand il se dit que ça serait marrant de voir si cette grosse Rolls pouvait écraser une de ces petites Fiat italiennes.

Nous nous sommes mis à monter et à descendre la rue en repérant les Fiat 500. Chaque fois que le chauffeur en démolissait une, Falcon lui tendait trois ou quatre cents dollars. Au bout de trois quarts d'heure, on en avait éperonné dans les vingt-cinq. Personne n'avait été blessé. Le chauffeur a dû se faire dans les 20 000 dollars ; au moment de descendre, Falcon a tiré de sa poche une liasse de billets de cent dollars et la lui a fourrée dans la main en disant :

— Je me suis bien amusé.

Falcon laissa un paquet d'argent à la réception de l'hôtel pour payer les voitures, en précisant :

— S'il y a un problème, appelez-moi.

C'était dingue. Il faisait tout le temps des choses comme ça.

De retour en Californie, je me suis mis à combiner un deal à moi tout seul. De la coke. A force de voir l'argent couler à flots, je me suis dit, pourquoi continuer à m'aplatir comme une crêpe devant ce gars, à assurer sa sécurité et faire tous ces boulots bizarres pour lui ? Pourquoi ne pas essayer de me faire cinq à six millions de dollars ?

Je connaissais les points de ramassage de la cocaïne à Cartagena en Colombie. Je connaissais exactement l'itinéraire jusqu'à San Andrés, où pour 5 000 dollars un douanier vous laissait atterrir, faire le plein et décoller sans fouiller l'avion. De San Andrés on pouvait aller directement à Miami. Je savais exactement où on pouvait faire des parachutages sur patins dans la région. Il faut un petit zinc genre Learjet, avec un patin pour la cargaison et un parachute accrochés sous le ventre de l'avion. A basse altitude, on largue le tout ; le patin permet à la cargaison de glisser sur le marécage. Puis on fait demi-tour et on va atterrir à Miami International. Je l'avais vu faire d'innombrables fois. J'avais même suivi la route en avion.

J'ai pris contact en douce avec Brian Dennard :

— Pourquoi ne pas se mettre à notre compte ? On met tout notre fric ensemble, on va acheter un *énorme* chargement de cocaïne, on le ramène aux Etats-Unis, et on empoche les bénéfices.

— Ça m'a l'air une bonne idée.

J'ai liquidé tout ce que je possédais, hypothéqué mon appartement et gagé mes voitures. J'ai mis jusqu'à mon dernier sou dans cette affaire. J'étais *sûr* que ça allait marcher, que nous allions en tirer 20 millions de dollars.

Un autre gars participait aussi à l'affaire, un type que Dennard connaissait dans l'Est et qui faisait beaucoup de transports pour Falcon. J'avais mis à peu près un demi-million et Dennard environ 400 000 dollars ; en tout, pas loin d'un million.

Pour la cocaïne, nous avions un contact à Managua. Ça semblait mieux que d'aller jusqu'en Colombie, mais nous ne voulions pas aller en avion à Managua, parce que les contrôles douaniers sont très sévères. Je pris congé de Lisa, qui était enceinte à l'époque, et nous sommes allés en avion à Guatemala City où nous avons loué une Fiat Spider. Et nous sommes partis *en voiture* jusqu'à Managua, au Nicaragua. Le voyage le plus dingue que j'aie jamais fait.

Les routes d'Amérique centrale, c'est de la folie. Je ne disposais que de quelques jours parce que je ne voulais pas que Falcon s'aperçoive de mon absence. En trois jours, nous avons traversé le Honduras et le Salvador. Finalement, vers une heure du matin, nous roulions à 180 pour arriver à Managua quand je heurtai un *arbre* couché en travers de la route. En fait, c'était un anaconda de neuf mètres.

J'ai donc heurté ce fichu serpent et on est sorti de la route, puis revenu dessus pour en sortir de l'autre côté et revenir de nouveau. Heureusement, on n'avait pas fait de tonneaux.

Il était très tôt le matin. Je m'étais défoncé à la cocaïne pour rester éveillé. Et tout d'un coup, bang, on rentre dans un serpent géant... Ça fait vraiment une drôle d'impression. On aurait cru la pieuvre géante de *Vingt mille lieues sous les mers*.

Toujours est-il que la voiture roulait encore et que nous sommes arrivés à Managua pour rencontrer un mec que *je* n'avais jamais vu, mais Brian disait qu'il était absolument OK. Eh bien, il n'était pas OK du tout.

Brian conduisait la petite Fiat, et j'étais sur le siège arrière avec ce type à côté de moi. Curieux arrangement. C'était là que le type s'était installé en montant dans la voiture et ça me semblait louche. Normalement, il aurait dû monter à l'avant.

Nous parlions quantité et prix. Tout en regardant dans le rétroviseur, Brian dit au type :

— Bon, on a 50 000 dollars en liquide. Montrez-nous donc un petit échantillon de votre cocaïne !

Le type resta là à réfléchir pendant une minute. Puis il fouilla dans la poche de son veston. A sa façon de faire je sus qu'il n'allait pas sortir un sachet de cocaïne. Il plongea carrément la main. Dès que je vis apparaître un minuscule bout de métal, j'entrai en action.

Je lui balançai un sudo en revers, en plein dans la pomme d'Adam. Je crois qu'il était mort. Il s'est tout de suite effondré et le sang a commencé à lui sortir de la bouche.

Brian est devenu cinglé. Il n'avait rien vu, rien pigé. Je lui ai ordonné :

— Fous-toi sur une route transversale, vire ce type et on se barre en quatrième vitesse.

Pendant que je le sortais péniblement de la voiture, Brian me demanda :

— Qu'est-ce qui s'est passé, bon dieu ?

— Oh, rien... Le type allait sortir un pistolet pour te faire sauter la cervelle. Crétin ! On ne dit *jamais* à quelqu'un qu'on a de l'argent liquide sur soi.

Je ne pouvais le croire con à ce point — enfin, il arrive à tout le monde de faire une erreur. En tout cas, j'avais commis l'erreur de traiter avec Brian. J'aurais dû faire ça tout seul.

Après avoir balancé le type, nous sommes sortis de Managua sans demander notre reste. Au bout de 150 kilomètres, la Fiat commençait à se traîner. J'étais sur les nerfs. Je n'avais aucune idée de l'importance du type que j'avais sans doute tué. Si c'est vraiment un gros bonnet, ses hommes vont téléphoner... et nous n'aurons pas une chance de regagner le Guatemala en voiture.

Nous avons quand même fini par sortir du Nicaragua. Au Honduras, nous avons loué un avion, et dit au pilote de nous amener à Guatemala City. Arrivés à San Diego, j'ai dit à Dennard :

— Terminé, ces conneries. Nous allons tout droit à Cartagena, en Colombie, et tout ira comme sur des roulettes. Plus de Fiat, plus d'anacondas, plus de connards qui sortent un flingue.

Nous sommes allés chez moi. A peine la porte franchie, j'ai empoigné Dennard par le col de sa chemise et lui ai flanqué quatre bonnes baffes. Jusqu'alors, je m'étais retenu, pour rentrer sans histoires aux Etats-Unis.

— Ecoute-moi bien, lui ai-je dit. Ne t'avise plus *jamais* de faire des trucs comme ça. Si tu veux faire des conneries, fais-les tout seul, mais débrouille-toi pour que ça ne me retombe pas sur le dos. Tu m'as bien compris ?

Il était huit heures du soir. Le lendemain matin à neuf heures, nous avons pris un avion de la Pan Am pour Bogotá. Aussitôt arrivés, nous sommes allés en taxi à l'hôtel Hilton. Je n'avais que de deux jours pour tout régler, parce que Falcon voulait me voir.

Nous avons loué une voiture pour aller au lieu de rendez-vous, à une quinzaine de kilomètres de la ville. Un gars nous emmena dans sa Toyota Land Cruiser dans la montagne, jusqu'à Bluefields. A Bluefields, il n'y a que de la cocaïne. Un endroit vraiment étonnant. Tout le monde est apathique et se balade avec un sourire sur le visage. Ils mâchent tout le temps des feuilles de coca. Plein d'adorables vieillards aux dents toutes cariées parce qu'ils ont mâché de la coca toute leur vie.

Je voulais savoir comment on fabrique la cocaïne, et quelle était la meilleure qualité que l'on puisse obtenir. Ils faisaient toute leur cuisine dans une énorme autoclave. Le type préleva un échantillon de ce qu'il pouvait nous donner de meilleur. On a appris par la suite que c'était du 95 %.

Nous retournâmes donc à Bogotá, où les gars de l'Est qui avaient investi dans l'opération devaient nous retrouver. Il y avait un certain Ralph Harris. Il avait un Learjet tout équipé. La cocaïne fut chargée sur un terrain privé proche de Bluefields, et notre avion décolla. Tout était en règle.

Au même moment, les deux principaux responsables de l'organisation nord-américaine qui nous achetait la cocaïne se dirigeaient vers Bogotá dans un avion privé avec l'argent. Je voulais que la transaction se fasse sur mon terrain, avec mes hommes, et pas chez eux. Après tout, il y avait une vingtaine de millions de dollars en jeu.

L'argent devait être versé au Hilton de Bogotá. Dennard resta à Bogotá pour attendre les gars qui amenaient le fric, et je m'envolai pour les Etats-Unis afin de m'assurer que la cocaïne était livrée comme prévu. Ensuite, je devais regagner Bogotá pour le règlement. Autrement, cela aurait pris un temps fou, parce que les communications téléphoniques entre les Etats-Unis et l'Amérique centrale sont impossibles. Autant essayer d'appeler Moscou.

Tout se passait à la perfection. Pas d'embrouilles. Pas de cargaison perdue. Pas d'arnaque. Les gens qui devaient payer étaient arrivés au Hilton de Bogotá avec 20 millions de dollars en billets de cent et de mille.

Le jour où je devais y retourner pour la transaction finale, Lisa, qui était enceinte de sept mois et demi, commença à perdre du sang. Ça tombait mal, mais il restait, je pense, assez de bon en moi pour comprendre que Lisa devait passer en premier. Après l'avoir examinée, le médecin me dit :

— Restez auprès d'elle pendant les deux ou trois jours à venir. Si l'hémorragie recommence, emmenez-la immédiatement à l'hôpital.

Je téléphonai à Brian pour lui exposer la situation :

— Va encaisser l'argent et appelle-moi pour me dire si tout va bien. On se verra dans trois à cinq jours.

C'était le 26 novembre. Le 10 décembre, j'étais toujours sans nouvelles de Brian. Et je raclai les fonds de tiroir. J'avais tout liquidé. Il ne restait que mes meubles et mes armes.

Lisa étant hors de danger, je pris l'avion pour Bogotá. Pas de Brian. Je le cherchai partout : San José, San Andrés, Miami. Pas de Brian. Je retournai à Bogotá. A l'aéroport, je suis tombé sur un gars qui avait 500 000 dollars de *mon* argent : Brian lui avait acheté un avion. Après, il s'était évanoui dans la nature, me laissant fauché comme les blés.

Il avait donc filé avec le fric. Pire, je me rendis compte par la suite qu'il avait mis Falcon au courant de ce que nous faisions. Lorsque je revins et vis Falcon, il me donna 2 500 malheureux dollars, en me souhaitant de bonnes vacances. Normalement il m'en aurait donné 20 ou 30 000.

Il se passait d'ailleurs quelque chose de pas normal dans l'organisation. Joan Beck, Roger Fry et Carlos Kyriakides disparurent soudain de la circulation. Pendant une quinzaine de jours. Je n'avais aucune idée de ce qui se passait. J'estimai plus prudent de me planquer un moment.

Je savais que la police américaine était *très* active. Les flics avaient déjà coffré plusieurs membres de l'organisation. Ils avaient aussi repéré la société de transports routiers qui amenait l'herbe aux Etats-Unis.

Je me suis finalement décidé à téléphoner à Falcon :

— Je veux savoir ce qui se passe.

— Je vous verrai dans quelques jours.

Le lendemain, je reçus un coup de téléphone de Brian :

— J'ai des problèmes, mais je rentre bientôt.

— D'accord. Qu'est-ce...

Il avait déjà raccroché.

Ralph Harris, le type qui avait fourni l'avion pour le transport, était à San Diego. Il me téléphona pour me demander ce qui se passait. Il n'avait pas été payé non plus et croyait que j'étais de mèche avec Dennard.

— Ecoute, mon petit gars, lui dis-je. Je n'y suis pour rien. Dennard m'a roulé. Je n'ai plus un rond. Plus un.

— D'accord, mais j'ai fait tout ça pour toi, j'ai utilisé mes avions et je n'ai pas touché un radis.

— Je le regrette vraiment.

— Je me fiche de tes regrets.

— Pas de menaces. Si tu veux t'en prendre à quelqu'un, cavale après Dennard.

Harris retourna dans l'Est, passa quelques coups de téléphone, puis me rappela :

— Dennard est en Floride.

— Tu es sûr ?

— Sûr.

J'en étais vraiment à mes derniers sous. Lisa allait avoir le bébé. En un mois, j'étais passé de la fortune à la dèche totale. J'ai dû emprunter 2 000 dollars à un copain pour aller en Floride. J'emportais une valise pleine de flingues. J'allais l'envoyer en enfer, ce salopard.

En Floride, des gens que je connaissais m'emmenèrent en voiture. On est allé dans tous les endroits que Brian fréquentait. Il n'était nulle part. J'en avais... jusque-là.

A mon retour à San Diego, je racontai tout à Lisa. Une séance du genre de celles que nous avons maintenant. Je lui ai parlé pendant dix heures. A la fin, elle m'a demandé :
— Combien nous reste-t-il ?
— 2 500 dollars. Plus nos meubles.

Peu après, je reçus un coup de téléphone d'un des hommes de Falcon :
— Falcon veut vous voir à Mexico City. Et je dois vous remettre 1 500 dollars pour vos frais.

Ce n'était pas très catholique. Quelque chose en moi me disait : « Si tu y vas, tu ne reviendras pas. » Dans toute l'histoire de l'organisation, personne ne l'avait quittée, jamais. Ça ne se faisait pas. On n'abandonne pas sa famille.
— Je n'irai pas, dis-je au mec.
— Dans ce cas, vous êtes un homme mort.
— Ça m'étonnerait. Et si jamais ça arrivait, j'en emmènerais un paquet dans la tombe avec moi.

J'ai mis notre mobilier au garde-meubles. Pour 1 800 dollars, j'ai acheté une camionnette Chevrolet 1962 avec une caravane. Puis j'ai téléphoné aux banques pour dire que je ne pouvais pas payer les mensualités de mes emprunts. Elles raflèrent tout.

Nous sommes montés dans la camionnette et en route pour Albuquerque ! Le lendemain de notre arrivée, je passai une annonce dans un canard local, le *Journal,* pour vendre toutes mes armes, sauf un 357 Magnum. Je les bradais. Mais j'avais besoin d'argent. Lisa était enceinte de huit mois et demi, vous comprenez.

Le lendemain, elle accoucha. Un garçon. Nous l'appelâmes Christopher Roberts.

L'accouchement avait été très difficile. Une césarienne avec des complications. Elle faillit mourir. Les frais médicaux, que j'avais estimés à 1 500 dollars, se montèrent finalement à 6 600 dollars. Alors, il fallait que « Señor Miguel » travaille *dur*.

Je trouvai un boulot à l'*European Health Spa* d'Albuquerque ; je faisais aussi divers travaux au noir, aménager des sous-sols par exemple, me crevant le cul pour payer nos dettes.

J'ai débuté dans ce club de gymnastique comme moniteur, aidant les clients à établir des programmes d'exercices, des trucs comme ça. Puis j'en pris la direction. Beaucoup de membres de la police locale et du FBI venaient s'y entraîner. Ils aimaient venir le dimanche parce que c'était un jour mixte. Ce fut donc un dimanche, environ un mois et demi après mon arrivée à Albuquerque, que je me mis à discuter avec un gars qui s'appelait Ben Marino. Nous étions dans la grande salle d'entraînement, qui est très luxueuse : épais tapis de laine, miroirs dorés à la feuille, des statues de marbre partout... Il était tard, et la plupart des gens étaient partis.

Ben est un agent des Stups. Très costaud, 1 m. 80, 90 kilos ; il fait des haltères depuis des années. Il se balade les bras écartés tellement ils sont musclés. Un brun, hispano-américain, connu pour sa brutalité quand il procède à des arrestations. Il y avait aussi un type du FBI. Et un autre agent des Stups, Ralph quelque chose. Ben se vantait :

— Nous saisissons dans les mille kilos de marijuana par semaine.

Et alors ? me disais-je. Nous en transportions plus de trente tonnes par semaine. Et il continuait :

— L'autre jour, nous avons trouvé une planque où il y avait 7 000 kilos d'herbe.

Ouais... dans la nôtre, il y en avait cent *tonnes*.

Et il n'arrêtait pas de parler...

— Nous faisons certaines des plus grosses prises du pays. Avant la fin de l'année, je suis sûr que nous mettrons la main sur une cargaison vraiment importante, peut-être vingt tonnes.

Je le regardai bien en face :

— Me croiriez-vous si je vous disais que j'ai vu une planque où il y en avait une centaine de tonnes ?

— Vous déconnez.

— Je suis on ne peut plus sérieux. Je connais un endroit où il y a cent tonnes cachées dans un chantier de bois.

Devant son air incrédule, j'en rajoutai :

— Ouvrez bien vos oreilles. A la frontière de Tijuana, ils en passaient dans des camions-citernes. Pleins à ras bord. Je l'ai vu. Et même des *doubles* remorques. Je ne me paie pas votre tête. Et les douaniers sont grassement payés.

Il crut que je le faisais marcher. Fin de la conversation.

Le lendemain, il revient et me demande tout de go :

— Avez-vous jamais entendu parler d'Alberto Sicilia-Falcon ?

— Non, pourquoi ?

— Les camions-citernes ont quelque chose à voir avec un chantier de bois et le chantier de bois a quelque chose à voir avec une planque d'une centaine de tonnes, et ces cent tonnes ont un rapport avec un type qui s'appelle Alberto Sicilia-Falcon.

Quand il avait introduit cette information dans l'ordinateur, zipzipzipzipzip...

— L'ordinateur a craché deux mètres d'informations, avec tellement de noms dessus que je me demande où il les a pris.

Je haussai les épaules.

Cette conversation avait lieu un lundi.

Le mardi soir, j'étais prêt à fermer, vers les sept heures, quand deux types sont arrivés :

— Mike, nous aimerions vous parler un moment.

Je pensais qu'ils venaient se faire inscrire au club. Ils avaient l'air réguliers. Je les emmenai dans le bureau. Aussitôt assis ils posèrent leurs papiers sur la table.

C'était des agents fédéraux. Richard Gorman et William Coonce.

CHAPITRE SIX

1

Avant d'aller voir Michael Decker à l'*European Health Spa,* Richard Gorman avait eu l'occasion de s'entretenir avec Alberto Barruetta.

Gorman et son partenaire Pat Gregory, l'ancien de la CIA obsédé par les conspirations, avaient fait du chemin depuis que, terrés dans une colline dominant la Maison Ronde de Tijuana, ils avaient observé les allées et venues des amis et associés de Falcon — Carlos Kyriakides, Alberto Barruetta, Roger Fry et Joan Beck. Barruetta paraissant le plus vulnérable, ils l'avaient soumis à une surveillance de tous les instants. Ils étaient certains que Barruetta finirait par craquer, ou qu'un événement providentiel le pousserait dans les bras des agents américains.

Finalement, l'occasion qu'ils recherchaient se présenta. Elle vint d'une direction si inattendue, et en des circonstances si mystérieuses, que Gorman et Gregory en sont toujours à se demander qui ou quoi mit vraiment Barruetta à leur merci.

Les événements qui livrèrent Barruetta à Gorman et Gregory révélèrent la menace que l'organisation Falcon représentait pour le monde entier, et finirent par attirer l'attention du Centac. Tout avait commencé le jour où la balle tirée par Decker frôla l'oreille de Barruetta, l'étendant, à demi assommé, sur le sol de sa chambre de Mount Helix.

Le lendemain de l'attentat, Alberto Barruetta s'enfuit avec sa petite amie Susan. Ils se réfugièrent dans le ranch d'un ami, quelque part dans l'Oregon. Ils s'y sentaient en sécurité, mais ils étaient déprimés et s'ennuyaient. Un mois plus tard, ils rentrèrent à San Diego.

— J'étais entouré de flics, dit Barruetta. La police fédérale ne me lâchait pas d'un pas. Ça me rendait fou, au point que j'ai essayé de leur rentrer dedans avec ma voiture. Un autre jour, je leur ai lancé des pierres.

« J'avais peur que Falcon ne tente de me faire tuer une nouvelle fois. Susan et moi vivions cachés, dans un appartement sur la plage. Je garais ma voiture à un kilomètre de là et rentrais au pas de course.

« J'essayais de faire des petites affaires, mais personne ne voulait m'approcher à cause de Falcon. Et j'avais *besoin* d'argent, parce que je n'avais pas changé de style de vie. J'allais à Las Vegas, je jouais, je dépensais beaucoup.

Barruetta était triplement coincé : l'argent, Falcon et les flics. Il avait l'impression que des cercles d'airain se resserraient autour de lui. De plus en plus, il lui fallait admettre que s'il existait une issue — ce qui n'était nullement certain —, c'était du côté de la police. Mais entre le savoir et décrocher le téléphone, il y avait tout un monde d'incertitude et de peur. Pour faire le saut, il avait besoin qu'on le pousse.

Et cela arriva.

Peu après son retour de l'Oregon, deux « Feds » (police fédérale mexicaine) de Tijuana arrêtèrent le cousin de Barruetta dans une voiture qui transportait quarante kilos de marijuana sous le capot. Ils ne trouvèrent pas la marijuana, mais comme le cousin n'avait ni son permis de conduire ni les papiers de la voiture, ils mirent le véhicule en fourrière.

Aussitôt relâché, le cousin alla voir Barruetta, à qui appartenaient la voiture et la marijuana. Sachant que les Feds finiraient par trouver la drogue et par découvrir le propriétaire de la voiture, Barruetta réunit péniblement 20 000 dollars en liquide et se rendit au bureau des Feds.

Il n'avait pas peur. Simple affaire de routine. Il allait racheter la voiture et la marijuana.

Mais les Feds refusèrent l'argent. Barruetta était stupéfait. C'était somme toute une vétille : une voiture et 40 kilos d'herbe. Evidemment, ils étaient trop nombreux, sept ou huit, dont plusieurs nouveaux venus de Mexico City. Aucun ne voulait prendre le risque de se faire remarquer.

L'officier le plus élevé en grade était Rogelio Muñoz, un brun costaud, devenu légendaire à Tijuana. Atteint au ventre lors d'une enquête sur une affaire de drogue, agonisant sur son lit d'hôpital, Muñoz avait refusé d'être soigné avant qu'on lui amène son agresseur. Il se souleva alors sur un coude, leva son pistolet et tua l'homme d'une balle entre les deux yeux. Plusieurs mois après, alors que sa blessure se refusait à guérir, Muñoz s'amusait à montrer à ses amis le trou sanglant et suppurant.

De plus en plus mal à l'aise, Barruetta se mit à supplier Muñoz :

— Prenez tout, l'argent, la voiture, la marijuana, mais je ne veux pas avoir de problèmes.

— Pas question, dit Muñoz. Vous allez nous parler de vos amis. Et nous dire d'où vient la marijuana.

Maintenant, Barruetta avait peur. Il n'ignorait rien de la torture, et savait que les Feds l'interrogeraient jusqu'à ce qu'ils soient sûrs qu'il n'avait plus rien à dire. Il savait aussi qu'il leur suffirait de quelques minutes ou de quelques heures pour savoir qui il était et qu'il avait travaillé pour Falcon. Ils téléphoneraient ensuite à Falcon — qui avait à sa botte presque tous les Feds de Tijuana — et ce serait sa fin. Falcon ne pouvait s'offrir le luxe de le laisser faire des déclarations imprudentes qui finiraient par lui coûter de l'argent... Barruetta se disait : si je me retrouve à La Mesa, la prison de Tijuana, je suis mort. Plein de trafiquants s'y sont déjà fait descendre. Il fallait trouver une solution.

— D'accord, dit-il à Muñoz.

— On vous écoute.

— Qu'est-ce qui vous intéresse surtout ?

— L'héroïne.

— Hum... Je connais un type qui en a cinq kilos.

Leurs yeux s'écarquillèrent.

— Où est-il ?

— A Los Angeles.

— Téléphonez-lui pour lui tendre un piège.

Barruetta eut une soudaine inspiration.

— Vous plaisantez ? Avec tous les bruits bizarres que font ces téléphones, et la standardiste qui annoncera « un appel du Mexique » ? Il flairera tout de suite que quelque chose ne tourne pas rond.

— Que suggérez-vous ?

Barruetta savait que Muñoz était violent, mais il n'avait jamais entendu dire qu'il était malin.

— Emmenez-moi plutôt téléphoner à San Diego. Chez les flics de San Diego. Vous pourriez mener l'enquête ensemble.

L'idée ne leur plut pas du tout. Barruetta insista, affirmant que c'était la seule façon de s'y prendre. Il ne céda pas un pouce de terrain. Il fallait absolument qu'il sorte du Mexique avant que quelqu'un ne s'amène en disant : « Mais je le connais, ce gars. Il travaillait pour Falcon. » Barruetta était loin d'être un dur, et tenir tête à un type comme Muñoz n'était pas facile. Mais il risquait sa peau. Et il savait que les Feds ne pourraient pas résister à l'appât de cinq kilos d'héroïne.

Finalement, cela marcha. Muñoz embarqua Barruetta dans une voiture avec des Feds armés, et se dirigea vers la frontière.

Il amena Barruetta au bureau de la DEA de San Diego. La première personne que Barruetta y vit, ce fut Pat Gregory. Parlant très vite en anglais, priant pour que les Feds ne comprennent pas ce qu'il disait, il le supplia :

— Faites ce que vous voulez, mais ne me laissez pas repartir. Je vous dirai tout ce que vous voulez savoir. Mais ne les laissez pas me ramener au Mexique. S'ils savaient qui je suis, ils ne m'auraient jamais amené ici. Ils m'auraient liquidé à Tijuana.

Il n'y avait pas de trafiquant à Los Angeles, et pas davantage d'héroïne.

— Je vous dirai tout, répétait Barruetta. Tout.

Pat Gregory avait attendu des mois pour entendre ces mots. Il fit entrer Barruetta dans un petit bureau.

— Les agents américains ont bien eu les Feds, raconte Barruetta. Ils les ont invités à déjeuner, et leur ont dit qu'ils prenaient l'affaire en main. Puis ils m'ont fait sortir de là.

Barruetta avait gagné. C'est du moins ce qu'il croyait.

— Ils m'installèrent avec Susan dans un appartement secret. Pendant des jours et des jours, les agents et le procureur fédéral m'ont promis toutes sortes de conneries. Ils allaient me payer, prendre soin de ma famille, nous protéger tous. Plus je leur en dirais, plus je toucherais d'argent.

« Ça me paraissait parfait. Nous avons commencé à échafauder un tas de plans pour coincer Falcon. Ouais... mais nous n'avons jamais fait de plans concernant *ma* vie.

« J'étais vraiment idiot. Je me suis fait avoir. Ma situation était désespérée. Et je n'aurais jamais pensé que le gouvernement était malhonnête. Le gouvernement mexicain, oui. Mais je n'aurais jamais cru que le gouvernement des Etats-Unis ferait de pareilles saloperies. Je leur faisais aveuglément confiance. Je croyais sincèrement qu'ils essayaient de m'aider.

Pat Gregory avait du mal à croire à sa chance. Mais Rich Gorman et lui étaient méfiants, se demandant ce que cela cachait. Ils se le demandent toujours, en fait.

— C'était la *première* fois que cela se produisait, me dit Pat Gregory, la première fois que les Feds nous amenaient un gars de cette façon. Ça ne s'est d'ailleurs jamais reproduit.

« Les Feds nous ont téléphoné de Tijuana : " Nous avons pris un type avec une cargaison de marijuana ; il prétend connaître un gringo du comté d'Orange qui ferait du trafic d'héroïne. "

« Ça paraissait formidable. *Enfin*, au bout de vingt ans, un peu de coopération ! Nous ignorions que le type en question était Alberto Barruetta, qui avait compris que s'il allait en prison au Mexique, Sicilia le ferait tuer.

« Arrive d'abord Rogelio Muñoz, un flic mexicain capable de vous fendre le crâne sans aucune raison. Rogelio s'avance, et je vois Barruetta. J'en reste muet de stupeur.

« Nous avons sorti Barruetta de là, loué un appartement sous un faux nom, fourni une nouvelle identité au gars et pris contact avec un procureur fédéral. Personne — même pas les services d'immigration — ne savait que nous tenions ce type depuis trois mois.

« Peu à peu, Barruetta nous raconta toute l'histoire.

2

La planque était un petit duplex dans un long immeuble en stuc rose, au milieu d'une rue résidentielle éloignée du centre. Pas de restaurants, pas de boîtes de nuit, peu de circulation. La contre-surveillance était facile.

Au niveau supérieur, il y avait la chambre et la salle de bains ; au-dessous, un petit living avec coin-repas et cuisine. Barruetta ne fumait que de la marijuana ; la première fois qu'ils le prirent sur le fait, ils menacèrent de l'envoyer en prison, où le confort ne serait évidemment pas le même.

Susan était avec eux, jolie, animée, tout juste sortie de l'adolescence, pas très intelligente, mais veillant aux intérêts de Barruetta, ne manquant jamais de lui rappeler à quel point les agents avaient besoin de lui.

Barruetta détestait être enfermé, détestait les questions, détestait qu'on fasse sans cesse appel à sa mémoire.

— Qu'avez-vous fait ? Où ? Quand ? Qui était avec vous ? Où était Carlos ? Et Falcon ?

Les agents lui faisaient passer toute sa vie en revue. De huit heures du matin jusque tard dans la soirée, Gregory était là, ou bien Gorman, tandis que des équipes d'agents se relayaient, écoutant, prenant des notes, posant sans cesse des questions. Quand ils en eurent enfin fini avec sa vie, il fallut recommencer.

Ils prenaient une personne ou une affaire, et lui consacraient la journée.

— Aujourd'hui, c'est le jour du camion-citerne, Alberto. Nous allons nous concentrer sur la première affaire de camion-citerne. D'accord ? Reprenons au début. Roger Fry vous a téléphoné et a dit... ?

Et le lendemain :

— Aujourd'hui, nous allons parler de Randy. (Un de ses clients de San Francisco.) Parlez-nous de vos marchés avec Randy. Commencez par le premier. Il est donc venu à Coronado Cays et...

Lorsque Barruetta était trop fatigué pour continuer, ils l'envoyaient faire un somme ou prendre une douche, ou l'emmenaient faire du jogging. Juste le temps nécessaire pour que son cerveau se remette à fonctionner.

Après leur départ, il regardait la télévision. Avant, il n'avait jamais le temps de la regarder, mais maintenant il ne pouvait plus s'en arracher. Il en vint même à aimer le football américain. Il fumait un peu de marijuana, faisait l'amour et s'effondrait. Le lendemain matin, à huit heures, on sonnait à la porte. Il grognait et se tirait péniblement du lit. Ils étaient de retour : « Qui ? Quand ? Où ? »

Il sombra dans la dépression. Il ne pouvait aller nulle part. Il n'osait ni sortir du quartier ni téléphoner à des amis. Exactement comme s'il était en prison. Susan et lui devinrent plus proches que jamais.

— Elle me comprenait, dit Barruetta. Nous pouvions parler. Nous vivions les mêmes choses.

Les agents ne cessaient de défiler. Des inconnus qui l'interrogeaient sur des choses dont il n'avait jamais entendu parler. Il avait peur. Il ne cessait de penser à la déclaration faite aux douaniers que Falcon lui avait montrée, à tous les fonctionnaires mexicains et américains qui étaient vendus à Falcon. Combien de types qui venaient ici travaillaient pour Falcon ? Il s'était déjà caché une fois et Falcon avait envoyé un tueur. Pouvait-il espérer s'en tirer une seconde fois ?

A force, Barruetta cessa de s'inquiéter. Il renonça à lutter. Il s'en remit entièrement aux agents. Que pouvait-il faire d'autre ? Gorman misait sur la confiance, et trouvait que Barruetta était facile à manier, « un homme dénué de méchanceté ».

Gregory le trouvait lui aussi sympathique et pittoresque.

— C'était affreux, se souvient Barruetta. C'était uniquement... réfléchissons à l'affaire, réfléchissons à l'affaire. Je *haïssais* tout cela. Tout ce qui m'était arrivé. Mon seul désir était de détruire Falcon et toute la bande. Cela devenait une véritable obsession. C'était eux ou moi. Je ne pouvais me réfugier nulle part. Mais si je réussissais à détruire Falcon, je pourrais retourner au Mexique.

« Je devenais complètement paranoïaque, mais cela me facilitait la vie : je voulais rester enfermé dans cet appartement. Je réfléchissais à la puissance et à la faiblesse. Ils étaient puissants et j'étais faible. Il fallait que je rétablisse l'équilibre pour avoir une meilleure chance de survivre. Je voulais être sûr que ces agents feraient le nécessaire. J'avais peur qu'ils ne veuillent simplement saisir quelques kilos de came, et avoir leur photo dans le journal. En leur parlant, je risquais ma peau. Il fallait absolument qu'ils brisent Falcon une fois pour toutes. Qu'ils les chopent tous. Ils devenaient si forts. Je connaissais leurs rêves de puissance. Je savais à quel rythme leur pouvoir s'accroissait. Si cela continuait, ils finiraient par diriger... tout, quoi !

« Mais Pat et Rich et les autres semblaient vraiment faire équipe ; on avait l'impression qu'ils mettaient le paquet pour se débarrasser de ces gens. Ils réunissaient les pièces du puzzle pour reconstituer le tableau. Ça commençait à me plaire... pas à me plaire, mais vous savez... " Bon Dieu ! On va y arriver ! " Au début, je ne donnais pas une chance à ces agents. Mais ils me faisaient partager leur confiance. Je croyais que nous pourrions gagner. Je croyais vraiment que nous pourrions détruire Falcon.

J'ai interrogé Barruetta sur la voiture dont Michael Decker disait qu'elle était équipée de fusils automatiques commandés depuis le tableau de bord. Jaime Kyriakides, le frère de Carlos, avait confirmé son existence, mais comme nombre de choses dont parlait Decker, l'histoire était difficile à croire. Barruetta en avait-il entendu parler ?

— Ouais-ouais.
— L'avez-vous vue ?
— Oui. Une LTD. Blanche avec du bleu. Elle avait des fusils, des mitraillettes. Un truc à la James Bond. Ça tirait à l'avant et à l'arrière.
— Comment tiraient-ils ?
— Il y avait un interrupteur sur la colonne de direction. Je sais qui a fait le travail. El Indio. C'est un atelier de carrosserie de Tijuana, utilisé par les contrebandiers. Sur la rue principale, Revolución. Ils font des compartiments secrets et des machins comme ça.

Au cours de ces trois mois, Barruetta en raconta aux agents presque plus qu'ils ne voulaient en entendre. Ses affirmations et histoires extravagantes faisaient parfois douter de la crédibilité de ses dires. Des camions-citernes transportant chaque semaine des cargaisons de marijuana valant près de quatre millions de dollars ? Un monopole sur toute la marijuana du Mexique ? De la cocaïne et de l'héroïne, aussi, pour... des millions et des millions de dollars ?

Comment les agents pourraient-ils trouver un procureur fédéral qui croirait cet homme ? Sans même parler d'un jury.

CHAPITRE SEPT

1

Les histoires les plus alarmantes que Barruetta racontait concernaient probablement la pénétration par Falcon de la police et de diverses administrations fédérales. Barruetta insista sur le fait que le réseau de renseignements privé de Falcon était si étendu et si performant que celui-ci savait invariablement ce que faisaient les flics et les agents presque avant qu'ils ne le sachent eux-mêmes.

Barruetta parla à Pat Gregory de la photocopie du rapport de la douane que Falcon avait exhibé à la Maison Ronde juste avant de rejeter Barruetta dans les ténèbres extérieures.

— Il vous l'a montré ? demanda Gregory. Vous l'avez *vu* ?

— Oui. Et il était authentique. C'était une déclaration que j'avais faite.

Barruetta ne paraissait nullement surpris. Falcon possédait un rapport de la douane. Et alors ? Falcon était omnipotent.

Gregory prit sa voiture et se dirigea vers le bureau de la douane de San Isidro. Il alla tout droit au classeur approprié, en sortit un dossier, feuilleta des papiers. La déclaration de Barruetta était bien là. Tout correspondait.

Des mois plus tôt, quand Gorman et Gregory avaient l'impression qu'une force sinistre s'opposait à leur enquête, certains de leurs collègues les avaient traités de fous. Maintenant les deux agents avaient de quoi étayer leur accusation. Ils avaient un témoin, et un document.

Ils adressèrent un rapport concernant le papier volé au service de la sécurité interne de la DEA, à Los Angeles.

Le lendemain matin, dans un motel de San Diego, Pat Gregory et Rich Gorman rencontrèrent secrètement un agent de la DEA du nom de William Coonce.

Ils lui parlèrent de tout — de leurs soupçons, des événements inexplicables qui leur avaient mis des bâtons dans les roues. Gregory lui remit une copie du rapport qu'il avait rédigé le soir où il roulait près de Tijuana avec son .45 armé sous la cuisse, écoutant son patron l'engueuler pour avoir demandé aux Feds mexicains de faire une descente chez Falcon.

Coonce les écouta calmement, posa quelques questions, et promit qu'il les reverrait.

Après leur départ, Coonce était resté pendant un long moment songeur, essayant de lutter contre son scepticisme. Comment croire à cette histoire ? Il avait trouvé Gorman calme et réfléchi : un homme qui ne devait pas perdre facilement son sang-froid. Mais Gregory... avec son esprit toujours en mouvement, excité, furetant partout. Gregory réunissait tous les faits, les organisait méticuleusement, puis parvenait à des conclusions qui... qui avaient l'air de sortir d'un roman.

Tandis que Gregory, Gorman et d'autres interrogeaient Barruetta, rassemblant les éléments d'un dossier dont la justice fédérale pourrait se saisir, Coonce se lançait dans une enquête encore plus pressante.

Si Falcon avait vraiment infiltré les services de police et d'autres agences fédérales, jusqu'où s'étendaient les dégâts ? Falcon avait-il accès à des dossiers d'autres enquêtes ? Connaissait-il l'identité d'informateurs, autres que Barruetta ? Etait-il informé des écoutes téléphoniques en cours dans d'autres affaires ? Existait-il quelque chose que Falcon ne connaissait *pas* ?

Bill Coonce avait la réputation d'être intelligent, agressif, intègre. Lorsqu'il n'était qu'un jeune agent tout nouveau dans le métier, il travaillait souvent à la frontière Mexique-San Diego avec un collège plus âgé du nom de Joe Baca. Baca, un Américain d'origine mexicaine, avait été policier à Albuquerque, au Nouveau Mexique (la ville où avait vécu Mike Decker). C'était un costaud basané qui aimait les voleurs, les femmes et l'alcool, pas toujours dans cet ordre. Parlant l'espagnol et très respecté par les Feds mexicains, Joe Baca avait traduit plus d'un malfrat en justice. Il était tout d'une pièce, direct, allait droit au but, vivant à la dure, buvant sec, frappant sec, le genre d'homme qu'on aime ou qu'on déteste d'emblée.

Bill Coonce l'aimait. C'était un bon partenaire et un bon mentor pour ce jeunot tout frais émoulu. Ils travaillaient ensemble, s'amusaient ensemble, veillaient l'un sur l'autre. Ils étaient bons amis. Puis ils partirent chacun de leur côté, Baca pour Los Angeles et La Nouvelle-Orléans, Coonce pour Seattle et en fin de compte le bureau de la sécurité interne de la DEA à Los Angeles, où il enquêtait sur les affaires de corruption.

Quelques jours après sa première rencontre avec Gregory et Gorman, Bill Coonce les convoqua à Los Angeles et les interrogea de nouveau sur leurs soupçons. S'échauffant, Gregory haussa le ton en lui brandissant le doigt sous le nez. La discussion s'envenima. Pour finir, Coonce demanda à Gregory de sortir. Si jamais il recommence, se dit-il, je lui casse son index en deux.

Coonce faisait de la corde raide. Il tenait à gagner la confiance de Gregory et de Gorman, car il pensait qu'ils étaient sur la bonne voie. Indubitablement, des gens donnaient des informations à Falcon. Peut-être des policiers de San Diego ou des agents de la DEA, ou alors des agents de l'Immigration ou de la Douane. Ou bien tous, et qui d'autre encore ? Le travail de Coonce consistait à le découvrir. D'un autre côté, la plupart des patrons de la DEA de San Diego et le quartier général de la DEA de Los Angeles continuaient à refuser de tenir compte des dires de Gorman et Gregory. Surtout Gregory. C'est un détraqué, dirent-ils à Coonce. Il est fou, c'est un obsédé qui voit partout des complots. Vous perdez votre temps.

Certains agents et chefs de service croyaient aussi que Pat Gregory était une taupe de la CIA. Gregory estimait que cette accusation lui était utile :

— Il existe un mythe de la CIA. Si vous êtes un ancien de la CIA, les gens vous fichent dans une certaine mesure la paix, parce qu'ils ont peur que vous n'ayez gardé des contacts. Et je me garde bien de les détromper.

Bill Coonce s'efforçait de suivre les pistes fournies par Gorman, Gregory et Barruetta, lorsque Gorman lui communiqua une nouvelle surprenante. Selon un flic d'Albuquerque, il y avait en ville un homme qui connaissait l'organisation Falcon.

Le soir même, Rich Gorman et Bill Coonce frappaient à la porte de l'*European Health Spa* d'Albuquerque.

Dès le début de son entretien avec Michael Decker, Coonce le trouva très bien informé, pas toujours crédible, et extrêmement dangereux. La police d'Albuquerque devait par la suite qualifier Decker de cruel et brutal. Elle savait notamment qu'il était un jour entré dans un bar, avait pris un client à partie et l'avait sauvagement battu. Son apparence ne traduisait absolument pas sa brutalité.

Mais Decker se révéla très utile pour Coonce. Il lui décrivit des Américains qui venaient chez Falcon pour toucher des pots-de-vin, des hommes qui étaient visiblement chargés de faire respecter la loi. Une fois, par exemple, un grand homme blond avait demandé — et s'était vu refuser — un supplément pour faire relâcher un employé de Falcon arrêté à San Diego. Selon Decker, Falcon possédait un album contenant les photos de tous ses collaborateurs, ainsi que des renseignements d'ordre privé fournis par un avocat de Los Angeles, Barry Tarlow.

Il apparut bientôt que Falcon avait à sa solde des hommes de la DEA, de la Douane, des services de l'Immigration, de la police de San Diego et de Los Angeles, et la liste n'était sans doute pas close. La corde sur laquelle évoluait Coonce s'effilochait. L'enquête sur Falcon devenait une rude épreuve. Des flics et des agents touchaient peut-être des pots-de-vin, truquaient les rapports, dénonçaient des indicateurs... Personne ne voulait entendre parler d'une affaire qui remuait tant de boue. Ni avoir affaire à Gregory et Gorman — ou à quiconque prenait leur parti. Dans tous les services où Coonce se rendait, il sentait cette animosité. Ou était-ce de la peur ?

Si Decker était utile à Coonce, il était inestimable pour Gorman. En écoutant Decker lors d'une de leurs premières entrevues, Gorman eut une soudaine inspiration.

— Mike, demanda-t-il, est-ce vous qui avez tiré sur Barruetta ?

Decker recula comme s'il avait reçu un coup. Puis il le reconnut. Il donna la date exacte et décrivit les lieux. Une corroboration de plus. L'affaire prenait corps.

Bientôt, Michael Decker cessa d'exister. Devant les jurys d'accusation, il était « Robert Trevino », et pour les agents, SR2-5-0010 — en abrégé, 0010. Cette appellation à la James Bond — le double 0 des romans de Ian Fleming désigne des agents ayant « l'autorisation de tuer » — était parfaitement appropriée. Au fur et à mesure que Coonce écoutait Decker, s'efforçant d'étudier sa psychologie, de découvrir ses motivations, de voir clair dans son passé, il acquit la conviction que Decker charriait « un flot de cadavres derrière lui », que c'était « certainement l'un des hommes les plus corrompus, les plus cruels qui soient ».

Mais la brutalité de Decker n'était pas ce qui troublait le plus Coonce. C'était le mystère qui l'entourait. La façon dont Decker était subitement apparu sur la scène ne lui disait rien de bon. Il était hanté par des hypothèses peu rassurantes :

— Voilà un type dont on n'a jamais entendu parler, dont le nom n'est *jamais* apparu dans l'enquête sur Falcon, qui est absolument peinard, et tout d'un coup, alors qu'il travaille dans un club sportif d'Albuquerque, il se met à crier sur les toits qu'il connaît tout sur Falcon. Comme ça, sans raison apparente. Ça n'a pas de sens.

Et le choix du moment, quelle coïncidence ! Falcon achetait des armes, parlait de renverser des gouvernements, et soudain... arrive Mike Decker, qui propose son aide pour l'abattre. Sans oublier que

Decker arrive pratiquement sur les talons d'Alberto Barruetta, que les Feds mexicains ont gentiment déposé sur les genoux de la police américaine, un exemple de coopération sans précédent. Des années durant, personne n'avait pu approcher Falcon. Et tout d'un coup, apparaissent deux témoins de première importance. Pourquoi ? Pourquoi maintenant ?

Coonce pensa à Pat Gregory. Faisait-il encore partie de la CIA ? Quand on avait posé à la CIA des questions directes sur Decker, elle avait répondu de façon caractéristique. « Decker ? Jamais entendu parler. » Decker lui-même avait affirmé avoir fait partie du SEAL, une unité spéciale, quasi secrète, engagée aux côtés de la CIA dans l'opération Phoenix et Dieu sait quoi d'autre. Tout cela était pour le moins bizarre.

Coonce ne pouvait avancer qu'une seule théorie, mais elle était si extravagante qu'elle le gênait et le faisait douter de son propre discernement. Se pouvait-il que Falcon et Decker aient été (et soient encore) des agents de la CIA ? Et, lorsque Falcon était devenu trop puissant, trop ambitieux, lorsqu'il apparut qu'il était probablement en voie de dominer le gouvernement mexicain, la CIA avait fait sortir Decker de l'ombre pour causer sa perte.

Plus Coonce pensait à cette affaire, plus elle lui paraissait abracadabrante. Perdait-il la tête ?

Le patron de Coonce était un ancien agent de l'IRS, Ted Hunter, devenu chef de la sécurité interne de la DEA pour la côte Ouest. (Plus tard, alors qu'il était en poste à Washington, ce même Hunter fut chargé de décider si je pouvais avoir accès au Centac.) Hunter était très respecté pour son expérience, son intelligence, et son sain scepticisme. Les théories délirantes ne l'intéressaient pas. Toujours est-il que Coonce alla voir Hunter ; il déballa tous ses soupçons et toutes ses conjectures. Coonce n'aurait pas été tellement surpris s'il l'avait fait envoyer à l'asile. Mais Hunter l'écouta. Il ne rit pas. Ils en discutèrent, et continuèrent à en discuter pendant de longs mois. Eh bien, oui. Cela *pouvait* être vrai.

2

Si la CIA répondait avec circonspection aux questions concernant Michael Decker, les Renseignements Maritimes étaient tout aussi réservés. Dans un rapport de deux paragraphes, le service d'enquêtes de la Marine donna à Rich Gorman les dates et lieux de l'engagement et de la démobilisation de Decker, indiquant qu'on lui avait délivré un « certificat de libération normal ». Le service ne disposait d'aucune

« information d'ordre disciplinaire ou médical ». L'auteur du rapport ne confirmait ni n'infirmait que Decker avait été un SEAL. Et c'était tout.

Gorman trouvait les réticences de la Marine plutôt inquiétantes :

— Je ne serais absolument pas surpris que la CIA joue un rôle dans cette affaire. Trop de choses sont arrivées d'un coup... Voilà qu'on nous offre Barruetta sur un plateau, après toutes nos vaines tentatives pour lui parler. Deux Feds mexicains l'arrêtent au Mexique et nous le remettent. Presque simultanément, Decker fait surface, sortant d'on ne sait où. Un homme dont le nom n'a jamais été prononcé au cours de l'enquête ; pire, quand nous avons commencé à effectuer des vérifications auprès des personnes dont il parle, aucune ne l'a mentionné. Avouez que c'est une coïncidence extraordinaire, ces deux types qui surgissent brusquement !

Gorman avait la très nette impression que quelqu'un *voulait* que l'affaire éclate.

DECKER

Gorman et Coonce me montrèrent leur carte dans le bureau du club et me posèrent un tas de questions. Ils me firent une proposition : Nous ne vous demandons pas de dire quoi que ce soit maintenant. Mais si vous savez quelque chose, téléphonez-nous. Nous vous paierons les renseignements. Voici 200 dollars pour notre conversation.

Je pris les 200 dollars et les montrai à Lisa en rentrant à la maison. Je la mis au courant de la situation, en gros. Devais-je collaborer avec ces types ou pas ? Ils me paieraient.

— Qu'en penses-tu ? me demanda-t-elle.

— Je ne sais pas. Si je leur téléphone, ils comprendront que je sais quelque chose. Mais en fait, ils le savent déjà...

J'ai donc téléphoné à Ben Marino :

— Dites-leur qu'ils peuvent venir me faire une offre.

Comme ils ignoraient totalement qui j'étais, je ne risquais pas grand-chose ; à coup sûr, ils ne pouvaient pas m'arrêter : ils n'avaient rien contre moi.

Nous avions rendez-vous dans un café du Coronado Center. A toutes fins utiles, j'avais pris mon Magnum. Je n'étais pas *sûr* que leur carte de flic était vraie. J'en avais trop vu pour ne pas me méfier.

Je vis donc Gorman et Coonce au café. Pas de doute, ils étaient bien ce qu'ils disaient. Dehors, Pat Gregory assurait la contre-surveillance, ce que j'ignorais. Gregory me demanda par la suite pourquoi je portais ce gros calibre sur moi. Il m'avait vu ajuster mes vêtements avant d'entrer et l'avait immédiatement repéré. Je lui répondis :

— Je pensais que vous travailliez pour Falcon.

Nous étions attablés devant des hamburgers et du Coca-Cola quand ils me dirent :

— Nous aimerions vous envoyer à San Diego. Nous ne vous garantissons rien pour le moment. Mais nous vous paierons mille dollars rien que pour aller à San Diego.

J'allai donc à San Diego, où je vis Gorman, Gregory et un procureur adjoint. Ils me promirent la lune si je coopérais. Des masses d'argent et toutes sortes de protections.

Je rentrai à Albuquerque, en discutai avec Lisa, et décidai d'accepter. Quel pauvre jobard j'étais. Je me disais qu'après tout, c'étaient des représentants du gouvernement qui me promettaient tout ça. Le *gouvernement* n'allait pas me baiser, quand même !

3

— Nous avions de quoi démarrer, dit Pat Gregory. Nous avions planqué Barruetta. Et voilà que Rich reçoit un coup de téléphone d'un flic d'Albuquerque concernant un certain Michael Decker. Nous le ramenons. Une grande gueule. Il se met à nous raconter des histoires complètement délirantes. Une voiture équipée de fusils automatiques, des pots-de-vin pour acheter la moitié du Mexique, des tonnes et des tonnes de marijuana, d'énormes quantités de cocaïne, des guerres à Guadalajara où il a tué vingt personnes ; Falcon va fabriquer un genre de super-fusil, il veut renverser des gouvernements... De quoi rendre complètement dingue un brave agent des stupéfiants. Premièrement, si c'était vrai, cela nous dépassait très largement. Et deuxièmement, ça ne *pouvait pas* être vrai. Il était impossible qu'une seule de ces choses ait pu se produire. Seulement, voilà... Decker connaît tous les noms, toutes les dates. Et comme argument massue, il reconnaît que Sicilia l'a engagé pour tirer sur Barruetta.

« Nous allons chez le shérif consulter le rapport sur l'attentat contre Barruetta ; la date, l'heure et tous les détails correspondent exactement aux déclarations de Decker. Après ça, il fallait au moins *envisager* de le croire. Il disait aussi avoir fait sauter à Tijuana une maison que nous étions censés utiliser à des fins de surveillance. Gorman et moi nous en souvenions très bien. La maison avait entièrement brûlé.

« Decker décrivait la maison de Falcon exactement comme les autres l'avaient décrite ; il était absolument impossible qu'il connaisse tous ces détails et en parle comme il le faisait sans y être entré.

« Tout cela était excellent : cela nous permettait de confirmer certaines déclarations de Barruetta, et de pousser l'enquête plus loin. Mais j'aurais voulu comprendre *pourquoi* Decker voulait coopérer. Il s'était mis dans une situation qui ne lui laissait d'autre choix que de coopérer. Il s'était vanté de ce qu'il savait, nous avait mis au défi de prouver que c'était faux. Et maintenant, *nous* le mettions au défi de ne pas poursuivre ce qu'il avait commencé. S'il ne nous aidait pas dans notre enquête, il perdait la face.

« Nous avions donc Barruetta et Decker. Cela pouvait nous permettre de traduire en justice Roger Fry, le distributeur de Falcon aux Etats-Unis, et un tas d'autres gens. Mais il était *impossible* de toucher à Falcon, parce que Falcon ne venait jamais aux Etats-Unis. Nous avions toutefois entendu parler d'un programme spécial appelé Janus, dans le cadre duquel les Etats-Unis et le Mexique coopéraient pour poursuivre des malfaiteurs, simultanément des deux côtés de la frontière.

« Nous nous sommes renseignés sur le Programme Janus. Cela marchait. Peu après, les Mexicains commencèrent à envoyer leurs procureurs à San Diego pour recueillir les dépositions de nos indicateurs.

« En même temps, nous faisions passer Barruetta et d'autres témoins devant un jury d'accusation secret. Nous n'allions pas tarder à obtenir des inculpations.

« Nous avons aussi informé la direction de la DEA des histoires selon lesquelles Falcon fabriquait ses propres mitraillettes. Ils ne voulaient pas en entendre parler. Ils ne voulaient à aucun prix se mêler de ça. Mais comme la Sécurité interne — Bill Coonce — était dans le coup, la direction n'osait pas nous faire chier ouvertement.

« Rich Gorman et moi travaillions sept jours sur sept. Nous finissions à minuit, et je le raccompagnais chez lui ou il me raccompagnait chez moi, l'œil toujours aux aguets. Nous étions si paranoïaques que nous soulevions le capot de nos voitures pour voir s'il n'y avait rien dessous.

« Et j'avais une impression, c'est difficile à expliquer... l'impression que les Mexicains, peut-être pour piquer le fric de Sicilia, ou bien pour mettre fin à la lutte d'influence entre le ministre de la Justice mexicain et les services du *Gobernación,* la CIA mexicaine... Pour une raison quelconque, les Mexicains qui travaillaient avec nous voulaient absolument régler son compte à Sicilia. Je n'avais aucune crainte. J'étais sûr que nous finirions par remporter la victoire. Nous avions déjà eu plusieurs coups de chance. Ça démarrait pour de bon !

DECKER

Six jours après avoir accepté de coopérer, je reçus un coup de fil de Rich Gorman.

— Faites vos valises et prenez votre voiture. Ne dites pas un mot à votre père, ni à votre mère, ni à votre sœur, ni à vos amis. Ne dites à personne ce que vous faites ni où vous allez. Partez. Laissez vos meubles. On s'en occupera. Allez à Phoenix et appelez ce numéro.

Arrivé à Phoenix, j'appelle le numéro qu'il m'avait donné.

— Allez à Sacramento et appelez ce numéro.

Mon fils de cinq mois et Lisa sont avec moi, ainsi que mon berger allemand, Thor. Ma 4×4 Blazer est pleine jusqu'au toit, et nous remorquons une caravane bourrée de trucs. Nous traînons dans tout le pays. De vrais gitans. Lisa ne se plaint jamais. Elle est calme, passive, elle supporte tout.

J'appelle le numéro de Sacramento : on nous dit d'aller au Holiday Inn. Quelle situation absurde. Je ne me voyais pas vivre pendant des mois avec un chien, un bébé, une femme et toutes nos affaires dans une chambre de motel !

Puis, arrive un type du *US Marshals Service*. Il me dit, comme si cela allait de soi :

— Qui aimeriez-vous être pour le reste de votre vie ?

— Hein ?

— Trouvez un nom et nous ferons de vous cette personne.

Pas facile. Je restai un bon moment à réfléchir. Voyons... Joe Simusky ? Un nom qui ne dirait rien à personne. Puis je décidai de garder mon prénom, Michael. C'est dur de s'habituer à un nouveau prénom. Je trouvai donc un nom de famille. Ils allaient changer mon numéro de sécurité sociale, mon permis de conduire et tous mes papiers et dossiers militaires. Changer tout en moi. Michael Decker, son histoire et son passé... terminé.

Lisa se fichait que je choisisse un nom ou un autre. Je pris donc la décision. Je prenais presque toujours les décisions. C'était une colombe douce et passive. Elle ne disait jamais rien. Dommage. Si elle avait ouvert la bouche, nous n'aurions pas eu ces problèmes et aurions été cent fois plus heureux ensemble. Elle s'occupait de tout. Elle faisait la cuisine, le ménage. Elle m'aimait vraiment. Physiquement et mentalement. Je suis toujours amoureux d'elle. Je ne la traitais pas très bien, mais je lui donnais beaucoup aussi. C'était la première femme que j'avais eu le temps de connaître un tant soit peu.

Les six premiers mois, je ne savais plus qui j'étais. Je changeais de personnalité tous les jours. On me donnait tout le temps de nouveaux noms de code. Et bien trop de gens étaient mêlés à cela. Ça commence par deux personnes. Le lendemain, il y en a vingt, et le surlendemain, vous voilà embarqué avec une centaine de gens. Vous avez l'impression que le monde entier est au courant de ce que vous faites. Cela me terrorisait.

Les officiers de police nous ont ensuite emmenés à San Diego, où nous avons vécu pendant sept semaines dans une chambre de motel. Je devenais maboul à force d'être enfermé. Nous avions toutes sortes de problèmes avec les officiers : « Votre numéro d'affectation de fonds n'est pas arrivé. Nous ne pouvons pas vous donner d'argent. » Je ne travaillais pas ; il fallait manger, pourtant ! La direction du motel commençait à me harceler. J'avais deux semaines de loyer en retard. Les officiers de police disaient : « Ça s'arrangera, mais nous ne pouvons pas vous payer aujourd'hui. C'est un jour férié. Les banques sont fermées. »

Nous restions là à ne rien faire, à nager dans la piscine... Je devenais fou. Comment allais-je trouver du travail ? Je n'étais plus Mike Decker. On m'avait bien donné un nouveau permis de conduire, mais pas de numéro de sécurité sociale. Et si je me servais de l'ancien, on pourrait me retrouver.

Je pris mon mal en patience. Finalement, nous nous sommes installés dans une petite maison de Goodyear Circle. J'avais commencé à l'arranger, pensant l'acheter. Je témoignais devant un jury d'accusation. Nous commencions à mener une vie normale. J'obtins mon numéro de sécurité sociale et trouvai un travail comme vendeur d'avertisseurs d'incendie. Nous ne vivions pas trop mal, Lisa, Christopher, Thor et moi.

Et puis, un beau soir, ma maison sauta. Ils la firent carrément voler en éclats. Et j'étais dedans.

4

Barruetta était dans la planque depuis quatre mois lorsque Pat Gregory et Rich Gorman s'aperçurent que Falcon s'était une fois de plus infiltré dans l'enquête qu'ils menaient contre lui. Une personne de leur entourage, une personne informée de toutes leurs actions, avait dit à Falcon qu'un jury d'accusation secret s'était réuni et que Barruetta était un des témoins.

Tard dans la soirée, sans prévenir, Gorman dit à Barruetta et à Susan de faire leurs valises. Il mit Barruetta dans une voiture avec deux officiers fédéraux et prit Susan avec lui dans la sienne. Les voitures partirent dans des directions opposées. Une heure durant, Gorman traîna dans les rues de San Diego et de ses faubourgs, tournant souvent, prenant des rues en sens interdit, sans quitter un instant son rétroviseur du regard. Quand il fut certain de ne pas être suivi, il se dirigea vers l'est sur l'Interstate 8. Au bout de vingt-cinq kilomètres, il quitta l'autoroute et s'engagea dans une succession de routes secondaires. Arrivé près d'une ville appelée Alpine, il arrêta la voiture dans l'obscurité et regarda sa montre. Quelques instants plus tard, une autre voiture fit des appels de phares juste devant eux.

Gorman se dirigea vers la seconde voiture et fit monter Susan à l'avant, à côté de Barruetta. Pendant que les officiers fédéraux donnaient les clefs à Barruetta, Gorman changea les plaques d'immatriculation.

Il prit congé de Barruetta et de sa femme, et suivit leur voiture jusqu'à l'autoroute, puis regarda ses feux arrière disparaître vers l'est. Barruetta était seul à savoir où il allait. Cette destination devait se révéler provisoire. Susan et lui commençaient une errance de deux ans qui les mena à Kansas City, au lac Tahoe, à Scottsdale, Detroit, Jacksonville... Fuyant sans cesse, terrorisés à l'idée d'être poursuivis, parfois séparés, tentant à plusieurs reprises de se suicider.

5

J'attendais depuis une dizaine de minutes sur une terrasse qui dominait des pelouses étincelant sous le clair soleil du Mexique, lorsque quelqu'un dit derrière moi :
— Vous vouliez me voir ?

Me retournant, je découvris un homme brun et trapu d'environ trente-cinq ans, qui semblait sortir d'un club de Park Avenue.
— Etes-vous Alberto Sicilia-Falcon ?

Pour le rencontrer, j'avais parcouru huit mille kilomètres.
— Oui.

Impeccablement coiffé, le visage basané rasé de si près qu'il en était lisse comme une coquille d'œuf, il portait un costume de safari beige d'une coupe parfaite, avec un liséré rouge sur les poches. Il ressemblait à un play-boy : riche, vain, sûr de lui, charmant si cela en valait la peine.

Je me présentai et dis que j'écrivais un livre qui, d'une certaine façon, le concernait.

Il me conduisit dans son bureau, prit place derrière une table de travail et me désigna un fauteuil. Comme son apparence extérieure, son ton était policé et étudié, destiné à impressionner, peut-être à intimider : une façon d'afficher son pouvoir et sa position qui excluait toute chaleur jusqu'au moment où le visiteur se révélait, éventuellement, intéressant pour lui.

Un homme entra, murmura quelque chose en espagnol, reçut plusieurs billets que Falcon tira d'une épaisse liasse de dollars et de pesos, et se retira. Un second homme fit son apparition, grand, puissamment bâti. Il se plaça à côté du bureau et me regarda avec moins de cordialité encore que ne le faisait Falcon. Dans l'heure qui suivit, des hommes emplis de déférence — domestiques, collaborateurs — entrèrent et sortirent, recevant des ordres et des instructions sur un ton uni, calme, le ton des puissants de ce monde.

TROISIÈME PARTIE

Centac-20 : Donald Steinberg

« *Recherché*, qu'est-ce que ça veut dire ?... Est-ce que ça veut dire qu'au fond d'un classeur dans je ne sais quel bureau, ils ont mon nom marqué " recherché " ? Je ne suis pas en prison... Aucun de mes amis n'est en prison, depuis des années que nous sommes soi-disant " recherchés ". »

CHAPITRE PREMIER

1

« Il arriverait à convaincre un chien affamé de renoncer à un beau beefsteak. » Voilà ce qu'un coordinateur du Centac a dit de Dennis Dayle, et Dennis n'est jamais plus convaincant que quand il baratine ses visiteurs, souvent émissaires de gouvernements étrangers, qui viennent voir ce qu'il y a de vrai dans les bruits qui courent. Le Centac, est-ce que ça existe vraiment ? Et est-ce que ça fait vraiment ce qu'on dit ?

Un vieux type aux cheveux gris en bataille arrive du service de renseignements stratégique de la DEA, en compagnie d'un visiteur qui veut des informations sur le Centac. Ce visiteur est un type en costume bleu plutôt chiffonné, du genre à qui on ne la fait pas — il dirige le service des stupéfiants de la police israélienne. Dennis lui sert son discours classique sur le Centac. Le type de la DEA a l'air sceptique, mais l'Israélien est fasciné. Est-ce que Dennis accepterait d'aller en Israël parler du Centac à des fonctionnaires de là-bas ? Quand vous voudrez, répond Dennis avec un sourire. Et les deux visiteurs prennent congé.

Moi, je sors avec eux pour les raccompagner et quand je reviens, je trouve Dennis au téléphone.

— J'ai l'impression que c'est l'ambassadeur à moins que ce ne soit le DCM. L'un des deux est pour nous et l'autre contre. Enfin voilà : j'ai une allumette et trois brins de paille et avec ça il faut que j'allume un incendie... D'accord... Bien sûr, on fera le nécessaire.

Dennis raccroche et je lui demande si à son avis Michael Decker est crédible.

— Une enquête spéciale a établi sa crédibilité. Il frime un peu et, par moments, il a tendance à arranger la réalité, mais il raconte tout de même ce qui est arrivé. N'empêche qu'il est un peu fêlé et qu'il la ramène. Vous le connaissez, vous lui avez parlé, moi pas. Mais j'ai l'impression que c'est ça, un fêlé qui la ramène.

» Il est fier comme Artaban de jouer son rôle de tueur et il le joue avec autant d'objectivité que moi, le mien. On l'a engagé pour intimider ou liquider je ne sais combien de gens. Je ne serais pas étonné qu'on ne puisse plus les compter. Il se vante de ses nerfs d'acier mais ils ne sont pas en acier du tout. Ça fait partie du genre macho qu'on doit avoir quand on fait ce type de boulot. Il est capable d'être un dur sans être un dur parce qu'on ne peut pas être ce qu'il veut être, un tueur, si on n'est pas froid et décidé.

— Etre un dur sans être un dur ?

— Exactement. Il peut très bien agir *comme* s'il était un vrai dur parce qu'il est mené par la force de l'image qui l'obsède, celle du macho tueur.

Par la suite, je devais entendre des gens dire de Dennis lui-même qu'il était mené par la force d'une image. Je lui demande :

— Vous croyez que Decker a travaillé pour la CIA ?

— Oui. C'est tout à fait le genre à être attiré par la CIA, à graviter autour. Rêves de grandeur. Machisme. L'homme qui agit en solitaire. " Je suis capable de tout. Regardez-moi : j'irai me jeter n'importe quand dans la gueule du loup. Donnez-moi un couteau et je vous amène des otages. "

— Mais est-ce que c'est un genre qui plaît à la CIA ?

— Oh, ça, absolument !

— Et selon vous, qu'a-t-il pu faire à la CIA ?

— Se renseigner sur les trafics d'armes, sur l'influence cubaine au Mexique. Un type comme Decker, ils le prennent et ils s'en servent en le fourrant délibérément dans une histoire de trafic de drogue, éventuellement en l'arrosant. S'ils se sont rendu compte que Decker tenait à passer à leurs yeux pour un tueur efficace, ils se seront arrangés pour que quelqu'un soit descendu par lui, quitte même à donner à d'autres de quoi le payer pour faire ça.

— Vraiment ?

— Je parle évidemment de quelqu'un qui est de toute façon condamné. Je ne cherche pas à débiner la CIA, je parle de la réalité. Je parle d'un personnage X qui, dans une opération de la CIA, doit être liquidé. Alors ils raisonnent comme ça : le type va être descendu, on a vu les gens qui vont s'en occuper, et voilà justement quelqu'un dont nous avons besoin et qui veut tuer quelqu'un. Alors on rapproche le facteur n° 1 du facteur n° 2. Il n'y a rien de critiquable dans tout ça. Si ce n'est pas Decker qui fait le coup, ce sera un autre. Et Decker, lui, ça l'intéresse : " Ces gens-là, je vais leur montrer de quoi je suis capable. "

— Et Falcon, vous pensez qu'il a travaillé pour la CIA ?

— Pour moi, cela ne fait pas de doute. Et je ne dis pas ça dans un sens négatif pour la CIA. Parce que leurs détours en essayant de manipuler Falcon... moi, j'en aurais fait encore plus, des détours. C'est une chose à laquelle je suis attaché, c'est une technique, un art, une responsabilité : la façon d'exploiter des situations qui sont inévitables et qui demandent à être orchestrées pour qu'il en sorte du bon plutôt que du mauvais. Personnellement, ça ne me pose aucun problème, ni déontologique, ni moral, ni juridique.

Je dis à Dennis que, d'après Decker, Falcon lui aurait proposé des missions, dont il était certain qu'il s'agissait d'exécutions pour le compte de la CIA.

— Qui a dit ça? fait-il en levant les yeux, soudain en alerte.
— Decker m'a dit que Falcon le lui avait dit.
— Eh bien voilà qui confirme mon impression.
— Vous pensez que ça a de bonnes chances d'être vrai?
— Absolument. Quand vous serrez trop souvent la main des gens de la CIA, votre vie devient extrêmement compliquée. Et quand vous êtes engagé avec eux de la façon dont je pense que Decker l'était, vous n'êtes plus qu'un pion dans leur jeu. Ils peuvent faire de vous ce qu'ils veulent. La CIA, ce n'est pas quelque chose que vous pouvez avaler, c'est quelque chose qui avale et dévore tout. Quand vous entrez là-dedans, vous jouez pour une équipe, mais ce n'est plus la vôtre. Des gens comme Alberto Sicilia-Falcon, avec son immense personnalité, et Mike Decker avec la sienne, ils veulent décrocher la timbale, mais ils ne jouent plus du tout pour leur équipe. Ils sont embringués avec une bande de gens dont les objectifs sont totalement opposés à la création de concurrents comme Sicilia-Falcon en serait un s'il avait les coudées franches. Il s'imaginait que le fait de travailler avec la CIA le mettrait là où il voulait être, mais il se trompait grossièrement.

— A votre avis, que va-t-il arriver à Decker, en fin de compte?
— Où qu'il soit Mike Decker cherchera à faire quelque chose de sensationnel, quelque chose qui le distinguera de tout le monde, et qui lui permettra de jouer les durs.

Je réfléchis à tout cela : Decker, Falcon, la CIA. Je repense à la vie de Dennis à Beyrouth, véritable tissu d'intrigues, à ses informateurs de la capitale libanaise, ces « enquêteurs sans portefeuille ».

— Vos informateurs à Beyrouth, ils travaillaient aussi pour la CIA?
— Oui.
— Comment le savez-vous?
— Parce que j'ai travaillé pour la CIA.

Aussi avare fût-il de renseignements, Dennis pouvait aussi vous confondre par sa candeur.

— Parlez-moi un peu de ça.
— Non.
— Jusqu'à quel point étiez-vous engagé avec eux?

— Seulement dans la mesure où le *Federal Bureau of Narcotics* et la CIA tiraient de l'opération des résultats de même valeur. Jamais plus que cela.
— Et cela avait toujours un rapport avec la drogue ?
— Toujours. Bien qu'on m'ait encouragé à aller au-delà.
— Au-delà dans quoi ?
— Dans n'importe quoi. Dans toutes sortes de domaines.

CHAPITRE DEUX

1

Donald Steinberg avait grandi dans la vallée de la Fox River, aux environs de Chicago. C'était un petit garçon maigrichon, au regard très expressif, hanté par des rêves de richesse. A vingt-huit ans, à Fort Lauderdale, il était devenu millionnaire, mais il continuait à rêver. Pourquoi son prospère trafic de marijuana ne rapporterait-il pas un milliard de dollars par an ? Pour cela, tout ce qu'il fallait, c'était cesser de dépendre exclusivement des fournisseurs colombiens. Il avait ses cargos à lui, pourquoi ne pas avoir ses propres plantations ? Voire un pays à lui ? Ou deux ?

Donald livrait dans diverses villes de la côte Est pour 20 millions de dollars d'herbe. Il la stockait dans des dizaines de luxueuses villas de bord de mer, la transportant à partir de là dans des camionnettes, des camions et des caravanes, récoltant l'argent plus vite que ses collaborateurs ne pouvaient le compter.

Il circulait autour de Fort Lauderdale dans sa Rolls ou sa Maserati, faisait des croisières sur les canaux avec ses yachts ou ses hors-bord, prenait son jet particulier pour aller à Las Vegas ou à Aspen, donnait des soirées champagne et coke. C'était amusant, mais sans plus. Ce qui était excitant, c'était les affaires. L'argent.

Un milliard de dollars par an ? Pourquoi pas ?

Cherchant un homme capable d'orchestrer le développement mondial de ses affaires, Donald s'était adressé à son vieil ami Lynn Mizer, le jeune et ambitieux propriétaire du garage Star Jag, dont le beau-frère avait permis d'établir le contact avec un fournisseur de marijuana colombien.

Mizer ne se fit pas prier. Donald avait dit de lui qu'il avait « la folie en tête » et Lynn était effectivement prêt pour une aventure à la mesure de cette folie. S'il y avait quelque chose au monde que Lynn Mizer savait faire, c'était dépenser. Pour jeter l'argent par les fenêtres, il n'avait pas son pareil. Si Donald Steinberg voulait que la « Compagnie » établisse des filières internationales exclusives pour la marijuana, Lynn ne demandait qu'à s'en charger. Il commencerait par l'Asie.

Mince mais un peu bedonnant, Lynn Mizer débordait d'assurance. Il s'envola pour Hong Kong.

Trois mois durant, il vécut dans des hôtels, au milieu des puissantes odeurs et du vacarme des petites rues encombrées de taxis, de touristes, de trafiquants et d'hommes d'affaires venus de cent pays. Puis, cherchant un endroit discret, il traversa Victoria Harbor où grouillaient les sampans et étincelaient les bateaux de croisière, et s'installa sur le continent, à Kowloon, dans une maison au loyer de 1 800 dollars par mois. Il se paya une Mercedes et un chauffeur chinois, une bonne du nom d'Angela et un bureau qui lui coûtait 1 000 dollars par mois.

Ce fut une période d'intense activité pour ce Mizer si prompt à la dépense. Il acheta pour Angela un lit neuf et fit installer dans sa maison l'air conditionné, une machine à laver et à sécher, des rideaux et des tapis. Il fit refaire la décoration de son bureau, changea la moquette et les rideaux, acheta une machine à écrire IBM, un bureau, des fauteuils de luxe, une photocopieuse de 3 000 dollars et un ravissant petit plateau de bureau à 34 dollars.

Il dépensait aussi 5 000 dollars par mois pour ses coups de téléphone aux Etats-Unis, dont certains avaient pour objet des demandes de fonds supplémentaires, fonds qui lui étaient aussitôt envoyés par câble ou par courrier. Il alla à Singapour, Penang, Bangkok, voir des experts en expédition, des agences maritimes et aussi un mystérieux trafiquant, un jeune Américain de vingt-six ans au teint olivâtre prénommé Tony.

Ce garçon de petite taille, de type méditerranéen, avait vécu assez longtemps en Asie pour connaître les détours les plus obscurs du commerce de la drogue. Lynn lui donna 45 000 dollars. Bientôt des centaines de milliers de dollars circulèrent entre le bureau de Mizer et diverses banques de Bangkok.

Un des vendeurs californiens de la Compagnie avait des contacts dans le monde asiatique de la drogue. Il en fit profiter Mizer et, peu de temps après, Lynn reçut chez lui à Kowloon des coups de téléphone de gens bizarres aux accents orientaux qui voulaient entrer en contact avec lui. C'est ainsi qu'il fit la connaissance d'un Chinois de cinquante ans nommé Abraham Lee, qui dirigeait une société d'import-export, la Faddak Investment & Shipping Ltd.

Lee, qui savait tout juste assez d'anglais pour faire croire à ses amis américains qu'il comprenait ce qu'ils lui disaient, invita Lynn et d'autres représentants de Steinberg à dîner, cette fois avec des généraux thaïlandais aux somptueux uniformes. Visiblement, tout ce monde flairait l'argent.

Mizer savait qu'il était sur la bonne voie. Il se faisait des amis, alignait ses batteries. Grâce à Tony, il organisa l'achat de vingt-trois mille livres, soit environ dix tonnes, de « Thaï Sticks » — de la marijuana trempée dans l'huile de haschich et enroulée autour de bâtonnets de bambou d'une dizaine de centimètres — à un général nationaliste chinois nommé Li, qui était censé disposer de cinq mille soldats dans les montagnes du Triangle d'Or.

Personne chez Steinberg ne le savait, mais il s'agissait en réalité du général Li Wen-huan, une des grandes figures de l'Empire clandestin en Asie et le principal fournisseur d'héroïne de Liou Chou-chouei.

Li vendait ses sticks 25 dollars la livre. Comme le prix de vente en gros aux Etats-Unis était de mille dollars la livre, Mizer pouvait escompter un bénéfice d'environ 4000 pour cent. Mieux encore, Lynn allait se mettre en demeure de créer dans le nord de la Thaïlande des plantations de marijuana particulières à la Société.

En fait, les choses se présentaient si bien que Mizer décida de prendre des vacances : il allait quitter l'Asie pour une brève période et s'attacher à une autre entreprise non moins ambitieuse dans le cadre des projets d'expansion mondiale de Donald Steinberg.

Celui-ci était très excité par l'aventure asiatique, mais il avait aussi des visées sur l'Afrique. On pourrait certainement trouver sur le continent noir quelques pays sous-développés avec de bons terrains et un gouvernement plus intéressé par des bénéfices financiers que par des considérations morales plus ou moins confuses sur la culture de l'herbe. Le Kenya, peut-être ?

Lynn Mizer confia ses affaires en Asie à son personnel local et prit l'avion pour New York. Il passa Noël à Fort Lauderdale, mais pas avec Donald qui, lui, réveillonnait avec sa petite amie Carol et les parents de celle-ci, de fervents lecteurs de la Bible. Le mois suivant, il prit l'avion pour La Nouvelle-Orléans, où il assista à la victoire de Dallas sur Denver par 27 à 10 dans le Super Bowl.

En Floride, Lynn Mizer put constater par lui-même l'extraordinaire prospérité de la Compagnie qu'il avait contribué à fonder. Un cargo de Steinberg, le *Montezuma*, déchargea quarante tonnes de marijuana, d'une valeur à quai de 24 millions de dollars ; quatre fois par semaine, un yacht transatlantique de dix-huit mètres, le *Concorde*, livrait huit tonnes à Fort Lauderdale. Les cargos livraient des chargements de

30 millions de dollars avec une régularité satisfaisant même les exigences les plus voraces. Jimmy Bell, ex-réparateur de cheminées sur la Fox River, présentement vice-président de la Compagnie et responsable des ventes, passait ses jours et ses nuits dans des chambres d'hôtel avec des livres de comptabilité et des billets de banque. Quand on venait lui demander de l'argent, il fouillait au fond des placards des chambres de l'Holiday Inn, dans des sacs de supermarchés, des cabas et des valises Samsonite, et en retirait sans un mot des poignées de billets de cent dollars. Il s'étiolait, perdait ses couleurs. On l'appelait le Fantôme.

Mais Mizer était trop occupé pour flâner longtemps au soleil hivernal de Fort Lauderdale. Il prit l'avion pour New York, attrapa le Concorde pour Londres, puis changea encore d'avion pour s'enfoncer dans ce qu'il prenait pour les plus obscures profondeurs de l'Afrique. Pilote et mécanicien sur les bateaux de Steinberg, Joe Metzer, dit « Diesel Joe », était déjà au Kenya, occupé à créer des plantations près de Mombasa, un port sur l'océan Indien.

Lynn détesta Mombasa. Bien sûr, comme Hong Kong, c'était une île, avec un labyrinthe d'étroites rues orientales, mais la ressemblance s'arrêtait là. L'endroit était brûlant, léthargique et sale, sans rien de la furieuse énergie financière qui caractérise Hong Kong. Mizer y alla, vit ce qu'il avait à voir, et repartit. Il n'y retourna jamais.

2

« Diesel Joe » Metzer, l'homme de Steinberg, n'était pas seul à Mombasa. Il avait avec lui son amie Barbara Gerdes, une fille petite, aux yeux bleus, gaie et dynamique. Elle avait eu une idée de ce qu'était la fortune de Steinberg, mais n'allait pas tarder à avoir une idée de ce qu'était la terreur.

Son premier travail de contrebande l'avait conduite avec Joe sur un yacht de vingt-deux mètres construit sur mesure, le *Cee Dream*. Avec six autres élégants jeunes gens, hommes et femmes, ils pénétrèrent dans la mer des Caraïbes et y retrouvèrent huit bateaux et un vieux cargo tout rouillé qui ne portait pas de nom, n'arborait pas de pavillon et avait pour équipage des marins colombiens en haillons.

Barbara descendit dans la cabine ; pendant une heure et demie, elle n'entendit que des grognements, des cris et le bruit des balles de marijuana tombant sur le pont du *Cee Dream*. Les hommes empilèrent les balles dans le salon, les cabines et même les salles de bains. Quand ce fut terminé, il y avait à bord une cargaison de trente-cinq tonnes valant 15 millions de dollars au prix de gros.

Ce soir-là, tous feux éteints, le *Cee Dream* alla à la rencontre d'une flottille de canots de pêche et de vedettes disposés en demi-cercle. Barbara Gerdes remarqua un jeune homme maigre penché à l'arrière d'une vedette Cigarette, et qui était en train de vomir. Il se redressa, saisit un mégaphone et, d'une voix d'adjudant, lança des ordres aux autres bateaux : « Les bateaux vont se présenter un par un... » Quelqu'un lui dit que l'homme s'appelait Donald Steinberg.

Les petits bateaux accostèrent le *Cee Dream* et chargèrent leurs balles. Quand ils furent partis, le *Cee Dream* regagna un bassin à West Palm Beach. Le lendemain matin, quelqu'un monta à bord, un seau à appâts à la main. Le seau contenait des liasses de billets de cent dollars.

Joe et Barbara ouvrirent les liasses et comptèrent les billets : il y avait bien les 25 000 dollars promis. Ils jetèrent les billets en l'air, nagèrent pendant dix minutes dans tout cet argent, puis Joe alla à terre et se paya une Oldsmobile Cutlass de 7 000 dollars.

Neuf mois après le voyage du *Cee Dream*, Joe était à Londres pour les affaires de Steinberg. Barbara alla le rejoindre pour Pâques. Ils retrouvèrent au Carlton Tower Lynn Mizer, qui les invita à dîner. Au milieu du repas, Lynn, se rengorgeant comme un grand capitaine d'industrie, annonça :
— Eh bien, Joe, nous t'envoyons en Afrique.
Barbara en restait bouche bée. Lynn précisa que Joe irait au Kenya :
— Tu t'y installeras et tu cultiveras de l'herbe. Tu seras un vrai pionnier.

La Compagnie avait choisi le Kenya parce que ce pays semblait avoir le gouvernement le plus sûr et le plus stable. On va faire du Kenya une deuxième Colombie, expliqua Lynn. On va mettre des millions de dollars dans le pays et remonter son économie.

Joe et Barbara prirent l'avion pour Mombasa. Lynn leur avait donné ses instructions : ils devaient se faire connaître, se faire des relations, payer les gens et se frayer la voie vers le pouvoir. Ils ne connaissaient personne, mais Joe avait mieux que des introductions : un attaché-case bourré de billets de 100 dollars.

A tout le monde — des chauffeurs de taxis aux directeurs d'hôtel — ils dirent exactement ce qu'ils venaient faire : cultiver de l'herbe. Pas de l'herbe banale, non, mais de la sinsemilla, de la superforte. Tout d'abord, on crut qu'ils plaisantaient. Ils sont fous, ces touristes américains ! Mais Joe et Barbara savaient fort bien que tôt ou tard, à force de parler et de distribuer des dollars, les plus hauts échelons finiraient par entendre parler d'eux. Quelqu'un qui disposerait des relations voulues viendrait frapper à leur porte.

Il s'appelait Malumbi. Et Malumbi connaissait tout : les patrons, les villes, les terrains, les prix. Le Kenya entier était à vendre.

Joe et Barbara l'attrapèrent par le revers du veston et ne le lâchèrent plus. Il leur trouva des terres et des cultivateurs. Il les présenta au président d'une compagnie de navigation qui pourrait transporter leur marijuana et à une citoyenne kenyane d'origine allemande, Tina Hern, qui avait des relations dans les milieux politiques jusques et y compris avec le président du pays.

Pendant que Barbara macérait dans la chaleur torride de Mombasa, Joe parcourait le monde — la Floride, Londres, Hong Kong, la Malaisie, Singapour —, s'entretenant avec Donald Steinberg et avec le directeur de ses opérations à l'étranger, Lynn Mizer, produisant des échantillons de son herbe africaine, avant de retrouver Mombasa et Malumbi. Donald, colonialiste par nature, recommanda à Joe de ne pas gâter les indigènes et de ne pas leur donner trop ni trop vite.

Un horticulteur employé par Steinberg, « Little Tommy » Penta, vint de Californie pour enseigner aux cultivateurs de Joe la bonne façon de faire pousser la sinsemilla. Bientôt, Metzer fut en mesure de prendre l'avion pour Fort Lauderdale et de montrer des photos des quatorze plantations de marijuana de la Compagnie, dont les superficies allaient de quatre-vingts à quatre cents hectares et qui étaient dispersées autour des routes de montagne et des grands parcs zoologiques.

Puis ce fut la catastrophe.

Par une lourde soirée d'octobre, à vingt heures, vingt-cinq policiers kenyans se présentèrent devant la nouvelle villa de Joe et Barbara, qui avait coûté la bagatelle de 250 000 dollars. Ils parlèrent d'une histoire de fusils et d'ivoire et fouillèrent la maison. Ils ne trouvèrent aucune preuve de braconnage, mais découvrirent six kilos de marijuana que Joe avait eu l'imprudence de mettre à sécher dans un placard.

Les menottes aux mains, Joe et Barbara furent conduits à la prison de Mombasa.

Le lendemain matin, l'avocat de Joe, un riche Indien nommé Prem Prinja à qui il avait acheté la maison, les fit libérer sous caution. Le procès fut fixé au 20 novembre, un mois plus tard.

A la date dite, ils se présentèrent au tribunal. Joe bénéficia d'un non-lieu et sortit libre, mais Barbara fut condamnée à neuf mois de prison ferme.

C'était comme si elle avait remonté le temps pour se retrouver à l'intérieur d'un cul-de-basse-fosse médiéval. Sur le sol de ciment humide, Barbara dormait agglutinée à ses voisines. Il y avait quatre-vingt-deux femmes indigènes, certaines avec leur bébé, dans deux pièces mesurant quatre mètres sur cinq. Aucune des détenues ne parlait anglais. Des myriades d'insectes entraient par les fenêtres sans moustiquaires. L'ordinaire comprenait des céréales, du riz, des pommes de terre, des débris de légumes à moitié pourris ramassés par terre au marché de la ville et des déchets de viande puante qu'elle ne put jamais ni identifier ni avaler. Son poids tomba à trente-huit kilos. Elle était obligée d'aller travailler pour vingt cents par jour. Quand elle ne comprenait pas les ordres des gardiens, qui parlaient swahili, ils la frappaient à coups de chaîne.

Finalement, Prinja vint la voir. Il lui annonça que Joe avait réussi à filer aux Etats-Unis avec 10 000 dollars qu'il avait enterrés dans leur jardin. Tina, la dame qui avait des relations avec le président, était partie avec lui.

Barbara resta en prison. Aux approches de Noël, le miracle se produisit. Un nouveau juge décida en effet que l'herbe avait appartenu à Joe et que Barbara n'était chez lui qu'à titre d'invitée. Il n'y avait plus aucune charge contre elle.

Amaigrie et épuisée, Barbara partit pour Philadelphie afin de se remettre en passant les fêtes de Noël dans sa famille. En descendant d'avion, elle vit une sorte de dément en soutane, les cheveux et la moustache blond filasse, qui portait des lunettes sans verres. Il se conduisait absolument comme un fou, affirmant au personnel de l'aéroport qu'il appartenait au consulat de Panama. Barbara le regarda de plus près : c'était Joe.

Elle fit semblant de ne pas le reconnaître, mais il s'approcha d'elle et lui dit qu'il était accoutré de la sorte parce qu'il était recherché par les autorités américaines et kenyanes. Il s'était échappé de Mombasa avec un faux passeport britannique. Tout cela était de la faute à Prinja.

Après Noël, toujours maigre et hantée par des cauchemars, Barbara prit l'avion pour Fort Lauderdale et en quelques mots se plaignit amèrement à Donald. Il parut sincèrement bouleversé et lui demanda comment il pourrait la dédommager des épreuves subies.

Barbara lui répondit que tout ce qu'elle demandait, c'était 5 000 dollars pour pouvoir reprendre la vie qu'elle menait dans le New Jersey.

Donald lui donna l'argent avec ce commentaire :
— Si tu m'avais demandé cent mille dollars, je n'aurais pas trouvé que c'était trop.

Quelques mois plus tard, le gouvernement kenyan confisquait les plantations de marijuana.

3

Après avoir expédié Joe Metzer à Mombasa, Lynn Mizer était resté à Londres. Constatant que tous les vols entre Hong Kong et le Kenya exigeaient une escale à Londres et considérant qu'il s'intéressait désormais à des entreprises dans les deux continents, il se fixa dans la capitale britannique. Pendant quelques mois, il se rendit régulièrement à Hong Kong et de là à Bangkok, Penang et Singapour. Il passait sa vie en avion.

Ayant déjà pris des dispositions pour l'achat de dix tonnes de Thaï Sticks, Mizer avait besoin d'un bateau pour le transport de Thaïlande en Californie. Il convoqua donc une réunion, faisant venir à Londres deux employés de Steinberg. Butch Hillers, un skipper hollandais de vingt-six ans, arriva d'Amsterdam. Avec ses sourcils broussailleux, ses cheveux noirs coupés court et sa moustache tombante, il avait tout du bandit de grand chemin.

De Fort Lauderdale arriva John Russel, un tailleur canadien timide, blond, aux yeux bleus et à la voix douce, dont le père possédait des teintureries et qui tenait par-dessus tout à être autre chose qu'un tailleur canadien timide et à la voix douce, fils d'un propriétaire de teintureries. Il recherchait l'aventure, mais il avait quarante ans, trois enfants et il n'avait plus toute la vie devant lui.

Russell avait fait la connaissance de Hillers quelques mois auparavant à Amsterdam, où ils avaient créé pour Steinberg une compagnie de navigation baptisée Mars Services, qui devait servir de paravent pour l'achat de bateaux destinés à la flotte de Steinberg. Ils se retrouvèrent donc à Londres, où Lynn Mizer leur annonça qu'il avait besoin d'un bateau pour transporter dix tonnes de marijuana d'Asie en Californie. Mizer dit qu'il pouvait donner à Russell 60 000 dollars plus le remboursement de ses frais, à charge pour celui-ci de trouver le bâtiment, de le charger et de transporter la marchandise aux Etats-Unis.

Six jours plus tard, Russell et Hillers atterrissaient à l'aéroport international de Singapour, descendaient dans un hôtel et commençaient leurs recherches.

Du toit du Singapore Cricket Club, ou du Raffles Hotel, ou du Victoria Hall, ou de quelque autre édifice de Singapour symbolisant la grandeur passée de l'Empire britannique, vous auriez pu distinguer, glissant placidement au soleil parmi la foule des cargos et des jonques du Bassin Est, un étrange remorqueur de trente mètres portant le nom de *Caltex Pandu* sur sa proue rouillée. Propriété de la compagnie pétrolière Caltex, construit vingt ans auparavant à Port Arthur, Texas, le remorqueur avait fait bien du chemin, avait été fort négligé et en avait vu de dures. Il ne servait d'ailleurs plus depuis deux ans et était à vendre au prix très raisonnable de 125 000 dollars.

Lynn Mizer vint de Hong Kong et retrouva Russell et Hillers au Hilton. Ils l'emmenèrent voir le bateau et il donna son accord pour l'achat.

— Le risque est pour toi, dit-il à Russell, c'est toi qui va traverser le Pacifique avec, alors prends un véhicule qui te convient bien.

Qu'il s'agisse d'un camion, d'un avion ou d'un remorqueur transocéanique, pour Lynn, c'étaient toujours des « véhicules ». Après tout, ce n'étaient que des moyens de transporter de l'herbe.

Russell fit amener le remorqueur dans un bassin et alla y jeter un coup d'œil. Il le trouva en cale sèche, à peu près réduit à sa carcasse et attendant d'être remis en état. C'était son bâtiment, maintenant.

Repeint, son moteur révisé, doté d'un super-équipement électronique et de deux conteneurs à sa poupe, il serait prêt à prendre la mer, vaillant et honorable bâtiment de la flotte Steinberg. Avec sa cargaison d'herbe, tout fier et digne de confiance, il porterait un nom à la hauteur de sa mission : on le baptiserait l'*Euphoric*.

Russell se sentait renaître.

Lynn était pressé de voir l'*Euphoric* en état de prendre la mer. Les représentants du général Li Wen-huan prenaient 115 000 dollars par mois (5 dollars par livre) pour garder les Thaï Sticks en stock, sous le prétexte qu'il y avait de forts pots-de-vin à payer. En Thaïlande, la drogue séjourne fréquemment dans les dépôts des bases militaires, moyennant le paiement de coquettes sommes aux officiers.

Pour couvrir les frais d'achat et de remise en état de l'*Euphoric*, Mizer créa une compagnie de transport maritime à Singapour. Déjà, des courriers arrivaient régulièrement, porteurs de valises pleines d'argent. L'un d'eux, Mark Gallagher (il avait introduit Pete Wagner dans le milieu de la drogue quand ils travaillaient ensemble à Fort Lauderdale), proposa de rester et de rentrer en Californie avec Russell à bord de l'*Euphoric*. Il prévoyait un voyage plein d'imprévu. Il ne se doutait pas à quel point il allait être comblé.

John Russell engagea un équipage : un capitaine, un mécanicien, deux matelots, un cuisinier.

Le cuisinier était un Chinois de vingt-six ans nommé Gabby (le Bavard) Tan. C'était un garçon au visage innocent, enfantin et rieur, avec des yeux marron et une épaisse frange de cheveux noirs sur le front. Il tenait son journal où abondaient les noms de ses connaissances, prénoms féminins pour la plupart : Bibi, Monica, Veronica, Kitty. On l'aimait bien. Il était travailleur et, comme la plupart des jeunes gens, rêvait de voyages. Bien qu'il vécût sur une île, il n'était jamais allé en mer.

Gabby participa joyeusement à la préparation de la traversée et fut à bord pour la sortie d'essai. Mais le gouvernail cassa. Mizer paya 100 000 dollars de réparation. A la deuxième sortie d'essai, ce fut de nouveau la panne. Mizer décida de faire reconstruire tout le mécanisme de direction, ce qui coûta 125 000 dollars de plus. On profitait de la situation, c'était certain, mais à 115 000 dollars par mois rien que pour laisser le cargo au bassin, il n'avait pas du tout l'intention de perdre du temps à marchander les prix.

Finalement, l'*Euphoric,* complètement réparé, sortit du port de Singapour. Il mit le cap au nord à neuf nœuds, à travers la mer de Chine du Sud, en remontant la péninsule de Malaisie. Il se dirigeait vers Songkhla en Thaïlande.

Il arriva au port le quatrième jour à dix-neuf heures quarante-cinq, et à vingt et une heures trente le même soir, Gabby Tan était descendu à terre, prêt à l'action. Il prit une chambre dans un hôtel puis se rendit à un salon de massage. Les filles, portant à l'épaule de leur robe du soir un numéro en guise de broche, se tenaient, derrière une glace sans tain, sur des gradins couverts de moquette aux vives couleurs, occupées à lire des magazines, à tricoter ou à regarder la télévision. Le numéro de certaines d'entre elles était précédé de la lettre B, indiquant qu'elles étaient disponibles pour le « body massage », raffinement très prisé comprenant l'application de grandes quantités d'eau tiède mousseuse. Gabby n'avait jamais rien vu de pareil. Il choisit une jeune Thaïlandaise toute souriante nommé Ah Nip.

Le deuxième jour, Gabby changea d'hôtel et de fille, abandonnant Ah Nip pour Joanna Wong. Le troisième jour il remonta à bord de l'*Euphoric,* amenant Joanna avec lui, mais le même jour à six heures, il avait encore changé de fille (Ah Purn, N° 33). Ils firent l'amour dans une des salles de bains de l'*Euphoric.* Le lendemain, Gabby se reposa. Le dimanche, il alla se payer un autre massage et cette fois choisit le N° 38 qui lui dit s'appeler Ah Luck. A l'heure du dîner, il était de retour à bord.

Le lundi, juste avant minuit, Gabby quitta l'*Euphoric* et monta à bord d'un bateau de pêche thaïlandais pour faire deux cents milles en longeant la côte, dans le golfe de Siam, et arriver à un petit port de pêche situé à une quinzaine de kilomètres de la frontière birmane. Il accosta le mercredi à l'aube ; dans l'après-midi, il rencontra Tony, l'Américain au type latin qui avait organisé l'achat des Thaï Sticks au général Li Wen-huan. Ensemble, ils se mirent à charger des sacs en toile d'emballage et des boîtes en carton à rayures vertes et rouges dans des canots à moteur pour les transférer à bord de l'*Euphoric* qui avait lui aussi remonté la côte et attendait au large.

Toute la journée, les canots, chargés jusqu'au plat-bord de sacs et de boîtes, firent la navette entre la côte et l'*Euphoric*. Le lendemain à l'aube, avec une cargaison valant 700 000 dollars, le remorqueur mit le cap sur les Philippines. Mais la mer devint mauvaise et l'*Euphoric* se mit à rouler fortement. C'était un présage.

Au bout de neuf jours de mer, ils touchèrent le port de Davao, dans l'île de Mindanao. Le soir, Gabby descendit à l'Hôtel Insular et se lia avec une jeune Philippine nommée Liza.

Le lendemain dans l'après-midi, le plein de ses réservoirs refait (une facture de 7 000 dollars de fuel et d'eau douce fut adressée par câble à Mars Services à Amsterdam), l'*Euphoric* largua les amarres et remit le cap à l'est. Deux jours plus tard, à cent milles au nord-ouest des îles Palaos, Gabby et les autres hommes d'équipage venaient juste de finir de dîner quand brusquement ce fut le silence : plus de bruit de moteur, plus de vibrations.

Les moteurs de l'*Euphoric* avaient rendu l'âme.

Aussi inerte qu'un poisson mort, le bateau dérivait sur l'immensité calme et noire. Le jour, Gabby et ses camarades, en short, cuisaient au soleil sous un ciel sans nuage. La nuit, ils se relayaient à la proue et à la poupe pour guetter les lumières d'éventuels bateaux passant à proximité. Le mécanicien, dans la graisse et le fuel jusqu'aux coudes, finit par annoncer que l'embrayage était endommagé et irréparable. Il faudrait le remplacer. Le capitaine lança un message radio demandant du secours. Il n'en vint aucun. Il ordonna de rationner l'eau et les vivres. Gabby cessa de cuisiner et distribua quelques insipides biscuits secs.

On commençait à parler de famine. Un cargo passant par là finirait par découvrir l'*Euphoric* allant à la dérive comme un bateau fantôme, transportant les corps noircis et desséchés de sept hommes sous le soleil brûlant, avec sa cargaison de Thaï Sticks réduite en poussière...

Une demi-douzaine de requins firent leur apparition, tournant patiemment autour du bateau, s'approchant audacieusement à un ou deux mètres de la coque.

Le douzième jour, les appels au secours de l'*Euphoric* trouvèrent enfin un écho : un remorqueur était en route et arriverait l'après-midi à quatre heures. Gabby et les autres poussèrent des cris de joie et renoncèrent aussitôt au rationnement des vivres et de l'eau. Ils chantèrent, dansèrent, mangèrent tant qu'ils en avaient envie et se saoulèrent à la bière.

A quatre heures, Gabby et ses camarades, le ventre plein et leur soif apaisée, scrutaient un horizon désespérément vide. La joie fit place à l'angoisse. Ils avaient vraiment été stupides de manger toutes leurs réserves.

Le lendemain matin, la mer restait absolument déserte. Il n'y avait au monde que l'océan, le soleil, l'*Euphoric* et les requins.

L'après-midi — ils en étaient au quatorzième jour de dérive — Gabby et les autres attrapèrent trois requins et en firent leur dîner.

Deux jours plus tard, Gabby était dans sa cuisine quand il entendit un bourdonnement. Il se précipita sur le pont, leva les yeux et poussa un cri. Un bimoteur DC-3 descendit vers le bateau, vira sur l'aile et s'éloigna en direction de l'ouest. Quelques minutes après, il refit la même manœuvre.

Une heure plus tard, la silhouette d'un bateau se dessinait à l'horizon ; vers midi, le remorqueur vint accoster. Un radio amateur australien les avait entendus donner leur position et un numéro de téléphone, avait réussi à contacter Lynn Mizer, lequel avait loué l'avion aux Philippines pour les repérer.

Il fallut trois jours pour gagner le port philippin de Cebu.

Après vingt-trois jours au port et 60 000 dollars de réparations, l'*Euphoric* reprit une fois de plus la mer.

Vingt-quatre jours plus tard, ils atteignirent le point de rendez-vous dont ils avaient les coordonnées, prêts à transférer des Thaï Sticks à bord de petites embarcations. On stoppa les moteurs et on laissa dériver.

Personne ne parut.

Ils dérivèrent jusqu'à quarante milles du point de rendez-vous, remirent les moteurs en marche et firent demi-tour. Russell appela par radio Butch Hillers, lequel lui dit de patienter.

Ils patientèrent sept jours. Russell envoya un message radio à Fort Lauderdale et tomba sur un certain Sandy Perkof qui les dirigea sur un nouveau point, à deux cent cinquante milles de la côte.

Ils y allèrent. Toujours personne. Ils laissèrent dériver plusieurs jours, retournèrent au point indiqué, dérivèrent encore. Ils prenaient des douches à l'eau de mer.

Au matin du seizième jour d'attente, partagés entre la colère et la crainte, ils virent arriver un bateau de pêche portant le nom de

Tahuna. Le capitaine monta à bord de l'*Euphoric*. Russell l'appelait Captain Danny.

Gabby et ses camarades avaient décidé de ne pas laisser débarquer les Thaï Sticks tant qu'ils n'auraient pas touché leur paye. Ils n'avaient pas passé cent dix jours à bord de l'*Euphoric* pour se faire arnaquer. Gabby entendit une dispute dans la cabine du capitaine. Le lendemain, Captain Danny et Mark Gallagher grimpèrent à bord du *Tahuna* qui appareilla et fila.

Huit jours plus tard, Mark revenait avec des vivres et 60 000 dollars. Il dit à Gabby et à ses compagnons que s'ils déchargeaient la cargaison maintenant, ils toucheraient le reste une fois à terre. Ils acceptèrent, n'ayant guère le choix, et à minuit, ils avaient chargé assez de Thaï Sticks à bord du *Tahuna* pour que celui-ci prenne de la gîte. On ne pouvait pas en mettre plus. Ils balancèrent à l'eau les trente sacs restants et mirent le cap sur Victoria, au Canada, en face de Seattle dans le Puget Sound.

Et ils avaient appris une nouvelle qui les payait de toutes leurs misères. Gabby la consigna en grandes lettres d'imprimerie soulignées, au bas de la page de son journal, pour le cent-vingtième jour depuis le départ de Singapour :

APPRIS LA NOUVELLE QUE MOI ET TOUS LES AUTRES ON VA RECEVOIR CHACUN 40 000 DOLLARS ET QU'UN AUTRE JOB NOUS ATTEND.

Gabby était à Victoria depuis six jours quand des inspecteurs de la Police montée se présentèrent à bord de l'*Euphoric*. Quelques Thaï Sticks avaient été saisis à Seattle et le type qui s'était fait prendre avait parlé d'un bateau. Le sergent George Hawkes interrogea Russell, Gabby Tan et les autres hommes d'équipage. Mais le bateau avait été soigneusement nettoyé et aspiré. Il ne restait pas la moindre trace de marijuana et personne ne fut arrêté.

Gabby rentra à Singapour. Mais cela ne mit pas un terme à ses rapports amicaux avec John Russell. L'organisation Steinberg n'en avait pas fini avec Gabby Tan.

CHAPITRE TROIS

1

Après l'enlèvement, à Plymouth, Massachusetts, de Mike Romanelli par la Mafia, Donald et son amie Carol passèrent cinq mois à faire la navette en jet privé entre Fort Lauderdale et la Californie. C'est qu'il y avait fort à faire.

La moitié de l'organisation Steinberg était en Californie, occupée à acheter des maisons et des bateaux en vue de l'arrivée de l'*Euphoric* et des autres navires de la flotte Steinberg qui devaient suivre. Les hommes de Donald montèrent une société, la North Star Realty, qui servit entre autres à acheter le *Tahuna*, un bateau de pêche de vingt mètres, et quatre yachts avec des cabines pour transférer les Thaï Sticks du *Tahuna* dans quatre maisons côtières également acquises par la North Star. En vue du transport de futures cargaisons de marijuana asiatique, Donald fit également l'acquisition pour 500 000 dollars d'un bateau de recherches océanographiques de trente-cinq mètres.

Bob Straus, un copain de Donald du temps de la Fox River, qui circulait à la recherche d'entrepôts à acheter, se fit arrêter pour excès de vitesse par les flics de la Police de la Route de Californie. Ils trouvèrent dans sa Porsche 24 000 dollars et des promesses de vente concernant plusieurs somptueuses maisons en bord de mer, dont l'une de 550 000 dollars. La Compagnie renonça à l'achat de ces maisons, désormais connues de la police, et en chercha d'autres.

Pete Wagner, un vétéran du Vietnam, qui avait commandé le bateau transportant la première cargaison de marijuana de Steinberg à Fort Lauderdale, payait à la rock-star Sly Stone un loyer de 5 000 dollars par mois pour une maison située à Novato et possédant une écurie pour six chevaux. Il y installa un technicien des télécommunications, « Radio Bill », avec un dispositif anti-surveillance et des radios à ondes courtes capables de joindre la Thaïlande et l'*Euphoric*. Le toit de l'écurie était hérissé d'antennes.

Donald et Carol emménagèrent dans une spectaculaire villa située sur une falaise du Marin County, face au Golden Gate Bridge. Pour aller jusqu'à leur quai privé, vingt-deux mètres plus bas, il fallait descendre à tâtons un sentier abrupt, des marches en bois et des rochers glissants. C'était une maison extraordinaire avec une vue fabuleuse et la descente, bien que dangereuse, ne manquait pas de pittoresque. Ils appelaient cela les Escaliers.

Carol se fit une amie, Vivian Dixon, sœur de la petite amie de

Captain Danny, le jeune skipper du *Tahuna*. Vivian était une petite femme ravissante, délicat mélange des meilleures qualités de ses parents, dont l'un était américain et l'autre philippin.

Donald était trop occupé pour attendre l'arrivée de l'*Euphoric*. Lorsqu'enfin le bateau fit son apparition au large de San Francisco, lui et Carol étaient de retour à Fort Lauderdale et la distribution des Thaï Sticks était laissée aux soins de l'équipe des employés de Steinberg.

Le *Tahuna* se mit en route pour prendre à son bord la cargaison de l'*Euphoric*, tandis que Dale « C. J. » Johnson qui, cinq mois auparavant, s'était occupé de la livraison à Plymouth, Massachusetts, attendait le retour du *Tahuna* dans une des maisons côtières.

Il fut fort inquiet de le voir approcher, bien au-dessus de l'eau, manifestement vide, Mark Gallagher debout sur le pont. Mark lui apprit que John Russell lui avait dit avoir entendu affirmer, aux Philippines, que Donald était en prison ; comme Russell, ne connaissant personne à bord du *Tahuna*, il avait refusé de livrer sa cargaison.

C. J. retourna avec Mark à bord de l'*Euphoric*.

— Comment va Donald ? avait crié Russell à C. J. avant même que celui-ci ne monte à bord. Tout va bien ?

— Tout va bien, avait répondu C. J. Allons-y.

Mais tout n'allait pas bien du tout. Examinés et testés dans les quatre remises, les Thaï Sticks s'avérèrent être desséchés et moisis après des mois passés en mer. La moitié de la cargaison ne valait plus rien et l'autre moitié guère mieux. La force particulière de cette herbe s'était réduite à la qualité d'une colombienne de deuxième choix. Pendant plusieurs mois, les Sticks se promenèrent en camion à travers les Etats-Unis d'est en ouest et du nord au sud, successivement refusés par tous les détaillants.

Donald avait mieux à faire que de se ronger à cause de la perte subie. Il fallait s'occuper du Kenya, d'une autre opération en préparation à Panama, des transactions habituelles avec la Colombie, sans compter la distribution, les problèmes de personnel, les investissements privés et les cent autres casse-tête que connaît tout grand chef d'entreprise.

Et puis apparaissait un problème dont il n'avait pas encore pris conscience : les chasseurs anti-Steinberg. Encouragés par le succès de l'enlèvement de Romanelli, les truands de la Mafia filaient et épiaient, attendant le moment propice et le lieu opportun pour frapper.

Ceux-ci étaient enfin venus.

2

C'est à la radio que « Little Al » Ortenzo en entendit parler. Promu sergent après les descentes à l'Ireland's Inn et sa visite au Centac à Washington, Ortenzo avait été muté de l'*Organized Crime Bureau* (Service de répression du banditisme) de Fort Lauderdale, à la division de surveillance en uniforme.

Mais il n'avait pas oublié Donald Steinberg. Et quand il interpellait quelqu'un — que ce soit une vieille dame qui avait brûlé un feu rouge ou un jeune pour excès de vitesse — il ne faisait rien avant de lui avoir posé assez de questions pour s'assurer que son client n'avait rien à voir avec Steinberg. Steinberg passait avant tout. Pour Ortenzo, c'était une obsession et il en était conscient.

Patrouillant dans Holiday Park dans une voiture de police, les vitres baissées, observant les filles qui joggaient, parlant aux gens, faisant étalage de bonne volonté, il avait un jour repéré un jeune homme tout maigre, en jeans, qui se trouvait en compagnie de deux autres individus près d'une rangée de cabines téléphoniques dans un parking. Il s'arrêta près des téléphones et leur sourit :

— Salut Donald, comment ça va ?

Les deux autres s'éloignèrent.

— C'est qui, tes amis, Donald ?

— C'est pas mes amis, répondit Donald, aimable mais un peu nerveux.

Ortenzo demanda par radio une voiture de renfort et descendit de la sienne.

— Y en a une à toi, dans les voitures qui sont là ?

— Non.

— Alors, qu'est-ce que tu fais ici, Donald ?

— Du jogging.

Ortenzo regarda les pieds de l'autre : mocassins et chaussettes noires portant la griffe de Pierre Cardin. Du jogging en mocassins...

— Comment ça se fait que t'es en uniforme ? fit Donald, devenant plus loquace.

— J'ai monté en grade. Quand on monte en grade, on vous renvoie dans la rue.

— Et c'est grâce à moi que tu es monté en grade ? fit Donald d'un air courtois.

— Oh non ! plaisanta Ortenzo, je n'aurai une promotion grâce à toi que quand tu seras en prison. Mais dis-moi, Donald, tu es bien sûr que tu n'as pas de voiture ici ?

— Je te l'ai dit : je fais mon jogging.
— Et tu habites où ?
— Galt Ocean Mile.

C'était à des kilomètres de là, plus au nord sur la côte. Ortenzo remonta dans sa voiture.

— Content d'avoir bavardé. A bientôt, Donald.

Et il resta assis au volant, mais sans démarrer.

L'autre tourna les talons et se mit à courir au petit trot en se dirigeant vers la sortie du parking. Ortenzo le regardait en se disant : « Si je le suis, il va jogger comme ça jusqu'à Chicago ! »

Quand il l'eut perdu de vue, Ortenzo prit avec lui un agent qui venait d'arriver en renfort et passa en revue les voitures garées là. Dans une Cadillac neuve couleur rouille aux vitres baissées, il vit sur le siège avant, à la place du passager, un sac à main en cuir marron et par terre, devant le siège arrière, un sac en papier. Ortenzo jeta un coup d'œil : le sac à main contenait 4 000 dollars et le sac en papier 16 000. A six voitures de là, dans une Oldsmobile Cutlass bleue, un autre sac en papier contenait 30 000 dollars. Ortenzo demanda par radio une remorqueuse. Son collègue le regardait comme s'il avait un don surnaturel lui permettant de dénicher de l'argent dans les voitures en stationnement.

Il y avait maintenant trois mois qu'Ortenzo avait trouvé tout cet argent. Plus que jamais, Steinberg occupait ses pensées. Quittant son service un peu avant minuit, il gara sa voiture de surveillance devant le poste de police, passa un jean et une chemise sport et sortit par la porte de derrière, son talkie-walkie à la main. Il se mit au volant de sa Cordoba blanche et entendit un appel radio au sujet de deux rôdeurs repérés sur Hendricks Isle. Des individus suspects traînaient autour des maisons et une voiture vide était garée sur le terrain marécageux et herbeux à l'entrée de l'île. Pour les policiers déjà sur place, ça sentait le cambriolage. Ortenzo, lui, soupçonnait tout autre chose.

Hendricks Isle, Isle of Venice, Capri Isle, Coconut Isle, Isle of Palms, il y en a plus d'une douzaine, des petites îles reliées par un pont à la terre ferme, ou des péninsules minuscules sortant, telles des côtes d'une colonne vertébrale, de la riche Las Olas Drive qui, deux kilomètres plus loin, aboutit à la plage. Villas en brique à un étage, avec la Cadillac de monsieur et la Cadillac de madame derrière des portails de fer forgé, pelouses, golfs, orangers et pamplemoussiers lourds de fruits, pontons à l'arrière avec canots et yachts, autrement dit le rêve à un million de dollars de l'Américain moyen qui a travaillé la moitié de sa vie pour se retirer au soleil.

Périodiquement, la Compagnie Steinberg achetait ou louait des dizaines de propriétés de ce genre et débarquait de la marijuana sur des docks privés dissimulés derrière des murs et des palissades. Semblables aux membres d'un commando, sans bijoux ni vêtements voyants, se déplaçant en silence, les employés de Steinberg travaillaient pendant les nuits sans lune, coltinant des balles de marijuana des bateaux aux maisons, les empilant jusqu'à hauteur des fenêtres dans toutes les pièces. S'ils étaient forcés de travailler sur un débarcadère sans protection, trop exposé à la vue, et si le travail pressait trop pour qu'ils aient le temps de monter une palissade, ils achetaient une vingtaine de grands palmiers en caisses et les disposaient autour du bassin.

Ortenzo savait donc que quelque chose se préparait. Si des gens bizarres traînaient dans l'obscurité sur Hendricks Isle, ils avaient certainement un rapport avec Donald Steinberg. Ils étaient probablement en train de faire de la contre-surveillance avant l'arrivée d'une cargaison afin de vérifier que l'endroit était sûr, sans policiers. Ils utilisaient des scanners et écoutaient les appels sur toutes les fréquences, celle de la police, des douanes, de la DEA. Parfois, ils se servaient même d'avions de surveillance.

Mais ce soir-là, l'affaire ne concernait pas Ortenzo. Son service était terminé. Il coupa sa radio et se mit en route pour rentrer chez lui. Tout de même, il ne pouvait s'empêcher de se dire que c'était sûrement Steinberg, que ça ne pouvait pas être autre chose. Il rouvrit sa radio ; il n'allait écouter que la description de la voiture garée sur le terrain marécageux. La radio précisa que le véhicule portait des autocollants de location. Les cambrioleurs, c'est connu, ne se servent pas de voitures en location, tandis que les gens de Steinberg en louent des centaines.

Ortenzo se décida : il fit demi-tour et prit vers l'est sur Broward Boulevard. Deux Tactical Impact Units et deux inspecteurs demandaient de l'aide pour le contrôle de l'île.

Quand Ortenzo arriva, les inspecteurs lui apprirent qu'on avait vu deux hommes élégamment vêtus marcher sur la seule petite route goudronnée de l'île. Ils semblaient se servir de talkies-walkies. Ortenzo jeta un coup d'œil à l'intérieur de la voiture de location et y vit un talkie-walkie et un bloc de papier jaune ligné. Etant le plus élevé en grade sur les lieux, il ordonna aux hommes des unités tactiques et aux inspecteurs de laisser leurs radios tranquilles et de quitter l'île. Il choisit une fréquence moins susceptible d'être écoutée et demanda de l'aide aux Douanes et à la Surveillance du port, puis, accompagné d'une inspecteur, se mit à suivre à pied la route de l'île.

Hendricks Isle est moins chic que les autres ; ses petits immeubles d'appartements portent des noms comme The Pelican, El Sereno ou

Snug Harbor. Il y avait quelque chose qui ne collait pas : Steinberg n'utilisait pas d'appartements mais des villas. Est-ce que par hasard ces types auraient assez de culot pour transporter des balles d'un bateau à des camions sans se servir d'un débarcadère privé ?

Ortenzo et son compagnon repérèrent un homme dans la trentaine, vêtu d'un pantalon et d'une chemise sport, debout dans la lumière venant d'un débarcadère où se trouvaient deux voiliers. L'homme regardait autour de lui d'un air inquiet et ne semblait avoir rien à faire avec les bateaux. En voyant Ortenzo approcher, sa nervosité s'accrut. Le policier se présenta et demanda à l'inconnu ce qu'il faisait là. Celui-ci répondit qu'il habitait avec un ami dans un immeuble voisin.

— Eh bien, montrez-moi ça, dit Ortenzo.

Pendant que les trois hommes suivaient la rue, un deuxième inconnu fit son apparition, guère plus grand qu'Ortenzo lui-même. Il avait des manières brusques et ne semblait pas inquiet du tout ; l'autre reprit lui aussi de l'assurance.

— Qu'est-ce que tu veux ? demanda le second.

Ortenzo répondit qu'il était policier et qu'il voulait avoir la preuve que les deux hommes habitaient bien à l'adresse qu'ils avaient indiquée.

Ils emmenèrent Ortenzo et l'inspecteur à un petit immeuble en crépi beige d'un étage qui portait le nom de Dockside. Ortenzo dit au deuxième homme d'ouvrir la porte avec sa clé. L'homme refusa en disant qu'il ne voulait pas entrer. En fin de compte, il ouvrit la porte et recula. Il ne voulait toujours pas entrer.

Ortenzo n'aimait pas beaucoup ça mais, revolver au poing et couvert par l'inspecteur, il passa prudemment la porte.

La pièce était vide. Ortenzo alla à une porte de placard, braqua son pistolet dessus et l'ouvrit brusquement. Il se retourna vers l'homme resté à la porte et lui dit avec un sourire :

— Vous gardez toujours un homme armé dans votre placard ?

Il en sortit effectivement un gros brun qui abandonna un automatique par terre derrière lui. Les deux autres affirmaient qu'ils n'avaient jamais vu cet individu.

Ortenzo et d'autres policiers fouillèrent l'appartement et la voiture garée. Ils trouvèrent deux automatiques, une boîte de Mace, des menottes, des talkies-walkies, des photos d'identité de la police, de faux insignes de la DEA et de faux papiers portant la photo de l'homme du placard, de fausses cartes d'identité et six mandats d'arrêt fédéraux. L'un des mandats d'arrêt était au nom de Rene Larsen, le collaborateur de Steinberg qui s'était fait inscrire à l'Ireland's Inn sous le nom de Kevin Klassen.

Sur le bloc de papier jaune qui était dans la voiture, les policiers trouvèrent les noms, adresses, numéros de téléphone et numéros d'immatriculation des voitures de divers employés de Steinberg, dont Rene Larsen, Jimmy Bell, directeur des ventes de l'organisation, et Jim Reilly, avocat de Steinberg à Chicago. Face à l'appartement de l'immeuble Dockside, dans la même rue, se trouvait un appartement loué par Rene Larsen.

Tout indiquait que les trois hommes avaient l'intention d'enlever Rene Larsen et peut-être Jimmy Bell et d'autres.

Le mystère des étranges rôdeurs résolu, Ortenzo confia l'affaire à des collègues, regagna sa Cordoba et rentra chez lui. Les trois hommes appréhendés furent identifiés ; Gerald Anaceleto, Joseph Avellar et Felix Agostino. Tous venaient de New Bedford, Massachusetts, le territoire de Frank Lepere, le mafioso qui avait enlevé à Plymouth le collaborateur de Steinberg, Mike Romanelli. La police de New Bedford, interrogée par téléphone, révéla qu'on était en train d'enquêter sur ces trois individus pour vol et enlèvement.

La simple détention de faux documents policiers ou judiciaires ne constitue pas un délit, ni au niveau fédéral ni dans l'Etat de Floride. Anaceleto, Avellar et Agostino étaient libres.

L'agent du Centac-20 Dick Mangan et Joe Puleo, ex-associé d'Ortenzo à l'OCB, poursuivirent les recherches sur leurs antécédents ; ils savaient maintenant que le Centac n'était pas le seul organisme à s'intéresser à la Compagnie. On reparlerait des trois A.

Mangan et Puleo le savaient. Donald Steinberg aussi.

3

Un peu remis du choc que lui avait causé la nouvelle que des truands mafiosi de Lepere traînaient à Fort Lauderdale, Donald s'assit à une table près de sa piscine de Coral Springs et rédigea une lettre.

Aux termes de la mise en liberté surveillée pour dix ans qui avait suivi son arrestation pour trafic de marijuana au Texas en 1973, il était tenu d'écrire une fois par mois au juge de l'application des peines Mario Salazar pour l'assurer qu'il menait une vie laborieuse dans le respect de la loi.

> *Cher Monsieur,*
> *Salutations à tous. J'espère que tout le monde va bien. Vous savez, monsieur Salazar, que quand je vous écris, je voudrais bien avoir quelque chose de nouveau à vous raconter. Mais on dirait que les mois passent sans qu'il arrive rien de bien neuf.*
> *Avec tous ces blizzards à Chicago cet hiver, j'essaie maintenant de rester au*

chaud dans le sud mais on peut toujours me joindre rapidement par l'intermédiaire de mon avocat, Mr. Reilly.
   Respectueusement vôtre,

Donald termina la lettre et se remit au travail. Avec ou sans ravisseurs, il n'avait guère le temps de se reposer. Son beeper téléphonique n'arrêtait pas ses bip-bip. Il fonctionnait pendant qu'il mangeait, dormait, était aux toilettes ou faisait l'amour. Souvent, les appels concernaient des millions de dollars. Souvent aussi, ce n'était pas du tout le cas, comme le jour où une voix tout excitée, catapultée à travers l'espace par des satellites et d'innombrables relais le réveilla en sursaut : « Salut vieux ! Passe-moi un coup de bigo, je suis au Taj Mahal. » Donald appela l'hôtel Intercontinental Taj Mahal à Bombay et eut au bout du fil un Lynn Mizer qui voulait seulement bavarder un peu, heureux comme un enfant du père riche et généreux qu'était Papa Don.

CHAPITRE QUATRE

1

— Allô ?
Il était dix heures et demie ce samedi matin à Fort Lauderdale. C'était une tiède matinée d'avril, deux mois après la tentative d'enlèvement mais Donald n'était ni à sa piscine ni sur son yacht. Chef d'entreprise dynamique, il travaillait dur, le téléphone en main.
— Allô, je vous appelle au sujet de l'annonce pour votre cheval, fit une voix d'homme un peu éraillée.
— Mon *cheval* ? s'étonna Steinberg qui possédait beaucoup de choses mais n'avait jamais eu de cheval.
— Vous n'avez pas mis une annonce pour vendre un cheval ?
— Non, vous devez vous tromper de numéro, fit Donald d'une petite voix aiguë.
— Ah bon, excusez-moi.
— Quel numéro deman...
Mais l'homme avait déjà raccroché.

Joe Puleo, son cœur de gosse de Brooklyn plein d'une joie longtemps réprimée, reposa doucement le combiné. Sur la table de cuisine, un Pen Register marquait les secondes : *clic, clic, clic.* Les magnétophones cessèrent de tourner. Un Plectron, machine qui capte les messages du beeper, était posé sur le siège du conducteur.

C'était le premier appel, un appel test. Tout fonctionnait. Le téléphone de Donald Steinberg était branché sur la table d'écoute.

Puleo était dans un camping-car Winnebago beige que Richard Mangan avait loué pour 300 dollars — de l'argent du Centac — à un capitaine de la police de Fort Lauderdale. Le véhicule, équipé d'une cuisine, de toilettes et d'un coin séjour avec lits escamotables, était garé près de la palissade blanche du plus proche voisin de Donald, l'écurie d'un vieux club d'équitation. Sur la route poussiéreuse sillonnée d'ornières, une pancarte annonçait : « Vous montez à cheval à vos risques et périls. » Un mince câble noir tendu entre deux arbres au-dessus de la route reliait le Winnebago à un poteau téléphonique ; du poteau partait un autre câble qui, sur deux cents mètres, passait au-dessus d'une pelouse soignée pour aboutir à la belle propriété que Donald occupait à Coral Springs.

Pendant dix jours, le camping-car allait être le centre du monde pour Puleo, Mangan, dix inspecteurs de l'OCB de Fort Lauderdale, dix autres du bureau du shérif du Broward County, quatre de la police de Floride et huit agents de la DEA que le Centac avait fait venir de San Diego, Los Angeles, Chicago et New York. Ils allaient enregistrer des centaines de conversations. Celles qui sont rapportées ici sont abrégées.

Clic clic clic.
— Ça y est, je les ai. (voix d'homme)
— Ça va venir directement ici, d'accord ? (voix de Steinberg)
— Ouais, ça marche, ça marche.

Ça marche, ça marche. Formidable ! Ils sont ravis. Puleo et Mangan aussi. Quatre mois auparavant, après qu'Al Ortenzo et Joe Puleo furent allés à Washington raconter au Centac tout ce qu'ils savaient sur Donald Steinberg, Mangan était venu à Fort Lauderdale se mettre à la disposition de l'OCB. Ortenzo, Puleo et leurs patrons acceptèrent Mangan, travaillèrent avec lui et lui donnèrent tout ce qu'il lui fallait ; le temps, le matériel, les hommes.

Mangan aimait bien le sud de la Floride (l'hiver à Washington est insupportable), et il avait au moins une chose en commun avec Puleo et Ortenzo : tous voulaient avoir Donald Steinberg. Pour Puleo et Ortenzo, la poursuite avait tourné à l'obsession, c'était une idée fixe qui les hantait depuis des années. Pour Mangan, c'était une vaste partie de plaisir, un jeu raffiné, extrêmement réjouissant, absolument sans comparaison. Et il était payé pour jouer à ce jeu.

— C'est, disait-il, comme au jeu de l'oie. On tombe sur des cases. Il y en a une qui est marquée IRELAND'S INN, l'autre EUPHORIC. On essaie de faire le tour du jeu jusqu'à la case CONDAMNATION. Et puis en face il y a Donald qui essaie de faire la même chose à l'envers en cherchant à éviter la case ALLEZ EN PRISON.

Ils auraient bien installé l'écoute plus tôt, mais ils ne savaient pas où Donald habitait. Chaque fois qu'ils le repéraient en ville, il semait les voitures de surveillance avant de rentrer chez lui.

Quand Ortenzo l'eut trouvé près des cabines téléphoniques, Mangan et Puleo ajoutèrent un avion aux moyens de filature, repérant sa voiture aux jumelles gyroscopiques et transmettant par radio sa position aux voitures de filature. Mais il continuait à leur échapper.

Puis un beau matin, Puleo, qui habitait la campagne avec sa femme, sa petite fille de cinq ans, ses chiens, ses poules et un cheval, traversait Coral Springs pour se rendre à son travail lorsqu'il vit Donald Steinberg prendre un journal dans une boîte aux lettres au bord de la route. Donald vérifia s'il n'y avait rien d'autre dans la boîte puis se baissa pour caresser un saint-bernard blanc et brun.

On l'avait enfin trouvé.

Puleo avait cherché pendant deux ans, prêt à tout pour avoir l'occasion de lui passer les menottes, pour lui parler et voir ce qu'il avait dans le crâne. Maintenant, Puleo avait avec lui Mangan qui poursuivait le même but, et le petit câble noir qui allait discrètement du camping-car Winnebago à l'opulente et douillette demeure de Steinberg était comme un tunnel permettant d'accéder à la vie et aux pensées de celui-ci.

Clic clic clic.
— T'es inscrit sous quel nom ? (voix de Steinberg)
— Savage.

Le correspondant était Maurice « Meddy » Benjamin, qui en l'occurrence prenait comme nom d'emprunt celui de son associé Jack Savage.

Benjamin, qui avait séjourné en Californie pendant les préparatifs précédant l'arrivée de l'*Euphoric*, était un truand superstar. Dans les soixante-cinq ans, la mise impeccable si l'on excepte une sorte de faux toupet brun-roux qui lui jaillissait sur le crâne comme une touffe d'herbe, Maurice Benjamin était considéré par Interpol comme l'un des vingt « grands » du monde de l'escroquerie commerciale. Cible du FBI (qu'il appelait le Federal Bullshit Institute, c'est-à-dire institut fédéral de merde) depuis 1947, il avait été arrêté, poursuivi, condamné à des amendes, mais apparemment il se tirait toujours d'affaire sans trop de dommage.

Si Donald était en rapport avec Meddy Benjamin pour quoi que ce soit, il avait toutes les chances de s'en sortir les poches vides.

— Je t'aime bien, tu sais, lui dit Benjamin. Je suis venu exprès pour te voir. T'avais l'air tout triste au téléphone.

— Je n'ai pas la voix de quelqu'un de triste. Je descends tout de suite.

— Quand j'ai à te parler, vaut mieux qu'il y ait pas trop de monde autour. Vaut même mieux qu'il y ait personne du tout.

— Okay, Meddy.

— C'est entre toi et moi.

Donald raccrocha et composa aussitôt un numéro. Au même instant, les inspecteurs arrivés en toute hâte à l'hôtel de Benjamin le virent sortir de la cabine téléphonique. Bien que le nom de l'hôtel n'ait pas été mentionné pendant la conversation, les flics n'avaient pas eu de mal à le trouver. Les inspecteurs de sécurité de la Southern Bell Company avaient fourni à Mangan une liste de quinze pages donnant le numéro et l'emplacement de tous les téléphones publics de Fort Lauderdale et de ses environs. Pendant que les collaborateurs de Steinberg lui envoyaient par beeper les numéros des cabines où ils attendaient son appel, des équipes de policiers cherchaient le numéro sur la liste et fonçaient à la cabine correspondante. Ils photographiaient celui qui avait appelé et le suivaient, identifiant ainsi d'autres collaborateurs de Steinberg.

Donald appela une cabine de San Francisco et parla à un certain Dave Sims. C'était un type mince et presque chauve, adepte, disait-on, d'une certaine philosophie orientale qui préconise la consommation de l'urine (celle de l'adepte lui-même, ce qui limite le désagrément). Il était en Californie lors du déchargement de l'*Euphoric*.

— Qu'est-ce qui se passe, vieux ? lui demanda Steinberg.

— Je viens d'avoir Lynn au téléphone. (Il s'agissait de Lynn Mizer, probablement à Hong Kong.)

— A mon avis, dit Donald, faudrait mettre ça dans le grand truc.

« Ça », c'était probablement de la drogue et le « grand truc » devait être un gros avion. Il y avait des chances pour que Donald soit en train d'essayer de faire expédier de la marchandise d'Asie par Mizer. Et Puleo et Mangan écoutaient.

— En fin de compte, Lynn aurait peut-être dû revenir ici avec le même avion. Il aurait sans doute mieux fait de rester avec eux tout le long.

Comme ça, Steinberg faisait venir directement de la marijuana aux Etats-Unis par avion ! Impressionnant !

— Tu as eu Greg ? demanda Donald. Il a bien fait nettoyer le terrain, ça y est ?

Puleo et Mangan ignoraient qui était Greg, mais supposaient que le « terrain » en question était une piste d'atterrissage secrète lui appartenant.

— Ouais, il dit que c'est fait, qu'il n'y a plus de danger. Mais il faut que les mecs connaissent la procédure pour passer la Ligne DEW.

Cette Ligne DEW, c'était la *Distant Early Warning Line* (première ligne d'alerte avancée), autrement dit le dispositif de défense aérienne de l'Amérique du Nord, comprenant plus de cinquante stations radar réparties sur les côtes. Un pilote de Steinberg allait-il pénétrer dans l'espace aérien US comme le ferait un envahisseur étranger ? Puleo et Mangan imaginaient déjà une opération de brouillage des stations d'interception de l'armée de l'Air.

— Moi je la connais, dit Donald comme si le monde entier était au courant de la façon de franchir la Ligne DEW.

Etait-ce donc si facile ? Si Steinberg la connaissait, cette procédure, pourquoi les Russes ne la connaîtraient-ils pas ?

Des appels, des appels, toujours des appels. Inspecteurs et agents restaient dans le Winnebago, allongés sur les couchettes, se nourrissant de conserves, épiant, grâce au câble noir, la vie de Donald Steinberg.

Un de ses correspondant de San Francisco se plaignait de la mauvaise qualité de la communication.

— T'es sur table d'écoute ou quoi ? Je t'entends à peine...

— Oui, plaisanta Steinberg, je suis branché sur le FBI.

— Ici, c'est la DEA. Sympa comme tout.

Puleo sourit. Oh, oui, sympa comme tout.

— Si c'est ça, fit Donald en riant, ils doivent être écroulés de rire.

— Ouais, ce coup-ci, ils nous ont eus.

Le correspondant dit ensuite à Donald que les pilotes se plaignaient de la mauvaise qualité d'un des terrains d'atterrissage.

— Ils disent que la terre de la piste, c'est une vraie merde.

— Non mais ! Il y avait trois kilomètres de ciment !

Steinberg avait vraiment l'air vexé. Ce n'était pas le genre de type à vous faire bosser sur des pistes en terre.

Le lendemain matin, c'était dimanche, Donald eut Alan Arruda, l'homme d'affaires du Massachusetts responsable de la cargaison qui avait provoqué l'enlèvement de Mike Romanelli à Plymouth. Depuis, Arruda était allé s'installer à Cape Cod dans un domaine de vingt-cinq hectares où il élevait des chevaux que ses enfants montaient en concours.

— Je suis à New York avec Pepe, annonça Arruda.

Pepe Muñoz, avocat du Panama, aidait Arruda à créer une compagnie aérienne panaméenne appartenant à Steinberg, qui servirait à importer de la marijuana aux Etats-Unis. Il s'efforçait de créer en toute légalité des lignes aériennes de fret entre Panama, le Venezuela, la Colombie et d'autres pays d'Amérique latine, et négociait en outre avec Air Panama, la compagnie nationale, pour que la compagnie aérienne de Donald obtienne le droit de transporter son propre fret. Trois quadrimoteurs DC-7, achetés par Donald à Madrid, étaient déjà à Panama où Pepe Muñoz faisait former les pilotes destinés à utiliser ces appareils.

— Il y a des lignes pour Miami, La Nouvelle-Orléans et Los Angeles, dit Arruda à Donald. Il a obtenu l'autorisation la semaine dernière, et quelqu'un lui a déjà proposé d'acheter les appareils, les lignes et la compagnie. Ça a pris de la valeur, depuis qu'il y a eu un paquet de lignes. Ne quitte pas, je te le passe. Hé, Pepe!

— Allô! (accent espagnol)

— Comment ça va? demanda Donald.

— Bien, très bien. J'ai l'autorisation de fonctionner à Panama et tout ce qu'il faut.

— Eh bien, ça s'annonce gentiment. Alors, t'es content, Pepe?

— Oui.

— Bon, ben c'est parfait, mon vieux. T'as vraiment travaillé comme un chef.

Avec une compagnie d'aviation à Panama, des plantations en Thaïlande et au Kenya, des compagnies de navigation à Amsterdam et Singapour, des sociétés d'investissements en Floride et à Hong Kong, Donald pouvait désormais avoir la satisfaction de se dire que le soleil ne se couchait jamais sur l'empire Steinberg.

Carol, la petite amie de Donald nourrie d'Ecritures saintes, souffrait de migraines. Elle appela donc Quiet Wyatt, un des garçons de la bande de la Fox River. Quiet était un type un peu bizarre. Un jour, lui et sa séduisante épouse s'étaient fait photographier tout nus, Quiet ne portant que sa ceinture à pistolet et sa cartouchière.

Carol lui demanda de lui indiquer un médecin.

— J'ai le dos... tout détraqué, dit-elle d'un air triste. Je crois bien que c'est ça qui me donne mal à la tête. Et puis je suis tout le temps fatiguée.

— Il a son cabinet sur Federal Highway, précisa Quiet.
— C'est celui qui plante des aiguilles partout, l'acupuncteur?
— Ouais, c'est son truc. Après ça, on peut plus boire d'eau pendant deux jours.

Donald, qui n'était pas chez lui, appela.
— Oui, fit doucement Carol qui s'ennuyait et avait très mal à la tête. Comment ça va, toi?
— Ça va. Et toi? (Le vieux couple qui n'a plus grand-chose à se dire.)
— Ça va.
— Bon, j'étais juste près d'une cabine, alors je me suis dit que j'allais t'appeler. (Il était toujours près d'une cabine.)
— Ah bon.
Manifestement elle était plutôt abattue et avait le cafard.

La mère de Donald, Millie, téléphona en PCV.
— Bonjour, fit Donald de retour chez lui.
— Parle plus fort. Je suis dans la buanderie et je ne t'entends pas bien.
Les flics avaient entendu parler de Millie. Elle et le père de Donald, George, habitaient un appartement à Chicago. Elle appelait probablement d'une cabine téléphonique située dans la laverie de son immeuble.
— Et comment ça va dans ta laverie? demanda-t-il à sa mère.
C'était la personne la plus proche de lui au monde.
— Ça va. Je t'entendrais peut-être mieux si tu m'appelais là-haut. Tu pourrais sortir et m'appeler?
— Et pourquoi je t'appellerais pas à la cabine où tu es? C'est quoi le numéro?
— C'est dans l'immeuble. Mais je veux pas donner le numéro.
Qu'est-ce qui l'inquiétait? Les flics? Autre chose? Le groupe de mafiosi ravisseurs du Massachusetts?
— Arrête tes histoires! Donne-moi le numéro.
— Don, je ne t'entends pas...
— Alors comment tu sais que je te dis quelque chose?
Brusquement la communication fut coupée.

Dix minutes plus tard, à vingt et une heures quarante-deux, Quiet Wyatt, qui était allé voir Donald, appela une cabine dont le numéro lui avait été indiqué par un appel sur le beeper de sa femme Diane.
— Allô! (D'après le bruit de fond, elle devait être dans un bar.)
— Carol est là? demanda Quiet.
— Ouais, Carol et Lori sont là.

— Passe-moi Carol !
— Je veux venir te voir. (Elle était saoule et pleurnichait.)
— Merde ! Va la chercher !
Une pause, puis :
— Allô ! (La voix douce de Carol.)
Donald prit le combiné des mains de Wyatt :
— Où es-tu ?
— Dans un restaurant. On est au bar. C'est Lori et Diane qui m'ont amenée ici. Où est-ce que vous êtes, vous ? J'en ai marre de ces tarées !
— Je suis à la maison.
— Ah bon, c'est bien la première fois que t'es à la maison !
— Dis donc, si t'étais pas allée traîner, si t'étais...
Puis, plus rien. La ligne avait été coupée.

Le lendemain, Alan Arruda arriva chez Donald et appela un Chinois, un certain M. Lin, directeur de la succursale de Nassau de la Banque de Montréal.

— Un type qui travaille avec moi va venir vous voir aujourd'hui. Il s'appelle Eric Emmerich. Il apporte des fonds. Il me faut un chèque au nom d'une société qu'on achète ici, à Miami. Il paiera ce qu'il faudra. Je ne veux pas que ça passe par mon compte.

Eric Emmerich était un expert en administration urbaine de Chicago. Il était allé en Floride pour aider Donald à faire des investissements dans des affaires régulières et avait assisté Donald et Arruda pour l'achat d'un immeuble de bureaux à West Palm Beach. Maintenant, il s'occupait de la mise sur pied d'une affaire de logements de vacances en multi-propriété, le *Vacation Quest*. Pour renforcer son investissement dans cette affaire, Donald avait vendu pour 50 000 dollars son siège à la bourse de commerce de Chicago. La somme était en liquide et Arruda se servait de la banque de M. Lin pour l'échanger contre un chèque.

— Okay, Alan, dit le Chinois. Et il faudra un chèque de combien ?
— Cinquante mille. Il apportera ça en grosses coupures.
— Parfait, pas de problème. Je m'en charge.

Ayant entendu cette conversation, Dick Mangan et Joe Puleo prirent quelques autres flics avec eux et filèrent à l'aéroport. Etant donné qu'il était interdit de sortir du pays plus de 5 000 dollars en espèces sans faire une déclaration en douane, on pourrait saisir les 50 000 dollars de Steinberg dès que l'avion serait en mouvement. Le problème était évidemment de faire comme si la saisie était une simple opération de routine. Il ne fallait surtout pas révéler que le téléphone était sur table d'écoute.

La voiture de Mangan fila sur l'aire de départ et s'arrêta pile devant un avion qui roulait vers la piste. Puleo, lui, arrivait dans un autre véhicule en compagnie d'agents des douanes.

Tout surpris, Emmerich tendit son attaché-case.

Donald appela son vieux copain de la Fox River, Bob Straus, dans un motel.

— Qu'est-ce que c'est que cette histoire de satellite que tu m'as racontée l'autre jour ? demanda Donald. Tu envoies un satellite là-haut et tu as un numéro de beeper que tu peux appeler gratuit de n'importe où ?

Les appels par beeper peuvent emprunter les lignes téléphoniques dans le monde entier mais on ne peut les recevoir que dans un rayon de quelques kilomètres autour du point d'émission, ce qui était un inconvénient pour Steinberg et ses collaborateurs globe-trotters.

— Ouais, répondit Bob Straus. Ça coûte 250 000 dollars et tu peux l'accrocher en l'air tout seul.

— Et en plus, tu peux aller proposer aux grands hommes d'affaires et aux grosses boîtes de s'en servir moyennant un bon prix. Pas mal, ça !

— C'est bien ce que je me disais, approuva Straus.

— Et comme ça on peut t'entendre sur la fréquence dans tout le pays. C'est dingue, ça ! Tu peux m'avoir des renseignements ? Il faut s'occuper de cette histoire de satellite. Un satellite personnel... j'en ai jamais eu de satellite, moi...

— Voilà un nouveau joujou, et un beau !

— « Qu'est-ce que vous faites ? » « J'ai mon satellite à moi. »

Donald téléphona à Jimmy Bell, le directeur des ventes qu'on appelait le Fantôme parce qu'il était tout pâle à force de passer son temps dans des chambres de motel avec de l'argent plein les placards.

— Où est la came ? demanda Donald.

— Chez Cowboy.

Cowboy était un employé subalterne de Steinberg.

— Est-ce que t'es allé y faire un tour, pour la peser et voir un peu comment ça se présente ?

— J'ai une liste qui a été établie à la livraison. Cowboy l'a pesée.

Mangan et Puleo avaient l'impression que Steinberg avait une cargaison quelque part en ville et que le dénommé Cowboy la laissait dormir. Saisir une ou deux tonnes d'herbe ne ferait pas mal dans le tableau parce qu'on peut parler autant qu'on veut d'association de malfaiteurs, ce que les jurys veulent voir, c'est de la drogue. La question, c'était de savoir où perchait ce Cowboy.

A trois heures et quart, Donald reçut un bip d'Eric Emmerich.
— Oh là là ! dit celui-ci. Ben, j'ai eu des problèmes...
— Quel genre ?
— Eh bien, dans l'avion, un type de la DEA, la Douane et les flics me sont tombés dessus.
— Où ? fit Donald, inquiet.
— Dans l'avion, juste avant le décollage. Ils se sont amenés devant avec une voiture, ils ont montré leurs plaques et ont dit de la fermer.
— Aïe ! Aïe ! Aïe !
— Alors je suis à Miami ; je viens de passer à l'instruction et je vais être poursuivi pour violation de la législation sur les devises.
— Tu as appelé Art ?
Arthur Huttoe était un ancien juge devenu avocat et une figure du Tout-Miami. Le *Herald* de cette ville, qui le qualifiait de « très élégant propriétaire de ranch de Miami-Sud », avait publié une photo de lui en compagnie de son « épouse Norma, la très séduisante vedette de la chanson ».
— Merde, mais qui a pu...
— Ils m'ont dit qu'ils vérifiaient tous ceux qui partaient en avion pour les Bahamas. Moi, ce qui me paraît louche, c'est que la DEA était là.
— Ils ont parlé de moi ?
— Ils ont parlé de personne. Ils m'ont rien demandé. Ils sont juste montés dans l'avion, ils ont dit : « Vous savez qu'il est interdit d'exporter plus de cinq mille dollars sans remplir une déclaration ? » J'ai dit non, je ne savais pas. Alors ils m'ont dit : « Vous voulez remplir une déclaration ? » J'ai dit non, je ne vais plus nulle part. Et je suis descendu de l'avion.
— Très bien.
— Alors ils m'ont gardé ! D'ailleurs c'était pas terrible, ils étaient très gentils, les gars. Y en a un qui a dit qu'hier ils avaient piqué un type avec un demi-million.
— Bon, essaie d'avoir Art et rappelle-moi.

Le même soir à onze heures et demie, Donald appela San Francisco et parla de nouveau à Dave Sims qui, de toute évidence, avait essayé de résoudre des problèmes liés à une livraison de marijuana arrivant par avion en traversant la Ligne DEW. Il déclara :
— On essaie de réunir tout le monde autour d'une table pour en parler. Pourquoi pas ?
— Je vais te dire pourquoi pas, rétorqua Donald en colère. Parce que c'est de la connerie !

— Hein ?
— Assez déconné, merde ! Fais venir les mecs ici. T'entends, fais-les venir ici.

— Ils m'appellent, Alan et Art, et je vais les voir ici, au bureau, vers midi et demi.

Le lendemain, Eric Emmerich rendait compte à Donald de son entrevue avec Alan Arruda et l'avocat Art Huttoe, l'ex-juge.

— Et je voulais savoir de façon certaine si mon audience n'était pas pour aujourd'hui.

— C'est un juge fédéral, hein ?

— Ouais. A ce qu'ils disent, ça sera probablement Patty Kyle.

En entendant ce nom, Puleo et Mangan bondirent sur leur siège. C'était Patty Kyle qui avait présidé l'audience où avaient été abandonnées les charges retenues contre Donald Steinberg et les autres types arrêtés avec lui à l'Ireland's Inn neuf mois auparavant. C'était une dame dans les trente-cinq ans, très sexy, fort séduisante et dont le papa était juge lui-même. Elle était divorcée, avait une chevelure blond platine et parlait avec un zézaiement enfantin mais dans un langage émaillé de mots pas du tout enfantins. A en croire les bruits de coulisse au tribunal, elle aurait couché avec au moins un procureur et quantité d'avocats et de flics. Elle avait le charme et la vivacité d'une barmaid de grande classe, ce qu'elle aurait du reste été, d'après ce qu'elle prétendait. Elle siégeait pieds nus et quand les choses n'allaient pas comme elle voulait, elle levait les sourcils en zézayant : « Qu'est-ce que c'est que ça ! J'aurais dû rester barmaid. »

En dépit d'une certaine extravagance et d'un certain manque de discrétion, on respectait Patty Kyle car on voyait en elle un magistrat intègre et travailleur bien qu'un peu naïf en ce qui concernait les éléments criminels parmi lesquels elle naviguait.

Ces éléments criminels inquiétaient maintenant beaucoup Puleo et Mangan. Un mois avant l'installation des écoutes, des inspecteurs de l'OCB accompagnés de Mangan avaient perquisitionné chez un collaborateur de Steinberg, Pete Wagner, qu'ils avaient arrêté. Ils avaient trouvé chez lui deux pistolets, des documents relatifs aux opérations de la Compagnie au Kenya et une demi-douzaine de notes manuscrites sur une feuille arrachée à un bloc de papier jaune ligné. L'une des notes concernait 10 000 dollars qu'il fallait donner à Jim Reilly.

Une autre note, entourée de rouge, disait : « Présenter Reilly à juge fédéral. »

Reilly était un beau garçon dégingandé, avocat à Chicago, qui avait représenté Donald à l'audience pour l'affaire de l'Ireland's Inn et continuait à défendre les collaborateurs de la Compagnie. Il aurait, disait-on, fait passer les employés de Steinberg au détecteur de mensonge pour s'assurer qu'ils ne travaillaient pas pour les flics. Si Dennis Dayle avait droit à la parole sur ce sujet, Reilly serait poursuivi par le Centac-20.

Une intrigue sentimentale entre le jovial Jim Reilly, avocat de Steinberg, et la séduisante Patty Kyle, juge fédéral, risquait non seulement de compromettre l'accusation mais de faire de tout ça une espèce de téléfilm mélo de bas étage.

Quand Mangan trouva la note où il était question de présenter Reilly à un juge, il la fourra dans sa poche et évita de la mentionner dans son rapport sur la perquisition. Il espérait que cela n'irait pas plus loin et qu'il ne trouverait aucun autre élément rapprochant le juge et l'avocat. Cet espoir s'évanouit quand il entendit Arruda et Steinberg.

— Mais c'est très bien, ça, dit Donald.
— Ah oui ?
— Bien sûr. C'est un très bon juge.

Donald sortit de chez lui et ce soir-là, tout juste après huit heures, appela Carol d'une cabine.
— Quoi de neuf, chérie ?
— Rien, je m'ennuie, c'est tout. Qu'est-ce que tu fais ?
— Je sors de chez l'avocat.
— T'en as encore pour longtemps ?
— Je ne sais pas. Pourquoi ?
— Parce que je m'ennuie.
— Y a un cafard géant qui se balade ici.

Deux heures plus tard, Donald rappela :
— Quoi de neuf ?
— Rien, répondit Carol. Je suis allongée, c'est tout.

Décidément, la vie de maîtresse d'un magnat de la drogue n'avait pas l'air passionnante.
— Pourquoi ? T'es fatiguée ?
— Ouais.
— Ça va quand même ?
— Ouais.
— Alors qu'est-ce qu'il y a ?
— Rien.
— T'as quelque chose à manger à la maison ?
— Oui.
— Tu sais, les plats surgelés, c'est pas mauvais des fois, hein ?

Le lendemain matin, Donald rappela Dave Sims à San Francisco. Il y avait toujours des problèmes avec la cargaison d'herbe arrivant d'Asie et il essayait de les régler.

— Voilà ce qui ne va pas, expliqua Donald : à ce que je comprends, les pilotes savent pas comment passer la Ligne DEW. Et puis, deuxièmement, je leur ai fait un terrain d'atterrissage où il y a pas de tour de contrôle.

— Okay, Donald, fit Sims, mais tu comprends pas ! Si j'avais été là-bas avec le mec quand il a commencé à se dégonfler, j'aurais pu faire quelque chose.

Sims voulait dire que s'il avait été sur place quand le pilote avait eu peur de la Ligne DEW et du terrain sans tour de contrôle, il aurait pu le soutenir, l'épauler.

— Mais...

— Moi, tu comprends, je monte là-bas voir un peu ce qui se passe et je te fous tout de suite une autre équipe dans les zincs.

— Non, David, mets pas le nez là-dedans.

Donald craignait que Sims ne rafle les types qui s'occupaient du terrain, et le terrain avec, pour y faire arriver de la marchandise à lui.

— Enfin merde, Donald ! J'en ai rien à foutre de te voler, moi. Tout ce que je veux, c'est bosser avec toi. Laisse-moi faire. Je te piquerai rien et y aura pas de lézard. Et dès que tu trouves qu'il y a une merde, tu m'appelles et tu me le dis. Moi, je fais les choses comme tu m'as appris à les faire. Bordel ! Il y a un an et demi, j'étais pas dans le business moi.

— Non, mais tu étais dans autre chose !

— Ouais, mais c'était pas pareil. Tu peux me croire, j'ai de l'estime pour toi, moi, et même je t'admire, et pas qu'un peu. Des comme toi, y en a pas deux. Et j'ai pas du tout l'intention de te doubler ou de t'arnaquer. Ce que je veux, c'est marcher avec toi, à côté de toi. Et après ce coup-là, on en fera encore des masses. Mais faut me laisser de l'air quoi ! Moi, un truc comme ça, c'est la première fois que j'en fais. Et si je ne fais pas les choses comme elles doivent être faites, et ben t'as qu'à le dire, mais me fais pas tourner en rond. Faut pas jouer à ce petit jeu-là, Donald, là c'est sérieux.

— Ça je sais.

— D'accord, Don, tu connais tout ce bordel mieux que n'importe qui, mais faut bien que tu voies qu'il y a de l'embrouille sur ce coup-là, autrement tu serais pas dans la merde.

— Quoi ? Quoi ?

Donald était furieux. Personne ne lui avait jamais dit qu'il était dans la merde. D'accord, il avait perdu un paquet avec l'*Euphoric* et plusieurs distributeurs avaient filé sans payer la note, mais Donald Steinberg dans la merde, ça jamais !

— On descend pas comme ça de haut en bas...
— Hein ?
— Mais enfin, regarde un peu le coup, là. Je te dis qu'y a une merde !
— Ecoute David, si... et puis tu me fais chier. On me doit des millions de dollars.
— Ouais.
— Est-ce que ça a quelque chose à voir avec le coup ?
— Comment t'en es arrivé là ?
— Dis-le-moi, toi !
— Okay, je te le dis : regarde un peu ce qui se passe. Je te dis qu'y a une couille.
— Y a pas de couille ! Ce qu'y a, c'est que...
— Hé, c'est toi le boss, oui ou merde ?
— ... je me suis fait avoir.
- Non, tu t'es... Allez, Donald, allez !
— Ecoute, David. J'ai des vieux amis comme Johnny Love. Tu saisis ?

Johnny Love était le distributeur de Steinberg dans le Massachusetts. Il s'était fait enlever et Donald avait payé 300 000 dollars de rançon pour le récupérer. Après ça, Love avait pris de la marijuana à Donald pour la revendre et il ne l'avait jamais payée. Et il n'était pas le seul. Des millions et des millions de dollars s'étaient envolés. Ils n'ignoraient pas ce que la Mafia avait appris aux entrepôts de pêche à Plymouth, à savoir qu'il y avait une chose dont Donald avait encore plus horreur que de l'échec, et c'était la violence. Il pouvait manipuler, magouiller, mentir, ruser mais jamais il ne ferait le dur.

— Mais non, Donald, c'est pas à cause de ça.
— Ecoute, je sais que c'est pas à cause de ça, mais c'est à cause...
— Tout ça, ça vient de... de toi, Donald, de toi.
— Ecoute...
— Tu es le centre de tout, Don. Tout tourne autour de toi.
— Bon, mais en attendant, quand un mec comme Johnny Love me taxe plus d'un million de dollars et qu'il va bricoler des plans en Europe, qu'est-ce que je fous, moi ?
— Ecoute, Donald...
— Et des mecs comme ça, j'en ai cinq autres. Alors, qu'est-ce que je fous ?
— Mais écoute, c'est un petit mec, c'est tout !
— Peut-être, mais les cinq autres petits mecs, alors ?

— Et toi ? Si toi tu fais ce qu'il faut, le reste on s'en branle. Quand tu fais ce qu'il faut, c'est ça qui compte.
— N'empêche que c'est eux qui ont pris le blé.
— Si tu fais ce qu'il faut, ils raqueront.
— Qu'est-ce que tu veux dire par là ?

En fait, Donald savait très bien ce que Sims avait en tête : employer les grands moyens, casser quelques abattis. Mais Sims n'osait pas être plus précis.

— Je sais pas, moi ! Mais y a une couille dans ta livraison. Je sais pas, peut-être que tu t'en mets trop plein le nez.
— Mais à qui tu parles, là ?

Il était absolument furieux maintenant.

— Je sais pas, Donald, je cherche à t'aider, quoi !

Steinberg se calma, puis Sims parla de « Little Tommy » Penta, l'horticulteur envoyé au Kenya pour s'occuper de la création des plantations de sinsemilla. Sims commit l'imprudence de reconnaître qu'il avait déjà dit à Tommy que Donald et ses gens de la côte Est étaient recherchés. Cela mit Donald hors de lui :

— Qu'est-ce que ça veut dire, *recherché ?*
— Ça veut dire qu'il doit être au courant, c'est tout.
— Mais bordel de merde, David, qu'est-ce que ça veut dire, ce mot-là, *recherché ?*
— J'en sais rien.
— Est-ce que ça veut dire qu'au fond d'un classeur dans je ne sais quel bureau, ils ont mon nom marqué « recherché » ?
— On est tous recherchés.
— Recherché, tu parles, c'est des salades, tout ça !
— D'accord, d'accord.
— D'abord, je ne suis pas en prison.
— Est-ce que...
— Aucun de mes amis n'est en prison.
— Je sais...
— Des années et des années de soi-disant « recherché ». En attendant, je n'ai personne en prison.
— D'accord, d'accord, j'ai rien dit. Je suis avec toi. On peut bosser ensemble. Y a qu'à en mettre un coup. Hé, tu coupes, ou quoi ? J'entends plus rien ! C'est le putain de magnéto qui brouille tout !

Il croyait plaisanter.

Un peu plus tard, Donald reçut un nouveau signal de Dave Sims qui lui donnait le numéro d'une cabine de San Francisco.

— Bon, écoute, dit Sims quand Donald l'eut rappelé. A mon avis, faut reprendre les choses en main. D'accord ?

Il faisait toujours allusion à la livraison par avion de la marijuana d'Asie. Donald était aimable et conciliant :

— Et si on... est-ce que tu veux qu'on les livre direct à Chicago ? (« Les », ça pouvait être des Thaï Sticks.)

— Tu peux les faire amener à l'aéroport ?

— Ouais, à O'Hare.

— Vraiment ?

Dave était impressionné. Amener une cargaison d'herbe en plein aéroport international de Chicago sans se soucier de la douane ?

— Eh oui ! A Chicago, je suis chez moi, mon vieux.

Sims évoqua encore quelques détails relatifs à l'arrivée de l'avion, puis dit :

— Y en a, des trucs à faire, Donald. Autant qu'on veut. Je bosse tant que je peux, mais faut compter avec le caractère des gens, la trouille, et puis il y a des flippés. Et quand tu passes à travers tout ça, alors tu vois la réalité des choses, et tu peux te mettre au taf. Mais toi, Donald, t'es pas habitué à ça, parce que t'as toujours eu du fric, et avec le fric on achète ce qu'on veut. Tu peux même changer ce que les gens ont dans la tête. Mais si t'as pas de fric, alors, faut travailler avec une espèce de... enfin, avec ton cœur, faut avoir du respect, de l'honnêteté. Et ça c'est une autre histoire. Tu peux pas pousser les gens et les bousculer et les faire marcher comme ça. Y a qu'une chose à faire : travailler avec eux. Faut voir ce qu'ils veulent, ce que toi tu veux, et essayer de faire fonctionner les deux ensemble. C'est un peu plus dur que quand on a toute la puissance qu'on veut et qu'on peut envoyer une armée par-ci et une armée par-là pour faire le nécessaire. Ça c'est du gâteau, c'est facile. Mais pour l'instant, c'est pas comme ça que ça se passe.

— Je sais, je sais, mais tu vois, je travaille sur des affaires qui sont entièrement à moi et quand elles marchent, je sais qu'elles marchent comme toutes les affaires à moi ont toujours marché. Et cette fois, je t'assure que je ne me laisserai pas baiser la gueule. Ces connards s'amèneront avec les valoches avant de repasser la porte.

Steinberg ne ferait plus crédit.

— D'accord. Je vais te dire, Donald, je connais personne qu'a fait ce que t'as fait, mais là-bas, les choses sont allées un peu trop loin et tout ça commence à t'échapper.

— Qu'est-ce que tu comptes faire ?

— Peut-être bien réduire un peu. Trouver du meilleur personnel. Serrer le transport d'un peu plus près. Enfin, c'est mon avis. Moi, je pense à toi. J'ai de l'estime pour toi, et je n'ai rien à foutre de...

— T'as rien à foutre de ce que les autres peuvent dire ? Si t'entends dire que je bouffe des sandwiches à la merde, réponds que c'est pas vrai parce que j'aime pas le pain.
— Doucement, t'emballe pas, t'es fou.
— Tu sais, je vais te dire, j'ai pas... je me suis jamais senti aussi calme... jamais aussi bien qu'en ce moment.
— Ouais, je sais, c'est facile. T'es au fond et au fond c'est toujours facile.
— Oui.
Qu'est-ce que Donald pouvait avoir à dire à ce type ? Avec ses sermons à la con : j'ai de l'estime pour toi... t'es le boss... t'es au fond... Pourquoi même prendre la peine de lui répondre ?
— Mais tu vas remonter tout en haut, reprit Sims. Tu sais, tous ceux que j'ai vus faire du blé dans ce business, ils en gagnent, ils en perdent, en regagnent et ressortent toujours deux fois plus forts qu'avant.
— Enfin, c'est jamais que des dollars !
— Bien sûr, c'est que du papier. En somme, c'est ta récompense, ta médaille : tu fais ton job et tu tires du papier.
Le lendemain matin après le petit déjeuner, Donald appela l'ancien juge Art Huttoe. Ils parlèrent de l'affaire d'Eric Emmerich, qu'on avait tiré de l'avion qui l'emmenait à Nassau avec 55 000 dollars.
— L'audience est fixée au 14, annonça Huttoe. L'un des types qui est sur l'affaire s'appelle... Ah, zut ! je me rappelle plus son nom. Tu le sais, toi.
— Puleo. (Dans le Winnebago, Puleo souriait.)
— C'est bizarre que Puleo soit sur le coup, remarqua Huttoe.
— Oui, ça vous en bouche un coin. Va savoir si les gens sont suivis ou quoi ou qu'est-ce. Tout ça, ça sent l'écoute.
— Exact.
— J'ai fait vérifier le mien hier, dit Donald.
Parfois, quand quelqu'un qui a été mis sur table d'écoute demande à la compagnie téléphonique si c'est bien le cas, la compagnie enlève l'écoute, lui dit que sa ligne n'a rien, puis remet l'écoute...
— Ma ligne est clean, dit Donald.

Donald appela Jimmy Bell, son directeur des ventes :
— Est-ce que tu pourrais transporter quelques Sticks ? Faudrait en envoyer un peu à Pat.
— Je vais en faire apporter par Cowboy à Joe et il fera suivre.
C'étaient donc des Thaï Sticks que Cowboy avait, probablement une partie de la cargaison de l'*Euphoric*. Mais où était Cowboy ?

En fin d'après-midi, une fille téléphona à Carol et lui trouva une voix bizarre.
— Qu'est-ce qu'il y a ?
— Rien, j'étais allongée.
— Ça ne va pas ?
— Si, si, je suis seulement un peu fatiguée. Autrement, tout va bien.
Ça n'avait pas tellement l'air d'être vrai.

Le lendemain matin, Donald fit quelque chose d'extraordinairement imprudent de sa part. Il voulut parler à Cowboy, mais au lieu d'utiliser le beeper pour se faire rappeler au numéro d'une cabine, il l'appela directement chez lui. Aussi, le Pen Register du Winnebago cliqueta le numéro : 4...2...7...3...9...5...7.
— Cowboy ? dit Donald. Qu'est-ce que tu fais ?
— Je reçois de la came pour des gens.

Donald n'avait pas encore fini sa conversation que Mangan appelait le chef de la sécurité du district de la Bell Telephone. Le téléphone dans lequel Cowboy parlait, numéro 427 39 57, se trouvait très probablement dans la même maison qu'un bon paquet de Thaï Sticks.

Deux jours plus tard — lundi — Donald parla à Jimmy Bell.
— Je croyais, dit Bell, que tu avais des nouvelles pour moi. Par exemple que je pouvais dire à mes gars d'y aller.
— Non, ne leur dis rien. Retiens-les.
— Oui, mais ça fait huit jours maintenant...
— Je sais. Mais il y a des tempêtes, des tornades et des ouragans. Ces types-là n'aiment pas du tout accoster avec des vagues de huit ou dix mètres. C'est que ça va mal, là-bas dans le sud. Dis donc, et qu'est-ce qu'ils font, ces connards, avec leurs trois ? (Il s'agissait des transports par bimoteurs DC-3.)
— On les appelle tous les jours.
— Ils voudraient peut-être vendre un de leurs avions.
— J'essaie.

Donald emmena Carol prendre un petit déjeuner tardif, puis la déposa à la maison et partit à ses rendez-vous et à ses appels dans les cabines. Le soir à huit heures moins dix, Carol accepta un appel en PCV.
— Comment ça va ? dit Millie.
— Ça va.
— Et comment vous vous sentez ?

— Très bien, répondit Carol, essayant en vain de faire croire que ça allait.

— Oh, à vous entendre, je vois bien qu'il y a quelque chose qui ne tourne pas rond !

— Non, c'est juste que je suis en train de manger un esquimau.

— Où est...

— Je ne sais pas. Je viens de l'appeler par beeper il y a deux minutes.

— Bon, voyons... Oui, je pense que je vais le rappeler demain matin. C'est ça, vers neuf heures et demie, dix heures, ça ira ?

— Ouais, c'est ça ; appelez-le demain matin, c'est la bonne heure. (Qui pouvait savoir quelle était la bonne heure pour appeler Donald ? Qui savait ce qu'il faisait ?) Oui, vaut mieux l'appeler le matin.

— Entendu, parce que je vais pas ressortir ce soir.

Ressortir ! Elle avait donc téléphoné d'une cabine. Pour parler à son fils, elle était obligée d'aller dans une cabine.

Millie raccrocha. Carol reposa aussi son téléphone, puis le reprit et composa le numéro du beeper de Donald. Elle avait une voix fatiguée et plaintive. C'était le dernier appel qui devait partir de cet appareil.

— Appelle-moi, dit-elle. Je t'en prie, appelle-moi !

2

Mangan et Puleo grimpèrent dans un hélicoptère de la police pour aller chercher les Thaï Sticks.

Le numéro que Donald avait composé pour téléphoner à Cowboy correspondait à un grand ranch plein de dépendances caché dans la campagne à six kilomètres au nord de chez Donald.

Ils trouvèrent l'endroit. A sept heures ce soir-là, sans emmener Puleo — dont la présence à l'aéroport où Emmerich avait été arrêté avait déjà éveillé des soupçons —, Mangan et une équipe du shérif attendaient dans des voitures qui restaient hors de vue pendant qu'un agent en uniforme, dans une voiture de patrouille portant l'emblème du shérif, s'arrêtait devant chez Cowboy et klaxonnait.

Cowboy sortit et approcha de la voiture. Au même moment, les autres policiers se précipitèrent dans la maison. Mangan entendit des chiens aboyer. Il passa en courant devant la cheminée du salon, puis suivit un long couloir jusqu'à la porte verrouillée d'une chambre. La petite amie de Cowboy, Carol Chesire — celle qui avait aidé Carol à chasser les garçons qui jetaient des pierres dans la fontaine de Donald —, était derrière la porte avec deux dobermans.

— Qui va entrer là-dedans ? demanda Mangan.

On réussit à convaincre Chesire de calmer ses chiens et d'ouvrir la porte. Les policiers trouvent dans la maison une carabine M1 chargée, quinze autres armes automatiques dont des revolvers, des munitions, une grande quantité de cocaïne et d'amphétamines... et trois cent cinquante kilos de Thaï Sticks.

Mangan fit asseoir Cowboy sur le dallage surélevé de la cheminée et l'interrogea sur les armes.

— J'en fais collection, lui répondit Cowboy.
— Ça, ça se voit.

Le téléphone sonna. C'était Donald Steinberg :
— Qui est-ce ? Cowboy est là ?

Donald comprit dès les premiers mots. Dès qu'il entendit une voix qui ne lui était pas familière, il raccrocha.

Quelques instants plus tard, deux inspecteurs planqués près de chez Donald annoncèrent par radio au Winnebago que Donald venait de sortir de chez lui par la porte de devant et qu'il s'engageait dans l'allée. Pendant qu'ils parlaient, Donald s'avança au milieu de la rue plongée dans la pénombre, leva les bras au ciel et lança un long cri plaintif.

— Qu'est-ce qu'il fait ? demanda-t-on du Winnebago.
— C'est pas croyable, répondit le flic. Il reste planté là et il gueule...

C'en était trop. Après tous ces problèmes — les livraisons ratées, l'argent volé, les enlèvements, la surveillance policière, l'arrestation d'Emmerich — la descente au dépôt de Thaï Sticks était la goutte d'eau qui faisait déborder le vase. C'était vraiment trop injuste ! Donald ne faisait que son travail, du mieux qu'il pouvait. Mais Puleo... Puleo poursuivait une vengeance. Sans quoi, pourquoi cet acharnement ?

En tout cas Donald était sûr d'une chose : sa belle maison, avec sa piscine, ses terrasses-solariums et ses garages pleins de voitures de luxe, était soudain devenue si dangereuse que tout cela risquait de sauter. Il était temps de prendre la poudre d'escampette.

Donald rentra chez lui et en ressortit quelques instants plus tard en compagnie de son vieil ami Joe Gonterman, qui travaillait dans une ferme de la Fox River, et monta dans une Jaguar verte. Donald se cacha, accroupi devant le siège, et Gonterman prit le volant. Suivis par Mangan et les inspecteurs, ils filèrent en zigzaguant vers le sud jusqu'à Fort Lauderdale et arrivèrent chez Quiet Wyatt.

La rue n'était pas éclairée et Mangan distinguait à peine la Jaguar arrêtée. Il descendit, marcha jusqu'à la maison, la dépassa puis revint sur ses pas jusqu'à sa voiture et attendit dans le noir.

423

Une heure plus tard, la Jaguar redémarrait brusquement. Mangan et les inspecteurs reprirent la poursuite, ne distinguant que la tête de Gonterman. Donald était-il encore caché sur le plancher de la Jaguar ? Celle-ci s'engagea dans le dédale des rues sombres de Fort Lauderdale et sema les policiers.

Mangan et ses acolytes retournèrent à la maison de Wyatt. Donald n'y était plus.

Le téléphone chez Donald était devenu muet, mais il recevait toujours des messages sur son beeper pour appeler ses collaborateurs. En cherchant le numéro indiqué par un de ces messages sur la liste dactylographiée des numéros de cabines, Mangan, Puleo et les autres le trouvèrent et coururent à la cabine en question, à temps pour voir Rene Larsen raccrocher et monter dans une voiture. Ils le suivirent jusqu'au motel Day's Inn sur la State Road 84, juste à l'ouest de la plage de Fort Lauderdale. Larsen se gara au parking et entra dans le motel.

Les flics avaient mis la main sur trois cent cinquante kilos de Thaï Sticks, la table d'écoute était fichue et Donald avait filé. Si Donald était au motel, Puleo pouvait l'arrêter pour violation de la législation de l'Etat et Dennis Dayle aurait alors le loisir de décider si les circonstances étaient mûres pour que le Centac obtienne une inculpation au niveau fédéral.

Mangan était en train de monter les marches vers la pièce où Larsen était entré ; il heurta presque Donald Steinberg et Jim Reilly qui descendaient. Reilly, l'avocat mentionné sur la note trouvée chez Pete Wagner (« Présenter Reilly à juge fédéral »), était tout décontenancé. Mangan, qui n'en croyait pas sa chance, les fit entrer dans la chambre de Donald. Rene Larsen y était avec Joe Gonterman.

Mangan dit à Reilly de vider ses poches sur la commode. Reilly s'exécuta, sortant une liasse de billets de cent dollars. Mangan les compta : il y en avait pour deux mille. Ravi, il sourit à Reilly :

— L'argent du déjeuner ?

Reilly sourit aussi. Il jouait les gentils, assez astucieux pour savoir que plus il se débattrait, plus les mâchoires du piège le mordraient. Il demanda fort courtoisement s'il pouvait donner un coup de téléphone. Mangan acquiesça.

La chambre s'emplit de flics et tout le monde s'installa en attendant l'arrivée d'un mandat permettant de fouiller les bagages de Steinberg. Rene Larsen sortit sur le balcon. Joe Gonterman prit tranquillement place sur une chaise, en fidèle serviteur de son maître. Reilly, lui, se percha sur la commode, face aux lits jumeaux.

Une Mercedes 450 SL jaune pâle s'arrêta au parking et un homme au teint hâlé, en pantalon et polo, vint jusqu'à la chambre et demanda à voir Jim Reilly.

— Dites donc, Bill, plaisanta Mangan en admirant la voiture, pour vous payer une caisse comme ça, vous devez avoir quelques clients à Rolex en or !

Bill Moran était l'un des avocats les plus renommés du sud de la Floride pour les affaires de drogue. Il arbora un sourire plein d'aménité et demanda si Jim Reilly était en état d'arrestation.

— Non, non, répondit Mangan.

Aucune preuve n'impliquait Reilly dans l'affaire des Thaï Sticks.

— Il n'y a donc aucune raison pour qu'il ne puisse pas venir avec moi ?

— Aucune.

— Et ces autres messieurs, ils sont en état d'arrestation ?

— Oui, absolument.

— Et vous attendez un mandat de perquisition.

— Exactement.

Reilly poussa un soupir de satisfaction et sortit avec Moran. L'atmosphère se détendit. Affalés dans les fauteuils et sur les lits, les flics et leurs prisonniers allumèrent la télé et se mirent à regarder « Mark and Mindy ».

Donald, dévisageant Mangan, lui demanda :

— C'est vous, le Fed qui est descendu de Washington ?

— Oui, comment savez-vous ça ? fit Mangan, flatté.

— Oh, comme ça, je l'ai entendu dire. J'entends beaucoup de choses, dit-il d'un ton plaisant, le même ton qu'il avait eu six mois auparavant en parlant avec Ortenzo, près de la cabine téléphonique dans le parking du parc.

Tout à coup, le beeper attaché à la ceinture de Donald lança :

— Téléphone-moi ! Téléphone-moi !

Donald, qui était à moitié allongé, menottes aux poignets derrière le dos, sur un des lits, se tordit pour essayer de pousser avec son menton l'interrupteur du beeper, mais Mangan attrapa l'instrument à temps pour entendre le demandeur indiquer un numéro de téléphone.

— C'était Alan Arruda, annonça Mangan qui avait reconnu la voix.

Puleo décrocha le téléphone.

— Qu'est-ce que vous faites ? demanda Donald.

— Ben j'appelle le numéro qu'il t'a donné.

Maintenant, Puleo n'était plus le taureau furieux de Brooklyn. Il était tout sourire : il tenait Donald Steinberg, ou du moins c'est ce qu'il s'imaginait.

Puleo composa le numéro.

Donald était en colère :

— Ah non ! Ecoutez, non, quoi !

— Allô ! dit Puleo. Non, je regrette, Donnie ne peut pas venir au téléphone pour l'instant. Il est comme qui dirait pris. Y a un message à lui transmettre ?

— Je rappellerai, fit Arruda, qui raccrocha.

Il y avait deux heures qu'on attendait le mandat de perquisition. Donald annonça qu'il avait faim.

— Eh bien, Donald, si tu paies, j'y vais !

— Non, plaisanta Steinberg, je vais y aller, moi.

— Il vaut mieux que ce soit moi.

Donald lui tendit quelques dollars et le flic alla chercher deux corbeilles de Kentucky Fried Chicken du colonel Sanders.

Ils restèrent encore deux heures devant la télé, grignotant du poulet, échangeant des impressions et évoquant leurs difficultés. Ah, c'est dur de faire la chasse aux trafiquants de drogue ! Si vous croyez que c'est facile de se planquer !

Finalement, le mandat arriva et on fouilla les bagages — ils contenaient des notes et des enregistrements : tout recommençait exactement comme à l'Ireland's Inn — et Donald fut inculpé de trafic de drogue dans l'Etat. Comme profession, il indiqua « courtier indépendant ». Il versa 200 000 dollars de caution, sortit du tribunal, retourna chez lui à Coral Springs, fit ses valises, emmena Carol et son saint-bernard Sacha, et disparut.

3

Quinze jours après l'arrestation de Donald, ceux qui lui faisaient la chasse, le gang de ravisseurs de la Mafia, frappèrent de nouveau. Comme il sortait de chez lui, à Orland Park près de Chicago, Bobby, l'oncle de Donald, fut embarqué par trois hommes qui exhibèrent de fausses cartes de la DEA. Bobby était un homme mince avec des cheveux gris ondulés et un bouc soigneusement taillé. Il avait transporté en camion, de Fort Lauderdale à Chicago, trois tonnes de marijuana.

Les trois truands le balancèrent au fond d'une camionnette blanche Ford 1977, lui mirent les menottes et un bandeau sur les yeux, le droguèrent et firent mille quatre cents kilomètres jusqu'à Mayfield, un petit faubourg de Boston. Les ravisseurs laissèrent la camionnette sur une route de campagne et prirent contact avec Jim Reilly : ils exigeaient deux millions de dollars de rançon.

Reilly appela le FBI et on entama les négociations. Le samedi soir, huit jours après son enlèvement, Bobby réussit à se débarrasser de ses menottes. Il avait fait semblant d'être groggy et ses ravisseurs s'étaient endormis.

A trois heures du matin, il se glissa jusqu'à la portière, réussit à l'ouvrir et sortit dans la nuit froide et sans lune. Il courut à l'aveuglette le long d'une route pendant cinq kilomètres avant d'arriver à une maison. Il monta quelques marches jusqu'à la véranda et frappa à la porte à coups de poing. Un homme et une femme allumèrent la lampe de la véranda et regardèrent dehors. Ils écoutèrent l'invraisemblable histoire que racontait Bobby : il avait été enlevé, drogué. Voyant ses vêtements chiffonnés et flairant son odeur ils lui dirent d'attendre dehors. Il leur demanda d'éteindre la lumière.

Le couple alla téléphoner à la police en laissant leur fille pour surveiller Bobby, qui courut se cacher derrière un buisson de genévriers.

Informé de l'enlèvement, le Centac envoya au FBI de Chicago des photos d'Avellar, Anaceleto et Agostino — les hommes qu'Ortenzo avait trouvés traînant sur Hendricks Isle. Bobby regarda les photos, reconnut Avellar et Anaceleto, et le FBI se mit en chasse.

Les trois A étaient également partis en chasse, du moins c'est ce que craignaient les hommes de Steinberg. Tôt ou tard, ces ravisseurs à la manque finiraient par réussir leur coup. Donald se faisait l'effet d'un homme qui a le choix entre ses poursuivants. Lesquels préférait-il : les flics ou la Mafia ?

2

Mangan a des ennuis.

Le Centac peut identifier les caïds du crime international, il peut les suivre, infiltrer leurs organisations, accumuler des paquets et des paquets de renseignements et de preuves contre eux. Mais il ne peut pas les poursuivre. Seuls les procureurs généraux des Etats-Unis le peuvent. Or, ceux-ci ne se soucient pas le moins du monde d'immobiliser le ministère public avec des affaires aussi complexes et qui demandent un temps considérable. Les affaires où on arrête un malfaiteur qui a acheté de la marchandise sont plus simples, plus rapides, plus gratifiantes et plus probantes aux yeux des électeurs. Le Centac se trouve souvent en face du même vieux problème : comment trouver un juge d'instruction qui aura l'intelligence, l'énergie et la modestie nécessaires pour étudier, maîtriser et faire passer au tribunal une affaire qui implique des dizaines d'inculpés, des centaines de témoins et une documentation occupant une pièce entière pleine de classeurs ?

Cette fois, le problème s'appelle Scott Miller. On a promis pour l'affaire Centac-Steinberg deux juges d'instruction à temps plein et un à temps partiel, mais seul a été désigné Scott Miller, qui n'est qu'à temps tout ce qu'il y a de plus partiel. C'est un petit bonhomme sec et nerveux, barbu, vêtu d'un blazer, chaussé de mocassins, ambitieux et avide de gloire. Il aime étaler ses références. Il monte à cheval, participe à des régates et joue au tennis. Son oncle, qui était lui aussi juge d'instruction, est le dernier survivant de l'équipe qui s'était occupée du kidnapping du petit Lindbergh. Miller aime que ce genre de choses se sachent... Il est très efficace pour mener des accusations bien enlevées, et les agents de la DEA, qui aiment les coups rapides, les poursuites de gendarmes et de voleurs, ne tarissent pas d'éloges à son égard. Mais il ne faut pas compter sur lui pour passer des mois à démêler laborieusement les relations très complexes qui lient les centaines d'employés et de collaborateurs d'un Steinberg. Mieux vaut selon lui poursuivre Steinberg et deux ou trois de ses principaux comparses, avoir droit pendant quelques jours aux gros titres, et pour le reste laisser courir. Et il justifie cette philosophie par ces mots : « Les moineaux ne m'intéressent pas, il me faut des paons. »

En entendant cela, Mangan soupire. Le Centac se fonde sur l'assertion qu'il ne peut pas y avoir de paons sans moineaux, lesquels grandissent et se transforment en paons. Donald Steinberg lui-même a commencé par être un moineau. Sicilia-Falcon aussi. Et Liou Chou-chouei.

— Les paons *et* les moineaux, insiste Mangan. Tous les paons et tous les moineaux.

Mais Miller n'écoute pas. C'est un ami intime de Pat Sullivan, directeur du département criminel du bureau du procureur général de Floride du Sud. C'est Sullivan qui, après sa rencontre à Washington avec Dennis Dayle et avec les autres juges d'instruction, a désigné Scott pour l'affaire Steinberg-Centac. Et convaincre Sullivan d'enlever l'affaire à son ami Scott serait une opération des plus difficiles et des plus délicates.

Trois employés de Steinberg, Jimmy Bell, Cowboy Kinmon et Carol Chesire, sont jugés au tribunal d'Etat de Fort Lauderdale pour possession de Thaï Sticks. Les avocats de la défense s'en prennent à la police pour l'emploi d'une machine Plectron ayant servi à enregistrer le beeper de Donald Steinberg pendant la mise sur table d'écoute. La question est fondamentale et tout à fait susceptible d'être soulevée devant un tribunal fédéral appelé à juger Steinberg, et Mangan estime que Scott Miller devrait assister aux débats. Or Miller, dont le siège est à Miami, à trois quarts d'heure de voiture de Fort Lauderdale, ne vient pas. Il est, paraît-il, trop occupé.

Mangan questionne Miller au sujet d'une information selon laquelle Dave Sims, le type de San Francisco qu'on a entendu discuter avec Donald sur la table d'écoute, sentirait les griffes du Centac s'approcher de lui et serait en conséquence disposé à plaider coupable et à coopérer avec l'accusation. Sa déposition pourrait dévoiler l'ensemble des opérations Steinberg en Californie et en Asie, mais Miller élude la question de Mangan :
— L'avocat de Sims me mène en bateau.
— Qu'entendez-vous par là, Scott ? Son avocat vous mène en bateau ?...
Miller répond qu'il n'a pas le temps de discuter de ça. Un peu plus tard, il fait ajourner la comparution devant le jury d'accusation de Roy Blanchard, dit « Black et Decker », le contrebandier qui le premier a soulevé un coin de rideau sur l'empire Steinberg, permettant à Joe Puleo et Al Ortenzo d'y jeter un coup d'œil. Blanchard a été cité à comparaître et il est venu de Californie pour répondre à la citation, mais si la comparution devant le jury d'accusation est ajournée, il est libre de rentrer en Californie. Le Centac risque de ne plus jamais le revoir.
Mangan va à l'OCB pour téléphoner à Dennis Dayle qui l'a appelé par beeper de Washington. Derrière une glace sans tain, une jolie réceptionniste appuie sur un bouton pour ouvrir la porte qui permet à Mangan de pénétrer dans une vaste salle brillamment éclairée et meublée de quinze bureaux. Moquette orange, plafond revêtu de dalles d'isolation acoustique, murs garnis de liège donnent à l'endroit ce silence feutré qui peut régner dans un studio d'enregistrement. A l'écart, un réduit grand comme un placard contient un téléphone camouflé et un magnétophone pour diffuser de la musique d'ambiance. Epinglées au mur, des notes disent : « Les appels pour Paul sont pour Jackson », ou « Si Bobby appelle Franck, c'est pour Peterson ».
Joe Puleo — tignasse noire, moustache, lunettes — parle au téléphone avec une fille qu'il a arrêtée la semaine dernière. Aimable et sans rancune, la fille veut lui donner un chiot, un cocker qui s'appelle Champagne. Elle ne peut pas le garder chez elle. Puleo, lui, a une maison à la campagne avec cheval, poulets, chiens et fillette de six ans. Qu'il prenne donc le chiot. Elle lui demande aussi de lui recommander un avocat. Il refuse :
— On dirait que je me fais payer en échange.
Puleo raccroche et, un sourire sur son visage basané habituellement sérieux, il raconte une histoire à Mangan : il n'y a pas longtemps, il s'amusait à écouter sur son beeper les appels des autres. En entendant un qui avait tout l'air d'avoir rapport à une affaire de drogue, il avait appelé le numéro. Il bavarda avec son correspondant inconnu, lui dit ce

qu'il fallait et prit rendez-vous avec lui. Au rendez-vous, Puleo se fit passer pour un fournisseur et vendit au type une balle de marijuana. Cela passa comme une lettre à la poste, et l'inconnu accepta de faire des affaires sérieuses ; il sortit 670 000 dollars qu'il voulait investir dans de l'herbe. Puleo l'arrêta et saisit l'argent.

— Et voilà, conclut-il en riant, tu entends le mec sur le beeper, tu vas le voir, et il allonge 670 000 dollars.

Cela donne une idée des sommes que la drogue fait circuler.

On appelait Puleo ailleurs. Mangan prit place à son bureau pour se servir du téléphone. En attendant d'avoir Dennis en ligne, il expliqua :

— Dennis va me demander comment ça marche. Qu'est-ce que je vais lui répondre ? Que je ne sais pas, parce que le juge d'instruction ne veut rien me dire ?

Dennis est au bout du fil. Mangan lui annonce que Scott Miller a ajourné la comparution de Roy Blanchard devant le jury d'accusation et conclut :

— Si on travaillait au rythme de Scott, on en serait encore à l'âge de pierre.

Dennis lui dit qu'un analyste des renseignements du Centac-20, qui prépare une étude générale de tous les rapports concernant l'affaire Steinberg, a quelques idées sur la façon de faire bouger les choses.

— Ecoutez, Dennis, on en a plus qu'on ne pourra jamais en faire écouter, comprendre, croire ou utiliser à Scott. Tout ce qui nous reste à faire, c'est enfourner le plus possible de ce qu'on a à ce saligaud.

Mangan raccroche et se tourne vers Puleo qui attend pour se réinstaller à son bureau :

— Il est furax parce que Scott n'est pas venu à l'audience. Je n'ai pas eu le cœur de lui dire qu'il n'a probablement même pas lu la transcription des enregistrements.

Puleo a ses problèmes, qui sont autrement sérieux que ceux de Mangan. Un kilo de cocaïne saisi dans une affaire sans rapport avec Steinberg a disparu et un huissier du tribunal affirme qu'il l'a remis à Puleo. Celui-ci dit qu'il n'a jamais rien reçu ; des recherches au bureau de l'huissier et à l'OCB n'ont rien donné. C'est la seconde fois que Puleo se trouve impliqué dans une affaire de disparition de cocaïne. Il y a deux mois, un kilo saisi dans un coffre de voiture s'est mystérieusement envolé après que Puleo l'eut remis à un assistant de police. Tous ceux — y compris Puleo — qui ont été mêlés aux deux histoires ont été soumis à des tests au détecteur de mensonge et ont subi un interrogatoire sous hypnose, avec dans les deux cas des résultats négatifs. Mais la cocaïne n'a toujours pas reparu, et un doute entoure tous ceux qui y ont touché.

Mike Dutko, inspecteur de l'OCB qui a remplacé Al Ortenzo comme associé de Puleo, n'est pas autrement étonné de trouver ce dernier dans l'embarras. Dutko est un beau garçon, au caractère réfléchi. Il sort avec une des plus jolies filles de Fort Lauderdale, qui est sténo au tribunal. Il connaît Puleo comme sa poche et a beaucoup de sympathie pour lui.

— Il est comme un gosse très brillant qui serait aveugle. C'est un flic formidable, mais il faut le conduire par la main si on ne veut pas qu'il se fourre dans des histoires impossibles. C'est le type qui marche dans la merde, recule, s'essuie le pied, et le remet dans la merde.

Le lendemain, Mike Dutko se tient dans le hall, devant l'entrée de la salle d'audience où se déroule le procès des Thaï Sticks. Un des avocats de la défense, un jeune homme nommé Charlie Poole, qui joue les importants, sort de la salle. Il a lu dans les journaux du matin que Puleo avait des ennuis. Ça le fait rire :

— Pour sûr, Puleo n'a pas d'hémorroïdes : c'est un parfait trou du cul !

L'après-midi, Mangan a Roy Blanchard au téléphone, et essaie de le convaincre de rester à Fort Lauderdale, car une nouvelle date va être fixée pour la comparution devant le jury d'accusation. La journée a été exaspérante et Mangan n'est pas patient. Et puis il n'aime pas Blanchard. Ce dernier est malin, manipulateur, prétentieux. Mangan ne peut pas oublier qu'une fois, Blanchard a déchargé des balles d'herbe sur un débarcadère, a appelé Puleo, empoché une récompense offerte par la police, s'est fait payer la livraison par Wagner et a vendu trois balles pour son propre compte. Mais le pire, c'est que Blanchard se vante de ce coup fourré. « Ça, il en est fier ! » Il n'empêche que sa déposition pourrait être fort utile ; alors, pendant des mois, Mangan négocie avec lui, le dorlote, essaie de le tenir en laisse.

— Ne retourne pas en Californie, Roy, lui dit Mangan qui appelle d'une cabine publique du tribunal. C'est une question de quelques jours. Reste dans le coin pour que ça soit réglé et que tu en aies fini avec cette histoire.

Il attend la réponse, furieux contre lui-même de s'abaisser ainsi à supplier l'autre.

— Tu sais, Roy, tu n'es pas le seul à avoir des problèmes. Demande un peu à Joe Puleo!

Mangan écarte l'écouteur de son oreille et lui lance un regard mauvais, puis reprend :

— Ecoute, Roy, si tu as une heure et demie de libre à un moment quelconque, je te parlerai de mes problèmes à moi. La vie n'est pas facile. Regarde les journaux. Tu seras en Californie la semaine prochaine, je te le promets. (Il écoute un moment.) Oui, entendu, je te promets tout ce que tu veux.

Mangan raccroche en jurant. Il va à côté dans une petite cafétéria toute peinte en blanc, bourrée de gens du tribunal et de touristes. Une pancarte sur la porte à moustiquaire avertit : « Ni pieds nus ni torse nu SVP. »

— Puleo me déprime, dit-il entre deux bouchées de hamburger, Scott me déprime, Dennis me déprime à moitié. Je me demande pourquoi je ne vends pas des assurances.

Il y a quelque temps, comme je demandais à Dennis si cela le gênerait que je dise à un de ses collègues qu'il avait été violoniste de concert, sa réponse avait été nette et plutôt brusque. Mais un peu plus tard, lorsque je suggérai que c'était à Mangan que j'envisageais d'en parler, il avait changé d'avis : « La plupart des gens, si vous leur dites, ça sera sur le téléscripteur trois minutes après. Mais Mangan, il emportera le secret dans la tombe. Oui, à Dick, vous pouvez le dire. »

— Un soir, dans le bureau de Dennis, dis-je maintenant à Dick, alors que vous veniez de dîner avec votre ami de la CIA, vous avez raconté à Dennis que vous aviez entendu dire qu'il avait été pianiste professionnel.

— Oui, pourquoi ?

— Parce que vous aviez presque raison : il a été violoniste de concert.

L'expression de Mangan ne change pas et cette absence de réaction visible est en elle-même une réaction. Il n'aime pas que les gens sachent sur Dennis des choses qu'il ne sait pas. Finalement, il parle :

— Rien ne me surprend de la part de Dennis. Je crois qu'à ses yeux le moindre renseignement qu'il laisse filer est un morceau de son armure qu'il perd. Et les choses personnelles, il les tient soigneusement secrètes, excepté bien sûr celles qu'il veut qu'on sache parce qu'elles renforcent son armure. Il voit là-dedans une menace potentielle, un talon d'Achille.

— Il a fait partie de l'orchestre symphonique de Milwaukee. Il a fait une tournée de concerts en Europe quand il avait dix-neuf ans.

— Intéressant, fait Mangan, impassible.

— Paris, Amsterdam...

— Oui... Enfin, ça a dû lui plaire d'aller à Paris et à Amsterdam tant que ce n'était pas lui qui payait la note. Ça ne me surprend pas. Il y a là une certaine sensibilité et c'est peut-être là que... je crois qu'il existe entre nous une compréhension réciproque assez intime. Il est toujours fasciné par mon intérêt pour la cuisine, les bons restaurants et le théâtre. Il y a mon passé dans le théâtre et le sien dans la musique... ça crée peut-être un dénominateur commun.

— Cela ne vous surprend donc pas qu'il ait été violoniste professionnel ?

— Avec lui, l'inattendu devient tout à fait attendu. Si on juge Dennis sur les apparences, tout ce qui vient de lui surprendra. Mais si on le croit capable de tout, on peut s'attendre à tout sans surprise. Voilà ce que j'ai toujours pensé de Dennis. De sa part, rien ne m'étonne.

— Mais vous le voyez dans une tournée de concerts en Europe ?

— J'admets que cela entre dans une tout autre catégorie. Il faut de l'imagination, c'est vrai, mais avec lui tout est possible, tout.

— Et si l'on vous disait qu'il a descendu des gens pour le compte de la CIA ?

— Ça ne me surprendrait pas non plus, mais je ne dis pas que je ne lèverais pas un peu le sourcil. De toute façon, avec lui, il y a très peu de choses que je ne croirais pas. Avec quelqu'un qui est quand même un peu bizarre, on... Si on venait me dire que Craig Walker qui, je le sais, travaille pour la CIA, a liquidé des gens, j'émettrais des réserves. Mais pas si c'est Dennis — dont j'ignorais d'ailleurs qu'il avait travaillé pour la CIA.

— Alors comme ça, vous le trouvez un peu bizarre ?

— Disons qu'il sort de l'ordinaire.

— Mais on ne devient pas violoniste sans être un peu romantique.

— Oh, pour ça, il est romantique, ça ne fait pas de doute. Vous ne le croyez pas ? Regardez un peu comment il aimerait que soient les choses — le tableau idéal pour un romantique : une maison, un bateau, un bureau avec de la moquette épaisse, un bar, de lourds rideaux de velours, et puis sa pipe, enfin, le genre d'atmosphère qui va avec sa personnalité. Ça lui plaît, ça se sent. Son cocktail au gin avec son petit verre d'olives est connu dans le monde entier, comme celui de James Bond, légèrement secoué mais pas trop. Toute sa philosophie est en accord avec ce genre de choses. Au fond, son côté dur sert à compenser sa sensibilité.

Je lui dis qu'à mon avis, Dennis a ou bien trouvé ou bien inventé le job romantique idéal :

— Vous avez lu les romans de John Le Carré ? Dennis, c'est George Smiley dans son petit bureau avec ses pipes et son Mozart, qui dirige ses troupes. Est-ce que vous voyez un rapport entre la personnalité que vous venez de décrire et son job ?

— Mais oui, absolument. Et c'est pour ça qu'il réussit si bien. Il est assez fort pour adapter la conception qu'il a de lui-même aux nécessités et aux circonstances. On change les données, on change la mise en scène et tout d'un coup : « Voilà, c'est exactement ce que je voulais faire depuis le début. »

— Vous l'imaginez en service dans la rue ?

— J'ai entendu dire que c'était une terreur. Il faisait le truc à fond.

Le superflic, quoi. Je vois d'ici comment il devait s'habiller et marcher. L'idéal pour jouer aux gendarmes et aux voleurs. Ça ne devait pas être du genre, je fais mon boulot sans plus. C'était toute sa vie.

— Dans ce cas, que fera-t-il quand il aura pris sa retraite ?

— C'est un roi, et un roi reste toujours roi. Hier, vous étiez roi de Yougoslavie, aujourd'hui vous serez roi d'Autriche, c'est tout.

— Il s'adaptera ?

— Quand on est roi, est-ce si nécessaire de s'adapter ? On est le roi, un point c'est tout. Que ce soit n'importe quel organisme au lieu du Centac, on a toujours son bureau et des gens qui grattent et qui filent doux et qui disent qu'il pleut si on a décidé qu'il pleuvait. Pour moi, tout ce qu'il fait, il le fait d'une façon romantique, presque comme si ça sortait de son imagination. Par conséquent, quoi qu'il fasse, il n'est absolument pas déçu de ne pas faire autre chose.

— Vous avez passé plus de temps avec lui que n'importe qui, sa famille mise à part.

— Oui, probablement.

— Si vous deviez écrire un manuel sur la façon d'agir avec Dennis Dayle, quels conseils donneriez-vous ?

— Il faut toujours dire comme lui. S'il regarde par la fenêtre et prétend qu'il pleut alors qu'on voit un beau soleil, il faut regarder le beau temps en s'exclamant : « Ah oui ! Il tombe des cordes ! » Parce que si on dit qu'il ne pleut pas, le lendemain, il vous appelle dans son bureau : « Vous ne comprenez pas pourquoi je vous ai dit qu'il pleuvait. Si vous aviez su, si vous aviez compris pourquoi je vous ai dit qu'il pleuvait, vous vous seriez rendu compte qu'il pleuvait. » Alors, la fois d'après, quand il vous dira qu'il pleut, il ne vous reste qu'une chose à faire, c'est d'aller chercher votre parapluie.

« On peut le faire changer d'avis, mais il faut s'y prendre d'une certaine manière. Il ne faut surtout pas insinuer qu'il a tort. Il faut laisser entendre qu'il a raison, *mais*... qu'il peut éventuellement y avoir quelque chose d'autre à prendre en considération. Il est alors possible de l'amener à se ranger à votre opinion. Et, plus vite on apprend à s'y prendre de cette façon, plus vite on arrive à faire que les choses soient comme on le veut. S'il y a eu une fuite et qu'un renseignement sur le Centac paraisse dans la presse et qu'il vous appelle pour vous dire : « Une telle idiotie est *inimaginable* », votre première réaction sera de dire « *Je* n'y suis pour rien ». Mais il suffit de laisser entendre que ça ne vient pas de quelqu'un qu'il connaît. Il suffit de critiquer cet enfoiré inconnu, ce mystérieux abruti qui laisse toujours échapper des choses qui ne devraient pas échapper.

« Et lui, il sait très bien éviter de vous dire les choses que vous n'avez pas envie d'entendre. Si vous avez à vous plaindre ou que vous vouliez quelque chose, il va décrocher son téléphone en disant : « Je vous arrange ça tout de suite », et on l'entend aussitôt dire les mots qu'on a envie d'entendre. Mais ce qu'on ignore, c'est qu'il dit ça au putain de répondeur de l'état des routes. C'est un acteur, le gars. Il y a des années, il jouait du violon, maintenant il continue à jouer, mais la comédie. Et quand on a affaire à lui, il faut jouer la comédie aussi. Avec lui, il n'y a pas de droit à l'erreur et, dans chaque prestation, il faut être aussi bon que si on voulait décrocher un oscar. J'entre dans son bureau, je lui dis ce qui se passe, on bavarde un peu, je sors et j'esquisse un petit pas de danse avec ma canne et mon haut-de-forme.

Je rappelle en plaisantant à Dick qu'un autre agent du Centac a dit un jour qu'il était un clone de Dennis Dayle. Cela le fait rire :

— C'est vrai, je suis un clone. Je n'ai pas d'idées à moi. C'est Dennis qui me remonte, qui m'envoie ici ou là, et qui recharge mes batteries tous les deux mois.

— Mais que faites-vous quand un lundi vous dites « noir » à Dennis et que le lundi d'après Dennis vous dit « Bon Dieu, Dick, lundi dernier, vous m'avez dit " blanc " » ? Et vous, vous savez parfaitement que vous avez dit « noir ». Alors, qu'est-ce que vous faites ?

— Figurez-vous que c'est arrivé.

— Oui, avec moi aussi, c'est arrivé.

— Eh bien, une ou deux fois, ça m'a tellement agacé que je lui ai dit tout simplement : « Non, je n'ai jamais dit ça. » On peut pas faire la pute indéfiniment. On peut s'habituer à être une pute, enfin, je suppose, mais même une pute finit par être exaspérée par son mac. Bref, d'autres fois, je lui dis : « Bon, je l'ai peut-être dit, mais si je l'ai dit, j'ai eu tort. » Je ne suis d'ailleurs pas sûr qu'il n'arrange pas un peu les choses, qu'il se souvient très bien qu'on a dit « noir » mais il essaie de faire croire qu'on a dit « blanc », juste pour qu'on en arrive à douter de soi-même.

— On dirait que vous commencez à savoir le prendre.

— Je le connais depuis si longtemps ! Il dit qu'il m'a pris au berceau et qu'il m'a élevé. Quand on commence à lui parler de quelque chose d'autre que du business, par exemple quand on lui demande s'il a été soliste, c'est un peu comme si on demandait les clés de la voiture à son papa le samedi soir. Il faut des travaux d'approche. Voilà votre Dennis, le genre père sévère, avec sa pipe. « Vous avez été concertiste ? » « Non. » Je sais qu'il n'est pas en colère parce que maintenant, quand il est en colère, je ne m'y trompe pas. Je n'ai pas vu la lumière rouge qui empêche de poser des questions, mais je sais qu'il n'ajoutera pas un mot de plus. Alors, je n'ai plus qu'à prendre congé.

Je lui demande quelles conclusions il tire du fait que Dennis a changé de nom.

— L'idée même de changer de nom est révélatrice de certains aspects de la personnalité. Et prendre comme nom Dennis Dayle, ça sent tellement le désir de faire aryen ! C'est presque du Hollywood, ce nom de Dennis Dayle... vous vous rendez compte ? Dennis, et puis rien entre le prénom et le nom ! Il faut que rien ne gêne le mouvement de la langue pour rendre l'allitération des deux D. Il faut y voir le désir d'être autre chose que ce qu'il est, son désir d'être chic et bien policé, hollywoodien, en somme.

— Mais cette idée de changer de nom, d'y attacher de l'importance, cela ne cadre pourtant pas avec son caractère.

— Evidemment, ça ne va pas avec son caractère du point de vue de la réalité des choses, mais ça correspond à son image de la réalité, à ce qu'il voudrait qu'elle soit.

— Et le Centac ? On peut le considérer comme un groupe d'élite qui se lance à la conquête des grands empires du crime.

— C'est tout à fait ça. C'est la seule organisation de ce genre. On voit un agent qui va de ville en ville, comme James Bond, puis il se retrouve dans un avion direction les Bermudes suite à un coup de fil du patron. La mission, c'est de faire jusqu'au bout ce qu'on vous a dit de faire. Si on a un problème, si par exemple on ne peut pas obtenir qu'un juge d'instruction agisse et que l'affaire soit suivie, s'il y a des conflits entre juges d'instruction, c'est à vous d'agir. Il faut absolument que le juge d'instruction s'y mette, c'est à vous de vous débrouiller. Ce n'est pas du tout que je veuille faire des histoires avec Scott Miller. Mais il ne fait pas son boulot et c'est moi qui vais me faire taper sur les doigts. Dennis ne va pas s'en prendre à Scott Miller mais à Mangan. Je suis au pied du mur, à moi de tout faire. Et une fois que c'est fait, on est content d'avoir réussi. Dennis est un chieur, un emmerdeur, mais il est efficace. Et ceux qui sont contre lui, ils rendront au diable ce qui appartient au diable et reconnaîtront qu'il a réussi ce qu'il avait à faire. A certains moments, tout le monde aurait été ravi de tourner le dos au Centac et de le laisser crever, et qu'on n'en parle plus. Mais Dennis n'est pas du genre à décrocher. C'est plutôt le genre à s'accrocher jusqu'au bout. Et s'il n'était pas comme ça, un bon nombre de ces Centacs seraient morts de leur belle mort.

— Quelles conclusions tirez-vous du fait que vous le connaissez depuis sept ans et qu'il ne vous a jamais présenté à sa famille ?

— Il ne veut pas qu'on les voie. C'est encore un défaut de sa cuirasse.

Pourquoi ne pas dire qu'il a été violoniste ? Parce que ce serait révéler une partie de sa vie personnelle qu'il ne veut pas montrer. Parce que ça dévoilerait en lui une certaine faiblesse.

— Mais avoir une famille, ce n'est pas une faiblesse !

— Non, mais il est possible que la personnalité qu'il a envie de mettre en avant aurait exigé une femme plus jeune et plus séduisante.

— Parce que ce n'est pas la femme de James Bond ?

— C'est ça. Ce n'est qu'une hypothèse, mais je ne suis pas le seul à la faire. Il y en a d'autres qui pensent comme moi. Avec Dennis, on a affaire à une personnalité très fragile, il ne faut pas l'oublier.

— Un sentiment d'insécurité ?

— Probablement. Tous ceux qui tiennent leurs cartes si près de leur gilet ont inévitablement un sentiment d'insécurité. Autrement, pourquoi garder tant de secrets pour soi ? Personne n'est plus secret que lui, sur tout et tout le temps. Mondialement connu. Il y a une raison à cela.

— Qu'est-ce qu'il a dans ce gros sac qu'il traîne partout ?

— Qui sait ? Un corps ? Il y a quelqu'un là-dedans ! Il prend son pardessus, son écharpe, ses gants, le fameux attaché-case et le voilà parti.

— A votre avis, que voudrait-il être s'il avait le choix ?

— Pape. A cause des robes et de la bague.

Je laisse Mangan finir son hamburger. Au café, il remet ça avec les problèmes que lui cause Scott Miller. Il ne voit pas de solution. Il lève sa tasse, la vide et déclare :

— Il est temps que Dennis sorte le glaive du fourreau.

Mardi soir, Mangan reprend l'avion pour Washington. Il achète un appartement et il a des papiers à signer. Le vendredi matin, il est assis dans un fauteuil de cuir dans le bureau de Dennis. Il pose sa tasse de café en équilibre sur un genou et expose ses problèmes : Scott Miller est désespérant : il annule les comparutions devant le jury d'accusation, refuse de vous rappeler quand on lui téléphone. Il ne s'investit absolument pas. Et par-dessus le marché, Joe Puleo passe son temps à perdre de la cocaïne ! Le Centac-20 est en danger.

Dennis écoute sans bouger, le visage de marbre. Il laisse Mangan finir, vide sa pipe dans un cendrier puis annonce que mercredi matin, il sera à Fort Lauderdale et rentrera à Washington jeudi soir. Pour Scott Miller, deux jours devraient suffire.

Ce soir-là au dîner, Dennis sirote d'un air las son cocktail au gin Beefeater et me dit :

— Vous demander de travailler avec des juges d'instruction comme

Scott Miller, c'est un peu comme si on demandait à Heifetz de jouer au Carnegie Hall avec un violon fabriqué dans une caisse à fromage. Le lendemain, naturellement, les critiques le descendraient et il ne s'en trouverait pas un pour dire : « Oui, mais il a joué sur un Merdivarius. »

2

Entre le week-end et le mercredi, il peut se passer un tas de choses. Il y a peu de chances pour que Roy Blanchard reste à Fort Lauderdale. Le fait qu'il soit disposé à déposer contre Steinberg ne prouve pas qu'il ait acheté une conduite.

Il revient me voir à l'hôtel, rigolard et tapageur, dégoisant des histoires folles et des bobards invraisemblables. Certaines anecdotes sont véridiques, mais où finit le vrai et où commence le faux ? Si vous croyez que la réalité dépasse la fiction, vous êtes la proie de Roy Blanchard.

— Je venais de mettre quelques dealers colombiens dans l'avion. Ils avaient besoin d'un pilote. Ils sont venus me voir, moi et mon pilote, dans une chambre d'hôtel avec deux cent mille dollars. Ils lui en ont offert la moitié mais lui il restait sur ses positions, il voulait voir l'appareil avant et l'essayer. Alors, je leur ai dit que je trouverais quelqu'un. Il faut que j'en parle à Mangan pour trouver un vrai pilote officiel.

Il va au téléphone, appelle le beeper de Mangan, laisse un numéro.

Je lui demande ce que veut réellement Steinberg, à son avis :

— Pourquoi continue-t-il ?

— Pourquoi Donald continue ? Oh, mais ce n'est pas n'importe qui ! Il prend ses responsabilités. Vous savez, quoi qu'on fasse, si on le fait bien, c'est quelque chose ! C'est le cerveau, Donald, il sait s'y prendre. Les gars viennent le trouver et lui demandent : « Tu peux faire ça, Donald ? » Et il répond : « Bien sûr. » Et il y arrive. Et même s'il ne sait pas ce qu'il fait, il a le style qu'il faut pour réussir. C'est le genre de mec à dire : « Alors, c'est combien, huit ? Tiens, en voilà cent ! » Il a un truc qui fait que même si on sait pas ce qu'on fait, on y arrive quand même. Ouais, moi, Donald, si j'avais un million, je le lui donnerais s'il me le demandait. Vous comprenez ? Il y a des gens qui n'étaient rien du tout et qui sont millionnaires maintenant grâce à lui. Lui, il sera jamais fauché, jamais.

Il se laisse tomber dans un fauteuil, et en empoigne les bras :

— J'arrive d'une maison où il y en a sept tonnes et, mon vieux, j'ai fait des sacrés détours pour venir ici. Maintenant, il y a des chargements qui arrivent tous les jours. Et des gros ! L'autre jour, je descends à Las

Olas, je vois un bateau que je connais, qui fait du transport, alors je me dis « tiens, ça charge aujourd'hui ». Il y a des types que je connais. Je sais qu'ils ont aidé Seaga à devenir premier ministre en Jamaïque : ils ont fourni des munitions, liquidé des gens. Ils leur apportent des armes, les échangent contre de la marijuana et la ramènent ici.

— Vous avez déjà fait du trafic d'armes ?
— Non.
— Vous ne semblez pas très convaincu !
— Les armes, c'est lourd. Enfin, si on fait de la contrebande, on passe n'importe quoi, ça n'a pas d'importance. On est allés en Colombie avec un DC-3 plein de machines à air conditionné et de compacteurs d'ordures qu'on a échangés contre de l'herbe. Si demain la marijuana est en vente libre, je ferai probablement passer du cuir à chaussures en Colombie. Moi ce que je veux, c'est me faire encore un million, c'est tout.
— Et le trafic d'armes ?
— Eh ben la clé de tout ça, c'est les Jamaïcains là-bas. C'est que là-bas, toute la politique dépend de l'herbe. Demain, j'ai qu'à prendre l'avion pour Kingston et c'est sûr qu'un type va venir me trouver : « T'es américano, t'as un avion ? On te donne tout ce que tu veux comme marijuana, tu la prends, tu l'emmènes et ensuite tu nous envoies l'argent. On te fait confiance. » Ils veulent en vendre le plus possible parce qu'ils ont besoin de fric pour la politique.

Je lui demande si à son avis le trafic de drogue à partir de la Colombie est dirigé par le gouvernement colombien lui-même.

— Bien sûr, aucun doute. Les propriétaires d'Avianca, la compagnie aérienne nationale ? Ils font de la contrebande. J'ai pris de l'herbe à leurs fils. Vous avez pas une carte de la Colombie par hasard ? Tenez, je vais vous faire un dessin, passez-moi votre stylo. Voilà, ça, c'est la pointe de la péninsule de Guajira. Il y a des pistes là, là, là, là, là, partout. Y en a une tous les trois kilomètres. La plus grande distance entre deux pistes, c'est douze kilomètres. Alors voilà, j'arrive en Colombie, je vais trouver un de mes amis là-bas et on va tous les deux à la police. Vous me suivez ? Alors je dis au flic : « Je veux faire atterrir un avion ici demain soir entre huit et neuf. C'est un DC-3, on embarque deux tonnes et demie de marijuana. » Alors le flic me répond : « Okay, il me faut dix mille dollars plus deux dollars par kilo et je vous mets des hommes à moi pour la garder. » Et quand on se pose, il y a des fonctionnaires et des jeeps de l'armée qui surveillent la piste et nous aident à charger.

« Une fois, mes amis colombiens arrivent dans leurs nouvelles jeeps à quatre roues motrices et les flics me disent : « Oh, mais il y en a plus que prévu ! » Alors on leur dit : « Qu'est-ce que vous voulez ? » Et le *commandante*, il finit par avoir sa nouvelle jeep pour aller se balader dans les bois.

« Croyez-moi, les gens d'en haut, ils sont peut-être pas au courant de toutes les expéditions, je veux dire le président par exemple, mais les fonctionnaires, les militaires, les flics, ceux-là ils vous laissent faire tout ce que vous voulez à partir du moment où on les paie. Et les chefs, en haut, ils touchent aussi leur part. Ils vont trouver les cultivateurs et ils vous disent : « On vous laisse faire votre récolte mais vous payez tant dessus. » J'ai entendu moi-même un type haut placé, tout près du président, qui disait ça. C'est lui qui m'a branché. L'été dernier, je suis allé chez lui à Barranquilla. Il avait sept Mercedes, une baraque de vingt pièces avec des maisons à part pour les domestiques. C'est sur une colline. J'ai jamais vu une maison aussi belle. Il possède une discothèque, des stations-service, un commerce de camions. Les gens viennent le trouver et il leur dit à qui s'adresser, à qui demander des services et tout. Robert Graham, le gouverneur de la Floride ? Il descend là-bas pour voir ce qu'il y a à faire pour lutter contre l'herbe qui débarque en Floride. Bon, très bien. Il voit le président, fait un tour en hélicoptère, assiste à la destruction de quelques champs d'herbe pendant qu'il est là-bas. Quelle vaste blague ! Au moment où Graham descendait du jet, il y avait deux avions à trois cents mètres de là qu'on était en train de charger de marijuana avec des élévateurs ; parfaitement, sur l'aéroport international !

Il arpente la pièce, criant, parlant si vite que les mots se bousculent à la sortie.

— Vous m'avez dit que vous aviez joué dans le feuilleton « Flipper » à la télé ?

— Ouais.

— C'est vrai ? Parce que je le regardais.

— Tout ce qu'il y a de vrai.

A la Fédération américaine des artistes de télévision et de la radio (AFTRA) ils disent qu'ils n'ont aucun Roy Blanchard sur leurs listes, ni en activité ni en non-activité, ni membre actuel ni ex-membre, ni acteur ni cascadeur, ni adulte ni enfant.

— C'est moi qui faisais toutes les cascades.

Il continue ses salades sans se troubler le moins du monde quand je lui dis que je suis allé vérifier ce qu'il disait et que c'est faux.

— Et puis j'ai fait le feuilleton « Gentle Ben » aussi. J'avais neuf ans quand j'ai fait des cascades pour le feuilleton « Flipper », je sautais d'un canot qui faisait du cinquante à l'heure et tout. Je me suis pas mal esquinté, mais c'était génial. C'est ça qui a fait de moi ce que je suis maintenant. J'ai besoin de trucs vraiment excitants. J'ai demandé à un psychologue et il m'a dit, à ce qu'il paraît, que j'inverse ma peur. Au lieu d'avoir la trouille de quelque chose, je te renverse ça et résultat, je suis émoustillé. Au lieu d'avoir les jetons et de l'avouer, je fais le contraire et je cherche ce que ça peut avoir d'excitant. Il appelle ça vivre dangereusement. C'est ce qu'il dit.

Il ne semble pas complètement convaincu.

— Comment en êtes-vous arrivé à aller voir un psychologue ?

— Il y a quelques années, j'avais beaucoup de fric et je... je me disais que je serais jamais heureux. Alors je voulais savoir ce qui tournait pas rond chez moi. On aurait pu me dire que j'allais mourir le lendemain, ça m'était égal, ce que je voulais c'était m'amuser tout de suite.

« Quand je travaillais pour Donald, j'ai réussi un tas de trucs. C'est pour ça que je fais ce que je fais maintenant, parce que j'ai une réputation. Et s'il n'y avait pas des gens comme moi, Steinberg et les autres n'auraient pas un rond. Parce qu'ils ne peuvent pas aller sur place faire le boulot eux-mêmes. Ils savent monter les coups, ramasser le fric, et ils ont l'intelligence peut-être. Mais aller sur place et savoir exactement comment s'y prendre, aller sur l'eau, et connaître les îles et savoir comment prendre les indigènes et s'en sortir pour survivre, ça... Par exemple tous les contrebandiers ont des Inagua. Ils me connaissent tous là-bas. L'argent, ça ne les intéresse pas. Ils trouvent ça vexant. Alors je leur apporte des Betamax, des Sony Trinitron, des jouets et des cadeaux pour leurs femmes, de la vaisselle, des casseroles, des poêles. Ils aiment tout ce qui brille.

Il rit. Je lui demande s'il sait où est Donald.

— Peut-être en Californie. C'est là qu'ils travaillent. Avec des gros avions. Là-bas, les gros avions, ça se remarque pas comme ici. Je sais comment le trouver. Je sais ce qu'il mange, et où il mange, et comment, je sais le genre de fille qui lui plaît, je sais comment il aime les prendre et où il aime les prendre. Enfin, je sais comment il vit, quoi. Il aime bien les filles minces, mignonnes, avec des gros seins, mais il se fiche qu'elles soient blondes ou brunes. Et il aime se montrer avec des belles nanas, il aime aller dans les restaurants chers, vous voyez le genre, avec des cent dollars de pourboire et trois ou quatre bouteilles de Dom Pérignon, et l'addition, il s'en fout. Et toujours en se montrant avec des filles, deux ou trois. C'est comme ça qu'il était et il peut essayer autant qu'il voudra de se planquer, il n'y arrivera pas complètement ; il fera ça une fois par semaine, et cette fois-là suffira pour qu'il se fasse prendre.

« Avec ce que je fais, je connais Donald et ses gars et je connais les flics et tout le reste. Et je connais les deux façons de faire, la nôtre et la leur. Je sais ce qu'ils peuvent se permettre. Et je sais aussi ce que

Mangan a dans la tête. C'est pour ça que je ne veux pas me faire coincer, que je suis toujours prêt à me casser. Je le connais Mangan. Son boulot, c'est sa vie, il serait capable de tuer père et mère, c'est comme ça. Pour lui, il n'y a que le Centac qui compte. Et c'est sûr que comme ça, il fait bien son boulot. Je le comprends, même s'il le croit pas et même si lui, il ne veut pas me comprendre. Il me prend pour un fou, il pense que Roy est un nase. Alors je lui fais : « Demain je me tire et je remets ça, tu m'auras pas ! » « Roy, qu'il me dit, un de ces jours je t'aurai ! » Peut-être que j'ai envie de me faire piquer, j'en sais rien moi. Qui sait ? Vous ne croyez pas ?

Le téléphone sonne. C'est Mangan, de retour de Washington, qui répond à l'appel de Roy sur son beeper.

— J'ai du sérieux pour toi, Dick !

Et Roy parle à Mangan des Colombiens, des 200 000 dollars et du pilote qui se défile :

— Tu comprends, il est trop jeune. Il leur faut quelqu'un de plus mûr et de plus expérimenté. T'aurais pas un pilote entre deux âges ?

Roy écoute la réponse, puis reprend :

— Les Colombiens, c'est les fils d'un type qui se présente à la présidence, et ils ramassent du blé pour la campagne en vendant de la drogue. Y en a pour quatre tonnes. Ils ont trois DC-3 aux Bahamas qui font l'aller et retour avec Barranquilla. Tu peux me trouver un pilote pour ce soir ? Faut qu'il sache piloter un Trois.

Il écoute, debout, l'air excité et tourne en rond, l'appareil en mains.

— J'ai essayé d'avoir Puleo, ça fait deux jours que je lui laisse des messages. Il doit avoir des emmerdes, je sais pas. S'il y a quelqu'un qui peut les choper, c'est moi, tu sais bien, Dick.

Il raccroche :

— Il dit que s'il fait quoi que ce soit en dehors du Centac, ils le rateront pas.

— Qu'est-ce que vous allez devenir, Roy ?

Il répond en riant :

— Soit je me fais tuer, soit je vais en taule. De toute façon ça aura une fin, mais j'y passerai en faisant de mon mieux.

3

Comme promis, Dennis arrive mercredi matin. Dans la voiture qui le ramène de l'aéroport, Mangan lui apprend que Blanchard lui a demandé un pilote pour infiltrer des Colombiens qui faisaient un transport de marijuana.

— Je lui ai dit que Washington me raterait pas si on apprenait que je faisais ici quelque chose en dehors du Centac.

Dennis s'enfonce dans son siège, détendu, calme. Il est venu éteindre les feux de brousse, réparer les clôtures, rouler des mécaniques, éliminer les forces anti-Centac qui peuvent traîner dans le coin. Ce rôle lui plaît.

— Blanchard est un type à encourager, Dick, mais il est inutile de trop le chouchouter quand même.

Mangan parle de l'ajournement par Scott Miller de la comparution de Blanchard devant le jury d'accusation :

— Je ne sais pas à quel moment Roy va se débiner et disparaître dans la nature.

— Je suis descendu ici pour expédier tous les problèmes qu'il peut y avoir. Celui-ci en est un, alors allons-y.

Mangan continue à parler, les mains voltigeant et les yeux fixés sur Dennis. Le trajet en voiture va bientôt se terminer.

— Et ce Dave Sims, je n'arrête pas de rappeler à Scott qui c'est. Et cet idiot n'arrive même pas à se souvenir de son nom.

Sims est le Californien qu'on a entendu se disputer au téléphone avec Donald.

Dans le hall, devant la salle du tribunal où trois employés de Steinberg sont jugés pour l'affaire des Thaï Sticks, Mangan et Dennis rencontrent Jim Reilly, l'avocat de la Compagnie.

C'est la première fois que Dennis se trouve face à face avec une des cibles du Centac.

— Jim, dit Mangan, je vous présente mon boss, Dennis Dayle, du Centac de Washington.

— J'ai beaucoup entendu parler de vous, dit Dennis en lui serrant la main, l'air aussi ravi que si Reilly était un sanglier qu'il espérait faire monter en trophée de chasse pour le mettre au-dessus de sa cheminée.

— En bien, j'espère ? fait Reilly, dont le sourire devient hésitant.

— Mais, tout était fort intéressant, répond Dennis sans rien changer à son air affable, sans le moindre sous-entendu menaçant.

Reilly s'excuse et se sauve au bout du hall pour rejoindre un groupe de confrères.

Une heure plus tard, Mangan et Dennis, qui se dirigent vers l'ascenseur, rencontrent de nouveau Reilly penché sur une fontaine pour boire de l'eau.

— J'ai été enchanté de faire votre connaissance, dit l'avocat à Dennis.

— On se reverra, fait Dennis avec un sourire chaleureux.

Reilly, troublé, s'asperge maladroitement avec l'eau de la fontaine.

Le soir, Mangan emmène Dennis à son restaurant préféré à Fort Lauderdale, un petit endroit calme où la cuisine est bonne, où il n'y a aucun touriste en vue, et où on diffuse en sourdine de la musique classique. Ils arrosent leur repas de quelques cocktails, et de vin en quantité respectable.

Après le café, Mangan sort pour aller chercher la voiture. Dennis s'enfonce dans son fauteuil, ferme les yeux; on dirait qu'il s'est endormi. Au bout de deux minutes, ses lèvres remuent à peine et il murmure dans un soupir :

— Ecoutez-moi cette guitare !

4

Moquette pourpre, lumières tamisées, table en Formica. Dans un coin de la salle, une serveuse blonde remplit des bols en plastique avec du pop-corn qui sort d'une machine. C'est un lieu pour les rendez-vous après le travail, avec une ambiance de faux romantisme créée par les bougies plantées dans des coupes de verre couvertes de tulle, une atmosphère moitié Mafia-chic moitié Floride-camelote. Il est six heures. Les employés de bureau de l'immeuble fédéral de Miami arrivent les uns après les autres. A une table proche du bar, on peut se servir à volonté de palourdes farcies. Dennis en est à son troisième cocktail au gin Beefeater avec un petit verre d'olives. Mangan, lui, en est encore à son premier Manhattan; il se dit que décidément, la soirée risque d'être longue. Perdus dans la pénombre d'une petite table ronde, ils attendent Pat Sullivan, ami et patron de Scott Miller. Sullivan est en retard.

D'un geste nerveux, Mangan met de l'ordre sur la table.

— Vous pouvez me rendre le cendrier, Dick? demande Dennis.

Mangan lui en avance tout de suite deux.

— Vous en faites trop, Dick, ne vous énervez pas.

Dennis aime taquiner Dick et s'amuse beaucoup de son anxiété à l'approche de la rencontre avec Sullivan.

Mangan rappelle que Miller, vexé de ne pas avoir été invité à cette réunion, a déclaré en grognant que, de toute façon, il n'avait pas envie de venir.

— Qu'est-ce qu'il va faire, retenir sa respiration? dit Dennis. Ou sortir dans la cour pour pleurer sur son sort?

Il continue sur Miller, peut-être à l'intention de Mangan, à qui il veut faire savoir qu'il le soutient.

Sullivan finit par arriver et commande une bière. C'est un homme paisible, marié, père de famille, pas tout à fait la quarantaine, visiblement mécontent à l'idée de se trouver à la merci de Dennis et sachant qu'il est mal parti. Ils abordent le sujet. Alan Arruda, l'homme d'affaires du Massachusetts dont le projet de faire envoyer par avion

50 000 dollars à Nassau a provoqué l'arrestation d'Eric Emmerich à l'aéroport de Fort Lauderdale, est dans de sales draps en raison de son rôle dans une livraison de marijuana en Caroline du Sud pour Steinberg. Arruda a fait comprendre qu'il pourrait se montrer coopératif avec le Centac. Qu'est-ce que l'accusation peut lui proposer ? Quelle est la meilleure tactique pour conclure un arrangement ? Brusquement, au beau milieu de la conversation à propos d'Arruda, Dennis prend Sullivan à l'improviste :

— Il y a aussi Scott Miller.

— Vous n'allez pas critiquer Scott...

— Non, Pat, certainement pas, ce n'est pas sa faute, dit posément Dennis qui, en dépit de son quatrième cocktail, a toujours un débit calme et assuré. Scott est un juge d'instruction très consciencieux, mais il est très occupé, Pat, vous le savez. Il a quantité d'affaires importantes sur les bras et ne peut tout simplement pas consacrer au Centac-20 le temps qu'il faudrait.

Pat regarde son demi sans dire un mot. La buée a formé des gouttes qui ont glissé le long du verre et mouillé le petit sous-verre en papier. Il prend distraitement des petits morceaux de papier trempé, les déchire et en fait des boulettes qu'il laisse tomber sur la flamme de la bougie.

— Ecoutez, Pat, il m'est arrivé de me tromper mais...

— Non ? fait l'autre en levant brusquement les yeux et en feignant la surprise.

— Mais si, mais si, une ou deux fois, fait Dennis avec un sourire.

Pat se remet à attaquer le napperon en papier, occupation qui semble l'absorber complètement.

— J'aimerais m'adresser à la cour, dit Dennis qui marque un temps d'arrêt et, en l'absence de réaction, poursuit : A Washington, Pat, je vous ai demandé : « Si je vois qu'il y a un problème et si je viens à Miami, est-ce que vous y serez ? » Et vous m'avez répondu oui. Alors, me voilà. Vous avez promis deux juges d'instruction à temps plein et un à mi-temps et on en a un seul à mi-temps.

Pat jette une boulette de papier sur la flamme et lève les yeux avec un air de défi.

— Je ne dis rien sur Scott, remarquez bien, poursuit Dennis. Je sais que les autres affaires l'absorbent. Mais celle-ci va exiger un long travail, et à temps complet. Ce que je veux ce ne sont pas seulement les ténors, je veux paralyser et démanteler toute l'organisation. Et pour ça, un demi-juge d'instruction ne fait pas l'affaire.

Sullivan a fait tout le tour de son rond de papier, il ne lui reste plus rien à arracher. Il a fait du beau boulot ! Il relève encore les yeux. Que peut-il faire pour se débarrasser de cet emmerdeur ?

— Je plaide coupable.

Brusquement, une jeune fille sort de l'ombre, approche une chaise, s'assied à côté de Sullivan. Elle a dans les vingt-cinq ans, est blonde et jolie. Pat la présente : Lurana Snow, procureur adjoint. Elle commande un Coca et écoute sans parler. Elle ne s'intègre pas vraiment au groupe, sans pourtant rester trop à l'écart.

— Bouchez-vous les oreilles, lui dit Dennis. Pat, je veux les foutre au trou jusqu'au dernier, ces cons-là.

Coincé, au pied du mur, sachant que Dennis va continuer à aboyer et mordre toute la soirée, Sullivan capitule :

— Voulez-vous un autre juge d'instruction ? Quelqu'un de Fort Lauderdale ?

— Mais certainement.

— Elle est très capable, nouvelle au siège, et elle n'est pas trop surchargée.

— S'agirait-il de la personne qui est assise à côté de vous, Pat ?

— Oui.

Dennis regarde la fille.

— Savez-vous de quoi il est question, Lurana ?

Elle répond qu'elle n'a jamais entendu parler de Donald Steinberg.

Dennis se trémousse un peu dans son fauteuil, regarde bien la fille. On dirait un requin affamé à qui l'on offre de la viande fraîche. C'est sa dernière cartouche. S'il accepte Lurana et qu'il se retrouve avec un Scott Miller femelle, tout est fichu.

— Donald Steinberg est à la tête de la plus grosse organisation de trafic de marijuana qui ait jamais existé.

Mangan saisit la balle au bond et attaque :

— Ils ont des avions à Panama, une compagnie de navigation en Hollande, des activités en Espagne, des plantations au Kenya. Ils sont en Thaïlande, ils construisent des bateaux à Singapour, ils ont un plan pour mettre complètement la main sur l'administration du Broward County en Floride d'ici cinq ans, pour acheter des terrains, des immeubles, des services administratifs dont le bureau du shérif, pour avoir la haute main sur tout le comté et s'en servir comme base d'opération...

Il s'arrête pour reprendre son souffle. Pat dit qu'il a un coup de fil à donner et abandonne Lurana à Dennis et à Mangan. Ceux-ci l'avertissent : il y a des pièces entières de documents, des centaines de témoins, des dizaines d'inculpés, elle a devant elle des mois de travaux forcés. L'affaire va l'absorber entièrement. Elle écoute sans dire un mot, elle n'en revient pas.

Dennis en est à son cinquième cocktail et il ne s'inquiète plus pour les chastes oreilles de cette petite fille :

— Vous savez, Lurana, c'est une affaire où il faut avoir des couilles au cul. Alors, vous marchez ? Vous êtes prête à mettre le paquet ?

Lurana à un sourire suave. Elle a un QI de 150, elle est sortie de Radcliffe avec une mention très bien et a fait son droit à Harvard. C'est peut-être une mignonne petite, mais elle sait déjà travailler. Elle est toute nouvelle au parquet et se sent plutôt seule. Cette affaire, c'est peut-être la chance de sa vie.

— Oui, je crois que je peux marcher. Mais évidemment, ça risque de faire mal !

Mangan et Dennis ne bronchent pas. Ils ne se regardent même pas. C'est le coup de foudre.

Sullivan revient de son coup de téléphone et fait l'annonce officielle : le Centac-20 a un nouveau juge d'instruction. Dennis lui dit qu'elle devra aller à Washington pour la constitution de son dossier. Elle acquiesce. Sullivan aussi.

Encore quelques minutes, Sullivan termine sa bière, prend congé et s'en va avec Lurana.

Sullivan n'a rien dit à personne au téléphone. C'est sa femme qu'il a appelée. Il rentrera un peu en retard. C'est une soirée qui compte pour Lurana et elle n'est pas finie. L'idylle qu'elle commence ce soir avec Pat Sullivan ne sera que le premier d'une série d'événements liés à cette affaire du Centac qui va changer sa vie. La dernière fois qu'elle entendra parler de Donald Steinberg, elle aura fait l'objet d'une enquête, elle aura reçu des menaces de mort et sera allée au poste menottes aux poignets.

LIVRE TROIS

PREMIÈRE PARTIE

Centac-24 : Liou Chou-chouei

« Ils ont un demi-million de dollars dans une valise, et ils voudraient bien voir la marchandise... Ils sont là avec ce tas de fric, et le Grec *attend.* »

CHAPITRE PREMIER

1

Et voilà Dennis Dayle, en résistant de la Seconde Guerre mondiale, parachuté derrière les lignes ennemies pour un rendez-vous secret dans un café du port. Un Smith & Wesson nickelé sous son pardessus de cuir marron à la ceinture ajustée, il cache ses pensées perfides derrière des lunettes à verres réfléchissants.

En fait, la ville hostile est New York, et l'ennemi est John Fallon, puissant directeur régional de la DEA, en guerre contre le Centac depuis toujours.

L'une des principales tâches de Dennis Dayle était d'apaiser les craintes d'hommes tels que Fallon, de les convaincre que le Centac n'était pas un concurrent dangereux. Le Centac avait d'ailleurs fait savoir aux directeurs régionaux qu'en cas d'arrestations effectuées dans leur secteur, les applaudissements et la publicité seraient pour eux. Cela correspondait parfaitement à l'image de justicier solitaire que Dennis s'était forgée. Le Centac arrivait, réduisait les méchants à l'impuissance, puis disparaissait comme il était venu, sans laisser de trace.

Dennis est donc attablé dans un café de la Onzième avenue, non loin des docks. Il prend son breakfast en compagnie de Jack Macready, un grand et jovial coordinateur du Centac, arrivé avec lui par le vol de sept heures, et de deux ou trois agents new-yorkais de la DEA, des hommes de Fallon, mais prêts, du moins Dennis l'espère, à coopérer avec le Centac.

J'ai déjà fort à faire avec les trois Centacs concernant Liou Chou-chouei, Alberto Sicilia-Falcon et Donald Steinberg. Je ne vais pas m'en mettre un quatrième sur les bras. Il est néanmoins intéressant de voir Dennis choisir les futurs objectifs du Centac : étudiant des rapports, discutant avec des agents venus du monde entier, cherchant à discerner quels complots se cachent derrière des crimes en apparence solitaires. Dennis est en quête de proies vraiment dignes de lui.

Aujourd'hui, il vise deux affaires qui ont débordé le cadre du secteur de Fallon. L'une, baptisée Opération Platon, concerne de l'héroïne en provenance du Moyen-Orient. L'autre, une importante société pharmaceutique de Philadelphie, qui inonde le pays de Qualudes.

Depuis une semaine, Dennis prépare les bases politiques de cette incursion, téléphonant à des alliés qui travaillent pour Fallon, mettant sa stratégie au point.

— Selon Fallon, l'Opération Platon marche très bien : il n'existe donc aucune raison d'en faire un Centac, lui a dit une personne bien placée.

— Elle marche peut-être très bien, a répondu Dennis, mais elle reste limitée à l'Etat de New York. Or, cette héroïne du Moyen-Orient fait son apparition dans le pays entier. Il est donc raisonnable de supposer que les cibles de Platon disposent de réseaux de distribution ailleurs que dans le Nord-Est.

Dennis a chargé un collaborateur de s'informer sur toutes les affaires en relation avec cette héroïne moyenne-orientale. Il est tellement certain que l'Opération Platon va lui revenir qu'il lui a déjà donné un numéro. Ce sera le Centac-23.

Dennis se prépare également à lancer un Centac contre la firme pharmaceutique. Le chef d'une unité de la DEA regroupant 221 hommes, chargée de surveiller la délivrance des stupéfiants par les médecins et pharmaciens, a confié à Dennis que la firme de Philadelphie avait proposé de vendre jusqu'à vingt-cinq mille Qualudes sans le signaler à la DEA, comme l'exige la loi.

— Il faudrait peut-être introduire un agent secret dans cette firme ? avait suggéré Jack Macready. En qualité de représentant, par exemple ?

Tout en réfléchissant à cette possibilité, Dennis avait placé quelques-unes de ses meilleures pipes dans un étui de cuir, qu'il rangea dans sa grande sacoche noire.

— Fallon est parfois bizarre, avait dit Dennis en fermant la sacoche d'un geste sec. Il sera sur la défensive, comme si nous envahissions son territoire. Pour un peu, il nous faudrait un visa pour aller à New York.

— Vous allez vous retrouver avec un docteur en pharmacie au casier judiciaire vierge, directeur d'un grand laboratoire. Si vous vous imaginez qu'il ira en prison, vous rêvez, mon vieux.

John Fallon, chauve, sourcils et moustache rousses, domine la table de ses un mètre quatre-vingt-dix. Agent de la police new-yorkaise pendant dix ans, puis fonctionnaire des douanes pendant treize, il est entré à la DEA en 1973. Il dit aux huit hommes qui lui font face ce qu'il pense d'une opération contre une firme pharmaceutique présentant toutes les apparences de la respectabilité.

— Ces grandes entreprises, c'est toujours la même chose : vous pouvez compter que quatre *sénateurs* siègent au conseil d'administration.

Dennis, assumant le rôle de l'ambassadeur qui reçoit une note de protestation, fait observer que, si les tribunaux n'ont jusqu'à présent jamais « reconnu que les délits commis par des laboratoires pharmaceutiques étaient réellement des délits », une attaque bien conduite contre un de ces laboratoires pourrait « sensibiliser à la fois l'industrie pharmaceutique, les procureurs et les tribunaux ».

— *Sensibiliser?* ricane Fallon en levant les sourcils. Sont-ils sensibilisés à la marijuana? Nous n'arrivons même pas à obtenir une condamnation pour un trafic portant sur quarante tonnes ! Les gens dont vous parlez sont des personnes respectables, influentes, dont les intérêts sont défendus par les meilleurs avocats du pays. Je vous garantis qu'ils n'iront *jamais* en prison pour une affaire de ce genre.

Fallon montre à Dennis une page de couverture du *Times Magazine*. Une photo de Leroy « Nickey » Barnes, trafiquant d'héroïne de Harlem dans les années soixante-dix, est accompagnée de la légende : M. INTOUCHABLE. Au-dessous, quelqu'un a collé un autre titre du *Times Magazine* annonçant la condamnation de Barnes. Fallon veut démontrer que la justice agira contre un trafiquant comme Barnes, mais pas contre un laboratoire pharmaceutique.

Dennis vide méthodiquement sa pipe dans un cendrier en verre. Il ne s'avoue pas vaincu :

— Je pense que nous pourrons présenter à un procureur des preuves qui le convaincront qu'il s'agit bien d'un grave délit, et non de la simple imprudence d'un homme d'affaires.

— Barnes n'a même pas terminé l'école primaire, ajoute un assistant de Fallon, et il possède quinze Mercedes, quatre cents maisons, et je ne sais quoi encore. Mais un respectable pharmacien et directeur de société, jamais condamné... ?

A la fin de la réunion, Fallon n'est toujours pas convaincu. Dennis, Macready et trois subordonnés de Fallon vont déjeuner à Chinatown, puis prendre un verre dans un bar de Little Italy. Le sol est couvert de sciure, les tables à plateaux d'ardoise semblent venir tout droit de Palerme. Cocktail en main, Dennis dit à un des hommes de Fallon :

— Il faudrait que nous laissions tomber parce qu'ils sont trop coriaces ? Nous arrivons en première division, mais l'allure de l'équipe adverse ne nous plaît pas, et nous repartons, la queue entre les jambes ? Nous sommes capables d'avoir un Nickey Barnes, mais nous aurions peur d'une société pharmaceutique ?

— Nous n'avons pas peur, proteste un des collaborateurs de Fallon.

— Si, nous avons peur, insiste Dennis. Et *c'est* une affaire difficile... Dans le cas contraire, je ne serais pas ici.

— Vous prenez vraiment cela au sérieux.

— Je prends cela *totalement* au sérieux. Des gens comme Barnes avaient eux aussi énormément d'influence, de moyens de pression. Cela a coûté de gigantesques efforts, plus quelques vies, mais nous avons prouvé qu'ils n'étaient pas intouchables. Et nous baisserions les bras devant ces grandes sociétés ? Il existe une présomption de respectabilité dont nous devons démontrer la fausseté. Les criminels en col blanc sont une réalité.

Comme un fait exprès, le bar est un repaire de mafiosi. Même les pochettes d'allumettes respectent la loi du silence. Elles portent pour toute indication : « Refermez la pochette avant de gratter l'allumette. »

— C'est maintenant qu'il faut agir, reprend Dennis. Si nous ne saisissons pas l'occasion, ils continueront à nous enculer. Nous avons peur d'eux, et ils le savent. Nous devrions utiliser toutes les ressources de l'article 848, saisir leurs laboratoires, leurs avoirs financiers, et les mettre en taule. Pour leur montrer, ne serait-ce qu'*une fois*, que le tigre a des griffes.

L'article 848 de la loi fédérale, visant les « activités criminelles continues », prévoit la saisie de tous les avoirs et des peines de prison pouvant atteindre la perpétuité.

L'homme de Fallon hoche la tête, comme s'il ne savait que penser de la persistance de Dennis.

2

De retour à Washington, Dennis estime que Fallon finira par céder, ou recevra l'ordre de le faire, et que la compagnie pharmaceutique deviendra une cible du Centac. Quant à l'Opération Platon, l'attaque contre les trafiquants d'héroïne du Moyen-Orient, la résistance de Fallon a été moins opiniâtre que prévu. Dennis appelle Dick Jarrett, un de ses coordinateurs, et lui demande d'adresser « un rappel énergique » aux supérieurs de Fallon :

— Ce qu'il nous faut, c'est...

— Des munitions, termine Jarrett.

— Exactement. Il faut pouvoir *dire* à Fallon ce que nous voulons, pas le lui demander à genoux.

Jarrett est accompagné d'un analyste — cheveux grisonnants, la soixantaine distinguée — qui étudie depuis de longues années les réseaux de trafic d'héroïne du Moyen-Orient. Il a travaillé pour la CIA, parle le turc, et sera chargé d'analyser les renseignements obtenus dans le cadre du Centac-23. Il estime que Platon est une opération de première importance :

— Au mois de mai, la récolte d'opium iranienne sera de cinq cents tonnes ; deux mois plus tard, il y en aura encore plus en Afghanistan et au Pakistan. L'automne prochain, les Etats-Unis seront submergés par une quantité sans précédent d'héroïne.

— Les trafiquants visés par le Centac-23 y seront pour une bonne part, dit Dennis. Mais avec votre aide, nous comptons les neutraliser d'ici là.

— J'espère que nous y parviendrons.

— J'en suis *certain*.

Dennis demande à Jarrett de lui trouver le numéro de téléphone actuel d'un trafiquant et indicateur libanais avec lequel il a jadis travaillé à Beyrouth.

— Je n'ai pas revu Georges Younes depuis que je l'ai fait partir au Canada il y a quinze ans, mais je suis sûr qu'il connaît certaines personnes visées par le Centac-23.

Jarrett se dirige vers le terminal NADDIS, compose son nom, puis son code (qui change selon le jour de la semaine), et tape QNME, *query name,* nom recherché, et enfin, « Younes ».

L'ordinateur a dix Younes en mémoire, dont deux sont prénommés Georges. L'un d'eux est né en 1954 : trop jeune. L'autre a une adresse et un numéro de téléphone au Québec, où il posséderait (au conditionnel) un hôtel.

— C'est bien lui, dit Dennis. Et s'il dirige un hôtel, vous pouvez parier qu'il y a un tripot clandestin au sous-sol.

Jarrett, spécialiste de l'Allemagne, propose de mettre à contribution des indicateurs qu'il a déjà utilisés. Un trafiquant emprisonné en RFA, qui connaît certaines des cibles du Centac-23, accepte de parler s'il est transféré aux Etats-Unis, où se trouve sa famille. Le gouvernement de Bonn le laissera partir si les Américains l'aident à mettre la main sur un trafiquant d'héroïne turc du nom de Zeki Akbas, actuellement à Istanbul. Le Centac pourrait-il concocter quelque chose avec ses indicateurs et agents locaux ?

Tandis que Jarrett et Dennis discutent de cette intrigue tri-nationale, Stu Glickman, responsable du système informatique « Pathfinder », apparaît à la porte, l'air plus harassé que jamais.

Il vient de découvrir que l'EPIC (le centre de renseignement d'El Paso de la DEA) a en mémoire mille numéros de téléphone et deux cents noms concernant des trafiquants turcs. Il a déjà commencé à établir une banque de données pour le Centac-23. Doit-il y intégrer ces noms et ces numéros ?

— Et comment ! rétorque Dennis.

Stu et Jarrett s'en vont, cédant la place à Dick Mangan, venu de Fort Lauderdale, qui attendait dans le couloir en compagnie de Bob Salisbury, un agent du fisc connu pour son entêtement, approchant de l'âge de la retraite, et qui est affecté au Centac-20.

Mangan raconte à Dennis qu'il vient d'acheter une Thunderbird 1962 parfaitement restaurée, mais Dennis s'intéresse moins à sa collection de voitures anciennes qu'à un enregistrement que Mangan lui a amené.

Ils introduisent la cassette dans un magnétophone portatif. Au fur et à mesure que Dennis écoute, un sourire détend ses traits.

« *Recherché, qu'est-ce que ça veut dire ?... Est-ce que ça veut dire qu'au fond d'un classeur, dans je ne sais quel bureau, ils ont mon nom marqué « recherché » ? Je ne suis pas en prison... Aucun de mes amis n'est en prison, depuis les années que nous sommes soi-disant « recherchés. »*

L'enregistrement terminé, Dennis s'exclame en riant :

— Nous verrons, Donald, nous verrons !

Se tournant vers moi, il explique :

— Donald Steinberg croit que son organisation est sa force, alors qu'en réalité, elle constitue sa faiblesse. C'est à travers les couches successives de cette organisation que nous parviendrons jusqu'à lui. Nous voulons l'encourager à commettre des erreurs, et il en commet. S'il se rendait maintenant, nous devrions le faire juger sans plus tarder. Mais Donald fuit son destin, ce qui nous donne le temps d'infiltrer son organisation, de constituer notre dossier, et lorsqu'il passera en jugement, nous pourrons le présenter pour ce qu'il est en réalité : non pas un malfaiteur isolé, mais le chef d'une énorme organisation criminelle s'étendant au monde entier.

Tandis que Mangan range la cassette, Dennis ouvre un dernier télégramme arrivé de Bangkok. Il est de Bruce Stubbs, l'agent affecté au Centac-24.

CHAPITRE DEUX

1

Un assassinat. Le tueur a été abattu, ses amis ont disparu, les indices sont ensevelis sous une masse de démentis officiels, de déformations des faits, de dissimulations. Le meurtre en tant que message : « Voici ce qui vous attend. »

Tandis que l'enquête sur le meurtre de Joyce Powers se poursuivait péniblement, Bruce Stubbs continuait à rencontrer en secret Robert Yang, dit le Gros, et à préparer une opération qui allait faire perdre à Robert la relative sécurité dont il jouissait jusqu'alors, en faisant de lui le complice et le confident du seigneur de l'héroïne Liou Chou-chouei et de ses acolytes — des hommes qui réagiraient à la moindre trahison avec autant de violence qu'ils avaient réagi au courage et à la détermination de Mike Powers.

Tandis que Bruce cherchait toujours les assassins de Joyce, Robert tentait de mettre au point une transaction entre Vichit Kitkeatlers (beau-frère de Liou, basé à l'hôtel Shaw de San Francisco) et le Gréco-Américain Ellis, ami du compagnon de prison de Robert, Jack Cheung, résidant également à San Francisco. Si Robert pouvait servir d'intermédiaire dans cette vente d'héroïne, il se trouverait dans une position idéale pour faire coffrer tous les participants.

Le principal problème était l'attitude de sa maîtresse, Su San, qui ne travaillait pas pour le Centac et ignorait bien entendu que c'était le cas de Robert. Celui-ci avait pour tâche de la convaincre, à force de caresses et de persuasion, de le présenter à Vichit Kitkeatlers et de se porter garante de lui.

Une fois l'affaire sur les rails, Su San se contenterait-elle de rester une spectatrice passive ? Alléchée par une transaction portant sur des millions de dollars, quelles intrigues n'allait-elle pas concevoir ? Su San aimait Robert, mais elle aimait au moins autant l'argent. L'amour l'emporterait-il, ou bien la cupidité ? A San Francisco, Bruce et Robert allaient apprendre la réponse.

Avec mille précautions, Robert souffla l'idée à Su San, jouant sur l'irrésistible et délicieux attrait de l'argent. Il tablait sur l'avidité de Su San ; son calcul se révéla payant. Elle se rendit à la prison de Bangkok pour parler à Jack Cheung lui-même, et apprit de la propre bouche de celui-ci le nom et l'adresse du dealer grec. Bien que ne parlant pas l'anglais, elle les mémorisa. Cheung lui dit aussi que le Grec avait assez d'argent pour acheter sept kilos d'héroïne. Elle ne l'oublia pas davantage.

Si Su San présentait Robert à Vichit Kitkeatlers, comment celui-ci pourrait-il refuser de traiter avec lui ? Su San faisait partie de la famille, après tout. Elle avait dit à Robert que des membres de sa famille possédaient 60 pour cent du Chiang Inn de Chiang Mai. Or, il était bien connu que Liou Chou-chouei détenait 60 pour cent des actions de cet hôtel. Elle était donc apparentée à Liou, et par conséquent à Kitkeatlers. Et pour les trafiquants d'héroïne chinois, la famille passe avant tout.

Robert avait d'ailleurs réussi à gagner la confiance d'un autre parent de Liou Chou-chouei. Pendant que Bruce Stubbs était à Chiang Mai pour l'affaire Powers, Robert hantait les bowlings de Bangkok, à la recherche d'un autre beau-frère de Liou (qui en avait quatre), un trafiquant de drogue plus ou moins retraité, que ses amis avaient surnommé le Boulomane. Présenté par des amis communs, applaudissant fidèlement chaque fois qu'il réussissait un beau coup, Robert — qui en fait détestait ce jeu — se lia peu à peu d'amitié avec le Boulomane.

Sachant parfaitement que Robert trafiquait quand il en avait l'occasion, le Boulomane proposa spontanément de parler de lui à son frère Vichit Kitkeatlers, qui habitait San Francisco. Robert pourrait peut-être lui acheter quelques kilos ?

— Excellente idée, acquiesça Le Gros. J'aurais dû y penser plus tôt.

Enfin, si ni Su San ni le Boulomane ne réussissaient à convaincre Kitkeatlers à vendre de l'héroïne à Robert, celui-ci pourrait se rabattre sur une troisième possibilité imaginée par Bruce Stubbs : proposer à Kitkeatlers de lui *vendre* de l'héroïne. Il dirait à Kitkeatlers que, tout en préférant bien entendu acheter de l'héroïne se trouvant déjà aux Etats-Unis, il avait au besoin des passeurs qui pouvaient lui en amener d'Asie. Par la même occasion, il pourrait également en faire venir pour Kitkeatlers, si celui-ci était intéressé ?

Enfin, si *rien* de tout cela ne marchait — si Kitkeatlers ne voulait ni vendre de l'héroïne à Robert ni lui en acheter — Robert lui ferait une ultime proposition : « Comme vous voulez, mais mon système de transport vous intéresse peut-être ? J'ai un réseau de passeurs qui fonctionne très bien. » Quel trafiquant résisterait à une offre pareille ?

Si Kitkeatlers acceptait Robert avait de quoi le satisfaire. Des amis rencontrés à la prison de Bangkok l'avaient mis en rapport avec un trafiquant d'héroïne du nom de Ah Kui, dit le Fantôme. Ah Kui dirigeait un réseau de transport de stupéfiants qui était sans doute le plus important et le plus efficace d'Asie.

Robert raconta tout cela à Bruce :

— A Hong Kong, je connaissais bien Ah Kui. Un gars très méfiant, très dangereux. Trente-cinq ans, né à Hong Kong mais à moitié portugais : de teint très clair, presque blanc. C'est pour ça qu'ils l'appellent le Fantôme.

Après avoir fait ses premières armes dans les rues de Hong Kong, poursuivit Robert, le Fantôme rejoignit une triade à titre de « 426 ». Les gangs chinois de Hong Kong désignent les diverses fonctions de leurs membres par des numéros. 426 désigne les hommes de main, sans doute parce qu'une ancienne société secrète réunissait ce nombre de guerriers. 432 est l'appellation des membres ordinaires, parce que le temple de Sha Ling comptait quatre cent trente-deux disciples. 415 qualifie les penseurs, car un sage chinois du temps jadis, Kung Ming, avait brodé sur sa robe des caractères chinois comportant quatre cent quinze traits. 438 se réfère aux sous-chefs ; 489, enfin, désigne le chef suprême d'une société.

Ayant fait ses preuves, le Fantôme devint trafiquant. Il se trouva bientôt à la tête d'une raffinerie d'héroïne de Hong Kong et de six appartements de luxe. Sa principale activité était maintenant un réseau de vingt-cinq passeurs pouvant transporter par avion dix kilos d'héroïne (valant plus d'un million de dollars au prix de gros), avec un préavis de vingt-quatre heures seulement, entre l'Asie, l'Amérique ou l'Europe. Le Fantôme dit à Robert que ses messagers partaient de Hong Kong tous les trois jours à destination de Seattle, Vancouver, Toronto, Amsterdam, Paris et Tokyo.

Robert pouvait donc assurer à Kitkeatlers que le meilleur, le plus rapide et le plus fiable service de transport de stupéfiants d'Asie était à sa disposition.

Dans chacune de ces éventualités — achat, vente ou transport — Robert traiterait directement avec Kitkeatlers, le délégué de Liou Chou-chouei aux Etats-Unis. Si tout se passait bien — si Robert n'était pas démasqué, s'il ne se faisait pas tuer avant que le marché soit conclu — le Centac pourrait inculper quiconque avait, au fil des années, participé à la conspiration criminelle ayant pour objet de vendre l'héroïne de Liou aux Etats-Unis. Tout membre de cette association se trouvant aux Etats-Unis, ou y venant par la suite, pourrait être arrêté et traduit devant les tribunaux. Le principal gang de trafiquants d'Asie serait détruit, et nombre d'autres seraient sérieusement ébranlés.

Bruce dit à Robert d'annoncer à Su San qu'ils partaient pour San Francisco : il allait tenter sa chance à l'hôtel Shaw. Bruce lui-même fit ensuite sa valise, prit congé de sa femme et de sa fille de sept ans, et, exactement un an après la réunion de Tucson où Dennis Dayle avait fait la connaissance de Robert Yang, embarqua à bord du vol 02 de la PanAm à destination de la Californie.

2

Après être arrivés à San Francisco par des avions différents, Bruce et moi nous retrouvâmes en ville pour dîner. Comme toujours, il cachait son enthousiasme et sa résolution derrière un discours hésitant :

— La solution est peut-être en vue. Ça pourrait se passer ici. Peut-être. Peut-être pas. Mais c'est possible.

Grâce aux trois propositions que Robert peut faire à Kitkeatlers (acheter, vendre ou transporter), il semble pratiquement certain qu'un marché sera conclu.

— Il y a tout de même un point qui m'embête, dit Bruce. Ça me donne des sueurs froides rien que d'y penser. Imaginez que Robert aille voir Kitkeatlers, et que celui-ci le regarde en fronçant les sourcils : « De la came ? Quelle came ? Nous n'avons rien à voir avec ça. Foutez-moi le camp d'ici et ne vous avisez pas d'y remettre les pieds. » Et nous ne pourrions rien faire. Rien.

Je demande à Bruce si Robert a réfléchi à l'éventualité que Su San veuille participer en personne à la transaction, ce qui pourrait fort bien la mener en prison.

— Aucun problème, répond Bruce. Si elle est assez stupide pour s'impliquer, si elle *exige* de participer, il n'y est pour rien. Il s'en lave les mains. C'est du moins ce qu'il prétend. Quant à ce qu'il en pense réellement...

Le lendemain, Robert Yang arrive à son tour à San Francisco. Bruce le reçoit à moitié allongé sur le lit de la chambre miteuse qu'il a louée, à quelques pas du centre fédéral. Ce n'est pas le luxe, mais il ne touche que 75 dollars de défraiement par jour. Robert se laisse tomber dans un fauteuil à coussins orange, dont les ressorts gémissent sous son poids. Bruce lui demande s'il a fait bon voyage.

— A l'aéroport, ils ont fouillé Su San de la tête aux pieds. Le type des douanes lui a demandé pourquoi elle avait tous ces bijoux, cinq bagues avec des diamants, deux rubis, deux... Elle était furieuse. Elle m'a dit : « Pourquoi ils m'ont demandé tout ça ? Je ne suis pas venue ici pour vendre mes diamants ! »

Il rit, faisant tressauter son gros ventre, son pull de mohair gris, sa boucle de ceinture en or.

Bruce et Robert font des plans. Il est maintenant cinq heures de l'après-midi. Dès qu'ils seront installés dans leur hôtel de Chinatown,

Robert demandera à Su San de téléphoner à Kitkeatlers pour prendre rendez-vous. De son côté, Robert appellera le Grec (il a un mot de passe : *Je suis un businessman moyen*). Ensuite, ce sera l'heure du dîner.

— Je reviendrai donc demain matin dès que je pourrai, propose Robert.

— Je serai là, dit Bruce en se levant.

Lorsque la porte s'est refermée, Bruce sourit :

— Il est prêt. Il a les contacts nécessaires, il sait ce qu'il doit faire. La machine est sur les rails.

Il faut l'espérer, car le temps presse. Avant de quitter Bangkok, Su San a dit à Robert qu'elle voulait absolument être à Formose le 5 février au plus tard, pour les fêtes du nouvel an chinois, qui durent quatre jours. Et quand Su San veut quelque chose, il n'est pas facile de l'en dissuader.

Nous sommes le mercredi 21 janvier. Cela leur laisse deux semaines — quinze jours pour détruire une organisation criminelle que Liou Chou-chouei a mis des dizaines d'années à mettre sur pied.

Personne ne doute que l'entreprise soit dangereuse. Robert Yang risque gros. Si Liou se doute de sa duplicité, il n'hésitera pas à le faire tuer.

Pour Bruce, le danger, c'est l'échec. Il a eu l'idée de cette opération, et il la dirige. Si elle aboutit à un fiasco, Dennis Dayle et les autres sauront qui blâmer. La carrière de Bruce s'en ressentira durablement.

Dennis a lui aussi beaucoup à perdre. Quelques mois auparavant, il m'avait dit : *Je ne peux pas me permettre un échec. Tout le monde m'observe — le Capitole, la Maison-Blanche. Si j'échoue ne serait-ce qu'une fois, bien des gens se demanderont pourquoi soutenir une entreprise qui ne marche pas.*

Le Centac est donc lui aussi en danger. Si l'opération de San Francisco avorte, et que par suite l'enquête sur Liou Chou-chouei tourne court, que deviendra le Centac ? Ce serait son premier échec. Pourrait-il lui survivre ?

3

JEUDI 22 JANVIER

La chambre de Bruce ressemble à une illustration d'une édition bon marché d'un thriller de Mickey Spillane. Sur la table de nuit, des mégots, un paquet de Winston et des boîtes d'allumettes vides font bon ménage avec un colt automatique. Sur le bureau en chêne qui a vu de meilleurs jours, des gobelets de plastique ayant contenu du café voisinent avec un livre de poche acheté à l'aéroport.

Dans la matinée, un agent secret d'origine chinoise a conduit Robert à la maison du Grec. Il fut accueilli par quelques jeunes gens vautrés dans le salon, entourés d'un épais nuage de fumée de marijuana. L'un d'eux dit à Robert que la fille du Grec, Anne, doit passer et qu'il lui dira de l'appeler à neuf heures à son hôtel.

Au téléphone, Su San était convenue avec Kitkeatlers qu'ils se retrouvaient pour déjeuner avec Robert. Celui-ci devait passer voir Bruce vers deux heures.

Il est déjà quatre heures, et Robert n'a toujours pas donné signe de vie. Bruce fume une Winston après l'autre, allume la télé puis l'éteint, fait les cent pas entre le lit et le fauteuil.

— Ce n'est pas normal, dit-il. Robert est toujours ponctuel.

Soudain, on frappe. Bruce va ouvrir. Robert, tout essoufflé, s'affale dans le fauteuil orange.

— Je croyais qu'ils t'avaient poussé dans la cage d'ascenseur, lui dit Bruce. Que s'est-il passé ?

— D'abord les mauvaises nouvelles. Kit dit que ça fait quatorze mois qu'ils ne sont plus dans le commerce des vêtements.

Liou Chou-chouei envoyait probablement son héroïne aux Etats-Unis dans des vêtements de ski, fabriqués à Bangkok par un de ses beaux-frères. Lorsque Kitkeatlers parle du « commerce des vêtements », il se réfère très certainement au trafic de la drogue.

— Et maintenant, les bonnes nouvelles, continue Robert. Il m'a dit que si je restais encore quelques jours, il pourrait peut-être me présenter à quelqu'un.

— Il veut vérifier qui tu es, dit Bruce. Il va téléphoner à Bangkok, se renseigner auprès du Boulomane. Mais raconte tout par le menu.

— Il nous a emmenés au restaurant du Pavillon d'Or. Cinq étoiles. Il s'est mis en frais pour Su San. Ensuite, nous sommes allés à l'hôtel Shaw, dont le restaurant ferme à deux heures. Curieux, ça, un restaurant qui ferme à deux heures. Kit m'a invité à déjeuner en tête à tête avec lui demain.

— Excellent ! s'exclame Bruce, manifestement ravi : deux vieux trafiquants faits pour s'entendre ; ils pourront parler affaires. Et ce soir, Anne, ou bien le Grec lui-même, doit t'appeler à neuf heures ?

— Exact. Le déjeuner avec Kitkeatlers devrait être intéressant.

C'est le moins qu'on puisse dire.

Bruce dîne dans un restaurant italien avec Lowrey Leong, l'athlétique agent qui, dix mois auparavant, avec Bob Cox et moi-même, a découvert le domicile de Kitkeatlers au terme d'une épique course-poursuite dans les rues de San Francisco.

Lowrey et Bruce ne sont pas sûrs de Robert.

— En ce moment même, dit Bruce en portant à sa bouche une énorme fourchettée de spaghetti, il est sans doute à l'hôtel Shaw, aidant Kit à mettre un kilo d'héroïne en sachets, et lui disant qu'il peut dormir tranquille, parce que lui, Robert, a la police fédérale dans sa poche. Il connaît les agents, sait dans quel hôtel ils sont descendus, et suit leurs moindres faits et gestes.

Ils éclatent de rire, espérant que ce n'est qu'une boutade.

4

LUNDI 26 JANVIER

Le téléphone sonne trois fois. Bruce décroche.

— Oui ? Ah bon, au Hong Kong. Depuis combien de temps ? Avec qui ? D'accord, on arrive.

Prétextant qu'il avait trop de travail, Kitkeatlers avait repoussé jusqu'à aujourd'hui le déjeuner avec Robert. Finalement, il est venu prendre Robert à son hôtel une heure plus tôt que prévu, et l'a emmené dans un restaurant de la ville chinoise.

Bruce téléphone au bureau de Lowrey.

— Ils viennent d'arriver au restaurant Hong Kong. Ils n'ont même pas encore de table. Il est avec Kit et la femme de ce dernier. Su San n'est pas là. On se retrouve dans la rue.

Lowrey, en blouson de cuir noir, vient nous prendre en voiture. Il est accompagné de Bruce Wakabayashi, dit Attila le Hun.

— Qu'a-t-il dit au téléphone ? demande Lowrey. Juste le nom du restaurant ?

— Il a déjà appris deux ou trois trucs, répond Stubbs. Il avait l'air optimiste. Kit ne risque pas de te reconnaître ?

Lowrey a souvent filé Kitkeatlers.

— Peu de chance. Le restaurant est immense, il y a toujours une foule d'Orientaux et de touristes. Ça m'étonnerait vraiment.

— Tu ne t'es jamais trouvé face à face avec lui ?

— Non. Il a pu m'apercevoir à distance, aux environs de l'hôtel Shaw. Mais c'est tout.

Le restaurant Hong Kong est aussi grand et bruyant qu'une piscine. Le sol en carrelage répercute les bruits ; des miroirs multiplient les images. Une vingtaine de personnes attendent une table. Un homme assis à un bureau annonce des numéros dans un micro. Lowrey obtient le 58.

— Ils sont assis à notre droite, murmure Bruce à Lowrey, en regardant de l'autre côté.

C'est leur tour. Bruce et Wakabayashi se fraient un chemin vers leur table, suivis par Lowrey. Du coin de l'œil, Bruce enregistre un mouvement à la table de Robert. Kitkeatlers a tourné la tête. Il suit Lowrey du regard. Bruce hausse les épaules · sans doute une simple coïncidence.

Ils s'installent, choisissent des hors-d'œuvre dans le chariot, parlent du match de base-ball de la veille. Une inoffensive tablée de touristes.

— Ils discutent ferme, là-bas, fait observer Bruce vers le milieu du repas. Je pense que Robert aura de bonnes nouvelles.

— Ça dépend si la feuille de thé s'est redressée, dit Lowrey, qui a mis son blouson de cuir sur le dossier de sa chaise. Tu connais cette histoire ? Un agent était sur le point de réussir une grosse affaire avec un trafiquant chinois, vingt kilos de poudre. Ils s'étaient retrouvés dans un restaurant chinois pour conclure le marché, quand le Chinois annonce soudain que rien ne va plus : « Une feuille de thé s'est redressée au fond de ma tasse. C'est un mauvais présage. » La feuille de thé l'avait sauvé. L'anecdote est authentique.

Peu après, Robert, Kitkeatlers et la femme de celui-ci quittent le restaurant.

— Allons-y, dit Bruce. Il ne va pas tarder à téléphoner.

Bruce regagne sa chambre et attend. Dehors, il pleut à torrents. Une heure passe, sans que le téléphone sonne.

— Il n'a jamais tant tardé, dit Bruce gravement. Pas une seule fois en deux ans.

Le ciel est si couvert qu'il fait presque nuit. Une enseigne lumineuse rouge éclaire par intermittence les murs d'un blanc douteux.

Une autre heure passe.

Entre le lit et le mur, il n'y a qu'un mètre cinquante, mais Bruce réussit à faire les cent pas. Il finit par s'asseoir sur le bord du lit. Tout en lissant sa moustache, il fixe la moquette crasseuse.

— S'il n'est pas mort, c'est qu'il a de bonnes nouvelles, annonce-t-il sentencieusement.

Après avoir déjeuné, Kitkeatlers, sa femme et Robert sortent du restaurant et courent sous la pluie jusqu'à la Colt rouge de Kitkeatlers. Ils quittent Chinatown, se fraient un chemin dans les embouteillages du centre, et continuent à rouler pendant un quart d'heure, une demi-heure peut-être. Assis à l'arrière, Robert se demande où ils vont, mais est trop poli pour le demander — ou ne tient peut-être pas à le savoir. Finalement, Kitkeatlers s'arrête devant un centre commercial et dit à sa femme, Greta, de descendre : « Va acheter des vêtements pour le bébé. » Il fait ensuite monter Robert à l'avant.

Traversant des quartiers que Robert ne connaît pas, ils sortent bientôt de la ville. La route longe l'océan. D'énormes vagues déferlent sur la plage déserte. Kitkeatlers accélère et continue à rouler pendant une dizaine de minutes, sans dire un mot.

Brusquement, il freine, donne un coup de volant, et s'arrête sur le bas-côté. Les rafales venant de l'océan secouent la voiture. Robert se demande avec appréhension ce qui va suivre.

Kitkeatlers coupe le contact, déboutonne son veston et fait face à Robert.

— Et maintenant, dit-il sans élever le ton, parlez-moi de ce jeune Chinois en blouson de cuir noir. Il travaille pour la police. Vous le connaissez.

Bruce Stubbs nettoyait ses lunettes lorsque la sonnerie du téléphone retentit.

— Quoi ? Où es-tu en ce moment ?... Je vois. Bien.

Sur son visage, l'inquiétude a fait place à la colère.

— « Vous n'auriez pas dû amener Lowrey. » Voilà ce qu'il m'a dit. C'était une erreur d'appeler Lowrey.

Il va à la fenêtre et regarde la pluie qui tombe sans discontinuer.

— Lowrey aurait dû être plus franc avec nous. En fait, j'aurais dû m'en douter. J'ai bien vu que Kit l'avait reconnu, au restaurant. Il l'a suivi du regard jusqu'à notre table. Et vous savez ce que Robert va nous raconter ? Il va nous dire qu'ils étaient en train d'arranger un marché et que l'arrivée de Lowrey a tout fichu par terre. Si ça rate, il aura une excuse toute trouvée.

Bruce retire ses lunettes, se frotte les yeux et se rassied avec lassitude sur le lit.

— Merde ! Enfin, on verra bien ce qu'il racontera.

Robert arrive en criant. Il est trempé et d'une humeur exécrable.

— J'en ai marre ! s'exclame-t-il en se laissant tomber de tout son poids sur le fauteuil. Lowrey n'aurait jamais dû mettre les pieds là-bas. J'étais sûr que Kit allait me *descendre*. Vous savez ce qu'il m'a dit ? « Tu connais le mec en blouson de cuir noir ! »

— Commence par le début, lui dit Bruce.

— Kit nous a laissés devant le restaurant, sa femme et moi, et est allé garer la voiture. C'est à ce moment-là que j'ai téléphoné. Avant de voir Lowrey, Kit était très détendu, sympa. Après, ça a été l'enfer. Dans la voiture, je croyais vraiment qu'il allait me tuer. Et on est arrivé à l'océan.

— A défaut de te fiche une balle dans la peau, il t'a à moitié noyé.

Bruce est tout souriant, heureux d'avoir retrouvé son indic, qui ressemble effectivement à un Saint-Bernard qui a échappé aux flots. Robert sourit lui aussi, saisissant l'humour de la situation. Il sèche ses cheveux avec un mouchoir et se donne un coup de peigne.

— Kit me dit alors : « Tu connais ce type en blouson de cuir. » Je lui dis qu'il se trompe. Il insiste : « Je l'ai déjà vu. Il traîne tout le temps autour de moi. » Je lui demande : « Vous êtes sûr ? »

Robert a un gros rire en répétant cette question stupide. Il est vivant, après tout. A quoi bon rester de mauvais poil ?

— Je lui dis que je ne sais pas de quoi il parle. Je ne suis pas de San Francisco, je n'y ai jamais mis les pieds. Comment y connaîtrais-je quelqu'un ?

— Bien ! C'est à *toi* de te mettre en colère. S'il est suivi par les flics chaque fois qu'il va au restaurant, ça peut être mauvais pour *toi* d'être vu avec lui. Tu es en droit de te demander si ce n'est pas risqué de traiter avec lui.

— Après ça, il m'a reconduit à l'hôtel. Su San était dans tous ses états parce que j'étais resté si longtemps. Elle m'a fait une de ces scènes... pire qu'une balle dans la peau.

Robert explique qu'avant de voir Lowrey, Kitkeatlers lui avait confié que Liou avait perdu deux millions de dollars au cours des trois derniers mois en spéculant sur l'or. Il serait sûrement intéressé par une grosse affaire qui pourrait le renflouer un peu. Il avait ajouté que Liou comptait venir à San Francisco vers le 20 avril.

— Mais t'a-t-il donné une réponse catégorique — oui ou non — pour te vendre de la drogue ?

— Il a simplement dit : « Il faut que vous voyez mon beau-frère Liou. Si Su San peut le contacter à Bangkok, parfait. Autrement, je peux vous le présenter quand il viendra ici en avril. »

Le Centac mettait tous ses espoirs dans ces quinze jours, et voilà que Robert parle de Bangkok, et d'un nouveau voyage à San Francisco dans trois mois.

— Mon avis personnel... mon expérience me dit que tout doit passer par Liou. La moindre transaction doit être approuvée — ou rejetée — par Liou lui-même.

Bruce réfléchit. Il n'a nullement l'intention d'accepter la suggestion de Kitkeatlers, et pas davantage l'opinion de Robert — tout reprendre à zéro, retourner à Bangkok...

— Ah oui ! dit Robert. Anne a appelé à six reprises pendant que je n'étais pas là. La dernière fois, elle a laissé un message : elle rappellera ce soir à sept heures.

Bruce l'a à peine écouté. Il a une idée.

— Voilà ce que tu pourrais faire, Robert. Montre à Su San que tu es vraiment déçu. Dis-lui que tu aurais bien mieux fait de rester à Bangkok pour tout mettre au point toi-même, au lieu de traverser le Pacifique pour te faire rembarrer par Kit. Dis-lui aussi qu'elle trouve peut-être que Kit est un gros bonnet, mais qu'il t'a fait l'impression d'un sous-fifre incapable de prendre une décision. « Va voir Liou à Bangkok. » Ça, tu le savais depuis longtemps. Mais comment aller voir Liou Chou-chouei et lui dire tout de go que tu voudrais lui acheter de la came à Frisco ? Si c'était possible, Su San aurait dû te le dire :« Avant d'aller à Frisco, allons voir Liou. Il habite à deux rues d'ici. »

Robert l'écoute attentivement.

— Tu peux dire à Su San : « Tu vois cette Anne ? Ça fait six fois qu'elle téléphone. Ils veulent sept kilos d'héroïne. Tout de suite. Payable cash. Plus d'un million de dollars pour une seule vente. Pas mal, non ? »

Robert fait craquer ses jointures.

— Supposons que tu emmènes Su San voir Kit pour qu'elle lui dise quelque chose du genre : « Bon, je sais que je pourrais aller voir Liou, mais il n'y a pas moyen de le contacter en ce moment. Je ne croyais pas avoir besoin de demander l'autorisation du grand patron pour que vous me vendiez de la came. Je suis de la famille, après tout. » Après ça, elle lui dirait que tu as un client, ici, à Frisco, qui attend avec une valise pleine d'oseille. Qu'il lui donne une réponse concrète, à *elle*, qu'il lui dise : « Désolé, mais du moment qu'il s'agit de drogue, il faut vous adresser à mon beau-frère Liou. » Tu vois ce que je veux dire, Robert ? Cela mettrait Su San dans une position inconfortable. Tu pourrais aussi lui dire que tu as l'impression que ce Kitkeatlers cherche à t'exclure.

— Ouais... gémit Robert.

— Tu vas sans doute avoir Anne au téléphone ce soir. Vous allez convenir d'un rendez-vous. L'idéal, ça serait qu'après, tu puisses dire à Su San, en en rajoutant un peu au besoin, « Ils ont un demi-million de dollars dans une valise, et ils voudraient bien voir la marchandise. » Si l'affaire rate, ce sera uniquement parce que Kit fait des histoires.

— Je vais essayer de voir Anne dès que possible, et je parlerai à Su San ensuite.

— Même si tu ne la vois pas, tu inventes une histoire. Il faut convaincre Su San que c'est une occasion unique. Ils sont là avec ce tas de fric, et le Grec *attend*. Et l'attitude de Kit risque de tout fiche par terre.

— Mais selon Kit, Liou n'est plus dans le commerce des vêtements depuis quatorze mois — ce qui veut dire qu'ils n'ont pas eu de livraison depuis ce temps-là.

— Sans doute parce qu'ils la font venir en grosse quantité. Le seul envoi dont nous savons à coup sûr qu'il venait de Liou concernait seize livres d'héroïne pure, numéro quatre. L'Affaire du Piédestal. Coupée trois fois, ça donne 128 livres d'héroïne du commerce, la meilleure qu'on puisse trouver en ville. Une ou deux livraisons comme ça par an, c'est amplement suffisant.

— Okay, dit Robert en se levant. Lorsque Anne téléphonera, je lui dirai que je veux la voir ce soir même. Après, je tâcherai de convaincre Su San que nous tenons un gros client. Je lui demanderai aussi d'essayer de voir ce fou de Kit dès demain.

— Doucement... il faudrait que l'idée vienne d'elle-même.

— D'accord, j'essaierai.

— Je voudrais avant tout que tu amènes Kit à reconnaître qu'il ne peut prendre aucune décision lui-même. Là-dessus, le mieux serait que tu lui dises : « Soit, nous irons voir Liou dès notre retour à Bangkok. » Et, comme ça sera de toute façon toi qui te chargeras du transport, ce qui sera bien plus compliqué que si tu avais pu obtenir la came ici, tu pourras ajouter : « A propos, Kit, je pourrais en profiter pour en amener pour vous, puisque vous n'avez pas été livré depuis plus d'un an ? »

Bruce attend une réponse, mais Robert se contente de le regarder en silence, manifestement troublé.

— Tu comprends, Robert, dans ce business, le plus dur, c'est de transporter la came de Thaïlande aux Etats-Unis. Tu cours tous les risques : tu peux te faire arrêter, voler, tu peux perdre tout ton argent. La came, il y en a des montagnes en Thaïlande. Tout le monde sait ça. Là-bas, tu peux en acheter sans problème. Mais après, il faut l'amener ici. C'est là que tu as besoin d'un type comme le Fantôme, avec ses messagers, qui va empocher trente ou quarante pour cent de ton bénéfice. Ce serait tellement plus simple de te présenter à l'hôtel Shaw, à cinq minutes d'ici : « Vous m'en donnerez deux kilos, s'il vous plaît. » Et le zigue te répond : « Voilà, monsieur. Ça fait cent mille dollars. Merci, monsieur. » Après, tu vas trois rues plus loin et tu les vends cinq cent mille au Grec. Tu préférerais mille fois ça, c'est évident, mais s'il n'y a vraiment pas moyen, s'il faut que tu te décarcasses pour transporter la came toi-même, tu pourrais par la même occasion leur en fournir un kilo ou deux.

Robert fait de nouveau craquer ses jointures.

— Supposons, insiste Bruce, que les caves de cet hôtel soient réellement bourrées de came, et que tu sois réellement dans les affaires.

Tu n'aurais qu'à t'approvisionner chez eux, revendre la came au Grec, à Andrew Lee [le gangster de Chicago que Robert a rencontré à Hong Kong et à Formose] et à d'autres acheteurs que tu connais. Même si les gens du Shaw en écoulent déjà beaucoup, et gagnent plein d'argent, tu pourrais encore *augmenter* leur chiffre d'affaires. Tu sais aussi bien que moi que le problème, c'est de trouver des clients qui ont l'argent et ne sont pas de la police. Si les types du Shaw te faisaient confiance, tu pourrais facilement écouler leur marchandise. Crénom, tu pourrais leur en acheter dix kilos aujourd'hui même, et remettre ça trois fois par an !

Après ce petit exposé sur le commerce de la drogue, Bruce prend un ton presque paternel :

— Voilà ce que je leur dirais si j'étais à ta place, Robert, mais c'est à toi de voir ce qui passe le mieux, et de le dire à ta façon...

Lowrey Leong arrive. Robert raconte de nouveau comment Kitkeatlers l'a emmené au bord de l'océan :

— Il vous connaît, c'est sûr, mais il ne sait pas qui vous êtes. Il sent simplement qu'il y a quelque chose de louche. Je croyais vraiment qu'il allait me tuer.

Robert a dit cela en souriant. Il est trop poli pour accuser Lowrey, mais veut quand même le mettre mal à l'aise. Bruce met fin à la conversation :

— Bien, Robert. Tu devrais aller voir Su San pour essayer de la calmer un peu.

— Elle était en rogne quand je suis arrivé en retard... A quoi bon être venus ici ? criait-elle. Si c'est pour me retrouver seule dans une chambre d'hôtel, sans rien voir, sans rien faire ! Je veux retourner à Bangkok demain matin... Je lui ai promis que je l'emmènerai voir Disneyland à Los Angeles.

— Tu peux toujours lui rappeler que tu étais venu pour gagner quelques millions de dollars. C'est bien pour ça que tu n'apprécies pas que Kit te dise de retourner à Bangkok pour voir Liou.

Ils accompagnent Robert à Chinatown, pour qu'il puisse regagner son hôtel à pied. Tout en conduisant, Bruce lui donne d'ultimes conseils :

— Emmène Su San dans un bon restaurant, promenez-vous dans Chinatown, fais-lui oublier tout ça.

— Bonne idée, acquiesce Robert. On pourrait aussi aller au cinéma.

— Tu comprends, si après le coup de téléphone d'Anne, tu dis à Su San que tu dois sortir et que tu ne sais pas à quelle heure tu vas rentrer, tu peux être sûr qu'elle reprendra l'avion demain.

— Je me demande si c'était une bonne idée de donner le nom de ton hôtel à Anne, intervient Lowrey.

— Evidemment, fait Bruce... S'ils s'imaginent que tu as une valise bourrée de fric dans ta chambre...

— Exactement, le coupe Lowrey. Nous ignorons totalement qui sont ces gens.

Robert ne paraît nullement inquiet. Après tout, il a survécu à Kitkeatlers.

5
MARDI 27 JANVIER

Dans la chambre de Bruce, nous attendons Robert.

— Vous vous inquiétez à son sujet, fais-je observer.

— Mmm... En fait, je suis surtout inquiet pour *nous*. Je me demande à quel jeu il joue.

— Par exemple ?

— Il existe deux possibilités. En premier lieu, il est peut-être venu ici pour traiter réellement avec Kit.

— En d'autres termes, il serait un vrai trafiquant ?

— Oui. Non content de raconter tout ça à Kit, il le ferait pour de bon. Sous notre protection — situation idéale pour lui. Même si Su San servait de messager et se faisait piquer à l'aéroport, il pourrait nous dire qu'il n'était pas au courant : ces gens sont tous pareils, complètement pourris ; elle n'a même pas été honnête avec moi ; flanquez-la en tôle et qu'on n'en parle plus.

— Et la seconde possibilité ?

— C'est qu'il se paie notre tête. Partant d'une base réelle — Su San est effectivement une parente de Liou, par exemple — il fabrique de toutes pièces des scénarios susceptibles de nous mettre l'eau à la bouche.

— Juste pour que le Centac continue à le payer tous les mois.

— Ouais. Il fera durer cela aussi longtemps que possible ; à la fin, tout tombera à l'eau et le Centac décidera de se passer de ses services, mais ça ne sera pas de sa faute.

— Vous pensez réellement qu'une de ces hypothèses pourrait se révéler exacte ?

— J'avoue que l'idée qu'il se moque peut-être de nous me travaille. Je connais trop son passé, vous comprenez. Ce type est bien plus malin que... à sa façon, il est plus malin que moi. Mais oui ! Il lui serait sûrement facile de me posséder. Il est tellement... *dynamique*. Et puis, rouler les gens, c'est un peu sa spécialité.

— Il n'a encore jamais roulé le Centac.

— Sans doute, mais à part ça, il a escroqué tout le monde, ou presque. Vous l'avez entendu s'en vanter. Les vingt-cinq kilos d'or subtilisés à un gangster de Hong Kong. La combine Rolex, qui a bien failli marcher. Les pilotes qui faisaient de la contrebande pour lui, aux frais du gouvernement américain. Les agents de la DEA qui lui ont permis de quitter Saigon sain et sauf. La liste est longue. Il est d'une habileté diabolique. Et il a vingt-cinq ans d'expérience. Sans oublier que les fonctionnaires US ont toujours été sa spécialité. Aviateurs, agents du fisc, brigade des stupéfiants... Et jusqu'à présent, il a gagné à tous les coups.

— Ça vous empêche de dormir la nuit ?

— Parfois. Le seul fait qui me rassure, c'est qu'il sait qu'un tas de gens travaillent pour nous — comme il le fait lui-même. Mais il ne connaît pas les autres. Il avait un copain dont il était sûr qu'il n'accepterait *jamais* de nous servir d'indicateur. Quand il devint d'une évidence criante que *c'était* le cas, et que le gars travaillait pour nous depuis trois ans, il fallut encore à Robert un an pour l'admettre. Ça l'oblige plus ou moins à rester dans le droit chemin. Il sait que nous réussissons parfois des coups surprenants, mais ne sait pas comment nous nous y prenons. Ça l'impressionne. Il se demande aussi comment nous avons appris certaines choses à son sujet — comme s'il était impossible de le filer, alors qu'on peut filer n'importe qui. A mon avis, il pense que nous faisons exactement la même chose que lui — mais de l'autre côté de la barrière. Il nous croit sans doute aussi malins que lui. C'est du moins mon impression. Par ailleurs, nos relations sont fondées sur le fait qu'il a confiance en moi : il sait que, personnellement, je ne lui tendrai pas de piège, et ne le laisserai pas en plan s'il a un pépin.

Robert arrive, s'écroule dans le fauteuil et annonce triomphalement :

— Ce Kit doit quand même s'intéresser un peu à moi, sans quoi il n'aurait pas raccroché.

Contrairement à ce qu'elle avait promis, Anne ne l'a pas rappelé hier soir. Par contre, Kitkeatlers a téléphoné à Su San. Il a promis de la rappeler à une heure de l'après-midi, sans doute pour convenir d'un rendez-vous. Robert espère qu'il le verra aujourd'hui.

— Ce qui nous amène à notre petite idée, dit Bruce en souriant. Tu me diras ce que tu en penses.

La veille, en dînant dans un restaurant coréen, Bruce et Lowrey ont examiné la situation sous tous ses angles, et ont conçu un plan.

— Tu te souviens de ce que nous avions dit hier : que tu te plaindrais à Su San de ne pouvoir traiter directement avec Kitkeatlers, au lieu d'être obligé de retourner à Bangkok et d'assurer le transport toi-même. Eh bien, nous pensons que tu devrais aller encore plus loin. Dis-lui que les gens de Bangkok lui ont menti, en prétendant que Kit s'occupait des affaires de Liou aux Etats-Unis, alors qu'en réalité, c'est un minus qui ne peut même pas faire une vente lui-même. C'est vraiment une honte qu'ils se soient fichus d'*elle,* qu'ils l'aient mise dans une situation qui la fait paraître ridicule. Il faudrait arriver à la monter contre *eux.*

Robert se déclare d'accord. Il va essayer, mais Su San n'est pas à prendre avec des pincettes. La veille au soir, elle était tellement furieuse qu'Anne n'appelle pas qu'elle a de nouveau menacé de reprendre l'avion sans tarder.

— Elle était dans tous ses états, dit Robert. Je n'ai pas fermé l'œil de la nuit. Elle ne cessait de hurler et de faire des bonds dans le lit...

Robert a beau être le roi des filous, il a des problèmes. Il doit à la fois apaiser une maîtresse hystérique, satisfaire les agents américains, comprendre un Occident devenu fou et rester en vie. C'est un homme très occupé, et aussi, mais il n'a pas vraiment le temps de s'en rendre compte, un homme seul.

— En tout cas, Robert, essaie de lui faire comprendre que tout est de la faute de *Kit.* S'il n'était pas aussi stupide, tout marcherait comme sur des roulettes. En deux jours, l'affaire serait réglée et vous *seriez* dans l'avion pour Bangkok. Avec de l'argent plein les poches.

— Mmm... fait Robert sans conviction.

— Il faudrait arriver à la mettre en rogne contre *Kit*, pas contre toi. Qu'elle prenne les choses de haut, qu'elle le convoque à votre hôtel et lui dise carrément qu'il n'est qu'un pauvre con, ou quelque chose dans ce genre. Pour le forcer à réagir, à prendre position. Je suis *sûr* que de cette façon, elle arriverait à savoir où se situe le vrai problème.

Affalé dans le fauteuil, Robert, qui a du mal à garder les yeux ouverts, semble prêt à abandonner. Cela va peut-être encore plus mal avec Su San qu'il ne veut bien le reconnaître. Bruce prend le ton optimiste d'un docteur commentant une mauvaise radio : il faut que le patient continue à lutter.

— En fait, tout cela n'a rien de surprenant, Robert. C'était prévisible. A mon avis, Kit est presque prêt à traiter avec toi et *peut* le faire. Je suis sûr qu'il voudrait pouvoir te faire confiance — et qu'il n'en est pas loin.

— Bon, je vais essayer de convaincre Su San de faire ce que tu suggères.

Avant le déjeuner avec Kitkeatlers qui s'était si mal terminé, Bruce avait demandé à Robert de porter sur lui un magnétophone miniature. Kit étant arrivé en avance, Robert n'avait pas pu l'utiliser. S'il voit Kit aujourd'hui, autant qu'il soit prêt.

Robert retire son veston et déboutonne sa chemise. A l'aide de ruban adhésif, Bruce lui colle dans le creux des reins un appareil de la dimension d'un petit livre de poche, relié par un fil à un minuscule micro fixé sur sa poitrine.

— Tu seras au bureau de Lowrey, en début d'après-midi ? demande Robert. Je t'appellerai dès que je pourrai.

Il s'examine dans le miroir, rajuste sa chemise et son veston.

— Si quelqu'un s'aperçoit que je porte ce foutu machin sur moi, je me ferais *vraiment* descendre au coin d'une rue.

Après le déjeuner, Stubbs est fidèle au poste. Les heures passent, sans que Robert téléphone. Les deux hommes évitent d'aborder ce sujet. A six heures, Bruce n'y tient plus :

— Je pense que c'est bon signe.

— Quoi ? demande Lowrey en sursautant.

— Qu'il n'ait toujours pas appelé.

— Oui, bien sûr. A mon avis, il doit dîner avec Kit.

— C'est ça. Avec le magnétophone sur lui... Si Kit le tue, Liou lui donnera *entièrement* raison.

Bruce regagne son hôtel. Qui voit-il ? Robert, qui l'attend devant l'ascenseur. Il avait trouvé plus simple de venir que de téléphoner. Il n'a pas vu Kitkeatlers, et a ramené le magnétophone dans un sac en plastique.

Dans la chambre de Bruce, il explique qu'il a dit à Su San que Kitkeatlers se fiche d'eux, qu'il l'a tournée en ridicule ; comme elle fait partie de la famille, il ne devrait pas la traiter ainsi. Cela a dû faire son effet, car, lorsque Kitkeatlers a téléphoné, elle lui a parlé très sèchement.

— Dans son emportement, elle m'a même désigné par mon vrai nom. Elle lui a dit que c'était à cause de *ses* erreurs...

— Elle parlait en thaï ?

— Ils parlent toujours thaï ensemble. Voilà ce qu'il lui a dit : sa femme m'a vu donner un coup de téléphone au restaurant ; peu après, arrive un type qu'il a déjà repéré plusieurs fois, comme s'il le suivait.

— Bref, il croit que tu l'as appelé ?

— Oui. Mais Su San lui a dit : « Je vous garantis à cent pour cent que mon mari ne travaille pas pour la police. C'est un vrai dealer, rien d'autre. » Après avoir raccroché, elle m'a demandé pourquoi je ne lui avais pas parlé de ce type en blouson noir que Kit avait vu.

— Tu pouvais lui répondre que vous étiez dans un restaurant bourré à craquer, avec des tables à perte de vue, quand ce cinglé te dit : « Le mec en blouson de cuir me suit. » Quel mec en blouson de cuir ? Tout ce que tu vois, c'est trois cents personnes, Chinois et Blancs mélangés, en train de déjeuner. Tu lui dis que ce Kit est complètement givré, un vrai parano. C'est pour ça que tu ne lui en as même pas parlé. Qu'elle dise à

Kit que s'il voit partout de mystérieux petits hommes en blouson noir, c'est *son* problème. Il a reconnu qu'il avait vu ce gars avant même ton arrivée à San Francisco. Et tout d'un coup, il le revoit, et ça serait de *ta* faute ? Parce que tu l'aurais *appelé* ? Il déconne complètement. Et les autres fois qu'il l'a vu, tu l'as appelé de Bangkok, peut-être ?

— Ce que j'ai dit à Su San, c'est que j'avais donné un coup de fil du restaurant pour essayer de contacter un autre client. Pour finir, Kit a dit à Su San qu'il devait me présenter à quelqu'un d'autre. Mais après ce qui s'est passé au restaurant, il avait reçu l'ordre de couper tout contact avec moi.

Robert croise les bras sur sa panse, et attend une réaction à cette révélation. A qui Kitkeatlers devait-il le présenter ?

Bruce ne trahit rien. Son expression demeure amicale, mais il ne dit pas un mot. Une rafale de vent ébranle la fenêtre.

— J'ai dit à Su San, reprend Robert, qu'elle pouvait insister pour que Kit vienne nous voir à l'hôtel. Mais vous ne connaissez pas Su San — elle m'a lancé ses traveller's cheques à la tête, hurlant qu'elle me rembourserait son billet d'avion : « Je rentre chez moi. Reste ici si ça t'amuse, et débrouille-toi tout seul. » J'ai essayé de la calmer. Et ce n'est pas tout, Bruce : Kit a dit à Su San qu'il craignait que l'homme qui le suivait ne soit un agent du fisc. Pas un mot de la brigade des stupéfiants. Je ne suis donc même pas sûr qu'il soit vraiment dans le business.

Il guette la réaction de Bruce à cette suggestion absurde. Kit, pas dans le commerce des stupéfiants ? Depuis quand Ford ne fabrique-t-il plus d'automobiles ? Robert précise :

— Kit a expliqué à Su San qu'il pensait que le fisc essayait de savoir s'il exportait illégalement de l'argent.

— Quel argent ?

Le visage de Robert n'exprime rien.

— D'où viendrait l'argent, Robert, sinon de la drogue ?

Pour toute réponse, Robert fait craquer ses jointures.

— Quel argent ? insiste Bruce. Les bénéfices de l'hôtel ?

— Non. L'hôtel ne rapporte rien.

— Quoi d'autre, alors ? Le bar ? Son foutu bar est à peine plus grand que cette chambre. Et le restaurant ferme à deux heures de l'après-midi...

Robert hausse les épaules. Il dit qu'à son avis, le mieux serait de calmer Su San, puis de l'amener à convaincre Kit de traiter avec eux. Bruce demande alors comment s'est terminée la conversation entre Su San et Kitkeatlers.

— Kit a dit que Liou prendrait contact avec elle à Bangkok. J'ai bien l'impression qu'ils veulent nous évincer. C'est ce que j'ai dit à Su San :

« Tout est à l'eau. On a perdu notre temps et notre argent en venant ici. »

Bruce est assis sur le lit défait, la tête entre les mains. « Je ne peux pas y croire », marmonne-t-il dans sa barbe. Finalement, il lève les yeux sur Robert :

— En résumé, il lui a dit qu'il ne voulait plus vous voir.

Robert semble presque aussi déprimé que Bruce.

— Et Anne ? demande celui-ci.

— Aucune nouvelle.

— Ça alors !

Robert ne dit mot.

— En somme, si Kit lui a dit ça, s'il a reçu l'ordre de ne plus vous voir — c'est fichu, quoi... Non, ne dis rien, c'est clair. Ils ne veulent pas traiter avec toi, point final.

Bruce n'arrive pas à croire que tout soit terminé.

— C'est exactement ce qu'elle t'a dit, que la femme de Kit t'avait vu téléphoner du restaurant ?

— Oui.

— La suite est logique. Merde !

Bruce fait une moue amère. Il réfléchit un moment.

— Bon. Voilà ce que je propose, Robert. Tu discutes calmement avec Su San, tu lui dis que tu es désolé que Kit vous ait laissé tomber, enfin tu vois. Sois gentil avec elle, change-lui les idées. De mon côté, je vais réfléchir à la situation. Appelle-moi ici demain matin, vers les huit heures et demie. Et nous verrons ce qu'il est possible de faire.

Il hoche la tête et regarde Robert en soupirant.

— Allons, il ne faut pas désespérer, vieux. Je sais que ce n'est pas facile, mais on trouvera un moyen de s'en sortir. Le malheur, c'est qu'en fait, Kit a raison. Il *a* déjà vu le garçon au blouson de cuir. Il l'*a* reconnu au restaurant. Et tu nous *as* téléphoné.

Bruce fixe la fenêtre avec incrédulité, et continue à mi-voix, se parlant à lui-même :

— Je ne peux pas croire qu'ils vont gagner. Ce petit crétin de Kitkeatlers... Il mériterait qu'on l'étrangle... Aller le voir à son hôtel et en finir. Et puis régler son compte à Liou à Bangkok. Terminé. Ces mecs se croient tellement... intouchables.

En début de soirée, Bruce retrouve Lowrey dans une brasserie allemande, non loin de son hôtel. C'est une énorme caverne bruyante, emplie de jeunes qui travaillent dans le quartier. Bruce commande du vin blanc ; Lowrey, une bière. Une demi-heure plus tard, Wakabayashi les rejoint. Ils ignorent l'orchestre, les danseurs et les regards occasionnels de secrétaires esseulées. Grignotant des francforts miniatures, ils ne parlent de strictement rien d'autre que de Liou Chou-chouei et du Centac-24.

Dans la matinée, un télégramme venant de la DEA de Hong Kong est arrivé. Selon un rapport du célèbre et mystérieux agent 02, Liou Chou-chouei et un homme non identifié ont acheté de l'héroïne à Chiang Mai quinze jours auparavant. Une semaine après, le compagnon de Lioù était à Hong Kong; il se fit établir pour 550 000 dollars de lettres de change, et en commanda un demi-million de dollars pour la semaine suivante. Ces 1 050 000 dollars devaient être transférés à un destinataire inconnu résidant aux Etats-Unis.

Liou achetait-il de l'héroïne en vue d'une livraison qui devait coïncider avec son voyage à San Francisco en avril ? Ce million de dollars appartenait-il réellement à Liou, et pourquoi allait-il être envoyé aux Etats-Unis ? Pour être investi dans Manzanita, la ville que Liou faisait construire près de San Francisco ?

Lowrey et Wakabayashi se renseignent sur ce mystérieux et aristocratique agent chinois appelé « 02 ».

— Tout le monde lui fait totalement confiance, explique Bruce. Et on lui fait confiance parce qu'il ne fera jamais courir le moindre risque à ses amis. Et ceux-ci le savent. Quoi qu'il arrive, il ne trahira jamais la confiance que l'on met en lui. Un homme de parole, de la vieille école.

« Pas un simple indicateur, comme tous ces cons qu'on voit partout, même pas comme notre Robert Yang. C'est un... aristocrate, un homme d'honneur, qui fait ce qu'il peut pour aider les siens — à savoir, les hommes du Yunnan retranchés dans les montagnes. Un homme qui mérite le respect.

Ils commandent une autre tournée, et examinent de nouveau point par point tout ce qui s'est passé depuis l'arrivée du Gros à San Francisco, mercredi dernier. Comment faire redémarrer l'opération ? Comment réhabiliter Robert aux yeux de Kitkeatlers ? Chacun a une idée. Ils échafaudent un plan après l'autre.

— Ce n'est peut-être pas... commence Bruce. Il se reprend : Je voudrais *croire* que ce n'est pas encore... fini.

— Ça a à peine commencé, dit Lowrey.

— Tu veux dire que nous n'avons même pas commencé à nous battre vraiment ?

Wakabayashi va chercher un cornet et des dés au bar. Ils jouent interminablement, en s'affirmant mutuellement que la situation n'est pas aussi mauvaise qu'elle le paraît.

Au bout de trois heures, ils y croient presque.

6
MERCREDI 28 JANVIER

A neuf heures et demie du matin, Robert est de retour dans la chambre de Bruce, en impeccable complet havane et cravate, mais il a une mine cadavérique.

— Su San est *folle*, annonce-t-il. Elle veut retourner en Thaïlande. Aujourd'hui même.

Il s'étale de tout son long sur le lit, et poursuit :

— Il y a quand même un côté positif. Si elle est vraiment folle de rage, elle passera peut-être à l'action.

— Bien.

— Quant à Anne, elle n'a jamais rappelé. Bizarre.

— Oui, ça m'inquiète un peu.

— Su San veut aller la voir avec moi.

— Aucune objection.

— Elle veut peut-être s'assurer que ce client grec dont je lui parle existe vraiment. Quand elle est en colère, elle s'imagine un tas de trucs.

— Pas de problème, elle peut aller voir Anne avec toi. Et quand tu arriveras chez Anne, tu diras : « Si vous êtes vraiment intéressés, je vous donne six heures. J'en ai ras le bol de perdre mon temps à poireauter. » Tu sais aussi bien que moi qu'un client vraiment intéressé viendrait enfoncer ta porte pour obtenir de la marchandise. Dis-leur : « Combien vous en faut-il ? Pouvez-vous payer ? Faites voir l'argent. » Tu connais cette petite comédie mieux que moi. Et Su San y assistera.

— Pas mal...

— Il faut à tout prix la convaincre de rester.

— Elle voulait prendre l'avion de deux heures. Mais pour le moment, elle dort. Elle ne se réveillera sûrement pas à temps.

— Ce que je ne comprends pas, Robert, c'est que si Su San connaît vraiment Liou et tous ces gens, elle ne puisse pas simplement aller à l'hôtel Shaw et régler cette affaire. Dis-lui que tu en as ras le bol. Chaque fois que tu vas voir quelqu'un, il se croit poursuivi par de mystérieux inconnus en blouson de cuir. Ce Kitkeatlers te fait marcher. Emmène-la voir Anne. Elle pourra se rendre compte que c'est bien l'adresse que Jack Cheung a indiquée. Anne a peut-être eu un ennui. Ou bien elle a pris peur parce que les Chinois qui répondent au téléphone à ton hôtel ne parlent même pas l'anglais. Elle craint peut-être de tomber dans un piège. Une fois que Su San aura vu Anne, dis-lui d'aller voir Kit pour arranger tout ça. Vous gagnerez un tas de fric et vous pourrez... vivre, quoi !

— Je lui dirai que nous allons juste faire ce deal, empocher les bénéfices, et rentrer chez nous.

— Exactement. Et c'est une affaire *idéale*. Aucun risque. Tu sers simplement d'intermédiaire entre le vendeur et le client. C'est si facile qu'il n'y a même pas besoin d'être du métier. L'acheteur ne verra même pas le vendeur. L'un amène son argent, l'autre sa marchandise. Tout ce que tu as à faire, c'est de veiller à ce que l'échange se fasse sans histoires. Tu empoches ton million, et terminé. Mais *Kit* s'y oppose. Kit est en théorie le distributeur de Liou aux Etats-Unis, mais il agit comme un petit dealer paranoïaque qui a la frousse de vendre une dizaine de grammes. Normalement, quand on traite une grosse affaire, c'est avec de vrais businessmen, qui agissent comme des businessmen. « Pourquoi avez-vous donné un coup de téléphone ? » Parce que j'appelle mon client, qu'est-ce que vous croyez ? Ils n'ont pas le *droit* de vous insulter de la sorte. Elle connaît ces gens depuis des *années*. Elle connaît toute la famille, y compris Liou. Elle *fait partie* de la famille, que diable !

— Sûr.

— Tu comprends ce que nous essayons de faire, Robert. Je veux trouver un moyen de crever ce foutu abcès. Qu'on sache où on en est, au lieu de rester enlisé dans la gadoue. S'il n'y a vraiment pas moyen... tant pis. Mais ça me rend dingue, ce... cette... Je préférerais à tout prendre qu'il te foute dehors, en te disant de ne jamais remettre les pieds chez lui, qu'il te dise qu'il ne fait pas ce genre de trafic, qu'il ne sait pas de quoi tu parles. *Alors*, nous saurions...

— Que ce n'est pas la peine d'insister.

— Que c'est fichu, oui. Mais toutes ces conneries... « Qui êtes-vous, au juste ? Adressez-vous à mon beau-frère. » C'est à n'y rien comprendre. S'ils vendent vraiment de la drogue, ils ne laisseraient pas repartir un client hautement recommandé comme toi. La drogue, c'est leur gagne-pain. C'est uniquement pour ça qu'ils sont ici. *Tous*. Frères, beaux-frères, fils, neveux, oncles, tantes, avec leur fric, leur hôtel, leurs investissements...

— Ce qui est certain, c'est que l'hôtel Shaw ne leur rapporte pas un radis.

— Kit va acheter de la bouffe pour le restaurant au *supermarché* du quartier. Comme une simple ménagère. C'est grotesque. Et ils possèdent une agence de voyages dont le numéro n'est pas dans l'annuaire ! De qui se moquent-ils ?

— Complètement dingue, oui. Ecoute, je t'appelle dès que Su San se réveillera. On verra ce qu'elle dit, aujourd'hui. C'est une bonne journée, parce qu'elle dort.

Après le départ de Robert, Bruce se rassied sur le lit, la tête entre les mains. Je ne l'ai jamais vu déprimé à ce point. Je lui demande s'il croit vraiment qu'il n'y a aucune chance que Kitkeatlers traite avec Robert.

— Avec Kit, oui, c'est fichu. Enfin, peut-être pas, après tout, mais je ne vois pas comment... Pas facile...

— Quelles sont les chances de ce Centac, à ce stade ?

— Je dirais... plutôt minces. Si le Gros est brûlé et qu'ils ne veulent plus entendre parler de lui ici... la dernière chance, la toute dernière... ce serait 02, à Hong Kong. Si quelqu'un prépare réellement une livraison ces temps-ci... et si nous pouvions mettre la main dessus... et prouver que la came vient bien de Liou et de sa bande, nous aurions atteint notre but. Mais cela fait bien des « si ».

— A votre avis, Robert est donc fini ?

Bruce écrase le paquet de cigarettes vide, le jette au panier et pousse un soupir résigné.

— Je le crains.

Si Robert est vraiment brûlé, l'opération de San Francisco est à l'eau — ainsi que, sans doute, le Centac-24.

La situation exige des mesures désespérées. Comment faire redémarrer l'opération ? Dans son bureau de l'immeuble fédéral, de l'autre côté de la rue, Lowrey Leong a une idée :

— Puisque Su San veut voir l'acheteur, et comme Anne n'a pas donné signe de vie, pourquoi ne pas faire jouer le rôle du Grec à un agent ? Si Su San tient à voir un acheteur en chair et en os, on va lui en montrer un. Robert pourrait alors lui dire : « Voilà mon client, il a l'oseille et il attend. On peut lui trouver de la marchandise, oui ou non ? »

— Pas mal, acquiesce Bruce. Ce qui serait amusant, c'est de faire en sorte que Robert croie lui aussi que c'est un vrai client. Ça lui ferait les pieds. Mais cela pourrait se retourner contre nous. Il est toujours dangereux de tromper un indicateur. Et tu peux parier qu'au moment où Su San et Robert rencontreront notre agent, le téléphone se mettra à sonner : « Salut, c'est moi, Anne. Je suis à la réception. » Et c'est là qu'ils verront arriver le *vrai* Grec.

— Ou alors il faudrait les isoler, suggère Lowrey. Il suffirait qu'ils changent d'hôtel pour qu'Anne et le Grec ne puissent pas les retrouver. A moins que ce ne soit trop exiger de Su San ?

— Je le crains. Dès que Robert dira : « On change d'hôtel », Su San répliquera : « Tu vas où tu veux, moi, je prends l'avion et je rentre chez moi. » Non, il faut mettre Robert au courant, et l'agent ne devra pas jouer le rôle du Grec. Il sera un de ces autres clients que Robert essaie soi-disant de contacter dès qu'il laisse Su San seule à l'hôtel. L'agent pourra montrer à Su San une valise pleine de dollars, et lui fixer un délai. Deux jours, pas plus... Oui, c'est nettement mieux. Il n'y a plus qu'à mettre le scénario au point. Et si jamais le Grec arrive vraiment, tant mieux : ça fera deux clients au lieu d'un.

— Quand Su San aura vu ce tas de fric, elle ne pensera plus à rentrer chez elle, ajoute Lowrey.

— Il y a des chances. Ouais, ton idée me plaît. Ça pourrait marcher.

Bruce et Lowrey montent au bureau d'Al Habib, un agent de la DEA, d'origine tunisienne, âgé de cinquante-quatre ans. Carré, grisonnant, le sourire facile mais le regard méfiant, Al Habib est le produit de trente années d'intrigues et de manœuvres contre les voyous et gangsters algériens, marseillais, italiens, grecs, turcs...

Al accepte la mission. Il est d'accord pour rencontrer Robert et Su San, mais ne pense pas qu'il soit bon de vouloir impressionner celle-ci avec une valise bourrée de billets de banque.

— Quand on traite une affaire portant sur des millions de dollars, on ne sort pas une liasse de billets. On montre son argent à un petit dealer noir de Harlem, ou à un type de Berkeley qui va te vendre deux grammes de LSD. Mais pas à un gros trafiquant.

Bruce et Lowrey lui donnent raison.

7
JEUDI 29 JANVIER

— On t'a trouvé un gars, annonce Bruce à Robert. Il te plaîra sûrement. Il est tunisien et a bourlingué dans le monde entier. Il sera un de tes clients — tu sais, un de ces acheteurs que tu allais relancer chaque fois que tu sortais de l'hôtel.

Robert vient d'arriver, complètement trempé. Dès les premiers mots de Bruce, il s'est raidi ; son instinct de survie lui dit de se méfier.

— Dans une heure ou deux, tu vas emmener Su San à l'hôtel Hyatt, où ce client vous attend. Il dira : « Me voilà, comme convenu au téléphone. J'ai l'argent et je suis acheteur. Où est la marchandise ? »

Robert n'a pas dit un mot, mais son visage fermé est éloquent.

— Tu expliqueras à Su San que c'est un des types que tu essayais de contacter, un client sérieux. Il veut savoir si vous avez de la came. Tu verras bien ce que Su San répondra : oui ou non ; ou bien, qu'elle n'est pas prête, qu'il lui faut quelques jours. Dans ce cas, il expliquera qu'il est très occupé, et qu'il n'a que deux jours. A vous de vous débrouiller pour trouver la came dans ce délai.

Robert n'a toujours pas ouvert la bouche.

— Tu pourras alors dire à Su San : « Ecoute, si tu peux convaincre les gens du Shaw que nous sommes vraiment là pour faire des affaires, c'est le moment ou jamais. »

Robert fait un vague signe d'assentiment.

— Si elle t'envoie promener, nous saurons au moins qu'elle ne fera *jamais* rien. Ou alors, elle ira les voir, et ils réussiront peut-être à s'entendre. En tout cas, elle sera obligée de prendre une décision.

— Je vais essayer, dit Robert.

Bruce téléphone au bureau. Al va arriver.

— Nous voulons la pousser dans ses derniers retranchements, explique Bruce pendant qu'ils attendent. Pour qu'elle aille voir Kit une dernière fois et lui dise : « Je pourrais *acheter* cette saleté d'hôtel ; tu n'es qu'un minable, et à mon retour, je dirais à tes frères que tu es un minable, et qu'ils ne valent sans doute guère mieux, puisqu'ils travaillent avec toi. »

Al arrive. Son regard chaleureux se pose aussitôt sur Robert.

Bruce fait les présentations.

— Je viens d'expliquer notre plan à Robert.

— Eh bien, faites-moi entrer dans le jeu, dit Al avec un sourire complice à l'intention de Robert. On pourrait faire de bonnes petites affaires ensemble. Mais quand on se connaissait, dans le temps, que faisions-nous, au juste, Bruce ? Qui vendait et qui achetait ?

Sans attendre la réponse de Bruce, Al se tourne vers Robert :

— Supposons que je sois venu à Bangkok il y a trois ans, et que je t'ai acheté de la came. Après ça, je suis reparti, en laissant des associés s'occuper du transport. D'accord ? Ça nous donnera de quoi causer. Plus on parlera, plus ça paraîtra normal à Su San.

— Pas mal, dit Robert. D'accord, on fait comme ça.

Trois heures plus tard, Al, Robert et Su San sont attablés dans un coin de l'immense vestibule du Hyatt Regency. Des ascenseurs aux parois de verre glissent silencieusement vers les hauteurs.

— Comment vont les affaires à Bangkok ? demande Al à Robert.

— Moyen.

— Je sais. C'est devenu moins facile que dans le temps. C'est d'ailleurs pour ça que je suis venu te voir en personne. Comme je te l'ai expliqué au téléphone, je suis preneur. Et le plus tôt sera le mieux. Si tu peux me dépanner, ça me rendrait bien service.

Al, qui porte un magnétophone dans le dos, boit son café à petites gorgées en observant le couple qui lui fait face. Il a l'air prospère et redoutable dans son attirail de gangster — complet havane, montre et gourmette en or, grosse bague avec solitaire.

— Madame est très jolie, dit-il à Robert. Elle ne prend rien d'autre, une pâtisserie, peut-être ? Rien que du café ?

— Rien que du café. Robert met deux sucres dans son thé et revient aux affaires sérieuses. Je ne peux pas te donner une réponse définitive aujourd'hui. Je sais que tu es un homme très occupé, mais il faudra que tu patientes au moins un ou deux jours.

— S'il y a vraiment des chances que ça marche, je peux rester deux jours. Nous avons déjà travaillé ensemble : je sais qu'on peut te faire confiance.

Ils bavardent de Bangkok. Al décrit des hôtels qu'il connaît, parle des coupures de cent bahts dont la couleur rouge l'avait surpris, d'amis qui habitent Sukhumvit Road.

— Sukhumvit, répète Su San en souriant.

C'est le premier mot qu'elle adresse à Al. Comprend-elle le sens de cette charade ? Ou se donnent-ils du mal pour rien, au lieu de parler des matches de foot du week-end ?

Al mentionne un voyage à Chiang Mai.

— Chiang Mai, répète Su San.

— C'est réconfortant de revoir les amis, dit Al à Robert. Mais c'est dur, en ce moment. Surtout en Europe. Il faut aller sur place — en Allemagne, aux Pays-Bas... En fait, je viens de perdre une cargaison. C'est pourquoi je suis si pressé. Les clients attendent. Autrement, je ne me serais pas déplacé.

— Ici, le principal problème, dit Robert, c'est le prix.

— Ce n'est pas grave, ça. On négociera. La dernière fois, on est bien arrivés à s'entendre, non ? De mon côté, pas de problème. J'ai l'argent. Si tu trouves de la marchandise, je peux rester deux jours, trois s'il le faut. Dès que tu me donnes le signal, j'arrive avec l'argent. Mais je ne veux pas attendre puis repartir les mains vides. Quand pourras-tu me dire si tu as quelque chose pour moi ou non ?

— Je ne peux rien te garantir. Mais je te donnerai une réponse avant demain soir.

— Ça marche. Comme dit, je peux rester deux ou trois jours au besoin.

Su San et Robert confèrent en mandarin. Al se penche en avant pour prendre du sucre, essayant de rapprocher le micro de cette jolie Chinoise à la voix fluette.

— En quelle langue parlez-vous ? C'est du thaï ?

— Thaï, répète Su San.

— *Sawadee krap,* dit Al [c'est une salutation thaïlandaise].

Su San a un rire bête.

— Je m'en souviens vous voyez ?

— Tu n'as pas été suivi, au moins ? lui demande Robert.

— Quelle idée ! rétorque Al, outré. Non, non, rassure-toi. Même ma femme me croit à New York. Il n'y a pas plus prudents que nous. Sinon, il y a longtemps qu'on ne serait plus là.

Su San dit quelque chose en mandarin à Robert, qui éclate de rire :

— Tu sais quel âge elle te donne, Albert ? Quarante-deux ans.

— Quarante-deux ans ? Elle est loin du compte. J'en ai cinquante.

En fait, il se rajeunit encore de quatre ans.

Su San parle de nouveau en mandarin.

— Elle dit qu'elle a de la famille à New York.

— Vraiment ? Dans quel quartier ?

Nouvel échange en mandarin. Su San sort de son sac une carte commerciale.

— C'est dans le quartier chinois, explique Robert. On lui a donné cette carte à Hong Kong. Si jamais elle a besoin d'argent à New York, elle montre la carte au type et il lui donne tout ce qu'elle veut.

— Elle devrait me la donner ?

La carte disparaît dans le sac.

— Tout ce qu'il me faut, c'est de la marchandise, dit Al, redevenant sérieux. Comme c'est urgent, je suis prêt à payer un peu plus que le cours habituel. Si ça peut accélérer les choses. D'accord, Robert ?

Su San regarde avec intérêt la bague d'Al. Il tend la main vers elle.

— Je l'ai achetée à Bangkok.

— La bague ou la montre ? demande Robert.

— Les deux. A la bijouterie Johnny Gem, près du temple du Bouddha d'émeraude. Vous avez un bien joli bracelet, ajoute-t-il à l'intention de Su San.

Elle approuve poliment de la tête. A-t-elle au moins compris ce qu'il a dit ?

— Elle adore les bijoux, dit Robert. Elle les collectionne.

— Vous êtes chinoise ? lui demande Al.

— Chiu Chow, dit Robert.

— Chiu Chow, répète Su San.

— Bien, Albert, je pense que c'est tout pour le moment. Tu auras ma réponse avant demain soir.

— Entendu. J'ai été content de te revoir. Il se lève et s'incline devant Su San. Enchanté d'avoir fait votre connaissance. J'espère que nous aurons l'occasion de nous revoir.

Al s'éloigne vers la sortie.

Su San a-t-elle compris quoi que ce soit ?

A trois heures de l'après-midi, Bruce et Lowrey suivent en voiture Robert et Su San, qui se rendent chez Anne. Entre les deux hommes, le ton monte. Lowrey voudrait que Bruce soit plus ferme avec Robert, et surtout qu'il oblige celui-ci à être plus ferme avec Su San, qui a manifestement besoin d'être engueulée un peu. Et puis, pourquoi croiraient-ils tout ce que Robert leur raconte ?

Bruce essaie d'expliquer à Lowrey ce qu'il sait de Robert Yang. En Asie, Robert l'a aidé à plusieurs reprises ; tout ce qu'il disait était confirmé par d'autres indicateurs ou par des écoutes téléphoniques. Pas une seule fois, il n'a surpris Robert en flagrant délit de mensonge.

Bruce doit néanmoins se méfier du « syndrome du manager », comme tous les agents responsables d'un indicateur. A l'égard de ses collègues, il ne doit surtout pas donner l'impression qu'il a été séduit, qu'il prend le parti de l'indic. A force de le voir tous les jours, de manger, boire et voyager en sa compagnie, il finit par oublier que c'est en réalité un malfaiteur. Il se sent responsable de lui et a tendance à le protéger. C'est naturel — mais cela peut devenir catastrophique. Surtout avec un homme comme Robert Yang, dont la spécialité, comme Bruce lui-même l'a fait remarquer, est de rouler des Américains.

— Je ne me porte pas garant de lui, dit Bruce à Lowrey. Mais objectivement, je pense que du point de vue boulot, il est régulier. Cela dit, s'il s'avère qu'il sert réellement d'intermédiaire entre Kitkeatlers et le Grec, avec vingt kilos de poudre en jeu, je serais le *dernier* à être surpris. Et je serais *ravi* de lui passer les menottes. Mais jusqu'à présent, nous n'avons aucune raison de nous méfier de lui. Et toutes ces complications ne m'étonnent absolument pas — en fait, le contraire m'aurait surpris.

Bruce est de retour au bureau de Lowrey. A 17 h 40, Robert l'appelle pour lui annoncer qu'Albert a beaucoup plu à Su San. Elle est convaincue que c'est un client sérieux, un important dealer new-yorkais. Chez Anne, ils n'ont trouvé que deux hommes ; l'un d'eux leur a dit qu'Anne avait eu un accident de voiture lundi à six heures de l'après-midi, peu avant l'heure à laquelle elle devait téléphoner à Robert. Elle est toujours hospitalisée. L'homme a promis de demander à Anne de l'appeler de l'hôpital ce soir à six heures et demie. Son père, le Grec, est à Chicago, et doit ensuite se rendre à San Diego. L'homme ignorait quand il serait de retour à San Francisco. Une Triumph toute cabossée était garée devant la maison, ce qui confirmait l'histoire de l'accident.

Robert a laissé Su San dans une rue commerçante proche de l'hôtel Shaw : elle voulait faire quelques achats.

— Parfait, Robert, lui dit Bruce. Quand elle rentrera, parle-lui clairement : elle a vu les clients, tout est en règle, il serait peut-être temps qu'elle se décide à agir.

Il raccroche et se tourne vers Lowrey :

— Il dit qu'elle ne parle plus de rentrer en Asie. Il m'a paru un peu plus... Il semble être redevenu lui-même, cela s'entend à sa voix.

8

VENDREDI 30 JANVIER

Bruce espérait que la rencontre entre Su San et Al Habib ferait rebondir l'opération. C'est effectivement le cas. Robert lui a dit que la veille au soir, Su San avait téléphoné à Bangkok. Ensuite, elle a appelé Kitkeatlers. Ce matin, elle est sortie après avoir demandé un peu d'argent à Robert. Supposant qu'elle a pris un taxi pour aller à l'hôtel Shaw, Robert est venu faire son rapport à Bruce.

Bruce se demande s'il est prudent d'envoyer un homme pour vérifier si Su San est vraiment au Shaw :

— Si ce crétin de Kit se croit de nouveau suivi par de mystérieux inconnus, ce serait la fin des haricots. Laissons tomber.

Bruce dit à Robert de regagner son hôtel, pour être là au retour de Su San. Robert promet de l'appeler dès qu'il aura du nouveau.

A quatre heures, Robert revient :

— Elle a parlé avec Kit.

— Au téléphone ou en personne ?

— En personne. Je pense que Kit est venu la prendre à l'hôtel. Selon elle, Kit lui a dit : « Quand nous recevons une cargaison, nous revendons le tout d'un coup, sans attendre. »

Le visage de Bruce s'illumine. Kit a reconnu que l'hôtel Shaw vendait de l'héroïne !

— Ils touchent une avance, poursuit Robert, avant même que la marchandise quitte la Thaïlande. Dès son arrivée ici, elle est écoulée. Ils ne gardent pas de stocks. Le tout est vendu à un seul client. Kit a demandé à Su San de ne rien me dire de tout ça.

— Ils ont sûrement des clients réguliers, commente Bruce. Des

Noirs, des Hispanos, que sais-je. Le client passe sa commande, verse une avance... Exactement ce que Liou avait dit à l'indic de l'opération Durian. Le client verse un certain pourcentage du prix, et ils livrent la marchandise. C'est leur façon de procéder.

« Durian » était l'opération dirigée contre Liou, à laquelle la CIA avait brutalement mis fin pour des raisons intéressant la « sécurité nationale ». Et maintenant, Durian permet de confirmer ce que Kitkeatlers a confié à Su San.

Robert ajoute qu'en quittant l'hôtel, il a dit à cette dernière qu'il allait voir Albert.

— Très bien. A ton retour, tu lui diras que tu as fait part à Albert de ce que Kit a dit. Al pense que c'est une excellente façon de procéder. Il lui faut dix kilos. Et il aimerait rencontrer Kit. S'ils ne veulent plus te voir, ils pourront traiter directement avec Albert. Su San pourra le présenter. Dis-lui qu'Albert veut passer une commande. Et qu'il pourrait devenir un client régulier.

— Dans ce cas, Su San se fera pincer elle aussi, dit Robert, l'air grave.

Il est évident que si Su San sert d'intermédiaire entre Kitkeatlers et Albert, elle ira en prison avec les autres.

— Ça peut peut-être s'arranger, dit Bruce. Si l'affaire s'engage vraiment dans cette voie, nous verrons ce qu'il est possible de faire.

Robert garde le silence. Pense-t-il à ce qu'il risque de perdre ? Et en quels termes — sentimentaux ou financiers ?

— En fait, Robert, c'est comme si elle travaillait pour nous, exactement comme toi — à cela près qu'elle ne le sait pas. Si les choses en arrivent là, nous trouverons une solution.

Robert semble se satisfaire de cette réponse. Il raconte qu'en appelant Bangkok, Su San a appris que son frère Iam, emprisonné à cause de l'héroïne trouvée à son domicile, est désespéré : son appel a été rejeté. Il a également offert un pot-de-vin de 50 000 dollars, qui a été refusé.

— Ça l'a remise de mauvaise humeur, explique Robert. Elle veut rentrer demain.

Il est impératif que Su San reste jusqu'à ce que le marché avec Al soit conclu. Bruce suggère à Robert de l'emmener à Las Vegas pour le week-end ; cela la distraira peut-être, et lui fera oublier ses soucis.

— Dis-lui qu'Albert s'absente pour le week-end. Il revient lundi. Vous pourriez en profiter pour faire un tour quelque part.

— Je vais le lui proposer. Mais elle rentre *à coup sûr* le quatre, pour le nouvel an chinois. Je ne pourrai pas la faire rester plus longtemps.

— D'accord. Tu devrais retourner à l'hôtel, maintenant. Il faut essayer de la maintenir de bonne humeur. Allons, Robert, ça s'arran-

gera. Tu as ton porte-bonheur sur toi, non? Et n'oublie pas de convaincre Su San de présenter Al à Kit.
— A propos, j'oubliais, dit soudain Robert. Anne a téléphoné.
— Enfin!
— Je la vois demain soir à sept heures.
— Excellent. On verra ce qui en sort. A propos, ne lui donne pas ton numéro de téléphone de Bangkok.
— Pourquoi?
— Si elle se fait coffrer, il vaut mieux que ses amis ne sachent pas où te trouver.
— Ce qui est certain, c'est que quand tout ça sera terminé, j'irai habiter un coin tranquille où je n'aurais rien à craindre.
— Ouais, fait Bruce. Le pôle Nord, par exemple.

9
JEUDI 5 FÉVRIER

— Bonne année! dit Robert avec un large sourire.
Installé sur le lit, Bruce termine son croissant et sa seconde tasse de café.
— Bonne année. Assieds-toi.
— Nous aurons la réponse aujourd'hui.
En fin de compte, la cupidité de Su San l'a emporté : elle a même renoncé à passer le nouvel an à Formose. Selon Robert, elle a téléphoné le vendredi précédent à Kitkeatlers pour lui annoncer que Al voulait passer une commande. Là-dessus, Kit a invité Su San à dîner, sans Robert. A son retour, Su San lui apprend que Kitkeatlers lui a promis une réponse « dans deux ou trois jours ». Elle restera en Amérique jusqu'à ce que Kit lui donne une réponse claire et nette.
Ensuite, Robert et Su San sont allés à Las Vegas pour le week-end. Susan a rappelé Kit, qui lui a assuré qu'elle aurait une réponse définitive jeudi.
Le grand jour est arrivé.
Selon Robert, Su San ne s'est pas réellement amusée, mais a été fort impressionnée, notamment à Los Angeles, où ils s'étaient arrêtés en route. Surtout quand elle a vu le cours de l'or écrit dans le ciel.
— Par des avions émettant de la fumée? demande Bruce, surpris.
— Eh oui. Su San a dit que l'Amérique avait trente ans d'avance sur l'Asie. Là-bas, ils n'écrivent pas le prix de l'or dans le ciel.
A Disneyland, ils ont également vu un mannequin électronique représentant le président Lincoln. Su San ne savait même pas qui était

Lincoln, et cela ne l'intéressait pas du tout. A Las Vegas, par contre, elle a passé seize heures d'affilée à une table de vingt-et-un :

— Elle a perdu tous ses traveler's cheques. Elle prétend que c'est de ma faute, parce que je lui ai porté la poisse en lui disant de ne pas jouer.

— Su San a repris contact avec Kitkeatlers depuis votre retour ? demande Bruce.

— Elle lui a téléphoné tôt ce matin. Elle aura sa réponse en fin de journée.

— Il ne pourra qu'accepter, dit Bruce. Il *faut* que ça marche.

L'après-midi, Bruce s'est installé dans le bureau de Lowrey. Il le prend à témoin :

— Si ce que Robert nous raconte est vrai, s'il nous dit vraiment ce que Su San lui dit, et que Su San lui dit vraiment ce que Kit lui dit à elle... si *tout ça* est vrai, nous sommes peut-être sur la bonne voie.

A six heures vingt, Robert appelle pour dire à Bruce qu'Anne a fini par téléphoner, et vient le prendre dans dix minutes. Su San, qui attend toujours la réponse de Kitkeatlers, préfère rester à l'hôtel.

Tard dans la soirée, Robert appelle Bruce. Il est dans un restaurant.

— Je ne peux pas parler maintenant, dit-il, mais les deux choses ont l'air de marcher.

— Comment cela ? demande Bruce.

— C'est bon, très bon. Les deux choses. Je passerai te voir demain matin, dit Robert avant de raccrocher.

Les deux choses ? Le Grec et l'hôtel Shaw ?

10
VENDREDI 6 FÉVRIER

A neuf heures du matin, Robert arrive dans la chambre d'hôtel de Bruce :

— Je ne sais pas si tu trouveras que c'est une bonne ou une mauvaise réponse, mais voilà ce que Su San m'a dit...

— Tant que ce n'est pas « peut-être », l'interrompt Bruce sur un ton de défi.

— Ce n'est pas « peut-être ».

La veille au soir, donc, Kitkeatlers est venu chercher Su San et l'a amenée à l'hôtel Shaw. A son retour, elle a informé Robert que les gens du Shaw étaient en principe d'accord, mais n'acceptaient pas de commande inférieure à dix unités.

Une unité fait sept cents grammes. Dix unités, soit sept kilos, valent plus d'un million et demi de dollars au prix de gros; revendu aux consommateurs par petites quantités, cela représente jusqu'à 60 millions de dollars. Et c'est la quantité *minimum* qu'ils acceptent de vendre.

Robert poursuit son rapport. Selon Su San, les clients paient en général un tiers d'avance, le reste à la livraison. Comme Su San fait partie de la famille, ils se contenteront de dix pour cent.

— J'ignore combien de temps vos services sont prêts à attendre, dit Robert à Bruce.

— Tout le temps qu'il faudra.

— Parce que Su San m'a dit que nous ne pourrons pas bénéficier de l'envoi qui est en cours.

— Parce qu'il y a réellement...

— Il y *a* une cargaison.

02 avait donc raison. Liou est bien allé à Chiang Mai pour acheter de l'héroïne.

La femme de Kitkeatlers a ensuite expliqué à Su San qu'ils devaient attendre au moins trois mois pour profiter de l'envoi suivant. Vous passez votre commande, vous versez l'avance, et un mois plus tard la marchandise arrive aux Etats-Unis.

— Comme Albert est de New York, elle a également précisé que si la livraison est effectuée sur la côte Est, cela coûte quinze mille dollars de plus par unité.

— Ce qui signifie que l'héroïne arrive ici.

— Et tu sais ce que Su San m'a dit, aussi? De demander à Albert au moins trente mille dollars de supplément par unité. Elle veut donc gagner 300 000 dollars de plus sur les dix unités!

Devant tant de cupidité et d'avarice, Robert ne se tient plus de rire.

— Très bien tout ça, dit Bruce. Et... quel est le prix demandé?

— Ça, il faudra en discuter avec Liou lui-même. En tout cas, la marchandise arrive par bateau, puisqu'il faut attendre un mois après le versement de l'avance.

Cela aussi correspond à ce qu'avait déclaré l'indicateur de l'opération Durian.

— Dix pour cent, cela devrait faire dans les cent mille dollars, reprend Bruce. S'ils perdent tout, ils récupèrent néanmoins leur investissement et font même un petit bénéfice. Ils pensent également que cela met la police hors jeu. Les flics ne vont pas verser une avance de cent mille dollars.

Robert s'inquiète de nouveau des risques encourus par Su San. Elle a en effet l'intention d'encaisser l'avance elle-même, ce qui en fait sans conteste une complice. Il ne veut pas que Su San finisse en prison.

Bruce non plus, d'ailleurs. C'est à Liou Chou-chouei qu'il en veut, pas à Su San.

La solution saute aux yeux. Il faut s'arranger pour que les gens du Shaw touchent l'avance sans passer par Su San.

— Albert doit pouvoir exiger de voir quelqu'un d'autre au moment de verser l'avance, explique Bruce. Il peut dire qu'il ne veut pas sortir cent mille dollars sans voir au moins un visage, au cas où son argent s'envolerait. D'autant plus qu'ils ne veulent pas de toi comme intermédiaire, Robert. Si Al traitait avec toi, il aurait confiance. C'est toi qu'il connaît, pas ta femme. Il exige donc de voir un responsable. Après tout, *ils* n'agissent pas autrement : ils ont confiance en Su San, parce qu'ils la connaissent, et se méfient de toi. Aucune raison pour qu'Albert ne fasse pas pareil. Il est normal qu'il veuille voir une personne qu'il pourra tenir responsable en cas de pépin.

— Absolument, acquiesce Robert. Je peux expliquer à Su San que si Albert lui verse l'avance et qu'ensuite il y a un accroc, c'est *elle* qu'ils iront relancer pour récupérer son fric.

— Exactement! Si c'est elle qui a touché le fric, ce sera à elle de se débrouiller pour le rembourser. Tandis que si, en présence d'Al, elle remet l'argent à un autre type, c'est lui qu'Al ira voir si l'affaire tourne mal. Et les gens pour qui Albert travaille sont des pros, des durs — exactement comme les types de l'hôtel Shaw. Explique-lui donc ça.

— J'essaierai de le lui faire comprendre.

— Albert va sans doute t'inviter à déjeuner demain avec Su San ; ça serait bien si Kitkeatlers venait aussi. Dis à Su San qu'Al trouve cet arrangement excellent, mais qu'il voudrait des précisions. Quel est le prix, que se passe-t-il si ça tourne mal, qui lui rendra son argent, comment la livraison sera-t-elle effectuée — où et quand? Su San ne peut pas répondre à toutes ces questions.

— D'accord.

— Et Anne? Tu l'as rencontrée, hier soir?

— Oui, oui. Son père ne veut pas me voir avant qu'elle lui ait fait un rapport sur moi. On est allés dans un café. Elle m'a dit : « La police des stupéfiants est terrible, aux Etats-Unis. Elle a des milliers d'agents dans tout le pays. » Elle se faisait du souci pour moi! J'avais envie de lui dire que les agents des stups, j'en vois tous les jours, et que j'en connais sûrement une centaine! Robert est secoué par un rire chuintant.

— Il faut absolument arriver à contacter le vieux, Robert. Dis-lui que si son père est surveillé par la police, et qu'il est dangereux de le voir, tu préfères laisser tomber.

— Tu voudrais vraiment laisser tomber? demande Robert, surpris.

— Mais non. Si tu leur dis cela, ils raccrocheront aussitôt; ils viendront te relancer chez toi, s'il le faut. C'est ainsi qu'ils agiraient si tu étais un vrai trafiquant. C'est *toi* qui as ce qu'ils veulent, et non l'inverse. Et tu n'as pas besoin de lui, tu peux trouver d'autres clients.

— Su San doit m'attendre, dit Robert après avoir consulté sa montre.

— N'oublie pas : Si le Grec veut te voir, vas-y. Et s'il ne veut pas te voir, pourquoi Anne a-t-elle pris la peine de t'appeler ? Quant à Su San, il faut arranger ce déjeuner pour demain, la convaincre qu'il serait bon que Kitkeatlers soit présent, et savoir quel est le prix exact.

Bruce va voir Lowrey dans son bureau de l'immeuble fédéral.

— Je n'arrive pas encore à croire que ça va peut-être marcher... Le Gros ne peut pas avoir *inventé* tout ça, quand même ! Allons, il y a de l'espoir. Le cadavre se lève et marche !

Il met Lowrey au courant des derniers développements. Lowrey craint que l'attitude de Su San constitue un obstacle majeur. Il rabat l'optimisme de Bruce :

— Je ne la vois pas se contenter de jouer les seconds rôles. Cela pourrait créer un vrai problème.

— Je sais, Lowrey, je sais. Le ciel peut nous tomber sur la tête. L'hôtel Shaw peut s'écrouler. La Chine peut envahir la Thaïlande. Mais pour le moment, tout ce qui se passe est *normal*. Dans ce business, c'est toujours la même chose : rencontres, discussions, paiement, livraison. Et nous arriverons à obtenir ce que nous voulons. Al est un excellent agent. Il saura s'y prendre pour repousser Su San à l'arrière-plan. Il insistera pour voir le type auquel il donne son argent. C'est son droit, après tout. L'hôtel Shaw se dit prêt à traiter avec lui, ce qui n'est déjà pas si mal. Et si la transaction se fait *vraiment,* lorsqu'ils auront touché leurs cent mille dollars d'avance, puis leurs neuf cent cinquante mille ou je ne sais combien, il m'étonnerait fort que Liou Chou-chouei ne se manifeste pas d'une façon ou d'une autre. Peut-être même ici, à San Francisco.

Lowrey s'avoue vaincu. Bruce, Wakabayashi et lui vont à la brasserie. Ils jouent aux dés. Bruce ne cesse de perdre. Il est si excité qu'il n'arrive même plus à compter les points.

11

SAMEDI 7 FÉVRIER

Bruce n'a pas fermé l'œil de la nuit. Il se creuse la cervelle pour savoir ce qui se passe *réellement*. Contrôler une opération par l'intermédiaire d'un indicateur n'est déjà pas facile, mais quand celui-ci dépend lui-même d'une tierce personne, l'agent est presque entièrement coupé de l'action.

Pour commencer, Kitkeatlers, alarmé par l'arrivée de Lowrey au restaurant, refuse de revoir Robert. Et maintenant, Su San, qui voit régulièrement Kit et la femme de celui-ci, semble elle aussi vouloir évincer Robert. Lorsque Kit l'a emmenée dîner, elle aurait pu insister pour que Robert vienne aussi : elle l'a somme toute présenté comme son mari. Pourquoi maintient-elle Robert à l'écart ?

Quelque part, dans les couches successives de ce que Kitkeatlers dit à Su San, de ce que Su San dit à Robert, et de ce que Robert dit à Bruce, se cache sûrement quelque chose de louche.

En arrivant dans la chambre de Bruce, Robert ouvre la fenêtre pour faire sortir les nuages de fumée. Il est huit heures dix du matin. Bruce finit de s'habiller, en glissant son colt derrière sa ceinture au niveau du rein droit. Cela fait, il pose le cendrier en plastique noir sur le lit défait, s'assied et allume une nouvelle cigarette.

— Alors, bonnes nouvelles ou mauvaises nouvelles ?

— Tu sais quel prix ils demandent... ? Cent trente mille dollars l'unité. En discutant avec Liou, Su San espère le faire baisser à cent vingt ou cent dix. Je pourrai la revendre cent cinquante mille à Al.

Robert explique que pour conclure l'affaire, il devra aller à Bangkok. Su San veut qu'il retourne ensuite à San Francisco pour qu'Albert lui verse les dix pour cent d'avance. Par la suite, Su San viendra elle-même chercher le solde.

— Liou a donc déjà donné son accord ?

— Oui. Al peut aller en Asie pour tout mettre au point avec les associés de Liou.

— Ce que je ne comprends pas, Robert, c'est que Kitkeatlers ne puisse pas s'occuper de ça ici même. Il fait partie de la famille, non ? Nous étions sûrs que... En fait, Su San t'avait affirmé que Kit était responsable de la vente aux Etats-Unis.

— Maintenant, en tout cas, elle veut retourner à Bangkok pour régler cette affaire avec Liou lui-même.

Bruce disparaît dans le placard pour chercher une paire de chaussures. Une idée soudaine lui vient. Une idée peu réjouissante, d'ailleurs. Comment n'y avait-il pas pensé avant ? Cela expliquerait pourquoi Su San ne semble pas tenir à ce que Kitkeatlers s'occupe de la transaction, pourquoi elle tient absolument à regagner la Thaïlande pour « régler cette affaire ». Tout en fouillant dans ses bagages, il appelle Robert, et lui annonce sur un ton détaché, comme pour cacher l'importance de sa découverte :

— Je crois que Su San essaie de monter cette affaire toute seule.

— Comment ? fait Robert, croyant avoir mal entendu.

Bruce sort du placard, ses chaussures à la main, apparemment désinvolte.

— Je crois qu'elle veut monter cette affaire toute seule, Robert. Sans passer par Liou.

Robert n'est toujours pas revenu de sa surprise :

— Je ne comprends pas. Elle voudrait... Sa voix s'étrangle, puis il s'exclame avec indignation : tu prétends qu'elle veut retourner en Thaïlande pour acheter la marchandise *elle-même?*

Robert est très malin, mais cette nouvelle le prend totalement au dépourvu. Il supposait, à tort, que si jamais quelqu'un trahissait les autres dans cette histoire, ce serait lui.

— Bien sûr. En Thaïlande, elle n'a pas besoin de Liou pour se procurer quelques kilos d'héroïne.

— Tu crois qu'elle veut vraiment monter cette affaire toute seule?

— Oui. Et voilà pourquoi : cela fait déjà quelque temps qu'elle est en pourparlers avec Kitkeatlers. Et soudain, elle prétend que Kit ne peut prendre aucune décision, qu'il ne peut pas vendre. A quoi sert-il, alors, ce Kitkeatlers? Si ce qu'elle raconte est vrai, il ne sert à *rien*.

— Si elle fait ça, si elle retourne là-bas pour acheter la camelote elle-même, elle peut bien récolter vingt-cinq ans de tôle, je m'en fiche éperdument.

— Personnellement, dit Bruce, je m'en fiche aussi. Mais ça ne m'intéresse pas qu'elle aille en prison. Ce qui m'intéresse, c'est que *Liou* aille en prison.

— Elle le mérite, affirme Robert sentencieusement.

— Tu m'as bien dit qu'hier, Su San a vu Kitkeatlers, ou plutôt sa femme, et qu'elle a enfin obtenu une réponse?

— Exact.

— Kit lui a, ou lui aurait, dit : « C'est d'accord. Pas moins de dix unités. Quinze mille de supplément pour livraison à New York. Livraison trente jours après versement de l'avance »?

— Absolument.

— De ton côté, tu as un acheteur, qui attend dans un hôtel à deux cents dollars par jour. Il est content que ça marche, et il veut savoir le prix. Donc, tu vas voir Albert aujourd'hui — en ce moment-même, tu es censé être avec lui — et tu lui dis que ça sera cent cinquante mille l'unité. Et Al te répond : « D'accord. Dix pour cent d'avance pour dix unités, cela fait cent cinquante mille dollars. Je les aurai mercredi prochain. A qui dois-je les donner? » C'est ce qu'Albert vient de te dire : « J'ai l'argent mercredi, à qui est-ce que je paie? »

Robert rumine toujours de sombres pensées de trahison. Il ne répond rien. Bruce continue :

— S'il s'agissait d'un marché normal, ne crois-tu pas qu'ils enverraient quelqu'un, même un sous-fifre, parler au type qui va leur donner un million et demi de dollars, dont la bagatelle de cent cinquante mille dollars d'avance ? Au moins pour voir sa tête, ou lui dire : « Tout est en ordre, mais nous ne voulons pas votre argent tout de suite. Nous reprenons contact avec vous dans trois semaines. » Maintenant qu'ils se sont décidés à vendre, la moindre des choses serait qu'ils se mettent d'accord avec le client, non ?

— Mais...

— Et toi, poursuit Bruce en élevant le ton, tu affirmes qu'ils ne veulent même pas te voir *maintenant*, pendant que tu es ici avec Su San. Et vous retourneriez à Bangkok, où elle irait discuter avec Liou, et ensuite, quand tu reviendrais ici pour toucher l'avance d'Albert, les gens du Shaw accepteraient de traiter avec toi ? Kit ne veut même pas te voir quand elle est là. Si tu reviens seul, il te dira : « Je ne vous connais pas, monsieur », et ce sera tout.

Robert s'agite sur son fauteuil, mal à l'aise.

— J'ai réfléchi à toutes les possibilités, dit-il, mais je ne me serais *jamais* imaginé que Su San essaierait de combiner ça toute seule...

— Tu saisis la situation, Robert ? Je ne peux pas aller à Washington pour demander les cent cinquante mille dollars d'avance que Al doit verser. Nous ne savons même pas si ça va vraiment marcher, ni quand. Si Dennis Dayle me demande pour quand il me les faut, je serais obligé de répondre : « Je ne sais pas au juste. En juin, peut-être, ou bien en juillet-août... » Et il me foutra à la porte de son bureau. Ce que j'aimerais surtout savoir, pour le moment, c'est comment Su San va amener la marchandise ici. En admettant qu'elle ne fasse pas appel à Liou, bien entendu. Parce que... si elle veut combiner ça toute seule... la suite logique serait qu'elle te demande...

Bruce s'interrompt. Il veut que Robert trouve la réponse par lui-même.

— De faire transporter la came par le Fantôme.

— Tu as pigé.

Robert ferme les yeux et soupire. C'est exténuant, de se trouver au centre d'intrigues criminelles *et* au carrefour de deux cultures, de jouer au plus malin avec des agents américains *et* des trafiquants d'héroïne chinois, sans oublier une maîtresse vorace. Il fait craquer ses jointures, hoche la tête et hasarde :

— A moins... qu'elle ne le fasse elle-même.

— Tu comprends, Robert, poursuit Bruce, d'une part, elle te dit que Kitkeatlers n'a pas confiance en toi. Que Kitkeatlers ne veut pas te voir. Encore et toujours Kitkeatlers. Elle va dîner avec Kitkeatlers : « Il veut me parler, mais sans toi. » Il l'emmène à l'hôtel Shaw, et tout ça... D'autre part, elle te dit que Kitkeatlers est un rien du tout, qu'il ne peut prendre aucune décision, qu'il faut qu'elle aille voir Liou à Bangkok. Dans ce cas, *pourquoi* perd-elle tout ce temps avec Kitkeatlers ? La réponse est peut-être : parce qu'elle n'a aucunement l'intention de traiter avec Kit *ni* avec Liou. Parce qu'elle veut monter cette affaire seule, en payant le Fantôme pour assurer le transport.

Robert pousse un gémissement et se renfonce encore davantage dans son fauteuil.

— Si Liou s'occupait réellement de cette affaire, je ne comprends pas que Kitkeatlers ne s'assure pas du sérieux de son client, qu'il ne veuille pas au moins *voir* Al. Elle t'a présenté à eux, mais ils ne te font pas confiance, et voilà qu'elle arrive soudain avec un autre client, et ils lui feraient confiance sans même savoir qui c'est ? Le minimum serait qu'ils lui demandent de s'arranger pour aller dans un café avec Al, de sorte à pouvoir l'observer incognito. Rien que pour voir sa tête, et s'assurer que ce n'est pas un mec de la police des stupéfiants — ils les connaissent tous.

— Dans ce cas, il n'est pas exclu qu'elle n'ait jamais parlé d'Al à Kitkeatlers.

Robert a mis le doigt sur une autre éventualité, sur une autre façon dont Su San aurait pu le trahir. Même si elle ne monte pas l'affaire seule, sans passer par Liou, elle aurait pu raconter aux gens de l'hôtel Shaw qu'elle est *l'acheteur* — et pas simplement un intermédiaire agissant pour le compte d'un client nommé Albert.

— Une question, Robert. Si Su San n'essaie pas de combiner *toute* l'affaire elle-même, aurait-elle pu dire aux gens du Shaw qu'*elle* est l'acheteur ? Qu'il n'y a personne d'autre, que le client, c'est *elle* ? Et après leur avoir raconté ça, elle irait revendre la marchandise à Albert ?

— Tu veux dire qu'elle n'aurait jamais parlé d'Albert à Kit ou aux autres gens du Shaw ?

— Elle ne leur a parlé de *personne*. Elle peut fort bien avoir dit à Kit : « Pouvez-vous me vendre dix unités à San Francisco ? » Sans autres détails. Et il aurait répondu « Bien sûr, pourquoi pas ? » Sans qu'il ait été question de je ne sais quel autre client.

Robert, qui ne manque pourtant pas de perspicacité, ne saisit pas que cela expliquerait le manque d'intérêt de Kit et de ses acolytes envers Albert.

— Enfin, Robert, il est évident que quelque chose ne tourne pas rond. Kit voudrait au moins jeter un coup d'œil sur son client. *Qui* va aller voir son beau-frère Liou et lui verser cent cinquante mille dollars ? Après tout, ça pourrait être le type au blouson noir qui le suit dans les restaurants. Ça ne tient pas debout.

— Il serait donc possible que Su San ait demandé à Kit de lui vendre dix unités, sans dire un mot d'Albert...

— Evidemment ! Dans le cas contraire, si le Shaw savait que le client est un certain Albert, Kit aurait dit à Su San : « Ecoutez, pour votre propre bien, il faudrait que je vois ce type. Vous ne vivez pas ici, vous ne connaissez pas les gens. Nous, nous savons reconnaître un flic quand nous en voyons un. »

Robert réfléchit un bon moment, puis parvient à une conclusion :

— Je vais te dire ce que je pense, d'accord ? A mon avis, le Shaw est bien le fournisseur. Su San et Kit se sont probablement mis d'accord pour qu'il lui vende dix unités. Si elle n'a pas parlé d'Albert à Kit, c'est qu'elle craint que la prochaine fois, ils ne traitent directement avec lui.

— C'est effectivement possible. Les intermédiaires ne tiennent généralement pas à ce que le vendeur rencontre le client.

— Si j'étais dans la peau de Su San, je ne présenterais certainement pas Albert aux gens du Shaw.

— Oui, mais si tu étais dans la peau du *Shaw*, fournirais-tu dix unités à une personne qui va les revendre à un inconnu ? Si ça tourne mal, les flics vont arrêter l'acheteur, autrement dit Su San, et la cuisiner pour qu'elle leur dise d'où vient la marchandise. Et elle finira par dire : « De l'hôtel Shaw. » Et ils se feraient tous coffrer... A leur place, tu aurais confiance, dans cette situation ? Parce que la marchandise va arriver, et il faudra bien que *quelqu'un* la remette à Su San. Que quelqu'un aille la chercher sur le bateau, la transporte d'un point A à un point B — et pour toute garantie, ils savent qu'elle est de la famille, et espèrent qu'elle sera suffisamment futée, dans un pays dont elle ne parle même pas la langue ! Si deux flics en civil étaient en faction devant chez elle, et lui lançaient une plaisanterie au passage, elle ne comprendrait même pas ce qui se passe. Kit, lui, jugerait la situation du premier coup d'œil. S'ils sont prudents au point de refuser de te revoir parce qu'ils ont aperçu en déjeunant au restaurant avec toi un mec qu'ils avaient déjà vu auparavant, je n'arrive pas à croire qu'ils vendent dix unités à Su San comme ça, sans même lui demander ce qu'elle compte en faire.

— Possible, mais je sais que Su San ne veut pas mettre Albert en relation avec le Shaw. Ça serait la fin de ce filon. Elle m'a dit qu'elle pensait qu'Al serait un client régulier — une livraison tous les trois mois. Elle a tout calculé. Ça fait un million deux cent cinquante mille dollars de bénéfice par an. En ce moment même, elle compte les billets dans sa tête. Ah ! les femmes... Pour les gens, l'argent, c'est vachement important.

— Ça, tu l'as dit.

Seul le temps permettra de répondre à ces questions : Su San se prépare-t-elle à servir d'intermédiaire entre Liou et Albert, ce qui serait l'idéal ? Ou bien compte-t-elle acheter la drogue à Liou et la revendre elle-même à Albert ? Cette seconde hypothèse compromettrait davantage Su San, tout en donnant néanmoins au Centac des armes contre Liou. Ou alors, troisième éventualité catastrophique, Su San s'apprête-t-elle à acheter l'héroïne en Thaïlande à une source inconnue, pour la faire transporter par les passeurs du Fantôme, avant de la vendre à Albert aux Etats-Unis ? Dans ce cas, Liou ne serait pas impliqué, et le Centac-24 aurait abouti à un échec total. Su San irait en prison, ainsi que, peut-être, sa source thaïlandaise et le Fantôme. Mais pas Liou Chou-chouei, ni un quelconque membre de son organisation.

— Et Anne ? demande Bruce.

— Elle m'a dit que son père me téléphonerait ce soir.

— Tu lui diras qu'il n'est pas très net, parce que tu es ici depuis des semaines, et que tu as appelé sa fille dès le lendemain de ton arrivée. Explique-lui que tu as des associés à San Francisco, et que s'il est intéressé, tu leur diras de prendre contact avec lui ou avec sa fille. Comme ça, nous pourrons mettre Lowrey sur cette piste.

Robert se lève. Su San et lui regagnent l'Asie demain. Bruce, lui, va à Washington. Il espère découvrir les véritables intentions de Su San au cours des semaines à venir. Impliquera-t-elle Liou Chou-chouei ? Ou le Centac se retrouvera-t-il les mains vides ?

— On se revoit à Bangkok, dit Bruce. Dans une semaine environ. Sois prudent.

Robert parti, Bruce va à la fenêtre. A travers les rideaux douteux, il voit le soleil se refléter sur les vitres d'un immeuble abandonné.

— Je ne sais pas, soupire-t-il en haussant les épaules. Je ne sais même pas s'*il* sait. Ou bien il a tout inventé, ou bien... ou bien c'est nous qui nous imaginons des trucs, et Su San conclut vraiment un marché avec Liou.... Pourquoi ne pas la croire, somme toute ?

— Il existe effectivement une faible possibilité qu'elle dise vrai, fais-je observer.

— Ouais... Qu'elle aille voir Liou et... fasse tout ça... qui sait ? Mais il y a tout de même quelque chose qui cloche dans cette histoire. Enfin! d'ici deux ou trois semaines, nous devrions être fixés. Je voudrais croire que c'est vrai. Mais Su San m'inquiète. Elle représente une quantité inconnue. Est-elle vraiment de taille à combiner ça toute seule ?

Pour sa dernière soirée à San Francisco, Bruce va dîner avec Lowrey et Wakabayashi. Ils se garent dans un parking souterrain proche du restaurant, et que voient-ils, deux places plus loin ? Une Colt rouge. Et c'est bien celle de Kitkeatlers.

Wakabayashi, que Kitkeatlers et Su San n'ont jamais vu, va faire un tour au restaurant. Le terrain est libre.

Après avoir donné leur commande, ils discutent des écoutes téléphoniques. Bruce parle des problèmes que cela pose en Thaïlande. Le service responsable des écoutes travaille avec le soutien de la CIA, que l'on appelle là-bas « le second étage », car c'est là que se trouvent ses bureaux à l'ambassade. Quelqu'un demande à Bruce s'il est facile de travailler avec la CIA.

— Avec les Thaïlandais, répond Bruce, pensant peut-être au rôle joué par la CIA dans l'enquête sur l'assassinat de Joyce Powers, on arrive toujours à s'entendre, mais le second étage, c'est autre chose. Ce sont les pires emmerdeurs qui soient, avec le Département d'Etat. Nous sommes les chiens galeux de l'ambassade ; heureusement, d'ailleurs, parce que si les gens du Département d'Etat nous considéraient comme des gens bien, nous pourrions nous poser des questions. Ils sont... vous savez... fonctionnaires des Affaires étrangères en poste à l'étranger... Une drôle de bande.

Ils se taisent pendant que le garçon leur sert le poulet. Ensuite, Bruce passe à un autre sujet :

— S'il y a *quoi que ce soit* de vrai dans ce que raconte Su San, il y a de fortes chances pour que nous la prenions sur le fait dans les trois mois à venir. Comme toujours, l'avidité sera plus forte que le simple bon sens, et elle ira jusqu'au bout — même si elle doit amener la came dans sa propre valise. Et elle craquera. Elle parlera, parce qu'elle ferait n'importe quoi pour ne pas aller en prison.

— Dans ce cas, où est le problème ? dis-je. Soit vous arrêtez Liou, soit vous arrêtez Su San, qui vous livrera Liou.

Tous sont d'accord : pas de problème, c'est gagné.

— Pourquoi ne fêtez-vous pas la victoire, alors ?

— C'est ce que nous faisons ! s'exclame Bruce, mais sa gaieté est forcée. Il sait que si Su San monte l'affaire toute seule, elle ne pourra pas leur donner Liou.

Lowrey demande à Bruce si, dans le cas où elle irait vraiment voir Liou, Su San emmènerait Robert avec elle.

— Si elle le voulait, répond Bruce, elle pourrait le présenter non comme un étranger, mais comme l'homme avec lequel elle vit depuis trois ans. Elle pourrait même dire à Liou « C'est mon mari. » Et il répondrait « Très honoré. » Ou alors, il refuserait de lui parler. On ne sait jamais, avec ces gens-là.

— Su San a-t-elle jamais rencontré personnellement Liou ? s'enquiert Lowrey.

— A l'en croire, elle était présente avec diverses personnes, notamment son frère, son père et ses oncles, pendant que Liou traitait une affaire. C'est d'ailleurs ainsi qu'elle a appris ce qu'il faisait. Liou accepterait donc de parler affaires avec elle. Mais je ne suis pas certain qu'elle tienne à emmener Robert... Elle ne veut pas lui montrer toutes ses cartes.

— Su San pourrait effectivement organiser toute la transaction avec Liou, fait observer Lowrey.

— C'est certain. Et si elle va jusqu'au bout, sans que nous soyons informés de rien, sans que nous ayons participé en quoi que ce soit, tout devient facile. Nous saisissons la drogue, nous l'arrêtons et nous lui disons : « Félicitations, vous avez gagné. Et maintenant, soit vous en prenez pour soixante-quinze ans, soit vous nous racontez tout. » Et elle devient notre principal témoin à charge.

— Là, ce serait du gâteau, dit Lowrey. Mais elle peut aussi se refuser à parler : « J'ai fait ça toute seule, personne ne m'a aidé. Liou ? Oh non, c'est *ma* came. » Et nous serions dans le pétrin. Exact ?

— Oui, mais il y a bien peu de... Elle essaierait de les mouiller *même* s'ils n'avaient joué aucun rôle dans le marché, rien que pour échapper à la prison.

Le garçon apporte l'addition. Nous payons et regagnons notre voiture. La Colt rouge n'est plus là.

A mi-chemin de l'hôtel, Bruce dit en souriant :

— Dans deux mois, à Bangkok, je n'y serai pour personne. Je serai bien trop occupé à me faire faire des complets sur mesure pour le procès et la cérémonie de remise des décorations.

— Ouais, fait Wakabayashi. A votre place, je ne me hâterais pas trop de passer ma commande au tailleur.

— Je vais vous dire ce qui vous travaille, dit Bruce en ne plaisantant qu'à demi. C'est la crainte que quelqu'un ne joue au menteur avec vous. Serait-il possible que *quelqu'un* mente ?

DEUXIÈME PARTIE

Centac-12 : Alberto Sicilia-Falcon

« Il était hébété, au bord de la folie. A douze ans, il avait déjà vécu une expérience que peu d'adultes auraient pu supporter.
... Il était terrifié, et je ne pouvais rien faire pour soulager sa souffrance. »

CHAPITRE PREMIER

1

Dennis Dayle voit Bruce franchir la porte et sourit. Il ne l'a pas vu depuis Tucson, il y a plus d'un an.
— Alors, comment ça va?
— Ma foi... bien et mal, répond Bruce.
Il vient d'arriver de San Francisco, et ne sachant trop à quoi s'en tenir avec Dennis, il n'ose s'asseoir sans y être invité.
Dennis lui désigne un fauteuil.
— Je pense que nous allons réussir à conclure un marché, dit Bruce. A très brève échéance. Voilà qui est bien.
— Non.
Bruce ne sourit plus. A-t-il dit quelque chose d'idiot?
Dennis choisit une pipe dans un râtelier, la bourre de Captain Black et tasse le tabac avec son cure-pipe en or. Il a suivi les rapports que Bruce a envoyés de San Francisco et les a classés dans sa mémoire.
— Il y a bien mieux que ça, Bruce. Même si nous ne concluons pas un marché... on peut déjà intenter une action judiciaire.
— Vous croyez que c'est possible dès maintenant?
— J'en suis sûr.
Bruce s'agite dans son fauteuil.
— Eh bien, vous êtes le premier type de ma connaissance à le penser. Mais nous en sommes bien plus loin que je ne l'aurais imaginé. Franchement.
— Disons que... Dennis s'appuie sur son bureau et se penche vers Bruce. Robert ne parle pas à Kitkeatlers.
— Exact.
— Mais il parle à Su San. Qui parle à Kitkeatlers. Elle est donc complice. Par conséquent, nous nous trouvons devant une conspiration criminelle.
Robert peut rapporter devant un jury ce que Su San lui a dit sur les activités de Kitkeatlers et de Liou, les commandes d'au moins dix unités dont on prenait livraison aux Etats-Unis un mois après. Les

preuves par ouï-dire sont recevables dans les cas d'entente délictueuse. Si le jury les accepte, Liou ira en prison.

— En plus, dit Bruce, je crois que nous allons saisir une partie de la came de Liou dans moins d'un mois. Et même si nous ne pouvons prendre que Su San, il y a de fortes chances pour qu'elle fasse le nécessaire.

— Qu'elle témoigne.

— Oui, dit Dennis avec un rire étouffé. Mais il n'y aura pas qu'elle. Ils se retrouveront tous dans la merde jusqu'au cou. Il tire longuement, voluptueusement sur sa pipe. On juge sans arrêt à New York des affaires comme ça — même sans saisie de drogue. Et les sentences sont *très* lourdes.

— Quand même, voir Robert entrer au Shaw Hotel, c'est plus que je n'osais espérer.

Dennis lance des bouffées de fumée et rit dans sa barbe, essayant de communiquer à Bruce un peu de son optimisme.

— Nous ne parlons pas dans le vague. Les acteurs qui se trouvent impliqués font cela depuis des années. Et croire qu'ils s'arrêteront maintenant, c'est tout simplement irréaliste.

— Oui.

— Je suis personnellement *ravi* que le Gros n'ait parlé qu'à un seul complice. [A Su San.] A mon avis, c'est un atout formidable. En fin de compte, quand nous passerons devant le tribunal, ce sera sa parole contre celle de Su San. Plutôt que sa parole contre celle de trois ou quatre participants. C'est une situation *idéale*.

— J'aurais voulu que ça se passe mieux que ça, à San Francisco. Mais avant, je ne pensais même pas qu'il contacterait qui que ce soit.

— Personnellement, je n'en ai jamais douté.

— Eh bien, moi, si.

— Parce que vous vous disiez, si ça n'arrive pas, les gens croiront que je n'ai pas fait mon boulot.

— Exactement.

— J'ai plus confiance que vous en vos capacités, Bruce. Mais c'est compréhensible. Si nos situations étaient inversées, j'éprouverais le même sentiment. Et nous savons tous deux qu'à un moment ou à un autre, Su San devra choisir entre coopérer ou aller en prison. Et je *crois* qu'elle acceptera de coopérer.

— Oh oui!

— Et si cela se produit, l'affaire est dans le sac.

— Elle va devenir notre témoin vedette.

— Personne, absolument *personne* ne pourra démolir ce témoignage. J'ai fait ça. Je l'ai fait avec lui et lui et lui. « Et pourquoi l'avez-vous fait? » Parce que nous faisions du trafic de *drogue*.

— Nous sommes à deux doigts de voir l'affaire foirer complètement ou bien s'organiser pour...

— Bruce, nous ne pouvons pas disposer de moins d'éléments que nous en avons maintenant. Avec ce que nous possédons, il y a de quoi engager des *poursuites*. Nous avons réalisé des progrès considérables. Naturellement, nous voulons que d'autres événements se produisent, et nous y travaillons, mais même si rien de nouveau ne se produit, nous pouvons entamer une action judiciaire.

Bruce parle d'Al Habib et de l'éventualité de devoir verser une avance de 10 % sur le prix d'achat de dix unités.

— Une avance ?

Dennis prononce ces mots avec stupeur, comme s'il n'avait jamais entendu parler de rien de tel. Malgré tout l'argent dont il dispose, Dennis affirmera toujours — comme il l'a fait à Tucson — qu'il est réduit à la misère.

Bruce n'ose même pas poser de questions. Il n'en a pas l'occasion. Dennis dit :

— Pas question.

— Bon, laissez-moi continuer. S'il le fallait, nous pourrions trouver un peu d'argent...

Dennis sort son portefeuille et regarde à l'intérieur.

— Douze dollars vous aideraient-ils ?

— Quelque chose comme ça. Imaginons que Su San rencontre Liou à Formose. Les Taiwanais mettront certainement des micros dans les pièces et sous les tables. Si nous découvrons que tout est vrai, que nous commandons vraiment une cargaison de drogue et qu'ils sont sur le point de la livrer, *alors,* je voudrais avoir assez de couilles pour crier sur les toits : « Voilà la *preuve* que c'est vrai et que nous devrions fournir l'argent. » Je ne proposerais sûrement pas de mettre du fric là-dedans à l'aveuglette. Mais si nous avons la preuve que tout le succès de cette affaire dépend du versement d'une avance... Après tout, si nous ne pouvons pas nous offrir le luxe de monter en première division, il ne fallait pas commencer à jouer.

— Il se peut, mais cela posera un problème majeur.

Victoire ! Dennis a reculé et est passé de « pas question » à « un problème majeur ».

— Le versement d'une avance aboutit à deux choses, poursuit Dennis. En premier lieu, vous cédez à l'adversaire le contrôle de la situation. Celui qui a l'argent a le contrôle. Deuxièmement, quand un type leur verse pour la première fois une avance, ils se méfient *toujours* de lui et le prennent pour un con. Parce qu'il risque son fric. C'est ce qui m'inquiète au sujet de Habib. Non que ce soit un con, mais ils le considèrent comme tel. Il n'a jamais traité avec ces gens, et il leur donne de l'argent. Surtout des Orientaux... ils pèsent tout soigneusement et avec circonspection. S'ils le trouvent suspect, et qu'il leur faut un an pour prendre leur décision, ils attendront un an pour la prendre.

— Mais si l'on se réfère aux rapports sur l'opération Durian, Liou a dit à l'indicateur : « Je vais vous dire comment on traite ces affaires. Vous rencontrez l'acheteur, et vous versez un acompte... »

— Et ils disent à l'acheteur : « Soyez demain à dix-huit heures à Formose avec le reste de l'argent. » Nous ne pourrons pas réagir avec une telle rapidité.

— Je sais, c'est farci de problèmes. Mais je ne voulais surtout pas leur donner l'impression que Al est un crétin qui ne connaît rien aux affaires, ce qui nous ramènerait à la case départ. Du genre : « Albert ne veut pas verser d'avance. » Et ils diraient : « Dans ce cas, qu'il aille se faire voir. »

— Ils se tromperaient complètement à son sujet. En fait, Al est *si* malin que d'habitude, non content de s'introduire dans une affaire de ce genre, il *exige* que la livraison soit effectuée à Paris. Quelque part sur les Champs-Elysées.

Bruce change de sujet. Il parle du million de dollars qui, selon 02, serait parti de Hong Kong pour les Etats-Unis.

— Disons que c'est de l'argent qui rentre pour acheter des Shaw Hotels, dit Dennis.

— Et pour construire cette ville, Manzanita.

Dennis rallume sa pipe. L'opération de San Francisco ne s'est pas terminée en beauté, avec Kitkeatlers remettant effectivement au Gros dix unités d'héroïne fournies par Liou. Ce fut néanmoins un grand succès.

Et maintenant, alors que le Centac-24 entre dans ce qu'on pourrait appeler sa phase asiatique, Robert et Su San ayant déjà regagné l'Orient (à coup sûr pour continuer à mettre à l'épreuve les ressources à la fois des agents et des trafiquants d'héroïne), Dennis déborde de confiance.

— Bruce, répète-t-il, vous devriez être *très* content. Vous ne pouvez disposer de moins d'éléments que vous n'en avez maintenant. Et ce que vous avez suffit pour engager des poursuites.

2

Un soir au dîner, peu après le départ de Bruce pour Bangkok, ma conversation avec Dennis passe de Liou Chou-chouei à Alberto Sicilia-Falcon.

Au cours de l'année précédente, j'avais appris pas mal de choses sur Sicilia, sur son affaire de stupéfiants de plusieurs millions de dollars, ses liens étroits avec les politiciens et les bureaux de renseignement, ses ventes d'armes à des exilés portugais parrainées par la CIA, ses échanges armes-contre-drogue avec la guérilla mexicaine. Je savais qu'il était capable de tuer, je connaissais ses perversions sexuelles, le culte qu'il vouait au diable, j'avais entendu parler de sa forteresse de Tijuana, la Maison Ronde, et je l'avais vue.

L'assassin qu'il avait engagé, Michael Decker, m'avait parlé de meurtres, de batailles, de voitures à la James Bond, de réceptions somptueuses, de voyages à travers l'Amérique latine et l'Europe, des millions de dollars de la drogue, en liquide et sur des comptes bancaires, des rêves de pouvoir et de conquête de Falcon. Et un des adjoints de Falcon, Alberto Barruetta, m'avait raconté d'effroyables histoires de tentatives d'assassinat, de menaces contre sa femme, et finalement de l'aide qu'il avait en désespoir de cause demandée aux agents fédéraux.

Maintenant, je voulais en savoir davantage sur la façon dont Dennis considérait des hommes comme Sicilia-Falcon. Comment il les voyait personnellement.

— Tous les Centacs s'attaquent à de grosses organisations, dis-je, et, invariablement il y a un personnage de premier plan au sommet. Vous arrive-t-il de considérer ces cibles comme du gibier?

— Absolument.

— C'est donc un sport?

— Et un défi. Le plus dangereux des jeux. Ils représentent un défi parce qu'ils sont fabuleusement armés pour nous échapper — mentalement, physiquement, financièrement. Ils ont tous les atouts. C'est comme si on montait sur un ring pour dérouiller un géant.

— Avez-vous l'impression qu'Alberto Sicilia-Falcon, par exemple, vous lance un défi personnel, d'homme à homme.

— Comme vous le savez, je n'ai jamais vu Sicilia-Falcon. Il existe beaucoup de gens que je connais très bien sans les avoir rencontrés. Cela fait partie de mon travail. Il m'est plus facile de manipuler des gens que je ne connais pas. Des indicateurs, par exemple. Quant aux leaders... Mettons que je préférerais de loin commander un sous-marin plutôt qu'un cuirassé. Il est plus excitant d'observer sa proie, de la suivre furtivement et de la détruire sans qu'elle se soit jamais doutée de votre présence. Dans votre sous-marin, vous ne la voyez pas, mais cela n'empêche pas de ressentir intensément le défi. Le grand manitou *doit* tomber, durement, et définitivement. Avoir l'organisation Falcon sans avoir Falcon, ce serait tuer le corps du dragon en lui laissant la tête, et celle-ci ne tarderait pas à se créer un nouveau corps.

CHAPITRE DEUX

1

J'étais allé jusqu'au Mexique dans l'espoir de parler à Sicilia-Falcon. Je le rencontrai dans son bureau, à proximité de vastes pelouses bien dessinées qui étincelaient au soleil. Basané et vêtu d'un costume safari beige à liséré rouge, Falcon me fit asseoir, régla un problème avec deux subordonnés, et me tendit un livre dont il disait être l'auteur, un mince volume de 168 pages en édition de poche.

Je le feuilletai, traduisis quelques pages de l'espagnol, et ne fus pas surpris de voir qu'il s'était peint comme un persécuté, une victime de l'injustice.

> *Je ne suis pas un écrivain. Je suis un solitaire, un homme qui continue à garder la nostalgie d'une société juste et humaine. Mon livre est un cri individuel que je lance, un cri d'incrédulité et de souffrance. Quand on commence à souffrir d'une réalité cruelle, impitoyable, on se trouve dans sa solitude face à l'impuissance et à la douleur, face à la perte des valeurs auxquelles on croit. Je dédie ce livre à toutes les victimes de la torture et des persécutions de la justice. Leur combat est aussi le mien.*

Falcon alluma une Pall Mall, avala la fumée et me dit :
— Si vous parlez à Gregory ou à Gorman, ils vous diront que je suis le pire des filous.

Pat Gregory, l'ex-agent de la CIA qui voyait des complots partout, et son méditatif partenaire, Rich Gorman, avaient passé une bonne partie de leur vie à poursuivre Falcon.

— Ils disent même que j'avais une voiture dans laquelle il suffisait d'appuyer sur un bouton pour que les phares se transforment en mitraillettes, un vrai truc à la James Bond. Vous trouvez cela croyable ?

Son œil gauche était rouge et larmoyant. Il me dit qu'il avait reçu un gravier en jouant ce matin même au tennis. Il bâilla et expliqua que sa femme et lui ne s'étaient pas couchés de la nuit.

— Je ne suis pas une blanche colombe, poursuivit Falcon, désireux de parler, mais sombre et méfiant, ne sachant pas très bien qui j'étais et qui pouvait m'avoir envoyé. J'ai fumé de la marijuana. Mais ce qu'ils disent de moi est ridicule. J'ai trente-cinq ans. Je ne suis pas assez vieux pour avoir fait tout ce dont on m'accuse.

Il continua dans la même veine. Plus tard, après avoir fait traduire son livre, je m'aperçus que rien de ce qu'il avait dit ne s'écartait sensiblement de ce qu'il avait déjà écrit dans ce livre. Les paroles et les mots imprimés ne se contredisaient jamais. Mensonges, vérités, semi-vérités se noyaient dans un noir brouet, peut-être susceptible d'appâter les naïfs dont il espérait obtenir fidélité et obéissance.

Falcon affirmait qu'après avoir fui vers Miami quand Fidel Castro avait pris le pouvoir à Cuba, il avait fait partie de l'équipage d'un lance-torpilles de la CIA qui livrait des armes et récupérait des agents sur la côte cubaine. Retournant un jour à la base secrète du bateau après quinze jours de permission, Falcon eut, dit-il, un accident de voiture et ne put participer à la mission suivante. Le bateau ne revint pas et la base opérationnelle fut supprimée. Falcon retourna chez ses parents à Miami, alla à l'université, et se mit à investir dans de vieilles maisons qu'il rénovait.

— Puis, dit-il, fin octobre 1967, j'ai reçu la première de ce qui devait être une série de visites mystérieuses.

Ces « mystérieuses visites » étaient certes intéressantes, car Falcon s'en servait pour expliquer à sa façon la pression qu'exerçaient sur lui Pat Gregory, Rich Gorman et les autres. Son récit a au moins un avantage : il y reconnaît avoir eu des rapports avec la CIA.

— On sonne à la porte au moment du dîner. Je vais ouvrir. Dehors, il y a un homme d'une quarantaine d'années, pas loin d'un mètre quatre-vingts, aux cheveux en brosse, dans le style militaire.

Parlant couramment espagnol mais avec un accent, l'homme (selon Falcon) dit qu'il l'avait cherché depuis le jour où le bateau n'était pas rentré de sa dernière mission. Falcon le fit entrer et expliqua qu'il « était souvent retourné à la base. Mais, ayant découvert qu'elle était abandonnée, il avait pensé que tout était fini ». L'homme dit à Falcon que « l'organisation » — Falcon précise qu'il comprit clairement qu'il s'agissait de la CIA — voulait qu'il revienne. Falcon répondit qu'il poursuivait ses études, qu'il travaillait et pensait à se marier, « et ne voulait plus s'engager dans des activités de ce genre ».

Le visiteur « écouta, me dit qu'il ferait un rapport à ses supérieurs et partit ».

A la mi-janvier 1968, continue Falcon, il épousa à New York une certaine Jill. C'était vrai. On savait que Falcon avait épousé Jill Waller à New York en février 1968, l'année où José Egozi, l'officier de renseignements d'origine cubaine formé par la CIA, signala avoir vu Falcon à New York.

En avril suivant, toujours selon Falcon, Jill et lui revinrent à Miami. Un soir, au moment où il allait se coucher, on sonna à la porte.

— C'était encore le mystérieux visiteur. Je l'invitai à entrer et nous nous assîmes dans la petite salle de séjour. Il dit qu'il voulait que je revienne travailler avec eux. Ils voulaient m'infiltrer à Cuba. Je devrais y rester quelques mois pour rassembler des informations que me fourniraient divers contacts, puis un bateau viendrait me prendre. Après cette mission, on ne m'ennuierait plus. Je refusai. Visiblement troublé, il me dit que je commettais une erreur. Ce fut à ce moment-là qu'on me menaça pour la première fois. Il dit : « Si vous refusez, nous pouvons vous rendre la vie impossible. Réfléchissez bien. Vous avez soixante-douze heures pour vous décider. »

Le mardi suivant, au matin, dit Falcon, il se dirigeait vers sa voiture garée près de son appartement quand le « mystérieux visiteur » réapparut.

— Je suis venu chercher votre réponse.
— Ma réponse n'a pas changé.
— Soit. Je vous ai prévenu. A bientôt.

Falcon affirma qu'il fut presque immédiatement renvoyé de son travail. Le lendemain, Jill et lui allèrent voir une vieille maison qu'il rénovait à Coral Gables :

— On avait brisé les fenêtres de la façade. A l'intérieur, les meubles avaient été renversés, on avait déchiré les housses et les rideaux et éclaboussé les murs de peinture. Tout notre travail était fichu.

« Nous avons vendu la maison telle quelle, à perte, et nous sommes partis immédiatement pour New York, où, pensais-je, je serais débarrassé du mystérieux visiteur. Je me trompais. A New York, la même chose se produisit. Au bout de trois ou quatre semaines, j'étais mis à la porte de toutes les entreprises pour lesquelles je travaillais. Il en était de même pour ma femme.

« Nous allâmes à Chicago. Là, la pression s'accrut. Nous partîmes pour Denver, et à Denver la main mystérieuse réapparut. Nous avons essayé Los Angeles, puis San Francisco. Dans toutes les villes, cette main invisible nous tourmentait. Vers la fin de 1969, tout allait mal, ma situation financière et mon mariage. Ma femme et moi décidâmes de nous séparer.

Falcon essaya ensuite d'échapper à ses tortionnaires en allant au Mexique. Il s'installa à Tijuana où « avec l'aide financière de mes parents, j'ai acheté du terrain pour créer des installations touristiques, et me suis occupé d'exportation de crustacés ».

A Tijuana, Falcon dit être tombé amoureux d'une certaine Mercedes. Elle était plus âgée que lui et avait un fils de quatre ans, Carlos. (Falcon parlait de Mercedes Coleman, mère de Carlitos, le garçon qui, selon Michael Decker, deviendrait un jour un bien plus grand criminel que Falcon lui-même.)

— Puis, Mercedes se mit à sortir le soir. Quand je lui demandais où elle allait, elle me disait de ne pas me mêler de ses affaires. Elle s'absentait de plus en plus souvent. Il lui arrivait de partir pendant des semaines ou des mois. Je souffrais terriblement. Je l'aimais. Et je souffrais encore plus pour le garçon qui était à ma charge.

« Un jour de mars 1971, Carlitos et moi sortîmes pour prendre la voiture et je trouvai le mystérieux visiteur appuyé contre le coffre. J'étais stupéfait. Je lui demandai ce qu'il voulait.

« — Vous pensiez que nous avions perdu votre trace au Mexique, mais vous vous trompiez. Nous savons tout ce que vous avez fait. Nous n'ignorons rien des activités de votre femme. Savez-vous qu'elle est mêlée au trafic des stupéfiants ?

« Ce fut un rude choc. Je ne pouvais imaginer Mercedes mêlée à quelque chose d'illégal.

— Elle est actuellement en état d'arrestation, dit le mystérieux visiteur, et il nous serait très facile de vous impliquer avec elle dans cette affaire. Mais nous voulons vous donner une dernière chance. Ou bien vous revenez avec nous, ou bien vous savez ce qui vous attend.

« — Je vous ai déjà dit que je ne voulais rien avoir à faire avec vous.

Dans son livre, Falcon écrit que Mercedes fit deux ans de prison pour trafic de drogue, lui confia Carlitos et partit « pour vivre sa vie ». Falcon s'installa à Mexico où, dit-il, il tomba amoureux d'Irma Serrano, une célèbre actrice mexicaine au tempérament de feu qu'on appelait La Tigresa. Ils étaient heureux ensemble et avaient l'intention de se marier.

Mais une fois encore, dit Falcon, « cette courte période de paix » fut détruite par cette main invisible.

2

Après avoir réussi à faire sortir Alberto Barruetta et sa petite amie Susan de la planque de San Diego et à les envoyer vers l'est et ce qu'ils espéraient être la sécurité, Rich Gorman et Pat Gregory continuèrent à poursuivre Alberto Sicilia-Falcon. Le Centac, qui avait alors un an et demi d'existence, ne considérait pas encore l'affaire Falcon comme suffisamment importante pour mériter son intervention. Mais les événements faisaient boule de neige, et bientôt des révélations sensationnelles allaient attirer l'attention du Centac.

Avant sa fuite, Barruetta avait témoigné contre Falcon et ses associés devant des jurys d'accusation fédéraux. Maintenant, l'ancien chef de la sécurité de Falcon et d'autres se mettaient à témoigner. Des inculpations allaient bientôt être prononcées contre Falcon et certains membres de son organisation. Des copies de ces inculpations seraient communiquées aux autorités mexicaines pour qu'elles préparent leurs propres procès. Des mandats d'arrêt devaient être délivrés dans les deux pays. Puis, lors d'une gigantesque rafle coordonnée et exécutée simultanément, les responsables et les employés de Falcon — Carlos Kyriakides, Roger Fry, Brian Dennard, Joan Beck et des tas d'autres — seraient cueillis des deux côtés de la frontière. Des procès s'ensuivraient. Pour finir, si tout allait bien, toute l'organisation Falcon serait sous les verrous.

Ce serait la première véritable preuve de la capacité de coopération de deux pays pour annihiler un groupe de criminels internationaux.

Falcon lui-même avait disparu — selon certaines rumeurs, il visitait l'Europe. Gregory et Gorman attendaient sa réapparition lorsqu'une analyse des communications interurbaines révéla que Falcon passait des coups de téléphone à partir de deux maisons situées dans l'élégant quartier Colonia Pedregal, au sud-ouest de Mexico City. Le Pedregal est un champ de lave vieux de deux mille ans où sont situées l'université nationale du Mexique et certaines des plus luxueuses résidences de la capitale, d'immenses demeures cachées derrière des murs couverts de lierre et de somptueuses cascades de bougainvilliers roses. La plupart des communications de Falcon venaient du 180 Calle Nieve, une maison d'un étage relativement modeste avec une petite cour, un garage pour deux voitures, une allée privée et un portail.

L'après-midi du vendredi suivant la découverte de ces appels téléphoniques, Ron Sibley et Jerry Medina — deux agents de la DEA affectés au Mexique — qui observaient la maison virent une Mercedes neuve avec des plaques californiennes entrer dans l'allée, suivie par une BMW marron immatriculée également en Californie. Le conducteur de la Mercedes, un beau jeune homme vêtu de façon un peu voyante, descendit pour refermer les portes derrière la BMW que conduisait une séduisante jeune femme, apparemment américaine.

Aucun des deux agents n'avait jamais vu les associés de Falcon, Carlos Kyriakides et Joan Beck (laquelle, selon Mike Decker, pourrait avoir été un assassin au service de Falcon), mais le couple qui franchit la porte correspondait aux descriptions dont ils disposaient.

Une heure plus tard, une Ford Mustang grise sans plaques d'immatriculation entra dans l'allée. Son chauffeur en descendit avec une grande enveloppe de papier bulle, jeta avec méfiance un rapide coup d'œil autour de lui, et pénétra dans la maison.

Pendant trois quarts d'heure, les deux agents observèrent la maison en s'interrogeant sur le contenu de cette enveloppe. Argent ? Drogue ? Puis Kyriakides et Joan Beck ouvrirent la porte, retournèrent à la Mercedes et sortirent en marche arrière. Les agents les laissèrent s'éloigner puis les prirent en filature.

Peu après, une autre voiture, une Volkswagen verte, se glissa derrière la Mercedes. Les deux conducteurs se signalant leurs changements de direction, les voitures prirent l'Anilla Periférico, une grande artère se dirigeant vers le nord et le centre de la capitale. Lorsque les deux voitures arrivèrent près de la sortie Reforma, la Mercedes prit la rampe de sortie, laissant la Volkswagen continuer tout droit. Les agents suivirent Kyriakides et Beck.

La Mercedes se fraya un chemin dans une circulation très dense jusqu'au large Paseo de la Reforma, passa devant *El Angel*, le monument dédié à l'indépendance mexicaine, puis tourna à droite dans les rues encombrées bordées de magasins de la bruyante Zona Rosa. Elle s'arrêta finalement devant l'hôtel El Presidente.

Ron Sibley, un grand maigre, bondit de la voiture des agents et se précipita dans le hall, dans l'espoir de suivre le couple jusqu'à l'ascenseur pour connaître le numéro de leur chambre. Mais quand il arriva, ils avaient disparu. Il regarda à l'intérieur du bar près de la piscine couverte, puis se souvint qu'il existait une entrée latérale conduisant directement aux ascenseurs. Il s'arrêta à la réception, jeta un coup d'œil sur le registre et s'aperçut avec stupéfaction que Kyriakides s'était inscrit sous son vrai nom. Chambre 1102.

Le soir, le bureau de la DEA de San Diego vérifia les numéros d'immatriculation de la Mercedes et de la BMW. La Mercedes avait été louée à Joan Beck. La BMW avait été achetée par Brian Dennard pour le distributeur de l'organisation aux Etats-Unis, Roger Fry, qui par la suite l'avait donnée à Falcon. San Diego signala aussi que de nouveaux rapports des services de renseignements indiquaient que Kyriakides était à Mexico pour réceptionner une importante cargaison de cocaïne que devaient lui livrer deux hommes identifiés comme Rafael Bravo et « Guillermo ». Ils devaient arriver dans une Volkswagen verte venant de Lima.

Sibley et Jerry Medina poursuivirent leur surveillance. Lundi matin, un break Ford de couleur marron entra dans l'allée du 180 Calle Nieve, resta trente secondes, puis repartit. Le conducteur roula sans but précis dans le voisinage, comme pour vérifier qu'il ne se passait rien d'anormal, puis retourna à la maison. Cet homme — grand, maigre, dans les vingt-cinq ans — correspondait à la description de Rafael Bravo.

Le lendemain, San Diego téléphona de nouveau pour annoncer que le bimoteur Beech Duke brun et blanc de Falcon venait de décoller de Tulsa (Oklahoma) à destination de Mexico City.

A dix heures le mercredi matin, une réunion fut organisée à l'ambassade des Etats-Unis dans le bureau d'Ed Heath, le patron de la DEA au Mexique. Petit homme nerveux, avec un soupçon d'arrogance napoléonienne, Ed Heath était très bien informé et très actif. Il parlait couramment espagnol, avait une grande expérience de l'Amérique latine et s'était fait un devoir de gagner la confiance du *Primer Comandante* (le chef de la police mexicaine). Cette confiance était un des atouts maîtres de Heath, car le *Primer Comandante* n'était autre que Florentino Ventura-Gutiérrez.

Ventura était, disaient certains, le fonctionnaire de police le plus puissant d'Amérique latine. Chef d'une unité d'élite connue sous le nom de Groupe Spécial, dépendant directement du ministre de la Justice, l'autorité de Ventura était presque égale à celle du président du Mexique, Luis Echeverría. Les cinquante policiers du Groupe Spécial de Ventura s'occupaient des affaires de haute priorité concernant la sécurité nationale, des grands trafiquants de stupéfiants, ainsi que de toutes les questions que le président ou le ministre de la Justice voulaient voir traitées avec discrétion et efficacité. On savait que Ventura avait le droit de tuer, et qu'il l'exerçait assez fréquemment. On savait moins que, comme Sicilia-Falcon, il avait fait des études pour devenir prêtre.

Homme puissant, Ventura avait le physique de l'emploi. Grand et vigoureux, avec un visage plein, une épaisse chevelure noire et une moustache, il avait des yeux noirs dont le regard pouvait vous transpercer jusqu'à l'âme. Bien qu'affable en société et prompt à rire, professionnellement, il était froid, cruel, impitoyable. A quarante-sept ans, il était dans la police depuis vingt-neuf ans.

Ventura écouta Heath et Sibley lui exposer qu'ils soupçonnaient Falcon d'être sur le point de conclure une importante transaction de cocaïne au Mexique. Il promit de fournir les hommes et le matériel nécessaires pour faire surveiller vingt-quatre heures sur vingt-quatre les suspects, les maisons et les voitures. Il n'était pas question d'arrêter Falcon — les inculpations aux Etats-Unis n'avaient pas encore été confirmées et aucun des deux pays n'était prêt à procéder à des arrestations en masse. L'objectif était d'obtenir des charges supplémentaires contre Falcon et les autres personnes mêlées à cette opération.

Comme aucun des agents de la DEA affectés au Mexique n'avait vu

Falcon, Kyriakides, Beck ou d'autres membres importants du groupe, on décida d'envoyer Pat Gregory à Mexico. A la fin de la réunion, on apprit que l'avion de Falcon venait d'atterrir dans la capitale.

A quatre heures de l'après-midi, Kyriakides et Joan Beck quittèrent l'hôtel El Presidente dans la Mercedes et se dirigèrent vers le 180 Calle Nieve. Une heure plus tard, Beck en repartit en voiture, se dirigea vers le centre ville et se perdit bientôt dans une circulation très dense. Les équipes de surveillance reçurent l'ordre de se regrouper au 180 Calle Nieve.

Une demi-heure plus tard, une Volkswagen verte arriva à la maison et y resta une trentaine de minutes.

A dix-neuf heures trente, Joan Beck revint dans la Mercedes. Trois heures et demie plus tard, Beck et Kyriakides montèrent dans la Mercedes. Ils prirent la direction du nord, vers le centre ville, suivis par un convoi de voitures de surveillance.

Kyriakides se rendit bientôt compte qu'il était filé. Il accéléra, prit quatre virages en faisant hurler ses pneus, puis s'arrêta brusquement, passa en marche arrière et essaya de percuter une des voitures qui le suivaient. Alors que la voiture de police freinait sec, Kyriakides redémarra, accélérateur au plancher, franchit une zone médiane et prit une rue en sens interdit. Tandis que les voitures montaient sur le trottoir pour éviter la Mercedes, Ventura, qui participait à la poursuite, ordonna aux policiers d'arrêter Kyriakides.

Les voitures entourèrent immédiatement la Mercedes et lui coupèrent la route. Les policiers, l'arme au poing, ouvrirent brutalement les portières et extirpèrent Kyriakides et Beck de la voiture. Ils furent fouillés et ramenés au 180 Calle Nieve.

Quand les policiers entrèrent dans la chambre de maître du premier étage de la maison, ils trouvèrent Falcon au lit, avec un pied fracturé. En voyant arriver ces visiteurs indésirables, il saisit un automatique sur la table de nuit. Agitant des mitraillettes Ingram, les hommes de Ventura lui arrachèrent le pistolet.

Ventura entra dans la chambre avec Jerry Medina, l'agent américain qui avait suivi avec Ron Sibley la Mercedes jusqu'à l'hôtel El Presidente. Falcon sortit un chéquier du tiroir de la table de nuit, détacha un chèque, y inscrivit six zéros, et le tendit à Ventura.

— Mettez le chiffre que vous voulez devant les zéros et foutez le camp d'ici.

Devant le refus de Ventura, Falcon tendit une nouvelle fois la main vers la table, prit une fiche blanche de sept centimètres sur douze, la déchira rapidement et essaya de l'avaler.

Medina attrapa Falcon, le secoua vigoureusement et lui fit recracher les morceaux. Il les mit dans sa poche, tout imbibés de salive.

En fouillant la maison, Ventura et ses hommes ne trouvèrent que deux cents grammes de cocaïne, ce qui ne ressemblait guère à l'énorme cargaison qu'ils espéraient trouver. Ils découvrirent tout de même des choses plus intéressantes. En plus de deux passeports mexicains en règle (l'un sous un faux nom), Falcon avait une carte verte d'immigration aux Etats-Unis, lui permettant d'y vivre et d'y travailler, et des récépissés de demandes de passeports français et italien.

Un portefeuille trouvé dans ses vêtements contenait également une carte métallique verte portant une inscription dorée, une photo de Falcon et deux signatures. Le texte identifiait son détenteur comme un agent du *Gobernación*.

Le *Gobernación* était un « super-bureau » mexicain chargé des opérations intérieures et extérieures de renseignements et de contre-espionnage, une combinaison de la CIA et des services de contre-espionnage du FBI. La plupart des cartes du *Gobernación* n'étaient pas vert et or. Ces couleurs étaient réservées aux agents particulièrement importants. Pour que Falcon possède une telle carte, il fallait qu'il ait des relations politiques au plus haut niveau.

Sicilia-Falcon était donc arrêté. De crainte que ses associés ne se réfugient dans la clandestinité, les agents américains et mexicains durent procéder à des arrestations avant que les actes d'accusation et les mandats d'arrêt n'aient été préparés.

Fortement armés, les Feds de Tijuana prirent d'assaut la Maison Ronde, la fouillèrent et s'y livrèrent au pillage. Plus tard, Rich Gorman, d'autres agents américains et une équipe de Feds poursuivirent deux trafiquants qui avaient jadis fourni à Falcon des tonnes de marijuana.

Il s'agissait des frères Julio et Daniel Bello, qui figuraient parmi les membres les plus sinistres d'une profession particulièrement dépravée. Barruetta avait dit qu'ils avaient des « instincts d'animaux », ce qui était un euphémisme. Les Bello avaient l'air d'animaux, vivaient et agissaient comme tels. C'était avec des animaux, aussi, qu'ils avaient les liens les plus tendres.

Officiellement, les Bello vendaient des pierres. Les pierres ne manquaient vraiment pas à Tijuana où on pouvait en ramasser dans les rues, mais les Bello vendaient quand même des pierres. On s'accordait en général à dire que les Bello étaient fous. Derrière le bureau d'où ils dirigeaient ce commerce, Daniel avait une maison avec un patio clos de murs et une piscine. C'était une jolie maison, avec un bar, d'épais tapis... et un ours. Tout à fait adulte, un mètre quatre-vingts debout sur ses pattes de derrière. L'ours vivait dans la maison, y dormait et se soulageait où il voulait.

Dans la piscine, se trouvait El Muelas (les Molaires), un alligator de deux mètres dix. Selon Barruetta, les Bello le nourrissaient de conserves pour chiens, et n'auraient pas hésité à lui jeter en pâture un indicateur de la police.

Le frère de Daniel, Julio, avait fait installer dans sa chambre à coucher une trappe qui donnait sur un escalier secret descendant dans une pièce voûtée en ciment où étaient entreposés de l'argent et de la drogue. Un tunnel en partait pour ressortir derrière un établi, dans un garage situé à trois maisons de là. Julio et ses visiteurs pouvaient ainsi entrer dans la maison et en sortir sans être vus.

Dans un ranch proche de Tijuana, Daniel avait des dobermans et des lions adultes. Un fossé équipé d'un pont-levis en bois séparait les dobermans des lions. Ces derniers, enfermés dans des camions à remorques, gardaient les cargaisons de marijuana, vautrés sur les ballots. Les vols étaient rares.

Barruetta avait dit que le ranch ressemblait beaucoup à la maison qu'ils avaient en ville, à une exception près :

— Le ranch sent la pisse de lion, la maison sent la merde d'ours.

Gorman, les autres agents et les Feds arrivèrent chez Julio le soir. Julio, qui dormait paisiblement, n'eut pas le temps d'emprunter le tunnel. Il plongea de la fenêtre de sa chambre et se mit à courir dans la rue, nu comme un ver. Les premiers mots qu'il lança à Rogelio Muñoz — le Fed qui avait neuf mois auparavant livré Barruetta aux agents américains à San Diego — furent :

— Qu'est-ce qui se passe, Rogelio ? Pourquoi ne m'as-tu pas téléphoné ?

Après avoir arrêté Julio, les agents et les Feds partirent vers le ranch à la recherche de Daniel. Approchant prudemment d'un enclos dont la clôture était ouverte, un agent américain entendit des grognements menaçants, et fut stupéfait de se trouver face à une bande de lions.

— Les pieds de l'agent ne touchèrent pas terre, se souvenait Gorman qui intervint avant que les animaux n'aient pu faire leur travail.

Gorman et d'autres agents américains appréhendèrent alors Roger Fry et procédèrent à une série d'arrestations dans une dizaine de villes, d'un bout à l'autre des Etats-Unis.

L'empire de Falcon s'écroulait. Et nul plus que Falcon n'en éprouvait de tourment.

3

Je n'essaie pas de me justifier parce que ce n'est pas moi qui ai pratiqué la violence, l'injustice, la torture, l'abus de pouvoir, le chantage et l'oppression. Je les dénonce, ceux qui ont trahi l'esprit du système pour lequel ils affirmaient travailler. Je ne suis pas seul à avoir été traité de cette façon. Je parle au nom de milliers d'hommes et de femmes.

« Comme cette fracture était douloureuse ! » poursuit Falcon dans son livre, persistant à donner sa version fort peu impartiale de la façon dont il avait été persécuté par la « main invisible » de la CIA. Il parle de son arrestation, disant qu'il était au lit après avoir fait une chute de cheval.

— Deux jours plus tard, j'avais toujours aussi mal qu'au moment de la chute. Malgré tous les antalgiques qu'on me donnait, la douleur était intolérable. J'avais l'impression que mon pied était plongé dans un bain d'acide.

« J'entendis soudain les chiens aboyer. Puis des voix et des cris. Je ne savais pas ce qui se passait. La porte de ma chambre s'ouvrit lentement, et deux barbus aux cheveux longs se dirigèrent vers moi. Je crus que c'étaient des cambrioleurs ou des kidnappers. Je saisis un pistolet que je gardais dans ma table de nuit. Les hommes se jetèrent sur moi.

« " Un geste et tu es mort ", cria l'un.

« " Qui êtes-vous ? Que faites-vous ici ? "

« " Police ! "

« Ensuite, un troisième homme entra : le *Comandante* Florentino Ventura, que j'avais déjà rencontré. Il était avec un Américain de l'ambassade.

« " C'est vous qui dirigez ce groupe ? demandai-je à Ventura avec surprise et fureur. Que venez-vous faire ici ? "

« Ventura ne répondit pas. Un homme à l'accent étranger me dit :

« " Ne soyez pas stupide. Vous savez parfaitement pourquoi nous sommes ici ; dans votre propre intérêt, vous feriez mieux de nous dire où est la cargaison. "

« Ils m'engueulèrent. Je leur affirmai que je n'étais au courant de rien. Soudain, un des hommes, le chauffeur de Ventura, frappa mon pied cassé avec le canon de son revolver.

« Je hurlai de douleur.

« " Ce n'est qu'un début. Dis-nous où est la drogue. "

« Je balbutiai de nouveau que je n'avais aucune idée de ce dont ils parlaient.

« " Allons finir de bavarder à la Procuraduría ", dit Ventura.

« Quand je sortis péniblement de mon lit, souffrant le martyre parce que je n'avais plus d'antalgiques, je me rendis compte que Ventura avait amené une petite armée de vingt-quatre hommes, tous équipés comme pour livrer bataille, avec des fusils automatiques, des mitraillettes, des grenades à main. Ils fouillaient la maison. Fouillaient ou pillaient.

« Il était deux heures du matin quand ils me firent descendre. En bas, je vis, ligotés et bâillonnés, tous ceux qui se trouvaient dans la maison quand la police était arrivée. Parmi eux, il y avait une amie nord-américaine de Carlos Kyriakides. (Il voulait parler de Joan Beck.)

« Nous partîmes dans six voitures pour la prison de la Procuraduría. Lorsqu'on me fit entrer, j'entendis Ventura dire : " Mettez celui-là dans le squash. "

— Qu'est-ce que c'est que le squash ?

— Ils me jetèrent dans une des petites cellules du fond de la prison. Elle mesurait environ un mètre cinquante sur trois mètres cinquante, peinte en noir et sans fenêtre, avec des murs de ciment, une porte en fer, et une unique lampe scellée dans le plafond. Pour seul mobilier, un lit en béton. Il y avait des taches de sang sur les murs et le sol ; je crus que c'était un truc psychologique pour terroriser le prisonnier et amoindrir sa résistance.

« Ventura entra, suivi par un agent de toute évidence nord-américain dont j'appris plus tard qu'il s'appelait Patrick. (Pat Gregory.) Sur un ton agréable, Ventura me demanda si j'avais eu le temps de réfléchir aux questions qu'il m'avait posées à la maison.

« Je répondis : " Non, monsieur, je ne sais pas de quoi vous parlez. "

« Quand ils partirent, je posai mes béquilles contre le mur pour m'allonger et réfléchir. Peu après, la porte s'ouvrit et le chauffeur de Ventura, Lalo Estrada, entra, accompagné d'un agent, un certain Retana. Retana vint vers moi. " N'empire pas ta situation. Mets-toi à table. "

« " Je ne sais pas de quoi vous parlez, et je n'ai pas faim. "

« Estrada me donna un coup de pied dans la figure et me jeta contre le coin du lit. Les deux hommes me battirent pendant trois minutes avec leurs poings et leurs pieds. Puis Lalo Estrada me demanda : " Où est la drogue ? "

« Avant que j'aie pu lui dire que je n'en savais rien, Lalo prit une de mes béquilles et se mit à taper sur mon pied fracturé. Le plâtre se brisa, mais il continua à frapper.

« Le sang coulait à flots de mon pied. Tandis que Lalo s'acharnait dessus, Retana prit l'autre béquille et me frappa le torse, me brisant une côte, puis au ventre et à la tête. J'étais sur le point de m'évanouir. Finalement, ils jetèrent les béquilles et sortirent. Je les entendis rire, et l'un d'eux cria : " Repose-toi un peu. Nous reviendrons bientôt. "

Au moment où la police faisait irruption dans la maison du 180 Calle Nieve, l'avion de Pat Gregory atterrissait à l'aéroport international Benito Juarez. Accueilli par un agent de la DEA, il fut stupéfait d'apprendre que Kyriakides, Joan Beck et Falcon avaient été arrêtés, et que les hommes de Ventura étaient dans la maison.

Quand il arriva au 180 Calle Nieve, Gregory trouva Carlos Kyriakides assis dans un fauteuil de la salle de séjour ; Joan Beck lui faisait face sur un canapé. Tous deux paraissaient désorientés et effrayés. La pièce grouillait de policiers. Gregory se précipita au premier étage et entra dans la chambre à coucher. Falcon était au lit « avec des mitraillettes pointées sur lui ».

Ventura, qui se trouvait avec Jerry Medina au pied du lit, lui désigna la porte d'un signe de tête et sortit avec lui dans le couloir. Il s'excusa d'avoir dû procéder prématurément aux arrestations. Il n'avait pas eu le choix : Kyriakides conduisait sa voiture comme un fou.

Jerry Medina sortit et remit à Gregory le chiffon de papier qu'il avait extirpé de la bouche de Falcon. Gregory le mit dans sa poche.

En fouillant la maison, les agents américains et les hommes de Ventura découvrirent une pièce qu'ils allaient baptiser la Salle du Trône. C'était une bibliothèque lambrissée à une extrémité de laquelle se trouvait, sur une sorte d'estrade, un imposant fauteuil Louis XIV recouvert de velours rouge, avec des bras sculptés en forme de tête de lion. C'était un cadeau de Gaston Santos, le matador qui avait participé à l'affaire des armes portugaises parrainée par la CIA. Juste à côté, se trouvait une petite table sur laquelle étaient posés un coupe-cigare en or, des verre à dégustation, des bouteilles de fine Napoléon de cinquante ans d'âge, et un grand humidificateur contenant plusieurs centaines de Havanes. Sur une étagère proche il y avait un exemplaire du journal de la DEA avec des photos de la saisie de marijuana à l'entrepôt de Mexicali.

Avec ce qu'ils savaient de Falcon, les agents l'imaginaient sans mal trônant dans cette pièce semblable à un temple, froid et arrogant, paré d'or, plongeant le bout de ses cigares dans le cognac, tenant conseil au milieu de ses esclaves et de ses vassaux.

Alors, pourquoi pas ? Il était quatre heures du matin, ils étaient debout depuis vingt heures, ils avaient travaillé pendant des années pour avoir Falcon... Il paraissait approprié de célébrer leur victoire en singeant la vanité et la puissance de l'homme avec les instruments de son culte.

Les uns après les autres, les agents s'installèrent avec respect dans le fauteuil, choisirent un cigare dans l'humidificateur, en sectionnèrent le bout avec le coupe-cigare en or, le trempèrent dans un verre de cognac, et le dégustèrent en rejetant des nuages de fumée.

— J'étais seul, poursuit Falcon, sur le sol en béton. Je repris lentement mes esprits. Mon corps me faisait de plus en plus mal. Je ne pouvais pas croire que de telles choses étaient possibles dans un pays civilisé, des choses qui venaient tout droit de l'Inquisition. Je m'attendais à voir arriver des gens coiffés d'un casque médiéval orné de fil de fer barbelé.

« Puis j'entendis le grincement des gonds de la porte métallique. Mes tortionnaires étaient de retour.

« Ils me battirent de nouveau, mais, peut-être à cause de la haine qui m'emplissait, je ne perdis pas connaissance. Quand ils partirent, j'étais à terre, le sang dégoulinant de mon pied, de mon visage, de partout. Je ne ressentais pas la douleur aussi vivement que la première fois, mais j'éprouvais la fureur de l'impuissance face à cette agression. J'étais aussi impuissant qu'un nouveau-né.

« Rester inactif, c'est cela le plus pénible, le plus triste. La peur se mue en terreur, et la terreur en haine. Je savais que j'entendrais bientôt le grincement de la porte, le bruit annonciateur de nouvelles tortures. L'obscurité de la nuit devenait un cauchemar. Je ne pouvais fermer les yeux, et quand par moments je sommeillais, je m'éveillais suffoquant de peur parce que je rêvais que la porte s'ouvrait.

« Les heures passèrent. Peu à peu je pus distinguer la lueur de l'aube filtrant dans la pièce obscure. La lumière me rendit confiance. Mes tortionnaires savaient sûrement à présent qu'ils avaient commis une erreur. Des gens viendraient me libérer.

« A mesure que les heures passaient, je me mis à croire que je ne reverrais plus mes tortionnaires. Il semblait étrange que personne ne vienne m'apporter à manger, mais je récupérais un peu et je dormis même quelques minutes.

« La nuit revint. J'étais parvenu à me calmer complètement et j'étais sûr qu'ils me laisseraient dormir toute la nuit. Puis j'entendis la porte s'ouvrir. Tous mes muscles se tendirent. Le chauffeur de Ventura entra, suivi par des agents mexicains que je ne connaissais pas et un Nord-Américain.

« " Comment ça va? Voulez-vous quelque chose à manger? "

« Je lui dis que je ne voulais rien, sauf être libéré.

« " Quelle ingratitude! s'écria le chauffeur. Nous allons te donner quelque chose, que tu le veuilles ou non. "

« Il avait dans la main une sorte de lampe de poche. Je découvris que ce n'était pas une lampe, mais un aiguillon électrique pour le bétail. Il m'en effleura. Le choc réveilla toute la douleur des tortures de la nuit précédente. Je criai. Mais ça n'était qu'un début.

Les hommes de Ventura restèrent au 180 Calle Nieve toute la nuit. Le lendemain matin, ils attendirent d'éventuels visiteurs.

A sept heures trente, un Mexicain de trente-cinq ans, du nom de Gabriel Ochoa-Resilles, frappa à la porte. Il dit être le chauffeur de Falcon. Il portait un pistolet sur lui. Les policiers l'arrêtèrent et l'expédièrent à la Procuraduría.

Le soir, un Mexicain de vingt-cinq ans, Luis Zucoli-Bravo, fit son apparition. Il avait lui aussi un pistolet, et des instructions pour convertir la cocaïne base en cristaux. Les Feds l'envoyèrent à la Procuraduría.

Gaston Santos arriva ensuite avec sa femme, un modèle d'origine nord-américaine, qui était enceinte. Il portait sur lui un automatique de gros calibre et une carte du *Gobernación* vert et or, semblable à celle de Falcon. Connaissant l'influence politique de Santos, la police le relâcha.

Le même soir, arriva un autre Mexicain de trente-cinq ans, employé d'un avocat d'assises nommé Garza de la Garza. Il avait un pistolet fixé à la cheville. Dans sa poche, la police trouva une formule pour traiter des lots de cocaïne de vingt-cinq kilos. On l'arrêta.

Puis, à dix heures du soir, vint José Egozi, un Cubain de trente-six ans. (C'était, bien que la police ne le sût pas alors, l'ex-officier de renseignements adorateur du diable qui avait participé à l'affaire des armes portugaises.) Egozi dit qu'il habitait à Coral Gables, en Floride, non loin de Miami où ses parents possédaient la Suave Shoe Corporation. Il paraissait prospère. Quand les hommes de Ventura voulurent l'appréhender, il résista et reçut sur la tempe un coup qui lui fit éclater un tympan.

« Ils m'appliquèrent l'aiguillon sur les testicules, sur le bout des seins et le ventre, poursuit Falcon. Chaque choc avait un impact qui semblait partir de l'endroit où l'aiguillon me touchait pour parcourir tout mon corps, comme si on plantait des milliers d'aiguilles dans chaque centimètre de ma peau.

« Je ne sais pas combien de temps cela dura, vingt minutes peut-être, mais assez longtemps pour me faire aussi mal que les rossées précédentes. Ils me laissèrent étendu sur le sol. Ils me promirent en riant de revenir dans quelques heures.

« Cette nuit-là fut épouvantable. Je n'avais pas dormi depuis près de quarante-huit heures, mais il me fut impossible de fermer l'œil parce que je ressentais encore les décharges électriques et que mon cerveau était incapable de fonctionner. J'entendais des bruits qui n'existaient pas et je croyais voir des fantômes. Chaque minute de cette nuit fut une torture. A chaque instant, j'entendais des pas qui approchaient. A tout moment, je craignais le retour de ces forcenés qui portaient des insignes de policiers.

4

Florentino Ventura, qui était chargé d'interroger Falcon, était une vieille connaissance de Pat Gregory. Ils s'étaient rencontrés pour la première fois quand Gregory était encore à la CIA.

— Ventura travaillait sur les mouvements subversifs, me dit Gregory. Il était venu à Tijuana pour arrêter un type et l'emmener à Mexico, et je l'avais aidé. Plus tard, quand je travaillais à Mexico avec le procureur fédéral, on me demanda s'il y avait un Fed avec qui j'aimerais particulièrement travailler. Alors, j'ai dit le *Comandante* Ventura. Autant partir du sommet, cela évite d'avoir à suivre par la suite toute la filière administrative.

« Ventura est vraiment typique. C'est un homme qui me plaît particulièrement. Un vrai métis, avec du sang européen et indien. Il a atteint sa position en réglant des problèmes que personne d'autre n'aurait pu résoudre. Ses hommes sont durs comme des pierres. Et s'ils ne sont pas loyaux, non seulement ils perdent leur boulot, mais ils risquent d'y laisser leur peau. Un soir, Ventura a tué un de ses hommes dans un bar. On avait chargé ce petit flic, un certain Alejandro, d'aller voir Joan Beck en prison pour essayer de lui extorquer des informations. Bien entendu, il accepta des pots-de-vin de Beck, Kyriakides ou je ne sais qui, pour essayer de faire son beurre. Ventura l'apprit. Et un soir, alors qu'ils prenaient un verre dans un bar, le pistolet de Ventura partit et Alejandro le prit en pleine gueule. Il est au cimetière.

« Pour moi, travailler avec Ventura, c'était comme aller à Washington et travailler avec le directeur du FBI. En fait, Ventura a plus de pouvoir que n'en aura jamais le chef du FBI. Cet homme est une légende.

« J'ai dit à Ventura : " Vous savez, Ventura, Sicilia va s'en tirer. " Ventura a répondu : " Oui ", et je lui ai dit : " Vous savez, je ne crois pas vraiment qu'il ait tellement de classe. Après tout, vous êtes le *Primer Comandante*. "

« Après ça, Sicilia n'aurait dû sortir de prison que d'une seule façon : les pieds devant. Parce que ce serait le pire des *affronts*. Les autres *comandantes* se foutraient tous de Ventura. Ce serait une grave humiliation pour lui.

« Je n'ai jamais eu de problèmes avec Ventura. Il s'est toujours comporté en gentleman, il a toujours accepté de discuter avec moi de choses dont on ne parle normalement pas entre policiers de pays différents. Et quand il ne peut pas faire une certaine chose, il vous le dit carrément.

« Il se sert de tout ce qu'il a pour faire son boulot. C'est l'homme le plus brutal que j'aie jamais rencontré. Et efficace. Efficacement brutal. Pour moi, cela ne fait aucun doute : si vous vous trouvez sur son chemin, vous en sortirez. Mort ou vif, mais vous en sortirez.

« Il faut comprendre cet homme. On a donné à Ventura une position de pouvoir. Il aime le pouvoir et il est très compétent. Il exerce un pouvoir de vie et de mort, et n'a aucun scrupule à en user. Et il estime qu'il en use pour le bien. Dans toutes les situations où je me suis retrouvé à côté de Ventura, il est allé aussi loin qu'on pouvait aller, en écartant de son chemin autant de gens qu'il le pouvait. C'est pour ça que je l'admire. Je ne crois pas qu'il y ait un Fed en Amérique du Sud, à l'exception de deux ou trois au Pérou, qu'on puisse comparer à Ventura. Pour autant que je sache, c'est l'officier de police le plus puissant d'Amérique latine.

« Ventura est un homme qui sait parfaitement ce que signifie le pouvoir, un homme qu'on a essayé d'assassiner de nombreuses fois, un homme dont la maison a été mitraillée puis détruite aux explosifs. Un homme qui a travaillé en ville et dans les provinces. Il a combattu les terroristes, les guérilleros, il s'est battu contre la prostitution, le jeu et les stupéfiants. Dès son réveil, il sait qu'il y a peut-être une chance sur deux de ne pas voir la fin de la journée. Et cela dure depuis des années. Quand il participe à une réunion, vous n'existez pas en tant qu'individu. Seul le travail compte. C'est sûrement un des types les plus formidables avec qui j'ai jamais travaillé... Mais aussi, sans doute, l'être humain le plus cruel que j'aie jamais connu.

« Le lever du jour, continue Falcon, fut comme un baume qui me remonta le moral et me redonna espoir. Je me rendis compte que mes tortionnaires ne travaillaient que de nuit. Quand la nuit tombait, j'avais peur parce que je savais qu'ils viendraient bientôt.

« Soudain, la porte s'ouvrit. Ô, surprise, c'était un agent qui venait me demander si je voulais quelque chose à manger ou à boire. J'acceptai un peu de café.

« A midi, Ventura apparut à la porte.

« " Pourquoi ne pas t'épargner ce supplice ? demanda-t-il. De toute façon, tu vas avouer. Tu tiendras quelques jours, mais tu nous diras la vérité. Je te propose un marché. Donne-moi la drogue, tu seras libre et toute cette affaire sera oubliée. "

« Je le regardai avec fureur. " Quelle drogue ? Je ne sais pas de quoi vous parlez. "

« Il fit demi-tour et sortit.

« Une demi-heure plus tard, mes visiteurs revinrent avec une chaise, une corde et une petite boîte en bois rectangulaire, avec des cadrans et une manivelle, dont sortaient deux fils munis de pinces. On m'extirpa de mon lit pour me faire asseoir sur cette chaise. On me lia les pieds et on m'attacha au dossier les mains liées derrière le dos. Et on fixa les fils de la boîte à l'extrémité de mes doigts.

« Je remarquai que le groupe s'était renforcé de trois individus, des Americanos de l'ambassade US.

« " Alors, Alberto, dit Lalo, qu'est-ce que tu veux qu'on fasse, qu'on te batte à mort ? "

« " Je ne sais pas ce que vous voulez, dis-je. Je ne sais rien de ce que vous me demandez. "

« Lalo fit signe à quelqu'un d'aller se poster derrière la chaise avec la petite boîte rectangulaire. J'eus l'impression que mon corps explosait en mille morceaux. Je sentis tous les poils de mon corps et mes cheveux se hérisser.

« " Vas-tu parler ? "

« " Je n'ai rien à dire. Je vous en supplie... Comprenez... "

« Une autre décharge suivit. C'était insupportable. Le courant me traversait tout le corps. Je ne sais pas comment il est possible de résister à cela sans perdre connaissance.

« J'eus droit à neuf décharges durant cette séance. Je les comptais une par une.

« Quand ils détachèrent les pinces de mes doigts, ils ne paraissaient pas satisfaits. Alors, ils frappèrent de nouveau mon pied fracturé. Les décharges m'avaient insensibilisé, mais chaque coup asséné sur mon pied me ramenait peu à peu à la vie. Je me souvenais de la violence des décharges, de ces coups horribles et je souhaitais mourir.

« Ils partirent, et je restai seul avec mes pensées. Le jour se leva. Les agents qui m'avaient donné du café revinrent avec un sandwich à la dinde. Mon esprit était un maelström. Ce n'était plus de la peur que j'éprouvais, mais une terreur absolue.

« J'avais l'impression d'être un cobaye dans une boîte métallique attendant qu'un savant fou revienne se livrer à ses expériences. Non seulement les coups faisaient mal, mais l'esprit aussi semblait errer dans une autre dimension. Il faut sans doute longtemps pour se remettre physiquement de la torture, mais mentalement, serais-je capable de m'en remettre jamais ?

« Je refusai le sandwich. L'agent partit. J'avais l'impression qu'un petit mécanisme s'était brisé en moi. J'avais déjà connu la peur, mais c'était différent. Maintenant, je vivais dans un autre monde, comme si je me retrouvais à trois siècles en arrière dans les chambres de torture de l'Inquisition. La seule différence était qu'alors les tortionnaires étaient vêtus d'habits de moine.

« La tête me tournait. Je me forçai à arpenter ma cellule. Mes vêtements étaient couverts de boue ; mêlée au sang, elle formait une pâte grisâtre. Je cherchai désespérément un instrument avec lequel je pourrais mettre fin à cet horrible cauchemar. Mais ceux qui m'avaient arrêté étaient des hommes avertis. Il était impossible de se suicider.

« L'aube revint, et avec elle, un peu de paix. Par moments, la douleur me laissait quelque répit. A minuit, la porte s'ouvrit, et j'espérai voir l'agent qui m'avait apporté à manger. Malheureusement, c'était Ventura.

« " Bon, Alberto, dit-il, j'espère que la mémoire t'est revenue ? "

« " *Comandante*, je n'ai rien à dire. Si c'était le cas, j'aurais avoué depuis longtemps. "

« Ventura me jeta un regard comme d'habitude chargé de haine et de mépris, et sortit de la cellule.

« J'étais sûr que les tortionnaires allaient venir. Les minutes passaient. Chacune me semblait durer des heures. Chaque instant devenait une torture. J'attendais le bruit de la porte, essayant d'imaginer quels autres actes barbares mes ravisseurs avaient imaginés pour châtier mon corps. Je ne sais pas quelle torture était la pire — les rossées elles-mêmes, ou savoir qu'à tout moment mes tortionnaires allaient venir me les administrer.

« Soudain, la porte s'ouvrit. Je me levai d'un bond.

5

— Je présume que Falcon a réellement été torturé ? demandai-je à Gregory.

— C'est fort probable.

— Vous n'étiez pas présent ?

— Non. Je n'y ai pas assisté, mais c'est comme si je l'avais vu. J'étais la plupart du temps avec Ventura. Mais Ventura n'interrogeait pas Sicilia. Il en avait chargé un type appelé El Indio — un vieux Mexicain gros et lourdement bâti, aux cheveux blancs. Je ne sais pas ce qu'ils ont fait, mais quand Ventura est arrivé, Sicilia était très heureux de parler.

— Vous étiez donc dans la salle des interrogatoires, mais pas pendant que des choses déplaisantes s'y passaient.

— Oui. C'était dans un endroit appelé *los separos*, « l'isolement ». C'est difficile à décrire. Une espèce de cul de basse-fosse. Avec des cellules à portes métalliques. L'intérieur peint en noir. Des toilettes, je pense. Absolument *sinistre*. Si j'étais là-dedans, je vous dirais tout ce que vous voudriez.

« J'y suis allé avec d'autres agents et des Feds. Quant à savoir comment on cuisinait Falcon, je n'en ai aucune idée. Et je m'en fichais. C'était le boulot des Feds, pas le mien. S'il avait été citoyen américain, ç'aurait été différent. J'avais bien spécifié aux Feds qu'il n'était pas question de toucher à Joan Beck, qui était elle aussi en état d'arrestation. Parce qu'un jour ou l'autre elle rentrerait aux Etas-Unis où nous la poursuivrions, et nous ne voulions *absolument pas* qu'elle prétende avoir été torturée.

— En admettant que Falcon et Kyriakides aient été torturés, à quels moyens aurait-on fait appel à votre avis ?

— Je suppose que Kyriakides a été branché sur un petit téléphone à manivelle. Avec deux fils, l'un fixé aux couilles l'autre à son oreille. Et à chaque fois, ça lui envoyait une décharge.

« Pour Falcon, c'était différent. Il avait une mauvaise fracture à la jambe, on lui avait posé un plâtre. J'imagine qu'ils ont dû prendre le bout du plâtre et lui tordre la cheville. De toute façon, Falcon est une poule mouillée. Dès qu'il a compris que c'était fichu, je suis sûr qu'ils ont tiré de lui tout ce qu'ils voulaient.

— Kyriakides devait être plus coriace.

— Bien sûr. Vous comprenez, j'ai du respect pour Falcon, pour son intelligence et l'organisation qu'il a mise sur pied. Mais je respecte Kyriakides parce que c'est un truand comme ceux d'autrefois, un type qui tient le coup. Je lui ai parlé quand il était en état d'arrestation, et il m'a dit : " D'accord, vous nous avez eus, alors pourquoi ne pas nous fiche la paix ? J'ai trafiqué, mais quelle différence ça fait que ce soit un kilo ou cent ? " Je lui ai répondu : " J'aimerais pouvoir vous aider, Carlos. Je vous trouve sympathique. Mais je n'ai aucune autorité. Ce n'est pas de mon ressort. Aux Etats-Unis, ç'aurait été différent. Mais ici, ce sont les Feds qui vous tiennent. "

« C'est un vrai truand d'autrefois. Quand on passe beaucoup de temps à suivre quelqu'un, on finit par tout savoir sur lui. Et Kyriakides était vraiment un type sympa. Il avait dans les quarante ans, c'était un panier percé, et pendant longtemps il nous en a fait voir de toutes les couleurs. On a du respect pour un type comme ça. Et en plus il tenait le coup. Alors que Sicilia n'est qu'un petit avorton pleurnicheur.

« L'agent qui m'avait donné le café, poursuit Falcon, est venu avec un sac de sandwiches et — quelle surprise ! — une bouteille de bière fraîche. J'ai pris un des sandwiches et je l'ai laissé tomber sur le sol dégoûtant. L'odeur de la nourriture m'a fait réagir comme un animal. J'ai pris le pain couvert d'ordures et je l'ai dévoré. J'avais l'impression de n'avoir jamais fait un meilleur repas.

« Vers deux heures de l'après-midi, Ventura est arrivé. Il était de bonne humeur.

« " Nous avons pris plusieurs de tes copains, me dit-il. Dans un moment, tu vas les entendre. Certains sont près de ta cellule ! "

« Cet après-midi-là, la nuit suivante, et aux premières heures de la matinée, j'entendis des hurlements, des gémissements de douleur, et des cris demandant grâce qui venaient des cellules avoisinantes. Je savais que les tortionnaires étaient occupés et ne viendraient pas m'ennuyer.

« Le lendemain matin, Ventura revint. Il n'avait visiblement pas fermé l'œil de la nuit.

« " Tu vois tout ce que tu as subi ? Tes amis nous ont tout dit, en une seule nuit. Il est inutile que tu continues à nier parce que nous avons déjà les aveux de tous les autres. Parle maintenant, ou nous allons de nouveau nous occuper de toi, et cette fois, je t'assure que tu regretteras d'être né. "

« J'essayai de nouveau de lui expliquer que je n'avais rien à voir avec ce dont il parlait.

« Quelques secondes plus tard, Lalo et les autres tortionnaires entraient. Ils se jetèrent sur moi. Tout en me battant, Lalo ne cessait de répéter : " Nous avons des ordres d'en haut. Tu parles ou tu meurs ! "

« Ils continuèrent à me rosser pendant environ un quart d'heure. Plus je niais, plus ils devenaient furieux. Finalement, ils rapportèrent cette foutue boîte, et une autre séance de décharges électriques commença.

« A la seconde décharge, je sentis un liquide chaud couler le long de mes jambes. J'avais uriné et déféqué en même temps. Quand ils s'en aperçurent, ils s'arrêtèrent. Ils me sortirent de la chaise et me jetèrent sur le lit. Un médecin arriva ; quand je le vis, je crus que tous mes problèmes étaient finis. Mais après m'avoir rapidement examiné, il dit à Ventura : " Il peut tenir encore un peu ! "

« Le médecin partit et j'entendis Ventura me dire :
" Bien... Qu'allons-nous faire, maintenant ? "

« " *Comandante,* dis-je, faites tout ce que vous voulez. Je signerai. "

« Tout le monde sortit.

« Tôt le lendemain matin, Ventura arriva dans ma cellule. Un agent qui l'accompagnait tenait quelque chose à la main. Je crus d'abord que c'était un nouveau jeu pour me torturer. Puis je me rendis compte que c'était une machine à écrire. L'homme s'assit, attendant que je lui dicte quelque chose.

« Ventura me regarda : " Bon. Qu'as-tu à dire ? " »

« " Comandante, je n'ai rien à dire. Ecrivez ce que vous voulez. " »

« Ventura dicta pendant une vingtaine de minutes. Puis il me tendit trois feuilles de papier tapées à simple interligne. Ma confession. J'étais accusé d'avoir vendu plus de trois cents tonnes de marijuana et une tonne et demie de cocaïne.

« " Ecoutez, *Comandante*, dis-je, il m'est impossible de signer ça.

« " Aha. Tu reviens sur tes aveux ? " Il était furieux. " Comme tu veux. Ne signe pas. A tout à l'heure. "

« Les tortionnaires réapparurent. Durant toute la journée, on m'infligea divers châtiments. Chaque coup me secouait de la tête aux pieds. Les décharges électriques semblaient aller droit à mon cerveau. Vers sept heures du soir, ils s'arrêtèrent. Ils m'abandonnèrent sur le sol de la cellule. Je ne pouvais plus respirer. Je n'entendais rien. J'étais incapable de coordonner mes pensées. Je sentais une terrible douleur dans le côté gauche.

« Le médecin revint vers neuf heures du soir. Il leur dit que j'avais eu un arrêt cardiaque et qu'il serait imprudent de continuer à me torturer.

« Ils me laissèrent tranquille. Je ne sais pas ce qui s'est passé cette nuit ou dans la matinée, si ce n'est que je sortis de ma torpeur pour entendre une bruyante discussion devant ma cellule.

« " Savez-vous s'il y a ici un homme du nom d'Alberto Sicilia-Falcon ? " demanda une voix inconnue.

« " Absolument pas ! répondit un gardien. Il n'y a ici personne de ce nom. "

« Je me traînai jusqu'à la porte et écoutai. J'entendis la voix continuer : " Je suis le greffier du tribunal du troisième secteur, et j'exige que vous me laissiez voir la personne qui est dans cette cellule. "

« Je me mis à crier comme un fou : " C'est moi ! Je suis Sicilia-Falcon ! C'est moi ! Je suis ici ! "

« La porte s'ouvrit et un petit homme entra. Je lui parlai du supplice que j'endurais. Je lui dis qu'il était un ange venu pour me sauver. Le greffier consigna tout et dit qu'il allait immédiatement porter ma déclaration au juge. Il m'affirma que je quitterais bientôt cette cellule. Quand il partit, les agents avaient l'air embêté.

« La journée passa. Le lendemain matin à neuf heures, j'entendis Ventura. On jeta un autre prisonnier dans ma cellule. Il avait été battu et torturé. C'était le greffier.

« Ses mains tremblaient. On voyait à ses vêtements qu'il avait été torturé. Il me supplia de faire une autre déclaration. Sa voix était réduite à un murmure. J'avais peur qu'il ne se mette à genoux devant moi. Il était absolument terrifié.

« " Je regrette, dis-je, j'ai dit la vérité, et vous, en tant qu'officier ministériel, avez le devoir de la faire connaître. "

« Ils le sortirent de ma cellule. Cinq minutes plus tard, Lalo entra. Il dit que si je ne changeais pas les termes de ma déclaration, je mourrais sur-le-champ.

« Alors allez-y, répondis-je. Mais je n'en changerai pas une virgule.

« Il partit et il y eut un silence inquiétant. Puis, Lalo revint avec trois de ses acolytes. Ils apportèrent la fichue chaise et la boîte avec les câbles. Ils se saisirent de moi et m'attachèrent à la chaise. Ils branchèrent les câbles à mes poignets. Lalo dit : " Tu vas signer tes aveux de l'autre jour. "

« J'allais dire non quand je sentis la première décharge.

« Cette fois, les décharges se suivaient sans discontinuer. Je ne sais pas combien il y en eut. Ma tête semblait exploser. Pas le temps de récupérer entre les décharges.

« " Vas-tu signer ou non ? "

« Les minutes passaient, interminables. Je ne pouvais en supporter davantage.

« " D'accord. Je signerai tout ce que vous voulez. "

« Les décharges s'arrêtèrent aussitôt. Ils me donnèrent quelques minutes pour récupérer, puis me collèrent devant les yeux les feuillets que Ventura avait dictés. Ils me délièrent les mains, me tendirent un stylo, et me dirent de signer.

« Je pris le stylo, mais j'étais incapable d'écrire. Mes mains étaient tout enflées.

« " Nous reviendrons dans un petit moment, me dit Lalo. Mais tu ferais mieux de signer. Tu commences à me faire chier. "

« Deux heures plus tard, Ventura était de retour. Il était tout remonté, et je vis un air de triomphe sur son visage.

« Derrière lui, se trouvait mon mystérieux visiteur.

6

Pat Gregory, qui savait que la torture était sanctionnée par de nombreux gouvernements d'Amérique latine, affirmait que si elle était si généralisée, c'était à cause des Européens.

— Il faut que vous compreniez l'histoire de ces peuples, m'expliqua-t-il. Je ne considère pas les gens d'Amérique latine comme fondamentalement brutaux. La brutalité dont ils font preuve leur a été apprise par les Européens, et cela remonte à l'Inquisition. Les Latino-Américains ne savaient pas torturer. Ils tuaient les gens — c'était le cas des Aztèques et des Incas —, cela faisait partie des sacrifices rituels, mais ils ne les torturaient pas. La torture, ils l'ont apprise des Inquisiteurs. Cela s'est développé au cours des siècles et c'est devenu un mode de vie. Comme la corruption, qui leur a elle aussi été enseignée par les Européens.

« Nous sommes choqués par certaines de leurs façons d'agir, mais ils sont aussi choqués par ce que *nous* faisons. Ils sont *scandalisés* qu'aux Etats-Unis la police ait le droit d'utiliser les mêmes méthodes que les criminels. Cela dépasse leur entendement. D'après le code Napoléon, qui est le fondement de leur droit, nous commettons un crime en travaillant ainsi, parce que nous participons au crime. Mais si vous surmontez cet obstacle, ils vous acceptent et vous font entièrement confiance.

« " Décidé à signer ? " demande Ventura.
« Mes mains étaient moins enflammées et je pus signer. Ce soir-là, quatre agents me firent sortir pour la première fois de ma cellule. Les portes d'autres cellules étaient ouvertes ; à ma grande surprise, je vis sortir de l'une d'elles mon ami Roberto Hernandez-Rubi. »

Rubi était le vieil ami et garde du corps de Falcon qui, selon Alberto Barruetta, avait fait brûler vif deux camés américains dans leur Volkswagen.

« D'une autre cellule sortit la femme d'un ami, et plus loin, le garçon qui s'occupait de mes chiens. Tous étaient dans le même état que moi.
« Ils nous emmenèrent au bureau du procureur général. Un gardien nous expliqua que nous devions confirmer nos aveux devant un représentant du Ministère public. Il s'appelait Dos Ríos. Je lui dis : " Tous ces aveux ont été obtenus sous la torture. Rien de ce qui est écrit n'est vrai. "
« Il décrocha aussitôt son téléphone, composa un numéro, et je l'entendis dire : " *Comandante*, cet homme n'est pas encore prêt à passer aux aveux. Venez le chercher, je vous prie. "
« Je n'en croyais pas mes oreilles.
« Ils me traînèrent dans un petit bureau situé deux étages plus bas, et me dirent que si je ne confirmais pas mes aveux, je retournerais d'où je venais et tout recommencerait. Un agent entra avec l'aiguillon à bétail. Je n'avais d'autre solution que de signer.
« On m'emmena dans un groupe de cellules où je vis mes amis. Nous nous mîmes à parler des tortures que nous avions subies. Il se passa alors une chose extraordinaire. Des rires commencèrent à fuser. Nous

pensions tous que c'était terminé. Nous aspirions à la prison. Nous étions impatients d'échapper aux mains de nos tortionnaires. La prison serait une bénédiction.

7

J'attendais le *Comandante* Florentino Ventura dans un bar de Mexico en compagnie d'Ed Heath, le patron de la DEA au Mexique. Je n'avais jamais vu Ventura, et Heath avait accepté de me présenter à lui.

Il était tard dans la soirée et nous étions dans ce bar depuis quelques minutes quand arriva un jeune homme aux cheveux noirs ébouriffés et au torse large comme une barrique de bière. Il alla s'asseoir à une table proche de la porte, pas très loin de nous. Il dit au garçon qu'il ne voulait rien. Celui-ci, impressionné par son ton autoritaire et menaçant, battit en retraite sans un mot. L'homme, en veston et cravate, mit les mains sur ses genoux et laissa errer son regard sur l'intérieur obscur du bar lambrissé d'acajou, ne regardant rien, voyant tout. D'épaisses moquettes assourdissaient la musique que jouait un pianiste en smoking.

Un peu plus tard, un autre homme entra. Il était plus vieux que le premier, grand pour un Mexicain, cheveux et moustache d'un noir de jais, lourd mais tout en muscles. Il parcourut le bar des yeux, aperçut Heath, et son visage s'éclaira d'un sourire. Il se dirigea vers lui à grandes enjambées, et les deux hommes se donnèrent l'accolade en riant et en se donnant des tapes dans le dos. Ventura et Heath avaient pris leur petit déjeuner ensemble le matin même mais il était important pour eux de réaffirmer le respect qu'ils éprouvaient l'un pour l'autre. Heath, petit et sec, était l'un des principaux agents nord-américains travaillant au sud de la frontière. Le *Comandante* Ventura était l'officier de police le plus puissant d'Amérique latine.

Après avoir commandé un scotch à l'eau, Ventura s'excusa brièvement de son retard. Il avait été retenu par une réunion avec le ministre de la Justice. Un certain individu était devenu « une gêne », et le ministre voulait savoir ce qu'il était possible de faire. Ils convinrent finalement de l' « éliminer ». Ventura avait dit cela sur le même ton que s'il avait expliqué que sa voiture ne voulait pas démarrer.

Heath expliqua ensuite que j'écrivais un livre ayant trait au Centac et que je m'intéressais aux relations qui existaient entre les policiers américains et mexicains. Ventura me regarda droit dans les yeux avec quelque chose de plus qu'un intérêt poli. Il me fixa intensément de ses yeux noirs ; j'eus l'impression d'être l'objet d'un examen auquel il m'était impossible d'échapper. Heath servant d'interprète, Ventura me demanda si j'étais marié, si j'avais des enfants, depuis combien de temps j'étais écrivain, combien de livres j'avais écrits. Il me demanda le titre du premier. A combien d'exemplaires s'était-il vendu ? Puis le titre du second. Combien d'exemplaires ? Le troisième ? Combien... ? Mes sept livres y passèrent. Il me dit alors que Falcon avait écrit un livre qui s'était mieux vendu qu'aucun des miens. Ce n'était pas vrai, mais je dis :

— C'est parce que Falcon est un truand et que je suis honnête.

Cela le fit rire.

Nous étions au bar des Ambassadeurs, un des lieux de prédilection de Ventura. Le garçon apporta des olives, des chips, et des oignons confits.

Ventura reprocha à Heath de ne pas avoir de gardes du corps. Heath répondit qu'il n'était même pas armé. Ventura lui rappela que Falcon avait menacé de les faire assassiner tous deux. Avec un sourire aimable, il ajouta :

— J'ai de très bons gardes du corps. Ils arrivent en souriant — puis boum, boum, boum.

Heath et Ventura buvaient, bavardaient, plaisantaient. Ventura ne cessait de regarder les filles qui étaient au bar, et j'étais sûr que l'essentiel de la conversation portait sur les femmes. Finalement, Heath éclata de rire et s'adressa à moi.

— Il dit : « Je ne vole pas, je ne me drogue pas, je ne touche pas de pots-de-vin. Mais j'*aime* les filles ! »

Reprenant son sérieux, Ventura dit à Heath qu'il avait quelque chose à me dire. Il voulait que Heath le traduise mot à mot. Il parla lentement, s'arrêtant après chaque phrase, s'assurant qu'on ne sautait rien.

Il m'expliqua que des hommes comme Sicilia-Falcon ne se contentaient pas de commettre des crimes. Ils s'attaquaient à la souveraineté de la nation. Ils se moquaient de la loi, du gouvernement, et du pays entier. Il conclut, en détachant chaque mot pour permettre à Heath de traduire :

— Cela fait des années que je suis policier. Un jour, je ne rentrerai pas chez moi. Je serai tué. Je laisserai à mon foyer ma femme, mes enfants et ma mère. Mais je suis un policier. Je fais le nécessaire pour mon pays. C'est ça, une vie d'homme.

Il se tut, et dans le silence qui suivit Heath commanda une autre tournée. Quand on nous eut servis, Ventura murmura quelque chose au garçon. Quelques instants plus tard, le pianiste joua *My Way*. Ventura leva son verre et nous trinquâmes.

Quand nous sortîmes, bien que j'eusse déjà laissé un pourboire sur la table, Ventura tendit de l'argent au garçon, au pianiste et au portier. Le garde du corps chevelu nous suivit jusqu'à la porte. Un break Ford aux vitres teintées était garé non loin de là, à un endroit permettant au chauffeur de voir à la fois la rue et l'entrée des Ambassadeurs. Ce qu'il y avait à l'arrière du break demeura un mystère.

Heath et moi lui dîmes bonsoir et nous dirigeâmes vers notre voiture. Un instant plus tard, le garde du corps était à côté de la vitre de Heath : le *comandante* voulait savoir « si nous aimerions continuer la soirée ».

Nous acquiesçâmes et il nous dit de suivre le break. J'ignorais où nous allions.

Il était minuit. On nous conduisit à la Plaza Garibaldi, un marché couvert fort animé : lumières éblouissantes, odeur de brochettes, mariachis, cris et rires. A l'opposé de l'opulence guindée du bar des Ambassadeurs.

Nous nous assîmes tous les cinq à une table de bois d'une solidité douteuse. Le chauffeur du break, un homme maigre, entre deux âges, en costume gris, laissa une chaise vide entre lui et nous, feignant de nous ignorer. Il scrutait la foule du regard, visage grave au milieu de la gaieté ambiante. Il était au garde du corps aux cheveux ébouriffés ce qu'un doberman est à un pékinois.

Les serveurs apportèrent de la *carne asada*, des haricots, des tortillas, des sodas à l'orange. Ventura dit quelques mots à un musicien, qui se retourna et siffla entre ses dents. Un instant plus tard, apparurent six autres musiciens avec des trompettes, des guitares et des violons. Ils jouèrent pendant cinq minutes, reçurent de l'argent du garde du corps, et disparurent.

Le doberman ne mangeait rien, ne disait rien, ne donnait pas l'impression d'entendre la musique. En dehors de la menace qu'il représentait, il aurait pu tout aussi bien ne pas être là.

Le matin qui suivit ma rencontre avec Ventura, j'étais dans la salle de bains de ma chambre de l'hôtel Maria Isabel quand j'entendis frapper à la porte. J'ouvris et me trouvai face au plus grand Mexicain que j'avais jamais vu. Il faisait facilement un mètre quatre-vingt-dix, devait peser cent kilos et arborait bien entendu une moustache noire. Sa main droite était dans le plâtre. Il venait de la part du *comandante* Florentino Ventura.

Je lui demandai d'attendre dans le couloir pendant que je m'habillais. (Pourquoi n'avait-il pas appelé d'en bas? Savait-il qu'il existait des téléphones?) Dix minutes plus tard, je pris l'ascenseur, dans lequel se trouvaient deux flics en civil. Une dizaine d'autres flics en civil traînaient dans le hall. Devant l'entrée de l'hôtel, il y avait deux rangs d'hommes en uniforme armés de fusils, baïonnette au canon. Un groom m'apprit que l'envahisseur était le président López-Portillo en personne, venu prendre son petit déjeuner.

Je retrouvai le grand Mexicain et nous nous installâmes au café. Il m'expliqua avec aménité qu'il s'était cassé la main en frappant quelqu'un. Comme par hasard, il se mit à parler de la torture. On pouvait par exemple bander les yeux à un homme et ouvrir juste sous son nez une bouteille de soda qu'on a fortement agitée : l'homme a l'impression d'étouffer, de se noyer. Un excellent « détecteur de mensonges », paraît-il. A propos des électrodes fixées aux testicules, il m'expliqua en souriant : « Alors là, ils parlent de ce qu'ils ont fait le lendemain. » Les tortionnaires, comme les dentistes et les entrepreneurs de pompes funèbres, ont leurs petites plaisanteries à usage interne.

L'aimable géant m'explique que le *comandante* Ventura lui avait demandé de répondre à toutes mes questions et de m'emmener où je le désirais. Il s'exécutait donc, et se montrait d'une totale franchise. Il me parlait si ouvertement et avec tant de naturel de la torture que je compris qu'il ne lui venait pas à l'esprit que je pourrais en être choqué.

Passant à un autre sujet, il me confirma ce que j'avais déjà entendu dire, à savoir que Ventura, comme Falcon, avait fait des études pour devenir prêtre. Il m'apprit aussi que les hommes qui travaillaient pour Ventura gagnaient 15 000 pesos (682 dollars) par mois. Les 600 agents de la Police judiciaire fédérale mexicaine, les Feds, pouvaient facilement se faire 10 000 dollars par mois en pots-de-vin. A Tijuana, un commandant de police pouvait gagner 150 000 dollars par semaine : trente tonnes de marijuana traversaient la frontière chaque semaine et les flics recevaient 10 dollars par kilo — environ 273 000 dollars de pots-de-vin pour la seule marijuana. Sans même parler de ceux que l'on pouvait toucher dans la capitale.

— Falcon m'a téléphoné, poursuivit-il, pour me dire qu'il donnerait 200 000 dollars à Ventura. Je lui ai répondu qu'il n'en était pas question. Il me dit alors qu'il tuerait Ventura. J'ai rétorqué que Ventura le tuerait peut-être le premier.

Je lui demandai s'il était vrai que Falcon avait été torturé.

Il fit un signe d'assentiment.

Tout en gardant un œil fixé sur les autres consommateurs, mon compagnon me raconta que durant l'enquête sur l'assassinat de Martin Luther King, quand on avait appris que son assassin, James Earl Ray, avait passé un certain temps au Mexique, on avait demandé au Groupe Spécial de Ventura de retrouver certains témoins.

— Les Américains nous ont envoyé une liste de vingt-trois personnes, et nous en avons trouvé vingt-sept !

Il sourit en sirotant son ginger ale.

CHAPITRE TROIS

1

Au cours des semaines qui suivirent l'arrestation de Sicilia-Falcon, dans un tumulte de meurtres et de menaces, tandis que les services de renseignements d'une demi-douzaine de pays se bousculaient pour se placer, l'avenir politique du Mexique se trouva irrémédiablement modifié. Pat Gregory, Rich Gorman et une poignée d'autres agents américains des stupéfiants firent alors une découverte surprenante. Malgré toute sa richesse et toute sa puissance, Falcon n'était guère plus, d'un autre point de vue, qu'un exécutant subalterne. Bien au-dessus de lui, le dépassant largement, se trouvait un réseau enchevêtré, labyrinthique, de criminels, d'agents de renseignements, de diplomates et de politiciens proches de gouvernements du monde entier.

Alors que Falcon était encore interrogé par le Groupe Spécial de Ventura, Pat Gregory et un ou deux autres agents américains furent surpris de se voir convoqués dans les bureaux fortifiés de la CIA, au dernier étage de l'ambassade des Etats-Unis à Mexico.

— Ils étaient un peu inquiets, dit Gregory. Ils voulaient « contribuer » à notre enquête. Ils sortirent des tableaux montrant les interrelations entre Sicilia et certains *comandantes* de la police mexicaine. J'ai travaillé pour la CIA, d'accord ? Et je sais que quand un type s'amène avec un tableau couvert de marques de doigts, le document date *au minimum* de trois mois. Or le nom de Sicilia figurait dessus. Et le type nous racontait que tout ce qu'ils savaient sur Sicilia, c'était qu'il venait d'être arrêté et que c'était pour ça qu'il figurait sur le tableau. Et ils avaient *entendu dire* par certains de leurs hommes qu'il était lié aux *comandantes*...

« La plupart des membres de l'ambassade gobèrent ces histoires. En ce qui me concernait, ces bobards ne prenaient pas. Parce que le nom de Sicilia figurait sur le tableau depuis longtemps. C'était évident.

La CIA n'était pas la seule agence de renseignements qui « s'inquiétait » de l'arrestation de Falcon. Michael Decker avait dit aux agents américains que Falcon transportait souvent des fonctionnaires latino-américains de haut rang dans un Learjet. Dans le cadre de l'enquête approfondie qui suivit l'arrestation de Falcon, les agents découvrirent que l'un de ces fonctionnaires était Moya-Palencia, chef du *Gobernación*, la super-agence mexicaine. Il était probable que Palencia avait fourni à Falcon et Gaston Santos les cartes du *Gobernación*.

La découverte des liens entre Falcon et Palencia était particulièrement explosive en ce sens que Palencia était bien placé pour remplacer le président Luis Echeverría comme candidat du *Partido Revolucionario Institucional* aux prochaines élections présidentielles. Son nom ayant été cité dans l'affaire Falcon, le PRI remplaça sans autres formes de procès Palencia par José López-Portillo. Ce dernier devint bien entendu le nouveau président du Mexique. Si Falcon n'avait pas été arrêté, Palencia aurait presque certainement été élu président. Où cela aurait-il mis Falcon?

Les Renseignements cubains se révélèrent avoir eux aussi des liens avec Falcon. Celui-ci avait ouvert un compte bancaire à Zurich avec un passeport cubain, n° 06055, délivré le 12 septembre 1972 à La Havane. Il prétendait néanmoins ne pas être retourné dans cette ville depuis qu'il s'en était enfui en 1961.

Falcon avait aussi, disait-on, de l'argent dans l'agence parisienne d'une banque russe. Pourquoi un Occidental déposerait-il de l'argent dans une banque *russe*?

Immédiatement après l'arrestation de Falcon, les journaux de Mexico appelèrent son organisation « le plus important groupe de trafiquants jamais arrêté dans l'histoire de la drogue », ajoutant qu'il était le « compagnon attitré » d'Irma Serrano, la fougueuse star de cinéma et vedette du spectacle (elle chantait l'hymne national aux cérémonies officielles) qu'on appelait La Tigresa. On essaya d'obtenir d'elle une interview.

La Tigresa avait alors un peu plus de quarante ans, des cheveux noirs, et un grain de beauté sur le front qui mettait en valeur ses yeux verts étincelants. Elle fit honneur à son nom. Furieuse qu'on ait arrêté son ami Sicilia, elle déclara aux journalistes que le trafic de drogue jouissait de la protection de *comandantes* de police, de journalistes et de « personnalités bien connues ». Priée d'être plus explicite, elle étonna le Mexique — et terrifia certains de ses dirigeants — en répondant, furieuse, qu'elle donnerait des noms et des détails, mais « uniquement avec l'autorisation du président Echeverría »

Le Président Echeverría?

Lorsqu'on lui demanda de faire des commentaires sur ces propos, le ministre de la Justice d'Echeverría, Pedro Ojeda-Paullada, répondit :

— Très curieux.

Les agents américains trouvèrent cela plus curieux encore car le nom d'Echeverría avait été prononcé à propos d'un autre aspect de l'enquête sur Falcon. Quand on l'avait arrêté, on avait trouvé chez Falcon une lettre se référant à des négociations en vue de transactions commerciales sur l'argent, le mercure, le fer et le pétrole entre le Mexique et les Etats-Unis, négociations entamées avec l'accord d'Antonio Buch, représentant personnel de María Ester Zuno de Echeverría, la femme du Président mexicain. La lettre était datée d'environ deux mois avant la rencontre Falcon-Gaston Santos-James Morgan à Tijuana concernant la fabrication du super-fusil à visée laser. D'autres sources de renseignements laissaient entendre que Mme Echeverría, dont le père et le frère avaient par ailleurs été impliqués dans le trafic d'héroïne européen, aurait investi dans la fabrication de cette arme.

La possibilité que le Président Echeverría soit impliqué dans le trafic de stupéfiants et d'armes (par l'intermédiaire de sa femme, de Moya-Palencia, chef du *Gobernación*, ou d'autres personnes) présentait un intérêt tout particulier, car on lui connaissait une ambition : à la fin de son mandat, il espérait être élu secrétaire général des Nations unies.

Tandis que La Tigresa, toutes griffes dehors, s'en prenait au Président, d'autres fonctionnaires mexicains commençaient eux aussi à parler. Des histoires délirantes circulaient dans les bureaux des renseignements et les milieux diplomatiques d'Amérique latine. Certains journalistes — parfois plus proches des hauts fonctionnaires de la police mexicaine que les agents des stupéfiants nord-américains — racontèrent que sous la torture Falcon avait avoué travailler pour la CIA. L'objectif était de mettre sur pied un réseau destiné à échanger de l'héroïne et de la marijuana mexicaines contre des armes. Les armes, selon ces récits, devaient être données aux groupes de guérilleros d'Amérique centrale dont l'objectif était de « déstabiliser » leurs gouvernements. Harcelés par la guérilla, ceux-ci s'aligneraient, espérait-on, sur les Etats-Unis en échange d'une aide militaire. Le plan ne coûterait rien à la CIA puisqu'il serait financé, à leur insu, par les trafiquants de drogue, fumeurs de joints et camés des Etats-Unis.

Ces accusations semblaient bizarres. Tout le monde — y compris Falcon quand il en eut l'occasion — les nia. Mais les Mexicains qui avaient accès aux rapports secrets de la police mexicaine restaient sceptiques quant à ces dénégations. Ils faisaient remarquer que les groupes de guérilla, comme le Mouvement du 23 septembre, avaient maintenant des M16, et que les guérilleros guatémaltèques utilisaient des roquettes capables de percer les blindages et des viseurs télescopiques utilisables de nuit fabriqués aux Etats-Unis. Comment les avaient-ils obtenus ? La CIA avait-elle — par l'intermédiaire de Falcon —

troqué des armes contre des stupéfiants ? La CIA fournissait-elle de la drogue aux Américains pour acheter des armes destinées aux révolutionnaires ?

Une autre histoire bizarre circulait également, Quelques mois avant l'arrestation de Falcon, un ministre mexicain, trouvant curieux qu'un de ses voisins de Cuernavaca téléphone fréquemment à une maison que Falcon possédait à San Diego (les parents de Falcon habitaient à La Jolla, un quartier de San Diego)envoya au FBI une bouteille de Coca-Cola que ledit voisin, un petit homme chauve, d'allure effacée, avait touchée. Le FBI aurait identifié les empreintes comme étant celles de Sam Giancana, un patron de la Mafia de Chicago, qui avait fui les Etats-Unis en 1966 pour éviter de comparaître devant un jury d'accusation.

Par la suite, Giancana, expulsé du Mexique pour des raisons obscures, avait été abattu dans la cave de sa maison de Chicago, exactement treize jours avant l'incarcération de Falcon à la sinistre Procuraduría.

Giancana avait, en 1960, été impliqué dans une machination de la CIA pour assassiner Fidel Castro. Selon certains, il aurait été éliminé par la CIA pour l'empêcher de déposer devant un comité du Sénat enquêtant sur les services de renseignements. (Un complice de Giancana impliqué dans la même machination témoigna — il fut peu après sauvagement assassiné.)

A quel sujet Giancana pouvait-il avoir téléphoné à Falcon, qui était, ne l'oublions pas, cubain ? Parlaient-ils de Castro ? Falcon avait-il lui aussi joué un rôle dans l'opération de la CIA en vue d'assassiner celui-ci ?

De l'avis général, il ne s'agissait toutefois que de spéculations insuffisamment fondées.

Des cadavres firent également leur apparition.

— Après l'arrestation de Falcon, raconte Pat Gregory, il y eut entre onze et dix-neuf meurtres dans la seule ville de Tijuana. Sans doute aussi quelques-uns à Mexico. Des indicateurs en puissance qu'on supprimait. Nous abordions alors le domaine des liens de Falcon avec les Cubains et les Russes, et de ses prétendues relations avec la CIA — nous touchions à des choses que nous ne comprenions pas, des choses qui nous passaient *totalement* par-dessus la tête.

A vrai dire, cela dépassait tout le monde. Craignant pour leur carrière, leur réputation et peut-être leur vie, les fonctionnaires mexicains s'enfermaient dans leur bureau et ne répondaient plus au téléphone. Même le *comandante* Ventura, un homme dont Gregory disait qu' « il arriverait en enfer avec une mitrailleuse », sortit d'une réunion avec un collaborateur du ministre de la Justice « blanc de peur ».

— Je présume, dit Gregory, que le président Echeverría lui-même avait demandé d'arrêter les dégâts. L'affaire devenait trop délicate. Irma Serrano, La Tigresa, avait déclaré en substance : " Bon, je ne dis pas un mot, mais si je parlais, je foutrais ce pays en l'air. "

« Il faut comprendre la situation de Ventura. Il subissait une pression *énorme*. Je vous assure qu'il était *blême*. " Nous avons eu Sicilia, nous dit-il. Mais c'est tout. Ça s'arrête là pour le moment. "

Quand une Rolls-Royce décapotable flambant neuve, appartenant à Falcon et très probablement chargée d'héroïne, fut découverte peu après l'arrestation de Falcon dans les écuries d'un ranch appartenant à Dolores Olmedo, une des plus illustres citoyennes de Mexico, les policiers se hâtèrent de rentrer chez eux et de s'enfouir la tête sous l'oreiller.

Olmedo avait été la maîtresse de Diego Rivera, le peintre communiste immensément célèbre et controversé. Attaqué par la presse pour les peintures murales prétendument blasphématoires et d'inspiration communiste réalisées à Detroit et New York (l'une d'elles fut enlevée au ciseau d'un mur du Rockefeller Center et reconstituée à Mexico), il connaissait un succès populaire considérable au Mexique. Bien qu'il fût mort en 1957, Dolores Olmedo continuait à jouir d'un grand respect et d'une forte influence au sein du gouvernement.

Les dirigeants de la police mexicaine déclarèrent aux agents américains que les liens d'Olmedo avec « les hautes sphères du gouvernement » rendaient « déraisonnable » la saisie de la Rolls-Royce de Falcon garée dans son ranch. Nous ne toucherons *pas* à cette voiture. Par pitié, n'insistez pas.

Pourquoi les Nord-Américains s'intéressaient-ils tant à cette Rolls-Royce ?

Pat Gregory avait découvert une facture pour la voiture en fouillant dans les papiers de Joan Beck après son arrestation. Du type Corniche avec conduite à gauche, la Rolls vert et bleu avait été embarquée à Madrid à destination de Veracruz en février. Les agents l'ignoraient à l'époque, mais cette voiture avait été achetée par Joan Beck alors que Falcon et José Egozi étaient en Espagne pour négocier le contrat d'armes de la CIA avec le chef de la police secrète portugaise. Les documents d'embarquement indiquaient un curieux gain de poids de quarante kilos entre l'usine Rolls en Angleterre et les quais de Veracruz.

Beck et Carlos Kyriakides avaient pris la voiture à Veracruz le 2 juin et l'avait conduite jusqu'à Mexico. Beck avait dit aux hommes de

Ventura qu'elle avait téléphoné à Falcon pour demander si elle devait amener la voiture chez lui. Sa réaction avait été immédiate et catégorique : « Non ! » Il lui dit de la laisser dans le garage souterrain du Fiesta Palace Hotel. Beck précisa que Falcon avait par la suite chargé un domestique de conduire la voiture jusqu'au ranch d'Olmedo.

Dès qu'ils eurent repéré la voiture, les agents nord-américains demandèrent aux policiers mexicains de la saisir. Il fallut trente-six jours de pressions constantes pour que la police, agissant sur ordre direct du ministre de la Justice, se décide à aller au ranch et à ramener la Rolls au ministère de la Justice.

Les agents firent venir d'El Paso un chien de la douane. Après avoir reniflé toute la voiture, le chien agita gaiement la queue pour faire comprendre qu'il n'y avait pas trace de stupéfiants.

Ron Sibley, un des agents qui avaient suivi la Mercedes de Kyriakides, se mit à quatre pattes pour regarder sous les pare-chocs avant, et découvrit les planques constituées par des plaques de fibre de verre fixées par des vis dans le creux des pare-chocs. Ces caches avaient manifestement été aménagées soit pour passer de la drogue à l'avenir, soit pour de la drogue amenée d'Europe et enlevée avant que la voiture ne fût fouillée.

Sibley n'eut pas de mal à deviner. On savait que cent kilos d'héroïne avaient passé la frontière centre Ciudad Juarez et El Paso, au Texas, dans le courant de juin, le mois où la Rolls était arrivée à Mexico. Selon les rapports, la cargaison appartenait à Falcon et avait été confiée à un associé de l'avocat Garza de la Garza (dont un employé avait été appréhendé au 180 Calle Nieve le lendemain de l'arrestation de Falcon).

Une enquête ultérieure révéla qu'en dépit de son âge, Dolores Olmedo avait un amant : Arturo Izquierdo-Ebrard, connu depuis des années comme importateur d'héroïne française — qui transitait par le port de Veracruz, où il possédait un ranch et où la Rolls avait été débarquée.

Sibley adressa un rapport au quartier général de la DEA à Washington, ainsi qu'à Madrid, Londres et Milan, suggérant que Sicilia-Falcon était peut-être lié aux « organisations traditionnelles d'héroïne blanche » d'Europe et d'Amérique latine.

Il semblait bien que ce mystérieux Cubain installé à Tijuana fût lié non seulement à un nombre stupéfiant de gouvernements et d'agences de renseignements, mais aussi aux anciens membres de la French Connection, maintenant installés en Amérique du Sud, en Amérique centrale, au Mexique, en Asie et aux Etats-Unis.

Où cela s'arrêterait-il ?

2

Le monde international du crime, de l'espionnage et de la politique auquel appartenaient Sicilia-Falcon et ceux (comme le Centac allait le découvrir par la suite) qui opéraient au-dessus de lui, avait une origine ténébreuse, rarement étudiée, qui remontait à près d'un demi-siècle. Pour comprendre cet aspect de l'Empire clandestin, il est nécessaire de rappeler brièvement son histoire.

Quand le « milieu » parisien, jadis responsable du détournement des stupéfiants fabriqués légalement en Europe occidentale, se trouva coupé de sa source d'approvisionnement traditionnelle par la convention internationale sur les stupéfiants signée à Genève en 1931, il monta rapidement ses propres laboratoires à Paris et à Marseille. L'opium et la morphine base en provenance de Yougoslavie, de Bulgarie, de Grèce et de Turquie étaient convertis en héroïne dans ces laboratoires et expédiés en contrebande aux Etats-Unis. Dans le même temps, l'opium chinois de la province du Yunnan était traité dans des laboratoires clandestins de Shanghai et distribué sous le contrôle de Tu Yueh-sheng, le suzerain du crime le plus puissant de Chine, à Hong Kong et aux gangs chinois de San Francisco et New York. (Ces histoires avaient été racontées par le vieux Tu Yueh-sheng à l'informateur du Centac Robert Yang « Le Gros », qui les répéta à Bruce Stubbs, Dennis Dayle et d'autres agents à Tucson.)

Les opérations françaises passèrent rapidement sous le contrôle des truands corses de Marseille. La Corse, qui fournit 10 % de la population de cette ville, a deux industries principales : le tourisme et le crime. Avec la Sicile et Chan-t'eou, c'est l'un des trois grands réservoirs de truands internationaux.

Avec la fin de la Deuxième Guerre mondiale, qui avait de fait coupé les Etats-Unis des sources d'héroïne d'outre-mer, les criminels corses du Midi de la France ne tardèrent pas à rétablir le trafic. Poursuivis pour avoir collaboré avec les nazis (la Gestapo les avait utilisés contre les résistants communistes de Marseille), nombre de gangsters corses et marseillais s'enfuirent en Asie durant la Guerre d'Indochine ; ils y établirent des liens avec des gangs chinois (y compris les puissantes organisations de Chiu Chow, comme celle dirigée par Liou Chou-chouei, cible du Centac-24) et d'Amérique du Sud, principalement d'Argentine.

Auguste Ricord, un Marseillais courtaud et obèse, était peut-être le plus éminent de ces criminels émigrés. Né en 1911, collaborateur de la Gestapo pendant la Seconde Guerre mondiale, recherché par la police française pour attaque à main armée et haute trahison, Ricord s'enfuit à Buenos Aires en 1948. Il y possédait divers bars et restaurants (l'El Sol, le Bar Texas) et y accueillit d'autres criminels en fuite, y compris certains membres de sa famille, et organisa avec eux des opérations de contrebande s'étendant à l'ensemble de l'Amérique du Sud, de l'Amérique centrale, de l'Europe et des Etats-Unis.

Depuis des années, les trafiquants d'Amérique latine n'attendaient qu'un groupe aussi dynamique que celui-là. Source de cocaïne (pratiquement absente du marché mondial depuis la convention de 1931) et lieu de transit de l'héroïne blanche européenne vers les Etats-Unis (l'héroïne brune mexicaine était de mauvaise qualité), l'Amérique latine ne demandait que d'être exploitée internationalement sur une grande échelle par une organisation européenne énergique, créative et ambitieuse. Ricord, sa famille et ses amis assumèrent ce rôle.

Ricord et d'autres Français expatriés — qui connaissaient bien, d'après leurs expériences de la Seconde Guerre mondiale, les rapports entre le crime, la politique et les services de renseignements — établirent rapidement de puissants contacts politiques et des rapports étroits avec les services de renseignements d'Asie, d'Amérique latine et de leur pays d'origine, la France. Certains associés de Ricord — des gens comme Christian David, Michel Nicoli, Lucien Sarti, Claude Pastou — figuraient sur la liste des agents des renseignements français. Un ami de Ricord, Armand Charpentier, avait, disait-on, pris part au Brésil à un complot visant à assassiner Charles de Gaulle lors de sa visite en 1964. On disait également que Christian David avait été complice, en 1965, de l'enlèvement et de l'assassinat de Mahdi Ben Barka, crime auquel avaient aussi participé les services de renseignements français. D'autres, comme René Santamaria et Ricord lui-même, avaient, disait-on, établi d'étroits contacts politiques et financiers dans toute l'Amérique du Sud et l'Amérique centrale. Santamaria, un beau Marseillais de 1,85 m aux yeux verts, serait entré par son mariage dans la famille d'un président d'Amérique latine. Quant à l'Asie, on savait que les services de renseignements français, aidés par des truands corses expatriés, avaient participé au trafic de l'opium pendant la Guerre d'Indochine.

Un rapport de la CIA resté secret et potentiellement explosif, préparé en liaison avec la DEA, accuse « le gouvernement, l'industrie et les grandes familles français, au plus haut niveau, y compris le cabinet, la police et l'armée » d'avoir « des liaisons financières et sociales » avec les caïds du milieu corse dans le monde entier. Le rapport ajoute que ces dirigeants criminels « peuvent user de leur influence, et le font, sur les familles et les parents des hommes au pouvoir pour atteindre leurs objectifs ».

Le rapport poursuit : « Il est possible, bien que nullement certain, que les renseignements français — en particulier le SDECE [Service de Documentation Extérieure et du Contre-Espionnage], équivalent français de la CIA, ou des individus au sein du SDECE agissant pour leur propre compte — abritent en leur sein un important groupe de trafiquants. Cette suspicion est fondée sur l'implication sérieuse de deux agents du SDECE... et sur les dires d'un troisième... Les informations disponibles ne sont pas très précises. D'une part, il est plausible que l'implication d'agents du SDECE dans le trafic de l'héroïne puisse être sans rapport avec leur appartenance au SDECE... On peut tout aussi catégoriquement avancer que si les services de renseignements français sont impliqués dans le trafic en question, l'opération aura été organisée de façon à permettre de le nier de façon plausible. On devrait aussi considérer dans ce contexte l'étrange affaire Manuel Suarez, qui ressemble davantage à une opération de renseignements qu'à une affaire de trafic d'héroïne. On n'a jamais su dans cette affaire d'où venait l'héroïne. »

Ainsi, certains criminels français, impliqués dans le trafic d'héroïne et parfois dans des opérations de renseignements, disposaient d'un pouvoir politique considérable. Et certains d'entre eux, notamment les associés de Ricord, Lucien Sarti et le mince et élégant René Santamaria, firent leur apparition à Tijuana, Mexique, où Santamaria était considéré, selon les rapports des renseignements, comme le « principal contact » pour l'héroïne en Amérique du Sud.

Dans l'arrière-salle sombre, crasseuse et étouffante du Camachin Bar, sur l'avenue Agua Caliente, Santamaria, Sarti et d'autres jouaient gros jeu au poker avec des trafiquants de drogue locaux. Carlos Kyriakides participait régulièrement à ces parties hebdomadaires.

Il ne fallut pas longtemps avant que Santamaria et d'autres trafiquants liés au groupe français ne fournissent de la cocaïne et de l'héroïne blanche européenne à l'ami et associé de Kyriakides, Alberto Sicilia-Falcon.

Pour la cocaïne, Falcon ne dépendait pas des Français. Après la prise du pouvoir par Fidel Castro en 1959, les trafiquants cubains s'étaient enfui aux Etats-Unis, au Mexique et en Colombie. En Colombie, où la contrebande (pas de drogue, d'ailleurs) était devenue une institution nationale depuis la conquête espagnole, une infrastructure sophistiquée était déjà en place. Les Cubains présentèrent sans tarder leurs partenaires colombiens aux pourvoyeurs de pâte de coca du Pérou et de Bolivie, leur apprirent à convertir la pâte en cocaïne, et les mirent en contact avec des distributeurs de Miami et de New York. Les Cubains ne tardèrent pas à regretter leur générosité, car les Colombiens, goûtant à d'énormes profits, les exclurent du marché de la cocaïne avec une férocité sans précédent, même parmi les criminels d'Amérique latine.

Alberto Sicilia-Falcon, natif de Cuba et vivant au Mexique, avec des liens en Colombie, à Miami et à New York, était dans une position unique pour profiter au maximum de la connexion Colombie-Mexique-Etats-Unis.

Les Latino-Américains, les Asiatiques, les Européens et les Américains du Nord ne tardèrent pas à établir un réseau de communication international secret couvrant quatre continents. Et par ce réseau, circulaient (et circulent toujours) la drogue, les armes et l'argent, avec une facilité et une sécurité relatives. Ce trafic est généralement ignoré et accepté sans opposition — voire aidé — par les gouvernements considérés, y compris celui des Etats-Unis.

C'était des fragments de ce réseau que Rich Gorman, Pat Gregory et d'autres se mettaient en devoir de déterrer. Leurs efforts devaient bientôt aboutir au lancement de l'opération la plus ambitieuse et la plus controversée du Centac.

CHAPITRE QUATRE

1

A l'ambassade américaine, Pat Gregory déplia les bouts de papier que Falcon avait essayé d'avaler au moment de son arrestation. Il réussit à reconstituer une fiche de 7 centimètres sur 12. Elle portait les noms de trois hommes : David Romero, Garza de la Garza, Vincent Guzmán.

Les deux premiers ne lui disaient pas encore grand-chose (Romero était un distributeur mexicain de stupéfiants, Garza de la Garza un avocat ayant des contacts haut placés au gouvernement), mais lorsque Gregory parvint à déchiffrer le nom de *Vincent Guzmán,* ses doigts se mirent à trembler.

Guzmán était une légende.

Considéré comme le sosie de l'acteur Robert Mitchum, Vincent Guzmán se déplaçait dans le monde entier comme un véritable feu follet, voyageant souvent avec un passeport diplomatique. On le repérait un jour en Europe, le lendemain aux Etats-Unis, le surlendemain en Amérique latine. Les autorités n'avaient qu'une idée confuse de ses activités, fondée sur les masses de renseignements souvent contradictoires fournis par des indicateurs. Chacun racontait une histoire différente. Il s'appelait soit Guzmán-Zuniga, soit Guzmán-Pinto. Pendant un certain temps, il avait semblé que Guzmán-Pinto était peut-être une tout autre personne. Certains rapports le disaient né en 1922, d'autres en 1923, d'autres encore en 1929. Il avait comme surnoms El Patron (Le Patron), El Tuerto (Le Borgne), el El Bizco (Le Bigleux). Certains rapports le disaient originaire du Pérou, d'autres d'Espagne, du Chili, de Colombie, d'Equateur, du Venezuela ou du Mexique. La liste de ses associés ressemblait à un Who's Who du crime latino-américain.

En 1969, un trafiquant de drogue du Mexique assura à un agent nord-américain que Vincent Guzmán était sur le point de révolutionner l'industrie de l'héroïne en Amérique latine. Guzmán, précisa l'indicateur sur un ton respectueux, s'était aperçu que les fertiles montagnes de l'Equateur ressemblaient à celles de Turquie et pouvaient fournir de l'opium de même qualité. L'ambitieux et puissant Guzmán avait mis sur pied un laboratoire de traitement à Guayaquil. Son héroïne était dix fois plus pure que la mexicaine, et il avait l'intention d'en « inonder le marché mexicain ». Il pouvait fournir des « quantités illimitées » d'héroïne équatorienne, et également d'héroïne européenne. Pour prouver ses dires, l'indicateur avait remis à l'agent un gramme et demi du produit équatorien.

On apprit bientôt, par d'autres rapports, que Guzmán se vantait d'avoir des plantations en Equateur, où non seulement il cultivait le pavot mais traitait aussi de la cocaïne. Il semblait avoir fait pour la drogue ce que l'United Fruit avait fait pour les bananes.

Un an après ces affirmations, les agents nord-américains furent informés que Guzmán s'était associé avec Arturo Izquierdo-Ebrard. Izquierdo qui au moment de l'arrestation de Falcon vivait avec Dolores Olmedo était connu pour être un gros importateur d'héroïne française.

Héroïne française, héroïne équatorienne — il était difficile de savoir ce que Guzmán pouvait bien mijoter. Toujours est-il qu'on ne reparla pas de l'héroïne équatorienne. En 1970, Guzmán avait d'ailleurs d'autres problèmes en tête. Dans une chambre du Lucerna Hotel à Mexicali, non loin de la frontière des Etats-Unis, il vida le chargeur de son revolver dans le corps de sa maîtresse, dont il avait souvent utilisé les appartements et les téléphones au Mexique et à Los Angeles pour ses affaires de cocaïne. Il l'aurait tuée parce qu'elle lui avait volé de l'argent — les bénéfices de la drogue.

Deux ans plus tard, on raconta que Guzmán lui-même avait été assassiné : il avait « probablement » tué un homme à Sinaloa au

Mexique, puis s'était enfui en Equateur où il se serait querellé avec un autre trafiquant qui l'aurait tué.

Mais un mois plus tard, Guzmán refit surface, bien vivant, à Barranquilla (Colombie). Il troquait, disait-on, de la cocaïne d'Amérique centrale contre de l'héroïne française avec un associé marseillais. Ses opérations répétées sur l'héroïne française (en particulier marseillaise), de même que sa façon de jouer au globe-trotter avec des passeports diplomatiques, suggéraient qu'il avait partie liée avec des criminels, des politiciens et des agents de renseignements du groupe du vieil Auguste Ricord, installé à Buenos Aires.

L'année suivante, Guzmán apparut brusquement à Rome. Il y possédait alors, disait-on, un restaurant où l'on servait les meilleures pâtes de la Via Pontico. Il était l'ami de trafiquants chiliens qui utilisaient son restaurant comme lieu de rendez-vous.

En septembre de l'année qui suit l'histoire du restaurant romain, on signala le retour de Guzmán en Amérique du Sud. En Colombie, à propos d'une histoire de cocaïne, il tua un homme à l'issue d'un affrontement au pistolet. Ses affaires de stupéfiants semblaient florissantes.

A l'époque, Vincent Guzmán avait, à des titres divers, collaboré avec tous les grands trafiquants de stupéfiants d'Amérique latine, ainsi qu'avec de nombreux autres en Europe et aux Etats-Unis — « les magnats de l'industrie des stupéfiants, les hommes qui ont fait des stupéfiants ce qu'ils sont aujourd'hui », pour citer Pat Gregory.

Les relations de Guzmán dans les mondes du crime, de la politique et de la diplomatie étaient en vérité impressionnantes. Et si, comme le suggéraient ces bouts de papier mâché, il était maintenant associé avec Falcon... eh bien, cela pouvait conduire strictement n'importe où.

Le lendemain du jour où il avait reconstitué la fiche que Falcon avait essayé d'avaler, Pat Gregory sortait du bureau de Ventura quand il tomba sur un *comandante* de la police mexicaine qui s'appelait Díaz-Laredo. Díaz, trente-trois ans, ambitieux et patelin, était un rival, pour ne pas dire un ennemi, de Ventura. On ne lui aurait certainement pas décerné un prix d'honnêteté. Quand il vous parlait, vous ne saviez jamais exactement ce qu'il disait ni pourquoi, et quand vous répondiez, vous ne saviez jamais de quoi il parlerait et à quel prix. La seule certitude que vous pouviez avoir c'était qu'il y avait anguille sous roche, et peut-être crime, et que très certainement Díaz en tirerait profit.

Díaz et Gregory bavardèrent un moment, riant et plaisantant comme s'ils se faisaient confiance, puis Díaz mentionna qu'il venait de saisir cent kilos de cocaïne. La cargaison mettait en cause un certain David

Romero (à qui il manquait le bout d'un doigt et qui avait une vilaine cicatrice d'une dizaine de centimètres sur l'avant-bras) et un petit avocat rouquin, Garza de la Garza, ainsi que plusieurs Colombiens. L'un de ces derniers s'appelait Vincent Guzmán.

Gregory, reconnaissant les trois noms qui figuraient sur la fiche, cacha son excitation et demanda sur un ton détaché si l'affaire avait un quelconque rapport avec la récente arrestation de Falcon.

— Non, non, absolument pas. C'est une affaire totalement différente.

La réponse de Díaz ne surprit pas Gregory. Qui sait quels pots-de-vin cela allait lui rapporter ? Si l'affaire avait un rapport avec Sicilia, Ventura serait chargé de l'enquête. Et Díaz ne pourrait rien y gagner.

Gregory prit congé de Díaz, se précipita à l'ambassade américaine et y trouva Joe Gonzales, l'agent de la DEA qui était venu le chercher à l'aéroport.

— Qu'est-ce que Díaz-Laredo fabrique ? Qu'est-ce que c'est que cette affaire de cent kilos de coke ?

Puisque les noms cités par Díaz correspondaient à ceux que Falcon avait tenté de dissimuler, la cocaïne était probablement destinée à Falcon. Mais qui se trouvait à l'autre bout de ce marché de cent kilos de cocaïne ? Qui était à la source ? Et à quel niveau ce pourvoyeur se situait-il dans le monde des stupéfiants d'Amérique latine ?

Certainement plus haut que Falcon, car Falcon n'était qu'un client.

Gonzales avait une histoire curieuse à raconter.

Deux mois auparavant, Díaz avait téléphoné à Gonzales pour lui dire qu'il connaissait un groupe qui amenait au Mexique cent kilos de cocaïne par mois. Il ajouta que le groupe attendait un gros chargement, et qu'il tiendrait Gonzales au courant.

La veille de l'arrestation de Falcon, Díaz téléphona à Gonzales pour lui dire qu'il avait appréhendé un certain David Romero à Mexicali.

Le lendemain, Díaz escorta Romero et d'autres hommes arrêtés pour la même affaire, y compris Garza de la Garza, jusqu'à Mexico. Curieusement, le ministre de la Justice avait donné des ordres pour qu'on amène immédiatement tous les accusés dans la capitale.

Díaz se rendit ensuite dans l'un des hôtels les plus chics de Mexico, le Fiesta Palace (où, lors d'une soirée, Falcon avait offert un fabuleux diamant à l'un des collaborateurs du Président Echeverría), et arrêta deux autres hommes occupant des chambres contiguës au seizième étage.

Cinq jours plus tard, une semaine après l'arrestation de Falcon, Díaz invita Gonzales à venir le voir dans son bureau. Il s'excusa de ne pas l'avoir informé de ces arrestations. Il avait l'ordre formel de ne pas en parler à des agents nord-américains. L'ordre émanait directement du ministre de la Justice. Il donna à Gonzales les copies des déclarations des dix personnes arrêtées et des rapports officiels concernant la saisie des cent kilos de cocaïne.

Gonzales ne tarda pas à remarquer que les rapports ne faisaient pas mention de l'arrestation de l'influent avocat Garza de la Garza. Manifestement, le nom de Garza avait été omis afin de pouvoir le libérer plus facilement. Gonzales se rendit compte que Garza avait dû conclure des marchés avec Díaz et d'autres fonctionnaires gouvernementaux, qui seraient sûrement ravis de troquer sa libération contre son silence.

Malheureusement pour Garza et ses amis du gouvernement, Ventura vint fourrer son nez dans l'enquête. Garza et d'autres furent interrogés et inculpés. La teneur des déclarations de Garza ne fut cependant pas communiquée aux Nord-Américains. Les secrets qu'il révéla à ses interrogateurs demeurèrent la propriété exclusive du gouvernement mexicain.

Gonzales sortit du bureau de Díaz, retourna à l'ambassade et s'installa devant une machine à écrire. Contrarié et frustré, il s'épancha auprès de ses supérieurs en leur faisant part de ses soupçons. Renonçant à toute réserve, Gonzales accusa Díaz d'être « rien moins que franc » sur l'affaire des cents kilos de cocaïne. Il soupçonnait Díaz de fournir de « fausses informations pour tromper » les agents américains. Tout en comportant des bribes de vérité, les rapports que lui avait montrés Díaz étaient dans l'ensemble à peine plus fiables qu'un conte de fées.

Un indicateur de Mexico signala aux agents américains que des policiers mexicains de haut rang (certains de ceux avec qui travaillaient Pat Gregory en Rich Gorman) escortaient souvent la cocaïne passée en fraude par le groupe de David Romero. Il précisa que les cent kilos saisis, financés par « un homme d'affaires mexicain connu », étaient venus en contrebande d'Amérique du Sud pour financer l'achèvement de l'Hôtel Mexico. Il s'agissait probablement, ô surprise, du luxueux (nombreux ascenseurs, plafonds en glace de chez Tiffany) Gran Hotel Ciudad de Mexico, un des établissements les plus coûteux et les plus snobs de la capitale. L'indicateur ajouta que la cocaïne saisie faisait partie d'un envoi de trois cents kilos, les deux cents autres étant parvenus à bon port à Las Vegas. Un autre indicateur devait confirmer ces renseignements.

Notant la « discrétion » des fonctionnaires mexicains et les « irrégularités » commises par eux, un analyste des renseignements américains affirma que les agents des Etats-Unis avaient été « délibérément tenus à l'écart de l'affaire... en raison de ses résonances politique extrêmement étendues. »

2

Falcon lui-même reconnut que le *comandante* Ventura lui avait parlé de l'affaire des cent kilos de cocaïne, et en particulier des deux hommes que Díaz avait arrêtés au Fiesta Palace.

« En attendant d'être mis en prison, dit Falcon en reprenant le cours de son récit, je découvris que mes tortionnaires voulaient m'impliquer dans une affaire de cent kilos de cocaïne et de deux trafiquants de drogue arrêtés presque en même temps que nous au Fiesta Palace.

« Tard dans la soirée, Lalo Estrada entra dans ma cellule. " Ecoute, petit salaud, dit-il, nous savons que vous êtes tous en rapport avec les gens du Fiesta Palace, alors reconnais-le. Nous avons une machine qui était cassée, mais malheureusement pour toi, elle est réparée. Si tu crois que les décharges de la première étaient terribles, attends de voir ce que donne celle-là ! "

« Il partit. Je n'étais pas loin de la folie. Je ne pourrais pas supporter une autre séance de torture. Il y avait un miroir en matière plastique dans ma cellule. Je le cassai en deux et essayai d'en aiguiser un des morceaux. Je voulais m'entailler les veines du poignet, mais ce n'était pas assez tranchant.

« Je me souvins de quelque chose que les agents m'avaient rendu ce jour-là — une médaille en or de la Vierge de San Juan de los Lagos. Je me mis à affûter les bords de la médaille sur le sol de ciment. Je réussis à me couper. Des flots de sang jaillissaient de mes veines, formant une petite mare sous le lit. La cellule était pleine de sang... mais je ne mourais pas. Mes veines se fermaient et le sang se coagulait. Les gens qui étaient dans la cellule en face de la mienne virent du sang couler dans le couloir et commencèrent à crier et à cogner sur les portes métalliques.

« Des gardiens arrivèrent en courant et ouvrirent la porte de ma cellule. Ils me mirent sur un chariot et me sortirent de là. Quand je repris conscience, j'étais dans une ambulance qui roulait à toute vitesse. A l'hôpital, le médecin qui me soigna dit qu'il fallait m'hospitaliser, mais les agents refusèrent. Ils me ramenèrent à la prison.

« Ils me mirent dans une cellule avec trois autres détenus pour que je ne puisse plus essayer de m'entailler les veines. Je n'avais pas réussi à me suicider, mais j'avais quand même réussi à faire cesser les interrogatoires.

« Le lendemain, un convoi de voitures de police se dirigea vers Lecumberri, un lourd bâtiment de style médiéval construit au début du siècle qui servait de prison à la ville de Mexico. Par les vitres de la voiture, je vis ses tours et ses immenses portes métalliques peintes en vert.

« On nous conduisit en file indienne jusqu'à une entrée rectangulaire ; ce fut ensuite une marche interminable dans des couloirs obscurs coupés de hautes portes de fer. A cause de la douleur que me causait mon pied fracturé, on dut m'aider à marcher. Nous arrivâmes enfin au centre géométrique de la prison, le " polygone ", d'où rayonnent tous les couloirs.

« On nous assigna deux cellules. Elles n'avaient ni toilettes, ni eau, ni électricité. Mais au moins nous savions qu'elles ne contenaient pas d'instruments de torture. Luis Zucoli, un autre prisonnier dont je venais de faire la connaissance, donna de l'argent aux gardiens, qui nous permirent de nous servir d'une salle de bains. »

En fait, Falcon connaissait très bien Luis Zucoli. C'était lui qui, le soir de l'arrestation de Falcon, était arrivé au 180 Calle Nieve avec un gros revolver et une formule pour convertir la cocaïne base en cristaux.

« Ce soir-là, arriva un avocat, ami de Luis. Apparemment, il s'occupait de tous les " arrangements " à l'intérieur de la prison. Il nous indiqua le tarif de tous les avantages et facilités dont on pouvait disposer. Nous acceptâmes de payer 10 000 dollars pour choisir le dortoir où nous serions transférés. Il promit de revenir le lendemain matin pour tout arranger.

« Pendant la journée, la prison de Lecumberri était effrayante — ses hauts murs sinistres, sa conception d'un autre âge, les couloirs qui semblaient se rétrécir et presque se refermer à mesure qu'on approchait du polygone. La nuit, c'était un cauchemar. Des millions de rats grouillaient dans tous les coins et s'attaquaient aux détenus.

« Une fois conclus les arrangements, on nous assigna la cellule 6. Dès que le soleil se couchait, j'entendais courir les rats. Devant ma porte, ces animaux répugnants se battaient pour des miettes de pain, et certains grattaient pour essayer d'entrer.

« Nous fûmes présentés au juge du tribunal du district. Après nous avoir entendus parler de la torture — nous lui avions même montré nos blessures — il se tourna vers son secrétaire et dit : " Ils racontent tous ça. " A cause de la pression du ministère de la Justice et de la police nord-américaine, il nous fut pratiquement impossible de jouir de nos droits légaux pour nous défendre.

« Au tribunal, les raisons extraordinaires de mon arrestation devinrent enfin claires. L'accusation se fondait sur les déclarations faites devant un jury d'accusation de San Diego, Californie, par un certain Alberto Barruetta. En fin de compte, la main invisible avait remporté la victoire. Alberto Barruetta avait été obligé de témoigner contre moi et mes coaccusés à cause des pressions exercées par la CIA. En échange de son témoignage, celle-ci passerait l'éponge sur certains actes curieux qu'il avait commis. »

CHAPITRE CINQ

1

Tandis que Díaz-Laredo accumulait les arrestations dans l'affaire des cent kilos de cocaïne, que Ventura arrachait des aveux à Sicilia et que les fonctionnaires du gouvernement mexicain faisaient des pieds et des mains pour protéger leur carrière, leur fortune, leur réputation ou leur vie — pendant tout ce temps, un Américain de trente-trois ans, sans carrière, ni fortune, ni réputation à protéger, mais dépositaire de dangereux secrets et menacé de mort, se hâtait de se mettre à l'abri dans les zones d'ombre que pouvait lui offrir l'agitation de la pègre latino-américaine.

Il s'appelait John Allen. Et plus tard, quand il eut quitté ces zones d'ombre pour d'autres, nous dînâmes ensemble dans un grand restaurant aux lumières discrètes, qui donnait sur des bateaux de plaisance au mouillage.

C'était en poursuivant John Allen que Pat Gregory et des équipes successives d'agents du Centac avaient finalement été propulsés dans la stratosphère du crime latino-américain. John Allen est un homme qui vaut la peine d'être écouté.

— Sicilia-Falcon était important aux Etats-Unis, me dit Allen, mais s'il était en rapport avec les gros bonnets que je connaissais, ce n'était qu'en tant que grossiste. Il avait une mauvaise réputation : il était mou, cubain et homo. Bref, ce n'était pas le type qu'il fallait pour une opération sérieuse en Amérique du Sud. Personne ne l'aimait, d'accord ? Aussi, je ne sais pas grand-chose sur son groupe. Mais les fournisseurs, je les connais bien.

Ses mots étaient secs, précis. Penché vers moi, il parlait avec la passion et la joyeuse agressivité d'un homme empli de confiance. Son visage était assez étrange, avec des yeux très rapprochés, un nez aplati, une grande bouche, des cheveux courts et bouclés — un visage de clown. Cela se passait exactement un an après que j'eus fait la connaissance de Dennis Dayle.

— Je vais vous raconter une histoire qui vous fera sortir les yeux de la tête. Je vais vous dire le pour et le contre. Le gouvernement américain laisse faire parce qu'il ne veut pas impliquer des gouvernements étrangers. Et cela n'implique pas seulement des gouvernements étrangers, mais aussi les plus énormes pots-de-vin que l'on puisse imaginer. Je vous parle en toute franchise. Je ne raconte pas de bobards.

La serveuse plus très jeune, qui n'était pas insensible au charme d'Allen, demanda si nous étions pressés. Allen lui adressa un charmant sourire, son visage reflétant toute l'innocence d'un petit garçon : « Pas du tout. Ce soir, j'ai la permission de minuit. »

Nous commandâmes une autre tournée.

— Si vous faites quelque chose, faites-le bien. Je crois que j'ai toujours une vision claire de ce que je fais. Je sais comment agir, et je sais ce qui m'attend si je suis pris. Je ne me drogue pas. Je puise mon énergie et mes motivations en moi-même. J'ai toute ma tête. Je n'aime pas ce qui nuit vraiment aux gens.

La serveuse apporta les consommations et demanda si nous voulions passer notre commande.

— Je ne suis pas pressé, Jimmy, dit-il. C'est vous qui décidez.

— Je voulais seulement m'assurer que vous êtes satisfaits, dit la serveuse.

— Avec un si joli sourire, dit Allen, épanoui, comment ne serions-nous pas satisfaits ?

— Oh, c'est gentil.

Elle s'en alla, toute chavirée.

— Les objectifs actuels du Centac sont les numéros un du crime dans le monde. Il ne s'agit plus de cent ou deux cents kilos. Ces gens traitent cinq, six ou sept cents kilos par semaine.

Cela représente cinq millions de dollars par jour.

— Si je vous parlais de la façon d'opérer des Latino-Américains, de leur mentalité... Placez un Américain du Nord dans la situation latino-américaine, avec toute cette drogue, vous pourriez saturer le marché mondial. Tout ce que ça demande, c'est une intelligence un peu au-dessus de la moyenne. On m'a menti, on m'a roulé, des types ont mis ma tête à prix. Je me suis retrouvé avec trois groupes différents que la police a démantelés. L'un d'eux est toujours au Mexique et la pression ne s'est pas relâchée.

— Alberto Barruetta, Joan Beck, Roger Fry — vous n'êtes jamais tombé sur eux ?

— Non. C'était l'organisation de Sicilia. Mais la coke qu'ils vendaient venait de nous. Sans blague. Ne croyez pas que je suis un vantard. J'essaie de vous dire la vérité et d'être honnête avec vous.

— J'apprécie.

— Prenez la façon dont je me suis retrouvé embringué. J'étais en Amérique latine, marié à une femme de là-bas, quand les choses ont commencé à mal tourner, politiquement, dans le pays où je vivais. Le Salvador. Je me suis trouvé mêlé à la politique. C'est compliqué. Des détails sans intérêt. Mais je m'y suis trouvé mêlé et j'ai commencé à gagner de l'argent. C'était excitant. Je suis pilote. Je vais dans des endroits où la plupart des pilotes n'auraient pas l'idée d'aller. Je suis américain, ce qui signifie qu'on ne me fait pas confiance, et en plus j'avais l'air d'un flic. Mais je me suis rendu irremplaçable.

— Cela ne vous fait pas peur ?

— Peur, non. J'en ai tellement vu. Et je n'ai jamais vraiment eu peur. Après coup, ça me rend un petit peu nerveux, mais ça passe. Ma tête est mise à prix. En ce moment même. Cher. *Très* cher. Alors, je mène une vie discrète. Certains croient que je suis de la CIA, et ne savent qu'en penser. Ce petit jeu m'amuse. J'ai fait tout ce qu'on peut faire dans le trafic de la drogue. J'ai montré à ces idiots, qui sont considérés comme des cibles de première importance, comment faire leur boulot. Comment monter un réseau. Etablir des communications. Faire circuler la marchandise. Comment l'amener par avion. Pas le genre de merde que vous lisez. Je n'aime pas regarder la télé. Ce ne sont que des conneries. Ce n'est pas professionnel. Bon pour les masses... Je mangerais bien quelque chose.

Il commanda des œufs à la diable, de l'agneau rôti et une salade.

— Je suis aventureux, mais c'est plutôt mon bon côté. Et je suis un bon père, je reste très proche de ma mère. Je ne suis pas mauvais. Mais j'aime la grande vie, que voulez-vous ! Les femmes, les boîtes, l'alcool, tout ça...

— Où êtes-vous né ? lui demandai-je.

— Eh bien...

— Vous ne voulez pas le dire.

— Non. Une fois qu'ils ont votre lieu de naissance, vous êtes coincé. [Il était né à San Francisco, le 19 mars 1942.]

— Et vous n'avez pas peur ?

— Je n'ai pas peur. Si ces fumiers me veulent, qu'ils viennent me chercher. Je sais ce que je dois faire pour survivre, et je survis. Je dois être très prudent. C'est mon boulot. Faire attention à tout ce que je fais. Je ne suis pas le mec violent. Je ne porte pas de revolver. Mais je ne *les sous-estime jamais*. S'ils veulent vraiment faire un effort pour me liquider, ils y arriveront. Et je sais précisément qui le fera, qui *peut* le faire. Je ne me battrai même pas. A quoi bon ? Je suis fatigué. Ils me liquideront, et voilà.

2

John Allen était américain, et mécanicien de son métier. Il rencontra une Salvadorienne, et partit pour San Salvador, où il fut engagé pour s'occuper du parc automobile de l'ambassade américaine. En moins de temps qu'il ne faut pour le dire, cet homme qui n'avait guère d'autres atouts que son charme et son ambition se trouva propulsé dans les ranches, les demeures et les existences de quelques-uns des plus redoutables criminels de la planète.

— C'était un type très ouvert, dit un homme qui l'avait connu, gentil, toujours souriant, le type même du vendeur de voitures d'occasion. Il plongea là-dedans jusqu'au cou.

Allen était chef du service d'entretien d'Omni Motors à San Salvador lorsqu'il rencontra Antonio Mahomar, un Jordanien qui menait la grande vie. « Tonio », un coureur automobile très connu dans la région, qui portait des chaînes en or et des chemises ouvertes, gagnait sa vie en faisant de la contrebande de montres, de whisky et de cocaïne en Amérique centrale.

Tonio et Allen se prirent d'amitié. Tous deux aimaient les voitures rapides, les avions, les femmes et une vie de luxe. Ils achetèrent peu après pour 10 500 dollars un Piper Arrow, qu'ils utilisèrent pour passer en contrebande du whisky, des bijoux et de la cocaïne.

Avant de rencontrer Allen, Mahomar avait, à l'occasion, piloté un avion pour le compte de Giovanni Caicedo, un gros revendeur de cocaïne colombien. Caicedo, qui dirigeait sa propre organisation, vendait la coke en trop grosses quantités pour que Mahomar puisse s'offrir le luxe d'être son client. Allen emprunta alors à un de ses copains de travail 14 000 dollars et s'envola avec Tonio pour Bogotá, où ils discutèrent avec Caicedo, qui accepta de leur vendre deux kilos de cocaïne pour 12 000 dollars.

Ils les revendirent à un client du Mexique, gagnèrent quelques milliers de dollars et, deux mois plus tard, demandèrent à Caicedo de leur fournir six kilos de cocaïne. Ils étaient lancés, et achetaient leur coke directement à Caicedo, le grand patron.

Caicedo finit par les présenter à Carlos Estrada, son « associé », un Colombien costaud et moustachu d'environ trente-cinq ans. En entendant converser Caicedo et Estrada, Allen se rendit compte, non sans surprise, qu'ils n'étaient en fait pas associés : Carlos Estrada était le *patron* de Caicedo. Plus gros que le gros bonnet. Le super-ponte.

Estrada était d'ailleurs l'associé du sosie de Robert Mitchum, Vincent Guzmán ; malgré sa situation et ses nombreux contacts, il avait eu la chance de rester totalement inconnu de la police internationale des stupéfiants. Mais il n'était pas, comme l'avait supposé Allen, le plus gros des gros bonnets. Ce n'était même pas l'un des plus gros. Ceux-là n'étaient pas encore sortis de l'ombre.

Ayant fait la connaissance de Carlos Estrada, qu'ils estimaient capable de leur fournir toute la cocaïne du monde, Allen et Tonio achetèrent un *véritable* avion de contrebande — un bimoteur Beechcraft Baron de 50 000 dollars.

Convoqués à une réunion avec Estrada à Guatemala City, Allen et Mahomar le rencontrèrent dans la suite d'un hôtel en compagnie de son épouse, Marlène, une minuscule brune de vingt-huit ans. Reprochant à Mahomar un retard dans le paiement de 12 000 dollars de cocaïne, Estrada décida qu'il ne travaillerait plus qu'avec Allen. Ignorant Mahomar, il demanda à Allen de les emmener, sa femme et lui, à Acapulco, dans le Beechcraft tout neuf.

Allen accepta. Mahomar dit qu'il rentrerait par ses propres moyens au Salvador, et sortit.

Estrada présenta ensuite Allen à un homme qui allait devenir l'une des cibles les plus politiquement explosives du Centac. Sa violente contre-attaque contre les efforts déployés pour contenir son pouvoir allait précipiter des contacts directs entre les présidents des Etats-Unis et du Mexique.

Il s'appelait Juan Matta-Ballesteros. Installé avec sa petite amie sur un sofa dans la suite d'Estrada, Ballesteros avait vu Mahomar se faire virer. Après le départ de Tonio, Estrada, redevenu calme et aimable, dit à Allen que Ballesteros, un Hondurien de trente ans, était son chimiste, l'un des meilleurs sur la place. Ballesteros sourit avec modestie et confia qu'il venait tout juste de sortir de prison. Le fils d'un colonel salvadorien l'avait trahi.

— Vraiment moche, commenta Allen.

— Ouais, je vais d'ailleurs le tuer, dit Ballesteros, laissant tomber ces mots comme s'il s'agissait d'une conversation de salon.

La réunion se termina. Allen et les Estrada regardèrent Ballesteros et sa petite amie partir dans leur Plymouth Valiant bleue, puis firent leurs bagages et prirent un taxi pour l'aéroport. Allen était sur le siège avant, à côté du chauffeur. Privé de Tonio, le partenaire et l'ami avec qui il avait mené la grande vie, il dut se poser des questions au sujet de ses nouveaux associés, un impitoyable caïd de la cocaïne colombienne, sa frêle et attentive épouse, et un sous-fifre qui parlait de meurtre pour se venger. Ne commettait-il pas une erreur ? N'aurait-il pas mieux fait de partir avec Tonio ? Allen pensa à ses deux petites filles qui étaient chez lui, à San Salvador.

C'était le réveillon de Noël.

Tandis qu'ils volaient vers Acapulco, Carlos Estrada, installé dans le siège du copilote à côté d'Allen, lui parla de ses affaires. Il revenait du Honduras, où il avait étudié la possibilité de cultiver le pavot dans les montagnes. Il était sur le point d'y acheter une ferme. Il prévoyait également de traiter de la cocaïne base dans la ferme. Ballesteros serait son chimiste. L'argent pleuvrait — des millions de dollars. Allen aimerait-il se charger de passer cet argent en Colombie ?

Allen répondit que ça lui plairait beaucoup.

Ils se faisaient bronzer au bord de la piscine du Royal Hotel d'Acapulco. Estrada parlait toujours. Il ne s'occupait pas uniquement de drogue. Il avait importé au Panama des bijoux et des lunettes de soleil en provenance d'Allemagne, pour les passer en contrebande en Colombie. Plusieurs pilotes travaillaient déjà pour lui, et il possédait un bimoteur Beechcraft E 18 qu'il avait acheté au président de la société de hamburgers McDonald.

Estrada voulait qu'Allen fonde une compagnie légale d'import-export pour acheminer les marchandises venues d'Allemagne, l'argent provenant de la drogue et autres denrées de contrebande, ainsi que de l'éther (nécessaire à la fabrication de la cocaïne) importé du Panama. Estrada dit aussi qu'il allait rompre avec ses associés panaméens et colombiens, qui l'avaient roulé, et mettre sur pied une nouvelle organisation disposant d'une source de cocaïne indépendante.

Allongé au soleil, Allen l'écoutait. Il ne s'était pas senti aussi bien depuis qu'il avait vu Tonio s'en aller à Guatemala City. Des événements importants étaient en train de se produire, et il avait été sélectionné pour y jouer un rôle de premier plan.

Se soulevant sur un coude, il dit à Estrada qu'à son avis, l'endroit rêvé pour une compagnie d'import-export serait le Guatemala. Au Salvador, il était trop connu.

— Parfait, acquiesça Estrada, en sirotant un soda au rhum.

Il promit de fournir tout l'argent nécessaire.

Estrada demanda ensuite à Allen s'il accepterait de transporter de la cocaïne par avion, de Colombie au Mexique. Quelle que soit l'importance du chargement, jusqu'à 100 kilos, il donnerait à Allen le bénéfice provenant de trois kilos, soit 42 000 dollars. Allen pourrait d'ailleurs investir cet argent dans des ventes de cocaïne à venir, multipliant ainsi ses bénéfices.

Tout cela semblait presque trop beau pour être vrai. Et Allen avait cru que Caicedo était un gros bonnet !

Quelques semaines plus tard, Allen et Estrada se retrouvèrent à l'Acapulco Princess Hotel, curieux bâtiment en forme de pyramide avec plage privée, terrain de golf, courts de tennis et quatre piscines. Estrada demanda à Allen de monter dans sa chambre et de l'aider pour une petite corvée. Quand Allen arriva, il trouva la pièce remplie de billets de cent dollars.

Allen s'attaqua à la tâche. En peu de temps, ils eurent compté 160 000 dollars, et fourré les billets dans un sac en plastique. Le lendemain, Allen emmena Estrada et sa femme à Guatemala City. Ils descendirent au Maya Excelsior Hotel. Dans la soirée, Estrada téléphona à Allen pour lui dire de venir dans sa chambre avec l'argent.

Allen trouva Estrada en compagnie d'un jeune homme à l'air autoritaire qui ressemblait à un gangster turc de bas étage. Il était gros, basané, rondouillard. Estrada l'appelait La Negra. Estrada prit le sac de plastique et le tendit à La Negra. La conversation éclaircit la situation. Il payait à La Negra une cargaison de cocaïne.

Allen croyait d'abord que Caicedo était le patron : il avait beaucoup d'argent, des quantités de cocaïne à vendre en gros, et parlait avec autorité. Puis, il s'était aperçu que Caicedo recevait sa cocaïne et ses ordres de Carlos Estrada, un homme qui avait encore plus d'argent et d'autorité, qui possédait des avions et des pilotes personnels, qui avait des projets de plantations de pavots et de laboratoires de cocaïne. Estrada était donc le patron.

Mais voilà qu'Estrada recevait « *sa* » cocaïne des mains de La Negra. Alors, qui était La Negra ? Et quelle était sa position dans la pyramide de la cocaïne et du pouvoir latino-américain ?

Álvaro Crespo-Manzur, dit La Negra, était né le premier de l'an 1935 à Caldas, une région de mines d'or et de culture du café dans les Andes de la Colombie occidentale. Il fit son service dans l'armée colombienne, revint chez lui et devint, selon ses propres termes, un jeune fermier respectueux des lois. Puis il tua « accidentellement » un chauffeur de taxi. Pour ne pas avoir affaire à la police, il gagna Guyaquil, en Equateur, où il fit la connaissance d'un Péruvien qui passait de la cocaïne en Colombie dans des autocars. La Negra travailla avec le Péruvien pendant quelques mois, se querella avec lui, et un jour retrouva sa voiture cernée par huit hommes armés. Ils ouvrirent le feu, tirèrent dans le pare-brise, et laissèrent La Negra en sang, blessé aux bras et aux mains. Pour se venger, La Negra tua le Péruvien.

La Negra revint en Colombie, commença à faire son chemin dans le commerce de la cocaïne et acquit une réputation bien méritée d'homme qui n'attend pas le lendemain pour se venger. Sa façon de régler les différends était simple, rapide, et invariable. Si vous ne lui plaisiez pas, il vous tuait.

3

— La Negra est le seul type qui me fasse peur, me dit Allen au cours du dîner. Il est cinglé. Il a liquidé un tas de gens. De sang-froid. C'est le type même du truand. Il vous baisera chaque fois qu'il le pourra. Et il est super-intelligent et habile. C'est lui qui contrôle l'écoulement de la base en Colombie. Pas des cristaux. De la *base*.

Les cristaux de chlorhydrate de cocaïne, le produit fini, sont le résultat du raffinage de la cocaïne base.

— La Negra est au business de la coke ce qu'Henry Kissinger était au ministère des Affaires étrangères. Quoi que vous vouliez, vous vous adressez à lui. La Negra est un Colombien, et les Colombiens ont des couilles. Et ils sont *tellement* corrompus. Pire que les Mexicains. Les gens savent comment trouver La Negra. Ils savent exactement ce qu'il est. La Negra est protégé par les gens de son pays.

— Par le gouvernement, vous voulez dire ?

— Sans aucun doute.

Quelque temps après sa rencontre avec La Negra, John Allen, au volant de sa camionnette Chevrolet toute neuve, se frayait un chemin dans la jungle mexicaine jusqu'aux abords d'une clairière. Il ouvrit les deux portes pour tenter de capter le moindre souffle d'air et attendit, affalé derrière le volant. Transpirant dans son jean et son T-shirt, il laissa son regard errer sur la terre brune et humide tandis que ses oreilles, à l'écoute du ciel éblouissant, essayaient de distinguer, au-delà du bourdonnement des insectes, le vrombissement lointain de moteurs d'avion. C'était la quatrième fois qu'il venait à cette trouée déserte, infestée de serpents, et tout ce qu'il avait entendu jusque-là c'était le crissement des insectes, les cris et les caquettements des singes et des oiseaux.

Il attendait un pilote de chasse colombien, surnommé El Flaco (le Maigrichon). El Flaco travaillait pour Carlos Estrada. Sa spécialité était de lâcher en piqué, dans les clairières de la jungle, des sacs en cuir contenant des paquets d'un kilo de cocaïne. Cela ne réussissait pas toujours. Les sacs manquaient souvent leur cible, se déchiraient, saupoudrant la jungle de poudre blanche. El Flaco avait essuyé des reproches concernant la précision de ses bombardements ; lors de son dernier vol, il avait peut-être senti qu'il lui fallait prouver quelque chose. Les résultats avaient été désastreux. L'employé d'Estrada chargé de récupérer les sacs n'avait pas réussi à éviter ces dangereux projectiles tombant du ciel. Il s'était retrouvé avec une jambe fracturée — grâce aux acrobaties aériennes d'El Flaco.

Maintenant, c'était au tour d'Allen. Il aménageait une piste d'atterrissage sur un terrain proche du ranch d'Estrada, mais les travaux n'étaient pas encore terminés. Cela ne gênait pas El Flaco, au contraire. Se poser avec un chargement de coke le rendait nerveux. Il préférait larguer les sacs et laisser les ennuis aux autres. Et des ennuis, il y en avait : la police, les gangs rivaux, et les sacs qui vous tombent dessus en vous écrasant une jambe.

Assis à regarder l'ombre de la camionnette s'allonger sur la clairière, Allen mit quelques secondes à réaliser que le bourdonnement de ses oreilles était, en fin de compte, celui des moteurs d'un avion.

Il sauta de la cabine, scruta le ciel et aperçut l'avion quelques instants avant qu'il ne passe en rugissant, à soixante mètres au-dessus de sa tête, faisant s'envoler des nuées d'oiseaux.

Allen observa la chute du premier sac, semblable à un gros ballon. Il tomba en tournant sur lui-même comme un bidon de napalm, toucha le plein centre de la clairière, rebondit et s'immobilisa dans un nuage de poussière brune. L'avion remonta et décrivit un cercle. Allen s'était prudemment réfugié dans la camionnette.

Nouveau passage ; El Flaco volait encore plus bas, sans doute encouragé par son coup au but. Le ballon fut éjecté, flotta longtemps dans l'air, survola la clairière et tomba dans la jungle. Allen releva mentalement sa position et regarda à nouveau le ciel. El Flaco revenait. Cette fois-ci, le ballon s'écrasa à la limite de la clairière et creva, projetant en tous sens les sacs de cocaïne, heureusement bien protégés par du ruban adhésif.

Allen attendit qu'El Flaco ait repris de l'altitude et se soit éloigné, puis sortit de la camionnette, récupéra les sacs éparpillés, et les rangea sur le plateau de la camionnette avec le ballon intact. Il s'enfonça ensuite dans la jungle à la recherche du troisième ballon. Il ne put le retrouver. Il y renonça, et gagna un village voisin, Arriaba, avec 66 kilos de cocaïne.

Il dissimula les 66 sacs sous la table d'un camping-car Chevrolet et partit vers le nord, à travers les montagnes, pour retrouver Carlos Estrada à Mexico.

Les mois suivants, tout en faisant la navette entre le ranch mexicain d'Estrada, Mexico et l'Amérique centrale, Allen en apprit davantage sur les exploits d'El Flaco, dont les bombardements saupoudraient les jungles du Mexique de poudre blanche. Un jour, un gros sac en cuir tombant d'un avion qui volait en rase-mottes s'était ouvert pour répandre son contenu au milieu des temples d'un site archéologique proche de Mexico, étonnant quelque peu les touristes, plus spécialement ceux qui savaient ce que c'était. Peu de temps après, un bimoteur rouge et blanc larguait deux sacs à proximité d'une route à grande circulation au milieu des ruines mayas de la péninsule du Yucatán. Un fermier en ramassa un et le remit aux flics, qui trouvèrent à l'intérieur 47 sachets de cocaïne. Peu après, un quadrimoteur arriva si bas au-dessus du golfe du Mexique qu'un bateau des gardes-côtes, craignant qu'il ne s'écrase sur la côte du Yucatán, donna l'alarme. Tandis que les voitures de police et les ambulances se précipitaient sur les lieux, trois sacs tombèrent du ventre de l'appareil. L'un d'eux plongea dans les montagnes, un autre manqua de peu un camion qui s'enfuyait à l'approche de la police, et le troisième s'ouvrit au beau milieu d'un village maya. Les villageois ramassèrent les sacs de cocaïne et les vendirent pour s'acheter des ânes.

Ce fut au cours de cette période que John Allen et Carlos, qui dînaient au restaurant de l'Acapulco Princess Hotel, virent arriver vers eux un petit Mexicain trapu, d'environ quarante-cinq ans. L'homme portait à l'avant-bras gauche une cicatrice longue de douze centimètres et il lui manquait une phalange au majeur. Il parla brièvement avec Estrada d'une somme d'argent due sur une vente de cocaïne passée, puis regagna sa table. Estrada dit à Allen qu'il s'agissait de David Romero, un gros client mexicain, dont les excellentes relations au sein du gouvernement permettaient de protéger les opérations mexicaines d'Estrada.

Au début de cet été-là, sans doute lassé par les méthodes peu rentables d'El Flaco, Estrada confia une mission à Allen. Il l'envoya dans une plantation de bananes colombienne où El Flaco l'aida à charger dans son avion une centaine de sacs d'un kilo de cocaïne, rangés dans des cartons à bananes. Le lendemain, alourdi par six réservoirs auxiliaires, le Beechcraft d'Allen s'arracha du sol. Dans le siège du copilote était installé un autre pilote d'Estrada, un Colombien du nom de Rafael Rocha. Rocha allait devenir un ami intime d'Allen et jouer un rôle clé dans l'ascension de celui-ci dans la hiérarchie des dealers latino-américains.

En se posant sur une piste isolée dans la jungle, non loin du ranch mexicain d'Estrada, Allen et Rocha virent que ce dernier les attendait dans une camionnette VW bleue. Les pilotes y mirent leurs cartons à bananes et gagnèrent Arriaga, où ils retrouvèrent deux jeunes Colombiens. Les sacs de cocaïne furent transférés des cartons à bananes à un faux coffre dissimulé derrière la banquette arrière de la VW, et les Colombiens, tout joyeux, prirent le chemin de Mexico.

Allen resta deux jours au ranch, puis revint à Arriaga. Il devait y rencontrer Estrada qui venait de Mexico pour faire l'inventaire du bétail du ranch.

Il passa toute la journée à errer dans la chaleur et la poussière d'Arriaga, mais Estrada ne se montra pas. Le soir venu, il alla à l'hôtel le moins minable du village et demanda à se servir du téléphone. Il appela le 516-0067 à Mexico, le numéro de l'appartement d'Estrada.

Il n'y eut pas de réponse.

Allen passa la nuit à l'hôtel et téléphona de nouveau le lendemain matin. Cette fois-ci, Estrada répondit. Sa voix était faible et crispée, très différente de celle, forte et assurée, qu'Allen connaissait si bien.

— Ecoutez, dit Estrada nerveusement, comme un homme qui a un couteau sur la gorge, je n'ai pas encore l'argent pour réparer le tracteur. Vous feriez mieux de rentrer chez vous.

Réparer le tracteur ? Allen raccrocha et réfléchit un instant.

Puis il fila.

4

David Romero, l'homme à la cicatrice et à la phalange manquante, le gros client dont Estrada avait dit qu'il avait de si bonnes relations avec le gouvernement mexicain, dormait au Lucerna Hotel de Mexicali, chambre 245, quand le *comandante* Díaz-Loredo frappa de grands coups à la porte. C'était un jour ou deux avant l'arrestation de Sicilia-Falcon à Mexico.

Romero, à moitié endormi, sortit de son lit, ouvrit la porte et recula, effrayé, devant l'intrusion brutale d'une escouade de policiers. Ils fouillèrent ses vêtements et ses bagages. Un flic plongea la main dans la poche d'un pantalon rangé sur le dossier d'une chaise et en sortit une grosse enveloppe blanche qui contenait 3 000 dollars. Dans un attaché-case, ils découvrirent de surcroît 400 billets de cent dollars soigneusement rangés.

On n'a jamais su très exactement comment Díaz avait retrouvé la trace de Romero, et certains aspects de son enquête ont été volontairement dissimulés par le gouvernement mexicain. Néanmoins, Díaz connaissait l'histoire des sacs de cuir qui déversaient leur poudre blanche sur le paysage mexicain et, assisté d'une manière assez obscure par d'autres *comandantes*, son enquête l'avait conduit jusqu'au Lucerna Hotel.

On laissa Romero s'habiller avant de l'emmener au poste de police, où Díaz et ses hommes commencèrent à l'interroger. Comme cela se produit invariablement — étant donné les moyens dont dispose la police mexicaine pour les interrogatoires —, le prisonnier ne se fit pas prier pour parler. En fait, il en dit davantage que certains de ceux qui l'interrogeaient n'auraient voulu en apprendre. Car il prononça un nom légendaire.

Dans l'industrie internationale de la drogue, Eduardo Tascón-Morán avait un nom équivalent à Ford ou Chrysler dans l'automobile. Homme d'un certain âge avec des amis hauts placés sur qui il pouvait totalement compter, Tascón avait fourni des armes aux guérillas de la montagne, et de la cocaïne à au moins une organisation de trafiquants dirigée par un chef d'Etat. Les politiciens nés pour se faire marcher sur les pieds ne troublaient guère le repos sacré du vénérable Señor Tascón. Commettre un tel sacrilège aurait fait s'entrechoquer des squelettes enfouis dans des placards depuis longtemps fermés, ressusciter des cadavres. Quand un analyste des renseignements du Centac rédigea par la suite les portraits des cinq principales cibles latino-américaines, tous, à l'exception d'un, furent classés « A usage officiel seulement ». Celui de Tascón fut estampillé SECRET.

Dès que David Romero se mit à parler d'Eduardo Tascón, de lourdes portes d'acier se refermèrent autour de lui ; à des kilomètres de là, les agents de l'ambassade américaine entendaient presque les Mexicains qui l'interrogeaient faire « *chuuuut* ».

Tascón était un de ces hommes modestes qui affichent leur pouvoir par leur simplicité. Il vivait toujours là où il était né soixante-deux ans auparavant, dans une petite ville vouée à l'élevage, au fond d'une vallée tranquille à une centaine de kilomètres de la côte Pacifique de la Colombie. Cette ville s'appelait Tuluá et, pendant des années, ses principales activités avaient été l'élevage, la production de légumes et celle de la cocaïne — que Tascón, il y avait très longtemps, préparait dans un pittoresque petit laboratoire après s'être occupé de son bétail.

Cinq Eduardo Tascón figuraient dans le mince annuaire du téléphone du Tuluá, avec des adresses et des numéros différents. Mais c'était le même homme. Tascón avait ses propres avions, et employait un grand nombre de pilotes, dont l'un aimait décoller avec la cocaïne attachée sous les ailes.

Eduardo avait fait un mariage heureux avec Edelmira, née Rada (qui l'accompagnait dans ses voyages d'affaires à Miami et à New York). Ses quatre frères avaient réussi dans les affaires de stupéfiants, et il avait vu nombre de ses protégés atteindre le haut de l'échelle. Vincent Guzmán, le sosie de Robert Mitchum, avait travaillé comme simple courrier pour Eduardo Tascón, et Giovanni Caicedo, l'homme qui avait présenté John Allen à Carlos Estrada, était son neveu.

Un subordonné de Tascón confia un jour à un agent américain que son patron avait acheté « presque tous les fonctionnaires de Tuluá et de Cali ». Il ajouta que le beau-frère de Tascón était le gouverneur de Cali (il entendait par là la province de Valle del Cauca, où se trouve Tuluá et dont Cali, la troisième ville de Colombie, est la capitale) et que « chaque fois qu'un étranger ou un membre de la police secrète colombienne arrive à Cali ou à Tuluá, Tascón en est immédiatement informé ».

Le même informateur révéla certains aspects de la participation de Tascón au monde complexe des coups d'Etat et des révolutions en Amérique latine. Selon lui, Tascón échangeait de la cocaïne contre des armes à Miami ; ces armes étaient ensuite transportées par bateau jusqu'au Panama où une petite flotte d'avions les acheminait à Tuluá. De là, des taxis appartenant à une compagnie dénommée Transportes Salonica les amenaient à la frontière de l'Equateur pour être distribuées « aux guérillas d'Amérique du Sud ».

Eduardo était également connu pour avoir obtenu des armes d'un personnage aussi important que le général Omar Torrijos, chef de l'Etat du Panama ; il avait souvent fourni de la cocaïne à l'organisation de celui-ci. On ne connaissait pas les opinions politiques de Tascón — s'il en avait d'autres que l'argent — bien que son frère Apolonio eût été arrêté en Colombie pour activités révolutionnaires.

Mais la cocaïne et les armes ne suffisaient pas à Tascón. Il avait également plongé un doigt ou deux dans le vieux gâteau de l'héroïne française. Un ancien courrier de Tascón avait établi des contacts pour l'héroïne européenne à Buenos Aires, poste de commandement du groupe d'Auguste Rocard, allié aux services de renseignements français. Le courrier avait d'excellentes relations professionnelles avec un des anciens rois de la French Connection de Marseille. Par l'intermédiaire de ces deux hommes, Tascón put ponctionner les riches artères de l'héroïne qui s'écoulait du Moyen-Orient à travers l'Europe.

Amérique latine, Europe, Moyen-Orient — Tascón avait-il négligé l'Asie ? Certes pas. Les fiches téléphoniques de Tascón révélèrent des appels en Thaïlande. Lorsque la cocaïne fit son apparition en Asie, personne n'eut à se demander d'où elle venait. Les organisations criminelles asiatiques étaient prêtes à payer la cocaïne un bon prix. Et Tascón avait beaucoup de cocaïne à leur vendre.

Quelles que soient les parties du monde où opéraient Tascón, ses parents ou ses amis, personne ne doutait un instant de leur sérieux. Selon un récit, un neveu d'Eduardo Tascón avait été envoyé à New York pour recevoir le paiement d'une livraison de cocaïne déjà effectuée en Italie. Les Italiens le prirent en otage. En guise de rançon Eduardo avait dû envoyer davantage de cocaïne en Italie. Quand le neveu revint chez lui sain et sauf — sa famille le tua. « Cette bande d'*Italiens*, expliqua un agent américain, ne l'avait pas enlevé uniquement pour de l'argent mais aussi pour obtenir davantage de coke. Eduardo avait dû payer une *rançon*. La honte. Le déshonneur. »

Tascón — dont les relations à travers le monde s'étendaient aux hommes politiques, aux diplomates, à la guérilla et aux services de renseignements — n'était pas un homme que l'on provoquait impunément. Lorsque David Romero lança à la ronde le nom de Tascón, les Mexicains l'écoutèrent en tremblant.

David Romero raconta au *comandante* Díaz que c'était Vincent Guzmán qui l'avait présenté à Eduardo Tascón. Il rencontra ensuite un avocat mexicain du nom de Garza de la Garza. Garza lui vendit plusieurs kilos d'héroïne française et lui dit de ne pas s'en faire s'il était arrêté par la police. Quelques jours plus tard, Garza remettait à Romero des documents le présentant comme un membre du bureau officiel d'un sénateur mexicain et du *Partido Revolucionario Institucional*, le parti au pouvoir du président Luis Echeverría.

Romero dit qu'il avait commencé à acheter de la cocaïne à Carlos Estrada, qui l'achetait lui-même à Guzmán et Tascón. Ils faisaient entrer leur cocaïne au Mexique dans des sacs en cuir que larguait un avion volant à basse altitude. Et ils ne se limitaient pas à l'Amérique latine. Estrada « bombarda » aussi l'Irlande avec de la cocaïne destinée à Londres.

Ainsi, la cocaïne que traquait le *comandante* Díaz venait de Tascón. Ni Díaz ni les membres du gouvernement mexicain n'avaient hâte d'ébruiter cette révélation.

Dans le tumulte provoqué par l'arrestation de Sicilia-Falcon, le ministère de la Justice mexicain finit par révéler aux agents américains que Tascón était à la source des cent kilos de cocaïne saisis par Díaz — mais se refusa ensuite à donner des détails sur cette histoire.

Deux mois plus tard, ayant enfin accès à David Romero, les agents américains le trouvèrent « rien moins que sincère... fourbe... déroutant ».

Laissant Romero en compagnie des autres Feds à Mexicali, Díaz se hâta de regagner Mexico pour dénicher un Colombien qui, selon

Romero, était un associé de Carlos Estrada. Lorsqu'on mit la main sur l'homme en question, on trouva dans sa poche un papier où étaient notés l'adresse et le numéro de téléphone d'Estrada : 93, 27e Rue, appartement 1, 516-0067.

Díaz et ses hommes allèrent à l'appartement d'Estrada et découvrirent, garées dans la rue, une camionnette VW verte sans plaques minéralogiques et une camionnette VW marron clair qui se révéla par la suite être munie d'un double plancher.

Ils sonnèrent à la porte d'entrée, appréhendèrent Estrada lorsqu'il vint ouvrir, et trouvèrent à l'intérieur un revolver Smith et Wesson Cobra 38 et un Star 22. Alors qu'ils examinaient les armes, le téléphone sonna. Díaz dit à Estrada de répondre. Les policiers entendirent Estrada dire à son correspondant (c'était John Allen) de ne pas s'occuper du tracteur et de rentrer chez lui.

Peu après, un jeune homme sonna à la porte et déclara qu'il était venu voir Estrada au sujet d'une vente de bétail ; il était argentin, faisait le commerce du bétail et était envoyé par un attaché commercial de l'ambassade d'Argentine. Díaz interrogea l'homme et décida de le retenir.

Au cours de l'interrogatoire, Estrada dit à Díaz que la cocaïne qu'il recevait au Mexique était larguée par des avions et dirigée ensuite sur la capitale. La marchandise était entreposée au 57 de la rue Illinois, appartement 2, où une femme du nom d'Ana Beatriz montait la garde.

Le lendemain matin, Díaz se rendit à l'appartement en question. Ana Beatriz n'était pas là, mais dans un placard de la chambre à coucher, la police découvrit ce qui ressemblait à une centaine de ballons de football, enveloppés de ruban adhésif blanc. Chaque sac pesait un kilo. Il s'agissait des cent sacs de cocaïne que John Allen et son copilote, Rafael Rocha, avaient déposés sur la piste d'atterrissage d'Arriaga et chargés dans la VW.

Díaz emmena ensuite ses « coca-flics » se balader au luxueux Fiesta Palace Hotel, où ils trouvèrent, aux chambres 1720 et 1722, deux hommes que Romero avait identifiés comme étant des associés d'Estrada. L'un d'eux marchait avec des béquilles. Il prétendit avoir eu récemment un accident avec son camion ; par la suite, il devait révéler qu'un pilote colombien du nom d'El Flaco l'avait bombardé à la cocaïne.

Les deux hommes déclarèrent qu'ils attendaient Carlos Estrada pour une livraison de cocaïne.

Selon Díaz et ses rapports officiels, aucune des personnes arrêtées ne mentionna le nom de Sicilia-Falcon. Pourtant, les noms de David Romero, Vincent Guzmán et Garza de la Garza figuraient sur la fiche que Sicilia avait essayé d'avaler ; de surcroît, une nouvelle preuve suggéra que l'affaire était en rapport avec Sicilia.

Examinant les fiches du Fiesta Palace Hotel, en remontant à plusieurs mois avant les arrestations, les agents découvrirent que David Romero, Ricardo Garza de la Garza, Mercedes Coleman (réconciliée avec Falcon, qui avait auparavant ordonné à Decker de la tuer), Roger Fry, Dolores Olmedo et les *comandantes* de police Nicolás Pérez-Chow et Arturo Durazo-Moreno (qui avait longtemps protégé les revendeurs d'héroïne française et allait bientôt devenir le chef de la police de Mexico), ainsi que deux importants associés de Carlos Estrada, étaient tous descendus à l'hôtel aux mêmes dates, en avril.

Une coïncidence ? Cela ressemblait plutôt à un congrès.

5

Après avoir entendu la voix effrayée de Carlos Estrada lui débiter des inepties à propos de tracteurs, John Allen raccrocha, roula jusqu'à l'aéroport, monta dans son avion et s'envola pour Guatemala City, où Estrada et lui avaient loué, quelque temps auparavant, des appartements séparés sur l'avenue Las Americas. Il téléphona à une des sœurs d'Estrada et lui parla de la conversation bizarre qu'il avait eue avec son frère. Il lui dit de ramasser tout l'argent qu'elle pouvait emporter, de prendre l'avion pour Mexico, et de s'inscrire à l'Hotel del Prado sous le nom de Ríos. Il la retrouverait là-bas.

Allen alla jusqu'à Veracruz dans son Beechcraft, puis brouilla sa piste en prenant un vol commercial pour Mexico. Il descendit dans un petit hôtel et téléphona à la sœur d'Estrada au Del Prado. Aucune personne du nom de Ríos n'y avait une chambre.

Allen appela alors Chris Rojas, un Mexicain de trente ans à qui il avait vendu de la cocaïne (donnée en guise de salaire par Estrada). Rojas parut surpris d'entendre la voix d'Allen et refusa de parler au téléphone. Quand ils se retrouvèrent au bar de l'hôtel, Rojas demanda à Allen pourquoi il n'avait pas été arrêté avec les autres.

— Comment ça, les autres ?

Rojas apprit à Allen qu'Estrada et les autres étaient en prison, et que les cent kilos de cocaïne étaient maintenant la propriété du gouvernement mexicain, ou du moins celle du *comandante* Díaz-Laredo. Il avertit Allen que les Feds étaient certainement à sa recherche. Un jeune Argentin du nom de Rodolfo Asnares, également associé d'Estrada et ami d'Allen à l'époque de San Salvador, se cachait dans l'appartement de Rojas.

Ils s'y rendirent. Asnares raconta à Allen qu'Estrada l'avait amené à

Mexico avec un autre Argentin, Ricardo Giarini, pour travailler dans un laboratoire de cocaïne. Asnares avait téléphoné à Estrada le jour de son arrestation, tout comme Allen, et lui avait parlé pendant que les flics étaient là. Sentant que quelque chose clochait, incapables de réfréner leur curiosité et voulant savoir s'il fallait prendre la fuite, Asnares et Giarini avaient tiré à la courte paille pour savoir qui irait frapper à la porte de l'appartement d'Estrada. Giarini perdit.

Mais l'Argentin n'était pas idiot. Il se rendit d'abord à son ambassade et parla bétail avec un attaché commercial, ce qui lui donnait un élément pour se défendre. Les flics l'avaient gardé malgré cet « alibi » !

Les jours suivants, Allen demeura caché tandis que Chris Rojas parcourait fiévreusement la capitale à la recherche de quelqu'un qui pourrait l'aider à sortir du pays. Chris revint finalement avec de bonnes nouvelles. Il était accompagné d'un détective privé qui travaillait pour un avocat.

Le détective emmena Allen et Chris Rojas en voiture. Ils parcoururent 750 kilomètres le long du golfe du Mexique, traversant des bananeraies et des villages de pêcheurs, jusqu'à Villahermosa. Ils y rencontrèrent un avocat du nom d'Ibarra, qui n'était rien de moins que le secrétaire du ministre de la Justice du Mexique.

Le détective conduisit ensuite Allen, Chris et le señor Ibarra, à une piste d'atterrissage isolée, dans la péninsule du Yucatán. Ibarra donna 1 000 pesos à Allen comme argent de poche. Allen et Chris montèrent dans un monomoteur Cessna 172 et gagnèrent une autre piste où les attendait un nouveau Cessna 172, qui leur permit d'arriver à Naranja, au Guatemala. Allen et Chris payèrent cinquante dollars à un homme pour qu'il les emmène en voiture à Guatemala City. De Mexico à Guatemala City, le voyage avait pris deux jours.

Allen gagna l'appartement d'Estrada à Guatemala — le loyer avait été payé pour un an. Quelques jours plus tard, les deux Argentins venus de Mexico, Asnares et Giarini, l'y rejoignirent.

Giarini apportait une moisson de nouvelles. La police avait finalement cru à son histoire de vente de bétail et l'avait relâché, non sans lui avoir fait passer quelques jours dans les cellules de la Procuraduría. Lorsqu'il s'était trouvé dans l'appartement de Carlos Estrada, entassé avec quinze autres personnes en état d'arrestation, il avait entendu Estrada proposer à Díaz-Laredo le demi-million de dollars trouvé dans l'appartement. En échange, Estrada demandait sa propre libération, celle de sa femme et de ses enfants, celle d'un ami et de l'épouse de celui-ci. Giarini affirma que Díaz était d'accord mais que, pour une raison ou pour une autre, ce marché tomba à l'eau.

En prison, Giarini avait tout appris au sujet des différentes arrestations : Garza de la Garza aurait dû recevoir 40 des 100 kilos de cocaïne pour assurer la protection de l'organisation d'Estrada, avec l'aide de hauts fonctionnaires du gouvernement mexicain ; Garza accusait Sicilia-Falcon de l'avoir dénoncé. De sa cellule, Giarini pouvait entendre les invectives de Garza contre Sicilia ; il criait qu'il le tuerait s'il ne revenait pas sur sa déposition. Ces jours avaient été un vrai cauchemar.

Giarini apportait également des ordres d'Estrada. Allen ne devait pas retourner à Mexico : il y serait arrêté. Allen n'avait pas besoin qu'on le lui dise. Il ne devait pas davantage rentrer en Colombie : certains des hommes d'Estrada, qui ne faisaient guère confiance à ce gringo, pourraient s'imaginer qu'Allen était à l'origine des arrestations et le tueraient. La femme d'Estrada Marlène, qui n'avait pas été arrêtée, se trouvait en Colombie. Allen pouvait garder le contact avec Estrada, en téléphonant à Marlène.

Allen resta à Guatemala City, et s'efforça de rassembler les débris de sa carrière de contrebandier. Il s'aperçut bientôt que les capacités du señor Ibarra, le secrétaire du ministre de la Justice, ne se limitaient pas à faire sortir des fugitifs du pays. Ibarra s'était aussi arrangé pour qu'on ramène à Allen son avion, qui était resté à Veracruz. Allen reçut également des copies des déclarations faites à la police par ceux qui avaient été arrêtés avec Estrada.

Ces déclarations avaient pour Allen une bien plus grande valeur que l'avion. En fait, elles étaient une assurance sur la vie. S'il voulait continuer à faire du trafic — et il ne songeait nullement à s'arrêter — il lui faudrait faire la paix avec les associés de Carlos Estrada. Il devrait leur prouver, sans l'ombre d'un doute, qu'il n'était pour rien dans ces arrestations. Les déclarations en apportaient la preuve. Elles allaient permettre à Allen de retrouver une place au sein de l'assemblée des trafiquants d'Amérique latine.

En l'occurrence, cette place allait se situer au sommet.

CHAPITRE SIX

1

John Allen avait réussi. Parti de Tonio Mahomar qui faisait de la contrebande de montres, il avait, par l'intermédiaire de Giovanni

Caicedo, gagné la confiance de Carlos Estrada, un homme assez important dans le réseau mexicano-colombien de la cocaïne pour fournir de la drogue à Sicilia-Falcon, lequel était certainement le criminel jouissant des plus hautes relations au Mexique.

John Allen ne s'arrêta pas là. Il fut assez malin pour voir dans l'emprisonnement de Carlos Estrada non pas un contretemps, mais une occasion. Le patron se trouvant hors circuit, tout comme ses principaux lieutenants, *quelqu'un* devait reprendre les affaires.

Allen pensait savoir comment s'y prendre.

Deux mois avant les arrestations, Estrada avait présenté Allen, au Guatemala, à l'un de ses plus puissants amis, un Colombien obèse, à la peau huileuse, âgé de quarante-trois ans, qui s'appelait Santiago Ocampo. Son surnom était Santi et il ressemblait à un maquereau — fines moustaches, lunettes noires, vêtements tapageurs. On le disait illettré, handicap qui ne l'avait pas empêché de se livrer au trafic de faux papiers, de voitures volées et d'argent douteux à l'époque où il était employé des douanes colombiennes, en poste à la frontière du Venezuela. Finalement, Santiago Ocampo s'était lancé à plein temps dans le trafic des stupéfiants, se faisant rapidement des amis influents et amassant une immense fortune. C'était une connaissance respectée d'Estrada, qui avait participé à certaines de ses affaires de cocaïne. Un très gros bonnet. Plus gros encore qu'Estreda.

Muni des déclarations faites par les détenus, Estrada étant en prison, son ambition le poussant à prendre des risques, Allen décida de faire le grand pas. Il savait que Rafael Rocha — le copilote qui l'avait aidé à livrer à Arriaga les cent sacs de cocaïne — pouvait le mettre en contact avec Santi Ocampo ; il lui téléphona dans sa bananeraie colombienne. Rocha accepta de le recevoir dans son appartement de Bogotá.

Allen rangea les déclarations dans un attaché-case, prit l'avion pour Bogotá, et alla en taxi chez Rocha. Le temps de prendre un verre, Santiago Ocampo arrivait, aussi gros et graisseux que toujours. Il était accompagné de sa maîtresse. S'il avait en tête un projet d'assassinat, l'aurait-il amenée avec lui ? Il y avait aussi un de ses assistants et sa petite amie.

Allen lui tendit les déclarations et expliqua, avec toute l'humilité dont il était capable, qu'il espérait que ces documents prouveraient qu'il n'était pour rien dans les arrestations. Il était peut-être un gringo, mais pas un flic.

Ocampo lut les dépositions, tournant lentement les feuillets, étudiant chaque mot. Il n'était certainement pas illettré. Puis il replia la dernière page, rendit les documents à Allen et lui demanda s'il savait piloter un DC-4.

Allen, respirant librement pour la première fois depuis son arrivée, lui dit qu'il n'avait pas de licence pour piloter un quadrimoteur. Mais si Ocampo pensait que c'était une bonne idée, il l'obtiendrait, et vite.

— Je vous préviendrai, dit tranquillement Ocampo.

Là-dessus, il s'en alla, accompagné de ses gens. Il ressemblait toujours à un maquereau, mais à un maquereau qui détenait le pouvoir.

Allen reprit l'avion pour Guatemala City. C'était un homme heureux. Il avait une nouvelle vie, un nouveau patron. Son ascension paraissait irrésistible.

Deux semaines après, par une fin d'après-midi, Allen se retrouva sur le siège arrière d'un break Ford, qui prit vers le nord-est après être sorti de Medellín. Seconde ville de la Colombie, située à 1 600 mètres d'altitude, cette métropole des Andes est célèbre pour ses orchidées, son or et sa cocaïne. Rocha était à l'avant, à côté du chauffeur, le lieutenant d'Ocampo qui l'avait accompagné à Bogotá. Ils roulèrent pendant une heure sur la route principale en direction de San Marcos puis tournèrent à droite pour prendre une voie secondaire même pas macadamisée.

Au bout d'une demi-heure ils passèrent devant une usine de textile, puis longèrent de riches pâturages. Des chevaux paissaient dans des champs sans clôtures. Ils finirent par atteindre une vaste et imposante demeure. La maison, le terrain, le bétail — tout appartenait à Santiago Ocampo. Il pouvait bien ressembler à un maquereau et faire de la contrebande de cocaïne, sa véritable passion, après l'argent, était l'élevage de trotteurs pur-sang. Son ranch était splendide.

Il faisait presque nuit. Une soirée battait son plein ; la maison et ses alentours étaient envahis d'invités. Ils correspondaient exactement à l'image qu'Allen se faisait des gens reçus dans un grand élevage colombien : riches et puissants. En Colombie, la famille, la fortune, la politique et le crime allaient de pair.

Allen flâna dans les parages, écoutant des bribes de ces conversations qui précèdent le dîner. Un homme, qui se révéla être le directeur général d'une usine de mise en bouteilles de Coca-Cola, voulait emprunter un des pur-sang de Santi pour une exhibition. Mais, certainement, pas de problème...

Allen et Rocha y passèrent la nuit. Au matin, il ne fut plus question de chevaux et d'exhibitions. Ocampo ne s'occupait que de ses affaires. Assis sur une terrasse, des plis de chair débordant de sa chaise, Ocampo raconta à Allen que le quadrimoteur qui avait alarmé les gardes-côtes mexicains était son propre DC-4. Les sacs de cuir, trop chargés de ballons de cocaïne pour que le copilote ait pu les larguer à temps par la porte, avaient manqué leur cible. Après en avoir criblé la côte du Yucatán, l'avion avait viré au nord, vers Miami, la cale embaumée par l'odeur des fleurs, sa cargaison légale.

Ocampo lui apprit qu'il disposait de pistes d'atterrissage clandestines cachées dans les 10 000 kilomètres carrés de la région marécageuse des Everglades, au sud de la Floride, ainsi que quelques autres près de Miami. Allen était-il partant pour transporter de la cocaïne directement à Miami ?

Allen acquiesça : ça ne l'emballait pas, mais il le ferait.

Ocampo dit que, sous trois semaines, à titre de test, il allait demander à Allen de passer 30 kilos de cocaïne de Colombie au Mexique. Si ça marchait — eh bien, toutes les possibilités seraient envisageables. Il lui donna une petite somme pour ses frais — 10 000 dollars, en billets de cent.

Allen revint au Guatemala et attendit. On était en octobre. Trois semaines s'écoulèrent sans un signe d'Ocampo. Novembre passa. Allen emmena ses deux filles à San Francisco pour qu'elles passent Noël avec leur grand-mère. Toujours aucun signe de vie du milliardaire éleveur de chevaux et magnat de la cocaïne. Allen téléphona au lieutenant d'Ocampo qui l'avait conduit au ranch. Le lieutenant lui dit qu'Ocampo était « sorti » : n'appelez pas Ocampo, c'est lui qui vous appellera.

En février, Allen décrocha le téléphone qui sonnait dans son appartement de Guatemala City. C'était la voix d'Ocampo : il était au Panama, sur le point de partir pour le Guatemala ; ne bougez pas, j'arrive !

Ocampo arriva dans la capitale du Guatemala en compagnie de Rocha et de deux gardes du corps. Son plan était le suivant : Rocha allait se rendre à Culiacán, au Mexique, pour inspecter une piste d'atterrissage et rencontrer un client ; il retrouverait ensuite Allen et Ocampo au Panama. Les deux pilotes partiraient alors pour le Pérou dans le Beechcraft d'Allen, pour charger 200 kilos de cocaïne à destination de Culiacán. Ils seraient payés 30 000 dollars pour le voyage. Leur contact au Pérou serait un certain La Negra.

Voilà donc ce qu'était La Negra, l'assassin basané qu'Allen avait rencontré avec Estrada à Guatemala. Allen se doutait bien que La Negra servait d'intermédiaire pour quelqu'un de plus important.

Cinq jours plus tard, Allen et Rocha rencontrèrent Ocampo dans sa chambre de l'hôtel El Continental, à Panama. Rocha dit qu'il avait vu la piste, rencontré le client, et que tout allait bien.

Dès que Rocha se retrouva seul avec Allen, ce fut un tout autre son de cloche. Il dit à Allen que la piste était dégueulasse et que le vieux Mexicain qui devait acheter la cocaïne ne lui disait rien de bon. Il était arrogant et avait l'air d'un voleur. Cette transaction sentait mauvais. Mais qui refuserait 30 000 dollars ?

Allen souligna que la question n'était même pas d'accepter ou de refuser 30 000 dollars. Ç'aurait dû être 200 000. Le prix courant du transport de la cocaïne par avion était de 1 000 dollars par kilo. Oui, c'était une mauvaise affaire.

S'il est vrai, comme on l'a prétendu, qu'Allen avait en définitive les yeux plus gros que le ventre, que le parfum enivrant de l'argent et du pouvoir le firent s'attabler à un festin que son estomac trop délicat ne put digérer, ce fut lors de sa rencontre avec Rocha qu'il en prit la première bouchée. Les deux hommes réfléchirent ensemble et une idée germa. Ils convinrent de suivre les instructions d'Ocampo — jusqu'à un certain point. Ils allaient prendre la cocaïne base au Pérou, mais ne l'amèneraient qu'au Guatemala. Ils téléphoneraient alors à Ocampo pour lui dire de trouver quelqu'un d'autre pour la faire passer au Mexique. Pour leur salaire, ils se contenteraient de garder vingt kilos. Que pourrait faire Ocampo ? Quel choix aurait-il ?

C'était une entreprise ambitieuse, pour ne pas dire téméraire. Et ce n'était pas tout. Ils devaient prendre livraison de la cocaïne base au Pérou, mais ce pays ne ressemblait en rien à la Colombie. La Cordillère centrale des Andes péruviennes était, avec la Bolivie, le royaume de la coca. Toute l'industrie de la cocaïne reposait sur le Pérou et la Bolivie. Une vieille et riche oligarchie péruvienne contrôlait depuis des générations non seulement les bases de l'industrie de la cocaïne mais, dans une large mesure, le pays lui-même.

Quand Allen alla chercher la cocaïne au Pérou, il volait vers le sommet de la montagne. Avant même de partir, il imaginait la vue qu'il aurait de ces hauteurs enveloppées de nuages : Giovanni Caicedo, Carlos Estrada, La Negra et Santiago Ocampo n'étaient plus que des points à peine discernables au pied des pentes.

Allen et Rocha allèrent donc à Quito et passèrent la nuit dans un hôtel appelé Executive Suites. Ils repartirent pour Lima le lendemain matin ; en gagnant le centre ville en taxi, ils remarquèrent quatre hommes qui les suivaient dans une Renault. Rocha agita la main dans leur direction. Les hommes n'insistèrent pas.

Ils prirent la chambre 711 au Crillon, l'hôtel le plus luxueux de Lima et appelèrent La Negra au téléphone. Quand il arriva, il y avait de la menace dans l'air. Il ressemblait, plus encore qu'à Guatemala City, à un gangster turc. Il leur dit qu'ils avaient passé la nuit précédente à l'Executive Suites de Quito et qu'il les avait vus débarquer quelques heures plus tôt à Lima. Il était allé à l'aéroport pour résoudre un petit problème : les flics venaient de saisir un des avions d'Ocampo et d'arrêter ses deux pilotes colombiens. L'appareil transportait entre Lima et la Colombie 200 kilos de cocaïne base par semaine.

Allen et Rocha dirent qu'ils étaient désolés.

— Peu importe. Où est Ocampo?

Ils dirent qu'il ne venait pas. Il les avait envoyés. Seuls.

Cela provoqua la colère de La Negra — et La Negra en colère, il y avait mieux pour parler affaires. Il dit qu'il s'était arrangé pour qu'Ocampo rencontre « El Hombre ». L'Homme avec une majuscule, le caïd. Ça n'avait pas été facile. *Personne* ne rencontrait El Hombre. Maintenant, La Negra devrait lui annoncer que c'était annulé, ce qui l'indisposerait certainement.

Un instant, La Negra resta silencieux, réfléchissant aux conséquences de ce rendez-vous annulé. Il semblait effrayé. Qui pouvait bien effrayer La Negra?

La Negra dit qu'il pourrait peut-être raconter à El Hombre que Rocha était Ocampo. Mais si jamais il découvrait la vérité, ça serait mauvais — mauvais pour La Negra, mauvais pour Rocha. La Negra secoua la tête, chassant cette idée. Rocha reprit des couleurs.

La Negra décida finalement de ne pas surseoir à cette rencontre; il présenterait Allen comme un pilote et Rocha comme un des proches associés d'Ocampo. Tout dépendrait de la patience et de l'indulgence d'El Hombre, qualités qu'il n'avait jamais manifestées par le passé.

Ce problème résolu, La Negra demanda si tout était en ordre pour le vol prévu. Allen dit que tout allait bien, mais qu'ils étaient un peu déçus de ne pas toucher pour le transport le tarif standard de 1 000 dollars par kilo. La Negra haussa les épaules.

Ce soir-là, La Negra arriva à l'hôtel en compagnie d'un Péruvien d'environ quarante-cinq ans. Il avait des cheveux noirs grisonnants, un front qui commençait à se dégarnir, et des yeux marron qu'Allen et Rocha jugèrent durs et calculateurs.

La Negra le présenta comme étant Alfonso Rivera. El Hombre.

Ils sortirent pour aller dîner. Les pilotes furent surpris de voir que Rivera n'était pas venu en Rolls-Royce ou en Mercedes mais dans une camionnette Ford du même rouge que les voitures de pompiers. On aurait dit un jouet pour adultes. Et s'il était ennuyé de ne voir qu'un simple pilote et un « proche associé », et non Ocampo lui-même, il n'en laissa rien paraître.

Rivera les emmena dans un restaurant chinois, où ils furent conduits dans un salon particulier. Deux gardes du corps apparurent.

Au cours du dîner, Rivera dit qu'il pouvait fournir à l'organisation d'Ocampo 600 kilos de cocaïne base par semaine. Allen faillit renverser sa bière. Une fois transformée en cristaux, cela représentait aux Etats-Unis, au prix de gros, plus de vingt millions de dollars. Par semaine.

Allen alla hardiment de l'avant. Ayant déjà comploté avec Rocha de faire atterrir le chargement de 200 kilos au Guatemala, il tentait maintenant de supplanter Ocampo pour tous les marchés futurs. Pariant que s'il pouvait avoir la marchandise, il trouverait le marché, il dit à Rivera qu'il avait ses propres clients disposés à acheter de grosses quantités de cocaïne.

Rivera, manifestement d'accord avec Allen pour penser que les affaires passaient avant la loyauté, proposa immédiatement de vendre à Allen et Rocha de la cocaïne base au prix fort modéré de 2 500 dollars le kilo. Mais il y avait un hic. Pour chaque kilo acheté, ils devraient prendre un autre kilo de base, le transformer en cristaux (Rivera fournirait un chimiste), le vendre, et remettre 18 000 dollars à Rivera. En d'autres termes, deux kilos de base à 10 250 dollars le kilo. Rivera parlait comme McDonald délivrant une nouvelle licence — mon bœuf, vos clients. En fait, Allen ne « supplanterait » absolument pas Ocampo. Rivera avait de toute évidence suffisamment de cocaïne base pour en fournir à tout homme entreprenant, âpre au gain et disposant d'une clientèle sérieuse, qu'on lui aurait présenté dans les règles.

Avant de quitter le restaurant, Rivera fit savoir à Allen et Rocha qu'il était au courant de leur déception de ne pas toucher 200 000 dollars pour ce transport. Il ne leur passa pas le bras autour des épaules, mais presque. Ses yeux bruns souriaient avec chaleur quand il dit : « Ne vous en faites pas. Quand vous amènerez la marchandise à Culiacán, je vous paierai un avion neuf. »

La Negra les ramena au Crillon dans la camionnette rouge. Tandis qu'Allen et Rocha lui souhaitaient bonne nuit et remerciaient Rivera pour le dîner, ce dernier leur dit de régler leur note à l'hôtel et d'être prêts à partir à minuit. Quelqu'un viendrait les chercher.

Allen regarda la camionnette rouge disparaître dans la nuit. La seule chose qu'il aurait pu se demander était d'où Alfonso Rivera, « El Hombre », tenait *sa* cocaïne base, et de quelles protections il jouissait.

Qui était cet homme, en fait ?

2

Pat Gregory était installé dans un bureau de l'ambassade américaine de Mexico, poursuivant l'enquête qui avait permis l'arrestation des associés de Falcon, quand il eut la surprise de se retrouver soudain sous la garde d'agents américains armés.

Un indicateur avait téléphoné au bureau de la DEA de San Diego : « Faites immédiatement sortir Gregory du Mexique. Ils vont le tuer. »

L'indicateur précisa qu'un général d'armée mexicain, dont la famille avait été impliquée dans l'affaire des cent kilos de cocaïne de Díaz-Laredo, s'était juré de retrouver Gregory et de l'assassiner. Les menaces de ce genre n'étaient pas rares, mais les agents prirent celle-ci au sérieux. Comment l'indicateur pouvait-il savoir que Gregory était au Mexique sans que quelqu'un l'ait mis au courant ? Et Michael Decker avait dit que Falcon avait fait sauter une maison à Tijuana parce qu'il pensait qu'elle était utilisée par des agents pour le surveiller. Un certain nombre d'associés de Falcon avaient déjà été assassinés au Mexique. Rien ne garantissait que ces gens hésiteraient à se débarrasser de Gregory.

On emmena à la hâte Gregory au María Isabel Hotel tout proche, où sa chambre fut mise sous bonne garde tandis qu'un bimoteur officiel se tenait prêt à partir pour les Etats-Unis, un vol de quatorze heures.

— C'est drôle, devait dire Gregory par la suite, on en arrive à croire que personne ne peut vous avoir. Je pense que c'est indispensable. Ce qui m'inquiétait, c'était qu'un cinglé s'en prenne à ma famille. J'ai trop roulé ma bosse, j'ai trop l'expérience du contre-espionnage pour ne pas savoir que je peux prendre un mauvais coup. Ça ne m'empêche pas de dormir. Mais ma famille ?

Il arriva à Addison, au Texas, où, toujours sous escorte, il monta dans un hélicoptère qui l'amena à l'aéroport international de Dallas, d'où il gagna Phoenix puis San Diego. Sa femme, Nancy, et leurs enfants étant déjà partis pour aller chez ses beaux-parents à Sacramento, Gregory s'installa chez un autre agent de la DEA.

Quelques semaines plus tard, ayant presque oublié la menace qui pesait sur lui, Gregory était de retour au Mexique.

CHAPITRE SEPT

1

Ils ne pouvaient aller plus loin.

San Diego, Los Angeles, San Francisco, Denver, Salt Lake City, Kansas City, Detroit, Philadelphie, Boston, sans même parler du Mexique... Pat Gregory, Rich Gorman et une demi-douzaine d'autres agents avaient déjà procédé à des arrestations d'un bout du continent à l'autre, mais l'affaire explosait dans toutes les directions, trop vite pour eux.

Un inspecteur de la DEA fut dépêché de Detroit, un ancien de la 101e Division aéroportée. Sympathique et convainquant, Ray McKinnon avait la réputation d'être un agent secret exceptionnel; en tant qu'inspecteur il ne craignait pas d'affronter ses patrons pour défendre ses hommes et son boulot.

— Un flic pour les flics, disait Gregory. Très intelligent. Il était en fait chargé de veiller à ce que nous ne nous écartions pas du droit chemin, mais une fois informé de la situation, il nous a dit : « Je vous épaulerai, les gars, mais tenez-moi au courant de tout ce qui se passe pour que je puisse couvrir vos arrières. » Alors, nous nous sommes lancés à fond.

Les arrestations d'Alberto Sicilia-Falcon, Carlos Kyriakides, Joan Beck et quelques autres avaient démantelé la branche marijuana de l'empire de Falcon. Mais qu'en était-il de la cocaïne et de l'héroïne ? Des armes, de la politique, de la révolution ? Et de l'Europe, de l'Amérique du Sud, de l'Amérique centrale, de l'Asie ? C'était tentaculaire.

Les agents ne pouvaient suivre toutes les pistes. Ils ne pouvaient même pas obtenir des poursuites dans les affaires déjà instruites. Ray McKinnon choisit Detroit pour le procès de Roger Fry, parce que c'était de là qu'il venait : il connaissait les procureurs et pouvait se faire entendre d'eux. Mais ailleurs ? Arriver dans des villes inconnues, dire à des procureurs ou assistants qu'il n'avait jamais vus : « Voici les preuves. Entamez les poursuites » ? Ils avaient d'autres chats à fouetter.

Il fallait aux agents davantage de personnel et d'argent — et, par-dessus tout, plus de poigne. Il leur manquait une autorité.

Ils savaient où s'adresser. Un organisme appelé Centac semblait avoir tout le personnel, tout l'argent, et toute l'autorité dont on pouvait rêver.

Le Centac avait à peine plus de deux ans d'existence ; à sa tête, Marty Pera avait succédé à Tony Pohl, le créateur du Centac. (Dennis Dayle devait remplacer Pera cinq mois plus tard.)

McKinnon et Gregory prirent l'avion pour Washington. Le lendemain, ils étaient assis à une table de conférence en compagnie d'analystes de renseignements, d'un expert financier, de spécialistes de l'Amérique latine, et de Marty Pera. Ils n'étaient plus des agents, mais des représentants de commerce. C'était du théâtre : le duo Pat et Ray. S'ils convainquaient ces hommes de l'importance et des vastes prolongements de l'affaire Falcon, tout deviendrait possible.

Ce fut une réunion cruciale pour l'industrie des stupéfiants latino-américaine — ironiquement, elle se déroula en même temps que la première rencontre de John Allen avec Alfonso Rivera, « El Hombre », au restaurant chinois de Lima.

Les magnétophones se mirent en marche, et Ray McKinnon commença :

— Je n'ai pas pris l'enquête au début, comme Pat. Il m'a fallu deux mois, à raison de douze à quatorze heures de lecture par jour, pour commencer à comprendre de quoi il retournait.

Mais aujourd'hui, il comprenait. Les mots fusaient :

— ... Extrêmement sophistiqué et lucratif... Amérique du Sud... Europe... tonnes de marijuana... lots de cocaïne de cent kilos... héroïne arrivant au Texas par chemin de fer... cinq membres de la filiale de Roger Fry... l'aspect héroïne a à peine été effleuré... argent liquide dissimulé dans des voitures à destination de l'Europe... ramifications innombrables...

Marty Pera l'interrompit pour lui poser une question. Avaient-ils des témoins potentiels ?

— Oh oui ! Oui, certainement.

McKinnon passa la balle à Gregory.

— J'aimerais, si cela ne vous ennuie pas, commencer par le récit de nos débuts.

Il déroula un diagramme portant des noms écrits en diverses couleurs. Des pointillés indiquaient les suspects déjà inculpés. Une liste faisait état de 217 affaires qui s'étaient développées indépendamment « et dont nous n'avons pas encore pu nous occuper ».

En bas du diagramme, il y avait cinq noms, dont celui de Falcon. Leurs activités s'étendaient au monde entier.

— Nous n'avons travaillé que sur un seul de ces cinq hommes, dit Gregory, parlant de Falcon. Sur la seule base de ce que nous disent les indicateurs — et il en arrive de nouveaux tous les jours — il est possible d'engager des poursuites pour association de malfaiteurs. Nous ne sommes limités que par nos effectifs et notre imagination. Des gens nous appellent de tous les coins des Etats-Unis pour demander s'ils sont déjà inculpés. Des inconnus. Le jour où Sicilia s'est retrouvé au trou à Mexico, quantité de gens ont coupé leur téléphone et fichu le camp.

D'une voix respectueuse, Pera posa des questions sur les interrogatoires des témoins, sur les recoupements. Comment savaient-ils tout cela ?

— J'y étais, répondit simplement Gregory.

Pera approuva de la tête, et Gregory poursuivit de plus belle :

— D'énormes quantités d'argent quittant les Etats-Unis... comptes suisses... Bahamas... Un récépissé de 800 000 dollars... une banque suisse avisée qu'elle allait recevoir dans les prochains jours un million et demi de dollars, à imputer à tel compte... Ces gens sont littéralement déchaînés. Et personne n'a rien fait. A mon avis, le moyen de les avoir, c'est l'argent. Roger Fry employait deux filles qui travaillaient vingt-quatre heures sur vingt-quatre rien qu'à mettre les billets en liasses. Et Roger Fry n'a à notre connaissance aucun compte en banque aux Etats-Unis.

Héroïne... Rumeurs concernant les liens de Falcon avec les vieux réseaux européens de l'héroïne... Europe de l'Est... Une femme nommée María Lorgues Suárez a loué pour Falcon une maison à Mexico...

— Nous supposons qu'elle était impliquée dans une livraison d'héroïne blanche en provenance d'Allemagne de l'Est. Et quand nous avons arrêté Sicilia, nous avons trouvé des photos de lui et de Carlos Kyriakides devant la porte de Brandebourg, ainsi que des photos de Sicilia dans un cadre qui rassemblait à l'Allemagne de l'Est.

Gregory reprit son souffle, puis sourit, soudain embarrassé par sa propre excitation.

— Quoi qu'il en soit, voilà où nous en sommes. En pleine confusion.

McKinnon prit le relais, pour une dernière envolée.

— L'aspect association de malfaiteurs aux Etats-Unis offre des possibilités illimitées. Si nous avions les effectifs et les ressources, en six mois nous...

Quelqu'un demanda s'ils étaient sur le point de procéder à de nouvelles arrestations au Mexique.

— Honnêtement, nous avons un petit problème au Mexique. Il a fallu exercer pas mal de pressions sur le ministre de la Justice pour que ces gens restent en prison. Nous pourrions attaquer aujourd'hui même à condition d'obtenir le soutien de la police judiciaire mexicaine ; cela permettrait probablement d'arrêter pas mal de personnes en plus.

— Quelqu'un s'est même adressé à nous, dit Gregory, un type qui est, je crois, l'équivalent mexicain d'un procureur et d'un inspecteur. Il nous a demandé pourquoi nous n'allions pas en Colombie, pour inciter les Colombiens à engager des poursuites... Nous avons laissé la question sans réponse.

Il eut un sourire ironique, amusé par ces suggestions de coopération avec le gouvernement colombien, et reprit :

— Nous n'avions pas envie de nous battre en Colombie.
— Il reste le monde entier, dit McKinnon.
— Oui, approuva Gregory, si quelqu'un veut s'en charger.
Pera s'en chargea.
Le Centac-12 était né.

2

Quelques minutes après minuit, comme Alfonso Rivera l'avait promis, John Allen et Rafael Rocha reçurent un appel téléphonique de la réception du Crillon. Ils y rencontrèrent Carlos Jordan, un lieutenant de Rivera, qui les emmena en voiture à un café où ils retrouvèrent La Negra et un de ses hommes. Ils montèrent dans un break Plymouth bleu et se dirigèrent vers le nord par la Panaméricaine, en suivant la côte du Pacifique.

Ils roulèrent toute la nuit et une partie de la matinée le long des rizières, des champs de canne à sucre, passèrent devant les ruines pré-incas de Trujillo et poursuivirent leur route à travers le lugubre désert côtier qui s'étend au pied de la cordillère des Andes. Finalement, peu après midi, ils s'arrêtèrent à 770 kilomètres au nord de Lima en plein désert, à proximité de quelque chose dont Carlos et La Negra précisèrent qu'il s'agissait bien d'une piste d'atterrissage.

Aux yeux des pilotes, cela ressemblait à une langue de sable durci, délimitée par des boîtes en fer-blanc. Allen dit qu'elle était trop courte pour son Beechcraft. Rocha et lui mesurèrent 1 000 mètres au pas et dirent à La Negra d'acheter tous les parasols qu'il pourrait trouver pour baliser la piste.

La Negra accepta et leur dit qu'un camion les attendrait avec la cocaïne et des bidons de carburant.

Ils repartirent pour Lima. Deux jours plus tard, Allen et Rocha décollaient de l'aérodrome de Lima. Arrivant de l'océan, ils virent des rangées de parasols d'un orange et d'un jaune éclatants, deux camions et huit ou neuf hommes. Ils firent un passage en rase-mottes. Les hommes tenaient des armes automatiques.

Allen posa son avion entre les parasols et le fit rouler à travers des nuages de sable jusqu'aux camions, à l'extrémité de la piste. Alfonso Rivera était là, ainsi que La Negra. Les hommes armés refirent le plein de l'appareil, commencèrent à charger dix valises à l'intérieur du Beechcraft. Il n'en tenait que huit. Rivera dit que chaque valise contenait 20 kilos de cocaïne base.

Rocha et Allen transportèrent les 160 kilos de base jusqu'à la piste d'un ranch appelé La Prosperidad, sur la côte pacifique du Guatemala.

Ils remirent les huit valises à Rodolfo Asnares, le vieil ami argentin d'Allen qui s'était caché avec lui à Mexico après l'arrestation d'Estrada. Puis ils revinrent à Guatemala City, passèrent à la douane, et rejoignirent dans son appartement Asnares et ses valises.

Allen appela Santiago Ocampo au Panama et lui raconta qu'ils avaient eu des ennuis de moteur et qu'ils avaient dû se poser à Guatemala City. Quiconque se serait trouvé à trois mètres du téléphone aurait pu sentir la suspicion d'Ocampo. Si l'avion avait été vide, il y aurait peut-être cru, mais pas quand il transportait 160 kilos de sa cocaïne base dont la valeur dépassait 800 000 dollars. Il voulait qu'on lui explique cela de vive voix.

Rocha prit un vol de nuit pour Panama. Allen était toujours chez Asnares, veillant sur la base, quand Ocampo appela. Il voulait qu'Allen fasse le nécessaire pour réparer l'avion au plus vite et livrer la base à Culiacán, comme convenu.

Allen prit une profonde inspiration, força sa voix à être ferme, et dit qu'il le ferait certainement — pour 200 000 dollars.

Ocampo, fou furieux, rétorqua qu'il enverrait un autre pilote pour livrer les 160 kilos à Culiacán.

— D'accord, répondit Allen, sauf qu'il n'y en aura que 140 kilos, parce que j'en garde vingt pour prix du transport de Lima à Guatemala City.

Faisant fi de la colère d'Ocampo, Allen loua une maison dans la montagne, à 20 kilomètres à l'ouest de Guatemala City, y déposa les valises kidnappées, les confia à la garde d'Asnares, et se mit en quête d'un site approprié à un laboratoire de transformation.

Le pittoresque lac Amatitlán, entouré de calmes forêts, de sources thermales et de plantations de café, se trouve à 20 minutes de voiture de la capitale du Guatemala. C'est là que l'élite guatémaltèque vient passer ses week-ends. Entourés de jardins et de pelouses qui s'étendent avec élégance jusqu'à la rive, les chalets du lac n'ont pas d'adresses, rien que des noms. Pour John Allen, c'était précisément le genre de demeures respectables que l'on peut discrètement transformer en cache d'armes pour terroristes, où l'on peut installer une imprimerie de faux billets... ou le laboratoire d'un trafiquant de cocaïne volant de ses propres ailes.

Le chalet Rocca était parfait. Avec son jardin, son terrain, et un pittoresque petit gardien du nom de Miguel, il était aussi innocent qu'une vierge et sûr comme la chambre forte d'une banque. Allen paya deux mois de location d'avance.

Il ne restait plus qu'à trouver un chimiste. C'était une lutte contre la montre. Pourrait-il trouver un chimiste, transformer la base en cristaux et vendre la cocaïne avant qu'Ocampo ne retrouve sa trace, et ne récupère la cocaïne base, l'arme au poing ?

Allen appela de vieux amis et trouva finalement Fernando Merchan, un chimiste équatorien de quarante-cinq ans. Il lui promit 1 000 dollars par kilo pour transformer la base en cristaux, mais lui demanda d'effectuer d'abord un essai sur deux kilos. Il voulait être sûr d'avoir des cristaux et non de la boue. Merchan accepta et s'installa avec ses cornues, ses produits chimiques et son étuve dans le chalet Rocca, sur les rives paisibles et patriciennes du lac Amatitlán.

Pour des raisons de sécurité, la cocaïne base, à l'exception de celle dont Merchan avait besoin, resta à la montagne, dans la maison d'Asnares. Ricardo Giarini (le copain argentin d'Asnares, qui s'était réfugié chez Allen au Guatemala après les arrestations de Mexico) aida Asnares à surveiller les maisons, la base et Merchan.

Pendant qu'il cherchait un chimiste, Allen était tombé sur son vieil associé, le pilote de course et contrebandier Tonio Mahomar. Mahomar testa un échantillon des cristaux sorti de la cuisine de Merchan, annonça qu'ils étaient de premier choix et acheta les deux kilos 46 000 dollars. Il versa 6 000 dollars d'avance, prit ses dispositions pour faire passer la coke aux Etats-Unis, et alla à Houston, probablement pour contacter des clients.

Merchan annonça alors à Allen qu'un de ses propres clients était prêt à en acheter dix kilos. Allen se méfiait. Il ne connaissait pas vraiment Merchan. Il ne refusa pas, mais demanda à Asnares d'emmener lui-même Merchan en voiture pour rencontrer ses contacts et surveiller leurs transactions. Allen prit ensuite l'avion pour San Francisco afin de récupérer le reste des 46 000 dollars que lui devait Mahomar. Il se sentait un peu inquiet à la pensée de laisser toute la base et le laboratoire entre les mains de trois employés, mais on ne peut être partout à la fois. Il fallait bien que quelqu'un aille chercher l'argent.

Asnares conduisit Merchan à Guatemala City, où il devait rencontrer un client cubain. Le lendemain, celui-ci lui présentait son associé, un autre Cubain, venu en avion de Miami pour conclure le marché. Merchan transforma dix kilos au chalet ; Asnares et Giarini l'accompagnèrent en voiture à Guatemala City pour effectuer la livraison. Il remirent le paquet — et furent immédiatement encerclés par la police.

Il ne fallut pas longtemps aux flics guatémaltèques pour découvrir le laboratoire, dans un chalet loué par un Américain aux cheveux frisés, du nom de John Allen. Ce soir-là, les voisins distingués du chalet Rocca se demandèrent avec inquiétude pourquoi les environs grouillaient de policiers.

CHAPITRE HUIT

1

Tandis que John Allen poursuivait ses activités au chalet du lac Amatitlán, Alberto Sicilia-Falcon, toujours bouclé dans la prison de Lecumberri, travaillait à un audacieux projet de son cru.

En perquisitionnant l'appartement de la femme de Carlos Estrada, Marlène, la police mexicaine avait trouvé des photos d'identité d'Estrada, de Falcon, de Luis Zucoli et de José Egozi, tous emprisonnés à Lecumberri. Egozi, c'était bien connu, était un millionnaire de Miami, ancien officier des renseignements formé par la CIA. La police découvrit aussi une lettre d'Estrada au « Negro », où il était question de la nécessité d'avoir « des fonds disponibles si le projet était couronné de succès ». Il y avait aussi un morceau de papier portant un nom : « Lt. Col. Gil. » Le lieutenant-colonel Gilberto Gil-Cárdenas était le gardien-chef de Lecumberri.

Tout se passait exactement comme si le prisonnier Falcon et certains de ses amis projetaient de partir en voyage.

« En prison, poursuit Falcon, la situation commençait lentement à se normaliser. Le temps passait lentement ; au fil des journées proprement soporifiques de Lecumberri, une grande amitié naquit entre Luis Zucoli et moi. Un jour, nous fûmes tous convoqués devant le tribunal, où un homme qui disait représenter la Procuraduría nous lut pendant trois heures et demie des extraits d'un énorme volume de deux mille pages. C'étaient les accusations que les autorités des Etats-Unis portaient contre nous.

« C'en était trop. Impossible de garder son sérieux. J'étais accusé de posséder une voiture blindée dans le style de celle du célèbre agent 007. En appuyant sur un bouton, les phares et les feux arrière se transformaient en mitrailleuses avec lesquelles je pouvais tirer comme les pilotes de chasse de la Seconde Guerre mondiale. Nous ne nous tenions plus de rire. Le greffier nous dit que nous ne nous conduisions pas de manière correcte. Entre deux rires, nous rétorquâmes que ce n'était pas nous mais eux qui ne se conduisaient pas correctement.

« Finalement, cette farce se termina et on nous reconduisit à nos cellules. Nous discutions avec stupéfaction des accusations dont on venait de nous faire part, et de notre fâcheuse situation. Quand vous êtes entourés de quatre murs épais, qu'il y a des gardiens partout, et qu'il faut demander une permission pour toutes les choses qui semblent si simples à l'extérieur, on ressent inévitablement le désir de s'en aller, de revenir à une vie normale. La privation de liberté vous amène à penser qu'il faut trouver une porte de sortie.

« Un jour, alors que nous prenions le café après notre repas, nous en vînmes à parler de notre difficile situation légale. Nous savions que nous étions pris au piège, non pas cette cage d'acier, mais un piège dont il était beaucoup plus difficile de s'évader, l'injustice. Zucoli changea soudain de conversation et dit : " Allons prendre l'air. "

« Nous sortîmes faire quelques pas. Et, tout en nous promenant et en bavardant, nous comprîmes qu'il existait une seule issue. L'évasion. »

Lorsqu'un jeune homme poli, aux cheveux ondulés, annonça à Leonila et Rogelio Albarrán qu'il voulait acheter leur maison du 25, rue San Antonio Tomtlán, rien n'aurait pu les rendre plus heureux. La maison — petite, étriquée, couverte en tôle ondulée, à peine mieux qu'un taudis — se trouvait à côté d'une bruyante école primaire, et seule une rue embouteillée par la circulation la séparait de la hideuse prison de Lecumberri, le « Palais Noir ». Et non seulement ce jeune homme si correct voulait acheter la maison, mais il en offrait 250 000 pesos, plus de trois fois sa valeur. Les Albarrán prirent l'argent, firent leurs valises et partirent.

Les voisins aimaient bien le nouveau propriétaire, même s'ils le voyaient peu. Delfina Mercado, qui habitait à côté, le voyait arriver le week-end dans une élégante petite voiture jaune. Il venait avec sa femme et ses deux jeunes enfants, qui jouaient joyeusement dans la cour. Elle supposait, comme les autres voisins, qu'il finirait par y emménager pour de bon. Il avait l'accent de Veracruz. Il était tranquille, effacé, un vrai père de famille. Plus tard, personne ne put se rappeler le numéro de la petite voiture jaune.

« Nous avons étudié tous les moyens de s'évader, continue Falcon. Par la grande porte ? Impossible. Cela exigeait d'utiliser la violence, et nous ne voulions faire de mal à personne. Cette idée fut définitivement écartée.

« Sauter par-dessus les murs ? Cela aussi impliquait la violence. Nous étudiâmes comment Kaplan s'était évadé de prison en hélicoptère.

Quatre ans plus tôt, condamné pour meurtre, Joel Kaplan, un Américain fortuné dont l'oncle, disait-on, avait transféré des fonds de la

CIA en Amérique latine, avait été enlevé par un hélicoptère de la cour d'une prison de Mexico ; ensuite, un petit avion l'avait emmené, sain et sauf, en Californie.

Mais depuis, le nombre des gardiens de Lecumberri avait été doublé et ils avaient été équipés de nouvelles armes automatiques. Un hélicoptère qui aurait tenté d'atterrir dans la cour aurait été détruit par les tirs venus des tours.

« Soit, me dit Luis. Par la voie des airs, impossible. Sauter par-dessus les murs est hors de question. Nous ne pouvons pas sortir davantage par la grande porte. Il ne reste donc qu'un souterrain.

« Nos cellules étaient parallèles au mur sud, à environ ving-cinq mètres de la rue. Nous étions quatre dans le coup. Luis, moi, José Egozi et Hernández-Rubi.

« Un jour, des semaines plus tard, un ami de Zucoli du nom d'Alejandro vint nous voir à la visite. Il était porteur de merveilleuses nouvelles. Il avait trouvé une maison à vendre juste en face de nos cellules, pratiquement en dessous des tours de guet, et allait immédiatement entreprendre la construction d'un tunnel. Le problème était de connaître la largeur exacte de la rue — toute tentative pour la mesurer avec un ruban aurait éveillé les soupçons des gardiens. Finalement, Alejandro mesura la circonférence d'un pneu de bicyclette, lui fit traverser la rue et compta le nombre de tours. Une antenne fixée sur le toit d'une de nos cellules constituait un repère parfait pour déterminer une ligne droite à partir de la maison.

« Les travaux allaient commencer. Il fallait étayer, car le sous-sol était boueux. Pour ne pas éveiller les soupçons, les madriers nécessaires furent transportés jusqu'à la maison dissimulée dans des matelas.

« Le tunnel devait avoir à peu près quarante mètres de long, trois mètres de haut et un mètre de large. Alejandro estimait que cela ferait 275 tonnes de déblais. Où mettre cette énorme masse ? Nous avions vu un film où des prisonniers qui creusaient un tunnel avaient éparpillé leurs déblais dans la cour de la prison, les sortant de sacs dissimulés dans leurs pantalons. Un break Volkswagen Combi fut donc acheté et un trou percé sous le siège arrière. Lorsque la voiture traversait la ville, les passagers assis à l'arrière déversaient lentement la terre des déblais par cette ouverture.

Les voisins n'avaient peut-être vu le jeune homme aux cheveux ondulés que les week-ends, mais ce n'était pas seulement pendant le week-end qu'il était là. Comme Lecumberri avait été construite à la fin du XIXe siècle, à une époque où la main-d'œuvre et les matériaux étaient bon marché, ses fondations s'enfonçaient à quatre mètres sous le sol.

Utiliser des explosifs pour passer au travers étant naturellement hors de question ; Alejandro résolut de creuser sous les murs. Des ouvriers qu'il amenait de nuit à la maison défoncèrent le plancher d'une chambre à coucher et creusèrent un trou de quatre mètres de profondeur ; grâce au Volkswagen, les déblais furent éparpillés sur le Paseo de la Reforma, l'avenue la plus large et la plus encombrée de la capitale.

Les ouvriers se mirent ensuite à creuser horizontalement, sous la rue, en direction de la prison. Mais il y avait trop de déblais. Le Volkswagen faisait de trop nombreuses allées et venues pour passer inaperçu. Alejandro décida de laisser les déblais dans la maison, les entassant jusqu'à hauteur de plafond.

Sur les dix premiers mètres, le travail avança rapidement. Des câbles électriques furent installés pour fournir de la lumière aux ouvriers et de l'énergie à leurs outils. Les camions qui passaient faisaient dangereusement trembler le tunnel, couvrant les hommes de paquets de terre humide. Mais l'étayage tenait.

Puis, les ennuis commencèrent. Les ouvriers, avertis dès le début que, pour des raisons de sécurité, ils ne pourraient pas quitter la maison avant l'achèvement du tunnel, se rebellèrent. Ils passaient de longues heures dans cet espace étroit, terrifiés par la circulation, s'attendant à tout instant à un effondrement. Ils pouvaient à peine bouger et respirer. Ils voulaient prendre l'air et faire de l'exercice dans la rue.

Alejandro leur rappela leur contrat : personne ne devait sortir. Ils regagnèrent le tunnel, la tête basse.

Neuf jours après avoir commencé de creuser horizontalement, les ouvriers avaient traversé la rue et atteint le mur de pierre et de béton. Mais ils ne purent en trouver la base. Le bâtiment s'était enfoncé. Il fallait soit percer le mur soit essayer de creuser par en dessous. Si, en creusant plus bas, ils tombaient sur une nappe d'eau, le tunnel serait inondé.

Alejandro décida de creuser.

« Alejandro venait nous voir trois fois par semaine pour nous donner des nouvelles du tunnel. Nous étions très angoissés à l'idée que quelque chose pourrait mal tourner ; si un camion faisait craquer notre tunnel, les flics de la circulation se trouveraient nez à nez avec des rats humains. Nous avions lu comment les Allemands attendaient à l'extrémité d'un tunnel pour mitrailler les détenus d'un camp de concentration, qui ne comprirent jamais que leur plan avait été éventé dès le départ.

« Dans la solitude de ma cellule, mes pensées allaient à ceux qui étaient en train de creuser. Je comprenais leur terreur d'un glissement de terrain qui les aurait pris au piège. Ils pouvaient aussi se tromper de direction et sortir sous les pieds du gardien-chef.

« Puis, Alejandro nous dit que les fondations étaient plus profondes que prévu et qu'il fallait essayait de creuser plus bas, malgré les risques, très réels, de tomber sur une nappe d'eau.

« Nous attendîmes quarante-huit heures, ne pensant à rien d'autre qu'au retour d'Alejandro. La nuit, je rêvais que je me noyais dans un tunnel qui se remplissait d'eau. Je me réveillais trempé de sueur.

« Finalement, de la fenêtre de nos cellules, nous vîmes arriver Alejandro. Un large sourire fendait son visage.

Ils trouvèrent la base du mur un mètre plus bas, creusèrent en dessous et firent remonter le tunnel sous un angle qui devait les amener juste en dessous des cellules. Ne travaillant que le jour, quand la circulation couvrait le bruit de leurs foreuses, les ouvriers, courbés dans la chaleur humide et étouffante, respirant des exhalaisons malsaines, progressaient centimètre par centimètre, sous les fondations de béton de la vieille prison.

Puis, la terre devint humide. L'eau suintait à l'intérieur du tunnel, formant des flaques, et commença à monter. Travaillant dans l'eau jusqu'à la taille, les ouvriers finirent par renoncer. Pour continuer, il fallait des pompes. Mais le bruit risquait d'alerter les gardiens.

Alejandro décida d'arrêter de creuser pendant deux jours, d'écoper l'eau à la main, et de calculer la progression des infiltrations. Quand il découvrit que l'eau ne montait que de vingt centimètres par jour, il ordonna aux hommes de creuser le jour et d'écoper la nuit.

Pendant une semaine, ils continuèrent ce lent et dangereux labeur. Les miasmes étaient maintenant si épouvantables que les ouvriers devaient porter des masques à gaz. A la fin de chaque roulement, ils émergeaient dans la maison, noirs, trempés de boue, ankylosés, effrayés, voulant prendre l'air, aller faire un peu d'exercice dans la rue. Alejandro discutait, cajolait, menaçait, et leur rappelait le montant de leur paye. Ils juraient, menaçaient à leur tour, puis remettaient leur masque à gaz et retournaient au tunnel. Ils rampaient sous la rue, s'accroupissaient dans l'eau qui montait sous le béton de Lecumberri, et creusaient.

Puis ils se trouvèrent face à une malédiction qu'avaient laissée, quatre-vingts ans auparavant, les bâtisseurs de Lecumberri : un mur de sécurité, pour le cas où quelqu'un réussirait à franchir le premier. Et celui-là était encore plus profond que l'autre. Les ouvriers recommencèrent à creuser, cherchant la base des fondations, espérant maintenir leur tête au-dessus de l'eau boueuse, dont le niveau montait obstinément.

Cela faisait à présent un mois qu'ils étaient dans la maison et travaillaient au tunnel. Et la maison, dont toutes les pièces étaient

remplies de déblais, devenait presque aussi inconfortable que le tunnel lui-même. Ils demandèrent à sortir une nuit, pour voir leurs familles.
Alejandro refusa.

« La tension devenait absolument intolérable. Parfois, je croyais entendre sous mes pieds le coup d'un ciseau, le vrombissement d'une foreuse. La chute de la moindre particule de terre, le grattement d'un rat, faisaient pour nous le bruit de mille démons. Au-dessus de nos cellules, se trouvait la tour de garde qui surplombait la maison de la rue San Antonio Tomatlán. Il paraissait incroyable que les gardes n'entendent pas le bruit que faisaient nos amis souterrains.

« Une nuit, les bruits cessèrent, et Lecumberri retomba dans un silence à vous glacer le sang, brisé seulement par les cris des gardiens des tours qui gardaient le contact : *Alerta... Alerta... Alerta.* Cette symphonie d'*Alerta* semblait venir des profondeurs de l'enfer, des lugubres couloirs envahis par les esprits de ceux qui avaient été torturés et assassinés ici. Aux premières lueurs du jour, les esprits et les *Alertas* se retiraient dans l'attente de la nuit prochaine.

« Alejandro nous apprit que les ouvriers demandaient à passer au moins une nuit dehors. Notre réponse fut un " Non " catégorique. Nous étions convenus que ces gens ne partiraient pas avant d'avoir fini leur travail. Nous rappelâmes à Alejandro que de nombreuses évasions de ce type avaient été tentées dans bien des prisons de nombreux pays. Presque toutes avaient échoué, essentiellement parce qu'on ne contrôlait pas l'élément humain.

« Nous étions au comble du désespoir. Quand Alejandro cessa de venir pendant quelque temps, nous imaginâmes qu'il s'était passé quelque chose d'horrible sous terre. Enfin, il arriva, pour nous faire savoir que les ouvriers approchaient du but. La tension était intenable. Mais l'espoir de quitter bientôt cet enfer nous permit de tenir le coup. Après le départ d'Alejandro, nous allâmes tous dans la cour nous allonger au soleil, prendre l'air et nous détendre.

Le rythme des infiltrations passa à dix-huit centimètres toutes les onze heures. Malgré l'étayage, il existait maintenant un réel danger d'effondrement ; les ouvriers seraient alors ensevelis sous des tonnes de boue. Les hommes renforcèrent l'étayage.
Soixante et un jours après avoir commencé à creuser horizontalement, les hommes réussirent enfin à percer l'enceinte intérieure de Lecumberri, et aboutirent juste en dessous de la cellule 28. Ils travaillaient dans une eau profonde, craignant à tout moment des

glissements de terrain ou une inondation ; pour retrouver la sécurité de la maison, il fallait ramper sur quatre-vingts mètres.

Ils mirent encore deux jours à creuser prudemment vers le haut, pour se retrouver juste en dessous du plancher de la cellule. Enfin, selon le plan mis au point par Alejandro, ils frappèrent trois coups contre le béton.

« Alejandro vint nous voir une dernière fois. Il nous serra dans ses bras et s'exclama : " Nous nous reverrons quand vous serez sortis de Lecumberri ! "

« Pour lui, la première partie du calvaire était terminée. Nous n'entendions aucun bruit, mais nous savions que nos amis travaillaient juste sous nos pieds. Nous disions pour plaisanter qu'à tout moment nous pouvions tomber dans ce trou.

« Tout était prêt. Ce n'était plus qu'une question de temps. Tout au long de cet après-midi, comme des acteurs dans une pièce, nous ne cessâmes de répéter ce que nous devions faire après être sortis du tunnel.

« Les bruits souterrains s'amplifièrent. J'avais acheté un poste stéréo et plein de cassettes de marches militaires et autres musiques bruyantes. Tôt dans la matinée, je fis hurler *le Pont de la rivière Kwaï,* puis la *Marche triomphale* d'Aïda. Mes voisins me regardaient de travers et je pouvais lire sur leurs lèvres : " il est complètement cinglé ".

« A onze heures du matin, j'entendis un bruit sourd de béton qui se brise. Puis le silence. Et ensuite, trois coups au sol. C'était le signal ! Nos amis étaient là, sous nos pieds, et seuls quelques centimètres de béton nous en séparaient. Le tunnel était terminé. A présent, il ne nous restait plus qu'à défoncer le plancher de la cellule pour retrouver une liberté si longtemps espérée.

« J'allai à la porte de la cellule et regardai dans le couloir. Tout était calme. Je revins sur mes pas et tapai sur le sol pour qu'ils sachent qu'ils étaient arrivés au bon endroit. Bientôt nous allions descendre dans le tunnel, le suivre et traverser la rue. Mais que trouverions-nous à l'autre bout ?

« Pour pratiquer une ouverture dans le sol, nous avions emprunté une petite perceuse à main, sous le prétexte de faire quelques réparations. Dès le premier trou, l'air de la liberté nous saisit, un air qui venait d'au-delà les murs de Lecumberri. Le sol se révéla être une plaque d'aggloméré de 40 cm d'épaisseur. En raison du bruit, il n'était pas possible à nos amis d'utiliser des engins électriques. Ils nous passèrent une lime et des mèches à pointe de diamant.

« C'était la phase la plus dangereuse de tout le projet. Les trous se voyaient facilement et nos cellules étaient jonchées de mèches. Nous fîmes le guet, croisâmes les doigts et nous mîmes au travail avec acharnement.

« Nous percions depuis un jour, lorsque le surveillant du couloir fêta son anniversaire : il avait apporté de quoi régaler les 240 détenus ! C'était un samedi. Le couloir était envahi par des musiciens qui allaient jouer de porte en porte pour créer l'ambiance.

« Les clameurs, les cris de joie, les guitares, les cors et les tambours faisaient assez de bruit pour couvrir celui de notre perceuse.

« Le dîner avait lieu dans le patio qui se trouve à côté de l'entrée principale. Il y avait de longues tables avec des nappes de toutes les couleurs, toutes sortes de fleurs et des mets délicieux. Le directeur de la prison, le sous-directeur et le chef de la sécurité étaient invités. Nous nous assîmes tous à table. Le directeur me regarda droit dans les yeux et demanda : " Eh bien, quand comptez-vous partir, vous tous ? "

« J'eus l'impression que la table se renversait. Mon cœur chavira. Quand je réussis à surmonter le premier choc, je me dis : " Non, le général ne pensait qu'à notre bataille légale lors du procès. "

« Je répondis calmement : " Nos avocats nous ont appris d'excellentes nouvelles. Selon eux, nous devrions être dehors très bientôt. " Puis, incapable de résister, j'ajoutai : " Plus tôt que vous ne pourriez le croire ".

Du coin de l'œil, je vis que Luis Zucoli était au bord de l'infarctus.

« Nous portâmes tous un toast avec du Coca-Cola, espérant qu'il en serait vraiment ainsi.

« Quand la fête se termina, à quatre heures du matin, Luis et moi, les seuls de notre groupe à avoir été invités, revînmes à la cellule 28, espérant qu'ils avaient fini de percer. Ils n'avaient pas terminé. Notre contrariété ne connut pas de limites. Nous passâmes deux minutes à grogner, fulminer et jurer, avant d'admettre que notre évasion devait être remise à un autre jour. Passé sept heures du soir, il était impossible de faire quoi que ce soit.

« Cette nuit-là, je ne pus fermer l'œil. La question du directeur me poursuivait. Savaient-ils quelque chose sur le tunnel ? Nous attendaient-ils à l'autre bout pour nous abattre ? Gil-Cárdenas, le chef de la sécurité, était un homme très rusé, qui avait passé sa vie dans l'armée. Il était parfaitement capable de nous attendre dans le tunnel pour nous tuer. Ce serait pour lui une éclatante victoire.

« Le lendemain à onze heures du matin, nous avions enfin terminé les trous, qui dessinaient maintenant un carré sur le sol. Nos amis d'en dessous le firent sauter avec un cric hydraulique. J'étais dans ma cellule. Lorsque mes amis arrivèrent, je n'eus qu'à regarder leurs visages pour savoir que le moment était venu.

« Ce fut la journée la plus longue de ma vie. Nous avions peur qu'il n'y ait une inspection. A dix heures, le clairon sonna le couvre-feu. Nous entendîmes les voix des gardiens qui faisaient rentrer les détenus dans leurs cellules. Les portes de métal claquèrent.

« A dix heures et quart, la prison était absolument silencieuse. Nous rassemblâmes les affaires que nous allions emporter, avant de décider de ne prendre qu'un petit jeu de jacquet.

« Après dîner, certains que les autres détenus étaient endormis, nous allâmes à la cellule 28. Luis devait sortir le premier, ensuite moi, puis Rubi, et enfin Egozi. La deuxième place me convenait. Si l'on nous attendait au bout du tunnel, Luis serait le premier à être tué.

« Nous nous serrâmes la main, nous souhaitâmes bonne chance, et regardâmes le trou, ignorant tout des dangers qui nous attendaient. Dehors, c'était la liberté, mais peut-être aussi une mort sanglante.

« Luis se laissa glisser dans le trou, le visage rayonnant. Je le suivis sans tarder. Je me retrouvai dans une sorte de pièce au sol de ciment glissant recouvert de saletés provenant des toilettes. C'était un marais d'excréments. Le plafond était trop bas pour se tenir debout.

« C'était le noir absolu. Un instant, mon esprit se refusa à continuer. J'éprouvais de la satisfaction et de la joie, mais aussi de l'incertitude et de la peur. Une faible lumière nous indiquait l'entrée du tunnel proprement dit. Dans ma hâte à quitter ce bourbier, j'y pénétrai les pieds en avant. Allongé, je progressai péniblement. Puis je m'arrêtai. Devant moi, à moins d'un mètre, je vis Luis qui avançait correctement, la tête la première.

« Dans ma position, je ne pouvais progresser. Il fallait que je me retourne. Avec difficulté, je me mis en boule. Mon dos touchait le haut du tunnel. Centimètre par centimètre, je commençai à me retourner. J'y étais presque arrivé quand, soudain, je m'aperçus que j'étais coincé. Je voulus revenir à ma position initiale. Impossible. J'avais l'impression d'étouffer. La panique m'envahit.

« Derrière moi, Rubi, qui arrivait, comprit la situation. Poussant et tirant, il réussit finalement à me libérer. Dès l'instant où je retrouvai ma liberté de mouvements, je fus pris du désir irrésistible de sortir de ce trou. En quelques secondes, je rattrapai Luis ; je l'aurais dépassé s'il y avait eu assez de place.

« Nous étions à présent juste sous le milieu de la rue. Une voiture passa au-dessus de nous, nous recouvrant d'un nuage de poussière. Les ampoules électriques accrochées au plafond faisaient naître en se balançant d'étranges figures sur les parois. Nous attendîmes la fin de cette secousse avant de continuer.

« J'entendis des bruits derrière moi et m'arrêtai. José Egozi était coincé au même endroit que moi. Dans son désespoir, il saisit le câble électrique et le décrocha en tirant dessus, nous plongeant dans une obscurité totale. Je ne sais pas comment il s'y prit, mais Rubi parvint à revenir en arrière et à libérer l'énorme corps d'Egozi.

« Luis et moi fûmes les premiers à atteindre la maison. Nos amis nous accueillirent avec une joie exubérante.

« Après nous être débarrassés de nos tenues de prisonniers couvertes de boue et nous être lavés dans la cour avec un tuyau d'arrosage, nous avons gagné la seule pièce de la maison qui n'était pas remplie de déblais. Des vêtements propres nous y attendaient. Deux voitures étaient garées à l'extérieur. Nous nous séparâmes par groupes de deux. Luis et moi fûmes les premiers dans la rue. J'eus la joie de voir la tour de guet de l'extérieur. Nous avions magnifiquement réussi notre difficile évasion. Et sans verser une goutte de sang.

« Redoutant toujours une mauvaise surprise, nous sortîmes avec précaution, et nous dirigeâmes droit vers la voiture, une Ford Galaxie. Luis la fit démarrer et, nous nous retournâmes une dernière fois pour regarder les gardiens dans leur tour. Ils ne nous avaient pas tiré dessus, preuve ultime que personne n'était au courant. La voiture s'engagea dans la circulation. Bientôt, Lecumberri disparut derrière nous.

« Au point de rendez-vous prévu, au milieu des entrepôts et de petites rues désertes, Alejandro nous attendait avec deux autres voitures. Egozi et Rubi arrivèrent à leur tour, et nous montâmes dans les nouvelles voitures. Deux ouvriers d'Alejandro étaient avec nous, dans celle que Luis conduisait. Alejandro, Egozi et Rubi nous suivaient. Nous roulions vers la maison où nous allions nous cacher pendant les semaines et les mois à venir. Notre succès nous remplissait de joie. L'air pollué de la ville avait un parfum enivrant.

« Nous étions si heureux que nous nous perdîmes. Nous nous mîmes à insulter l'homme qui nous indiquait la direction à suivre, mais au bout de quelques minutes nous avions retrouvé notre chemin. Lorsque tout le monde fut arrivé à la maison, nous avons ouvert une bouteille de champagne pour célébrer l'événement. Nous étions libres pour la première fois depuis que Ventura était entré dans la maison de San Angel.

« Nos plans prévoyaient une autre maison au cas où celle-ci serait découverte, et un appartement au cas où cette deuxième serait elle aussi découverte. Mais l'on nous apprit que ces sanctuaires n'existaient pas. Cette maison était notre seul refuge.

« En apprenant cela, j'envisageai de quitter Mexico. Il était quatre heures du matin; après six heures, le tunnel pouvait être découvert à tout instant. Cela ne me laissait pas le temps de rejoindre une autre ville où j'aurais été en sécurité.

2

A Lecumberri, un prisonnier qui s'y connaissait en kinésithérapie se rendait tous les matins à la section L pour faire des massages à Falcon et à ses trois amis. Ils vivaient dans six cellules, quatre servant de chambres individuelles, une de cuisine, la dernière restant vide. Ils disposaient de postes de télévision couleurs, d'une chaîne hi-fi stéréo et d'un bar. Le masseur était payé une fois par mois et ce lundi 26 avril était son jour de paye. Il frappa à la porte d'une des cellules. Comme personne ne répondait, il frappa à nouveau, et appela à travers la porte. N'obtenant pas de réponse, il souleva le petit rideau de tissu du judas et loucha à l'intérieur. Il vit un trou dans le sol.

Les gardiens enfoncèrent la porte, fermée de l'intérieur, et entrèrent dans le tunnel. Ils découvrirent un éclairage et un étayage installés avec autant de savoir-faire que dans un puits de mine. Le long du tunnel, ils tombèrent sur des casques de mineurs, des masques à oxygène, des pelles, des foreuses électriques, des outils de jardinage, des bouteilles vides d'acide chlorydrique et des sacs de plastique. Dans la maison, à l'autre bout du souterrain, ils trouvèrent des boîtes de conserve, du pain, quatre tenues de prisonniers marquées *L* couvertes de boue, un vieux sofa, beaucoup d'outils et des pièces remplies de déblais.

Les autorités de la police mexicaine distribuèrent immédiatement des photos des quatre évadés, surveillèrent les aéroports, les gares de chemin de fer et d'autocars, et établirent des barrages sur les routes principales et les grandes artères de la ville.

L'ambassade américaine envoya un câble à Washington, où le quartier général de la DEA donna l'alarme.

A TOUS LES BUREAUX DEA

CONFIDENTIEL

ATTENTION : INTERPOL
LE 25 AVRIL, LE CRIMINEL CLASSE 1 ALBERTO SICILIA FALCON ET SES COMPLICES SE SONT EVADES DE LA PRISON DE LECUMBERRI A MEXICO.
FALCON EST CONSIDERE COMME UN DES PLUS GRANDS

TRAFIQUANTS DE DROGUE DU MONDE ET SON ARRESTATION ESTIMEE VITALE PAR LA JUSTICE MEXICAINE ET AMERICAINE. TOUS LES BUREAUX ONT MISSION DE FAIRE DES EFFORTS PARTICULIERS EN VUE D'OBTENIR INFORMATIONS DE TOUTES SOURCES SUR LES MOUVEMENTS DE FALCON ET COMPLICES. FALCON A UNE PERSONNALITE HOMOSEXUELLE DE PSYCHOPATHE. IL EST CONNU POUR SON USAGE D'ARME AUTOMATIQUES ET DOIT ETRE CONSIDERE COMME ARME ET DANGEREUX.

« Nous savions que l'action de la police serait brutale, sans précédent. A onze heures ce matin-là, nous regardions la télévision, dans la salle de séjour, attendant des nouvelles concernant notre évasion, quand le programme fut interrompu. Mon visage emplit l'écran. Tandis qu'un journaliste donnait les nouvelles, tous nos portraits défilèrent. C'était une des plus grandes chasses à l'homme de l'histoire de la police de Mexico.

« Toute la journée, nous écoutâmes les communiqués de la police. A cinq heures de l'après-midi, quelqu'un téléphona pour dire que la police avait fait une descente au domicile des parents de Luis Zucoli et que, ne les ayant pas trouvés, elle avait embarqué tous les domestiques. La police recherchait toutes les personnes qui nous connaissaient. Nous regardions les informations télévisées, écoutions la radio, lisions tous les journaux. La chasse à l'homme allait bientôt s'étendre à tout le pays.

« Nous savions que la police ne mettrait pas longtemps à découvrir notre cachette. Un des ouvriers d'Alejandro avait apporté une trousse de maquillage ainsi que des postiches et autres déguisements. Tard dans la soirée, nous nous retirâmes dans nos chambres respectives pour réfléchir. Nous savions que si nous ne trouvions pas d'autres endroits où nous cacher, nous ne survivrions pas à cette chasse à l'homme.

« Le lendemain matin de bonne heure, nous nous réunîmes dans la salle à manger. L'esprit de camaraderie s'était évanoui. Tout le monde était sur les nerfs. A deux heures du matin, Luis était au téléphone, quand je le vis blêmir.

« — Ils ont pris mon oncle et toute sa famille, nous dit-il.

« L'oncle de Luis savait que nous étions dans cette maison. Nous décidâmes de nous séparer, en espérant que le ciel nous aiderait. Alejandro et sa femme remplirent un petit sac de voyage et partirent. Trois de ses hommes suivirent. José Egozi et Rubi s'en allèrent. Les seuls qui restaient à présent étaient Luis, moi-même, et Carlos, mon fils.

« Une demi-heure plus tard, les parents de Luis vinrent nous chercher. Nous nous précipitâmes dans leur voiture. Sous mon déguisement, je ressemblais à un vieillard aux cheveux blancs et à la peau jaune. Nous nous dirigeâmes vers le sud, espérant passer la nuit chez un ami de la famille de Luis. Cet ami accepta de nous accueillir, mais expliqua que ses voisins et ses employés allaient et venaient dans la maison comme si c'était la leur. Nos photographies étaient partout et la situation était extrêmement dangereuse.

DEA MEXICO CITY
A QG DEA WASHINGTON D.C. URGENT ACTION IMMEDIATE JOUR ET NUIT

CONFIDENTIEL

MINISTERE JUSTICE A INFORME DEA MEXICO ECOUTE CONCERNANT UN APPEL TELEPHONIQUE EN PROVENANCE WEST COVINA, CALIF., N° 962-4961, ET DEMANDE ASSISTANCE IDENTIFICATION. DANS LES TRENTE MINUTES, LE MINISTRE JUSTICE A ETE AVISE QUE CE NUMERO ETAIT AU NOM DE NAT SMITH, IDENTIFIE COMME PILOTE PRIVE DE SICILIA-FALCON.

PLUS TARD, MEME JOUR, MINISTRE DE LA JUSTICE A AVISE DEA MEX. AVOIR ETE INFORME QU'UN AVION PRIVE, PIPER AZTEC IMMATRICULATION US N° N-6014-Y EST PARTI CLANDESTINEMENT LA NUIT DERNIERE DE TEHUACAN SANS REMPLIR DE PLAN DE VOL OFFICIEL ET LUMIERES ETEINTES. MINISTRE DE LA JUSTICE A DEMANDE ENQUETE DE LA DEA SUR CET APPAREIL.

« Après dîner, le père de Luis partit à la recherche d'une cachette plus sûre. Quand il revint, il dit qu'une amie de la famille possédait une maison qu'elle louait à des étudiants. Il nous assura que cette femme ne regardait jamais la télévision et ne lisait pas les journaux. Elle ne faisait que tricoter, prier et aller à l'église. Cette nuit-là, nous avons dormi en paix.

« Notre nouvelle maison datait du début de siècle ; les meubles et les occupants étaient de la même époque. Notre hôtesse était une femme merveilleuse, emplie de piété. Elle avait deux chambres libres. Les parents de Luis en prirent une ; Luis, Carlos et moi, l'autre.

« Mais dès le début, je ne me sentis pas à l'aise dans cet endroit. Peut-être était-ce le nom de la rue, Quemada, qui me faisait peur.

Quemada signifie « brûlé ». Chez un homme qui a été torturé à l'électricité, qui a étudié, si l'histoire était vraie, pour devenir prêtre, et

597

qui, par la suite, aurait adoré le diable, il n'était pas surprenant que ce nom provoque des associations déplaisantes.

« Luis me dit qu'il éprouvait les mêmes sentiments. Son père accepta de se mettre en quête d'un autre havre. Nous restâmes toute la journée dans la chambre, ouvrant à peine la bouche. Nous nous sentions très mal, inquiets, et pas à notre place.

« A deux heures, le père de Luis revint. Il avait trouvé une amie qui partait l'après-midi même pour Acapulco, et acceptait de nous louer son appartement.

« La mère de Luis se faisait beaucoup de souci pour sa fille. Elle n'avait pas cessé de pleurer depuis que nous étions arrivés. Sans que nous le sachions, elle téléphonait à des amies de sa fille pour avoir des nouvelles. En désespoir de cause, elle finit par appeler chez sa fille.

« Naturellement, la fille était déjà arrêtée et son téléphone mis sur écoute. La police avait entendu la conversation de la mère de Luis avec les domestiques et localisé l'appel.

« A sept heures et demie, ce soir-là, nous attendions toujours le père de Luis, qui était allé s'occuper de la location de l'appartement. Après avoir pris nos affaires, nous avons décidé de monter sous les combles, où il y avait des chambres vides. Nous écoutions les nouvelles à la radio ; Carlos avait inspecté le toit pour voir par où nous pourrions fuir si la police arrivait.

« Soudain, la porte de notre chambre s'ouvrit brusquement. Carlos se tenait dans l'embrasure, l'air terrorisé.

— La police est en bas !

AMBASSADE AMERICAINE MEXICO
A : QG DEA WASHINGTON DC
AMBASSADE US PARIS
AMBASSADE US GUATEMALA
AMBASSADE US CARACAS
AMBASSADE US PANAMA

CONFIDENTIEL

EVASION EFFECTUEE PAR TUNNEL CONSTRUIT A PARTIR MAISON SITUE APPROXIMATIVEMENT A QUATRE-VINGT METRES DU DORTOIR DE LA PRISON. BUREAU MJ CROIT QUE CE TUNNEL A ETE CONSTRUIT PAR LE PERE DE LUIS ZUCOLI BRAVO AVEC L'AIDE D'ElEMENTS DE LA PEGRE CUBAINE DE MIAMI. LE PERE DE ZUCOLI EST ACTUELLEMENT DETENU ET INTERROGE.

UN DES AVOCATS REPRESENTANT SICILIA-FALCON A MEXICO A DECLARE AVOIR PERSONNELLEMENT VERIFIE QUE SICILIA-FALCON AVAIT SUR UN COMPTE COURANT D'UNE BANQUE SUISSE 500 000 000 DOLLARS (CINQ CENTS MILLIONS DE DOLLARS). DEMANDE QG DETERMINER EXISTENCE OU NON-EXISTENCE DE CE COMPTE PAR TOUS LES MOYENS.

« MJ » désigne le ministre mexicain de la Justice.

« C'était comme si un essaim de guêpes avait fondu sur nous. Carlos, qui n'avait que douze ans, était terrifié.

« Nous nous habillâmes en vitesse et montâmes sur le toit dans le noir. Je m'approchai avec précaution du bord et regardai en bas. Il y avait trois voitures de police et huit hommes.

« De l'extrémité du toit, nous avons essayé de sauter sur celui de la maison voisine. Mais il était trop loin. D'autant plus que j'utilisais encore une canne.

« Je criais à Luis " Vas-y ! Je ne peux pas sauter, ni courir. Je vais les retenir aussi longtemps que possible. "

« Me précipitant vers Carlos, je lui dis de retourner auprès de la dame de la maison et de rester avec elle. J'entendais au loin les sirènes de toutes les voitures de police de la ville qui convergeaient vers la rue Quemada.

« Je me cachai entre deux cheminées et me préparai à la catastrophe finale. Les policiers commencèrent à tirer. Je perdis tout espoir et me remis entre les mains des dieux. Les coups de feu redoublèrent.

« Sur ma droite, je sentis un mouvement, puis une voix cria : " Rends-toi ! Tu es cerné ! " Dans l'obscurité, je vis que quelqu'un tenait Carlos par les cheveux, l'utilisant comme un bouclier. De l'autre main, il pointait un pistolet sur la tête du garçon. Je me redressai : " D'accord, je me rends ! "

« Ils me firent descendre les escaliers. Dès qu'un des policiers qui attendaient en bas me vit, il me donna un coup de pied dans les testicules, puis me frappa à la bouche avec son revolver. Ils me demandèrent où étaient les autres. Je leur dis qu'il n'y avait que Luis avec moi et que la dernière fois où je l'avais vu, il sautait sur l'autre toit.

« A l'extérieur, dans la rue Quemada, les coups de feu redoublaient : les tireurs n'avaient pas été informés de ma capture.

« Ventura arriva, m'arracha à l'autre policier, et me poussa dans la rue, où cela tirait de plus belle.

« " Dis à ton ami de se rendre, m'ordonna-t-il, ou nous allons le tuer ! "

« Il me poussa vers la porte sur laquelle ils tiraient. Les projecteurs illuminaient la façade. Je compris que Ventura voulait que les policiers me descendent ; après, ils auraient prétendu que j'avais résisté.

« Puis des mains me saisirent, m'arrachant à Ventura et à ses tueurs. Je me retrouvai entouré d'agents en civil, qui me poussèrent sur le siège arrière d'une voiture. Je me rendis compte qu'un des occupants de celle-ci était d'un grade supérieur à celui de Ventura.

« Nous filions vers la Procuraduría. Celui qui commandait le groupe annonça par radio que j'avais été capturé, sain et sauf.

« Ils m'emmenèrent dans un bureau. Il y avait une demi-douzaine de personnes. La seule que je reconnus était Ventura.

« " Où sont tes copains ? " demanda-t-il.

« " Je n'en ai pas la moindre idée. "

« Cela le rendit fou furieux. Il s'avança vers moi, menaçant.

« Un autre homme intervint : Nassar, chef de la *Direcciòn Federal de Seguridad*. »

Falcon ne l'avait pas dit, mais le nom exact de l'homme était Miguel Nasar-Haro. La *Direcciòn Federal de Seguridad* (Direction fédérale de la sécurité), unité de police secrète créée trente-trois ans auparavant, était responsable des renseignements politiques.

Nassar était lui-même un précieux atout de la Central Intelligence Agency, qui le payait. La CIA (nous y reviendrons) n'hésitait pas à qualifier Nassar de « sa meilleure source de renseignements pour le Mexique et l'Amérique centrale ».

A en croire Falcon, Nassar sortit donc de son lit au beau milieu de la nuit pour assister à sa capture et à son interrogatoire. Cela soulève trois questions intéressantes. Nassar se trouvait-il là à cause des hautes relations politiques de Falcon (comme dit, la DFS ne s'occupait que des renseignements politiques) ? Ou bien, à titre de collaborateur de la CIA, veillait-il sur Falcon, autre atout de la CIA ? Ou alors, il était payé par Falcon pour l'arracher aux tortionnaires de Ventura (beaucoup, sinon la plupart, des officiers de la DFS étaient à la solde des trafiquants de drogue).

Toujours est-il que la présence de Nassar était un avantage certain pour Falcon. La torture, dont Ventura l'aurait menacé pour savoir où se trouvaient les autres fugitifs, ne lui fut pas appliquée. Falcon affirme qu'il n'avait pas été torturé en raison de l'énorme publicité qui avait entouré son évasion et sa capture. « Ils ne pouvaient pas me présenter aux journalistes, marqué par les coups. » Mais la peur de la publicité n'avait encore jamais arrêté les Mexicains qui procédaient aux interrogatoires.

Falcon poursuit son récit en disant que Nassar et Ventura avaient continué à l'interroger, mais qu'il avait refusé de révéler quoi que ce soit. Toutefois, quand Ventura menaça de s'en prendre à Carlitos, Falcon lui parla de la vente de privilèges à Lecumberri et lui donna d'autres exemples de corruption à la prison, qui n'étaient de toute façon pas un secret.

Falcon fut horrifié par ce qui arriva ensuite :
« Quelques minutes après, un agent apparut à la porte de ma cellule, tenant Carlos par la ceinture. Il était hébété, au bord de la folie. A douze ans, il avait déjà vécu une expérience que peu d'adultes auraient pu supporter. Ils l'avaient sauvagement battu. Le petit garçon me raconta ce qui était arrivé. Il était terrifié, et je ne pouvais rien faire pour soulager sa souffrance. Il n'arrêtait pas de murmurer qu'ils allaient me tuer : ils le lui répétaient depuis mon arrivée. Il craignait pour ma vie.

Falcon fut ramené à Lecumberri. Carlitos fut relâché. A la suite d'une enquête sur l'évasion et sur la corruption qui régnait dans la prison, le colonel Gil-Cárdenas fut arrêté. Le directeur général de la prison donna sa démission.

Falcon fut transféré dans une autre prison, le Reclusorio Oriente. Dès son arrivée, il commença à préparer une nouvelle évasion, cette fois par des moyens tout à fait différents.

CHAPITRE NEUF

1

Alberto Sicilia-Falcon se retrouvait en prison depuis trente-trois jours lorsque la police guatémaltèque fit sa descente au laboratoire de John Allen, sur les bords du lac Amatitlán. Le Centac-12 lui-même, issu de la rencontre à Washington de Pat Gregory et Ray McKinnon avec Marty Pera, avait à peine un mois d'existence.

Créé pour s'attaquer aux organisations internationales qui gravitaient autour de Falcon, ce tout nouveau Centac ne risquait guère de s'intéresser à une simple descente de police dans un chalet. Mais les hommes arrêtés ? C'était tout autre chose.

Interrogé sur les trois prisonniers, le système informatique NADDIS révéla que l'un d'eux, Ricardo Giarini, avait été momentanément détenu à Mexico, à l'époque de l'arrestation de Carlos Estrada.

Richard Cañas, un agent du Centac-12 attaché à l'ambassade américaine de Guatemala City, se rendit au chalet du lac Amatitlán et montra au gardien, Miguel Molina, une photo de John Allen.

Molina identifia immédiatement John Allen comme étant l'homme qui était arrivé deux mois plus tôt. Sur d'autres photos, il reconnut aussi Ricardo Giarini, Rodolfo Asnares et Fernando Merchan.

A la prison de Guatemala City, Rodolfo Asnares apprit à Cañas l'existence d'un ranch dénommé La Prosperidad où Allen avait débarqué 160 kilos de cocaïne base. Renseignements pris, le ranch appartenait à un riche Guatémaltèque, Humberto Arriaza-Perotti. Arriaza, Cañas en fut averti, n'était pas un homme commode. Propriétaire de nombreux ranches, il avait d'étroites relations avec le gouvernement guatémaltèque et était parfaitement capable de provoquer de désagréables incidents diplomatiques s'il se sentait offensé par des agents étrangers. A n'approcher qu'avec précaution.

Accompagné d'inspecteurs guatémaltèques, Cañas se rendit à La Prosperidad. Le fils du gardien, âgé de dix-huit ans, les conduisit à une piste d'atterrissage située au-delà d'une petite rivière. Il leur dit qu'un avion y avait atterri il y avait environ six mois. Le pilote était sorti de l'apppareil, s'était approché à grands pas de la rivière, l'avait contemplée un instant et avait fait remarquer au garçon que le ranch semblait un endroit fort agréable. Là-dessus, il était reparti. Il n'avait pas dit pourquoi il avait atterri et le garçon ne le lui avait pas demandé.

Cañas montra au jeune homme une photo du Beechcraft d'Allen.

— C'est bien cet avion.

Et une photo d'Allen.

— C'est lui.

Personne ne s'était demandé pourquoi il avait atterri sur cette piste ? Non.

Le jeune homme raconta ensuite qu'un mois plus tard, le même homme — Allen — était arrivé au volant d'un break Ford blanc. Il avait demandé à voir le propriétaire du ranch.

Cañas demanda bien entendu à voir Arriaza, mais on n'obtient pas si facilement une audience d'un homme aussi important. Il réussit à s'entretenir avec le frère d'Arriaza : celui-ci n'avait jamais entendu parler de John Allen, mais promit de demander aux membres de sa famille si ce nom leur disait quelque chose.

Quelques jours plus tard, des dispositions furent prises pour que Humberto Arriaza en personne rencontre officiellement Cañas à l'ambassade américaine. Il reconnut être le propriétaire de La Prosperidad mais affirma n'avoir jamais rencontré John Allen. Un jour, au ranch, il avait vu un homme partir au volant d'un break Ford de couleur claire, et avait demandé au gardien qui était cet homme. Le gardien lui avait dit que c'était quelqu'un qui voulait acheter le ranch.

Arriaza affirma à Cañas qu'Allen n'avait jamais demandé l'autorisation d'atterrir au ranch, ni entrepris de démarches officielles pour l'acheter.

Cañas l'interrogea ensuite au sujet d'un curieux rapport selon lequel Arriaza, pure coïncidence bien sûr, était le propriétaire de la maison qu'Asnares avait louée à Guatemala City.

Arriaza avait prévu la question. Il produisit un acte de vente daté et dit qu'il avait acheté la maison à un certain Dr. Amaya, sans savoir qu'elle était louée à Asnares.

Arriaza mit fin à l'entretien en déclarant qu'il ignorait tout de cette affaire. Si besoin était, il ferait les mêmes déclarations devant un tribunal.

Cañas vit le Dr. Amaya et ne fut pas surpris de l'entendre confirmer l'histoire d'Arriaza.

Oui... Un homme riche et politiquement influent, propriétaire d'un ranch possédant une piste d'atterrissage où Allen affirmait avoir livré de la cocaïne (et où un témoin avait vu Allen et son avion), ignorait tout de John Allen. Tout comme il ne savait rien de Rodolfo Asnares, lequel avait, par pure coïncidence, loué une maison appartenant au propriétaire du ranch.

Possible. Mais pour le moins curieux.

2

Allen lui-même, qui ignorait tout des arrestations, retrouva son vieil associé Tonio Mahomar à San Francisco, dîna avec lui, sniffa un peu de coke, et empocha les 40 000 dollars que Mahomar lui devait sur les deux premiers kilos de cocaïne produits au chalet Rocca.

Allen voyait la vie en rose. Il avait réussi à amener d'une piste de fortune de la côte péruvienne deux kilos de cocaïne à quelques salons, discothèques, bars ou bureaux du San Francisco « in », ce qui lui avait rapporté 46 000 dollars. S'il se débrouillait aussi bien pour les 158 kilos restants, il se retrouverait avec plus de trois millions et demi de dollars.

Le lendemain, Allen, encore tout euphorique, reçut un coup de téléphone de Tonio Mahomar, que sa femme venait d'appeler : la police avait fait une descente à la maison du lac. Asnares, Giarini et Merchan étaient en prison.

Mahomar fila au Guatemala, y passa deux jours, et se hâta de rentrer à San Francisco. Il apprit à Allen qu'il n'y avait plus un gramme de base dans la maison. Les flics l'avaient devancé.

Tonio, au désespoir, regagna le Salvador, et Allen alla passer le week-end à Las Vegas pour essayer d'oublier ses ennuis. Mais ceux-ci ne faisaient que commencer.

Ce soir-là, à sept heures et demie, il téléphona à sa mère à San Francisco. Elle paraissait affolée, autant qu'Estrada quand Allen l'avait appelé le jour des arrestations. Elle lui dit qu'elle n'était pas seule.

Il y eut des bruits étouffés, puis le téléphone changea de main. Allen entendit la voix sèche et précise d'un agent du Centac l'informant qu'il était recherché par les autorités fédérales pour trafic de stupéfiants, et qu'il comprendrait certainement que, dans son propre intérêt, il ferait mieux de rentrer immédiatement à San Francisco.

Allen ne pouvait y croire. Il avait toujours fait preuve d'un extrême prudence. Il avait fait de la contrebande dans toute l'Amérique centrale, mais jamais aux Etats-Unis : il ne voulait pas avoir affaire à la police américaine. De quoi les autorités fédérales pouvaient-elles l'accuser ?

Entente délictueuse, avait dit l'agent, association de malfaiteurs. Il aurait tout le temps d'apprendre ce que cela signifiait.

Stupéfait et incrédule, Allen raccrocha. Deux heures plus tard, décidant qu'il valait mieux faire face, il embarqua sur un vol de la Western Airlines pour San Francisco. A l'aéroport, des agents l'attendaient. Ils lui passèrent les menottes.

Pat Gregory était déjà en route.

John Allen me raconta la suite.

— Un agent du nom de Pat Gregory arriva à San Francisco, où j'avais été coffré. Ils étaient complètement excités. Cela faisait trois ans qu'ils me pourchassaient en vain. Je n'avais pas de dossier — ils ne connaissaient même pas l'orthographe de mon nom. Ils m'avaient recherché dans le monde entier, alors que je n'étais jamais sorti d'Amérique latine ! J'ai dit à ce Gregory : « Mais je n'ai rien fait d'illégal aux Etats-Unis. Jamais. Pourquoi m'arrêtez-vous ? » Je suis un simple débutant, je ne connais rien à la loi. Entente délictueuse ? Un vrai coup monté, ce truc ! Gregory m'a dit qu'il ne faisait que son métier. Pour ça, je le respecte. « Un cas classique d'association de malfaiteurs. » Un coup monté, oui !

Il apparut bientôt que ce doux et poli John Allen n'était peut-être pas ce qu'il paraissait. En regagnant l'Amérique centrale, Tonio Mahomar apprit que diverses personnes, qui possédaient des parts des 160 kilos de cocaïne volés à Ocampo, puis confisqués par la police, étaient à la recherche d'Allen. A en croire certaines rumeurs John aurait par ailleurs assassiné un homme qu'Ocampo avait envoyé pour récupérer les 160 kilos de cocaïne.

Mahomar alla voir en prison le vieux copain d'Allen, Rodolfo Asnares, et entendit la même histoire. Selon Asnares, un homme était arrivé au chalet pour récupérer la base ; John Allen l'avait descendu et jeté dans le lac. Asnares jura que c'était vrai : il l'avait vu de ses propres yeux.

Ce n'était pas impossible. John Allen avait employé un ancien policier de Los Angeles, un chauve tout tatoué, comme garde du corps et passeur de cocaïne. L'ex-flic lui avait apporté au Guatemala un fusil semi-automatique AR15 et 500 cartouches, qu'il avait achetés à Los Angeles sur son ordre. Allen était peut-être un homme dangereux.

CHAPITRE DIX

1

Avant que Pat Gregory n'arrive à San Francisco pour interroger John Allen, il avait découvert un trésor : le premier indice susceptible de conduire aux contacts qu'avait Falcon au sein de l'administration américaine — à au moins un des hommes qui, depuis des années, informait Falcon de tous les mouvements des agents.

Un attaché-case appartenant à Falcon, pris à son chauffeur-secrétaire le lendemain de l'arrestation de Falcon, contenait une photocopie Xérox d'un rapport de trente-deux pages de la DEA, concernant un groupe de trafiquants cubains. Ce rapport mentionnait le nom de Falcon.

Bill Coonce, l'agent de la DEA qui avait enquêté sur les infiltrations de Falcon au sein des services de police, était aussitôt allé à Mexico. Après de longs démêlés avec les services du ministre de la Justice, il avait obtenu qu'on lui remette la photocopie en question.

Les imperfections de la photocopie recoupaient exactement celles d'une copie envoyée auparavant au bureau de la DEA de la Nouvelle-Orléans. Pour retrouver la machine qui avait servi à Falcon, Coonce fit quelques recherches du côté des photocopieurs Xérox.

Il apprit qu'un certain organe de l'appareil laissait des marques minuscules et identiques sur chaque copie. Cette partie était remplacée au bout de quelques mois. Coonce se rendit à la Nouvelle-Orléans et trouva dans les dossiers de la DEA des photocopies faites sur l'appareil du bureau à la même époque que le document trouvé dans l'attaché-case de Falcon. Il fit examiner des échantillons de ces copies ainsi que la photocopie de Falcon par le laboratoire du FBI à Washington. Elles sortaient sans le moindre doute de la même photocopieuse.

Qui, à la Nouvelle-Orléans, avait fait la photocopie ? Qui avait pu la donner à Falcon, ou à un intermédiaire ?

Une secrétaire du bureau de la Nouvelle-Orléans se souvenait de ce rapport. Elle affirma qu'il était allé directement chez le directeur régional adjoint, qui lui avait dit de ne pas en faire de copie : il s'en chargerait lui-même.

L'homme s'appelait Joe Baca.

Joe Baca, le vieil ami et mentor de Coonce, l'homme avec lequel il avait travaillé clandestinement à San Diego, sur la frontière mexicaine. Joe Baca, le cousin du *comandante* Pancho Sahagún-Baca, un Fed mexicain à la solde de Sicilia-Falcon. Joe Baca, autrefois attaché aux bureaux de San Diego et Los Angeles, centres de l'enquête sur Sicilia-Falcon. Joe Baca, ancien officier de police d'Albuquerque, la ville de Mike Decker ; l'ami et collègue de Ben Marino, l'homme qui avait remis Mike Decker entre les mains de la DEA.

Coonce commença à éplucher les appels téléphoniques ; la trahison de Joe Baca ne fit bientôt plus de doute. Son numéro personnel, à la Nouvelle-Orléans, était un de ceux qui avaient été appelés avant l'arrestation de Falcon du domicile de Dolorès Olmedo à Mexico. Des communications avaient été échangées entre le domicile de Baca et le bureau de Guadalajara du *comandante* Sahagún-Baca ; d'autres appels étaient destinés à la villa d'Acapulco périodiquement occupée par Falcon, Kyriakides et Joan Beck.

Le domicile de Falcon à Mexico avait été demandé d'une chambre de motel que Baca avait occupée une nuit à Burbank, en Californie. Un autre appel, venant du domicile de Falcon, était parvenu au même motel, le même jour. A d'autres moments, on avait appelé le domicile de Baca du domicile de Falcon à Mexico.

Baca avait téléphoné chez Dolorès Olmedo le 18 juin, au moment où cent kilos d'héroïne franchissaient la frontière entre Ciudad Juárez et El Paso.

Six jours plus tard, un appel fut échangé entre le domicile de Baca et la clinique où, sous un faux nom, Falcon était soigné pour sa fracture à la jambe (il avait fait une chute en montant un cheval de Dolores Olmedo). Par la suite, le médecin de la clinique identifia, d'après une photo, ce client, qui était pressé de sortir « car il manquait un événement important sur la frontière américano-mexicaine ».

Les 1er et 3 juin (Beck et Kyriakides allèrent chercher la Rolls de Falcon à Veracruz le 2), des communications furent établies entre le domicile de Baca et celui d'un associé de Falcon habitant Mexico.

Les 21 et 22 juin, Falcon appela de la clinique un hôtel de Juarez. Le 25, un appel de onze minutes fut échangé entre la chambre d'hôpital de Falcon et le domicile de Baca. D'autres communications furent établies avec Miami à l'époque où il s'occupait du transport de la Rolls.

Enfin, les 2 et 3 juillet, jours de l'arrestation de Falcon et de ses complices, dix communications furent échangées entre le bureau du comandante Sahagún-Baca de Guadalajara, le domicile de Baca, et un motel de Dallas où Baca passait la nuit.

Un ancien Fed mexicain raconta à Coonce qu'il avait entendu dire que Baca travaillait avec l'avocat de Mexico, Garza de la Garza : Baca retrouvait Garza à Juárez, lorsque celui-ci passait de l'héroïne à El Paso. Les cents kilos partis de Juárez au mois de juin seraient passés entre les mains d'un associé de Garza.

Selon d'autres sources, Baca était mêlé au trafic des stupéfiants et dévalisait les prévenus qu'il arrêtait — et cela durait depuis 1964. Il allait souvent à Guadalajara pour toucher des pots de vin. Il aurait aussi monté des cambriolages quand il était flic à Albuquerque.

— Ça m'embêtait que ce soit lui, me confia Coonce, parce que c'*était* un ami. Mais, quoi, il faut faire son boulot. Il était complètement corrompu. C'était idéal : il était basé à La Nouvelle-Orléans, rien ne le désignait directement. Il ramassait un tas de renseignements concernant l'enquête sur Falcon, que lui fournissaient innocemment ses vieux copains de Los Angeles et du Mexique...

Mais maintenant, Coonce ne doutait plus que Baca était « corrompu depuis l'âge de vingt ans ».

2

Le gouvernement mexicain, encore sous le coup des retombées politiques de l'arrestation de Falcon, refusa toutes les requêtes de l'ambassade américaine pour que des agents interrogent Falcon et Sahagún-Baca au sujet de Joe Baca.

Quand Coonce se trouva en face de Joe Baca lui-même, celui-ci reconnut qu'il avait été mêlé à l'enquête sur Carlos Kyriakides lorsqu'il était en poste à Los Angeles en 1973, mais nia énergiquement la moindre accusation de corruption. Selon lui, Sahagún-Baca n'était rien de plus qu'un ami personnel. Il n'avait jamais entendu parler de Dolorès Olmedo et ne se souvenait pas de l'avoir appelée au téléphone. A sa connaissance, il n'avait *jamais* parlé à Falcon. D'autres appels compromettants lui étaient également sortis de la mémoire. Oui, il avait lu une copie du rapport volé à la DEA, mais jurait ne l'avoir donné ni à Falcon ni à un quelconque citoyen mexicain.

— Chaque fois que nos questions le touchaient à un point sensible, se souvint Coonce, il se mettait à tapoter la table. Chaque fois qu'il mentait, il commençait à trembler.

Des amis de Baca prirent sa défense. Selon eux, l'enquête n'était que le prolongement de la vieille guerre que se livraient les douaniers et les agents des Stups (bien que ni Baca ni Coonce n'aient jamais travaillé pour les douanes). Coonce laissait dire, persuadé que les insinuations cesseraient quand les faits seraient connus et Baca inculpé.

Baca comparut devant un jury d'accusation fédéral à San Diego. S'il ne répondait pas aux questions, il risquait d'être révoqué. Lors de cette première comparution, on ne lui posa que des questions préliminaires concernant son passé, et lui demanda de revenir dans un mois. Coonce était persuadé que les questions seraient alors plus directes. Mais, la veille de sa deuxième comparution, Joe Baca fut congédié. La DEA n'avait plus prise sur lui. Il fit jouer le Cinquième amendement et refusa de répondre aux questions.

Six mois plus tard, ne s'estimant pas compétent, le bureau du procureur fédéral de Californie du Sud renonça aux poursuites. Coonce essaya de faire passer l'affaire devant les tribunaux de La Nouvelle-Orléans. De nouveau, le procureur fédéral refusa d'engager des poursuites.

Joe Baca était donc disculpé.

J'ai demandé à Bill Coonce ce qu'il pensait de cette histoire.

— A l'époque, des types hauts placés à la DEA ne *voulaient* pas que Baca soit inculpé. Il aurait révélé trop de choses déplaisantes. Semé la merde. Il n'est pas impossible qu'on l'ait congédié pour lui éviter de témoigner. Peut-être qu'on a agi au mieux. Pourquoi entraîner toute la DEA dans une affaire où un seul type était en cause ? Mais on ne m'a jamais soutenu. Jusqu'à ce jour, ses vieux copains de Los Angeles, qui étaient aussi les miens, ne veulent plus me parler. Ils n'ont jamais reconnu les faits.

Où est Baca aujourd'hui ?

— La dernière fois où j'ai entendu parlé de lui, il était détective privé à Albuquerque. Il travaillait pour deux avocats marrons spécialisés dans les affaires de drogue. Notre bureau d'Albuquerque a bien failli lui intenter un procès pour intimidation de témoin.

Au terme de l'enquête sur Baca, Coonce demeura plus que jamais persuadé qu'à la fois Sicilia-Falcon et son ex-assassin Michael Decker avaient travaillé, voire travaillaient toujours, pour la CIA :

— Nous avons essayé de vérifier. Je suis *sûr* que Decker travaillait pour la CIA. Si on met Pat Gregory, un ancien de la CIA, dans le paquet, alors, bon sang, c'est tout l'ensemble qui était parrainé par elle... On croit rêver. La CIA elle-même se refuse à toute déclaration à ce sujet.

« Je crois qu'au départ, la CIA avait recruté Falcon à Miami, mais il a voulu péter plus haut que son derrière, il avait trop d'argent et trop de pouvoir. Il avait sans conteste d'excellentes relations au sein du gouvernement mexicain et du Gobernación. Et il projetait à coup sûr de renverser le gouvernement du Mexique. Cela ne fait *aucun doute*. Et tout d'un coup, Decker a fait surface.

« Decker a eu une carrière militaire assez mystérieuse. Les SEAL, ballottés d'un endroit à l'autre, à l'étranger — tout cela sentait une machination de la CIA. Je suis certain que, d'une façon ou d'une autre, il était lié à la CIA. C'était soit un agent secret, soit... je déteste employer ce mot, ça fait tellement mélodramatique... soit un tueur à gages. Et — sans avoir l'ombre d'une preuve — je suis convaincu qu'il est apparu dans le but de détruire Sicilia-Falcon. Et que Falcon lui-même était lié à la CIA.

« J'essaie d'être objectif, mais je crois vraiment que c'est l'agence qui a décidé qu'il fallait se débarrasser de Sicilia-Falcon. Pour moi, cela ne fait aucun doute.

Quatre ans plus tard, Coonce allait diriger une autre enquête impliquant des associés de Sicilia-Falcon, des chefs de la Police fédérale mexicaine et d'autres personnalités liées au Gouvernement mexicain.

Il s'agissait cette fois d'un agent américain, tué après avoir été torturé.

TROISIÈME PARTIE

Centac-20 : Donald Steinberg

« La chasse à l'homme, c'est de la vraie chasse. Surtout... quand la loi donne l'avantage au gibier. Ça n'aurait aucun intérêt s'il suffisait de visser son silencieux et d'y aller. »

CHAPITRE UN

1

« Oh, oui, absolument ! » dit Dennis Dayle en se penchant vers moi par-dessus son bureau. « Et pour le restant de ses jours ! »
Je viens de demander à Dennis s'il aimerait voir Joe Baca en prison. Il l'avait rencontré pour la première fois en 1967 à San Diego et l'avait considéré comme son ami.
— Quand je suis arrivé au Centac, on m'avait fait croire que l'enquête de sûreté intérieure concernant Baca était sérieuse et approfondie. J'étais sûr qu'on s'occuperait de lui comme il faut. Ce ne fut pas le cas. Si c'était à recommencer, je m'y prendrais autrement avec Joe Baca. Je le pourchasserais avec un putain d'esprit de vengeance. Sa tête serait du meilleur effet sur la cheminée d'une maison d'arrêt fédérale.
Je lui demande ce qu'il pense de la torture de Sicilia-Falcon.
— Il est probable qu'il a subi un interrogatoire plutôt violent. Mais il était parfaitement au courant de la façon dont se passent les choses au Mexique. Il vient maintenant se plaindre d'avoir été torturé... il savait pourtant que ce genre de choses arrive aux gens comme Alberto Sicilia-Falcon. Ce qu'il a vécu a toujours été dans le domaine du possible et du prévisible.
— Vous avez déjà rencontré le *comandante* Ventura ?
— Oui, et je vous assure que la vie de Florentino Ventura est perpétuellement en danger parce qu'il fait les choses qui doivent être faites. Je ne dis pas que sa manière d'agir soit toujours en accord avec nos principes, mais cela correspond aux critères mexicains, et après tout, c'est au Mexique qu'il vit. Quand j'étais à Mexico, nous sommes sortis un soir dans un cabaret avec son épouse. C'est une très belle femme. Son rôle se bornait à rire quand il faisait une plaisanterie, à sourire quand il souriait et à obéir quand il lui demandait quelque chose ; sinon, elle devait se contenter de rester assise là à attendre la suite des événements. C'est une femme très digne, qui reste dans l'ombre, et qui, je pense, est très proche de Ventura. Si on pouvait lui donner du penthotal pour la faire parler, elle raconterait probablement de quoi remplir plusieurs volumes. »

2

Dennis quitte le bureau pendant un moment et revient en tenant un morceau de papier d'une main et le coordinateur du Centac, Jack Macready, de l'autre. Il est rouge de colère.

— Est-ce que ça te surprendrait, Jack, dit-il en contournant son bureau, d'apprendre que les agents de Chicago considèrent qu'il serait insensé et inutile de continuer à poursuivre l'organisation de Jaime Herrera ?

Depuis vingt ans, Jaime Herrera, avec l'aide de plusieurs centaines de membres de sa famille, a un commerce d'héroïne, des cultures et des laboratoires au Mexique, emballe la marchandise et la fait passer à Chicago où elle est soit vendue sur le marché local soit redistribuée dans tous les Etats-Unis. Les habitants sont loin de se douter que l'entreprise Herrera est devenue le quatrième business de la ville (après McDonald).

Herrera est l'une des cibles du Centac-19 et, même si je n'ai pas suivi l'enquête de près, il est impossible de l'ignorer. A Mexico, j'avais accompagné Macready et d'autres agents du Centac à une réunion avec le *comandante* Ventura et le conseiller personnel du président López-Portillo pour les questions financières.

La réunion avait eu lieu à la Procuraduría, et on avait parlé d'argent. Si l'on arrivait à repérer et à saisir les millions d'Herrera, cela provoquerait immanquablement un scandale politique. Une bonne partie de cet argent se trouvait entre les mains de la police et des politiciens. Personne ne voulait d'un Watergate mexicain.

Au cours de la réunion, le conseiller financier du président, un homme fort aimable qui parlait un anglais presque impeccable, annonça que deux cadres bancaires corrompus avaient été identifiés dans le Durango, province mexicaine sous le contrôle pratiquement total d'Herrera.

Le conseiller leva les poings, les pouces pointés vers le haut.

— Mardi prochain, on va les mettre — il tourna les poings, pouces vers le bas — *là*.

Le silence se fit dans la pièce ; tout le monde réfléchissait aux conséquences du fait d'être mis « *là* ».

Les conversations de Ventura avec ces deux banquiers étaient censées donner un sérieux coup de pouce à l'enquête du Centac-19.

Dix semaines se sont écoulées depuis. Comme prévu, les deux banquiers mexicains ont parlé, parlé, parlé. Les agents du Centac ont vu un synopsis de leurs déclarations, mais le contenu du texte intégral est considéré comme embarrassant. Qu'ont donc bien pu dire les banquiers que le gouvernement mexicain ne veuille pas dévoiler au Centac?

Ventura et le conseiller financier se sont rendus à Chicago en personne, et ont promis de poursuivre six gros bonnets travaillant pour Herrera au cours du mois suivant.

— Est-ce que ça te ferait chier, poursuit Dennis en s'adressant à Macready et en agitant le rapport qu'il tient à la main, que les agents de Chicago veuillent supprimer ce Centac parce que, maintenant que les Mexicains vont poursuivre les gros trafiquants et saisir leurs biens et leurs fermes et tout ça, il ne restera plus aux Etats-Unis que les gens qui envoient l'argent là-bas?

— Oui, ça me ferait chier.

Macready n'a pas intérêt à ne pas être d'accord.

— Ils se font une idée complètement tordue du Centac — pour se calmer, Dennis prend une pipe et la bourre. Je m'en fiche si tout ce qu'ils font depuis des années, c'est d'envoyer de l'argent à Herrera au Mexique. On peut pas avoir de chefs sans Indiens. Et si un chef refuse de travailler sans un Indien qui soit là pour lui gratter les couilles, alors le gratteur de couilles devient un personnage important.

Macready hoche la tête, dans ses petits souliers face à la fureur de Dennis.

— Quand un type du Capitole vous dit : « pourquoi vous n'avez pas saisi les biens d'Herrera »? et qu'on répond : « parce qu'ils sont tous au Mexique » et que ce type dit : « comment sont-ils arrivés là-bas? » et qu'on dit « ben... depuis des années et des années des petits bonshommes et des petites bonnes femmes en envoient, mais on pensait pas que ça valait la peine de les coffrer », eh bien, le type de là-haut, il aura le droit de nous sauter dessus.

Macready acquiesce.

— Dis à ces mecs de bouger leur cul, d'aller dans la rue et de la boucler. C'est pas en parlant qu'ils arriveront à coffrer qui que ce soit.

Dennis griffonne « à déchirer » en travers du rapport et le balance dans le casier « départs ».

— Moi qui m'imaginais que ces deux agents avaient un tant soit peu de classe! En fait, ce sont de fieffés imbéciles.

Macready se retire.

CHAPITRE DEUX

1

Le corps toucha le sol du parking à quatre-vingt-dix kilomètres/heure et rebondit pour s'immobiliser deux mètres plus loin près d'une rangée de palmiers, de pots de fleurs et de bougainvillées magenta. Il gisait face contre terre sur le ciment gris, les jambes brisées en cinq endroits différents, six fractures de la colonne vertébrale et des côtes, le cœur, les poumons et le foie éclatés, le sang s'écoulant par le crâne fracassé et formant une grande flaque irrégulière dans la lumière jaune des réverbères qui bordaient la chaussée. La plupart des places étaient libres, marquées par des flèches jaunes et des croix rouges. Il n'y avait personne pour voir ou entendre le corps atterrir, et il resta là, dans le silence et la pénombre, jusqu'à dix heures et demie du soir. Un homme du nom de Robert Griffin, qui habitait au quarante-septième étage de l'immeuble abritant des bureaux et des appartements qui dominait le parking, découvrit le corps en descendant de sa voiture. Il en approcha suffisamment pour comprendre que l'amas de chair et d'os brisés qu'il avait sous les yeux ne pouvait certainement plus abriter le moindre souffle de vie, puis il alla appeler un garde de sécurité. Ce dernier jeta un coup d'œil et téléphona à la police. Il remarqua que le corps n'avait pas de chaussures.

Donald Steinberg, le plus gros nabab américain de la marijuana, se vantait de sa non-violence. Les autres — les bandits de la Mafia qui avaient enlevé Mike Romanelli à Plymouth, qui avaient suivi d'autres hommes de Steinberg à Fort Lauderdale, et enlevé l'oncle de Donald, Bobby —, eux, oui, ils pouvaient être violents, mais pas Donald. De toute sa vie, Donald n'avait fait aucun mal à qui que ce soit.

C'est ce qu'il disait, et c'est certainement ce qu'il croyait. Mais si l'on écoute sa conscience, et si l'on se penche sur la loi concernant les associations de malfaiteurs, on voit que ni l'ignorance d'un crime ni la distance qui vous sépare de lui ne diminuent votre responsabilité.

Lorsque Donald envoya son lieutenant et ami Lynn Mizer en Asie pour graisser la patte des autorités, acheter des Thaï Sticks, appareiller un navire baptisé l'*Euphoric* et ouvrir une route de trafic à travers le Pacifique, il déclencha des événements qui allaient avoir des conséquences très violentes.

Les lecteurs de Joseph Conrad et de Somerset Maugham qui possèdent une vision romantique de ce qu'est un poste de police dans la mer de Chine du Sud ne seraient pas déçus par le bureau du chef des renseignements du Bureau central de Singapour. Trois secrétaires à cheveux courts vêtues de robes modestes et correctes travaillent en silence dans l'air brassé par le ventilateur tournant lentement au plafond ; des stores vénitiens protègent la pièce de la chaleur et de la lumière du torride soleil de Malaisie. L'eau chuchote dans la bouilloire et des corbeilles à papier en osier sont bien à leur place sur le frais sol en ciment, dont la peinture grise est usée par les pieds qui passent dessus depuis des dizaines et des dizaines d'années. L'atmosphère est nonchalante, simple, aussi inoffensive que les terrains de cricket, les déjeuners et le long bar du Raffles Hotel.

Le patron ne dépare pas les lieux : c'est un homme au doux parler, âgé de vingt-neuf ans, frêle, les cheveux courts bruns et frisés, la barbe bien taillée ; il arbore un éternel sourire, et ses manières sont aussi convenables et discrètes que celles d'un maître d'hôtel anglais. Lorsqu'il déjeune avec son patron, il boit du Campari-soda. Il s'appelle Melic Merican.

C'est à son nom qu'arriva un câble, par l'intermédiaire d'un agent du Centac attaché à l'ambassade américaine, de la part de Dennis Dayle. Dayle avait examiné un agenda retrouvé par des agents de la Police montée de Victoria (Canada) lorsqu'ils avaient fouillé l'*Euphoric*, le cargo appartenant à Donald Steinberg qui avait récemment débarqué une cargaison de Thaï Sticks. L'agenda appartenait à Tan Suan Kui, un jeune homme de Singapour connu dans l'organisation de Steinberg sous le nom de Gabby Tan.

Tan avait navigué à bord de l'*Euphoric* comme cuisinier. D'après ce qu'il a noté dans son carnet, c'était un jeune homme observateur, tranquille, qui avait mené une vie agréable — et certainement fort riche en aventures sexuelles — dans les ports où l'*Euphoric* avait fait escale. Dennis Dayle avait quelques questions à lui poser.

Qui l'avait engagé et qui l'avait payé ? Qui était le responsable de l'opération *Euphoric* ? Qu'avait-il entendu à propos d'un certain général Li, soupçonné d'avoir fourni les Thaï Sticks ? Est-ce qu'il connaissait un homme au type latin, basané, prénommé Tony, également soupçonné d'être impliqué dans l'approvisionnement en Thai Sticks ? Et surtout, ce qui était le plus important, était-il disposé à retourner aux Etats-Unis aux frais du Centac pour témoigner lors d'un procès ?

Merican lut le câble et se dit que ce jeune homme de Singapour avait bien de la chance qu'on lui offre un voyage payé aux Etats-Unis. Il remplit un formulaire beige imprimé en anglais, en chinois, en malais et en tamil. Voici ce qui y était inscrit : « Cher Monsieur/Madame : veuillez vous présenter à l'adresse ci-dessus pour le motif indiqué ci-contre. » Dans un cadre intitulé : « objet », Merican écrivit à la main :

« convocation en vue d'un entretien » et il nota la date du lendemain, et « deux heures trente ». Puis il le mit dans son casier « départs » pour que ce soit envoyé à Tan.

Tan Suan Kui n'était pas chez lui lorsque la lettre de Merican arriva. Une de ses sœurs, Suan Khim, regarda l'adresse de l'expéditeur, montra l'enveloppe à sa mère et la posa sur la table de Suan Kui.

Quand celui-ci rentra chez lui ce soir-là il lut le contenu de l'enveloppe, ne dit rien et alla se coucher. Sa mère ne lui posa pas de questions. Bien qu'âgée de cinquante-deux ans seulement mais ayant à s'occuper de dix enfants et d'un mari invalide, elle était accablée et résignée. Elle était fière de Suan Kui, son fils aîné.

L'attitude qu'il avait eue ce soir ne l'avait pas surprise. Il était expansif avec ses amis, mais à la maison, il était distant et réservé, particulièrement depuis son retour du Canada. Il ne parlait jamais de son travail. Il rentrait, regardait la télévision, lisait le journal, et allait se coucher. De temps en temps, il jouait avec une de ses sœurs à un jeu que sa mère ne comprenait pas. Ils s'installaient devant une table et disposaient des cartes à jouer anglaises les unes après les autres, soigneusement, en sept longues rangées.

Cette nuit-là, la mère de Suan Kui prêta l'oreille; elle sentait que, dans le lit qui était à côté d'elle, son fils était éveillé. Il y avait visiblement quelque chose qui l'empêchait de dormir, et elle était inquiète. A neuf heures le lendemain matin, il se leva, s'habilla et quitta l'appartement, sans rien dire de plus que d'habitude sur ce qu'il allait faire.

A peu près au moment où Gabby Tan sortait de son lit, John Russell, le timide tailleur canadien devenu trafiquant qui avait acheté l'*Euphoric* à Singapour, entrait dans son bureau du vingt et unième étage de l'International Plaza de Singapour, un immeuble de bureaux et d'appartements de quarante-neuf étages dominant l'animation commerciale d'Anson Road. Depuis qu'il était revenu du Canada il y a quelque temps, Russell habitait dans un deux-pièces au trente-neuvième étage du même immeuble, que lui louait son associé hollandais Butch Hillers. Ce dernier, le capitaine à l'air sinistre et aux cheveux en bataille que Russell avait rencontré pour la première fois à Amsterdam, était absent en ce moment. L'International Plaza était l'une des meilleures adresses que l'on puisse avoir à Singapour, avec son rez-de-chaussée tout en marbre et en chromes plein de boutiques, de banques et de compagnies aériennes, ses ascenseurs élégamment décorés emmenant à vive allure leurs passagers jusqu'au parking extérieur du huitième étage ou au trente-cinquième, où se trouvaient la piscine et le court de tennis en quick. Au-dessus, l'International Plaza se transformait en appartements. Des locataires comme Russell et Hillers pouvaient travailler, et faire leurs achats sans quitter l'immeuble. Les entrées des appartements donnaient sur un couloir grillagé, en carrelage blanc qui surplombait de façon vertigineuse un puits central donnant sur la piscine et le tennis.

L'appartement de Hillers était en coin, spacieux mais pas particulièrement bien meublé puisqu'il n'y avait dans la salle à manger qu'une table ronde en bois, un canapé, une table basse et des chaises bon marché. Le plus remarquable dans la pièce était la vue. Le mur était entièrement vitré depuis la hauteur du genou jusqu'au plafond ; du haut de ce trente-neuvième étage, on découvrait un panorama de gratte-ciel et de bateaux ancrés dans le port. Les fenêtres s'ouvraient sur un rebord en ciment d'un bon mètre de large.

La société de Russell, bien entendu créée avec l'argent de Steinberg, s'appelait Russell & Hillers International Marine Pte. Ltd. En entrant dans son bureau ce jour-là, Russell demanda à sa secrétaire Betty Lee, vingt-neuf ans, de lui prendre un billet d'avion pour Vancouver dans un vol partant le lendemain matin. Elle dit que ce serait fait. Un peu plus tard dans la matinée, Gabby Tan arriva, l'air très troublé. Elle ne savait pas exactement ce qu'il avait.

En sortant de chez lui ce matin-là, Gabby alla rendre visite à un ami intime de la famille qui, par hasard, travaillait également à l'International Plaza. Il dit à son ami qu'il avait été convoqué par la police, et qu'il allait demander à son patron s'il devait s'y rendre ou ignorer la convocation. Lorsqu'il rapporta la conversation qu'il avait eue avec Suan Kui, l'ami déclara lui avoir conseillé de ne pas parler de la police à son employeur : sinon, il pourrait bien être réduit au silence avant de se rendre au rendez-vous qui lui avait été fixé.

Toujours d'après ce même ami, Gabby avait prétendu que lorsqu'il avait été interrogé au Canada, la police l'avait frappé. Il semblait ne pas vouloir risquer de se voir infliger le même traitement à Singapour. Il avait ajouté qu'il était au bout du rouleau et qu'il voulait aller voir son patron pour lui montrer la convocation qu'il avait reçue du Central Narcotics Bureau.

Quarante-huit minutes après que le garde de sécurité eut appelé la police, l'inspecteur Sng Cheow Keng, un étudiant de Singapour qui faisait son service militaire dans la police, arrivait sur les lieux. Il trouva sur le corps un portefeuille, des clés et une enveloppe portant le tampon du Central Narcotics Bureau de Singapour. Dans l'enveloppe, se trouvait un imprimé demandant au destinataire de se rendre au Bureau pour un entretien. Le nom que portait cet imprimé était le même que celui de la carte d'identité qui se trouvait dans le portefeuille : Tan Suan Kui.

Une ambulance emmena le corps, et l'inspecteur Sng accompagné du garde de sécurité parcourut le parking à la recherche des chaussures de Tan. Ils ne les trouvèrent pas. Ils allèrent à la piscine du trente-cinquième étage, qui était fermée à cette heure-là, mais le gardien leur dit que personne n'était entré. Ils la fouillèrent quand même mais ne trouvèrent ni chaussures ni chaussons. Les bureaux des étages inférieurs à celui de la piscine étaient tous fermés à clé pour la nuit. Ils frappèrent à un bon nombre de portes d'appartements se trouvant au-dessus de l'endroit où le corps avait atterri, mais les occupants n'avaient pas vu de corps tomber.

A une heure du matin bien sonnée, l'inspecteur Sng abandonna ses recherches et rentra se coucher.

A neuf heures, Betty Lee venait juste d'enlever la housse de sa machine à écrire lorsque John Russell arriva et lui dit qu'au cas où quelqu'un le demanderait, elle devrait répondre qu'il était parti pour Kuala Lumpur (capitale de la Malaisie, à cinquante minutes d'avion de Singapour). Il ne fut pas question d'annuler sa réservation dans le vol pour Vancouver ; en fait, elle ne parla à personne de Kuala Lumpur car elle était certaine que, malgré tout ce qu'il avait pu affirmer, il était bel et bien parti pour le Canada. Il dit au revoir à toutes les filles qui travaillaient dans le bureau et sortit.

L'inspecteur Sng commença sa matinée à la morgue. Il y retrouva un des frères de Tan, qui confirma l'identité du défunt. Il découvrit également que Tan avait travaillé pour une compagnie appelée **Russell & Hillers International Marine** et dont le siège se trouvait à l'International Plaza. Il se rendit sur place. Une secrétaire du nom de Betty Lee lui dit que Tan ne travaillait pas au bureau mais qu'il avait fait partie de l'équipage d'un bateau, l'*Euphoric,* appartenant à la compagnie. Il venait souvent au bureau mais n'y avait rien laissé. En tout cas pas une paire de chaussures.

L'inspecteur Sng, qui était maintenant secondé par une équipe d'autres officiers, fouilla chaque étage de l'International Plaza. Mais ils ne trouvèrent pas les chaussures de Tan. Puis, l'une des sœurs de Tan, qui travaillait elle aussi dans l'International Plaza, confia à l'inspecteur Sng qu'elle croyait savoir que l'un des patrons de la société pour laquelle travaillait son frère habitait dans l'appartement 3901. L'inspecteur retourna voir Betty Lee et lui demanda si c'était vrai. Elle le confirma ; d'ailleurs, Mr. Russell lui avait laissé les clés de son appartement lorsqu'il était parti pour le Canada ce matin.

Betty Lee alla chercher les clés et, avec une autre secrétaire, accompagna l'inspecteur Sng à l'appartement. En entrant dans la grande pièce, Sng regarda s'il voyait des traces de lutte. Il n'en trouva pas. Quatre chaises étaient disposées autour de la table. Sur sa droite, il vit des fauteuils et un canapé rayés, avec des bras en bois, et une table basse en Formica blanc. Sur cette table basse se trouvaient sept rangées de cartes à jouer disposées en réussite. Les rangées étaient alignées méticuleusement, visiblement par quelqu'un qui aimait faire les choses correctement. A côté des cartes se trouvaient une paire de lunettes et deux gobelets en plastique qui contenaient quelque chose qui ressemblait à du vin. Sous la table, il y avait une paire de chaussures.

L'inspecteur Sng alla vers les fenêtres. Elles étaient toutes fermées mais il remarqua que le loquet de l'une d'entre elles était levé. L'appartement était juste au-dessus du parking du septième étage où l'on avait retrouvé le corps de Tan. Sng examina un moment le rebord extérieur et parvint à la conclusion que Tan avait sauté de ce rebord.

Lorsque la mère de Suan Kui vit qu'il ne rentrait pas à la maison après le dîner, elle l'attendit. Généralement, il téléphonait pour dire qu'il rentrerait tard. Elle était inquiète. Elle finit quand même par aller se coucher mais se réveilla à trois heures du matin. Le lit de Suan Kui était vide. Elle resta éveillée en se demandant ce qui avait bien pu arriver à son fils. A quatre heures, elle entendit des coups à la porte. Elle se précipita pour ouvrir et vit un policier. Celui-ci lui dit qu'il était désolé d'avoir à lui annoncer que son fils Tan Suan Kui était mort.

Le lendemain du jour où l'inspecteur Sng avait enfin découvert les lunettes et les chaussures de Tan, John Russell téléphona au bureau et parla à Betty Lee. Il lui dit qu'il était à Tokyo, où il faisait escale en se rendant au Canada, et qu'il avait oublié de prendre un carnet de chèques qu'il gardait au bureau. Il lui demandait de bien vouloir le lui envoyer par la poste à Vancouver.

Betty acquiesça, puis lui dit que Gabby Tan avait apparemment sauté par la fenêtre. Russell répondit qu'en arrivant au Canada, il prendrait contact avec la police pour faire sa déposition. Lorsqu'il raccrocha, Betty Lee alla chercher le carnet de chèques mais ne le trouva pas.

2

John Russell tint parole. Trois jours après son coup de téléphone à Betty Lee, il appela la police montée royale canadienne à Victoria et téléphona au sergent George Hawkes, qui, à bord de l'*Euphoric*, avait trouvé le journal de Tan. Il prit rendez-vous avec l'officier et nota par écrit sa version des faits.

Il dit que Gabby était venu au bureau le matin de sa mort. Il avait demandé à Russell de sortir dans le hall, et lui avait alors montré une lettre de la police de Singapour le convoquant pour une entrevue. Toute la journée, Tan n'avait pas cessé d'entrer et de sortir du bureau. Il déclara à Russell qu'il avait dit adieu à ses parents et à sa famille. Il rendit à Russell 500 000 dollars dont celui-ci lui avait confié la garde. Russell ne précisa pas s'il s'agissait de devises américaines ou de Singapour, auquel cas cela aurait correspondu à peu près à 230 000 dollars américains.

Lorsque le bureau ferma à sept heures, Russell et Tan allèrent dîner au comptoir de l'un des nombreux petits marchands ambulants de Singapour. Gabby demanda à Russell ce qu'il lui conseillait de faire. Russell lui dit de se rendre à son rendez-vous avec la police et de voir de quoi il s'agissait. Gabby répondit qu'il avait peur d'y aller, peur de la honte qui allait rejaillir sur ses amis et sur sa famille, peur de se faire frapper, et même de se faire pendre. Il dit que depuis un an, il ne se sentait pas bien.

Russell proposa à Gabby d'annuler son voyage au Canada pour rester avec lui. Gabby répondit : « Non, ma vie est finie, tu n'as qu'à prendre ton avion. »

Après le dîner (toujours selon les dires de Russell), ils allèrent à l'appartement de Hillers et burent du café. Gabby se plaignit de ce que les choses n'allaient pas bien chez lui. Son père était malade et le logis était surpeuplé. Russell lui répéta de se rendre à sa convocation à la police. Il dit qu'il allait changer son programme et remettre à plus tard son voyage au Canada. Il irait à Kuala Lumpur à la place le lendemain matin, y réglerait quelques affaires, rentrerait dans la soirée et appellerait Gabby.

Vers neuf heures et demie, Russell demanda à Gabby de descendre avec lui au bureau, où il avait du travail à faire. Gabby refusa, disant qu'il voulait réfléchir à certaines choses. Quand Russell rentra dans l'appartement vers minuit, les lumières étaient éteintes et Gabby n'était plus dans la pièce.

Russell alla se coucher en pensant que Gabby s'était endormi dans la chambre voisine.

Le lendemain matin, Russell alla au bureau et dit à Betty Lee que finalement il n'allait pas au Canada, mais à Kuala Lumpur. Il regagna l'appartement, chercha en vain Gabby, trouva ses lunettes et ses chaussures dans le living, et c'est là que pour la première fois « il me vint à l'esprit qu'il avait pu se jeter par la fenêtre ».

Il se sentit défaillir et prit peur. Il fit ses bagages, descendit au bureau et, voyant que Betty Lee avait déjà annulé son vol pour Vancouver, lui demanda de lui reprendre une place dans l'avion. Il retourna à l'appartement, prit ses valises et alla en taxi à l'aéroport.

Le lendemain matin, il appela Betty Lee de sa chambre de l'hôtel Prince à Tokyo — et apprit la mort de Gabby.

Le sergent Hawkes envoya la déposition à Singapour. La mère de Tan nia, démentant ainsi les déclarations de Russell, que son fils ait fait ses adieux à sa famille avant de partir au travail le jour de sa mort. Il n'était pas vrai non plus, dit-elle, que l'appartement était surpeuplé. Elle dit ne pas avoir trouvé de lettre de Suan Kui annonçant son suicide et affirma qu'il n'avait jamais parlé de mettre fin à ses jours.

Betty Lee trouva également des failles dans la version de Russell, maintenant qu'il ne lui avait jamais demandé d'annuler puis de reconfirmer sa réservation pour Vancouver.

Le ministère public de Singapour prit connaissance du rapport d'enquête de l'inspecteur Sng et nota le commentaire suivant : « J'ai du mal à croire qu'il s'agisse d'un simple cas de suicide. Il ne semble y avoir aucune raison pour laquelle le défunt aurait voulu mettre fin à ses jours. L'éventualité d'un homicide n'est pas à écarter. »

Une enquête judiciaire fut ouverte. La mère de Tan fut entendue en tant que témoin. Accablée par la douleur, sachant que même l'enquête la plus approfondie ne lui rendrait jamais son fils, elle se contenta de déclarer : « je ne sais rien ».

L'inspecteur Sng affirma que la personne la plus susceptible d'éclaircir ce mystère, John Russell, actuellement au Canada, était impossible à joindre. Son partenaire Butch Hillers était en Indonésie au moment du décès et se trouvait maintenant à Panama. On ne pouvait pas davantage mettre la main sur lui.

L'ami que Suan Kui était allé voir avant de montrer le message de Merican à Russell ne témoigna pas. Ce père de famille avant une bonne situation, et craignant pour sa réputation si l'on apprenait qu'il était impliqué dans une affaire de meurtre, garda le silence, certain que la famille de Suan Kui, qui elle aussi ne demandait qu'à oublier la tragédie, comprendrait ses raisons.

Le coroner, se trouvant « dans l'incapacité de définir avec certitude la manière dont la victime avait trouvé la mort », délivra une ordonnance de non-lieu. Le lendemain, le *Strait Times* s'interrogeait : « A-t-on assassiné le cuisinier pour l'empêcher de parler ? »

C'était une bonne question.

Sng termina son service militaire, quitta la police et un autre inspecteur fut chargé de l'affaire. Il ne découvrit aucun fait supplémentaire, mais parvint à une conclusion opposée à celle de Sng.

« Mr. Russell et Mr. Hillers font partie d'une organisation internationale de trafic de drogue », écrivit-il dans le dossier. « Il existe une forte présomption en faveur de l'homicide dans cette affaire. Cependant, les seuls témoins qui pourraient apporter leur contribution à cette enquête sont Mr. Russell et Mr. Hillers, qui sont tous les deux introuvables. Je suggère que l'on demande l'assistance du SIS du CID afin de pouvoir avancer dans cette affaire. »

Le SIS, *Special Investigation Service* (Service Spécial d'Enquêtes) du CID, *Crime Investigation Department* (Département des enquêtes criminelles), qui s'occupe des homicides, se livra à une enquête supplémentaire. Mais, Hillers et Russell étant tous deux absents, et faute de preuves complémentaires, l'enquête se trouvait dans une impasse. Quinze mois après la défenestration de Tan de l'appartement 3901, l'affaire fut classée.

Qu'en pensait Melic Merican ? Est-ce que John Russell avait tué Gabby Tan ?

Il répondit que oui.

Il gardait un ton réservé, déférent, comme s'il ne voulait pas contredire d'autres hypothèses, mais se sentait quand même obligé de dire ce qu'il croyait vrai :

— Ils m'ont demandé de prendre contact avec lui, voyez-vous. J'allais lui offrir un voyage gratuit aux Etats-Unis. S'il acceptait, fort bien. S'il refusait, pas de problème. Mais il a paniqué. Il est allé voir Russell. Il lui a demandé son avis. Selon notre hypothèse, du moment où il a montré le message à Russell, celui-ci a commencé à être inquiet.

Merican penche légèrement la tête et sourit comme pour s'excuser : « J'aurais peut-être dû envoyer un homme au lieu d'un message. »

On objecte à Merican que Russell est un homme doux et timide, que ce n'est pas le genre de personne à pousser quelqu'un par la fenêtre. Il répond, comme n'importe quel policier le ferait à sa place : « Il y a un début à tout. »

Merican n'est pas satisfait de l'enquête bâclée menée par l'inspecteur Sng. Il dit que ce dernier, qui était davantage un appelé qu'un policier, n'a pas été aussi diligent qu'il aurait pu l'être. Il a négligé de relever les empreintes digitales sur les tasses et les cartes retrouvées dans l'appartement. « Il n'y a pas mis tout son cœur. »

Merican pense que Russell est coupable. Mais tout le monde n'est pas d'accord. Al McClain, l'agent du Centac à Singapour qui avait transmis le câble de Dennis Dayle à Merican, pense que Tan a sauté. Portant une barbe et des Ray-Ban à verres non teintés, McClain, verre de bière en main dans un restaurant de Singapour, fait remarquer qu'en Asie, il y a énormément de suicides par défenestration. « Les Japonais viennent en tête. » Les raisons, pense-t-il, sont en partie d'ordre psychologique et en partie d'ordre pratique. A Singapour, il est difficile de se procurer un pistolet ou des somnifères.

Et la famille de Tan ? Est-ce qu'elle croit que Suan Kui a été assassiné ? Une sœur, le seul membre de la famille disposé à parler malgré une forte réticence, n'en sait rien.

— Je ne vous connais pas, commença-t-elle par dire au téléphone, comment avez-vous eu connaissance de ce bateau ? Vous dites que vous êtes Mr. James Mills, mais je me pose beaucoup de questions en ce moment. Mon frère est mort. Pour ce qui est de mes parents, ils ne veulent pas remuer inutilement de mauvais souvenirs. Nous sommes des gens très simples et nous ne nous attendions vraiment pas à ce genre de choses. Quand nous avons appris la mort de mon frère, nous n'avions pas idée de... ce n'est qu'après l'enquête judiciaire que nous avons commencé à comprendre que cette mort était peut-être en relation avec... que ce n'est pas une affaire où on peut affirmer qu'en raison de circonstances imprévisibles quelqu'un a mis fin à ses jours, vous voyez.

Elle continua :

— Mon frère est mort. On ne peut rien faire de plus. Nous ne savons rien de ce qu'il a fait ni de ce qui a pu se passer sur ce bateau. Nous n'avons pas songé un instant que ça pouvait être un meurtre, jusqu'à ce qu'il y ait enquête et qu'ils disent que c'était une possibilité. En ce qui nous concerne, nous voudrions laisser les morts enterrer les morts. Nous ne voyons pas en quoi nous pourrions vous être utiles.

— Personnellement, demandai-je, d'après ce que vous savez, vous croyez qu'il s'est suicidé ?

— Lorsque nous avons appris la mort de mon frère, nous n'avons pas pensé à autre chose qu'au suicide. Mais la police n'est pas de cet avis. Vous voyez, c'est fifty-fifty. En fait, je n'ai pas envie de croire qu'il s'est suicidé... c'est difficile à expliquer. Je veux dire que, dans l'hypothèse où il aurait accepté de faire ça avec l'intention de gagner de l'argent rapidement, il a effectivement pu se suicider. Par contre s'il avait pris ce job juste pour profiter de l'occasion de voyager, et sans savoir de quoi il s'agissait en réalité, alors il est possible qu'il ait été assassiné.

De nombreuses questions restent en suspens. Russell a déclaré qu'en rentrant dans l'appartement le soir de la mort de Gabby, il avait trouvé les lumières éteintes. L'inspecteur Sng trouva une fenêtre fermée mais non verrouillée. Sans doute Gabby n'avait-il aucune raison de chausser souliers et lunettes avant de sauter par la fenêtre, mais pourquoi aurait-il éteint la lumière ? Et pourquoi aurait-il refermé la fenêtre derrière lui ?

Si c'est Russell qui a fermé la fenêtre, pourquoi ne l'a-t-il pas dit au sergent Hawkes ? Le coup de téléphone de Russell à Betty, lui demandant de chercher son carnet de chèques, qu'elle n'a pas trouvé, était-il seulement un prétexte pour avoir des nouvelles de la mort de Tan ?

D'un autre côté, est-il invraisemblable de supposer que Gabby Tan, effrayé et découragé, « au bout du rouleau », dans un moment de désespoir, soit allé à la fenêtre et ait sauté ? Comme le suggère Al McClain, les jeunes gens se jettent davantage par la fenêtre à Singapour qu'en Occident.

Russell était la personne qui détenait les réponses à ces questions. Je téléphonai à son père et à sa femme, tous deux au Canada, pour leur dire que j'écrivais un livre et que j'aimerais énormément parler à John. J'espérais, sans me faire trop d'illusions, qu'il m'appellerait ne serait-ce que pour savoir ce que je voulais. Son père et sa femme prétendirent l'un et l'autre qu'ils ignoraient où il se trouvait. Mais comme c'était juste quelques jours avant Noël, je pensais qu'il voudrait peut-être dire bonjour à sa famille. Je leur donnai le numéro de mon hôtel à New York, et leur dis que j'y serais pendant trois jours.

Mais il n'appela pas. Pendant que j'attendais dans la chambre, je me demandais ce que Donald Steinberg, qui était si résolument non violent, pensait de la mort de Gabby Tan. Après tout, si l'organisation de Steinberg n'avait pas existé, Gabby Tan ne serait pas mort. Etait-il au courant de cette mort, avait-il un point de vue personnel sur ce qui s'était passé ? Avait-il même jamais entendu parler de Gabby Tan ? Est-ce que ça lui faisait quelque chose ?

Et aussi — question essentielle — Steinberg était-il vraiment assez bête ou assez naïf pour croire qu'il pourrait poursuivre une carrière dans le crime sans jamais faire de mal à personne, qu'il pourrait violer la loi sans violence, que l'autre partie du contrat qui lui permettait de gagner des millions de dollars resterait lettre morte ?

CHAPITRE TROIS

1

D'abord il avait entendu une voix paniquée hurler :
— DEA ! Pas un geste !
Puis parvint à ses oreilles le son le plus glaçant qui soit au monde : le clac-FFRRTT d'une cartouche qu'on introduit dans un pistolet automatique.
— J'ai pas bougé, mon vieux. J'allais pas me mettre à courir, hein ! S'il est assez cinglé pour me pointer ce truc dessus, il est assez cinglé pour presser sur la détente.
C'est dimanche, le jour des contrebandiers au Bootlegger Restaurant, le parking plein de Ferrari et de Lamborghini, le bar ovale en plein air peuplé de types dans les vingt-cinq ans, jeans coupés mode, montre Rolex Presidential au poignet et beeper à la ceinture. Encore un horsbord Cigarette de 100 000 dollars qui vrombit à l'appontement et Bob Straus dit :
— Si c'est pas un contrebandier, c'est pas son bateau !
Bob Straus, ami et employé de Donald Steinberg depuis les premiers jours, ne dit jamais trafiquant, revendeur ou dealer, mais toujours contrebandier. Les contrebandiers sont des héros folkloriques, romantiques, inoffensifs, c'est tout juste s'ils enfreignent la loi. Il ronge ses ongles et regarde les contrebandiers autour du bar. Il dit : « C'est des éclatés qui traînent au Bootlegger le dimanche. »
Straus, raie au milieu et moustache à la Fu Manchu, est à une table sur la terrasse de bois, en plein soleil, et boit son Jack Daniel's tout en bavardant avec le noble et fortuné agent du Centac-20 Dick Mangan, et Kevin Callanan, autre agent du Centac-20 basé à Chicago. Callanan, petit New-Yorkais d'origine irlandaise d'un mètre soixante-cinq, joyeux, amateur de bière, était devenu le gardien de Straus lorsque ce dernier, contraint par les événements qu'il est en train de raconter, fut obligé de passer un accord avec le Centac pour témoigner contre Donald Steinberg.
Straus habite dans la vallée de la Fox River, là où tout a commencé. Seulement maintenant il a une femme, trois enfants, une maison avec quatre chambres à coucher, un bureau, deux cheminées, un sauna,

quatre puits artésiens et un étang privé plein de poissons. Il dit que la valeur nette de sa propriété est de 1,2 million de dollars. Il possède également un bateau à moteur de 70 000 dollars, embaumé dans des souvenirs et des rêves romantiques, en train de croupir dans son garage. Ce ne sont ni les eaux peu profondes de la Fox River ni celles d'un étang qui peuvent suffire à un bateau de contrebande. La vie éclatée est ailleurs. Cela fait longtemps que Straus a rencontré Steinberg pour la première fois, au McDonald de la vallée de la Fox River, et quelques événements sont venus assombrir cette amitié, dont le plus grave fut un enlèvement.

C'était un faux agent de la DEA, mais un vrai pistolet. Deux hommes s'emparèrent de Straus devant sa maison de Carpentersville, Illinois, le mirent dans une voiture et roulèrent pendant une heure pour arriver dans le Wisconsin, où ils le firent entrer dans une grange, le ligotèrent, lui passèrent des menottes, lui enfoncèrent du coton dans la bouche et lui collèrent les lèvres, les oreilles et les yeux avec le sparadrap qui sert pour les balles de marijuana. Il portait un jean et un T-shirt en tissu-éponge. La température était de trente degrés.

Ils téléphonèrent à sa femme. Elle appela l'avocat de la société Steinberg, Jim Reilly.

— Reilly répond : « Qu'est-ce que je peux faire ? » « Comment ça qu'est-ce que tu peux faire ? Hey, grand monsieur, t'as qu'à joindre Don et amener une valise ici avec des tunes dedans. Je suis dans une putain de grange dans le Wisconsin. »

Mais Reilly et Donald négligèrent de venir avec l'argent. La femme de Straus demanda 125 000 dollars à son beau-père et alla les porter aux ravisseurs, qui lui dirent alors où se trouvait son mari. Trois jours après l'enlèvement, Straus entendit, dehors, quelqu'un l'appeler par son nom. Il ne savait pas exactement ce qu'il devait faire : les choses pouvaient tourner encore plus mal pour lui. « Bob Straus ! Bob Straus ! » Il resta silencieux.

Puis, juste devant lui, quelqu'un dit qu'il était du FBI et décolla le sparadrap de ses yeux. Straus vit un homme costaud vêtu d'un blouson et portant un fusil à canon court. Le fusil était armé.

— J' suis tombé amoureux du mec, mon vieux, je me serais bien marié avec lui. Je pouvais à peine marcher. Ils m'avaient attaché les mains derrière le dos, ils ne m'avaient rien filé à manger, seulement un verre d'eau et une tasse de café. J'étais en état de choc. Le toubib a dû me donner des tranquillisants.

Le FBI arrêta les deux ravisseurs à une station-service dans l'Iowa. L'un d'eux était un employé de Steinberg qui pensait pouvoir récupérer de l'argent que son patron lui devait en enlevant Straus.

L'enlèvement donna à réfléchir à Straus. Après la table d'écoute sur son téléphone, la prise de huit cents livres de Thaï Sticks et son arrestation dans un motel, Donald avait payé sa caution et pris la fuite avec Carol, sa compagne élevée dans l'esprit de la Bible. L'empire Steinberg était en train de se désagréger. La fête était terminée.

Un déséquilibre à peine perceptible dans l'harmonie des forces naturelles, quelque chose qui fait que les rats quittent le navire avant la tempête, soufflait à Straus de penser à son avenir. Ayant déjà fait de la prison pour une affaire de drogue au niveau fédéral, il écoperait d'une lourde peine s'il était condamné une seconde fois. Alors, quand Dick Mangan et Kevin Callanan se présentèrent pour lui parler de Donald Steinberg, Straus leur fit une proposition. Je vous dirai tout ce que je sais si vous promettez de ne pas me poursuivre.

C'était une percée. Mangan avait entendu sur la table d'écoute la voix de Straus qui parlait à Donald de chargements de marijuana et d'un système de beeper international par satellite. Straus n'était pas un simple grouillot de bas étage comme Roy Blanchard. C'était un proche de Donald, il connaissait les fonctionnements internes de la Compagnie. S'il voulait vraiment parler, il pouvait faire éclater l'affaire.

2

C'est d'ailleurs pour déposer que Bob Straus se trouve à Fort Lauderdale actuellement, en train de boire un coup au Bootlegger avec Mangan et Callanan. Il doit se présenter le lendemain devant un jury d'accusation.

— Donald a qu'à payer les pots cassés pour une fois, dit Straus en se rongeant les ongles. De toute façon, il me doit trois cent mille dollars.

Il se fait tard. Mangan reconduit Callanan à son motel, et Straus et moi montons au dernier étage d'un hôtel pour prendre un verre. Depuis le bar panoramique pivotant, on a une vue sur l'Atlantique, cargos, pétroliers et voiliers se fondant dans la pénombre du crépuscule.

— Vous avez déjà vu un millier de marsouins ? me demande Straus. En train de vous parler ? Vous coupez le moteur, vous écoutez, ils vous parlent. C'est la nature en liberté, le calme, le silence. C'est formidable, mon vieux. J'ai traversé des bancs d'épaulards, toute une bande ; y a pas beaucoup de gens qui ont l'occasion de voir ce genre de spectacle, les créatures de l'océan, l'océan lui-même.

» Et quand la mer est grosse, soit qu'on s'en sorte soit qu'on y reste, de toute façon c'est tout seul, et personne d'autre n'y est pour rien. Y a pas de cartes routières, de stops ni de stations-service. Ça me donne de l'inspiration, ça me donne le temps de réfléchir et d'apprendre.

» Dans la vie, y a rien de plus excitant que la contrebande. Sortir en mer, accoster un bateau, trouver le type, charger, et ensuite, le cœur qui bat à cent à l'heure ! C'est vraiment super. Des émotions fortes. On passe par cette trouée, là, et ça y est, on est débarrassé des garde-côtes, ils vous ont pas repéré, on est bien chez soi, c'est génial comme impression. Ensuite on voit l'entrepôt bourré jusqu'au plafond de balles de marijuana et on se dit qu'on les a eus. " Ils ont tout mobilisé contre moi, la Marine, les garde-côtes, la DEA, les flics, tout. Et JE les ai eus ! "

Je demande si Donald aime la mer.

— Pas du tout. Il aime juste s'amuser sur un hors-bord Cigarette. Il déteste quand on voit plus la terre. L'idée d'avoir à lutter contre les éléments ne lui plaît pas du tout. Il y a trop de gens qui meurent, qui se perdent, qui disparaissent. On a des gars qui ne sont jamais revenus.

Et l'argent ?

— C'est primordial, mais il n'y a pas que ça qui nous motive.

Le juke-box passe une chanson de Jimmy Buffet, « A Pirate Looks at Forty ». Straus, qui a trente et un ans, dit que c'est sa chanson préférée. Son Jack Daniel's à la main, il fredonne les paroles.

Yes I am a pirate, two hundred years too late.
Canons don't thunder, there's nothing to plunder,
I'm an old forty victim of fate,
Arriving too late, arriving too late.

I've done a bit of smugglin, I've run my share of grass
I made enough money to buy Miami, but I pissed it away so fast.
Just so fast. Never made it last.

(Ouais je suis un pirate, j'ai deux cents ans de retard
Le canon ne tonne plus, y a plus rien à piller,
J'ai quarante ans, victime du sort
J'arrive trop tard, j'arrive trop tard.

J'ai fait un brin de contrebande, j'ai passé un peu d'herbe
J' me suis fait assez de fric pour
m' payer Miami, mais j'ai
tout dépensé en un clin d'œil
En un éclair, il ne me reste rien.)

— Je suis né pirate, dit Straus. « J'ai deux cents ans de retard, y a plus rien à piller. »

On parle de Dick Mangan, de Kevin Callanan, et de Joe Puleo, le flic de Fort Lauderdale né à Brooklyn qui poursuit Steinberg depuis des années. Les flics durs comme ça font peur à Straus. Il comprend la façon dont travaillent les agents fédéraux, il connaît leurs limites. Mais Puleo est « timbré », dit-il.

— On peut pas savoir quand ça va le prendre, tout d'un coup il a le feu au cul, il veut ratisser la ville, il se met à faire des descentes partout, et j'ai pas l'intention de figurer au nombre de ses victimes dans ses records.

Straus dit qu'il n'y a pas que Puleo qu'il n'aime pas, que c'est les flics en général. Quoique Mangan, peut-être, il est pas comme les autres. « J'aime bien Dick. Enfin, comme flic, quoi. »

Mangan aime bien Straus aussi, assez pour le laisser passer la nuit chez lui.

— On était resté dehors toute la journée à prendre des photos d'entrepôts et il m'a dit qu'il n'avait pas de quoi se payer l'hôtel. Alors je l'ai amené dans ma maison, enfin, c'est une location, c'est la maison de personne, et on était là en train de regarder la télévision. Il buvait mon whisky, les pieds sur la table basse. Il n'a pas le sou, mais il parle de ses trois maisons et il porte une chaîne en or avec une étoile de David et un diamant au milieu. « Vends donc ta chaîne avec ton étoile », j'avais envie de lui dire.

» Mais je l'aime bien. Il a de la personnalité. Il a quelques bonnes histoires. Il évoque les contrebandiers qui passent du rhum comme des personnages hauts en couleurs de l'histoire américaine, et plaise à Dieu qu'ils ne se fassent pas coffrer.

» On est assis là, et je me dis " Ça va pas plaire à Dennis ". L'agent du Centac et monsieur le trafiquant de drogue en train de se raconter des histoires dans le salon de l'agent. J'avais envie d'appeler Dennis comme si c'était mon père pour lui demander la permission de sortir avec quelqu'un qui ne lui plaît pas. Finalement, Straus a dormi là. Et puis quoi encore ? Est-ce que je vais aller lui porter le café et les croissants au lit le matin ? Mais je l'aime bien. C'est un personnage.

CHAPITRE QUATRE

1

Carol fuyait vers l'ouest avec Donald. Ils voyageaient ensemble, mais leurs destinations n'étaient pas les mêmes du tout. Ce n'était pas Donald le fugitif, mais Carol. Où qu'il aille, il n'était jamais loin de chez lui. Qu'il soit poursuivi par les flics ou par sa conscience, il n'emportait jamais grand-chose avec lui, pensant toujours que le voyage ne serait pas long. Les bagages de Carol étaient plus lourds, remplis des souvenirs d'une vie qui disparaissait derrière elle à mesure qu'elle fuyait, remplis de Bibles, de prières de famille et d'histoires de l'Armée du salut. A mesure qu'elle s'éloignait de son foyer et que les chances de retour s'amenuisaient, que son paysage moral changeait de plus en plus vite, pris dans le tourbillon des confiances et des trahisons, la maladie s'emparait d'elle. Les migraines empiraient. Son père et sa mère lui avaient autrefois promis qu'ils lui pardonneraient tout. Pourraient-ils lui pardonner cela ?

Elle leur téléphona. Donald était assez malin pour savoir que la police essaierait de passer par elle pour remonter jusqu'à lui : il insista pour qu'elle aille dans une cabine. Ses parents étaient bouleversés. Où était-elle ? Elle ne pouvait pas leur dire. Donald avait quitté Fort Lauderdale parce qu'il était recherché par l'IRS, *Internal Revenue Service,* (les services du fisc).

— Ecoute, Carol, il ne faut pas que tu sois mêlée à tout ça, lui dit sa mère.

— Ne t'inquiète pas, Maman, dit Carol. C'était *tout* ce qu'elle pouvait dire, et elle n'arrêtait pas de le répéter. Ne t'inquiète pas, Maman, ne t'inquiète pas. Tout ira bien. Il va arranger ça.

Plus tard, elle les rappela. Cette fois, elle avoua qu'elle ne se sentait pas bien. Elle dit qu'elle avait eu une dépression nerveuse, mais que maintenant ça allait mieux. Elle avait repris ses esprits.

Sa mère lui demanda sur un ton angoissé :

— Qu'est-ce que tu veux dire, repris tes esprits ?

— Ben, ça va mieux.

— Qu'est-ce que tu fais, Carol ? Et Don, qu'est-ce qu'il fait ?

— Il travaille à ses affaires.

Carol confia à ses parents que Donald lui avait expliqué que ses amis avaient cherché à profiter de lui. L'un d'eux lui avait perdu tout son argent. Perdu ou volé.

A son coup de téléphone suivant, elle avait à peine dit allô que sa mère était entrée en transe. Carol avait du mal à comprendre ce qu'elle disait.

— Mère, dit-elle, qu'est-ce qui se passe ?

Carol comprit que quelque chose de terrible était arrivé.

2

— Comment avons-nous pu être si *bêtes ?*

La mère de Carol était chez sa belle-sœur à Fort Lauderdale, le journal à la main, et pleurait. Il était là, le gentil, le riche, le charmant fiancé de sa fille, l'air lugubre et maussade, dans les *News* de Fort Lauderdale. En haut de la page, le titre s'étalait sur huit colonnes :

LA POLICE JOUE À CACHE-CACHE
AVEC LES CONTREBANDIERS

Du commerce, avait-il dit. Or et argent. Il les avait pris pour des imbéciles. Ils n'avaient pas vu Donald et Carol depuis des mois, depuis Pâques exactement. Carol était passée chercher sa sœur Karen, l'avait conduite à la propriété de Donald à Coral Springs, puis l'avait emmenée faire du shopping et lui avait offert un petit écureuil gris. Elles étaient rentrées à la maison et avaient bavardé avec leurs parents. La famille était encore heureuse dans ce temps-là.

Après quoi Carol avait disparu.

Ses parents avaient appelé chez Donald. Un gardien avait dit qu'il n'avait aucune idée de l'endroit où il se trouvait. Ils avaient eu Carol au téléphone, mais elle ne voulait rien leur dire si ce n'est qu'elle ne se sentait pas bien et que Donald avait des ennuis avec l'IRS.

Maintenant, le journal racontait que Donald, accusé de trafic de drogue, avait décampé. C'était un fugitif, un fuyard, il faisait l'objet d'une « chasse à l'homme dans tout le pays ». Et leur fille était avec lui !

Ses parents priaient. Sa mère dit à une connaissance qu'elle avait prié à chaque seconde du jour, qu'elle avait prié, prié, prié pour qu'elle l'appelle, et elle avait fini par appeler.

Mais quand elle avait entendu la voix de sa fille au téléphone, elle était devenue hystérique. Carol avait dit :

— Maman, qu'est-ce qui se passe ?

Sa mère pouvait à peine parler.

— Il y a eu un article dans le journal de Fort Lauderdale. Nous *savons* ce que fait Don.

Carol essayait de la calmer. Elle lui disait qu'il n'était pas aussi

mauvais qu'elle croyait. Mais sa mère l'entendait à peine. Elle disait tout le temps :
— Rentre à la maison, Carol, rentre à la maison. *S'il te plaît* Carol, rentre à la maison.
— Maman, dit Carol, je te rappellerai demain. Et je reviendrai.
Sa mère ne quittait plus la maison, dans l'attente du coup de téléphone. Mais le lendemain, Carol lui dit qu'elle ne pouvait pas laisser Don. Son père prit l'appareil, la supplia de rentrer à la maison, de recommencer sa vie. Elle répondit qu'elle ne pouvait pas quitter Don. Elle l'aimait.
— Papa, c'est comme si je voulais que tu quittes Maman. Ne me demande pas ça, parce que c'est impossible.
Plus tard elle téléphona pour qu'ils aillent chercher ses vêtements chez Donald. Ils entendaient les pièces de monnaie tomber dans l'appareil. Elle ne voulait pas dire où elle était pour leur éviter d'être obligés de mentir si quelqu'un le leur demandait. Sa mère l'implorait de revenir. Carol répondit que même si elle voulait, elle ne pourrait pas parce qu'elle n'avait pas d'argent. Comment était-ce possible ? Avec tous les millions de Donald ?
— Je vais t'en envoyer. Où es-tu ?
— Non, ce n'est pas possible.
Le père de Carol croyait comprendre ce qui se passait. Donald craignait que, si Carol revenait les voir, la police ne trouve un moyen de se servir d'elle pour le retrouver. Alors, il l'avait convaincue de rester.
Une autre fois, Carol avait eu l'air plus optimiste. Elle disait qu'elle et Donald voulaient essayer d'arranger les choses et de recommencer à zéro. Donald était un génie, disait-elle. Il réglerait ses problèmes, monterait un business légal et tout irait bien. Elle dit qu'ils passaient beaucoup de temps ensemble et qu'ils parlaient de la Bible, de l'Apocalypse, de ce qui allait se passer et de ce qui se passait dans le monde actuel et qui annonçait la Seconde Venue du Christ. Elle dit qu'elle était allée acheter une Bible dans une édition où les paroles du Christ étaient imprimées en rouge. Elle voulait pouvoir chercher des choses et en parler avec Don. Elle lui avait lu des passages. Car « *que sert donc à l'homme de gagner le monde entier s'il ruine sa propre vie ?* » Elle avait cité des versets à ses parents par téléphone et leur avait demandé de lui en rappeler d'autres. Elle cherchait à le réhabiliter.
Carol dit qu'ils avaient « pris de bonnes résolutions » et la première était de mettre leurs affaires en ordre. Ensuite ils allaient s'occuper de leurs familles parce qu'ils se rendaient compte qu'ils leur avaient fait de la peine. Ils voulaient s'amender.
Mais elle ne rentrerait pas à la maison.

Une semaine avant que les parents de Carol aient appris la vérité sur Donald, le père de ce dernier, George, fidèle à une promesse qu'il avait faite un an auparavant, était passé les prendre pour faire un tour dans son camping-car. Il était énorme, blanc et marron avec une large bande rouge au milieu. Karen était venue aussi et avait pris des photos avec l'appareil que ses parents lui avaient offert pour Noël. George avait dit que « Millie voulait rencontrer les parents de Carol » et ils avaient pris date pour la première semaine de l'an nouveau.

A présent ils savaient tout, et dans huit jours, George et Millie seraient à leur porte. Et alors ? Ils ne pouvaient certainement pas agir comme s'il ne s'était rien passé. Mais George avait été tellement gentil avec eux, la première fois qu'ils s'étaient rencontrés chez Donald et ensuite, quand il les avait emmenés faire un tour dans son combi, qu'ils ne se sentaient pas capables de lui fermer la porte au nez.

Joe Puleo vint résoudre leur problème. L'avant-veille du jour où George et Millie devaient venir les voir, Puleo leur téléphona. Ils ignoraient comment il avait fait pour les trouver, mais il savait tout sur Carol et Donald. Il était à la recherche de Donald. Le père de Carol lui dit que s'il voulait le trouver, il devrait demander à son père à lui, qu'il devrait savoir où il était.

— Vous savez où est son père ? demanda Puleo.
— Eh bien, oui. Il vient de nous appeler et nous devions partir dans son minibus ce week-end. Mais je ne pense pas que nous irons.
— Si, si, dit Puleo. Allez-y. Allez avec eux.

Puleo demanda aux parents de Carol de faire bien attention à tout ce que diraient les Steinberg et de leur poser des questions indiscrètes. Peut-être arriveraient-ils à apprendre le numéro de téléphone de Donald. Ou seulement la ville où il se cachait, cela pourrait être utile.

Le père de Carol hésitait. Il désapprouvait profondément ce que faisait Donald, mais il avait du mal à croire que leur amitié n'était que du vent. Et il n'y avait aucune raison d'en vouloir à George et Millie pour les méfaits de leur fils. L'idée de trahison lui déplaisait profondément. Néanmoins, il voulait savoir où était Carol et il était conscient de ses responsabilités envers la police. Il accepta de faire la sortie.

— Si vous pensez que c'est notre devoir, dit-il à Puleo, nous le ferons.

C'est Millie qui téléphona, et la mère de Carol qui répondit. Elle ne put cacher ce qu'elle savait et la douleur que cela lui causait. Bien qu'elles ne se soient jamais rencontrées, Millie se montra tout de suite compréhensive. Elle lui dit qu'elle imaginait ce qu'ils devaient éprouver, et le choc que ça avait dû être pour eux. Mais tout ce qu'elle demandait, c'était une chance de s'expliquer. Elle voulait lire l'article du journal. Elle voulait venir les voir, pouvoir leur parler et leur expliquer.

Comment refuser ? Ils n'auraient même pas fermé leur porte à un étranger, comment dire non à Millie ? Ils prirent rendez-vous pour le dimanche à onze heures, juste après le service à l'église.

George et Millie arrivèrent dans leur combi avec un autre couple, les Moore. George était toujours aimable et amical, tirant sur son cigare, et Millie était aussi gentille que lui. Elle était petite, de type presque latin, et elle adorait parler. Elle avait beaucoup de choses à raconter sur tout ; elle dit aux parents de Carol de faire comme chez eux et sut les mettre à l'aise, bien que leur bus fût ce qu'ils avaient vu de plus luxueux dans leur vie après la maison de Donald.

Ils s'installèrent dans les fauteuils du salon, et George prit le volant. Lorsqu'il tourna dans la rue, le père de Carol vit quelque chose qui l'intrigua : une voiture apparut dans une petite rue transversale, et disparut tout de suite, comme si elle cherchait à se cacher. A travers le pare-brise, il ne put distinguer que deux silhouettes sombres et carrées. Personne d'autre ne les avait vues.

Le camping-car roulait à vive allure, tout le monde bavardait, et Millie servait à boire, mais le père de Carol ne cessait de penser aux deux hommes trapus qu'il avait vus dans la voiture.

George tourna sur la I-95 en direction de Miami. Le père de Carol se retourna. Il ne vit pas la voiture avec les deux hommes. Son cœur se mit à battre. S'ils n'avaient pas suivi la voiture, c'est qu'ils étaient restés à la maison. Karen était toute seule là-bas. Il était prêt à sauter et à retourner à la maison en courant. Mais ils étaient trop loin maintenant. C'était peut-être seulement Joe Puleo avec un autre flic. Il n'avait jamais rencontré Puleo, et serait donc incapable de le reconnaître. Filant à vive allure sur la I-95, le père de Carol priait. « Seigneur, faites que ce soient les flics. »

George les emmena à une foire commerciale, un hall d'exposition plein d'objets curieux et nouveaux de pays étrangers. Il avait été dans la partie, et les parents de Carol étaient fascinés. Ils étaient en train de regarder un drôle de bibelot oriental lorsqu'un homme aux cheveux noirs, l'air un peu italien, passa tout près d'eux. Le père de Carol n'y prêta pas attention.

Sur le chemin du retour, tout le monde était autour d'une table à l'avant du véhicule près du conducteur. Millie fit un signe de tête à la mère de Carol et l'entraîna vers l'arrière, tout au fond du salon. Elle commença à lui parler de Donald, entre mères.

Don n'est pas celui qu'ils cherchent, disait-elle. Il y a quelqu'un d'autre au-dessus de lui. Ils se sont trompés de cible.

La mère de Carol ne voulait qu'une seule chose, savoir où était sa fille. Elle pensait à ce qu'avait dit Joe Puleo. Ecouter attentivement, essayer de relever un indice, un numéro de téléphone, une ville, le climat, n'importe quoi. Elle posa des questions à Millie, les unes après les autres, mais n'apprit rien du tout. Millie était trop maligne.

— Où est Carol ?

Millie lui dit de ne pas s'inquiéter, que Carol était en sécurité, qu'elle ne serait jamais seule, qu'elle aurait toujours un garde du corps à ses côtés.

Un garde du corps ?

Millie lui dit de ne pas croire tout ce qu'elle lisait dans le journal, les journaux ont toujours tendance à exagérer, ce n'est pas du tout aussi grave que ce qu'ils racontent. C'est Don qui porte le chapeau, on fait croire que c'est lui le patron mais en réalité il y a quelqu'un au-dessus de lui.

La mère de Carol demanda à Millie pourquoi son fils n'était pas allé s'expliquer.

Millie répondit qu'il ne pouvait pas. Elle était vague, elle ne voulait pas se faire prendre. Elle tournait autour du pot. Le journal avait dit que Donald était peut-être en Californie.

— Est-ce que Carol est en Californie ?

Millie dit qu'elle ne savait pas, que seul George était au courant.

— Et George ne voudra pas vous le dire parce que si quelqu'un vous le demandait, vous seriez obligés de mentir.

Ils rentrèrent à la maison à six heures, trouvèrent Karen saine et sauve. Elle venait de se coucher lorsque le téléphone sonna à dix heures et demie. C'était Puleo. Il s'était plongé dans une poubelle jusqu'aux coudes quelque part sur la côte ouest de Floride. D'abord, avec un collègue, ils les avaient suivis jusqu'à Miami et dans la salle d'exposition (Puleo les avait même frôlés), puis jusque chez eux.

— Vous m'avez fait une peur bleue, lui dit le père de Carol.

Puleo s'excusa, puis dit que le camping-car avait déposé un couple devant une maison sur la côte ouest, mais que d'après les bouts de papiers qu'il avait trouvés dans la poubelle, leur nom n'était pas Steinberg mais Moore.

— Bien sûr, ce sont les Moore. Ils sont venus avec nous.

— Alors où sont George et Millie ?

— Ils doivent toujours être dans leur minibus. Vous ne l'avez pas suivi ?

— On l'a suivi jusqu'ici. C'était George qui conduisait ? Ce n'était pas un chauffeur ?

— Non, c'était George.

Ils avaient donc perdu George.

Le père de Carol apprit à Puleo qu'ils n'avaient rien pu savoir sur l'endroit où pouvaient se trouver Carol et Donald. Il répéta ce que Millie avait dit : qu'il y avait erreur, que Donald n'était pas vraiment le responsable, qu'il n'était pas aussi important que ce qu'on disait dans les journaux.

Quelques jours plus tard, Puleo se présenta chez les parents de Carol avec une cassette vidéo et un magnétoscope Betamax. Il leur montra un documentaire de la télévision de Chicago sur les Steinberg, qui confirmait ce qu'il y avait dans l'article du journal de Fort Lauderdale.

Puleo était venu avec son équipier, Mike Dutko, un jeune homme distingué et élégant. Ils voulaient que les parents de Carol se rendent compte à quel niveau se situait Donald et à quel point il était important de le prendre. Ils leur dirent que toute la famille était impliquée, Donald, George, et Bobby, le frère de George. La mère de Carol ne pouvait pas y croire.

— Je ne comprends pas, disait-elle. C'est qu'ils jouent un tel jeu. C'est invraisemblable. Ils sont si charmants, si gentils. Ils ont fait comme si tout allait bien. Je n'arrive pas à y croire.

Puleo et Dutko avaient une idée en tête. La prochaine fois que Carol téléphonerait, est-ce que sa mère voudrait bien lui dire que son père était gravement malade, et qu'il était condamné. Elle rentrerait pour le voir et à ce moment-là, la police essaierait de la suivre pour retrouver Donald.

La réponse était claire. Ils pensaient qu'un tel mensonge serait non seulement une trahison envers Carol, mais aussi envers leur foi en Dieu. Ils dirent qu'ils avaient confiance et que « Dieu prendrait soin de tout en son temps et à sa façon ». Quoi qu'il arrive, ce serait la volonté de Dieu.

Ne renonçant pas à obtenir leur collaboration, Puleo leur fit remarquer que Carol était peut-être en danger, qu'en essayant de toucher Donald, quelqu'un pourrait la blesser. Inquiets et effrayés, ils s'accrochaient à leur foi et refusaient de mentir. Ils dirent à Puleo et à Dutko qu'ils feraient tout leur possible pour les aider, qu'ils accepteraient même une table d'écoute sur leur téléphone, mais ils ne diraient pas à leur fille que son père était mourant.

Lorsque Carol téléphona, son père lui fit part de leurs inquiétudes. Il lui dit qu'avec tous les meurtres dans le milieu de la drogue dont on entendait parler dans les journaux, sa vie était peut-être en danger.

— Mais non, Papa, dit-elle. Ce n'est pas du tout comme ça pour nous.

Elle dit que Donald avait toujours eu de bons rapports avec les gens de son entourage. Il n'avait pas d'ennemis.

Plus l'absence de Carol se prolongeait, plus l'anxiété grandissait. Ses parents priaient constamment. Son père faisait souvent des cauchemars ; il se réveillait en sursaut et se dressait dans son lit, en sueur et angoissé.

Carol rappela et eut sa mère. Sa voix manquait d'énergie, ce n'était plus le « Bonjour ! Comment ça va ? » des appels précédents. Sa mère lui demanda :

— Carol, qu'est-ce qu'il y a qui ne va pas ?
— Oh, ça va.

Elle paraissait abattue et découragée.

— Tu es sûre que tu vas bien ? Où en êtes-vous ? Comment va Don ?

Carol ne voulait pas parler de Don.

CHAPITRE CINQ

1

Lurana Snow, le nouveau juge d'instruction du Centac-20 recrutée entre deux verres de bière et de martini-gin dans un bar-salon de Miami, avait un peu l'impression d'avoir été enlevée par des ravisseurs bien élevés, enfermée dans une cellule et d'avoir subi un lavage de cerveau. Pendant quatre jours, dans un minuscule bureau donnant sur la même entrée que celui de Dennis Dayle, elle écouta ce qu'on lui disait et essaya de l'enregistrer dans sa mémoire. La voix qui, inlassablement, résonnait à ses oreilles était celle de Joe Cruciani, ancien officier des renseignements très distingué. Depuis qu'il était entré au Centac, il en avait appris plus long que quiconque sur l'organisation de Steinberg, à part Dick Mangan et Steinberg lui-même. Les diagrammes de Cruciani, qui divisaient l'organisation en sous-groupes basés en Californie, à Chicago, à Boston, à New York et en Floride, comprenaient les noms de soixante personnages clés dont il était capable de parler en donnant des détails sur les origines et les particularités de chacun comme si c'était un proche parent.

Lorsque Cruciani en eut terminé avec Lurana, il la remit entre les mains de Dick Mangan et de Dennis Dayle. Motivée, endoctrinée et mise au courant jusqu'à épuisement de ses forces, elle fut finalement réexpédiée à Fort Lauderdale avec des valises bourrées de dossiers. Elle les étudiait dans son bureau et, le week-end, elle les emportait pour les potasser à la plage. Elle n'arrivait pas à croire à ce qui lui arrivait.

— Cela devait faire trois semaines que je travaillais dans le bureau du procureur, me dit-elle, quand je vous ai tous rencontrés dans ce bar. C'est pour ça que j'étais tellement ébahie que Pat Sullivan me confie l'affaire. J'étais renversée. Je n'y croyais pas. C'était la chose la plus étrange qui me soit arrivée dans toute ma vie. Ils m'ont amenée à Washington, et j'étais submergée. Il y a une masse d'informations absolument énorme. Quand Joe Cruciani m'expliquait tout ça, ça paraissait clair ; dans sa bouche, tout était simple et beau. Mais dès que je me suis retrouvée seule et que j'ai commencé à lire des choses par moi-même, ben, je lisais un truc, et je me disais « bon, où est-ce qu'on en est, qui est-ce qui a fait ça, et qui c'est celui-là et qu'est-ce qu'ils viennent faire ici ? » Et puis je me suis rendu compte que je n'y comprenais rien *du tout*. C'était passionnant, c'était super, un défi fantastique.

Lurana avait justement besoin de ça à ce moment-là : de quelque chose qui domine sa vie, qui l'ouvre, qui la motive. Parce qu'elle était loin d'ignorer la solitude qui guette ceux qui sont dotés d'un excès de beauté et d'intelligence. Ses dons lui avaient déjà causé plus d'ennuis que d'agréments.

Née à Brooklyn, elle avait été adoptée à l'âge de dix jours et emmenée à Long Island. Son nouveau père, qui avait trente-neuf ans, avait été boxeur professionnel, pompier, officier de police et tenait à présent un petit commerce de mazout. Il consacrait tout son temps à sa fille et avait su lui faire sentir que « cinq minutes après avoir été me chercher, ils avaient oublié que je n'étais pas issue de leur chair ».

Quand elle eut trois ans, il l'emmena avec lui au travail et, pendant qu'il réparait des chaudières dans les sous-sols de ses clients, il lui expliquait ce qui n'allait pas et ce qu'il fallait faire pour l'arranger, comme si elle comprenait. Ce n'est pas qu'il espérait en faire un garçon manqué, mais il s'adressait à elle comme à son égal. Quand il passait prendre le journal au café le samedi matin et restait un moment à discuter avec ses copains, il l'emmenait. Elle avait l'impression de faire partie de la bande. Si quelqu'un l'invitait à une fête, il refusait d'y aller si elle ne pouvait pas venir aussi. Quand elle n'était pas sage, il intercédait en sa faveur auprès de sa mère, à qui incombait la tâche ingrate de faire la discipline.

Son père était indépendant, autonome, et à mesure qu'elle grandissait, il lui parlait de choses qui allaient bien au-delà de la réparation de chaudières à mazout. Tu dois connaître tes forces, disait-il, et en être fière. Tu dois aussi connaître tes faiblesses. Ne parle pas de ce que tu ne connais pas, ne cherche pas à impressionner les gens avec des choses que tu ne comprends pas. N'aie pas peur de reconnaître que tu as des choses à apprendre. Tu as beaucoup à offrir, lui dit-il, sois-en fière.

Elle se vantait d'avoir été adoptée, heureuse de savoir que ses parents l'avaient vraiment désirée, et qu'ils avaient voulu une fille. Personne n'était jamais adopté accidentellement. Un jour, à l'école primaire, des enfants parlaient de la façon dont ils étaient nés, à deux heures du matin, ou dans tel ou tel hôpital, et Lurana dit : « moi, je ne suis pas née, j'ai été adoptée ». C'était pour elle un sujet de fierté.

Ses vrais parents étaient ceux avec qui elle avait grandi, et elle n'avait aucun désir de connaître l'identité de ses parents biologiques. Mais elle disait quand même :

— J'aimerais bien avoir un moyen de faire savoir à ma mère naturelle que tout va bien. Je connais le sentiment de culpabilité qu'éprouvent les femmes qui abandonnent leur enfant. Je voudrais qu'elle sache qu'elle n'a pas commis quelque chose d'épouvantable, qu'elle ne m'a pas livrée aux loups, que tout s'est bien passé et que je suis heureuse.

Lurana apprit le piano, la clarinette et le violon. Dès son plus jeune âge, elle savait jouer de sept instruments et il était question de l'envoyer à la Juillard School of Music à New York. Puis elle lut *Les frères Karamazov* et eut une boulimie de Russes, dévorant tout Dostoïevski, Tourgueniev et Tolstoï. Elle voulait se spécialiser en littérature russe et devenir professeur.

Mais c'est à treize ans qu'elle eut la révélation de sa véritable vocation. On proposa à ses parents d'adopter une petite fille de dix mois, dont les parents ne voulaient pas. Elle avait la peau tout abîmée, les fesses complètement irritées par les couches. Dix mois plus tard, la petite était en bonne santé, elle marchait, elle parlait, et ses parents changèrent d'avis. Ils voulaient la reprendre. Pourquoi ? Ils semblaient toujours aussi inaptes à l'élever. Peut-être avaient-ils entendu parler des prix exorbitants auxquels on vendait ces bébés au marché noir.

Les parents de Lurana décidèrent de se battre. Ils virent des avocats, des docteurs, des prêtres. Lurana se chargea des réclamations écrites. Elle envoya des lettres à des sénateurs, des députés, des juges, au gouverneur. Mais la loi était du côté des parents du bébé.

Quelques mois plus tard, la mère de la petite fille disparut et le père rendit l'enfant, après quoi l'adoption fut définitive. Et Lurana savait ce qu'elle allait faire dans la vie. Elle oublia la musique, elle oublia l'enseignement. Elle voulait faire du droit.

Au lycée, trop grosse et trop bonne élève, elle n'avait pas beaucoup de petits amis. Comme elle ne pouvait pas cacher son excès de poids, elle cachait son intelligence. Puis elle comprit. Tous les beaux garçons plus forts en sport que pour les études l'invitaient à sortir une ou deux fois, espérant qu'elle les laisserait s'asseoir à côté d'elle aux compositions pour copier sur elle. Elle ne manquait pas de candidats prêts à tirer profit de ses capacités intellectuelles. Mais elle savait à quoi s'en tenir, et n'avait toujours pas confiance en elle.

Elle alla à Radcliffe et là les choses changèrent. Elle avait perdu presque toute sa graisse et il y avait autant de bons élèves — et d'hommes — que d'arbres dans la forêt, que ce soit à Harvard, au MIT ou dans toutes les universités des environs. Elle commença à sortir avec le frère d'une amie, un garçon qu'elle connaissait depuis qu'elle avait quinze ans, et après sa première année, ils se marièrent. Elle avait dix-neuf ans. Tous ses amis étaient encore célibataires, et quand elle annonça ses fiançailles, c'était comme si elle leur avait dit qu'elle était atteinte de leucémie. Trois ans plus tard, alors qu'elle était en deuxième année de droit à Harvard, elle se sépara de son mari, puis divorça.

Elle passa son diplôme, fut admise à entrer au barreau, mais hésitait entre le brio des plaidoiries et l'animation des salles d'audience, et une situation plus lucrative dans une société privée de droit civil à Boston ou à New York. Pour acquérir de l'expérience dans des domaines variés, elle prit un emploi chez un juge fédéral à Miami.

2

Centre de l'espionnage, de la révolution, des trafics d'armes et de drogue, des manifestations raciales et de toutes sortes d'agressions dans les ruelles sombres, la ville où arrivait Lurana avait de quoi rendre jalouses toutes les capitales réputées pour ce genre de choses depuis Shanghai jusqu'à Tanger. La Floride du Sud, voie d'accès de plus des deux tiers de toute la marijuana et de la cocaïne pénétrant aux Etats-Unis, luttait contre le crime, mais d'autre part elle en vivait. Le trafic de drogue rapportait davantage que le tourisme ou l'immobilier. Les règlements de compte firent bientôt passer Miami en tête du hit-parade national ; la morgue ne suffisant plus à accueillir tous les cadavres, on fut obligé de louer un camion réfrigéré.

Les narco-dollars, comme on les appelait, affluaient à Miami à un rythme tel que le gouvernement n'avait même plus le temps de les faire sortir. La banque locale de la Federal Reserve avait un excédent en espèces dépassant celui des onze autres banques de la Federal Reserve du pays réunies. On ne pouvait pas acheter une maison, faire ses courses au supermarché, déposer de l'argent à la banque ou simplement allumer la lumière sans dépendre de l'industrie des stupéfiants de la Floride du Sud. Les quantités de cocaïne et de marijuana saisies étaient tellement gigantesques que l'Etat les faisait brûler dans les générateurs de la *Florida Power and Light Company* qui fournissait l'électricité à la région. Vingt balles de marijuana équivalaient à un baril de pétrole. Une économie, si on peut dire.

Quant au choix entre le droit pénal et civil, la réponse vint rapidement : Lurana découvrit qu'elle détestait le droit civil.

— Je trouvais qu'il n'y avait rien de plus ennuyeux. Je suis allée là-bas avec un ami et il y avait plein de juristes qui parlaient des dépositions qu'ils avaient reçues et des requêtes pour communication des pièces et obtempération et des mesures conservatoires, mais on s'en fiche de tout ça ! Je savais que je n'allais jamais retourner travailler dans le droit civil à Boston. Par contre, tout ce qui était criminel, ça me plaisait.

Elle alla travailler à Miami comme avocate commise d'office au niveau fédéral, défendant des personnes accusées d'émission de faux chèques, de fraude fiscale, de vol dans une banque, de petits deals de cocaïne, pour la plupart moins violentes que celles qui comparaissaient dans les procès au niveau de l'Etat. Elle passait des nuits entières sans dormir à cause de ses responsabilités.

— J'avais toujours pensé qu'il n'existait pas d'êtres humains « mauvais », et je n'ai pas complètement changé d'avis. Je ne peux pas croire que quelqu'un veuille me faire du mal. De ce que je ressens vraiment, je n'ai rien à cacher.

Elle était émue par la misère.

— Pendant les audiences, on entend ces gens qui vous disent qu'ils n'ont pas de maison, qu'ils n'ont rien. Je pense à ça chaque fois que je commence à m'apitoyer sur mon sort. Imaginez que vous soyez obligé de vous lever devant un tribunal et de déclarer : « je n'ai pas de famille, pas de travail, pas de logement, je traînais juste par là, je me suis embarqué là-dedans et je me suis fait prendre ». Qu'est-ce que ça fait qu'il ait enfreint la loi ? C'est un être humain, non ?

Elle n'a jamais totalement perdu sa foi dans la bonté de l'homme, mais elle a quand même rencontré des exceptions.

— Au bout d'un an ou deux, on redescend un peu sur terre. Après avoir entendu la même histoire une trentaine ou une quarantaine de fois, on commence à se lasser. On s'endurcit. Avant, ça me déprimait énormément. J'avais pitié de l'inculpé : il va aller en prison, et sa famille pleure ! Et puis un jour je me suis réveillée et je me suis dit : « Hé, après tout, c'est pas moi qui ai fait ça. C'est pas moi qui ai vendu de la cocaïne à un flic en civil. Pourquoi est-ce que je m'en fais tellement ? » On en a marre des excuses. On se dit : « Moi aussi j'ai eu des problèmes dans la vie, j'ai eu des histoires que j'ai eu beaucoup de mal à régler. Ce n'est pas pour ça que j'ai cambriolé une banque. » Mes clients n'étaient pas des gens très pauvres élevés dans un ghetto sans avenir. La plupart étaient des petits prétentieux qui avaient eu la possibilité de s'engager dans le droit chemin mais ne l'avaient pas fait. Tout à coup, je me suis dit : « Je ne me cherche pas d'excuses, mais j'en trouve toujours pour les autres ; si nous raisonnions tous comme ça, la société entière se casserait la figure. » Après, ça a été beaucoup mieux.

Mais ce n'était toujours pas facile. Ses patrons, jeunes et politiquement engagés, posaient un plus gros problème que les clients. Chargée de défendre une femme lancée dans une bataille juridique contre l'Etat à propos de la garde de ses deux enfants, elle étudia le dossier et s'aperçut que c'était l'Etat qui avait raison. La mère était une malade mentale, ce qui nuisait beaucoup aux enfants. Malgré cela, les supérieurs de Lurana voulaient que les enfants soient laissés à la mère. Faisant passer la politique avant le bien des enfants, ils avaient décrété que comme l'Etat ne séparait jamais les familles riches, il n'y avait pas de raison pour qu'il brise une famille pauvre.

— C'était épouvantable. J'étais horrifiée. Ça m'a fichue en l'air.

Finalement, les enfants furent temporairement placés à l'assistance.

Ses mésententes avec ses supérieurs continuèrent. Le patron d'un café, père de dix enfants, divorcé de sa femme souffrant de troubles mentaux, était sur le point de perdre sa maison parce que son ex-épouse lui avait subtilisé des chèques de remboursement d'hypothèque destinés à la banque. La somme due n'était que de 800 dollars. Le mari dit qu'il pouvait les emprunter à sa mère. Il ne voulait pas demander l'aide à laquelle il avait droit. La banque se montra compréhensive et Lurana arrangea l'affaire.

Ses chefs étaient furieux. Elle aurait dû insister pour qu'il accepte l'assistance, obliger l'Etat à payer les 800 dollars. Elle répondit que le type aurait été vexé :

« Pour 800 dollars, vous allez lui donner l'impression qu'il est à la charge de l'Etat ? Vous devriez l'admirer pour avoir envie de travailler et de s'en sortir. Vous n'allez quand même pas prétendre que j'ai eu tort ! »

C'est pourtant ce qu'ils firent.

Elle démissionna et décida de devenir juge d'instruction.

— Quand j'étais petite, je regardais " Perry Mason " à la télévision et pour moi, le juge d'instruction, c'était toujours le méchant. On avait envie que les accusés s'en tirent et que quelqu'un d'autre se lève en criant que c'était lui le coupable. L'idée d'envoyer quelqu'un en prison m'avait toujours déplu, ça ne correspondait pas à l'image que je me faisais de moi-même.

Lorsqu'elle entra au cabinet du procureur, elle se dit qu'elle ne faisait rien de plus que de changer de clients. Avant, c'étaient des accusés, maintenant, ce seraient des agents. Elle en rencontra beaucoup, des jeunes gens de la DEA, du FBI, des Services Secrets, de l'IRS, de l'Immigration, du Service des Alcools, Tabacs et Armes à feu.

— Je ne sais pas si j'aurais pu faire ça sans avoir de respect envers les agents. Ils affrontent beaucoup de situations difficiles et de dangers, et si rien n'en sort, tout le travail qu'ils ont fait et les risques qu'ils ont courus sont vains. Ils doivent souvent avoir l'impression que personne ne se soucie du mal qu'ils se sont donné. Leurs affaires sont transmises à cinq juges d'instruction différents. Ils ne veulent qu'une chose : que quelqu'un sorte quelque chose de tout ce qu'ils ont fait. C'est leur vie et ils sont tellement contents quand un juge d'instruction leur accorde un peu d'attention ! Et ce serait faux de cacher que pour une fille, la sensation qu'on a en entrant dans une pièce où quarante types sont ravis de vous voir parce que vous vous intéressez à leurs cas est bien agréable. Le fait d'être une femme dans un milieu d'hommes est très valorisant.

» Je sais que j'ai beaucoup à apprendre des agents. Ils sont fins, très professionnels, et j'aime bien travailler avec eux. C'est peut-être à cause de mon enfance, de mon père et de ses amis avec qui j'étais tout le temps. Mais, avec les juristes, j'ai plus de mal. Je les trouve moins intéressants. Il y a beaucoup d'imbéciles de juges d'instruction tout fiers d'avoir un beau diplôme. Vous savez ce que ça veut dire ? Tout simplement qu'ils ont eu assez d'argent pour payer la fac de droit, et les capacités suffisantes pour passer un LSAT. Et alors ? Est-ce que ça vous rend si important ?

La rencontre avec Dennis Dayle et le Centac fut une expérience nouvelle et différente.

— Beaucoup de gens respectent Dennis, mais combien y en a-t-il qui l'aiment ? Moi, je l'aime vraiment. Quand j'étais à Washington, je ne me suis jamais gênée pour le taquiner quand j'en avais envie. Il m'a fait sentir que j'avais le droit d'entrer dans son bureau, de m'asseoir et de discuter. J'ai dit à Dick Mangan que ce ne serait peut-être pas la même chose si j'avais à travailler pour Dennis, et je sais que des fois, on doit avoir envie de se cogner la tête contre les murs, mais je l'aime beaucoup. Il me rappelle un peu mon père. Mon père était un Irlandais très rude ; il s'était fait casser le nez plus d'une fois. Dennis et moi nous entendons bien. Avec lui, je sens que je suis traitée avec respect.

» Certaines personnes ont très peur de lui, elles pensent que c'est un salaud qui ne tolère pas qu'on le contredise. Mais c'est qu'il *sait* tellement de choses. Qui suis-je, après tout ? J'ai fait de bonnes études, j'ai un bon cerveau, j'ai une assez bonne connaissance de la loi. Mais cela n'empêche pas que j'ai vingt-neuf ans et que Dennis en a cinquante-deux et qu'il connaît mieux les affaires de drogue que moi. Un point c'est tout.

Et Donald Steinberg, à présent en cavale avec son amie Carol, qu'en pense-t-elle ?

— Il me terrorise un peu. C'est un type qui a un an de plus que moi et qui a fait des millions et des millions de dollars. Il y a quelque chose d'attirant là-dedans. J'aurais pu avoir été à l'université avec Donald Steinberg. Quant à des types comme Bob Straus, j'en ai connu des dizaines en fac. C'était une époque où les étudiants étaient très branchés sur les drogues, ils se levaient le matin, fumaient un joint et passaient toute la journée à planer. C'est très distrayant d'écouter des gens comme Bob Straus parler, la façon dont ils s'en sont sortis avec tous ces trucs-là, c'est plutôt divertissant.

» Et Donald, il me fait penser à ces Texans dont on entend parler, qui sont partis de zéro et ont monté une énorme compagnie, sans jamais vraiment en tirer du plaisir. En fait, ce qu'ils aiment, c'est traiter des affaires, discuter, passer des coups de téléphone, planifier, prévoir le transport, organiser la distribution. Mais ce genre d'esprit force l'admiration. C'est déjà très difficile de monter ce genre d'opération, mais en plus quand c'est illégal, et si c'est vraiment ce qu'on dit, à savoir l'importation de cent mille livres tous les dix jours sur une période de deux ans, c'est véritablement ahurissant. Ça doit vraiment être un génie dans son genre.

» Je ne crois pas que ça me fasse très plaisir de le mettre en prison. Je me suis toujours demandé pourquoi il n'était pas devenu directeur d'une grosse banque ou quelque chose comme ça. Qu'est-ce qui l'a poussé à s'engager dans la voie qu'il a prise ? C'est fascinant. Oui, Donald m'intrigue beaucoup. J'aimerais beaucoup avoir deux jours pour parler avec lui.

Mangan aussi ; Joe Puleo aussi et « Little Al » Ortenzo aussi.

L'un dans l'autre, c'était une vie solitaire. Lurana avait vingt-neuf ans, mais elle avait l'impression d'en avoir dix-neuf. Elle s'était toujours dit que la jeunesse finissait à trente ans, et d'après cette idée, il ne lui restait plus qu'un an à être jeune. Son père était mort quand elle avait vingt ans, et pour la première fois elle s'était rapprochée de sa mère. Elle s'était rendu compte à quel point ça avait dû être difficile pour elle d'assurer la discipline alors que son père lui offrait toutes les distractions. Mais sa mère vivait dans le Connecticut, et en Floride, Lurana n'avait pas de famille et peu d'occasions de se faire de vrais amis. Fort Lauderdale était une ville de passage, que la plupart des gens traversaient sur ce qu'ils imaginaient tristement s'appeler la voie rapide. C'était un endroit pour les idylles sur la plage, les dragues dans les discothèques et les histoires d'amour qui se terminaient dans la brume du petit matin s'élevant de l'océan.

Elle sortait avec Pat Sullivan, le juge d'instruction fédéral qui lui avait confié le Centac-20 dans le bar avec Dennis et Mangan, mais il était marié et avait deux enfants, et il y avait peu d'espoir d'avenir dans cette relation. Elle savait depuis le début qu'elle était bête de faire ça, mais sa solitude était plus forte que sa prudence. Son amie la plus proche était une secrétaire entre deux âges qui travaillait pour Patty Kyle, la jeune magistrate sexy dont Donald avait parlé au téléphone lorsqu'il était sur écoute. Elle était aussi amie avec Patty. Elle avait beaucoup d'amis. Trop, et pas assez. Dans sa vie, il n'y avait rien de vraiment solide en dehors du travail. Elle se rappelait lorsqu'elle avait des rendez-vous pour des jobs après avoir terminé la fac, un jour quelqu'un l'avait regardée après avoir lu son curriculum vitae abondamment fourni en références de travail et lui avait demandé : « Dites-moi quelque chose sur vous qui ne soit pas là-dedans. » Elle n'avait rien trouvé à répondre.

L'instruction du Centac-20 était une lourde tâche. Si elle faisait une faute, si elle commettait une erreur, tout le travail et les efforts de Dennis Dayle, de Dick Mangan, et de nombreux autres agents et détectives seraient à l'eau. Ils lui avaient mis entre les mains tout leur labeur et toute leur confiance.

Elle voulait s'inscrire dans un club de plongée sous-marine. Chez elle, sa famille avait un bateau et une piscine. L'eau avait un effet calmant sur elle. Mais le vieux manque de confiance en elle qui la suivait depuis le temps du lycée où elle était boulotte la retenait. Elle aurait voulu avoir une amie pour l'accompagner, pour partager la gêne de pénétrer dans un groupe de gens qu'elle ne connaissait pas. Finalement, la solitude fut encore une fois plus forte que la peur : elle prit son courage à deux mains et se lança. Elle passait ses week-ends à faire de la plongée. Ça lui faisait oublier la solitude, mais ça ne la faisait pas disparaître.

Et puis un jour, un agent de la DEA de Miami l'invita à une réception. Malheureusement pour elle, elle accepta. Et, en un quart de seconde d'obscurité, de vitesse et d'indécision, la vie de Lurana explosa.

CHAPITRE SIX

1

Dans la radio, une voix criait pour couvrir la sirène :
« Nous avons une jeune femme en arrêt cardiaque total en réanimation cardio-pulmonaire. Arrivons dans cinq minutes. »

Les brancardiers avancèrent des chariots dans l'entrée, tirèrent des rideaux blancs autour du lit, préparèrent des intraveineuses, appelèrent des internes et des infirmières de garde. Une infirmière blonde en blouse blanche posa une planche de bois sur l'étroit lit de réanimation, déroula le brassard d'un tensiomètre et alluma l'électrocardiographe. Un écran rond s'alluma en vert. Des points lumineux apparurent sur l'affichage digital d'un tensiomètre.

L'ambulance s'arrêta entre des murs blancs à l'entrée des urgences, les portes s'ouvrirent, des mains adroites saisirent le chariot et le firent rouler jusqu'à la salle de réanimation. Des cheveux blonds s'échappaient du masque à oxygène dans la fraîcheur nocturne de la mi-novembre. Il était onze heures du soir.

Quatre infirmières firent rapidement glisser la jeune fille sur le lit et, pendant que l'une d'entre elles découpait son jean et sa blouse pour les enlever, un jeune médecin chargé des soins respiratoires mit en place le tubage. Il fit glisser le masque à oxygène, enfonça un tube dans la bouche de la fille et le fixa sur la joue droite avec du sparadrap blanc. Une petite boule en or tomba de sa boucle d'oreille et roula sur le carrelage.

Une infirmière mit ses deux mains sur le sternum de la jeune fille et, pesant de tout son poids, appuya si fort qu'on avait l'impression que l'os allait casser. Pendant que les autres s'affairaient autour de la patiente, l'infirmière continua à exercer ses soixante pressions à la minute pour simuler des battements de cœur réguliers.

Les ballons en caoutchouc vert du respirateur se gonflaient et se dégonflaient avec un halètement bruyant comme celui d'un animal, emplissant d'air les poumons de la fille, respirant pour elle. Une aiguille de perfusion fut introduite dans son avant-bras droit. Le brassard du tensiomètre fut serré autour de son biceps gauche et trois électrodes d'électrocardiographe enfoncées dans la peau sur la poitrine. A un pas du lit, une fine ligne verte traversait l'écran, plate, immobile. A côté, l'affichage du tensiomètre indiquait zéro. Quelqu'un souleva les paupières de la malade. Les pupilles bleues étaient dilatées, fixes. Elle était jolie, approchait la trentaine, le visage livide maintenant, baigné de sueur.

Cela faisait trente secondes qu'elle était dans la salle. Sept hommes et femmes se pressaient autour du lit, leurs mains se déplaçant prestement sur le corps inerte. Tom McBreen, le jeune médecin responsable, se tenait à l'écart, prenant les décisions, donnant les ordres. A son commandement, une infirmière alla à un rayonnage sur le mur près de l'oscillographe, prit une petite fiole et injecta un milligramme d'atropine dans le tuyau de perfusion qui amenait le liquide dans l'avant-bras de la jeune femme.

Trois minutes plus tard, l'atropine n'ayant pas provoqué de battements de cœur, une autre infirmière plaça deux plaques de métal sur la poitrine de la malade et appuya sur un bouton déclenchant une forte décharge électrique. Le corps sursauta, se raidit, se détendit. McBreen ne quittait pas des yeux la fine ligne verte qui traversait l'écran. Toujours pas de battements de cœur. Les pupilles restaient dilatées et fixes.

McBreen ordonna d'injecter un milligramme d'adrénaline, espérant provoquer une contraction soudaine et violente du muscle cardiaque qui le mettrait en action. Rien ne se produisit. La ligne verte restait plate et immobile.

Pendant vingt et une minutes, le Dr. McBreen et son équipe travaillèrent, injectant des produits, scrutant l'oscillographe et l'affichage du tensiomètre, surveillant les pupilles, à l'affût du moindre signe de vie. A onze heures trente et une, soudain, la ligne de l'électrocardiographe fit un bond. Une minuscule inspiration souleva le torse. Pas grand-chose, mais quelque chose quand même. La gorge de la fille s'ouvrit, se contracta. Elle avait avalé. Le cœur battait, un pouls faible et irrégulier.

Immédiatement, McBreen ordonna qu'on insère dans la veine jugulaire l'électrode d'un pacemaker intraveineux numéro 5. De minuscules décharges électriques, parfaitement régulières, stimulaient le muscle cardiaque. Allez, bouge ! Prends le rythme ! Tiens bon, suis-le, le laisse pas partir !

Les pupilles se contractèrent, le pouls augmenta. McBrenn avait les yeux rivés sur la ligne verte, espérant un battement régulier, un cœur qui recommence à fonctionner. En un éclair, le battement s'était affaibli et avait disparu. La ligne droite s'aplatit, s'immobilisa. Le pouls s'était arrêté.

A onze heures quarante, cette première respiration si faible ne s'était pas répétée, elle n'avait plus avalé, le cœur et le pouls étaient inactifs, les pupilles étaient redevenues fixes et dilatées. Les mâchoires se serrèrent, les dents mordant le tube, et le corps eut une convulsion. Elle avait eu une attaque d'apoplexie.

Les pupilles avaient réagi faiblement, mais maintenant c'était terminé. On réinjecta des produits, mais en vain. La ligne verte était plate et l'écran affichait zéro. Pas de battements de cœur, pas de pouls, aucun signe de vie. McBreen donna l'ordre de débrancher le pacemaker.

Les sept personnes présentes, infirmières et médecins, s'éloignèrent en silence. Ils avaient travaillé intensément pendant une heure, et avaient échoué. Sur la table de réanimation, la jolie jeune fille était morte. Le tube d'oxygène était resté collé sur son visage, des mèches de cheveux blonds mouillés de sueur striaient son front, de minces filets rouges s'écoulaient des endroits où les aiguilles avaient pénétré ses avant-bras.

L'une des infirmières, une blonde du nom de Susie, pas plus âgée que la défunte, aperçut le coroner en train de parler à deux agents de la police de la route de Californie dans un bureau voisin. « Ne partez pas, dit-elle, vous en avez une autre. » Jusqu'à présent, personne n'avait encore eu le temps de demander le nom de la morte. Un jeune homme trapu et barbu qui avait suivi l'ambulance attendait dans une pièce près de l'entrée principale de l'hôpital. Il déclara que son nom était Joseph Gonterman. La fille vivait avec un ami à lui. Elle s'appelait Carol.

2

Lurana a été arrêtée.

Un bruit de tôle, le cri d'un jeune homme, la lumière violette des gyrophares de police, le clac et le contact des menottes plaquées en nickel, et elle fut emmenée en larmes et en furie loin de l'épave de sa vie.

Elle passa de cellule en cellule pendant dix-sept heures, dont un bon moment avec une jeune prostituée qu'elle quitta pour aller dans la prison suivante où elle se retrouva avec une toute jeune fille arrêtée pour une histoire de coke. Lorsqu'elle était avocate de la défense, Lurana était allée dans la moitié des prisons de Floride du Sud et croyait savoir tout ce qui s'y passait. Elle se trompait. Une fille à l'air rude du nom de Linda, arrêtée dans un bar pour avoir cassé la figure à une lesbienne, demanda doucement à Lurana ce qu'elle avait fait. Lurana secoua la tête. La fille lui toucha le bras. « Pourquoi tu pleures ? »

— Arrêtée ?

Dennis avait prononcé ces mots avec un calme étudié, calculé, comme un général réagissant avec sang-froid à la perte de son flanc gauche.

Puis il prit sa pose à trois points « prêt à tout » : le cul sur le fauteuil, les avant-bras sur le bureau, le fourneau de la pipe dans la main gauche, le tuyau dans la droite, le regard par en dessous avec l'air de dire : ce que vous allez m'annoncer pourra me mettre en colère ou m'attrister, mais ne me surprendra en aucun cas.

— Arrêtée par la police de Fort Lauderdale.

Mangan se balançait d'un pied sur l'autre, tout excité d'être le porteur de nouvelles sensationnelles, mais un peu effrayé de son pouvoir.

— Bon alors, tu parles, Dick ?

— Elle a juste téléphoné. Elle a dit : « ce n'est pas très facile à annoncer ». Je n'avais aucune idée de ce que ça pouvait bien être. Cent choses me traversèrent l'esprit. Elle m'a dit qu'elle avait été arrêtée. Possession illégale de stupéfiants, ce qui est un acte constitutif de crime. Libérée de prison depuis quelques minutes, j'imagine.

Dennis ne modifia pas son regard fixe pendant encore cinq secondes. Il avait déjà eu des problèmes avec les juges d'instruction, mais possession illégale de stupéfiants ? Les juges d'instruction sont censés être les bons, pas les méchants. Il posa sa pipe sur son bureau, se renversa dans son fauteuil et leva les yeux vers la petite affiche qui portait l'inscription : « Les psychologues savent tout. »

— Qu'a-t-elle dit d'autre, Dick ?

Chacun avait une version différente des faits.

Le jeune homme de vingt-deux ans, fils de médecin, déclara qu'il rentrait chez lui en voiture à trois heures du matin lorsqu'une Toyota Celica marron conduite par une fille l'avait percuté à l'arrière à un carrefour, après quoi elle avait pris la fuite. Il dit qu'il « lui avait hurlé après » et qu'il l'avait retrouvée arrêtée derrière un camion à un feu rouge.

— J'étais super en rogne. J'ai été assez grossier avec elle. J'ai ouvert la portière de sa voiture et je ne savais plus quoi faire. Comment m'y prendre pour l'empêcher de repartir ? Je me suis assis sur ses genoux, poursuit-il. Je me suis penché vers le contact, j'ai enlevé les clés et je lui ai dit : « les flics vont arriver, on va attendre ici ». Elle m'a dit : « Laissez-moi partir » et a sorti une deuxième clé de son sac. Je la lui ai arrachée des mains.

C'était le jour d'Halloween et la fille portait un costume de chat : un collant, une queue, des oreilles de chat et des cils de cinq centimètres. Il lui demanda si elle avait de la drogue dont elle voudrait se débarrasser avant l'arrivée des flics. Elle dit que non.

Il déclara que quand elle est sortie de la voiture, elle était tellement saoule qu'elle tenait à peine debout. Quand les policiers s'aperçurent qu'elle était juge d'instruction fédéral, l'un d'eux « a pris la radio pour appeler un supérieur, et une ou deux autres voitures se sont pointées, avec un sergent. Je les ai entendus discuter entre eux, pour s'assurer d'avoir tout fait dans les règles. Ensuite il y en a un qui est venu vers moi et qui m'a expliqué que c'était un magistrat du ministère de la Justice, qu'il était presque certain qu'il y aurait des coups de téléphone de Washington, et qu'il n'arriverait peut-être pas à obtenir un jugement ; que la police ferait tout ce qu'elle pouvait faire légalement, mais que si le mot d'ordre venait d'en haut, il n'y aurait rien à faire ».

Les versions des officiers de police variaient en ce qui concerne la façon dont Lurana avait effectué différents tests déterminant le degré de lucidité du conducteur, mais ils étaient tous d'accord pour dire que ça avait été négatif. Ils dirent qu'elle titubait et sentait le whisky. Plus tard, quand elle accepta enfin de souffler dans le ballon, l'alcootest fut positif.

Un officier lui demanda si elle souhaitait laisser son sac dans sa voiture ou l'emporter en prison. Elle dit qu'elle voulait le prendre. Cela lui donnait la possibilité légale de le fouiller pour voir s'il ne contenait pas d'armes ni d'objets prohibés par la loi. Il trouva sept pilules dans une petite boîte noire avec une tête de chat sur le couvercle, et une boîte de Tylenol contenant trois comprimés qui, à l'analyse, s'avérèrent être des barbituriques. Etant donné que les barbituriques ne se trouvaient pas dans leur conditionnement d'origine, et qu'elle n'avait pas d'ordonnance correspondante, il ajouta la possession de stupéfiants à l'inculpation portée contre elle, à savoir conduite en état d'ivresse et délit de fuite.

Lurana expliqua qu'elle était allée à une fête pour Halloween et que si elle avait été vraiment saoule, son amie Patty Kyle, le magistrat, ne l'aurait jamais laissée conduire pour rentrer chez elle. Patty était également invitée à cette fête. Tout le monde était costumé.

En s'engageant à un carrefour près de chez elle sur le chemin du retour, elle rentra dans l'arrière d'une autre voiture. Bêtement, elle ne s'était pas arrêtée avant de se trouver derrière un camion à un feu rouge. Un jeune homme s'était précipité sur sa voiture.

— Il était complètement cinglé, il hurlait et il a fait un cinéma épouvantable en arrachant mes clés et mon porte-clés, ce qui m'a vraiment fait peur ; ensuite j'ai mis une autre clé et il me l'a arrachée aussi.

La police est arrivée. Elle a décliné son identité. En fouillant son sac, les officiers trouvèrent des barbituriques. Ils l'arrêtèrent, lui passèrent les menottes, l'emmenèrent au poste de police et l'accusèrent de conduite en état d'ivresse, de délit de fuite et de possession criminelle de stupéfiants. Sachant qu'il fallait très peu d'alcool pour que l'alcootest soit positif, elle avait commencé par refuser, puis s'y était soumise.

On la conduisit au poste de police de Fort Lauderdale, on lui prit ses empreintes digitales, on la photographia et on l'interrogea sur son costume. Elle avait enlevé la queue et les oreilles et les avait mises dans son sac. Elle avait l'impression que la police voulait savoir comment elle était habillée pour en faire une grosse histoire dans les journaux.

— Au début je ne disais rien, mais ils ont commencé à devenir vraiment agressifs. « Alors, où étiez-vous ? » Je répondis que j'étais à une fête pour Halloween. « Comment étiez-vous déguisée ? » Je ne voulais pas me faire ennuyer par ces gens-là. Le style faites-moi sortir de là et je vous dirai tout ce que vous voulez savoir.

Elle fut transférée dans une autre prison pour être inculpée. Finalement, au bout de dix-sept heures, elle fut libérée sous caution, un avocat à qui elle avait téléphoné ayant procuré les 1260 dollars exigés. Elle était catastrophée.

— Je connais des tas de gens à qui ce genre de chose est arrivé, et une fois qu'ils ont vu qui c'était... ce n'est pas qu'on demande un traitement de faveur, mais enfin, ils auraient pu éviter de me mettre les menottes, de fouiller dans une boîte à pilules qui visiblement ne contenait que des médicaments délivrés sur ordonnance, de m'accuser de crime, de me jeter dans une cellule et de me laisser croupir pendant quinze heures sans me laisser appeler mon avocat. J'ai dû tomber sur un flic qui détestait les fédéraux. Ça n'aurait jamais dû se passer comme ça. J'ai vu ma vie défiler devant mes yeux.

Le ministère de la Justice lui retira immédiatement le Centac-20 et la mit en congé administratif pendant la durée de l'enquête. Dans le *Miami Herald*, un titre annonçait sur deux colonnes : « Une magistrate fédérale accusée de conduite en état d'ivresse et de possession de drogue. »

Lurana n'avait plus qu'à rester chez elle et à repenser aux quelques secondes de l'accident et de la fuite. Les conséquences possibles étaient incalculables et effrayantes : elle pouvait être rayée du barreau, perdre son travail, avoir un procès, comparaître, être condamnée et jetée en prison.

Elle était seule, elle avait peur.

— C'était comme si quelqu'un m'avait ôté la vie. Je n'ai rien de vraiment solide si ce n'est mon travail. Ma famille n'est pas ici. Je ne suis pas mariée. Les deux seules choses que j'avais, mon travail et ma réputation, ont disparu d'un seul coup. Je ne sais pas exactement ce qui est arrivé, ce qui se passait, ce que je devais faire. Je ne savais pas ce qui allait m'arriver. Je ne sais toujours pas. Je n'ai rien connu de pire depuis la mort de mon père.

» Le plus dur, ça a été de raconter ça à ma mère, parce que pour elle, j'ai toujours eu du bon sens, je ne me suis jamais mis dans de sales draps. Pendant tout le temps que j'étais au lycée et à l'université, j'ai toujours refusé de signer des pétitions parce que je ne voulais pas être fichée par le FBI. Je n'allais pas aux manifestations. Je n'approchais jamais de ceux qui se droguaient. J'étais très prudente. Pour moi, ce qui s'est passé est tellement bizarre. Tous les gens que je connais au cabinet du procureur se sont déjà fait arrêter à l'occasion d'un accident ou parce qu'ils n'auraient pas dû conduire, mais la série de choses qui me sont tombées dessus, cette escalade qui s'est terminée par une arrestation et une accusation majeure pour une boîte à pilules dans mon sac à main. C'est comme... enfin, je trouve ça incroyable.

» Je pensais que ma mère allait être effondrée. Mais elle a pris ça très bien. Elle m'a écrit la plus belle lettre que j'aie jamais reçue de ma vie, dans laquelle elle disait tout ce que j'avais besoin d'entendre. Elle terminait en disant qu'ils pourraient me faire ce qu'ils voudraient mais qu'ils ne pourraient jamais m'enlever mon amour-propre ni ma dignité. Elle disait : « Dieu ne t'a pas donné cet esprit pour le perdre. Tout finira bien. Tu pourras toujours aller travailler à l'Uniprix. »

Les flics avaient dit qu'il y aurait des coups de téléphone de Washington, et il y en eut. Non pas du ministère de la Justice, mais de Dennis Dayle. Que Lurana conduise en état d'ivresse ou soit une droguée, elle était avant tout le seul juge d'instruction du Centac-20. Il fallait la sauver. On avait réussi à avoir des témoins qui devaient parler devant le jury d'accusation, on avait préparé un acte d'accusation, des montagnes de rapports et de documents. On approchait de l'heure du procès et tout à coup, le juge d'instruction se retrouvait en congé.

— Demain, à l'heure des sorties de bureau, grogna Dennis, Lurana peut se retrouver sans travail et le Centac-20 sans juge d'instruction.

Mangan passa la tête par la porte du bureau de Dennis et annonça que Pat Sullivan avait refusé de se substituer à Lurana lorsque le jury d'accusation se réunirait lundi. Dennis prit son téléphone, sa pipe entre les dents.

— Il a dit non à Dick, mais il ne me dira pas non à moi.

Le lendemain, les autorités de Fort Lauderdale, à qui on présenta une ordonnance pour les barbituriques, levèrent l'accusation de possession de drogue. Le plus gros problème de Lurana maintenant était l'enquête du ministère de la Justice.

Dennis prit l'avion pour Miami, passa deux heures avec le procureur et obtint la promesse que Lurana pourrait reprendre son travail pendant que l'enquête était en cours. Elle pouvait encore se faire renvoyer, mais avec un peu de chance, si ça traînait en longueur, elle pourrait tenir jusqu'au procès. Et elle saurait à qui elle devrait son sauvetage.

— L'une des raisons pour lesquelles j'ai tenu à aller là-bas et à arranger ça moi-même, dit Dennis, est que comme ça, elle fera mieux son travail. D'un point de vue machiavélique, elle a maintenant une dette envers nous. Et d'un point de vue pratique, on a besoin qu'elle ait une dette envers nous. Vicieux, mais efficace.

De retour à Washington, Dennis dit à Mangan :

— Le procureur général nous a donné sa parole qu'elle garderait l'affaire ; en tout cas jusqu'à sa prochaine surprise-party. Elle a peut-être l'intention de se déguiser en l'un des Sept Nains pour Noël !

Mangan appela Lurana chez elle pour lui annoncer la bonne nouvelle. Elle resta près de son téléphone pour attendre un coup de téléphone officiel. Il ne venait pas. Elle appela Mangan. Mangan appela Dennis, qui lui répondit qu'ils la faisaient peut-être languir un petit peu.

Le lendemain, le coup de téléphone arriva, et Lurana reprit officiellement ses fonctions.

CHAPITRE SEPT

1

La chasse à l'homme était ouverte pour retrouver Donald.

Alan Arruda, l'homme d'affaires du Massachusetts qui avait participé à la mise en œuvre du déchargement à Plymouth, et Mike Romanelli, son ami qui s'était fait enlever, avaient jeté un coup d'œil sur les preuves qui étaient entre les mains du Centac et décidé d'éviter les poursuites en coopérant avec l'accusation. Bob Straus, Roy Blanchard et quelques ex-employés de Steinberg avaient déjà fait le saut. D'ici quelques semaines, un acte d'accusation serait délivré. La date du procès pouvait être fixée n'importe quand, à partir de quatre-vingt-dix jours.

Si on voulait que Donald soit présent dans la salle, il était temps de le trouver.

Dennis fit venir Mangan dans son bureau et lui dit que la saison de Donald Steinberg était officiellement déclarée ouverte.

— Je veux le voir derrière les barreaux. Si tu n'arrives pas à mettre la main dessus rapidement tout seul, lui dit Dennis, appelle un type de terrain, un spécialiste pour traquer les fugitifs, qui n'aura rien d'autre à faire que de retrouver Donald Steinberg.

En sortant de la réunion, Mangan avait envie de faire : « Heil Hitler ! » Les ordres étaient du genre : « Lisez le papier encore une fois, avalez-le et exécution ! »

Il était content de partir en chasse.

— Je n'ai jamais pu tuer des animaux, dit-il. J'aimerais mieux mourir plutôt que de tirer sur un cerf. Mais la chasse à l'homme, c'est de la vraie chasse. Surtout quand c'est un homme aussi intelligent que Donald Steinberg, et que la loi donne l'avantage au gibier. Ça n'aurait aucun intérêt s'il suffisait de visser son silencieux et d'y aller.

Mangan reprit l'avion pour Fort Lauderdale et repensa à la question : « Quelle est la prochaine étape ? »

L'idée de Dennis suggérant de faire venir un autre agent pour coordonner les recherches ne lui plaisait pas du tout.

« Je veux trouver Donald tout seul. S'il est trouvable, je le trouverai. Personne ne saurait examiner les notes de téléphone des amis de Donald en y découvrant autant de choses que moi. Je connais ces numéros par cœur. »

Ses amis n'appelaient pas Donald chez lui, mais ils lui téléphonaient peut-être à une cabine pas loin de chez lui. Rien que de découvrir dans quelle ville il se cachait, ce serait un départ.

Même si Donald était retrouvé et arrêté, il pourrait repartir librement encore une fois avant que le Centac ne lui mette la main dessus. La seule accusation existant contre lui était celle qui avait permis de l'arrêter au Day's Inn à la suite de la mise sur écoute de son téléphone, et qui l'avait conduit à se cacher. Si on le ramassait maintenant, il n'était pas impossible qu'il soit libéré sous caution.

Dennis avait un plan pour empêcher une chose pareille de se produire.

Si la période de dix ans de liberté surveillée de Donald prononcée à la suite de son inculpation de trafic de marijuana au Texas il y a huit ans pouvait être révoquée sous prétexte qu'il avait violé les conditions en devenant fugitif, alors, dès qu'il serait arrêté, il serait automatiquement contraint de purger la peine de dix ans à laquelle il avait été condamné au Texas. Il ne serait plus question de caution.

Mangan téléphona à Mario Salazar, au Texas, le juge de l'application des peines à qui Donald envoyait des lettres qui avaient l'air si innocentes.

— Il prétend qu'il ne sait pas que Donald a pris la fuite, dit Mangan plus tard. Je lui ai répondu : « Eh bien moi, je vous affirme qu'il est en fuite. Il faut annuler sa liberté surveillée. Je vous fournirai tous les documents qu'il vous faut. Si vous voulez que je vienne témoigner, je viendrai au Texas. »

Mangan était en colère.

— Il sait très bien que les lettres qu'il reçoit de Donald ne sont pas écrites à Chicago. Je lui ai dit : « Je ne peux pas croire que vous puissiez avoir une peine de liberté surveillée de dix ans et que le type remplisse les conditions de sa liberté surveillée en étant fugitif. S'il en est ainsi, je vais venir au Texas pour donner une conférence de presse. »

Mangan envoya des copies certifiées de l'acte d'accusation établi par l'Etat de Floride et du mandat d'arrêt contre Donald. Il obtint aussi un mandat du FBI pour l'arrestation de Donald pour déplacement non autorisé dans le but de se soustraire aux poursuites. Malgré cela, le *district attorney* du Texas refusait d'annuler la liberté surveillée de Donald. Cela ne semblait pas être de la faute de Salazar :

— Il m'a dit : « Dick, j'ignore pourquoi, mais ils ne veulent pas. Je viens encore de recevoir une lettre de Donald. » Il me la lut. Incroyable, ce qu'il peut raconter : tout ce qu'on dit sur lui est pure invention, et il fait vraiment un froid de canard à Chicago. On sait pourtant que le gars n'est pas à Chicago. Après ça, j'ai fini par lui dire : « Mr. Salazar, je respecte votre position, mais nous avons affaire à un fugitif accusé de trafic de drogue qui, bien que condamné à dix ans de liberté surveillée pour trafic de stupéfiants, prend la fuite pour échapper à une seconde accusation de trafic de drogue. Aussi merdique que soit le système judiciaire américain, c'est absolument intolérable, même aux Etats-Unis. »

» Il a fini par m'appeler pour me dire que le *district attorney* refusait. Je lui dis : " Combien il touche pour ça ? " Je plaisantais. Il me répond : " Ecoutez, ça, je ne sais pas. Reilly m'a appelé deux ou trois fois. [Jim Reilly était l'avocat de Donald à Chicago.] Je ne comprends pas ce qui se passe. Le *district attorney* m'a fait annuler la liberté surveillée d'un type accusé de vol à l'étalage pour un dollar et trente-neuf cents et il sait que Donald Steinberg est le plus gros trafiquant de drogue qui soit. "

Finalement, après l'avoir menacé de pressions de la part du ministère de la Justice et de donner des conférences de presse, le *district attorney* se soumit. La liberté sous condition de Donald fut révoquée.

2

Mangan poursuivait assidûment Donald depuis environ un mois lorsque je lui téléphonai pour savoir comment cela se passait. (J'étais alors en compagnie de Michael Decker, l'assassin en titre de Sicilia-Falcon, et je n'avais pas eu Mangan depuis deux ou trois jours.)

Il semblait tout excité.

— J'ai *désespérément* cherché à vous joindre. J'ai appelé... vous savez, il faut absolument que je... La situation avec Donald... vous devez impérativement me dire où vous êtes. Je pensais, enfin, bon, quand même, je suis là, dans le pétrin... et vous ne m'avez même pas dit où vous étiez. Enfin, je vais vous raconter ce qui s'est passé et vous allez comprendre...

— D'accord, d'accord.

— ... pourquoi il faut que vous restiez en contact avec moi. Ce matin, vers les neuf heures et quart, Alan Arruda m'appelle au bureau pour me dire : « Je viens d'avoir un coup de fil d'Arthur Huttoe. » L'ancien juge ? Je fais : « Ah oui, vraiment ? » Et lui : « Je ne sais pas si ça peut vous intéresser, mais vous aviez rencontré l'amie de Donald, Carol, non ? »

» Alors je lui dis : " Heu, non, je ne l'ai jamais vue. J'ai vu beaucoup de photos et elle a l'air très jolie, mais je ne l'ai jamais rencontrée. "

» Il dit : " Ben... elle est morte. "

» Je demande : " mais... elle... elle avait dans les vingt-cinq ans, non ? " ; " Oui, vingt-sept. " Je dis : " C'est Huttoe qui vous a annoncé ça ? " ; " Oui ". " De quoi est-elle morte ? " " Crise cardiaque. " " Une crise cardiaque à vingt-sept ans ? " Et il ajoute : " Ouais, comme je vous disais, je ne sais pas si ça vous intéresse. "

» Je lui dis : " Alan, je... ne faites... attendez... Je vous verrai plus tard. Mais faites-moi confiance, c'est d'un *grand* intérêt. "

» Elle vivait avec Donald, d'accord ? Et personne ne peut mourir sans que des gens soient au courant — un hôpital, la police, un coroner. »

3

Si Agatha Christie avait collaboré avec Raymond Chandler, ils auraient inventé Margot Martin. C'est une Miss Marple qui ferait le boulot de Philip Marlowe. Descendante d'un poète lauréat d'Angleterre, élevée à Londres, mère de trois fils déjà adultes, Margot Martin fait des enquêtes pour le bureau du coroner de Ventura County, juste au nord de Los Angeles. La soixantaine, mince, des cheveux très clairs, elle est mue par une compassion et une douceur maternelle en même temps que par la curiosité tenace d'un flic de la criminelle.

Ayant été appelée sur les lieux d'un accident de voiture qui s'était produit tard dans la nuit, elle venait de déposer le corps d'un garçon de seize ans à la morgue de l'Hôpital général de Ventura County, puis était montée dans un bureau proche de la salle des urgences pour prendre quelques notes avec les deux agents de la police de la route de Californie qui enquêtaient sur l'accident.

C'est à ce moment qu'une jeune infirmière prénommée Susie passa la tête par la porte et annonça : « Ne partez pas, vous en avez une autre. »

Margot entre dans le secteur de réanimation, jette un coup d'œil au corps et n'en croit pas ses yeux. La morte n'a pas plus de trente ans. Comment peut-on mourir d'un arrêt du cœur à cet âge-là ?

Elle décide de monter pour discuter avec le jeune homme qui a suivi l'ambulance jusqu'à l'hôpital. Elle a le pressentiment qu'il y a quelque chose de louche.

Margot Martin dit qu'elle est enquêtrice de la mort, mais ce n'est pas juste. C'est le coroner en personne qui fait ça, les autopsies des corps, des tissus, des organes. Elle, elle autopsie la vie. Et la confiance qu'elle a dans la vie, la fascination qu'exerce sur elle la multiplicité des facettes du comportement humain sont tellement intenses que parfois, elle en a presque l'air effronté. Quotidiennement, elle voit la vie par tous ses côtés, depuis les cadavres sur les tables d'autopsie jusqu'aux luttes et aux tragédies qui les y ont amenés. Elle est impressionnée, non pas par elle-même, mais par les merveilles qui lui passent chaque jour sous les yeux.

Adolescente pendant le Blitz de Londres, Margot Martin sortit de la guerre pour entrer dans l'âge adulte, regardant d'un œil optimiste la vie nouvelle qui attendait le monde, et son propre avenir. Elle alla travailler à l'ambassade américaine de Londres, fut transférée à Paris peu après la Libération, épousa un officier de l'armée américaine et, en 1964, alla s'installer avec lui en Californie du Sud. Quelques années plus tard, après vingt ans de mariage, elle divorça.

— Il était ralenti, dit-elle. Il vieillissait et moi je rajeunissais.

Ses fils étant encore à sa charge, ainsi que sa mère invalide, elle prit un travail de secrétaire dans une compagnie d'assurances. Très vite, son patron lui demanda si elle aimerait essayer de faire des enquêtes.

— Et je descendis dans la rue.

Elle obtint une qualification de PI, *Private Investigator*, et fut chargée d'enquêtes de plus en plus importantes pour des contestations d'assurances.

— J'allais fureter dans la rue. J'espionnais des gens qui prétendaient avoir mal au dos alors qu'ils étaient en train de repeindre leur maison. Je surveillais. Je repérais les absents. Des gens qui en roulaient d'autres sur de grosses sommes.

Elle n'en revenait pas à quel point les gens parlaient facilement avec une petite dame anglaise curieuse.

— Quand ils entendaient mon accent, ils commençaient à discuter, me demandaient depuis combien de temps j'étais ici. Me parlant comme à une amie ils me racontaient toute la vie de la personne en question avant même que je ne pose des questions.

Son travail sur des contestations concernant des décès la mit en rapport avec le bureau du coroner et un jour, cherchant à gagner davantage et à avoir une plus grande sécurité financière à cause de sa mère devenue aveugle et dont la santé se détériorait de plus en plus, elle demanda s'ils avaient déjà engagé une femme. Jamais. Elle postula malgré tout et se retrouva sur les rangs avec plusieurs hommes pour un seul poste. Elle l'obtint.

Mais elle avait émis une réserve.

— Je n'avais jamais vu de mort de ma vie, même pas mon père. Les Anglais ne mêlent pas les enfants à cela. Alors, j'avais dit qu'avant d'accepter ce travail, je voulais assister à une autopsie.

Le coroner accepta.

— Une jeune fille noire venait de mourir dans un hôpital d'Etat, et j'y allai dans ma petite Ford Pinto. En route, je me dis : " Bon, la première chose à faire, c'est de repérer les toilettes ; comme ça, si j'ai envie de vomir je saurai où aller. " Je prends le vieil ascenseur pour descendre au sous-sol. Il n'y a pas âme qui vive. Je longe le couloir sur la pointe des pieds et je vois un panneau : " Salle réfrigérée. Entrée interdite. Morgue. " Je vais jusqu'au bout du couloir à la recherche des toilettes. Rien. Je frappe à la porte et j'entends : " Entrez, c'est ouvert. "

» J'entre, il y a une table, et le corps d'une jeune fille noire. Et le médecin pour qui j'allais travailler me dit : " Entrez, entrez, asseyez-vous. " Puis quatre autres médecins entrent. Il prend un scalpel et m'explique : " On fait une incision en Y. Comme ça. A partir des épaules. "

» Il décrit ce qu'il est en train de faire. Et moi, je me dresse sur ma chaise pour regarder tout ce qu'il y a là-dedans. Complètement fascinée. Comme tout est bien fait ! Le foie, là, et puis le cœur. Je me dis : " Quelle machine ! " Il n'y a rien de désagréable. Je pensais qu'il y aurait du sang qui allait jaillir de partout, mais pas du tout. Ensuite, il me montre les organes reproducteurs féminins. Je regarde l'utérus et je pense " dire qu'un gros bébé peut sortir de là-dedans ! " et les organes, comme ils sont petits... J'étais captivée par tout ce que je voyais. Je n'avais pas mal au cœur. J'oubliais qui j'étais, où j'étais. Tout était là, plus rien d'autre n'existait pour moi.

Elle avait donc survécu à l'autopsie et avait pris le job. Quatre ans et demi plus tard, elle disait :

« Je n'ai jamais regretté. »

Elle s'entraîna comme une athlète, acquit la force nécessaire pour soulever les corps, et se dit qu'elle « avait trouvé sa voie ». Les agents et les flics de la police de la route n'étaient pas tout à fait du même avis. Les dames anglaises élégantes ne se faisaient pas facilement accepter.

« Ils disaient : " Mouais, une bonne femme ! " »

Un flic de la police de la route de Californie commençait à s'énerver. Un jeune homme venait de se faire tuer par une voiture sur le Highway 33, et voilà qu'elle arrivait, la dame anglaise coroner. Elle sortit de sa voiture, sur son trente et un, sentant le parfum. Elle enleva ses talons hauts, enfila des tennis et des gants en caoutchouc et alla ramasser tous les bouts de chair qui traînaient sur la chaussée et que l'ambulance avait laissés.

— Pourquoi vous faites ça ? demanda le flic avec une grimace.

— Parce qu'il est terriblement désagréable pour un automobiliste de se retrouver tout à coup avec *ça* sous les yeux. Sans compter que nous devons récupérer tout ce qui va avec le corps. Vous ne trouvez pas ?

« Il fallait qu'ils mettent la vieille à l'épreuve. Maintenant, nous sommes tous bons amis. Ils me gâtent, ils enlèvent leur veste, retroussent leurs manches et se mettent au boulot. Il y en a même à qui j'ai donné des gants en caoutchouc. »

Elle habite une maison style ranch, d'un étage, avec quatre chambres à coucher, sans sous-sol mais quand même bien assise sur des fondations en ciment. Les pièces sont pleines de rayonnages avec des livres et des disques classiques. Elle sort une feuille jaunie et craquelée d'un poème de son ancêtre poète, Thomas Warton, découpée par sa mère dans le *Times ;* cela lui rappelle des souvenirs :

— Les grands-parents de ma mère avaient douze enfants. Elle racontait que, quand les blanchisseuses venaient laver le linge une fois par mois, on donnait aux plus jeunes du chocolat chaud et du laudanum pour qu'ils dorment quarante-huit heures pendant que les femmes faisaient la lessive. Et aucun n'est mort avant soixante-dix-huit ans, en dépit du laudanum ! »

Dans sa chambre décorée à l'orientale et dans son bureau encombré et chaleureux, des souvenirs de ses années passées en Angleterre, en France, en Allemagne et en Italie côtoient des photos de la vie qu'elle est heureuse de mener aujourd'hui. Au mur du bureau, une photo la montre perchée sur un bulldozer.

— Il y avait deux cent cinquante mètres d'à-pic et ils étaient en train d'ouvrir un passage pour pouvoir retirer un autre bulldozer qui avait écrasé un homme. Et j'ai dit : « Oh, ce que j'aimerais aller dans cet engin ! ». Alors ils m'ont mis un casque, ils m'ont attachée, et me voilà partie !

Elle dit que son travail l'a transformée.

— J'étais très heureuse d'être mère de famille, j'adorais ça.

Mais une fois que ses fils ont été grands, elle s'est davantage intéressée au monde extérieur. Elle a un ou deux bons amis et elle dit qu'elle finira peut-être par vivre avec quelqu'un.

— Mais je ne sais pas si je me remarierai. Je me dis que non.

Elle a vu un grand nombre de corps de jeunes gens morts d'overdose. Je lui demande si l'augmentation de l'usage des stupéfiants lui fait peur.

— Terriblement. Parce que j'ai grandi dans un foyer très heureux. Selon les critères américains, j'ai eu une vie très protégée. J'ai l'impression qu'aujourd'hui, si on est encore vierge à dix-huit ans, on est dans le pétrin. Je n'avais pas ce problème. Mentalement, à dix-huit ans, j'en avais vingt-cinq mais sexuellement, j'en avais douze. Ce n'est pas du tout pareil aujourd'hui. J'ai essayé de dire quelque chose à mon second fils qui, à l'âge de dix-huit ans, m'a demandé froidement en me regardant dans les yeux : « Maman, pourquoi tu crois que c'est pire si je fume un joint que si tu bois deux ou trois cocktails ? » Très difficile à répondre. Et je lui ai dit : « Fumer un joint est illégal, et se soûler ne l'est pas ». Il a été dur avec moi la dernière fois qu'il a habité chez moi. Il cultivait de l'herbe dans mon jardin...

— Vous le saviez ?

— Je la voyais pousser. Elle est devenue haute comme ça, et puis haute comme ça. Alors je lui ai dit : « Tom, à partir de jeudi, je ne veux plus voir ces plantes ou je les arrache. » Le jeudi, elles étaient toujours là, alors je les ai arrachées, je les ai mises dans un sac et à la poubelle. Disparues. Quand je suis rentrée du travail, il avait pris tous les pots de terre du patio et les avait tous cassés. Tous.

— Qu'est-ce que vous avez fait ?

— J'ai balayé et je suis restée calme. Il m'a dit : « Maman, tu n'avais pas le droit d'arracher mes plantes. » Je lui ai répondu : « Thomas, à qui est cette maison ? Qui est la mère et qui est l'enfant ? » Ce n'était pas brillant. Il n'était plus un enfant — mais un charmant jeune homme qui me poussait jusqu'à mes limites. Il avait toujours été difficile à élever.

Les cadavres ne sont pas la partie la plus triste du travail de Margot.

— Les gens me disent : « Margot, comment arrives-tu à toucher des cadavres ? » En fait, les cadavres, ce n'est qu'une partie de mon travail. L'autre partie consiste à travailler avec les familles, à aider tout le monde, à s'efforcer d'être gentille. La première fois que j'ai eu une annonce à faire, qu'il a fallu que je frappe à une porte pour dire que quelqu'un n'allait jamais revenir, j'étais avec mon partenaire Dick McKendry, un type fort, vigoureux. Et tout d'un coup, il est devenu doux et tendre. « Est-ce que je peux faire quelque chose ? » Je me suis dit que tout était là, se mettre dans son boulot, parler aux parents, savoir les réconforter et faire exactement ce qu'ils ont besoin que vous fassiez. C'est l'une des raisons pour lesquelles on a du mal à garder des enquêteurs, parce qu'on arrive à faire un tas de choses, mais un jour, on est obligé d'aller frapper à cette porte.

La spécialité de Margot est de donner des conseils aux parents qui ont perdu un enfant en bas âge. Elle est devenue experte en la matière, elle a écrit sur ce sujet, et siège au Conseil de surveillance de Californie du Sud pour les morts subites de nourrissons.

— Un docteur m'a dit que quand une mère perd son bébé dans la première année de sa vie, c'est comme une amputation. Et je le crois. Alors je me suis mise à écrire quelque chose sur la douleur et sur ce que les gens devraient et ne devraient pas dire. C'était bien. La douleur est un sujet tabou pour beaucoup de gens.

Elle donne aussi des cours à des jeunes pompiers, des policiers et des secouristes d'autres organisations.

— Je leur passe les diapos de ce qu'ils pourraient voir s'ils se trouvaient sur place. Certaines sont terribles. Je ne fais pas ça pour les effrayer, mais je leur montre ce qui peut se passer si quelqu'un met le canon d'un fusil dans sa bouche et presse la détente. Même dans le cas de morts non violentes, je tâche toujours de dissuader les familles de voir un être cher au stade final. Je veux qu'ils se souviennent d'eux tels qu'ils étaient hier ou la semaine dernière. Il y a une différence absolue entre un corps vivant et un corps mort. C'est comme si on entrait dans une pièce où il fait sombre, une pièce qu'on connaît bien, et où on sait ce qu'il y a. On sait qu'il y a une lampe ici, une table là. Mais ça ne veut absolument rien dire tant qu'on n'a pas ouvert les volets ou allumé la lumière. Pour moi, cette lumière c'est la vie. Le corps est là, mais comme la vie l'a quitté, il n'a plus de personnalité, il a cessé d'être la personne lumineuse qu'il était avant. Vous voyez ce que je veux dire ?

On a l'impression que l'optimisme aventureux et la curiosité que la jeune Margot avait emportés avec elle en quittant Londres se sont épanouis dans la diversité morale de la Californie du Sud. Les rêves les plus fous, réalisés ou non, sont susceptibles de s'évanouir de manière fracassante sous le soleil des tropiques, et une enquêtrice de la mort a rarement l'occasion de s'ennuyer. La police l'avait appelée d'une maison située à une heure de voiture, en pleine campagne.

— C'était une très jolie maison, et, dans la grande baignoire en plein air, se trouvaient deux personnes tout à fait mortes. La police, tout excitée parce qu'il y avait du sang sur la moquette et beaucoup de bouteilles d'alcool qui traînaient, voulait absolument en faire une histoire extraordinaire. Elle avait une plaie à la tête. Ils imaginaient un scénario du genre : d'abord il l'a tuée, puis il a mis fin à ses jours. Un double suicide. Fantastique ! Ils regardent trop la télévision. Bon, le lave-vaisselle était ouvert, alors je pense qu'elle s'est cogné la tête contre le placard. Et ensuite, je pense qu'elle a traversé l'entrée en titubant, ce qui explique pourquoi il y a du sang par terre à cet endroit. Ensuite, elle l'a lavée avec une serpillière, et j'ai des photos de la serpillière dans l'évier. Elle va prendre une douche, se lave les cheveux, et sort avec son mari pour aller prendre un bain dans le jardin. Enfin, je suis restée deux heures là-bas, j'ai pris mes photos et mes notes et je suis partie.

» Ensuite il a fallu que je m'occupe vraiment de cuisine dans cette affaire. J'ai dit au médecin légiste : " Quand je suis arrivée les pompiers avaient déjà éteint le bain et il était encore à 43°. Je ne sais pas à quelle vitesse l'eau de ces bains refroidit, mais je ne vais pas tarder à le savoir. "

» Je suis allée voir le jeune homme qui leur avait vendu la baignoire, et j'ai obtenu toute la documentation, et la maison a dit qu'il était impossible que l'eau chauffe assez pour tuer quelqu'un.

» Ce soir-là, j'ai mis un thermomètre dans le bain juste pour voir jusqu'à quelle température on pouvait aller. Et à 43°, j'étais encore en train de barboter à l'aise dedans.

» La famille du couple voulait poursuivre le fabricant de baignoires, mais j'ai réussi à persuader la fille qu'ils feraient bien d'aller regarder le thermostat. Je ne savais même pas de quoi je parlais, mais j'avais l'impression que j'allais trouver quelque chose. Je suis allée chercher un capitaine des pompiers, il a pris sa petite trousse à outils et on y est allés. J'ai jeté un coup d'œil sur le couvercle rouge du machin et je me suis écriée : " Ah Ah ! Cette vis, là, on dirait que c'est moi qui l'ai mise. " Elle était vissée tout de travers.

» On a ôté le couvercle et regardé le cadran de réglage. Le sceau en cire avait été cassé. Je me suis mise à quatre pattes et je me suis exclamée : " Oh la la ! C'est sur 54°. " Le capitaine des pompiers ne me croyait pas, alors j'ai pris une photo.

» Entre-temps, on avait trouvé un taux d'alcool sanguin extrêmement élevé dans les corps. Ils étaient complètement ronds, vous saisissez. Ils étaient dans l'eau, et elle chauffait, et elle chauffait. Alors ils sont morts d'hyperthermie. Ils ont cuit, tout simplement. C'était une affaire délicieuse. Ça m'a beaucoup plu.

Il n'y a pas beaucoup d'affaires qui ne lui plaisent pas. Même les Hell's Angels qui, elle le reconnaît, sont « pires que tout », méritent quand même attention et pitié. Clients plus ou moins réguliers du bureau du coroner, ils l'appellent Madame Quincy, personnage d'un feuilleton télévisé qui était également coroner.

— Nous en avions eu un qui s'était fait descendre. Je suis allée à son enterrement. Sur le parking, rien que des motos. Trois capitaines des Hell's Angels sont arrivés. Tout en noir. Des seigneurs de la guerre. Ils buvaient de la bière et leurs nanas étaient là, avec un ou deux bébés. Il devait y avoir soixante-quinze ou quatre-vingts motards dans ce parking. Je les ai regardés boire du vin, sniffer un peu de coke et fumer un ou deux joints.

» Alors j'ai traversé en disant : " Bonjour... bonjour... " Je suis entrée dans la salle mortuaire, et ils m'ont suivie l'un après l'autre.

» Comme on avait eu deux motards morts en l'espace de trois mois, beaucoup d'entre eux me reconnaissaient. " Salut, ça va ? " Et je répondais : " Salut ! Ça marche, les gars ? "

» Alors, un énorme barbu a dit aux autres : " Elle est bien, la meuf, c'est elle qui s'est occupée de notre pote. Si vous la rencontrez, faites-y gaffe à cette dame. "

» Et il ajoute : " Il y a un tueur à gages dans le coin, il vient de Floride. Vous allez bientôt avoir une autre affaire. " Un tueur, comprenez-vous, pour tuer des témoins.

» J'ai dit : " Ah, vraiment ? Ciel, assez de travail, je suis surchargée ces temps-ci ! "

» Et puis ils ont défilé devant moi, et ils se sont tous assis. Il y avait des belles filles de vingt-cinq ans avec des cheveux comme de la soie, qui avaient des gros mots tatoués sur elles. Vers le milieu de la cérémonie, le propriétaire de la salle mortuaire est venu et m'a chuchoté à l'oreille : " Je pense que vous feriez mieux de ne pas rester ici. "

» Alors je suis partie, je suis rentrée au bureau et j'ai appelé le *district attorney*. Je lui ai dit : " Marty, vous n'allez jamais me croire ", il répond " dites toujours ". " Bon, mais ne riez pas, d'accord ? " Et je lui ai répété l'histoire du tueur à gages. Il s'est exclamé : " Dites donc, vous avez bien fait de m'appeler. Nous avions des craintes à ce sujet. Il va falloir que nous fassions partir les témoins. " Marty était très content.

4

— Quand j'en ai eu terminé avec les agents de la police de la route au sujet du garçon de seize ans qui avait été tué dans l'accident de voiture, j'entrai dans la salle de réanimation et regardai la fille. J'avais du mal à y croire. Une ravissante blonde. Elle avait des boucles d'oreilles en or, une chaîne en or autour du cou, et une bague qui paraissait très coûteuse. J'ai couvert le corps, tiré les rideaux de chaque côté du lit, et me suis dit que je ferais bien d'aller voir ce Mr. Gonterman.

» Il faisait dans les cent dix kilos. Pas gros mais lourd, approchant de la trentaine. Il raconta que Carol vivait avec un ami à lui, qui s'appelait Roger Seabre. " Je ne sais pas ce qu'il va dire " répéta-t-il deux ou trois fois. " Je ne sais pas ce qu'il va dire. "

» Je lui demandai de me raconter ce qui s'était passé.

» Et il commença : " Eh bien, on était en train de regarder le match de foot du lundi soir à la télé, quand elle s'est mis à étouffer. Tout à coup, elle s'est dressée sur le canapé, a porté les mains à sa gorge et a dit qu'elle ne pouvait plus respirer. Alors je suis allé appeler une ambulance. J'ai essayé de lui faire du bouche à bouche, peut-être je ne le faisais pas bien, je ne sais pas. "

» Je lui ai demandé s'il savait comment joindre Roger. " Non, il est à New York pour affaires. " " Et qu'est-ce qu'il fait ? " " Heu, il est agent de change, il fait ça en free-lance un peu, mais ne vous inquiétez pas, je suis sûr qu'il va téléphoner. "

» Je regardais ce jeune homme en lui tenant le bras et la main. Il avait l'air triste. Je lui ai demandé si je pouvais appeler quelqu'un : " Allez, on va appeler quelqu'un pour que vous ne soyez pas tout seul, je n'aime pas vous savoir tout seul dans cette maison vide. "

» Il m'a répondu : " Ça ne fait pas très longtemps qu'on est là. Je ne connais personne par ici, et il faut que je rentre à cause du chien de Roger et du mien. Et puis, si ça ne répond pas quand il appelle, il va se demander ce qui ne va pas. " Il a dit que ça irait, qu'il était capable de conduire, et il est parti.

» Ensuite, Mrs. Johnson, l'infirmière-chef, une personne très aimable et très gentille, est venue avec moi pour faire l'inventaire du contenu du sac de Carol que Joe Gonterman avait apporté avec lui. C'était un sac en daim marron avec une fermeture Eclair et beaucoup de compartiments à l'intérieur. Il y avait de l'argent partout. J'ai compté 697 dollars en tout, plus des pièces de monnaie étrangères. On a aussi pris les bijoux qu'elle portait, sa montre en or avec un remontoir en saphir, et une bague en or avec un diamant dans les trois carats et des pierres plus petites qu'elle portait à la main gauche, puis une autre bague en or avec des diamants à la main droite. Plus un briquet Dunhill, un tas de clés et un passeport. Margot trouva aussi une petite boîte à coke en bambou avec une cuillère pliante en cuivre.

A l'intérieur du passeport, sous la mention " EN CAS D'ACCIDENT, PREVENIR... " il y avait le nom et l'adresse d'un homme. Elle donna le passeport à Mrs. Johnson et lui dit :

« Je crois que vous devriez aller chercher le Dr. McBreen et essayer de joindre ce monsieur. C'est peut-être son père. »

5

Le père de Carol a la voix cassée, et sa femme est en larmes. Cinquante-trois jours se sont écoulés depuis la mort de Carol, et ils ont accepté de répondre à des questions, de tout revivre encore une fois pour un étranger.

— J'étais effondré, dit-il en évoquant l'instant où, à quatre heures du matin, il a décroché le téléphone et a entendu une voix d'homme lui dire que Carol était morte. J'ai cru comprendre qu'on l'avait retrouvée dans le ruisseau. Il s'est présenté comme étant le Dr. Untel et a dit qu'on lui avait amené Carol et qu'elle n'avait pas de pouls et moi j'ai entendu « dans la boue ». Je me suis complètement effondré.

Il a cinquante-sept ans, il est grand-père, commence à perdre ses cheveux et a une prothèse auditive, mais il est encore costaud et musclé, ses biceps moulant les manches de son polo. Il a des mains d'ouvrier et il porte des chaussettes blanches et des pantoufles. Il donne l'impression d'un homme endurci par les épreuves de la vie.

— Karen avait pris l'autre appareil et je ne me souviens que d'une chose, c'est qu'il a dit : « Avez-vous une fille qui s'appelle Carol ? Elle est décédée, et nous l'avons trouvée... » J'étais certain qu'il avait dit « dans la boue », et je me répétais : « Non, ce n'est pas possible. » Qui pouvait bien dire une chose pareille ! Ensuite je lui ai demandé qui je devais appeler et il m'a dit d'entrer en rapport avec le coroner, qui me donnerait plus de renseignements, mais seulement après midi car à cause du décalage horaire, elle ne serait pas à son travail avant.

» J'avais cru qu'on l'avait ramassée dans le ruisseau. Toute la matinée, je me suis dit : " Mon Dieu, que s'est-il passé, elle a dû se faire tuer ! " Un tas de pensées se bousculaient dans ma tête.

Sa femme est assise à côté de lui, l'air fatigué. Elle a des cheveux gris et porte un pantalon bleu et un chandail marron. Dans un fauteuil un peu à l'écart, leur fille cadette, Karen, dix-sept ans, blonde et jolie, écoute attentivement et ajoute un mot de temps en temps. Elle va au lycée, chante à la chorale de l'église et dans un spectacle monté par l'école. Les deux autres filles ne vivent plus là, l'une s'étant mariée à un médecin et habitant au Texas, l'autre à un ingénieur du Tennessee.

Un album de photos intitulé *Lorsque Dieu murmure* est posé sur la table basse du petit salon, et une vieille pendule égrène son tic-tac. Sur la cheminée, dans un triple cadre doré, il y a une photo de Carol debout sur une pelouse avec un bosquet en arrière plan, ses cheveux blonds flottant sur ses épaules. Elle a un visage doux, un sourire qui paraît trop ingénu pour qu'elle ait été consciente de sa beauté.

— Toute l'année..., commence la mère de Carol, puis elle laisse son mari continuer.

— ... nous avons attendu ce genre de coup de téléphone...

— ... à cause de ce qu'avait dit Joe Puleo, qu'elle pouvait se trouver sur la trajectoire d'une balle...

— ... ou se faire tuer par quelqu'un pendant qu'elle s'enfuyait. Mais le docteur a juste dit que quand elle était arrivée à l'hôpital, elle n'avait pas de pouls. Je crois que c'est ça qu'il a dit. Et moi j'ai compris dans la boue. Ensuite ma femme a voulu appeler Millie, la mère de Don. Et je lui ai dit : " Pourquoi serait-elle au courant ? " Bref, elle a appelé Millie, à qui ça a fait un choc, et Millie a appelé George. Et George, le père de Don, m'a tout de suite téléphoné pour me dire : " Ne vous inquiétez de rien. Je vais contacter quelqu'un sur place pour qu'il se renseigne sur ce qui s'est passé. " Et il a appelé des avocats et bien sûr, il a dû appeler Don. Il était absent pendant tout ce temps. Ça a dû être dur pour lui.

6

Ayant terminé l'inventaire, Margot retourna au secteur de réanimation, poussa le chariot sur lequel se trouvait le corps de Carol jusqu'à l'ascenseur, et le descendit à la morgue. Petite pièce carrelée où le moindre bruit résonnait, la morgue donnait sur une chambre froide pouvant contenir jusqu'à douze chariots. Margot inscrivit le nom et l'âge de Carol sur une petite étiquette beige qu'elle attacha à son gros orteil.

— C'est toujours tellement triste. C'est comme s'ils n'étaient plus qu'un numéro.

Elle enroula un drap autour du corps, le couvrit d'un second drap et, tout doucement, l'enleva du chariot des urgences pour le déposer sur un chariot de la morgue. Une infirmière était descendue l'aider. Avoir affaire aux morts avait fait croître le respect de Margot et diminuer sa sentimentalité : « Ce n'est pas parce que quelqu'un est mort qu'il faut le maltraiter. »

Elle poussa le chariot dans la chambre froide et le mit à côté du garçon de seize ans qui avait trouvé la mort dans un accident de voiture. Elle ferma le loquet de la porte et, à l'encre rouge, inscrivit dans un grand registre le nom de Carol, ainsi que la date et l'heure de son arrivée à la morgue. Il était deux heures neuf du matin.

Elle quitta l'hôpital et traversa le parking faiblement éclairé pour gagner son bureau, dans un petit immeuble de plain-pied situé à quelque cent cinquante mètres derrière la salle des urgences. Elle alluma les lumières. Sur le mur du box qu'elle partageait avec deux autres enquêteurs, il y avait une pancarte encadrée : MORTUI VIVOS DOCENT. Que les morts fassent la leçon aux vivants. Seule, repensant à ce qu'elle venait de vivre une heure auparavant, elle s'assit et commença à rédiger son rapport :

« Je vois une jeune femme mince, allongée sur un chariot dans le secteur de réanimation du service des urgences. Cheveux blonds. Yeux bleus. Corps chaud au toucher... »

Son rapport terminé, elle retourna aux urgences et y trouva Mrs. Johnson, l'infirmière-chef.

— Vous allez être surprise, dit l'infirmière. J'ai eu le père au téléphone ; le Dr. McBreen lui a parlé aussi, et le père a l'air de prendre ça de façon très décontractée.

— Ne vous y fiez pas, dit Margot. La peine provoque souvent ce genre de réaction. C'est bien mieux qu'il soit très concret maintenant et qu'il prenne conscience plus tard. Qu'est-ce qu'il a dit ?

— Il a dit : « *Où* est-elle ? » Je lui ai dit qu'elle était à l'hôpital général de Ventura, en Californie. « En *Californie ?* Je ne savais même pas qu'elle était en Californie ! »

Margot, qui s'inquiétait de Joseph Gonterman, appela le numéro qu'il lui avait laissé, ça ne répondait pas. Elle rentra chez elle et rappela. Pas de réponse. Elle passa un coup de fil à l'hôpital et demanda à la fille du bureau des admissions d'essayer ce numéro toutes les demi-heures. Elle dit qu'elle serait de retour à sept heures.

A sept heures, elle rentra dans son bureau derrière l'hôpital. Le numéro de Gonterman ne répondait toujours pas. Elle attendit l'arrivée de son collègue Dick McKendry pour lui demander conseil.

— C'est le responsable des enquêtes, c'est lui qui m'a formée. Il a cinquante ans, il vient de passer le demi-siècle cette année, et il travaille aussi comme plombier. Un homme passionnant. Il m'appelle Maggie, ou Maggot.

Dick McKendry n'était pas entré dans la profession avec les mêmes avantages que Margot. N'ayant jamais été une écolière anglaise, ni l'épouse d'un officier, ni une femme mûre se lançant dans une carrière d'homme, il était loin d'avoir le même optimisme lumineux. Auparavant, il avait été détective dans la police et enquêteur pour le *district attorney*. Il avait une forte carrure, un peu d'embonpoint dû à la bière, et aimait tellement l'ambiance chaleureuse des bons bars qu'il en avait construit un dans son living lambrissé, avec évier, comptoir en cuivre, tabourets et une enseigne en verre de Tiffany où il était écrit « Saloon ». Il était jovial, aimable, parlait des affaires sur lesquelles il travaillait avec plaisir et intérêt. Mais si on lui disait qu'il aimait manifestement son travail, son expression changeait brusquement et il disait « non, non, je le déteste ».

McKendry était un flic. Nettoyer les accidents de la route, aller dire aux mères qu'elles ne reverront jamais leur fils, ce n'est pas un travail de flic.

Les différences entre Margot et McKendry sont peut-être un peu le reflet des différences entre l'Angleterre et la Californie. Travaillant depuis quinze ans au bureau du coroner, il habitait dans un mobile home définitivement immobilisé. Comme lui-même, d'ailleurs. Il était fixé, attendait la retraite, avait des favoris et des lunettes cerclées d'or, et une femme tranquille et jolie qu'il appelait Mon Cœur. (« Mon Cœur, où étais-tu passée ? Je croyais que les lutins t'avaient enlevée ! »)

Lorsqu'il arriva au bureau le lendemain de la mort de Carol, Margot lui dit :

— Dick, je n'aime pas ça, mais pas du tout.

Ils mirent la cafetière sur la plaque électrique et, pendant que ça chauffait, elle lui parla de Carol. Ils vérifièrent ensemble l'adresse que Gonterman avait donnée et virent que c'était une maison appartenant à un certain Ron Zermeno, que McKendry connaissait.

— Dick a appelé Ron, qui lui dit avoir loué sa maison à Roger Seabre et son épouse. Dick annonce : « Sa femme est morte. » Ron répond : « Mais c'est affreux ! Cette charmante jeune fille... » Dick lui demanda s'il savait où pouvait se trouver Roger, mais Ron l'ignorait. Il lui dit que Roger était un agent de change indépendant, et que la famille qui habitait en face de chez eux, et qui était installée là depuis longtemps, saurait peut-être quelque chose. Alors j'ai dit à Dick que j'allais voir ce qui se passait dans cette maison.

» C'était une maison en crépi beige avec un garage de deux places, une petite pelouse sur le devant avec un arbre et des fleurs, et un jardin clôturé derrière.

» J'ai regardé la maison, puis j'ai traversé la rue et j'ai trouvé une gentille dame qui était un véritable puits de renseignements.

La dame dit que le couple, « un si beau couple », n'avait pas habité là longtemps. Lui était presque toujours parti. Elle avait toujours la cigarette aux lèvres. Ils avaient un quatre-quatre immatriculé en Floride. Et un saint-bernard.

— A ce moment-là, je vois arriver dans la rue un jeune couple et je reconnais tout de suite la femme, blonde et mince, qui était autrefois au guichet à ma banque. Son ventre fait une petite bosse, elle va avoir un bébé. C'étaient donc les Zermeno qui étaient propriétaires de la maison qu'avait louée Roger Seabre.

Julie Zermeno dit à Margot que Roger Seabre était un jeune homme très mince, hyperactif, qu'il parlait vite et avait un saint-bernard. Elle dit aussi que Carol lui avait confié qu'elle adorait aller au marché parce qu'avant, c'étaient toujours des bonnes qui le faisaient. Margot téléphona à un officier de police pour qu'il vienne la rejoindre à la maison, où elle se trouvait avec les Zermeno.

— Nous avons tous fait le tour de la maison, et la première chose que nous voyons, c'est que les chiens ne sont plus là. Ni le saint-bernard de Roger ni celui de Gonterman. Puis nous sommes entrés dans la maison, qui n'était pas très bien meublée. On avait l'impression que c'était quelqu'un qui venait d'emménager ou qui allait déménager. Sur la cheminée, une enveloppe portant l'inscription : « Ron et Julie, argent du loyer. » Dans la chambre à coucher il y avait un lit style Hollywood, sans têtière, défait, et plusieurs sacs de détritus. Une forte odeur de tabac froid régnait dans toute la maison.

» Et sur le côté droit du lit, il y avait un sac d'épicerie en papier marron, débordant de papiers, de mégots de cigarettes et de trucs entassés dedans. J'ai jeté un coup d'œil sur les morceaux de papier. Ça doit servir à envelopper quelque chose, mais c'est pas du papier pour rouler de l'herbe, ce n'est pas du papier à cigarette. C'était plus fin que des Kleenex, ça ressemblait un peu à du papier de soie.

» Il y avait du bon matériel photo dans le placard, et la porte en verre coulissante donnant sur le derrière de la maison était ouverte. Julie demanda si elle pouvait prendre l'enveloppe avec l'argent du loyer, mais je lui ai dit qu'on ne pouvait toucher à rien. Je lui ai expliqué que c'était pour ça que j'avais demandé à un policier de m'accompagner.

Margot fit sortir tout le monde et scella les deux portes d'entrée avec une étiquette blanche portant la mention :

AVERTISSEMENT
CORONER — MEDECIN LEGISTE
COMTE DE VENTURA
NE PAS ENTRER SOUS PEINE DE POURSUITES

— A sept heures huit le même soir, je reçois un coup de fil d'un officier de police me disant que les Zermeno, en retournant voir leur maison, ont trouvé la porte en verre ouverte. Le policier était entré et me dit qu'il n'avait constaté aucun changement par rapport à ce que les Zermeno avaient vu la première fois.

» Entre-temps, Dick avait décidé d'aller voir ce qu'il pouvait tirer de ces gens-là. Il rechercha Gonterman dans les dossiers de la police de la route de Californie et trouva une date de naissance et une adresse à Brentwood, et un véhicule, un Dodge à quatre roues motrices de 1978 appartenant à une société de leasing de Lauderdale Lakes, Floride. Il avait commis une ou deux petites infractions dans le secteur, ce pourquoi la police de la route avait sa fiche sur ordinateur. Ensuite, j'y suis retournée et j'ai eu sa description physique : un mètre soixante-quinze, cent vingt kilos, yeux bleus, cheveux bruns, et sa date de naissance ainsi que le numéro de la Dodge. Comme ça, maintenant, nous avons quelques renseignements sur lui.

» En parlant avec Ron Zermeno, Dick a également appris qu'avant de louer la maison, les Seabre étaient allés à l'Holiday Inn. Je me rendis donc à l'Holiday Inn, où l'on me dit qu'ils avaient déclaré venir de Phoenix et qu'ils avaient une Cadillac 1978 immatriculée dans l'Arizona. Je suis allée vérifier le numéro d'immatriculation, qui me confirma que le véhicule appartenait à Roger Seabre, né le 28 mai 1955.

» Je prends les morceaux de papier que j'ai ramassés près du lit dans la chambre à coucher de la maison et je les montre à Dick en lui demandant ce que c'est. Il me dit : " Ce sont des bindles, Maggie. "

» Les bindles, ce sont des papiers qui servent à envelopper des stupéfiants. En voilà assez, me dis-je. J'appelle mon ami Ted Prell qui travaille à la brigade des stupéfiants ici, et je lui dis : " Ted, n'allez pas croire que je suis folle " parce que je suis toujours en train de chercher la petite bête. " *Mais...* " et je lui raconte de quoi il s'agit : " Je ne comprends pas où est parti ce jeune Gonterman qui avait l'air si triste, et je ne comprends pas pourquoi l'ami de la fille n'appelle pas, parce que s'il ne trouve personne, il devrait appeler la police, il devrait être fou d'inquiétude pour elle ! "

» J'étais sûre qu'il y avait anguille sous roche. Ça me travaille et je n'arrête pas de ruminer. Ensuite, j'ai des nouvelles de la famille de Carol. Un beau-frère appelle de Knoxville. Ils veulent savoir ce qui s'est passé. Je lui demande s'il sait quelque chose au sujet de l'homme avec qui elle vivait. Non, rien. Il ne savait pas davantage ce qu'elle pouvait faire. Mais il était très ennuyé, parce qu'il était marié à une de ses sœurs.

» Et je suis toujours en train de gamberger. Entre-temps, Carol a été autopsiée, et le coroner, le Dr. Duncan, me téléphone pour me dire que c'est incroyable, qu'il n'a jamais vu une personne de vingt-sept ans avec les artères coronaires bouchées à 95 %.

» Je lui précise qu'elle fumait énormément, et qu'il n'est pas impossible qu'elle se soit droguée. Il dit qu'il va effectuer des prélèvements dans le nez et des analyses de sang, pour vérifier la présence éventuelle de drogue ou de barbituriques et calculer le taux d'alcoolémie. Il voudrait aussi que j'entre en contact avec sa famille pour savoir combien il y a d'enfants et parler des problèmes de cholestérol.

» Je rappelle donc le beau-frère ; ensuite, le père m'a téléphoné à propos de l'enterrement, et nous avons parlé de la santé de Carol, du nombre de cigarettes qu'elle fumait, et je lui ai dit à quel point j'étais ennuyée de n'avoir pu joindre Roger. Apparemment, il en avait entendu parler par le père de Roger. Autrement dit, il savait que Roger savait qu'elle était morte. J'ai aussi demandé ce qu'on allait faire de ses biens.

» C'est alors qu'un certain Mr. Lapin fit son apparition. Il m'appela un matin et me dit qu'il était avocat à Los Angeles. Il avait été contacté par un autre avocat ami de la famille de Carol, pour savoir s'il pouvait se charger du problème des biens personnels et du transport du corps. Je lui ai demandé s'il connaissait Roger Seabre, s'il savait où il était, en lui disant qu'il faudrait absolument qu'il vienne s'occuper de ses affaires.

» Il m'a répondu qu'il ne pensait pas que Seabre revienne à Ventura et, quand je lui ai dit que je n'avais pas davantage pu retrouver son ami, il est resté très vague.

» Ensuite, j'ai eu un coup de fil de Julie Zermeno. Julie et son mari regardent trop la télévision ; ils s'étaient mis à échafauder une histoire fantastique qui se serait déroulée dans la maison dont ils sont propriétaires.

» Julie me dit : " Devinez qui m'a téléphoné hier soir ? Roger ! "

» Il l'avait appelée à dix heures et quart et lui avait fait un brin de conversation pour lui dire qu'il était bouleversé et que s'il y avait des notes d'électricité ou de téléphone ou quoi que ce soit, il paierait tout. Elle lui a demandé s'il comptait revenir et il a répondu que non, qu'il était à New York. Et il a raccroché.

Donald finit quand même par appeler le bureau du coroner. Margot n'était pas là et il tomba sur Dick McKendry.

— Il appelait d'une cabine, m'a raconté McKendry, et il a dit que son avocat pourrait se charger de tout, qu'il était vraiment désolé et que ça l'ennuyait beaucoup. Il avait l'air tendu, comme s'il était dans une situation embarrassante. Il était sur la défensive, un peu agressif.

— J'avais demandé à Ted Prell, continuait Margot, d'effectuer des vérifications sur la Californie, l'Arizona, la Floride et New York pour voir si on pourrait trouver quelque chose à propos de Roger Seabre. Mais ça n'a rien donné.

» Ensuite le père de Carol est venu ici avec un ami. Je l'ai emmené dans le bureau du médecin et nous avons été très prudents au sujet de la mort de Carol. Son père était très sympathique. J'ai eu l'impression qu'ils voulaient me cacher qu'ils connaissaient Roger Seabre.

Margot remit les affaires de Carol à son père. La dépouille fut transférée de la morgue à une salle mortuaire locale puis transportée à Fort Lauderdale. Peu de temps après on reçut les résultats de l'analyse de sang de Carol affirmant qu'il ne contenait ni alcool, ni barbituriques, ni dérivés d'opium. Les frottis de la cloison nasale ne contenaient aucune trace de cocaïne. L'autopsie ne révéla pas de blessures suspectes.

En ce qui concernait le bureau du coroner du comte de Ventura, l'affaire était close.

7

George, le père de Donald Steinberg, avait tout payé, le voyage à Ventura et l'enterrement.

— Il est venu ici, expliqua le père de Carol. Il a acheté les billets d'avion et a dit qu'on partait dimanche à onze heures.

Quand ils sont arrivés à l'aéroport de Los Angeles et qu'ils ont loué une voiture, George avait l'air nerveux.

— Il roulait vite. Au début, ça ne m'a pas paru bizarre. Mais ensuite, il ne quittait pas le rétroviseur des yeux. Il a fini par dire : « Une voiture nous suit. Je vais tourner et prendre une route parallèle. »

» Il s'est engagé sur une autre route et l'a suivie pendant un moment, puis a regagné la grand-route. Il a regardé dans le rétroviseur : la voiture était toujours là. Eva dit : " Ce type doit nous suivre. "

» Je lui ai répondu : " Mais non, George, on l'a doublé tout à l'heure. " Il a fait : " Ah bon ? " Je l'ai regardé : " Enfin, George, comment pouvez-vous vivre comme ça ? A toujours regarder par-dessus votre épaule pour savoir si quelqu'un vous suit, la police, ou bien un gangster qui veut vous tirer dessus ? "

» Il espérait que ces histoires de cape et d'épée allaient bientôt se terminer.

» Ça touchait donc toute sa famille. Ça faisait du mal à tout le monde. Mais il y a de l'argent, beaucoup d'argent, et c'est tout ce que ça leur rapporte !

Ils passèrent leur première nuit à Santa Monica, dans un hôtel appelé le Cheerio.

— George a téléphoné de chez nous à Don. Don était furieux. Il lui a dit : « Descends dans la cabine et ne rappelle plus jamais d'ailleurs que d'un téléphone public. » Et la fois suivante, Don avait changé de numéro. Voilà où ils en sont ! George avait rendez-vous quelque part avec Don, mais l'avocat a déconseillé qu'ils se voient. Sans doute parce que j'étais avec lui.

George raconte que Millie et lui avaient dîné avec Don et Carol pour Thanksgiving.

Il croyait qu'ils voulaient annoncer leur mariage : « Don a dit à Carol qu'il allait acheter une grande maison, avec des bonnes et tout ce qu'il faut. Carol a répondu que tout ce qu'elle voulait, c'était une petite maison toute simple, et pas de domestiques, juste un petit jardin devant et un autre derrière. Elle était si différente des autres filles, qui souhaitaient toutes mener la grande vie et avoir des bijoux. Carol n'avait pas tellement envie de luxe. »

Un soir, à Santa Monica, le père de Carol et George dînaient ensemble dans un restaurant en face du Cheerio.

« On parlait de Carol.

— Je suis sûr qu'elle est au ciel avec le Seigneur, ai-je dit.

— Oui, dit George, j'espère qu'elle est bien là où elle est, car elle le mérite.

— Que voulez-vous dire par là ?

— Vous savez, je crois qu'il existe des endroits bons pour les gens qui ont été bons, et où je n'irai jamais.

— Pourquoi dites-vous cela, George ?

— Je dis ça parce que je ne suis pas le genre de type qui mérite d'aller au ciel.

— Moi non plus, George, moi non plus. Ce n'est pas ce que je fais, c'est ce que je crois qui compte. Dieu a dit que si on avait confiance en Lui et qu'on Le considérait comme notre Seigneur et notre Sauveur, nous pourrions connaître la vie éternelle. C'est la promesse qu'Il nous a donnée, à vous, comme à tout le monde.

— Peut-être, dit-il, je ne sais pas. Je ne crois pas que je pourrais.

— Si, vous pouvez, et très facilement. Tout ce qu'il faut faire, c'est de reconnaître ses péchés, se repentir, et accueillir le Christ comme le Sauveur.

« Je n'ai pas insisté, parce que je ne voulais pas qu'il ait l'impression que je cherchais à lui enfoncer quelque chose dans le crâne.

Pendant qu'ils étaient en Californie, le père de Carol parla avec George du problème de la drogue :

« Est-ce que Don se rend compte des vies qu'il a brisées ? » George m'a répondu : « Nous ne voyons pas ce côté-là. » Il n'avait pas à voir avec ceux qui utilisent les stupéfiants, mais se contentait de fournir les quantités qu'on lui demandait, rien de plus. Il n'était jamais en contact avec ceux à qui ça pouvait faire du mal. Il n'avait donc pas de scrupules, car il ne voyait pas les dégâts que cela provoquait. Ce sont les affaires, voilà tout. Avant, je pensais que tous les vendeurs de drogue devraient être exécutés parce qu'ils tuaient des innocents, mais quand on rencontre en chair et en os une personne qui fait ça, comme Don et sa famille, on comprend leur point de vue, à savoir que si ce n'est pas eux qui vendent, quelqu'un d'autre le fera et empochera l'argent. Comme vous, vous venez ici, puis vous écrivez et ça vous rapporte de l'argent, non ? Et vous pourriez même, enfin, je ne sais pas si *vous* le feriez, mais il doit y en avoir qui profitent du malheur des autres rien que pour gagner quelques dollars.

8

— Lorsque Alan Arruda m'a téléphoné, raconte Mangan, pour m'apprendre qu'il avait été informé de la mort de Carol, je me suis précipité pour l'annoncer à Dennis, puis j'ai appelé à Fort Lauderdale pour joindre Mike Dutko, qui avait remplacé « Little Al » Ortenzo aux côtés de Joe Puleo à l'*Organized Crime Bureau*. Je lui ai expliqué ce qui s'était passé et j'ai ajouté : « Mike, essaie de trouver les parents, on va essayer de leur parler pour savoir où elle était. »

» Mike a fini par trouver l'entreprise de pompes funèbres qui avait reçu le corps et s'était chargée de la crémation. Il n'avait pas pu mettre la main sur les parents. On leur avait simplement dit que la dépouille venait de Ventura, Californie. On a donc appelé là-bas et on a appris que le coroner s'appelait Margot Martin. Elle a un accent britannique et elle est du tonnerre.

Margot apprit à Mangan que Steinberg se faisait appeler Roger Seabre.

— Je ne sais pas si vous vous souvenez de Roger Seabre, il avait travaillé pour Steinberg lors d'une opération à New York.

— Cela me rappelle quelque chose, dis-je.

— Il existe vraiment. Et je suis sûr que Donald a ses papiers. Margot m'a aussi dit que Gonterman était sens dessus dessous. Vous comprenez, Carol est morte, la police est là. De toute évidence, il a paniqué parce que primo, elle est morte et secundo, Donald est parti. N'importe qui se sentirait mal à l'aise.

— Certainement.

— Margot va à la maison, appelle la police de Ventura, parle aux voisins et apprend quelle voiture avait Donald. C'est vraiment Miss Quincy ! Maintenant, on sait au moins que Gonterman conduit une Dodge 4 × 4, et que Donald roule dans une Cadillac 78 beige immatriculée en Arizona.

— Est-ce que cela pourrait conduire à une éventuelle inculpation d'homicide à l'égard de Donald ?

— C'est la première chose qu'a dit Dennis. Ils ont fait toutes sortes d'analyses sur le corps. A coup sûr, on peut accuser Gonterman de recel de malfaiteur en fuite, ce qui va chercher dans les cinq ans sans sursis. Et Dennis veut qu'on essaie d'obtenir une accusation d'homicide contre Donald.

Red McMillan, l'homme du Centac-20 à Los Angeles, alla voir Margot à Ventura. Il est grand, mince, bronzé ; tout en lui, de la barbe bien taillée aux chaussures en cuir, dénote le style californien. Son hobby est le motocross.

Margot le fit asseoir dans son bureau et lui raconta tout ce qu'elle savait sur Carol. Elle lui donna des photocopies du rapport qu'elle avait rédigé et du carnet d'adresses de Carol, puis l'envoya chez Julie Zermeno.

Après Zermeno, McMillan alla jeter un coup d'œil à la maison de Steinberg, puis traversa la rue pour interroger un voisin. Celui-ci refusa de donner son nom mais lui dit qu'il n'en revenait pas de voir un couple si jeune conduire une Cadillac.

Avant de rentrer à Los Angeles, McMillan s'arrêta à l'Holiday Inn, parla avec le responsable de nuit et photocopia la note de six jours d'hôtel de Steinberg. Elle indiquait entre autres trente-neuf communications téléphoniques interurbaines, avec onze numéros différents.

Le lendemain de la visite de McMillan, Donald rappela le bureau du coroner.

— Margot cherchait désespérément à tirer quelque chose de tout ça, raconte McKendry, et chaque fois qu'elle commençait à se calmer, je lui disais « Mais bon sang, non ! Je sens que c'est *là* ». Je flairais quelque chose comme un rat. On *savait* qu'ils étaient recherchés, mais on ne pouvait rien faire. Margot n'arrêtait pas, elle passait des coups de téléphone partout mais n'aboutissait à rien.

» Et puis Donald a rappelé. Il était dans tous ses états. C'est la secrétaire qui a répondu. Elle a annoncé : " Roger Seabre est en ligne, il veut parler à Margot. "

« Elle lui a dit que Margot était sortie, mais qu'un autre enquêteur pouvait le prendre. Il a répondu qu'il ne pouvait parler qu'à Margot. La secrétaire lui a expliqué que tous les autres étaient au courant de l'affaire et elle me l'a passé.

» — Allô, c'est Roger Seabre. J'appelle au sujet de Carol.

» Il y avait deux inspecteurs dans le bureau ; j'ai fait signe à l'un d'eux et j'ai écrit sur un bloc : " Fugitif fédéral. Recherché. " Et j'ai souligné " recherché ". Et il est retourné s'asseoir. Il n'a rien fait.

» J'entends Donald : " Je suis furieux, je m'en veux tellement. Qu'est-ce que j'aurais pu faire pour empêcher que ça arrive ? Pourquoi je n'ai pas vu qu'elle était malade ? "

» Je lui réponds : " Vous savez, c'est très difficile de parler de ce genre de choses au téléphone. Vous devriez venir pour qu'on discute de vive voix. " Mais il m'a expliqué que c'était impossible parce qu'il appelait de loin, qu'il n'était pas en Californie.

» Tu parles. Il appelait de Los Angeles, d'une cabine au coin d'une rue avec une station-service juste à côté. J'entends une courroie de ventilateur qui fait du bruit. Comme quand on démarre une voiture dans une station-service et que ça fait... enfin, vous voyez le bruit que fait une courroie de ventilateur, quoi. Et c'est ça qu'on entendait.

» On a parlé un peu, et puis le téléphone a fait bip, bip, bip, et l'opératrice a annoncé : " Vos trois minutes sont écoulées ", mais Donald lui a dit qu'il avait beaucoup de monnaie, alors on a continué notre conversation. Il voulait savoir pourquoi Carol avait pu mourir si jeune et ce qui avait provoqué sa mort. Alors je lui ai tout expliqué, et il a dit : " Bon, eh bien il n'y a plus rien à ajouter, " voulant dire que rien ne pourrait le réconforter. C'est l'impression que j'ai eue. Il avait eu la réponse qu'il cherchait.

» Moi, je continuais à parler, dans l'espoir que quelqu'un s'occupe du téléphone, cherche à le repérer. Mais les inspecteurs qui étaient là ne levèrent pas le petit doigt. C'est très difficile de repérer un appel, ça prend un temps fou mais au moins ils auraient pu *essayer*. J'espérais qu'il allait dire quelque chose ou que j'entendrais un bruit dans le fond qui me donnerait une indication sur l'endroit d'où il appelait, mais je n'entendais rien d'autre que cette foutue courroie de ventilateur. Alors j'ai compris que j'étais fichu. Il appelait de la rue, je pense qu'il était en Californie, pas très loin, parce que la standardiste qui avait interrompu la conversation n'avait aucun accent et elle avait été brève, aimable, tac-tac : " Monsieur, vos trois minutes sont écoulées. "

— Probablement que si Carol n'était pas morte, dit Margot, il aurait pu vivre indéfiniment dans cette maison. Quel âge a-t-il ? Ça fait combien de temps qu'il fait ça ? C'est merveilleux, n'est-ce pas ? Rendez-vous compte, s'il avait été aiguillé sur l'entreprise privée, il pourrait être millionnaire aujourd'hui. Il doit être très brillant, ce monsieur. J'aimerais beaucoup le rencontrer. Pensez-vous qu'ils arriveront à l'attraper un jour ? Maintenant je crois que oui. Je crois que la mort de Carol va précipiter les choses, il va se laisser aller, je parie.

— Je crois que la mort de Carol va lui faire rater une marche, acquiesce McKendry.

— Je crois vraiment qu'il doit répondre de quelque chose dit Margot. Je voudrais lui demander de but en blanc : « Pourquoi n'êtes-vous pas revenu ? Où étiez-vous lorsque cette belle jeune fille est morte ? »

— Vous pensez qu'il peut encore revenir ? demandai-je.

— La douleur est quelque chose de très étrange. Le fait même qu'il soit entré en contact avec notre bureau à deux reprises prouve qu'il n'est pas satisfait de ce qu'il a appris. Peut-être que dans un mois ou deux, lorsqu'il revivra la solitude de cette fille... Je crois que tout dépend de deux choses. D'une part est-ce qu'il l'aimait vraiment, et d'autre part à quel point se sent-il coupable ? Et, s'il l'aimait vraiment, ou même s'il ne l'aimait pas vraiment mais qu'il se sente vraiment coupable, il m'appellera.

9

Quand le père de Carol rentra de Californie chez lui, il reçut un coup de fil de Donald.

— Il pouvait à peine parler. Il pleurait comme un enfant. Il était tout retourné. Il m'a demandé : « Ce Dieu ! Quand vous lui parlerez, à Dieu, demandez-lui pourquoi. Pourquoi a-t-il pris Carol ? »

» Je lui ai répondu : " Don, nous ne sommes pas... nous ne remettons pas en question l'autorité de Dieu. Il a le droit de donner et de reprendre. Il donne la vie et Il prend la vie. " J'ai ajouté que Dieu avait quelque chose pour lui aussi, s'il voulait transformer sa vie.

La mère de Carol, les yeux rouges d'avoir pleuré, ajoute :

— Je lui ai dit que Dieu l'aimait. « Confesse tes mauvaises actions, subis ton châtiment, et recommence une nouvelle vie. Tu peux le faire. » Il pleurait. Il ne le croyait pas. Il disait : « Vous êtes des gens si bons, je n'en reviens pas que vous acceptiez même de me parler. »

» Je lui ai dit : " Dieu aime tout le monde et Dieu pardonne. Qui sommes-nous, alors que Dieu fait cela ? Carol t'aime, et je sais qu'elle voudrait que nous restions en rapport avec toi et que nous essayions de te remettre dans le droit chemin. « Sa mère nous a appelés aussi et nous a dit qu'elle avait parlé à Don et lui avait demandé comment ça allait ; il avait répondu : « On ne peut pas avoir eu quelqu'un comme Carol pendant trois ans et l'oublier en trente jours. » Il l'aimait énormément. Elle était tout pour lui. J'ai dit à Don que Carol avait fait un testament. Bien sûr, elle laissait tout à son père et moi, mais j'ai proposé à Don de garder sa bague s'il voulait. C'est une bague qui vaut mille dollars. Nous n'avions jamais eu un objet d'autant de valeur. J'étais étonnée qu'il lui ait donné une chose pareille. Mais il a dit qu'il voulait que nous gardions tout ce qui était à Carol. Il a juste demandé une chose, si nous acceptions de la lui laisser : la Bible de Carol. C'est tout ce qu'il a demandé. Quand il a dit que c'était ça qu'il voulait et rien d'autre, je n'ai pas pu refuser parce que j'ai pensé que peut-être, d'une certaine façon...

George et Millie vinrent à l'enterrement. Après que les restes de Carol eurent été déposés en terre, son père parla avec George.

— Je lui ai dit : « Vous savez, George, mes soucis sont terminés, mais vous avez encore les vôtres. » Parce que Carol n'est plus là. Nous avons prié jour et nuit pour qu'elle revienne à la maison, et nous avons demandé à Dieu qu'il nous la rende. Je crois que Dieu a vu qu'il n'y avait pas d'avenir pour Carol, compte tenu de la façon dont tournaient les choses, que ce serait trop dur pour elle, et je crois que c'est pour cela qu'elle est morte prématurément. Je pense que c'est pour cette raison qu'Il l'a rappelée à lui.

Quand le père de Carol alla dans la chambre de celle-ci après l'enterrement, il trouva la Bible que sa mère lui avait offerte pour Noël lorsqu'elle avait sept ans. En la feuilletant, il vit que de nombreux passages étaient soulignés. L'un d'eux, tiré de la première épître de saint Paul aux Corinthiens, avait été lu pendant le service.

« La charité est longanime ; la charité est serviable ; elle n'est pas envieuse ; la charité ne fanfaronne pas, ne se rengorge pas ; elle ne fait rien d'inconvenant, ne cherche pas son intérêt, ne s'irrite pas, ne tient pas compte du mal ; elle ne se réjouit pas de l'injustice, mais met sa joie dans la vérité. Elle excuse tout, croit tout, espère tout, supporte tout. »

— Si Carol n'avait jamais rencontré Donald, demandai-je, pensez-vous qu'elle serait encore en vie ?

Son père répond :

— Je ne crois pas que Don soit responsable de sa mort. Je n'ai pas de rancune envers lui.

— Si vous appreniez où se trouve Donald en ce moment, s'il appelait en vous disant qu'il venait vous voir, est-ce que vous préviendriez Joe Puleo ?

Le père de Carol répond avec un gros soupir :
— Je ne sais pas.
— C'est une question difficile.
— Oui, très difficile. Parce qu'on est pris entre deux choses. L'amour que Carol avait pour lui. Nous aimions notre fille et nous savons ce qu'elle en penserait. Elle chercherait à le protéger par tous les moyens. Alors je ne sais pas. Il devrait être puni, il devrait être pris, il devrait payer pour son crime. C'est mon avis. C'est malheureux que ma fille se soit trouvée avec lui. Mais je ne veux pas être celui qui le montre du doigt. Parce que nous sommes vraiment trop proches. C'est comme si un père dénonçait son fils.

Il est calme, il réfléchit tant qu'il peut au dilemme de l'amour et de la responsabilité, ce qui revient à César et ce qui revient à Dieu.

— Je crois... si on en arrivait là... si je savais qu'il doive venir... je crois que je les préviendrais. Parce que je pense qu'il faut l'arrêter. S'il cherche à se réhabiliter et à revenir dans le droit chemin, j'en tiendrais compte. Mais s'il est encore là-dedans, je serais affirmatif... je sais que je dirais : « Il est là. Venez le chercher. »

Je les remercie de m'avoir parlé.
— Je sais que ce n'est pas facile.
— Non, dit-il, mais si ça peut aider quelqu'un...
— Si ce n'était pas pour le Seigneur, ajoute la mère de Carol en pleurant, nous ne serions pas capable de traverser de telles épreuves. Il est notre Rocher.

CHAPITRE HUIT

1

C'est une belle matinée ensoleillée. Dick Mangan et Mike Dutko sont à la recherche de Donald à Fort Lauderdale. Joe Puleo n'est pas là ; et, comme les coureurs automobiles qui n'aiment pas parler des accidents de leurs collègues, Mangan et Dutko ne mentionnent pas son absence. L'un des premiers à être partis à la poursuite de Steinberg et certainement l'un des plus tenaces, Puleo, n'est plus sur l'affaire. Les informations concernant les deux disparitions de cocaïne saisie dans lesquelles il était impliqué l'ont disculpé ; il a néanmoins été renvoyé de l'*Organized Crime Bureau*. Il a repris l'uniforme et patrouille en voiture. C'est un rétrogradage humiliant et il paraît qu'il est plein de colère et de rancœur. Mais il n'a pas que des problèmes d'ordre professionnel, puisqu'il s'est séparé de sa femme et a quitté sa maison à la campagne pour s'installer dans un appartement.

Mangan est habillé pour le climat de la Floride du Sud, à la fois sur le plan météorologique et psychique, chemise Lacoste vert passé, baskets bien patinées, sans chaussettes, pantalon en velours à côtes beige qu'il semble ne pas avoir quitté depuis huit jours. Alan Arruda lui a appris que Donald pouvait être contacté sous le nom de Peter Benson à deux services d'abonnés absents de Floride du Sud.

En parlant de cette chasse à l'homme, Mangan et Dutko se disent, encore une fois, que ça doit être un type passionnant à connaître.

— Je veux arrêter Donald, dit Mangan, mais avant de le conduire en prison, je l'inviterai à déjeuner.

Au premier service d'abonnés absents, Mangan est accueilli par une fille maussade qui a des yeux comme des pièces de monnaie crasseuses.

— Nous voudrions voir le patron, dit Mangan.
— Je peux vous répondre.
— Vous êtes la patronne ?
— Si on veut.
— Je veux voir le patron. C'est vous, oui ou non ?
— Oui.

Mangan essaie de l'amadouer avec un sourire. Les pièces de monnaie se figent. Il tire un portefeuille en cuir de sa poche arrière et exhibe sa plaque et sa carte. Toujours souriant, il dit :

— Il est interdit de mentir à un agent fédéral, alors si vous ne me dites pas la vérité je serai obligé de vous embarquer. Vous voulez toujours être la patronne ?

Il dit ça sur le ton de la plaisanterie, mais les justificatifs qui sont dans le portefeuille ne plaisantent pas. Elle parcourt la carte des yeux puis disparaît.

Au bout de quelques secondes, un homme entre par la porte de derrière. Il a l'air de descendre de l'autocar qui ramène les petits joueurs de Las Vegas, gros, chauve, veste à carreaux en synthétique et chaîne avec un dollar en argent autour du cou. Il emmène Mangan et Dutko dans un bureau où se trouvent une table de conférence et un bar. Mangan lui tend une citation à communiquer aux termes de laquelle il est habilité à examiner les enregistrements concernant Peter Benson.

— Nous recherchons un fugitif.
— Ecoutez, je suis prêt à coopérer autant que vous voudrez. Mais moi, je ne fais que prendre les messages, vous voyez ce que je veux dire.

Je ne sais rien. Je ne m'occupe pas de ce qu'ils font tant qu'ils payent les factures.

Il se trouve justement que Peter Benson n'a pas réglé sa note. Il doit 150 dollars. Les appels à un numéro qu'il a donné à Reno sont restés sans réponse. Il a laissé une fausse adresse. Les messages les plus récents datent d'il y a deux semaines. « Rappeler Butch Hillers en Hollande. » C'est l'ami de John Russel, le type qui avait collaboré à la préparation de la traversée de l'*Euphoric*. « Rappeler Huttoe. » Arthur Huttoe, l'ex-juge. Mangan remercie l'homme et s'en va.

C'est une déception. Si Donald ne se manifeste plus aux abonnés absents, il n'y aura plus moyen de retrouver sa trace.

Mangan et Dutko passent s'acheter un hamburger dans un centre commercial et vont jusqu'à l'autre service d'abonnés absents, à Pompano Beach. Derrière un bureau, dans une minuscule entrée, une femme d'une soixantaine d'années, qui pourrait bien être l'épouse du patron, semble désœuvrée et morose. Elle se gratte le cuir chevelu à travers ses cheveux gris en désordre.

Mangan produit sa plaque, sa carte, sa citation à communiquer, et mentionne Peter Benson en ajoutant que ce n'est pas son vrai nom.

— Ah bon ?

Elle examine Dutko — lunettes noires, barbe, bottes — puis Mangan.

— Eh non ! Il est en fuite.

Mangan joue, et elle a l'air d'aimer ça. Son expression s'éveille.

— Mais c'était un garçon *tellement* charmant.

Ses doigts fouillent et grattent.

— Vous savez, madame, les prisons sont pleines de garçons charmants. Rien ne dit qu'il ne faut pas être charmant pour aller en prison.

— Bon, il a appelé.

Elle disparaît, revient avec une pile de fiches de messages. Elle regarde Mangan comme si elle voulait l'adopter. Elle dit que Benson vient d'appeler le matin même. Elle pense qu'il téléphonait de loin. Elle fait signe à Mangan d'approcher et d'examiner les messages avec elle.

— En voilà un qui est arrivé hier. Je le sais à cause de l'écriture. Je connais la fille. Je connais son écriture parce que je travaille ici. Vous, vous pouvez pas la connaître, son écriture, puisque vous travaillez pas là. Vous, vous connaissez les gens avec qui vous travaillez parce que vous travaillez avec eux et vous connaissez leur écriture parce que c'est avec eux que vous travaillez. Moi, je connaîtrais pas leur écriture puisque je travaille pas avec eux.

Dutko regarde par la fenêtre en faisant semblant d'inspecter les voitures qui se trouvent sur le parking.

Mangan lui demande son nom.

— Pinkie. Pinkie Flaherty. J'ai cru que vous veniez vous inscrire quand je vous ai vus arriver.

Pinkie dit que la première fois que Mr. Benson était venu, il avait dit qu'il vivait sur un bateau.

— Vous pourriez pas prendre les types qui ont enfoncé la porte ici?

— Ça, c'est l'affaire de ce monsieur, dit Mangan en indiquant Dutko d'un signe de tête. Il est de la police locale. C'est à lui qu'il faudra vous adresser pour ça.

Elle regarde Dutko, tout en se tripotant la tête.

— Bon, laissez tomber.

Elle n'a confiance qu'en Mangan.

Mangan donne sa carte à Pinkie, raccompagne Dutko à l'OCB, et va au bureau de Lurana au palais de justice fédéral. Il a repris espoir. Pinkie a dit que Benson payait par mandat. La prochaine fois qu'elle en reçoit un, elle appelle Mangan :

— J'ouvrirai même pas l'enveloppe. Je vous la donnerai sans l'ouvrir et comme ça, vous la décachetterez vous-même.

Le mandat portera un numéro indiquant le bureau d'envoi. Mangan flaire une piste.

Lorsqu'il entre dans le bureau de Lurana, celle-ci lui annonce :

— Une personne du nom de Pinkie vient d'appeler pour se renseigner sur vous. Elle m'a dit : « C'est un jeune homme *tellement* charmant! Mais l'autre aussi était charmant. »

Quelques jours plus tard, Pinkie rappela. Donald avait effectué son paiement, cette fois ce n'était pas un mandat mais un chèque. Le chèque était payable à une banque de Durango, Colorado, et l'enveloppe portait un cachet de Durango.

On contacta une jeune détective à Durango et on lui envoya des photos de Donald. Dès qu'elle les eut reçues, elle alla les montrer à tout le monde à la banque. Personne ne reconnaissait le jeune homme maigre aux yeux rêveurs.

Est-ce que Donald était à Durango? Etait-ce là-bas qu'il était allé quand il avait pris la fuite après la mort de Carol? Mangan prit l'avion pour Washington afin d'en discuter avec Dennis. Bob « Mad Dog » Salisbury, l'homme de l'IRS qui travaillait pour le Centac-20, chauve et barbu, examina une photocopie du chèque comme si c'était quelque chose qu'il s'apprêtait à manger.

— Vous voyez l'esprit de l'IRS là-dedans, dit Dennis plus tard. Bob est obsédé par les banques. Il ne se soucie absolument pas de savoir si Donald était effectivement à Durango, ni pourquoi, ni s'il y est encore. Tout ce qui lui importe, c'est ce chèque, et il va poursuivre ce chèque jusqu'au bout du monde, même si ça doit le mener droit dans le cul d'un saint-bernard.

De retour à Fort Lauderdale, Dick Mangan et moi dînons avec Lurana, avant d'aller boire un dernier verre chez elle, au cinquième étage d'un grand immeuble récent. Il se peut que, parmi ses voisins, il y ait des trafiquants de drogue de niveau moyen. Elle a mis son nom sur sa porte, ce qui témoigne d'une certaine insouciance.

Mangan s'assied au piano et joue quelques notes. Des portes vitrées coulissantes donnent sur un balcon.

— Vous savez vraiment jouer? dis-je.

— Je sais tout faire, Jim. Un agent du Centac doit avoir des connaissances universelles. Il ne suffit pas de se promener avec une plaque et un flingue et de dire « Vous êtes en état d'arrestation ». On ne sait jamais quand il va falloir se faire passer pour un pianiste : vous savez, il y a quelques années, quand j'ai joué au Carnegie Hall — bon, bon! Je vois que vous ne tenez pas à ce que je vous raconte ma vie!

Lurana dit que certaines personnes pensaient que son arrestation était un coup monté. Mangan lui conseille de les laisser dire :

— Qui aurait pu savoir que tu allais à cette party et à quelle heure tu allais en sortir?

— Bon, peu importe. Je ne peux pas passer le restant de mes jours à penser à cette histoire. N'empêche que je ne pourrais plus survivre à un truc pareil. Mes nerfs auraient craqué si ça avait duré quelques jours de plus. J'aurais fort bien pu enjamber ce balcon.

Mangan et moi lui souhaitons une bonne nuit.

Dans l'ascenseur, il me dit :

— J'aime bien Lurana, mais elle n'arrête pas de radoter sur cette histoire et je vous assure, James, qu'après avoir entendu ça toute la journée, j'ai vraiment pas envie de remettre ça pendant le dîner.

Il dit que Lurana lui a montré des photos prises à cette fameuse party, dont une où on la voit, l'air heureux et insouciant, dans son costume de chat. Il dit :

— Cela vous intéresserait de voir ces clichés? Je les apporterai demain matin. En la voyant tellement souriante sur cette photographie, je me suis dit que ce serait une bonne illustration du « avant » et « après ». Alors j'ai appelé Mike Dutko et je lui ai dit : « Mike, ça t'ennuierait de faire un tirage de la photo et une photocopie du rapport de police? » Il m'a demandé pour quoi j'en avais besoin; j'ai répondu que c'était strictement personnel, qu'il n'y avait aucune raison précise, mais que j'aimerais les regarder.

Peu de temps après son dîner avec Mangan et moi, Lurana fut réveillée à quatre heures et demie du matin par un coup de téléphone. Lorsqu'elle décrocha le combiné, elle entendit une voix d'homme qui lui dit :

— Hé, Lurana, j'attends toujours de...

Elle raccrocha. Au cours du mois passé, elle avait entendu cette voix plusieurs fois, et le même message. Elle éteignit la lumière, reposa la tête sur son oreiller, et se dit que c'était simplement le genre de coup de téléphone obscène que reçoivent toutes les filles.

Puis une pensée la frappa. Elle s'assit dans son lit et ralluma. Elle prit l'annuaire sur sa table de nuit et chercha dedans, déjà certaine de ce qu'elle allait trouver : « L. Snow. » Pas Lurana. Donc, la personne qui l'appelait la connaissait.

En y réfléchissant, le coup de téléphone lui rappela plusieurs autres bizarreries récentes. Les enregistrements saisis pendant la descente à l'Ireland's Inn avaient disparu. Personne n'avait pu remettre la main dessus. Un autre enregistrement concernant un procès précédent d'Alan Arruda manquait également. Et puis, il y avait la cocaïne de Joe Puleo qu'on ne retrouvait pas.

— N'allez pas croire, me dit-elle quelques jours plus tard, que l'idée que quelqu'un cherche à brouiller les pistes ne m'est pas venue à l'esprit. Eloigner Puleo parce qu'il était de toute évidence l'un des meilleurs policiers. Et l'agent du FBI qui avait examiné les bandes de l'Ireland's Inn a eu des ennuis et se retrouve maintenant dans le privé. Pourtant, tout ce que nous savons de Steinberg et de ses hommes dément la possibilité d'une telle attitude de leur part. Mais... quand même, Puleo a subi des tests et a été hypnotisé, et il en est ressorti entièrement blanchi. Alors pourquoi cette coke a-t-elle disparu ? Toute cette histoire est bizarre. Ça me travaille un peu. C'est presque comme une fatalité. J'attends toujours qu'il arrive quelque chose de déplaisant à Dick. Quant à moi, dès lundi, je fais enlever mon numéro de l'annuaire.

Elle ne parla pas de son nom sur sa porte.

2

Petit, costaud, ses cheveux frisés déjà légèrement clairsemés, Alan Arruda, assis au bord d'un bureau en bois, balance les jambes et regarde, à l'autre bout de la minuscule pièce en parpaings blanchis, Dick Mangan, debout entre un très vieux réfrigérateur et une table à empreintes digitales. Arruda porte un jean et des mocassins cirés ; l'expression de son visage reflète une profonde inquiétude. Il se cache dans cette petite pièce du sous-sol du palais de justice fédéral de Fort Lauderdale en attendant que ce soit son tour de se présenter devant le jury d'accusation. Il a peur que d'autres prisonniers enfermés à la prison fédérale ne s'aperçoivent qu'il témoigne pour l'accusation. Le timbre de sa voix indique la même peur tenace et raisonnée qu'elle avait lorsque Mangan l'avait entendu sur la table d'écoute, lorsqu'il parlait à Donald de la saisie de 50 000 dollars par des agents fédéraux à l'aéroport de Fort Lauderdale.

On lui demande de parler de son passé. Ayant été un businessman tout à fait respectable, on s'étonne qu'il ait été candidat à une carrière criminelle.

— Après le lycée, je n'ai pas fait d'études. J'ai tout de suite commencé à travailler. Un de mes amis était en train de monter une entreprise de construction, et je suis allé bosser pour lui à l'âge de quinze ans. J'ai tout fait. Manœuvre, chauffeur de camion, contremaître, directeur général, président de ma propre société de développement, avec une bonne position sociale.

— Alors comment en êtes-vous arrivé à faire du trafic?

— Par envie de gagner de l'argent. Et je considérais un peu ça comme de la rigolade. Tant que je ne touchais pas à la cocaïne ni à l'héroïne, je trouvais qu'il n'y avait rien de grave. Avec un autre gars, nous devions faire des lotissements, en gérant la construction tout seuls. Je m'enfonçais de plus en plus, quand j'ai rencontré un type qui m'a présenté à un autre qui était dans le commerce de la marijuana et qui m'a demandé si je pouvais l'aider à faire parvenir un chargement aux Bahamas, parce qu'une de nos sociétés avait son siège là-bas. Ensuite, Donald a voulu que je devienne son partenaire à temps plein.

Combien d'argent pense-t-il que l'organisation Steinberg puisse faire en une bonne année?

— En moyenne, un cargo arrivait une fois par semaine. Et ces cargos transportent entre soixante et cent mille livres (de trente à cinquante tonnes) chacun.

— Ça représente vingt millions de dollars par semaine.

Lurana entre. Content de la voir, Arruda lui adresse un sourire chaleureux.

— Harvard a perdu samedi contre Yale, quatorze zéro, dit-il.

— Vous ne pouviez pas le garder pour vous!

Mangan parle à Lurana des vingt millions de dollars par semaine, puis demande à Arruda :

— Est-ce que Donald a jamais eu des conversations concernant ses buts en matière d'investissements? Affaires, sociétés, immobilier, terrains...

— C'est avant tout pour cela qu'il s'intéressait à moi.
Et la personnalité de Donald?

— Le genre flambeur. Il a des maisons dans tout le pays, très chères, très grandes. Un type tout à fait décontracté, pas du tout méchant ou désagréable. Il n'y avait ni revolvers ni armes, et je n'ai entendu parler d'aucune violence jusqu'à cette histoire d'enlèvement à Plymouth. C'est quelqu'un de vraiment brillant. Il n'a pas raté grand-chose. Très généreux avec ses employés.

— Que croyez-vous qu'il voulait vraiment, ou qu'il veuille maintenant?

— Je lui ai parlé de ça deux ou trois fois. C'est moi qui lui ai dit de prendre de l'argent pour l'investir dans un business légal afin de pouvoir un jour abandonner tout le reste et pouvoir vivre comme un être humain. Mais en fait, ça ne l'intéressait pas tellement. Je lui ai demandé : « Donald qu'est-ce que ça va te donner, tout ça? Tu ne mets pas un sou de côté, tu dépenses tout pour le même business. » Il m'a répondu : « Eh oui, je réinvestis dans mon affaire. » Alors je lui ai dit : « Combien tu peux réinvestir? Imagine que tu te retrouves avec des problèmes vraiment sérieux, qu'est-ce que tu auras comme réserves? » Il a dit : « De toute façon, si j'ai de gros problèmes, je ressortirai ce que j'ai investi pour m'en servir. » J'essayais de lui faire mettre de l'argent de côté pour plus tard. On ne peut pas faire ce genre de choses toute sa vie. Mais je crois qu'il..., j'étais peut-être un peu plus vieux que lui et je voyais un peu plus loin. Mais lui, tout ce qui l'intéressait, c'était de devenir de plus en plus gros, comme un champignon. Il fallait bien que ça finisse un jour. Je m'en rendais compte parce qu'il y avait trop de gens impliqués, et tôt ou tard, la coquille craquerait et l'œuf se briserait.

Arruda demande à Lurana quel genre de questions elle va poser au jury d'accusation. Il est tendu.

— Ça va être à peu près le même genre, Alan. Ça n'a rien d'effrayant. A la fin, je leur laisse poser des questions. Il y en a un ou deux qui sont assez durs. Si j'estime que les questions sortent du sujet, j'interviendrai. Ils sont très intéressés par toute cette affaire.

Un *marshal* frappe à la porte et passe sa tête. Le jury d'accusation est prêt.

CHAPITRE NEUF

1

Le jour où Bob Straus devra déposer au procès de Donald Steinberg et de ses associés approche à grands pas. Il arrive que les traditions soient dures, surtout celles qui concernent les criminels qui trahissent leurs pairs. L'organisation de Donald Steinberg s'était toujours vantée de sa non-violence, et Bob Straus, qui en était membre à part entière, le sait mieux que quiconque, mais il n'empêche que la peur est bien présente, le lourd tribut qu'il faut payer à une doctrine vengeresse.

— On ne me reverra peut-être jamais, dit Straus en tripotant nerveusement sa moustache à la Fu Manchu. Je ne sais pas ce qui va se passer. Je suis inquiet. Ça fait deux ans que j'y pense. Ça a de quoi vous transformer. Avant, j'avais une confiance inébranlable en tout ce que je faisais. Plus maintenant. Je ne sais pas si ce que je fais est bien ou mal.

Straus et moi nous trouvons dans un restaurant de la Fox River Valley. Cela fait un an et demi que nous avions eu cette conversation à Fort Lauderdale, le jour où il avait chanté les paroles de « A Pirate Looks at Forty » et m'avait parlé de son enthousiasme quand il regardait les bancs de baleines et d'épaulards et passait de la marijuana sans se faire repérer par les garde-côtes. Kevin Callanan, le petit Irlandais new-yorkais d'un mètre soixante-cinq, chargé de Straus, est attablé en face de moi ; il boit sa Budweiser et écoute ce que dit Straus avec une moue d'incrédulité.

Je demande à Straus ce qui l'incite à douter de ce qu'il fait.

— Je ne sais pas si c'est bien de faire ce que je fais. La raison pour laquelle je le fais, c'est que Don me fait chier. Primo il me doit du fric, secundo il m'a pas aidé quand je me suis fait enlever, tertio je n'apprécie pas l'esprit du truc en général. C'est du style : « T'as qu'à te démerder. » C'est nul, ça. Je suis dans un groupe. Où est mon groupe ? J'ai pas envie de me laisser piéger comme ça.

Il conserve encore quelques souvenirs du groupe, des marques de reconnaissance : une Rolex Presidential en or et un maillot de marin à manches longues avec un insigne sur l'épaule où l'on peut lire : *Maritime National*. Sur le maillot, il porte un gilet en cuir doublé de fourrure.

Callanan a l'air de dire que Straus va le faire pleurer. Le pauvre a travaillé pour Steinberg pendant des années, il a empoché un maximum d'argent, vécu des moments formidables, et quand les choses ont commencé à mal tourner, il a conclu un marché avec l'accusation qui le laisse en toute liberté. Et maintenant il vient faire de la morale ? Il est pas heureux ?

Straus se ronge les ongles et dit qu'il avait du mal à faire des affaires avec des amis. Tous ces potes de la Vallée, surtout Steinberg. On ne devrait jamais faire d'affaires avec des amis.

— C'est les amis qui vous brûlent. Les ennemis ne peuvent pas vous approcher assez près pour vous toucher. Ils ne savent pas où on en est. C'est seulement les amis qui peuvent vous blesser.

Le pirate approchant la quarantaine refait surface, le romantique raté.

Je demande à Straus ce qu'il pense qu'il va lui arriver.

— Je finirai par me faire descendre.

C'en est trop pour Callanan. Il rit et prend une gorgée de bière.

— J'enverrai des fleurs.

— Ouais, dit Straus, Kevin enverra des fleurs. Peut-être. Ce sera un cercueil bon marché.

Son rire cassant et métallique ressemble à un changement de vitesse qui craquerait dans son larynx.

— J'irai à la veillée funèbre, dit Kevin.

— Apporte une bouteille. Tu la jetteras dans la tombe.

— Sérieusement, recommençai-je, que pensez-vous...

— Ça me travaille. Après avoir entendu parler de Little Tommy. Le dernier témoin qu'ils avaient en Californie... ne... s'est... pas... présenté.

Les mots sont tellement chargés d'ironie qu'ils sortent comme des boulets.

— Qui est Little Tommy ? demandai-je, supposant qu'il s'agissait de Tommy Penta, l'horticulteur californien qui avait appris aux paysans kenyans de Steinberg à cultiver la sinsemilla.

— Little Tommy était un indic en Californie. Ils n'en ont plus.

Si un indic a été tué, c'est une première nouvelle pour Callanan.

— Je tiens ça de bonne source, dit Straus. C'est Joe qui me l'a dit.

Joe Gonterman, le meilleur ami de Donald, qui était aussi son homme à tout faire, a été voir Straus après la mort de Carol.

— C'est lui qui m'en a parlé. Little Tommy était le type à qui les flics parlaient en Californie. Et il est en sécurité ? Lui ?

En sécurité dans sa tombe.

— Comment il t'a raconté ça, Joe Gonterman ? demande Kevin, puisque personne, et surtout pas Donald, n'est censé savoir que Straus a retourné sa veste. Sur le ton : « regarde un peu Tommy, il a ouvert la bouche et t'as vu ce qui lui est arrivé » ?

— Non, pas du tout, on était en train de discuter, et il fait : « C'est comme si on était une grande famille. » Je dis « Oui, pourquoi ? » Alors il continue : « Tu te rappelles Little Tommy ? » « Ouais, je le connais. » « Ben tu sais ce qui lui est arrivé ? » « Non, il ne m'a jamais donné de ses nouvelles. » « Y a pas de risques qu'il t'en donne. Parce qu'il parlait... On l'a trouvé au Mexique. Mort. »

Callanan est sceptique.

— Si on en avait perdu un, je pense que ça se saurait. Est-ce que Joe voulait insinuer que...

— Il insinuait que c'est ce qui arrive à ceux qui témoignent.

— Et que peut-être c'est lui qui était derrière, ou de vieux amis...

— Il insinuait qu'on s'en était occupé. Parce qu'ils ont plus de problème.

— Ils ont tellement de problèmes qu'ils peuvent même pas les compter.

Nous remontons dans la voiture de Callanan et Straus indique le chemin de la maison de Jimmy Bell, le réparateur de cheminées improvisé qui était devenu le chef des ventes de Donald, hantant les Holiday Inns avec des placards pleins de billets de cent dollars. Depuis la fuite de Donald Steinberg loin de Fort Lauderdale et la désintégration de son empire, beaucoup de ses amis sont retournés dans la vallée de la Fox River et travaillent de leur côté. Etant donné que les noms des personnes inculpées dans l'acte d'accusation de Lurana, qui est sur le point d'être publié à Fort Lauderdale, seront rendus publics dès la première arrestation, tous les accusés doivent être arrêtés simultanément pour éviter qu'ils ne prennent la fuite. Callanan doit donc savoir où habitent ceux qui se trouvent dans son secteur, et Straus l'aide à les localiser.

Je prononce le nom de Jack Gallo, l'un des fournisseurs de drogue colombiens de Steinberg, propriétaire d'un palace de Miami appelé La Cathédrale.

— Lui, je ne veux surtout pas en parler, dit Straus. On ne me reverrait jamais.

— C'est vrai ?

— Bien sûr. Peut-être qu'on ne me reverra jamais de toute façon, mais j'ai pas besoin de me mettre ça en plus sur les bras.

Il parle de la mort de Carol.

— C'est de fumer de la coke qui l'a tuée. Joe était avec elle. Il était ici il y a deux mois. Son père venait de mourir et il fallait qu'il l'enterre. Il m'a dit qu'ils n'arrêtaient pas de fumer de la coke, qu'ils s'entraînaient pour les championnats du monde des fumeurs de coke. Il a dit : « Ça m'a servi de leçon. Je ne veux plus en entendre parler. »

Callanan intervient :

— D'après les rapports officiels, elle est morte d'une crise cardiaque.

— Oui, c'est une crise cardiaque. Dans sa famille, il y a des problèmes cardiaques depuis longtemps. Et vous savez ce que ça fait, quand on fume de la coke ? Ça excite le cœur. Joe était sorti avec Sacha, le saint-bernard, et quand il est rentré, il a trouvé Carol sur le canapé en train d'étouffer. Il lui a fait du bouche à bouche, mais elle est devenue toute bleue. Il essaie d'appeler une ambulance, et en même temps de nettoyer l'appartement, de se débarrasser de la drogue, de lui faire du bouche à bouche, mais ça marche pas. Alors il est assis là avec elle dans ses bras. Elle est morte. Les ambulanciers entrent, et c'est la fin du voyage. Joe dit : « Tenez, voilà, c'est fini, terminé ! » Et les flics sont venus dans la maison. Ils ne savaient pas qui elle était. Il y est retourné trois jours plus tard avec le père de Don, George, et ils ont tout nettoyé. Il n'y avait personne, et ça s'est terminé comme ça. Il a filé.

— Où était Don ?

— A New York je crois. Maintenant, il est retourné en Californie.

Je demande si Donald a vraiment été affecté par la mort de Carol.

— J'en ai parlé à Joe et il m'a dit qu'il était effondré, mais la vie suit son cours. Ça ne l'a pas secoué au point de... pour Don, ou pour moi, ou pour la plupart des gens qu'on fréquente, la mort est... quelque chose, enfin, d'inévitable. Ce n'est pas un sujet qui nous préoccupe ou sur lequel on va s'appesantir. Il a été touché, c'est sûr, il a été secoué. Par exemple quand Joe a été chercher les affaires, il ne voulait pas du canapé ou des choses qui lui rappelaient Carol. Il ne voulait aucun souvenir avec lui. Mais je ne pense pas que ça l'ait affecté très profondément. Il doit certainement continuer son chemin, maintenant. Gonterman est retourné chez sa tante, quelque part dans le nord de la Californie.

Callanan demande :

— Tu sais où on peut le joindre ? Tu sais où elle habite sa tante ?

— Pas vraiment, mais c'est pas dur à trouver. Prends à droite ici.

Callanan tourne. Quant à Straus, le fait de traverser toutes les petites villes de la Vallée comme Elgin ou Carpentersville, ça le rend nostalgique.

— Tout a commencé à Carpentersville. Une petite ville de rien du tout. Vous vous rendez compte ? C'est assez sympa. C'est une jolie petite vallée. On sait où on peut se retrouver et on forme une bande très unie. Il y a une concentration de gens dans la région. On grandit ensemble, on a des chances de rester avec le même groupe de gens toute sa vie, et c'est en gros ce qui s'est passé. On vivait tous à un ou deux pâtés de maisons les uns des autres, et on a tous grandi dans le même quartier. Don était plus intelligent que la plupart, faut bien dire, et quand il a démarré son business, on le suivait, on était plus ou moins sur ses talons. Il disait tout le temps que c'est pas drôle d'être riche tout seul. Qu'est-ce que ça donne? Quand tous ses amis sont fauchés? Qu'est-ce qu'on peut faire? Sortir s'amuser tout seul? On a envie d'emmener les copains, on veut qu'ils voient les mêmes choses. C'est un peu comme ça que c'est parti. On l'a suivi.

— On peut dire que pendant un certain temps, Fort Lauderdale vous a pratiquement appartenu, non? dis-je.

— Les clés de la ville, j'appelais ça. On nous laissait tranquilles. On travaillait au grand jour. On n'embêtait personne pour de la marijuana.

— C'était au moment où on était sur les dents à cause de l'héroïne mexicaine, dit Callanan. Vous en avez profité.

— Oui, la voie était libre pour l'herbe. Ils la laissaient entrer. Maintenant, l'univers entier est grand ouvert. Tout est blanc. Tout ce qu'on trouve dans la rue, c'est de la coke. Les gens ne veulent plus dépenser d'argent pour acheter de l'herbe parce que ça serait ça de moins qu'ils auraient pour leur coke. Avant, j'avais des centaines et des centaines de tonnes d'herbe qui me passaient entre les mains toutes les semaines. Maintenant, j'arriverais même plus à en vendre dix malheureux kilos pour sauver mon âme. Les gens ne fument de l'herbe que quand ils sont à court de cigarettes. Ralentissez, allez tout doucement là. C'est la troisième maison, celle où il y a un panier de basket. Qu'est-ce qu'il y a à la fenêtre?

— Oh! Oh! fait Callanan.

— Merde! Il y a une pancarte d'agence immobilière à la fenêtre. Je sais qu'il était là il y a deux mois parce que je lui ai téléphoné pour l'enterrement du père de Joe. Ah! le salaud. Merde alors. Il a filé. Envolé.

— On va le trouver, dit Callanan.

C'est une maison jaune en bois avec une petite pelouse. Ici, pas de placards pleins de billets.

Straus dit :

— Tu veux aller chez CJ?

CJ, c'est Cocaïne Johnny, qui a travaillé sur le chargement de Plymouth et sur l'*Euphoric* en Californie.

— On peut pas vraiment arriver jusqu'à sa maison, il y a une allée qui doit faire quatre kilomètres de long. Prends par là.

Callanan rit, d'un bon rire franc.

— Tu me fais marcher ou quoi?

— Tu vas voir. Il aura filé par-derrière en moto avant que t'arrives à mi-chemin de l'allée.

— Il faut arriver par les deux côtés à la fois alors?

— Ben bonne chance !

— Qu'est-ce que tu comptes faire alors, me lâcher en parachute ou quoi ?

Pendant le trajet jusqu'à chez CJ, Straus a l'air d'avoir plein de choses à raconter sur un autre enlèvement qui, celui-là, n'avait pas été fait par des professionnels de la Mafia ni par un employé mécontent, mais par un jeune allumé qui avait décidé de passer de l'autre côté du miroir, de ramasser des brassées de dollars et de retourner dans le monde réel.

— Ce type dont personne n'avait jamais entendu parler, dit Straus, sorti on ne sait d'où, il s'est retrouvé avec moi sur un bateau appelé le *Cee Dream* et il a flippé en voyant tout ce fric. On l'a emmené dans un avion privé, et il a vu tout cet argent, la facilité, tout le truc, un gamin quoi. Alors il en a parlé à deux de ses potes à New York et ils ont chopé Johnny Love.

Johnny Love était le représentant de Steinberg au Massachusetts, qui était avec CJ pendant le déchargement du cargo à Plymouth.

— C'est une chiffe molle ce Johnny, il peut même pas arriver à parler avec une voix normale tellement il a la trouille. Donc ce mec et ses potes l'ont choppé et l'ont enfermé dans une chambre d'hôtel à New York, lui ont dit qu'ils allaient le tuer, lui ont demandé d'appeler Don pour qu'il réunisse l'argent, trois cent mille dollars, et qu'il les rencontre au Rockefeller Center. Alors Don m'a téléphoné de filer à New York pour délivrer Johnny Love.

» De Fort Lauderdale, j'ai sauté dans un avion privé avec Mendoza [Ray Mendoza, un Mexicain de la vallée de la Fox River, servait d'interprète entre Steinberg et les Colombiens] et trois ou quatre autres, dont un grand maigre surnommé Deadeye Dennis, qui était armé. C'est au cours de ce voyage en avion qu'il a reçu ce surnom, parce qu'il a commencé à déconner avec ses lentilles de contact et il en a perdu une. On savait pas que le mec était aveugle. Mais carrément *aveugle*. Il y voyait que dalle. On se retrouve donc avec un tueur qui n'y voit pas clair, et on est un peu soucieux. C'est pas qu'on avait l'intention de se servir de son pistolet, mais on savait pas ce qui allait se passer et on n'avait pas très envie qu'ils sortent des flingues et nous tirent comme des lapins en plein Rockefeller Center, ce qui ne doit pas être si rare que ça d'ailleurs.

» On arrive à New York, on saute dans un taxi, on va au Rockefeller Center, à la patinoire, pour livrer la rançon. On est une demi-douzaine. Le chauffeur de taxi est portoricain et quand il voit le pistolet de Deadeye il met toute la gomme. Le ravisseur prend l'argent et moi, avec Stretch, un autre type à nous, je prends le ravisseur. J'appelle Don d'une cabine. Je tiens l'argent d'une main, le ravisseur de l'autre, et Don au téléphone. Et Lynn Mizer sur un autre poste.

» Je fais : " Don, je vais pas lâcher trois cent mille dollars. Donne-les-moi, si tu veux absolument les donner. Tu vas quand même pas les foutre en l'air, non ! "

» Il me fait : " Remets-lui l'argent. C'est pas à nous. Il nous le rendra. C'est pas toi qui décides, fais ce qu'on te dit. "

» Et sur l'autre poste, Lynn me dit : " Le lâche pas. Garde le fric. Qu'il aille se faire foutre, on en a rien à cirer, il a qu'à tuer Johnny Love. "

» On a fini par laisser partir le mec, et il se promène avec sa putain de valise pleine de billets non numérotés, trois mille dollars en petites coupures, et j'en suis littéralement malade. *Malade.*

» Ils nous ont dit où se trouvait Johnny Love. On y file et on l'embarque. Fin du voyage. On n'a jamais revu le petit jeunot. On sait même pas son nom. En fait, personne n'a jamais su qui c'était, alors on pouvait rien lui faire. Il savait qu'on n'allait pas appeler les flics. Il savait qu'il pouvait rien lui arriver parce que personne ne savait qui il était. Il a fichu le camp sans problème.

Tant mieux pour Johnny Love, mais Callanan s'intéresse nettement plus à Steinberg.

— T'entends pas du tout parler de Donnie, hein ? Je veux dire, personne ne...

— Personne n'a rien vraiment dit. Et Rene n'est pas là, il est en Floride. [Rene Larsen, dont les coups de téléphone incessants ont fait tomber l'Ireland's Inn.] CJ n'est pas dans les parages, alors y a rien à attendre de ce côté. On dirait qu'il n'y a personne en Californie qui soit en contact avec lui. Il doit être là-bas en train de faire des affaires avec les gars du coin.

— Tu penses toujours à San Diego, peut-être ?

— Le Sud en tout cas. Là où il y a un million de bonshommes, il peut se fondre sans problème. On a la mer d'un côté pour si on veut prendre le large, une frontière de l'autre si on veut passer de l'autre côté, et des avions en partance pour tous les coins du monde. C'est un bon coin pour ça. Il y a beaucoup de monde, on peut se perdre très facilement. Il ouvre l'œil. On ne peut pas prendre quelqu'un qui a peur. Il faut les laisser se calmer un peu, les inciter à croire que tout va bien. Et alors, on frappe. Si quelqu'un m'a arnaqué, c'est pareil, je ne vais pas lui courir après le jour même. Bon sang. Laissez pisser pendant un an ou deux, et après, vlan, on rattaque. Au moment où il s'y attend le moins. Il faut ruser, tromper l'adversaire, il faut savoir attendre.

Je demande à Straus ce que Donald est en train de faire en ce moment, à son avis.

— Il est sans doute avec Joe, ils viennent probablement de se lever et de prendre leur petit déjeuner. Et puis ils ont dû donner à manger à Sacha, le chien, et ils sont partis le promener. A l'heure qu'il est, il doit être à mi-chemin du coin de la rue. Ensuite, il ira faire la tournée des cabines téléphoniques.

— Comment ça se fait qu'il ne t'a pas téléphoné une seule fois depuis six mois ? demande Callanan.

— Je ne sais pas ce qui se passe. Tu vois, la dernière fois qu'on s'est appelés, ça coinçait un peu. Il magouillait soi-disant avec des gens par ici. Des bruits avaient circulé. Alors je lui fais : « Hey, si t'es en train de préparer quelque chose, j'aimerais bien être au courant. » Je l'ai pris un peu de haut. Depuis ce jour-là, il ne m'a pas rappelé. De temps en temps, j'ai un coup de fil de Joe. Alors je lui demande des nouvelles de Don. Il me dit : « Ça va, il est avec moi. » Mais quand je lui dis de me le passer, il répond qu'il n'est pas là pour l'instant. Je comprends le manège. Je pensais qu'il allait certainement téléphoner pour Noël, comme tous les ans. Pas un mot. Il va bien falloir qu'il finisse par appeler quelqu'un.

— Dis, Joe, il t'appelle chez toi, ou t'es obligé d'aller dans une cabine ?

— Chez moi en général, mais lui, il est dans une cabine. Il ne téléphone pas de chez lui.

— Mais Donald, il ne t'appellerait jamais chez toi, lui, hein ? Il faut que tu sortes.

— Ici, oui. C'est sans doute plus intelligent de sa part. Il doit bien se rendre compte que ce n'est pas malin de téléphoner chez les gens. Si je pouvais trouver Tark ! Lui, il doit savoir où il est. Tark va très souvent en Californie.

Tark Angsten est un autre vieux copain de Donald du temps de la Fox River.

— Pas moyen de savoir quand Tark va rentrer ? J'aimerais vraiment prendre l'avion avec un de ces mecs-là, aller chercher quelques gars de Californie et passer un moment avec lui.

On approche de la ferme de CJ. Il y a une maison, une grange et un silo. Straus dit :

— CJ est cultivateur, il fait du maïs et du soja. L'allée prend juste là. Il n'y a rien à faire maintenant. Ils viennent de moissonner et la terre est trop mouillée pour semer. Sa petite amie est rentrée ce week-end et on a pas vu CJ depuis. Ça doit bien faire neuf mois qu'elle est enceinte maintenant.

Straus dit qu'il regrette une chose, c'est de ne pas avoir voyagé pendant qu'il travaillait pour Steinberg. Il aurait voulu parcourir le monde et voir des choses, comme Lynn Mizer.

— L'Asie, la Colombie, Panama, tout ça. Lynn a tendance à frayer avec les politiciens. Il se lie avec les gens les plus haut placés. Qui que ce soit à la tête du pays, il arrive à le côtoyer.

Je me rappelle Pepe sur la table d'écoute, qui parlait à Donald des itinéraires de fret qui avaient été approuvés au Panama pour la ligne aérienne de Donald.

— Et l'Asie, dis-je, il y a eu des pots-de-vin en Asie ?
— Absolument. Lynn fréquentait les dirigeants.
— Et au Kenya ?
— Le Kenya, c'était du tout cuit. Purement et simplement. Le Kenya nous appartenait, un point c'est tout.
— Ça ne vous a pas empêchés de le perdre.
— Imaginez que vous avez été nationalisés ! s'exclaffe Callanan.
— Exactement, dit Straus.

On va encore voir quelques maisons que d'autres associés de Steinberg sont susceptibles d'occuper, puis Callanan reconduit Straus à sa voiture. Il est garé pas loin d'un magasin à lui, qui vend des vieilles machines à sous, juke-boxes, machines à horoscopes. C'est une affaire légale, prospère, mais ça ne serait pas drôle s'il n'y avait pas moyen de lui donner un petit parfum d'illégalité.

— Je veux faire de doubles écritures, dit Straus, établir un jeu de deux livres de comptes et dans trois ans environ, quand tout sera trop cher et que ça sera fichu, vendre l'affaire en tant que corporation, en dumping.

Lorsqu'il descend de la voiture, Kevin adresse à Straus un grand éclat de rire amical :

— Il faut qu'on travaille, Bob, qu'on *travaille*, il faut absolument qu'on le trouve. Si un de ces types te contacte, si jamais tu en soupçonnes un de prendre l'avion d'ici un jour ou deux, si tu penses qu'ils vont partir, quitter la ville, fais-le-moi savoir.
— C'est Tark qui serait notre homme.
— Si tu peux avoir Joe, trouver une histoire à lui raconter, c'est bon. On est arrivé au point où on ne peut plus compter sur la chance. Il faut qu'on prenne un avion, qu'on trouve des gars de Los Angeles, ou de je ne sais où.
— Du Sud.

2

Nous laissons Straus et reprenons le chemin de Chicago. Je demande à Callanan ce qu'il pense du Centac et de Dennis Dayle.

— C'est quelqu'un de très fort. Il ne veut pas échouer. Dennis vous force à avoir envie de bien faire. Et le Centac est effectivement quelque chose de bien. On ne peut pas avoir plusieurs chefs qui se font la guerre. Il faut quelqu'un qui entre en disant : « Non, messieurs, je vais vous dire exactement ce qu'il en est. Tout ce qui a trait à cette affaire vient d'ici, tout est dirigé d'ici. Les avis et les accords émaneront de ce bureau-ci d'abord. » Je trouve ça bien, parce que les patrons ou les agents sont des gens qui ont l'esprit de compétition et qui ne vont pas se faire de cadeaux. Les patrons vous poussent à être compétitifs, alors on ne cède rien. Et quand on se retrouve avec une grosse affaire internationale, il faut qu'une forte personnalité soit là pour vous dire : « J'écouterai vos suggestions, mais les ordres, les décisions finales, c'est d'ici que ça viendra. Maintenant, au travail. » Un jour, je suis rentré chez moi après une de ses conférences stratégiques à Washington avec une vingtaine de pages de notes. Je savais ce que j'avais à faire.

On se remet à parler de Donald Steinberg.

— Vous savez, dit Callanan, on les voit comme un petit groupe de la Fox River qui s'est bien débrouillé. D'accord. Je comprends un Bob Straus, mais quelle est la place d'un Maurice Benjamin ? [Maurice Benjamin, que l'on a entendu sur la table d'écoute parler avec Donald, est un arnaqueur en investissements de niveau international, considéré par Interpol comme l'un des dix plus grands escrocs du monde.]

— Comment en arrive-t-on au point où des gens comme ça achètent des cargos à Singapour ? Bien sûr, on rencontre des gens qui ont des idées dans ce genre, mais quel homme sain d'esprit pourrait... vraiment, je comprends pas. Qu'est-ce qu'il voulait ? Qu'est-ce qui le poussait ? Au lieu de dire : « Voilà, je suis ici, en Floride, avec un gentil petit réseau de distribution qui me rapporte quelques millions de dollars par an, pourquoi diable aller se fourrer en Thaïlande ? Au Kenya ? A Panama ? A New York ? A Boston ? Avec des individus de l'OC ? [OC veut dire *Organized Crime*, c'est un euphémisme pour désigner la Mafia, terme que le gouvernement évite pour des raisons politiques.] Dans quoi est-ce que je m'embarque ? » Mais il a dû se dire : « Allez, on va suivre le courant ! » Qui va imaginer de faire pousser de l'herbe au Kenya et de l'importer ici ? A croire que son imagination était sans limites. Moi, j'aurais pris mes dix millions et je serais parti.

— Peut-être que Donald en référait à quelqu'un d'autre.

Millie avait dit à la mère de Carol que Donald n'était pas le patron.

— Mais n'importe qui lui aurait dit : « Hé, va prendre deux aspirines et reviens me voir demain matin. A quoi tu joues ? Tu travailles sans filet ou quoi ? Acheter des cargos en Hollande et à Singapour ? Etablir une ligne aérienne à Panama ? Qu'est-ce que ça veut dire ? » Et tous les grands discours de ce Monsieur Robert Straus ! « Le Kenya, c'était du tout cuit ! » Non mais et puis quoi encore ? Ce petit jeune homme de la vallée monté à Chicago ! « Le Kenya était à nous ! » Ferme-la un peu ! On se demande ce qui fait courir les gens.

Nous sommes attablés dans un bar, maintenant. Callanan dit qu'il a fait six mois dans les Marines après le collège, qu'il a travaillé un petit moment à la compagnie des téléphones à New York et qu'après il est devenu agent fédéral des stupéfiants. Avant d'aller à Chicago, il a travaillé à Washington et Indianapolis, où il a rencontré sa femme, Linda.

— De temps en temps, je me demande ce que je fais à Chicago. Pourquoi on n'est pas restés tranquilles chez nous dans le Queens à vendre des téléphones ? Mais je reprends vite mes esprits. En fait, je sais que je préfère faire ce que je fais. Au fond de moi. Même si ça embête carrément ma famille. Ma femme dit : « C'est pas que tu ailles travailler qui m'ennuie, mais est-ce que tu es obligé d'aimer ça à ce point-là ? Chaque fois que tu rencontres un mouchard, ça peut pas être ailleurs que dans un bar ? » Ben, heu ; on pourrait commander un Coca avec deux pailles ! Mais elle reconnaît qu'elle est jalouse.

» Je n'ai pas à me plaindre. Sauf des choses qu'on ne peut pas contrôler. On va chez le juge d'instruction et on est entre ses mains, on dépend de l'heure qu'il est et de son humeur du moment. Mais je me raisonne : " Le monde n'est pas parfait. Personne ne va se mettre à sauter en l'air parce que Callanan est chargé d'une affaire. Attends ton tour, donne le meilleur de toi, regarde-toi dans la glace et va te coucher le soir. Ne te cogne pas la tête contre les murs et ne te tracasse pas pour des choses sur lesquelles tu n'as pas prise. Fais ce que tu peux. Et ne vas jamais chez un coiffeur chauve, car il n'aura aucun respect pour tes cheveux. "

Nous commandons une seconde tournée de Budweiser.

— Non, j'aime mon travail. On se fait beaucoup de bons amis. Ma femme a du mal à comprendre qu'on puisse se plier en quatre pour quelqu'un à partir du moment où ça vous éloigne de votre famille. Elle me dit : " Mais tu ne le connais pas vraiment, ce type. " Mais je n'ai pas besoin de le connaître tellement bien : il travaille avec moi. Elle s'était imaginé que samedi, on allait passer une bonne journée en famille, mais je lui dis que j'ai promis à un copain de l'aider à déménager. Il compte sur moi, il faut que j'y aille. Salut et à cet après-midi. On se dit au fond de soi que si on n'est pas capable de l'aider à déménager, on ne sera pas derrière lui non plus le jour où il aura une porte à forcer. On a pas envie qu'il pense un truc comme ça. C'est pas du huit heures-six heures à la compagnie du téléphone !

On sort du bar, on retourne à la voiture tout en continuant à parler et on finit par se retrouver dans un autre bar.

— Si quelqu'un se retourne et qu'on est censé le suivre, c'est pas la peine de faire semblant de s'arrêter pour renouer son lacet de chaussure. Il y a une très forte confiance mutuelle. C'est super important de s'occuper l'un de l'autre. Je ne lâcherai pas mon travail. Mais il arrive souvent qu'on se pose des questions. Qu'est-ce qu'on est ? Un petit bonhomme haut comme trois pommes veut ce job, veut un pistolet, et tabasse les gens ? Mais non, ce n'est pas ça. Moi, je ne porte même pas d'arme. Je la laisse dans le coffre. Mais on se remet en question encore une fois. Est-ce qu'on est aussi bien que ça ? Est-ce qu'on devrait faire autre chose ? On regarde en soi. Les jours où on se remet en cause, c'est quand toute l'affaire est remise au cabinet du procureur, est bloquée au point mort. Certains procureurs adjoints sont vraiment des enfants gâtés. Des fois, je leur ai crié après. C'était la première fois de leur vie que ça leur arrivait. Leurs mères ne l'ont jamais fait, ni leurs pères, ni leurs petites amies. Moi, je les engueule. Ça les secoue un peu.

La conversation repart sur Bob Straus.

— Il commence à avoir la trouille maintenant. Il va falloir que je le surveille de près. De très près. Quand il s'est mis à parler de ce Little Tommy qui a disparu... ça avait l'air de le travailler.

— Il veut qu'on s'occupe davantage de lui ?

— Oui, oui. Absolument. Et c'est ce que je vais faire. Peut-être qu'il veut plus les feux de la rampe sur lui. Bob, Bob, j'ai à te parler ! Peut-être qu'il a besoin de se faire gâter un peu plus. Tant que la terre n'arrête pas de tourner et que les étoiles ne tombent pas du ciel, n'appelle pas. Mais peut-être que Bob a envie de se faire câliner. Je ferais mieux de le tenir de plus près.

— Où sera-t-il dans vingt ans ?

— Il sera en train de faire de l'argent, par des moyens réguliers ou pas. J'espère qu'il n'est pas assez bête pour aller s'imaginer qu'il peut recommencer à faire de la contrebande. Il ferait bien de ne pas reprendre son bateau pour tout recommencer. Il a eu sa part à ce jeu-là une fois, qu'il ne s'avise pas de remettre ça.

— Vous croyez qu'il pourrait recommencer la même chose ailleurs ?

— Non, je ne crois pas. Il va commencer à se poser des questions. Jusqu'au bout ? Ce n'est jamais deux fois pareil. Jamais. Il n'a plus l'allant qu'il avait la première fois. Débraye et rentre chez toi. Comme un boxeur poids lourd qui fait un retour et qui se fait croire que c'est pour la gloire alors que c'est pour le fric. On ne fait pas ça deux fois, mon vieux. On essaie de courir pour les rattraper, mais ils sont plus là. Ce n'est plus la même chose que la première fois. C'est le même moule, la même forme, mais c'est pas la même chose. Ça ne se répète pas.

LIVRE QUATRE

PREMIÈRE PARTIE

Centac-24 : Liou Chou-chouei

« Six agents ont disparu, monsieur Mills. Cela explique peut-être la prudence de la DEA. Elle ne tient pas à vous perdre également. »

CHAPITRE UN

1

— Un de nos problèmes, c'est qu'ils vont sans doute essayer d'emmerder Kevin Callanan au maximum. Il est devenu une cible de choix. S'ils font ça, je vais me fâcher très fort.

Dennis Dayle décharge sa colère sur Ted Hunter, le coriace vétéran des services fiscaux et de la DEA qui a été chargé de me dire si je pouvais, ou non, accéder aux secrets du Centac. Hunter joue le rôle du pacificateur, pour éviter que les dissensions entre Dennis et Keith Fieger, le patron de la DEA à Chicago, ne tournent à la guerre déclarée. Ce qui est en jeu, c'est non seulement la situation de Callanan, mais aussi la carrière criminelle de Bobby, l'oncle de Donald Steinberg qui avait été kidnappé par la Mafia.

Trois mois auparavant, Kevin Callanan avait informé Dennis qu'un indicateur de Chicago avait présenté un agent en civil à Bobby Steinberg, qui voulait vendre quatre onces (environ 120 g) de cocaïne pour 7 200 dollars. Dennis avait donné son accord : « Si nous pouvons avoir la peau de Bobby pour 7 200 dollars, c'est une affaire. » C'était d'autant plus tentant que Bobby possédait selon toute vraisemblance des renseignements sur Jim Reilly, l'avocat de Steinberg qui s'était éclaboussé à une borne-fontaine en discutant avec Dennis dans le hall du tribunal de Fort Lauderdale. Pour obtenir une réduction de peine, Bobby dira sûrement au Centac tout ce qu'il sait sur Jim Reilly.

Après les inévitables délais, le piège put être tendu. Un inspecteur du Centac se précipita pour apprendre la bonne nouvelle à Dennis :

— Quatre onces, remises de la main à la main par Bobby à notre agent. Seize cents dollars l'once. Ils ont une Cadillac, une Mazda et un avion.

Bobby n'a pas encore été arrêté, et ses avoirs n'ont pas été saisis. Les agents préfèrent attendre : plus ils auront de preuves contre lui, plus il sera facile de l'amener à coopérer.

Le lendemain de la vente de cocaïne, l'agent annonça à Bobby qu'il prenait l'avion pour la Caroline du Nord afin d'acheter cinq mille Quaaludes à un dollar pièce à un certain McKloskey. Bobby le supplia de l'emmener : il voulait en acheter quinze mille pour son propre compte.

— Excellent ! s'exclame Dennis. Dis-lui qu'il peut y aller. Si nous avons suffisamment de preuves contre Bobby, il nous donnera Reilly.

L'important, c'était d'arrêter Bobby dans des circonstances permettant d'exercer sur lui un maximum de pressions psychologiques. Sur son propre terrain, il ferait aussitôt appel à Jim Reilly, et se retrouverait dans la juridiction d'un procureur qui, lors de sa dernière inculpation, lui avait en tout et pour tout donné six mois avec sursis.

— Un type comme Bobby Steinberg, qui voudrait être un dur mais en est incapable, c'est un mouchard en puissance. Le tout, c'est de savoir le manœuvrer, explique Dennis.

L'avion ramenant Bobby et l'agent de Caroline du Nord devait faire une escale technique à South Bend, Indiana : c'est là que Dennis voulait procéder à l'arrestation. Pris par surprise au beau milieu d'un voyage, dans une ville inconnue, se rendant compte avec stupeur que son nouvel ami, l'avion de celui-ci, et jusqu'au pilote, travaillaient tous pour le gouvernement fédéral, Bobby serait à juste titre inquiet. Menacé de poursuites, non dans le contexte favorable du Chicago, mais dans une rude petite ville de l'Indiana, où l'on ne plaisante pas avec les trafiquants de drogue, Bobby serait certainement enclin à coopérer.

Le matin où Bobby et l'agent devaient revenir de Caroline du Nord, Kevin Callanan téléphone de Chicago avec des nouvelles inquiétantes :

— Keith Fieger dit qu'il ne veut pas qu'on arrête Bobby, nous annonce Dennis en raccrochant. Il enquête sur je ne sais quelle « organisation » de McKloskey, et craint que l'arrestation de Bobby ne fasse fuir ce dernier.

L'avion devait se poser à South Bend à deux heures de l'après-midi. Dennis donna un coup de téléphone ; quelques minutes après, Fieger était avisé d'arrêter Bobby à l'aéroport de South Bend.

A deux heures, aucune nouvelle, et pas davantage à trois heures. A quatre heures, Ted Hunter arrive pour dire à Dennis que l'avion a quitté South Bend pour Chicago avec Bobby à bord, ignorant toujours qu'il a affaire à des policiers.

Dennis est muet de rage.

— Je ne vois pas bien ce que nous pourrions faire, se hâte d'ajouter Hunter, comme s'il voulait empêcher Dennis de prendre le premier avion pour aller étrangler Fieger.

— Je pourrais faire quelques suggestions intéressantes, dit Dennis sur un ton sarcastique.

— Cela changerait quelque chose ?
— Sans doute pas dans l'immédiat, mais demain ou la semaine prochaine, certainement.

Hunter explique que, selon Chicago, l'ordre de ne pas arrêter Bobby ayant été donné au pilote et à l'agent, il n'était plus possible de l'annuler une fois que l'avion avait décollé.

— C'est ridicule, Ted. Le pilote a un casque : Bobby n'aurait rien entendu. Nous sommes allés sur la lune, mais nous serions incapables de communiquer avec un pilote qui travaille pour nous ? En tout cas, c'est un beau gâchis, et ceux qui en sont responsables devraient le réparer.

Dennis bourre songeusement sa pipe. Tous ces problèmes, parce que Chicago a décidé d'intenter des poursuites contre McKloskey, le vendeur de Quaaludes.

— Et qui est ce McKloskey ? Un rien du tout, un délinquant mineur. Nous nous intéressons uniquement à lui parce qu'il se trouve que son chemin a croisé celui de Bobby Steinberg. Et Bobby lui-même ne nous intéresse que parce qu'il est proche de Jim Reilly.

Pour calmer Dennis, Hunter explique que les agents de Chicago espèrent que ce sera une affaire importante.

— Pendant deux ans et demi, ils ont *refusé* une affaire importante ! s'emporte Dennis, se référant à la réticence de Chicago à enquêter sur Steinberg. Mais soudain, il leur *faut* McKloskey, et ça ne peut pas attendre un jour !

Hunter va téléphoner à Chicago. Il revient avec des nouvelles encourageantes : Bobby doit en principe revendre des Quaaludes à un client dans la soirée ; Chicago a promis de l'arrêter à cette occasion.

Il est huit heures du soir. En attendant d'être informés de l'arrestation, Hunter et Dennis vont prendre un verre dans un bar du quartier.

Double Martini en main, Dennis dit entre deux olives qu'il craint que Fieger, qui déteste le Centac, ne s'en prenne à Kevin Callanan :

— S'ils font ça, je vais me fâcher très fort.

Après une heure à grignoter des bretzels, Dennis, à bout de patience, se dirige d'un pas décidé vers le téléphone.

— Ils n'ont pas appelé, annonce-t-il en revenant. Ni au standard ni à mon domicile.

Il se rassied, tire quelques bouffées, et conclut :

— Quand Fieger rentrera chez lui ce soir, sa femme lui demandera, tout en servant le potage : « Quoi de nouveau au bureau, chéri ? » Et Fieger lui répondra : « On a bien eu le Centac. »

Hunter approuve du chef, l'air féroce.

Finalement, en dépit de l'hostilité constante qui règne entre le Centac et la DEA de Chicago, Robert « Bobby » Steinberg fut arrêté — dans des circonstances qui n'auraient pu être plus défavorables pour le Centac. Il arriva chez le procureur de Chicago, accompagné de Jim Reilly, et se constitua prisonnier. Il n'y avait pratiquement aucune chance de lui faire tourner casaque.

— Après des années d'expérience, se lamente Dennis, je sais reconnaître une bonne piste quand j'en vois une. Vous croyez tenir la poule aux œufs d'or, et voilà qu'elle vous échappe des mains...

2

En dînant un soir au restaurant avec Dennis, je lui rappelle qu'à notre première rencontre, il avait passé le bras autour d'un fauteuil vide et déclaré : « Donald Steinberg m'appartient aussi sûrement que s'il était ligoté sur ce fauteuil. » Le pensait-il toujours ?

— Il m'appartenait, et il m'appartient toujours. Le fait qu'il ne soit pas physiquement assis dans ce fauteuil est accessoire. Même s'il m'échappe pendant encore dix ans, il sera obligé d'aller de cachette en cachette parce que je le tiens. A toutes fins utiles, il est déjà en prison.

— S'il se fait écraser par un camion avant que vous ne lui mettiez le grappin dessus, seriez-vous déçu ?

— Certainement ! Je regretterais que Steinberg n'ait pas remboursé à la société tout ce qu'il lui a pris.

— Et ses subordonnés, Bob Straus par exemple, ou les protagonistes des autres Centacs qui sont libérés parce qu'ils vous ont servi de témoins, alors qu'ils méritaient bien la prison ? Cela ne vous chiffonne pas ?

— Pas outre mesure. N'oubliez pas que le premier objectif du Centac est de mettre ces criminels dans l'incapacité d'agir. Lorsqu'un Bob Straus nous a servi de témoin et a révélé tout ce qu'il sait, il ne peut même plus acheter sans problèmes un paquet de chewing-gum. Il est complètement paralysé — bien plus, en fait, que la plupart de ceux qui sont en prison. Après avoir purgé leur peine, ils iront rejoindre leurs amis du milieu. Un type qui a témoigné ne peut plus faire cela. Vous feriez de la contrebande avec Bob Straus ? Vous lui vendriez du chewing-gum ? Vous accepteriez de lui parler au téléphone ? Le tout, c'est de veiller à ce que les complices devenus témoins soient entourés de toute la publicité souhaitable... Sans oublier que certains ne font pas de vieux os.

— Vous dites cela avec une parfaite indifférence.

— Bien sûr. Il s'agit d'une conséquence naturelle et probable de leurs propres actions.

Je rappelle à Dennis que les parents de Carol avaient déclaré qu'ils n'en voulaient pas à Donald Steinberg, et hésiteraient à le dénoncer à la police. Et cela, parce qu'ils respectent l'amour que leur fille lui portait.

— Quelle est votre réaction à cela ?

— Ma réaction est que ça me donne envie de vomir. Parce que je sais quelle serait ma réaction si l'on m'apprenait que ma fille vient de mourir par la faute de Donald Steinberg. Dans la situation du père de Carol, il faudrait que je me retienne pour ne pas me lancer tout seul à la poursuite de Donald.

— Son père dit qu'après la mort de Carol, il a à plusieurs reprises parlé à Donald au téléphone, et que celui-ci semblait complètement effondré. Il leur a dit en sanglotant qu'il voulait leur remettre toutes les possessions personnelles de Carol, y compris un solitaire de dix mille dollars. Il leur a même dit — n'oubliez pas que les parents de Carol sont très religieux : ils appartiennent à l'Armée du Salut — qu'il ne voulait garder qu'une seule des possessions de Carol : sa Bible.

Dennis pose sa fourchette.

— Le salaud ! Il ferait n'importe quoi pour se protéger ! La mort de Carol... l'a dans une certaine mesure rendu vulnérable. Il jauge la situation — parents croyants, quêtant dans la neige pour l'Armée du Salut... — et voit comment neutraliser la menace qu'ils représentent. « Prenez tout, pleurniche-t-il, je ne veux garder que sa Bible. » Son but était manifestement d'apaiser ces parents pleurant la mort de leur fille. « Il est quand même bien, ce Donald ; notre fille l'aimait, et en plus, il est croyant. » Sa Bible ! Le fils de p... Il a une vision complètement déformée de la réalité. L'argent lui permet d'atteindre des objectifs que beaucoup considéreraient de nature purement religieuse. Avec son argent, il croit tout pouvoir se permettre. Tout acheter, même les parents de Carol.

— Auraient-ils pu lui nuire, s'ils le haïssaient réellement ?

— J'en suis certain.

— Comment ?

— Supprimez la Bible, la bague, les sanglots, et que reste-t-il ? La force la plus dangereuse pour un homme comme Donald Steinberg : la vengeance. Poussés par le désir de se venger, de venger leur fille, ils auraient pu lui tendre un piège. Il y aurait sûrement eu un moyen.

Dennis découpe son steak, en réfléchissant à Donald, à Carol et aux parents de celle-ci.

— C'est typique de Donald Steinberg, dit-il pour conclure. Dans quelques années — quand il purgera sa peine dans un pénitencier — il racontera en rigolant à ses codétenus comment il a manipulé les parents de Carol.

3

Le week-end dernier, Dennis a repeint le porche, mais les fenêtres ne sont pas terminées et il est temps de préparer le bateau pour l'hivernage.

— Il est exténué, me dit Lee, sa femme, et le soir, au lieu de se coucher, il regarde les matches de foot à la télé. Il ne prend jamais de vacances. Les gens qu'il poursuit n'attendraient pas son retour.

Je vais déjeuner chez Dennis — seul avec sa femme et ses filles, car il travaille. Pendant que Cathy et Linda s'affairent dans la cuisine, je bavarde avec Lee dans le confortable salon aux murs lambrissés.

— Il avait espéré que notre vie serait plus facile. Cette année, c'est le trentième anniversaire de notre mariage. Je pensais qu'à force de gravir les échelons, il finirait par se retrouver derrière un bureau. Cela n'a pas été le cas. Je continue à vivre dans la peur. Il en veut toujours aux gros bonnets, et qu'ils se trouvent à Chicago, à Beyrouth ou à Miami, ce sont des hommes dangereux.

Sous une table, je vois les haltères avec lesquelles Dennis s'exerce tous les matins. (« Pour me décharger de mes frustrations avant d'aller au bureau. »)

Sa guitare ne doit pas être loin. Il y a quelques mois, quand je lui avais demandé pourquoi les ongles du pouce et des trois premiers doigts de sa main droite étaient plus longs que les autres, Dennis avait reconnu qu'il étudiait la guitare classique depuis deux ans. Mais il ne voulait pas que je l'entende jouer.

— Il s'attaque aux plus brillants esprits criminels du monde, poursuit Lee. C'est ce défi qui le passionne. Même quand il était encore policier à Milwaukee, il voulait contribuer à rendre le monde meilleur et plus sûr pour nos enfants et pour tous les hommes et femmes. Il est très patriote, très sentimental. Il écrivait des poèmes, dans le temps. Cet aspect de sa personnalité ne se manifeste jamais dans son travail. Mais il est toujours le premier à se souvenir des anniversaires, à offrir des fleurs sans raison précise. Parfois, il arrive avec une rose à la main. C'est adorable, même si cela peut paraître vieux jeu.

Je lui demande si selon elle Dennis regrette d'avoir abandonné le violon.

— Comment le savoir ? Il n'avait pas vraiment le choix. Il venait d'être démobilisé, et avait une famille à nourrir. Il lui fallait un travail.

— Vous arrive-t-il de vous réveiller au milieu de la nuit en vous demandant où vous en seriez maintenant, s'il avait continué le violon ?

— Bien sûr !

— Pas de regrets ?

— Non. Dans la même situation, nous aurions agi pareil. Nous n'avons jamais pris de décisions à la légère, et nous les avons toujours prises ensemble. Nous avons entièrement confiance l'un dans l'autre. C'est le principal.

Je lui demande ensuite s'il existe un problème de drogue dans le quartier.

— Oh oui. Je crois que ce problème existe dans toutes les écoles du pays. Cathy et Linda vont en voyage scolaire à la montagne, pour faire du ski — et le bus est bourré de drogue. Elles y sont allées deux fois, puis ont renoncé. Ce sont elles qui ont pris cette décision : je suis heureuse qu'elles voient les choses de cet œil.

Le moment me paraît propice pour mentionner Randy, le fils disparu dont Dennis et Lee m'avaient parlé lors de notre premier dîner au restaurant. A peine ai-je prononcé son nom, que Linda nous appelle pour nous dire de passer à table. Je demande à Lee si Linda et sa sœur sont au courant de ce problème.

— Elles en sont très conscientes. Elles ne comprennent pas davantage que nous pourquoi il est parti.

Vers la fin du repas, Lee aborde de nouveau ce sujet :

— Il ne veut avoir aucun contact avec nous. Une ou deux fois, Dennis a essayé de lui téléphoner, mais le résultat a toujours été catastrophique.

— Que dit-il à son père, au téléphone ?

— Qu'il a rompu les ponts. Qu'il vit une autre vie. Qu'il ne désire aucun contact. On a l'impression de lutter contre un fantôme.

CHAPITRE DEUX

1

Le Hopewell Center dresse ses soixante-quatre étages au-dessus des magasins, des restaurants et des bars du chaotique quartier de Wanchai, à Hong Kong. En plus des bureaux de centaines de banques, sociétés d'import-export, agences immobilières et autres firmes commerciales, le gratte-ciel abrite une entreprise dont le nom ne figure pas sur le répertoire affiché dans le hall, et dont les secrétaires ne répondent au téléphone que par un prudent « Allô ? ». Ce mystérieux établissement se trouve au cinquante-septième étage, derrière une solide porte blindée ne portant aucune inscription. Celle-ci ne s'ouvre que sur un minuscule vestibule donnant sur une autre porte blindée, équipée d'un judas et d'une serrure électronique.

Ces deux portes franchies, le visiteur se trouve dans un accueillant bureau, avec des classeurs métalliques bleus, un téléphone digital gris, et une vue magnifique sur le port de Hong Kong. C'est le bureau de Jim Sweat, l'agent barbu, originaire de Floride, qui est responsable du Centac-24 à Hong Kong.

Cet après-midi-là, James Sweat, le regard perdu sur les bateaux et les jonques qui se pressent dans le port, rompt soudain le silence :

— Veux-tu que je te dise quelque chose, Robert ?

Le visage de Robert Yang, dit le Gros, s'assombrit aussitôt. Il n'aime pas les conversations qui débutent de cette façon, et se demande quelle ruse cache l'accent traînant de Sweat. Faisant pivoter son fauteuil, celui-ci fait face à Robert.

— Tu es peut-être sur le point de *sauver* le Centac-24.

L'opération en aurait bien besoin, car la maîtresse de Robert, Su San, a pris les choses en main. En revenant de San Francisco à Bangkok, Robert et elle ont fait une halte à Hong Kong, apparemment pour que Su San puisse appeler Liou Chou-chouei à un numéro que lui avait donné Vichit Kitkeatlers, directeur de l'hôtel Shaw, et entamer les négociations en vue de la livraison de dix unités d'héroïne à un client qui n'est autre que l'agent secret Albert Habib.

Une fois arrivée en Asie, toutefois, où elle n'était plus gênée par son ignorance de la langue, Su San se lança dans une activité fébrile dont le sens échappait de plus en plus à Robert. A San Francisco, ce qu'elle faisait ne lui paraissait pas très clair; ici, il n'y comprenait plus rien. C'est du moins ce qu'il affirmait aux agents.

De leur chambre de l'hôtel Miramar, dans la trépidante Nathan Road, Su San donnait un coup de téléphone après l'autre. Elle parlait en thaï, si vite que Robert avait du mal à la suivre. Au bout de quelques jours — pendant que Bruce Stubbs attendait anxieusement à Bangkok, télégraphiant à Sweat pour avoir des nouvelles de son indicateur — Robert parvint à la conclusion que Su San s'attardait à Hong Kong pour y rencontrer Liou ou un de ses représentants. A moins, dit-il à Sweat, qu'elle n'essayât d'acheter de l'héroïne à un autre fournisseur que Liou. C'était ce que craignait Stubbs. Si Su San se débrouillait seule pour fournir de l'héroïne à Al Habib, le Centac pourrait l'arrêter, elle, mais n'aurait aucune prise sur Liou Chou-chouei.

Dans cette éventualité, Su San devrait également trouver un moyen de faire transporter l'héroïne à San Francisco. Son choix se porterait certainement sur le Fantôme, qui dirigeait le plus important et le plus efficace réseau de passeurs d'héroïne de toute l'Asie.

Robert apporta une précision intéressante : depuis son arrivée à Hong Kong, Su San avait effectivement rencontré le Fantôme à plusieurs reprises.

Lorsque Robert avait demandé à Su San ce qui se passait, et pourquoi ils restaient si longtemps à Hong Kong, elle lui avait répondu plutôt sèchement : « Si l'on veut gagner de l'argent, il faut s'armer de patience. »

Finalement, après dix-sept jours, Su San reçut en pleine nuit un coup de téléphone. Robert eut beau prêter l'oreille, elle ne dit rien de plus que : « Oui. Non. Non. Oui. » Après avoir raccroché, elle lui annonça qu'elle partait pour Bangkok le lendemain matin. « Toi, tu restes ici, lui intima-t-elle. Je reviens dans quelques jours. »

Le lendemain matin, Su San se fit conduire à l'aéroport par le Fantôme, et partit à onze heures trente par le vol 803 des China Airlines.

En début d'après-midi, Robert alla voir Sweat et avoua son ignorance totale des véritables projets de Su San. Etait-elle en pourparlers avec Liou, comme l'espérait le Centac ? Ou bien essayait-elle de s'arranger avec un autre fournisseur et avec le Fantôme ?

Trois jours plus tard, Su San appela Robert pour lui dire qu'elle devait rester « quelques jours de plus » à Bangkok. Lorsqu'il demanda pourquoi, elle lui répondit de prendre patience et de pas s'inquiéter.

Su San resta exactement un mois à Bangkok. A son retour, elle annonça à Robert qu'elle avait tout réglé. Liou demandait 140 000 dollars par unité d'héroïne, livrée à San Francisco. Le délai de livraison était de soixante à quatre-vingt-dix jours après paiement d'une avance de dix pour cent. La sécurité de l'avance serait garantie par Chou Shao-Mei, PDG âgé de soixante-trois ans d'une importante organisation Chiu Chow. D'une richesse prodigieuse et bien connu dans les milieux d'affaires de Bangkok, Chou possédait de nombreuses usines et agences automobiles dans toute la Thaïlande. Su San avait calculé que la vente à Albert de dix unités d'héroïne fournies par Liou leur laisserait un bénéfice de 400 000 dollars.

Elle avait toutefois une bien meilleure idée. Elle avait trouvé un autre fournisseur, et, grâce aux passeurs du Fantôme, pourrait livrer l'héroïne dans un délai de trente jours seulement. Dans ce cas, le bénéfice serait de 800 000 dollars. Après avoir exposé son projet à Robert, Su San repartit pour Bangkok, probablement en vue de poursuivre les négociations avec ses fournisseurs.

Si Liou Chou-chouei était tenu à l'écart de l'opération, ce serait bien entendu catastrophique pour le Centac. Mais qu'y faire ? Quels arguments Robert pouvait-il opposer à Su San ? Pourquoi faire appel à Liou s'ils pouvaient gagner le double en utilisant un autre fournisseur et les services du Fantôme ? Le Centac-24 semblait bel et bien condamné.

A moins que... Tant que le Fantôme pouvait assurer le transport de l'héroïne, il n'existait aucun moyen de convaincre Su San de faire appel à l'organisation de Liou. Mais si le Fantôme n'était soudain plus disponible ? S'il disparaissait ?

Robert raconta à Sweat que le Fantôme essayait de l'intéresser à une affaire sans aucun rapport avec l'héroïne de Su San. Le Fantôme et un chimiste chinois projetaient de transporter quatre unités d'héroïne-base par semaine à Amsterdam, où elle valait 30 000 dollars l'unité. Il proposait à Robert une participation de vingt-cinq pour cent à l'entreprise, moyennant le versement de 13 500 dollars représentant une partie du prix de soixante livres de base en provenance de Bangkok ; ensuite, son rôle se bornerait à assurer la liaison entre le Fantôme et les fournisseurs thaïlandais.

La solution semblait toute trouvée. Pourquoi ne pas dire à Robert d'accepter, puis coffrer le Fantôme lorsque l'héroïne arriverait à Hong Kong ? Ayant perdu son transporteur, Su San serait alors contrainte de s'adresser à Liou Chou-chouei pour obtenir les dix unités qu'elle espérait vendre à Albert à San Francisco. Le Centac disposerait ainsi de preuves permettant d'inculper Liou et ses associés de conspiration en vue de distribuer de l'héroïne aux Etats-Unis.

Portant une chemisette blanche, Robert allume une Marlboro avec son Dunhill en or. Il regarde Sweat avec méfiance et triture sa bague.

— Et comment sauverais-je le Centac-24 ?

— Voilà comment, Robert : en faisant coffrer le Fantôme lorsque les soixante livres de base arriveront ici. Tu pourras alors dire à Su San : « Ecoute, le Fantôme est hors course, il ne faut plus compter sur lui. J'ai moi-même failli me faire pincer. A quoi bon courir tous ces risques pour gagner huit cent mille dollars, quand nous pouvons en gagner la moitié sans lever le petit doigt ? Pourquoi s'échiner à trouver des fournisseurs et des passeurs, alors que Liou peut nous livrer la marchandise chez Kitkeatlers à San Francisco ? Ça rapporte moins, c'est certain, mais c'est facile et sans danger. » Sans le Fantôme, je ne vois d'ailleurs pas comment elle se débrouillerait pour amener la marchandise aux Etats-Unis.

Robert se frotte les bras, bien qu'il ne fasse pas froid dans le bureau, et réfléchit à cette suggestion.

— Ça me paraît possible. Je pourrais même lui dire : « Si nous trouvons un autre passeur, cela risque de finir pareillement, et cette fois, nous nous ferions peut-être *tous* coffrer. »

— Tout juste. Même si nous ne pouvons mettre la main que sur quelques acolytes du Fantôme, tu pourras lui dire : « Ecoute, les hommes du Fantôme ont la police aux trousses, c'est trop dangereux de faire appel à lui. Ils sont complètement désorganisés. J'ai perdu de l'argent dans cette histoire. Le fournisseur a lui aussi perdu de l'argent. Plusieurs gars se sont fait arrêter. Il faut vraiment mieux utiliser Liou Chou-chouei. »

— Oui. Si vous saisissez vraiment ces soixante livres de base, je suppose que cela fera réfléchir Su San. Mais en ce moment, si j'ai le malheur de parler de Kit et de Liou, elle me dit : « Tu es fou ? Je connais un type qui peut me fournir tout ce que je veux, dix unités, vingt unités... Et le Fantôme se chargera de les amener en Amérique. Appelle Albert pour lui dire de se préparer à verser l'acompte. »

— Alors, au travail, Robert. Vas voir le Fantôme et dis-lui que c'est d'accord. Tu deviens son partenaire.

Robert et moi sortons ensemble du bureau de Sweat et prenons l'ascenseur. Je sais que Robert a revu Andrew Lee, le gangster chauve de Chicago, associé de Liou Chou-chouei, qui est revenu faire un tour à Hong Kong. Je demande à Robert lequel de ces deux hommes il craint le plus. Il a à plusieurs reprises parlé avec appréhension du regard cruel et du visage glabre de Lee. Autant lui demander s'il préfère le cancer ou l'infarctus.

— Si l'un ou l'autre savait que je travaille pour ce service, il me tuerait à coup sûr. C'est du pareil au même.

Nous sortons de l'ascenseur. Je regarde Robert se fondre dans la foule bigarrée de Wanchaï. J'ai entendu un jour Bruce le qualifier de survivant-né. Je le lui souhaite.

2

Les jours suivants, tandis que Robert tisse dangereusement sa toile autour du Fantôme, je me mets en quête d'un homme que je désire rencontrer depuis que j'ai pour la première fois entendu parler de lui — à Tucson, il y a un an.

En 1976, un homme désigné sous le nom de code de « 02 » avait signalé que Liou Chou-chouei comptait envoyer une importante quantité d'héroïne à New York dans le piédestal d'une « maison d'esprits ». Des agents new-yorkais avaient pu intercepter l'objet, dans lequel ils trouvèrent seize livres d'héroïne pratiquement pure, d'une valeur de plus d'un million de dollars.

Après le briefing de Washington consacré au Centac-24, où il avait de nouveau été question de l' « affaire du Piédestal » et de 02, je n'avais plus entendu parler de lui avant que Vichit Kitkeatlers ne confie à Robert Yang que Liou « n'était plus dans le commerce des vêtements depuis quatorze mois ». Bruce Stubbs avait expliqué qu'un membre de la famille de Liou possédait à Bangkok une fabrique de vêtements de sport ; l'on supposait que Liou exportait son héroïne en la cachant dans des anoraks. Peu après, 02 avait de nouveau fait parler de lui. Selon un télégramme secret arrivé à San Francisco, 02 avait appris que Liou et un homme non identifié s'étaient rendus en Thaïlande du nord pour acheter de l'héroïne. Ensuite, l'ami de Liou était allé à Hong Kong pour faire transférer plus d'un million de dollars aux Etats-Unis.

Qui était donc ce mystérieux et remarquablement informé 02 ; comment connaissait-il les mouvements d'un homme aussi discret et dangereux que Liou Chou-chouei ; et pourquoi partageait-il ce qu'il savait avec le Centac ?

Parlant de 02 à Lowrey Leong et à Bruce Wakabayashi à San Francisco, Bruce Stubbs avait dit que c'était « un homme de parole, un homme d'honneur de la vieille école, un aristocrate ». Par la suite, il avait ajouté que 02 avait des relations au plus haut niveau avec les trafiquants de drogue du Sud-Est asiatique.

Je me trouvais donc à Hong Kong, la ville où 02 menait sa double vie de play-boy et d'agent secret. Je ne me faisais néanmoins guère d'illusions sur mes chances de le rencontrer... C'était d'autant plus regrettable qu'il aurait pu me parler de Liou Chou-chouei et des associés de celui-ci.

Liou Chou-chouei ne possédait pas de champs de pavots. Il achetait l'opium, ou plutôt ses dérivés (morphine-base ou héroïne), aux chefs des armées rebelles établies sur la frontière montagneuse séparant la Thaïlande de la Birmanie : Chang Chi-fu, feu le général Tuan Shi-wen et le général Li Wen-huan, qui avait également vendu des « Thaï sticks » à Donald Steinberg. Depuis de longues années, ces hommes jouaient un rôle aussi important dans les opérations de Liou Chou-chouei que, à l'autre bout de la chaîne, Vichit Kitkeatlers. Liou lui-même avait certainement des contacts au sein du Gouvernement thaïlandais — autrement, il n'aurait pu survivre — mais qu'en était-il de ses fournisseurs des montagnes du Nord ? Qui étaient *leurs* amis et protecteurs ?

Je savais que 02 pourrait m'éclairer à ce sujet. Une des raisons de ma présence à Hong Kong était donc d'essayer de trouver 02, pour qu'il me parle de Liou, de ses belliqueux partenaires du Nord, et de leurs relations avec les gouvernements des pays d'Asie du Sud-Est.

Je téléphonai à plusieurs personnes qui étaient censées connaître 02. Certaines d'entre elles promirent d'intercéder auprès de celui-ci pour qu'il accepte de me voir. Grâce à cette aide, et à une bonne dose de chance, je finis par faire la connaissance de 02 lui-même.

Il se révéla une source de renseignements plus précieuse encore que je n'avais osé l'espérer. Des semaines durant, il me parla et m'entraîna dans ses voyages. Il était aussi bien informé sur les dirigeants de l'industrie des stupéfiants d'Asie du Sud-Est que Michael Decker, l'assassin en titre de Sicilia-Falcon, l'était sur les trafiquants latino-américains, et en parlait de façon tout aussi vivante. Je n'aurais pu trouver meilleur guide pour me faire découvrir cette branche de l'Empire clandestin. Le hasard de sa naissance l'avait destiné à une mission unique et dangereuse.

Pour comprendre 02, pour comprendre sa vie, ses mobiles et le pouvoir qu'il exerce, il faut commencer par son père.

3

L'homme qui allait devenir le dernier Seigneur de la Guerre de l'Empire du Milieu, le dernier prince dont les armées privées, les forteresses et les mœurs féodales semblaient sorties d'un conte de fées, prit en 1927 le pouvoir dans la province du Yunnan. Ce pouvoir s'accompagnait d'une malédiction, car toute l'économie de cette contrée montagneuse reposait sur la culture du pavot à opium.

Les habitants du Yunnan ne pouvaient être tenus responsables de cette situation. L'opium lui-même était plus ancien que la pratique de la médecine. Le médecin grec Hippocrate lui donna son nom au cinquième siècle avant J.-C. Virgile en parle, ainsi que Pline. Il en est question dans le Talmud. De la Grèce, l'opium arriva aux Arabes, qui le répandirent en Perse, en Inde, et, au IXe siècle de notre ère, en Chine, où, quelques siècles et plusieurs guerres plus tard, il devint la principale ressource économique de la province méridionale du Yunnan.

Le dernier seigneur féodal du Yunnan, héritier de ses champs de pavot, avait commencé sa carrière dans l'armée. Diplômé de l'académie militaire de la province en 1912, membre de la tribu des Yi, Lung Yun gouverna des années durant son royaume comme il l'entendait, s'opposant avec férocité à quiconque menaçait son autonomie, y compris aux Japonais pendant la Seconde Guerre mondiale — et, par la suite, aussi bien au gouvernement nationaliste du Kouomintang qu'aux communistes. A la fois allié et ennemi de Chang Kaï-chek et de Mao

Tse-toung, Lung Yun avait pouvoir de vie et de mort sur vingt millions de sujets, dans une province plus étendue que l'Italie. Il mourut à Pékin en 1962, laissant cinq fils.

Certains chefs de l'armée de Lung Yun, repoussés en Birmanie en 1949 par les forces de Mao Tse-toung, allaient devenir les plus puissants trafiquants de drogue du monde. Chassées de Birmanie quelques années plus tard, ces troupes s'implantèrent avec l'aide du Gouvernement thaïlandais et de la CIA (qui voyait en elles une précieuse source de renseignements et comptait au besoin sur leur aide militaire) dans les montagnes du nord de la Thaïlande, où elles poursuivirent leur activité traditionnelle : la culture du pavot et le trafic de l'opium. Contrôlant à la fois l'opium birman et l'opium thaïlandais, elles devinrent la source de la quasi-totalité de l'héroïne du Sud-Est asiatique vendue aux Etats-Unis.

L'opium qui passait entre les mains de ces armées du Yunnan était transformé en morphine-base et en héroïne dans les laboratoires du « Triangle d'Or » — la zone montagneuse où se rejoignent les frontières de la Birmanie, de la Thaïlande et du Laos — puis vendu à Chiang Mai aux gros trafiquants chinois. Ceux-ci étaient pour la plupart des Chiu Chow. Le plus important et plus riche de ces derniers était Liou Chou-chouei.

A la tête de ce reliquat des forces de Lung Yun bénéficiant de l'appui de la CIA, se trouvaient les deux généraux yunnanais déjà mentionnés à titre de fournisseurs d'héroïne et de morphine-base de Liou Chou-chouei : Tuan Shi-wen, homme cultivé et chef militaire capable ; et Li Wen-huan, d'origine paysanne, habile et rusé bien que d'un faible niveau d'éducation, très méfiant à l'égard des Occidentaux. Tous deux demeuraient farouchement dévoués à leur seigneur et maître Lung Yun, et, après la mort de ce dernier, à ses fils, principalement au cadet, Lung Shing.

Je devais bientôt apprendre que Lung Shing n'était autre que 02.

Aujourd'hui âgé de cinquante ans, aussi mince et élégant que son père, Lung Shing vint au monde dans un pays de forteresses médiévales, de douves et de ponts-levis, de palais immenses, d'armées personnelles, et de serviteurs si nombreux qu'un enfant pouvait atteindre l'âge adulte sans avoir appris à s'habiller seul. Dans son spacieux appartement du « Peak », quartier chic de Hong Kong, il prend toujours ses repas seul, comme le faisait son père — à un pas seulement de la table où mange son fils d'une quinzaine d'années. Pris entre deux mondes et deux époques, Lung Shing paie le prix exigé de ceux qui honorent le passé.

— Je ne puis faire autrement, affirme-t-il. Certains hommes agissent par amour du gain ou du prestige social, ou dans quelqu'autre but ; moi, j'agis par amour de la tradition. Parce que mes regards sont tournés vers le passé.

Il éclate de rire, conscient que cela peut paraître absurde à un Occidental.

Lung Shing vit dans deux mondes, mais il n'est pas davantage à son aise, ou en sécurité, dans l'un que dans l'autre. Dans les restaurants à la mode et les discothèques du Hong Kong nocturne, entouré de filles et d'amis occidentaux, son rire couvre le vacarme électrifié des groupes de rock asiatiques. Les anciennes familles chinoises ainsi que les fonctionnaires britanniques sont choqués par son attitude trop occidentale, par son impudente gaieté. Lung est entouré de gens qui se réjouiront de sa chute — chute qui selon eux ne saurait tarder.

Ensuite, il y a l'autre monde de Lung, le monde secret, dangereux, où il n'est connu que sous le nom de « 02 ».

Le passé et le sens du devoir ont emprisonné Lung Shing dans un périlleux univers de politiciens, de diplomates, d'espions, de policiers et de criminels. Lung se rit d'aujourd'hui, car dès qu'il cesse de rire, il pense au passé, et cela le fait pleurer.

Pour Lung, passé est synonyme de devoir. Il parle de son père avec respect et amour, et est totalement dévoué à son peuple, les Yunnanais. Et ceux-ci — des hommes frustes et primitifs — espèrent que Lung les protégera de l'implacable assaut du XXe siècle, ce monstre vorace et incompréhensible. Ce devoir envers son peuple, cette responsabilité à l'égard du passé, ont mis Lung dans une situation à laquelle il ne peut échapper. Et, par une malheureuse coïncidence de l'histoire et de la géographie, les Yunnanais produisent de l'opium.

Les Yunnanais le produisent, et des criminels Chiu Chow tels que Liou Chou-chouei le distribuent. Lorsque des Yunnanais se trouvent empêtrés dans de difficiles négociations avec les trafiquants Chiu Chow, Lung ne peut refuser de les conseiller. Même si cela le contraint à rencontrer des criminels qui comptent parmi les plus impitoyables de la planète.

C'est également le sens du devoir de Lung Shing, son dévouement inconditionnel envers son peuple, qui l'amène parfois à coopérer avec divers services de police et officines de renseignements. Ces services (nous allons voir comment) peuvent en effet aider les Yunnanais. Pourquoi Lung, qui n'est lui-même ni un policier, ni un criminel, fréquente-t-il des criminels, et dévoile-t-il de dangereux secrets à la police et aux services de renseignements de nombre de pays ? La réponse tient en deux mots : par amour et par devoir. Par amour pour son père, et par devoir envers ceux qui étaient ses sujets.

4

— Liou Chou-chouei... un homme assommant, M. Mills. Ignare. Vraiment pas présentable. Il ne correspond pas du tout au personnage du criminel richissime. Quant à son mode de vie — aucun style !

D'un geste dénué de toute affectation, Lung lève le fume-cigare en ivoire qu'il tient entre le pouce et l'index — à l'envers, ce qui l'oblige à tourner le poignet pour le porter à ses lèvres. Son visage gai et animé est aussi distingué que ses vêtements : complet tropical écru, pochette lie de vin, chemise blanche à peine teintée de jaune, cravate de soie noire tissée main. Il porte des lunettes à monture de corne, et sa montre en or — pas une Rolex — est retenue à son fin poignet par un simple bracelet de cuir noir. En parlant, il mélange des formes grammaticales chinoises — il fait souvent de troublantes erreurs de temps — à des anglicismes désuets et à des termes d'argot américain. De tous points de vue — aspect, comportement, façon de parler — il ressemble à ce qu'il est : un seigneur féodal chinois contraint à l'exil par l'arrivée des hordes barbares.

Nous déjeunons au Gaddi, le restaurant français de l'hôtel Peninsula. Lung ne se fait pas prier pour parler, surtout lorsqu'il peut prendre la défense de son bien-aimé peuple yunnanais. Bien qu'il soit en contact avec nombre de services de renseignements rivaux, il n'en trahit aucun. Son intégrité est son armure — et celle-ci s'est jusqu'à présent révélée à l'épreuve des balles. Je sais que d'aucuns se demandent s'il en sera toujours ainsi.

— J'ai rencontré Liou à Chiang Mai, à l'occasion d'un dîner. J'ignorais qui c'était. Je le prenais pour un larbin ! Vous savez comment sont ces Chiu Chow, M. Mills. Pas davantage de manières que vos clochards. Il se gratte les pieds en public. Oui, oui, il ôte simplement ses chaussures et, en vous parlant comme je vous parle ici, se met à tripoter ses pieds. Je trouve cela stupéfiant au point d'en être charmant. Voilà, me dis-je, un homme qui a suffisamment confiance en soi pour faire tout ce qui lui plaît, en se fichant éperdûment de l'opinion d'autrui. Si c'était réellement le cas, cela mériterait un certain respect. Hélas, c'est simplement qu'il a été éduqué ainsi, et n'a rien appris depuis.

Lung a un rire léger, déguste une bouchée de filet de sole arrosée de chassagne-montrachet. Je sais qu'il aime boire et bien manger, les soirées folles et les filles. Il a vécu avec Nancy Kwan, est sorti avec Candice Bergen, et a été marié à Lin Dai, la plus grande star chinoise, à la fois une Marilyn Monroe et une Elisabeth Taylor.

— Liou a démarré grâce à son frère, un homme un peu plus âgé que lui et qui ne vaut guère mieux. Liou est devenu le grand manitou, mais son frère aîné a tout commencé. Au début, Liou était coursier dans une bijouterie de Bangkok. Un petit gangster local, une sorte de dur. Son père était un simple colporteur. Son frère est devenu directeur de la bijouterie. Ensuite, il passe à la drogue. Un homme très avide, très mesquin avec ses amis.

— Je ne comprends pas, dis-je, qu'un homme aussi riche que Liou, et qui dépense apparemment peu, qui vit simplement, continue à prendre des risques pour gagner toujours plus d'argent.

— Pour dépenser de l'argent, il faut avoir un minimum de goût et de culture. Il n'en a absolument pas. Selon un proverbe chinois, il faut trois générations pour faire un homme cultivé ; il n'en est qu'à la première.

— Et ses enfants, sont-ils plus évolués que lui ?

— On peut l'espérer.

— Et avec qui Liou traite-t-il dans le Nord, à Chiang Mai ?

— Avec les généraux Li et Tuan. Ils sont très proches de lui.

Bien que le général Tuan Shi-wen soit mort depuis neuf mois, Lung parle de lui au présent — alors qu'il se réfère en fait à son successeur. Le « général Li » est Li Wen-huan.

— Liou connaît tous les Yunnanais. Le général Li prétend avoir abandonné le trafic des stupéfiants pour celui du jade.

— Espère-t-il qu'on le croira ?

— Il s'en fiche éperdument.

Lung éclate de nouveau de rire, amusé par l'ingénuité du général Li, qui ne se soucie guère de ce qui se passe en dehors des montagnes où il s'est retranché. En dépit de son dévouement envers les Yunnanais, Lung ne cache pas leurs faiblesses.

— Le général Li est plutôt inculte : il a des idées bizarres. Un homme impitoyable. Il continue à exécuter des gens à tour de bras. Sinistre, tout cela. Récemment, il a tué son chef d'état-major. Un quelconque officier avait trompé Li, et le chef d'état-major avait libéré le coupable ; Li le fit enfermer à sa place. Ensuite, le bruit courut que des groupes armés avaient l'intention de libérer le chef d'état-major. Sur la base de cette vague rumeur, Li le fit exécuter. Une vraie brute. Avide et sans pitié. Les Thaïlandais construisent une route stratégique dans la montagne, et les communistes essaient de les en empêcher. Li envoie un bataillon de trois cents hommes pour protéger la route. Pour cela, il touche cent dollars par mois et par homme ; il ne leur en paie que quinze, et empoche le reste ! Totalement insensible ! Je suppose que c'est ainsi qu'il se fait obéir. Tuan faisait peur et savait se faire respecter, mais n'agissait jamais ainsi.

Lung n'a pas nommé la source des 100 dollars par mois et par homme ; il s'agit certainement de la CIA, qui soutient Li depuis des années. Tuan était, et Li est toujours, l'un des membres les plus influents de l'Empire clandestin en Orient. Tous deux entretenaient sans nul doute des liens étroits avec des personnalités politiques et de hauts responsables des services de renseignements. Je voulus en savoir davantage à leur sujet.

— Comment le général Tuan maintenait-il la discipline ?

— Il compte sur la loyauté de ses hommes, dans un contexte resté féodal. Son trésorier s'était enfui avec deux cents taels d'or. Il les avait enterrés près d'un torrent. Certain que c'est lui, Tuan organise un simulacre d'exécution. Il le fait agenouiller, arme son revolver et tire par-dessus sa tête. Le trésorier n'avoue pas ! Un homme très malin et courageux, certainement. Ils ont fini par négocier. Deux semaines après, le trésorier rapporte l'or — il n'en manque pas un tael. Tuan se contenta de le chasser. Il aurait pu le tuer ! J'apprécie sa façon d'agir avec les gens. Elle est certainement plus humaine que celle du général Li. Mais ils veulent tous de l'argent, toujours plus d'argent. C'est triste.

— Le général Li vient-il parfois à Hong Kong ?

— En moyenne deux fois par an. Pour mettre ses biens en sécurité. Il change sans cesse son jade et son or de coffre et de banque. Il n'a pas confiance dans les banques. Une mentalité de villageois. Changer son trésor de cachette tous les jours ! Ne trouvez-vous pas cela bizarre, voire inquiétant, M. Mills ?

Désireux d'en savoir davantage sur le passé féodal de Lung, et sur la façon dont il en est venu à mener cette vie aventureuse, je change de sujet pour lui demander dans quel genre de demeure il a grandi.

— Dans des maisons *immenses*. Nous avions des maisons partout.

— Combien ?

— Je ne sais pas. Personne ne s'est jamais donné la peine de les compter. Voyons... Shanghaï, Pékin, Nankin, Chungking, Hong Kong, Kun Ming... ça en fait déjà pas mal.

— Vous avez dit qu'elles étaient immenses. Combien de pièces, par exemple ?

— Peut-être 270 pièces en tout, quelque chose de cet ordre-là. Lorsque les communistes prirent le pouvoir, ils transformèrent notre maison de Pékin en caserne. Un régiment entier y tenait. Juste pour vous donner une idée de la dimension de l'endroit.

— Combien de serviteurs aviez-vous ?

— Aucune idée ! J'ai toujours un vieux serviteur de la famille avec moi. Quand mes amis me demandent depuis combien de temps il est chez moi, je réponds, dans les trente-cinq ou quarante ans, et ils trouvent que cela fait longtemps. Mais ce n'est *rien*. Nos serviteurs étaient à notre service *de père en fils*, pendant des générations. L'autre jour, je repensais à une anecdote... amusante. Une famille qui était à notre service avait pour fonction de nourrir les chiens. Rien d'autre. Juste donner à manger aux chiens, deux fois par jour. L'arrière-grand père le faisait déjà, puis le grand-père, le père... Puis, un jour, quelqu'un a l'idée malencontreuse de leur dire : « Nous n'avons plus qu'une vingtaine de chiens, peut-être trente. Après les avoir nourris, lavez donc la voiture. »

Ils ont poussé des *rugissements* ! La famille entière s'est mise en *grève* ! « Comment, depuis des générations, nous nous occupons des chiens, et maintenant, vous voudriez nous faire laver les *voitures* ? C'est indigne de nous. » Ils avaient ressenti cet ordre comme un affront, et se refusaient obstinément à l'exécuter. Ils ont continué à nourrir les chiens, et il ne fut plus jamais question d'autre chose. Quand j'y repense maintenant, cela me fait rire, mais à l'époque, personne ne trouvait cela drôle.

Comment un enfant qui avait grandi au sein de cette splendeur médiévale en était-il venu à mener cette double vie de play-boy et d'agent secret ? Je lui demandai de me parler de son enfance.

— Je n'étais pas un enfant méditatif ! s'esclaffe-t-il en gesticulant avec son fume-cigare. Juste un enfant heureux, qui ne se faisait de souci pour rien. J'avais tout pour me rendre heureux. Un père qui m'aimait. Et il se passait tant de choses que l'on n'avait guère le temps de se remettre en question. Mon père avait des idées très larges pour son époque. Perpétuellement assoiffé de savoir. A quatre-vingts ans, il lisait toujours beaucoup. Un homme d'une belle prestance ; cavalier émérite, excellent fusil... J'ai moi aussi fait tout cela — équitation, chasse, tennis... On se demande à quoi cela m'a servi. Le seul sport que je pratique encore, c'est la boisson. En chinois, Lung signifie dragon. Je suis un dragon qui a perdu ses ailes.

« J'ai quatre ans lorsque Chang Kai-chek arrive au Yunnan à la poursuite des communistes. C'était la première fois qu'il venait au Yunnan. Je me souviens seulement qu'on nous avait fait beaux, ma sœur et moi, et que nous sommes montés dans la limousine de Chang.

« Mon père détestait cordialement Chang Kai-chek. Je suppose que c'était en partie par snobisme : Chang n'était diplômé d'aucune école militaire, et montait fort mal... Les gens tremblaient devant Chang. Mon père, lui, le méprisait : c'était un vulgaire petit dictateur. Très borné. Il savait s'y prendre avec lui. Lorsque, pendant la guerre civile, des troupes du Yunnan — trois divisions entières — passèrent dans le camp communiste, Chang était blême de rage. Selon certains rapports, mon père leur en avait donné l'ordre. Chang convoque aussitôt mon père, et lui dit : « Il paraît que vous avez ordonné à vos troupes de passer aux communistes. Est-ce vrai ? » Mon père répond sans se troubler : « J'ai en effet entendu cette rumeur. Avez-vous des précisions ? » Chang change aussitôt de sujet, et invite mon père à dîner. Plus un mot de cette histoire. Mon père était très vif, très intelligent.

« Tenez, voici une autre anecdote typique qui pourra vous intéresser, poursuit Lung. Je devais avoir dans les quatorze ans, lorsqu'un jour, mon troisième frère — de dix ans mon aîné, il était à l'école de guerre — me demanda quelle mine avait mon père aujourd'hui. Je lui demande s'il est devenu fou : " Tu viens de déjeuner avec lui, que signifie cette question stupide. " Il me répond qu'il n'a pas *vu* mon père depuis *dix ans !* Je lui demande ce que signifie cette plaisanterie. Il m'explique qu'il *n'ose* pas regarder notre père. Chaque fois que mon père arrive, il baisse les yeux : comme tout bon officier, il ne regarde jamais son supérieur en face. C'était ainsi dans l'armée, à l'époque. A la première occasion, je l'ai observé en présence de mon père : il fixait effectivement le bout de ses chaussures. Je ne pus me retenir de rire — mon frère ne trouvait pas cela drôle du tout. J'expliquai la raison de mon hilarité à mon père, qui éclata lui aussi de rire. Incroyable, vraiment...

Je me demandais toujours quel itinéraire avait pu le mener de cette Chine féodale à ses activités actuelles.

— Quel a été votre premier contact avec des Américains ?

— L'AVG — le Groupe de Volontaires Américains. Les Tigres Volants, qui étaient basés à Kun Ming. Leur commandant, le général Chennault, était un ami de mon père. Je n'avais jamais vu d'Américains auparavant. Une sacrée bande ! Leur façon de faire la guerre ne manquait d'ailleurs pas de style. Les Japonais arrivaient tous les jours à midi pile, midi et demie au plus tard, pour bombarder Kun Ming, puis regagnaient leur base. Réglés comme des horloges. Les Américains, eux, allaient tous les jours au terrain d'aviation à onze heures et demie, montaient dans leurs P-40 et décollaient à midi moins le quart. Quand les Japonais arrivaient, ils les attaquaient de tous les côtés à la fois, en descendaient pas mal, puis se posaient à deux heures, et allaient droit chez nous. Ils faisaient du cheval, et, ensuite, c'était la fête. Le lendemain, ils se levaient à onze heures et la guerre recommençait. Une façon très civilisée de se battre. Ils adoraient ça. Malheureusement, ils ont fini par flanquer une telle dérouillée aux Japonais que ceux-ci ne sont plus revenus à Kun Ming. Ils durent quitter le Yunnan pour aller combattre les Japonais ailleurs. Ce fut la fin de la fête et de la guerre civilisée.

« Mon père appréciait beaucoup les Américains. Il aimait les gens robustes, jeunes, énergiques. Les Américains avaient toutes ces qualités.

« Par la suite, les Américains furent complètement intoxiqués par le Kouomintang — le parti nationaliste de Chang Kai-chek. Le KMT craignait que le Yunnan ne se rapproche trop des Américains. Il fit donc savoir à ces derniers que mon père était un gros trafiquant d'opium. C'était absurde. Dans le temps, le gouvernement levait une taxe sur l'opium, certes. Mais il en était ainsi depuis des siècles. Ma famille n'en était pas responsable. C'était la politique officielle.

— Vous avez grandi dans un monde bien différent du nôtre, M. Lung.

— Oui, même selon des critères chinois. Notre style de vie avait un siècle de retard sur la majeure partie de la Chine. Une mentalité vraiment féodale. Tout était centré sur l'individu, la personnalité. En l'absence de loi et d'ordre, l'élément humain jouait un rôle crucial dans tous les aspects de l'existence. Même de nos jours, même le communisme... en fait, sa structure est fondamentalement féodale. Les gens se fichent pas mal de la constitution, de la loi. Ce qui leur importe, c'est de savoir qui est le patron, qui gouverne la province, qui dirige le service où ils travaillent. De nouveau, tout se ramène à la personnalité, à l'élément humain.

— Et que se passe-t-il actuellement au Yunnan ?

— C'est un viol culturel. La population est dispersée. Toutes les traditions sont mortes. C'est le vide total. Les jeunes sont devenus très standardisés, sans intérêt. Ils ont perdu leur identité. Leur identité féodale.

Lung glousse de rire, pour tourner en ridicule sa nostalgie d'un phénomène aussi archaïque et discrédité que le féodalisme.

— Et vous ne pouvez pas y retourner.

— Je le *pourrais*. J'y suis déjà allé, d'ailleurs.

— Mais vous préférez vivre à Hong Kong.

— Mes préférences personnelles ont peu d'importance.

Il baisse les yeux sur son assiette, et nous mangeons en silence.

5

A quelques rues de l'hôtel Peninsula, neuf heures après ma conversation avec Lung Shing, Robert Yang se trouve dans une boîte de nuit assez vulgaire, le New World, en compagnie d'Andrew Lee. Depuis leur première rencontre dans une boîte de Hong Kong plusieurs mois auparavant, Robert espère que Lee acceptera de l'appuyer auprès de son ex-associé Liou Chou-chouei.

Lee garde un silence morose. Il emplit son verre de cognac d'importation, indifférent à la bruyante marée des danseurs. Son crâne chauve reflète les éclats rouges et verts des stroboscopes. Deux jeunes Chinoises sont à leur table, mais il les ignore. Il ne s'intéresse guère qu'à son cognac et à Robert Yang. Il l'avait appelé à cinq heures et demie. Après avoir dîné dans un restaurant chinois, ils sont restés dans un café jusqu'à dix heures, avant d'échouer au New World, où Lee ne semble guère s'amuser — bien qu'il y vienne tous les soirs depuis une semaine, à la même table, et avec les mêmes filles.

Robert sait qu'ils iront souper vers les trois heures du matin, puis se souhaiteront une bonne nuit dans le hall de l'hôtel Miramar avant de gagner leur chambre respective, et que la même routine recommencera demain. Robert ne trouve pas cela drôle du tout, mais lorsqu'on veut gagner la confiance de quelqu'un, il faut bien partager ses loisirs. Et c'est sur la confiance d'autrui que Robert a bâti sa carrière.

En regardant Lee ce soir, Robert se demande s'il doit le craindre ou le prendre en pitié. Le craindre, peut-être, car Lee vient juste de lui expliquer ce qui attend ceux qui abusent de son amitié : « Si je dis qu'un type doit être descendu à trois heures, il n'est plus en vie à trois heures une. » Il s'est également vanté d'être à l'origine du célèbre « massacre du Dragon d'Or », dont les auteurs n'ont toujours pas été retrouvés : pour une raison inconnue, des tueurs avaient ouvert le feu sur les clients d'un restaurant du quartier chinois de San Francisco.

Il est sans doute plus prudent de craindre un homme tel qu'Andrew Lee, mais Robert ne peut s'empêcher d'éprouver également une certaine pitié pour lui. Il vide une bouteille de Hennessy chaque soir, adresse rarement la parole aux filles qu'il paie pour lui tenir compagnie (encore qu'il lui arrive d'en emmener une dans sa chambre), ne danse jamais (« Il ne *sait* pas danser — même pas la valse »), et, lors de son dernier voyage, a acheté pour mille dollars de parfums, de montres et de bijoux à l'intention des filles de Formose, auxquelles il ne parle pas davantage qu'aux filles de Hong Kong. Robert a calculé que, le tout mis dans le tout, il doit dépenser dans les quinze mille dollars par mois — pour rien.

Robert et Lee regagnent leur hôtel à cinq heures et demie. En fin de matinée, Robert téléphone à Jim Sweat : cet après-midi, il a rendez-vous avec le Fantôme.

Le Fantôme n'a rien d'un Apache, sauf peut-être les biceps qui gonflent les manches de son polo bleu. Installé dans un confortable fauteuil victorien tendu de velours rose et garni d'un appui-tête au crochet, il étend de généreuses quantités de sirop d'érable sur ses toasts. Bien qu'il soit quatre heures et demie de l'après-midi, il en est au petit déjeuner : comme Lee, le Fantôme est un animal nocturne. La mine prospère, portant lunettes, ses abondants cheveux noirs soigneusement coiffés, il ressemble à n'importe quel P-DG de Hong Kong discutant affaires dans le salon de thé au sol de marbre de l'hôtel Miramar.

Depuis plusieurs jours déjà, Robert Yang et son nouveau partenaire discutent de leur projet de faire venir soixante livres d'héroïne-base de Thaïlande. Ils ont abandonné l'idée de la transporter à Amsterdam. La base sera transformée et vendue ici-même, à Hong Kong. Le Fantôme espère gagner une fortune; Jim Sweat espère contraindre Su San à traiter avec Liou Chou-chouei; quant à Robert... il est bien difficile de savoir ce qu'il espère.

Tout en buvant son thé, le Fantôme passe de nouveau le plan en revue. Les soixante livres de base seront converties en cent cinquante livres d'héroïne numéro trois — probablement, pense Robert, dans la cuisine d'un appartement situé en haut d'un gratte-ciel de Hong Kong, où la brise dissipera l'odeur mordante de l'acide chlorhydrique utilisé dans le processus. L'opération rapportera plusieurs centaines de milliers de dollars au Fantôme. S'il la répète, comme il compte le faire, son bénéfice atteindra des millions.

Ensuite, explique-t-il à Robert, avec un bon fournisseur en Thaïlande et les acheteurs de Robert aux Etats-Unis, « je m'occuperai du transport, et nous gagnerons de nouveau un paquet d'argent en Amérique ». Il est très optimiste. Il n'y aura aucun problème avec la police locale : « La police des stups ne connaît que mon nom — aucun agent ne m'a jamais vu, ils seraient incapables de me reconnaître. »

Robert opine du bonnet, apparemment fort impressionné. Dans un coin reculé du salon de thé, il vient de reconnaître deux visages familiers, dont celui de Jim Sweat.

Le Fantôme dit ensuite à Robert qu'il serait temps de lui verser une partie des 13 500 dollars qui sont sa contribution à l'achat de l'héroïne-base. Il lui demande d'apporter l'argent lors de leur prochaine entrevue.

6

Pendant que Sweat s'occupe de trouver les 3 500 dollars dont Robert a besoin, je revois Lung Shing, alias 02. Je voudrais savoir dans quelles circonstances il a rencontré des agents de renseignements, comment il en était venu à coopérer avec les polices de plusieurs pays.

— A dix-neuf ans, je suis allé pour la première fois aux Etats-Unis, à l'université de Harvard. Mon éducation ne m'avait absolument pas préparé à vivre de façon indépendante. Je ne savais pas quoi faire de mon linge sale, par exemple, je m'achetais sans cesse de nouvelles chemises, de nouveaux sous-vêtements. Craignant de me rendre ridicule, je n'osais demander conseil à personne. Finalement, ma sœur aînée, qui vivait en Amérique, me tira d'affaire : « C'est tout simple, me dit-elle. Tu mets ton linge dans un sac et tu portes le tout à une blanchisserie chinoise. »

« Je me croyais très évolué. Bien plus que mon frère, en tout cas. A seize ans, il n'était jamais sorti de la famille, et ne savait toujours pas s'habiller seul. Tous les matins, debout à côté du lit, il se faisait habiller par un serviteur.

Lung rata l'examen d'entrée à Harvard (« trop d'alcool, trop de poker »), alla à New York, où il décrocha une licence, puis fut engagé comme stagiaire par General Electric. Ce ne fut pas la fin de ses démêlés avec l'Amérique du XXe siècle. Il passa en jugement pour quarante et une contraventions impayées (comment un garçon qui n'était même pas capable de donner son linge à laver aurait-il compris les règles du stationnement ?). Après avoir écouté ses explications, le juge lui donna le choix entre une peine de prison de 205 jours exécutable immédiatement et une amende de 2 075 dollars assortie de l'engagement de regagner la Chine sans tarder. Lung paya l'amende et prit le premier avion pour Pékin :

— Mon père se montra très compréhensif. Il se contenta de critiquer mon insouciance. Sa modération me surprit : je m'étais attendu à pire.

A Pékin, les communistes le firent entrer au Conseil du plan :

— A ne rien faire. Je me tournais les pouces chez General Electric, et maintenant, je me tournais les pouces chez les communistes.

Le père de Lung avait quitté la Chine lorsque les communistes étaient venus au pouvoir en 1949. Par la suite, ils lui avaient demandé de revenir, lui offrant le poste de vice-président au Conseil national de la Défense.

— Il était extraordinairement têtu. Il avait de vives discussions avec le président Mao et avec Chou En-lai, qui se terminaient toujours mal pour lui. Mon père avait depuis si longtemps l'habitude d'être son propre maître qu'il était incapable d'agir en subordonné. J'avais beau lui dire que cela ne servait à rien de discuter avec les communistes : nous sommes entre leurs mains, mieux vaut éviter de s'opposer à eux. Il me répondait : « Je suis venu ici pour coopérer, pas pour m'incliner comme un larbin. »

« Mon père était un problème pour Tchang, et il était un problème pour les communistes. Il était en fait un problème pour tous les gouvernements centralisés : ils ne savaient que faire de lui. Ils ne pouvaient pas davantage utiliser la manière forte que lui faire confiance ou tout simplement l'ignorer. Tous les gens du Yunnan sont ainsi : simples, et dotés d'une forte volonté...

Pour l'amener à me parler de sa vie actuelle, des agents, espions et criminels qu'il fréquente, je lui demande comment il a abouti à Hong Kong.

— J'ai quitté la Chine en 59. La révolution culturelle, vous savez. J'en avais assez. Venu à Hong Kong avec une mission d'achat, j'ai décidé de rester. Ils ont été très tolérants, peut-être heureux de se débarrasser de moi. Je ne suis pas simplement " passé à l'Ouest ", d'ailleurs. Je leur ai dit : " Ecoutez, je dois m'occuper de mes affaires personnelles ici. Ce n'est pas que la Chine nouvelle me *déplaise*, mais je suis vraiment trop décadent pour m'y adapter — je ne pourrais jamais vivre et travailler dans une ferme. *J'aime* les paysans, mais je ne veux pas en devenir un. " Non, je ne leur ai pas vraiment dit cela, mais c'est pour cette raison que je suis parti. Ils ont discuté avec moi, très cordialement et surtout *interminablement* : " M. Lung ", me disent-ils... Ils ne m'appelaient plus jamais " camarade ", maintenant, mais toujours " M. Lung ". Ils me disent... Lung baissa la voix pour imiter le ton confidentiel des fonctionnaires. Ils me disent : " Hong Kong est un lieu pourri, très mauvais. Nous savons que vous êtes un vrai patriote, ce n'est pas cela qui nous fait peur, mais des gens sans scrupule pourraient vous exploiter, se servir de votre situation et de votre expérience. " Ils pensaient bien entendu aux Etats-Unis et à Formose. " N'ayez crainte, leur dis-je, bien que vivant à Hong Kong, je ne me laisserai pas manipuler à des fins politiques. Je ne suis pas tellement important, mais, même si on me le demandait, je ne ferai jamais de déclarations, je n'écrirai jamais d'articles. " Ils ont continué à me verser mon salaire pendant six mois — j'ai d'ailleurs fini par ne plus l'accepter. Ils ont été on ne peut plus corrects avec moi.

« Mes deux serviteurs m'accompagnèrent. " Pourquoi voulez-vous quitter la Chine ? " leur ai-je demandé. " Trop de réunions ", répondent-ils en chœur. Il fallait tout le temps assister à des réunions. Apprendre par cœur l'éditorial du *Quotidien du Peuple*. Commenter les dernières déclarations du Gouvernement. Quelle absurdité, n'est-ce pas !

Les yeux de Lung pétillent de malice, il éclate de rire. Il croit en la liberté. S'abstenir de manifester sa joie en public constitue à ses yeux une preuve de mauvais goût. Un manque de style.

A son arrivée à Hong Kong, Lung vécut dans divers hôtels avant d'épouser l'actrice Lin Dai :

— « Où allons-nous habiter ? » me demanda-t-elle. « Dans un hôtel, dis-je. Nous louerons une suite. C'est bien mieux que d'avoir sa propre maison. » Elle refusa catégoriquement : « Tu ne voudrais tout de même pas qu'une jeune femme respectable comme moi mette les pieds dans un *hôtel* ? Que penseraient les gens ! » Dans un sens, elle avait raison. Dans les années soixante, l'on n'invitait pas une jeune dame chinoise dans un hôtel. Elle n'y aurait jamais mis les pieds. Accompagnée, peut-être, mais seule, certainement pas. Avec quelqu'un, elle aurait peut-être consenti à entrer dans le hall, à condition de ne pas approcher des ascenseurs. Amusant, non ?

Belle, célèbre, non dénuée d'influence, Lin Dai contribua à occidentaliser le jeune homme qui avait grandi dans les forteresses du Yunnan.

Lung et sa femme menaient la grande vie. Hong Kong ne parlait que d'eux. L'on racontait par exemple que le propriétaire d'un night-club voulait fermer à deux heures du matin. Lung insista pour qu'il reste ouvert. Comme le propriétaire s'obstinait dans son refus, Lung sortit son chéquier, négocia un prix, acheta le night-club, et la fête continua.

Elle ne devait pas continuer longtemps. A la suite d'une dispute avec sa femme au sujet du renvoi d'un serviteur, celle-ci s'enferma dans sa chambre. Lung s'installa dans le salon avec un livre et lut jusqu'à trois heures du matin. Après avoir en vain frappé à la porte de la chambre, il alla dormir à l'hôtel Mandarin. En retournant chez lui le lendemain, il trouva la porte toujours fermée à clef. Alarmé, il l'enfonça. Lin Dai était allongée sur le lit ; un paisible sourire planait sur son visage ; elle tenait d'une main une photo de leur fils de quinze ans, et de l'autre, un médaillon catholique. Pensant qu'elle plaisantait, Lung la secoua doucement et dit « Allons, cesse de faire l'idiote et viens déjeuner. »

Comme elle ne réagissait pas, Lung prit peur. Il la porta dans le salon, pratiqua la respiration artificielle, et appela la police.

A l'hôpital, les médecins ne tentèrent même pas de la réanimer. L'autopsie révéla qu'elle avait pris des barbituriques. Compte tenu que Lin Dai avait réglé le réveil pour midi, acheté récemment un appartement et fait renouveler sa carte d'identité, le *coroner* écarta l'hypothèse du suicide. Un mot laissé par Lin Dai à Lung confirmait d'ailleurs qu'elle pensait être sauvée : « Ne m'envoie pas à l'hôpital... Fais venir un médecin. »

La mort de Lin Dai consterna Hong Kong, et valut de nombreux ennemis à Lung. Beaucoup trouvaient que ce playboy descendant d'un seigneur de la guerre avait trop d'amis occidentaux. Il reçut plus de mille lettres de fans de Lin Dai, dont certains menaçaient de le tuer. Un ami de Lung qui se souvient de cette triste période dit que lorsqu'il entrait dans la salle à manger de l'hôtel Repulse Bay, tout le monde lui tournait le dos, « y compris certains membres du personnel ».

Lung paraissait indifférent au mépris de Hong Kong. Il continua à voir ses amis occidentaux — au nombre desquels se trouvaient inévitablement des agents de la CIA.

Lung n'allait pas tarder à jouer le rôle auquel son origine et son éducation le destinaient.

7

Je demandai à Lung quel avait été son premier contact avec la CIA. Sa réponse ne me surprit pas :

— Il y avait des problèmes en Birmanie. Les Yunnanais se sont adressés à moi, et je suis allé voir la CIA. Des problèmes à la fois militaires et politiques. Sans oublier l'histoire du kidnapping.

L'« histoire du kidnapping » devait avoir une influence décisive sur la carrière de Lung. La façon dont il la résolut convainquit les agents de renseignements, les diplomates et les guerriers yunnanais qu'il était un homme digne de confiance, habile et efficace. Le playboy de Hong Kong ajoute une nouvelle corde à son arc : il devint émissaire secret. Cette réputation allait entraîner une association durable avec les polices tant américaines qu'asiatiques, dont beaucoup s'intéressaient de près à des hommes tels que Liou Chou-chouei.

Des fidèles de Chang Chi-fu, chef de l'Armée Shan unifiée et marchand d'opium, alors emprisonné à Rangoon, avaient enlevé deux Russes — un dentiste et un chirurgien — aux abords d'un hôpital construit par les Soviétiques à quelque six cents kilomètres au nord de la capitale birmane. Promu chef des forces d'auto-défense birmanes en 1960, Chang avait par la suite mis ses talents de soldat au service de l'indépendantisme Shan, ce qui lui avait donné le contrôle des routes empruntées par les caravanes acheminant l'opium. Depuis lors, l'indépendance des Shan (en guerre contre le gouvernement central birman) avait semblé perdre de l'importance au profit du trafic de l'opium.

Le chef d'état-major de Chang avait envoyé une lettre à l'ambassade soviétique de Rangoon, proposant d'échanger les deux médecins russes contre Chang Chi-fu. Dans une seconde missive, adressée cette fois à l'ambassade de Bangkok, il exigeait une rançon de deux millions de dollars.

Les Russes ignorèrent les lettres, estimant que l'affaire était du ressort des autorités birmanes. Ces dernières refusèrent de s'en occuper, arguant que les kidnappeurs étaient en fait des agents de Formose.

Pour finir, ne sachant trop que faire de ces otages embarrassants, les guérilleros de Chang Chi-fu décidèrent de voir ce qu'ils pourraient tirer des Américains. Comme Chang avait servi pendant deux ans dans les forces du Kouomintang, et avait des liens étroits avec les Yunnanais, ils firent appel à Lung.

Pour résoudre cet imbroglio multinational impliquant les Etats-Unis, la Russie, la Thaïlande et la Birmanie, sans oublier les soldats de Chang Chi-fu, Lung, mobilisa les talents diplomatiques qu'il avait hérités de son père, ou acquis en voyant ce monarque rebelle faire face à Chang Kai-chek et à Mao Tse-toung, et l'expérience du monde qu'il avait pu acquérir sur le chemin qui l'avait mené du Yunnan à Hong Kong, via New York et Pékin.

— Ils vinrent donc me voir, reprit Lung. Au début, ils voulaient continuer leur chantage auprès des Russes pour obtenir une rançon. Je leur dis qu'ils étaient complètement fous : « Si vous demandez de l'argent, vous n'êtes rien de plus que des kidnappers, de vulgaires criminels de droit commun. Qui plus est, les Russes ne donneront pas deux roubles pour ces hommes. Ils s'en fichent éperdument. »

« Cela les fit réfléchir. " Ecoutez, leur dis-je, ne demandez pas d'argent. Demandez des médicaments. Vous avez des blessés, des malades, il vous faut des médicaments. Vous pourrez toujours les vendre à Bangkok ou à Rangoon si c'est de l'argent que vous voulez. Et personne ne pourra vous accuser d'être de simples bandits. "

« Ils étaient d'accord. Les Russes avaient déjà fait savoir qu'ils se lavaient les mains de cette affaire et ne voulaient avoir aucun contact avec les ravisseurs. Je mis la CIA au courant de la situation. Les Américains voulaient faire une faveur aux Russes, dans l'esprit de la détente. Ils entrèrent donc dans le jeu. Je leur expliquai que les Shan étaient revenus sur leur exigence, qu'ils ne voulaient plus d'argent.

Les négociations se déroulèrent à Chiang Mai, centre du trafic de la drogue et des armes, sans oublier la recherche du renseignement, dans cette région du monde.

— La CIA envoya *deux* équipes de négociateurs, reprit Lung. Pour en avoir une en réserve. Ils m'ont dit en substance : « Nous allons transmettre votre requête à Washington, et essayer de faire payer les médicaments aux Russes. S'ils refusent, nous prendrons les frais à notre charge. » Les Thaïlandais intervinrent alors : « C'est notre pays. Notre souveraineté est en jeu. C'est à nous de poursuivre les négociations. » « D'accord, dirent les Américains, nous allons assister à la conférence, mais les Thaïlandais prendront la décision finale. »

En fin de compte, lorsque la poussière fut retombée, les Birmans libérèrent Chang Chi-fu, et ses hommes obtinrent un millier de fusils américains M 16, achetés à moitié prix aux Thaïlandais. Tout le monde semblait satisfait.

Manifestement impressionnée par la façon dont Lung avait manié les représentants de Chang, la CIA lui demanda une faveur. Afin d'être mieux informée des mouvements des groupes rebelles opérant dans les montagnes, elle voulait y « planquer quelques radios ». Lung pourrait-il user de son influence auprès de ces groupes à cette fin ?

— D'accord, leur dis-je, je vous aiderai à mettre ces radios dans les montagnes, puisque vous y tenez. Ils envoyèrent donc des émetteurs, des livres de code et tout ça. A divers groupes. Je les mis néanmoins en garde : « Il n'y aura rien à émettre ! »

En y repensant, Lung éclate de rire.

— Ces gens des montagnes sont incroyablement primitifs, vous n'imaginez pas. Vous voulez qu'ils envoient des messages par radio ? Quels messages ? Comment ? C'était absurde, M. Mills, au plus haut point comique. Les hommes regardaient tous ces gadgets avec stupeur. Ces instructions *complètement* incompréhensibles. Ils n'auraient jamais pu s'en servir ! Et la CIA... ! Ils m'ont fait conduire en jeep à Mai Sai, par un chauffeur « absolument digne de confiance ». Je leur demande qui est ce chauffeur. « Le chef de la police », me répondent-ils.

Lung se tord de rire.

— Ils n'étaient pas au courant, M. Mills ! Le chef de la police dirigeait *tout* le trafic de drogue de Mai Sai !

Mai Sai est un centre du trafic des stupéfiants, situé sur la frontière entre la Thaïlande et la Birmanie.

Après cette affaire, Lung fit une suggestion à la CIA. Il croyait pouvoir utiliser son influence pour mettre un terme à tout le trafic d'opium en Asie du Sud-Est. Les Etats-Unis et les autres pays occidentaux ne seraient plus envahis par l'héroïne du Triangle d'Or.

Lung expose son idée à la CIA, qui répond « L'héroïne, ce n'est pas notre problème », et l'envoie à la DEA.

Lung rencontre donc des agents de la DEA.

— Voilà ce que je leur dis : « Pourquoi, au lieu de pourchasser de simples revendeurs, ne vous attaquez-vous pas aux gros bonnets, aux gens qui fournissent la drogue dans la région frontalière ? » Le général Li, le général Tuan, Chang Chi-fu et quelques groupes de moindre importance. Il doit y en avoir huit en tout.

« Je peux vous les amener tous, et faire en sorte qu'ils *s'engagent* à abandonner le trafic des stupéfiants, qu'ils vous donnent leur *parole*.

« Ces pontes, l'argent ne les intéresse plus tellement, vous comprenez. Ils en ont déjà tellement que cela ne vient plus au premier rang de leurs préoccupations. Ce qu'ils veulent maintenant... c'est le prestige, la *respectabilité*. C'est leur point faible. Si vous les traitez avec déférence, ils vous donneront leur parole. Ils iront jusqu'à autoriser les Américains à poster des observateurs dans les régions qu'ils contrôlent : « Si vous n'avez pas confiance en nous, envoyez des gens pour surveiller nos activités. » Ce qu'ils veulent, vous comprenez, c'est que les Américains leur *demandent* de mettre fin au trafic dans leur zone d'activité. Ils n'exigeront pas que les journaux en parlent, ils savent que ce serait trop demander. Ce qu'ils veulent, c'est être respectés par les leurs. Chaque fois que les Américains, ou les Thaïlandais, demandent un service à un de ces chefs, celui-ci verra son prestige s'accroître auprès des villageois et de ses soldats. Il sera respecté, et sa position deviendra plus stable, plus assurée.

— A vous entendre, on dirait que c'est facile, lui fis-je observer.

— C'est... ce n'est pas tellement difficile. Je n'ai cessé de répéter que les Américains ne devraient pas perdre leur temps à pourchasser le petit fretin. Mais viser le sommet. Je vous assure que je peux tous les assembler autour d'une table de conférence, et obtenir d'eux des engagements réels.

— Et... qu'a dit la DEA ?

— Elle a dit : « Nous ne sommes pas autorisés à traiter avec des groupes révolutionnaires. » Je ne l'ignorais pas, bien sûr. Le *State Department* est très prudent, très méfiant. Cela se comprend. Il n'est pas question de reconnaître l'OLP, par exemple. Mais une attitude trop rigide ne mène à rien, quand on a affaire à... à des hors-la-loi, somme toute.

Je demande à Lung si, selon lui, le problème posé par l'héroïne sera aussi grave dans vingt ans qu'il l'est aujourd'hui. Sa réponse fut sans doute la meilleure que l'on puisse donner :

— Tout dépend de l'attitude des gouvernements : veulent-ils réellement régler ce problème, ou non ? Car ce problème n'est pas vraiment du ressort de la police. C'est avant tout un problème politique et diplomatique.

Lung ayant démontré qu'il était capable de négocier avec la CIA et d'autres institutions occidentales, un nombre croissant de Yunnanais s'adressaient à lui pour régler leurs problèmes.

— Que feraient-ils sans vous, M. Lung ?

— Oh, ils n'ont pas réellement besoin de moi. Ils continueraient à vivre dans la plus parfaite insouciance. Je ne cesse de leur dire d'arrêter. Il se passe tant de choses invraisemblables dans ce milieu. [Il parle du milieu des trafiquants de drogue du Sud-Est asiatique.] Je tombe sans cesse sur des gens qui me font des propositions ahurissantes. Ils sont complètement fous, et souvent comiques. J'en ai offensé plus d'un.

" Pourquoi riez-vous ? " me demandent-ils. " Désolé, mais la situation a vraiment un côté comique. A quoi bon le nier ? "

« Un trafiquant qui avait gagné plein d'argent dans le temps disparut soudain pendant de longues années. Il a refait surface il y a trois ans, et est venu me voir : il voulait attaquer la Lloyd's de Londres, pour lui réclamer 40 000 livres sterling. La police d'assurance concernait un PBY, un avion vieux de trente ou quarante ans. Après l'avoir acheté en Malaisie, il avait engagé deux pilotes australiens ; sur la frontière, il avait chargé quatre tonnes d'opium et avait décollé en direction de Macao : il devait larguer la drogue dans la mer, et un sampan devait la recueillir. A Macao, le temps était terrible ; ils durent amerrir en catastrophe et le fichu avion coula. L'équipage fut recueilli par une vedette garde-côtes chinoise, qui les amena à Canton. Le trafiquant y resta huit ans en prison. Dès sa libération, il vint donc me voir.

« Je consulte mon avocat : il n'est peut-être pas impossible d'attaquer la Lloyd's, mais cela coûterait très cher. Mon homme n'a pas l'argent. Trois jours après, il revient avec une autre proposition. Il sort de sa poche une vieille carte tout en lambeaux, avec un endroit marqué d'une croix. " M. Lung, m'annonce-t-il fièrement, je vous offre quarante pour cent de la prise. " Comment ? Il voulait que je l'accompagne à Macao pour renflouer l'épave de l'avion ! " Vous êtes fou, non ? La moitié des poissons de la Mer de Chine méridionale doivent être drogués depuis le temps, grâce à vous. "

« Non, non, m'assura-t-il, l'emballage était parfaitement étanche. Il voulait vraiment aller rechercher son opium au fond de la mer ! Ce que j'ai pu rire — c'était mieux qu'au cinéma. Je lui conseillai d'oublier cet invraisemblable projet et de trouver l'argent pour attaquer la Lloyd's, qui accepterait probablement de régler le litige à l'amiable pour éviter un procès public.

« Il a disparu, mais un de ces jours, il va resurgir de la jungle pour me demander d'attaquer la Lloyd's. Quel personnage pittoresque ! Comme la plupart des trafiquants, surtout yunnanais. Ce sont des gens très audacieux, très aventureux. C'est incroyable, ce qu'ils arrivent à faire. La loi, les frontières, les formalités, tout cela n'existe pas pour eux.

Cela me parut une excellente description de l'Empire clandestin. Lung me dévoile ensuite un plan, dont l'existence n'a encore jamais été révélée : deux généraux yunnanais soutenus par la CIA voulaient persuader un grand pays asiatique et son allié américain de les aider à stopper le trafic de l'héroïne.

— Vous savez ce que le général Li (Li Wen-huan) voulait faire ? Une idée complètement démente. Li et le général Tuan avaient demandé une aide économique et militaire à Formose. Le Gouvernement de Formose répondit qu'il n'en avait pas les moyens. Le général Li eut alors une idée, qu'il confia au général Tuan ; celui-ci vint me l'exposer. J'étais écroulé de rire. Ecoutez plutôt : Ils voulaient que Formose leur donne une île déserte de l'archipel des Pescadores ; ensuite, ils auraient amené par avion *tout* l'opium dans cette île, et dit aux gangs de Hong Kong de venir le chercher. Ils auraient partagé les bénéfices avec Formose, moitié-moitié. Selon eux, personne ne se serait aperçu de quoi que ce soit, parce que tous les regards étaient fixés sur la Thaïlande. L'opium serait transformé en héroïne sur l'île même, et les syndicats Chiu Chow s'occuperaient du reste.

« Invraisemblable ! Ils voulaient proposer cela à Formose *par écrit*. « Vous êtes fous, leur dis-je. Si vous faites cela, vous vous mettez à la merci du gouvernement de Formose. Il refusera de toute façon — non que l'argent ne l'intéresse pas, mais il ne peut pas se permettre d'être mêlé à de telles histoires, sans compter qu'il ne tient pas à vous donner les moyens d'accroître votre puissance. Vous n'avez pas une chance. Actuellement, si l'on vous accuse de vendre de l'opium, vous pouvez toujours le nier, il n'y a pas de preuves. Mais si vous mettez cela par écrit, vous êtes *cuits*. Du jour au lendemain, vous devenez des criminels internationaux. »

« Ils abandonnèrent donc cette idée. Le général Tuan demanda alors des bourses d'études, et en obtint une vingtaine par an. Cela lui permit d'envoyer ses enfants à l'université de Formose.

Je demandai ensuite à Lung si Tuan ou Li avaient jamais reconnu qu'ils jouaient un rôle dans le trafic des stupéfiants.

— Le général Tuan l'a fait une fois ; il le regrette encore aujourd'hui.

Lung me révéla alors un autre secret. En 1967, Tuan déclara à un journaliste du *Weekend Telegraph* de Londres : « Nous devons poursuivre le combat contre le communisme impie. Pour se battre, il faut une armée, et une armée a besoin de fusils et de canons. Pour acheter des canons, il faut de l'argent. Or, dans ces montagnes, la seule source d'argent, c'est l'opium. »

Cette déclaration souvent citée servit à certains membres du Gouvernement américain à justifier leur soutien au général Tuan. Quant à ce que Tuan pensait réellement, nul n'en savait rien. Lung allait le révéler pour la première fois :

— A l'époque, Tuan pensait avoir fait une déclaration très habile, qui expliquait parfaitement sa situation. « Sans doute, lui dis-je, votre déclaration est tout à fait convaincante. A un détail près. Tout le monde sait que c'est faux. Tout le monde sait que vos hommes ne se battent pas contre les communistes. » Tuan fut pris d'un rire inextinguible. « Mais non, dit-il entre deux hoquets. *Personne* ne le sait. Il suffit de dire que vous combattez les communistes, et tout le monde croit que c'est vrai. Est-ce que ce sont vraiment des communistes, d'ailleurs ? » « Soit, lui dis-je, personne ne le sait. Sauf *moi*. » Il rit de nouveau.

Lung s'esclaffa lui aussi. Il y avait de quoi. Depuis des années, la CIA se servait de l'argument de la « lutte contre le communisme » pour justifier son soutien occulte à une armée qui contrôlait la source d'une bonne partie de l'héroïne vendue dans les rues des Etats-Unis.

Je demande à Lung comment le général Tuan est mort.

— Crise cardiaque, à ce qu'on dit... Pour ne vous rien cacher, je pense plutôt à une sorte d'overdose.

— D'opium ?

— Non, rien à voir avec l'opium.

— Héroïne ?

— Pas davantage.

— Les filles, alors ?

— Pas vraiment. Sa maîtresse a fini par me le dire. Comme il souffrait d'hypertension, l'alcool lui était interdit. Mais quand il me voyait, il voulait trinquer avec moi, par politesse. Je lui disais que je ne me formaliserais nullement s'il ne buvait pas. Il m'arrivait même de vider son verre à sa place ; je ne tenais pas à ce qu'il tombe raide mort à cause de moi. Il avait fini par renoncer complètement à l'alcool : je savais que ce n'était donc pas davantage cela. Et puis, quelque temps après sa mort, sa maîtresse m'apprit qu'il prenait des aphrodisiaques : « Il en vidait deux flacons chaque soir. »

« Ils appellent ça de la « corne de cerf ». En fait, c'est un pénis de cerf conservé dans l'alcool. Il prenait également du pénis de tigre, et de la colle d'os de tigre. Des produits très forts, très actifs. A mon avis, il est en quelque sorte mort de... suralimentation.

Ce fut au tour de Lung de me poser une question :

— J'aimerais que vous m'expliquiez quelque chose, monsieur Mills. Comment avez-vous fait pour me reconnaître, la première fois que nous nous sommes retrouvés au Peninsula pour déjeuner ?

— Rien de plus facile. L'on m'avait dit que vous étiez aristocratique et distingué. Dès que je vous ai aperçu, j'ai su que c'était vous.

— Je suis flatté, mais non convaincu, monsieur Mills.

— La vérité est souvent moins convaincante qu'un mensonge.

— C'est certain.

— Il y a par exemple une question que l'on me pose souvent, et à laquelle j'hésite à répondre avec franchise, parce que je sais — ou pense, du moins — que l'on ne me croira pas. Les gens me demandent pourquoi le gouvernement m'autorise à faire cela, pourquoi il me met dans le secret de ces opérations. Et la vérité est peu plausible. C'est tout simplement parce que ces hommes croient en ce qu'ils font, et savent que l'on donne souvent d'eux une image fausse. Alors, lorsqu'ils rencontrent un écrivain dont ils pensent qu'il les comprend, ils lui ouvrent la porte.

— Je vois.

— Mais la plupart des gens se refusent à le croire. Ils se disent : c'est forcément donnant, donnant — quel service leur rend-il en échange ?

— Cela ne me surprend pas.

— Pour en revenir à votre question, c'est la même chose. Si j'avais prétendu vous avoir reconnu parce que l'on m'avait montré une photo de vous, vous m'auriez immédiatement cru.

— Exact. Sinon qu'il y a dix ans que je ne me suis pas fait photographier.

— La police a pu vous photographier à votre insu.

— Cela m'étonnerait, mais qui sait... Si, si, elle a une photo de moi, en fait. On me l'a montrée. Affreuse. Mon mauvais profil.

— Prise dans quelles circonstances ?

— Je bavardais avec le grand patron de la mafia Chiu Chow de Bangkok. Un gros chat bien nourri. Il possède un hôtel et s'est présenté aux élections sénatoriales, sur une liste de gauche. Il fait des affaires avec les communistes. Chaque fois que les communistes donnent une réception, il est invité. Je le connais depuis des années, et je sais que c'est un vrai gangster. Cela n'empêche pas cet invraisemblable gouvernement communiste — mais je m'écarte du sujet.

Lung déteste les Chiu Chow. Il les trouve brutaux et impitoyables, de vraies bêtes, pires que la Mafia sicilienne. Et Liou Chou-chouei est Chiu Chow. Mais quand ils sont riches et influents, quand ils briguent un siège de sénateur et commercent avec les Yunnanais, Lung est bien obligé de les fréquenter. Les trafiquants Chiu Chow achètent la drogue à des Yunnanais, notamment au général Li Wen-huan. Ils dépendent d'eux, en fait. Les Chiu Chow ménagent par conséquent Lung, qui est le conseiller des Yunnanais.

Les relations de Lung avec les puissants syndicats de criminels Chiu Chow, qui bénéficient d'appuis non négligeables au sein de la classe politique, éveillèrent naturellement l'intérêt des services de renseignements, et de diverses polices tant asiatiques qu'américaines.

— Comme il ne sortait jamais en ville, la DEA n'avait aucune photo de lui. « Rien de plus facile, dis-je. Il suffit que je l'invite quelque part, et vous pourrez en prendre autant que vous voudrez. » Ils ne voulaient pas me croire. Je leur ai expliqué que si je l'invitais, il ne pourrait pas refuser. Il me proposa de venir prendre le thé chez lui. « Je ne veux pas venir chez vous, lui dis-je. Je vous attends à l'hôtel President. » Refuser eût été impoli. Il arriva au President dans une énorme Mercedes aux vitres teintées, accompagné de ses gardes du corps. Et la DEA put prendre ses photos.

Lung s'esclaffe en pensant à la vulgarité de ces gangsters.

— Mais vous ne savez pas le plus beau! poursuit-il. Il voulait que je lui fournisse de la *came*. Il était prêt à me verser un dépôt de deux millions de dollars! Je lui ai expliqué que je n'en avais pas, que je connaissais seulement des gens qui en avaient. Je lui ai même conseillé de ne pas faire cela. Bref, je refusai net.

« Il revint à la charge. Je refusai de nouveau. A sa troisième visite, il me proposa les deux millions. C'est là que j'en ai parlé aux Américains, aux gens de la DEA : « Voilà un type qui est prêt à cueillir. Du gros gibier : c'est bien ce que vous cherchez, non ? » Les Américains décidèrent de tenter le coup.

« Ensuite, moi, Lung, j'ai dit à ce gros gangster Chiu Chow : " Ecoutez, je veux que ce soit parfaitement clair. Je vous mets en rapport avec ces gens, rien de plus. Ensuite, c'est à vous de vous débrouiller. C'est une entreprise très risquée. Si quelque chose tourne mal, ne venez pas me dire que je ne vous ai pas prévenu. " " D'accord ! me dit-il, d'accord ! Même si je me retrouve en prison, je ne vous en voudrai absolument pas, monsieur Lung. Vous m'avez dit trois fois de ne pas le faire. "

— Soit, dis-je, mais s'il se fait coffrer et pense qu'il a été vendu, ne s'en prendrait-il pas aux Yunnanais que vous lui avez présentés ?

— Dans les montagnes du Nord, ils ne craignent rien. Ils sont entourés de gardes du corps, d'hommes en armes. Je l'ai mis en garde je ne sais combien de fois, ce gangster : " Ça peut tourner mal de mille façons. Votre marchandise peut être volée ou saisie par la police. Vos hommes peuvent se faire descendre. *Vous* pouvez même être arrêté. Et qui en sera responsable ? Sûrement pas moi. "

— J'ai expliqué aux agents de la DEA que la meilleure façon de s'y prendre serait qu'ils fournissent et livrent la came eux-mêmes : ils n'auraient plus qu'à lui mettre la main au collet. " Sans doute, mais nous n'avons pas de drogue ", me dirent-ils. " Eh bien, allez en acheter. " Ils n'avaient pas assez d'argent. " Peu importe, il m'a déjà proposé de me verser deux millions de dollars à titre de dépôt. Je m'en servirai pour acheter la marchandise et quand on la lui livrera, vous pourrez l'arrêter. "

« Imaginez, monsieur Mills ! C'était si facile que des non-professionnels comme vous ou moi auraient pu le faire. Sans problèmes. Et ce type n'était pas n'importe qui : la police avait un dossier gros comme ça sur lui ; il a tout fait, tout ce qu'on peut imaginer, m'ont-ils dit, même du kidnapping.

« Tout marchait comme sur des roulettes. J'avais déjà trouvé des Yunnanais pour amener la drogue à Bangkok, mais ils voulaient des garanties, c'était normal. Ils pouvaient se faire arrêter par la police thaïlandaise, après tout. La DEA déclara qu'elle ne pouvait leur offrir aucune protection. Mes hommes acceptèrent néanmoins de descendre la marchandise.

« Là-dessus, la DEA m'apprit que la police thaïlandaise voulait également arrêter mes Yunnanais. Je protestai : " Ecoutez, ils ne font pas ça pour gagner de l'argent. Je leur ai *demandé* de fabriquer la drogue et de l'amener à Bangkok pour permettre à vos hommes d'arrêter un gros trafiquant. Et maintenant, les Thaïlandais voudraient arrêter tout le monde ? Demandez-moi de vous amener seize vierges, pendant que vous y êtes ! Là, vous allez trop loin. "

« Ils me dirent alors qu'ils n'allaient arrêter le livreur que pour la façade, et le libérer peu après. Bon. J'ai dit cela à mes hommes. Ça ne leur plaisait manifestement pas. J'ai insisté. " Combien de jours en tôle ? " ont-ils demandé. " Oh, deux ou trois ", ils acceptèrent de courir ce risque.

« Et *alors*, la DEA m'apprend que les Thaïlandais pensent que cela ressemblerait par trop à un coup monté si le vendeur n'était pas poursuivi au même titre que l'acheteur.

Il fut impossible d'en dissuader les Thaïlandais, alors qu'ils savaient parfaitement que le vendeur travaillait en fait pour la police. L'affaire tomba à l'eau.

— Les Américains n'y étaient pour rien, conclut Lung. Ils avaient les pieds et les mains liés.

De temps à autre, les Américains demandaient à Lung de proposer de l'argent à d'autres indicateurs en puissance.

— Ils ne comprennent rien. Ils veulent payer des gens pour qu'ils risquent leur peau. « Combien ? disent les Américains. Nous sommes prêts à payer tant. » Ils ne comprennent pas qu'il faut laisser les gens venir à soi. S'ils acceptent de témoigner, ce n'est certainement pas pour l'argent. C'est qu'ils ont des mobiles personnels. Il faut leur laisser le temps, les mettre en confiance. A partir du moment où la confiance règne, un Chinois se sentira tenu de vous rendre service, sans même que vous le demandiez. Même si ce n'est que pour vous montrer qu'il est digne de votre estime. Il le fera, automatiquement. Mais seulement s'il sent que vous l'appréciez, que vous avez de la sympathie pour lui.

Je me demandai si Robert Yang, dit le Gros, sentait que les Américains avaient de la sympathie pour lui.

CHAPITRE TROIS

1

Pendant que je m'entretenais avec Lung Shing, l'agent du Centac Jim Sweat et Robert Yang mettaient au point leur stratégie pour arrêter le Fantôme. Sweat espère qu'une fois ce dernier mis dans l'incapacité de transporter l'héroïne de Su San aux Etats-Unis, celle-ci sera contrainte d'acheter l'héroïne de Liou Chou-chouei, livrée directement à San Francisco.

Robert est devenu le partenaire du Fantôme : ils vont importer soixante livres d'héroïne-base de Bangkok. Lorsque celle-ci arrivera à Hong Kong, Robert en informera Jim Sweat et la police, qui saisiront la drogue et arrêteront le Fantôme.

Il ne reste plus à Robert qu'à verser à ce dernier 3 500 dollars, représentant une partie de sa participation financière à l'opération.

Trente-cinq billets de cent dollars en poche, Jim Sweat monte dans sa Mitsubishi blanche pour gagner le bruyant *Central District* de Hong Kong, où il doit retrouver Robert près de la station de métro de Chater Road. Garé en double file dans la rue encombrée de taxis et de touristes, il cherche des yeux un Chinois grand et fort, couvert de bijoux. Le voilà ! Quelques secondes plus tard, il accélère, suivant Pedder Street en direction des quais.

Robert Yang est monté à l'arrière de la Mitsubishi, à côté d'un solide et grave New-Yorkais, Don Ferrarone, un autre agent du Centac en poste à Hong Kong.

— Le Fantôme dit que tout va bien. Il veut mon premier versement, c'est tout.

Ni Sweat ni Ferrarone ne réagissent. Cela fait une semaine que Robert leur parle de l'optimisme du Fantôme. Ils quittent le centre commercial de Hong Kong et montent la colline pour gagner des quartiers plus calmes. Ferrarone fait face à Robert :

— Quand le Fantôme aura l'argent, il ira le porter à une *gold shop ?*

— Non, dans une sorte de bureau de change, de banque. Je peux l'accompagner. Vous pourriez même y envoyer un policier, pour qu'il le voie remettre l'argent.

Sweat met une cassette de country music. Une voix grave d'homme et bien rythmée chante « *We don't smoke marijuana.* » Sans se retourner, Sweat demande :

— Et quand il donne l'argent, il signe un ordre de transfert, ou quoi ?

— Non, on lui remet simplement un petit bout de papier, grand comme un timbre poste. Je peux aller avec lui. Je peux même garder le reçu.

— Nous aimerions beaucoup le voir, dit Ferrarone.

C'est le moins que l'on puisse dire. Ferrarone a rédigé un rapport consacré à l'une des plus mystérieuses institutions de la planète. Il avait baptisé son enquête « Opération Schoolboy » (« *schoolboy* » = collégien) et mis en exergue de son rapport préliminaire :

« ... Tous les asiles de dingues d'Asie du Sud-Est sont bourrés d'honnêtes agents qui ont tenté de savoir ce que devenait l'argent du crime une fois qu'il était avalé par la gueule béante des Chinois. »

John le Carré, *Comme un collégien.*

L'opération Schoolboy était la première tentative mondiale de percer le secret du système bancaire clandestin des Chinois : un inextricable enchevêtrement de banques internationales, de sociétés commerciales, d'agences de voyage, de négociants en métaux précieux et d'émetteurs radio capables de transférer d'un bout à l'autre du monde des milliards de dollars à la vitesse de l'éclair et de façon parfaitement confidentielle. L'argent disparaissait simplement d'un pays pour réapparaître quelques minutes ou quelques heures plus tard sur un autre continent.

L'enquête avait permis de retrouver d'imperceptibles traces de ces gigantesques mouvements de fonds à Hong Kong, en Thaïlande, en Malaisie, au Laos, aux Etats-Unis, aux Pays-Bas, en France, en Espagne, en Suisse et au Pakistan. Ferrarone était donc au plus haut point intéressé par ce qu'allait devenir l'argent de Robert une fois qu'il serait entre les mains du Fantôme.

— L'argent va aboutir dans une « gold shop » de Bangkok, explique Robert. Pas besoin de reçu ou d'un quelconque papier. Il suffit de justifier de son identité, et le patron de la bijouterie vous remet l'argent.

— Rien ne prouve donc que le Fantôme l'a envoyé ? demande Ferrarone.

— Absolument rien. Tout fonctionne par radio.

— C'est bien ce dont nous avions entendu parler. Cette radio clandestine.

Robert précise que les instructions sont transmises par radio de Hong Kong à Bangkok. Le message ne coûte que l'équivalent de douze dollars cinquante, quelle que soit la somme transférée. Dix mille ou dix millions, c'est le même prix. La transaction se fait sans aucun document écrit. Simplement, l'argent versé à Hong Kong devient disponible à Bangkok trois heures plus tard, en n'importe quelle devise.

— Plus rapide qu'une banque, dit Robert. Et bien plus discret.

Voyant que Ferrarone est plongé dans ses pensées, Robert regarde par la vitre, aussi souriant, satisfait de lui-même et débordant d'énergie qu'il l'était plus d'un an auparavant à Tucson. Il reste un bon moment silencieux, puis s'exclame soudain :

— Quelle vie ! Il se passe tant de choses, et on rencontre *tant* de gens intéressants !

Sweat s'engage dans Borrett Road et se gare en face de l'ancienne caserne Victoria. Il arrête le moteur, éteint le lecteur de cassette, et, dans le silence soudain, pivote sur son siège :

— Je voudrais te poser une question, Robert. Lorsque tu auras quitté Hong Kong, si quelqu'un te dit : « Robert, nous voudrions que vous reveniez pour témoigner contre le Fantôme », que répondrais-tu ?

Robert n'hésite pas un instant :

— Ce serait non. Catégoriquement non. Je le dis tout de suite. Je ne tiens pas à me faire descendre. Trop de gens me connaissent. Si je témoigne, je n'oserai plus sortir dans la rue. Les amis du Fantôme auraient ma peau à coup sûr. Si nous chopons Liou et que vous me demandez de témoigner aux Etats-Unis, ce sera différent. Mais si quelqu'un s'imagine que j'irai témoigner devant un tribunal de Hong Kong, tu peux lui dire qu'il fait erreur.

Sweat compte les 3 500 dollars et les tend à Robert, qui les fourre dans sa poche comme si c'était un paquet de cigarettes.

— C'est un bon investissement, déclare-t-il. Quand la came arrivera ici, je serai le premier à en être informé, et on me dira qui je dois voir. Je vous mettrai au courant tout de suite, avant même de prendre contact.

— Bien.

— Pourquoi dis-tu cela sur ce ton ? Tu crois peut-être que je vais partir avec les soixante livres de base ? Certainement pas. Tu peux me croire sur parole.

Sweat capte le regard de Ferrarone dans le rétroviseur. S'ils ont pour seule garantie la parole de Robert, cela va mal pour eux.

2

L'appartement du Peak que Lung partage avec son fils est très exposé aux typhons. Quand ceux-ci arrivent, il se « réfugie dans le placard », me dit-il. S'ils sont par trop violents, Lung va s'installer au Mandarin, où, en qualité de résident, il peut avoir une chambre à moitié prix.

Lung trouve bien des défauts à Hong Kong, en particulier « qu'on ne peut y vivre de façon aussi civilisée qu'on le souhaiterait ».

Il me raconte tout cela au bar de l'hôtel Mandarin, en attendant l'heure du dîner. Ce qu'il aime le moins à Hong Kong, c'est son importante population de Cantonais. Il les trouve avares et mal élevés.

— De vrais tiroirs-caisse ambulants. Quoi que l'on fasse pour eux, ils ne sont jamais satisfaits. Et ils mangent n'importe quoi. Des cailloux bouillis, qu'ils sucent avec délice.

L'amie de Lung arrive : Lena, une jeune Chinoise vive et souriante, toujours prête à plaisanter et à le taquiner. Nous passons au restaurant. Lung me parlait de l'habile et brutal général Li Wen-huan, qui commande en Thaïlande du Nord une force de plusieurs milliers de Yunnanais. Tandis que nous nous installons, il poursuit :

— Dans tout l'Orient, il a la réputation d'un personnage mystérieux. Comme personne ne l'a jamais vu, les gens racontent un tas de bêtises à son sujet — qu'il est à moitié paralysé, par exemple. Pour autant que je sache, il n'a jamais accordé d'interview, ni même adressé la parole à un Occidental depuis vingt ans. Les Américains n'ont même pas de photo récente de lui. Oh, ils en ont un tas, précise Lung en souriant, mais ce n'est pas lui. Soudain, comme frappé par une idée subite, il me demande à brûle-pourpoint : Aimeriez-vous le rencontrer ?

C'est tellement inattendu que je bredouille :

— Oui... bien sûr. Cela m'intéresserait beaucoup, si c'est réellement possible.

— Là n'est pas la question. Si je le lui demande, il sera obligé d'accepter.

Lung m'explique qu'un général de brigade yunnanais qui pourrait arranger une entrevue avec le général Li à Chiang Mai, se trouve actuellement à Hong Kong. Il s'appelle Chou Jer-chai.

— J'aurais dû l'inviter à dîner, dit Lung. Attendez, je vais lui dire de venir.

Lung demande un téléphone au garçon. Deux heures plus tard, alors que nous en sommes au café et au cognac, le général Chou arrive à notre table. Il a un gros visage rond, un crâne chauve, et des paupières charnues dont les replis cachent la moitié supérieure de ses yeux. Il porte chemise et cravate, mais pas de veston, comme si, dans sa hâte de répondre à l'appel de Lung, il n'avait pas fini de s'habiller. Il s'assied presque timidement, et finit par accepter un digestif et un cigare.

Lung lui dit quelque chose en yunnanais. Sur ce, Chou me tend une carte de visite selon laquelle il est président d'une société ayant des bureaux à Formose et Chiang Mai.

— J'ai donné au général Chou des instructions pour que vous

puissiez voir le général Li quand vous irez à Chiang Mai. Il s'occupera de tout.

Je me demande s'il ne s'agit pas d'une simple fanfaronnade de la part de Lung. Il serait surprenant que le cruel et insaisissable général Li accepte soudain de rencontrer un écrivain américain, d'où que vienne cette suggestion.

Chou se lève et prend congé. Cette affaire réglée, Lung lui a manifestement dit qu'il pouvait disposer.

Nous allons ensuite passer un moment dans une boîte de nuit. Alors que nous sortons, Lung s'arrête à une table occupée par une dizaine de personne en tenue de soirée. L'une d'elles, manifestement un Anglais, accompagne Lung jusqu'à la porte.

— C'est le propriétaire, m'explique Lung peu après. Il travaille pour les Renseignements britanniques — le M 15.

Tandis que nous gagnons une discothèque, Lung m'apprend que le général Chou Jer-chai a une réputation de buveur, de coureur de jupons et de bouffon, bien qu'il soit membre de l'Assemblée nationale de Formose. Personnage maladroit au point d'en être touchant, Chou a le don de s'empêtrer dans des entreprises douteuses à l'issue catastrophique ou grotesque.

Entre autres activités, Chou fabrique de faux billets de banque thaïlandais et laotiens :

— Il est cupide au point de ne pas faire imprimer tous les billets. Il les vend par liasses, mais seuls les billets du dessus sont imprimés. Au début, personne ne vérifiait. Mais maintenant, ils regardent, je vous assure. Ridicule !

« Une autre histoire, tenez. *Très* amusante. Alors que Chou était de passage à Hong Kong, je l'ai emmené dans une boîte de nuit. Il voit deux magnifiques blondes australiennes. Dans cette ville, il faut être très prudent. La moitié des femmes sont en réalité des hommes. " Vous tenez vraiment à faire leur connaissance ? lui dis-je. J'ai bien l'impression que ce sont des travestis. " Comme je lui joue souvent des tours, il refuse de me croire. " Comme vous voudrez — mais je vous aurai prévenu. " J'invite les deux blondes à notre table. Le général Chou leur trouve un charme *fou*, et, comme il était à prévoir, les ramène à son hôtel.

« Le lendemain, il me dit : " Quelle nuit *étrange*. Elles ont éteint la lumière, m'ont forcé à m'allonger sur le dos et m'ont *violé*. Elles ne voulaient pas que je les touche. " Bien sûr : c'était des hommes, et ils ne voulaient pas qu'il s'en aperçoive. Le général Chou m'a confié qu'il est resté impuissant pendant trois mois.

L'idée du lubrique général devenu impuissant fait rire Lung aux éclats.

— Chou est vraiment trop drôle. Chaque fois que je le vois, il me sort

une histoire abracadabrante. Un homme bourré d'énergie, mais qui ne sait qu'en faire. Il n'a aucun but dans la vie.
— Cela peut devenir dangereux.
— S'il est mal conseillé, certainement.

Le lendemain, je repense à Lung et à sa situation somme toute précaire. Représentant les Yunnanais auprès de la DEA et de la CIA, il doit prendre garde à ne pas s'aliéner les Américains, et pas davantage les communistes chinois. Lorsqu'il agit pour le compte de la Chine rouge, il doit éviter les foudres des Américains et de Formose. Ses relations avec les autres services de renseignements occidentaux ou asiatiques exigent elles aussi une grande circonspection. Et, à chaque détour de son chemin, les trafiquants non-yunnanais — des Chiu Chow comme Liou Chou-chouei — le guettent, toujours prêts à accuser et à poser des questions.

Lung travaille non seulement pour deux camps adverses, mais pour tous les camps à la fois. Comment s'en tire-t-il ? Un agent américain qui connaît bien le difficile terrain où Lung évolue m'a dit simplement : « Il semble être à l'épreuve des balles. » En mettant l'accent sur *semble*.

Un soir, je demande à Lung s'il se sent en danger.
— Oui, le danger est réel et omniprésent. Mais je suis en quelque sorte un *intouchable*. — Le mot le fait rire. — Avec les Yunnanais, je ne risque rien, bien sûr. Et les Chiu Chow s'en fichent. De toute façon, je n'ai pas de liens réels avec eux. Ils m'indiffèrent.

En fait, il les a surtout rencontrés à des réceptions données par les communistes, ou à l'occasion de quelques rares réunions dans le Nord, où un homme comme Liou Chou-chouei ne se gêne pas pour se gratter les pieds en public.
— Je suis tout de même un peu inquiet à votre sujet, lui dis-je. J'ai l'impression que vous vous mettez dans des situations dangereuses.
— Très dangereuses, c'est certain. Mais la vie telle que je la conçois est inévitablement dangereuse. Si l'on veut faire quelque chose d'intéressant... C'est mieux que de lire des journaux, non ? La responsabilité et le risque vont de pair.
— Vous pourriez vous faire tuer.
— Ce n'est pas exclu. Mais voilà comment je vois la situation. Selon toute probabilité, mes seuls vrais ennemis sont les Chiu Chow. Mais ceux-ci commercent avec les Yunnanais ; ils dépendent d'eux pour obtenir la marchandise. S'ils s'en prenaient à moi, ce serait la fin de leur bonne entente avec les Yunnanais. Cela leur donne certainement à réfléchir.

« En général, d'ailleurs, s'ils veulent se venger, ils s'en prennent à un des leurs. La pègre chinoise n'a pas le même code moral que la Mafia. La Mafia tue n'importe qui, sans discrimination, tandis que les gangs Chiu Chow n'exécutent que les traîtres qu'ils découvrent en leur propre sein — ils s'attaquent rarement aux autres communautés.

« Je dois cependant avouer — il rit d'avance de ce qu'il est sur le point de dire — que je deviens un peu paranoïaque. J'ai l'impression d'être suivi. Surtout en Thaïlande. Je suis sur mes gardes. Mais ici, à Hong Kong...

Lung est également contraint à la plus grande prudence dans ses relations avec la Chine communiste.

— Laissez-moi vous expliquer. Un homme comme moi a des relations en Chine. Je ne suis pas communiste. Les communistes ont d'ailleurs plutôt mauvaise réputation, ces temps-ci. Leur système va droit à la faillite. Mais avant d'être des communistes, ce sont des chinois. Dans ma situation, je peux sans problème avoir des amis occidentaux. Mais si j'entre en relation avec des fonctionnaires étrangers, il est préférable d'en avertir les communistes à l'avance, plutôt que de risquer qu'ils l'apprennent par des rumeurs.

Par « fonctionnaires étrangers », Lung désigne en bloc la CIA, la DEA et divers autres services de renseignements ou polices.

— Si les communistes l'apprenaient par une tierce personne, ils penseraient que je suis un valet de l'impérialisme. Avant de traiter avec les Américains, je veux que tout soit clair. Je dis aux communistes : « Voilà ce qu'ils veulent faire, voilà ce qu'ils me demandent... Si vous avez des objections, je laisse tomber. » Je laisse les communistes prendre la décision : « Je vous en informe à l'avance, car je veux éviter tout malentendu entre nous. » Du moment que je les ai avertis et que cela n'a rien à voir avec le Kouomintang, ce que je fais leur est complètement égal. Cela vaut mieux, parce que n'importe qui peut vous faire une mauvaise réputation, si vous fréquentez des étrangers. Et après, il faudrait fournir d'interminables explications. Je veux à tout prix éviter d'avoir à me justifier auprès de ces bureaucrates qui cherchent la petite bête. Des casse-pieds de première. Ils me donnent la chair de poule.

— Tous les bureaucrates sont comme ça.

— En Chine plus qu'ailleurs. C'est sans doute dû aux longues années de persécution et de clandestinité. Ils sont incroyablement méfiants et sournois. Maintenant qu'ils sont au pouvoir, ils continuent à se comporter comme s'ils étaient pourchassés. Ils ont la manie du secret... Ceci dit entre parenthèses. Toujours est-il que je veux éviter tout malentendu avec eux.

— Vous avez donc le même type de relations avec les services de renseignements chinois qu'avec les agents américains.

— Exactement. A cela près que je ne demande pas aux Américains s'ils sont d'accord ou pas. Tandis que je le demande aux Chinois. Je *suis* chinois, ne l'oubliez pas. Mon association avec les Américains pourrait être mal interprétée. D'aucuns pourraient s'imaginer que je suis leur larbin. Quelle idée absurde ! L'unique raison d'être de mes actions est d'aider mes compatriotes du Yunnan. On ne fuit pas une obligation morale.

« Les communistes ne m'ont pas *demandé* de les informer au préalable de mes contacts avec des fonctionnaires étrangers. Ils ne m'y obligent pas. Je le fais pour ma propre protection. Je veux éviter qu'un beau jour, ils me traitent de laquais des impérialistes. Je ne veux pas offenser les communistes.

— Qu'arriverait-il si vous le faisiez ?

— C'est cela le plus drôle. Il n'arriverait rien du tout. Je connais le communisme, et sa gigantesque bureaucratie. Vous avez offensé un bureaucrate ? Cela ne signifie nullement que vous ayez offensé le régime.

— Pourquoi les ménagez-vous tellement, dans ce cas ?

— A, parce que je suis chinois. B, je ne veux pas me trouver dans une position défensive. Lorsque je veux faire telle ou telle chose, je les en avertis au préalable : ils ne pourront pas venir se plaindre après.

— Et s'ils vous traitaient de valet de l'impérialisme, que se passerait-il ?

— Rien de spécifique. Mais ce serait mauvais pour moi. Les Yunnanais s'imagineraient que je travaille réellement pour... Ils ne sauraient plus que penser. J'ai déjà fait mes études aux Etats-Unis ; ils pourraient aboutir à des conclusions erronées. Je sais pourquoi j'agis ainsi. Je ne veux pas que les communistes puissent m'accuser de quoi que ce soit. Après, il faudrait des explications à n'en plus finir. Ces satanés bureaucrates ! Si je ne fais rien de mal, pourquoi le cacherais-je ? Puisque j'agis ainsi, autant le faire ouvertement — n'est-ce pas, monsieur Mills ?

— Du moment qu'ils savent que vous êtes honnête, ils ne peuvent rien vous reprocher. Mieux, ils ne peuvent que vous respecter.

— Absolument. Ne rien faire derrière leur dos. Jouer cartes sur table.

— C'est peut-être grâce à cela que vous êtes toujours en vie.

— Certainement. C'est une autre raison, oui... En tout état de cause, les communistes haïssent les gens comme moi.

— Pourquoi ?

— Nous sommes la cible de la Révolution ! s'exclame Lung en riant. Nous sommes censés être la *cause* de la Révolution ! C'est du moins ce qu'on m'a dit. Ces humbles petits bureaucrates... Plus d'un envoie des rapports à mon sujet, je le sais. Parce que je les tourne en dérision. Mais comment m'en empêcher ? Ces Rouges qui s'affichent avec des sacs de chez Gucci et des montres Rolex ! Je connais une fille dont le père travaille au service consulaire des Affaires étrangères. Vous voulez faire sa connaissance ? Je peux l'inviter à déjeuner demain. Vous verrez : Gucci et Rolex. Ces gens donnent un mauvais renom au communisme, et je ne me prive pas de le leur dire.

Lung sourit toujours lorsque je lui pose une dernière question :

— Puis-je vous demander en qui vous avez confiance à Hong Kong ?

— En per-sonne !

Il est impossible d'aborder le sujet du trafic mondial des stupéfiants sans parler d'armées rebelles, de services de renseignements, de politique et de gouvernements. Le passé de Lung, sa jeunesse vécue à proximité d'hommes tels que Chang Kai-chek, Mao Tse-tung et Chou En-lai, son association actuelle avec des services de renseignements occidentaux, avec des armées contrôlant le commerce de l'opium en Thaïlande et en Birmanie et avec des fonctionnaires de la Chine communiste, lui permettent de parler en connaissance de cause du combat qui oppose la Chine à l'Occident.

— Qui en sortira vainqueur, selon vous ?

— Je pense que dans l'immédiat, la démocratie subira des revers. Mais à long terme, je crois que les êtres humains sont infiniment plus sages qu'une idéologie factice comme le communisme. Il faudra cinquante ans, peut-être cent, pour que les hommes s'en rendent compte. La démocratie est notre option la plus sage, la plus rationnelle. Il n'existe guère d'autre choix. Mais nous ne sommes pas au monde uniquement pour manger, boire, avoir de belles voitures et tout ça. Nous allons souffrir. Ce qui nous manque, c'est une *véritable* direction : un dirigeant fort, qui sait où il va.

— Quand vous dites « nous », monsieur Lung, vous voulez dire...

— Tous les hommes épris de liberté. Quelle que soit leur nationalité. Quant à l'Occident — il creuse sa propre tombe. Avec le sourire. Il est pourtant seul à pouvoir défendre la cause de la liberté. Mais il ne le fait pas. Il vit dans l'illusion la plus totale, je vous assure.

Lung réfléchit un long moment.

— En définitive, je suis certain que la nature humaine, que l'esprit de l'homme, vaincra. Je ne parle pas de l'Ouest ou de l'Est, je ne parle d'aucune idéologie en particulier. Mais je pense que l'esprit humain... qu'il n'est pas possible d'enchaîner l'esprit humain. Ce que les communistes prêchent, ce qu'ils font, est contraire à la nature. D'innombrables hommes stupides, ignorants, économiquement défavorisés, se laissent entraîner. Mais on ne peut berner les hommes que pendant un certain temps. Un jour, ils finissent par comprendre qu'ils ont été roulés.

« J'ai une foi absolue en l'esprit humain. Prenez la Chine. J'éprouve un immense respect pour les jeunes Chinois. Vous ne pouvez pas imaginer, monsieur Mills. Des gens prisonniers d'une société soi-disant socialiste, coupés de toute nouvelle du reste du monde. *Pourtant,* ils s'expriment, ils savent exactement ce qui ne tourne pas rond en Chine. Et les dissidents! Ils écrivent des choses *extraordinaires!* Ils *voient* les défauts du système. Et ils se font entendre. Ils s'expriment infiniment mieux que le Premier Deng.

Le fait d'avoir mentionné Deng replonge Lung dans le passé.

— Mon père n'aimait pas Deng. Je l'apprécie assez. Au moins, il sait s'adapter aux circonstances. C'est un tacticien.

— Votre père le connaissait?

— Bien sûr! Deng et mon père avaient presque le même rang : tous deux étaient vice-présidents du Gouvernement du peuple de Chine méridionale. Mon père ne l'aimait pas : Deng est laid, et il n'aimait pas les gens laids. Il avait beaucoup de préjugés. Dans le temps, je le trouvais laid, moi aussi. Il est devenu plutôt charmant. J'aime bien Deng.

— Certains Occidentaux pensent que la Chine change, qu'elle s'industrialise, se rapproche du capitalisme et de l'Occident.

— Les Américains *adorent* se faire des illusions. Dans les années quarante, ils affirmaient avec véhémence que le parti de Mao n'était *pas* communiste. Non : simplement un parti exigeant une réforme agraire. Aujourd'hui, ils continuent à se faire le même genre d'illusions. Les dirigeants chinois sont obligés de changer parce que c'est la seule façon de calmer la population qu'ils dirigent. C'est une simple tactique. Cela ne signifie pas qu'ils pensent que leur idéologie est erronée. Absolument pas!

« Nous assistons au même processus qu'auparavant avec la Russie. La Russie ne serait jamais devenue une menace pour quiconque si les pays capitalistes ne lui avaient pas vendu leur technologie. Cette expérience ne les a pas assagis. Aujourd'hui, ils recommencent avec la Chine. Les Américains sont profondément masochistes. Et ils veulent tant qu'on les aime! C'est la même euphorie, le même enthousiasme que la première fois. Incroyable. Ils n'ont aucune mémoire. Ils seront dupes une fois de plus, et en paieront le prix. Les communistes sont et restent des communistes. Rien ne les distingue de fanatiques religieux.

« Les Américains veulent être des bienfaiteurs professionnels. Les bienfaiteurs du monde. Et ils *sont* bons. Ils sont sensibles, émotifs — ce qui est excellent pour un individu, mais très mauvais pour guider la politique internationale d'un pays. Les Américains me font vraiment pitié.

Après un silence, il se reprend :

— Désolé, je suis présomptueux. Ce que les Américains font ne concerne qu'eux. Mais je trouve cela pitoyable. Car ils se font rouler, hélas ! Ils dépensent leur argent sans compter, et on les rend responsables de tout. On les bafoue. C'est cela qui est triste.

Lung a un rire emprunt de nostalgie.

— J'éprouve le plus grand respect pour les communistes chinois. Dans leurs relations avec l'extérieur, ils sont au plus haut point logiques, scientifiques. Duper les autres est pour eux un véritable art.

— Est-ce bien raisonnable ?

— C'est fort agréable.

— D'être le dindon de la farce ?

— A la fin, quand on se ressaisit, non. Mais pendant qu'on se fait rouler, on trouve cela très agréable. C'est mieux que de se faire insulter, non ? Quand on traite avec les Américains, on se fait toujours insulter, bien que ce soit sans conséquence.

— Comment cela ?

— Parce que les Américains, en bons Occidentaux qu'ils sont, n'y vont pas par quatre chemins. Ils vous disent ce qu'ils veulent obtenir, et comment. Les Chinois n'agissent jamais ainsi. Ils font des feintes, flattent votre ego, jouent avec vous. Puis le moment venu, ils passent à l'attaque.

— Vous préférez donc être roulé plutôt qu'insulté ?

— Non, cela ne me plaît pas davantage. Mais lorsqu'il s'agit de simples relations sociales, mieux vaut un adversaire qui fait des feintes qu'un adversaire qui vous attaque de front, bang-bang ! Les Chinois sont également très habiles dans les négociations internationales. Ils ont un objectif parfaitement clair et précis, et toutes leurs actions visent à atteindre cet objectif. La politique étrangère chinoise n'a pas changé depuis cinq mille ans. C'est toujours la même chose.

— A savoir ?

— Opposer les Barbares aux Barbares. C'est ce qu'ils font depuis des millénaires.

— Aujourd'hui, ce sont les Russes contre les Américains.

— Bien sûr. Leur peur de la Russie n'est qu'une manœuvre. Ce qu'ils veulent en réalité, c'est que ces deux-là se sautent à la gorge. Ensuite, ils pourront s'occuper du reste. Un proverbe chinois dit : « Sois toujours ami avec ceux qui sont au loin, et dur avec tes voisins. » C'est exactement ce que font les communistes chinois. Ils allient la ruse traditionnelle de la Chine ancienne aux techniques publicitaires de

Madison Avenue. Dommage que vous ne puissiez pas lire la presse communiste chinoise. On se sent si bien après : tout est si raisonnable, si logique, ils promettent tout. Par contre, les journaux du Kouomintang — illisibles.

— Parce que ce qu'ils écrivent est mensonger, ou bien confus ?

— Ils sont aussi mensongers les uns que les autres. Mais les uns sont compréhensibles, faciles à lire, émouvants même. Tandis qu'il faudrait être un spécialiste du déchiffrage pour comprendre quelque chose aux journaux du KMT.

Une fois de plus, Lung me surprend par une invitation, qui est une nouvelle démonstration de son influence et de ses capacités. Il me propose de rencontrer le général Chang Chi-fu, chef de l'Armée Shan unifiée, forte de trois mille hommes, celui que les autorités américaines ont qualifié de dirigeant du plus important réseau mondial de trafic de stupéfiants. Lung avait mentionné Chang alors que nous parlions du général Li Wen-huan.

— Militairement, le général Li est plus puissant que Chang. Il a davantage de soldats que Chang, et est bien plus riche que lui. Chang Chi-fu fait la loi du côté birman de la frontière, dans les Etats Shan. Le général Li, lui, domine la Thaïlande du nord. Mais ils se partagent les bénéfices. Ils s'arrangent à l'amiable... Dites-moi, monsieur Mills, aimeriez-vous m'accompagner pour aller voir Chang Chi-fu ? Je suis invité à lui rendre visite dans son camp au moment qui me conviendra.

— Réellement ?

Cela me paraît tout aussi improbable que de rencontrer le général Li, comme Lung me l'a également promis. Tous deux sont des fournisseurs de Liou Chou-chouei, et, bien qu'ils dominent autant l'un que l'autre le commerce des stupéfiants dans cette région du monde, je préférerais, si j'avais le choix, rencontrer le général Li. Il est sur place depuis plus longtemps, et, selon Lung, commande des forces plus importantes. Il en sait certainement davantage que Chang sur ce qui se passe dans ces montagnes dont les champs de pavots approvisionnent les gros trafiquants tels que Liou. Je suppose également que les ans, l'expérience, et son origine paysanne aidant, Li est plus habile et plus rusé que Chang.

— Chang Chi-fu se refuserait à croire que je suis un écrivain, dis-je. Il me prendrait à coup sûr pour un envoyé de la CIA ou de la DEA.

— Peu importe. Il en sera flatté, au contraire. Ces gens sont tellement fiers lorsque les Américains daignent s'occuper d'eux. Ils *adorent* les Américains. Comme je vous l'ai dit l'autre jour, ils ne demandent qu'à abandonner le trafic des stupéfiants. Mais c'est aux Thaïlandais de les y contraindre. C'est *leur* responsabilité. C'est leur pays : leur police, leur armée. Mais les Thaïlandais n'y tiennent nullement. Pour deux raisons. En premier lieu, ils sont *payés*. Le Premier ministre Kriangsak touchait un demi-million de dollars des généraux Li et Tuan. Par an. Pour ne pas avoir les autorités sur le dos. Je le *sais*. Le général Tuan me l'a dit. Et le général Li me l'a dit. C'est le prix qu'ils paient pour avoir la paix — et ce n'est pas beaucoup. Les Thaïlandais sont d'ailleurs si souples, si peu exigeants. Il arrive que le paiement ait un mois, deux mois de retard. Ils ne le réclament même pas.

Lorsque Lung me dit que les généraux Tuan et Li versent chaque année au Premier thaïlandais un demi-million de dollars pour pouvoir continuer à contrôler la majeure partie de l'opium produit dans le Triangle d'Or, je le crois. Et je me demande ce que le contribuable américain, s'il savait cela, penserait des millions de dollars d'aide non militaire que les Etats-Unis accordent annuellement à la Thaïlande.

— La seconde raison, poursuit Lung, c'est que les Thaïlandais savent que pour mettre fin au trafic de drogue, ils devront se battre. Le sang coulera. Toute la région est contrôlée par des groupes armés tels que ceux du général Tuan, du général Li ou de Chang Chi-fu. Si les Thaïlandais le voulaient, ils en seraient capables. Mais il faudrait s'organiser, se préparer, et pour finir, se battre. Cela exigerait de grands efforts, et le sens du devoir. Ils n'y tiennent absolument pas. Pourquoi le feraient-ils, d'ailleurs ? C'est le problème des Américains. Les Thaïs ne pensent pas que cela les concerne, en dépit du demi-million de drogués que compte leur propre pays.

— Vous avez dit que les groupes armés voulaient cesser de faire ce trafic. Croyez-vous vraiment que Chang Chi-fu soit prêt à y renoncer ? Cela m'étonnerait.

— Cela peut sembler curieux, mais je le crois réellement. Et je le crois parce que je sais ce que Chang Chi-fu désire réellement. Ce qu'ils désirent tous, c'est un lieu où vivre en paix, sans être constamment sur le qui-vive, sans avoir à changer d'endroit tous les quinze jours. Ils veulent la paix et la tranquillité. Chang en a par-dessus la tête d'être un hors-la-loi. Ils ont tous cette idée bizarre : ils veulent être reconnus, ils veulent que leur position soit *légitime*.

— Chang voudrait être reconnu par le Gouvernement birman ? Il ne l'obtiendra jamais : Rangoon le considère comme un brigand et un révolutionnaire.

— Non, il n'exige pas cela. Il est suffisamment réaliste pour se rendre compte que c'est un vain espoir. Ils sont prêts à accepter un arrangement moins favorable — à condition de ne pas déposer les armes : cela, ils ne peuvent pas se le permettre.

— Quelles conditions accepteraient-ils ?

— Je l'ignore. Mais cela m'intéresserait de le savoir. Dès demain, je prendrai contact avec son envoyé pour l'avertir de ma visite.

— Il a un représentant à Hong Kong? Il va finir par ouvrir une ambassade!

— Le plus drôle, c'est que son envoyé est un ex-banquier communiste. Oh, un communiste très... *agile*. Il a monté je ne sais quelle entreprise commerciale. Ces gens sont vraiment curieux...

— Dites-moi, des agents de la DEA ou de la CIA ont-ils jamais rencontré Chang Chi-fu?

— Oui, plusieurs fois. Pas la DEA — le Département d'Etat ne l'autoriserait pas. Mais la CIA, certainement — la CIA n'a pas besoin de justifier ses actions, n'est-ce pas! Je ne suis d'ailleurs jamais allé le voir à son QG. Etes-vous déjà allé dans les montagnes, monsieur Mills?

— Pas plus loin que Mai Sai.

— La Birmanie, surtout, est une splendeur. Un pays d'un autre siècle. C'est la jungle. On mange dehors, sous les arbres. Les filles arrivent du village voisin, à dos d'âne. C'est délicieux. Cette beauté et cette innocence, la pureté de la lumière et de l'atmosphère, le caractère des habitants... appartiennent à une autre ère. Les jeunes filles ont de longs cheveux, d'un noir de jais, qui descendent jusqu'aux fesses. Adorable. Cela me rappelle mon enfance. La Birmanie est un pays où le temps s'est arrêté. Comme s'il n'y avait plus eu d'influence extérieure depuis 1940. Les lycéens chantent toujours « *It's a long way to Tipperary...* »

« Je voulais faire un cadeau à une fille. Quelques taels d'or, peut-être? Non, me disent mes hôtes, elle préférerait une vache. L'ambition de leur vie, c'est de posséder une vache. " Va pour la vache ! " En revoyant la jeune fille, je lui annonce que je vais lui offrir une vache. Je pensais qu'elle serait folle de joie, qu'elle témoignerait de la reconnaissance — mais non, elle n'eut pratiquement aucune réaction. Jusqu'au moment où la vache *arriva!* Il fallait la voir! Elle tournait autour de la vache, la caressait tendrement, lui parlait, même. Une mère n'aurait pas été plus affectueuse avec son enfant.

« Elle me remercia avec exubérance et ramena la vache à son village. Le lendemain, la famille entière, jeunes et vieux, vint me remercier. Je leur dis que ce n'était pas nécessaire. Ils étaient venus à pied du village, environ dix kilomètres de piste. Rien que pour une vache.

— Combien coûte une vache, là-bas?

— Une trentaine de dollars, guère plus. Mais là n'est pas la question. L'important, c'est qu'ils l'*apprécient*. Ce cadeau leur procure réellement une grande joie. Il n'existe plus de gens comme ça, ici. Je me demande vraiment pourquoi nous tenons tant à ces choses idiotes — les discothèques, tous ces endroits bruyants. Les filles de Hong Kong ont des exigences ridicules. Qu'est-ce qui nous oblige à accepter ces humiliations ? Cette jeune Birmane était infiniment plus heureuse avec sa vache qu'une fille de Hong Kong qui s'est fait offrir une Ferrari.

« Hong Kong, c'est le pire de tout. Les Cantonais sont effroyables ; ils ne font que prendre, toujours prendre, tandis que des gens comme cette jeune fille birmane *donnent*. Ils vous font confiance ; ils se fient à votre conscience, à votre générosité, mais n'exigent rien.

Lung se tut, plongé dans ses souvenirs des montagnes intemporelles du Triangle d'Or. Puis, portant son cigare à la bouche d'un geste vif, il dissipa le rêve.

— Avec votre permission, monsieur Mills, nous irons donc voir Chang Chi-fu. Pourquoi pas ? Il faudra cependant faire attention aux brigands.

CHAPITRE QUATRE

1

Bruce Stubbs, l'agent responsable du Centac-24, l'homme qui avait guidé et encouragé son principal indicateur, Robert Yang, de Tucson à Bangkok et à San Francisco, était en guerre contre Hong Kong.

Son plan consistait à contraindre Su San à traiter avec Liou Chou-chouei en arrêtant son transporteur, le Fantôme, quand celui-ci enverrait soixante livres d'héroïne-base de Thaïlande à Hong Kong. Mais Su San passait le plus clair de son temps en Thaïlande, et le fournisseur de l'héroïne-base se trouvait lui aussi en Thaïlande, de même que Liou Chou-chouei. Pourquoi diable Robert Yang, lui, s'attardait-il à Hong Kong ?

Stubbs avait presque l'impression que Jim Sweat, représentant le Centac à Hong Kong, avait kidnappé Robert. Celui-ci ne pouvait quitter Hong Kong sans papiers en règle, et Stubbs soupçonnait Sweat d'encourager les autorités locales à ne pas lui délivrer lesdits papiers. A croire que Sweat voulait monopoliser l'opération.

Personnellement, je m'intéressais à Liou Chou-chouei pour trois raisons. Pour commencer, il était le principal importateur d'héroïne du Sud-Est asiatique aux Etats-Unis, et la cible du Centac-24. Ensuite,

Liou était fortement soupçonné d'avoir joué un rôle dans l'enlèvement et l'assassinat de Joyce Powers, épouse de l'agent de la DEA Mike Powers, dont l'action dans le nord de la Thaïlande avait sérieusement affecté les transactions de Liou. Enfin, les opérations de Liou pouvaient me renseigner sur la structure de l'Empire clandestin en Asie du Sud-Est.

Dans l'avion qui m'emmenait de Hong Kong à Bangkok — où je voulais apprendre ce que Stubbs pensait de l'opération contre Le Fantôme, et, peut-être, accompagner Lung Shing jusqu'au repaire de Chang Chi-fu — une idée prit forme dans mon esprit.

Que savaient Chang Chi-fu et le général Li Wen-huan sur le meurtre de Joyce Powers ? Son mari dirigeait les opérations de la DEA en Thaïlande du Nord, territoire de Chang et de Li. Ils n'ignoraient pratiquement rien de ce qui s'y passait. Si Liou Chou-chouei et/ou d'autres personnes avaient conspiré pour kidnapper Joyce Powers — que ce fût par vengeance, pour l'échanger contre des trafiquants emprisonnés ou pour contraindre la DEA à cesser ses activités — Chang Chi-fu et le général Li ne pouvaient l'ignorer.

Je décidai de demander à Lung ce qu'il savait du meurtre de Joyce Powers.

Je trouvai Bruce Stubbs dans un gymnase de Wireless Road, à quelques rues de l'ambassade. « Juste pour me réveiller », m'expliqua-t-il. Tout en tapant dans un punching-ball, il me parla de sa frustration et de sa colère de voir Robert Yang immobilisé à Hong Kong.

Je n'avais pas revu Bruce Stubbs depuis le jour où, à Washington, il avait exposé à Dennis Dayle le plan de l'opération de San Francisco, qui reposait sur l'espoir que Su San achèterait de l'héroïne à Liou. Je lui demandai où en était l'affaire Joyce Powers.

Je savais que l'enquête piétinait. Les agents mettaient tous leurs espoirs en Preecha Maleekul, le musulman thaïlandais que l'assassin de Joyce, Narong Promsiri, avait fait demander quelques minutes avant d'être abattu par la police. Preecha avait énergiquement nié qu'il connaissait Narong, alors que l'amie de ce dernier, Laila, jurait les avoir présentés.

Preecha avait un fils de vingt-sept ans, qui était héroïnomane et de surcroît ami du fils de Ngo Sisombat, le petit dealer qui avait confié à une source de la CIA que des trafiquants de stupéfiants étaient à l'origine du meurtre de Mrs. Powers. Le fils de Preecha avait d'ailleurs reconnu que le fils de Ngo et lui-même se trouvaient dans la foule qui avait assisté à ces tragiques événements.

Relié à un détecteur de mensonge au consulat américain de Chiang

Mai, le fils de Preecha avait déclaré que ni lui-même, ni son père, n'étaient impliqués dans le meurtre. Le « polygraphe » avait cependant décelé des réactions prouvant que le sujet mentait. Selon les spécialistes, soit Preecha, soit son fils, soit tous les deux, avaient joué un rôle dans le meurtre.

Bruce m'informa des derniers développements. Les enquêteurs pensaient avoir trouvé un moyen de faire parler Preecha :

— Nous avons fait inculper son fils pour possession d'héroïne. Et voilà que Preecha, qui a toujours affirmé ne pas connaître l'assassin, est allé voir le consul américain à Chiang Mai ; il lui aurait dit en substance : « Je vous parlerai si mon fils est gracié, si nous touchons une récompense, et si nous sommes autorisés à émigrer aux Etats-Unis. » Ma réaction fut : promettez-lui n'importe quoi. Il est d'ailleurs probable que pour une affaire de cette importance, nous pourrons tout lui obtenir. Le consul s'en occupe ; nous devrions avoir du nouveau d'ici un ou deux jours. Autre fait intéressant : un indicateur thaïlandais a déclaré que des trafiquants musulmans du Nord assurent que l'ordre d'assassiner Joyce venait de la région frontalière, et que Chang Chi-fu y serait pour quelque chose.

Le lendemain, j'ai rendez-vous avec Lung.

A Bangkok, il fait dans les trente-cinq degrés, mais, pour des raisons de sécurité, Lung fuit l'air conditionné : la climatisation attire la foule. En Thaïlande, Lung préfère les endroits tranquilles. Je le retrouve sur la terrasse presque vide de l'hôtel Erawan, entre des palmiers et des bananiers en pots, à quelques mètres de la piscine, elle aussi déserte. Comme toujours lorsqu'il est de passage à Bangkok, Lung descend dans un hôtel chinois appartenant à un homme d'affaires yunnanais. J'aborde aussitôt le sujet qui me préoccupe :

— Connaissez-vous Mike Powers ?

— Non, je ne l'ai jamais rencontré.

Lung sort un long et mince cigare de la poche de son polo blanc et l'insère avec soin dans son fume-cigares en ivoire. Tout en l'allumant, il m'observe à travers ses lunettes de soleil. Son regard est chaleureux et amical.

— C'était l'agent de la DEA à Chiang Mai, dont la femme a été assassinée.

— En... effet, dit Lung, se souvenant. Elle a agi de façon stupide. Lorsqu'un voleur empoigne votre chaîne en or, il faut la lui donner sans faire d'histoires.

— Elle la lui *a* donnée. Mais de l'avis général, le vol n'était pas le mobile du crime.

— C'est en effet ce que l'on dit. Le général Chou (le Yunnanais faussaire et coureur de jupons que j'avais rencontré en dînant à Hong Kong) m'a affirmé qu'il s'agissait d'une vengeance de trafiquants. Je lui ai répondu que je n'en croyais rien : le coupable semble être un voleur professionnel, probablement déséquilibré de surcroît.

Le général Chou était sans doute un bouffon lubrique, mais il avait d'excellents contacts dans le Nord. Je demande à Lung pour quelle raison Chou estime qu'il s'agit de la vengeance d'un ou de plusieurs trafiquants.

— Il prétend disposer de renseignements confidentiels. Mais je n'en crois rien. Il a toujours des idées bizarres. Je lui ai demandé pourquoi il n'allait pas le dire aux Américains.

— En dehors de Chou, qui d'autre dans le Nord pourrait savoir quelque chose sur ce crime ? Le général Chang Chi-fu, par exemple, ou le général Li Wen-huan ?

— Ils sont probablement *tous* au courant. Mais ne serait-il pas plus facile de faire parler le tueur à gages ?

— Il est mort.

— Mort !

— Tué par la police dix secondes après le meurtre. Pratique, n'est-ce pas ? Et il est impossible de retrouver l'officier qui l'a abattu.

— Dans ce cas, évidemment... Très intéressant, cela. Ils devraient enquêter... énergiquement.

— Ils le font, mais c'est difficile. Imaginez les complications politiques et diplomatiques si l'on découvrait qu'un général thaïlandais a donné l'ordre d'assassiner la femme d'un fonctionnaire de l'ambassade des Etats-Unis, et que la presse s'emparait de l'affaire.

Je n'avais jamais vu Lung réfléchir avec autant d'intensité.

— Mmmm... ce ne peut être que... Mon bon sens me dit que ce doit être un des groupes armés — Tuan, Li, Chang ou d'autres, moins importants — ou alors les Thaïlandais. Je ne vois que ces deux possibilités.

— Powers était très agressif. Il a marché sur les pieds d'un tas de gens.

— C'était son travail, commente Lung.

— Bien sûr. Tout le monde aurait préféré croire à la thèse du vol à main armée — un incident regrettable, mais sans conséquences. C'est bien compliqué. S'ils découvrent le coupable, il est probable que Mike Powers viendra le tuer de ses propres mains — ce qui ne ferait que compliquer encore davantage la situation.

— Il voudrait faire justice lui-même, c'est normal... Lung tire pensivement sur son cigare. Je n'avais jamais réfléchi sérieusement à ce meurtre, qui était selon moi un simple accident. Mais après ce que vous venez de me dire... Et quand je vois tous ces Américains si dévoués à leur tâche, si désintéressés — je veux dire qu'ils ne font sans doute pas ce travail uniquement pour toucher leur salaire. Quiconque peut les aider devrait le faire.

Je décide d'abandonner ce sujet pour le moment, et lui demande s'il était toujours possible d'aller voir Chang dans les montagnes du Nord.

— J'ai vu son envoyé. Il y a trois semaines, les Birmans ont déclenché l'opération Thunderbolt, ce qui oblige Chang à se déplacer constamment. Il n'est donc pas dans son *antre*. Il avait été prévenu de l'attaque. Comme toujours. Alors, il se déplace avec ses hommes, sans quitter la région frontalière. Nous pouvons néanmoins y aller, et sans doute le voir. Si vous y tenez toujours.

— Absolument.

— Je vais demander à ses hommes de le prévenir de notre visite. A propos, il serait préférable d'y aller en hélicoptère. Les routes ne sont pas fameuses...

Je me demande si c'est réellement l'état des routes qui l'inquiète, ou bien ces brigands qu'il a mentionnés lors de notre dernière entrevue à Hong Kong.

— Vous croyez que ce serait possible?

— Je l'ignore. Je sais en tout cas que le général Li utilise des hélicos des forces armées thaïlandaises. Il donne un coup de fil et on lui en envoie un de Chiang Maï.

Comme le Gouvernement thaïlandais est accommodant — compte tenu du fait que Li est un trafiquant de drogue notoire.

Je demande à Lung combien Chang a de soldats.

— Selon lui, dix mille. D'autres sources disent deux à trois mille. Mais il est soutenu par Formose.

— Soutenu par Formose?

Cela me paraît pour le moins curieux. Le général Li est soutenu par la Thaïlande, Chang Chi-fu, par Formose — et ces deux pays assurent aux Etats-Unis qu'ils sont farouchement décidés à mettre fin au trafic des stupéfiants.

— Mais oui! Des officiers de renseignement de Formose sont attachés aux forces de Chang Chi-fu. Radins comme toujours, les Formosans le paient avec de la nourriture et quelques vieilles armes.

Je comprends de moins en moins. Les Etats-Unis s'efforcent de neutraliser Chang Chi-fu, qui est selon eux le plus important trafiquant de stupéfiants du monde; la Thaïlande a lancé un mandat d'arrêt contre lui; la Birmanie vient de déclencher une attaque contre son camp — et pendant ce temps, Formose lui fournirait armes et nourriture? Faut-il croire les rapports officiels et les journaux, ou croire Lung ? Incrédule, j'insiste :

— Formose a envoyé des officiers de renseignement chez Chang Chi-fu ?

— Oui. Ils lui donnent leurs vieux canons, des rations, et peut-être deux ou trois lingots d'or. En échange, Chang accepte la présence d'une unité de recherche du renseignement.

— Je suppose que Chang traverse la frontière Thaïlande-Birmanie comme si elle n'existait pas ?

— Ce n'est pas tout. Ses troupes changent d'uniformes avec celles du général Li. Dès que les soldats de Chang pénètrent en Birmanie, ils deviennent des soldats de l'Armée Shan unifiée ; de retour en Thaïlande, ils redeviennent des hommes du Kouomintang. De leur côté, les forces de Chang protègent les convois du général Li, dont les hommes changent eux aussi d'uniformes quand ils passent en Thaïlande.

— Pour devenir des soldats du général Li.

— Exactement.

— Très pratique. Ainsi, ils sont toujours du bon côté de la frontière. Et quand le général Li va en Birmanie, il devient en quelque sorte Chang Chi-fu...

— C'est ce que l'on appelle un pavillon de complaisance ! dit Lung en riant de ma stupéfaction.

Autre curiosité : tandis que Chang Chi-fu fuit soi-disant des forces envoyées à sa poursuite, ses hommes sont déguisés en soldats du général Li, lequel dîne sans doute à Chiang Mai avec le commandant local des forces thaïlandaises.

— Le général Li contrôle les deux tiers des routes de l'opium passant par ces montagnes, m'explique Lung. Le tiers restant est contrôlé par Chang Chi-fu. Dans les plaines, l'armée et la police thaïlandaises prennent le relais.

Lung parle de la *quasi-totalité* de l'opium produit en Asie du Sud-Est, dont provient une grande partie de l'héroïne vendue aux Etats-Unis.

— En fait, poursuit Lung, les Chiu Chow prélèvent la part du lion. Ils possèdent les réseaux de distribution ; c'est là qu'il y a vraiment de l'argent à gagner.

Je demande à Lung s'il va souvent dans le Nord, qui est le centre du marché de l'héroïne.

— Quand ils sont pressés, lorsqu'il y a une réunion, pour arbitrer un différend, ou encore une « conférence d'Apalachin » des Yunnanais.

— Une conférence d'Apalachin des Yunnanais ?

Il se réfère à la « réunion au sommet » des patrons de la Mafia, qui se tint à Apalachin, Etat de New York, en 1957.

— Mais oui ! Si vous saviez comme ils sont drôles. Ils arrivent tous avec leurs gardes du corps. Un spectacle saisissant. Dans ce cas, j'y vais directement, je reste une nuit, et je reviens aussitôt, sans m'attarder. Mais pour le voyage que nous projetons, je voudrais que vous me disiez exactement ce que vous souhaitez. J'ai dit à l'envoyé de Chang : « J'arrive, et je serai accompagné par un ami », rien de plus. Voulez-vous également rencontrer d'autres groupes ? Si je le leur demande, ils sortiront de leurs trous pour nous voir.

Ne sachant trop que répondre, je me contente de lui demander quand il compte partir.

— Dès que vous serez prêt.
— Je suis prêt.

2

Le lendemain, je vais voir Bruce Stubbs à son bureau de l'ambassade américaine et lui parle de ces projets.

— Je ne me fierais pas trop à ce Chang Chi-fu, vous savez.
— J'avoue m'être réveillé au milieu de la nuit, le cœur battant, en me demandant si c'était vraiment sage.
— Je me le demande aussi, dit Stubbs. Où Lung veut-il vous emmener, exactement ?
— Il dit qu'il faut compter environ quatre heures de voiture, sur de mauvaises routes, que ce sera très inconfortable. Il aimerait aussi obtenir un hélicoptère. Peut-être craint-il que le voyage ne soit *pis* qu'inconfortable. Il dit cela en riant tout le temps, vous le connaissez, mais je me demande s'il n'est pas simplement trop fier pour reconnaître que c'est dangereux, de peur d'avoir l'air de se dérober.

Richie LaMagna arrive : un jeune agent très compétent, au visage triangulaire, barbu, portant lunettes et fumant la pipe. Les murs de son bureau sont couverts de gravures en couleurs, des vues de Hong Kong au XIXe siècle — et de cartes sur lesquelles des épingles à tête colorée marquent les camps des « armées de l'opium » du Triangle d'Or.

On m'a beaucoup parlé de Richard LaMagna. Ayant résidé six ans en Asie, il parle couramment le mandarin, le cantonais et le thaï. Il est l'auteur d'un rapport sur Liou Chou-chouei utilisé lors du briefing consacré au Centac-24. Il a également accompagné Robert Yang à Formose, où celui-ci devait rencontrer Andrew Lee. Mais LaMagna est avant tout l'un des principaux experts mondiaux sur les armées de l'opium d'Asie du Sud-Est, notamment celles des généraux Tuan Shi-wen et Li Wen-huan, et de Chang Chi-fu.

LaMagna est également l'un des agents de la DEA auxquels, des années auparavant, Lung avait exposé son projet de convaincre Tuan, Li, Chang Chi-fu et quelques autres chefs rebelles de renoncer au trafic de l'opium. L'une des principales sources d'approvisionnement de l'Occident en héroïne aurait ainsi été tarie.

Pourquoi ce projet finit-il par avorter ?

La réponse à cette question ne manque pas d'intérêt.

Suite à la suggestion de Lung, LaMagna se retrouva par un beau soir d'octobre dans la maison du général Tuan, non loin de l'ambassade des Etats-Unis, à déguster des abeilles rôties en compagnie du général, de la maîtresse de celui-ci et de Lung. La réunion dura de dix-neuf heures trente à vingt-deux heures trente. Le surlendemain, LaMagna s'entretint deux heures durant avec le général.

Au cours du dîner, le général Tuan assura catégoriquement à LaMagna qu'il n'était pas un seigneur de l'opium, n'était pas riche, et ne vivait pas dans le luxe. Il n'était rien de plus qu'un soldat de métier contraint de se mêler au trafic des stupéfiants afin de faire vivre ses soldats et leurs familles. Il souhaitait vivement renoncer au trafic, si cela pouvait se faire sans réduire ses hommes à la misère. Il fit plusieurs suggestions en vue de tarir l'afflux de stupéfiants en provenance du Triangle d'Or — et de démentir la réputation de trafiquant qui, expliqua-t-il, flétrissait son honneur et celui de ses troupes.

Il accepta d'organiser une rencontre confidentielle entre lui-même, le général Li, Chang Chi-fu, Lo Hsing Ming (un autre trafiquant) et le général Kriangsak Chamanand, chef d'état-major de l'armée thaïlandaise. Le général Kriangsak, qui allait peu après devenir Premier ministre, jouait, à en croire certains rapports, un rôle actif dans le trafic des stupéfiants. (Li, Tuan et Chang Chi-fu devaient verser bien entendu discrètement, 50 000 dollars pour sa campagne électorale.)

Tuan assura à LaMagna qu'il pouvait garantir la participation de tous ces hommes. Agissant au nom du Gouvernement thaïlandais, les forces de Tuan et de Li boucleraient hermétiquement les routes utilisées par les trafiquants. Des régions jusqu'alors inaccessibles pourraient être inspectées par des fonctionnaires thaïlandais et américains. Dans la région frontalière, la police serait assurée par les troupes des généraux Li et Tuan. En échange, le Gouvernement thaïlandais accroîtrait son aide à la population indigène, y compris aux troupes de Li et de Tuan : programmes visant à substituer d'autres cultures à celles du pavot ; formation professionnelle ; construction de logements. Tuan était prêt à accepter une période d'essai, au cours de laquelle les Américains et d'autres gouvernements pourraient juger de sa sincérité.

Sans doute pour témoigner de sa bonne volonté, le général Tuan se fit apporter une carte de la région frontalière, et montra à Lung et à LaMagna l'emplacement de trente laboratoires transformant l'opium en héroïne.

Tuan affirma ensuite que la police frontalière thaïlandaise (la *Thaï Border Patrol Police*, BPP) était « totalement corrompue et assurait le transport des stupéfiants ». Cette révélation était d'autant plus intéressante que la BPP, créée par la CIA, était contrôlée par le SRF, le bureau de la CIA à Bangkok.

Lorsque Tuan eut fini d'exposer son plan, LaMagna lui posa la question cruciale : qu'espérait-il obtenir en échange de cette coopération ?

Tuan répondit qu'il ne désirait rien pour lui-même, ni pour ses enfants qui faisaient leurs études à Formose et aux Etats-Unis. Il voulait uniquement « blanchir son nom et sa réputation, et rester dans les mémoires comme un homme qui a agi pour le bien de l'humanité — non comme un vulgaire trafiquant d'opium ».

La substance de ces réunions — les espoirs, les suggestions, les engagements et les promesses du général Tuan — fut réunie dans un rapport américain ultra-secret, dont la teneur n'a toujours pas été rendue publique. Il aurait été pour le moins gênant que les Thaïlandais ou les Birmans mettent la main sur un tel rapport — ou, pire, que la presse américaine s'en fasse l'écho.

Ce qui gênait le plus le Gouvernement américain dans cette affaire, c'était le souvenir du million de dollars perdu quatre années auparavant par la faute de ces mêmes trafiquants d'opium yunnanais. A cette occasion, les trafiquants avaient proposé de vendre aux Américains tout leur stock d'opium — vingt-six tonnes — et de se retirer des affaires. Les Américains les crurent sur parole, et le Gouvernement thaïlandais donna des terres aux hommes du général Li qui s'étaient engagés à ne plus participer au trafic. Les vingt-six tonnes d'opium furent dûment collectées et brûlées. Hélas, il apparut bientôt qu'une bonne partie n'était pas de l'opium du tout, et qu'en tout état de cause, le général Li ne s'était pas retiré des « affaires ». En apprenant que les forces yunnanaises, représentées par le général Tuan, offraient de nouveau leur soutien à un programme de lutte contre le trafic de l'opium, Washington réagit de façon totalement négative.

LaMagna reçut l'ordre de rompre le contact avec le général Tuan.

— Ils m'ont dit en substance qu'il m'était interdit de revoir Tuan, se souvient LaMagna avec une amertume mal déguisée. Que c'était le coup de l'achat du stock d'opium sous une autre forme. Bref, que cela n'avait pas le moindre intérêt. Peut-être avaient-ils raison. Le problème, c'est que nous n'avons aucun moyen de les obliger à respecter leurs engagements. Si nous concluons un accord de ce genre avec eux, et que nous apprenons ensuite qu'ils continuent à trafiquer, il leur suffit de le nier : « Non, non, c'était d'autres trafiquants, mais pas nous. » Néanmoins, je ne vois pas quel mal il y aurait eu à poursuivre les pourparlers avec Tuan. C'est somme toute un homme raisonnable. Il sait que le temps joue contre eux, que l'histoire est contre eux. Ils ne peuvent pas continuer éternellement à se cacher dans les montagnes avec leurs armées médiévales.

En écoutant parler LaMagna de sa voix douce et cultivée, je compris que, comme Bruce Stubbs et sans doute bien d'autres agents restés trop longtemps au contact de cultures étrangères, il portait les cicatrices des combats menés au fil des années contre des supérieurs qui n'avaient pas été marqués par ces cultures, y compris ceux qui se trouvaient, si loin de là, dans l'univers totalement différent de Washington.

Installé dans le bureau de Stubbs, je demande donc à LaMagna ce qu'il pense du projet de rendre visite à Chang Chi-fu, quelque part dans la montagne au nord de Chiang Maï.

— Si vous aboutissez en Birmanie, par exemple, vous risquez d'avoir des ennuis. Il y a toutes sortes de groupes dissidents, de bandits, de fractions armées.

— Et si nous y allons en hélicoptère ?

— Il n'y a pas d'hélicoptères à louer dans ces parages, répond Bruce. Si vous voulez survoler les champs de pavots, nous pourrions vous trouver un hélico et un pilote, mais pas pour vous rendre au camp de Chang Chi-fu.

— J'ai l'impression que vous exagérez les dangers.

— Nous n'exagérons rien. Au contraire, nous minimisons les risques. Tel que vous me voyez, moi, je n'irais pas !

Je me souviens qu'à San Francisco déjà, Bruce m'avait mis en garde contre un voyage en Thaïlande du Nord : *S'ils ont le moindre soupçon à votre égard, ils vous tueront. Peu leur importe que leurs soupçons soient fondés ou non. Une rafale de M 16, et un jour, on retrouvera votre corps criblé de balles.*

— Il ne faut tout de même pas oublier, ajoute LaMagna, que Chang Chi-fu sait parfaitement que les Américains sont à l'origine des pressions auxquelles il est soumis. Les Thaïlandais ont bombardé une de ses caches. Les Birmans attaquent certains de ses camps. Pourquoi ? Parce que les Américains les y ont incités. Votre venue serait une occasion idéale pour les hommes de Chang. Dans leur situation, tous les moyens sont bons. Ils pourraient s'imaginer que vous venez avec l'accord tacite des Etats-Unis et vous kidnapper ainsi que Lung. Cela leur permettrait de marchander, comme ils l'ont déjà fait avec les médecins russes. Ce n'est pas du tout exclu. Je n'essaie pas de dramatiser la situation, mais...

— En tout cas, l'interrompt Bruce, laissez-moi votre montre et votre billet de retour. Il se pourrait que vous n'en ayez plus besoin.

— A propos, lui dis-je. J'ai brièvement parlé de l'affaire Powers à Lung, en lui expliquant que c'était sans doute davantage qu'un simple vol qui a mal tourné. Il m'a répondu : « Le général Chou a lui aussi des idées délirantes là-dessus, comme quoi il s'agirait de la vengeance d'un trafiquant ou quelque chose dans ce genre. Il a toute une théorie à ce sujet. Absurde. Je n'ai même pas voulu l'écouter. »

— J'aimerais beaucoup connaître l'absurde théorie de Chou, dit Bruce.

— Certes, renchérit LaMagna. Lung considère Chou comme un vieux loufoque à la cervelle ramollie, qui ne mérite pas d'être pris au sérieux. En fait, Chou a de nombreux contacts dans le Nord. C'est très intéressant de discuter avec lui.

Et de discuter avec Chang Chi-fu. Lung va-t-il avoir deux invités de plus pour son incursion dans les montagnes ?

Nous décidons d'inviter Lung à déjeuner. LaMagna va lui téléphoner. C'est d'accord, dit-il en revenant ; Lung nous retrouve dans un restaurant dans deux heures.

— Je lui ai également demandé si sa petite excursion avec Mills ne présentait pas de problèmes de sécurité. « Vous savez, monsieur LaMagna, m'a-t-il répondu, ce n'est pas un simple pique-nique. C'est même assez dangereux. Je n'ai aucune crainte en ce qui me concerne personnellement, et... »

— ... et je n'ai pas peur de mourir, enchaîne Bruce en riant.

— « Et je n'ai pas peur de la mort », exactement. « Ils ne s'en prendraient probablement pas à moi, mais — il ne m'est pas facile de dire cela à M. Mills, vous comprenez — si quelqu'un nous tend une embuscade par exemple, je ne vois pas trop ce que nous pourrions faire. » Pour finir, il a dit : « Je ne suis pas inquiet à mon sujet, mais M. Mills, étant après tout un invité... »

— Bref, conclut Bruce, si vous vous faites tuer, cela ferait jaser les gens : regardez comment ils traitent leurs hôtes.

3

— Le risque est certainement élevé, dit Lung pendant que nous prenons l'apéritif, en essayant de couvrir la voix d'une chanteuse qui glapit dans un micro à quatre mètres de notre table. Du point de vue sécurité, c'est parfait : on ne risque pas de nous entendre de la table voisine.

— Comprenez-moi bien, monsieur Mills, ce n'est pas que j'hésite à aller dans la montagne — j'adore voir mes Yunnanais. Mais vous êtes d'une autre race, ils pourraient voir en vous... comment dire... une cible tentante.

Je n'entends pas son rire, mais je le vois. Il brandit son cigare comme un Churchill chinois en réduction.

— Personnellement, poursuit Lung, je ne crois pas qu'ils éprouvent de l'animosité contre les Américains.

— Vous croyez ? demande LaMagna avec une moue dubitative.

— Ils savent que vous essayez simplement de faire votre travail, et que c'est très difficile. Ils disent que vous tâtonnez dans le noir.

— Que nous tâtonnons dans le noir..., répète Bruce, trouvant cette appréciation assez juste, mais désagréablement surpris d'apprendre qu'elle court les rues.

— Oui, les Thaïlandais vous mènent en bateau, et tous ceux qui veulent vous aider trouvent cela pathétique. Le général Li et Chang Chifu, par exemple, disent que dans d'autres parties du monde, c'est la guerre : les trafiquants haïssent les autorités. Ici, au contraire, tous sont prêts à coopérer avec vous — mais vous les en empêchez, vous n'êtes même pas autorisés à parlementer avec eux. De leur côté, les Thaïlandais font tout pour élargir le fossé : Si les trafiquants coopéraient avec les Américains, ils se retrouveraient les mains vides.

Bien sûr : plus de trafiquants, plus de pots-de-vin.

— Cela tuerait la poule aux œufs d'or, acquiesce LaMagna.

Pendant que l'on nous sert, Lung jette de nouveau un coup d'œil sur le menu. Les prix le surprennent, comparés à ceux pratiqués à Hong Kong et dans d'autres pays d'Asie. Aucun n'est aussi bon marché que la Thaïlande, à l'exception des Philippines.

— Mais je n'aime pas les Philippines, ajoute-t-il. Elles sont bien trop américanisées. Les jeunes essaient tous d'imiter ce ridicule slang américain. Ridicule dans leur bouche, j'entends. Et incompréhensible. Chez les Américains, c'est parfois surprenant, mais toujours naturel. C'est comme les hippies : les hippies américains sont parfaitement à l'aise, naturels, convaincants, tandis que les européens... Je suis persuadé qu'il existe certaines choses que seuls les Américains peuvent faire.

Nous nous interrompons pour manger. Au dessert, Lung reprend :

— Comme dit, il existe un réel problème de sécurité. C'est pourquoi j'avais suggéré d'y aller en hélicoptère.

— L'ennuyeux, intervient LaMagna, c'est qu'un hélico attire l'attention. Il y a un tas de soldats et de policiers, là-haut, sans compter la Patrouille Frontalière. Et s'ils le voient, ils se demanderont forcément d'où il vient et ce qu'il fait là.

Les yeux de Lung s'arrondissent :

— Mais les hélicoptères thaïlandais vont tout le temps dans la zone contrôlée par Chang Chi-fu. Pour chercher la *marchandise*!

Tous éclatent de rire. Ce n'est apparemment un secret pour personne que le Gouvernement thaïlandais, en dépit de ses promesses répétées aux autorités américaines et de ses attaques contre les forces de Chang, tire lui aussi profit du trafic de l'opium.

— Mais il ne m'y amènerait pas avec eux?

— Ce serait en quelque sorte un aveu, monsieur Mills, m'explique LaMagna. Les Thaïlandais ont lancé un mandat d'arrêt contre Chang. Ils ne peuvent pas reconnaître qu'ils ont des contacts avec lui.

Bruce Stubbs aborde un autre sujet :

— Nous aimerions beaucoup, monsieur Lung, résoudre l'énigme de la mort de Mrs Powers — apprendre ce qui s'est passé exactement, et pourquoi. Or, de par sa position même, Chang Chi-fu devrait savoir ce qui en est.

— Comment Chang réagirait-il si vous lui annonciez que deux autres Américains aimeraient le rencontrer? demande alors LaMagna.

— Il en serait ravi, répond Lung. Il ne refusera certainement pas. Dans le cas contraire, je pourrais exiger qu'il vous reçoive. Mais ce sera inutile. Je suis certain qu'il ne demande que cela.

— Pensez-vous qu'il chercherait à exploiter notre visite d'une façon ou d'une autre? demande LaMagna.

— Très certainement! C'est bien pour cela qu'il vous recevra. Il essaie toujours de profiter des situations. Moi aussi, il cherche à m'exploiter, quand je vais le voir.

— Je veux dire publiquement. En annonçant que des Américains sont venus le voir.

— Vous pourrez lui demander de s'en abstenir.

— Ce serait catastrophique, vous comprenez. Très embarrassant pour nous, et pour les Thaïlandais.

— Je lui dirai de ne pas le faire. Au moins pendant un délai raisonnable. Il ne serait pas très décent qu'il se vante de votre visite juste après vous avoir vus. Plus tard, il y aura peut-être des fuites — mais cela n'aura plus d'importance.

LaMagna se demande si Chang Chi-fu ne craindra pas qu'il s'agisse d'un stratagème pour l'arrêter. Ou au contraire, s'il n'en profitera pas pour kidnapper deux agents américains :

— Dites-lui que je serais ravi de cette occasion d'apprendre le yunnanais, lance-t-il pour plaisanter.

— S'ils attendent une rançon, dit Bruce, tu aurais tout le temps de l'apprendre.

Nous convenons que Bruce et LaMagna vont demander à l'ambassade l'autorisation d'interroger Chang Chi-fu sur le meurtre de Joyce Powers.

Le lendemain matin à neuf heures, Lung m'appelle à mon hôtel. Il a vu un des représentants de Chang Chi-fu à Chiang Mai :

— Il paraît que six agents de la DEA envoyés dans la région du Doi Long ont disparu, monsieur Mills. [Le Doi Long est la montagne où se cacherait Chang.] Cela explique peut-être la prudence de la DEA. Elle ne tient pas à vous perdre également. Il s'agit certainement d'indicateurs. Si six agents de la DEA avaient disparu, j'en aurais entendu parler. Ces agents s'y sont bien entendu rendus clandestinement, ajoute Lung sur un ton encourageant. *Vous* serez en ma compagnie. Je suis d'ailleurs certain qu'ils prennent simplement des vacances à Mandalay !

Peu après, Bruce m'informe que des fonctionnaires de la DEA doivent se réunir dans deux jours, un vendredi, avec le chef de la police thaïlandaise au sujet de l'affaire Powers. Le lundi suivant, ils auront la réponse de l'ambassade concernant une éventuelle rencontre avec Chang Chi-fu. Je demande à Bruce ce que le patron de la DEA de Bangkok a pensé de cette suggestion.

— Il l'a trouvée excellente.

Depuis plus d'une semaine que j'ai quitté Hong Kong, je n'ai plus entendu parler du projet d'arrêter le Fantôme afin de contraindre Su San à négocier avec Liou Chou-chouei. Je demande à Bruce où en est cette intrigue.

— J'ai l'impression qu'ils ont des problèmes. Selon Hong Kong, le Fantôme se dégonfle. A Hong Kong, les prix auraient baissé, et il ne veut plus payer le prix demandé par le fournisseur thaïlandais d'héroïne-base. A mon avis, le bureau de Hong Kong court à un échec, et essaie de se trouver des excuses.

— Pourront-ils récupérer leurs 3 500 dollars ?

J'avais vu Sweat donner à Robert cette somme, qui représentait sa participation à l'achat de l'héroïne-base.

— Pas une chance. Ils auront du mal à trouver une explication plausible.

— Pourquoi ? N'importe qui aurait avancé l'argent à Robert, compte tenu de ce qui était en jeu.

— Non, pratiquement personne ne l'aurait fait dans ces conditions. Il aurait fallu surveiller de bien plus près la personne qui reçoit l'argent.

— J'étais là. J'ai tout vu.

— Absolument pas.
— J'étais dans la voiture lorsque Sweat a donné l'argent à Robert !
— Robert n'est que l'indicateur, l'intermédiaire. Il aurait fallu surveiller celui à qui Robert a remis l'argent. Le vrai criminel. Celui sur lequel nous n'avons aucun contrôle. Et cela, personne ne l'a vu. Ils se sont contentés de croire Robert sur parole. C'est contraire aux règles, et, comme dit, je pense qu'ils se cherchent des excuses.

Samedi, Lung et moi nous retrouvons de nouveau à l'hôtel Erawan. Il a continué les préparatifs, comme si le voyage était déjà approuvé.
— J'ai appelé un des hommes de Chang à Chiang Mai, pour annoncer qu'il y aura des invités supplémentaires.

Lung ayant précisé que lesdits « invités » étaient en fait des agents américains du service des stupéfiants, le représentant de Chang a aussitôt dit que celui-ci devrait en informer les Thaïlandais.
— Pourquoi Chang a-t-il besoin de l'autorisation des Thaïlandais pour faire quoi que ce soit ?
— Parce qu'il ne veut pas les monter contre lui.
— C'est déjà le cas, pour autant que je sache ?

Après tout, ils ont lancé un mandat d'arrêt contre lui, et la police frontalière se bat contre ses hommes.
— Non. C'est un mythe. Ils font cela pour apaiser les Américains, pour montrer qu'ils ne restent pas inactifs. Les Thaïlandais accusent Chang de tous les maux et sont de surcroît payés pour faire respecter la loi, mais Chang continue tranquillement à trafiquer.

C'est bien ce que Lung disait la dernière fois. La guerre contre Chang Chi-fu est une mascarade, destinée à convaincre les Américains que les Thaïlandais font tout leur possible pour mettre fin au commerce de l'opium. En réalité, ils sont les associés de Chang et touchent leur part des bénéfices.
— Pour ma part, j'adore les Thaïlandais, dit Lung, que le rire gagne de nouveau. Ils sont à la fois tellement corrompus et si gentils, si accommodants ! Ils demandent dix mille bahts. Vous dites, non, cinq mille. Et ils acceptent. Ils ne se fâchent jamais. Cela me plaît.
— Autrement dit, les Thaïlandais sont les gardiens de l'ordre, et Chang Chi-fu joue le rôle du méchant.
— Il *est* le méchant. Et il paie les Thaïlandais pour avoir la paix. Ce que des derniers veulent avant tout éviter, c'est que Chang et le général Li aient des contacts avec les Américains. Il ne faut pas que les Américains comprennent ce qui se passe réellement. La vérité doit rester cachée.

Dimanche soir, je prends un verre chez Stubbs, lorsque Lung téléphone. Stubbs écoute longuement sans l'interrompre, puis lui dit bonsoir et raccroche.

— C'est bien ce que je vous disais hier. Chang Chi-fu veut l'accord de la police thaïlandaise. Lung a dit à son représentant : « La police thaïlandaise ? Laquelle ? » Le type a répondu qu'il ne pouvait s'agir que de la Patrouille Frontalière, la BPP. Or, celle-ci dépend du Second Etage. Intéressant, non ?

Pour le moins. Le « Second Etage » est une désignation familière de la CIA (installée au second étage de l'ambassade). Chang Chi-fu se refuse à prendre une décision sans l'accord de la « *Border Police Patrol* » qui est en fait une organisation créée, payée et contrôlée par la CIA. Faut-il en conclure que Chang Chi-fu — que le Gouvernement américain a qualifié de plus grand trafiquant de stupéfiants du monde, rappelons-le — travaille main dans la main avec la CIA ? Est-il permis d'en déduire que le Gouvernement américain — en dépit des programmes, des déclarations et du budget de sa « guerre contre la drogue » — est en fait, lorsque l'on sait où s'informer, un complice, un « co-conspirateur », de Chang Chi-fu ?

Je mentionne qu'il y a quelques années, j'ai rencontré le chef actuel de la BPP à Songkhla, dans le nord de la Thaïlande :

— Il était impitoyable dès qu'il s'agissait de trafic ou usage de stupéfiants.

— Il l'est toujours. Sans résultats, ou pratiquement. Ce qui est tout de même étrange.

Lundi matin, Bruce me téléphone à mon hôtel :

— J'ai à la fois de bonnes et de mauvaises nouvelles. Pour commencer par les bonnes, nos services sont intéressés par le voyage dans le Nord. La mauvaise nouvelle, c'est que nous aurons *probablement* une réponse définitive à Noël. Ils vont sans doute en référer à l'ambassadeur et aux autres.

Il veut parler de la CIA.

— Et qu'en sortira-t-il, selon vous ?

— Eh bien... pas grand-chose, je crains. C'est un trop gros morceau. Personne ne voudra en prendre la responsabilité. Ils vont donc aller voir l'ambassadeur, qui va consulter ses conseillers, lesquels vont dire qu'il faut en aviser Washington, et les rouages vont se mettre en branle. En fin de compte, cela aura perdu tout intérêt, à moins qu'un quelconque haut fonctionnaire n'y ait opposé son veto dès le début.

Le lendemain, Bruce m'appelle pour m'annoncer que le voyage a été officiellement interdit. Le directeur régional de la DEA à Bangkok, un fonctionnaire empli de suffisance, s'y est catégoriquement opposé.

— Pour ce Monsieur, me dit Bruce, il est hors de question de rencontrer Chang Chi-fu : « Vous ne pouvez pas aller voir ce type, a-t-il déclaré. Un mandat d'arrêt a été lancé contre lui. »

— Ce fonctionnaire sait-il que les Thaïlandais n'ont en fait aucunement l'intention d'arrêter Chang ?

— Je ne pense pas. Il est vraiment bizarre. Je lui ai dit : « Ne trouvez-vous pas curieux qu'une des conditions de Chang Chi-fu soit d'obtenir l'accord de la BPP ? Les hommes de la Patrouille Frontalière savent où il se trouve ; il est même probable qu'ils le *voient* tous les jours. Mais ils ne l'arrêtent pas. Ils n'exécutent pas le mandat d'arrêt. Le mandat, c'est juste pour la façade. » J'ai eu l'impression qu'il ne comprenait pas vraiment. C'est cela qui est bizarre. Je me demande parfois s'il n'est pas entièrement coupé de la réalité.

— Toujours est-il qu'à en croire Lung, les Thaïlandais profitent des opérations de Chang Chi-fu. Ils touchent leur part.

— Cela ne fait aucun doute.

— Et le mandat d'arrêt, c'est réellement du bluff.

— Bien sûr.

Il fallut donc renoncer à notre excursion dans les montagnes du Nord. Il ne nous était pas permis de voir Chang Chi-fu, haut dignitaire de l'Empire clandestin en Asie du Sud-Est, fournisseur d'opium de Liou Chou-chouei, source potentielle de renseignements sur l'assassinat de la femme de Mike Powers. Les risques, à la fois physiques et politiques, avaient eu raison de notre volonté. Les négociations préalables ne s'en étaient pas moins révélées riches en enseignements. Elles avaient une fois de plus mis en lumière ce que des générations d'hommes politiques américains n'ont jamais pu, ou jamais voulu, reconnaître. A savoir que les promesses du Gouvernement thaïlandais de tout mettre en œuvre pour stopper le trafic de l'héroïne sont mensongères. De même, les assurances similaires données par certains organismes officiels américains — le Département d'Etat et la CIA, pour ne pas les nommer — sont également fallacieuses.

Tandis que le Gouvernement thaïlandais empoche d'une main les bénéfices qu'il tire du trafic de la drogue, et de l'autre, les subventions versées par les services américains de lutte contre les stupéfiants, les hommes politiques de Washington apaisent leurs électeurs avec des déclarations grandiloquentes et la mise en scène élaborée de leur soi-disant « guerre contre la drogue ».

4

Le taxi nous emmène, Lung et moi, dans un des quartiers résidentiels les plus recherchés de Bangkok, et nous dépose devant un imposant portail en fer forgé, non loin de l'ambassade de Belgique. La visite à Chang Chi-fu ayant été annulée sans que Lung y fût pour quoi que ce soit, celui-ci honore maintenant son autre promesse.

Le portail est surmonté de pointes acérées, et les barreaux ont été doublés de plaques d'acier à l'épreuve des balles, qui nous cachent la cour. De part et d'autre du portail, les murs sont hérissés d'éclats de verre. Un homme solidement bâti, au teint sombre, nous attend sur le trottoir. Il est vêtu d'une chemisette sport, d'un pantalon bleu clair, et chaussé de sandales. Une cicatrice traverse sa tempe droite.

Lung dit quelques mots à l'homme, qui entrouvre le portail et nous fait entrer. Une allée cimentée mène à un garage et à un portique soutenu par des colonnes blanches. De hauts massifs à la floraison d'un rouge éclatant bordent le mur d'enceinte et la maison. Des orchidées en pots ornent le portique. Je remarque également quatre cages à chiens inoccupées.

Sous le portique se tient un petit homme replet, à la silhouette de Bouddha, portant des sortes de pyjamas bruns.

Le général Li Wen-huan.

Ancien subordonné du père de Lung, puis commandant de forces armées retranchées dans les montagnes de Thaïlande et de Birmanie, et bénéficiant du soutien de la CIA, le général Li se trouve depuis quelques dizaines d'années à la tête d'une armée qui contrôle une bonne partie des routes de l'opium. Fournisseur d'opium de Liou Chou-chouei, Li a également vendu des « Thai Sticks » à Donald Steinberg. Le général Li Wen-huan est sans conteste l'un des plus puissants trafiquants de stupéfiants de la planète ; des fonctionnaires thaïlandais de tous niveaux, du chef de la police d'une province au Premier ministre en personne, sont à sa solde.

Lorsque j'avais retrouvé Lung une heure auparavant à l'hôtel Erawan, il m'avait aussitôt annoncé que nous avions « un coup de chance ». Le général Li était à Bangkok pour consulter son ophtalmologue. Il acceptait de nous recevoir :

— Juste pour bavarder un moment. Vous pourrez lui poser toutes les questions que vous voudrez. Mais n'attendez pas trop de ses réponses. Il a des marottes, des idées bizarres. En règle générale, il ne reçoit d'ailleurs personne.

Lung me présente au général, qui m'observe un moment, me donne une poignée de main hésitante, et nous précède en glissant sur le carrelage dans ses babouches en plastique marron.

Nous n'allons pas plus loin que l'entrée, un petit vestibule parcimonieusement meublé. Au mur, des photos en couleur du roi et de la reine de Thaïlande. Par une porte entrouverte, j'aperçois des escaliers.

La pièce est éclairée par un petit chandelier en verre et par quelques fenêtres de verre dépoli, tendues de rideaux roses. L'unique baie en verre transparent, la porte-fenêtre par laquelle nous venons d'entrer, est en partie masquée par les orchidées pendant des jardinières suspendues au portique, et donne sur le muret délimitant l'allée, sur lequel l'homme à la cicatrice monte la garde.

Le général Li et moi-même nous installons dans des fauteuils en bois séparés par un guéridon à dessus de marbre et par un crachoir en porcelaine blanc et rose.

Face à nous, Lung est confortablement installé sur un sofa tendu de brocart également blanc et rose. Derrière lui, des fleurs en plastique voisinent sur une étagère avec ce que je pense être les trésors d'un guerrier des montagnes : des répliques miniatures de la Tour Eiffel, de la tour penchée de Pise et de l'Empire State Building.

L'homme à la cicatrice nous apporte du thé, dans de lourds gobelets de qualité fort ordinaire.

Lung bavarde un long moment en yunnanais avec le général, mais celui-ci ne semble pas avoir grand-chose à dire. Il est réservé, taciturne, et ne semble pas très sûr de lui. Le contraste entre ce personnage bedonnant, au visage inexpressif, vêtu d'un pyjama informe, et le vif et pimpant Lung est saisissant.

— Le général Li m'explique qu'il est venu à Bangkok pour consulter un docteur au sujet de son œil gauche. Il doit le revoir la semaine prochaine. Ensuite, il retournera auprès de ses troupes dans la montagne.

Un étui à lunettes noir dépasse de la veste de son pyjama, qui est boutonné jusqu'au cou. Sa montre est en inox, avec un bracelet extensible bon marché. Il estime manifestement superflu d'afficher son pouvoir par l'habituelle Rolex ornée de diamants. Je me demande ce que Robert Yang penserait de la simplicité du général. Sans doute saisirait-il le message : quand on a une armée, on n'a pas besoin de colifichets en or.

J'exprime mon souhait que la santé du général s'améliore rapidement. Nos voix se répercutent sur le dallage rose du sol et sur les murs en plâtre peints en bleu vert. On croirait converser dans les toilettes d'un restaurant. Lung me demande si je désire poser une question précise au général. Un peu par obligation, et parce que cela m'amuse de voir comment le général Li va s'en tirer, je demande quelle solution il préconise pour venir à bout du trafic de stupéfiants dans le nord du pays.

Lung traduit longuement ma question. Toujours aussi inexpressif, le général répond par une brève série de grognements.

— Il dit qu'il faudrait en premier lieu que les Thaïlandais fassent leur travail. Cela dépend d'eux.

On croirait entendre Lucky Luciano déplorer l'inefficacité de la police new-yorkaise.

— Et en second lieu ?

Lung transmet ma question au général.

— Cela deviendra manifeste quand le premier point sera réalisé.

Je demande à Lung s'il serait possible d'obtenir une réponse un peu plus précise.

Après avoir conféré avec le général, Lung me résume la réponse de celui-ci :

— Il faut donner à tous les groupes du Nord des secteurs dont ils seront responsables. Chaque commandant devra répondre de ce qui se passe dans son secteur.

C'est en substance ce que le général Tuan avait dit à Richie LaMagna quatre ans auparavant. Je demande à Lung si je peux demander sans détours au général Li s'il participe au trafic. Sur sa réponse négative, je lui dis de demander au général comment ses hommes subviennent à leurs besoins.

— Ils font de l'agriculture, traduit Lung.

Dans le passé, le général Li parlait de commerce du jade.

— Que cultivent-ils ?

— Des pommes de terre, des ignames, des tomates...

Le général marmonne quelque chose à l'intention de Lung.

— Le fils du général Li est aux Etats-Unis, mais il ne sait pas où, m'explique Lung dans un éclat de rire, se souciant apparemment fort peu de froisser Li. Je lui ai suggéré d'aller voir sur place. Il y a déjà pensé, mais ne peut se décider. Je lui ai dit que c'était parce qu'il est trop paresseux. Il m'a donné raison.

Le visage ovale et potelé de Li est immobile, mais non ses minuscules mains. Tandis que je parle avec Lung, il se frotte le nez, passe la main sur son front, rejette en arrière une mèche de ses cheveux clairsemés et grisonnants, se caresse le menton. Finalement, comme deux petites souris lasses, ses mains trouvent le chemin des poches du pyjama et s'immobilisent sur son ventre replet. Le reste de son corps est figé dans une immobilité totale.

— Puis-je lui demander en quoi consistent ses relations avec Chang Chi-fu ?

Lung ne tient pas à lui poser cette question :

— Il se refuserait à répondre.

— Serait-il excessif de lui demander ce qu'il pense de Liou Chou-chouei ?

— Je m'en abstiendrais.

— Ce serait contraire à sa dignité ?

— Oui. Cela lui déplairait certainement.

Il me paraît donc inutile de demander au général ce qu'il pense du meurtre de Joyce Powers.

Les deux hommes continuent à converser en yunnanais. Lung termine son cigare, jette le mégot dans un second crachoir blanc et rose placé près du sofa, retire la cellophane protégeant un nouveau cigare, et l'allume avec soin.

— Le général Li dit que sa fille est diplômée d'une université américaine.

— Quelle université ?

Lung traduit ma question, écoute la réponse, puis éclate de rire.

— Il n'en sait rien. Sa seconde fille fait également ses études dans une école supérieure américaine ; elle aura son diplôme cet été. Il ignore de quelle école il s'agit, mais dit que cela lui est égal.

— Cela lui plairait-il d'aller aux Etats-Unis ?

— Il est trop occupé avec ses troupes, traduit Lung. Il ne peut pas s'absenter longtemps.

Nouveau conciliabule en yunnanais.

— Il dit qu'il viendra vous voir en Amérique quand il sera moins occupé.

— Avec plaisir. A-t-il d'autres parents aux Etats-Unis ?

— Non, tous les autres sont ici, dans la montagne.

— J'aimerais lui demander s'il possède des propriétés, ou d'autres intérêts, aux Etats-Unis — mais je suppose que sa réponse sera négative.

— Je... Il me semble préférable d'éviter ce sujet.

L'homme à la cicatrice revient et nous sert du thé fraîchement infusé.

— J'ai conseillé au général Li de renoncer au thé, me dit Lung.

— Pourquoi ?

— Ce thé fermenté est très excitant, et il souffre d'hypertension. Je lui ai dit que Chang Kai-chek ne buvait jamais de thé — et à l'âge de quatre-vingts ans, il est éclatant de santé.

— Pourriez-vous dire au général Li que j'ai admiré les objets qui décorent cette pièce. Comment a-t-il eu cette réplique de l'Empire State Building ?

Lung traduit ma question en s'efforçant de garder son sérieux, puis me transmet la réponse de Li :

— Un de ses enfants la lui a amenée d'Amérique.

— Et la Tour Eiffel ?

— Ces objets viennent tous de ses enfants.

— Serait-il impoli de lui demander depuis combien de temps il vit dans cette maison ?

— Il dit l'avoir achetée il y a quinze ans à un Yunnanais qui l'avait hypothéquée à un commerçant Chiu Chow, et ne pouvait rembourser son emprunt.

Au mur, à gauche des étagères, sont accrochés deux rouleaux d'environ trente centimètres de large sur un mètre de long, couverts de caractères chinois soigneusement calligraphiés. Je demande à Lung si le général connaît la signification de ces caractères.

Lung et le général étudient la calligraphie et échangent quelques phrases en yunnanais.

— Il dit qu'ils ont été tracés par un Yunnanais, qui était ministre de la Justice de Formose. Il est mort il y a juste trois mois, à l'âge de quatre-vingt-quatorze ans. L'un des poèmes veut dire : « Chevauchant sur un cheval d'or, à dix mille milles au loin, il rêve à son pays natal. » Et l'autre : « En toute saison... Du printemps à l'hiver... L'ordre militaire règne... aussi inébranlable que Sung Dragon. » Selon le général Li, Sung Dragon est le nom d'une ville du Yunnan. Ces poèmes ont été composés à l'intention du général Li et de ses troupes. Une remarquable performance, dit le général, car l'auteur les a écrits peu avant de mourir, à quatre-vingt-quatorze ans.

Le Bouddha impassible s'anime soudain, et dit quelques mots en yunnanais. Lung traduit :

— Les forces du général Li ont récemment livré bataille aux communistes. Elles ont eu vingt-six tués et cinquante-deux blessés. Je lui ai demandé si le Gouvernement thaïlandais lui a versé une compensation. Il dit qu'il le fera, mais qu'il n'a encore rien touché.

— Combien de communistes ont-elles tués ?

— Dix-huit corps ont été retrouvés sur le terrain. Le nombre des blessés ennemis est inconnu.

— Combien d'hommes affirme-t-il avoir sous ses ordres ?

— Il ne l'a pas dit. Je ne le lui ai pas demandé.

— Est-il satisfait, ou non, de la façon dont les Américains font face aux problèmes que connaît le Nord ?

Je n'ai intentionnellement pas été plus précis. Le général Li pourra interpréter le mot « problèmes » comme il l'entendra : le trafic des stupéfiants, la menace communiste ou que sais-je encore.

Li répond par quatre grognements, que Lung traduit comme suit :

— Le général est satisfait de la politique américaine dans le nord de la Thaïlande.

Il eût été bien ingrat de prétendre le contraire, puisque ladite politique lui a permis de créer, et lui permet de maintenir, l'une des plus énormes entreprises criminelles du monde.

— Le général pourrait-il suggérer des moyens de la rendre plus efficace? dis-je, me demandant à quel jeu nous jouons.

Une longue traduction, suivie d'une rafale de grognements brefs.

— Il n'a aucune suggestion en dehors de celles qu'il a déjà mentionnées.

— Il semble peu enclin à donner des conseils.

— Ce n'est pas par réticence. Il ne voit pas clairement la situation d'ensemble, et ne veux pas hasarder...

— Dites-lui qu'il me semble témoigner d'une réserve excessive en refusant de conseiller les Américains, alors que ceux-ci n'ont de leur côté jamais hésité à le conseiller.

Lung traduit cela en détail, glousse de rire, puis écoute la réponse de Li. Finalement, Li sourit.

— Il sourit, me dit Lung, estimant inutile, ou préférable, de me traduire les commentaires du général Li.

— Un sourire vaut mille paroles, fais-je gracieusement observer en guise de conclusion.

Notre visite a duré exactement une heure et dix minutes. Prenant congé sous le portique, je tends la main au général Li. Il la prend dans ses deux mains, avec une chaleur que ne reflète pas son regard. L'homme à la cicatrice nous fait monter dans une étincelante Volvo climatisée, et nous raccompagne à mon hôtel. Pendant le trajet, Lung discute avec lui.

— Il est birman, m'explique-t-il. Lorsque je lui ai demandé s'il aimait vivre ici, il m'a sagement répondu qu'il préférait être chauffeur à Bangkok plutôt que guérillero dans les montagnes.

Lorsque nous arrivons à l'hôtel Oriental, Lung donne un pourboire au chauffeur et accepte mon invitation à prendre un verre.

Dans le clair et gai salon aux meubles de rotin, un verre de bière à la main, Lung me dit qu'il regrette de ne pas avoir pris son appareil photo.

— Le général Li ne vous aurait sûrement pas autorisé à le photographier.

— Mais si! Si je le lui demande, il ne peut pas refuser. Les agents américains se donnent un mal de chien pour prendre des photos en secret. Ils n'ont qu'à s'adresser à moi ! Je peux même demander à Li et aux autres d'aller chez le photographe le plus proche, et je leur en enverrai toute une série. Que pensez-vous de lui, d'ailleurs ?

— Disons... qu'il n'est pas très bavard.

— Lorsqu'il est seul avec moi, c'est différent. Il se sent à l'aise, sa langue se délie. Il sait qu'il ne s'exprime pas très bien. C'est pourquoi ses réponses sont si concises. L'expérience lui a appris qu'en parlant trop, il risque de se nuire.

— Il reste assis là comme un Bouddha.

— Ne vous y trompez pas, il est très alerte, très rusé. Il a roulé sa bosse, vous savez. Il connaît toutes les ficelles. Il est habile et circonspect. Très, très prudent. Autrement, il n'aurait jamais atteint sa position actuelle.

Je lui demande à quoi ressemble le reste de la maison de Li.

— Rien de bien intéressant.

Des crachoirs en porcelaine rose partout, sans doute, et d'autres tours Eiffel en plastique.

— Je trouve amusant qu'il prétende ignorer où sa fille fait ses études.

— Il l'ignore réellement, je vous assure. Il ne sait même pas dans quelle partie des Etats-Unis elle se trouve. Il faut se mettre à la place de ces gens. Ils ne lisent jamais ; ils n'ont aucune idée de la géographie des Etats-Unis. Pour eux, l'Amérique, c'est l'Amérique, et une université en vaut une autre. Aux yeux du général Li, c'est totalement dénué d'importance. Elle est aux Etats-Unis, et elle étudie dans une université : le problème est réglé.

Je demande à Lung s'il avait averti le général Li qu'il m'amènerait.

— Je lui ai dit : " Je suis avec un ami américain, un écrivain. " Làdessus, il m'a demandé : " Pensez-vous que je doive le voir ? " Je réponds : " J'ignore si vous *devez* le voir, mais ce pourrait être plaisant. Mon ami veut simplement faire votre connaissance et bavarder un moment avec vous. Peut-être lui permettrez-vous d'enrichir son livre. " " Je ne vois pas comment ", rétorque le général. " Ne vous faites pas de souci pour cela, lui ai-je dit alors. C'est son problème. " Bref, j'ai tout fait pour apaiser ses craintes, car il ne peut de toute façon rien me refuser.

« Il n'est pas comme Chang Chi-fu. Chang *adore* la publicité. Li, lui, préférerait manifestement ne voir *personne*. Beaucoup pensent qu'il n'y tient pas parce que c'est un grand personnage. Son commerce lui suffit. Son jade. Son opium.

— Sans oublier ses produits agricoles.

— Oui, les patates et tout ça.

Lung me promet de demander au général Li ce qu'il sait du meurtre de Joyce Powers. Le lendemain soir, il me téléphone :

— Le général Li vous présente ses compliments. Il serait enchanté que vous lui téléphoniez lors de votre prochain passage en Thaïlande.

— Avez-vous mentionné l'affaire Powers ?

— Non. Li m'a invité à passer un moment chez lui ce soir. J'en profiterai pour le lui demander de vive voix. Il vaut mieux ne pas parler de cela au téléphone. Mais je suis certain qu'il vous aidera. Tous ces hommes ne demandent que cela.

Peu avant minuit, Lung me rappelle. Il a vu le général Li.

— Il affirme que c'est sans le moindre doute un coup des Thaïlandais. Si cela venait des Yunnanais, il le saurait. Comme c'est une affaire thaïlandaise, dit-il, il sera difficile de savoir qui est responsable du meurtre. Je ne crois pas qu'il nous cache quelque chose. La seule personne susceptible de révéler la vérité, c'est Preecha. (L'homme que l'assassin avait demandé à voir peu avant d'être tué.) Ce que Li peut faire, c'est de se renseigner sur les associés de Preecha, sur ses amis. Il a promis de me tenir au courant. Cela pourrait fournir d'utiles indications.

— Comment était le général Li, ce soir ?

— Oh, il descend lentement la pente. Il voulait vous offrir du thé, pour ramener aux Etats-Unis. Je dois dire que son thé n'est pas *tellement* remarquable. Mais c'est gentil à lui.

Lung dit que Li va m'envoyer une bouteille de Maotaï, un alcool chinois extrêmement fort.

— Le président Nixon en avait rapporté de Chine. Il en versa dans un cendrier, approcha une allumette — et le tout explosa. La Maison-Blanche a failli brûler. Imaginez, tous ces enregistrements partis en fumée ! Il serait peut-être encore président. En fait, c'est un excellent alcool. Mais soyez prudent, monsieur Mills, c'est très fort.

Le lendemain, Lung doit reprendre l'avion pour Hong Kong. Il devait encore jouer un rôle important dans l'enquête sur la mort de Joyce Powers.

CHAPITRE CINQ

1

Je retrouve Bruce Stubbs dans son living de Bangkok, entouré d'objets orientaux, dont beaucoup viennent de Corée, pays natal de sa femme. Un verre de vin blanc à la main, il écoute du Beethoven tout en surveillant du coin de l'œil sa fille Alana qui s'amuse avec un jeu électronique. La semaine a été mauvaise. La visite à Chang Chi-fu est définitivement annulée, et le Centac-24, dont l'objectif était de neutraliser Liou Chou-chouei, semble s'enliser.

— Jim Sweat m'a appelé de Hong Kong hier soir, dit Stubbs. L'opération contre le Fantôme a échoué. Su San est de retour à Hong Kong ; elle a apporté des cadeaux à Robert Yang : une boucle de ceinture ornée de diamants et une bague en or avec un solitaire. Robert lui ayant annoncé que le Fantôme n'était plus d'accord sur le prix de l'héroïne-base, Su San lui a remboursé l'avance qu'il avait versée.

— Les trois mille cinq cents dollars ? Sweat les a donc récupérés ?

— C'est ce qu'il dit. Venant de Su San. Autrement dit, c'est l'argent de Robert. De toute façon, Robert avait sûrement gardé l'argent pour lui. Le reste n'était sans doute que de la frime. Enfin !... Selon le bureau de Hong Kong, Su San a donné l'argent à Robert, qui l'a rendu à Sweat, mais Su San pourra le récupérer quand elle ira à Bangkok. Une histoire à dormir debout. *Personne* ne rend jamais de l'argent, surtout pas ces escrocs. Bien entendu, ils tiennent Robert responsable de l'échec de l'opération : « Votre mouchard qui a tout fait foirer est sur le départ. » Robert veut aller à Singapour ; pour faire prolonger son passeport, prétend-il. Ensuite, il va faire un tour à Formose pour s'occuper de son affaire de lentilles de contact. Il sera de retour ici dans une quinzaine de jours.

Selon Robert Yang, un riche ami chinois lui a proposé de devenir le distributeur pour l'Asie d'une nouvelle marque de lentilles de contact souples. Il compte faire fortune grâce à cela, et affirme qu'il ne touchera plus jamais à la drogue.

— Que comptez-vous faire, maintenant qu'il n'y a plus d'espoir d'arrêter le Fantôme ? Où en est le Centac-24, et que devient Liou Chou-chouei dans tout cela ?

Le Fantôme étant toujours disponible, il est probable que Su San voudra comme prévu faire appel à ses services pour amener à San Francisco sa propre héroïne, qu'elle veut vendre à son « client » Al Habib, qui n'est autre qu'un agent de la DEA. Liou Chou-chouei ne jouera aucun rôle dans cette transaction : par conséquent, le Centac n'aura aucune preuve contre lui.

— Nous pourrions évidemment faire venir Al Habib ici ; il pourrait *exiger* que Robert et Su San lui présentent Liou Chou-chouei ou du moins un des beaux-frères de celui-ci. Ensemble, ils iraient frapper à la porte de Liou, et quand celui-ci ouvrirait, Habib dirait : « J'ai rencontré votre frère Vichit Kitkeatlers à San Francisco, et il m'a dit que c'était vous qu'il fallait voir... Alors, me voilà ! » Qu'avons-nous à perdre ? Habib débiterait son boniment : « Je suis venu jusqu'ici parce que j'ai vraiment besoin de marchandise... » Nous demanderions un échantillon de trois unités à Liou ou à son représentant, et lui mettrions le grappin dessus au moment de la livraison. Régler l'affaire ici, en Thaïlande, et utiliser les preuves et les témoignages aux Etats-Unis : « Voici un échantillon des stupéfiants que nous avons saisis... Et voici notre témoin, l'agent secret Al Habib... » Ça ne tiendrait peut-être pas devant les tribunaux, mais se serait au moins un semblant de dénouement. L'idée de tout laisser tomber...

Au lieu de terminer sa phrase, il lève les bras pour exprimer son sentiment d'impuissance.

Pour changer de sujet, je demande à Bruce si le général Li pourrait être arrêté s'il se rendait aux Etats-Unis.

— Le général Li ?

Ma question le surprend. Comme chacun sait, le général Li ne peut être arrêté nulle part.

— Non, reprend-il. Cela m'étonnerait beaucoup.

— Après tout ce qu'il fait depuis tant d'années, il doit bien être impliqué dans une quelconque conspiration ?

— Seulement dans le sens où il se trouve au tout début du circuit, dans ses montagnes. Mais c'est vrai pour n'importe quelle affaire de stupéfiants, n'est-ce pas ? Dans le monde entier. A qui avez-vous acheté la came ? « A un tel. » Et lui, d'où l'a-t-il eue ? « Elle vient de Colombie. » Aha ! Allons de ce pas en Colombie ! Et en Colombie, vous trouverez d'abord le passeur, puis l'intermédiaire, puis le grossiste, et vous aboutirez finalement, quelque part dans la montagne, à un petit paysan qui gratte sa terre. Evidemment, ils font tous partie de la conspiration...

— A en croire Dennis Dayle, c'est là que tout se tient.

— Ecoutez, même si nous réunissions ici des preuves substantielles contre Liou Chou-chouei, je ne suis pas certain que nous pourrions l'inculper. Et encore bien moins un homme comme le général Li. Vous connaissez la chanson : D'où est-ce que ça vient ? Ça vient de là-bas. Et cela arrive ici comment ? En passant par ces gens-là. Et comment savez-vous cela ? *Tout le monde* le sait, vous pouvez demander à n'importe qui ! Eh oui ! Nous *savons* que Liou Chou-chouei est en relation avec les Yunnanais, nous *savons* que le général Li...

Mais savoir ne suffit pas. Il faut des preuves.

— Le Centac-24, l'affaire Powers, continue Stubbs, devenu songeur. La ressemblance est troublante... Dans les deux cas, vous sentez que la solution est là, toute proche. Mais il n'y a pas moyen de faire quoi que ce soit. Pourquoi ? Je sais que la piste est bonne ; cela saute aux yeux, le premier crétin venu le verrait. On examine la situation, et on se dit : « Il est absolument évident que c'est ça, que c'est la bonne piste. » Alors, pourquoi n'y a-t-il pas moyen de boucler l'affaire ? Je n'y arrive pas, personne n'y arrive. Pourquoi, *pourquoi*... ? Pour l'affaire Powers, nous sommes allés quatre ou cinq fois à Chiang Mai, nous avons parlé à une trentaine d'informateurs. Résultat ? Zéro !

— Pourquoi ? dis-je à mon tour.

— Je ne sais pas. Et pourquoi l'enquête sur Liou Chou-chouei n'a-t-elle pas abouti ? Je ne sais pas.

Il se tasse dans son fauteuil, à croire qu'il a envie de disparaître sous terre.

— Le directeur régional de la DEA à Bangkok et un tas d'autres dans son genre prennent le Centac pour un tas de merde. Pour eux, la seule chose qui compte, c'est quand on effectue une saisie, qu'on peut montrer la came au juge et qu'on a bouclé un type, puis on passe à l'affaire suivante. Tout le reste est selon eux une perte de temps. Ils ont toujours été comme ça, et c'est pourquoi ce sont des imbéciles. Quand on arrête un chauffeur de taxi et saisit une livre de drogue, ils sont heureux. A leurs yeux, les gars qui font ça sont réellement efficaces. Et c'est des gars comme ça qu'ils veulent. Ce dont ils ne veulent pas, c'est des gars comme Richie LaMagna, des foutus universitaires qui ont étudié le chinois...

Buvant tristement son vin, Stubbs est l'image même du désespoir.

Je lui demande ce qu'il compte faire lorsque Robert Yang sera revenu à Bangkok, dans deux semaines.

— Je crois que nous allons tenter un dernier... sursaut. Faire venir Al Habib, comme je vous l'ai expliqué. Quant à Robert, je vais lui forcer la main. Je m'occuperai de lui *personnellement*. Je sais où habite le beau-frère de Liou. J'obligerai Robert à aller frapper à sa porte. Vous connaissez la suite : « Salut, me voilà ! J'ai vu votre frère Kitkeatlers à San Francisco... »

— Et le beau-frère répondra « Je ne sais pas de quoi vous parlez, jeune homme. Je n'ai pas de frère à San Francisco. »

— Non, non. Il répondra autre chose. Il parlera.

2

A Hong Kong, Robert Yang, dit Le Gros, était au sommet de sa forme, et la fortune lui souriait. L'encombrante affaire du Fantôme étant réglée, il allait se rendre à Singapour pour faire prolonger son passeport, puis à Formose pour mettre au point son commerce de lentilles de contact, grâce auquel il espérait faire fortune. Mais peut-être ne s'agissait-il pas réellement de lentilles de contact ? La police de Formose avait enregistré une conversation téléphonique, où Le Gros discutait d'une affaire moins licite.

Et à Formose, les trafiquants de drogue sont automatiquement condamnés à mort.

L'avion de Singapour faisant escale à Bangkok, Robert voulut en profiter pour s'arrêter un jour ou deux. La réception qu'il reçut aurait dû lui paraître de mauvais augure. A l'aéroport, le fonctionnaire auquel il tendit son passeport consulta la liste des personnes indésirables, et le renvoya aussi sec vers l'avion dont il venait de descendre. A peine revenu de sa surprise, Robert vit la piste défiler sous ses yeux. Il ne savait même pas qu'il était sur la liste. Et Bruce Stubbs, pas davantage.

Bruce fut informé de l'incident de l'aéroport. Avant la fin de la semaine, il prit à son tour l'avion pour Singapour ; dans ses bagages, il avait une transcription des conversations téléphoniques enregistrées par la police de Formose.

— Le Gros m'avait pour la première fois parlé du type de Formose, me raconte Bruce, lorsque nous étions à Hong Kong, peu avant d'aller à San Francisco pour l'opération de l'hôtel Shaw. Il passait des amphétamines au Japon. Au retour de San Francisco, Le Gros donna à des agents de Hong Kong l'adresse et le numéro de téléphone de ce type, avec lequel il était toujours en contact. En fait, Robert Yang nous avait déjà révélé à peu près 45 pour cent de ce qu'il fabriquait avec le gars de Formose. Peut-être avait-il l'intention de prendre l'affaire par les deux bouts : traiter avec le type et empocher les bénéfices, puis le dénoncer et toucher une récompense.

« Bref, le bureau de Hong Kong contacta les Formosans, qui se font toujours un plaisir de mettre n'importe qui sur table d'écoute : ils ne sont pas très regardants. Ensuite, lorsque Jim Sweat et je ne sais quels autres agents de Hong Kong lurent la transcription de ce que Robert avait dit au téléphone, leur réaction fut à peu près : " Mais ce gars est un *criminel !* " Et alors ! bien sûr, que Robert est un criminel. Nous le savons. Ce n'est pas le genre de gars auquel on peut lâcher la bride. Dès que vous le quittez des yeux, il se mettra à faire n'importe quelle connerie.

« La police de Formose avait fini par enregistrer vingt ou trente conversations téléphoniques de Robert, toutes assez vagues, mais ayant manifestement trait à une affaire de drogue. Ce n'était toutefois pas aussi simple que Hong Kong voulait le croire. Surtout si on connaît Robert. Les agents de Hong Kong n'avaient même pas pris la peine de faire traduire les conversations, qui étaient en mandarin : ils se fiaient à la version fournie par Formose. A Bangkok, nous avons fait écouter tous les enregistrements à un traducteur ; il en a traduit une quinzaine et nous a fournis un résumé du reste. Après avoir lu ces transcriptions, et compte tenu des rapports que Robert avait régulièrement adressés à Hong Kong à ce sujet, je ne peux pas affirmer catégoriquement que Robert agissait derrière notre dos.

« Robert avait annoncé au bureau de Hong Kong : "Je vais à Formose pour rencontrer ce type." Peu après son arrivée à Formose, il tomba par hasard sur Sweat. Celui-ci s'empressa de rassurer Robert : c'était une pure coïncidence, il se trouvait à Formose pour une autre affaire. Et le Gros lui aurait dit avec son plus beau sourire : " Bien sûr, je comprends, je vous crois sur parole ", et aurait continué son deal comme si de rien n'était, sans avoir le moindre soupçon ! Allons... Robert Yang est un vrai *renard*. Il aurait immédiatement compris que ça sentait le brûlé. Il *sait* que n'importe quel téléphone de Formose peut être mis sur écoute, s'il n'y est pas déjà de toute façon. Et il sait qu'un autre indic de la DEA, un gars comme lui somme toute, avait été exécuté à Formose parce qu'il avait fait un coup et s'était fait pincer. Le Gros connaissant ce garçon personnellement, était au courant de tous les détails — et il savait *à coup sûr* que si l'on veut faire une connerie, il vaut mieux aller ailleurs qu'à Formose.

3

Bruce n'avait pas vu Robert Yang depuis San Francisco. Il va donc à Singapour avec les transcriptions, et le découvre, pratiquement fauché, dans un hôtel miteux appelé le Hong Kong. En frappant à sa porte, qui donne sur un couloir à peine éclairé, Stubbs se souvient que, chaque fois que le Gros a des ennuis — par exemple après son évasion de la prison de Bangkok des années auparavant — il va se planquer à Singapour.

Il n'y a pas de télévision dans la chambre ; rien qu'un lit, une petite table et deux chaises. Robert, en manches de chemise, est vautré sur le lit défait. Ses premiers mots sont pour rappeler à Bruce que le bureau de

Hong Kong, autrement dit le Centac, lui doit encore 500 dollars sur son « salaire » du mois dernier. Son commerce de lentilles de contact ne pourra démarrer que lorsqu'il aura pris certaines dispositions à Formose. Su San est prête à couper les ponts — à quoi lui sert Robert, après tout, si les autorités thaïlandaises ne le laissent même pas débarquer à Bangkok ? Il n'a plus le sou. Il est tout simplement désespéré — dans la mesure où un Robert Yang peut être réduit au désespoir.

Bruce est en équilibre sur une chaise bancale, à quelques centimètres seulement du lit. Il allume une Winston et prête une oreille attentive aux doléances de Robert.

— Tu sais, Robert, on ne t'a pas vu depuis si longtemps que je ne suis plus guère au courant de ce qui se passe. Alors, où en est-on ?

Bruce s'attend à ce que Robert lui parle du trafiquant de Formose avec lequel il est en train de combiner quelque chose. S'il agit bien pour le Centac, et non pour son propre compte, il va lui en parler. Mais Robert ne dit rien. Il demande à Bruce s'il a fait bon voyage, se frotte les bras, fait craquer ses jointures, emplit un vieux cendrier en plastique de mégots de Marlboro. Ce n'est vraiment pas la grande forme.

Bruce prend son temps. Pendant une bonne demi-heure, ils parlent de tout et de rien, échangent des plaisanteries... Il espère que tôt ou tard, Robert abordera le sujet du deal de Formose, prouvant ainsi sa bonne foi, et justifiant les espoirs que Bruce met en lui. Mais rien ne vient.

Finalement, Bruce fouille dans les poches de son jean pour trouver une nouvelle boîte d'allumettes (le Dunhill en or de Robert est sur la table de nuit : sa situation n'est donc pas *tellement* catastrophique), allume une autre cigarette et dit :

— A propos, Robert, tu te souviens de ce type de Formose dont tu m'avais parlé, celui qui passait des amphétamines au Japon ? Où est-ce que ça en est ?

A demi allongé sur le lit, le Gros dit qu'il n'en sait rien. Il a revu le type deux ou trois fois, mais n'en sait guère plus que ce qu'il avait dit à Robert dans le temps. A l'entendre, ce sujet ne l'intéresse pas beaucoup.

Après avoir en vain tourné autour du pot pendant près d'une heure, Bruce fouille dans son sac de voyage et en sort plusieurs feuillets dactylographiés.

— Je voudrais te lire quelque chose, Robert.

Robert répond par un grognement affirmatif.

— Il s'agit simplement de Monsieur A parlant à Monsieur B, d'accord ?

Nouveau grognement.

S'efforçant de suivre le texte d'un œil tout en observant Robert de l'autre, Bruce lui lit la transcription de ses conversations téléphoniques avec le trafiquant de Formose.

Toujours vautré sur le lit, Robert écoute d'un air morose, sans le moindre changement d'expression. Si ce qu'il entend l'alarme, il le cache bien.

— Te souviens-tu de cette conversation ?

— Non, dit Robert. Je devrais ?

Son ton exprime l'ennui plutôt que la curiosité.

— Et comment, Robert ! C'était toi et ton ami de Formose. J'avoue que cela me surprend quelque peu, parce que tu es particulièrement bien placé pour savoir comment les Formosans... travaillent.

Robert se redresse, soudain intéressé.

— Il ne t'était pas venue à l'idée qu'il y avait des micros dans ta chambre ? Et que le téléphone était sur table d'écoute ? Pendant tout ton séjour ?

Robert passe ses jambes par-dessus le bord du lit. Il est attentif maintenant. Des gouttelettes de sueur commencent à perler sur son front. A son regard, on voit que son cerveau travaille à une allure vertigineuse. Il écarte légèrement les bras :

— Tu peux me faire confiance, Bruce. Tu sais que je ne t'ai jamais menti — pas une seule fois depuis qu'on se connaît. Bien sûr, je savais que la police m'espionnait à Formose. A Hong Kong aussi, il y avait des micros et le téléphone n'était pas sûr. J'ai déjà dit aux agents de Hong Kong tout ce que je sais sur ce deal de Formose.

— Non, Robert, tu ne leur as pas *tout* dit.

— Enfin, tu me connais, Bruce. Tu sais que...

C'en est trop. Depuis plus de deux ans, Bruce a écouté cette voix mielleuse et roublarde, a feint d'ignorer les murmures, les haussements de sourcils et les sous-entendus d'agents comme Lowrey Leong, qui le trouvaient trop crédule. Il a évité de juger Robert trop hâtivement, a risqué sa réputation et son amour-propre pour toujours donner à Robert le bénéfice du doute — à Robert, qui se vantait ouvertement de son talent pour manipuler et exploiter les trop crédules fonctionnaires américains. Avec Robert, Bruce n'a encore jamais élevé la voix, il ne l'a jamais accusé, jamais poussé dans ses derniers retranchements ; il ne lui a jamais fait perdre la face — cette notion si importante pour un Oriental.

Mais c'est fini. Robert a abusé de sa confiance un instant de trop. Deux années de frustrations et de colère rentrée explosent en l'espace de trente secondes, ébranlant les frêles cloisons de la petite chambre.

Sans même se lever, Bruce crie et crache sa colère au visage de Robert, le traitant de menteur, lui disant qu'il est fini.

Le Gros reste figé de stupeur.

— Tu es bel et bien fini, Robert, fini et foutu ! Tu nous as raconté des bobards. Tu m'as *menti*. La police de Formose va te boucler, et si elle ne le fait pas, nous nous en chargerons. Nous veillerons à ce que tu finisses ta vie en tôle !

— J'ai dit à Hong Kong tout...

— Raconte pas d'histoires ! Tu as dit aux gars de Hong Kong ce que tu voulais bien leur dire, et pas un mot de plus !

— Bruce... Ecoute, Bruce... Je t'ai dit... J'ai dit à Hong Kong... pourquoi leur aurais-je dit tout ce que je savais sur ce type si je voulais faire un deal avec lui ? Je ne suis pas idiot à ce point !

— Personne ne t'a jamais accusé d'être *trop* malin, Robert, dit Bruce, qui ne crie plus, mais sa colère, contrôlée maintenant, n'en paraît que plus terrible. Et l'autre fois, pourquoi avais-tu dit au contrebandier de Bangkok que tu ne pouvais pas prendre tout son or ? Pour avoir une porte de sortie si tu te faisais pincer, si on n'était plus dupe de ton petit jeu !

— Bruce, écoute, il faut que tu me croies. Nous sommes de vieux copains. Je n'ai jamais...

Robert se lève, sa large carrure emplissant presque la pièce exiguë. Ses bras battent l'air en des gestes de dénégation. Après avoir failli faire tomber la lampe de chevet, il prend son Dunhill en or et allume une autre Marlboro. Sa chemise est trempée de sueur.

— Tu nous as crus aussi bêtes, aussi stupides que nous en avons l'air, Robert. Et nous le *sommes*... parfois, mais pas toujours. Nous commettons un tas d'erreurs, mais nous avons nos moments de lucidité.

— Non, Bruce, non, non. Je savais qu'à Formose mon téléphone était sur table d'écoute, je savais que la police avait planqué des micros dans ma chambre. Pourquoi aurais-je dit tout ça au téléphone si je voulais le cacher aux agents de Hong Kong ? Tu dis que vous n'êtes pas stupides. Je ne suis pas stupide non plus, Bruce. Pourquoi essaierais-je de dealer avec un type dont je vous ai déjà parlé ? Si je voulais vraiment me remettre aux affaires, je choisirais un partenaire dont vous ignorez jusqu'à l'existence. Si tu veux, Bruce, je vous fournirai des preuves contre ce type, et tu ne pourras plus dire que je suis un menteur.

La chambre pue la sueur et la fumée de cigarette.

— Je *peux* le dire, Robert. Tu es inquiet parce qu'ils ne t'ont pas laissé entrer en Thaïlande ? Attends un peu : nous allons veiller à ce que ta carcasse soit refoulée de *partout* ! Nous avons déjà fermé pas mal de portes. Tu ne peux plus aller en Thaïlande, ni à Hong Kong. Et quand nous aurons mis Formose au courant, si jamais tu remets les pieds là-bas, tu auras de la chance s'ils se contentent de te boucler à perpète. Et quand nous aurons parlé aux autorités de Singapour de ton passeport bidon, je doute que tu sois le bienvenu ici. Alors, *où* vas-tu aller, Robert ? Dis-le-moi hein ? Dis-moi où tu vas aller te planquer, cette fois !

A la mention de Formose, Robert a été pris de panique. C'est à Formose qu'est établi son riche ami qui veut le faire entrer dans le commerce des lentilles de contact. S'il ne peut plus y aller, l'affaire est à l'eau, et il se retrouve sans rien. Il se radosse lentement à la tête de lit, se frotte fébrilement les bras, transpire à flots, et ne quitte pas Bruce des yeux. Il fouille sa cervelle pour trouver la formule magique capable d'apaiser ce gentil, calme et confiant Américain soudain devenu fou furieux.

Bruce tire une enveloppe beige de son sac, et compte cinq billets de cent dollars : l'argent que le Centac doit à Robert sur son salaire du mois dernier.

— Cinq cents dollars, Robert, dit-il en posant les billets sur le lit. Ce sont les derniers. Terminé.

— Que vais-je...

— Si ce boulot avec les lentilles de contact est sérieux, je te conseille de l'accepter. Parce que tu ne recevras plus un sou de nous. N'y compte pas.

— Mais pour cela, il faut que j'aille à Formose...

— Eh bien, vas-y ! Mais si tu te fais arrêter, ne m'appelle pas. La police de Formose sait qui tu es, et sait ce que vaut ton passeport. Tu sais comment ils opèrent. S'ils veulent te coffrer, ils le feront.

— Je sais.

— Alors, que vas-tu faire, Robert ? Que vas-tu devenir ?

Bruce observe attentivement le Gros, le regarde suer sang et eau. On ne *dirait* pas qu'il joue la comédie. Il le laisse mijoter quelques instants de plus, puis, redevenant le bon vieux Bruce, abat sa carte maîtresse.

— Parce que nous, c'est ce que nous allons faire, Robert. A moins que...

Bruce s'interrompt. L'on n'entend que la respiration oppressée de Robert, qui reprend peu à peu espoir, qui s'accroche désespérément à ce « à moins que... »

— *A moins que* tu ne réussisses à me convaincre... que... tu ne nous as pas... trahis.

Robert ne dit rien. C'est inutile. Miraculeusement, un trou s'est ouvert dans le piège, et il s'y précipite avec l'énergie du désespoir. La réponse se lit sur son visage, aussi claire que s'il avait hurlé :

— Je vais essayer.

DEUXIÈME PARTIE

Centac-12 : Sicilia-Falcon

« Je travaillais avec des gens qui sont les premiers fournisseurs du Panama. Le frère du président, vous voyez ? Le gouvernement américain minimise l'affaire... C'est un trop gros morceau. Ils savent pourtant comment stopper la drogue. Ils *savent* comment faire. »

CHAPITRE UN

1

Yasser Arafat, trafiquant d'héroïne ?

Et pourquoi pas ? Si les généraux Li Wen-Huan et Chang Chi-fu, opérant sur le territoire asiatique de l'opium, utilisaient l'héroïne pour financer leurs armées rebelles, pourquoi Arafat, opérant sur le territoire moyen-oriental de l'opium, n'utiliserait-il pas l'héroïne pour financer les siennes ?

Les réflexions de Dennis Dayle rejoignaient celles de Bruce Stubbs et de Robert Yang « le Gros », tandis qu'il s'installait confortablement dans un vaste bureau vitré, au troisième étage d'un bâtiment de l'ambassade américaine, rue de La Boétie, à Paris. Le Centac-23, véritable offensive contre les trafiquants d'héroïne du Moyen-Orient, avait parcouru un bon bout de chemin depuis que Dayle avait arraché l'Opération Platon, qui l'avait précédé, des mains de John Fallon, à New York. A côté de Dennis, se trouvait sa grosse sacoche de cuir qui contenait un classeur bleu ciel à feuillets mobiles, portant le titre de « Centac-23, Profils de Trafiquants ». Classé CONFIDENTIEL, ce document de 33 pages renfermait des renseignements détaillés sur vingt-neuf des plus grands fournisseurs internationaux d'héroïne « ciblés par le Centac-23 pour neutralisation. »

Le rapport le plus intéressant était en page 8. Un fugitif cypriote de trente-neuf ans, du nom de Micholakis Ayiotis, qui avait une adresse à Los Angeles et des bases opérationnelles à New York, Tucson et Chypre, appartenait à une organisation de contrebande d'héroïne turque destinée à la Mafia de New York. Selon le profil d'Ayiotis, « un rapport non confirmé du CI a conclu que le fournisseur d'origine de l'héroïne était le chef de l'OLP, Yasser Arafat ».

Le Centac savait depuis longtemps qu'il était pratiquement impossible de poursuivre des chefs de gouvernement impliqués dans l'industrie des stupéfiants. Et Yasser Arafat ? L'OLP ? Encore que, comme Dennis l'avait souvent dit, le Centac ne devait pas hésiter à attaquer certains adversaires pour la seule raison qu'ils paraissaient invulnérables.

Yasser Arafat n'était pas le seul gros bonnet sur la liste du Centac-23.

Le dossier bleu contenait un Who's Who des criminels du Moyen-Orient, dont Suleyman Abbas Yalcine, un politicien turc et l'un des plus gros revendeurs d'opium du pays, et son client, Abou Ali Ahmaz, ancien membre du parlement libanais. Ces hommes et ces femmes contrôlaient, ou travaillaient pour, un conglomérat tentaculaire de réseaux de trafiquants et d'organisations opérant à New York, Toledo, Los Angeles, Tucson, Washington, Houston, La Nouvelle-Orléans, San José, Savannah, Norfolk, Wilmington, Baltimore, Montréal, Le Caire, Athènes, Palerme, Milan, Vienne, Amsterdam, Rotterdam, Paris, Nice, Madrid, Istanbul, l'Allemagne fédérale, la Belgique, Beyrouth, Chypre et la Yougoslavie.

En Europe, l'enquête du Centac-23 était coordonnée par Tom Cash, un agent affecté à Paris, et c'était notamment pour le voir que Dennis Dayle était venu en France. Cash, vêtu d'un jean pour aller participer à un pique-nique amical entre agents américains et inspecteurs parisiens, écouta Dennis pousser l'habituel cri de ralliement du Centac et expliqua qu'ils étaient en train d'essayer de mettre la main sur un gros laboratoire de transformation d'héroïne de Milan géré par des anciens de la French Connection. Promettant de poursuivre cette discussion le lendemain, Cash partit pour son pique-nique.

Dennis prit un taxi pour se rendre au quartier général d'Interpol à Saint-Cloud.

2

Trente-huit hauts fonctionnaires de la police et des douanes, représentant seize pays d'Europe et du Moyen-Orient, plus le Canada et les Etats-Unis, étaient rassemblés dans une salle d'Interpol pour se faire part de leurs projets, de leurs espoirs et de leurs doléances concernant le trafic de stupéfiants autour de la Méditerranée. La conférence commença en retard, à cause des protestations libyennes contre la présence des Israéliens. Trois délégués Libyens à l'air renfrogné, les seuls qui refusèrent de révéler leur position officielle, rôdaient dans les couloirs d'Interpol, apparemment moins préoccupés des problèmes de police que de l'identité des autres participants.

Dennis était venu en tant qu'observateur, pas tellement pour entendre les discours que pour renouer d'anciens contacts et en établir de nouveaux. Après avoir écouté pendant vingt minutes une série de clichés sur la façon de combattre la menace internationale de la drogue, Dennis retira ses écouteurs pour la traduction simultanée et descendit à la cafétéria boire un café avec deux agents scandinaves qui n'avaient jamais entendu parler du Centac. Il les invita à sortir prendre un verre dans un bar voisin et, découvrant que l'un d'eux s'intéressait à la musique, parla du rapport entre les symphonies de Mahler et les enquêtes sur un complot international. Deux heures plus tard, il avait deux nouveaux adeptes : « Si vous avez besoin de quoi que ce soit en Europe du Nord, appelez-nous ! »

Des martinis gin au bar d'un hôtel de l'avenue Montaigne, un dîner dans une brasserie de Montparnasse, puis une soirée dans une petite boîte de la rive gauche où des agents français des stupéfiants échangeaient des histoires de guerre, tandis que le chef de la police nationale d'Ankara, un homme basané, qui aurait pu être la réplique turque du comandante Ventura du Mexique, était pendu au téléphone pour essayer de trouver une fille dont les policiers français lui assuraient qu'elle lui ferait passer une soirée inoubliable.

Dennis, conservant les apparences de la sobriété, atterrit finalement sur les Champs-Elysées, regardant le soleil se lever, faisant toujours du prosélytisme auprès des agents étrangers pour qu'ils se mettent au service du Centac.

Le lendemain, il regagnait Washington — pour retrouver les innombrables complots et stratagèmes visant les cibles du Centac.

CHAPITRE DEUX

1

Alberto Sicilia-Falcon était retourné en prison après sa courte évasion ; Roger Fry, son plus gros distributeur américain, attendait d'être jugé aux Etats-Unis, Carlos Kyriakides, Joan Beck, et de nombreux autres associés de Falcon étaient sous les verrous des deux côtés de la frontière.

Mais qu'en était-il des hommes qui se trouvaient au-dessus de Falcon — les hommes d'affaires, les politiciens et les financiers qui lui fournissaient sa drogue et ramassaient des millions de bénéfices ? Qui étaient-ils ? Quelles étaient les sources de leur pouvoir ?

Les premiers éléments permettant de répondre à ces questions furent fournis par la police secrète péruvienne.

Pendant que John Allen se préoccupait de louer une petite maison sur le lac Amatitlán, au Guatemala, achetant des produits chimiques et vendant de la cocaïne, le *Servicio de Inteligencia Nacional* péruvien, une force anti-insurrectionnelle créée et entraînée par la CIA dans les années soixante, jeta un regard soupçonneux sur la piste d'atterrissage déserte et balisée de parasols où Allen avait récupéré les 160 kilos de cocaïne-base d'Alfonso Rivera, « El Hombre ».

Dénommés *Sinchis*, à cause du sigle de leur unité, SIN, les agents furent alertés non seulement par la piste elle-même mais par ce qui ressemblait à deux poulaillers abandonnés à son extrémité.

Quand les poulaillers se révélèrent être un hangar et un entrepôt capables d'abriter un bi-moteur et trois cents gallons de carburant, les *Sinchis* pensèrent être tombés sur une opération de trafic d'armes à destination des groupes de guérilleros péruviens. Ils élargirent immédiatement leurs recherches pour découvrir dans le voisinage une villa encore plus imposante que le chalet du lac Amatitlán.

Les agents, supposant alors qu'il s'agissait, non pas d'armes mais de stupéfiants, firent appel à un autre service, la Police d'Investigation Péruvienne, la PIP. Les agents du SIN et de la PIP raflèrent quelques suspects qui laissèrent entendre qu'un bungalow de Chosica, une station thermale à quarante kilomètres au nord de Lima, abritait un laboratoire de transformation de cocaïne. La campagne des environs de Chosica — champs en terrasses bien dessinés, avec des murets de pierre — évoquait la côte méditerranéenne. Comme le lac Amatitlán, c'était un endroit luxueux et sûr pour un laboratoire.

Les agents du SIN et de la PIP localisèrent le bungalow, et, trois mois après la rafle d'Amatitlán, y firent une descente. Ils furent stupéfaits. Tout le bâtiment et le terrain alentour avaient été astucieusement aménagés pour la transformation de la cocaïne. Les opérations avaient lieu sous terre, les fumées d'une odeur nauséabonde étant ventilées par un puits. De l'éther, ainsi que d'autres produits chimiques inflammables, étaient entreposés dans un jardin loin du bâtiment principal. Dans le bungalow lui-même, on utilisait une pièce pour stocker les produits chimiques, une autre pour les mélanger, une autre encore pour les emballer. Les cristaux étaient séchés sur le toit en terrasse.

Dans le garage, les agents découvrirent quatre automobiles, dont une voiture de course. Dans le coffre d'une Pontiac Bonneville, ils dénichèrent deux valises contenant trente-six kilos de cocaïne.

Mais la cocaïne et la maison n'étaient rien en comparaison des huit hommes arrêtés sur les lieux. Ils racontèrent des histoires que les agents eurent bien du mal à croire. Hugo Silva, le loquace responsable du laboratoire, affirma aux agents qu'en deux ans le laboratoire avait traité 6 390 kilos de pâte de coca, fournissant 2 130 kilos de cocaïne *lavada*, transformée en un poids égal de cristaux de cocaïne. Plus de deux *tonnes* de cocaïne ! La valeur de ces cristaux sur le marché de gros américain représentait plus de cent millions de dollars. Au détail, le chiffre approchait le milliard de dollars. Pour ce seul laboratoire, sur lequel étaient tombés par hasard des agents partis à la recherche d'armes.

Hugo Silva (ses amis l'appelaient Chino) n'avait absolument rien à dire quant à la provenance de la pâte de coca ou à la destination du produit fini. Mais il donna bel et bien le nom du chef de l'organisation qui possédait le bungalow. Cet homme était un Péruvien chauve, d'une quarantaine d'années, nommé Alfonso Rivera.

L'ami de La Negra. L'ami de Santiago Ocampo. L'homme qui avait convié John Allen et Rafael Rocha à un dîner chinois à Lima. Le chef. El Hombre.

Hugo Silva avait entr'ouvert une porte contre laquelle les agents du Centac allaient s'escrimer pendant les mois et les années à venir. De l'autre côté de cette porte se trouvait l'une des associations criminelles les plus étendues et les plus solides jamais découvertes.

Hugo déclara qu'il avait rencontré la première fois Alfonso Rivera à Guyaquil, en Equateur, en mai 1974. Il était tombé d'accord avec Rivera et les autres pour partager l'argent et les compétences et créer une grande organisation pour raffiner la pâte de coca. Ils tiendraient à l'écart du marché de la cocaïne les petits indépendants inefficaces. Ce n'était pas parce que l'entreprise était illégale qu'elle ne devait pas être aussi bien gérée qu'une grande société multinationale. Ils lui donnèrent même un nom qui en imposait : Organisation Internationale des Stupéfiants.

A en juger par son nom, on pouvait se demander s'ils n'avaient pas l'intention de faire imprimer des cartes commerciales et des catalogues de vente. Iraient-ils jusqu'à la rendre publique, vendraient-ils des parts, tiendraient-ils des réunions d'actionnaires ? C'étaient, après tout, des hommes sérieux.

En fin de compte, Alfonso Rivera, selon les termes d'un analyste du Centac, fournissait « tous les gros trafiquants colombiens, tous les Mexicains, la plus grosse part des Etats-Unis, et une bonne partie de l'Europe ».

Il devint la plus importante source de cocaïne du monde.

2

Alfonso Rivera était né le 7 août 1931 dans un petit village minable de Copán, riche en tabac et pauvre en argent — dans cette région de l'extrême ouest où le Honduras plonge sa tête entre les mâchoires ouvertes du Guatemala et du Salvador. Aujourd'hui encore, cinquante-cinq ans plus tard, le revenu par tête du village n'atteint pas 600 dollars par an, et la seule distraction est d'observer les jeunes routards curieusement attifés et les touristes en limousine se rendant aux ruines mayas.

On ne sait pas quand Rivera quitta Copán ni où il alla à l'école, bien qu'il ait acquis en chemin la nationalité péruvienne et soit devenu le principal fournisseur des gros trafiquants de cocaïne — y compris à un certain moment du Corse Auguste Ricord dont la base était Buenos Aires. Le nom de sa femme est Victoria. Il a une maîtresse qui s'appelle Iris. Il mesure 1,77 m, pèse 90 kilos, a les yeux marron et les cheveux gris. Ses cheveux, comme l'a remarqué John Allen quand il l'a rencontré à Lima, commencent à se faire rares sur le sommet du crâne. On a dit qu'il portait un postiche et de fausses moustaches. Des rumeurs affirment qu'il s'est fait refaire le visage en chirurgie esthétique, mais on dit la même chose de presque tous les criminels qui fuient des ennemis dangereux.

Quand il avait un peu plus de quarante ans, Rivera était directeur d'une entreprise de mise en bouteille de Coca-Cola à Guayaquil, en Equateur. Il pensait toutefois, à l'évidence, à d'autres choses qu'aux boissons anodines. Il faisait de la contrebande de cocaïne (base et pâte) entre le Chili, le Pérou, l'Equateur et la Colombie, en utilisant des cars de tourisme péruviens. Une arrivée sans encombre garantissait 1 000 dollars par kilo de base, et la moitié pour la pâte. Rivera avait déjà des contacts très étroits avec le gouvernement, et chaque autocar emmenait un officier de l'armée en uniforme chargé d'accélérer les formalités aux frontières. La drogue était déchargée soit à Quayaquil, où abondaient les laboratoires de transformation, soit à Cali, en Colombie. Le stade suivant était le Mexique, puis les Etats-Unis.

Rivera, qui n'était pas homme à faire les choses sur une petite échelle, envoyait aussi des automobiles bourrées de cocaïne par la même route, changeant les plaques et les papiers du véhicule, qui de péruvien devenait ensuite équatorien puis colombien à mesure qu'il passait les frontières. Il faisait aussi circuler sa drogue du Pérou à la Colombie, en utilisant un réseau de pistes clandestines qu'il avait ouvertes avec ses propres bulldozers.

Ensuite il y eut les bateaux, partant de trois ports colombiens avec la cocaïne de Rivera. Le personnel des douanes colombiennes, des cadres aux plus modestes employés, faisaient à ce point partie de l'organisation de Rivera qu'ils travaillaient sur la base de deux tarifs douaniers, un pour un chargement légal, l'autre pour la cocaïne. Finalement, ce système fut si bien institutionnalisé que pour un simple droit (250 pesos pour la contrebande ordinaire, davantage pour les stupéfiants), les douanes colombiennes garantissaient non seulement un dédouanement sans problème mais aussi la livraison par camion, à toute adresse indiquée.

Mais si bien organisé, influent et ambitieux qu'ait été Rivera, des problèmes surgirent. Rivera aimait trop les femmes. A un certain moment, lui et quelques-uns de ses assistants jugèrent bon d'assassiner cinq personnes à Guayaquil ; ils furent assez fous pour le faire sous les yeux de la maîtresse de Rivera, laquelle apprit également où les corps des victimes étaient enterrés. En raison de cette imprudence, et aussi pour entretenir les deux enfants qu'elle lui avait donnés, Rivera envoyait régulièrement de l'argent à cette femme.

Rivera possédait une compagnie de spiritueux à Lima, appelée *Fábrica de Licores San Francisco*, et une autre distillerie à Guayaquil. Il avait aussi des intérêts dans une fabrique de verre. Ces entreprises servaient de couverture pour les mouvements de fonds et l'achat de grosses quantités d'éther et d'autres produits chimiques nécessaires à la transformation de la cocaïne.

Il acheta des appartements à Lima et dans le quartier élégant d'El Cangrejo, en bord de mer, près de la ville de Panama.

C'est là que Rivera alla en s'enfuyant de Lima lorsqu'une faille dans ses protections politiques le mit soudain sous le coup d'un mandat d'arrêt consécutif à la saisie de son laboratoire dans le bungalow de Chosica. Du Panama il alla au Brésil, en Argentine, au Chili et, pour finir, revint au Pérou où, la faille comblée, il vécut sans se cacher malgré l'existence du mandat d'arrêt.

— Un gros, un *très* gros! disait Dennis Dayle de Rivera. Un très grand criminel international doublé d'un businessman, possédant un pouvoir terrifiant — argent, associations, organisation.

Comme beaucoup d'hommes qui atteignent le sommet de professions hautement compétitives, Rivera était tenace, astucieux et impitoyable, d'un caractère aussi sec et explosif que le paysage brûlé par le soleil de son Honduras natal. Dans ses légendaires coups de colère, il allait à l'encontre de ses meilleurs intérêts, sa rage dominant tout le reste. Paradoxalement, ces moments de relâchement autodestructeur le protégeaient et le propulsaient encore plus haut, car ils laissaient ses adversaires désarmés. Comment se prémunir contre ces coups de sang ? Comment même les prévoir ? Comment deviner leur arrivée, leur intensité, leur issue — alors que Rivera lui-même n'en avait aucune idée ? La seule chose à faire, c'était de craindre l'homme — et de lui obéir.

Rivera parvint à avoir certains membres importants de la PIP à sa botte et s'assura les services, comme une sorte de conseiller juridique, d'un homme du nom de Luis Cornejo.

Cornejo, connu au Pérou comme communiste influent, avait des antécédents dans les recoins obscurs de la politique, des renseignements et du crime internationaux. Il avait autrefois défendu un proche collaborateur de Lucien Sarti. Sarti, qui avait des liens avec les renseignements français, et avait fait partie du groupe de criminels, basé à Buenos Aires, du vieil Auguste Ricord, ceux-là même qui jouaient chaque semaine aux cartes, au Camuchin Bar de Tijuana, avec Carlos Kyriakides et d'autres grands trafiquants latino-américains. Les agents du Centac et les spécialistes des renseignements pensaient que Cornejo avait pu servir de lien entre les associés de Ricord et Sarti d'une part, et l'Organisation Internationale de Stupéfiants d'Alfonso Rivera, d'autre part. Dennis Dayle jugeait Cornejo « puissant, grâce à ses relations. Très efficace dans les coulisses des milieux gouvernementaux, et capable de tirer les ficelles ».

Mais Luis Cornejo n'était pas la seule acquisition remarquable de Rivera. Comme n'importe quelle autre multinationale, l'Organisation Internationale des Stupéfiants ne pouvait prospérer sans de solides banques mondiales et de puissants contacts sociaux et diplomatiques. Rivera eut la chance de pouvoir réunir tout ceci en un seul individu. Que ce soit grâce à Cornejo ou à d'autres, il établit des liens étroits et amicaux avec un jeune Français cosmopolite, d'une éducation irréprochable et jouissant de hautes relations, Guy des Longchamps.

Le père de Des Longchamps, Louis-Albert, titulaire de la légion d'honneur, avait fait une carrière exemplaire. Né à Buenos Aires d'un diplomate français et d'une mère latino-américaine d'un rang social élevé, il étudia le droit et les sciences politiques dans de prestigieuses écoles de Paris, entra dans le service diplomatique français et passa une trentaine d'années à représenter la France à travers le monde, à New Delhi, Addis-Abeba, Rabat, Barcelone, Saigon, Stockholm, Panama et au Congo. Au cours de ces années, il eut une fille et deux fils. L'aîné de ces fils était Guy qui, tandis que son père veillait aux intérêts diplomatiques français à l'ambassade de Panama, dirigeait la succursale panaméenne de la BNP, la deuxième banque du monde (seule la BankAmerica la dépasse en dépôts).

Compte tenu de la famille de Guy des Longchamps, de ses relations sociales, diplomatiques et bancaires, l'Organisation Internationale des Stupéfiants de Rivera pouvait difficilement espérer meilleur ami. Et c'était un ami sincère et à toute épreuve. Quand Rivera se retrouva à court de liquidités au Brésil, après sa fuite devant le mandat d'arrêt, ce fut Guy des Longchamps qu'il appela au secours. Rivera envoya un collaborateur à Panama pour ramener des fonds, et le Français, docilement, lui remit 10 000 dollars, sans poser de questions, sans lui faire signer aucun papier. Qu'il s'agisse du prêt officieux d'un ami ou peut-être d'un prêt illégal de la banque (à cause de l'absence de documents), cela montrait en tout cas la solidité des relations existant entre Guy des Longchamps et Alfonso Rivera, commandant en chef de l'Organisation Internationale des Stupéfiants. Et c'était une relation qui, comme nous allons le voir, ne cessa de se développer et de prospérer.

CHAPITRE TROIS

1

Un témoin clé contre Roger Fry, le plus gros distributeur de Sicilia-Falcon aux Etats-Unis, allait être l'assassin Michael Decker — mais l'on crut pendant un certain temps qu'il pourrait bien se faire tuer avant d'arriver jusqu'au tribunal.

Après avoir accepté de collaborer avec Rich Gorman, Pat Gregory et d'autres agents qui traquaient l'organisation de Sicilia-Falcon, Decker avait été secrètement emmené avec sa femme et son bébé d'Albuquerque à Sacramento.

Il raconte ce qui se passa ensuite.

DECKER

Ma femme, Lisa, et Christopher, mon fils, étaient retournés à Albuquerque pour rendre visite à mes beaux-parents et leur faire savoir que tout allait bien pour nous. Imaginez... vous vivez dans une ville avec vos parents et vos beaux-parents, et du jour au lendemain vous voilà parti en laissant toutes vos affaires dans votre maison. Il a bien dû se passer quatre mois avant qu'ils aient de nos nouvelles.

Lisa était donc à Albuquerque et moi, j'étais au lit, à Sacramento. Je les avais appelés vers une heure du matin et j'avais parlé avec Lisa pendant une heure et demie. Thor, mon berger allemand, était couché au pied de mon lit. Il voulait que je le caresse et que je lui fasse comprendre que je savais qu'il était là et que je l'aimais.

Et je parlais, je parlais et je savais que quelque chose clochait. Notre ménage allait mal. Toutes les semaines, on m'embarquait pour m'interroger ou témoigner devant des jurys d'accusation et on me ramenait et on m'embarquait et on me ramenait... Au téléphone, je m'excusais que tout ça dure depuis si longtemps. La tension demeurait intolérable ; c'en était vraiment *trop* de ce bordel.

Cette nuit-là, donc, je sentais que quelque chose n'allait pas. A la fin, j'ai dit :

— Lisa, il s'est passé quelque chose.

— Oui...

Je savais ce que c'était. Je dus lui parler encore une demi-heure pour qu'elle crache le morceau. Elle avait été à une partie à Albuquerque et avait revu un de ses vieux amis. Ils s'étaient mis à fumer de l'herbe et à parler, et pour finir elle avait couché avec lui. La première et la *seule* fois où elle m'avait été infidèle. Moi, j'avais dû la tromper des centaines de fois. Alors je ne me suis pas mis en rogne. J'ai dit :

— C'est bon. Je veux simplement que tu rentres.

— D'accord. A demain.

J'ai raccroché. Il était trois heures du matin et je somnolais vaguement. Une demi-heure plus tard, la maison explosait. C'était une façon de me dire : « Tu as eu droit à la petite bombe. Maintenant voilà la *grosse* bombe. »

Je me croyais revenu au Vietnam. Une bombe d'alcool méthylique avait pété à l'autre bout de la maison et avait complètement embrasé le grenier et soufflé la moitié de la maison. Environ quinze secondes plus tard, la maison explosait encore une fois et commença à brûler par le bas. C'était l'enfer.

Dès la première explosion, je n'avais aucun doute sur ce que c'était. Je le *savais* très *exactement*. J'ai pris une chaise et je l'ai balancée dans la fenêtre de ma chambre, et voilà Mike Decker et Thor — dieu du tonnerre et de la guerre, un sacré chien — se précipitant par la fenêtre, moi en caleçon et lui avec tous ses poils. Hé oui, on est tout simplement sortis par la fenêtre.

Même pas eu le temps de prendre une arme. Je savais ce qui était arrivé et il fallait que je sorte de la maison. Et au moment où je passais par la fenêtre et où Thor atterrissait sur le sol, un coup de feu partit. Je pivotai sur ma droite : il y avait un type, dans le jardin, en train de tirer. Et une voiture, qui ressemblait à une Datsun dernier modèle, de l'autre côté de la rue. Thor a attaqué le type. Pas d'ordre, rien du tout, il savait instinctivement qu'il me voulait du mal. Il a fait tomber le type à terre, et je me suis élancé. Je courais si vite et sans regarder que je suis passé à travers une haie. Ça a à peine coupé mon élan. Et Thor a envoyé le type valser par terre, a fait volte-face et m'a collé aux talons.

Ma maison était un vrai brasier. Les voisins commençaient à sortir quand la voiture a démarré à toute vitesse, mais personne n'a pu voir la plaque d'immatriculation, ni la marque, ni la couleur, rien. Moi, je suis retourné sur mes pas — ma Blazer était garée devant et il y avait dedans quelques vêtements de sport. J'ai enfilé un pantalon de jogging et les gens se demandaient comment ça se faisait que j'arrive par l'autre côté en slip. C'était plutôt drôle après coup, mais vraiment pas sur le moment.

J'ai éloigné ma Blazer, mais il n'y avait rien à faire pour la maison...

J'avais payé tout le mobilier qui était là-dedans, et je pensais acheter la maison. J'avais passé des centaines d'heures de travail à refaire les cabinets, à peindre, à ajouter une cheminée, à faire un tas d'aménagements. Le lendemain matin je comptais descendre en ville pour mettre à jour mon assurance. Et je n'avais plus qu'à payer les pots cassés.

Un quart d'heure après l'explosion environ, j'ai téléphoné à un des fédéraux chargés d'assurer ma protection; il m'a dit de le rappeler à huit heures du matin.

J'ai *hurlé* au téléphone :

— Espèce de pauvre con d'*enfoiré*, quelqu'un a essayé de me faire sauter, c'est toi ma protection et tu es couché au fond de ton lit et tu voudrais que je rappelle à huit heures du *matin ?*

Et il m'a raccroché au nez. Je bouillais. Et voilà, il est quatre heures moins le quart du matin, et je n'ai aucune idée de ce qui se passe pour Christopher et Lisa, s'il leur est arrivé quelque chose.

J'ai appelé Rich Gorman chez lui. Chaque fois que j'ai eu un problème, le seul mec que j'ai jamais pu joindre, c'est Rich. Rich a téléphoné au directeur de la protection des témoins, chez lui, puis au fédéral et il lui a dit quelque chose du genre : « Vieux, vous feriez mieux de vous mettre au boulot. » Et vingt minutes après, le fédéral était à la maison, et s'excusait : « J'étais pas réveillé, je ne savais pas ce que je disais. »

2

Rich Gorman, un des agents qui avaient recruté Decker à l'European Health Spa d'Albuquerque, avait sa propre version des événements :

— Mike m'a téléphoné après avoir passé quelques mois à Sacramento et il était embêté parce qu'il était rentré chez lui un soir et qu'il y avait une voiture garée en bas de la rue. D'après les voisins, elle était là depuis six ou huit heures et il y avait deux hommes assis dans la voiture. Comme il avait peur, il m'a téléphoné, et au fédéral aussi. Il m'a raconté qu'il avait renvoyé sa femme à Albuquerque.

« Le lendemain soir, il est rentré tard chez lui, selon sa version, et est allé se coucher. Son chien était avec lui. Il avait un grand berger allemand. Il a été réveillé vers une heure trente du matin par une forte explosion et un coup de feu. Sa maison était en flammes.

« C'est ce qu'il raconte. Il affirme qu'il a essayé de sortir par-devant mais il y avait des flammes partout. Finalement il a réussi à sortir par-derrière et à s'enfuir. Il semble que quelqu'un ait déversé de l'alcool méthylique devant la façade de la maison et autour du garage et y ait mis le feu. L'explosion et le coup de feu pourraient avoir été provoqués par des cartouches et des munitions qu'il avait dans son garage.

« Interrogés, les voisins ont dit qu'ils avaient entendu une voiture démarrer et quitter rapidement les lieux. D'autres pensaient que c'était seulement Mike qui faisait démarrer sa voiture et sortait en marche arrière du garage. Les enquêteurs de Sacramento ont établi qu'il s'agissait d'un incendie criminel, mais il n'y a eu ni arrestation ni suspects.

Decker avait survécu à l'explosion de sa maison mais bien d'autres ennuis l'attendaient.

DECKER

Alors, les fédéraux m'ont conduit dans un motel, et Lisa et Christopher sont rentrés d'Albuquerque. Reçu un appel vers deux heures cet après-midi et c'était le service des fédéraux : « On vous emmène à Denver. » Déjà, je pensais que c'étaient des connards qui me protégeaient en Californie, mais ces gars de Denver devaient être nés à Bogota et avoir été élevés à Trifouilly-les-Oies, pas possible, comme mecs. Ils savaient rien faire et n'arrêtaient pas de m'emmerder. Ils disaient vous allez faire ci et ça sinon on vous vire du service de protection des témoins. Alors j'ai regardé ce type et j'ai fait :

— Je vais *vous* dire quelque chose. Vous pouvez prendre votre protection de témoins et vous la foutre au cul.

Et il a dit :

— Tu sais ce qu'on fait avec des petits malins comme toi ?

— Ouais, j'aimerais bien *voir* ce que vous faites avec des petits malins comme moi.

Fin de la conversation. J'avais eu ma dose de leur « protection des témoins ». J'en avais marre.

Alors, j'ai trouvé une petite maison, et comme la société pour laquelle j'avais travaillé en Californie avait un bureau régional à Denver, j'ai recommencé à travailler pour eux. Ça marchait super, j'ai été nommé chef des ventes, puis directeur de département.

Et puis il a fallu que j'aille à Detroit pour le procès de Roger Fry. En arrivant, je retrouve deux types de la protection. Eux vraiment, ils avaient gagné le cocotier.

Quand je suis descendu de l'avion, le type m'a demandé :
— Vous êtes Mike Decker ?
Je dis oui. Et lui :
— Eh bien, je suis du bureau du marshall.
— Je peux voir vos papiers ?
Il a voulu faire le malin et a refusé. Alors je dis :
— Vous me les montrez ou c'est terminé. Je ne suis pas ici en vacances. C'est sérieux.

Les deux types avaient décidé de m'installer dans un hôtel mais ils ne l'avaient même pas vérifié. La femme de Roger Fry et Barry Tarlow, l'avocat de Falcon, étaient dans le même hôtel. Vraiment idiot. Alberto Barruetta était en ville pour témoigner et je repérai Christine, sa femme.

Je dis aux deux types :
— Hé, on s'est trompés d'hôtel.
Et ils me répondirent :
— Non, tout va très bien.

Ainsi, le deuxième jour, du hall j'ai regardé dans la rue et il y avait une voiture. Une voiture de tueurs. Il n'y avait aucun *doute* dans mon esprit sur cette voiture. Je les avais déjà vus, je les avais repérés. Pour quoi faire quatre hommes assis dans une voiture garée comme ça ? C'est une voiture de tueurs. Je descends dans la rue, et c'était comme une grosse enseigne au néon qui disait, « *Voituuuŗe de tueuuurs. Tu sors, tu meurs !* ».

On était prêts à sortir et j'ai dit :
— Mon cul !
— Tu passes devant et tu sors. Qu'est-ce qui cloche ? Je ne vois rien qui cloche.

J'ai pensé, merde, c'est eux qui me protègent ? Et ils ne remarquent même pas qu'il y a quelque chose ? Je leur ai dit :
— Appelez quatre voitures de police pour cerner cette voiture-là en face ! Et je veux que vous regardiez ce qui va en sortir.

Le type fit ce que je demandais. Les voitures s'arrêtent devant et derrière, phares allumés, armes dégainées, un fusil sur le capot. Quatre types sortent de la voiture. Ils avaient six fusils et quatre armes automatiques.

Je dis :
— Bon dieu, vous croyiez que c'était pour quoi faire, ça ?
Le mec en revenait pas.
— Je veux aller immédiatement au bureau fédéral, que je dis. Je ne veux pas traîner dans le coin. Je ne veux rien faire d'autre.

Ils me répondent :

— Mais vous n'êtes pas autorisé à y aller avant de...

Je leur lance :

— Laissez-moi vous dire une bonne chose, connards. Ou vous m'y emmenez, ou j'y vais à pied ou en taxi.

On va au bureau, je fonce droit sur l'officier fédéral, je dis : « Je veux voir Rich Gorman. » Je savais qu'il était en ville. « Allez le chercher. Je peux pas avoir deux crétins pour me protéger. A quoi ça sert ? Je suis mieux tout seul qu'avec ces deux-là. »

Ça l'a presque fait sourire. Et Rich est arrivé. Il a passé un coup de fil, et deux types pas cons du tout se sont pointés. L'un arrivait en avion de Chicago et l'autre de New York. Des gars vraiment très bien. Ils avaient protégé un tas de truands dans de grands procès à New York, Chicago et Miami. S'il y avait une voiture de tueurs, ils le savaient. Ils *savaient* ce qui se passait, ils savaient comment entrer dans n'importe quel endroit et comment en sortir, ils savaient tout faire. Nous nous sommes installés dans un motel à une centaine de kilomètres de la ville. On a joué au tennis dans un club et on n'est plus allés dans le centre sauf quand on avait besoin de moi.

3

Ils roulaient — Alberto Barruetta et Susan, sa petite amie, la pauvre-petite-fille-riche d'un concessionnaire Pontiac en Californie, sexy, les yeux bleus, qui était avec lui quand Decker lui avait tiré dessus, et dans la planque de San Diego. Sous la conduite d'officiers fédéraux qui assuraient leur protection contre les menaces de mort et le contrat d'assassinat d'un demi-million de dollars qu'avait passé Falcon, ils cavalaient d'un motel à l'autre, traversant le désert Mojave, la Prairie, les Montagnes rocheuses, pour se rendre à Detroit pour le procès de Roger Fry.

— Je ne pouvais pas travailler, dit Barruetta, je ne pouvais rien faire. Tout de suite après mon départ de San Diego, dès qu'ils ont eu terminé leur rapport sur moi, ils m'ont mis dans ce service de protection de témoins, et c'était ça le pire. Je ne pensais pas que ce serait aussi pénible de traiter avec le gouvernement. Pas les agents de la brigade des stupéfiants, vous savez, mais les policiers fédéraux qu'ils m'avaient collés. Ils m'ont emmené de ville en ville. Ils me donnaient juste assez d'argent pour vivre. J'avais un tas de problèmes, pour essayer de survivre, de *manger* tout simplement. Vous savez, tout était programmé à la perfection. Ils ont amené des experts pour préparer le procès et ne laisser aucun détail dans l'ombre. Mais la seule chose qu'ils n'avaient pas préparée, c'était ce qu'ils allaient faire de moi.

Attendant de témoigner au procès de Roger Fry à Detroit, continuant à fournir des renseignements aux agents du Centac et aux procureurs, Barruetta resta un certain temps dans un motel Howard Johnson, puis fut emmené, avec Susan, dans un petit chalet isolé sur le lac Huron, près de Mackinac Island, un parc national et une station estivale proches de Detroit.

Cela commença comme une lune de miel.

— Il y avait un lit, un téléviseur, un petit poêle, et une plage. Nous faisions des parties sur la plage, la nuit, des feux de camp, nous buvions du vin blanc, nous jouions aux cartes. Le soir nous allions au restaurant, les meilleurs du coin.

Mais quelque chose n'allait pas, quelque chose que ni les parties sur la plage, ni les parties de cartes, ni les restaurants ne pouvaient dissiper. Un nuage d'interdits planait au-dessus du chalet. Les officiers fédéraux vivaient dans deux chalets voisins, montant la garde. Partout, des gardes du corps étaient là, l'arme sous le veston, attendant les tueurs de Falcon, un autre Michael Decker. Susan s'éveilla au milieu de la nuit au bruissement d'un rôdeur à l'extérieur du châlet. C'était un officier fédéral qui inspectait la fenêtre. Elle n'avait pas à se demander à quoi ressemblerait une attaque — elle avait déjà entendu le coup de tonnerre d'un 357 magnum, vu ce que son projectile pouvait faire à une porte de bois de 8 cm d'épaisseur, vu Barruetta s'aplatir brutalement sur le plancher.

— Elle devint très inquiète : Hé, qui c'est ce type, ce type qui nous regarde, ce type qui n'arrête pas de nous regarder.

Elle finit par ne plus pouvoir supporter l'isolement, les intrigues, le danger. Tout, même les agents fédéraux de protection, semblait exhaler une odeur de menace. Son optimisme de fille qui ne pense qu'à s'amuser s'était effiloché à mesure qu'ils fuyaient à travers le pays, et maintenant les derniers lambeaux s'en dissolvaient dans cette cachette écartée, au bord du lac.

— Elle était devenue très nerveuse. Il y avait une telle tension. Nous vivions terrorisés. Regardant sans arrêt derrière nous. Nous ne pouvions vraiment rien faire de ce que nous aimions tant autrefois, quand nous nous amusions comme des fous. Fini l'amusement. Tout était déprimant. Mais nous ne nous sommes jamais disputés. Elle n'a jamais été hargneuse. Elle m'aimait trop, je crois.

« Je lui ai dit : " Tu ferais mieux de rentrer chez toi et de ne pas t'en faire. Ici, ça dépasse les bornes. Le mieux c'est de retourner chez toi et d'essayer de refaire ta vie. " Elle était apparemment d'accord.

Les agents fédéraux emmenèrent Susan en voiture à Detroit et la déposèrent dans un hôtel, le même où elle avait séjourné avec Barruetta avant de se rendre au châlet.

Elle remplit sa fiche, alla dans sa chambre, entra dans la salle de bains et s'entailla les poignets.

Le directeur appela une ambulance et les fédéraux. Elle resta cinq jours à l'hôpital, et ensuite, devant l'insistance de Barruetta, les fédéraux la ramenèrent au chalet.

— Elle m'a dit pourquoi elle avait fait ça. Elle ne pouvait pas me voir avec tous ces ennuis, et ces problèmes à n'en plus finir. Alors elle s'était tuée. Elle avait *tenté* de se tuer.

4

Au bout de treize semaines de procès, Roger Fry plaida coupable de ce que les procureurs fédéraux appellent un 848, « activité criminelle continue ». C'était à la vérité une tactique désespérée, car ce crime entraînait obligatoirement une sentence allant de dix ans à la perpétuité, sans possibilité de liberté conditionnelle. Jamais auparavant personne n'avait plaidé coupable d'un 848. Pourquoi Fry le fit-il ?

Michael Decker avait dit avoir vu des relevés bancaires à la Maison Ronde de Tijuana faisant apparaître des dépôts de Falcon de 266 millions de dollars dans deux banques de Zurich. Il dit que, rien que pour la corruption, Falcon dépensait plus de 16 millions de dollars par an. En raison de l'extravagance de Decker et de ses autres récits délirants — voiture à la James Bond, superfusils à la Buck Rogers — c'était un peu difficile à croire. Mais comme pour le reste de ce qu'il racontait on en eut bientôt confirmation. La police de Tijuana, mettant à sac la Maison Ronde de Falcon, le lendemain de son arrestation à Mexico, découvrit des documents bancaires étayant l'affirmation de Decker.

Remis aux agents américains, les documents firent partie d'une enquête financière dont le nom de code était Opération Goldfinger. Partant des informations contenues dans les documents saisis, les agents de Goldfinger découvrirent que Falcon avait au moins huit comptes bancaires au Mexique, huit en Suisse, deux à Madrid, un à Paris, de même qu'au Portugal, à Nassau et aux Iles Canaries.

Jamais auparavant les enquêteurs américains n'avaient soupçonné l'existence d'aussi importantes transactions financières internationales. Ils ne savaient pas tellement non plus comment poursuivre l'enquête. Découvrant que 800 000 dollars appartenant à Falcon avaient été transférés par télex d'une banque des Bahamas sur un autre compte d'une succursale new-yorkaise de la Société de Banque Suisse et de là sur un compte numéroté de la SBS à Zurich, les agents exigèrent qu'on leur communique les dossiers de la filiale de New York, espérant découvrir les détails de cette transaction et des autres. La banque affirma qu'elle était incapable de trouver la moindre trace de la transaction, bien qu'on lui eût fourni la date à laquelle celle-ci avait eu lieu.

Aiguillonné par ces découvertes, le service des renseignements stratégiques de la DEA, quatre mois après l'arrestation de Falcon, créait le Programme de Renseignements Financiers pour découvrir les mouvements internationaux des fonds de la drogue. Le Programme, comme on l'appela désormais, commença à examiner les dossiers de Falcon et se concentra d'abord sur les comptes suisses.

Mais si les banques suisses étaient d'une absolue discrétion aux Etats-Unis, elles étaient réputées l'être encore plus en Suisse. C'était une profession de foi, connue du monde entier, que le gouvernement helvétique n'ouvrirait jamais le dossier d'un compte aux enquêteurs, encore moins à des enquêteurs étrangers. Les comptes suisses des trafiquants de stupéfiants étaient impénétrables — ils n'avaient *jamais* été violés.

Mais pourquoi ne pas essayer? Richard Kobakoff, le chef du Programme, un homme mince et roux, travaillant avec les procureurs du ministère de la Justice, rédigea une requête diplomatique émanant d'une prétendue commission rogatoire pour assistance à un tribunal d'un autre pays. La lettre demandait spécifiquement aux autorités helvétiques des renseignements concernant deux comptes ouverts à Zurich par Alberto Sicilia-Falcon et Roger Fry. Transmise par l'ambassade américaine de Berne, la lettre fut remise aux Suisses début mai. Le 30 juin, les Suisses répondaient.

Et de quelle façon! Souhaitant peut-être prendre une position énergique contre les fonds de la drogue qui se trouvaient dans leurs banques, ils étonnèrent les agents du Centac en fournissant non seulement les dossiers concernant les deux comptes de Zurich mais aussi le rapport complet d'une enquête menée par la police helvétique. A la succursale de la Société de Banque Suisse du Löwenplatz à Zurich, Fry avait fait passer huit millions de dollars sur un compte en dollars numéroté 619.854, et sur quatre comptes secondaires dans d'autres monnaies. Des flots d'argent étaient ainsi brassés, des millions de dollars, entrant et sortant suivant les fluctuations du dollar. Le motard famélique en blue-jean et T-shirt avait joué comme un professionnel sur le marché monétaire international. Et il ne s'agissait que d'un seul compte. Qu'en était-il d'autres comptes, dans d'autres banques, dans d'autres pays? Paulette, sa femme, avait un compte à l'Union de

Banques Suisses, à Zurich, et Sicilia-Falcon en avait six à la succursale SBS du Löwenplatz.

Ces documents portèrent un coup fatal à tous les espoirs de Roger Fry de se disculper des charges retenues contre lui. Car, pour obtenir une condamnation sur l'inculpation d'activité criminelle continue, l'accusation devait prouver l'existence d'un bénéfice financier substantiel. Plus ce bénéfice était important, plus lourde serait la condamnation qu'on pouvait espérer voir infliger par le juge.

Rich Kobakoff apporta les documents suisses, demeurés sous le sceau de l'ambassade pour éviter une plainte en falsification, au juge de Detroit. Ils furent aussi communiqués à Roger Fry et à ses avocats. Ayant sous les yeux des documents qui décrivaient dans le détail ses propres transactions portant sur des millions de dollars, Fry renonça.

Le lundi 12 juillet, pour éviter une condamnation quasi certaine qui se traduirait par une peine de plusieurs dizaines d'années, Fry plaida coupable au titre du 848, espérant le minimum de dix ans. C'était un grand jour pour le Centac — la première fois que les Suisses avaient remis des documents bancaires à des agents étrangers de la brigade des stupéfiants, et la première fois que quelqu'un était jugé au titre de l'article 848.

5

La condamnation de Roger Fry fut un triomphe pour le Centac, mais qu'allait devenir Alberto Barruetta ? Sicilia-Falcon avait toujours un contrat d'un demi-million de dollars sur sa tête.

Barruetta avait environ 50 000 dollars, qui lui restaient du temps de Las Vegas, de son écurie de courses, des jets privés, ces jours de luxe du trafic de drogue. Susan et lui allèrent à Jacksonville, en Floride, et ouvrirent un restaurant. Ils perdirent 20 000 dollars en six mois. Ils achetèrent un autre restaurant, plus grand, qu'ils appelèrent *Señor Munchies* où ils servirent de la cuisine mexicaine aux familles des environs ; cette fois l'affaire prospéra. Mais pas pour longtemps. Un bar voisin se transforma en boîte topless : « Mon restaurant familial devenait un bordel. Toutes ces danseuses en petite tenue venaient commander en disant : " Hé, amène-moi deux *tacos**. " »

Bientôt un magasin du quartier se mit à vendre des ouvrages pornographiques, et un autre bar genre seins nus s'ouvrit. Les clients du *Señor Munchies* furent remplacés par « une horde de putains ». Les bénéfices tombèrent. Barruetta et Susan travaillaient dix-huit heures

---

* Sorte de petite pizza mexicaine.

par jour, mais l'affaire continua à péricliter. Susan était de nouveau déprimée.

— Un jour, je travaillais au restaurant. A six heures, Susan n'avait toujours pas téléphoné. Je n'arrivais pas à la trouver. Alors j'ai envoyé quelqu'un la chercher. Et on la trouva morte. Presque morte. Elle avait pris des comprimés. J'allai à l'hôpital. Elle était dans le coma, et je ne pouvais pas la voir parce que nous ne portions pas le même nom et que seule sa famille en avait le droit. Le lendemain un agent fédéral s'est amené et a dit : « La fille est dans le coma, ils pensent qu'elle va mourir ; je ferais mieux d'appeler Washington. »

« Washington envoya un type. Ils paniquaient. Ils lancèrent un avis de recherche fédéral pour obtenir des informations sur cette fille. Finalement, ils m'ont autorisé à la voir. Elle était dans le service de réanimation, avec un tuyau dans la bouche.

« Le gouvernement avertit les parents et les sœurs et les tantes. Tout un tas de gens arrivèrent en Floride, me regardant d'un sale œil. Les officiers fédéraux racontèrent toutes sortes de trucs. Ils firent sauter ma couverture. Il fallait que je parte. Je vendis le restaurant 2 500 dollars, et ce fut la fin de tout ça.

« Susan se rétablit et rentra avec ses parents. Aujourd'hui elle est serveuse au bar d'un hôtel. Tout cela l'avait terriblement affectée. Elle était trop jeune pour supporter toutes ces pressions et les coups de feu et... c'était trop pour elle. Je crois que c'était ça. Une fille tellement sympa. Et que ça finisse comme ça... ça me faisait de la peine. Je ne lui téléphone pas parce que je ne veux pas la mêler de nouveau à mes histoires. Je l'aime et je ne veux pas qu'elle recommence. Je lui ai téléphoné une fois. Elle avait un petit ami. Elle était heureuse. J'étais heureux qu'elle soit heureuse.

CHAPITRE QUATRE

1

Un hélicoptère, des tireurs embusqués, des mitrailleuses, des bombes fumigènes, des gardiens tués et un jet privé pour l'Amérique latine — tout cela devait être payé avec la montagne d'argent que Roger Fry avait eu l'astuce d'entasser sur ses comptes secrets en Suisse. Fry régla tout cela depuis sa prison dans des conversations à voix basse avec sa femme de vingt-huit ans, Paulette.

Roger Fry avait plaidé coupable, mais cela ne signifiait pas qu'il avait l'intention d'accomplir sa peine — ni à vie, ni dix ans, ni entre les deux. Détenu dans un pénitencier fédéral près de Detroit, Fry imagina les plans d'évasion les plus bizarres et les plus audacieux de toute l'histoire du système carcéral américain. Cela faisait ressembler le tunnel de Falcon à... eh bien, *tout le monde* a creusé des tunnels. Les tunnels étaient vulgaires. L'idée de Fry avait de l'originalité, du brio et de la classe. Elle impliquait aussi trois meurtres.

Cinq mois avant le début du procès de Fry, Paulette avait exhibé à Zurich une procuration l'autorisant à transférer 206 300 dollars d'un compte au nom de Fry, à la Société de Banque Suisse, sur un compte à son nom. Puis, onze jours avant que la sentence ne fût prononcée, Paulette et un Mexicain du nom de Manuel Núñez se rendirent au Mexique pour retirer 10 473 dollars en liquide. Cet argent, s'ajoutant aux fonds qui allaient être retirés de Suisse, permettrait de payer un hélicoptère, une moto, un camion, des armes et un petit commando de complices.

Le plan d'évasion de Fry était double, avec un plan de secours au cas où le premier échouerait.

Plan A : Lorsque Fry serait transféré en fourgon avec d'autres détenus, peut-être de la prison au tribunal pour s'y entendre condamner, un complice balancerait une grenade à travers le pare-brise pour qu'elle atterrisse sur les genoux du conducteur. D'autres complices attaqueraient la voiture des policiers fédéraux qui suivaient le fourgon. Dans la confusion et la fusillade, Fry s'échapperait du car, sauterait dans une voiture, et escorté par une moto, filerait jusqu'à un camion de déménagement garé à proximité. La voiture et le reste, grâce à une rampe, disparaîtraient à l'intérieur du camion, et seraient amenés rapidement jusqu'à un Learjet qui les attendrait pour s'envoler vers l'Amérique du Sud.

Plan B : A l'aube du vendredi, quatre jours avant que la peine ne soit prononcée, un hélicoptère se poserait sur le terrain de sport à l'intérieur de la prison. Des tireurs armés de fusils et de mitrailleuses tueraient deux gardiens dans les miradors qui surplombaient le terrain. Fry monterait dans l'hélicoptère, et, des bombes fumigènes masquant son décollage, l'hélicoptère emmènerait à toute vitesse Fry jusqu'à une piste d'atterrissage où un Learjet l'emporterait vers l'Amérique du Sud. Pour éviter qu'on ne découvre la trace de sa fuite, le pilote de l'hélicoptère serait tué.

Le Centac pensa que quelque chose se préparait quand les douaniers arrêtèrent Paulette Fry et Manuel Núñez au moment où ils essayaient de passer en contrebande 10 473 dollars aux Etats-Unis en franchissant la frontière à San Isidro, à côté de San Diego. En collaboration avec le FBI, Rich Gorman découvrit les détails de l'évasion à temps pour faire échec aux deux plans, sauvant peut-être la vie de policiers fédéraux, de gardiens de prison et d'un pilote d'hélicoptère.

Fry fut condamné comme prévu. Il écopa du minimum de dix ans et fut accusé, en même temps que Paulette, d'un nouveau crime — tentative d'évasion et complot avec intention de meurtre.

Le jury du procès de Detroit put entendre Michael Decker raconter des histoires de fortunes et de tueries datant de son passé d'assassin et de responsable de la sécurité de Sicilia-Falcon. Mais Decker avait des renseignements plus explosifs à révéler devant une réunion de sénateurs tenue à huis clos.

Avant que Decker pût se rendre à Washington, la violence s'abattit à nouveau sur lui.

DECKER

Je témoignais pendant trois jours au procès de Roger Fry lorsque l'entreprise où je travaillais m'offrit la possibilité de devenir concessionnaire régional si j'allais à Albuquerque. Lisa ne voulait vraiment pas que j'y aille, mais je voyais l'occasion de gagner rapidement beaucoup d'argent. Alors je partis quand même. Et notre ménage qui était bancal depuis longtemps allait pratiquement se briser.

Je suis resté à Albuquerque pendant près de six semaines. Les affaires marchaient vraiment bien. Un jour, j'étais au boulot et je dis :

— C'est vendredi, on va se prendre notre après-midi. Je vous emmène tous à la Montana Mining Company, un de mes vieux restaurants. On va s'amuser. Vous pourrez boire et manger à satiété, toute la nuit. Amenez votre petite amie, votre fiancé, qui vous voulez.

Alors, avec Dennis, le type que j'avais formé pour être mon directeur, et tous mes employés, on est allés au restaurant, et on a fait un bon gueleton, il y avait du château-latour, du lafite-rothschild, du margaux, et tout ce qu'on veut. On commençait à être bourrés. On était dans une salle privée et les gars ont sorti deux ou trois joints, de la colombienne, et tout le monde a tiré un taf. On est sortis de table vers une heure et demie, on est allés à la discothèque de Coronado Center, et on a pris une table, à côté de quatre filles. Comme Dennis et moi on n'avait pas de petite amie, on a commencé à les draguer et à boire avec elles ; on était complètement beurrés.

A deux heures trente, une des filles a dit :

— J'ai entendu ton ami dire que tu avais une quatre-quatre. On pourrait pas aller faire un tour avec ?

— Bien sûr, allons-y.

On roulait depuis un moment quand on a vu un grand feu de camp. Il y avait quatre ou cinq voitures en demi-cercle, un tas de gens tout autour, et des barils de bière.

Une des filles a dit :

— Hé, on s'arrête, y a une fête !

Alors, je me suis arrêté, et il n'y avait pas trois ou quatre minutes qu'on était descendus de voiture que la fille qui était avec moi, Cindy, une blonde aux yeux bleus, s'est mise à hurler.

J'ai regardé et il y avait cinq types qui lui arrachaient son corsage. Un autre type qui lui déchirait sa jupe. Et les autres types qui la tenaient. Ils allaient la violer.

J'ai réalisé alors qu'il y avait onze types, et pas d'autres filles. Des types qui avaient entre dix-huit et vingt-quatre ans, tous des Latino-Américains. En jean et sweat-shirt, vraiment crasseux, sortis rien que pour se bourrer la gueule.

J'ai hurlé :

— Bon dieu, laissez-la. Si vous ne la laissez pas, je vais me fâcher. Vous la laissez partir ou ça va aller mal.

Un type s'avance, suivi de cinq ou six autres. Il me dit : « Va te faire foutre, gringo. »

Il n'y avait pas à hésiter. J'ai fait rapidement un pas de côté, puis lui ai asséné deux coups de karaté sur le haut du torse et au cou. Il s'est effondré, sans connaissance. Deux autres gars arrivaient, à droite et à gauche. Je les mis également hors de combat.

Les autres arrivaient avec des démonte-pneus et des bouts de tuyaux. Ça devenait sérieux. Pendant ce temps, ils avaient presque complètement déshabillé Cindy. J'étais vraiment en rogne. Lorsque je vis apparaître des couteaux je courus vers la quatre-quatre et pris le Magnum 357 que j'avais sous le siège. Je tirai un coup en l'air et dis :

— Vous la lâchez ou je vous fais sauter la cervelle.

Le type émit une sorte de gloussement, et j'entendis un craquement sec derrière moi. Un des autres avait contourné subrepticement la Blazer et m'arrivait dessus.

J'ai fait volte-face et à ce moment-là, le type m'a donné un coup de couteau en plein dans le rein droit. Je me suis retourné pour le frapper avec le revolver, et alors il a plongé, m'a foncé dessus et de la main droite m'a planté son couteau dans le rein gauche.

Mes jambes s'engourdissaient, je commençais à saigner. J'avais l'impression qu'on m'avait ouvert le dos tout du long.

— Petit salopard de Blanc, ça va être ta fête, me dit le type. Tu vas crever.

Alors je pointai l'arme sur lui, appuyai sur la détente, et lui collai une balle juste entre les deux yeux.

Et je hurlai : « Vas-y Cindy ! Monte dans cette foutue Blazer ! »

Quand je lui ai tiré dessus, j'ai essayé de faire un pas mais je ne pouvais même pas bouger les jambes. Dennis s'était enfui parce qu'il avait peur et qu'il ne voulait pas se mêler à une bagarre. Mais dans sa fuite, il s'était rapproché de Cindy, l'avait empoignée et ramenée à la Blazer. Ils ne l'avaient pas violée, mais elle était presque nue. Les autres filles étaient déjà dans la voiture. J'ai pris le volant. J'étais conscient que j'avais tué un type, mais c'était pour sauver ma peau. C'était de la légitime défense, rien de plus.

Je saignais tellement qu'une des filles dit : « Bon Dieu, ça gicle à l'arrière. » Je commençais à avoir vraiment le vertige et Dennis dit :

— Il faut faire descendre les filles. Il ne faut pas qu'elles soient mêlées à ça.

On les a laissées à l'université et puis Dennis devait me déposer au Presbyterian Hospital. Mais au lieu de ça, il m'amène à mon appartement. Il me dit qu'il va à la pharmacie me chercher des pansements : « Je m'occuperai de toi. »

J'enregistrai quelque part dans mon esprit qu'il était cinq heures du matin, et que je ne connaissais pas de pharmacie ouverte à cinq heures du matin. Ce qu'il faisait, c'était se tirer le cul de cette histoire. Vraiment un chouette copain.

Donc, il était parti. Et bientôt je serais saigné à blanc. Je le savais. Tout d'un coup, je revis des tas de choses sur ma vie avec Falcon. Et brusquement, cela me traversa l'esprit que, merde, ce qui s'était passé cette nuit, c'était que Falcon essayait de me tuer.

J'étais encore assez conscient pour composer un numéro que j'avais déjà composé souvent en cas d'urgence. Le seul type au gouvernement qui ne m'avait jamais baisé, le *seul* en qui j'avais confiance. Rich Gorman.

2

— Il était environ une heure du matin, raconte Rich Gorman, lorsque Mike m'appela d'Albuquerque. Il était couché sur le plancher, saignant comme un porc qu'on égorge. Il me raconta qu'il avait été poignardé à deux reprises et voulait savoir ce qu'il fallait faire. J'ai dit : « Qui a fait ça ? » Et il a répondu : « Je crois que j'ai descendu le type qui l'a fait. »

« Comme je ne voulais pas passer des heures au téléphone avec lui, je lui ai dit : " Vous avez appelé la police ?

« — Non, je n'ai pas appelé la police.

« — Est-ce que le fédéral est au courant ?

« — Non, il ne sait rien. Vous êtes la première personne que j'ai appelée. "

« J'ai dit : " Raccrochez et appelez la police, allez à l'hôpital. Je vous rappelle dans quelques minutes. Je vais téléphoner à quelqu'un là-bas. "

DECKER

Quand j'ai eu Rich au téléphone, je lui ai dit :
— Rich, Falcon a essayé de me tuer.
Il a dit :
— Quoi ?
— Ouais, j'ai été poignardé dans le dos et j'ai fini par tuer un des types.
— Je vais m'en occuper.

Il m'a dit de composer le zéro. J'ai raccroché. J'avais un téléphone à touches, sans ça je n'aurais jamais pu faire le zéro. Il y avait du sang partout — sur les murs, sur les tables, on aurait dit qu'on avait abattu une vache dans mon appartement.

J'appuyai sur le zéro et dis :
— Je suis en train de mourir. Appelez la police.

Et ce fut instantané. Je suppose qu'au ton de ma voix, l'opérateur savait que je ne faisais pas une blague au téléphone. La police fut en ligne.
— Je suis en train de mourir. J'ai été poignardé. Je suis dans mon appartement à Ambassador West. Et j'ai été obligé de descendre quelqu'un.

C'est tout ce que j'ai dit. Et la police s'est ramenée à Ambassador West.

Il devait y avoir quinze ou vingt voitures de flics. Ils pensaient qu'on avait dû échanger des coups de couteau et des coups de feu et qu'il y avait des types qui se baladaient avec des couteaux et des flingues et qui s'entre-tuaient.

Je divaguais. L'ambulance est arrivée, et ils ont fait irruption dans la pièce, et j'étais couché là, le téléphone à la main, en train de saigner à mort. Le type des urgences avait l'air d'un débutant. Il s'y est repris à seize fois pour essayer de me faire une intraveineuse au bras. A la fin, un policier s'est penché et a piqué ma veine au premier coup. Ils m'ont mis sur un chariot, et pendant ce temps les caméras de télé étaient arrivées.

La fédé était là parce que le type que j'avais tué était le neveu du sénateur Joseph Montoya. Le sénateur Montoya avait été impliqué jusqu'au cou dans des affaires de fraude foncière et de stupéfiants. Et j'avais tué son neveu.

Ils m'ont conduit au Presbyterian Hospital, et ils avaient emmené Montoya, le neveu, dans le même hôpital. Les policiers parlaient aux proches de Montoya. On racontait qu'un type qui conduisait une quatre-quatre s'était penché à l'extérieur, avait tué notre ami, et s'était tiré. On continuait à me pousser sur mon chariot et ça y allait : « C'est lui ! C'est le type qui a tué notre ami ! Il doit encore avoir une arme ! »

Juste au moment où j'allais entrer en chirurgie, un inspecteur est arrivé et m'a mis les mains dans des sacs de plastique. Il a dit au médecin :

— Ne le laissez toucher à rien. Nous voulons faire un test à la paraffine.

Ils m'ont emmené en chirurgie et je me suis réveillé vers quatorze heures trente pour voir dans ma chambre un adjoint du shérif du comté. Il s'est approché du lit et m'a tendu un mandat d'arrêt.

— Meurtre avec préméditation, qu'il a dit.

Je secouai la tête, le regardai et dis :

— Bon sang, un meurtre avec préméditation ? Quand on est en état de légitime défense ?

J'ai lu et il y avait écrit : « Personne tuée, Albert Montoya ». Le vieux cerveau travaillait, *Montoya*. Puis, je regardai les informations télévisées. C'est Montoya qui possédait la chaîne. C'était dingue. Ça ressemblait à la bataille d'OK Corral. Ils montrèrent des images de ma Blazer avec tout le sang et des images de Montoya avec sa tête éclatée puis des images de mon appartement et de moi. Avec tout ce sang, on aurait dit que tout mon dos avait été arraché. En réalité, il y avait que deux trous.

Je ne savais pas quoi faire. J'avais les idées complètement embrouillées. J'appelai Denver pour parler à Lisa. Viens à mon secours et fais-moi quelques caresses. Et elle arriva tout de suite. Elle venait toujours. *Toujours*. Elle ne m'a jamais abandonné jusqu'à ce que ce soit vraiment la fin.

Elle vint donc à Albuquerque. J'appelai un avocat, Bob McGuire. J'avais entendu dire que c'était un des meilleurs avocats d'assises de la ville. Il a dit Ouais, je vais me charger de l'affaire. Dix mille dollars cash pour commencer.

Le lendemain, il y eut la première audience pour fixer la caution. Je pouvais à peine marcher. Mais je suis quand même sorti de ce lit d'hôpital, ne pouvant pas supporter de rester couché là avec les shérifs du comté assis à côté de moi vingt-quatre heures sur vingt-quatre.

Le juge a dit :

— Vous êtes accusé de meurtre avec préméditation.

Je tremblais de tout mon corps. Je portais un jean et une veste de pyjama d'hôpital. Il a ajouté :

— Nous allons fixer votre caution. Si vous pouvez trouver dix mille dollars cash représentant dix pour cent, vous pourrez sortir d'ici.

Alors j'ai remis l'argent, et je suis parti.

Trois jours après ça, je reçus ma première prime de récompense du gouvernement. Quand Rich dit que c'était un premier versement, je me suis dit chic! Probablement cinquante mille! C'était cinq mille dollars. Mais je n'ai jamais touché un rond de plus.

Je suis sorti sous caution et je me suis mis à travailler comme un dingue, faisant prospérer cette affaire. Jusqu'au moindre sou que je pouvais en tirer. J'en arrivai au point où je lésinais sur le règlement des salaires. Je ne payais pas les gens au tarif normal, parce qu'il fallait que je paie mon avocat. J'en suis venu à acheter du matériel au siège de la maison en le réglant avec un chèque en bois, si bien que je pouvais vendre le matériel et avoir de l'argent pour payer l'avocat. J'étais dans l'engrenage. J'ai vendu ma maison, ma Blazer, un tas de bijoux, les meubles. Tout ce que je pouvais.

Et Thor mourut, d'une crise cardiaque. Ce fut un sale moment de mon existence, après tout ce qu'il avait fait pour moi et parce que je me sentais si proche de lui. Je l'ai emporté chez un ami et je l'ai enterré. Lisa était avec moi. Elle aussi adorait ce chien. Quand je l'ai mis en terre, je crois que j'en ai pleuré. Il faisait un grand soleil et c'était sur une petite colline qui dominait toute la vallée d'Albuquerque.

Le jour de mon procès est arrivé. Le district attorney était pas réglo, ça je le savais. Quand on est arrivés au tribunal, aucun de mes témoins n'était là. Les quatre filles et Dennis étaient absents. C'était donc ma parole contre celle de onze personnes. Ils ont dit que j'étais arrivé en voiture, que je m'étais penché à l'extérieur du véhicule, que j'avais tiré sur ce type, et que je m'étais enfui. Ils n'expliquaient pas les blessures au couteau que j'avais reçues dans le dos. J'avais appris que la fille, Cindy, était montée dans sa voiture l'avant-veille du procès et boum! Toutes les vitres de la voiture avaient volé en éclats. Quatre des types qui avaient essayé de la violer cette nuit-là avaient fait dégringoler les vitres de sa voiture à grands coups de leviers. Un des types s'était penché avec un couteau et le lui avait collé sur le visage en disant : « Si tu témoignes, tu es morte. »

Elle avait appelé son père, un influent homme d'affaires de Chicago. Il envoya son avion personnel, l'embarqua et la ramena chez elle. Les autres filles en étaient venues à redouter les appels téléphoniques. Elles ne voulaient pas témoigner. Dennis a eu droit à une petite réception devant sa porte. Ils lui ont braqué un fusil sur le visage et lui ont dit que s'il témoignait, il était mort. Personne n'a témoigné. Le procureur a dit que j'avais dû recevoir les coups de couteau avant ou après le meurtre.

Et j'ai été inculpé. Meurtre avec préméditation. Condamné à la prison à vie. Un aller simple pour nulle part. Il y avait les caméras de télévision et les journaux et tout le monde dehors devant le tribunal.

Il y avait une formidable masse de renseignements sur moi, sous ma précédente identité, dans des dossiers soi-disant secrets auxquels le sénateur Montoya avait eu accès. Je parlai à Ben Marino de cette histoire, et la seule personne qui, vraisemblablement, avait pu transmettre cette information à Montoya était Joe Baca, le type de la DEA dont on avait su qu'il fournissait des dossiers à Falcon.

Baca était d'Albuquerque et avait été très proche de Brian Dennard, mon vieux copain d'Albuquerque qui m'avait présenté à Falcon. Brian faisait un peu de trafic de marijuana pour son propre compte à la fin des années 60 et au début des années 70, du trafic dans les collèges, à l'université du Nouveau-Mexique, et je pense que c'est à ce moment-là qu'il a rencontré Baca. Je crois que Dennard a présenté Baca à Falcon. Et Ben Marino, lui aussi, connaissait Baca.

Alors, ce qui m'était arrivé, c'était un coup monté ? J'y ai pensé des milliers de fois. Ça n'aurait pu être un coup monté que si quelqu'un m'avait observé, et si dans le restaurant, quand nous étions prêts à partir, une des filles qui était avec Cindy avait été engagée pour proposer d'aller faire un tour en quatre-quatre pour m'amener à ce feu de joie.

En fait, beaucoup plus tard, j'ai discuté avec l'homme qui était directeur du restaurant à l'époque et il me dit qu'il avait été contacté par plusieurs personnes qui demandaient ce que devenait Mike. Et cet ancien directeur m'a demandé : « Mike, vous n'avez pas comme une idée que l'affaire de cette nuit-là était un coup monté ? »

Alors, je ne sais pas. Les chances que je me sois fait avoir ? Je dirais 50-50. Il y a une masse de coïncidences. Les pistes de cette soirée partent dans tous les sens, et tout revient à ce feu de camp, aux gens qui s'intéressaient à moi.

J'étais encore en liberté sous caution, quatre jours avant de purger ma condamnation à vie, alors j'ai emprunté une voiture et je suis allé chercher mon fils à l'appartement de Lisa pour l'emmener à la crèche. Je me suis agenouillé et j'ai regardé Christopher. Je pris son visage dans mes mains, là juste devant la porte, et je portais un anorak, un jean et un T-shirt, et je savais ce que je me préparais à faire. Je savais que quand j'en aurais terminé, je ne saurais plus où je pourrais aller. Alors je l'ai regardé et j'ai dit :

— Christopher, papa doit s'en aller pour un petit bout de temps, je ne sais vraiment pas pour combien de temps. Mais je veux que tu saches que ton papa t'aime vraiment.

Et j'ai su qu'il comprenait, même s'il n'avait pas encore deux ans. J'ai dit :

— Christopher, je t'aime. Je t'aime vraiment, tu sais. Et tu vas *vraiment* me manquer, et je veux que tu saches tout ce que tu représentes pour moi. Et *un jour*, je te le montrerai. Je sais que je ne pourrai pas te voir, ni être un très bon père pendant longtemps, parce que je n'aurai pas la possibilité de te voir. Mais un jour tu sauras combien je t'aime.

Et il me serra simplement dans ses bras. Nous nous aimions vraiment — nous étions très proches. Il me regarda et dit :

— Je sais, papa.

Exactement comme s'il savait ce qui allait se passer. C'était vraiment étrange. Puis il est entré dans la crèche.

Et moi, je suis allé à une banque.

Un homme agissant avec calme et désinvolture a cambriolé jeudi matin la succursale de Northeast Heights de la First National Bank et pris 900 dollars.

Selon Forrest Putman, agent du bureau du FBI d'Albuquerque, un homme a pénétré dans la banque jeudi peu après dix heures du matin, faisant comprendre par une note passée à la caissière qu'il avait une arme.

La caissière raconta par la suite aux officiers de police que la note portait le message suivant : « Je suis armé. Un seul geste et vous êtes morte. Mettez vos billets de 100, 50, 20 et 10 dollars dans le sac. »

Après avoir fait remplir le sac par la caissière, l'homme « a tourné les talons comme si de rien n'était » et a quitté la banque, déclara le directeur de celle-ci.

The Albuquerque Journal

Je savais que si j'allais dans la prison d'Etat du Nouveau-Mexique, j'étais un homme mort. Le cousin de Montoya en était le directeur. La plupart des détenus étaient des Latino-Américains. Elle était surpeuplée. Chaque fois qu'il y avait une fouille, on trouvait des armes à feu et des couteaux. Si j'y entrais, j'étais mort. Alors, pour ne pas y aller, j'avais commis un crime fédéral qui me conduirait dans une prison fédérale.

Après avoir dit au revoir à Christopher, je suis entré dans une banque d'Albuquerque et j'ai dit à la fille de mettre l'argent sur le comptoir. Je suis allé en voiture jusqu'au bureau de mon avocat. Ensuite, nous sommes allés au FBI : le type pensait que j'étais cinglé :

— Nous n'avons même pas reçu de coup de téléphone de la banque et vous venez nous dire que vous l'avez dévalisée ?

— Eh oui.

Alors, il a fait :

— Oh, attendez une minute. Vous êtes Mike Decker, et vous êtes impliqué dans une affaire contre Montoya qui est du ressort de l'Etat. Maintenant, je comprends.

3

— J'ai rappelé dans les dix minutes, poursuit Rich Gorman, et j'ai réussi à parler à un certain sergent Williams, du département de la police d'Albuquerque, pour essayer de comprendre ce qui se passait. A l'évidence, il ne voulait pas trop en dire au téléphone parce qu'il ne savait pas qui j'étais. Mais il a dit que l'homme avait été blessé de deux coups de couteau dans le dos, qu'il saignait beaucoup et qu'ils allaient le transporter à l'hôpital.

« J'ai ensuite reçu un coup de téléphone de Lisa vers quatre heures du matin. Ils venaient d'arrêter Mike pour meurtre. Je lui ai dit : " Mais bon sang, qu'est-ce qui se passe, Lisa ? " Elle m'a répondu : " Je ne sais pas. Je ne sais pas ce qui se passe. "

« Alors j'ai sauté le jour même dans un avion pour Albuquerque et j'ai discuté avec le sergent. En parlant à ces types, je me suis rendu compte que c'était une situation vraiment bizarre. Il ne semblait pas y avoir de contradiction dans les rapports de police sur ce qui s'était passé. Tout le monde affirmait que le type avait sorti un couteau. Mike avait été blessé deux fois. Après mon retour à San Diego, son avocat, Bob McGuire, m'a téléphoné assez longuement. Ce qui le tracassait le plus, c'était de savoir s'il allait ou non être payé pour défendre cet homme. Mike était censé recevoir une récompense mais l'avocat voulait qu'on lui verse directement ses honoraires. Je lui dis que ce n'était pas possible.

« Il s'avéra que la fille qui pouvait confirmer les déclarations de Mike était à Chicago et que son père ne voulait pas la laisser témoigner, mais qu'elle désirait remettre une déposition à McGuire, lequel ne voulait pas la prendre avant d'être payé. C'était le dernier espoir qu'avait Mike de se disculper. C'est alors qu'il a attaqué la banque.

« Quand je parlai plus tard à Mike, il me dit qu'il était au bout du rouleau, qu'il ne savait plus quoi faire. Je sais qu'ils intimidaient les témoins. Et que McGuire le saignait à blanc et essayait de s'approprier tout ce qu'il possédait. J'avais parlé à Mike à deux reprises avant l'attaque de la banque et il avait vraiment l'air désespéré. Il avait besoin de l'argent de la récompense. Je lui promis d'essayer de la lui faire obtenir.

« A ce moment-là, nous lui avions déjà versé quinze ou seize mille dollars et c'était très embêtant parce que, quand il témoignerait, ils affirmeraient que nous avions acheté son témoignage, alors on essayait de ne plus lui donner d'argent.

« Il s'est amené devant la banque dans sa Blazer jaune canari, avec ses gros pneus, ses plaques de Californie et tout le bazar. C'était la seule dans la ville qui ressemblait à ça. Et il a attaqué la banque, puis il est revenu à son motel, a téléphoné à McGuire et s'est livré. Si je ne me trompe pas, l'argent qu'il a pris à la banque correspondait exactement à la somme que réclamait McGuire pour enregistrer cette fameuse déposition.

DECKER

Ils m'ont mis dans un trou, de 1,20 m sur 1,80 m, pendant deux jours et demi, à la prison fédérale d'Albuquerque. Ils me passaient la nourriture par une petite trappe d'acier à hauteur de plancher. Ils ne voulaient pas me mettre avec les autres prisonniers. C'était grotesque et tragique. Après tout ce drame psychologique, j'avais un pied dans la tombe.

Et alors il y eut un déclic. Plusieurs, même. J'avais parlé à Rich Gorman et Pat Gregory du super fusil de Morgan, de la rencontre entre James Morgan et Falcon dans un hôtel de Tijuana, mais personne ne le croyait. Ils ne croyaient ni à l'existence du fusil ni à la rencontre.

Et ils se sont aperçus que c'était vrai. Ils ont retrouvé le fusil et Morgan. Alors, ils sont venus me chercher pour m'emmener à Washington. J'avais quelque chose qui les intéressait.

Des officiers fédéraux sont venus me prendre et ils m'ont laissé les menottes pendant tout le voyage en avion. J'étais gêné. Des fers aux pieds et des menottes. C'était totalement déshumanisant.

En arrivant là-bas, ils m'ont mis dans la prison du District de

Columbia. Un trou merdeux. Il y avait surtout des Noirs, et comme il venait d'y avoir une émeute, toutes les fenêtres avaient été démolies. Dehors, il faisait environ − 2°, il neigeait, mais ils n'avaient pas remplacé les fenêtres parce qu'ils voulaient donner une leçon aux prisonniers.

Je suis arrivé un soir vers huit heures. Je n'avais pas de vêtements, en dehors du T-shirt et du jean que je portais. Je grelottais. Ils m'ont mis dans un bloc avec 95 Noirs, moi et un autre Blanc. Dans ma cellule, il y avait une plaque d'acier, des toilettes et un truc qu'ils appellent un lavabo, et ils m'ont donné une couverture. Pas de matelas, pas de draps, rien du tout. Et ils ont dit : « Passez une bonne soirée. »

Je pense qu'il y avait pas loin d'un centimètre de neige dans la cellule. Un vieux journal traînait par là, alors je l'ai étendu sur la plaque, je me suis roulé en boule, j'ai tiré la couverture sur ma tête et je me suis endormi. Je me suis réveillé vers six heures du matin et j'ai entendu des voix. En regardant à l'extérieur, j'ai vu qu'il y avait du sang devant ma cellule. L'autre Blanc avait été tué pendant la nuit. Dans la cellule à côté de la mienne. Un drame de plus...

J'étais à bout. Je ne savais pas quoi faire. Ils sont venus me chercher et ils m'ont fait traverser plein de tunnels. Il y avait un passage spécial qui conduisait jusqu'à l'intérieur du Capitole et plus haut, dans les locaux du Sénat. Je n'avais pratiquement rien mangé. Je mourais de faim. C'est là que j'ai déposé.

4

La Sous-Commission permanente d'Enquêtes du Comité des Opérations gouvernementales se réunit à quinze heures cinq par un glacial après-midi de janvier dans la pièce 3302 du bâtiment Dirksen du Sénat. Elle s'intéressait à la contrebande de stupéfiants et d'armes qui transitaient par la frontière américano-mexicaine. Le sénateur Sam Nunn était là, ainsi que Lawton Chiles et Orin Hatch. Les sénateurs avaient été amenés à croire qu'ils allaient entendre des révélations foudroyantes. Interdite aux journalistes, la réunion se tint à huis clos. Jusqu'à ce jour sa transcription demeure secrète.

Avant d'entendre Mike Decker, les sénateurs demandèrent l'audition de Dennis Dayle et des agents du Centac. Pat Gregory exhiba ses diagrammes multicolores avec tous les points et les noms, remis à jour depuis qu'il les avait utilisés onze mois plus tôt lors de sa rencontre avec Marty Pera. Ray McKinnon, le superviseur qui avait accompagné Gregory à cette réunion, fit un rapide topo sur le Centac-12. Cela équivalait à tenter d'expliquer la théorie des quanta en 25 mots ou moins.

Le Centac disposait de vingt-deux agents pour liquider l'organisation

Falcon sur le territoire des Etats-Unis. Ils avaient déjà mis en accusation 44 personnes à San Diego, 25 à Detroit, plus 32 au Mexique. Pratiquement tous ceux qui avaient été jugés avaient été condamnés, et la plupart d'entre eux étaient en principe des contrevenants de première classe, des grands pontes. Le réseau de distribution de Roger Fry, maintenant démantelé, s'était étendu à lui seul d'une côte à l'autre, apparaissant à McKinnon comme « le plus sophistiqué sur lequel j'ai travaillé en douze ans ». La plupart de ceux qui avaient été arrêtés avaient une licence universitaire, beaucoup étaient professeurs, et sept d'entre eux — ce qui surprit les sénateurs — étaient des avocats en exercice.

— C'étaient des hommes d'affaires très raffinés, dit McKinnon. En ce qui concerne les avocats, je ne crois pas que nous ayons jamais rencontré d'organisation comparable.

McKinnon dit aux sénateurs que Gregory montrerait plus tard un diagramme « où l'organisation Sicilia-Falcon pénètre toute l'organisation latino-américaine que nous avons prise pour cible, qui passe de l'Amérique du Sud à l'Amérique Centrale pour venir jusqu'aux Etats-Unis.

— L'organisation qui est *au-dessus* de Sicilia, expliqua Gregory, et que nous poursuivons encore.

Malheureusement, dirent les agents, l'argent de Falcon et son pouvoir ont permis à ceux de la branche mexicaine, même s'ils sont en prison, « de mener à bien leurs transactions comme s'ils étaient libres... Leurs opérations recommencent à être florissantes ».

En fait, avoua McKinnon, le Centac n'avait pas pu apprendre du gouvernement mexicain de quoi Falcon avait été accusé. Les informations venant du Mexique étaient *toujours* limitées.

— Et pratiquement jamais valables, ajouta Dayle.

— Dans le cas de Falcon, dit McKinnon, sa position dominante au Mexique, la masse d'argent, les amis très influents... nous avons rencontré une résistance supérieure à la norme. Les gens sont devenus nerveux quand il est tombé. Il pose un problème délicat au Mexique.

Sam Nunn, son accent traînant de Georgie donnant à sa question un air très sérieux, demanda :

— Est-ce que Falcon est accusé aux Etats-Unis ?

— Oui, répondit Gregory.

— Est-ce qu'il nous sera rendu ?

— C'est une très bonne question, dit Gregory. Nous ne pensons pas qu'il quittera un jour le Mexique.

— Vous ne pensez pas qu'il le quittera vivant ou vous ne pensez pas qu'il le quittera du tout ?

— Nous pensons simplement qu'il ne va pas quitter le Mexique. Il est politiquement trop...

— Avec sa fortune, dit McKinnon, ils ne peuvent pas le laisser quitter le Mexique sinon ils perdront le contrôle de cet argent. Avec ses relations politiques, ils ne peuvent pas prendre le risque de le laisser partir. Il peut compromettre des personnalités officielles mexicaines de premier rang.

— Est-ce que sa vie est en danger? demanda Nunn.

— Quand il sera à court d'argent, dit McKinnon, ou quand d'une certaine manière il essaiera de prendre contact avec des gens, je pense alors que oui, il sera vraiment en danger.

Gregory examina ses diagrammes, qui comportaient les noms de personnalités politiques et de fonctionnaires de haut rang que manœuvrait Falcon.

— Si ce diagramme venait à être connu, si les médias mettaient la main dessus, est-ce que vous pourriez le défendre? demanda Nunn.

— Quand Alberto a été arrêté à Mexico, répondit Rich Gorman, la plupart des politiciens de Mexico connurent environ une semaine de profond malaise. Un tas de menaces réelles et imaginaires planaient sur leurs têtes.

— Par exemple, dit Gregory, Irma Serrano a déclaré publiquement qu'elle n'irait même pas parler au ministre de la Justice du Mexique avant d'avoir vu le président, mais que si le président lui disait de parler, elle parlerait. Irma Serrano était également une amie d'Alberto Sicilia.

— Pour répondre à votre première question, dit McKinnon, si les médias mettaient la main dessus, pourrions-nous prouver l'exactitude de ce diagramme? Je crois que nous pouvons prouver tout ce que nous avons allégué dans nos rapports confidentiels, ou du moins montrer pourquoi nous l'avons allégué. Toutefois, à cause de l'embarras évident où cela mettrait les Etats-Unis, il faudrait... De toute façon, nous ne pouvons rien faire à ce sujet. Je ne suis pas sûr que cela justifierait la gêne ou la tension que cela créerait dans nos relations diplomatiques. C'est pourquoi nous ne le divulguons pas.

— Je pense que cela pourrait compromettre les phases opérationnelles à venir et en cours de ce Centac, précisa Dayle.

— Je ne suggère pas qu'on le publie, dit Nunn. Je suis simplement curieux de savoir si vous pouvez vraiment prouver quelque chose contre ces gens.

— Nous le pouvons pour une grande part, affirma McKinnon, nous avons fait un gros travail. Des *comandantes* ont été révoqués. Des juges aussi. Le gouvernement mexicain ne veut pas reconnaître devant le gouvernement américain que tout cela est la conséquence directe de cette affaire, mais c'est ainsi. Nous avons des hommes au Mexique qui peuvent le vérifier pour nous.

— Un de leurs plus importants procureurs fédéraux vient, tout récemment, d'être relevé de ses fonctions, ajouta Gregory.

Il parla des pièces d'identité de Falcon prouvant qu'il était un agent du Gobernación que dirigeait Moya-Palencia :

— Le Gobernación est le super-service du gouvernement mexicain, rattaché à la fois aux finances et à la justice, qui s'occupe aussi des renseignements à l'étranger. Et traditionnellement, le chef du Gobernación devient président. Au moins en ce qui concerne les trois ou quatre derniers présidents. A l'époque de son arrestation, Falcon avait une carte spéciale du Gobernación. En fait, il n'était même pas citoyen mexicain. Il y a un tas d'histoires que nous n'avons pu confirmer, mais une des plus intéressantes est la suivante : à cause de l'arrestation de Falcon, à cause de l'embarras du gouvernement mexicain et des déclarations de Falcon à la police fédérale du Mexique sur d'autres services du gouvernement mexicain, Moya-Palencia, que les journaux et les politiciens mexicains donnaient comme futur président, s'est retiré. Il avait cessé d'être l'homme qu'on met en vedette. Une semaine après ça, Lopez-Portillo, l'actuel président du Mexique, fut présenté comme l'homme choisi par Echeverría.

— Qui sont les types propres du gouvernement mexicain ? demanda Nunn. Y en a-t-il quelques-uns ? Est-ce qu'il y a au Mexique des gens qui luttent vraiment contre ce genre de corruption ?

— Monsieur, commença Gregory, il faut que vous compreniez la situation. Là-bas un inspecteur, un homme dans une position semblable à la mienne, est payé environ 330 dollars par mois. Avec ça, il doit assurer ses propres dépenses, payer son logement, un déménagement tous les six mois, son essence, une voiture, une radio, trois ou quatre assistants, leur salaire, des armes...

— Et les hauts fonctionnaires ?

— Ils sont dans une situation encore pire.

— Nous sommes aujourd'hui en séance à huis clos, dit Nunn, rappelant à Gregory que son témoignage était secret. Avez-vous la preuve qu'un quelconque haut personnage du gouvernement mexicain est impliqué aujourd'hui dans le trafic des stupéfiants ? Par exemple le président du Mexique ?

Jose Lopez-Portillo était président depuis six semaines.

— Nous n'avons aucune preuve concernant directement le nouveau président du Mexique. Je crois savoir qu'il y a quelque chose dans son passé, qui ne concerne pas les stupéfiants, mais d'autres domaines.

Cuba vint sur le tapis. Falcon avait un passeport cubain en règle, délivré à La Havane onze ans après son arrivée aux Etats-Unis à titre de réfugié. Nunn demanda :

— Avez-vous des informations comme quoi le gouvernement cubain serait impliqué dans l'organisation de Falcon, ou complice d'autres grands trafiquants de drogue ?

— Nous savons, dit Gregory, que Cuba a continué d'être utilisé comme tremplin dans le mouvement des stupéfiants. Selon divers rapports, un certain nombre des anciennes routes du trafic de l'héroïne passent encore par Cuba. C'était ainsi avant Castro, et cela a continué après.

Nunn demanda s'il existait des rumeurs ou des conjectures selon lesquelles le gouvernement de Cuba lui-même serait impliqué dans le trafic de stupéfiants.

— C'est un bruit qui a toujours couru, répondit Gregory.

— Le Cuba communiste est très puissant au Mexique, ajouta McKinnon. Il y a liberté de mouvement entre Cuba et Mexico, et les Cubains semblent jouer un rôle considérable dans la politique quotidienne du Mexique.

Gregory fit remarquer que l'ancien président mexicain Luis Echeverría soutenait le président chilien Salvador Allende et qu'après la mort de celui-ci, il invita sa veuve au Mexique. Le Mexique avait à cette époque des liens politiques très, très étroits avec les Cubains.

Quand ils en eurent fini avec le Mexique et Cuba, Nunn voulut se renseigner sur Michael Decker.

— Quel genre de type est ce Decker ?

Gorman parla des fanfaronnades de Decker lors de ses rencontres avec Ben Marino et d'autres flics au club de culture physique d'Albuquerque.

— Plus il en racontait à ces gens, moins ils le croyaient, et moins ils le croyaient, plus il leur en racontait. A la fin il leur a assuré : « Je vous dis la vérité. Vérifiez. » Bien que Decker ne soit jamais apparu dans notre enquête, poursuivit Gorman, il ne faisait aucun doute pour nous qu'il avait été en fait été très proche de cette organisation.

Les sénateurs voulaient savoir si on pouvait croire Decker.

— Pratiquement tout ce qu'il nous a raconté, dit McKinnon, est étayé par des preuves indépendantes.

A une seule exception près. Dans un trafic de cocaïne, Decker avait affirmé que Brian Dennard se trouvait à un endroit où les agents découvrirent plus tard que Dennard n'avait probablement pas pu se trouver. On avait abandonné ce chef d'accusation contre Dennard. Pour le reste, Decker avait parfaitement rempli son contrat.

Ils discutèrent de l'histoire des vingt et une personnes tuées au cours d'une féroce bataille à l'arme automatique à la forteresse de Guadalajara. Est-ce que ce récit était corroboré ?

— Nous avons pu identifier et localiser le bâtiment qu'il a décrit, répondit Rich Gorman. Nous n'avons pu mener nous-mêmes l'enquête et parler aux gens de là-bas. Un procureur fédéral mexicain est retourné à Guadalajara et, selon la description et les indications que Mike Decker lui avait fournies, il a pu repérer une maison parfaitement semblable à celle qu'il avait décrite. Il a pris des photos aériennes, et en revenant, il lui a demandé s'il pouvait identifier ces photos. Mike a montré où les routes rejoignaient la route principale, où se trouvaient l'aérodrome et le centre de la ville. La maison était entourée d'un mur de pierre, avait un jardin en terrasse et une grande cour. Nous ne fûmes pas vraiment satisfaits par l'enquête qui avait été menée, mais nous ne pouvions pas faire grand-chose. L'enquête de la police fédérale mexicaine était dirigée par Sahagún-Baca. » [Sahagún-Baca, le *comandante* responsable pour la zone de Guadalajara, était connu pour être à la solde de Sicilia-Falcon.]

— D'une manière générale, demanda Nunn, Gorman considérait-il les affirmations de Decker comme dignes de foi ?

— Il ne fait aucun doute pour moi, dit Gorman, que ce qu'il raconte est vrai et que les détails qu'il donne sont exacts. Nous avons pu vérifier 99 % des faits qu'il nous a rapportés.

— Michael Decker, ajouta McKinnon, n'est pas un individu normal. J'ai eu une réaction instinctive à son égard, depuis le moment où je l'ai rencontré pour la première fois. J'avais l'impression qu'il en rajoutait beaucoup dans ce qu'il racontait. Et cependant j'ai renoncé à essayer de le prendre en flagrant délit de mensonge : je n'ai jamais pu le faire.

— Michael Decker est... commença Gorman, et il s'arrêta, n'arrivant pas à trouver ses mots. Je ne crois pas avoir jamais, au cours de ma carrière, rencontré un indicateur comme lui. Quelques personnages étranges ont travaillé pour nous dans le passé. Mais je dois reconnaître honnêtement que je ne sais pas quoi penser de lui. Je crois ce qu'il nous dit. Parce que nous avons pu vérifier trop de choses et qu'il a été trop précis dans ses descriptions... qui était là, ce que les gens portaient, la couleur de leurs chaussettes, le style de leur cravate, tout.

— Un des points qui me l'ont rendu suspect, poursuivit McKinnon, était justement cette *extrême* précision. J'ai interrogé des tonnes de témoins et je n'ai jamais pu trouver quelqu'un d'aussi précis et qui avait ce genre de mémoire. Quand vous lui parlez d'une chose, il lui vient à l'esprit dix autres faits, que nous avons pu vérifier dans la plupart des cas.

S'étant jusqu'à présent abstenu de tout commentaire sur Decker, Pat Gregory prit enfin la parole :

— C'est une machine. Ce n'est pas un être humain.
Ils approuvèrent de la tête. Tout le monde était d'accord.

Pat Gregory avait sur la bataille de Guadalajara des idées dont il ne fit pas part aux sénateurs — on ne le lui avait pas demandé.

— Le procureur mexicain qui avait enquêté sur cet incident raconta en revenant une histoire très décousue concernant un prétendu révolutionnaire en fuite qui avait été tué lors d'une fusillade dans les faubourgs de Guadalajara et qui aurait pu être un complice de Sicilia. Cela se produisit à peu près au même moment que la fusillade dont nous parla Decker.

« Et nous avons demandé au procureur : " Eh alors, il n'y a aucun rapport à ce sujet ? " Et sa réponse fut... qu'il n'y avait pas de réponse. Il se refusait à répondre à cette question. Ce qui m'amène à affirmer qu'il s'est sûrement passé quelque chose, et que nous n'en saurons probablement jamais rien. Et ce curieux fugitif, ce soi-disant révolutionnaire qui avait été tué là-bas dans une action de guérilla, était mort dans la zone dont Sahagún-Baca était responsable. D'une façon ou d'une autre, Pancho Sahagún-Baca était impliqué dans cette affaire.

« Comprenez que nous ne savons pas s'il existait un lien entre Sicilia et un quelconque mouvement de guérilla. Ou s'il était réellement en rapport avec la CIA. Ou s'il était en liaison avec les Renseignements cubains, dont il était censé avoir rencontré des agents à Mexico. Nous ne pouvons encore expliquer comment il ouvrit un compte en banque en Suisse en utilisant comme pièce d'identité un passeport cubain en règle, daté de onze ans après son départ de Cuba. Ou comment ce petit Cubain de vingt-sept ans avait, en cinq ans, presque été foutu de renverser le gouvernement mexicain. Bien des questions sont restées sans réponse.

Comment Gregory pense-t-il que Falcon y est parvenu ?

— Si je devais me livrer à des conjectures, je dirais que Sicilia avait gardé des contacts dans un autre pays pour en tirer profit soit sur le plan des stupéfiants, soit sur le plan politique. Je crois qu'il commençait à se considérer comme un dictateur. Je pense que Sicilia n'allait pas s'embarquer dans la fabrication d'armes automatiques sans en avoir lui-même l'usage.

« Il faut comprendre la valeur de Sicilia, son habileté à manipuler les gens, le fait qu'il les savait... achetables. Et il avait tout l'argent dont il avait besoin. Il semblait prospérer grâce à ces manipulations et à ces intrigues : l'affaire de la fabrique d'armes de Morgan, ses relations avec Gaston Santos et les Etcheverria... Seulement, vous n'obtenez pas ce genre de contacts pour rien. Particulièrement quand vous êtes un étranger.

Qu'est-ce que Gregory, lui-même ancien agent de la CIA, pense de l'éventuelle participation de Falcon à la CIA ?

— Il est probable qu'ils utilisaient Sicilia pour obtenir des renseignements sur les personnalités officielles des gouvernements latino-américains. Mais s'il en était ainsi, je crois qu'ils étaient manipulés parce qu'à mon avis Sicilia jouait double jeu. Si l'on avait utilisé Sicilia en tant qu'observateur, il aurait fait du renseignement politique, repérant des individus qui auraient pu être utilisés par la suite pour différentes choses. Je crois qu'il l'a fait pour le gouvernement mexicain, pour le gouvernement cubain, et probablement pour notre gouvernement. Bien que je ne puisse pas le prouver. Mais on ne se mêle pas de ce genre d'affaires, avec ces intrigues hautement politisées, sans avoir quelques contacts peu catholiques. Et d'ordinaire vous n'êtes pas mêlé à une conspiration, mais à des séries de conspirations qui se chevauchent à différent niveaux, impliquant des personnes différentes. Les enquêteurs sont entraînés dans des controverses juridiques au niveau international, concernant l'implication de gens de diverses nationalités et les interrelations entre divers groupes. Et le seul type qui puisse gagner dans une situation comme celle-là est un type comme Sicilia. Parce qu'il ne fait rien et attend les événements et manipule les différents éléments à son avantage. C'est un jeu où il est passé maître. Je crois que c'est la seule raison pour laquelle il est encore en vie.

Au cours de cette session à huis clos, Decker parla aux sénateurs, répondit à leurs questions, leur raconta beaucoup de choses à propos de Falcon, des armes, de la drogue, de la politique, de la révolution — des choses qu'il avait déjà dites à Gorman, à Gregory et à d'autres agents du Centac. Il laissa les sénateurs abasourdis.

Nunn me raconta plus tard qu'il avait trouvé que la déposition de Decker était « foudroyante ». La sous-commission l'avait entendu pendant « quatre, cinq ou six heures, et il avait des sacrées histoires à raconter ».

Mais rien de ce que dit Decker ne fut révélé au public. Sa déposition secrète ne fut jamais publiée et il lui fut toujours interdit de témoigner publiquement. Un observateur naïf aurait pu demander pourquoi, si ce que Decker avait à dire était « foudroyant », on n'en faisait pas profiter les contribuables.

— Nous allions nous y résoudre, me dit Nunn, mais finalement...

J'eus le sentiment que ce que Nunn voulait dire, c'était que la commission avait la frousse.

— Nous avons décidé que nous ne pouvions pas... qu'il y avait des lacunes... des choses que nous ne pouvions vérifier.

Un quelconque témoin pourrait-il jamais prouver de façon irréfutable la véracité des histoires que Decker avait à raconter ?

— Ce qu'il avait à dire était d'une telle importance, si c'était vrai, que nous avions le sentiment qu'une vérification s'avérait nécessaire, au-delà de ce qu'il nous était possible de faire.

Nunn ne fit pas mention d'une éventuelle répugnance à mettre dans l'embarras le gouvernement mexicain, ou certains membres du gouvernement américain. Je demandai à Nunn si lui-même trouvait Decker crédible.

Il réfléchit un instant.

— Oui. Mais pas à un point qui aurait justifié, à mes yeux, de rendre publiques toutes ses allégations à l'époque.

— Si vous n'aviez pas été sénateur et que vous l'ayez écouté parler, auriez-vous été tenté de le croire ?

— Oui. Je pense que si j'étais écrivain...

— Vous l'auriez cru jusqu'au moindre mot.

— Probablement. Je pense que nous avons un plus haut degré d'exigence, en faisant comparaître quelqu'un comme lui à une audience au Sénat, que vous n'en auriez en parlant de...

Il n'acheva pas sa phrase.

Je dis à Nunn que j'avais moi-même eu de longs entretiens avec Decker. Il me dit qu'il serait « intéressant d'un certain point de vue, non pas d'avoir vos notes personnelles, mais une fois que vous les aurez rendues publiques, de lire quelques-unes de vos transcriptions pour les comparer avec cette séance... »

— Je vais vous faire une proposition. Je vais échanger mes transcriptions contre le dossier de la CIA concernant Falcon.

— Je ne crois pas que nous conclurons ce marché.

Nous rîmes de cette plaisanterie. Il n'y avait aucune possibilité réelle pour que le sénateur Nunn, ou quiconque en dehors de la CIA, puisse jamais voir ce dossier.

5

La vie de Michael Decker promettait encore nombre de coups de théâtre et de révélations.

DECKER

Je témoignai pendant deux jours devant la commission Nunn. Après, ils m'ont collé dans une prison fédérale à Arlington, Virginie, en me disant :

— On vous ramènera au Nouveau-Mexique dans deux ou trois jours.

J'étais là depuis près d'un mois. Tout seul, dans une boîte d'acier. Assis. Personne à qui parler. Pas de musique. Pas de télévision. Ils m'ont ramené à Albuquerque, m'ont flanqué une peine fédérale de huit ans, puis m'ont transféré à Oxford, dans le Wisconsin. Lors de ma première journée avec les autres détenus, je faisais la queue pour le petit déjeuner, deux beignets et un verre de lait en poudre, quand j'ai vu un gars s'amener et tirer un couteau de sa ceinture, couper la gorge d'un autre type, le faire tomber de son siège, s'asseoir, manger ses beignets, se lever et s'en aller.

Personne n'avait bronché. Un gardien avait vu ce qui se passait sans faire le moindre geste. Voilà ma première journée. Ma première heure. Merde! Oxford, Wisconsin. Sécurité maximum. Ici, les gens étaient condamnés à 50, 70 ans, à vie, à double, à triple durée de vie. 87 % de Noirs. Et quand la proportion est presque de neuf Noirs pour un Blanc, croyez-moi, c'est plus du tout pareil. Et le bruit! Les gens qui gueulent, les radios qui hurlent. Ça me rendait dingue, complètement dingue.

Il y avait une grande salle dans la chapelle de la prison. Ça faisait à peu près six mois que j'étais là quand des gens sont venus là pour parler, et j'y suis allé. Parce qu'il y avait Chuck Colson, le type du Watergate. Colson a fait un petit discours, puis il a prié, et moi je me contentais de rester assis. Les gens se rassemblaient par petits groupes et bavardaient et j'écoutais ce qu'ils disaient mais sans écouter vraiment. Avant tout, je me demandais ce que les gens faisaient. Je voyais que certains avaient l'air de fumistes et que d'autres étaient sincères. Chuck Colson paraissait sincère. Certains bénévoles étaient des vrais faux jetons. Mais j'avais rencontré assez de gens et vécu assez longtemps, même à mon âge, pour que mon intuition me dise qu'il se passait quelque chose. Ces bénévoles essayaient de donner un nouveau départ aux prisonniers, car le taux national de récidive est énorme. Les gens qui sortent de prison y reviennent deux, trois ou quatre fois.

Alors j'ai discuté avec quelques-uns de ces bénévoles, et ensuite, en fin de soirée, Chuck Colson s'est adressé à moi et il s'est souvenu de

mon nom. Et ça signifiait quelque chose pour moi parce qu'à cette époque, je n'étais qu'un numéro, le 00480124. Il s'est tourné vers moi à la fin de cette soirée :
— Mike ?
— Ouais ?
— Tu veux prier avec nous ?

Il devait y avoir deux cents personnes dans cette salle. Il voulait que je me lève et que je prie ? Je ne savais pas comment on priait. Comment prie-t-on ?

Je l'ai regardé, et j'ai simplement fait oui de la tête. Jésus ? Dieu ? Je ne savais même pas s'ils existaient.

Au bout de quelques minutes, Colson m'a appelé, et je me suis levé et j'ai dit quelque chose comme : « Père, je te remercie pour cette journée, et je te remercie pour ces gens, et j'espère que dans les prochains jours tu m'en apprendras plus que tu ne m'en as appris aujourd'hui. »

Rien que des choses simples comme ça, puis j'ai dit Amen. Et quand j'ai levé les yeux, je n'ai vu qu'une rangée de sourires. Les gens m'acceptaient pour ce que j'étais. Pas parce que j'avais un million de dollars, mais simplement parce que j'étais moi, Mike.

C'était comme si toute ma vie j'avais dû *prouver* quelque chose pour être accepté. C'était à cause des gens que j'avais rencontrés et auxquels je m'étais associé. Il faut être quelque chose ou quelqu'un avant d'être accepté. Même quand j'étais marié, il y avait des tas de femmes dans ma vie, et c'était très important, parce que je voulais m'impressionner moi-même, prouver aux femmes que j'étais le meilleur au lit et tout le reste. Et ce n'était pas histoire d'être meilleur pour être meilleur, mais d'être meilleur que les autres.

Et ce soir-là j'ai compris qu'on m'acceptait simplement en tant que Mike. Et quand je suis retourné dans ma cellule, je me suis couché, et je pensais, je réfléchissais, je priais tout en me parlant à moi-même. Je disais simplement, « Dieu, il doit y avoir quelque chose de vrai dans tout ça parce que je le ressens en dedans de moi ».

Et je me suis mis à pleurer. Je ne comprenais même pas. Parce que je ne savais pas vraiment ce que c'était de pleurer. Ça ne m'était jamais arrivé. Je ne me rappelle pas avoir pleuré quand j'étais gosse. Je n'avais jamais éprouvé des sentiments vrais, ou des sentiments de tendresse. On m'avait appris que c'était pas bien de pleurer ou d'avoir peur. Mais que c'était bien d'être en colère ou agressif. Je n'avais jamais compris que, pour un homme, pleurer, c'était bien. Et c'est vraiment triste parce que j'y ai beaucoup perdu dans la vie. Il m'a manqué un tas de sentiments, et un tas de moments intimes. Il m'a surtout manqué Mike Decker.

En réfléchissant cette nuit-là, je parvins à la conclusion que Dieu était réel. Que la vie et les gens étaient réels.

Je pensais, il y a quelque chose de plus grand que l'homme. Et ça m'était difficile à comprendre, parce qu'il fallait que je reconnaisse que Mike Decker n'est pas le plus fort ni le plus puissant. Il y a des choses qu'il ne peut pas faire et que Dieu peut faire. Et j'avais du mal à saisir, parce que je me croyais capable de tout faire. Vraiment. Si quelqu'un avait dit que je ne pourrais pas déplacer cette montagne, je l'aurais déplacée simplement pour prouver le contraire. Si on m'avait dit que je ne serais pas capable de casser du béton de vingt centimètres d'épaisseur eh bien, je l'aurais cassé, même si je devais me blesser, rien que pour prouver que moi, je n'avais pas peur de le faire. J'aurais promis la lune aux gens et ensuite j'aurais essayé de trouver un moyen pour la décrocher. J'ai fait un tas de choses vraiment dingues. On n'entre pas dans un bar de Noirs à Memphis, avec 75 Noirs à l'intérieur, en traitant de nègre le type le plus costaud simplement parce qu'on vous a mis au défi de le faire. J'ai massacré quatre types, on a sorti les couteaux, une balle m'a frôlé la tête, et j'ai foutu le camp. Tout ça à cause d'un pari avec un de mes potes, un minable, quand je suivais mon entraînement au SEAL.

Et dans ma cellule, cette nuit-là, après ma rencontre avec Colson, j'ai commencé à comprendre qu'il fallait vivre sa vie en traitant les autres comme on aimerait qu'ils nous traitent. On peut pas continuer à se servir des gens parce que, comme on dit, on reçoit toujours la monnaie de sa pièce. On profite des gens et on peut se faire un tas d'argent mais ça ne donne rien, en fin de compte. Il faut aimer les gens, se montrer généreux et les respecter. Et c'est pourquoi je me suis aperçu que cette vie est finalement agréable à vivre. C'était un truc difficile à comprendre pour un Mike Decker. Parce que je n'ai jamais connu les gens pour ce qu'ils étaient vraiment. Sauf à quelques rares moments de ma vie, comme quand j'ai été viré de l'école militaire et que l'équipe de football est venue dans ma chambre, et que les types pleuraient. C'étaient des gens authentiques avec des sentiments authentiques. Mais en dehors de ces petits moments, je n'avais jamais connu ça.

Puis ils m'ont déménagé à Englewood, dans le Colorado, et en cours de route, ils se sont arrêtés au Kansas et m'ont mis à Leavenworth. Une nouvelle boîte d'acier. Quatre murs d'acier et un sol de béton et un plafond de béton. Une dalle pour grabat, un lavabo et des toilettes. Je me lavais dans le petit lavabo. Je parlais tout seul et j'écrivais des poèmes, des lettres, des histoires... pour ne pas devenir dingue. C'était absurde. Je devenais fou. J'étais assis là et je n'avais aucune idée du temps que je passerais là-dedans. Ils avaient dit qu'ils reviendraient me chercher le lendemain et j'y suis resté six semaines.

Finalement ils m'ont amené à Englewood. Là-bas, j'ai fait partie d'une amicale chrétienne, et c'était bien, parce que ça me sortait de la vie normale de la prison. Ça m'excluait de la plupart des choses qui se passent généralement en prison, de la drogue, des jeux de cartes, des meurtres, des bagarres et de toutes ces histoires. Il y a des gens qui pensent que si on croit en Dieu on est une mauviette, et d'autres qu'on est bizarre, et d'autres que c'est bien parce qu'ils y croient aussi.

Je m'étais défendu dans le procès que l'État m'avait intenté pour meurtre avec toutes les forces dont je disposais. Je m'étais battu, battu, battu et j'avais perdu tout ce que j'avais. Alors, j'ai compris que je ne pouvais plus continuer. Et j'ai dit, « Dieu, je n'en peux plus. Je ne peux plus me battre contre cette accusation. Je n'ai plus aucune ressource. Je m'en remets à Toi ». Soudain, je n'étais plus en prison. Physiquement, oui, mais mentalement j'étais libre. J'étais sûr que Dieu m'aiderait de nouveau. Il m'avait sorti du Vietnam, et Il me sortirait de ce mauvais pas. Cela peut sembler délirant, mais j'étais certain qu'Il ne m'avait pas maintenu en vie sans raison.

Et il commença à se passer des choses. Quatre mois environ après mon arrivée à Englewood, le sénateur Montoya est mort. Et dans les deux semaines qui suivirent, le procureur et son assistant ont démissionné. A l'élection suivante, mon oncle a été élu sénateur. Un nouveau procureur est arrivé en ville. On a réexaminé mon affaire et ma condamnation à vie fut ramenée à cinquante ans, puis à vingt, puis à sept ans. Une nouvelle enquête prouva que j'étais en état de légitime défense, et j'ai été inculpé d'homicide involontaire, qui prévoit en fait une condamnation de deux à dix ans. Mais naturellement, j'accomplissais toujours ma peine fédérale pour attaque de banque.

Une église locale mit sur pied, dans la prison, un programme intitulé Nouvelles Ailes Brillantes. Il y avait une chorale et on interprétait de petits sketches satiriques, des trucs comme ça. Après, au cours d'une séance collective, les bénévoles et les prisonniers discutaient ensemble. Alors j'ai vu une jolie petite blonde avec ses grands yeux bleus, et je suis tombé amoureux. Si on n'est pas allé en prison, il est difficile d'imaginer à quel point on est seul. Lisa et moi avions divorcé pendant mon incarcération. Et cette fille était si douce, si jolie, une belle petite chrétienne... innocente, qui n'avait jamais rien fait de mal dans la vie. Elle avait mon âge. Et quel jour je l'ai rencontrée ? Un 30 avril ! La date où j'ai été blessé au Vietnam et la date où j'ai rencontré Falcon.

J'étais dans la chapelle de la prison, regardant l'estrade et elle était dans la loge des chœurs. Elle portait une longue robe blanche et bleue. Les quarante-cinq personnes qui étaient là croyaient *vraiment* au Seigneur et voulaient *vraiment* l'exprimer par un chant. Et cela remplissait l'église d'un son... qu'on n'entendait jamais dans les services religieux habituels de la prison.

Et j'ai compris encore une fois que Dieu existait et que la vie n'était pas si moche. La fille s'appelait Karen et je lui ai parlé, sans rien lui dire de ma vie d'autrefois, et avant son départ, je lui ai demandé : Vous m'écrirez ? et elle a dit : J'essaierai.

J'ai attendu trois semaines et elle n'a pas écrit. Alors, j'ai consulté l'annuaire du téléphone et j'ai trouvé son adresse. Je lui ai écrit. Elle m'a répondu. Quelques semaines plus tard, elle m'a annoncé qu'elle allait revenir à la prison.

Et j'ai téléphoné à un de mes amis en ville, et je lui ai envoyé un mandat télégraphique, ce qui n'est pas si facile à faire en prison, et je lui ai dit d'acheter une douzaine de roses rouges pour Karen.

Elle est venue le dimanche, et m'a dit que c'étaient les premières roses que quelqu'un lui ait jamais offertes. Je ne pouvais pas le croire, parce qu'elle avait été mariée auparavant pendant treize ans et qu'elle avait deux gosses. Et personne ne lui avait jamais envoyé de roses ?

Elle a continué à venir à la prison et on se téléphonait. Elle était dans une sale situation parce que son mari avait fichu le camp et l'avait laissée. Elle n'avait jamais travaillé de sa vie avant, elle était sans voiture, avec sa maison à payer et deux gosses à nourrir. Elle travaillait comme secrétaire à l'administration du comté. Elle élevait et dressait des chevaux pour des concours. Elle était très douée, très sincère, très honnête, belle à sa façon, une façon que je n'avais jamais... jamais connue...

[Decker pleure. Il essuie ses larmes sans manifester de gêne, se maîtrise et reprend son récit.]

Ça a été une époque vraiment particulière de ma vie... difficile à décrire... elle s'inquiétait de tout ce qui m'avait amené à faire ça... elle avait très très peur.

Alors... Karen me fit éprouver un sentiment incroyable... non seulement parce que j'étais vraiment amoureux d'elle, mais parce que le Seigneur avait pris ma vie en main, et qu'Il s'occupait de l'état du Nouveau-Mexique, avec ce type qui était responsable de la justice criminelle, là-bas. Le personnage clé pour réexaminer mon cas.

Alors, j'ai mis Karen au courant. Je notais tout par écrit et lui envoyai. Plus je l'aimais, plus je lui en avais dit, mais je ne lui avais pas tout dit. Parce que, franchement, je ne savais pas comment faire. Alors, j'ai tout écrit. Et elle a tout lu, pendant des jours. Et l'a relu. Et quand je lui ai téléphoné un soir, elle pleurait et ne voulait même plus me parler. Elle ne pouvait pas croire que ce qu'elle lisait, c'était moi. Elle devait simplement se faire à l'idée que les gens *peuvent* changer. Dieu *peut* changer les gens. Il est réel et Son enseignement peut illuminer quelqu'un à un point tel qu'il se transforme simplement en deux personnages différents. Il y a dans le monde un tas de faux chrétiens qui disent, oui je suis un chrétien et qui agissent comme les pires des païens. Vraiment la seule différence qui existe entre les gens qui croient en Dieu et les gens qui n'y croient pas est que ceux qui croient vraiment sont pardonnés.

Je lisais la Bible et priais avec plus de ferveur que jamais.

Puis un jour, j'étais assis sur ma couchette quand j'ai entendu l'appel du courrier. J'ai passé la tête à l'extérieur de la porte et le gardien m'a tendu deux lettres, dont une de Karen. Je lus d'abord celle de Karen.

Karen était venue me voir tous les week-ends pendant un an, et nous espérions toujours que ma condamnation d'Etat serait annulée, que je serais libéré sur parole de la prison fédérale, et que je serais libre. Je ne voulais pas sortir sur parole tant que j'aurais une condamnation d'Etat parce que dans ce cas-là, ils me renverraient à la prison d'Etat du Nouveau-Mexique. Mais ça s'éternisait. Chaque fois que nous commencions à espérer, on nous coupait l'herbe sous les pieds.

Et j'ai lu sa lettre qui disait simplement qu'elle espérait vraiment que quelque chose arriverait bientôt, parce qu'elle... elle voulait vraiment m'avoir chez elle. Elle disait d'une manière vraiment très gentille qu'elle était lasse d'attendre. Elle avait vraiment fait preuve de beaucoup de patience.

Ensuite, j'ai ouvert l'autre enveloppe. La lettre portait un sceau de l'Etat; elle disait... ah... je... c'était insupportable... cette... cette émotion...

[Les larmes coulent de nouveau et il a du mal à s'exprimer. A la fin, il renonce à essuyer ses larmes et les laisse couler.]

C'était énorme à avaler... mais c'était également facile à avaler... après toutes ces épreuves psychologiques... pour avoir finalement une lettre... qui disait... il n'y a plus de condamnation de l'Etat... tout était... terminé. C'était dur, à cause de tout ce qui avait changé en moi, et dans ma vie... les cinq dernières années avaient été un enfer. Et maintenant... il y avait la joie... il y avait la tristesse... il y avait la colère... Mais en lisant cette lettre, je savais que j'étais sur la bonne voie. J'étais dans ma cellule et je pleurais... pleurais, pleurais... pour me libérer de mon émotion. Et quand j'y pense, je suis ému parce que... toute ma vie j'avais retenu mes émotions, parce que ce n'était pas bien... et que je voulais toujours être un sale type et toujours un type fort. Et maintenant, je comprenais brusquement que les gens m'aidaient simplement parce que j'étais moi... je savais que c'était bien de ressentir des émotions... je savais à quel point ma vie avait changé... et je savais finalement que la vie n'a rien à voir avec la façon dont j'avais vécu.

J'ai appelé Karen et je lui ai parlé de la lettre. Elle était folle de joie. Et trois jours environ après la lettre, je reçus confirmation que j'avais droit à la liberté conditionnelle fédérale. Je suis passé devant la commission le 24 juillet, un mardi, j'ai raconté mon histoire, en résumant brièvement comment j'avais été inculpé par l'Etat, ce qui était arrivé, pourquoi j'étais en prison, j'ai montré le bilan de mes activités en prison, que j'avais réorganisé des fichiers, géré des programmes, donné des cours.

Le président de la commission a lu le dossier, puis a levé les yeux sur moi et a dit : « A tout à l'heure. »

Il m'a rappelé une dizaine de minutes plus tard, après avoir tout examiné, et il m'a dit :

— Mon fils, vous ne devriez pas être ici. » Il avait dans les soixante-cinq ans et, depuis une quarantaine d'années, examinait les demandes de liberté conditionnelle. « Vous avez une nouvelle existence. Pourquoi ne pas aller de l'avant, sortir d'ici et vivre une autre vie ? »

C'était un mardi après-midi et je suis sorti le vendredi après-midi. On s'est mariés, Karen et moi, on a ramassé tout ce qu'on avait pour aller vivre à l'endroit où on est maintenant. Ses gosses sont mes gosses, une fille de onze ans, un garçon de douze. Je veux être un bon père parce que je n'ai jamais eu de père. Tout l'amour que je n'ai pas eu, je veux le donner.

J'ai maintenant une nouvelle vie. Je ne sais pas ce que le Seigneur me réserve. Je vis pleinement chaque journée, je suis patient et je ne m'embarque pas dans n'importe quoi. Je suis tout simplement très satisfait de ma manière de vivre. Je me sens heureux parce que je L'aime et que j'aime ma famille et que je travaille dur. En commettant des erreurs mais en m'élevant à la force du poignet, en tirant une leçon des erreurs que je commets et en continuant à suivre ma voie.

C'est bien d'être avec Karen, de croire en les mêmes bases et de savoir qu'elle est là. C'est bon de se serrer dans les bras l'un de l'autre, c'est bon de parler ensemble. Je la regarde beaucoup. Quand on est à la maison, assis devant la télé, je ne regarde même pas l'écran, c'est elle que je regarde à l'autre bout de la pièce. J'étudie, plein d'admiration, le grain de la peau de son visage et les boucles de ses cheveux, et je me réjouis de la voir rayonner d'amour. Par moments, quand je la regarde comme ça, je me lève pour la prendre dans mes bras et l'embrasser, ou je m'arrête pour lui toucher la joue, simplement pour lui dire que je l'aime, autrement que par des mots. Et je crois qu'il y a là une grande part de religion, ou de christianisme. Comme le dit la Bible, aime ta femme comme le Christ aime son église. Totalement. Complètement. Et c'est comme ça que je l'aime. Très fort.

6

Pendant que le sénateur Sam Nunn écoutait Mike Decker raconter ses histoires étonnantes concernant l'organisation de Sicilia-Falcon et plus généralement le crime en Amérique latine, un projet de loi sur l'assistance à l'étranger, déposé par ses collègues quelques mois auparavant, allait constituer un triomphe pour les magnats étrangers de la drogue. Un amendement à ce projet stipulait que « aucun officier ou employé des Etats-Unis ne peut procéder ou participer directement à une arrestation dans un pays étranger en ce qui concerne les affaires liées au trafic des stupéfiants ».

Interprété au pied de la lettre par les fonctionnaires américains, cet « Amendement Mansfield » paralysa les opérations anti-drogue américaines dans de nombreux pays étrangers. Par le passé, les responsables corrompus de la police mexicaine, bien que touchant des pots-de-vin des trafiquants, se retournaient néanmoins contre ces derniers quand les agents américains les en pressaient. A présent, tout était changé. La police mexicaine, selon un agent basé à San Diego, « a assumé la responsabilité scandaleuse de travailler *ouvertement* pour les grands trafiquants de stupéfiants ».

Un informateur mexicain confia à un agent américain que « depuis les restrictions apportées à votre travail au Mexique, la police fédérale judiciaire mexicaine a perdu tous ses scrupules ».

La récente élection de José López Portillo et la réorganisation du gouvernement mexicain ne facilitèrent pas non plus les choses. Les politiciens sortants, ainsi que les juges et les fonctionnaires de police qui risquaient de ne jamais se retrouver dans des positions aussi lucratives, acceptaient des pots-de-vin de centaines de milliers de dollars pour faire sortir des prisons mexicaines les grands trafiquants. Des trafiquants que les agents américains avaient passé des années à faire mettre derrière les barreaux, sortaient des geôles mexicaines par dizaines.

CHAPITRE CINQ

1

Tout autre qu'un jeune homme frais émoulu de l'Ecole de police aurait trouvé ennuyeuse ce genre de mission mais José Vásquez, lui, y voyait la promesse d'aventures exaltantes. Le simple fait de sentir dans sa poche cette carte toute neuve de la PIP l'avait rempli de fierté. Aujourd'hui, il travaillait avec les Américains, des agents dont l'habileté, l'expérience et l'assurance l'éblouissaient. Leur cible était un certain Alfonso Rivera, dont Vásquez avait entendu parler sous le surnom d' « El Hombre », L'Homme, un des plus grands criminels que la terre ait portés.

Comment aurait-il pu s'ennuyer ? Il était là, dans une Volkswagen de location, une Coccinelle jaune, avec un talkie-walkie qu'un des Américains lui avait prêté. Personne ne lui avait donné de pistolet, et il n'avait pas encore économisé assez pour s'en acheter un, mais pour une mission comme celle-ci, où il s'agissait de rester assis dans une voiture à observer un immeuble, qui aurait eu besoin d'une arme ?

C'était à San Isidro, une élégante banlieue résidentielle au sud de Lima, sur la route des plages de Chorrillos, non loin du terrain de golf, du country club, des courts de tennis et des piscines de la haute société de Lima. La plupart des gens qui passaient devant la VW de Vásquez, dans la rue Roma, étaient vêtus avec élégance et marchaient avec l'heureuse assurance que donne la richesse. Personne ici pour faire des histoires, personne non plus pour remarquer le jeune homme en chemise de sport dans sa Coccinelle jaune. Aussi Vásquez était-il heureux. Il voulait garder l'œil vif et l'oreille attentive à la radio, faire du bon travail, plaire à ses patrons, et ne rien négliger.

Une Toyota rouge s'arrêta devant l'immeuble de Rivera, au numéro 301. Un homme en qui Vásquez aurait pu reconnaître un ex-agent de la PIP en sortit, passa devant la VW et entra dans le bâtiment. Vásquez nota l'heure, vingt heures, et le numéro de la plaque de la Toyota, AI-1437. Il était toujours aussi excité.

Une demi-heure plus tard, deux autres individus entrèrent dans l'immeuble. L'un d'eux, qui marchait devant l'autre à grands pas, avec autorité, était trapu, à moitié chauve, et correspondait aux photos qu'on avait montrées à Vásquez : Alfonso Rivera.

Cinq minutes plus tard, l'homme qui avait pénétré dans le bâtiment avec Rivera en ressortit accompagné de l'ancien agent de la PIP. Ils s'éloignèrent lentement de Vásquez en longeant l'immeuble, puis s'arrêtèrent brusquement, se retournèrent, et revinrent rapidement sur leurs pas. Quelques minutes plus tard, ils ressortaient de l'immeuble, montaient dans leurs voitures et démarraient.

Vásquez les suivit.

Les deux voitures continuèrent jusqu'à l'intersection des avenues Dos et Mayo et Général Pezet, et se garèrent. L'ex-officier de la PIP resta dans la sienne, tandis que l'autre homme entrait dans un magasin de spiritueux. Vásquez dépassa les voitures arrêtées, fit le tour du bloc d'immeubles, et se gara le long du trottoir, à quelque distance derrière la voiture de l'homme qui était entré dans le magasin. Il ne pouvait pas voir l'autre voiture.

L'homme sortit du magasin, se glissa au volant et repartit. Vásquez le suivit.

Ils traversèrent San Isidro et avaient presque atteint le club de golf de Lima quand la voiture qui se trouvait devant Vasquez, entra dans un parc tranquille, El Olivar, du nom d'une plantation d'oliviers d'Espagne apportés à Lima par le fils d'un des fondateurs de la ville. Vásquez connaissait ce jardin où, le soir, on donnait parfois des concerts.

Mais il n'y avait pas de concert, ce soir-là. La nuit était tombée, le parc désert. Vásquez vit les phares de la voiture éclairer brusquement l'étroite chaussée dans le sens de la largeur. Elle avait fait un quart de tour et s'était arrêtée, bloquant la route. Vásquez freina et allait la contourner quand il vit une ombre noire et entendit le moteur d'un autre véhicule, tous feux éteints, qui vint s'arrêter près de lui. C'était la voiture conduite par l'ex-agent de la PIP.

Avant que Vásquez ait pu prendre son talkie-walkie, le conducteur de la première voiture avait bondi et ouvert la portière de la VW. Maintenant, deux autres hommes l'accompagnaient : l'ex-officier et Rivera lui-même. Celui-ci avança la main par la portière ouverte, saisit Vásquez par sa chemise et le tira dehors.

Vásquez se débattit, mais le bruit de la lutte, ses appels au secours s'évanouirent dans le vide obscur et chaud du parc désert, et il se retrouva projeté sur le siège arrière de la voiture de l'ex-officier.

Des mains le fouillèrent : on lui arracha sa carte de la PIP et on l'examina sous la lumière. Ils avaient aussi le talkie-walkie.

— Qui êtes-vous ?

C'était Rivera qui lui criait dans l'oreille, en s'appuyant lourdement contre lui.

Vásquez ne répondit pas. On lui tenait les bras dans le dos ; ses jambes étaient immobilisées par celles des hommes qui l'immobilisaient.

Rivera hurla encore sa question, mais Vásquez resta silencieux. Les cours sur la loyauté et le devoir étaient encore trop récents, il était encore trop jeune dans la carrière, et ses convictions étaient trop pures pour qu'il capitule.

Quelqu'un alluma une cigarette et, dans l'obscurité, Vásquez vit le point orange incandescent s'approcher de son bras.

— Qui êtes-vous ? Vous travaillez pour qui ?

Il ne répondit pas. Quand la cigarette le toucha, il rejeta la tête en arrière, aspira l'air entre ses dents serrées. Mais il ne parla pas.

Il ouvrit les yeux pour voir la flamme d'une allumette vaciller devant le bout d'une autre cigarette. La douleur embrasait son bras.

Furieux, Rivera répéta sa question :

— Qui êtes-vous ? Qui est votre patron ?

— Sûreté nationale, murmura Vásquez, les yeux fixés sur l'extrémité incandescente de la seconde cigarette.

C'était un joli coup de bluff. La police politique pouvait fort bien surveiller Rivera — elle surveillait tout le monde — mais elle s'intéressait peu aux stupéfiants.

Rivera décela le mensonge et explosa. Il hurla comme un sauvage : qu'est-ce que Vásquez s'imaginait ? Et qui l'avait envoyé ?

Vásquez ne dit rien. La seconde cigarette grésilla contre son bras. Il sentit l'odeur des poils grillés. Cette fois, avant que la douleur ait pu lui fermer les yeux, un petit objet noir apparut sous son nez. C'était un revolver de calibre 38.

Silence complet. Personne ne parlait. Le pouce de Rivera ramena lentement le percuteur en arrière. Le déclic retentit.

— Qui est votre patron ? demanda doucement Rivera. Que faisiez-vous devant chez moi ?

Vásquez fixait le canon du revolver, mais il ne dit rien.

Rivera abaissa l'arme, la pointa sur la main gauche du jeune homme et appuya sur la détente.

Sur l'étroite banquette arrière de la voiture, l'explosion donna à Vásquez l'impression qu'un fer de golf lui frappait la tête. Son corps se raidit sous l'effet de la douleur. La balle fracassa les os, ressortit par la paume et alla se loger dans le coussin du siège.

L'âcre odeur de la poudre emplit la voiture.

Rivera se remit à hurler et posa le canon du revolver sur la nuque de Vásquez. Celui-ci était plongé dans un tel abîme de douleur que, même s'il avait voulu répondre, il en aurait été incapable.

De nouveau, Rivera pressa la détente : du bruit, du sang et la chute dans l'abîme...

Ensuite Rivera posa le canon sur le visage du jeune homme et fit feu une seconde fois.

Les événements qui avaient fait de José Vásquez la victime de la rage de Rivera avaient débuté à Bogotá, s'étaient poursuivis à Lima, et pendant quatre semaines de tumultueuses poursuites, de basses intrigues et de mort, ruinèrent les projets de John Allen et d'une impressionnante bande de criminels internationaux.

Le mystérieux, et insaisissable Vincent Guzmán, l'homme qui avait les traits de Robert Mitchum et dont le nom se trouvait sur la fiche que Sicilia-Falcon avait voulu avaler, s'était rendu à Bogotá pour discuter avec un vieil ami, un certain José Franco. A la tête d'une vaste organisation qui passait de la cocaïne colombienne aux Etats-Unis, Franco détenait, comme tous ses collègues et rivaux, ce qui était essentiel pour arriver au sommet de l'industrie des stupéfiants : le pouvoir politique. Comme les autres, il avait des contacts aux plus hauts niveaux, y compris les chefs d'Etat. Le président du Honduras l'avait même laissé dissimuler sa cocaïne dans les exportations officielles de tabac à destination des Etats-Unis.

Mais aujourd'hui Franco était nerveux. Il avait environ un million de dollars improductifs, ce qui détériorait gravement sa réputation dans le milieu, et il avait besoin de réussir un coup sérieux. Quelque chose d'illégal, naturellement. Guzmán lui dit de le laisser s'en occuper, et alla à Lima afin d'acheter pour un million de dollars de cocaïne-base à Alfonso Rivera.

Rivera fit asseoir Guzmán, un verre à la main, dans sa main de San Isidro et il lui expliqua modestement qu'il n'avait jamais vendu moins de cent kilos. Parfait, dit Guzmán, j'en prends deux cents kilos.

Ils débattirent le prix comme des marchands de tapis, et finirent par tomber d'accord sur 5 220 dollars le kilo. Encore quelques minutes, et ils se seraient battus pour vingt-cinq ou dix cents. Guzmán promit que Franco viendrait par avion à Lima avec un acompte de 261 000 dollars. Quand ils furent d'accord là-dessus, Guzmán lui dit qu'il avait des bijoux à vendre. Apportez-les toujours, répondit Rivera. Ils étaient faits pour s'entendre.

Guzmán loua lui-même un appartement à Miraflores, près de San Isidro, qui donnait directement sur la plage, avec une vue panoramique de vingt kilomètres, allant des plages de Chorrillos à l'Ecole navale de La Punta. Il passa un certain temps chez Rivera — lequel lui avait offert huit ou dix kilos en échange des bijoux, le prix définitif restant à fixer — où il fut présenté à David Barrios, un ancien du PIP employé par Rivera, et à Carlos Jordan, le bras droit de ce dernier. C'était Jordan qui, accompagnant Rivera lorsqu'il avait fui le Pérou après la descente de police au bungalow de Chosica, était allé à Panama toucher les 10 000 dollars de Guy des Longchamps. Chemin faisant, la commande Guzmán-Franco atteignit 250 kilos.

Pour préparer l'opération Franco-Guzmán, Rivera et son assistant Carlos Jordan parcoururent, mais pas dans la même voiture, 420 km sur la panaméricaine en longeant le Pacifique vers le nord, jusqu'à Chimbote, un grand port de pêche cerné par les marais, les pélicans et la pénétrante odeur du guano. A une station d'essence, ils rencontrèrent un homme qui chargea huit valises de cocaïne-base dans la Land Rover de Jordan. Jordan et Rivera roulèrent sur le sable jusqu'à une piste d'atterrissage secrète où ils enterrèrent les valises. Ils cachèrent ensuite la Land Rover dans un garage proche de la compagnie du téléphone et revinrent à Lima dans la Mercury de Rivera.

Au bout d'une huitaine, Guzmán téléphona à Jordan et lui dit que son avion arriverait vers sept heures le lendemain matin pour prendre la cocaïne. Un Colombien du nom de Bedoya devrait s'occuper du chargement.

Le lendemain matin, Barrios, l'ancien du PIP, conduisit Jordan jusqu'à Chimbote dans sa Toyota rouge. Ils passèrent ensuite dans la Land Rover, retrouvèrent Bedoya, et allèrent jusqu'à la piste pour déterrer les valises. Jordan et Barrios, qui ne désiraient pas rester là plus que nécessaire, dirent à Bedoya qu'ils l'attendraient sur la grand-route. L'avion allait atterrir d'un instant à l'autre. Rivera et ses hommes étaient responsables de la cocaïne jusqu'à ce qu'elle fût chargée à bord de l'avion.

Jordan et Barrios se garèrent à environ un kilomètre de la grand-route. Ils étaient là depuis cinq minutes quand un nuage de sable s'éleva des broussailles sur leur droite. Deux voitures fonçaient vers la piste. Des agents de la PIP ?

Jordan et Barrios, dans la Land Rover, s'approchèrent avec précaution de la piste pour voir ce qui arrivait à leur cocaïne et, accessoirement, à Bedoya.

Près de la piste, ils repérèrent un camion camouflé. A présent certain que les nouveaux arrivants étaient des hommes de la PIP, Barrios fit demi-tour et dans un rugissement de moteur fila vers la grand-route et ne ralentit pas avant d'atteindre Lima. Dommage pour la cocaïne. Dommage pour Bedoya.

Pendant ce temps-là, dans le désert, Bedoya était assis sur les valises à l'extrémité de la piste quand il entendit ce qu'il attendait. Il se releva et scruta le ciel. Un bimoteur faisait un tour de reconnaissance avant d'atterrir. Il agita la main.

Il se produisit alors quelque chose d'étrange et de terrifiant. Bedoya entendit des voitures derrière lui. Il pivota et vit approcher un convoi de véhicules. Six voitures et camions. Que faire? L'avion allait atterrir et la piste soi-disant secrète était soudain entourée de spectateurs.

La voiture de tête était presque sur Bedoya quand le conducteur vit celui-ci. Il s'arrêta en dérapant. Les autres freinèrent derrière lui. Après un instant de confusion, les voitures patinèrent dans le sable, puis s'éloignèrent à toute allure.

Interdit, Bedoya resta seul dans le silence brûlant. Il regarda le ciel. L'avion s'était évanoui.

Puis il éclata de rire. Tant de cocaïne quittait le Pérou qu'il fallait prendre rendez-vous pour utiliser des pistes d'atterrissage pas tellement secrètes. Un autre groupe de contrebandiers avaient prévu une réception en même temps que Rivera. Alarmés par sa présence, ils avaient fait signe à l'avion de s'en aller et avaient filé.

Bedoya attendit son avion à lui, mais l'avion n'arriva pas. Il enterra à nouveau les valises et s'en alla.

Le lendemain, l'avion de Guzmán se présenta sur un terrain vide. Quelqu'un avait mal interprété le message. Pour des raisons de sécurité, le pilote n'avait d'autre contact que Bedoya, qu'il ne voyait nulle part. Il ne pouvait rester longtemps au sol sans attirer l'attention de la police. Il ne pouvait pas davantage décoller parce qu'il n'avait plus de carburant (Bedoya était censé lui en fournir). S'il abandonnait tout bonnement l'avion, cela paraîtrait si suspect à la police qu'elle n'aurait de cesse de remonter jusqu'à lui. Que faire?

Il répandit sur l'avion le peu d'essence qui lui restait, l'enflamma avec une allumette, et courut vers la grand-route. Avec un peu de chance, l'avion brûlerait assez complètement pour ne pouvoir être identifié et la police penserait qu'il s'était écrasé au sol.

Une semaine plus tard, Jordan et Barrios emportèrent les valises jusqu'à une autre piste, près de Casma, une petite ville au sud de Chimbote, et attendirent que Guzmán se procure un autre avion et prépare un autre plan de ramassage.

Guzmán appréciait beaucoup son nouvel et luxueux appartement inondé de soleil et ses riches amis de Lima. A Bogotá, Franco était heureux en pensant aux 250 kilos de cocaïne base et à la progression géométrique de sa fortune. Rivera, quant à lui, était heureux parce que... eh bien tout simplement parce qu'il était Rivera, dit El Hombre.

Et puis il arriva quelque chose d'épouvantable. Un individu non identifié — qui cela pouvait-il bien être ? — téléphona au bureau de la DEA de Bogotá pour révéler que Vincent Guzmán vivait dans le luxe à Lima et avait passé un marché de 250 kilos de cocaïne base avec Alfonso Rivera. Guzmán avait prévu d'apporter la base par avion au Mexique en franchissant la frontière du Guatemala et de la transporter ensuite jusqu'à un laboratoire situé à Culiacán. L'informateur ajouta que Rivera avait prise sur de hautes personnalités de la PIP, avec qui il était en rapport par l'intermédiaire de son avocat, Luis Cornejo. Celui qui téléphonait en savait assez sur Cornejo pour fournir aux agents les numéros de téléphone personnels de sa femme et de sa maîtresse. Il leur donna aussi le numéro de Guzmán.

Le numéro de Guzmán mena les agents du Centac et de la PIP à un appartement de Miraflores, qu'ils surveillèrent et dont, bien sûr, sortit Robert Mitchum.

Ils intensifièrent leur surveillance et mirent sur écoute le téléphone de Rivera. Quand Franco, prêt à faire à Rivera son dernier paiement, arriva à Lima à bord du vol de midi des Avianca Airlines en provenance de Bogotá, les agents de la PIP étaient là et le virent s'en aller dans une voiture avec chauffeur en compagnie de Rivera et de Jordan.

Les trois hommes se rendirent à l'appartement de Rivera, y restèrent une heure, puis allèrent chez Guzmán. Franco y resta et Rivera rentra chez lui. Il avait dû ressortir et revenir avec Jordan à vingt heures trente car ce fut à ce moment-là que le jeune agent de la PIP, José Vásquez, vit les deux hommes entrer dans l'immeuble.

La banquette arrière de la voiture de David Barrios ressemblait à un abattoir. Le corps de José Vásquez gisait sur le plancher, dissimulé aux regards, la main gauche mutilée, ses cheveux noirs poissés de sang entourant la blessure à l'arrière de la tête. Des artères déchiquetées de son cou le sang coulait encore.

Barrios conduisait, Rivera lui indiquait le chemin. Cela ne leur prit que quelques minutes. Ils tournèrent au sud vers Chorrillos, s'arrêtèrent en haut d'une falaise, à 70 mètres au-dessus du Pacifique, sortirent le corps, le tirèrent jusqu'au bord, et le firent basculer.

Barrios ramena Rivera chez lui, d'où il téléphona à Carlos Jordan pour lui demander de le retrouver immédiatement à l'aéroport. Barrios y emmena alors Rivera et sa maîtresse. Rivera prit un billet pour Panama — une fois de plus son refuge dans la tourmente — et demanda à Barrios et Jordan de dire à Guzmán qu'il avait quitté la ville. Dis-lui que le marché tient toujours, dit Rivera. Je reviens dans quelques jours.

Rivera se trompait. Il fallut plus de quelques jours à ses puissants protecteurs pour rendre à nouveau Lima sûre et faire que le Pérou oublie le meurtre affreux d'un policier.

2

A peu près au moment où Vincent Guzmán volait de Bogotá à Lima pour acheter de la cocaïne à Alfonso Rivera, le téléphone sonnait chez Rafael Rocha à Guatemala City. Il décrocha et entendit une voix surgie du passé. C'était son vieux copain John Allen, lui aussi pilote et compagnon de contrebande, qu'il avait aidé quinze mois auparavant à transporter par avion les 160 kilos de base de Santiago Ocampo du Pérou au Guatemala.

Rocha écouta Allen lui raconter qu'il était sorti de prison et pressé de se remettre en selle. Il avait plaidé coupable et fait son temps dans une prison fédérale de Miami. Ils parlèrent du trafic de cocaïne et Allen dit qu'il avait de bons clients au Mexique. Il demanda à Rocha s'il pouvait le mettre en contact avec La Negra pour une livraison. Rocha dit qu'il essaierait.

Les agents du Centac enregistrèrent la conversation. Depuis sa sortie de prison, ils surveillaient Allen, ses moindres mouvements et les gens à qui il parlait.

Rocha fit passer le message. Environ trois semaines plus tard, La Negra appelait Allen à Miami. La Negra était heureux de retrouver l'Américain. Il avait certaines choses à lui dire. Sur les 150 et quelques kilos saisis au Guatemala, 80 lui appartenaient. Il les avait payés 4 000 dollars le kilo. De son point de vue, Allen était responsable de cette perte et lui devait 320 000 dollars.

Allen, qui voyait là le moyen de se procurer de la cocaïne, en convint. Il dit qu'il avait des clients au Mexique et que, si La Negra fournissait la marchandise, il la revendrait et se ferait assez d'argent pour lui rembourser les 320 000 dollars en question.

La Negra acquiesça. Un bon client de plus n'était pas négligeable. Il avait récemment expédié trois livraisons à Santi Ocampo et n'avait pu récupérer l'argent. Ocampo lui devait plus d'un million de dollars. La Negra dit qu'il enverrait quelqu'un pour conclure un arrangement avec Allen et qu'entre-temps, si ce dernier avait besoin de quoi que ce soit, il pouvait l'appeler à Cali au 58.06.75.

La Negra parla avec Rivera du marché conclu avec Allen. Rivera était si content de voir s'ouvrir de nouveaux débouchés avec ce jeune Américain ambitieux qu'il décida de lui téléphoner lui-même.

Neuf jours après le coup de téléphone de La Negra à Allen, Rivera l'appela du Pérou. Il promit d'envoyer sous douze jours un représentant à Miami pour négocier avec Allen.

Trois jours plus tard, Luis Cornejo était là. Rivera avait envoyé le meilleur de ses hommes, l'avocat qui avait jadis représenté les associés d'Auguste Ricord et qui consacrait maintenant ses talents à Rivera et à l'Organisation Internationale de Stupéfiants.

Le Centac était aux anges. Si un marché se concluait aux Etats-Unis entre Allen et Rivera, on pourrait mettre la main sur Cornejo, sans parler de quelques millions de dollars de cocaïne. Et si on pouvait avoir Rivera lui-même au passage de la frontière, on aurait gagné le gros lot.

Cornejo décida de considérer cela comme des vacances. Accompagné de sa femme et de quatre autres membres de sa famille, il s'installa aux chambres 612 et 614 de l'hôtel Shelborne de Miami Beach et appela Allen chez lui. Il dit qu'il était envoyé par « Alfonso du Pérou ». Pour des raisons de sécurité, les deux hommes convinrent de se rencontrer non au Shelborne, mais dans un autre hôtel de Miami Beach, le DiLido.

A dix-neuf heures trente le lendemain soir, Cornejo arriva au DiLido et trouva Allen dans le hall. Il bavarda avec lui pendant une demi-heure, mais en fait il était simplement venu lui donner un renseignement. Rivera était content de traiter avec lui. Il vendrait à Allen 200 kilos de cocaïne base. Les 100 premiers kilos coûteraient un million de dollars. La livraison serait effectuée après le paiement. Quand Cornejo parla du million de dollars, on aurait dit un homme qui jette un billet de dix dollars sur le comptoir d'un bar.

Il tendit un bristol à Allen :

— Versez un million de dollars sur ce compte et vous aurez la base.

Sur la carte on lisait :

      Alfonso Rivera
      BNP (Panama)
        Nom : Guy des Longchamps, directeur.

Parmi les vacanciers qui traînaient dans le hall du DiLido, attendant leurs bagages, lisant des magazines ou regardant les filles, il y avait six agents du Centac. L'un d'eux put photographier la rencontre.

Rivera avait pas mal d'affaires en cours. Un million de dollars avec John Allen, un autre million avec Vincent Guzmán, un autre million encore avec... Et combien d'autres ?

Avant son retour en Colombie, Cornejo reçut au Shelborne un certain nombre d'intéressants messages téléphoniques. Un certain Herman dit à Cornejo que « les problèmes de New York étaient résolus ». D'autres messages urgents arrivèrent : de Renzo à Buenos Aires, de Jaffe à Las Vegas, de Carlos à Lima.

Cornejo rencontra encore une fois Allen et lui dit que quand il aurait son million de dollars, il pourrait appeler Rivera à Lima au 40.76.56.

Mais cela n'arriva jamais. Quelques jours plus tard, Rivera n'était plus en position de traiter des affaires avec quiconque, malgré les millions qui avaient été versés sur son compte de Panama.

3

Le lendemain matin du jour où Alfonso Rivera et David Burrios avaient balancé le corps de José Vásquez du haut de la falaise, Pedro Delgado, le *comisario primero* de la PIP, prévint l'agent de la DEA à Lima, Tony Ayala, qui avait travaillé avec lui sur l'affaire, que Vásquez était porté manquant et présumé enlevé. Un agent qui surveillait le téléphone de Rivera avait entendu celui-ci dire à Guzmán que cette surveillance l'embêtait et qu'il avait donné instruction à ses contacts de la PIP d' « arranger ça ». Delgado ajouta que ses hommes recherchaient Vásquez et que s'ils ne le trouvaient pas dans les heures à venir, l'opération serait terminée et tous les suspects arrêtés et interrogés.

On rechercha Vásquez pendant toute la journée et la nuit suivante. Un indicateur qui connaissait un associé de Guzmán du nom de Luis Tafur fut chargé d'aller se renseigner. L'homme devait rencontrer Tafur, qui faisait des études d'ingénieur, ce soir-là à vingt-deux heures devant un grand magasin. Ayala, Delgado et deux équipes de surveillance de la PIP seraient là pour observer.

A vingt-deux heures quinze, Tafur arrêta sa Volkswagen devant le magasin. L'indicateur monta avec lui sur le siège avant. Ils parcoururent une courte distance en direction de Miraflores et se garèrent près d'un croisement. Delgado et Ayala quittèrent leur voiture et entrèrent dans un café pour observer la Volkswagen de plus près et en toute sécurité. Du café, Delgado téléphona pour demander à son bureau des nouvelles de Vásquez. Quand il revint auprès d'Ayala, il était rouge de colère.

On avait trouvé Vásquez. Son corps, ou ce qu'il en restait, était au pied d'une falaise près de la plage d'Herradura. Il avait été tué à coups de revolver. Les blessures faites par les balles et les marques de brûlures montraient qu'il avait été torturé.

Delgado ne pouvait que supposer que Vásquez avait raconté à ses bourreaux tout ce qu'il savait de l'opération. Tout le monde devait être arrêté immédiatement, y compris Tafur, l'associé de Guzmán qu'ils surveillaient en ce moment même. Mais Delgado n'avait avec lui qu'un agent de la DEA, Tony Ayala, et les restrictions imposées par le gouvernement des Etat-Unis (l'amendement Mansfield) interdisaient aux agents américains de prêter main-forte à des arrestations en territoire étranger. On savait Tafur dangereux. La première chose que n'importe quel flic apprend dans toutes les écoles de police du monde, c'est de ne jamais essayer de procéder tout seul à une arrestation. Mais Delgado n'avait pas le choix.

Il sortit du café, alla jusqu'à la Volkswagen, et avant que Tafur ait eu le temps de réagir, il le tira hors de la voiture. Tafur portait un .38 chargé.

A Washington, informé par téléphone du meurtre de Vásquez, Dennis Dayle fut peiné mais non surpris :

— Nous apprenons si souvent des choses de ce genre que nous n'en éprouvons plus d'émotion sauf s'il s'agit d'un des nôtres. Mais c'est particulièrement écœurant en Amérique du Sud, où le policier qui se consacre honnêtement à sa tâche est un oiseau rare. D'une façon générale, en Amérique du Sud, la ligne de partage entre les flics et les truands est très vague. On délègue souvent l'autorité pour qu'on en abuse et le policier qui périt par l'épée a, la plupart du temps, vécu par l'épée. C'est pourquoi la mort d'un homme comme Vásquez est particulièrement pénible.

La rafle commença. A Lima, San Isidro et Miraflores, les hommes de la PIP arrêtèrent onze individus, dont Vincent Guzmán, José Franco (qui avait sur lui pour 230 000 dollars en chèques), un autre associé de Guzmán avec un chèque de 100 000 dollars, l'ex-agent de la PIP David Barrios, et Carlos Jordan.

Les interrogatoires commencèrent. Barrios fit du meurtre de Vásquez un récit à vous glacer le sang. Jordan dit que Rivera avait pris l'avion pour Panama, mais personne ne savait où il avait pu aller ensuite. Il emmena les agents de la PIP à la piste de Casma et déterra lui-même huit grosses valises qui contenaient 234 kilos de cocaïne-base. Puis, encouragé par les enquêteurs encore hantés par la vision du corps torturé de Vásquez, il dit absolument tout ce qu'il savait sur Alfonso Rivera.

Jordan déclara qu'il connaissait Rivera depuis 1968, quand il avait commencé à travailler comme représentant de commerce pour sa compagnie de spiritueux. Plus tard, on lui confia la tâche de réceptionner et de livrer la cocaïne. Au cours des deux dernières années, il avait personnellement participé à sept livraisons (il pouvait y en avoir eu d'autres) totalisant près de deux tonnes de base d'une valeur, au prix que Franco la payait, de plus de neuf millions de dollars.

Tout cela était fort intéressant, mais où était Rivera maintenant? Ayant probablement reçu de Guy des Longchamps, à Panama, une valise pleine de billets, où était-il allé?

Jordan n'en avait aucune idée. Personne n'en avait la moindre idée. Un homme de l'astuce et de l'intelligence de Rivera, sentant l'activité policière fiévreuse qu'avait dû susciter le meurtre d'un policier, pouvait aller n'importe où. Il pouvait être en Amérique du Sud, en Europe, en Asie. Ou dans l'Antarctique.

Pendant que la PIP se demandait où était Alfonso Rivera, le Centac réservait une autre question à Carlos Jordan : d'où venait toute cette base? Qui la fournissait?

Qui était au-dessus de Rivera?

CHAPITRE SIX

1

A l'époque où José Vásquez était assassiné et où les autorités péruviennes s'aventuraient ambitieusement dans la stratosphère du crime pour tenter d'apercevoir Alfonso Rivera, les agents du Centac au Mexique reçurent des nouvelles préoccupantes. Falcon avait remis ça. Un analyste des renseignements envoya le rapport suivant à Dennis Dayle, à Washington :

> Il ressort de renseignements provenant de différentes sources dignes de foi qu'Alberto Sicilia-Falcon est en train de s'assurer des appuis qui peuvent lui permettre d'obtenir une libération anticipée de sa prison mexicaine. Pour tenter d'être libéré, Sicilia-Falcon a toujours été en contact avec de nombreuses personnalités influentes des milieux dirigeants mexicains. Ces personnes commencent à exercer une forte pression politique en faveur de l'accusé. Le rapport suivant identifie quelques-uns des contacts de Sicilia-Falcon et décrit certaines de ses méthodes d'action.

Falcon avait renoncé aux tunnels. Il essayait maintenant de faire sauter la porte de sa prison avec des pots-de-vin et des appuis politiques. Ses alliés visibles (il y en avait d'autres qu'on ne voyait pas) comprenaient des chefs de la police et des personnalités politiques de très bonne famille, comme Dolorès Olmedo, qui travaillait avec son amant, Aturo Izquierdo, importateur d'héroïne française dont l'influence s'était accrue au cours des années.

On menaçait ceux qu'on ne pouvait acheter. Dans un salon privé d'un restaurant de Mexico, l'agent du Centac Errol Chavez rencontra discrètement le directeur de la prison Santa Marta, où Falcon était détenu. L'homme terrifié arriva, avec trois gardes du corps, dans une voiture-radio que suivait une voiture de protection.

Il s'installa nerveusement à la table et attendit que le maître d'hôtel soit sorti pour confier qu'il était l'objet de pressions de la part de ses supérieurs et de « personnalités politiques influentes » qui craignaient qu'il ne tente de s'opposer à la libération de Falcon. Il avait reçu une lettre de Dolores Olmedo. Enfin, pas vraiment une lettre, puisqu'elle ne contenait qu'un seul mot : *Serpico*. Il y voyait une menace.

Il précisa que « les amitiés d'Olmedo avec des présidents mexicains passés et présents » et autres hautes personnalités lui donnaient « la certitude » que sa carrière et sa vie étaient « en grave danger ».

Il dit aussi qu'un *comandante* de police l'avait déjà averti qu'il devait éviter de parler de Falcon avec des agents américains. Pour encourager le directeur, Chavez lui promit que les contacts avec les Américains seraient réduits au minimum et que « si des difficultés surgissaient » on interviendrait en sa faveur auprès du ministre mexicain de la Justice.

Ce qui fit sourire le directeur. Il était reconnaissant, mais pas rassuré pour autant. « Vous pouvez toujours parler à saint Pierre, dit-il, mais c'est à Dieu que vous devrez répondre. »

2

Errol Chavez et Pat Gregory se rendirent eux-mêmes à la prison Santa Marta, pour voir non le directeur mais un de ses prisonniers. José Egozi — confident de Falcon, héros de la Baie des Cochons, officier de renseignements formé par la CIA — avait accepté de coopérer avec le gouvernement américain. Sa volonté peut-être affaiblie par sa malheureuse tentative d'évasion de la prison Lecumberri, Egozi brûlait de se voir transférer dans une prison des Etats-Unis. Face à Chavez et à Gregory, sa résolution, toutefois, s'effondra. Il dit qu'on avait déjà attenté à sa vie. Si Falcon découvre que je vous ai parlé, dit-il, il me fera tuer.

Egozi refusa d'en dire plus, mais accepta de faire un tour dans le couloir. Gregory essaya de le détendre en lui parlant amicalement, l'interrogea sur une tête de démon en or, de la taille d'une petite pièce de monnaie, attachée au bout d'une chaîne qu'il portait au cou. Egozi répondit que c'était parce qu'il était un adorateur du diable. Ils continuèrent d'aller et venir et Egozi finit par lâcher quelques bribes de renseignements : grâce aux relations de Falcon et à ses pots-de-vin, les juges qui instruisaient son dossier demanderaient bientôt sa mise en liberté.

Un autre informateur du Centac confirma que Falcon faisait tout pour sortir de prison et que Luis Zucoli, le seul évadé qui était resté en liberté, se cachait dans le ranch d'Arturo Izquierdo, à Veracruz. Izquierdo avait offert au directeur de la prison Santa Marta un cheval de prix à condition qu'il garantisse les privilèges de Falcon pendant son incarcération et qu'il ne s'oppose pas à sa libération.

Errol Chavez, un jeune homme sérieux, à la voix mesurée, d'une patience apparemment infinie, continua à aller voir Egozi à Santa Marta et à arpenter le couloir avec lui. A chaque fois, il avait l'impression que le Cubain voulait parler mais craignait d'être assassiné s'il le faisait. Finalement, son frère David, qui dirigeait l'entreprise familiale de chaussures, prit à Miami l'avion pour le Mexique et pressa personnellement José de parler. Bien qu'avec réticence, celui-ci consentit à répondre à des questions écrites.

Chavez tapa les questions à la machine et José écrivit ses réponses à la main. Il affirmait ne pas savoir où se trouvait l'argent de Falcon mais que celui-ci avait parlé de dépôts dans une banque russe de Paris. Interrogé sur « les contacts politiques de Falcon au Mexique et dans d'autres pays », Egozi écrivit qu'il ne savait rien. Mais il assura oralement à Chavez qu'il donnerait le nom de « nombreux contacts politiques mexicains » une fois qu'il serait en sécurité aux Etats-Unis.

Quel était le rôle de Dolorès Olmedo, qui avait été la maîtresse du peintre Diego Rivera, dans les opérations de Falcon ?

Egozi dit que Falcon s'était arrangé pour qu'Irma Serrano, la fameuse actrice surnommée *la Tigresa,* fût présentée par Olmedo à Carlos Kyriakides, pensant astucieusement que si elle tombait amoureuse de Carlos, elle le ferait bénéficier, ainsi que Falcon, de ses relations politiques.

Interrogé sur Gaston Santos, le richissime acteur et torero, Egozi refusa de répondre avant d'être aux Etats-Unis. Il déclara cependant avoir fourni à Falcon un inventaire (établi par la CIA), des armes disponibles.

Savait-il où était Alfonso Rivera ? Non, il n'en savait rien.

Chavez quitta la prison Santa Marta et se rendit en voiture à l'aéroport. Il ne prit pas de risques avec cette déclaration signée par Egozi, qui pouvait équivaloir à un suicide. Renonçant à utiliser la poste, un télégramme et même la valise diplomatique, il prit l'avion pour San Diego, retrouva Pat Gregory et, avec lui, déposa le document de douze pages, scellé et classé confidentiel, dans une chambre forte des services officiels.

Puis il revint pour en savoir plus.

Pour son nouvel entretien, Chavez emmena avec lui George Grauer, qui avait travaillé pendant dix ans à la direction des Enquêtes fiscales, et était maintenant affecté à temps complet au Centac-12.

Egozi craignait encore pour sa vie, mais il accepta un autre entretien selon les mêmes règles — questions et réponses écrites, avec peut-être quelques promesses murmurées d'histoires plus juteuses quand il serait en sécurité, loin du Mexique.

Il supposait que l'argent de Falcon était placé sur divers comptes de différentes banques, au Panama et en Europe, probablement à Paris.

Les agents, Grauer en particulier, étaient naturellement impressionnés par l'idée qu'avait eue Falcon d'utiliser une banque russe.

Quand Falcon a-t-il dit qu'il utilisait une banque russe à Paris? demandèrent-ils à Egozi.

A plusieurs reprises, répondit celui-ci. Le compte avait été ouvert dans le deuxième semestre 76.

Mais pourquoi une banque russe?

Parce que c'est le dernier endroit où les Etats-Unis iraient chercher, et que c'est difficile à contrôler.

Egozi connaissait-il d'autres trafiquants qui utilisaient une banque russe?

Il refusa de répondre.

Ils lui demandèrent son avis, « en tant qu'expert financier », sur les avantages que pouvait offrir une banque russe par rapport aux autres, notamment aux banques suisses.

Une nouvelle fois, il refusa de répondre.

Il déclara cependant que Falcon avait des comptes en banque sous des noms d'emprunt aux Bahamas, en France, au Panama, en Espagne, en Suisse et au Mexique. Il ajouta que Falcon avait à l'heure actuelle « une grosse somme d'argent » dissimulée sur des comptes bancaires ou déposée dans des coffres, et que Roger Fry — aujourd'hui en prison après sa condamnation à Detroit — possédait une maison en Suisse et une affaire de fruits de mer en gros à San Diego.

Egozi signa sa déclaration, qui fut à nouveau classée « confidentiel » et déposée dans la chambre forte de San Diego.

Mais le Centac n'avait pas fini d'entendre parler de José Egozi.

CHAPITRE SEPT

1

Une analyse préliminaire des documents bancaires fournis par le gouvernement helvétique au moment du procès de Roger Fry à Detroit, avait permis d'établir que Fry et sa femme Paulette détenaient encore des certificats de dépôt représentant 1,6 million de dollars, dans les succursales de la Société de Banque Suisse de Londres et de New York. Un agent du Centac-12, versé dans la comptabilité, fut désigné pour aider le Service d'Enquêtes financières de Rich Kobakoff à en faire une analyse approfondie.

Une clause nouvelle, qui n'avait pas encore été utilisée, de la loi suisse permettait non seulement d'obtenir les numéros des comptes appartenant à Sicilia-Falcon et à Roger Fry, mais aussi de les saisir. Aussi mit-on au point une seconde lettre rogatoire qui demandait aux autorités helvétiques la saisie de seize comptes et d'un coffre.

Rich Kobakoff, qui travaillait maintenant la main dans la main avec les agents du Centac, téléphona à un fonctionnaire de Zurich et apprit que les Suisses, de leur propre initiative, avaient déjà gelé les comptes.

Mais ce gel arriva trop tard. Quand les comptes furent saisis, leur montant ne représentait plus que 300 000 dollars.

Encouragés par leur succès en Suisse, et familiarisés avec les procédures diplomatiques de recherches financières, Kobakoff et les agents du Centac préparèrent des lettres rogatoires destinées aux pays où l'on avait retrouvé la trace des comptes de Falcon : la France, l'Espagne, le Portugal, les Bahamas, le Panama, la Colombie et le Mexique (où la fortune de Falcon avait été répartie dans sept banques différentes).

Apprenant que deux hommes, qui transportaient trois millions de dollars appartenant à Falcon, allaient prendre un avion qui ferait escale à l'aéroport international de Panama, Dennis Dayle, désespérant de pouvoir agir rapidement en passant par les voies officielles, téléphona à un fonctionnaire de Panama qu'il connaissait personnellement. Plus tard dans la journée, on le prévint que les passeurs avaient été arrêtés et l'argent saisi. Malheureusement, ils ne restèrent pas longtemps sous bonne garde. L'argent s'évanouit, ainsi que les passeurs. Personne n'en parut vraiment surpris.

Dennis était troublé. Non pas à cause de la perte des trois millions de dollars — cela n'avait rien d'extraordinaire quand on songeait à la corruption institutionnalisée des pays d'Amérique latine — mais à cause de l'énormité des sommes que les agents du Centac avaient commencé à découvrir. Les services des stupéfiants avaient depuis longtemps reconnu qu'ils ne saisissaient pas dix pour cent de la drogue qui franchissait la frontière américaine. Si le Centac ne connaissait à présent que dix pour cent de la fortune de Falcon, et si l'argent de Falcon ne représentait qu'une fraction de celui de l'industrie des stupéfiants considérée dans son ensemble, on arrivait à des chiffres terrifiants.

Il était aussi terrifiant de se rendre compte qu'aucun service officiel ne s'attaquait sérieusement au problème des bénéfices de la drogue qui sortaient des Etats-Unis. Ce n'était que tout récemment que l'on avait créé le Service d'Enquêtes financières pour s'en occuper. Que signifierait la fuite de milliards de dollars pour le système financier américain ? Pas besoin d'être un économiste pour s'en alarmer.

Dennis écrivit au directeur-adjoint des opérations de la DEA, attirant son attention sur « les énormes flux monétaires » et l'incapacité actuelle du gouvernement à cet égard. Il plaidait en faveur d'une initiative de la DEA « étendant ses compétences et inspirant une législation appropriée » pour traquer les profits de la drogue. Il soulignait que l' « existence d'un flux monétaire de cette ampleur pouvait avoir pour conséquence directe d'affaiblir l'économie américaine. »

Dennis voyait dans la circulation internationale des fonds provenant de la drogue, « un problème économique digne d'attention au niveau diplomatique ». Soulignant que l'abus de la drogue était considéré comme un problème assez important pour avoir sa place dans les négociations de l'aide étrangère et des traités, « il devient, disait-il, de plus en plus évident que la question du trafic de la drogue mérite maintenant d'être considérée comme un problème *économique*. »

C'était une suggestion sans précédent. Les profits de la drogue étaient-ils à ce point impressionnants qu'ils risquaient d'affecter l'ensemble de l'économie américaine ? Incroyable — et trop effrayant pour qu'on le reconnaisse.

Les services fédéraux des stupéfiants, obnubilés par l'idée de « la drogue au détail » ne s'étaient jamais beaucoup intéressés aux profits qu'elle engendrait. Ils étaient flics, après tout, et pas comptables. Les policiers étrangers possédaient, eux, une subtilité née de la corruption. Ils étaient *très* intéressés par les profits. Et il apparut alors à Dennis Dayle et à d'autres agents du Centac que si les hommes politiques d'un pays ne pouvaient se résoudre à s'attaquer aux trafiquants, on pourrait peut-être les amener à s'attaquer à la fortune de ces mêmes trafiquants — pas seulement illégalement, par le biais de l'extorsion, mais tout aussi bien légalement. S'ils voulaient de l'argent, fort bien. Le Centac leur montrerait comment s'y prendre. En fait, le Centac ferait bien davantage. Il mènerait l'enquête, rechercherait les preuves, procéderait aux interrogatoires — le Centac ferait tout, sauf encaisser l'argent.

Dans cette lettre où il tirait le signal d'alarme financier, Dennis révélait que le Centac avait entrepris de « convaincre les autorités étrangères compétentes de se servir davantage de la législation existante concernant l'argent et les dépôts bancaires pour saisir les capitaux des grands contrevenants ». Malgré « ces bonnes raisons, écrivit Dennis, l'inertie bureaucratique de quelques services étrangers chargés de faire appliquer la loi devra être surmontée ». Pour cela, il était nécessaire d'offrir aux gouvernements étrangers des « preuves irréfutables (relevés bancaires, dépositions de témoins, lettres rogatoires, etc.), présentées de telle manière qu'au maximum une petite enquête supplémentaire devrait être menée par les autorités étrangères chargées de ces questions ».

« Il est probable, soulignait-il, que la corruption qui règne parmi les autorités étrangères n'empêchera pas l'application d'un tel programme puisque son but est de priver le trafiquant des fruits de son activité criminelle, but qui peut être atteint malgré la corruption. » En fait, les autorités prendraient pratiquement *tout*. Comment un trafiquant pourrait-il alors acheter sa liberté ?

Au Pérou, où l'exportation de capitaux était interdite, la possession d'un compte bancaire à l'étranger était passible de la saisie de *tous* les avoirs financiers, de cinq ans d'emprisonnement et d'une amende égale à huit fois le montant des fonds déposés sur le compte étranger.

En Colombie, la loi était encore plus sévère : un jour de prison pour soixante-quinze cents sur un compte étranger. Ce qui faisait 3 653 années pour un million de dollars. Si les Suisses avaient répondu aux lettres rogatoires des Péruviens et des Colombiens comme ils l'avaient fait pour celles des Américains, un bon nombre de magnats sud-américains de la drogue auraient pu s'attendre à de très lourdes condamnations. Les pots-de-vin nécessaires pour éviter ces condamnations auraient suffi à casser les reins de n'importe quel trafiquant sur le continent.

Dennis lui-même prit l'avion pour la Colombie et s'assit à une table de conférence réunissant le ministre de la justice Jaime Serano, ses conseillers et un aréopage d'Américains au nombre desquels le procureur Steve Nelson du Centac-12 de San Diego. Nelson avait une réputation de sévérité bien méritée. « C'est l'homme qu'il faut dans un tribunal, dit de lui Pat Gregory, nerveux, agressif, précis, exigeant. Quand il sourit, il ne desserre pas les dents. » Il plaisait aussi à Dennis. « Très dynamique, extrêmement intelligent, et avec des couilles au cul. »

Il n'avait pas été facile à Nelson et à Dennis de venir en Colombie. Dennis aurait voulu faire le voyage à la fin mai, une semaine avant les élections législatives, pour qu'un programme conjoint de poursuites judiciaires puisse être déjà en route au moment où les nouveaux élus prendraient leurs fonctions le 1ᵉʳ août. Mais des chamailleries au sein du ministère de la Justice avaient fait reporter le voyage à juillet.

Bien que l'enthousiasme de Dennis n'eût pas effacé tous ses doutes concernant la capacité du Centac de l'emporter sur les trafiquants colombiens, il fut immédiatement encouragé par le ministre de la Justice Serano, qui écouta les propositions concernant une procédure conjointe américano-colombienne pour les infractions financières, et réagit avec un enthousiasme manifeste. Il plut à Dennis, et au terme de cette conférence de deux heures, il quitta son bureau espérant, même s'il n'en était pas convaincu, qu'on pourrait faire quelque chose. On avait parlé des cibles prioritaires du Centac, comme Santiago Ocampo, et l'étape suivante serait la visite, aux Etats-Unis, des magistrats chargés de l'instruction pour l'examen des preuves et l'audition des témoins. Après ça... on verrait bien.

2

De retour dans son bureau à Washington, Dennis trouva un câble classé secret qu'un messager avait déposé. Quand il eut fini de le lire, il alluma une pipe, se renversa dans son fauteuil et contempla le plafond. Le câble émanait d'un agent du Centac à l'ambassade américaine de Mexico :

LE 19 DÉCEMBRE, LES GARDIENS DE LA PRISON SANTA MARIA ONT DÉCOUVERT JOSÉ EGOZI-BEJAR MORT DANS SA CELLULE. APPAREMMENT, EGOZI S'ÉTAIT PENDU. SELON LES RESPONSABLES DE LA PRISON, AUCUNE PREUVE N'INDIQUE QU'IL NE S'AGIT PAS D'UN SUICIDE.

José Egozi, adorateur du diable et conseiller financier de Sicilia-Falcon, agent de renseignements formé par la CIA, qui s'était occupé du trafic d'armes portugaises de la CIA, s'était suicidé trois mois après avoir parlé aux agents du Centac.

C'était dur à avaler.

Pat Gregory fit remarquer que jusqu'à ce qu'il se soit entretenu avec Egozi, le Centac n'avait pas eu confirmation de la déclaration, apparemment extravagante, de Michael Decker selon laquelle Falcon aurait été en possession d'un inventaire de la CIA des munitions de guerre disponibles.

— Egozi nous l'a confirmé, dit Gregory.

Gregory croyait-il à l'histoire du suicide ?

— Je n'y crois pas. Je pense que Sicilia s'est douté qu'il nous en racontait probablement un peu plus qu'il n'aurait dû.

Que pense Gregory, ex-agent de la CIA, de l'hypothèse selon laquelle Falcon aurait été un moyen utilisé par la CIA pour faire passer des armes destinées à déstabiliser des gouvernements d'Amérique latine ?

— C'est un aspect très intéressant qui n'a jamais été correctement abordé.

Il pense que, d'une manière ou d'une autre, Cuba est impliqué.

— Il y a toujours eu quelque chose qu'on n'a jamais pu expliquer. Quelque chose que nous ne pourrions pas expliquer même si nous le voulions parce que... Il s'arrête, hésite : ... nous ne pouvons pas.

— Pourquoi pas ?

Nouvelle hésitation, comme s'il s'avançait sur un terrain dangereux.

— C'est une arme à double tranchant. A mon avis, Sicilia travaillait pour les deux camps.

Quand John Allen était monté dans la hiérarchie de la cocaïne, de Giovanni Caicedo à Alfonso Rivera, en passant par Carlos Estrada, Santiago Ocampo et La Negra, il pensait en avoir atteint le sommet.

— Alfonso est *le* grand manitou, me dit-il. C'est le courtier en gros numéro un, il achète aux Inciens, fabrique effectivement la pâte. Tous ceux qui font commerce de la pâte sont importants. Au Pérou, je ne connais pas d'aussi gros bonnet qu'Alfonso. Je veux dire qu'Alfonso, c'est... c'est lui qui donne les ordres.

John Allen se trompait.

CHAPITRE HUIT

1

Des nourrissons engraissés jusqu'à une respectueuse stupeur, leurs corps soigneusement inspectés de peur qu'une imperfection n'offense la divinité, étaient massacrés par centaines quand faiblissait le pouvoir de la coca. Leur sang éclaboussait les immenses oracles d'or par l'intermédiaire desquels les esprits prononçaient des jugements, annonçaient les conquêtes, la famine et la peste aux Fils du Soleil, les Incas.

Espérant mettre un terme à ces catastrophes, les prêtres, peu éclairés par les errements des araignées, étudiaient la position des feuilles de coca disposées sur une assiette plate. Drogués par les feuilles elles-mêmes, ils bredouillaient, sous l'emprise de visions supposées divines. Mais quand le malheur persistait et que le sacrifice des feuilles de coca et des animaux n'apportait aucune amélioration, ils immolaient des humains.

Les Incas étaient si impressionnés par les effets de la coca, qu'ils la croyaient habitée par une mère surnaturelle; ils habillaient de vêtements féminins des poupées faites de feuilles de coca pour qu'elles ressemblent à la divinité. L'arbuste de coca lui-même, ils le trouvaient à l'état sauvage dans la jungle, plus haut qu'un homme, ses baies rouges et ses fleurs jaunes décorant les feuilles dont l'ovale s'effilait en pointe. Les feuilles mâchées provoquaient une anesthésie locale qui, pour un temps, faisait oublier la faim, la soif et la fatigue.

La coca était, et reste aujourd'hui, une des deux grandes forces de cette chaîne des Andes autrefois dominée par les Incas. L'autre était l'Amazone, le plus grand fleuve du monde, traversant six pays, assez long pour relier New York à Rome, apportant à l'océan un cinquième de l'eau qui coule à la surface de la terre. Les Incas trouvèrent dans ses forêts et ses jungles, non seulement la coca, mais des jaguars, des oiseaux aux ailes semblables à des joyaux, et de l'or. Les Espagnols fouillèrent le pays à la recherche du fabuleux Eldorado, les jésuites et les franciscains d'âmes à sauver. Les voyageurs d'aujourd'hui, pénétrant par la route, le train et le bateau les montagnes de l'Amazonie péruvienne, s'émerveillent devant les pics altiers, les gorges sans fond, les larges vallées et les riches plantations des clairières. Les plantations, pour nombre d'entre elles, sont consacrées à la production de coca — près de mille ans après la conquête inca, cette plante reste toujours associée, bien que sous des formes différentes, au sacrifice de ceux qui lui font trop confiance.

La ville avait un nom aussi mystérieux et poétique que les prodigieuses montagnes qui s'élevaient au-dessus d'elle. Tingo María. Il faut dix-sept heures de voiture pour l'atteindre dans la poussière de l'été, pas loin d'une semaine dans les torrents bourbeux de novembre à mars. A partir de Lima, la route s'élève abruptement de 4 000 mètres jusqu'au sévère panorama du Cerro de Pasco, puis plonge de 3 600 mètres sur 240 kilomètres jusqu'à la forêt et la stupéfiante beauté de la vallée de l'Huallaga. Et c'est là que se trouve Tingo María, marché de la coca — une ville chaude, humide, sale, hostile aux visiteurs, et jamais aussi hostile que quand elle découvre des agents du Centac.

Les maisons, avec leurs vérandas en façade et leurs jardins derrière, s'alignaient le long de larges rues sous le regard royal, dominateur de *La Bella Durmiente,* la montagne de la Belle Endormie. Au marché de Tingo María, comme sur les marchés de villages moins importants de la vallée (Tocache, Uchiza, Buenparaiso, Progreso) les fermiers se réunissaient pour vendre leur thé, leur café et leur canne à sucre. Mais rien n'agitait autant ces agglomérations et ne monopolisait autant leurs marchés — et cela, aujourd'hui encore — que l'arrivée des hommes qui achetaient la récolte la plus riche d'entre toutes, la pâte de feuilles de coca.

Et quand les acheteurs de la famille Paredes venaient en ville, toute la vallée bruissait de nouvelles.

L'un des collecteurs de pâte de la famille Paredes, Roque Castillo, réunissait les lots dans une petite ferme, une *chacra,* près de Cruzpampa. Là, au cœur de la jungle, la pâte des Paredes devenait de la cocaïne base, qui était conditionnée pour le voyage qui allait l'amener de la montagne aux pistes d'atterrissage secrètes d'Alfonso Rivera, sur la côte.

Car c'était la famille Paredes qui fournissait Rivera, qui était (et est), avec quelques autres, le lien fondamental, le lien le plus fort, le plus riche entre les fermes à coca de l'Amazonie et les salons des classes moyennes d'Amérique, d'Europe et d'Asie où l'on consomme de la coke.

Les seules organisations de trafiquants qui se situaient au-dessus de la famille Paredes et de leurs homologues d'autres pays étaient les gouvernements nationaux eux-mêmes. Et c'étaient les dirigeants de ces gouvernements que les agents du Centac avaient aujourd'hui la chimérique témérité et la présomption d'affronter.

2

Lorsque Carlos Jordan, interrogé par les agents de la PIP à la suite du meurtre de Vásquez, fut sommé de révéler tout ce qu'il savait non seulement de l'endroit où se trouvait son patron Alfonso Rivera, mais de l'homme lui-même, il désigna la famille Paredes comme ayant fourni jusqu'au moindre gramme de cocaïne que Rivera avait fait passer en contrebande depuis qu'il connaissait ce dernier.

Les Paredes habitaient (et habitent toujours) Trujillo, la deuxième ville du Pérou, un centre culturel et commercial aristocratique agréablement situé entre l'océan et les contreforts des Andes. Jadis entourée de murailles pour se protéger des pirates, Trujillo devint, et reste, la patrie des riches propriétaires terriens, une ville d'un classicisme raffiné, avec de grandes maisons et de superbes églises. Deux groupes constituaient la famille Paredes : trois frères, de la branche Sánchez-Paredes, et leurs cousins, quatre frères et deux sœurs de la branche López-Paredes. A eux tous, ils possédaient au moins huit demeures et un certain nombre de propriétés commerciales, y compris une ferme, un entrepôt et une piste d'atterrissage dans la jungle. On trouvait, parmi leurs avocats, l'influent et omniprésent Luis Cornejo.

En dehors de cela, on savait très peu de choses sur les activités des Paredes, sur leurs habitudes, leurs amis ou leurs associés. Mais une chose était sûre — leur emprise sur la structure politico-judiciaire du Pérou était si forte que même le meurtre d'un policier ne pouvait la desserrer. Après l'audition de Carlos Jordan, des agents de la PIP se rendirent en voiture à Trujillo et interrogèrent les frères López-Paredes. Ceux-ci nièrent tout et la police, obéissante, revint à Lima. Au moins une fois auparavant, après la saisie du laboratoire de Rivera à Chosica, les Paredes avaient été accusés de trafic de cocaïne, mais là encore, ils n'avaient pas été poursuivis. Selon un rapport de renseignements confidentiel, la famille Paredes possédait « une fortune colossale » qui « la mettait à l'abri de toute espèce de poursuites judiciaires ». Ses membres pouvaient « acheter des juges et autres fonctionnaires du gouvernement qui non seulement les laissent libres mais les avertissent quand un service de police enquête sur l'organisation de la famille ».

Alfonso Rivera n'était pas, bien sûr, le seul client des Paredes. Loin de là. Un analyste des renseignements du Centac, connaissant dans le moindre détail toutes les informations concernant la famille Paredes, la décrivait comme « la plus grosse organisation de contrebande de cocaïne du Pérou et probablement du monde ».

A cette époque (mais elle allait encore devenir plus puissante), la famille faisait transporter jusqu'à 1 000 kilos de cocaïne base à la fois. Au prix que Vincent Guzmán avait accepté de payer Rivera, 1 000 kilos représentaient bien plus de cinq millions de dollars, et revendus au détail aux Etats-Unis, un demi-milliard de dollars — le tiers du budget national du Pérou, plus du double des dépenses annuelles de la DEA. Et cela, rien que pour une cargaison, une parmi tant d'autres.

Des mois après l'assassinat de José Vásquez et la fuite de Rivera du Pérou, le Centac put exercer une certaine pression sur les solides remparts des Paredes. La DEA avait conservé au Pérou, comme au Mexique ou dans d'autres pays, un cadre officieux d'irréguliers loyaux (souvent des fonctionnaires en activité ou à la retraite, appartenant à la police locale ou à l'armée) connu sous le sigle d'UAS (Unité d'Actions Spéciales). Sous les auspices du Centac, l'UAS du Pérou se mobilisait aujourd'hui contre la famille Paredes.

Les agents du Centac aimaient bien travailler avec l'UAS péruvienne :

— C'est une culture indienne, expliqua Pat Gregory. Ce sont des gens très raffinés et consciencieux. Pas très émotifs. Ils prennent leur temps et font correctement leur travail. Ils valent probablement tous les policiers avec lesquels j'ai travaillé dans divers pays.

Et ils n'y allaient pas avec le dos de la cuiller face à des adversaires comme Luis Cornejo, l'avocat aux puissantes relations.

— Un dirigeant de la PIP nous a assuré que Cornejo était un communiste de premier plan au Pérou. Ils nous ont dit en face qu'ils feraient tout ce qu'ils pourraient pour nous, mais que Luis Cornejo était intouchable.

Rivera, lui, n'était pas intouchable. Pas tout à fait. Pas seulement parce qu'il s'agissait d'un des plus grands criminels mondiaux mais parce qu'avec sa fortune et son influence, on commençait à le considérer comme une menace pour la sécurité nationale du Pérou.

L'UAS s'y attela avec un esprit de vengeance. Ils constituèrent des équipes de surveillance spéciale clandestines à Trujillo, Tingo María et Progreso, et prirent des risques personnels considérables pour infiltrer l'organisation Paredes. L'opération fournit une masse de renseignements. Un membre de la famille confia que l'organisation était récemment devenue « beaucoup plus importante ». La branche López-Paredes, menée par Jorge et Humberto, avait rompu avec ses cousins Sánchez-Paredes, sentant qu'ils étaient devenus plus puissants qu'elle, et qu'ils étaient en train de mettre en place un nouvel appareil de distribution colombien. Ils s'attaquaient aussi à une activité secondaire, la fabrication de cristaux de cocaïne, distribuant le produit fini directement aux Américains qui enlevaient des cargaisons de deux millions de dollars dans des avions qui atterrissaient près de Chimbote.

La famille avait de nombreux *pozos* — raffineries de pâte de cocaïne — dans la jungle. Six hommes étaient nécessaires rien que pour surveiller le ramassage de la pâte. La demande de la famille en pâte et en base était si élevée qu'elle avait été obligée d'en importer de Bolivie, autre grande source de cocaïne d'Amérique du Sud. La pâte et la base étaient transportées en voiture de Santa Cruz — une étouffante ville-champignon au pied des Andes boliviennes — à Trujillo, puis par avion jusqu'en Colombie, où elles étaient transformées en cristaux, et de là, aux Etats-Unis.

La famille utilisait, pour sortir sa pâte de Tingo María, des camions qui empruntaient, jusqu'à Trujillo, une mauvaise route où pratiquement personne ne passait. A la saison sèche, cette balade en montagne était épuisante, et à la saison des pluies, la route disparaissait complètement sous les coulées de boue. Pour maintenir en état cet itinéraire privé, la famille acheta de coûteux engins pour l'entretien des routes et procéda elle-même aux réparations. Et pour se protéger des détournements de cargaison ou du gênant harcèlement financier de la police, la famille emprisonnait pratiquement les chauffeurs, les séquestrant jusqu'à une semaine avant le transport prévu.

Les agents de l'UAS, dirigés par le Centac, s'aventurèrent de leur propre initiative sur cette route, s'arrêtèrent dans un petit restaurant de montagne, et, en bavardant avec les gens du coin, apprirent que les Paredes possédaient à proximité plusieurs plantations de coca. Ils découvrirent par la suite que les Sánchez-Paredes possédaient aussi une compagnie d'autocars qui circulaient dans la montagne en partant de Trujillo et qu'ils étaient en train de négocier la création d'une autre ligne d'autocars, les Chan Chan Tours, qui pénétreraient dans une zone de production de pâte de coca. Un proche collaborateur de Rivera affirma que 80 pour cent des lignes d'autocars du Pérou étaient contrôlées par les trafiquants de drogue.

Des terrains et des laboratoires de cocaïne appartenant aux Paredes commencèrent à apparaître un peu partout. Un fermier qui se trouvait dans une zone de plantations de coca, propriétés des Paredes, prenant des hommes de l'UAS pour des acheteurs de coca, les emmena chez lui et exhiba 25 kilos de feuilles de coca. Il s'excusa parce que c'était tout ce qui lui restait de la récolte de la veille, mais si ces messieurs avaient l'amabilité de revenir dans une semaine, il en aurait 500 kilos. Ils refusèrent mais lui demandèrent son nom. Il s'appelait Alfonso Paredes. Peut-être un lointain cousin.

L'organisation Paredes avait au moins un camion équipé de phares spéciaux à haute intensité pour éclairer les pistes d'atterrissage clandestines. Quand les agents s'approchèrent d'un bimoteur contenant pour un million et demi de dollars de base, les employés de la famille y mirent simplement le feu et prirent le large.

Outre l'exportation de drogue par les airs, la famille Paredes avait une section maritime qui permettait de sortir la cocaïne sur des cargos partant d'un port péruvien.

Grâce à ses relations avec le gouvernement, la famille avait organisé la fuite, vers Medellín, de deux Colombiens arrêtés au Pérou. Parmi les nombreux fonctionnaires péruviens contrôlés par la famille Paredes, les informateurs purent nommer six agents de la PIP, deux généraux (le général Mesias Sánchez-Castillo et un certain général Miyana) et un commandant de la sûreté nationale. Quand un indicateur demanda à un membre de la famille Paredes s'il n'était pas concerné par la pression qu'exerçait le quartier-général de la PIP à Trujillo, celui-ci répondit par un haussement d'épaules. Le responsable de la PIP à Trujillo, dit-il, un certain Agurto Merino, s'était certes laissé aller à des allégations déplaisantes sur la famille, mais il n'y avait pas de quoi s'en faire. S'il est vraiment sérieux et pose un problème, nous lui enverrons simplement « une enveloppe » et « il la fermera ».

C'était là la façon de traiter des affaires de la famille Paredes. Envoyer une enveloppe. En envoyer deux. Avec de l'argent dans la première, et la mort dans la seconde.

Pendant que l'Unité d'Actions Spéciales du Pérou entreprenait sérieusement d'infiltrer l'organisation Paredes, le Centac-12 avait progressé — trop progressé, disaient certains. 311 personnes — des directeurs, des employés, des associés d'Alberto Sicilia-Falcon — avaient été inculpées (nombre sans précédent pour une seule opération), dont plus de la moitié étaient des contrevenants de classe 1 et 2, responsables au plus haut niveau de grandes organisations criminelles.

Comme Dennis Dayle ne se lassait jamais de faire des comptes, le coût total pour le contribuable américain n'avait été que de 357 992 dollars et 29,5 années-agent — 1 151 dollars et 34,62 journées-agent par inculpé. Une aubaine. En fait, le Centac-12 avait saisi 3 300 000 dollars, plus deux Rolls-Royce et un avion bimoteur, soit un *profit* net équivalent à près de neuf fois le coût total de l'opération. Le Centac faisait payer le crime.

Le Centac-12 avait entrepris — bien qu'avec insuccès pour une très large part — des poursuites judiciaires conjointes au Salvador, au Pérou, au Panama et en Colombie. Ses agents avaient témoigné devant les tribunaux du Mexique, de Colombie, du Pérou et du Salvador, comme devant les tribunaux d'état ou fédéraux des Etats-Unis et devant le Sénat américain, sur des sujets qui allaient des procédures de condamnation à la contrebande d'armes.

Et ce n'était pas terminé. Les mondes du crime restaient à conquérir.

Mais il y avait un problème, et un gros. Le poids et l'envergure des enquêtes qu'il menait à l'échelle mondiale rendaient le Centac-12 difficile à contrôler. Il devenait trop pesant et, pour quelques-uns, dangereux. Des agents et des responsables, étrangers au Centac, craignaient et jalousaient les succès de ses opérations de grande envergure et, à cause du scandale Joe Baca, peut-être aussi à cause d'une peur toute bureaucratique devant un phénomène devenu trop important pour être appréhendé, ils considéraient que le Centac-12 ne devait pas être encouragé.

Une partie du problème résidait simplement dans son nom. Vous disiez « Centac-12 » dans certains milieux et vous étiez immédiatement entouré de regards éblouis ou de reniflements de mépris. Personne ne restait neutre. Le Centac-12 signifiait trop de choses pour trop de gens — fléau à éviter ou, ce qui ne valait peut-être pas mieux, sentier vers une gloire personnelle.

Il fallait trouver un moyen de débarrasser le Centac-12 de ses problèmes passés comme de ses triomphes, sans pour autant sacrifier sa force et son élan. La réponse fut un simple changement d'appellation. Le Centac-12 était mort. Le Centac-21 était né.

CHAPITRE NEUF

1

En poursuivant Alfonso Rivera et les frères Paredes, le Centac atteignit les sphères supérieures de l'industrie de la cocaïne en Amérique latine. L'étape suivante allait conduire ses agents devant la porte des dirigeants nationaux eux-mêmes. L'un des grands coupables était le chef d'Etat du Panama, le général Omar Torrijos.

John Allen travailla pour un des hommes qui fournissait la cocaïne du général.

— Quand Carlos Estrada et les autres sont tombés à Mexico, me dit

Allen au cours de notre dîner, tout le monde s'est mis à parler. Tout le monde m'a grillé à Mexico. C'était compréhensible. Et je suis tombé à mon tour. Ils se sont peut-être imaginé que j'avais parlé aussi. Tout ce que je peux faire, c'est d'être prudent. S'ils veulent vraiment m'avoir, ils me trouveront. Je suis là. Je voyage. Qui ne me connaît pas ? Je suis vulnérable. Je le reconnais.

La serveuse, à qui Allen plaisait bien et qui attendait qu'il commande son dessert, prit son temps pour lui demander ce qu'il faisait comme métier.

— Je suis dans... euh... Je vends. Enfin, je suis représentant.
— C'est votre maison qui vous a muté ici ?
— Oui, c'est ça.
— Tout le monde fait de la vente, dit-elle doucement. Il faut toujours se vendre.
— J'aime votre sourire, dit Allen. On voit très peu de gens qui ont un joli sourire franc. Je suis sincère quand je dis que vous avez un sourire adorable.

Elle s'en alla nonchalamment, rayonnante.

— Contrebande d'armes ? demandai-je.
— Ouais, c'est ça.
— Guérilla ?
— Je ne voudrais pas m'en mêler. En Amérique du Sud. Surtout la Colombie. Ils voulaient nous donner de la coke, la récolte, tout. Je me suis toujours tenu à l'écart de ça. J'ai dit à ce type, écoute, c'est pas mon truc, je ne fais pas joujou avec les guérilleros. Je suis un capitaliste. Un capitaliste à 100 pour cent et ma seule raison d'être dans ce foutu business c'est que je suis un capitaliste.

La serveuse arriva avec le café et se remit à bavarder. Après son départ, Allen se frotta le front et dit :

— Je m'emballais sur quelque chose. Qu'est-ce que c'était ?
— Politique et guérilla.
— Ah oui ! Le frère de Torrijos par exemple. J'étais de ceux qui travaillaient avec Torrijos. Et je parlais de drogue. Le frère de Torrijos faisait du commerce avec un type avec qui j'étais en affaire. (Il faisait allusion à Santiago Ocampo.) Il avait donné à Torrijos un cheval d'un million de dollars, un trotteur. Il aime les trotteurs. En cadeau, un cheval d'un million. Vous avez déjà vu un cheval d'un million de dollars ? J'ai connu un homme qui en avait vingt-huit.
— Ocampo.
— Et le gouvernement sait qui est Ocampo. Ils ont des photos de lui. Ils connaissent la couleur de son papier-cul. Mais ils ne lèvent pas le petit doigt. Les Affaires étrangères ne voudraient pas. La politique leur

fait peur. Ocampo est allé aux Etats-Unis deux fois. Mais ceux qui voulaient l'arrêter n'ont eu les renseignements qu'après son départ. A cause des rapports entre la Colombie et Washington. Ils bousillent les choses exprès. C'est la politique. Ils auraient pu l'épingler.

« L'homme de Rivera était à Miami, poursuivit Allen, parlant de Luis Cornejo, l'avocat. Ils auraient pu l'arrêter, mais ils ont bousillé l'affaire. Maintenant, il dirige soi-disant l'organisation à la place de Rivera, qui se planque toujours.

« Je travaillais avec des gens qui sont les premiers fournisseurs de Panama. Le frère du président, vous voyez ? Le gouvernement américain minimise l'affaire. Les Affaires étrangères ne veulent pas y foutre le nez. Je peux vous montrer des documents à l'appui de tout ce que je dis et je peux vous donner les dates et prouver que j'étais là avec ces gens-là. C'est arrivé comme je le dis. Mais ils ne voulaient pas en entendre parler. C'est un trop gros morceau. Ils savent pourtant comment stopper la drogue. Ils *savent* comment faire. Mais ils ne le font pas. »

Le Gouvernement américain n'avait pas besoin de gens comme John Allen pour connaître le rôle important que jouaient les chefs d'Etat dans l'industrie internationale des stupéfiants. Il existait — et il existe — d'innombrables rapports à ce sujet. En ce qui concerne la famille Torrijos, un trafiquant dont les informations étaient au moins aussi fiables que celles d'Allen identifia le frère du général Hugo comme étant un des propriétaires d'Aerolíneas Medellín, dont le surnom d'Air Coke n'avait absolument rien à voir avec les boissons qu'on offre gratuitement dans les avions.

Santiago Ocampo et un autre trafiquant étaient copropriétaires d'une certaine Cie Aero Tabo quand celle-ci avait acheté deux quadrimoteurs DC-4 à la Sociedad Aérea de Medellín (la SAM) une filiale d'Avianca Airlines, la compagnie aérienne nationale colombienne. Pour payer les DC-4, Ocampo et son associé acceptèrent de faire, pour la SAM, des transports de fleurs vers Miami. La SAM voulut très vite se retirer de l'affaire (peut-être avait-on découvert qu'Ocampo aimait bien enterrer de la cocaïne sous les fleurs) et Ocampo paya sa dette en espèces. Aero Tabo prit alors le nom d'Aerolineas Medellín et se mit à transporter des cargaisons de cocaïne de plusieurs millions de dollars en Amérique latine et vers Miami.

Finalement, Ocampo racheta les parts de son associé et vendit ensuite, dit-on, la compagnie aérienne à un certain Manuel Garces et à un certain Carlos Botero. Un an plus tard, un informateur absolument digne de foi identifia Hugo Torrijos, frère du chef d'Etat panaméen, comme le « propriétaire précédent » d'Aerolíneas Medellín. Bien que la compagnie aérienne n'eût pas de contrat officiel lui permettant des vols sur Panama, elle le faisait pourtant, pour livrer la cocaïne colombienne. C'était possible, dit l'informateur, en raison des « intérêts » du général Torrijos dans l'Aerolíneas Medellín. On disait aussi que le général Torrijos, à qui Ocampo avait offert un trotteur, avait garanti au trafiquant le « libre accès au Panama pour ses avions et ses navires ».

Mais l'éclairage le plus intéressant sur les activités du général Torrijos dans le commerce international de la cocaïne, est fourni par l'un des grands anciens de cette industrie, Eduardo Tascón.

C'était le nom d'Eduardo Tascón, mentionné par David Romero, qui avait fait paniquer la police mexicaine. C'était Tascón — fournisseur de drogue pour quatre continents — que Pat Gregory appelait « un des hommes qui ont fait des stupéfiants ce qu'ils sont aujourd'hui ». C'était Tascón qui, comme on put l'affirmer, avait amené des armes de contrebande de Miami aux guérillas d'Amérique du Sud, en transitant par le Panama de Torrijos.

Au cours d'une réunion de négociations sur la cocaïne, tenue à Cali, Eduardo Tascón dit du général Torrijos que c'était « l'un de ses meilleurs et plus illustres clients du Panama ». L'un des frères d'Eduardo, également trafiquant de cocaïne, Tulio, vivait au Panama où il veillait probablement aux intérêts de la famille. Au cours de la même conversation, relatée dans un rapport des renseignements américains classé « secret », Tascón assura que le général Torrijos et un autre trafiquant panaméen, Carlos Duque, formaient un couple de vieux amis qui l'approvisionnaient souvent en armes et en munitions, qu'ils se procuraient à Colón, la deuxième ville du Panama.

Eduardo Tascón disait du général Torrijos qu'il était un des « plus importants organisateurs du marché de la cocaïne au Panama ».

Et Eduardo Tascón devait savoir de quoi il parlait.

La réticence du gouvernement américain à prêter l'oreille aux accusations de trafic de stupéfiants à l'encontre du chef de l'Etat panaméen était compréhensible. Elle mettait peut-être en relief la tradition de la politique extérieure américaine qui veut que lorsqu'on est au courant de la participation de dirigeants étrangers — d'Amérique latine, d'Asie, d'Afrique ou d'Europe — à l'internationale du crime, on juge que le problème est hors de propos, trop embarrassant pour qu'on en discute.

En 1974, les Etats-Unis et le Panama tombèrent d'accord pour négocier le transfert de propriété du canal au Panama. Le général Torrijos, affectant une position de fermeté, pressa les Panaméens de ne pas tolérer plus longtemps le droit de propriété des Etats-Unis sur le canal. En septembre 1977, devant ces exigences, et alors que le général

Torrijos et sa famille se trouvaient mêlés au trafic mondial de la cocaïne au plus haut niveau, Torrijos alla à Washington où le président Carter et lui signèrent allégrement deux traités qui donnaient le canal au Panama.

Après un débat houleux au Sénat, les traités furent dûment ratifiés et, au mois de juin de l'année suivante, à Panama, Carter et Torrijos, souriant triomphalement et se serrant la main, échangèrent les actes de ratification.

Qui avait — qui a aujourd'hui — besoin d'un John Allen pour arracher les linges immaculés qui recouvraient les pustules suppurantes du Panama dans son rôle de transbordeur, de banquier et de dépositaire des bénéfices de l'industrie internationale des stupéfiants ?

— Le ministère des Affaires étrangères est à dégueuler, poursuivit grossièrement Allen, et l'ensemble du programme de la DEA est ridicule. N'oubliez pas que je vivais en Amérique latine avant que tout cela n'arrive. Je me suis fait des amis à l'ambassade. Le ministère des Affaires étrangères est impossible. Ce n'est qu'un jeu. Je veux dire, j'étais là. Je *sais* ce qu'ils faisaient. Et ils *continuent* à le faire.

« Pour la Colombie, la cocaïne, c'est du commerce. Vous croyez que la Colombie renoncera un seul instant à la plus grosse source de revenus en dollars que le pays ait jamais connue ? Enfin, qui baise qui ? Ces gens du Centac, ce sont des Don Quichotte, ils se battent pour une cause perdue. Les Colombiens ne sont pas près d'y renoncer. Ils vous diront d'aller vous faire foutre. Et les Etats-Unis ne feront pas un geste. S'ils voulaient faire quelque chose, ils le pourraient. Le gouvernement des Etats-Unis a un pouvoir formidable. Arrêtez, ou vous êtes fichus. Nous vous coulerons.

Nous sortîmes dans la rue et fîmes des projets pour une nouvelle rencontre.

— Je serai de retour mardi, Jim, et je vous contacterai jeudi. Laissez-moi deux jours.

— Entendu. Bonne chance.

— Jeudi, confirma-t-il en montant dans un taxi.

— D'accord.

Il ne téléphona pas. Je ne revis jamais John Allen.

2

Se faufilant dans le maquis du crime international, allant de pays en pays, faisant surface où et quand sa fortune assurait sa sécurité, Alfonso Rivera, l'assassin de l'homme de la PIP José Vásquez, avait laissé une piste embrouillée faite de résidences abandonnées, de comptes bancaires à sec, de coups de téléphone furtifs. La rumeur le situa tour à tour au Panama, au Guatemala, à New York, Francfort, Washington, au Honduras, en Californie, à Bogotá et à Paris.

A un moment donné, il fut propriétaire d'un appartement à l'Aruba Beach Club, dans les Antilles néerlandaises, avec José Franco (qui avait envoyé Guzmán à Lima pour acheter de la cocaïne à Rivera), Santiago Ocampo et un autre individu qu'on ne put identifier que « comme un haut fonctionnaire panaméen ».

Un an après le meurtre de Vásquez, quelqu'un affirma que Rivera se trouvait à Paris, ville natale de son vieil ami Guy des Longchamps, où on le soupçonnait de se cacher avec l'aide de Guy ou de son père, l'ambassadeur de France au Panama. Les analystes des renseignements se souvinrent d'un rapport classé CIA-DEA parlant des criminelles « connexions sociales et financières avec les milieux officiels français les plus élevés, de l'industrie et de la haute société du pays, au gouvernement, à la police et à l'armée ».

Certaines de ces rumeurs purent être confirmées. Après avoir torturé à mort l'agent de la PIP, Rivera laissa sa femme Victoria et leurs deux enfants à Lima (ils s'envolèrent pour Buenos Aires neuf jours plus tard) et s'enfuit au Panama avec sa maîtresse Iris Gutiérrez. Deux jours plus tard, probablement après avoir retiré de l'argent à la Banque Nationale de Paris, il gagna, avec Iris, Tegucigalpa, capitale du Honduras, où il arriva sous la fausse identité de Héctor Ochoa.

Apprenant l'arrivée de Rivera à Tegucigalpa, et sachant qu'un de ses amis, Juan Matta-Ballesteros — le chimiste spécialiste de la cocaïne qui avait dit à John Allen qu'il allait assassiner le fils d'un colonel salvadorien pour avoir donné des renseignements sur lui — avait un ranch à 100 km de l'aéroport, des officiers de la PIP filèrent à Tegucigalpa et, avec la police hondurienne et les agents du Centac, recherchèrent Rivera. Mais ils arrivaient trop tard. Rivera ne s'y était arrêté que le temps de se procurer des papiers d'identité honduriens au nom d'Alfonso Rodríguez, avant de prendre un avion d'une ligne régulière à destination du Guatemala. Là, Iris et lui prirent le vol 542 de la Pan Am pour New York avec escale à Washington. On savait que le père d'Iris habitait le Bronx, 1665 Grand Concourse, appartement 55.

Les espoirs de coincer Rivera à New York s'évanouirent quand ses poursuivants s'aperçurent qu'il n'avait pas quitté l'aéroport, mais avait immédiatement pris le vol 72 de la Pan Am, direct pour Francfort.

Les agents perdirent sa trace en Allemagne. Il apparut toutefois qu'il avait gagné la France car ce fut à cette époque que La Negra téléphona à Rivera à Paris.

La Negra était furieux. Il avait appris que Rivera, qu'il aimait considérer comme une source d'approvisionnement dont il avait plus ou moins l'exclusivité, avait traité, par l'intermédiaire de Guzmán, avec José Franco. La Negra avait l'intention de se payer de cette petite indélicatesse en assassinant Franco. Mais entre-temps, en l'absence de Rivera, La Negra avait besoin des introductions nécessaires pour pouvoir acheter directement à la famille Paredes.

La réponse de Rivera fut certainement négative car il n'attendit pas longtemps pour revenir au Pérou et traiter lui-même avec les Paredes.

Quelques semaines après que l'avion de Rivera, parti de New York, eut atterri à Francfort, un indicateur prévint les agents que Rivera vivait à Cali, en Colombie, sous la protection d'Armando Barona, un sénateur du pays. On disait que Rivera s'inquiétait parce que José Franco, emprisonné après le meurtre de Vásquez, savait où il se trouvait et pourrait le trahir pour sortir de prison. Rivera prit immédiatement des mesures pour renforcer la loyauté de Franco. Il envoya un colis à sa femme. Quand elle l'ouvrit, le paquet explosa, la blessant grièvement au visage et aux mains.

Franco le reçut cinq sur cinq. Et pour qu'il n'y ait pas le moindre malentendu, quelques jours plus tard le sénateur Barona faisait son apparition à la prison de Lima pour avertir Franco des malheurs qui s'ensuivraient s'il venait à prononcer le nom de Rivera.

Franco la boucla. Cinq mois plus tard, il sortit de prison, revint aux affaires et alla à Bogotá voir Rivera et Santiago Ocampo pour traiter d'un marché de cocaïne de plusieurs millions de dollars. Les contacts politiques et policiers de Franco, qui avaient pu se détériorer après sa participation à l'opération qui s'était terminée par le meurtre de Vásquez, étaient maintenant rétablis. Il obtenait directement ses renseignements du chef de F-2, une unité d'élite de la police colombienne qui s'occupait des stupéfiants et des enquêtes délicates concernant la sécurité intérieure. Le chef avait été le condisciple d'un des caïds de la cocaïne, un copain de Franco.

Pour l'instant, le plus gros problème pour Franco était de ne pas se trouver sur le chemin de La Negra, qui avait juré de le tuer pour avoir essayé de mettre son nez dans ses affaires. Franco confia à des amis qu'il n'avait pas de raison de douter de la détermination de La Negra. Il se rappelait qu'un an et demi plus tôt, La Negra avait kidnappé un autre trafiquant et demandé cinq millions de dollars de rançon. La famille du type ne put réunir que trois millions (Franco y avait lui-même participé pour 800 000 dollars). La Negra avait relâché le trafiquant un mois auparavant, mais dans le seul but de lui permettre de trouver les deux millions de dollars restants. L'autre n'ayant pu y parvenir au bout de deux semaines, La Negra avait enlevé sa fille, et demandait à présent 500 000 dollars supplémentaires pour la libérer.

Personne ne doutait des intentions de La Negra. Quand Franco s'aventurait dans les rues grouillantes du centre de Bogotá ou de Lima, c'était entouré de sept gardes du corps qui trimballaient toutes les espèces d'armes dissimulables dans des pantalons trop larges ou sous des chemises de sport flottantes.

A cette époque, Franco impressionna ses interlocuteurs en faisant allusion aux quantités incommensurables de cocaïne et d'argent qui passaient entre les mains d'Alfonso Rivera et de la famille Paredes. Franco affirma, et il n'y avait pas de raison de mettre sa parole en doute, qu'il approvisionnait cinq réseaux de distribution aux Etats-Unis — installés à Seattle, Los Angeles, San Francisco, San Diego et Miami. Un seul client de Rivera approvisionnait donc un homme qui, à son tour, approvisionnait cinq organisations différentes. Combien de réseaux les autres clients de Rivera pouvaient-ils approvisionner ? Et, en dehors de Rivera, combien de clients la famille Paredes approvisionnait-elle ? La masse globale de tout cet argent pouvait facilement se chiffrer en milliards de dollars — plus que le total des exportations annuelles normales du Pérou, qui représentaient 3,5 milliards de dollars.

Aussi fallait-il s'attendre à ce que Rivera revînt sous peu chez lui, en toute sécurité, et se remît aux affaires au Pérou. On l'avait vu à Lima assister tranquillement à un concours de billard, aussi désinvolte et insouciant que les autres spectateurs. Il confia à une connaissance que sa sécurité au Pérou lui avait coûté cent millions de soles, équivalant à 406 000 dollars — compte tenu du revenu réel par tête, cela représentait aux Etats-Unis plus de quatre millions de dollars.

Les analystes du Centac eurent la confirmation de ce qu'ils soupçonnaient depuis longtemps : leurs efforts pour localiser Rivera étaient sabotés par de hauts fonctionnaires du gouvernement, non seulement au Pérou mais dans d'autres pays d'Amérique latine et d'Europe.

3

Deux jours après le dernier entretien des agents du Centac avec José Egozi à la prison Santa Marta, une autre figure mystérieuse du crime international connut une fin tragique.

L'insaisissable Vincent Guzmán, dont le nom figurait sur la fiche que Sicilia-Falcon avait essayé d'avaler, était sorti de prison après le meurtre de Vásquez, et flânait en fin d'après-midi dans le centre bruyant et animé de Bogotá. Comme le sosie de Robert Mitchum s'arrêtait à un croisement, à un pâté de maisons du cimetière de la ville, deux hommes s'approchèrent et ouvrirent le feu avec une mitraillette. Guzmán et un de ses gardes du corps moururent sur le coup.

Un autre individu qui était avec Guzmán courut se réfugier à l'hôtel El Belvedere, où il se barricada dans la chambre 302, ordonnant qu'on lui apporte tout un arsenal d'armes. Il appela au téléphone un de ses amis pour lui dire qu'il savait que les assassins de Guzmán avaient été embauchés par La Negra, qui s'était aussi arrangé pour faire placer une charge de TNT dans une voiture, à Cali, à trois cents kilomètres de là, dont l'explosion avait déchiqueté un autre trafiquant et sa femme.

Il dit qu'un des propres gardes du corps de La Negra lui avait confié que son patron était déchaîné. Il flinguait tout le monde.

La fureur de La Negra ne pouvait surprendre personne. Sa fille avait été kidnappée — par Guzmán, affirmait-il — et emmenée à Cali dans un avion des Aerolíneas Especiales, une compagnie aérienne colombienne appartenant à un associé de Santiago Ocampo, Eduardo Garnizo. Cette compagnie, selon La Negra, transportait 70 % de la cocaïne importée en Colombie, à 200 000 dollars la cargaison. Il en coûtait un demi-million de dollars pour un voyage direct du Pérou au Mexique. Cette compagnie aérienne sous-traitait aussi des chargements à l'Aerolíneas Medellín, appartenant autrefois en partie au frère du général Torrijos, et devenue la propriété de Santiago Ocampo.

« Guzmán est cinglé », avait dit La Negra à ses amis, après la libération de sa fille (il lui avait fallu huit mois pour payer la rançon). Il avait fait le vœu de renoncer au trafic des stupéfiants jusqu'à ce que « cet acte cruel » fût vengé.

L'homme resta pendant des jours au Belvédère, tremblant et surveillant par téléphone les mouvements de La Negra. Il disait que La Negra avait déjà tué quatre fermiers qui possédaient une terre près de son ranch parce qu' « il ne veut pas de voisins ». Selon lui, La Negra agissait sous la protection d'un ami très proche et très influent — le ministre de la Justice de Colombie.

La bataille n'était pas strictement unilatérale. Les associés de Guzmán, au nombre desquels Santiago Ocampo, disposaient de leur côté de protections politiques. Ils offrirent immédiatement un demi-million de dollars pour la tête de La Negra, qui se terra dans son immense ranch fortifié — que complétaient des pistes d'atterrissage et des laboratoires de cocaïne — proche du port de Buenaventura, sur la côte Pacifique.

Des querelles comme celle-ci étaient courantes. Des kidnappings d'un million de dollars, des assassinats et des meurtres de représailles avivaient périodiquement le feu couvant toujours sous le paysage du crime et de la politique en Amérique latine. Les Colombiens, en particulier, s'employaient si souvent à s'éliminer les uns les autres qu'on leur avait donné un surnom : Emballages perdus. « Vous les utilisez une fois et vous les jetez. »

Un an après sa querelle avec Santiago Ocampo et les autres à propos du meurtre de Vincent Guzmán, La Negra, cessant de se cacher, se rendit à Panama pour voir ce que devenait son argent. Il préparait une minutieuse opération financière à la Banque Nationale de Paris quand Guy des Longchamps, son directeur, lui présenta ses condoléances pour la mort de leur ami commun, Alfonso Rivera.

Cette mort était une nouvelle pour La Negra. Etait-ce vrai ? La Negra ne le pensait pas. Quelles que fussent les raisons qui avaient pu amener des Longchamps à croire, ou à faire semblant de croire, qu'El Hombre était mort, son intuition disait à La Negra que Rivera était bel et bien vivant, sous une autre identité, et avec probablement — grâce à la chirurgie esthétique — un nouveau visage.

Quelques semaines plus tard, La Negra prit rendez-vous pour onze heures du matin à la cafétéria du Hilton de Bogotá avec un homme et une femme qui étaient, en fait, un agent et une analyste des renseignements du Centac. Parlant en toute liberté de Rivera, il leur rapporta ce qu'avait dit des Longchamps et ajouta que Rivera avait plusieurs comptes numérotés dans diverses banques du Panama. Il avait aussi des parents en Espagne et au Costa Rica, et une maîtresse à Guayaquil (celle qui l'avait vu tuer cinq personnes).

Où était Rivera à présent ?

Au Brésil, pensait La Negra.

Pourquoi le Brésil ? Selon d'autres renseignements, Rivera était à Paris. L'homme qui s'était barricadé à l'hôtel El Belvedere après le meurtre de Guzmán raconta qu'il avait entendu dire que Rivera possédait un appartement à Paris et que sa maîtresse y était encore en clinique après son accouchement.

Lorsqu'une fois déjà, fit remarquer La Negra, Rivera s'était enfui de Lima, il avait gagné le Brésil, bien qu'il n'y fût pas resté. Mais où que se trouvât Rivera, ses contacts avec le gouvernement péruvien étaient si étroits qu'il pouvait une fois de plus regagner Lima en toute sécurité. La Negra affirma que Giovanni Caicedo et d'autres magnats colombiens lui avaient demandé de les présenter à Rivera et à la famille Paredes.

La Negra dit qu'à l'heure actuelle Rivera était en relation non seulement avec les autorités péruviennes mais avec un officier supérieur de l'armée chilienne. Et au cas où ils ne le sauraient pas déjà, La Negra rappela au couple du Centac que Rivera était un homme extrêmement emporté et dangereux. Sa faiblesse, dit-il, c'était les femmes. Si jamais il tombait, ce serait à cause d'une femme.

CHAPITRE DIX

1

Un acte d'accusation secret lancé par le Centac-12 à l'encontre de trente-neuf personnes, concernant des ventes de cocaïne excédant 90 millions de dollars, fut présenté à San Diego. Les magistrats estimèrent que c'était « l'acte d'accusation le plus important dans l'histoire de la législation sur la drogue ».

Les procureurs et les agents du Centac avaient donc réellement prise sur le monde du crime. Quelques-uns des plus grands criminels de la planète avaient été accusés et écroués, et le Centac-21 allait maintenant procéder à d'autres inculpations en recherchant leurs associés et collègues en Amérique latine, en Amérique du Nord et en Europe. Le Mexique avait coopéré avec les Etats-Unis en menant quotidiennement des poursuites judiciaires, et Sicilia-Falcon, qui se croyait intouchable, était sous les verrous. Pourquoi ne pas agir de même avec d'autres pays — la Colombie, le Pérou, la Bolivie, Panama ? Pourquoi pas avec le monde entier ?

Moins d'un an plus tard, ils eurent la réponse. Au terme de près de onze mois d'enquêtes et de frustrations, leur acte d'accusation secret ne s'était pas enrichi, mais au contraire amenuisé. Douze des premiers accusés (estimés trop étrangers à l'affaire ou relativement trop peu importants pour justifier une inculpation) avaient été relaxés. Quant aux vingt-sept autres, le procureur fédéral Steve Nelson fit remarquer que « selon toute probabilité, seuls trois comparaîtront un jour devant le tribunal de San Diego ».

Nelson, le procureur de San Diego qui avait accompagné Dennis Dayle cinq mois plus tôt à Bogotá pour obtenir du ministre de la justice de Colombie des assurances de coopération, n'avait rencontré qu'un bien faible soutien. La plupart de ces vingt-sept accusés étaient encore tranquillement à l'étranger, vivant et travaillant dans des pays comme la Colombie, dont le gouvernement n'avait pas sérieusement l'intention de les poursuivre en justice ou de les extrader aux Etats-Unis pour être jugés.

Nombre de ces accusés, souligna Nelson « sont aussi actifs sinon plus actifs que jamais. » Alfonso Rivera, bien que recherché pour le meurtre d'un officier de la PIP, dirigeait toujours son organisation, probablement depuis une planque à Paris. Santiago Ocampo se promenait ouvertement dans les rues de Medellín, malgré un mandat d'amener colombien vieux de deux ans. La Negra vivait tout aussi librement en Colombie, et circulait comme il le voulait en Amérique latine. Luis Cornejo, avocat de Rivera et d'autres grands criminels latino-américains, menait ses affaires comme s'il n'existait aucune loi sur terre.

Bien que cette version restreinte de l'acte d'accusation initial représentât toujours, malgré ses imperfections, « le plus complet des actes d'accusation contre le trafic organisé de la cocaïne », le procureur Nelson confia à son supérieur qu'il regrettait « l'incapacité du gouvernement à déclencher l'offensive que nous avions espérée ». Il ajouta que l'acte d'accusation avait été « réduit, épuré, poli, purgé et modifié » pour « s'accorder à la réalité ».

La « réalité », hier comme aujourd'hui, c'était simplement le refus du gouvernement américain de contraindre ses alliés à une coopération effective. Bien des pays n'étaient pas prêts à arrêter des trafiquants qui partageaient leur fortune avec les chefs de gouvernement — sans parler des chefs de gouvernement qui étaient eux-mêmes des trafiquants de stupéfiants.

Tandis que le Centac s'usait les poings à cogner aux portes des parlements étrangers et des palais présidentiels, son attention se portait également sur un champ de bataille plus accessible, bien que moins prometteur : les réseaux de distribution de cocaïne aux Etats-Unis. Si le Centac-21 ne pouvait atteindre les capitaines de l'industrie des stupéfiants, il pouvait au moins tenter de perturber leurs réseaux de distribution aux Etats-Unis.

Au cours des deux dernières années, la production de cocaïne du Pérou et de la Bolivie avait triplé. Grâce à des gens comme la famille Paredes, la pâte de coca était acheminée des plantations des Andes aux laboratoires de traitement d'Alfonso Rivera, sur la côte. Et grâce notamment à Alfonso Rivera elle arrivait chez des revendeurs comme Santiago Ocampo qui lui permettaient de poursuivre sa route, via des intermédiaires tels que Sicilia-Falcon, jusqu'aux Etats-Unis.

Mais ensuite ? Pour distribuer d'une côte à l'autre et d'une frontière à l'autre des milliers de kilos d'une denrée illégale et qui représentait annuellement plus de 50 milliards de dollars, il aurait fallu avoir recours à l'infrastructure commerciale d'une grande entreprise de vente par correspondance, doublée de l'astucieux et brutal système de sécurité du

KGB. Des tentatives pour détruire de tels groupes, même si elles ne pouvaient jamais être couronnées d'un succès complet, devraient être faites aussi longtemps que la drogue ne pourrait être saisie à la source.

Installé dans son bureau de Washington, Dennis Dayle se demandait par où commencer.

2

Environ un mois après le dîner John Allen-Alfonso Rivera dans un restaurant chinois de Lima, des agents de la PIP mirent la main sur un bi-moteur Lockeed Lodestar 18, bourré jusqu'aux feux arrière de pâte de cocaïne qui venait presque certainement de chez Alfonso Rivera. Le numéro d'immatriculation de l'avion était N-1846G. Ils arrêtèrent neuf personnes, des Péruviens, des Argentins et des Colombiens. Les 292 kilos de pâte avaient été expédiés du Pérou à destination d'un ranch colombien dont le propriétaire, Gilberto Rodríguez, était un avocat colombien de trente-six ans, petit et rondouillard.

Etant déjà l'un des plus riches revendeurs de cocaïne du monde, Rodríguez allait bientôt devenir une cible privilégiée du Centac-21.

Connu pour son intelligence et son astuce, surnommé le Joueur d'échecs, Gilberto Rodríguez et son frère Miguel, lui aussi revendeur de cocaïne, possédaient une fortune qui les avait rendus légendaires. Ils avaient acquis un nombre tout à fait impressionnant d'affaires.

Opérant dans la région de Cali, la troisième ville de Colombie, les deux frères finirent par posséder, ou du moins contrôler, la *Banco de los Trabajadores* (Banque des Ouvriers) ; deux émetteurs radio de Cali (un laboratoire de cocaïne fut installé dans les bâtiments de l'un d'eux, *Radio Cali*) ; une station de Bogota, Radio El Dorado ; des parts dans l'équipe de football de Cali, l' « America » (Gilberto passait clandestinement de la cocaïne dans les cars de l'équipe) ; une importante chaîne de pharmacies dans le pays (un autre frère, Jaime, était chimiste) ; une société immobilière ; un lotissement appelé La Aurora ; au moins quatre ranches (dont l'un nommé El Barrigon (« la Bedaine ») employait une tribu indienne pour transporter à dos d'homme la pâte de cocaïne en pleine jungle, en traversant un affluent de l'Amazone) ; une compagnie de Bogotá dénommée *Fiancieros y Asesores Asociados*, qui possédait une flotte d'avions bi-moteurs et quadri-moteurs servant au trafic de Gilberto ; et, aux Etats-Unis, des bureaux en Floride du Sud, des compagnies douteuses (Intercontinental Investments, J. M. Enterprises, J. C. General Business — les initiales étant celles des amis qui les dirigeaient) ; plusieurs appartements (dont un pour la maîtresse de

Gilberto); une compagnie d'import-export; et, rien que pour les mouvements de capitaux, une autre banque, la *North Side Bank* de Miami.

En Colombie, où le revenu annuel dépasse à peine un millier de dollars par habitant, la fortune de Gilberto lui octroyait automatiquement un pouvoir politique. Bien que la police locale, l'unité d'élite F-2 de la police nationale, et d'autres autorités gouvernementales savaient parfaitement qu'il était un des plus gros trafiquants de cocaïne, Gilberto Rodriguez n'avait jamais été arrêté.

A la longue, Rodriguez entra en relation étroite avec Santiago Ocampo, l'homme qui, selon les dires de John Allen, fournissait en cocaïne Alberto Sicilia-Falcon et le chef de l'état panaméen, le général Omar Torrijos.

De treize ans plus jeune que l'obèse Ocampo à la peau huileuse, Gilberto Rodríguez s'était rapidement élevé dans l'industrie de la cocaïne, remettant souvent en question la prééminence de chefs incontestés. Jusque-là, il n'y avait pas eu de dissensions. Ocampo et son jeune compatriote avaient beaucoup en commun. Non seulement parce que c'étaient deux Colombiens qui étaient parvenus presque au sommet de l'industrie internationale des stupéfiants, mais parce qu'ils avaient tous deux des bureaux à Cali, possédaient leurs propres compagnies aériennes et achetaient souvent des avions par l'intermédiaire du même revendeur, un jeune Américain aventureux du nom de Robert Lafferty.

Lafferty, sympathique et agressif, s'était monté une gentille petite affaire. Ce n'était pas simplement un pilote remarquable, il pouvait aussi démonter un avion et le remonter; il savait tout des longs courriers à décollage court — les appareils servant à la contrebande. Tout le monde faisait appel à Lafferty : Ocampo, Rodríguez et Eduardo Guarnizo, le propriétaire d'*Aerolíneas Especiales* (la compagnie que La Negra accusait d'avoir transporté sa fille kidnappée). Si vous aviez besoin, très vite, d'un avion aux performances particulières, pas de problème : Lafferty avait la solution.

Lafferty traitait beaucoup d'affaires avec une mystérieuse compagnie où l'on retrouvait Rodríguez, la TEA Manufacturing. La TEA, dont le siège social était en fait un entrepôt abandonné, infesté de rats, à Brooklyn, ne concernait pas le seul Rodríguez mais aussi les propriétaires des deux plus grandes compagnies aériennes de contrebande d'Amérique du Sud — Ocampo et Guarnizo. Lafferty achetait un avion aux Etats-Unis pour TEA Manufacturing, l'amenait en Amérique du Sud à Guarnizo et l'appareil aboutissait entre les mains d'Ocampo. Alors qu'était-ce que la TEA Manufacturing ? Lafferty s'en fichait. Il se contentait d'acheter et de vendre des avions, et de se faire plein d'argent.

Le lendemain du jour où Vincent Guzmán fut mitraillé à côté du cimetière de Bogotá, un inspecteur de New York, le jovial et ventripotent Kenny Robinson, surveillait une Chevrolet Impala rouge en train de livrer un kilo de cocaïne à un Colombien à Jackson Heights, dans le Queens. Robinson, travaillant avec un groupe de dix hommes de la police de New York et d'agents de la DEA, agrafa le Colombien et continua à surveiller la Chevrolet. C'était une affaire de routine.

Deux semaines plus tard, dans le Queens, le conducteur de l'Impala remettait à deux Colombiens armés un sac en toile contenant six revolvers miniatures. Nouvelles arrestations. Encore de la routine, plus ou moins.

Le surlendemain, en surveillant l'Impala, les flics et les agents mirent la main sur quatre autres Colombiens, deux kilos de cocaïne, quatre pistolets, une mitraillette, 127 000 dollars en billets et des documents qui révélaient que les ventes de cocaïne s'élevaient en un mois à 2,5 millions de dollars. Bien que ce ne fût pas étonnant dans les rues inondées de cocaïne de Jackson Heights, c'était cette fois plus que de la routine, assez du moins pour éveiller l'intérêt.

Les policiers ne lâchèrent pas le conducteur de l'Impala et ; trois mois plus tard, ils le suivirent dans le hall des arrivées de l'aéroport Kennedy. Restant à l'écart de la foule des familles colombiennes qui accueillaient bruyamment leurs parents débarqués de l'avion de Cali, ils virent le conducteur serrer dans ses bras un homme entre deux âges, fortement charpenté, bien habillé et sans bagages.

Au parking, arrêté par les flics qui espéraient que cela passerait pour un banal contrôle d'identité, l'homme produisit un passeport au nom de José Santacruz. Ils le laissèrent filer.

Ils continuèrent leur surveillance — suivant les voitures jusqu'à des maisons ou appartements, vérifiant les communications interurbaines des occupants à leurs associés, suivant les associés, contrôlant *leurs* communications interurbaines, et ainsi de suite. Ce faisant, ils trouvèrent toujours plus de cocaïne, d'armes, d'argent, de documents, et procédèrent à des arrestations. Ils comprirent bientôt avec des sentiments mitigés qu'ils travaillaient sur une organisation disposant d'une réserve de personnel apparemment inépuisable. On arrêtait un homme, le lendemain il était remplacé par un autre. Les patrons et les directeurs avaient plus de noms et d'adresses que des agents des renseignements en mission. On identifiait un homme et son domicile, la semaine d'après, on le retrouvait ailleurs sous un autre nom. Les numéros de téléphone étaient codés. Pour les noms, on utilisait une écriture chiffrée qui ressemblait à l'ancien égyptien.

Et personne ne parlait. Personne. Ceux qui étaient arrêtés allaient docilement en prison pour quinze ans, ignorant résolument les offres de réduction de peine en échange de leur coopération. Un Colombien suspecté d'avoir parlé à la police rentra dans son appartement du Queens pour y découvrir la baby-sitter envolée et ses trois enfants, dans la cave, lardés de coups de couteau. Des indicateurs, sans rapport avec cette affaire, avaient vécu juste assez longtemps pour découvrir leurs proches massacrés, que ce fût aux Etats-Unis ou à leur retour en Colombie.

Cette discipline et cette brutalité allaient de pair avec une attention fanatique portée à la sécurité et un savoir-faire qui rappelait l'habileté professionnelle des groupes de terroristes super entraînés et des services de renseignements officiels. Les responsables de groupes changeaient fréquemment de domicile et disposaient d'appartements inoccupés servant de planques pour l'argent, la drogue et les armes. Les coups de téléphone importants — brefs et codés — étaient passés depuis des cabines publiques. Ils employaient couramment des techniques sophistiquées de contre-surveillance. Les pièces d'identité, y compris les passeports, étaient invariablement fausses.

La chasse se poursuivit dans le torride été new-yorkais. Les flics et les agents avaient perdu la trace de l'Impala et de son chauffeur quand, un après-midi de juillet, un tuyau les conduisit à un appartement de Flushing, dans le Queens. L'inspecteur de la DEA Billy Mockler, trente-six ans, s'y rendit avec son groupe de policiers et d'agents. Il dressa une échelle sous la lampe du couloir, juste devant l'appartement, et étala sur le sol des pinces et des tournevis.

Mockler était quelqu'un de singulier, même aux yeux des autres. Né à New York, il avait passé ses douze années à la DEA dans les rues où il avait grandi. A l'armée, il servit dans une unité de renseignements. Quiconque l'avait vu ne pouvait oublier sa mâchoire saillante. Mockler avait apparemment la chance d'avoir trouvé le métier pour lequel il était né. C'était visiblement lui qui commandait, mais il n'en tirait aucune vanité. Ses collègues l'accusaient de travailler « huit jours par semaine et vingt-cinq heures par jour ».

Mockler ne considérait pas les trafiquants de New York comme des gens sur lesquels il enquêtait pour justifier sa paie. C'était des rapaces, des individus qui avaient l'audace de croire qu'ils pouvaient impunément mettre à sac un système qui avait permis à ses parents, qui appartenaient à la classe ouvrière, et à d'autres gens comme eux, de vivre heureux dans un monde dans l'ensemble si malheureux :

— Mes parents ont travaillé dur pour avoir ce qu'ils ont, tout comme les vôtres. Et ces types croient qu'ils peuvent arriver avec leur drogue et se faire des millions, et que tout le monde s'en foutra ?

Mockler ne s'en fout pas. Absolument pas.

Deux heures après que Mockler eut installé son échelle, le conducteur de l'Impala sortit de l'appartement, un lourd sac de cuir noir à l'épaule. Mockler lui barra le chemin, montra sa carte de la DEA, et lui demanda son nom. Il s'appelait José Patino.

La sacoche contenait une machine électrique à compter les billets. Dans l'appartement, Mockler et ses hommes découvrirent un appareil à détecter les faux billets, des rouleaux de monnaie, des reçus de mandats, des listes codées de clients et des calculatrices, dont une bande indiquait un total de 700 740 dollars, ainsi que des factures de loyer de quatre appartements et un talkie-walkie.

Tandis qu'ils feuilletaient les documents, le talkie-walkie grésilla et une voix d'homme excitée cria : « ¡ Pepe ! ¿ Qué pasa, Pepe ? »

Mockler dépêcha immédiatement une équipe vers un des appartements du Queens dont l'adresse figurait sur les factures. Il se hâta lui-même vers un autre. Il ouvrit la porte d'un coup de pied, revolver au poing et pénétra prudemment dans une pièce où il ne trouva que des meubles crasseux, des détritus sur le plancher, des machines à compter l'argent et des revolvers chargés, munis de silencieux. Les occupants avaient pris la fuite.

Tous les appartements qu'ils visitèrent étaient déserts. Mockler et ses hommes y trouvèrent néanmoins 47 livres de cocaïne, 45 pistolets et mitraillettes (dont une M 16), des silencieux, des gilets pare-balles, des compteurs de billets, des balances électriques, deux coffres-forts, des reçus, des listes codées de clients et des livres de comptes, des cartes commerciales, une immatriculation d'avion, de fausses cartes grises et de faux permis de conduire.

Décodés par les hommes de Mockler, les livres révélèrent quarante-sept remises de fonds à des courriers spéciaux. Les sommes stupéfièrent les agents. Le 18 juillet, neuf jours avant leur descente, un passeur avait griffonné ses initiales sur le livre, reconnaissant avoir reçu 1 722 000 dollars. Auparavant, d'autres passeurs avaient reçu des sommes de 824 000, 722 000 et 798 000 dollars. Les billets, entassés dans des valises comme du linge sale, allaient vers le sud — Panama, Colombie, Pérou — et de là, par une succession de « laveries automatiques » financières, aux paradis bancaires des Bahamas, d'Europe et d'Asie.

Mais les livres n'indiquaient pas uniquement des sorties d'argent. Ils y avaient aussi des entrées : 62 millions de dollars au cours des mois écoulés. En l'espace de trois semaines, le seul Patino avait ramassé

6 392 000 dollars venant de treize clients. Les paiements avaient toujours lieu un lundi ou un jeudi. Mockler avait intercepté Patino un jeudi, alors qu'il se rendait à sa collecte avec un compteur à billets portable.

Une fois décodés, les noms et les numéros de téléphone trouvés dans les appartements entraînèrent d'autres filatures. Les agents saisirent encore des armes, encore de la cocaïne, 614 000 dollars en liquide, et arrêtèrent cinq hommes de plus.

Ayant découvert plus d'appartements-planques que ses hommes ne pouvaient en surveiller, Mockler dissimula des caméras prenant une image toutes les deux secondes pour filmer ceux qui entraient et sortaient. Quand les conditions paraissaient prometteuses, des hommes se cachaient à l'intérieur, espérant la venue de visiteurs.

« Ça grouille de cafards, là-dedans, se plaignait un agent. Chaque fois que je rentre chez moi, je suis obligé de me déshabiller dans le garage, puis de piquer un sprint jusqu'à la porte. »

Un des numéros de téléphone en code trouvé sur les registres correspondait au cryptogramme de « Calvo », ce qui signifie « chauve » en espagnol. Il mena les hommes de Mockler à un appartement du Queens. Suivant discrètement l'homme d'une trentaine d'années, chauve et barbu, qui en sortit, Mockler repéra un autre appartement, dont les factures du locataire étaient au nom de Tulia E. Ayerbe.

Quelque chose dans ce nom tracassait Mockler. Il l'avait déjà vu quelque part ? Non, mais ça lui rappelait quelque chose. Mais quoi, nom d'un chien ?

Finalement, il se souvint. La carte d'immatriculation d'un avion, découverte avec les armes et la cocaïne était au nom de TEA Manufacturing. T. E. A. : *T*ulio *E*. *A*yerbe.

Mockler téléphona à une vieille indicatrice appelée Olga — depuis longtemps « grillée », maintenant à moitié folle, recroquevillée dans sa tanière secrète de New York, terrorisée par des assassins réels et imaginaires. Olga trimballait dans sa tête une véritable encyclopédie de la drogue latino-américaine. Avait-elle entendu parler de Tulio E. Ayerbe ? Bien sûr ! C'était le cousin d'un diplomate colombien arrêté huit ans auparavant pour trafic de cocaïne et qui s'était depuis remis aux affaires.

Tout excité, Mockler vérifia l'immatriculation de l'avion et apprit que l'appareil, acheté par l'intermédiaire d'un certain Robert Lafferty, avait été spécialement modifié pour les décollages courts et les vols à longue distance. Plus motivés que jamais, les hommes de Mockler découvrirent qu'Ayerbe, qui se faisait alors appeler Juan Báez, avait également acheté un Lockheed Lodestar 18, immatriculé N-1846G. Il s'agissait de l'avion saisi au Pérou avec 292 kilos de pâte de coca. La pâte, comme les enquêteurs l'avaient découvert, appartenait à un certain Víctor Crespo (aucun rapport avec Alvaro Crespo, dit La Negra), qui l'avait sûrement achetée à Alfonso Rivera.

La photographie de Crespo révéla qu'il s'agissait de « José Santacruz », l'homme que les gars de Mockler avaient interpellé au parking de l'aéroport Kennedy. Mockler introduisit le nom de Crespo dans l'ordinateur NADDIS de la DEA. Dans les cinq minutes, NADDIS donna les informations suivantes : Crespo était né trente-cinq ans auparavant à Porto Rico; célibataire; son nom avait été cité par l'Interpol de Buenos Aires dans une affaire de tentative de meurtre. Tout ça, c'était de la routine. Mockler lut la suite, et sa mâchoire proéminente se décrocha de satisfaction. Víctor Crespo était le proche collaborateur d'un avocat politiquement influent, sportif, homme d'affaires et magnat international de la cocaïne, du nom de Gilberto Rodriguez, dit le joueur d'échecs — et Rodríguez lui-même était un proche associé de Santiago Ocampo, qui était un client d'Alfonso Rivera, qui se fournissait auprès de la famille Paredes...

Les deux parties d'un long tunnel s'étaient rejointes sous l'épais bourbier de l'industrie de la cocaïne d'Amérique latine — Mockler creusant à un bout dans les rues du Queens, le Centac creusant à l'autre dans les riches villas d'Amérique centrale et du Sud.

Tandis que Billy Mockler explorait les liens entre Gilberto Rodríguez et les dealers new-yorkais, le système Pathfinder du Centac suivait la même piste. Triant et comparant les noms, adresses et numéros de téléphone de quelque quatre mille suspects, l'ordinateur signala que Robert Lafferty était le lien entre la TEA Manufacturing d'Ayerbe et l'association Rivera-Ocampo-Rodríguez.

Apprenant qu'Ayerbe était sous surveillance à New York, Dennis Dayle invita Mockler à Washington. Il le retint prisonnier une matinée dans son minuscule bureau et, avec son charme habituel, lui tira les vers du nez, avant de lui laver le cerveau. Ce qu'il apprit dut lui plaire, car très peu de temps après, le Centac s'annexa tout simplement l'enquête du Queens. Mockler et son équipe — agents de la DEA, inspecteurs de New York, et même deux membres de la police de l'Etat de New York — se retrouvèrent brusquement intégrés au Centac, une organisation dont personne, à l'exception de Mockler, n'avait jamais entendu parler.

Maintenant, ils en entendaient parler. L'équipe au grand complet fut expédiée en Floride.

3

Dans un des appartements où ils avaient fait une descente, les hommes de Mockler avaient trouvé des relevés de comptes de la Chase Manhattan Bank. Soupçonnant que tout l'argent de Rodríguez ne quittait pas le pays sous forme de liquide, le Centac se mit au travail sur ces relevés. George Grauer, l'agent de l'IRS affecté au Centac, découvrit que le compte de la Chase avait servi à d'importants transferts de fonds sur un compte de courtage chez Merrill Lynch, Pierce, Fenner & Smith, au nom de Sandra Ana. Grauer apprit que « Sandra Ana » n'était pas la maîtresse, la femme ou la fille de quelqu'un, mais une société panaméenne appartenant à l'assistant de Rodríguez, Víctor Crespo. Grauer alla ensuite à Washington, Chicago et Miami. Il découvrit sept comptes bancaires au nom de Rodríguez à New York, six autres à Miami. Il apprit aussi que d'importantes sommes d'argent appartenant à Rodríguez avaient été virées par câble non seulement au Panama, mais aussi au Canada, en Angleterre et en France. Rodríguez ne se contentait pas de faire sortir du pays de l'argent liquide dans des valises, il en exportait tout autant, sinon plus, grâce à des manipulations compliquées dans des institutions financières parfaitement légales.

George Grauer était impressionné. Tandis qu'il continuait à pourchasser l'argent de Rodríguez, un analyste des renseignements du Centac fut assigné à plein temps aux numéros de téléphone, utilisant Pathfinder pour comparer ses propres numéros avec les autres numéros colombiens du NADDIS, étudiant tous les rapports possibles. Finalement, Pathfinder eut en mémoire plus de dix mille numéros de téléphone, et, jonglant joyeusement, établit des relations qui médusèrent l'analyste.

D'après un Pen Register, des coups de téléphone avaient été passés de chez Tulio Ayerbe (dont le numéro était d'ailleurs à un autre nom) à un abonné habitant un gigantesque lotissement en copropriété de Grove Isle, une île privée proche de Miami. Le directeur de cet ensemble d'appartements, dont aucun ne valait moins de 230 000 dollars, déclara que l'abonné en question, Fernando Gutiérrez, avait loué l'appartement pour quelques semaines, l'automne dernier. Il regarda une photo de Víctor Crespo et dit : « Il était avec M. Gutiérrez quand il a signé les papiers. » On lui montra alors une autre photo : « Ça, c'est M. Gutiérrez. » M. Gutiérrez n'était nul autre que Gilberto Rodríguez.

Ainsi, Rodríguez, qui faisait l'objet d'une inculpation secrète, osait entrer aux Etats-Unis. S'il commettait à nouveau la même erreur, il ne pourrait plus compter sur la protection que lui assuraient sa fortune et ses relations.

Tandis que d'autres agents du Centac contrôlaient l'ensemble immobilier de Grove Isle, Mockler s'occupait de trois mots griffonnés sur un bout de papier. Rangé avec d'autres documents saisis dans une planque du Queens, le papier portait les mots « Hémisphères. Hallandale, Fla. »

Vérification faite, un appartement de l'ensemble Hémisphères d'Hallandale, en Floride, avait été loué par Antonio Veloza, l'un des nombreux noms d'emprunt de Crespo. Le jour même où Crespo en partit, un autre Colombien, Lorio Zambrano, s'installait dans un immeuble voisin. Regardant la collection de photos du Centac, un gardien identifia Zambrano comme étant le chauve et barbu Tulio Ayerbe. Le seul appel à longue distance passé depuis l'appartement d'Ayerbe avait pour destinataire un magasin de coffres-forts d'Hialeah. Son propriétaire reconnut Ayerbe sur une photo et dit qu'il lui avait payé en liquide deux coffres-forts, en refusant de donner son nom. Il se souvenait avoir livré un des coffres à un entrepôt proche d'un terrain d'aviation privé d'Opa-Locka, un ensemble résidentiel proche de Miami Beach. Les agents montrèrent une photo d'Ayerbe à l'agent immobilier qui avait loué l'entrepôt. « C'est bien lui. »

Rodríguez, Crespo, Ayerbe. Et un entrepôt. Aux portes de Miami. Comme si un pirate avait conduit les agents au point marqué d'une croix sur la carte...

Recroquevillé dans la cabine sombre et glaciale d'un Dodge parqué au milieu d'autres camions devant une fabrique de fosses septiques d'Opa-Locka, l'agent du Centac Tommy Deignan, instituteur devenu, à sa propre surprise, policier, observait avec des jumelles ultra-lumineuses un porche situé de l'autre côté de la rue. A côté de lui, se trouvait Kenny Robinson, un ventripotent inspecteur new-yorkais.

Des voix étouffées leur parvenaient de l'arrière du camion, où trois autres hommes regardaient un film sur une Sony noir et blanc, son coupé. Deignan et Robinson se réchauffaient les mains en tenant des gobelets de café. C'était le mois de février le plus froid que Miami ait jamais connu.

Les agents avaient déjà passé trois semaines à Opa-Locka, se partageant de minables chambres de motel à soixante-trois dollars la journée. Le Centac leur accordait cinquante dollars de défraiement par jour et semblait vouloir que ça dure toute l'année.

Kenny Robinson et Deignan passaient plus de temps que les autres dans le camion. Il y avait peu d'allées et venues. Ayerbe, quelquefois, chauve et barbu dans des chemises à fleurs. Le soir, se relayant, les flics et les agents allaient dans un bar prendre un sandwich et quelques bières pour se détendre, avant de reprendre la surveillance.

Dans l'entrepôt, Ayerbe avait fait installer l'air conditionné et un système de ventilation — précaution raisonnable, s'ils emballaient de la cocaïne à l'intérieur ; les rares personnes que les agents et les flics avaient vues en sortir prenaient soin de s'essuyer les pieds. Une nuit où Kenny Robinson regardait à la dérobée par la fente du rideau, il aperçut une Chevrolet Caprice bleue de 1980, immatriculée au nom d'un homme qu'ils avaient suivi des mois plus tôt dans le Queens. Mieux encore : l'un des visiteurs de l'entrepôt conduisit les agents qui le filaient tout droit à la résidence de Rodríguez à Grove Isle.

Rodríguez lui-même ne venait jamais à l'entrepôt. Comme tout P-D-G entreprenant, il nourrissait un grand dessein. Ses projets allaient au-delà de la Floride et de la Colombie, peut-être même au-delà de l'hémisphère occidental. De son appartement de Grove Isle, Rodríguez appelait fréquemment le Texas, l'Oklahoma, New York, Porto Rico, la Colombie — et l'Allemagne fédérale.

Son fils de vingt ans, Fernando, étudiant à l'université de Miami, qui aidait bien sûr son père dans ses affaires, appela Londres au téléphone. Ni le Centac ni Scotland Yard n'avaient entendu parler de l'abonné à ce numéro. Mais une perspicace analyste des renseignements de Washington, Mary Galvan, mit le doigt sur un point intéressant. Trois jours avant que Fernando ne donne ce coup de fil, la police fédérale allemande avait arrêté un trafiquant de cocaïne. Galvan demanda à l'Allemagne Fédérale des renseignements sur le passé de cet homme ; il avait été marié à une Colombienne et vivait non loin du Queens, centre du réseau de distribution nord-américain de Rodríguez ; c'était également un associé de Víctor Crespo, l'assistant de Rodríguez que les hommes de Mockler avaient interpellé au parking de l'aéroport Kennedy.

Mary Galvan paraissait avoir ouvert une porte. Toute la cocaïne de Rodríguez qui arrivait régulièrement aux Etats-Unis n'y restait peut-être pas. Avait-il aussi des réseaux de distribution en Europe ? Et pourquoi pas en Asie ?

4

Finalement, ils attaquèrent.

Juste avant le crépuscule, par une froide soirée de mars, vingt-six jours après avoir débarqué de New York, les hommes de Mockler pénétrèrent dans l'entrepôt. Portant des gants de chirurgien et des gilets pare-balles — les gants pour ne pas brouiller les empreintes digitales, les gilets parce que personne n'était sûr que l'entrepôt était inoccupé — dix hommes, l'arme au poing, forcèrent l'unique porte.

Ils trouvèrent des balances électriques, des produits chimiques destinés à couper la cocaïne, des bordereaux de vente, une forte odeur de cocaïne et, dans le bureau, un vaste coffre-fort.

Un expert de la compagnie de coffres-forts d'Hialeah, appelé à la hâte, estima qu'il n'y avait aucune chance de forcer la serrure ou d'ouvrir le coffre-fort au chalumeau. Le seul espoir était de manipuler les boutons.

— Vous pouvez le faire?
— Peut-être.

Le jeune homme s'escrima sur la serrure pendant une demi-heure. Puis il s'écarta, la regarda avec colère, soupira et repassa à l'attaque. Les agents étaient patients. Une nouvelle demi-heure passa, puis une autre...

Finalement, l'homme se détourna du coffre-fort et déclara que c'était sans espoir. Pour lui. Car il y avait quelqu'un d'autre — le seul homme au monde capable d'ouvrir ce coffre si personne n'y arrivait. Les agents échangèrent des regards dubitatifs. C'était du cinéma, ou quoi? Ils étaient à bout de patience. Ils avaient attendu dix-huit mois, ils ne pouvaient attendre une heure de plus.

— Qui ça?
— Le propriétaire de la compagnie.
— Allez le chercher.
— Il est en vacances.
— Où ça?
— Il ne me l'a pas dit.
— Téléphonez chez lui.

Le type était là : de gentilles vacances à domicile. Les agents ne pouvaient croire à leur chance. Ils envoyèrent une voiture.

Le propriétaire, un homme d'environ quarante-cinq ans, qui perdait ses cheveux, parut quelque peu démonté à la vue de cette bande de types armés jusqu'aux dents, portant des gants de plastique blanc et des gilets pare-balles, qui avaient envahi en pleine nuit un entrepôt isolé contenant un coffre-fort qu'ils voulaient ouvrir. On lui avait bien entendu dit qui ils étaient, mais cela ne parut guère le rassurer. Les gens capables d'ouvrir en douceur un coffre-fort n'aiment pas trop en faire la démonstration devant des flics.

Il regarda la façade du coffre-fort, l'étudiant comme s'il s'agissait d'un vieil ami. Il se souvenait de lui. Il savait tout de lui.

— Je vais essayer, dit-il. Mais je ne promets rien. S'il n'est pas ouvert dans trois quarts d'heure, inutile d'insister.

Il s'agenouilla sur la moquette brune et leva ses mains jointes comme s'il priait. Puis il se frotta les paumes et l'extrémité des doigts, et se mit au travail. Un chœur silencieux d'une demi-douzaine d'agents et de flics se tenait derrière lui, s'efforçant de ne pas respirer, observant les doigts qui caressaient le cadran tandis que, la joue pressée contre l'acier froid, les yeux clos, l'autre essayait de capter les murmures métalliques de la serrure. Il était différent de l'autre type. Il avait vraiment l'air de connaître ce boulot. Au bout d'une demi-heure, ils en étaient moins sûrs. Pas de cliquetis révélateur, rien.

Puis soudain — *clac!*

Personne n'osait parler. L'homme écarta ses mains de la porte comme si elle avait été brusquement chauffée à blanc. Il se releva péniblement :

— Voilà, à vous de jouer. Si vous voulez l'ouvrir, faites-le vous-même. Je préfère ignorer ce qu'il y a dedans.

Tandis que les agents faisaient pivoter la lourde porte du coffre, l'homme se dirigea vers la sortie. Des cris et des éclats de rire jaillirent dans son dos, mais il ne se retourna pas.

Ils n'étaient pas venus pour rien. Un paquet ouvert, débordant presque de cocaïne, était posé sur sept cartons. Chacun contenait soixante-trois paquets oblongs de deux kilos de cocaïne, soigneusement enveloppés. En tout, 285 livres de cocaïne, d'une valeur marchande d'environ 7,5 millions de dollars.

Ils trouvèrent aussi des notes et des numéros de téléphone, dont il ressortait que Los Angeles était peut-être un centre de distribution aussi important que New York.

Et voilà pour la poudre et les documents. Mais les types? Mockler ne voulait pas que Dennis Dayle lui dise : « On ne peut pas interroger un paquet de coke. » De toute façon, on ne pouvait pas davantage interroger les Colombiens. Quand même, *ç'aurait été* chouette de coffrer quelqu'un. De préférence Gilberto Rodríguez.

Ils passèrent la nuit à inventorier les preuves, à prendre des photos, à relever des empreintes digitales. Ils réparèrent ensuite la porte brisée, effacèrent toutes les traces de leur passage, et reprirent leur attente.

Quelqu'un allait venir chercher cette cocaïne.

Le lendemain matin, après deux heures de sommeil, Tommy Deignan et Kenny Robinson tapaient leurs rapports au bureau de Miami de la DEA, s'apprêtant à prendre l'avion pour New York, lorsque les agents de surveillance les appelèrent par radio. Un homme chauve et barbu, en chemise à fleurs, s'approchait de l'entrepôt.

Lorsque Deignan et Robinson arrivèrent, les agents avaient fait monter Ayerbe à l'arrière d'une voiture. Robinson se fendit d'un large sourire.

— Tu ne me connais pas ? demanda-t-il, pensant qu'Ayerbe avait pu le repérer au cours des longs mois de surveillance dans les rues du Queens.

— J' connais personne.

La transpiration luisait sur le crâne d'Ayerbe.

— Eh bien, on t'arrête.

— Pour quoi ? demanda Ayerbe, l'air surpris.

— Violation du code pénal de l'Etat de New York, dit Robinson en exhibant son insigne doré. Nous sommes venus de New York rien que pour *toi*.

Ayerbe laissa échapper un imperceptible soupir de soulagement, qui amena des sourires presque aussi imperceptibles sur les visages de Deignan et de Robinson. La cocaïne est donc en sûreté, pensait Ayerbe ; ces cons de flics ne savent rien de l'entrepôt.

CHAPITRE ONZE

1

Alberto Sicilia-Falcon n'abandonnait pas. La moitié de son cerveau complotait pour sortir de prison, l'autre moitié vendait de la drogue comme toujours. Il avait dit à un de ses défenseurs, Enrique Ostos, de soudoyer autant de magistrats que possible, sans lésiner sur les pots-de-vin. Il donna les mêmes ordres à un autre avocat, qui lui répondit qu'il aurait aimé l'aider mais qu'il ne serait pas correct de concurrencer Ostos. Il avait une autre raison de décliner cette offre, sans toutefois rompre avec Falcon : c'était un important indicateur du Centac.

Falcon dit à cet avocat que si les pots-de-vin distribués par Ostos ne suffisaient pas à le faire libérer, la prochaine étape serait le *comandante* Ventura. Si Ventura refusait de revenir sur son témoignage, il faudrait le supprimer.

Errol Chavez, l'agent du Centac qui avait déjà perdu José Egozi, ne tenait pas à perdre Ventura de la même manière. Il lui fit part de la mise en garde de l'avocat. Ventura l'écouta avec un mince sourire, et lui dit qu'il prendrait « des mesures appropriées ».

En dépit (ou peut-être à cause) de son homosexualité, Falcon avait souvent réussi grâce à l'appui de femmes qui n'étaient plus aussi jeunes qu'elles auraient aimé l'être. Tout récemment, le groupe de ses influentes amies comprenait Dolorès Olmedo et Irma Serrano, «la Tigresse ». Une autre fit son apparition. Yolanda Verduzco, une doctoresse mexicaine de trente-quatre ans, avait souvent rendu visite à Falcon au *Reclusorio Oriente*, la prison où il avait été transféré de Lecumberri. De petite taille, un peu trop grosse, Yolanda avait de courts cheveux noirs, de grands yeux bruns provocants et une tendre volonté de réconforter les prisonniers, ce qui aurait été touchant si on ne l'avait pas payée aussi cher. Elle rendait en effet des services inappréciables : obtenir des libérations et vendre de la drogue.

Prête à tout, Yolanda avait acheté pour Falcon plus d'une douzaine de billets d'avions à destination de plusieurs pays. Elle avait aussi payé fort cher des caisses de cognac français destiné au personnel pénitentiaire. Et, tout comme Ostos, elle avait fait le tour des magistrats susceptibles de desserrer l'étau d'un système judiciaire qui, sous le regard attentif des autorités américaines, avait fait preuve d'une exaspérante résistance.

Naturellement, ces pots-de-vin, ces billets, ce cognac, et tout le reste coûtaient de l'argent, sans parler des autres services offerts par la voluptueuse Yolanda Verduzco.

Le 30 mai, à peine trois mois après l'irruption de Billy Mockler et de ses émigrés new-yorkais dans l'entrepôt proche de Miami, Yolanda Verduzco alla voir Falcon au *Reclusorio Oriente*. Elle était accompagnée du « fils » de Falcon, Carlitos, et de Brian Dennard (l'homme qui avait présenté Mike Decker à Falcon). Dennard l'avait échappé belle. Impliqué dans l'affaire qui avait conduit Falcon en prison, il eut la chance d'avoir un frère tenace, influent et crédule, sans parler d'une accusation affaiblie par un « trou de mémoire » de Mike Decker.

2

Ils passèrent l'après-midi à mettre au point avec Alberto Sicilia-Falcon les détails d'une vente de trois cents kilos de cocaïne que l'organisation de Falcon devait passer à Miami. Yolanda partirait dans onze jours pour Miami et San Diego afin de surveiller la livraison de la marchandise à différents acheteurs américains. Elle devait ensuite ramener au Mexique l'argent liquide résultant de l'opération — 17,1 millions de dollars.

Ils ignoraient que certains de ces clients, venus à Miami avec 68 400 coupures de cent dollars légèrement usagées, prix de 120 kilos, étaient en fait des agents du Centac. Avec un peu de chance, ils espéraient mettre à l'ombre quelques autres associés de Falcon et faire obstacle à la campagne qu'il menait pour sortir de prison.

C'est la fin du mois de juin, juste après le déjeuner. Il doit faire un million de degrés à l'ombre, et ils sont formidablement heureux de se vautrer autour de bouteilles de Heineken dans le foyer climatisé, presque désert, d'un Holiday Inn de Miami Springs, dans la banlieue nord-ouest de Miami. Rogelio Guevara, un des agents secrets qui se font passer pour des acheteurs de cocaïne, est là, ainsi que Brian Dennard et un cambrioleur qui a fait de la prison, Tony Scuderi. Dennard et Scuderi présentent Guevara à un quatrième homme assis à la table. On dit qu'il s'appelle Jacques, bien que ce ne soit pas très convaincant puisque Scuderi continue à l'appeler Dave.

Jacques dit qu'il peut livrer 120 kilos de cocaïne dimanche si son ami Scuderi peut voir l'argent.

Guevara dit que ça lui va. Je montre mon argent maintenant, vous amenez la coke ce week-end, et nous faisons l'affaire lundi.

Tout le monde s'en va, Jacques pour passer un coup de fil au sujet de la cocaïne, les autres pour monter dans une chambre louée par les vendeurs. L'amie de Falcon, Yolanda Verduzco, y attend en compagnie d'autres agents incognito qui jouent les associés de Guevara. L'un des agents est Jeff Scharlatt, le responsable de l'opération.

A quatorze heures quarante, une équipe de huit agents, en surveillance dans le parking de l'Holiday Inn, voient un de leurs collègues monter dans une Ford LTD grise. Il va se garer devant la porte du motel. Dix minutes après, un autre agent en sort et monte dans la voiture avec Scuderi et un ami du nom d'Armando. Ils se rendent à une banque locale, et traversent le hall carrelé pour gagner la salle des coffres.

Un agent signe un formulaire. On déverrouille une porte, et les quatre hommes se retrouvent seuls dans une pièce, face à trois coffres de dépôts posés sur une table.

L'agent les ouvre, révélant des liasses et des liasses de billets de cent dollars. 6 840 000 dollars. A croire qu'il y a là tous les billets de cent dollars qui existent au monde. Les hommes ne manifestent pas plus d'émotion que des bouchers en train de contempler une grosse livraison de hamburgers.

Les agents sont encore plus blasés que Scuderi et Armando. Après tout, ce n'est pas leur argent — et il ne le sera jamais. C'est la propriété du gouvernement des Etats-Unis. Il a été amené par camion, sous forte escorte, d'une banque de réserve fédérale, et, après d'interminables négociations et sous un contrôle strict, mis à la disposition des agents du vendredi 17 heures au lundi matin 9 heures.

Scuderi plie son corps maigrichon au-dessus des coffres. Ses doigts, semblables à des pattes d'araignée, ramassent deux poignées de liasses. Il vérifie le nombre de billets et contrôle au hasard les numéros de série. Ensuite, Armando et lui comptent les liasses.

— Ça va ?

— C'est bon.

Ils remettent les liasses dans les coffres et s'en vont. L'agent referme les couvercles et appelle le préposé. Cinq minutes plus tard, ils se retrouvent tous dans la Ford grise. Vous avez vu notre argent. Voyons maintenant votre came.

Pendant que les agents secrets jouaient au Monopoly à la banque, un de leurs collègues, Mark Bumar, était resté dans le salon de l'Holiday Inn, à bavarder avec un Brian Dennard pas méfiant pour un sou. Dennard avait beaucoup à dire sur Sicilia-Falcon. Il avait travaillé avec lui pendant six ans dans la contrebande de marijuana et de cocaïne. Il avait tout fait : compter de l'argent au Mexique, recruter des clients aux Etats-Unis... Il raconta qu'un des témoins de San Diego [il voulait parler d'Alberto Barruetta] ne savait presque rien de son rôle dans l'organisation, si bien qu'il n'avait pas pu lui nuire. N'empêche que lui et quelques autres avaient tenté de tuer le témoin. Malheureusement, le tueur [Michael Decker] était trop loin pour tirer avec précision avec son magnum 357, et l'homme n'avait été que blessé.

Penché au-dessus de la table de formica, Bumar fit signe à une serveuse de lui apporter une autre bière, sans perdre un mot de ce que Dennard lui racontait.

L'avocat de Falcon en Californie, Barry Tarlow, avait contribué à faire annuler l'inculpation dont Dennard faisait l'objet à San Diego.

Tarlow, le meilleur avocat de Falcon aux Etats-Unis, avait d'ailleurs réussi un beau coup avec une partie de l'argent de Falcon. Tandis que les agents parcouraient le monde entier pour trouver l'endroit où Falcon planquait son argent, Tarlow avait transféré 60 millions de dollars d'obligations au porteur d'une banque suisse à une autre banque, quelque part en Asie. Pour sa peine, Tarlow avait touché dix pour cent de commission, la bagatelle de six millions de dollars. Dennard était maintenant un convaincu. Les obligations au porteur étaient la bonne solution, le moyen d'échapper aux agents du fisc... Une fois lancé, Dennard était intarissable.

Le lundi matin arriva. Les agents prétextèrent qu'il fallait sortir l'argent de la banque pour le transporter en un lieu sûr, où la transaction pourrait se faire sans craindre un hold-up. Dans la soirée, ils retrouvèrent Dennard et Scuderi à l'Holiday Inn. Scuderi leur dit que la transaction aurait lieu à l'hôtel Sonesta Beach, à Key Biscayne.

Mais quand ils y arrivèrent, les vendeurs commencèrent à faire marche arrière. Ils voulaient d'abord livrer cinq kilos, puis cinq autres, et enfin les cent dix kilos restants. Le fossé se creusait de plus en plus entre les deux parties. Les vendeurs craignaient, à juste titre d'ailleurs, d'être en train de traiter avec la police. De leur côté, les agents avaient la nette impression de traiter avec des gens qui tenaient moins à leur remettre la cocaïne qu'à leur voler les 6 840 000 dollars.

Finalement, aux premières heures de la matinée, après d'interminables négociations, l'affaire tomba à l'eau. Les agents regagnèrent Miami dans la lourde chaleur de l'été. Ils leur avaient tous échappé — Dennard, Verduzco, Scuderi, Armando, Jacques. Tous.

Mais pour un temps seulement. Brian Dennard fut finalement arrêté pour une autre affaire de cocaïne. Par la suite, les agents eurent la tâche déplaisante de passer les menottes à Jeff Scharlatt, leur chef de Miami. Accusé d'avoir touché plus de 385 000 dollars pour permettre à un indicateur d'amener par avion de la drogue à Delray Beach (accusation sans rapport avec le fiasco Dennard-Verduzco), Scharlatt plaida coupable, et fut condamné à cinq ans de prison plus 15 000 dollars d'amende.

L'avocat de Scharlatt était Scott Miller, qui avait jadis assisté Lurana Snow dans l'affaire Donald Steinberg, et qui mettait maintenant cette expérience à profit pour défendre les dealers de Floride du Sud.

Les agents et collègues de Scharlatt, furieux de la légèreté de cette condamnation, fruit d'un marchandage avec les procureurs fédéraux, affirmèrent qu'il s'en était bien tiré parce que le gouvernement ne voulait pas d'un procès embarrassant.

Bill Coonce, qui avait mené l'enquête sur Joe Baca — lequel avait lui aussi échappé à un juste châtiment — comprenait ce qu'ils ressentaient.

CHAPITRE DOUZE

1

Baruetta paraît épuisé. Il peut à peine garder les yeux ouverts et encore moins parler. Bien qu'aujourd'hui, au terme de deux jours de conversation, j'aie dû lui arracher ses réponses mot après mot, il n'a jamais perdu son sourire de petit garçon.

— Vous avez mené une vie fertile en événement pendant trente-deux ans, lui dis-je, à court de questions.

— Oh oui. L'expérience. J'essaie de ne plus commettre d'erreurs. Et j'y arrive. J'ai de la chance d'être encore là.

Il rit tranquillement, avec ce petit gloussement nerveux et embarrassé que je lui connais.

— Qu'est devenu l'argent de Falcon selon vous ?

— Ils s'y sont préparés pendant des mois et des années. Il est bien planqué. Barry Tarlow sait où. La Suisse, Paris, le Mexique. Ils ont acheté des immeubles. Je ne crois pas que le gouvernement ait tout récupéré.

— Quand il était au sommet, que voulait-il réellement ce Falcon ? Uniquement de l'argent ?

— Oui, l'argent, des masses d'argent. Et le pouvoir. Il voulait diriger ce foutu pays. Tout contrôler. Que son monde soit contrôlé. Contrôler, contrôler, contrôler.

— Combien de temps êtes-vous resté en tout dans l'organisation Falcon ?

— Peut-être un an et demi.

— Combien cela vous a-t-il rapporté ?

Il se met à rire, et cette fois, c'est de bon cœur, bruyamment.

— *Rien*. Le seul point positif, c'est que je ne suis pas allé en tôle. J'ai pris pas mal de bon temps, ça je peux le dire. C'était chouette. Je n'imaginais pas que ça finirait un jour. Falcon paraissait si *terriblement* fort. Mais pour les bénéfices, zéro. Et ça m'a tellement compliqué la vie qu'elle ne sera plus jamais simple.

— Qu'attendez-vous de la vie, maintenant ?
— La tranquillité d'esprit. La paix, c'est tout. Mais ce n'est pas facile...
— Vous avez déjà pensé à vous remettre aux affaires ?
— Bien sûr. Mais c'est impossible. Je lis tout ce qu'on peut trouver sur la drogue, parce que... je ne dis pas que ça ne me tente pas, mais je n'y reviendrai probablement jamais. Imaginez que je me fasse pincer ! Je ne reverrais jamais la lumière du jour.
— Aujourd'hui, d'une manière générale, vous avez peur ?
— Je suis très prudent.
— Si en ouvrant un journal ce soir, vous appreniez que Falcon a été relâché, quelle serait votre réaction ?
— Aïe ! Je prendrais contact avec les autorités. Il faudrait que je quitte mon boulot. Il faudrait que je me *protège*. Contre lui — *ou* contre Roger Fry. Peut-être me cacher dans un autre pays. Disparaître *complètement*. Je serais vraiment terrorisé. Tant qu'ils seront en prison, ils penseront peut-être que me tuer ne peut que leur attirer d'autres ennuis, mais quand ils seront sortis du pétrin, ils se mettront à ma recherche. Pour me tuer, ou peut-être pour me kidnapper et me ramener au Mexique. Il faut que je sois prêt. C'est pourquoi je travaille si dur maintenant, pour amasser du fric.
— Vous vous attendez donc à être pourchassé.
— Oui. Et il me faudrait dans les cinq cent mille dollars pour pouvoir gagner, pour vaincre Falcon à son propre jeu. Les appuis politiques. Il faut une position de force. Et l'argent, c'est la force, c'est le pouvoir. C'est comme ça que je vois l'argent. J'ai l'air d'être assoiffé de fric, mais je ne le suis pas.
— Comment Falcon ou Fry vous trouveraient-ils ?
— Ils contacteraient leurs anciennes relations, comme Barry Tarlow à Beverly Hills. Et je suis sûr qu'un tas de bons enquêteurs qui ont été jadis au service du gouvernement, des types qui savent comment fonctionne le système, sauraient me retrouver.
— Si j'apprends que la chasse est ouverte — vous courez et Falcon est à vos trousses — sur qui devrais-je parier ?
Ça le fit sourire, ce petit garçon qui vendait des bordereaux de courses dans la foule du dimanche, près d'Agua Caliente.
— Je pense que vous devriez jouer le favori. Et le favori, c'est Falcon. Pas moi.

2

Mike Decker et moi étions restés enfermés dans une chambre d'hôtel pendant trois jours. Nous y avions pris nos repas. Ni l'un ni l'autre n'était sorti. Au début, je voulais comprendre ce qui fait un Michael Decker. Maintenant, je voulais en apprendre un peu plus sur ce qu'il advient d'un homme comme lui.

DECKER

Quand je suis sorti de prison, j'ai trouvé un boulot dans la publicité, radio et télévision. La plupart des gens se faisaient pas mal d'argent et touchaient à la coke. Comme je ne voulais pas me retrouver embarqué sur la voie express, j'ai laissé tomber.
 Toute ma vie, j'ai adoré la construction. J'ai grandi dans ce métier avec mon beau-père. Alors, je suis entré dans une entreprise de bâtiment. Mais il fallait tout le temps voyager. En quatre mois, je n'ai passé que six jours à la maison. Alors j'ai laissé tomber. J'ai assez voyagé dans ma vie. Maintenant, je suis dans une autre entreprise. J'ai quitté un boulot à mille dollars par semaine pour un boulot à sept dollars cinquante de l'heure. Juste assez pour vivre confortablement. Je construis des maisons. Cela me plaît, de faire quelque chose d'utile avec mes mains.
 Je fais aussi du sport, ça me maintient en forme. Ça me détend. J'utilise le karaté de cette façon, dans une optique positive, et pas destructrice comme avant. Ce n'est pas toujours facile. Quelquefois j'ai la tentation de me montrer un petit peu plus violent. Quand je vois quelqu'un abuser de la crédulité de mes gosses, par exemple. Je fais aussi des démonstrations dans des centres pour adolescents. Je leur parle de mon passé, pour leur montrer que Dieu peut transformer votre vie.

Avant de nous séparer, je demande à Decker s'il sait, en définitive, ce qu'il adviendra de Michael Decker.
 — Il va rester comme il est aujourd'hui. Ma femme s'inquiète à ce sujet. Je sais que ça la travaille. Quand on a fait pendant si longtemps ce que j'ai fait, peut-on vraiment changer de vie ? Je crois que c'est possible. Je crois qu'on peut se changer. Et je lui dis que si je suis sur la bonne voie, c'est à cause de Lui, et à cause d'elle. Et je ne Le perdrai jamais, et elle non plus.
 « Mike Decker est mort. Le nouveau Mike, avec son nouveau nom et

sa nouvelle existence, est totalement neuf. La vie est devenue importante pour moi, et les gens aussi. Je sais qu'il existe autre chose qu'une simple vie au jour le jour. L'existence de Dieu, c'est une réalité. Dieu est une réalité pour moi.

« Quelquefois, j'ai peur. La plupart du temps, je n'y pense pas. Je ne pense vraiment pas que je suis passé par tout ça pour que le Seigneur laisse quelqu'un me zigouiller. J'ai parfois du mal à croire que j'ai vécu tout ce que j'ai vécu, et que je n'ai que trente-deux ans. Je devrais en avoir soixante-douze et me préparer à mourir... Je sais que dans ma vie j'ai fait du mal à plein de gens, et cela me travaille, vous savez. Mais quand je les frappais, je sentais les coups que mon beau-père me donnait quand j'étais gosse ; c'était une façon de me venger.

— Richard Gorman est-il au courant de votre conversion ?

— Oui. Je crois qu'il en est vraiment heureux. Parce que j'ai une gentille famille, que j'aime vivre, et que je suis heureux. Je pense qu'il est heureux que je sois heureux !

— Où est Christopher, votre fils ?

— Avec Lisa. Il a cinq ans maintenant. C'est un petit garçon qui s'est très bien développé physiquement et qui est très intelligent. Je l'ai revu une fois, il y a dix mois. Pas depuis, et je ne crois pas que je le reverrai jamais.

— Pourquoi ?

— Parce qu'après tout ce qu'elle a vécu, Lisa est devenue amère. Pendant que j'étais en prison, elle est devenue très dure. Il a soudain fallu qu'elle se mette à gagner sa vie, ce qu'elle n'avait jamais fait. Elle est serveuse dans un bar, où on ne rencontre pas toujours la crème des gens... Elle reste méfiante. Elle ne sait pas à quel point j'ai changé.

— Est-ce que les enfants de Karen, vos enfants, en savent long sur votre compte ?

— Assez, oui. Surtout depuis quelques jours. Mon fils m'a demandé pourquoi j'allais en Californie ; il ne cessait de me poser des questions, et j'ai pensé que ce ne serait pas correct de me taire. Je lui ai expliqué que j'allais voir un homme au sujet d'une association criminelle dont j'avais fait partie. Et il a simplement dit : « Eh bien, je suis content que tu n'y sois plus, et je suis vraiment content que tu sois mon papa ! »

— Falcon vous a-t-il jamais parlé de sa famille, de sa vie privée ?

— Il ne parlait guère de son père. Il m'a dit que sa mère était une très bonne mère. Et que sa sœur était une salope. C'est comme ça qu'il a décrit sa sœur. Une salope. Et chaque fois que je lui ai parlé, à elle, c'était bien ça. Une vraie salope. Tout ce qu'elle sait faire, c'est de vous injurier.

— Et Brian Dennard, vous avez appris quelque chose à son sujet ?

— J'ai entendu dire il y a quelques jours qu'il avait été arrêté à Miami; il a été libéré sur caution et vit à Aspen, dans le Colorado. Il travaille toujours avec Falcon.

— Et quand irez-vous à Aspen?

— Je ne crois pas que j'irai. Ce n'est pas que ça me déplairait : je voudrais bien récupérer ce qu'on me doit depuis longtemps. Mais le Seigneur y veillera. J'ai beaucoup changé, mais si je me retrouvais dans une pièce avec ce type, je pourrais redevenir comme avant pendant cinq minutes et le massacrer.

— Maintenant, je voudrais vous poser une question délirante.

Il écoute, silencieux. Il est prêt.

— J'ai entendu certaines personnes dire que Falcon avait été un agent de la CIA, mais qu'il était devenu trop puissant, trop ambitieux — et que Mike Decker était lui aussi un agent de la CIA, qui avait fait surface pour causer la chute de Falcon. Qu'en pensez-vous?

Decker ne dit rien.

— Vous comprenez ce que je vous dis?

— Oui, je comprends.

— Quelqu'un, dans un quelconque gouvernement, aurait dit : il faut faire tomber Falcon et je connais précisément le gars qui peut y arriver. On vous a alors donné l'ordre de faire surface et de faire le nécessaire. Et Falcon s'est retrouvé en taule.

Decker ne réagit pas. Pendant sept longues secondes — cela semble durer une heure — il réfléchit en silence.

Puis il émet une sorte de grognement.

Une autre pause, qui s'éternise... Enfin, il s'exclame en riant :

— Intéressant... Très intéressant.

Nous rions tous les deux.

Nouvelles secondes de silence.

— Je ne suis pas certain d'avoir de commentaires à faire.

Rire aimable, nerveux.

— Avez-vous jamais travaillé pour la CIA?

— Indirectement. Opération Phoenix, au Vietnam.

— Rien d'autre?

Il prend une profonde inspiration.

— Non. Pas vraiment.

— Vous dites : pas vraiment.

— Pas directement. Je veux dire... vous savez... rien... rien directement.

Il rit lui-même de ce faux-fuyant avant d'ajouter :

— Je crois que c'est la meilleure façon de le dire.

— Et indirectement, Phoenix excepté?

— Non.
Je suis dans l'incertitude. Ou bien Decker a travaillé pour la CIA et il hésite à mentir, ou bien il n'a pas travaillé pour la CIA et là encore, il hésite à mentir. Peut-être tient-il, par romantisme, à ce qu'on le prenne pour un agent de la CIA : il ne veut donc pas contredire cette rumeur. Ou peut-être pas.

3

— Pensez-vous que Decker était lié à la CIA ?
Après mes entretiens avec Decker et Barruetta, je suis allé revoir Rich Gorman. Comme toujours, il parle d'une voix douce ; il est pensif, réfléchi, avare d'émotions.
Nous sommes dans un bar, écoutant du piano et parlant du Centac.
— Il s'est passé beaucoup de choses curieuses, qui sont restées inexpliquées. Pourquoi Decker a-t-il soudain surgi à ce moment-là ? Sans oublier Barruetta. J'avais essayé de lui parler, mais il avait refusé. Et soudain, deux Feds mexicains téléphonent à la DEA et amènent ce type aux Etats-Unis. Ça n'était jamais arrivé, et ça ne s'est jamais reproduit. On nous remet donc ce type sur un plateau, et il déballe toute l'affaire. *Et*, presque en même temps, Decker tombe du ciel.
« Ensuite, Sicilia a été arrêté comme ça — un personnage aussi puissant, avec plein de relations. Normalement, ça n'aurait jamais dû aller jusqu'à la prison. Peut-être le gouvernement mexicain estimait-il qu'il devenait moins un allié qu'une menace.
— Vous croyez que Falcon avait des liens avec la CIA ?
— Rien qu'on puisse jamais prouver. Interrogée officiellement à ce sujet, la CIA l'a nié. Mais je ne peux m'empêcher de penser qu'il existait un lien entre Falcon et la CIA.
— A quelle fin ?
— Je n'en sais rien. Mais si j'avais découvert un jour que c'était le cas, je n'aurais pas été surpris. A mon avis, son ascension a été trop rapide. Il a dû bénéficier d'un soutien.
Je répète à Gorman ce que Decker m'avait dit de sa conversion au christianisme. Y croyait-il ?
— Non. Enfin... je ne sais pas. Ce serait injuste de dire ça.
— Soyez injuste. Qu'en pensez-vous ?
— Il y a eu un grand changement dans sa vie. Après Falcon, l'attaque de la banque, son témoignage, sa femme qui divorce, et tout le reste... Je ne sais pas. Peut-être a-t-il réellement trouvé la foi en prison. En apparence, le Mike Decker d'aujourd'hui ne me semble pas différent du Mike Decker que j'ai connu.

— Quand on est un tueur, on le reste ?

— Non, ce n'est pas ce que je veux dire. Mais c'est un individu très calculateur. Il réfléchit mûrement à tout ce qu'il fait. C'est un très bon vendeur. Capable, je crois, de vous raconter tout ce que vous avez envie d'entendre.

— Et le jour où il s'est mis à pleurer devant moi ? Ça n'avait pas l'air de le gêner.

— Ça ne ressemble guère au personnage de Mike Decker. J'ai été très surpris quand vous me l'avez dit. Le Mike Decker que je connaissais n'aurait jamais fait cela. Peut-être a-t-il réellement changé, après tout.

— Decker vous a parlé de notre entretien ?

— Il m'a dit qu'au début il ne savait pas s'il devait accepter ou non, mais ensuite il a pensé que ce serait une façon de se purifier, de se débarrasser de tout ça.

— Croyez-vous qu'il risque d'être assassiné ?

— Difficile à dire. Il est très prudent, très calme, il ne se laisse pas démonter. Il saute d'un boulot à un autre, ne reste jamais longtemps au même endroit. Mais ce qu'il fait, il le fait bien. Et c'est un gars qui a une certaine prestance ; il s'entend bien avec les gens, il sait débiter des boniments. Mais il a le don de s'attirer des ennuis. Ses risques d'être assassiné ? Je dirais moins de dix pour cent.

— Et Barruetta ?

— Peut-être vingt-cinq pour cent. On peut l'atteindre beaucoup plus facilement que Decker. Si quelqu'un se donne vraiment la peine de chercher Albert, il le trouvera. Il n'est pas prudent. Je n'aurais jamais fait ce qu'il a fait, venir ici dans un hôtel où son ex-femme, Christine, savait qu'il serait. Decker fait bien plus attention.

— Si Falcon sort demain, quelqu'un pourrait-il aider Albert ?

— Pas vraiment. Il a mon numéro de téléphone personnel, et celui de Pat, au cas où il arriverait quelque chose. Je crois qu'il saura quoi faire. Nous en avons assez parlé avec lui pour qu'il sache se tirer au bon moment. Je crois, ou du moins *j'espère* qu'il est assez malin pour inspecter les alentours de sa maison quand il rentre chez lui. Sincèrement, je ne pense pas qu'ils sachent où il est. Nous avons aussi pris contact avec sa mère et sa famille. Elles savent quoi faire au cas où quelqu'un s'amènerait. Qui appeler et tout ça.

— Combien pensez-vous que Falcon paierait pour sortir de prison ? Cinq millions ?

— Oh, au moins. Nous savons qu'il a payé des pots-de-vin, une fois 585 000 dollars et une autre fois 380 000 dollars, à des fonctionnaires, qui ont accepté l'argent, tout simplement.

— Il a pas mal de comptes à régler, non ?

— Certainement. Je crois qu'au fond il tient Barruetta pour responsable de tous ses ennuis. Plus que Decker.

— Quand Falcon sortira, vous pensez qu'il cherchera Barruetta ?

— Sa tête est déjà mise à prix 500 000 dollars. Mais personne ne sait où il est. Je l'appelle tous les deux mois. Et Decker au moins tous les six mois. A titre personnel. C'est une façon de maintenir le contact, pour qu'ils sachent qu'on est toujours dans les parages. Dans leur situation, ça me ferait plaisir de recevoir un coup de fil une fois de temps à autre, rien que pour savoir qu'on ne m'oublie pas.

« Beaucoup de gars se plaignent de ça. Les agents ou les flics se servent de vous pour obtenir ce qu'ils veulent, et ensuite, ils vous laissent tomber. Je ne voudrais pas qu'ils pensent ça de moi. Sans eux, nous n'aurions pas pu faire ce que nous avons fait. Il suffit de cinq minutes pour leur dire qu'on est toujours là. J'agis pareil avec les indicateurs que j'utilise. Résultat, ils me font confiance, ils sentent que je ne leur raconte pas de bobards.

« Ouais.... J'ai l'impression que Decker et Barruetta n'étaient pas obligés d'agir comme ils l'ont fait. Ils ont foutu toute leur vie en l'air.

— Mais c'est de leur faute.

— Bien sûr que c'est de leur faute. Ils le reconnaissent, d'ailleurs. Rien ne les obligeait de coopérer avec la police. Ils ne seraient pas contraints de se cacher. J'ai demandé à Mike s'il avait jamais songé à ce que serait sa vie s'il n'avait pas parlé. Il m'a répondu, « Oui, j'y pense tout le temps. Je pourrais être directeur d'un club de gymnastique »...

— Il aurait aussi pu être inculpé et se retrouver en prison.

— Je ne crois pas. C'est surprenant, d'ailleurs. Tout au long de l'enquête, son nom n'a jamais été mentionné. Le nom de Mike Decker n'a pas été prononcé une seule fois.

— Il dit que vous êtes le seul fonctionnaire qui ne l'ait jamais baisé, le seul sur qui il pouvait vraiment compter.

Gorman garde le silence. Je me demande s'il pense qu'il vaut mieux ne pas crier sur les toits qu'on bénéficie de la haute estime d'un tueur professionnel, repenti ou pas.

— En tout cas, ça vous permet de vous sentir bien dans votre peau.

— J'essaie simplement d'être honnête. Quand je lui disais que j'allais faire telle ou telle chose, je le faisais. La confiance régnait entre nous. Elle règne toujours, d'ailleurs.

— Où est Barry Tarlow, à présent ?

— Toujours à Beverly Hills.

— Il n'a jamais été inculpé ?

— Impossible de dénicher la moindre preuve contre lui. Malgré un tas de témoignages sur ses activités, il n'y avait rien d'assez précis pour le coincer. Il a eu chaud. Il savait que nous le surveillions. On supposait qu'il manipulait l'argent, qu'il donnait des conseils financiers, qu'il finançait même des ventes de drogue. C'est du moins ce qu'affirmaient les indicateurs. Des renseignements de deuxième main. Impossible d'inculper un avocat avec ça, et surtout pas quelqu'un comme Barry Tarlow. Personne n'avait *vu* Barry Tarlow donner de l'argent à Sicilia et lui dire de l'investir dans une cargaison de came. Et aucun procureur ne l'aurait inculpé sans avoir assez de preuves pour être sûr d'obtenir une condamnation. C'est un avocat réputé ; il a écrit au barreau, a causé des problèmes à un des enquêteurs. Non, ils ont peur de s'en prendre à lui.

Nous cessâmes de parler pour écouter le piano. Il me vint à l'esprit que les protagonistes de cette histoire — Falcon, Decker, Barruetta, Fry, Gregory, Gorman — avaient tous, à deux ans près, le même âge. Gorman devait lui aussi songer à certaines similitudes, car il fit remarquer :

— Vous savez, en d'autres circonstances, Decker aurait sans doute fait un bon agent.

— Un bon agent ?

— Tout le monde ne serait probablement pas d'accord, mais en dernière analyse, il n'y a pas tellement de différence entre ce que je fais et ce que font les truands. Quand je suis en mission, je prends plaisir aux mêmes situations, à toutes ces intrigues plus ou moins romantiques. Seulement, je fais cela légalement, et eux pas. Je peux rentrer chez moi le soir sans avoir peur d'être suivi.

Nous étions en décembre. Le pianiste entama une version jazz de *Jingle Bells*. Gorman resta pensif un moment avant de dire :

— Je ne demande rien de plus que ce que j'ai maintenant. J'ai réussi ma vie, mon mariage est heureux... Je n'en aurais jamais espéré tant quand j'étais plus jeune. Que souhaiter de plus ?

J'approuve du chef. Quand il retombe dans un silence songeur, je lui demande :

— Voilà pour Barruetta, Decker et Gorman. Mais Falcon ? Si vous, Pat et tout votre groupe ne vous en étiez jamais pris à Falcon, s'il ne s'était pas fait coffrer, où en serait-il aujourd'hui ?

— Difficile à dire. Regardez le chemin qu'il a parcouru en quelques années. Il ne lui a fallu que cinq ans pour atteindre sa position. Il fallait qu'il domine tout. Ce n'était pas le genre à se laisser faire. Il prenait les choses en main, il s'emparait de tout. Il raflait toujours les meilleures affaires au détriment des autres. Il se serait attaqué à ceux qui étaient plus puissants que lui. C'est difficile à dire, mais je pense pas qu'il y aurait eu de demi-mesures : ou il serait mort, ou il dominerait le monde.

CHAPITRE TREIZE

1

Brusquement, il sembla que l'impossible était arrivé. Neuf jours après l'échec de la transaction Verduzco-Dennard à Miami, le Centac fut avisé qu'Alfonso Rivera, « El Hombre » en personne, le fournisseur de Santiago Ocampo et de Gilberto Rodríguez dit le Joueur d'échecs, le meurtrier d'un officier de police péruvien, se trouvait à Washington — à un jet de pierre du bureau de Dennis Dayle. La proie s'aventurait dans le camp du chasseur. Il suffisait de faire un saut pour lui passer les menottes. Aussi facile que ça.

Un indicateur avait donné à des agents américains en poste à Lima les noms de deux Péruviens, un homme et une femme, employés à l'hôtel *Four Seasons* de Washington, où Rivera était censé se trouver. Deux agents de Dayle réussirent à obtenir des descriptions du couple, les adresses de leurs domiciles et les numéros minéralogiques de leurs voitures. La femme avait vingt-huit ans, l'homme vingt-cinq. Tous deux étaient nés à Lima.

Les agents allèrent au *Four Seasons* et eurent un entretien discret avec le responsable de la sécurité, sans révéler la véritable raison de leur visite. Certainement, l'homme et la femme en question travaillaient à l'hôtel, ainsi que quatre autres Péruviens, dont l'un est la mère de la femme.

Les agents surveillèrent les appartements du couple, sur l'autre rive du Potomac, à Arlington, Virginie, guettant un homme chauve et trapu, qui portait peut-être un postiche et une fausse moustache. Ils pensaient que la chance leur sourirait — cela faisait trois ans jour pour jour que Sicilia-Falcon avait été arrêté à Mexico.

Mais Rivera n'apparut pas. Les semaines suivantes, les agents continuèrent à surveiller les mouvements des Péruviens employés au *Four Seasons*. En vain.

La forteresse financière et politique où s'était réfugié Rivera l'avait-elle sauvé une fois de plus ? Ou bien le tuyau qu'ils avaient reçu de Lima était-il faux ? Les agents ne surent jamais la vérité, et Rivera resta en liberté.

2

Il n'est pas loin de minuit. La plupart des lampes du couloir sont cassées; dans l'obscurité silencieuse, on ne peut même pas lire les graffiti qui couvrent le mur de plâtre craquelé. Un nombre précis de coups frappés à une porte sont suivis d'un bruit de serrure. La porte s'entrouvre, retenue par une chaîne de sécurité, et le visage maigre et barbu d'un Latino-Américain apparaît. Deux panneaux de contreplaqué empêchent de voir ce qui se passe à l'intérieur. Le Latino-Américain décroche la chaîne et nous entrons.

La pièce ressemble au repaire d'un ermite crasseux qui aurait la passion de l'électronique. Un vieil emballage de pizza et des serviettes de papier froissées traînent sur une table où sont posées trois grosses machines grises. De temps à autre, les machines se mettent soudain à vivre et à cliqueter, vomissant une étroite bande de papier blanc couverte de chiffres.

Une ampoule de 100 watts nue éclaire deux magnétophones Sony qui voisinent sur une autre table avec une troisième machine grise. Un lit de camp de l'armée replié gît dans un coin, à proximité de deux fauteuils pivotants. Des stores vénitiens aveuglent les fenêtres. Des morceaux de papier froissé jonchent le plancher nu. Des boîtes débordent de fiches de 7 cm sur 12. Des messages sont collés au mur.

Billy Mockler est là, en blouson de cuir noir, les yeux injectés de sang par la fatigue, parlant dans un émetteur-récepteur à des hommes dont les voix pressées lui répondent au milieu des parasites du trafic automobile. L'homme qui a ouvert la porte est l'inspecteur de police new-yorkais José Guzmán, le résident latino-américain du groupe, spécialiste de l'espagnol. Dès que la machine grise à côté des Sony entre en action et que les bobines des bandes magnétiques commencent à tourner, il met ses écouteurs et traduit la conversation d'un dealer colombien qui se trouve dans la cabine téléphonique proche de l'épicerie fine Emerald, sur Northern Boulevard, à deux kilomètres de là.

C'est une « planque » du Centac-21. Les machines grises sont des Pen Registers, qui enregistrent l'heure et les numéros de téléphone, mais non les conversations. Mockler et ses hommes dirigent ce que les autorités fédérales appellent un « Titre-III », une mise sur écoute. L'écoute fonctionne en relation complexe avec la surveillance. Prévenus par la radio de Mockler de ce qui s'est dit à la cabine publique et des renseignements fournis par les Pen Registers, cinq agents répartis dans trois voitures jouent au chat et à la souris avec des courriers, porteurs d'argent ou de cocaïne. Le but n'est pas d'arrêter ou de saisir, bien que cela se produise inévitablement, mais de collecter des renseignements qui puissent donner matière (« raison probable » est le terme légal) à d'autres écoutes téléphoniques.

Mockler et ses hommes sont en train de remonter la filière. Rien de ce qu'ils ont appris en Floride ne justifierait l'arrestation de Gilberto Rodríguez (il n'avait jamais approché de l'entrepôt où se trouvait la cocaïne). Selon des documents trouvés dans le coffre-fort de l'entrepôt, 490 kilos de cocaïne, d'une valeur marchande de plus de 29 millions de dollars, y avaient été stockés pendant les trois mois précédant la descente de police. Quelque 176 kilos étaient partis pour la Californie, le reste pour New York. Les agents du Centac en retrouvèrent la piste en Californie (ils arrêtèrent par la suite neuf personnes et saisirent 134 livres de cocaïne plus deux millions de dollars en liquide), avant de regagner New York.

Penser que la perte de sept millions de dollars à l'entrepôt d'Opa-Locka affaiblirait la détermination de Rodríguez était une erreur. A Lima, des agents du Centac apprirent que trois mois seulement après la descente à l'entrepôt, Rodríguez avait importé à Miami un millier de kilos de cocaïne, valant 60 millions de dollars au prix de gros. Les agents de Lima rapportèrent aussi que la banque de Rodríguez à Miami passait frauduleusement au Pérou ses bénéfices fraîchement blanchis au rythme de 1,5 million de dollars par mois. Et nul ne savait quelles sommes allaient en Colombie, son pays natal et sa base opérationnelle. Et, au cas où quelqu'un aurait eu besoin qu'on le lui rappelle, les rapports continuaient à faire état des « fortes affiliations politiques » de Rodríguez.

Tulio E. Ayerbe, condamné à quinze ans pour complicité dans l'affaire de l'entrepôt d'Opa-Locka, fut immédiatement remplacé par un autre Colombien, Carlos Turboy. Mockler découvrit que Turboy recevait sa cocaïne des mains de deux autres hommes et d'une femme. Mockler veut maintenant qu'on mette sur écoute les lignes téléphoniques de ces derniers, pour prouver leurs liens avec Rodríguez. Mais mettre quelqu'un sur écoute n'est pas aussi facile à obtenir dans la réalité qu'à la télévision. Mockler est légalement tenu de convaincre d'abord le bureau du procureur fédéral, puis un juge fédéral, qu'il y a une « raison probable » de croire que ces trois personnes font du trafic de cocaïne. Qu'ils utilisent leur téléphone pour ce trafic. Qu'une écoute fournirait une information de grande valeur impossible à obtenir par les méthodes classiques d'investigation (comme une infiltration secrète). Que ces techniques « normales » ont échoué et qu'il paraît probable qu'elles continueront à échouer, ou seraient trop dangereuses.

Mockler espère que la surveillance qu'il exerce sur Turboy l'aidera à fournir les assurances requises, et que ces écoutes lui indiqueront qui sont les fournisseurs de ces hommes et de cette femme, et les fournisseurs de ces fournisseurs, de sorte à remonter jusqu'à Gilberto Rodríguez, qui fera alors à tout le monde la faveur de venir aux Etats-Unis, où on pourra l'arrêter. C'est un long voyage, et Mockler ne se leurre pas. Avant qu'il ne voie Rodríguez sous les verrous, les choses devront se passer mieux qu'elles ne se sont passées jusque-là.

3

— Il sort! Tout le monde est prêt? Quelqu'un à la 32ᵉ Rue?

C'est la voix de Kenny Robinson — visage rond, grosse bedaine — qui regarde Carlos Turboy se diriger vers la cabine proche de l'épicerie Emerald. Turboy ne veut pas se servir de son téléphone personnel parce qu'il pense qu'il est sur écoute (il ne l'est pas), alors il remonte la rue jusqu'à la cabine, persuadé que les flics ne mettent pas sur écoute les téléphones publics (ils le font). Pour obtenir une écoute sur la cabine, Mockler a dû promettre à un juge de la surveiller vingt-quatre heures sur vingt-quatre et de n'écouter que lorsque Turboy l'utilisait.

— Compris!

Richie Crawford, un agent du Centac, assis au volant d'un taxi garé à proximité, pose son *Daily News* et renifle, tout en suçant une pastille contre la toux. Il a un méchant rhume (tout le monde y passe, Mockler compris). Ses traits sont cachés par une barbe naissante. Le taxi, propriété fédérale, est pratique pour la surveillance. De même, d'ailleurs, que les voitures de police officielles. Les trafiquants se sont tellement habitués à une surveillance sophistiquée qu'ils peuvent se faire avoir simplement par un retour aux choses les plus évidentes. Deux flics en uniforme qui se détendent dans une voiture de patrouille, une tasse de café à la main, passent complètement inaperçus.

— Il a dépassé la cabine, annonce Kenny par radio. Il va vers sa voiture.

Sans un mot, Crawford met le contact. C'est un homme amical mais sérieux et réservé. Diplômé d'une université, il a été lieutenant au Vietnam. Il est agent à New York depuis huit ans. A l'entrepôt d'Opa-Locka, quand le propriétaire de la société de coffres-forts a fini par ouvrir le coffre, Crawford n'a pas voulu regarder. Il ne s'est retourné que lorsque les cris lui ont appris que la cocaïne était là.

— Tu me préviens quand il démarre, dit-il à Kenny.

— Il reste assis dans la voiture, répond Kenny. Il ne sait plus quoi faire parce qu'il n'a pas vu le taxi.

C'est la plaisanterie favorite de Kenny : Turboy voit si souvent le taxi le suivre qu'il a peur de se déplacer sans lui.

La radio de Crawford est saturée de parasites. « Il sort de la voiture, se dirige vers le téléphone. » C'est Kenny, excité mais froid.

— On vous préviendra quand les appareils démarreront.

José Guzmán qui, dans la « planque », écoute cet échange de propos, attend que le Sony se mette en marche quand Turboy décrochera le combiné de la cabine. Si Turboy appelle un des téléphones connectés aux Pen Registers, l'enregistreur se déclenchera de la même façon. Tout ce que dira Turboy, ainsi que la localisation du numéro qu'il appellera, sera communiqué par radio à Kenny et Crawford, et aux autres agents dans les voitures.

— Ça y est, dit Kenny, il met ses pièces de monnaie.

— C'est bon, ajoute Guzmán, il décroche.

Mais Turboy se ravise, raccroche et file à sa voiture.

— Sort de la cabine, va vers la voiture, annonce Kenny d'une voix tendue. Il monte dedans... il démarre !

— On y va, dit Crawford. Tenant une boîte de Kleenex d'une main, conduisant de l'autre, il engage son taxi dans la circulation.

La voiture roule à 70 km/h *en marche arrière* à contre-sens de la circulation sur la voie express où l'on fonce à cent à l'heure, voitures et camions affolés, avertisseurs bloqués jodlant à vous crever le tympan. Les conducteurs sont trop étonnés et effrayés pour même les menacer du poing au passage.

— Je ne crois pas que c'était une idée géniale, dit notre conducteur, un flic en civil de l'Etat de New York.

— Peut-être que si, mais ça n'a pas marché.

L'inspecteur assis sur le siège du passager, les phalanges blanchies à force de serrer la poignée de la portière, paraît heureux d'être en vie.

Hier, Carlos Turboy a livré un échantillon de cocaïne à un inconnu conduisant un break Ford vert, lequel semble aujourd'hui prêt à en acheter un demi-kilo pour le revendre à une Noire. Pour arrêter l'homme et la Noire (ce qui démantèlerait un tout petit réseau de distribution) à l'insu de Turboy, il faut agir avec beaucoup de finesse.

Comme le conducteur du break ne cesse de regarder dans son rétroviseur, l'agent de New York l'a doublé, le « suivant » maintenant en le précédant. Quand le break s'est brusquement engouffré dans une sortie, l'agent n'a pas eu d'autre choix que de passer la marche arrière et de foncer à rebours de la circulation jusqu'à cette sortie.

Le temps que nous ayons de nouveau le break en vue, d'autres voitures de surveillance, dont le taxi de Crawford, sont déjà derrière lui, dissimulées dans la circulation.

— Mike, tu peux nous relayer ? Il ne lâche pas son rétro des yeux.
— C'est bon.
— Il tourne à gauche sur la 187.
— Je le vois. Il a l'air coriace.
— Tu me dis quand ce feu passe au vert.
— Ça y est, il monte la colline.
— Il met son clignotant à droite. Je continue tout droit. Tu l'as, Stu ?
— Derrière la Cadillac.
— Il a pris à gauche, le salaud ! Stu ?
— Je l'ai.
— Il tend la main vers le siège arrière de sa voiture. Il met quelque chose sous son veston.
— Voilà le break. Il tourne à droite. S'ils se séparent, on prend le break.
— Herby, tu continues avec le type en Ford, d'accord ? Il possède probablement la moitié de la solution.

— Je pensais que ça se passerait bien aujourd'hui, dit Mockler ce soir-là, à la planque, son sourire reflétant une inépuisable réserve d'espoir et de détermination. Et puis tout a foiré quand Turboy a fait demi-tour et est rentré chez lui. Je me demande bien ce qu'il a pu planquer sous son veston. Tu y étais ? Tu as vu ce que c'était ?

Il est minuit passé. Mockler habite Staten Island, à une heure de voiture, et il sera de nouveau dans la rue à huit heures du matin.

— On l'aura la prochaine fois, dit-il en souriant, conscient que ça a l'air d'une plaisanterie.

Nous parlons de Gilberto Rodríguez et des trois personnes dont Mockler veut mettre les téléphones sur écoute. Un des hommes s'appelle Lopera. Mockler l'a entendu parler à Turboy, qui l'appelait de la cabine téléphonique de Northern Boulevard.

— Lopera parlait d'un type appelé Sicilia. D'un colis qui va arriver et qui appartient à Sicilia.
— Tu te paies notre tête ?

Qu'est-ce que Sicilia-Falcon foutrait avec ces types du Queens ?

— Il avait le numéro de Sicilia, en Californie. Los Angeles.
— Falcon ?
— Pas impossible.

Quatre jours après ma conversation avec Mockler, se produisit un événement qui dut faire pousser un soupir de soulagement à John Allen.

Il m'avait fait part de sa crainte que La Negra ne veuille le tuer — La Negra, accusé du meurtre de quatre fermiers parce qu' « il ne voulait pas de voisins », La Negra, à qui appartenait la moitié des 160 kilos de cocaïne base avec lesquels Allen avait filé à son chalet du lac Amatitlán.

John Allen pouvait dormir tranquille. Le samedi suivant ma conversation avec Mockler à la « cache », La Negra était abattu dans une rue de Medellín.

4

Le Bar-J Ranch — pas de doute, c'était nettement mieux. Dans un trou perdu de l'Alabama, au bout d'un chemin de terre, dénommé Hope Hull. Plus péquenot que ça, difficile à trouver, non ?

Gilberto Rodríguez, « le Joueur d'échecs », déplaçait ses pions. Avant même que les hommes de Mockler n'aient mis la main sur ses sept millions de dollars de cocaïne à l'entrepôt d'Opa-Locka, Rodríguez avait senti le souffle brûlant du Centac sur sa nuque. La Floride était une vraie maison de verre. Trop de publicité et trop de flics. Ce qu'il fallait, c'était un endroit reculé, tranquille, simple — des gens incapables de faire la différence entre la cocaïne et le chiendent. Et un de ses hommes semblait avoir trouvé le coin idéal : le « Bar-J Ranch », Hope Hull, Alabama. Quelque 300 hectares isolés, avec pour seuls voisins du bétail et de braves petits fermiers.

Un lieutenant de Rodríguez, Jaime Munera, avait payé le ranch 800 000 dollars avec l'argent de Rodríguez et s'était installé dans cette maison de brique et de bois toute de plain-pied avec sa femme, sa fille Susie, vingt-deux ans, et le mari de celle-ci, Jaime Carvahal. Ancien pilote d'Aerocóndor, Carvahal était un jeune homme sympathique, facile à vivre, qui était depuis quelques années devenu un collaborateur et pilote de Gilberto Rodríguez, dont il était très proche. Rodríguez lui avait même fait cadeau de sa société de Miami, la JC General Business. Carvahal et sa non moins sympathique femme, Susie, se firent bientôt quelques amis à Hope Hull (Susie jouait dans l'équipe locale de base-ball), tandis que Munera achetait deux cents têtes de bétail et restait assis sur la véranda à boire de la bière et à écouter le bourdonnement des mouches.

Deux mois plus tard, Mockler s'attaquait à l'entrepôt de Rodríguez à Opa-Locka. Même un homme qui possède des banques et des stations radio, qui a des politiciens à sa solde, n'aime pas beaucoup perdre sept millions de dollars. Il dit à Munera de se tenir prêt. Et Munera, béatement plongé dans la rustique sérénité d'un bled perdu de l'Alabama, fit construire tout près de la maison, pour 8 000 dollars, une piste d'atterrissage longue d'un kilomètre.

Mais de nouveau, imperceptiblement, les choses allaient mal tourner. Encore et toujours Mockler.

5

— Ils sont venus cogner à la porte, et je vous dis que ça... bon sang, un type complètement débraillé, je me demande bien ce qu'il voulait.

Frank Mosely est un brave type, avec des cheveux gris qui s'éclaircissent et un cou plus rouge que l'argile de l'étroit chemin forestier qui dessert son ranch de 25 hectares, à Hope Hull, juste au-dessus de la route de Montgomery. C'est peut-être un simple péquenot, mais son cerveau fonctionne joliment bien.

— Ils se sont bousculés pour sortir de leur bagnole... Mockler, Richie, Robinson — lui, c'est le flic de New York. Ils sont entrés, puis ils m'ont dit qu'ils voulaient me poser quelques questions sur mon voisin.

« Oh ! je *savais* bien ce qu'ils voulaient. Je savais que ce type mijotait quelque chose. Un homme qui achète des vaches plus cher que ce qu'elles valent, et qui construit une piste d'atterrissage dans ce marécage, c'est forcé qu'il fait autre chose que ce qu'il a l'air de faire.

Frank Mosely, en chemise bleue à rayures et anorak beige, me montre le terrain qui entoure la maison construite par son arrière-grand-père. La maison a une longue véranda style *Autant en emporte le vent* avec une balancelle sous un ventilateur, et dans l'allée, il y a une camionnette de 1950 avec son plateau de bois d'origine.

La camionnette, solide et bien entretenue, va bien avec le personnage de Mosely. Ses puissantes épaules semblent donner une plus juste mesure de l'homme que sa bedaine de sexagénaire et ses chevilles grêles dans des chaussettes blanches. Son accent traînant du Sud, drôle et railleur, dissimule l'esprit d'un renard. Il lève le bras en direction du Bar-J, juste au-delà d'une colline boisée, à environ cinq cents mètres de là. Quelque part par là, une caméra de télévision en circuit fermé est solidement fixée, invisible, aux basses branches d'un pacanier.

— Alors ils sont entrés et je leur ai juste demandé : " Comment ça se fait que c'est maintenant que vous avez découvert ça ? "

Mais ils n'avaient pas découvert ça maintenant. Jaime Munera, le nouveau propriétaire du Bar-J, avait commis l'erreur de payer deux cents têtes de bétail au prix demandé. L'homme qui les lui vendit ne put croire en sa bonne fortune (elles ne valaient guère plus de la moitié) et trouva bizarre que Munera paye en liquide. Il parla de ce curieux monsieur latino-américain à un cousin qui travaillait au BIA, le Bureau d'Investigation de l'Alabama.

L'homme du BIA interrogea le système informatique des services fiscaux, qui signala sans tarder que Munera faisait l'objet d'une enquête de la DEA de Miami. En appelant Miami, l'agent du BIA apprit que l'affaire concernait en réalité New York. Et en appelant New York, il tomba sur Mockler. Mockler alla voir Dick Jarrett, qui alla voir Dennis Dayle, qui sourit et expédia tout le monde en Alabama. C'était il y a deux mois. Et pendant ces deux mois, la maison de Frank Mosely avait vu plus de flics que de mouches.

— Le type là-bas m'a raconté qu'il avait fait cette piste d'atterrissage parce qu'il se lançait dans une affaire de traitement aérien des cultures. C'est bien connu que tous ceux qui font ça abandonnent ou crèvent de faim. Eh ben, pour quoi c'était alors, cette piste d'atterrissage... pour la contrebande, forcément.

« Je me suis pas occupé de lui. Lui ai parlé deux fois en tout. Quand il a emménagé et quand je me suis présenté. Il m'a pris la main et l'a secouée comme une pompe à bras, mais il ne m'a pas dit son nom. Même pas pris la peine d'appeler sa femme pour me la présenter. M'a dit qu'il allait faire de l'élevage, qu'il mettrait quatre vaches par hectare. Je sais qu'il faut dans les un hectare et demi par vache. Il avait quelque chose comme 300 hectares, mais les deux tiers sont sous la flotte trois ou quatre fois l'an. Et il a dans les deux cents bêtes. L'autre jour, il en a fait enlever six qui étaient crevées.

Frank Mosely a passé ces vingt-neuf dernières années à diriger une affaire d'installations électriques à Montgomery, mais il vient à son ranch avec sa femme et ses enfants chaque fois qu'il en a l'occasion. Ces derniers temps, il était là en permanence.

— S'il était venu ici et s'était fait construire une piste pour se balader en avion le dimanche, s'il avait mis là-dedans une demi-douzaine de chevaux de race, *alors* il aurait eu une bonne couverture. Mais quand on se met à acheter des vaches au-dessus de leur prix, en payant en liquide par-dessus le marché, et pareil pour la piste, sans essayer d'avoir le *moindre* document pour une déduction d'impôts — c'est *sûr* que ça cache quelque chose.

Mosely a construit un bassin pour capter l'eau d'un marais, et l'a peuplé de poissons-chats. Il a aussi construit un garage, planté des arbres fruitiers ; il a des chevaux et des chiens.

— Quand il a acheté cet endroit, cet homme ne le savait pas mais toute la colline est une source. Tenez, la caméra télé est installée là-bas. Vous pouvez aller voir, mais c'est pas mal boueux. C'est là que je chasse, en bas. Tous les ans, je tue quelques dindons sauvages. Il y a aussi des cerfs, une ou deux cailles...

« Mockler et les autres m'ont demandé d'où ils pourraient surveiller c't' homme. Le seul coin où c'était possible était à moi. Ils étaient gentils, courtois, et ils essayaient de lutter contre la drogue. Alors, je n'allais pas leur dire non.

Nous traversons une pelouse pour gagner la maison et la fraîcheur de la véranda.

— Richie Crawford et les autres se sont bagarrés avec le gouvernement pendant un mois pour obtenir ce Titre-III. [Il avait appris le jargon.] Je leur dis que je ne voyais pas où était le problème. Pourquoi le ministère de la Justice n'arrive pas à comprendre que cet homme s'occupe de drogue ? Tous les gens du coin l'ont pigé, et nous ne sommes pas exactement les types les plus *futés* du monde.

Au début, Crawford, Mockler et les autres se demandaient comment les flics du coin allaient les accueillir. Après tout, ils étaient des Yankees, et en plus ils venaient de New York, et c'étaient des agents fédéraux. La police de l'Alabama n'allait peut-être pas apprécier cette concurrence.

Mockler réunit la demi-douzaine de flics locaux — des hommes de la campagne, rusés, avec des noms comme Bubba et J. D. — et leur fit un petit discours. Montrant des photographies d'armes et de drogues qui avaient été saisies à New York et en Floride, ne dissimulant rien, ses doigts courant avec précision sur une série de diagrammes, il leur expliqua en détail l'affaire depuis le jour où Gilberto Rodríguez était apparu en Colombie, six ans plus tôt, en tant qu'associé d'Alfonso Rivera et de Santiago Ocampo. Il leur expliqua qu'ils voulaient mettre ces criminels sous les verrous — et peu importait qui aurait droit aux félicitations.

Ils marchèrent. Impressionnés par la franchise et la préparation des New-Yorkais, ceux de l'Alabama exhibèrent avec orgueil leurs propres documents — acte de vente du Bar-J, relevés des coups de téléphone interurbains, photographies aériennes du ranch. Le lendemain, ils leur firent survoler le ranch en avion. Cette même nuit, ils les emmenèrent dans un hélicoptère équipé de viseurs à infrarouge, et firent un passage, tous feux éteints, pour qu'ils en aient une vision encore plus rapprochée. C'étaient peut-être des « pauvres Blancs » du Sud, mais c'étaient des pauvres blancs qui savaient ce qu'ils faisaient.

Richie aimait beaucoup Mosely — qui lui avait même permis de monter un de ses chevaux. Quand il avait le temps, il lui donnait aussi un coup de main au ranch.

Tandis que Mockler faisait la navette entre New York et l'Alabama,

Richie Crawford s'installa dans un Holiday Inn proche de l'aéroport de Montgomery pour s'occuper à plein temps du téléphone. Il était accompagné de huit autres agents fédéraux (dont quatre parlaient espagnol) que le Centac avait fait venir de Miami, de San Juan, de La Nouvelle-Orléans, de Chicago, de New York et d'El Paso. L'un d'eux était un agent des douanes autorisé à fouiller sans mandat les avions qui se posaient. Et le BIA était toujours là — avec ses agents, ses voitures, ses radios, ses avions : « Tout ce qu'il vous faut, vous l'aurez. »

Les gars de l'Alabama firent une promesse. Quand tout sera terminé, quand l'avion arrivera et que tout le monde sera arrêté, nous allons fêter ça. Nous nous offrirons un bon vieux rôti de cochon de chez nous.

Quand le ministère de la Justice et un juge fédéral acceptèrent finalement la mise sur écoute, Richie se mit au travail. Il découvrit que Munera et son gendre, Jaime Carvahal, appelaient souvent, en République Dominicaine, ce qui semblait être un point de ravitaillement en carburant pour un avion transportant de la cocaïne. Rodríguez lui-même parla au téléphone d'un versement supplémentaire d'argent sur le compte en banque local de Munera.

— Je voulais qu'ils prennent ce type, dit Mosely. Je déteste voir tous ces gosses et ces jeunes se droguer. Je ne voulais pas vraiment faire du mal à cet homme, bien que je sache qu'il fait quelque chose de mal. Mais qui suis-je pour lui jeter la pierre ?

— Vous ne vendez pas de drogue.

— J'essaie de les en empêcher. Tous les jours, je me bats pour ça, à l'école. J'ai dû envoyer mes enfants dans une école privée. J'*étais* président du conseil d'administration. Nous en avons fichu deux à la porte pour ça. C'est peut-être dur pour eux, mais je crois que ça a aidé les autres.

Nous sommes assis dans une petite pièce lambrissée, avec une cheminée, des têtes de cerf naturalisées et, dans son cadre, une photo de Mosely, de son grand-père, de son père et de son fils. « Quatre générations », dit-il avec orgueil. Il y a aussi une photo de Mosely, en uniforme de l'U.S. Navy, prise en 1946. Il en est fier aussi.

— Vous prenez un autre verre ?

Nous buvons un vin jaunâtre que Mosely fait avec ses propres raisins. Il y fait aussi mariner le gibier qu'il tue. Une horloge sonne cinq coups.

Il me fait visiter les autres pièces. Au bout d'un étroit couloir, un agent est assis sur une chaise pliante, face à une fenêtre. C'est un Noir.

Une puissante longue-vue passe à travers une fente ménagée dans le rideau bleu. Un poste de télévision couleur de 31 cm, dont le son est coupé, est posé sur un moniteur noir et blanc de 23 cm. L'agent regarde un patineur sur la télé couleur, tout en surveillant le moniteur d'un œil.

De temps en temps, il observe à la longue-vue le Bar-J : la maison, un camion à plateau bleu et blanc, deux danois, et quelques meules de foin.

J-.J. Rivera, un agent Portoricain que le Centac a envoyé de San Juan à cause de sa connaissance de l'espagnol, m'avait parlé de Mosely :

— Ils me disaient, mon vieux, t'es dans une belle merde. En Alabama, les seuls types que les gens haïssent encore plus que les Noirs, ce sont les Portoricains. Alors je leur ai dit que je me ferai passer pour un Hawaïen. Mais Frank est formidable. Frank est *pour* nous. Est-ce qu'il nous aurait donné sa maison, sans ça ?

J.-J. Rivera et les autres agents du Centac avaient raison d'être optimistes quant à l'issue de leur surveillance. Des agents d'Amérique centrale et du Pérou, en contacts étroits avec des indicateurs et des Unités d'Action spéciale, signalèrent qu'à Lima, Gilberto Rodríguez était en pleine négociation avec la famille Paredes pour 1 400 kilos de pâte de coca. La pâte serait déjà arrivée à Bogota, pour y être transformer en 1 400 kilos de cristaux de cocaïne, valant soixante-dix millions de dollars à Miami.

Un agent qui vient d'arriver de La Nouvelle-Orléans nous croise. Il demande à Mosely à quoi servent les terres de la région.

— La plupart de ces terres, dit Mosely, elles servent à la drogue ! Non, non, il n'y a que lui qui fait ça. Les autres font de l'élevage et du soja.

Mosely ne cesse de faire le clown ; il prend plaisir à « faire marcher » les agents dès qu'il en a l'occasion.

La femme de Mosely, souriante, avec de courts cheveux noirs bouclés, en jean et chemise bleu vif, passe la tête à l'intérieur — elle est dans le jardin — pour dire qu'elle a vu passer un avion.

Dehors, il fait presque nuit à présent. Jerry Hodges prend son .38 et une veste de camouflage et monte à pied la colline, dans la boue, jusqu'au pacanier pour enlever le filtre lumière du jour de la caméra de télévision. Quand il revient, il retire la longue-vue et la remplace par un viseur à infra-rouge. Sur le petit écran vert, apparaissent la maison de Munera, son garage et son allée privée.

Au fond de la chambre, Mosely lorgne les carabines des agents.

— Je me demande à quoi ça peut servir. Vous n'avez qu'une cartouche. Ils ne vous en donnent pas plus parce qu'ils n'ont pas confiance ?

Avant que quelqu'un ait le temps de répondre à cette plaisanterie, des cliquetis jaillissent d'un Pen Register gris placé à côté de deux magnétophones sur une longue table de bois. Un voyant vert, marqué « combiné décroché » s'allume. Les bandes du magnétophone se mettent en mouvement. J.-J. baisse la télé tandis qu'un autre agent,

Fred Duncan, se précipite sur le magnéto pour augmenter le volume du son. Le visage grave, il se penche vers les voix espagnoles qui sortent du haut-parleur. Sans se déconcentrer une seconde, il tire à lui une chaise pliante et s'assied.

C'est un appel d'un correspondant non identifié à Munera. Celui qui a appelé donne un numéro. Le quatrième chiffre est un 9 — une cabine publique. « Appelez-moi dans trois minutes. » Fin de la conversation. Le voyant vert s'éteint.

Puis le voyant se rallume. Des tonalités musicales sortent du haut-parleur tandis que Munera compose un numéro. Cliquettement en provenance du Pen. Conversation.

Duncan écoute, puis il tambourine des poings et pousse des jurons, avant de tripoter nerveusement les boutons du magnétophone de secours. La bande s'est coincée.

— Ces bandes de merde qu'ils nous fournissent! Il disait quelque chose au sujet d'un colonel et d'un général, et puis je ne sais quoi sur le président.

Toute la conversation est enregistrée sur le magnétophone primaire, mais cette bande est une pièce à conviction : elle doit être mise sous scellés afin d'éviter les plaintes des accusés pour falsification. Il faudra donc attendre pour savoir ce qu'on a dit au sujet d'un colonel, d'un général, et d'un président. On ignore même le nom de leur pays.

Le voyant vert s'éteint, le matériel se rendort, et quelqu'un remonte le son de la télé. Les Mandrell Sisters sont en train de chanter. Duncan remet son walkman. J.-J. grignote des chips.

— Le camion démarre!

C'est l'agent noir qui surveillait, dans le couloir, l'image verte du bâtiment du Bar-J et de l'allée privée.

Hodges saisit son .38 et se dirige vers la porte.

— Il conduit quoi? demande J.-J., prenant un talkie-walkie au passage.

— Un camion à plateau.

— Parfait. Facile à repérer.

Hodges se retourne, étonné. Puis il sourit, un garçon de ferme rencontrant un gosse des rues :

— Pas dans le coin, vieux.

Hodges fonce tous feux éteints sur la route argileuse, à travers les ombres spectrales de la mousse qui pend des arbres, tourne à droite quand il atteint la route carrossable, allume ses phares et colle l'accélérateur au plancher.

Il prend son microphone. « J.-J.? »

— J'y vais.

— Il y a deux personnes. Je suis arrivé sur lui un peu vite, alors je vais le doubler, et tu le suivras.

Derrière nous, un appel de phares. J.-J. a compris.

Bien qu'il fasse froid dehors, Hodge a baissé la vitre ; il fume cigarette sur cigarette.

Nous quittons la route pour attendre le passage du camion bleu et blanc et de J.-J., puis nous redémarrons, dépassons J.-J., et nous recollons derrière le camion. A l'approche d'un feu rouge, celui-ci prend la file de gauche, suivi par Hodges, puis franchit soudain la ligne blanche et, en effraction, tourne à droite. Hodges ne peut le suivre sans éveiller les soupçons. Il s'arrête au feu, et J.-J. suit le camion.

Le temps que le feu passe au vert et que Hodges puisse tourner, le camion est si loin devant qu'il ne peut plus joindre J.-J. par radio. Il enfonce à nouveau l'accélérateur et continue d'appeler J.-J. Au bout d'un moment, nous entendons faiblement la voix de J.-J.; bientôt, ses feux arrière apparaissent au loin.

— Je te vois, dit Hodges dans le microphone, en ralentissant.

Quand nous rattrapons J.-J., le camion est garé devant un centre commercial. Un homme et une femme en sont sortis pour entrer dans la cafétéria. Aucun coup de téléphone n'a été donné Il y a un cinéma à côté. Munera ou Carvahal, sans doute sortis pour dîner et voir un film avec Susie.

Hodges et J.-J. reviennent au ranch.

Au bout d'une heure, le camion est de retour dans l'allée privée du Bar-J. Mosely est en compagnie de deux agents fédéraux, venus de tout là-haut dans le Nord, auxquels il apprend à se servir d'un appeau pour dindon. Entre les mains de Mosely, le petit objet en bois émet des gloussements aigus, saccadés, qui évoquent des chaussures de sport crissant sur un court de basket-ball.

— Quand vous repérez un vieux dindon en rut, vous faites fonctionner ce truc et il croit que c'est une dinde. Vous attendez qu'il soit à quarante mètres, et vous le tirez avec un calibre 12. L'année dernière, à la fin de la saison, j'ai tiré un vieux mâle. Il était magnifique. Je l'ai même fait empailler.

Frank Mosely, propriétaire à la troisième génération d'un ranch de l'Alabama, fier de sa famille, fier de sa maison, a ouvert tout grand sa porte à des flics yankees.

Que penserait l'arrière-grand-père de Mosely de tout cela ? De la police dans sa maison. Des Lockheeds chargés de cocaïne se posant dans les marais au milieu des dindons et des colombes. Et, tout en haut de la colline, au milieu des pacaniers — que font-ils ? Est-ce qu'ils jouent aux cartes, regardent la télévision, font l'amour ? Soupçonnent-ils à présent

917

leurs voisins comme ceux-ci les soupçonnaient ? Sont-ils au courant de la caméra vidéo, du Pen Register, des écoutes téléphoniques ? Espèrent-ils quand même faire atterrir un avion en douce ou attendront-ils que les flics renoncent et s'en aillent ? Maintenir tous ces hommes en Alabama coûte cher à Dennis Dayle, et l'écoute téléphonique n'est autorisée que pour un mois. Rodríguez peut se permettre d'attendre...

Après tout, le principal est fait. La cocaïne est presque arrivée des ranches à coca des Andes à un ranch à bétail de l'Alabama. Une douzaine d'agents et de flics payés par le Centac tentent désespérément de faire cesser en Alabama ce qu'on ne peut faire cesser qu'en Amérique latine, où la plupart des gouvernements n'apportent jamais leur concours parce que ce sont eux qui empochent une partie des bénéfices. Un seul arrivage de 1 000 kilos au Bar-J, et Rodríguez pourra abandonner l'avion, le ranch, les vaches, tout, et partager soixante millions de dollars avec Alfonso Rivera, López-Paredes — et une multitude de politiciens, du Panama au Pérou.

Frank Mosely et les agents vont-ils triompher de tout cela ?

TROISIÈME PARTIE

Centac-20 : Donald Steinberg

« C'était incroyable. Il était dans un état épouvantable. Il criait, il pleurait. Il ne pouvait pas se lever... Sa femme pleurait... Oh, là là ! »

CHAPITRE PREMIER

1

Intercepter un chargement de cocaïne de plusieurs millions de dollars devant arriver par avion à Hope Hull, Alabama, n'était pas l'unique préoccupation des agents du Centac-21.

Un câble en provenance de San José, Costa Rica, arriva dans le casier « Arrivées » de Dennis Dayle. Il soumettait à son approbation une entreprise périlleuse. Un agent du Centac demandait l'autorisation exceptionnelle de « réactiver » un indicateur porté sur la liste noire depuis 1973. Cette année-là, il avait disparu avec 2 000 dollars appartenant à la DEA, qui lui avaient été confiés pour mettre sur pied l'achat-piège de cocaïne à l'associé de Santiago Ocampo, Juan Matta-Ballesteros. (Ballesteros était l'homme, présenté à John Allen par Carlos Estrada dans un hôtel de Guatemala, qui avait révélé par hasard son intention d'assassiner le fils d'un colonel salvadorien qui l'avait trahi.) Il prétendait avoir fui parce que Ballesteros avait appris que c'était un indicateur et voulait le tuer. A présent, on lui proposait de lui tendre un nouveau piège. Avec l'aide de l'agent double, il devait acheter dix kilos à Ballesteros et les convoyer à travers le Mexique pour les livrer en Californie à un client encore inconnu. Dayle pourrait-il suspendre l'interdiction de cet indic pendant trente jours ?

Ballesteros n'était pas un homme avec qui on pouvait se permettre de prendre des risques. Ayant commencé comme pickpocket et voleur à la tire, il était rapidement passé aux cambriolages et au trafic de cocaïne, s'était évadé d'une prison américaine pendant un service religieux, et était recherché au Honduras pour avoir assassiné le chef d'une autre organisation de trafic de drogue. Il était également soupçonné de cinq autres meurtres, et d'avoir aidé Alfonso Rivera à fuir le Pérou après avoir torturé et mis à mort un officier du PIP, José Vásquez. Des rapports récents affirmaient tour à tour que Ballesteros avait vécu à Londres, Madrid et Paris, où l'on pensait qu'il était en contact avec Rivera.

Ballesteros possédait des plantations et des laboratoires de transformation de cocaïne et — au cas où l'on aurait pu douter de son influence sur le gouvernement du Honduras — venait de participer au financement de la Setco, une compagnie aérienne dépendant de Conardi qui appartenait au gouvernement du Honduras.

Cependant, son influence n'était peut-être pas encore aussi importante qu'il aurait aimé : selon un rapport de 1978 des services de renseignements, Ballesteros et un autre trafiquant finançaient un coup d'Etat visant à mettre la main sur le gouvernement du Honduras.

Matta-Ballesteros était bel et bien une figure montante dans la section latino-américaine de l'Empire clandestin. Il allait jouer un rôle crucial lors d'un affrontement américano-mexicain où étaient impliqués les présidents des deux pays.

— Bon alors, l'indicateur, à quel moment a-t-il menti ? dit Dennis d'un air sceptique à « Burgmeister Dick Jarrett », le coordinateur germanophone du Centac-21. Quand il s'est éclipsé avec les deux mille dollars, ou maintenant ?

Pourquoi Ballesteros acceptait-il de traiter avec l'indic maintenant s'il était au courant depuis 1973 qu'il travaillait pour le gouvernement américain ? Ou bien y avait-il une autre raison pour que l'indic veuille piéger Ballesteros ?

— L'idée me paraît bonne, dit Jarrett, mais si l'agent se fait descendre après ça, c'est...

Dennis prit sa pipe.

— Il n'y a pas dix kilos au monde qui en vaillent la peine.

— On a des charges contre Ballesteros, mais ce sera pas mal d'avoir de la poudre sur la table maintenant et de tout remettre à jour. Mais pas si ça doit coûter la vie de l'agent.

— Qu'est-ce qu'ils disent à Mexico ?

Jarret avait eu au téléphone le bureau de la DEA à Mexico, où l'indic avait été mis sur la liste noire.

— Ils disent que si on l'enlève de la liste noire juste pour cette affaire, et qu'il est serré de près et surveillé comme il faut, ils sont d'accord.

— Surveillé comment ?

Mexico n'était pas difficile à convaincre, mais si l'agent se faisait tuer, ce ne serait pas leur faute. Ce serait celle de Dennis. Il alluma sa pipe et examina Jarrett.

— Que la transaction se fasse dans une zone dotée d'une sécurité serrée et que l'indicateur n'ait jamais l'occasion de communiquer avec qui que ce soit.

Jarrett dit que l'agent avait hâte que ça se fasse.

— C'est comme ça que ça doit se passer. Il procure l'énergie et nous la prudence. Mais il n'est pas question que nous laissions un agent trop zélé se faire descendre.

— Si on y arrive, est-ce que cette nouvelle prise en flagrant délit peut nous aider à le faire extrader vers les Etats-Unis ?

— Non, ça dépendra encore et toujours de la politique du Costa Rica.

Au dîner ce soir-là dans un restaurant espagnol, Dennis n'avait pas encore décidé ce qu'il allait faire au sujet de l'indicateur sur la liste noire.

— C'est un choix très lourd, dit-il d'un ton las, en sirotant son cocktail. J'ai déjà vu des agents disparaître, et si je dis qu'on y va, on y va. Si je dis non, ce sera non.

A propos de l'impatience de l'agent à suspendre l'indicateur de la liste noire, Dennis se met à parler de ce qui pousse les bons agents à l'action. Peut-être pour le distraire de ses hésitations quant à la décision qu'il lui faut prendre, il compare cette motivation à celle qui anime les grands compositeurs.

— Maurice Ravel par exemple, complètement obsédé par la musique qu'il entendait perpétuellement et qu'il ne pouvait pas attendre de mettre sur le papier. Un autre compositeur, Tartini, rêvait que le diable jouait pour lui sur un violon ce thème totalement captivant, qu'il coucha ensuite sur le papier, parce qu'il ne pouvait rien en faire d'autre. Et aujourd'hui, ça s'appelle *La trille du diable*, et c'est une sonate exécutée par les plus grands interprètes depuis deux cents ans.

Dennis arrête de parler et se plonge dans ses pensées. Il a commandé un autre cocktail, il a mangé les olives, mais n'a pas dîné. Le lendemain matin, il dit à Jarrett de s'occuper d'envoyer les notes et les câbles nécessaires pour un mois de suspension de liste noire concernant un indicateur.

2

Jarrett franchit la porte et annonce à Dennis qu'un mouchard « ne veut pas aller à Lima ».

Dennis lève les yeux d'un câble :

— Quoi, c'est ce qu'on mange là-bas qui ne lui plaît pas ?

— Non, il a peur de se faire tuer.

— On ne peut pas lui en vouloir pour ça. Et qu'est-ce qui se passe pour cette histoire de Bolivie, Dick ?

— Jarrett dit qu'un officiel des services d'immigration boliviens a commencé à photocopier les passeports pour les envoyer au Centac afin de les comparer avec les noms du fichier informatique Pathfinder du Centac-21. Certains passeports appartiennent à des Américains.

— Ça va faire du grabuge quand certains sénateurs vont apprendre ça, sourit Dennis. Tant pis pour eux ; nous, on continue notre boulot.

A peine Jarrett est-il sorti du bureau que Dennis répond au téléphone, parle brièvement, et le rappelle.

— Sur le Centac-23 à Houston, Dick, l'indic dit que Habib arrive avec deux millions de dollars et veut qu'il s'en serve pour acheter un bateau et des explosifs au plastic. Appelez-moi ces types là-bas et renseignez-vous sur ce qui se mijote, surtout avec le plastic.

Le Centac-23 vise un consortium de groupes de trafiquants du Moyen-Orient.

Dennis baisse la radio qui émet un concerto pour violon de Paganini et, se rappelant peut-être qu'un rapport des renseignements a déclaré que Yasser Arafat était probablement le propriétaire d'une cargaison d'héroïne du Moyen-Orient, dit avec un sourire forcé :

— Si c'est un coup de l'OLP visant à faire sauter Reagan, il va falloir qu'on passe à l'action.

Au bout de cinq minutes, Jarrett est de retour. Les deux millions de dollars doivent arriver sous forme d'instruments négociables par l'entremise d'un avocat de Floride. Il donne le nom d'un agent et propose de l'infiltrer dans le coup « puisqu'il connaît déjà tous les protagonistes ».

— Bon, on va faire ça.

— Habib veut que l'indic achète un bateau, des armes, et des explosifs au plastic pour rentrer au Moyen-Orient.

Dennis fait un signe de tête :

— Il faut absolument qu'on ait l'œil sur cette histoire d'explosifs, Dick, pour bien la contrôler.

Je pars avec Jarrett et quand je retourne au bureau de Dennis dix minutes plus tard, je trouve la porte fermée. Le coordinateur du Centac-20, Steve Greene, approche, en train de mâchonner un cure-dents, et demande à la secrétaire de Dennis qui est à l'intérieur.

— Deux hommes de l'Inspection.

L'Inspection, un organe de sécurité interne, est chargée d'enquêter lorsqu'il y a mauvaise conduite.

— C'est vrai ? dit Greene, faisant passer le cure-dents de l'autre côté de sa bouche. Ecoutez, prévenez-moi s'ils l'emmènent avec les menottes aux poignets, j'ai un Polaroïd.

CHAPITRE DEUX

1

Cartons d'invitation gravés, gilets pare-balles, saumon fumé, équipes d'intervention, whisky, armes, portier — l'agent du Centac-20 Dick Mangan avait du mal à s'occuper de tout. Quarante congressistes, bureaucrates, journalistes et diverses grosses légumes de Washington qui devaient venir à une réception mondaine chez lui le quatorze mars. Il avait aussi trente-cinq agents fédéraux et flics locaux mobilisés dans cinq villes différentes dans tout le pays pour les arrestations simultanées — à l'aube — de dix-huit trafiquants de drogue, dont certains seraient armés et étaient enclins à la violence.

Mangan pourchassait l'organisation de Donald Steinberg depuis plus de deux ans, et l'heure de vérité allait enfin sonner pour bon nombre de ses membres. Les descentes de l'Ireland's Inn étaient de l'histoire ancienne maintenant, de même que les hauts faits de la Compagnie brassant plusieurs millions de dollars en Asie (l'*Euphoric* et sa cargaison de Thaï Sticks), en Afrique (les plantations de marijuana), en Amérique latine (la compagnie aérienne panaméenne) et en Europe (la compagnie maritime hollandaise). Les amis de Donald l'avaient abandonné, une table d'écoute sur le téléphone de sa maison en Floride avait abouti à une descente de police, et son amie Carol était morte.

Et à présent, dix-huit de ses collaborateurs de haut rang allaient se trouver en état d'arrestation. Mais ces arrestations risquaient d'interférer avec la soirée de Mangan. Qu'allait-il faire s'il était obligé de renoncer à l'une ou à l'autre chose ? Il n'y a pas beaucoup de gens prêts à sacrifier leur emploi pour une réception mondaine, mais Mangan en était capable. Pour lui, tout dépendait de la liste des invités.

— J'ai dit à Lurana que, au risque de perdre mon job, je serai présent à cette réception. Les invitations sont déjà parties, et je serai là.

Nous sommes le mercredi 25 février, et je viens de déjeuner à Fort Lauderdale avec Mangan et Lurana Snow, juge d'instruction chargée de l'organisation Donald Steinberg. Le problème actuel de Mangan consiste à repérer les personnes qui sont citées sur l'acte d'accusation que Lurana s'apprête à faire parvenir au cabinet du procureur général de Miami en espérant obtenir son approbation. Ouvrir brusquement une porte et se ruer l'arme au poing au lever du jour pour traîner un criminel jusqu'à la prison est une tâche assez périlleuse. Mais si en plus on n'a pas la bonne adresse, ou qu'un nouvel occupant est là depuis la semaine dernière ou encore que le type qu'on trouve en pyjama est en fait le frère jumeau du malfaiteur, le flic risque non seulement de se faire blesser mais aussi de se retrouver avec des poursuites judiciaires et de ruiner sa carrière. Dans ce cas particulier, certains officiers que Mangan envoie pour procéder aux arrestations n'auront jamais vu la personne qu'ils viennent arrêter. Il faut donc que Mangan soit absolument certain que les adresses sont bonnes et que les bonnes personnes sont dans les bons lits.

Il monte dans sa Pontiac blanche de location et longe la côte en direction de Boca Raton à la recherche de Carmen Botiglieri, cadre moyen de l'organisation Steinberg. Son nom figure sur l'acte d'accusation, mais avant qu'on puisse l'arrêter, il faut le trouver. Mangan ne l'a jamais vu, mais il a des photographies. Il sait aussi qu'il conduit une Lincoln Continental noire.

Mangan se fait aussi des inquiétudes pour les arrestations, pour Lurana, pour le procès qui approche. Deux années de travail et sa propre réputation sont en jeu.

— Je n'aime pas les procès. Je suis toujours anxieux. J'aime bien témoigner, mais je déteste rester assis à regarder les autres témoigner. J'ai l'impression qu'ils vont tout foutre en l'air. Et Lurana, je suis sûr qu'elle va tout gâcher. Ça va vraiment pas être de la tarte !

L'enthousiasme de Mangan à propos de Lurana a subi quelques coups depuis leur première rencontre il y a un an dans le bar de Miami. Bien qu'il reconnaisse qu'elle fait bien son travail de juge d'instruction, ses caprices sentimentaux et son comportement personnel lui font souvent lever les yeux au ciel et lui donnent des sueurs froides. Très discret sur sa vie privée quant à lui, il a du mal avec les gens qui étalent leurs problèmes intimes et leurs chagrins d'amour devant tout le monde.

— Rien que d'essayer d'écouter ses histoires, dit Mangan, on est déjà épuisé. Elle me racontait qu'elle pensait que le procès serait tellement compliqué qu'elle allait faire une dépression nerveuse. Moi, je me disais : « Oh oui, Lurana, tu as raison, tu ne sais pas que tu as raison, mais tu as raison ! » Les avocats de la défense sont de fins limiers. Ils battent les requins pour détecter l'odeur du sang. Je veux dire que tout ce qu'ils pourront trouver pour provoquer cette dépression, ils ne se gêneront pas pour le faire.

Je mentionne que Magan a exprimé le souhait d'assister à quelques-unes des arrestations.

— J'ai prévenu Lurana qu'un incident était vite arrivé, un droit de Miranda mal rempli par exemple, auquel cas elle serait obligée de témoigner. Et si c'est elle qui est juge d'instruction, elle ne peut pas se présenter à la barre des témoins et être interrogée. Laisse tomber, Lurana, si tu veux venir, ce sera pas avec moi. Elle a grogné un petit peu, puis elle a pris une lampée de lait dans son bol, s'est couchée en boule sur son canapé et a mis la queue autour des pattes. C'est comme ça avec Lurana. On arrive toujours à la consoler avec une petite caresse et un peu de lait tiède. Quand Lurana s'était fait arrêter après la fête de Halloween, elle était déguisée en chat.

Lurana n'est pas la seule femme dans l'affaire à donner des soucis à Mangan. Il y a aussi la magistrate aux pieds nus, la jolie Patty Kyle. Mangan ne sait pas si la suggestion (« Présenter Reilly au magistrat fédéral ») sur la note qu'il avait trouvée dans l'appartement de Pete Wagner a été mise à exécution, mais il est d'accord avec les rumeurs selon lesquelles l'avocat de Steinberg lui fait la cour. Non seulement il y a eu des rapports sur les membres du personnel du tribunal faisant état de conversations intimes surprises au téléphone entre Kyle et Reilly, mais un jour qu'elle avait rencontré Mangan dans un ascenseur, elle lui confia qu'elle allait déjeuner avec l'avocat. Mangan avait répondu en plaisantant qu'il ferait son possible pour ne pas l'embarrasser s'il était obligé d'aller arrêter Reilly pendant le repas. Elle n'avait pas eu l'air de trouver ça drôle du tout.

— La mentalité de Patty, dit Mangan tandis que nous roulons, est fort bien illustrée par une conversation qu'elle avait eue avec Lurana, de même que l'état d'esprit de cette dernière correspond très bien au fait qu'elle ait éprouvé le besoin de me la répéter. Lurana adore les commérages, et tous ses racontars sont vraiment à ras des pâquerettes. Steve Georges est un jeune agent de la DEA ici à Fort Lauderdale, entre vingt et trente ans, très beau garçon, cheveux bruns, moustache, haltérophile. Un type sympa. Ainsi donc, Lurana m'a dit que Patty lui avait dit qu'elle voudrait bien que Steve, qu'elle aime bien (que Patty aime bien je veux dire) pour des raisons évidentes, que Steven, donc, sorte avec une de ses amies.

« Alors Lurana lui a dit : " Ecoute, Patty, ça va pas marcher. Steve est beaucoup trop jeune. Ils s'entendront jamais ! "

« Et Patty a répondu : " Mais je m'en fous complètement, de son âge. Elle n'a pas besoin de compagnie, elle a besoin d'*entretien*. "

« Je trouve ça très significatif ! dit Mangan en riant. Tout d'abord, la façon très crue avec laquelle Patty traite le sujet. Et Lurana, qui n'en revient qu'à moitié mais qui n'en pouvait plus en me répétant l'histoire. J'ai pensé en moi-même " quelle bande de... enfin, dans quoi est-ce que je suis allé me fourrer ? ". " Elle n'a pas besoin de compagnie, elle a besoin d'entretien ! " Je voulais raconter ça à Steve Georges, mais chaque fois que je le vois j'oublie de lui en parler.

— Et Patty, elle était aussi à la recherche d'un petit entretien vous croyez ?

— Je n'en sais rien en ce qui concerne Steve. Je crois qu'elle aurait quelques hésitations avec un agent. Mais je ne sais pas. Elle m'a bien demandé de l'emmener au cinéma. J'allais à Washington et elle m'a dit : « Quand est-ce que tu reviens ? Appelle-moi, on ira au ciné. Tu as mon numéro hein ! » Parce qu'il est sur la liste rouge. Et là bien sûr, moi qui adore verser de l'huile sur le feu, rien que pour donner un peu de sel à une journée morne, je suis allé voir directement Lurana pour lui dire que Patty m'avait demandé d'aller au cinéma avec elle. Elle a démarré au quart de tour : « Ça, c'est bien d'elle. C'est vraiment une enfoirée. Elle va quand même pas sortir *et* avec les avocats de la défense *et* avec l'agent qui est chargé de l'affaire. » Je savais que ça la ferait bouillir. Je ne voudrais pas insinuer que Miss Snow ressemble au chien de Pavlov, mais je sais exactement quand elle va se mettre à baver. Patty, elle, c'est le problème des belles femmes qui, une fois passé la trentaine, se sentent vieillir, se sentent seules, et ont l'impression de ne pas avoir choisi le bon métier.

— Qu'est-ce que ce serait pour elle, le bon métier ?

— Un métier où elle pourrait sortir et faire des mondanités et aller dans des réceptions et dans des bars pour célibataires et, enfin, quand on connaît l'orgueil masculin moyen, vous devez vous rendre compte des problèmes qu'elle doit rencontrer dans sa profession. Magistrat fédéral ? C'est un handicap dès le départ.

Lors d'une conversation que j'avais eue avec Patty Kyle dans son bureau (lampe Tiffany, portrait de sa grand-mère, aquarium avec un gros poisson rouge) elle m'avait dit que les gens qui travaillaient avec elle la considéraient comme un « esprit libre ». Elle avait l'air flattée par ce jugement et semblait le partager.

— Je me demande, dis-je à Mangan, si elle se rend compte à quel point sa personnalité paraît, aux yeux des gens, inadaptée à sa situation.

— Vous parlez de Lurana, de Patty, ou des deux ?

— De Patty.

— Je ne sais pas. Patty veut réussir. Mais elle aime aussi les bars pour célibataires. Elle aurait dû être une illustre employée d'un prisunic ou quelque chose dans ce genre-là.

— Une employée de prisunic illustre ?

— C'est ce qu'elle pourrait se fixer pour but, et elle pourrait réussir.

— Comment peut-on être illustre quand on est employée de prisunic ?

— Eh bien si les gens vous connaissent, on est considéré comme illustre !

— Vous voulez dire qu'elle aurait pu être élue Miss Prisunic de l'année ?

— Pourquoi pas? Il y en a plusieurs, du style votre barmaid favorite dans Broward County. Vous savez, quand on commence une affaire comme ça avec Scott Miller et qu'on la termine avec Lurana Snow et qu'on est plongé dans les chagrins d'amour, tout prend un air un peu dérisoire. Tout le secret là-dedans est d'essayer de garder le couvercle fermé sur toutes les personnalités pour que la défense ne puisse pas se rendre compte de la fragilité de l'édifice.

Quelques minutes plus tard, Mangan sonne à la porte d'une maison de Boca Raton, dernier domicile connu de Carmen Botiglieri. C'est une femme d'âge moyen qui répond.

— Officier de police, madame. Ministère de la Justice.

Il pense que « officier de police » est plus clair que « agent fédéral ».

La femme a l'air ennuyée, elle pense peut-être à ses impôts.

— Etes-vous propriétaire de cette maison?

Mangan prend un ton aimable et, avec ses mocassins, son pantalon de velours et son polo, la seule chose qui dérange est la plaque qu'il tient à la main.

— C'est mon mari.

— Je sais que vous n'êtes pas les personnes que je recherche. Ce sont les locataires précédents qui m'intéressent, les Botiglieri. Est-ce que vous les connaissez bien?

La femme se détend et fait entrer Mangan. Un petit chien noir aboie et saute partout autour de lui.

— Vous avez le même chien que moi, dit-il pour la mettre à l'aise. Oui, mon vieux, on dirait que tu es le négatif du mien.

La femme glousse.

— Ils ont déménagé deux semaines avant que nous arrivions, dit-elle. Le numéro de téléphone était à un seul nom, mais les factures, toutes les factures étaient à des noms différents.

Elle tend la main pour calmer le chien qui continue à aboyer.

— Il ne me dérange pas du tout, madame. Est-ce que vous avez gardé des factures?

— Mon mari les a toutes rapportées à la poste.

— Vous avez une idée d'où ils ont pu aller s'installer?

— Non, mais leur fille était à la Boca Academy. Elle a neuf ans.

— Bon, d'accord. Merci beaucoup. Excusez-moi de vous avoir dérangée.

Mangan rentre dans la voiture.

— C'est le moment d'aller au poste de police de Boca Raton et de les faire travailler pour moi. Qu'ils me disent où se trouve la Boca Academy.

— Vous ne voulez pas simplement regarder dans l'annuaire ? C'est ce que ferait un imbécile comme moi.

— Ça me donnerait une adresse, ce qui ne me dira rien du tout puisque je n'ai pas de plan. Mais enfin c'est une idée quand même, de regarder dans l'annuaire !

Nous nous trouvons dans un quartier agréable avec des pelouses, des arbres, des enfants à bicyclette, et Mangan arrête la voiture et demande à une contractuelle qui fait traverser les enfants si elle sait où se trouve la Boca Academy.

— Elle savait ?

— Elle savait où c'est, mais elle n'a pas su très bien me l'expliquer. Elle était un peu vague. Mais c'est sur St. Andrews Boulevard.

Mangan trouve l'école, se faufile parmi les élèves et les professeurs jusqu'au bureau du directeur, un homme à mine austère d'environ trente-cinq ans.

— Qu'avez-vous besoin de savoir ?

Il coopère, mais à contrecœur.

— J'ai besoin de connaître l'adresse des parents de la fille. Et c'est confidentiel. N'allez pas vous précipiter sur le téléphone dès que j'aurai le dos tourné.

Le directeur consulte une fiche et donne à Mangan l'adresse de la femme au petit chien.

— Ils ont déménagé, dit Mangan.

— Ils ont déménagé ?

— C'est pour ça que je suis là.

— Je vais aller vérifier au bureau.

L'homme s'éloigne, revient, et annonce que la nouvelle adresse est une boîte postale. Mais il y a aussi un numéro de téléphone.

Mangan prend le numéro de téléphone. Comme nous nous dirigeons vers la voiture, je lui demande ce qu'il aurait fait si le directeur avait refusé de le lui donner.

— J'aurais dit bon, je reviens avec une injonction à communiquer et vous pourrez vous présenter demain avec tous vos dossiers devant le jury d'accusation de Fort Lauderdale si vous tenez à perdre votre temps. De toute façon, au bout du compte, j'aurai le numéro.

— On n'est pas obligé de donner une adresse quand on prend une boîte postale ?

— Pas forcément la vraie !

Mangan est de bonne humeur. Le soleil brille et il ne reste que quelques jours avant les arrestations. En s'éloignant de l'école, il descend sa vitre et crie : « On arrive, Carmen, je sens les spaghetti qui sont en train de cuire ! »

Mangan dit que s'il ne parvient pas à trouver Botiglieri autrement, il suivra sa fille lorsqu'elle sortira de l'école :

— On se fait tout petit petit, et on prend un cartable et on s'installe dans le bus avant que les enfants montent dedans. Des fois, ça aide de se raser la moustache.

Je demande à Mangan s'il pense que Bob Straus pourrait retrouver Donald. Straus lui-même n'en avait pas l'air tellement sûr quand on était en voiture dans la Fox River avec lui et l'agent du Centac Kevin Callanan.

— Je ne sais pas. Donald n'est pas très facile, il se fait difficile à trouver. Il n'y a pas beaucoup de gens qui savent où il est. C'était déjà comme ça pendant qu'il était sur écoute. Je ne dis pas que Straus ne pourrait pas le joindre par téléphone, mais ça ne veut pas dire qu'il le trouverait.

Le nouveau numéro de téléphone de Botiglieri est sur la liste rouge, alors Mangan prend une injonction de communiquer, se rend à la compagnie de téléphone et attend qu'ils dénichent l'adresse.

Plus tard, comme nous tourniquons en voiture à la recherche de la maison, Mangan s'énerve.

— Je déteste perdre du temps à tourniquer. Une des choses qui m'insupportait le plus étant enfant était que mon père, quand on ne trouvait pas une adresse, tournait en rond pour chercher au lieu de demander à quelqu'un. Des trucs comme ça, ça a le don de m'exaspérer au plus haut point. J'avais envie de leur dire : vous reviendrez me chercher quand vous l'aurez trouvée, votre putain de maison !

— J'ai l'impression que vous ne deviez pas être un enfant facile.

Nous parlons en plaisantant à moitié, car j'ai compris que c'était la seule façon dont Mangan accepterait d'aborder son passé.

— Très très difficile. J'avais des idées extrêmement arrêtées à un âge tout à fait précoce. Je ne sais toujours pas si j'avais raison. Mais quand j'étais tout petit, je n'avais aucun moyen de les affirmer.

— Et vous continuez à avoir les mêmes idées ?

— Je pensais que j'avais raison, à l'époque, quand j'avais douze ans. Et j'avais raison.

— Qu'est-ce que c'était, ces idées ?

— Peu importe.

— Vous avez la même réticence que Dennis à être concret et précis. Un jour, il était en train de lire quelque chose et je lui ai demandé ce qu'il lisait. Il m'a répondu : « Un morceau de papier. »

— Je n'ai absolument aucune idée d'où je suis. Ni d'où je dois aller. (Il rit, regarde les noms des rues.) Mais pourquoi j'ai pas de plan, bon sang !

— Qu'est-ce que vous pensiez des plans quand vous aviez douze ans ?

Je continue à aller à la pêche pour trouver des détails de son passé.

— Je n'ai pas changé d'avis sur la difficulté de plier les cartes. J'étais pas idiot quand j'avais douze ans.

— Tout ce que vous savez, c'est que vous êtes toujours aussi bizarre maintenant que quand vous aviez douze ans.

Mangan s'arrête au magasin 7-Eleven, appelle le poste de police de Boca Raton et demande des indications. En reprenant le volant, il dit : « Carmen, tu commences sérieusement à me faire chier. »

Je lui parle de sa réception, et lui conseille de se faire tailler la moustache. Elle commence à ressembler à celle de Straus, à être longue et maigre.

— Ecoutez, je suis tellement beau quand je suis habillé que ma moustache pourrait rejoindre mes pattes. Ça arrange tout le monde d'être en chemise blanche et cravate noire, mais moi, vraiment, comme je suis grand, mince et brun... Croyez-moi !

— Les autres hommes sont simplement pas mal, mais vous, vous êtes...

— Impressionnant. Voilà, c'est là. Paloma Avenue. Tiens, justement, cette voiture, là, ça pourrait bien être celle de Carmen.

Nous sommes dans un quartier de grandes maisons d'un étage avec des pelouses devant et des piscines derrière cachées à la vue.

— Une Lincoln noire, dit Mangan comme nous approchons. Ça doit être sa voiture. Et voilà sa fille. Et sa femme. Et le voilà lui.

Un type baraqué avec des cheveux noirs frisés, portant un T-shirt noir, est debout sur la pelouse avec une femme et une fillette.

— Enfin un coup de chance, fait Mangan en tournant au coin. Oh, Carmen !

— Ça ne vous dérange pas, la petite fille ?

— Non.

— Vous allez envoyer son père en prison.

— Lurana fera probablement en sorte que ça ne se produise pas.

Nous prenons la direction du nord pour atteindre Delray Beach, dernier domicile connu de Ray Mendoza, le Mexicain de la Fox River qui servait à Steinberg d'interprète et d'intermédiaire avec ses fournisseurs de marijuana colombiens. En chemin, nous parlons un peu de la brève carrière d'enseignant de Mangan.

— J'étais excellent. Rien qu'en me tenant debout devant les élèves, j'en faisais ce que je voulais.

— Est-ce que vous aimeriez énumérer d'autres choses auxquelles vous êtes bon ? Parce que vous êtes beau, vous êtes magnifique en habit, vous étiez un excellent professeur.

— Bon enquêteur. Extrêmement bon enquêteur. J'ai de l'imagination, de l'honnêteté, de la persévérance...

— Vous n'êtes pas mauvais pour manier la langue anglaise non plus. Vous connaissez votre QI ?

— Non, mais il doit être très élevé.

Mangan m'avait dit qu'il était allé à Exeter, la grande école de la Nouvelle-Angleterre.

— Comment se fait-il que vous soyez allé à Exeter ?

— Je ne sais pas vraiment. J'avais visité trois écoles différentes.

— Vous avez eu du mal à entrer à Exeter ?

— Je ne sais pas. A cet âge-là, c'est la famille qui se charge de tout. Tout ce qui me plaisait, c'était l'idée d'être loin de chez moi.

En réalité, Exeter dit ne jamais avoir entendu parler de Mangan, qu'il n'a jamais suivi les cours ni pendant l'année ni pendant les vacances. Exeter renie Mangan comme le syndicat des acteurs renie Roy Blanchard. La grande école de l'un est l'équivalent du « Flipper » de l'autre. Peut-être ces deux romantiques mythomanes ont-ils davantage de choses en commun que Mangan ne veut bien le reconnaître.

— Et le sport ?

— Je joue particulièrement bien au volley. Je me défoule complètement. Je déteste le base-ball. C'est le sport le plus ennuyeux du monde. Le mec va sur le monticule, glandouille, tripote sa casquette, se gratte le cul et toutes les dix minutes il lance une balle. L'autre mec la loupe, ou bien il tourne pas, enfin, mais qu'est-ce qu'ils foutent, je comprends pas. Mon père regardait ça, je me demandais quel intérêt ça pouvait avoir. C'est comme le basket. Est-ce qu'un sport avec un score de 110 à 115 peut être excitant ? Voyons !

— Et le tennis, vous aimez ?

— Oui, parce qu'on peut réussir tout seul. Rien ne m'agace plus que de jouer au volley quand il y a un type nul dans l'équipe et qu'il rate chaque fois qu'il sert. Mais au tennis on ne dépend pas des autres. Voilà, nous y sommes.

2

Lurana était tellement excitée qu'elle arrivait à peine à parler. Les mots se précipitaient hors de sa bouche comme s'ils voulaient sortir d'un immeuble en flammes. « Je... je... je... je... » Cet après-midi, après avoir passé une demi-heure au cabinet du procureur général de

Miami, elle était ressortie avec l'acte d'accusation signé. Pour elle, cela représentait un an de travail ; pour Mangan et Dennis, plus du double.

— Le procès va vraiment avoir lieu, m'annonça-t-elle au téléphone. C'est comme si je venais d'accoucher. C'est un peu mon enfant.

Elle avait essayé d'avoir Mangan à Fort Lauderdale mais il était à Boca Raton à la recherche de Carmen Botiglieri. N'y tenant plus et brûlant de le dire à quelqu'un, elle était allée trouver son patron et examant Pat Sullivan à son bureau. Il l'avait emmenée boire un verre. Elle lui dit :

— Je suis là à sautiller comme une enfant. Comment est-ce que je peux être tellement contente d'avoir l'une des affaires les plus complexes qui aient jamais été jugées dans ce district, et toute seule ? Si j'ai une dépression nerveuse, ce sera de ta faute !

De sa faute parce que c'est lui qui l'avait présentée à Dennis Dayle.

Lurana rentra à Fort Lauderdale, elle avait l'impression que sa tête allait éclater. Elle se jeta sur le téléphone.

— Quand on est remonté comme ça, me dit-elle, quand on est surexcité, c'est bon d'avoir quelqu'un à qui parler. Je serais triste si je rentrais à la maison et que, après un an de ma vie, ça n'intéressait personne. A Miami, j'avais envie de me mettre à courir dans les couloirs.

Mangan m'appela à dix heures vingt ce soir-là. Il était dans un appartement qu'il avait loué à West Palm Beach.

— Et maintenant, demandai-je, quelles sont les prochaines étapes ?

L'acte d'accusation, signé par le procureur général, serait soumis au vote du jury d'accusation à la session du lundi. L'issue de ce vote ne faisait pas de doute. L'accusation étant donc prononcée lundi, que se passerait-il après ?

— Les arrestations auront lieu mardi ou mercredi, selon le temps qu'il va nous falloir pour mettre au point nos interventions synchronisées. Si les flics locaux font irruption dans une maison, qu'ils enfoncent la porte et se trouvent nez à nez avec M. et Mme Machin de Montréal — comme la bonne femme de chez Carmen Botiglieri — et que les télés et les journaux se pointent pour les interviewer... vous voyez le genre, alors à qui la faute ? Lurana ? Ce n'est pas de son ressort de savoir où habitent ces gens. Les flics qui ont pénétré dans la maison ? Ils diront : « C'est là que Dick Mangan nous avait dit de venir. » Ils reporteront toutes les responsabilités sur le dos du type qui a été sur place tout le temps, j'ai nommé Dick Mangan. Et, tout à fait franchement, ils n'auraient pas vraiment tort. C'est pourquoi je me rends personnellement à chacune de ces adresses pour vérifier s'ils sont là ou non. S'il y a un problème, je dirai : « Pourtant j'y suis allé. » J'essaie de me couvrir. Depuis des années que je travaille pour Dennis, j'ai appris un certain nombre de choses. Et en particulier celle-ci. Parce que c'est quelque chose qui peut vraiment vous foutre en l'air.

— Lurana m'a raconté ce que ça lui avait fait comme effet quand l'acte d'accusation avait été signé. Vous, qu'est-ce que vous ressentez à l'approche du dénouement de l'affaire au bout de deux ans ?

— Rien.

— Rien du tout ?

— On a l'impression qu'elle va se prolonger indéfiniment. Et puis subitement, en l'espace de quelques jours, l'issue va se décider. On a un sentiment d'anxiété. Parce que tout à coup, il y a tout à faire. Il faut localiser les accusés, retranscrire les enregistrements de la table d'écoute et les autres, rédiger les rapports, tout à la onzième heure. Je fonctionne comme ça : ce qui doit être fait sera fait.

3

— Allô, Pinkie ? Ici l'agent Mangan. Comment ça va ? Ben moi, je ne sais pas, ça va un peu dépendre du genre de renseignement que vous avez pour moi. D'où est le cachet de la poste sur celui-ci ?

Nous sommes lundi matin. Les arrestations ont été décidées pour mercredi. Pendant le week-end, le coordinateur du Centac-20, Steve Greene, est descendu de Washington à la demande de Mangan, pour prêter main-forte (et officielle) au cas où des difficultés surgiraient. Bob « Mad Dog » Salisbury est venu également. C'est l'homme de l'IRS (les services fiscaux) attaché au Centac-20. Ils se trouvent à présent avec Mangan au tribunal fédéral de Fort Lauderdale. Le bureau de Mangan, qui donne sur l'entrée en face de celui de Lurana, ressemble à une cellule de moine, murs blancs nus, pas de fenêtres, une table, une chaise, une corbeille à papiers, un téléphone et neuf cartons où sont classés les dossiers du Centac.

Steve Greene est en piteux état, menant de front une lutte contre un rhume et contre des kilos superflus. Il veut en perdre sept, et pour s'aider à tenir, il mâche simultanément du chewing-gum et des cure-dents. Son attaché-case, ouvert sur le bureau de Mangan, contient six paquets de Kleenex, un livre de régime et un revolver de calibre .38. Prêt à tout.

— Du même endroit ? dit Mangan à Pinkie Flaherty. Denver ? Et le chèque, il vient de quelle banque ? Okay, Pinkie, je vais vous envoyer un de mes hommes. C'est un agent de l'IRS nommé Salisbury. Il prendra tous les renseignements. C'est un bon garçon, alors, soyez gentille avec lui. Il est juste un tout petit peu plus vieux, d'accord ?

Mangan raccroche et dit à Salisbury :
— Ça te gêne pas d'être toi-même un échec et de t'occuper des chèques ?
— Ah ! M'emmerde pas, tu veux ? Contente-toi donc d'écrire l'adresse.
Il a rasé la barbe qui lui donnait l'air d'un poète russe.
— Pinkie ou Kinkie ?
— Pinkie, Bob. C'est une gentille vieille dame. Juste ce qu'il te faut. Tu devrais pas la trouver vieille, toi.
Salisbury se lève, prêt à partir.
— T'as ton canon, Bob ? demande Mangan. Il marche bien ?
— Tu ferais bien de te taire sinon je vais te montrer s'il marche bien !
Steve Greene ajoute :
— Et pas de prise de corps là-bas, Bob, hein !
Salisbury lâche un juron et s'en va.
— Dis donc, ton régime, dit Mangan à Greene, j'espère que ça va pas te rendre faiblard ou ramollo, et que tu vas pouvoir tenir jusqu'au bout pour les arrestations.
— Ecoute Dick, c'est pas que j'aie envie de citer Salisbury, mais comme il dit, quand ce sera trop dur pour toi, ce sera juste bien pour moi, d'accord ?
Patty Kyle passe devant la porte et Mangan la présente à Steve. Elle lui serre la main chaleureusement, frétillante, les épaules nues, sans soutien-gorge. Quand elle a le dos tourné, Mangan regarde Steve en silence : on dirait qu'il a avalé son cure-dents.
Que peut dire Mangan ? S'il voulait expliquer à Steve Greene ce qu'il pense de Patty Kyle, ça lui prendrait la journée. Il fait semblant de ne rien avoir vu et reprend le travail.
— Voici le plan d'attaque, Steve. Je mets quatre hommes par arrestation — il énumère les accusés et les officiers chargés de chacun d'eux. On a deux officiers de Pompano, huit de la DEA, nous trois, toi et moi et Salisbury, et Joe Puleo et Al Ortenzo, ça fait quinze. On peut avoir encore une dizaine d'hommes de l'OCB. Lynn Mizer, on est allé chez lui et il y avait une Ferrari et une Jaguar et deux autres voitures neuves ; ça veut dire qu'il se passe quelque chose là-bas. San Diego prendra Eric Emmerich. Chicago a eu Jimmy Bell. On fera ça à six heures, heure locale. Si un trafiquant de drogue n'est pas chez lui à six heures du matin, c'est qu'il y sera jamais.
Mangan tire une pile de papiers et se met à vérifier les accusés qui ont fait preuve de violence dans le passé, et qui sont donc susceptibles de résister.
Le jury d'accusation se réunit, procède au vote, prononce l'accusa-

tion. L'acte fait trente-neuf pages et mentionne dix-huit inculpés, dont Donald Steinberg, Lynn Mizer (chef globe-trotter des opérations étrangères), Jimmy Bell (chef des ventes), Pete Wagner (vétéran du Vietnam, haut responsable de l'organisation), Eric Emmerich (arrêté dans un avion en partance de l'aéroport de Fort Lauderdale avec 50 000 dollars sur lui), Carmen Botiglieri (que l'on venait de localiser à Boca Raton), Ray Mendoza (interprète d'espagnol), Mark Gallagher (membre d'équipage de l'*Euphoric*, ami de Gabby Tan), Joe Gonterman (copain de Steinberg du temps de la Fox River qui a pris la fuite avec lui), Dale Johnson (Cocaïne Johnny, CJ) et Rene Larsen (dont les coups de téléphone avaient déclenché les descentes à l'Ireland's Inn).

Steinberg, Mizer, Wagner et Bell sont accusés d'avoir mené une « activité criminelle continue », inculpation assortie d'une peine obligatoire de dix ans à perpétuité sans condition possible.

Onze accusés se trouvent à Fort Lauderdale ou dans les environs, les autres sont à Chicago, Philadelphie, San Diego et Boston.

Mangan appelle Dennis :

— Ça y est, l'accusation est prononcée.

— Ça ne me surprend pas le moins du monde, Dick, dit Dennis. J'ai été le premier à y croire. J'ai toujours pensé qu'on l'aurait.

Mangan téléphone à Rex McMillan, l'agent de Los Angeles qui s'était rendu à Ventura après la mort de Carol, à Kevin Callanan à Chicago, et à un autre agent du Centac nommé Kevin Kenney à Boston, ainsi qu'à d'autres à Milwaukee et à Philadelphie.

— Nous avons l'acte d'accusation, leur disait-il. On va les arrêter mercredi à six heures du matin.

A cinq heures et demie de l'après-midi, Lurana, Mangan, Steve Greene et « Mad Dog » Salisbury s'en vont arroser l'acte d'accusation.

— On va à l'Ireland's Inn ? dit Mangan en riant, retour à la case départ ! Ils ont une photo de Dennis Dayle encadrée au mur dans le bar !

En fait, ce qu'ils ont, ce sont quelques dizaines de vacanciers dans la cinquantaine habillés dans des couleurs claires un peu voyantes, luxuriants et bruyants comme des oiseaux tropicaux. Un jeune homme au visage joyeux joue du piano, entouré de femmes aux doigts gonflés, la chair formant des bourrelets entre leurs bagues ornées de pierres précieuses.

Steve boit un club soda. Il dit qu'il a beaucoup grossi quand il est entré au Centac et qu'il a arrêté de fumer.

— Arrêter de fumer quand on commence à travailler pour Dennis, c'est la dernière chose à faire ! dit Lurana.

— Je me suis mis à boire.

Mad Dog, une bouteille de Budweizer à la main, a l'air absolument fasciné par les femmes autour du piano. Il les étudie d'un air songeur.

— Si un jour j'ai vraiment besoin d'argent, je viendrai ici avec mon sécateur et je couperai quelques doigts.

Mangan boit un Manhattan et, à six heures et demie, il n'est déjà plus là.

4

Le lendemain matin, Mangan est dans son uniforme de rôdeur de grève, pieds nus dans ses mocassins, jeans et chemise Lacoste. Il glisse son .38 dans un étui de cheville et part à la chasse à Mark Gallagher, l'homme qui a accompagné l'*Euphoric* et Gabby Tan de Thaïlande au Canada avec dix tonnes de Thaï Sticks. Joe Puleo, alors qu'il était en train de patrouiller trois jours auparavant, avait repéré Gallagher dans une camionnette et l'avait suivi jusqu'à une jetée devant la maison d'une vieille dame nommée Rosie. Le bateau de Mark était là.

En allant chercher Mike Dutko à l'OCB pour qu'il l'accompagne jusqu'au bateau de Gallagher, Mangan parle du nombre des employés de Steinberg qui ne sont pas cités dans l'acte d'accusation. Je lui demande quelles sont les probabilités pour que cette accusation soit suivie d'une autre.

— Très faibles. De fait, nous avons déjà de la chance d'avoir autant d'accusés. Si l'on tient compte des problèmes qu'on a eus, depuis le lieu du jugement jusqu'aux juges d'instruction sans parler des costumes de chat.

— Si tout s'était déroulé de façon idéale, qu'est-ce qui se serait passé ?

— Je dirais que nous aurions cette accusation ici, plus une à Boston et une en Californie, et à Chicago, et peut-être à New York. A Milwaukee également. Ça ferait une cinquantaine d'accusés en tout.

En arrivant à la maison de Rosie près de la jetée, Dutko dit :

— C'est cette maison-là ? Au bout ? Ah ! mais Rosie, je la connais, Rosie !

La maison est au bord d'un canal. Un petit ponton est dissimulé derrière des arbres et des arbustes à quelques pas de la porte d'entrée. Un bateau de pêche sportive est amarré là, le nom FINATIC peint sur la poupe.

— Je travaille sur une affaire quatre maisons plus loin. Rosie fait de la surveillance pour nous, dit Dutko.

Mangan frappe et une femme d'environ quatre-vingts ans arrive à la porte, en pantalon blanc, chemisier blanc à fleurs et perruque à courtes boucles grises.

— Rosie, dit Dutko. Vous vous souvenez de moi ? La police ?
Elle sourit timidement.
— Ouais.
— Le bateau, là, le *Finatic*, c'est à Mark ?
— Ouais.
— Vous savez où le joindre ?
— Non, je n'ai pas de numéro de téléphone. Il a déménagé. Il a dit qu'il voulait me donner son nouveau numéro, mais je l'ai pas.
Elle parle avec un accent qui a l'air de venir d'Europe centrale.
— Vous connaissez sa nouvelle adresse ?
— Je sais pas. Pas du tout. Il a fait quelque chose de mal ?
— Eh bien, on ne sait pas. On a juste besoin de lui parler.
— Peut-être qu'il va venir plus tard. Il vient souvent le soir. Peut-être qu'il va venir à un moment ce soir.
— Qu'est-ce qui se passe s'il y avait un problème avec le bateau ? Est-ce qu'il y a quelqu'un d'autre ? Une petite amie ?
— Non.
— Si le bateau coulait, vous ne pourriez même pas le prévenir ?
— C'est pour ça, vous savez, la jetée a cassé. J'étais de l'autre côté de la rivière, et il y a deux hommes qui sont venus, et qui m'ont dit que ma jetée était cassée. Il faut la réparer, sinon le bateau va couler. Et je n'ai même pas son adresse. Je pense que c'est un homme qui a bon cœur. Je ne peux pas croire qu'il a fait quelque chose...
— On veut juste lui parler, dit Mangan. Il a peut-être des renseignements qui pourraient nous aider.
— Oh, je vois. C'est un homme bon. Quand j'ai quelque chose à faire il vient toujours m'aider un peu.
— Il vous paie pour mettre son bateau là ?
— Soixante-cinq dollars par mois.
— Il vous fait un chèque ?
La banque aurait peut-être son adresse ou son numéro de téléphone.
— Non, il me donne de l'argent liquide. Je suis tellement contente d'avoir ce bateau ici, en vérité. Il y a toujours des amis qui viennent le voir, quelqu'un qui est dans le coin à cause des Noirs. Une fois, quelqu'un est venu ici, il avait un couteau. Il est venu sur moi, avec un grand couteau, maintenant, ça va un petit peu mieux.
— Okay, Rosie, dit Dutko, merci beaucoup, n'hésitez pas à appeler si vous avez besoin de moi.
De retour dans la voiture, Dutko dit :
— Il doit bien y avoir quelqu'un dans les parages qui sait comment le joindre. Si son bateau commençait à couler, s'il prenait l'eau

petit à petit ? Ou si les amarres étaient coupées et qu'il s'en aille à la dérive ? Bien sûr, il faudrait faire ça pendant que Mills a le dos tourné.

— Je n'ai rien entendu, dit Mangan. Je ne sais rien du tout. Si on m'arrête pour quoi que ce soit, la première chose que je dis, c'est : « vous voulez Dennis Dayle » ?

— Et tu le donnes, fait Dutko en riant.

— « Bon, on conclut un marché tout de suite. »

Dutko descend à l'OCB.

— Si vous avez d'autres idées pour Gallagher, passez-moi un coup de fil. Je suis en train de découvrir des tas de petites agences d'Etat dont j'ignorais l'existence. Si on possède quoi que ce soit dans l'Etat, elles sont capables de vous localiser.

Reprenant la route du palais de justice fédéral, Mangan dit :

— Ce que je serai content quand tout sera fini ! Quoi qu'il advienne ! Je ne veux plus entendre parler d'aucune complication. Il va y en avoir assez quand le procès aura commencé. Seulement, la seule différence à ce moment-là, c'est que je n'en porterai plus la responsabilité. Ce sera au tour du juge d'instruction*. Mais jusqu'à demain soir, j'ai tout sur les bras, et je veux m'en débarrasser. Ça fait deux ans et demi que je me trimballe avec ce fardeau. S'il y a quelque chose qui ne va pas, c'est Mangan qui essuiera les plâtres.

Au bureau, Salisbury est en train de lire les descriptions des accusés.

— Tu peux arrêter William Liebow, Steve. Son surnom est « Muscle Bill ». Son tour de poitrine est plus grand que son QI.

Liebow avait travaillé sur un des bateaux de Steinberg.

Steve lève les yeux de son exemplaire de l'acte d'accusation.

— Est-ce qu'il est plus rapide que l'éclair ?

Mangan laisse son étui et son pistolet dans le bureau, geste qu'il ne va pas tarder à regretter, et repart en longeant la plage vers le nord, en direction de Pompano et du domicile de David Pandorf, un capitaine de bateau de Steinberg qui était allé en Europe pour acheter le cargo qui allait livrer vingt-cinq tonnes de marijuana à Plymouth. Salisbury dit qu'un indicateur de l'IRS pense que Pandorf est au Canada.

— Cette putain d'histoire de Mark Gallagher me chiffonne, dit Mangan en gesticulant tant et si bien que la voiture fait des écarts sur la route. Ça me turlupine, je n'arrête pas de penser aux tuyaux que j'ai loupés. J'espère que je peux trouver sa dernière adresse, voir s'il fait suivre son courrier, tout le bordel de la poste. (Il sourit et se déride.) Il faut que je trouve l'infâme Mark Gallagher ; que je le traîne en justice,

---

* Aux Etats-Unis, c'est la même personne (ici Lurana Snow), le *prosecutor,* qui remplit les fonctions de juge d'instruction avant le procès et celles de substitut du procureur pendant le procès.

940

que je l'enlève des rues pour que les gamins ne puissent plus acheter de la drogue et n'aillent plus finir dans le ruisseau — ou sur un yacht avec des millions de dollars dans leur poche. Nous y voilà.

La grande maison style ranch a l'air vide. Mangan en fait le tour, trouve un quai sur un canal et une piscine en forme de rein entourée de palmiers et d'arbustes en fleurs. Il essaie une porte-moustiquaire, la trouve ouverte, entre et crie :

— Y a quelqu'un ?

Des revues de navigation et d'aviation sont éparpillées sur une table basse. Des bouteilles de Lafite Rotschild sont alignées dans le bar à côté de magnums de Chivas Regal et de Jack Daniel's. Mangan pénètre dans la pièce.

— Y a quelqu'un ?

Un homme jeune mais déjà bedonnant et à moitié chauve, portant un slip de bain bleu et une tonne d'or autour du cou, surgit tout à coup d'une autre pièce. Mangan et lui ont tous les deux l'air aussi stupéfaits qu'un renard et un chien de chasse se trouvant nez à nez dans la forêt.

— David, c'est vous ?

L'homme n'a pas l'air tout à fait sûr de vouloir être David Pandorf. Puis il fait signe que oui, toujours abasourdi.

— Vous vous souvenez de moi ? Dick Mangan — il a sorti sa plaque. Je vous réveille ?

Pandorf, les yeux embrumés de sommeil, marmonne quelque chose comme quoi il ne se sent pas très bien, cherchant de toute évidence à comprendre ce que ce type fait dans son salon.

— Il faut que j'entre en contact avec votre avocat et je n'arrive pas à me rappeler son numéro de téléphone. J'étais justement dans le coin, alors je me suis dit que j'allais passer vous le demander.

Pandorf lui donne le numéro de téléphone.

— Vous êtes là dans les jours qui viennent ? Il faut qu'on se réunisse tous les trois avec votre avocat.

— Ouais, je bouge pas.

Mangan s'excuse et se retire vivement. Dans la voiture, il dit :

— Autant pour la confiance qu'on peut faire aux informations provenant des services fiscaux !

— Il était là ?

— Oui, et bien là. David A. Pandorf. C'est quand même un peu gênant de se retrouver dans le salon d'un accusé. « Oh, salut, Dave. » Merde. Et je fais un petit pas de deux et bats en retraite. Encore heureux que je me souvenais du nom de son avocat. Je ne suis pas sûr qu'il ait avalé ça, mais peut-être quand même parce qu'il était à moitié endormi. Il avait dû sniffer de la coke toute la nuit. Un honnête citoyen, bien employé, dormant comme une souche au fond de son lit à trois heures de l'après-midi ! Il devrait être en train de vendre des chaussures chez Kinney's, oui, ça devrait être là sa place.

— Il aurait pu sortir une arme.

— Je n'aurais pas pu lui en vouloir. Je suis là au beau milieu de son salon, et mon flingue est au bureau. Oh, mais oui, monsieur, le type est sûrement au Canada. C'est l'IRS qui le dit. Je pourrai dire à Salisbury que Pandorf n'est pas violent. Vous pouvez mettre *non* en face de la rubrique violent. Je suis entré dans sa maison sans arme et il n'en a pas profité.

— Vous pensez qu'il sera encore là demain ?

— J'espère que j'ai bien caché mon jeu. Je me suis juste dit tiens, je vais faire un saut jusque là-bas pour avoir le numéro de son avocat au lieu de le chercher dans l'annuaire. Ça fatigue un peu les doigts de chercher dans l'annuaire. Non, je vais plutôt prendre ma voiture, et aller jusqu'à Pompano voyons ! Et lui qui me dit : « Je ne me sens pas très bien. » Si tu ne te sens pas bien aujourd'hui, qu'est-ce que ça va être demain. Je me reposerais un peu à ta place, David. Et je me coucherais de bonne heure !

— Je me demande où est son bateau.

L'appontement était vide.

— Moi aussi. Il a deux Mercedes dans le garage, une 450 SL et une 450 SLC. Il a commencé en vendant des petits sachets d'herbe et a fini avec deux Mercedes, des bateaux, de l'or, et cette maison.

Nous longeons la plage.

— C'est quand même pas juste, dit Mangan, tous ces gens qui sont en train de prendre des bains de soleil et de se détendre tandis que nous, on se retrouve au milieu du salon de David Pandorf.

— Pandorf doit se dire la même chose. C'est vous qui allez l'arrêter ?

— Je fais déjà Pete Wagner et Ray Mendoza.

Wagner, le tatoué, le héros du Vietnam arrêté il y a deux ans lorsque deux inspecteurs de l'OCB et Mangan ont fait une descente dans son appartement et y ont trouvé la note conseillant de présenter Jim Reilly au magistrat fédéral, est sorti de prison.

— Je voudrais tous les faire, dit Mangan. J'ai le sentiment qu'après toutes ces années, j'ai le droit d'entrer dans toutes ces maisons et de les arrêter. Un par un. C'est ce que j'aime le mieux dans ce boulot, c'est de procéder aux arrestations et d'effectuer les perquisitions. L'autorité légale me permettant d'entrer chez le méchant, de tout foutre en l'air et de trouver la came. C'est que non seulement ils vont se faire arrêter et inculper de trafic, mais la fouille de la maison, c'est en plus comme une honte. « A toi de ranger derrière ! » Le Centac est plus doux, mais quand j'étais dans la police, la méthode de perquisition consistait à aller dans la chambre, à regarder s'il n'y avait rien sous le lit, et ensuite à mettre tout ce qu'il y a dans la pièce sur le matelas. Tout ce qu'il y a dans les tiroirs du bureau, tout ce qu'il y a dans le placard. Comme ça on n'oublie rien. Y en a jusqu'au plafond sur le lit.

Nous gardons le silence un moment tout en roulant, puis Mangan dit :

— Dommage que je ne connaisse pas un dealer qui pourrait me donner deux Valium pour m'aider à dormir cette nuit.

Je lui demande si ça lui plairait d'aller frapper à la porte de chez Donald Steinberg demain matin.

— Oh ça, ça serait pas de refus !

De retour au bureau, Mangan, Greene et Lurana ont une réunion avec les patrons de l'OCB et d'autres postes de police du coin qui participeront aux arrestations. Jeff Kay, le supérieur direct de Lurana, est également présent pour donner son avis d'homme de loi.

— Si un objet présentant un intérêt certain se trouve en évidence, dit-il, prenez-le et nous nous inquiéterons de la légalité plus tard. Si vous voyez qu'il y a des preuves, faites en sorte que le type ne puisse pas filer, demandez des renforts et on attendra sur place le mandat. Mais assurez votre sécurité avant tout. En ce qui me concerne, si on refuse de vous ouvrir et que vous pensez que le type est dedans, vous avez un mandat et vous devez faire votre travail. Entrez. Commencez par faire toc-toc, mais si vous êtes obligés d'enfoncer la porte — il se gratte la gorge — faites attention.

5

— Okay, mon nom est Steve Greene. Lundi, le jury a prononcé l'accusation de dix-huit personnes impliquées dans l'organisation Steinberg. Ce matin, nous allons en cueillir onze ici : huit dans la région de Fort Lauderdale et trois vers Palm Beach.

Il est cinq heures trente du matin et vingt-trois hommes et femmes sont assis autour d'une table dans une salle de conférence du bureau du procureur général de Fort Lauderdale, à l'autre bout du hall dans lequel donne le bureau de Mangan. Mangan, Greene, Salisbury et Lurana sont présents, de même que des agents de la DEA de Fort Lauderdale, des policiers de l'OCB local et des adjoints du chef de la police de Pompano et de Palm Beach. D'autres policiers en uniforme et des voitures radios venus de Boca Raton, Coral Springs et d'autres localités rejoindront les équipes d'arrestation un peu plus tard. Tout le monde est en jean et polo, certains ont des gilets pare-balles et des blousons bleus — tenue d'intervention — avec POLICE écrit dans le dos.

— Dans une minute, Mangan va faire la lecture de la répartition des équipes en indiquant de qui elles sont chargées. Tous les accusés ont déjà été arrêtés par le passé. Rien ne peut permettre d'affirmer qu'aucun d'entre eux ne sera armé, mais il faut quand même supposer qu'ils peuvent l'être. Lynn Mizer a déjà été inculpé pour détention d'armes et deux attaques à main armée. Je serai dans l'équipe qui s'en occupe.

Mangan passe des dossiers d'arrestations contenant une photographie de chaque accusé, son adresse, des cartes avec empreintes digitales et d'autres documents. Sachant que la presse viendrait peut-être l'interviewer plus tard, il a mis un blazer bleu, une cravate, un pantalon beige et des mocassins cirés. Il explique que d'autres descentes vont avoir lieu à Chicago, San Diego, Philadelphie et Boston, toutes vers six heures du matin.

— Si vous vous posez des questions sur les saisies de documents ou de papiers quelconques par exemple, allez-y, prenez-les, dit Mangan. Il y a deux fugitifs dans cette affaire — Donald Steinberg et un certain Joe Gonterman —, alors si vous tombez sur un carnet d'adresses, prenez-le. Si quelqu'un veut vous dire où se trouve Donald Steinberg, appelez Lurana Snow et on pourra sans doute conclure un marché sur place. Si vous trouvez de la drogue en traversant les lieux pour vous assurer de la sécurité, prenez-la. Si ça ne nous sert pas à les inculper, tant pis pour eux, on la prend quand même. Des armes en évidence, prenez-les. Des livres de comptes, des carnets de chèques en évidence, prenez-les. Les passeports aussi.

« Si vous vous posez des questions quant à l'identité des personnes, mettez-vous en rapport avec moi ou Mike Dutko. Bob Salisbury de l'IRS est également avec nous, mais il ne faut pas que ça vous fasse peur, ce n'est pas le genre des types de l'IRS. La plupart d'entre vous aurez une voiture de police avec vous et les gens verront donc que ce n'est pas un cambriolage.

Dans le passé, il est arrivé que des agents et des flics se fassent tuer par des criminels qui les avaient pris pour des ravisseurs venus les enlever ou pour des voleurs.

6

« Little Al » Ortenzo est inquiet. Il n'est plus à l'OCB, il est quand même sorti du lit à cinq heures pour aller participer à l'arrestation de Pete Wagner. Bien avant que Donald Steinberg soit abordable, Wagner était le numéro un de Fort Lauderdale. Pour rien au monde Ortenzo ne voudrait manquer l'arrestation de Wagner. Mais il a peur qu'elle n'ait pas lieu.

— Quand ces gens commencent à se faire prendre, dit-il à Mangan tandis qu'ils traversent Fort Lauderdale en voiture dans l'obscurité d'avant l'aurore, la première personne avertie est Jim Reilly. Et Pete est évidemment le premier dont Reilly voudra s'occuper. Oh! la la! je serais vraiment plus tranquille si on pouvait commencer par frapper à la porte de Pete avant de donner le feu vert aux autres. J'ai comme l'impression qu'il sait quelque chose. Ce fils de pute est assis dans son lit en ce moment en train de se demander ce qu'il doit faire.

— C'est pas impossible du tout, dit Mangan. Ça ne m'étonnerait pas.

Ils sont dans la Pontiac que Mangan a louée. C'est Steve Georges, vingt-deux ans, l'agent de la DEA de Fort Lauderdale dont Patty Kyle avait dit à Lurana qu'elle souhaitait qu'il « entretienne » son amie, qui est au volant. Il est mince, élégant, calme. Sur le siège à côté de lui il a posé un blouson, un gilet pare-balles, un talkie-walkie et un paquet de menottes jetables en plastique.

— Tu crois que Ginny va faire des difficultés? demande Mangan à Ortenzo. Ginny, Virginia Ritter, est l'amie de Wagner, et elle vit avec lui.

— Je ne sais pas, je ne la connais pas.

— Si elle fait des difficultés, on l'embarque aussi.

— C'est vraiment pas facile à cette heure-là.

Six heures du matin c'est un bon moment pour trouver les gens chez eux, c'est aussi une bonne heure pour les prendre quand ils n'ont pas les idées claires. Parfois ça aide, mais parfois c'est catastrophique.

— Je regrette seulement qu'on puisse pas mettre Pete sur le siège arrière entre toi et Puleo, dit Mangan tandis qu'ils roulent en direction du nord sur la I-95. (Puleo devait venir, mais il a annulé à la dernière minute.) La dernière fois qu'on a arrêté Pete, je te dis pas. Puleo et lui, ils étaient comme deux chats en colère. « Espèce de sale flic pourri. » « En attendant, c'est toi le pourri qu'a les menottes. » Putains de chats. Sortis du même moule.

Georges prend la sortie d'Atlantic Boulevard. Mangan dit :

— Je voudrais proposer quelque chose à Pete en échange de Donald. On va avoir un procès d'une association de dix-huit malfaiteurs, et toutes les dépositions vont concerner Donald Steinberg, et lui est en fuite. Le jury ne cessera de se demander où est le chef et pourquoi on l'a pas pris.

A six heures et demie, une voix féminine se fait entendre dans le talkie-walkie de Georges. C'est Gus Cox, une belle blonde agent de la DEA.

— Lauderdale Neuf...

Une voix d'homme :

— Allez-y, Neuf.

— Danny Mauck arrêté.

Danny « Sharkman » Mauck est capitaine d'un bateau de Steinberg. Il a trente-six ans.

— Un de tombé, dit Mangan.

Georges range la voiture sur le parking d'une école à côté d'un flic en uniforme qui attend dans une voiture de ronde blanche. Mangan donne l'adresse de Pete au flic et tandis que nous nous éloignons, la radio se fait de nouveau entendre, une voix d'homme.

— Liebow arrêté.

Il est six heures quarante. Sept minutes plus tard, nouvel appel :

— Pandorf arrêté.

Il n'avait donc pas pris la fuite après l'irruption de Mangan dans son salon.

A six heures cinquante, la voiture radio stoppe devant un immeuble. Wagner a eu vingt minutes depuis la première arrestation pour apprendre quelque chose et s'enfuir. Le temps est dégagé et le soleil levant sur l'Atlantique colore le ciel en orange. Le quartier est silencieux. Mangan fait un signe de tête indiquant une Cadillac Eldorado marron et dit à voix basse :

— C'est à lui.

Pendant que Georges enfile son blouson, Ortenzo examine en silence les boîtes à lettres du rez-de-chaussée.

Pete Wagner a purgé sa peine à Raiford, l'une des prisons les plus dures du pays. Il a vu beaucoup de combats au Vietnam. Quand Mangan et Puleo avaient fouillé son appartement il y a deux ans, ils avaient trouvé un .38 et un 357 magnum avec des munitions. Toute personne désireuse de le tirer du lit à six heures du matin est avisée de prendre ses précautions.

Mangan, ses pas résonnant sur les marches de pierre, monte au premier, suivi de Georges, Ortenzo et du flic en uniforme. Ils ont tous l'arme au poing. Mangan se poste légèrement sur la droite de la porte de Wagner. Ortenzo est à gauche et Georges devant, les jambes pliées et écartées dans la position Starsky et Hutch, bras tendus devant lui et tenant des deux mains son revolver plaqué en nickel. Il semble prendre la situation peut-être un peu plus au sérieux que les autres. Le flic en uniforme est en arrière, pas très sûr d'avoir bien fait de se trouver là.

Mangan frappe à la porte, sept coups brefs et forts.

De l'autre côté, un chien se met à aboyer comme un fou.
Mangan hurle :
— Police ! Ouvrez !
Du bruit à l'intérieur.
Quatre coups sur la porte.
— Pete ! Ouvre la porte ou on l'enfonce.
Des aboiements d'un gros chien dans un autre appartement. Les voisins se réveillent. Ils vont bientôt passer la tête par leur porte, voir les pistolets, pousser des cris, tomber dans les pommes, appeler la police.
Mangan frappe encore, les cinq derniers coups.
— Ouvre la porte tout de suite ! tout de suite ! Ou elle va tomber !
La porte s'ouvre en grand.
— Ne bougez plus !
Le revolver de Georges est pointé droit sur la ceinture d'un slip.
— Qu'est-ce que c'est que ça ?
Wagner, pas rasé, hirsute, est en robe de chambre ouverte sur son slip. Sur ses bras tatoués on peut voir une tête de panthère, un aigle, une épée, un cœur, Mom, Dad et USA.
Mangan passe devant lui pour pénétrer dans la pièce, jette un coup d'œil. Un Pékinois marron aboie à ses talons. Georges fait le tour de Wagner, lui passe des menottes derrière le dos. Des peintures et des photographies de bateaux couvrent les murs du salon.
— Tu es en état d'arrestation, Pete, dit Mangan.
Une fille aux cheveux noirs, Ginny Ritter, est couchée, stupéfaite et ensommeillée dans un canapé transformable devant un écran de télévision d'un mètre vingt sur un mètre quatre-vingts. Des vidéocassettes sont empilées sur une table.
Mangan ne fait pas attention à Ginny et se dirige vers une porte. Georges vérifie les poches de la robe de chambre de Wagner. Wagner, ignorant Georges, crie à Mangan :
— Hey, y a ma fille là-dedans !
Mangan trouve une fillette de trois ans endormie dans un grand lit, le pouce gauche dans la bouche, une télévision allumée sans images éclairant la pièce de sa neige blanche silencieuse. C'est Chanel, l'enfant qui a donné son nom à l'un des bateaux de déchargement de la Compagnie.
Dans une autre chambre, sans meubles, Mangan trouve des monceaux de vêtements, des revues, un sèche-cheveux. La chasse d'eau est en train de se remplir. Il y a encore des brins de marijuana dans la cuvette des waters.
Mangan retourne dans le salon. Pete et Ginny parlent en même temps.

— Bon, dit Mangan, calmez-vous un peu.

Le Pékinois aboie et la radio de Georges annonce de temps en temps des arrestations effectuées par les autres équipes.

— Nous sommes des officiers de police, dit Mangan à Ginny.

Puis, de peur de voir Pete se déplacer dans une pièce qui n'a pas été fouillée et où il y a peut-être des armes, il dit :

— Pete, viens t'asseoir ici.

Pete s'assied sur une commode en osier à côté du lit.

Georges, toujours revolver au poing, a disparu dans le fond de l'appartement.

— Et pourquoi est-ce qu'on m'arrête ?

La voix de Wagner, encore enrouée par le sommeil, a un petit ton plaintif du genre « non, ça va pas recommencer ».

Mangan prend un ton officiel.

— Nous avons un mandat fédéral délivré par un juge du Tribunal fédéral de première instance pour ton arrestation. Lorsque nous serons en ville, nous t'expliquerons tout. Tu auras un exemplaire du mandat et un de l'acte d'accusation. (Il sort une petite carte de la poche de son blazer.) Je vais te donner lecture de tes droits, comme nous l'avons déjà fait cent fois. Tu les connais déjà j'en suis sûr. Tu as le droit de garder le silence...

Lorsque Mangan en a terminé, Wagner dit :

— Qu'est-ce que...

— Est-ce que tu as bien compris tes droits, avant tout ?

— Oui.

— Bon. Tu as été inculpé par un jury d'accusation fédéral à Fort Lauderdale pour avoir mené ce qui s'appelle une activité criminelle continue. Cela concerne toutes les opérations de contrebande auxquelles tu as pris part depuis 1977 jusqu'à maintenant, toutes celles pour lesquelles tu ne t'es jamais fait prendre. Si tu es jugé coupable, c'est une peine obligatoire allant de dix ans à perpétuité sans condition. Voilà l'histoire. Y a-t-il quelqu'un d'autre dans la maison ?

— Ma fille. Je peux m'habiller ?

— On va pas t'emmener comme ça. Assieds-toi jusqu'à ce qu'on te fasse signe.

Mangan va faire un examen plus minutieux de l'appartement.

Wagner hoche la tête.

— J'ai rien fait de mal, absolument que dalle. Merde, c'est pas croyable, ce bordel ! J'ai enfin ma fille, j'essaie de vivre cette putain de vie et maintenant c'est le bordel. Qui y a d'autre à part moi ?

Ginny lui demande quelque chose à voix basse.

— Ils m'ont arrêté pour des trucs auxquels ils croient que j'ai été mêlé avant. Activités criminelles continues! Tu parles! Qu'est-ce que ça veut dire, cette loi?

— Activités criminelles continues, dit Ortenzo. Ça comprend tout, tout et le reste!

— C'est une accusation fédérale? demande Ginny.

— C'est pas le comté? dit Wagner.

— Vous êtes tous des fédéraux? fait-elle.

— Non, dit Pete, lui c'est Al Ortenzo.

Mangan revient. Pete lui dit :

— Je peux voir votre mandat?

— Non, c'est le marshal qui l'a. Tu auras un exemplaire.

Il prend un petit flacon en verre.

— C'est pour mon boulot, là où je travaille, dit Wagner.

— Je sais. Ça a toujours été ton boulot. Je le prends. C'est mon boulot. On est tous les deux dans le même business, mais chacun à un bout.

Georges revient, parle de la petite qui dort.

— Ouais, laissez ma fille tranquille s'il vous plaît. Elle a rien fait de mal. Moi non plus, je n'ai rien fait de mal.

— Pete, dit Mangan, t'en as fait un paquet, de mal. Seulement t'as encore jamais eu de procès pour tout ça. Ça va te donner l'occasion de faire le ménage. S'ils t'acquittent, t'as de grandes chances de ne plus jamais avoir de procès.

— Ouais, mais tant que je ne suis pas acquitté je reste en cabane sans pouvoir être libéré sous caution, c'est ça?

— T'as une caution de deux millions de dollars.

En fait, Lurana a recommandé un million.

— Deux millions de dollars?

— Oh, allez, Pete, ton avocat va... c'est ton pantalon? C'est celui-là que tu veux mettre?

Georges fouille les poches d'une paire de jeans. Ginny lui tend un polo beige.

— C'est ton portefeuille, Pete? demande Mangan.

— Ouais.

Avec ses menottes, Wagner a du mal à s'habiller. Il s'énerve.

— Pete, dit Mangan, ne te... tu sais, on ne te maltraite pas. Calme-toi un peu.

Il va au téléphone et appelle Lurana.

— Nous avons arrêté Pete.

Pete fait un pas. Al dit :

— Dis-moi où tu vas.

Mangan raccroche le téléphone, l'air tout à coup détendu et bavard. D'une voix mélodieuse et pleine de bonne volonté, il dit :
— Comme je t'ai dit, Pete, si tu es condamné pour ça, c'est dix ans à perpétuité. Mais écoute-moi bien. Si tu me trouves Donald Steinberg, je t'arrange quelque chose que ton avocat n'arrivera jamais à obtenir.
— Tu sais ce que tu peux en faire de ton marché ?
— Bon, d'accord. Je me disais seulement... enfin, tu as eu la possibilité, quoi.
— T'as déjà conclu un marché avec moi ?
— Oui, mais avant, tu ne t'es jamais retrouvé menacé d'une peine de dix ans à vie sans liberté sous condition.
— Ils avaient demandé trente ans contre moi.
— Oui, mais demandé, ça n'a rien à voir. Cette fois, c'est dix ans à vie. Cette loi n'offre pas la possibilité au juge de te condamner à moins que ça. Je balancerais ma grand-mère pour dix ans à perpétuité. Sans parler de Donald Steinberg.
— Tu t'appelles pas Pete Wagner non plus !
— Il t'a aidé la dernière fois pour ta caution d'un million de dollars ? Non ?
— Espèce de... où est mon portefeuille ?
— C'est moi qui l'ai. Il part avec moi.
— Je peux prendre un peu d'argent dedans pour lui laisser ?
— Tu pourras prendre tout ton argent une fois qu'on l'aura compté au poste. Elle peut venir là-bas.
Pete se tourne vers Ginny et lui dit d'appeler l'homme qui est garant pour sa caution.
— C'est reparti !
Puis il demande à Mangan :
— Est-ce que je peux dire au revoir à ma fille sans ces machins-là ?
Mangan hésite.
— Bon, fais vite.
Il dit à Georges d'enlever les menottes.
Georges déverrouille la menotte droite, commence la gauche, mais Wagner dit :
— Une seule suffit.
Il demande à Ginny d'aller chercher sa fille.
— C'est la première fois que je la vois depuis deux ans.
Ginny amène la fille de Pete dans ses bras et la tend à Wagner. Il tient l'enfant, qui regarde Ortenzo assis sur le bord du lit. Ortenzo pose la main sur son pistolet pour le cacher.
La petite fille se frotte les yeux. Wagner l'embrasse sur la joue.
— Voilà, ma chérie, dis au revoir à Papa maintenant. Papa va

travailler, d'accord ? Ça va ? Tu vas être gentille, hein ? (Il l'embrasse.) Retourne au lit maintenant, je viendrai te voir plus tard.

Ginny ramène la fillette dans sa chambre. La menotte se referme sur le poignet de Wagner. A Ginny, il dit :
— Tout ça, c'est parce qu'ils veulent Donald. Tout est là.
— Je t'aime, dit-elle.
— Je t'aime.

En entrant dans le poste de police de Coral Springs où on va prendre ses empreintes et sa photo avant de l'emmener à Fort Lauderdale, Wagner dit à Mangan :
— Ce que je veux savoir, c'est si je suis le seul cité dans l'acte d'accusation.
— Oooh, non. Tu es en bonne compagnie. Il y en a dix-sept autres.
— Y en a que je connais ?
— Tu dois tous les connaître.
Ortenzo dit :
— C'est le Jugement dernier !
— Qui d'autre est inculpé ?
— Eh bien Donald, évidemment, dit Mangan.
Wagner part d'un grand rire méprisant :
— Je vais te dire. S'il est là quand j'arrive, tu peux prendre les deux cent cinquante dollars qui sont dans mon portefeuille. Ça te va ?!
— Il a deux solutions, Pete. Soit il vient, soit il se cache pendant le restant de ses jours. Quoi qu'il fasse mon chèque de fin de mois restera le même. S'il veut se faire chier à aller en Colombie, dépenser son argent, payer ses rançons, à sa guise. Soit il fait ça, soit il va en prison. Moi, je m'en fous. Mais il ne vivra jamais comme un citoyen avec un boulot réglo.
— Il fait du bon boulot en ce moment même, Dick.
— Oh non, certainement pas. J'ai parlé à pas mal de gens. D'abord, son amie Carol est morte.
— Ouais, j'ai entendu parler de ça. La drogue ?
— C'était une crise cardiaque. Provoquée par la drogue.
— Ah oui ? C'était une gentille fille.
— Ouais, c'était une gentille fille. Mais il s'en sort pas si bien que ça. Après ça, il a été obligé de se tirer. La vie comme ça, c'est pas du gâteau !
Une fois entré au poste, Pete demande encore une fois qui d'autre est accusé.

— Tu auras une photocopie de l'acte d'accusation après ton coup de téléphone. Nous aimerions leur annoncer la nouvelle nous-mêmes. Ce n'est pas la peine de gâcher la surprise!

Ortenzo dit :

— On n'a laissé personne te faire la surprise, Pete. On n'avait pas envie d'aller te chercher jusque dans une église.

La dernière fois qu'Ortenzo avait arrêté Pete, c'était au baptême de sa fille.

— Quand on m'a dit que tu te mariais avec Ginny, dit Mangan, j'ai pensé qu'on pourrait aller au service et qu'au moment où ils diraient « est-ce que quelqu'un a une objection à ce mariage ? », j'aurais dit : « Ahhhh... ! »

— Sa famille à elle vous en aurait été reconnaissante à jamais.

— Non, Pete, je n'aurais pas fait ça. Je ne suis pas le genre à ça. Mais qu'est-ce que tu fabriques avec une Cadillac ? Je croyais que t'étais Mercedes ! Je n'aurais pas pensé que tu t'abaisses jusqu'à une vulgaire voiture américaine !

Une Mercedes avait été saisie chez Wagner après qu'Ortenzo et Mangan eurent fouillé son appartement. On la lui avait rendue par la suite.

— Je n'ai jamais eu de Mercedes.

— Et toutes celles... oh, excuse-moi, c'est ta femme Sue qui les avait achetées. J'espère qu'elle a déclaré à son percepteur d'où lui venait l'argent.

— Tu t'occupes du fisc aussi maintenant ?

— Hey, un agent fédéral s'occupe de tout. J'ai un type de l'IRS pour m'aider juste au cas où il y aurait quelque chose que j'ignore.

— Il faut avoir plus d'une corde à son arc pour te courir après, Pete, dit Ortenzo.

— Après moi ? Mais vous me prenez pour Al Capone ou quoi ?

— Parce que Donald est en cavale, dit Mangan, et que tu ne veux pas nous dire où il est.

— Ça c'est Don. Pete Wagner, c'est pas du tout la même chose.

— Pas de mon point de vue. Tant que j'ai pas Donald, c'est toi qui es le N° 1.

— Alors c'est moi le N° 1.

— Il faut bien que ce soit quelqu'un.

— Allez vous faire foutre. C'est pas pareil.

— Hey, écoute, je t'ai déjà dit. C'est Donald et Lynn qu'on cherche.

— Alors allez les chercher ! Qu'est-ce que vous foutez avec moi ? J'ai purgé ma peine, je viens de sortir de Raiford.

— C'est pas une peine, ça, Pete. Allez, c'est fédéral maintenant. Quand tu auras vu un endroit comme Atlanta, ça, c'est une peine!

— Merde. Je voudrais bien voir la moitié d'entre vous à Raiford!

— C'est bien pour ça qu'on a décidé de faire ce qu'on fait, et que toi tu as décidé de faire ce que tu fais. Nous, on veut pas y aller, à Raiford. Attends de voir Atlanta, ou Leavenworth, ou Lewisburg. Là!...

— J'ai bonne réputation en prison. Je ne baise personne. Je ne vole pas. Je peux aller dans n'importe quelle prison du monde. J'en ai rien à foutre. Donnez-moi une peine, je la fais. Je ne vais pas la faire avec une salope.

— T'es un type bien, Pete!

— Sans doute l'un des seuls parmi ceux que vous allez arrêter. Dans ce groupe, je vais être le seul à être condamné et à faire de la taule.

Il insinuait que les autres allaient parler, coopérer avec l'accusation et bénéficier de peines réduites.

— Ben y en a qui ont envie d'aller en prison et d'autres pas. Si je me faisais arrêter, il ne serait pas question que j'aille en prison si j'avais un moyen de l'éviter. Si y en a qui aime ça, très bien.

— C'est simplement que tu baratines tout le monde en leur disant que tu vas les aider s'ils te disent où se trouve Donald.

— Y a beaucoup de gens qui nous aident, et qui n'iront pas en prison. Ça les regarde.

— Si un mec comme moi accepte de t'aider et que tu me colles au trou, je suis mort.

— Mais je ne t'enverrai pas au trou.

— Tu viens de me dire y a pas une minute que ça dépendait pas de toi.

— On peut ajouter des inculpations ou en supprimer. Tant que tu ne te trouves pas devant la salle d'audience, tout est entre les mains du juge d'instruction. Et je ne demande pas de déposer. On a suffisamment de gens qui viendront déposer contre Donald. Je veux simplement lui mettre la main dessus. Tu peux repousser les propositions tant que c'est pas à toi que ça arrive, hein? Mais ne refuse pas tant que tu sais pas ce que c'est. A toi de voir. Si quelqu'un d'autre arrive avant toi, on n'aura plus besoin du renseignement. Premier arrivé, premier servi!

— Tu crois vraiment que Donald est assez bête pour dire à quelqu'un où il est?

— Probablement Reilly.

C'est l'avocat de la Compagnie à Chicago.

— C'est sûr. Reilly le sait. Donald n'a pas d'argent pour le payer.

— Oh, allez!

— Vous croyez toujours que tout baigne dans l'huile. Personne n'a de fric.

— Je sais. Les seuls à se faire du blé dans le coin, ce sont les fabricants de beepers et les avocats.

— Oh la la ! Je joue avec un jeu de cartes truqué aujourd'hui !

— Ça fait longtemps, Pete, que les cartes sont truquées. Tu crois pas que les gens du jury d'accusation t'on inculpé parce qu'ils savaient pas quoi faire hier ? Ça fait douze mois qu'ils entendent des dépositions.

— Qu'ils entendent des conneries, oui !

— Ils ne sont pas de cet avis.

Un flic vient placer Wagner devant un appareil photo. Mangan dit :

— T'es mignon avec la barbe, tu sais. C'est un nouveau look ?

Pete fixe le flic :

— T'attends que je fasse un sourire ou quoi ?

Le flash lance un éclair et Wagner va à la table d'empreintes digitales.

— Comment ça se fait que vous m'ayez amené ici ? C'est le poste de Coral Springs, hein ?

— On s'est dit que tous les postes du coin devraient bien te regarder, Pete, faire connaissance avec toi. Tu es du quartier, après tout, non ? Peut-être qu'un jour si tu te fais cambrioler, ils diront « Hey, c'est Pete Wagner qui appelle », et ils te feront un traitement de faveur.

— Dès que vous m'avez rendu cette Mercedes, j'ai su que vous alliez me faire chier et m'arrêter pour une chose ou une autre. Et d'abord, qui est-ce qui a piqué la radio, ça, je voudrais bien savoir !

— Ce que moi je veux savoir, c'est que je pensais qu'elle était pas à toi, cette Mercedes ?

— Non, c'est pas à moi.

Ortenzo dit :

— Puleo m'a chargé de te dire bonjour !

— Joe Puleo !

Il repère une caméra de circuit fermé dans un coin au plafond, se poste bien en face, se met la main sur le sexe et crie :

— Tiens, voilà pour toi, Joe Puleo !

— Il devait être là, dit Mangan en riant, mais il dit que tu l'as déjà assez empêché de dormir.

— Dis-lui que j'en ai autant à son service. Hey, Ortenzo, quand est-ce que je vais récupérer les photos et tous les trucs qu'ils ont piqués quand ils ont fouillé mon appart ?

— C'est pas nous qui avons pris tes affaires. Qu'est-ce que tu veux qu'on en fasse ? S'il te manquait cinq sacs en papier plein d'argent, je comprendrais que tu puisses penser qu'on les a pris, mais...

— Si j'avais *un* sac en papier plein d'argent, tu crois que je serais encore à Fort Lauderdale ?

Ortenzo et Mangan s'aperçoivent qu'ils ont laissé les affaires de Wagner à son appartement. Ils retournent les chercher en voiture avec Pete qui a mal compris et qui croit qu'ils vont chercher des produits interdits. Il dit :

— Si vous pensez que c'est encore là, vous êtes cinglés !

— Dans ce cas on sera obligés d'arrêter Ginny pour destruction d'objets appartenant au gouvernement.

— Si vous l'arrêtez, ma fille, qu'est-ce qu'elle va devenir ? Je vais vous coller un avocat au cul en vitesse moi.

— J'ai des avocats au cul depuis que j'ai commencé ce job. Les prisons sont pleines d'avocats.

— Ouais, mais là, c'est une gamine de trois ans.

— Elle restera pas longtemps en taule.

Ils prennent les affaires. Pete est assis derrière entre Mangan et Ortenzo. Il dit que les menottes sont trop serrées.

— Cesse de te plaindre, Pete. Tu me fends le cœur. Tu serais au fond d'un fourgon en compagnie d'une quinzaine d'ivrognes si on était à New York.

— Si, si, si... Si j'étais à New York, je serais dans un fourgon. Si je vous disais où est Donald, je serais en meilleure posture.

— C'est juste. Et si tu ne fais rien de tout ça, on va t'en faire baver avec cette affaire, et n'oublie pas : de dix ans à vie !

Georges a du mal à trouver son chemin.

— Comment on fait pour sortir d'ici ?

— Attends une minute, dit Wagner, que je voie où on est. C'est quelle rue, ça ? Ouais, tout droit.

C'est lui qui indique le chemin qui le mène en prison.

— Qu'est-ce qui est arrivé à Pandorf ?

— Dapper est bouclé. Il t'attend.

— Où est-ce qu'il était ?

— Chez lui.

— Alors, il a ce qu'il mérite. Qui d'autre ?

— Sharkman.

Il s'agit de Danny Mauk.

— Sharkman ! Au trou ?

— Ça va être comme au bon vieux temps !

— Ils ont tous une caution de deux millions de dollars ? Ou moi j'en ai plus que les autres hein ?

— Non, c'est pas toi qui as la plus grosse.

— Qui alors ?

— Donald, bien sûr. Et Lynn.

— Tourne à gauche, dit Wagner. Je vais te montrer un truc.

Un raccourci pour la prison ! Pete se plaint de l'heure trop matinale. Mangan dit qu'il a été forcé de se lever encore plus tôt que lui.

— Ouais, mais toi t'es payé pour ça, tandis que moi, c'est moi qui vais avoir à payer.

— T'appelles ça payé, ce qu'on fait ? Une misère, oui ! Tu vois ce type en T-shirt, là, il vient de commencer, il a même pas encore de quoi se payer un costard.

— Ça revient à dire que vous êtes vraiment cons. Si vous gagnez même pas de quoi vous saper, on se demande pourquoi vous bossez alors ?

— Ecoute, je serais le premier à reconnaître que je suis dans le bon business mais que je suis du mauvais côté. Et maintenant il est trop tard pour changer. Tu sais ce qu'ils nous feraient s'ils nous chopaient ? J'ai fait le mauvais choix. Le conseiller d'orientation à l'école m'avait pas prévenu. Un de ces jours je vais aller voir Donald pour lui dire : « Donald, toi et moi on va faire une équipe imbattable. »

— Il te répondra qu'il veut pas bosser avec quelqu'un qui a mis quatre ans à le trouver.

Ils rient tous comme de bons copains, dont un aurait les menottes aux poignets.

— Ça se peut, admet Mangan, c'est pour ça qu'il faut que tu m'aides à le dégoter en vitesse. Allez, Pete, c'est mauvais pour ma réputation !

— J'ai toujours pas vu de copie du mandat.

— Tu peux me croire sur parole. Je ne te mentirais pas pour un truc comme ça.

Georges ouvre la bouche pour la première fois.

— Tu crois qu'on se serait levés à quatre heures du matin si c'était pas vrai ?

— Si vous m'aviez appelé, je serais venu, dit Wagner.

— Ouais, mais c'est pas drôle ! dit Mangan. Tu te rends compte à quel point ça peut être ennuyeux de passer quatre ou cinq semaines sans faire ce qu'on a fait ce matin ?

— Bon, alors qui d'autre vous avez bouclé ? Shark, Dapper, ça fait pas lourd.

— Oui, mais on a Pete Wagner.

— Vous allez pas en parler aux journaux, hein ?

— Tu rigoles ? Ils sont tous là à nous attendre au palais de justice avec les caméras de la télé et tout.

— Je ne descends pas de cette bagnole, c'est tout.

— T'inquiète pas, on t'aidera. (Mangan a repris la voix qu'il avait au moment où il frappait à la porte de Pete.) Dès que tu cesseras de te conduire comme un gentleman, Pete, t'auras de nos nouvelles.

— Quand ils me prendront en photo...

— Je n'ai aucun pouvoir sur la presse. Je ne peux pas l'interdire. Si tu as un geste d'humeur, nous serons obligés de sévir. Il y a deux façons d'agir, d'accord ? Tant que tu te montreras coopératif, nous le serons aussi.

Wagner fait la grimace. Le héros du Vietnam. Le taulard qui en a vu de rudes.

— Ne m'amochez pas trop quand même les gars.

Ils sont à Fort Lauderdale à présent, le palais de justice n'est pas loin. Wagner dit :

— Qui est le juge ? Patty Kyle ?

— Tu connais Patty ?

La voix de Mangan se ravive. Il a hâte de savoir ce que Wagner sait de Kyle.

Wagner rit comme s'il connaissait quelque chose de croustillant à son sujet.

— J'aimerais bien voir Jim Reilly et Patty en même temps.

« Patty », très familier.

— Ils se connaissent bien ?

— J'en sais rien. Demandez-lui ! Mais où est le poste de police de Broward County ? J'ai mal aux poignets moi, avec vos menottes !

— On peut s'arrêter prendre un café et des doughnuts si tu veux.

— Oui, mais vous pouvez pas m'enlever les menottes.

— On te fera boire et manger. Dis-moi où est Donald.

— Ça vous coûtera beaucoup plus cher que du café et des doughnuts.

— Il faut commencer à marchander assez bas. J'ai pensé que ce serait pas mal de partir d'un café avec des doughnuts. Ensuite on peut monter. Un œuf au plat avec un petit pain ? Non ?

— La condition sine qua non est de me défaire ces menottes et d'ouvrir la porte.

— Mais je serais pas sûr que tu dis la vérité.

— Ouais, tu me gardes en cage, hein ? Et ensuite, une fois que t'auras mis l'autre derrière les barreaux, le Pete, t'en as plus rien à cirer !

— Oh non, tu mettras tout noir sur blanc, tu peux le donner à ton avocat, à l'avocat de ton choix. Je ne conseillerais pas Reilly. Je ne parlerais pas à Reilly de balancer Donald, il ne chercherait peut-être pas à te défendre le mieux possible après ça.

— Ils inculpent Reilly ?

— Je ne peux pas te le dire. Ce que fait le jury d'accusation est secret tant que ce n'est pas parvenu devant la cour.

— Alors, où tu crois qu'il est, Donald ? Tu sais même pas !
— Je crois qu'il était à Ventura en Californie.

Pete se tortille, se débat contre ses menottes. Il demande à Georges de mettre l'air conditionné. Georges tourne le bouton. Wagner dit :

— Vous feriez bien de faire votre boulot un peu mieux que ça. Vous auriez dû couvrir le balcon !

— C'est ce qu'on a fait, dit Mangan. Je leur ai seulement dit de tirer sur tout ce qui essaierait de sortir par le balcon.

— Tu aurais été dans un pétrin terrible !

— Bof, trois ou quatre jours à remplir des paperasseries supplémentaires, ce qui est très chiant je te le concède.

— Tu aurais eu beaucoup d'ennuis si tu avais fait ça. Un homme non armé !

— Tu ne serais pas sorti sans arme.

Pete rit.

Georges dit :

— C'est pour ça qu'ils m'ont fait venir, Pete. Personne ne sort !

— Je ne dis pas ça pour te vexer, Pete, ajoute Mangan, mais on dirait que tu te fais vieux.

— Hey, au mois de décembre, je courais tous les jours, je faisais vingt kilomètres.

— Oui, mais à quelle vitesse ?

— Premièrement, si je n'avais pas les menottes et que je me tire dans les bois, t'aurais été obligé de me tuer.

— D'accord, c'est un choix.

— C'est un choix des deux côtés.

— Ça nous aurait épargné les empreintes digitales. C'est le coroner qui les aurait prises.

— Tu vas m'enfermer avec les autres ?

— Ouais.

— J'ai une ou deux choses à dire à des types que j'ai pas vus depuis un bout de temps. Ça sera un très bon endroit pour les voir. Ils peuvent pas se tirer. Merde après tout, je vais me faire de dix ans à vie, je peux en profiter pour prendre trente jours non ? Ils sont sans doute en train de comploter contre moi en disant que je les ai donnés et que c'est comme ça que je suis sorti de taule.

— Ils croiront peut-être pas ce qu'on va leur dire.

Pete se remet à rire avec rage et mépris :

— T'es vraiment sympa, Dick !

— Je te fais marcher !

Wagner se tortille :

— J'ai des crampes dans les mains.

— Oh la la la la !

— Dis-moi, juste comme ça, qu'est-ce qu'elle a fait la nana de Sharkman quand vous êtes entrés ? Elle a dû faire dans son froc, hein ? Elle a flippé quand vous êtes allés le prendre ?

— Je ne sais pas. C'est pas nous qui y étions.

Ils arrivent au Palais et emmènent Wagner au sous-sol dans le bureau du marshal. Personne n'a la clé des menottes. Pendant qu'ils se mettent en quête d'une clé, Georges va chercher un café pour Wagner. Un officier arrive enfin avec une clé, et Wagner grogne de soulagement :

— Formidable, vous êtes le seul flic du comté qui ait une clé de menottes !

Mangan échange encore quelques mots avec Wagner puis le remet au marshal. Tandis que celui-ci conduit Wagner dans le corridor qui mène à la cellule, Georges lui lance :

— Hey, Pete, merci pour la danse !

Wagner lui fait un signe de la main et un sourire ironique :

— Tu vas être une star maintenant, petit ! Merci pour le café.

Pendant qu'il attend l'ascenseur pour monter au bureau de la DEA, Mangan me demande :

— Vous avez entendu ce que Pete vient de dire ? « Je ne vais pas retourner en taule pour Donald. Dès que j'aurai parlé à mon avocat, je veux vous voir seul à seul. »

Je n'avais pas entendu.

— Ça s'annonce bien.

— Oui oui oui. Il est amusant. C'est un personnage.

Le bureau de la DEA grouille de flics et d'agents. Les téléphones sonnent partout. Steve Green attrape Mangan.

— Voici justement l'homme que je cherchais. Tu as Boca Raton au téléphone. Ils veulent savoir qu'est-ce que Carmen Botiglieri a comme voiture.

Mangan prend l'appareil.

— Bill ? Bonjour, c'est Dick Mangan. C'est une Lincoln Continental noire, un ancien modèle. Un mètre quatre-vingts, quatre-vingts kilos, cheveux noirs frisés. Il a une femme et une fille de neuf ans, Northwest Seventh Court.

Sur l'un des bureaux se trouve un fusil à canon scié, trouvé chez Muscle Bill Liebow. Un riot gun Ithaca sans fût qu'on peut tirer d'une main. Ça fiche autant la trouille qu'un serpent à sonnette.

L'agent qui a effectué l'arrestation le prend :

— Joli, hein ? Il a plein d'armes et un méchant doberman. Le doberman m'inquiétait davantage. Il avait un fusil, une carabine à double canon, ce truc scié et un pistolet à côté de son lit sur sa table de nuit. J'ai l'impression qu'en Floride, la moitié des gens dorment avec un pistolet sur leur table de nuit.

Il est huit heures et quart et Mangan est pressé de reprendre la route. Il s'est réservé Ray Mendoza, mais s'il ne fait pas assez vite, il n'y aura plus personne. Ortenzo ne peut pas aller à Delray Beach alors Mangan prend un agent de la DEA nommé Tony Cammarato. Ancien inspecteur de New York qui a travaillé à Harlem, Cammarato est le sosie d'Harpo Marx, cheveux courts blonds, frisés, grand nez, sourire expressif.

Mangan s'arrête prendre un officier en uniforme au poste annexe de Delray Beach et un sergent bedonnant d'une cinquantaine d'années qui dit :

— Il va sortir facilement ? Il faut prendre des armes automatiques ?

Mangan lui donne l'assurance qu'ils ne s'attendent pas à avoir des difficultés telles qu'elles ne puissent être réglées au moyen d'armes traditionnelles.

Ray Mendoza est un Latin, il a eu affaire aux fournisseurs colombiens à Miami, et Bob Straus a dit qu'il était capable d'être violent.

En tournant pour prendre la route qui mène à la maison, Mangan dit à Georges que Mendoza a plusieurs bâtiments séparés qui peuvent contenir de la marijuana.

— Il y aura des gens dedans ?

— Je ne pense pas. Ce sont seulement des baraques. Mais fais comme s'il pouvait y avoir quelqu'un quand même.

Le bâtiment principal se trouve à cinquante mètres derrière une barrière en bois avec un portail flanqué de deux piliers en pierre d'un mètre vingt de haut et surmontés d'ananas en ciment. Suivi d'une voiture de police blanche, Georges prend l'allée jusqu'à la porte d'entrée.

Dès que la voiture est arrêtée, Georges court à l'arrière de la maison. Cammarato, l'arme à la main, suit Mangan jusqu'à la porte. Mangan laisse son revolver dans sa gaine. Il frappe à la porte.

Une jeune femme en pantalon blanc et chemisier arc-en-ciel entrouvre la porte.

— Mrs. Mendoza ?

Elle fait un signe affirmatif de la tête, sur ses gardes.

Mangan sort sa plaque :

— Je suis l'agent de police Mangan. Est-ce que Ray est là ?

— Oui, il est là.

— J'aimerais le voir, s'il vous plaît. Nous avons un mandat d'arrêt contre lui.

Elle hésite et Mangan pénètre en passant devant elle dans un grand salon vide où un petit garçon de trois ans avec un homme et une femme âgés sont assis sur un canapé devant une cheminée en pierre.

— Hé là ! proteste-t-elle en le poursuivant dans la pièce.

Ray Mendoza n'est pas dans la pièce. Mangan se dit qu'il est sûrement dans une autre partie de la maison en train de chercher une arme.

— Où est-il ?

La voix de Mangan est pressante, impatiente.

— Mais je ne veux pas que vous...

— Où est Ray ? Dites-moi simplement où il est.

— Il est dans notre chambre, mais il est...

— Où est-ce ?

— ... il est en train de prendre sa douche.

Mangan se précipite vers une porte.

— Attendez une minute. (La femme est en colère à présent, elle crie. Mais pourquoi donc ces types font-ils irruption chez elle comme ça ?) Je vais vous l'appeler.

— Dites-moi juste où il est.

Un homme en slip blanc apparaît dans l'encadrement d'une porte. Il est costaud, a des cheveux noirs frisés et une moustache noire.

— Ray Mendoza ?

— Ouais, fait-il avec un grand sourire comme s'il accueillait des invités.

— Police ! Nous avons un mandat d'arrêt contre vous. Ministère de la Justice. Montrez-nous les vêtements que vous allez mettre pour que j'y jette un coup d'œil d'abord.

— Okay, mais...

Il fait un clin d'œil à Cammarato comme s'il le connaissait depuis des années.

Cammarato dit :

— Je vais vous lire vos droits.

— Pas de problème, pas de problème mon vieux !

Il prend la main de Cammarato et la serre en faisant le pitre :

— Je connais mes droits.

— Je veux vous les lire. Comprenez-vous que vous avez le droit de garder le silence ?

— Oui, m'sieur, je comprends.

Il fait des clins d'œil, des singeries. On ne dirait jamais que c'est un homme sur le chemin de la prison.

— Vous comprenez, continue Cammarato, que vous avez le droit de parler à...

— Mon beau-père est...

La femme de Mendoza est hystérique, ou bien elle fait semblant.

— ... de parler à un avocat avant que nous vous posions...

— ... en train de faire une crise cardiaque, et c'est votre, c'est de...

— ... des questions.

— ... de *votre faute*.

— Nous avons un mandat d'arrêt contre cet homme, dit Mangan à la femme en essayant de la calmer pendant que Cammarato continue avec Mendoza, et c'est comme ça que l'on procède.

— Mon mari n'est pas un criminel !

Imperturbable, Cammarato continue :

— Si toutefois vous décidez de répondre sans votre avocat...

— Excusez-moi, hurle sa femme, j'ai dit que vous étiez responsable si mon beau-père...

— Vous conservez le droit d'interrompre l'interrogatoire à tout moment.

— Mon beau-père...

— Je sais, je sais, monsieur l'officier, dit Mendoza sans prêter attention à son épouse. Je sais tout ça. (Il appelle quelqu'un dans une autre pièce.) Où est mon père ?

Cammarato dit :

— Dites-lui que ce n'est rien.

— Je sais que ce n'est rien, monsieur l'officier, mais c'est juste la façon dont vous... (Il trouve son père dans une autre pièce.) Calme-toi, calme-toi.

— C'est que nous nous préoccupons de notre sécurité, explique Cammarato.

Mendoza lui adresse un sourire qui est soit chaleureux à la manière des méridionaux, soit provoquant.

— Prends un siège, frisé.

Pour ne pas envenimer la situation et passer de la confusion au chaos, Cammarato ignore le sourire et l'épithète :

— Je dois rester un moment avec vous pendant que vous vous habillez.

Mendoza, sympathisant avec Cammarato, réplique :

— Mais tu peux même *vivre* avec moi, vieux, si ça te...

— Qu'est-ce que vous voulez ? demande Cammarato. Qu'est-ce que vous voulez mettre ?

Il lui tend une paire de jeans.

La femme âgée, prenant le relais de Mrs. Mendoza qui est en train d'essayer de retrouver sa respiration, intervient :

— Mais je viens de le laver, celui-ci !

— C'est ma maman, dit Mendoza à Cammarato qui est en train de trier les vêtements comme un valet de chambre.

Mangan, qui vient d'aller faire un tour dans la maison pour vérifier s'il y avait d'autres personnes ou des objets illicites en évidence, essaie de donner un coup de main à Cammarato.

— C'est ça que vous voulez mettre ?

Mendoza n'arrive pas à se décider.

— On se fiche de ce que tu mets, dit Cammarato, c'est comme tu veux !

— La chemise marron ? suggère la mère.

Mendoza décide de remettre l'habillage carrément à plus tard :

— Attendez une minute. Je vais commencer par passer mes coups de téléphone.

— Habillez-vous d'abord, hein ? dit Cammarato.

Georges fait irruption. Il vient de derrière la maison, et tient un homme :

— Où est Dick ? Hey, Dick, regarde ce que j'ai trouvé derrière !

Mangan revient en courant dans le salon :

— Qu'est-ce qui se passe ?

— Il était dans une voiture.

L'homme cherche une carte d'identité dans son portefeuille. Mendoza, toujours torse nu, dit qu'il le connaît.

— Vous avez une chemise ? dit Mangan, cessant de s'intéresser à la découverte de Georges.

— C'est pour qui, le mandat ? demande Mendoza en continuant à plaisanter.

— Vous avez une chemise, Ray ?

— Ouais, ça m'arrive d'en mettre une !

— Est-ce qu'on vous a donné lecture de vos droits ?

— Ouais. Demandez-moi tout ce que vous voulez. Je peux parler aussi vite que vous écrivez. Allez, notez, mon vieux.

Il rit, un long grincement aigu sorti tout droit d'un combat de coqs de Tijuana.

— Où est-ce que vous l'emmenez ? demande la femme, qui avait retrouvé sa respiration.

— T'inquiète pas, dit Mendoza.

— Chéri ! dit-elle en criant après lui aussi.

— Dans les locaux fédéraux de Fort Lauderdale, répond Mangan.

— La première chose que je veux que tu fasses, dit Mendoza à sa femme, c'est d'appeler Mr. Reilly. (Elle continue à hurler.) Chérie, chérie, calme-toi, calme-toi. Y a pas de quoi s'affoler ; mais fais-le maintenant, parce que je veux être encore là et je sais que je n'ai plus que deux minutes.

— Je vais chercher vos chaussures, dit Cammarato le valet.

— Je vais les prendre. Attendez...

— Ecoutez-moi, dit Cammarato, vous passerez vos coups de fil plus tard. Vous n'allez appeler personne maintenant.

— Mais il a le droit de passer un coup de téléphone.

La voix de la femme est hargneuse, exigeante, il y a de quoi plaindre Mendoza.

— Il téléphonera, mais pas tout de suite.

— Pourquoi pas?

— Parce qu'il est en état d'arrestation.

— Chérie...

Mendoza est du côté des agents.

— Et moi, je peux appeler, non? dit-elle.

— Vous pouvez téléphoner autant que vous voulez, dit Cammarato.

Elle tourne les talons d'un air furieux et passe dans une autre pièce. Mendoza la rappelle :

— Appelle Reilly tout de suite! Appelle-le immédiatement!

— Vous avez des chaussures? demande Cammarato.

Mendoza fait traîner en longueur, il essaie de ne pas partir avant que sa femme ait eu Reilly au téléphone.

— Oui monsieur, j'ai des chaussures.

— Allez chercher vos chaussures et filons d'ici.

— Chériiie! Tu appelles?

— Vos chaussures sont dans la chambre? demande Mangan.

— Ma sœur va aller les chercher. Chéériiiie! Tu as Rei...

On ne voit pas sa femme qui est dans une autre pièce, en train de hurler :

— Chéri!

Mendoza appelle :

— Tu vas te calmer, oui? Appelle Mr. Reilly immédiatement, à Chicago.

La radio du flic en uniforme lance un message. Il est en train de vérifier l'identité du type qu'on a trouvé derrière.

— Allez, Ray, ordonne Mangan.

— Juste une minute, il me faut une ceinture aussi, mon vieux. Tu veux pas que j'ai l'air super sur la photo?

Il repart de son rire grinçant. Comme tout ça est drôle!

— Vous n'avez pas besoin de ceinture. Allez, elle va appeler.

— Laissez-moi me donner un coup de peigne, quand même.

— Allons-y, dit Mangan qui perd patience.

Georges passe les menottes à Mendoza.

— Amenez-moi un peigne, crie Mendoza à la maisonnée. Et une casquette ! Allez, apportez-moi une casquette, quoi !

— Vous n'avez pas besoin de casquette, dit Cammarato. Allons-y, partons.

Dans la voiture, les portières fermées, serré contre l'épaule de Mangan, il crie encore à sa femme qui lui a apporté une casquette :

— Hey, appelle au bureau, d'accord ? Dis à Mr. Reilly de prendre un avion tout de suite pour venir ici. Je voudrais bien savoir ce qui se passe !

Mangan met une intonation narquoise dans sa voix et dit :

— Mr. Reilly de Chicago ?

— Ouais, c'est ça.

Mendoza rit, aussi joyeux que s'ils partaient tous pour aller aux courses.

— Reilly a bien trop de clients dont il va avoir à s'occuper, dit Mangan en riant avec lui.

— Tu parles ! Mets-moi ma casquette !

Mangan lui met sa casquette.

— Désolé d'avoir perturbé votre femme, dit Cammarato, nous faisons toujours très attention aux armes. Je pense qu'elle n'a pas bien compris ça.

— Il y a des gens qui se sont retrouvés dans leur tombe parce qu'ils n'ont pas fait assez attention. Je préfère être obligé de m'excuser plutôt que de m'apercevoir que le type m'a bluffé. Je ne suis pas assez bien payé pour ça. Si j'étais payé plus, ça me serait égal.

— Vous avez déjà été arrêté ? demande Cammarato. Et c'est toujours comme ça ?

— C'est la première fois que j'ai des ennuis.

— Et à Chicago, la fois où...

— Je ne pensais pas que vous...

— Vous voyez, hein ? dit Mangan, vous voyez, hein ? On va être amis, hein ?

— On est amis.

— Et maintenant je vois que vous me mentez.

Mendoza rugit.

— Hey, vieux, je suis un mec super gonflé. Je vous le dis tout de suite. Je ne veux même pas vous parler, okay ?

— Okay, fait Mangan avec une moue, je reprends mes jouets et je rentre à la maison.

— Merde ! hurle Mendoza.

— Chuttt ! fait Cammarato, criez pas si fort !

— Hey ! c'est comme ça que je parle, moi, mon vieux.
— Allons, soyons gentils, d'accord ?
— Ecoute, frisé, c'est comme ça que je cause, c'est tout.
— Hey, Ray ? dit Mangan.
— Ouais !
— Vous êtes dans une voiture avec des flics bien élevés, et...
— Je sais, et ils...
— Tant que...
— ... peuvent me tirer dessus et me balancer du haut du pont.
— ... vous vous conduirez bien...
— Je me conduirai bien.
— C'est ça, dit Cammarato qui a l'air de souhaiter retourner à Harlem.

Mendoza se démène contre ses menottes.

— Restez donc assis tranquille sans bouger, dit Mangan. Si vous remuez, elles vont s'emmêler sur vos mains.

Mangan laisse Mendoza blaguer avec lui, l'encourage même, cherche à détendre la situation et attend le moment propice pour dire :

— Sérieusement, Ray, je vais vous proposer un arrangement.
— De la merde !
— Non, sérieusement, écoutez ce que je vais vous dire. Je vous protège si vous me dites où est Donald Steinberg.

Pour la première fois depuis le moment où il est sorti de sa chambre, Mendoza se tait.

— Vous savez pas où il est ? dit Mangan.
— C'est ça, je sais pas où il est.
— Okay, dit Mangan, si vous êtes libéré sous caution et que vous rencontrez quelqu'un qui sait où il se trouve, passez-moi un coup de fil et je saurai prendre soin de vous.
— Je sais que c'est lui que vous cherchez. Je sais, vous essayez de me sortir les vers du nez.
— N'empêche que le jury d'accusation vous a inculpé vous, pas seulement lui. Mais c'est sûr que je renoncerais à vous pour lui. Ce serait un bon troc, non ? Alors, souvenez-vous en.
— Vous proposez le même deal à tous ceux que vous serrez ?
— Exact. Alors, le premier qui arrivera, dès qu'il frappe à la porte, elle s'ouvrira pour lui. Et ensuite, la porte se refermera. (Mangan laisse Mendoza méditer là-dessus et ajoute :) ça fait combien de temps que vous vivez là ? Vous n'avez pas de meubles dans le salon ?
— J'ai pas assez d'argent. Si j'en avais eu, du blé...
— Houuu !
— Rigolez pas, j'ai démarré à zéro, moi, c'est pas comme Bones.

Steinberg est tellement maigre que ses amis l'appellent Bones (les os).

— C'est Bones qui a fait tout le fric, dit Mangan.

— Je sais.

— Il ne paie personne. Maintenant il se cache. Il a une bande d'amis qui vous attendent à la prison.

— Vous me faites marcher ?

— Pete Wagner, Danny Mauck, Sharky, Muscle Bill, Dapper.

— Ils vous attendent, répète Cammarato. Ils ont mis le champagne au frais. Où est Ray ? se disent-ils.

— Maintenant tout ce qu'il nous reste à faire est un échange de bons procédés, dit Mangan. Vous n'avez pas envie d'aller en prison pour cet espèce de sac d'os !

— Hey, sans déconner, y a aucune raison pour que j'aille en prison, ni moi ni les autres, mon vieux.

— Vous n'êtes qu'un honnête homme d'affaires.

— Oui, officier, oui, monsieur. Il se met à chanter : « Oh Lord, please don't let me be misunderstoood... » Vous êtes d'où ?

— Washington, dit Mangan. J'ai fait tout le chemin rien que pour vous.

— Sans blague ?

— Pour vous et Bones. Vous avez déjà regardé ce vieux feuilleton à la télé sur le FBI ? Quand il y avait une affaire importante, l'inspecteur Erskine prenait l'avion de Washington jusqu'à... où c'était déjà ?

Mendoza rit.

— Appelez-moi Erskine !

Ils gardent le silence pendant une minute. La radio est allumée, c'est le flash d'informations, mais il n'y a rien encore au sujet des arrestations.

— Si jamais vous avez envie de parler, dit Mangan, c'est bon. Votre femme va dire à Bones que les fédés le cherchent. Alors il reviendra pas.

— Ce con va finir au Venezuela. Enlevez-moi ces saloperies !

— On ne peut pas, dit Cammarato. C'est la consigne. On aimerait bien, mais on ne peut pas.

Mendoza demande comment ça se fait que ce soit Mangan qui soit venu l'arrêter.

— Ils m'ont dit que puisque j'étais de Washington, j'avais le choix, alors j'ai dit que je voulais le gros, c'est-à-dire Ray.

— Vous pensiez qu'il y aurait de la bagarre ou quelque chose, hein ?

— Nooon ! Tout le monde vous aime bien. Vous parlez bien

espagnol à ce qu'on dit. C'est ce que disent tous ces capitaines de cargos colombiens. Un espagnol parfait.

— Allez vous faire foutre, j'ai jamais mis les pieds sur un bateau de ma vie.

— J'ai parlé à Bones quand on l'a arrêté la dernière fois, avant qu'il file. Il a dit : « je n'aurais jamais pu mener cette opération à bien si je n'avais pas eu... »

— Allez vous faire fouuutre !

Ça ressemblait à une corne de brume soprano.

— « ... si je n'avais pas eu Ray. »

— Ouuutre ! continuait-il de sa voix la plus aiguë.

— Il a dit : « Ces connards de Colombiens, je comprenais pas ce qu'ils disaient. Ray s'est toujours très bien occupé d'eux. » C'est pas moi qui le dis, c'est Bones !

— Je suis un homme d'affaires.

— Je sais, dit Cammarato.

— Tu sais depuis combien de temps je travaille, frisé ?

— Vous êtes plus frisé que lui, dit Mangan.

— Ta gueule, il est plus frisé que moi. Pardon, ajoute-t-il, pensant qu'il est peut-être allé trop loin.

— Vous pouvez me dire d'aller me faire enculer, dit Mangan en riant. Ça ne me dérange pas. Je suis cool. Tous mes amis le disent.

— C'est vrai, vous savez. C'est pareil pour moi. Tous mes amis, les gens que je connais, c'est comme s'ils disaient « mon pote ». « Salut, Ray, va te faire foutre ! »

— C'est plutôt *officier* qui me plaît pas.

— Ça vous plaît pas, officier ?

— Agent.

— Bon, agent !

— Les fédés, vous savez, avant j'étais local, mais maintenant je sors. J'ai pas envie de faire marche arrière.

Mendoza demande de combien sera la caution. Mangan lui dit qu'elle est fixée à un demi-million pour lui.

— Montez, montez, deux millions, quatre millions. Je sortirai jamais, sergent !

— Sergent ? Bon, enfin, c'est mieux qu'officier. Ça ira, vous verrez, vous n'allez pas tarder à me dire où se cache Bones et vous sortirez.

— Et merde ! Si je savais où il était, Bones, mon vieux...

— Vous n'auriez même pas eu besoin de sortir de chez vous, hein ? Vous auriez conclu le marché tout de suite sur place.

Tout le monde se tait. A la radio, le journaliste parle du budget de la défense de Reagan et du soutien soviétique au Nicaragua.

Ils arrivent au centre de détention et Mendoza est conduit dans une cellule, il chante.

De retour en haut dans le bureau de la DEA, Mangan demande :
— Qui est-ce qui nous manque ? Qu'est-ce qui se passe pour Mark Gallagher ?

Mike Dutko est là, il ressemble à un flic de la télé avec ses Ray-Ban et sa gaine à revolver sous son blouson bleu. Il dit qu'il est encore sur Mark Gallagher, qu'il essaie de retrouver sa trace grâce à des notes d'électricité.
— Et Pete, qu'est-ce qu'il avait à dire ?
— Qu'est-ce qu'il avait *pas* à dire plutôt. Il n'a pas arrêté de parler depuis l'instant où nous sommes entrés dans son appartement jusqu'à ce qu'on arrive dans le bureau du marshal.

Mangan se tourne vers Steve Greene, qui mâche du chewing-gum et un cure-dents.
— Vous avez eu Lynn Mizer ?
— Non.
— Il n'était pas chez lui ? Et Linda, sa femme ?
— La femme, trois sœurs, deux mecs, il y avait plein de monde. La femme n'y a pas été de main morte : « Je le connais plus, ce con, j'ai demandé le divorce, ça fait des années que je l'ai pas vu, il n'est pas là. » Il y avait une fille là-dedans qui avait la plus grosse paire de seins que j'aie jamais vue, ils devaient être aussi gros que la tête de Mad Dog. La seule qui nous ait vraiment emmerdés, c'était la femme de Mizer. Elle connaît pas mal de choses en droit et nous a dit de sortir de son salon. On s'est laissé marcher sur les pieds un peu plus que je ne le supporte d'habitude, mais il y avait tous ces gens là-dedans. Quand on est arrivés, il y avait six voitures devant la maison. Le type en uniforme nous dit qu'il a deux gars juste au coin qui cherchent quelque chose à faire. On les appelle. Il y avait tellement de monde que j'hésitais un peu à lui fermer sa grande gueule et à lui dire qu'on allait fouiller la maison de toute façon. Un endroit très joli, une opération de classe.

Dutko dit :
— Faut que je retourne au boulot.

Il parle de son travail à lui, à l'OCB.
— Tu veux dire, lance Mangan, que tu as l'intention de sortir d'ici et de laisser courir Gallagher ? Mais ton boulot ici n'est pas fini, Mike !
— Je le trouverai.
— On n'a qu'à larguer les amarres.
— C'est ce que j'ai dit, laisse dériver le bateau.

Mad Dog Salisbury m'explique comment on peut fendre l'extrémité d'une ceinture pour y glisser une paire de menottes jetables.

— On l'enfile dedans, faut faire tout le tour. Comme ça, on a toujours une paire de menottes sur soi.

— Pas bête !

— Ouais ! J'ai mon pétard juste là.

— Votre pétard ? Votre flingue ?

Je pensais que le seul endroit où on pouvait entendre le mot pétard était dans les ciné-clubs où on passe des films de gangsters des années quarante.

— La clé dans la serrure, hein, Jim ?

Il lui tend une paire de menottes, en nickel celles-ci.

— Tu me demandes ?

— La clé sur la serrure, toujours. Le pouce sur la clé. C'est ça ?

— Comment je peux savoir, moi ?

— C'est pas ça qu'on vous dit, aux flics ?

— J'ai jamais entendu ça nulle part.

— C'est pour ça que Mangan avait mis les menottes au type à l'envers. Si tu suis cette consigne, le trou sera jamais à l'intérieur. D'accord ? Tiens, comme ça. La main gauche d'abord. Le pouce sur le trou. A l'école Treasury, j'ai enseigné les techniques d'arrestations. Question menottes, j'ai dû en mettre cinq mille.

Quelqu'un tend à Mangan une fiche jaune de message téléphoné. L'appel venait de Kevin Callanan à Chicago : « James Bell est arrêté. »

7

— Police ! Ouvrez la porte s'il vous plaît !

Mangan et Steve Greene sont devant la porte d'entrée de la maison de Carmen Botiglieri. Les agents qui s'y étaient rendus à six heures du matin ne l'avaient pas trouvé. Ayant vu Botiglieri sur sa pelouse il y a moins d'une semaine, Mangan se sent responsable.

La jeune et jolie femme de Botiglieri ouvre la porte. Elle a un short en jean coupé, et il y a une autre fille en bikini. Mangan et Greene entrent.

— Nous cherchons Carmen.

— Il n'est pas là.

Elle a l'air futée, et ne semble surprise ni de la visite ni de la question.

— Ça vous ennuie si je jette un coup d'œil ?

Sans attendre la réponse, Mangan pénètre dans le salon. Derrière le canapé, il y a deux talkies-walkies professionnels dans des chargeurs. Par derrière, il trouve une piscine protégée qui ressemble tout à fait à celle de chez Pandorf. Lorsqu'il retourne dans le salon, la fille en bikini dit d'un air sarcastique :

— Vous n'avez pas regardé dans le garage !
— Vous avez un mandat ? demande la femme. Faites voir !

Elle est encore plus méprisante que son amie.

Je ne l'ai pas sur moi, je n'en ai pas besoin. Vous allez être obligée de me croire sur parole, madame. La voiture n'est pas là. Où est-elle ?

Il avait donc regardé dans le garage.

— Je n'ai aucune idée.
— Quand l'avez-vous vu pour la dernière fois ?
— Heu... attendez...
— Dites la vérité.
— Hier, je crois que je l'ai vu hier. Il m'a dit qu'il allait s'absenter quelques jours.
— Il ne vous a pas laissé un numéro de téléphone où le joindre ?
— Non, bien sûr que non.
— Si jamais il appelait...
— Je transmettrais.
— Bien. Nous le recherchons, nous avons un mandat, nous allons regarder dans la maison, et vous ne voulez pas être dérangée. Nous allons inspecter toute la Boca Academy pour voir s'il ne va pas chercher sa fille, alors...
— Bon, ça m'est égal.
— ... alors ce n'est pas agréable pour votre fille, ni pour son école ni pour nous. Vous savez, tout le truc, quoi ! Hein ?
— Je comprends. Je ne l'ai pas vu. Si je le vois je lui dirai. Qu'est-ce que vous me voulez ?
— Nous voulons votre mari.

Quand Mangan rentre à la DEA, Mike Dutko est là avec Mark Gallagher.

— Ecoute, Mike, dit Mangan, il y a un ou deux types à Chicago qu'ils ont l'air d'avoir du mal à trouver. Tu pourrais...
— Je pars dans une heure, dit Dutko.

Lui et Gus Cox, l'agent femme de la DEA, avaient trouvé l'adresse de Gallagher, mais il n'y avait personne. Ils ont laissé un numéro de téléphone de l'OCB à une voisine. Ça ne faisait pas cinq minutes que Dutko était rentré dans son bureau que celle-ci appelait. Gallagher fut arrêté alors qu'il était assis sur sa terrasse en train de boire de la bière avec sa mère.

— C'est le type dont je vous parlais, Mark. Dick Mangan.

Gallagher ne parle pas. Il est très mince, il a des cheveux noirs et une moustache blonde. Ses vêtements sont chiffonnés et il a l'air triste. Depuis l'*Euphoric*, les choses n'ont pas cessé d'aller de plus en plus mal. Dutko a un fusil à canon court et deux pistolets automatiques dans des étuis en cuir noir que Gus et lui ont trouvés chez Gallagher.

Une secrétaire tend à Mangan un message téléphoné en provenance de San Diego : « Eric Emmerich arrêté. »

Kevin Callanan appelle de Chicago :

— Tu l'as ? demande Mangan. Où est-il ? Formidable.

Il raccroche et dit :

— Kevin pense qu'ils ont trouvé Rene Larsen à Carpentersville. Ils partent à sa recherche.

Cet après-midi, Lurana est au tribunal, elle assiste à l'effondrement des cautions qu'elle a recommandées. Patty Kyle, boucles d'oreilles en or sous ses cheveux blond clair retenus par des peignes, pose des questions à Ray Mendoza. Il lui dit qu'il a des actions dans un atelier de confection de Fort Lauderdale et que sa famille avait possédé une épicerie près de Chicago. Elle ne tient pas compte du demi-million suggéré par Lurana et fixe la caution à 135 000 dollars. Wagner, pour qui la somme recommandée était d'un million, propose 50 000 dollars plus la maison de ses parents, et retourne chez lui près de Ginny et de sa petite fille de trois ans.

Les journaux et la télévision appellent le cabinet du procureur. Mangan est dans son bureau et décroche.

— Et ce merdier consistant à recommander des sommes pour les cautions est une perte de temps, dit-il. Kyle suit la réforme d'après laquelle, pour demander une caution élevée, il faut qu'il y ait menace envers la communauté ou une forte probabilité de tentative de fuite de la part de l'accusé. Or, Wagner s'est toujours présenté devant la cour.

— Mais il ne s'est jamais vu menacé d'une peine de prison à vie, dis-je.

— Ça ne compte pas.

Il appelle Eastern Airlines et réserve une place dans un avion partant vendredi pour Washington.

Sur les dix-huit personnes citées dans l'acte d'accusation, dix sont sous les verrous. D'autres le seront peut-être dans les jours à venir, mais certaines, comme Donald Steinberg et Lynn Mizer, devront être pourchassées. Mais pour le moment, la tension se relâche. Mangan va finalement pouvoir assister à sa réception.

Au cours de la journée des arrestations, j'ai réussi à trouver un moment, au milieu de toute la confusion, pour appeler Dennis Dayle, sachant qu'il n'aurait pas encore reçu de rapport.

— Ce jeune homme débonnaire qu'est Monsieur Wagner avait-il quelque chose d'intéressant à dire ?

— Il n'a pas arrêté de bavasser pendant une heure et demie.

— Eh bien, il nous est arrivé en mentant et il nous a quittés en mentant.

— Mendoza n'a pas cessé de hurler à sa femme d'appeler Chicago, de joindre Mr. Reilly.

— Elle n'avait peut-être pas besoin d'appeler Chicago. Elle aurait peut-être pu se contenter d'appeler Fort Lauderdale chez le magistrat pour le trouver.

Je lui demandai quelles étaient les chances pour que d'autres membres de l'organisation Steinberg soient cités dans un second acte d'accusation. La réponse de Mangan avait été : « Très faibles. »

— J'ai toujours dit que cela serait la première percée, un acte d'accusation préliminaire sur lequel devraient se baser les suivants, parce que certains accusés verraient où est la vérité et nous permettraient d'avancer sur d'autres échelons. Je ne me serais jamais contenté de ce nombre d'accusés, parce que ce dont il est question, c'est de démanteler un groupe entier. Et qui est très étendu. Je parle des contacts à l'étranger, du mécanisme dans son ensemble, de A à Z.

— Pensez-vous que Wagner sache où se trouve Donald ?

— J'ignore s'il le sait, mais je sais qu'il pourrait le savoir. En ce qui concerne Donald, Pete n'a jamais cherché à sauver ses billes. Il est un membre fidèle, et en ce moment même, si j'ai bien cerné son personnage du point de vue psychologique, Donald est stressé et doit chercher des confidents. Il a besoin de quelqu'un à qui parler. Son orgueil l'exige, ainsi que son sens de la sécurité. Il est très inquiet pour son avenir.

CHAPITRE TROIS

1

Mangan l'avait dit. « Donald se fait difficile à trouver. » Deux semaines ont passé depuis les arrestations, et bon nombre de pistes n'ont mené nulle part. Rex McMillan, le coureur de moto-cross qui était allé voir l'inspectrice du coroner Margot Martin, avait épluché les notes de téléphone de la maison de Ventura où avaient vécu Donald et Carol, et à Chicago, Kevin Callanan avait examiné les factures de maisons de la Fox River en rapport avec Jimmy Bell, Cocaine Johnny et d'autres amis de Steinberg. Ces recherches n'avaient abouti à rien quant aux coordonnées actuelles de Steinberg.

En fouillant dans les dossiers de l'Ireland's Inn, Lurana avait découvert que, sur les centaines de coups de téléphone qui avaient été donnés depuis les chambres perquisitionnées, deux avaient été adressés à Durango, au Colorado, là d'où venait le chèque encaissé par Pinkie. L'un des numéros correspondait à quelque chose appelé le Colorado Trails Ranch, l'autre au téléphone public de la station-service H&L Shell. Mais ces appels remontaient à plus d'un an et demi, et cela ne pouvait rien donner non plus de ce côté-là.

Alan Arruda dit à Mangan que Donald l'avait appelé en utilisant un autre numéro vert de beeper. Arruda dit que Donald avait mis trois dollars quatre-vingt-cinq dans le téléphone de la cabine d'où il appelait. Le directeur de la sécurité de la Floride du Sud de la Southern Bell dit à Mangan que cette somme correspondait à une conversation de trois minutes depuis la Californie. Il lui dit aussi que si Mangan pouvait avoir la date et l'heure exactes à laquelle Donald avait appelé Arruda ou le numéro vert, la Pacific Bell de Los Angeles pourrait déterminer d'où venait l'appel. Naturellement, ce serait un téléphone public, mais au moins, cela indiquerait la ville dans laquelle il se trouvait.

Arruda dit aussi que Donald lui avait annoncé qu'il avait changé d'apparence et ne mettait plus que des costumes trois-pièces.

— Tu me reconnaîtrais pas.

Arruda pensait qu'il avait peut-être eu recours à la chirurgie esthétique.

Quant à Pinkie Flaherty, elle avait reçu un nouveau chèque de Donald, et cette fois le cachet de la poste indiquait Bayfield, dans le Colorado, une petite ville dans les environs de Durango. Quelqu'un dit à Mangan qu'elle ne comptait que trois cents habitants, mais la fille détective à Durango dit qu'il « devait bien y en avoir une centaine ». Elle se rendit sur place et trouva un chef de travaux de voirie qui lui dit avoir vu une Cadillac marron avec des plaques de l'Arizona. C'était peut-être celle que Donald avait à Ventura.

Peut-être. C'était le mot qui revenait tout le temps dans la chasse à l'homme contre Donald Steinberg. La législation fédérale spécifiait que l'accusation devait être prête pour le procès quatre-vingt-dix jours après l'arrestation. Si on n'avait pas retrouvé Donald d'ici une quinzaine de jours, ses avocats pourraient arguer qu'ils manqueraient de temps pour préparer leur défense, et les autres accusés comparaîtraient en jugement sans lui, ce qui affaiblirait considérablement l'accusation. Il fallait que quelque chose se passe, et vite. Mangan était frustré et en colère :

— Je veux trouver ce sale petit maigrichon !

2

Arrêté dans une banlieue de San Diego, Eric Emmerich, le jeune homme qui avait été tiré de l'avion avec 50 000 dollars en liquide pendant la mise sur écoute du téléphone de Donald, paya sa caution et, de son propre gré, prit l'avion pour aller entendre la lecture de l'acte d'accusation à Fort Lauderdale le lundi suivant. Bavardant avec Mangan et Lurana après la mise en accusation, il dit qu'il travaillait dans une société qui vendait des parts dans des résidences de vacances. Il ne voulait pas perdre son poste, et souhaitait encore moins aller en prison. Mangan lui servit le même discours qu'à Pete Wagner et Ray Mendoza. Aidez-nous à trouver Donald et nous nous arrangerons.

Quinze jours plus tard, Eric, de retour en Californie, appela Mangan à son appartement de Fort Lauderdale. Il avait quelque chose d'intéressant à raconter.

A un moment vers la fin du mois de février, Donald et son vieux pote de la Fox River Joe Gonterman étaient passés chez Eric. Donald était avec une nouvelle petite amie, une Asiatique mince avec des cheveux longs. Elle s'appelait Vivian et avait, selon les termes d'Eric, « beaucoup de chien ». Vivian avait dit qu'elle était téléphoniste.

Donald l'avait rencontrée lorsqu'il était venu à San Francisco avec Carol pour le déchargement de l'*Euphoric*. Elle était la sœur de la petite amie de Captain Danny, le skipper du *Tahuna* qui était venu accoster l'*Euphoric* pour apporter l'argent à Gabby Tan et ses camarades de l'équipage.

Eric avait été arrêté quelques jours après la visite de Donald, qui lui avait téléphoné de ne pas s'inquiéter et que s'il avait besoin de quoi que ce soit, il pouvait appeler Charly Poole à Fort Lauderdale. (Poole était l'avocat qui avait dit de Joe Puleo qu'il ne devait pas avoir d'hémorroïdes parce que c'était un parfait trou du cul.)

A présent, Eric avait une suggestion. Il pourrait appeler Poole et essayer d'arranger une réunion avec Donald, Vivian et Joe Gonterman.

— Excellent, dit Mangan. Allez-y, je les piquerai tous. Demandez de l'argent à Donald, dans les deux mille dollars, pas trop sinon il risquerait de ne pas venir vous voir.

Eric avait confiance : il pouvait certainement arranger ça. Mangan raccrocha en pensant au fil fragile (une visite, un coup de téléphone) qui reliait encore Eric et Donald : comment manipuler tout ça, amener Donald à se découvrir ? Si le fil cassait, Donald irait se cacher si loin qu'il faudrait ensuite des années pour aller le repêcher. Que faire ? Tellement de possibilités, de ruses, de subterfuges, de trucs, d'expédients.

Mangan parla du coup de téléphone d'Emmerich à Joe Puleo, qui lui avait répondu :

— Tu rêves ? Cette rencontre ne se produira pas.

Il disait que ce n'est pas parce que Donald était passé voir Eric à l'improviste qu'il serait assez bête pour tomber dans le piège d'un rendez-vous fixé d'avance.

— Puleo a peut-être raison, me dit Mangan perdant son optimisme à propos de sa collaboration avec Eric. Je ne vois peut-être pas les choses en face à force de le vouloir tellement fort.

A dix heures du soir après le coup de téléphone d'Eric, Mangan le rappela de sa maison de Fort Lauderdale et parla pendant une heure avec lui. Eric dit qu'il avait joint Poole et quelques autres personnes pour les prévenir qu'il souhaitait entrer en contact avec Donald. Il avait essayé de se remémorer des détails supplémentaires concernant la visite de Donald.

— Je ne sais pas si ça pourra vous servir à quelque chose, dit Eric à Mangan, mais j'ai noté les choses au fur et à mesure qu'elles me venaient à l'esprit et je vais vous les dire.

— Allez-y, dit Mangan, racontez-moi tout.

Eric dit qu'il se rappelait avoir vu pour la première fois Donald et Vivian ensemble à une réception de Noël le vingt décembre, un mois avant la mort de Carol. C'était peut-être leur premier rendez-vous car ils n'avaient pas l'air de bien se connaître. Il dit aussi que pendant la visite suivante, en février, Donald avait Sacha, son saint-bernard, avec lui. Donald et Vivian avaient dit qu'ils vivaient ensemble. Joe Gonterman occupait un appartement séparé, au-dessous. Eric n'avait pas vu la voiture dans laquelle ils étaient venus, mais Gonterman avait mentionné que c'était une Jeep à quatre roues motrices. Vivian avait dit d'autre part qu'elle habitait à San Pedro, à une trentaine de kilomètres au sud de Los Angeles. Donald n'avait pas changé d'aspect, et il ne portait ni barbe ni moustache.

— Il bouffe toujours du steak en quantité, dit Eric, surtout en fin de soirée, et le breakfast, c'est sacré ! S'il n'y a personne pour lui préparer, il va le prendre dehors. Il va dans les banques chercher des rouleaux de pièces de vingt-cinq cents pour téléphoner des cabines.

Mangan demanda si Donald avait parlé de la mort de Carol. Eric répondit que non et que ça lui avait d'ailleurs paru bizarre. Il avait même pensé aborder le sujet lui-même, mais avait renoncé à cause de la présence de Vivian. Il ajouta que Donald s'était plaint d'être fauché mais que de toute façon, « ça, il s'en plaint toujours ».

Repensant à ce que Puleo avait dit, Mangan demanda à Eric si Donald s'était annoncé d'une façon ou d'une autre avant sa visite de février. Eric répondit qu'il avait appelé une heure avant son arrivée. Mais c'était avant l'établissement des accusations. Il serait sûrement plus méfiant maintenant.

Eric voulait savoir pourquoi Mangan ne pourrait pas repérer l'origine du prochain appel de Donald chez lui.

— Il n'y a qu'au cinéma qu'on fait ça, répondit Mangan. C'est bien trop compliqué et ça demande beaucoup trop de temps. Mais la prochaine fois que vous l'aurez, essayez de trouver une raison de le voir. Et choisissez un lieu public comme un restaurant par exemple, enfin un endroit qu'on pourra bourrer d'agents à nous. Faites bien attention à tout ce qu'il vous dira. Et notez le nombre de pièces qui tomberont, pour savoir combien il met dans l'appareil. Rappelez-vous tous les bruits de fond que vous entendrez, demandez-lui s'il reviendra dans votre coin, s'il fera encore une petite visite, et demandez-lui des nouvelles de Sacha. Il vous dira peut-être où il va lui faire faire sa promenade. Et parlez-lui aussi de Vivian ; il vous dira peut-être qu'elle est en vacances, et où. Comme ça, je pourrai la trouver et la suivre quand elle rentrera. Enfin, posez-lui le plus de questions possibles sans éveiller ses soupçons.

« Vous savez, Eric, il faut qu'on se serve de notre tête parce que ce n'est pas avec nos jambes qu'on l'aura. Il faut être plus malin que lui. A Fort Lauderdale, alors qu'il n'y avait aucune charge contre lui, il faisait des demi-tours brusques en pleine rue, il roulait à quinze à l'heure puis tout à coup à cent vingt, et comme ça il a semé tous les gars qu'on a pu lui mettre au train. Bref, à chaque fois qu'on l'a trouvé, c'est par un coup de veine. Il n'est pas idiot, et c'est pour ça qu'il est encore au large. Vraiment, il faut être plus futés que lui et attendre qu'il fasse une faute. C'est cervelle contre cervelle.

Eric répondit qu'il ferait de son mieux.

Mangan raccrocha et réfléchit. Qu'est-ce qu'on cherche ? Une téléphoniste au type asiatique qui habite à San Pedro une maison à un étage avec deux hommes et un saint-bernard.

— Et après ? demandai-je à Mangan.

— Il faut que je trouve combien de compagnies de téléphone il y a là-bas en plus de la Pacific Bell et que je sache s'ils ont des photos de leurs opératrices. Et je suis sûr qu'ils en ont. Après ça, je n'aurai plus qu'à sortir toutes les photos de toutes les téléphonistes jusqu'à ce que je trouve une Asiatique qui s'appelle Vivian.

— Mais vous ne pourriez pas interroger les chefs de service ?

— Si le chef est un ami de Vivian et que ça remonte jusqu'à Donald, il nous échappe.

— Ça donnerait presque envie d'aller patrouiller dans San Pedro jusqu'à ce qu'on trouve une maison d'un étage avec une Jeep devant la porte.

— Et des grosses crottes de chien sur la pelouse.

A deux heures du matin, trois heures après la fin de sa conversation avec Eric, le téléphone sonna de nouveau chez Mangan. C'était encore Eric. Donald venait de l'appeler. Eric lui avait dit qu'il avait à Fort Lauderdale un avocat qui ne valait rien et qu'il avait besoin d'aide. Donald lui avait donné le nom d'un avocat de Chicago, « guide et conseiller de Jim Reilly » avait-il dit, qui lui enverrait de l'argent. Donald était inquiet parce qu'il croyait que quelqu'un observait la cabine. Il avait raccroché et rappelé quelques minutes plus tard d'un endroit qui avait l'air d'être une discothèque. Il dit qu'il viendrait voir Eric ou qu'il le rappellerait.

Mangan éteignit la lumière. Il était plus optimiste que jamais.

Son optimisme s'évanouit dès le lendemain matin avec trois coups de téléphone au chef du service local de la Southern Bell à Fort Lauderdale et à son collègue à la Pacific Bell à Los Angeles. Ce dernier lui dit que la Pacific Bell couvrait la moitié de la zone de San Pedro et la General Telephone l'autre moitié. Certaines de leurs opératrices faisaient jusqu'à cent vingt kilomètres pour se rendre à leur travail. Une fille habitant San Pedro pouvait travailler n'importe où entre San Diego et Santa Barbara. Mangan demanda si on avait des chances d'identifier une opératrice de type asiatique nommée Vivian et domiciliée à San Pedro.

— Zéro. Aucune chance.

Mangan raccrocha et considéra les murs blancs de son bureau. Il n'avait aucune envie d'aller à Los Angeles, de perdre du temps et de l'argent, et de revenir bredouille. Il voulait un retour glorieux, avec le scalp de Donald accroché à sa ceinture. Et leur seul informateur qui pourrait peut-être trouver Donald, c'était Eric Emmerich.

— Et si cette chance-là nous échappe aussi, dit Mangan, qu'est-ce qu'il nous reste à faire ? Rien. De toute façon, si on ne met pas la main sur lui dans les deux ou trois semaines qui viennent, il ne sera pas au procès, alors il n'a qu'à rester planqué où il est jusqu'à ce qu'il se fasse prendre par un coup de déveine quand il s'en présentera un.

Mangan devait se décider : fallait-il aller à Los Angeles ?

— Eric est vulnérable, pensa-t-il tout haut. Dans huit jours, qu'est-ce qu'on fera ? Lui demander de s'arranger pour que Donald le rappelle ? Ou bien il faut se servir de lui tout de suite, ou bien il faut laisser tomber, abattre nos cartes maintenant ou baisser les bras.

Il appela Eric pour lui annoncer qu'il partait.

— Si votre téléphone sonne avant mon arrivée, vous ne décrochez pas.

Il dit au revoir à Lurana et suivit la I-95 à cent vingt à l'heure jusqu'à West Palm Beach pour prendre une valise avec quelques vêtements, puis fonça à l'aéroport où il arriva au moment même où on fermait les portes du vol Pan Am de quatorze heures cinquante pour Houston et Los Angeles. Il retourna en courant à sa voiture, fila à toute allure pendant cent cinquante kilomètres jusqu'à Miami et, avec dix minutes d'avance seulement, il se laissa tomber dans un siège du DC-10 de seize heures trente direct pour Los Angeles.

A vingt heures trente, éreinté par sa course en voiture, ses cinq heures d'avion, plus une autre course en voiture pour arriver à Costa Mesa, Mangan était perché sur un tabouret en vinyl beige devant le comptoir dans la cuisine d'Eric, et acceptait la tasse de café que lui offrait la fiancée de celui-ci, une charmante jeune fille aux cheveux bouclés, mince et souriante, nommée Robin. En jean et chemisier, elle se hissa sur le bar, pieds nus et les jambes croisées. Installé sur l'autre tabouret, Eric annonçait à Mangan que le téléphone avait sonné mais que, conformément à ses ordres, il n'avait pas répondu.

Ils examinèrent ce qu'il y avait lieu de faire si Donald arrivait ce soir-là après le départ de Mangan. Avant qu'Eric n'ouvre la porte, Robin prendrait le téléphone dans le salon et irait le brancher dans la chambre d'où elle appellerait Mangan à son hôtel, et celui-ci accourrait. Il valait donc mieux qu'il descende à l'Ambassador Inn, de l'autre côté de la rue.

Robin, qui travaillait dans une agence de publicité, dit à Mangan que quand Donald était venu en février, sa petite amie Vivian n'avait pas eu l'air très bavarde.

— Pour faire la conversation, je lui ai demandé ce qu'elle faisait. Elle m'a dit qu'elle était téléphoniste, qu'il fallait qu'elle se lève tôt pour aller travailler et que Donald dormait toujours quand elle partait le matin.

Par conséquent, non seulement Vivian travaillait dans une compagnie de téléphone, mais encore elle était de l'équipe du matin.

Robin ajouta que Donald lui avait tout de suite fait une drôle d'impression.

— Il y avait chez lui quelque chose qui ne me plaisait pas. Il était très anxieux et ça me rendait anxieuse aussi.

Eric avait mis Robin au courant de sa vie avec Donald, insistant sur le fait qu'il s'était occupé non pas de la drogue mais de l'argent. Ça faisait plus sérieux.

— Je sais qu'Eric est un type bien, dit-elle à Mangan, sans ça je ne serais pas ici, et une fois que cette affaire sera finie, ça sera fini pour de bon.

Eric dit qu'il ne comprenait pas comment Donald pouvait rester comme ça en cavale « toujours à regarder si on ne le suit pas, à sursauter chaque fois qu'on frappe à la porte, sans jamais pouvoir téléphoner à personne ».

Et puis le père de Carol leur avait raconté comment Donald avait passé un savon à son père en Californie parce qu'il l'avait appelé au motel.

— Vous vous rendez compte, dit Robin, traiter son père comme ça parce qu'il vous téléphone ? Qu'est-ce que c'est qu'une vie pareille ?

D'après Eric, Donald, étant en cavale, devait sentir de temps en temps le besoin « d'entendre la voix de vieux amis ». Il pensait que c'était pour cette raison que Donald avait appelé tout de suite après l'établissement de l'acte d'accusation, qu'il avait eu besoin de sentir « un petit peu de camaraderie ». Toujours selon Eric, Donald en fuite était obligé de rester avec une fille « pour avoir quelqu'un qui arrange ce genre d'histoires. Ça doit pas être facile d'en trouver une qui accepte ça. Mais Donald est toujours chic avec ses petites amies ».

Pour Mangan, Eric était de ces gens que le crime attire non par le désir de la puissance mais par son brillant et son éclat. Maintenant que les lumières s'étaient brusquement éteintes, il était aussi perdu et dérouté qu'un papillon dans l'obscurité. Finalement, il posa la question qui le hantait :

— Bon, je coopère, je fais ce que je peux. Et si ça ne marche pas et que vous ne piquiez pas Donald, qu'est-ce que je deviens, moi ?

— Vous voulez savoir si on vous donnera un lot de consolation pour votre bonne volonté ?

— Oui.

— Je ne crois pas, Eric. Je ne crois pas qu'on puisse attendre beaucoup de... dans un marché, il faut avoir quelque chose à donner, un résultat. Sinon, franchement, je ne crois pas qu'il faille attendre grand-chose...

Robin regarda Eric. Celui-ci opina de la tête.

Ils invitèrent Mangan à dîner, mais n'ayant pas très envie d'accepter l'invitation d'un accusé, même coopérant avec la justice, il leur souhaita bonne nuit et alla occuper la chambre 1512 à l'Ambassador Inn.

Le lendemain matin, c'était un samedi, il retourna chez Eric pour prendre le café. Certain que Donald n'appellerait pas pendant la journée, Eric alla jouer au basket. Mangan prit la direction du nord pour aller jeter un coup d'œil à San Pedro. Qui sait, peut-être aurait-il, comme Joe Puleo, la chance de trouver Donald en train de promener Sacha.

Il entra au poste de la Police de Los Angeles à San Pedro et se présenta à l'officier de service, un lieutenant dans la quarantaine, vaguement distrait, plein d'allant et bien disposé dans la mesure où on pouvait retenir son attention. Mangan donna par écrit le signalement de Donald, de Joe Gonterman et de Vivian, et mentionna l'existence de Sacha, de la Cadillac marron et de la Jeep à quatre roues motrices. Le lieutenant dit qu'il lirait le signalement à ses hommes réunis pour le rapport.

Mangan quitta le commissariat et circula un peu dans San Pedro. Il ne se sentait pas très bien. « C'est l'estomac... je n'ai pas faim, je suis un peu barbouillé. Je ne sais pas, c'est peut-être le temps », pensa-t-il en se moquant un peu de lui-même. « C'est que je ne m'amuse pas tellement. »

Un peu auparavant, il avait essayé d'avoir Steve Greene chez lui, mais Steve était sorti. Quant à Rex McMillan, il avait la grippe et il ne voulait pas le déranger. Mangan se sentait comme oppressé. Il avait peur. Donald n'était peut-être pas là du tout. Ou bien encore il y était mais assez bien caché pour être introuvable. Agent du Centac et clone de Dennis Dayle, posant au superflic, Mangan ne pouvait pas se permettre de rentrer les mains vides, il ne pourrait pas supporter l'humiliation d'avoir à expliquer son échec à des gens comme Lurana Snow.

Il s'arrêta dans un McDonald pour manger un hamburger dont il laissa la moitié et rentra à Costa Mesa. Il se sentirait mieux près d'Eric. Quelque chose lui disait qu'il valait mieux ne pas traîner.

— Je n'aime pas me retrouver dans une chambre d'hôtel, de motel ou de je ne sais quoi, comme un lapin dans son terrier, dans ce trou perdu. Si encore c'était à San Diego ou à Los Angeles, mais là, entre les deux... on n'est vraiment nulle part.

— Quand Donald appellera Eric, lui demandai-je, est-ce qu'il lui dira de sortir pour aller dans une cabine ou... comment ça marche vous pensez ?

— Vous êtes censé avoir un numéro à lui donner avant qu'il appelle. Là, il vous laisse une dizaine de minutes pour aller à la cabine et il rappelle. C'est toujours lui qui téléphone le premier. On ne peut pas l'appeler.

— Mais si vous n'avez pas de numéro de cabine à lui indiquer ?

— Eh bien, c'est que vous n'êtes pas le genre de personnes que Donald appelle.

Le numéro qu'Eric allait donner à Donald était le 631 94 35. C'était l'un des deux téléphones qui se trouvaient contre le mur d'un grand magasin J.-C. Penney, dans le centre commercial en face de l'Ambassador Inn. Mangan pouvait le voir de sa fenêtre. Il était assis là et ne le quittait pas des yeux.

Je lui demandai quel était le programme du lendemain.

— Je n'ai pas tellement de programme. Probablement voir Emmerich. Quand Donald dit qu'il va appeler, d'habitude il appelle. Et ça m'étonnerait assez qu'il n'appelle pas ce soir.

Mangan s'allongea sur le lit, aussi tendu qu'un lion qui regarde une chèvre au piquet, et attendit la sonnerie du téléphone.

Mais la tension lui était insupportable. Le soir, quand Rex McMillan, qui se sentait mieux, l'invita à dîner, il accepta. La femme de Rex avait fait un poulet aux artichauts. Mangan se sentait revivre. A neuf heures moins dix, alors qu'ils finissaient la salade de fruits, le téléphone sonna.

C'était Eric :

— Donald vient d'appeler et je sors tout de suite. Il rappelle dans dix minutes au téléphone public.

Rex et Mangan arrivèrent à la cabine : Eric était encore en train de parler avec Donald. Quand il eut raccroché, ils allèrent chez lui. Robin était dans le salon à moquette beige, et regardait un James Bond, *Vivre et laisser mourir*, à la vidéo.

Installé au comptoir de la cuisine, Eric raconta à Mangan et à Rex qu'il avait essayé de se servir de l'acte d'accusation comme appât, en demandant à Donald s'il ne voulait pas venir en voir un exemplaire. Donald avait répondu qu'il savait déjà tout ce qu'il avait besoin de savoir. Il avait envoyé à Eric un mandat télégraphique de 1 500 dollars et rappellerait dans quelques jours pour s'assurer qu'il l'avait bien reçu.

Puis, Donald avait commis l'erreur sur laquelle Mangan comptait.

— Hey, Eric, avait-il dit, tu ne reconnaîtrais pas Sacha. Je l'ai fait tondre !

— C'est un indice, dit Mangan de retour à l'hôtel. Là, on a peut-être une chance. Donald est attaché à Sacha : il a dû l'emmener chez un vétérinaire.

— A moins, ajoutai-je, que Vivian ne lui ait coupé les poils chez eux.

— Ça, j'en doute.
— Je me demande combien de vétérinaires il y a à San Pedro.
— Ça ne fait pas plus de quarante mille habitants. Combien peut-il y avoir de vétérinaires ? Une douzaine ?

— Allô ? Ici Dick Mangan, police de Los Angeles. On recherche un type qui est en fuite. Nous avons un mandat d'arrêt et nous avons appris qu'il venait de faire tondre un chien, un saint-bernard. Vous n'avez pas fait ce travail-là, ces dernières semaines ?
— Je... heu... non... un saint-bernard ?
— Du nom de Sacha.
— Non, je regrette, ça ne me dit rien.
— Merci.

Vêtu du même blazer bleu qu'il portait pour les arrestations à Fort Lauderdale, Mangan est en compagnie de Rex McMillan au bureau de la brigade criminelle du poste de la Police de Los Angeles à San Pedro, plongé dans les pages jaunes de l'annuaire. Rex appelle les toiletteurs d'animaux domestiques et Mangan les vétérinaires. Mais Rex est bien embêté parce que la plupart des toiletteurs sont fermés le lundi :
— Coiffeurs pour hommes ou coiffeurs pour chiens, tout ça c'est fermé le lundi.

C'est une petite pièce meublée de deux bureaux avec deux téléphones. Les deux flics qui d'ordinaire occupent les lieux les ont invités à s'y installer et à faire comme chez eux. En début de matinée, ils ont tenté un autre essai avec les compagnies de téléphone. Rex a appelé un ami à la General Telephone et Mangan a appelé la Pacific Bell. Aucune des deux ne s'est montrée très optimiste quant aux chances de découvrir une opératrice de type asiatique nommée Vivian. Elles ont quand même pris le numéro du commissariat de San Pedro en disant qu'elles allaient faire ce qu'elles pouvaient.

Mangan a essuyé deux échecs avec des vétérinaires un peu perplexes ; il compose un troisième numéro.
— Allô, ici Dick Mangan, police de Los Angeles...
Et il sort son boniment.
— Ouais, fait une jeune voix masculine, Sacha, un saint-bernard. On l'a eu deux fois. La première, c'était pour une infection de l'oreille et la deuxième pour un vaccin contre la rage. Attendez une seconde.
Mangan fait signe à Rex.
— Oui, dit le vétérinaire de retour à l'appareil. Le propriétaire s'appelle Roger Seabre. C'est celui-là que vous cherchez ?
— C'est bien possible oui, il vous a donné une adresse ou un numéro de téléphone ?

— J'ai noté « de passage ». Il n'en a pas dit plus, sinon qu'il voyageait. La première consultation était à la fin décembre. La deuxième, pour la rage, au début de février.

Mangan a à peine raccroché que l'ami de Rex à la General Telephone rappelle. Il a trouvé une opératrice du nom de Vivian Dixon, une Philippine, actuellement en congé pour deux mois. Les registres du personnel donnent deux adresses, toutes deux périmées. L'adresse actuelle est une boîte postale. Et le téléphone est sur la liste rouge, pour un abonné dont l'adresse est 1023 Sandwood Place à San Pedro.

C'est une maison à colombage à un étage avec une petite pelouse sur le devant, des buissons, un arbre, une allée et un garage pour une voiture.

— Exactement comme la maison de Ventura, remarque Rex.

Le quartier est tranquille, genre classe moyenne, avec les maisons alignées côte à côte, le trottoir en ciment et la chaussée goudronnée. Ici, il n'y a pas de piscine derrière les maisons.

Ils passent devant, pas trop lentement, dans la Chevrolet Monte Carlo rouge et blanc de Rex. Mangan note le numéro d'une Chrysler bleue garée dans l'allée. Arrivé au coin de la rue, Rex transmet le numéro par radio à la section de la DEA de Los Angeles.

Au bout d'une minute, le service du fichier rappelle :

— C'est une Chrysler 81 bleue, voiture de location, enregistrée à l'Extra Car Rental de San Pedro. Vous voulez l'adresse ?

— Oui, s'il vous plaît. Je note.

Une petite jeune fille d'une vingtaine d'années au type espagnol est derrière le comptoir. Elle regarde la plaque de Mangan et sort d'un classeur le contrat de location. Mangan le lit et le tend à Rex. La voiture a été louée trois semaines auparavant par un certain Mark L. Timmons, de Great Falls dans le Montana. Il a payé en espèces. La fille n'était pas de service à ce moment-là.

Pendant cette conversation, un jeune homme en salopette qui vient du garage rejoint la fille derrière le comptoir. Il écoute. Mangan et Rex sont sur le point de s'en aller quand la jeune employée dit :

— Ah ! Tenez ! Voilà la fille qui était là au moment de cette location. Elle va peut-être pouvoir vous renseigner.

C'est une forte fille à la peau blanche et aux longs cheveux blonds qui normalement auraient dû être en tresses : le genre laitière suédoise pour carte postale. Elle sourit aux deux hommes, regarde le contrat.

— Oui, je me rappelle. Ils sont venus renouveler le contrat, mais là, ils avaient une petite voiture rouge.

— Il a de nouveau payé en espèces ? demande Mangan.
— Il a payé en liquide et je lui ai donné son reçu.
— Vous pourriez le reconnaître ?

Mangan sort son portefeuille et en extrait une photo d'identité judiciaire de Donald. La fille fronce les sourcils :

— Oui, c'est bien lui. Sauf qu'il avait des lunettes teintées. A part ça, c'est bien lui.

— Merci beaucoup.

Revenus dans la Monte Carlo, Mangan remarque :

— Ce petit con en salopette ne me plaît pas du tout. C'est le genre à mettre une pièce dans le téléphone dès qu'on aura tourné les talons.

— Tu te fais trop de souci, dit Rex.

Ils s'arrêtent le long du trottoir. La maison de Donald est de l'autre côté de la rue, cent mètres plus loin. Maintenant, il y a une Datsun rouge garée devant la maison. Rex donne par radio au fichier le numéro de la Datsun et une minute plus tard, il a le nom du propriétaire : Vivian Dixon.

Ils attendent. Il y a du soleil, c'est le moment le plus chaud depuis l'arrivée de Mangan, qui transpire dans son blazer. Deux garçons d'une douzaine d'années font du skateboard dans la rue.

Le soleil est bas maintenant et ils l'ont dans les yeux ; Rex tourne la voiture dans l'autre sens et ils surveillent la maison dans les rétroviseurs. Une heure plus tard, le soleil descend derrière les maisons, et Rex fait de nouveau demi-tour. Il met la radio sur un poste d'informations permanentes et ils attendent en silence, échangeant à peine un mot ici et là, Mangan craignant qu'un bruit soudain ne vienne l'arracher à son rêve. Et si Donald était vraiment là ? Rex a-t-il envie de passer la nuit ici ?

Au bout d'une demi-heure, Rex annonce :

— Quelqu'un sort.

— Où ça ?

Mangan se redresse et se tord sur son siège pour mieux voir.

— Là-bas.

Un type mince en pantalon gris et pull-over marron sort en effet de la maison, va jusqu'à la Datsun, tourne brusquement les talons et retourne à la maison. Une minute plus tard, il reparaît avec une valise fauve à deux tons et un sac à fermeture Eclair avec des poches extérieures. Il va jusqu'au bord du trottoir, ouvre le coffre de la Datsun, y jette la valise, referme le coffre et se redresse.

— C'est lui ? demande Rex en démarrant.

Ils sont à cent mètres et il ne fait pas très clair, mais Mangan n'a pas besoin de voir le visage de l'homme. Le petit corps fluet lui en dit assez.

— Ça ne fait pas de doute. On dirait qu'il s'en va. Allons-y.

Rex, le coureur à moto, passe la vitesse, écrase l'accélérateur et, la main tenant le revolver déjà au bord de la fenêtre, fonce dans la rue. Il veut intercepter Steinberg pendant qu'il est encore au bord du trottoir. Il pile pour s'arrêter à hauteur de la Datsun, pointe son automatique Walther PPK 9 mm inoxydable sous le nez de Steinberg :

— Agents fédéraux ! Mettez vos mains sur cette voiture et ne bougez plus !

Steinberg, qui ne voit pas Mangan et se trouve nez à nez avec un revolver gros comme un canon, lève les mains, l'air effrayé d'un homme hanté par le souvenir cauchemardesque de ravisseurs de la Mafia et de machines à glace mangeuses d'hommes. Il entend un bruit, jette un coup d'œil à gauche, et voit un colt .38 dans les mains de quelqu'un qu'il reconnaît avec soulagement.

— Okay, Donald, dit Mangan, c'est terminé.

Steinberg reprend quelques couleurs, pose les mains sur le toit de la Datsun.

— Vous n'avez pas besoin de ces armes, Dick. Vous nous connaissez.

— Joe est dans la maison ?

Donald ne répond pas.

Craignant les coups de feu qui pourraient partir de derrière les rideaux des fenêtres de la façade, Mangan répète sa question avec un peu plus d'insistance :

— Je vous demande si Joe est là. Je ne veux pas de casse, Donald. Alors s'il est là, vous me le dites.

— Si vous voulez, je l'appelle et je lui dis de sortir.

— On va y aller nous-mêmes.

Mangan et Rex poussent Donald, menottes aux poignets, vers la maison.

Pas de lumière, tous les rideaux sont tirés, le salon est dans l'obscurité. Un sac en toile et une autre valise à fermeture Eclair attendent à l'intérieur, juste à côté de la porte. Dans l'ombre, tout paraît marron et fané : maison meublée en location, la vie de M. Timmons en location aussi. Sacha, le saint-bernard vétéran de la cavale, dort tranquillement par terre.

— Appelle-le, ordonne Mangan.

— Joe !

Une tête à tignasse noire et à barbe en broussaille, noire aussi, apparaît à la porte de la cuisine. Les yeux s'agrandissent à la vue des revolvers.

— Agents fédéraux, annonce Rex. Les mains en l'air !

Joe obéit, regarde Donald d'un air ahuri. Il est grand et gros, ce n'est plus le jeune et sain gaillard de la campagne, capable de faire des kilomètres à pied pour aller voir ses copains à Carpentersville. Rex le conduit dans le salon, le fait allonger par terre à plat ventre et lui passe les menottes.

— Où est Vivian ? demande Mangan à Donald.
— En haut. Je vous en prie, Dick, laissez-moi monter l'avertir.
— On va y aller tous les deux.

Ils traversent le living et grimpent l'escalier. On entend l'eau couler derrière la porte de la salle de bains. Donald appelle :
— Vivian !
— Oui ?
— C'est la police, chérie. Ils m'ont arrêté. Tout va bien, mais vaut mieux que tu sortes de là.

La porte s'ouvre et une fille brune en jean et pull-over noir passe la tête. Elle est jolie, mais n'arrive guère plus haut que la ceinture de Mangan. Elle regarde Donald, puis Mangan, puis de nouveau Donald. Mangan lui montre sa plaque. Assez bizarrement, elle n'a pas l'air étonnée, un peu comme si elle venait de passer quatre mois dans la salle de bains à attendre les flics.

Quand ils redescendent, Rex est au téléphone : il demande à la police d'envoyer une voiture pour conduire Donald et Gonterman en prison.

Mangan les fait asseoir tous les deux, attachés par la même paire de menottes, sur les chaises à dossier droit de la salle à manger. La chaise de Donald s'appuie au dos d'un divan où Vivian a pris place. Elle est complètement retournée pour pouvoir tenir Donald, dont elle enlace les épaules en pleurant.

Face à Donald et Gonterman, Mangan y va de son petit discours :
— Je suis Dick Mangan. Ministère de la Justice. Vous êtes tous les deux en état d'arrestation pour violation des lois fédérales sur les stupéfiants. Vous êtes sous le coup d'une inculpation établie par le jury d'accusation de Fort Lauderdale. Maintenant, je vais vous lire quels sont vos droits. Vous avez le droit de ne rien dire, vous avez le droit...

Les formalités terminées, Mangan se dégèle brusquement. Il y a encore quelques heures, il était anxieux, déprimé, et sa fierté, qui ne troublait pas sa lucidité, était plutôt menacée. Donald, lui, était en vacances, l'anorak dans la valise, direction la neige. Maintenant, les rôles sont inversés : Mangan est soulagé, ravi, en route pour la gloire. Quant à Donald, il risque beaucoup plus que sa simple fierté.

Mangan arbore le sourire du vainqueur qui peut se payer le luxe d'un heureux caractère et tapote l'épaule du vaincu :
— Vous savez, Donald, je suis tellement heureux que si on était seuls, je vous embrasserais.

Dans le portefeuille en maroquin marron de Donald, Mangan trouve cinq billets de 50 dollars, un de 20, une photo en couleurs de Carol, de cinq centimètres sur cinq, un permis de conduire délivré dans le Montana portant bien la photo de Donald mais le nom de Mark L. Timmons, domicilié à Great Falls, et une carte d'identité portant la même photo, le même nom et la même adresse, délivrée par un circuit de courses automobiles de Malibu.

— Où est le reste de votre argent, Donald ?

— C'est tout ce que j'ai, Dick.

Avec ces grands yeux rêveurs de petit chiot, comment pourrait-il mentir ?

— Allons, Donald, allons ! Vous n'allez tout de même pas me faire croire que vous vivez avec deux cent soixante-dix dollars ! Vous n'auriez même pas de quoi déjeuner ! Alors comme ça, on n'a pas d'argent et on s'en va en vacances !

— Je vous assure, Dick, je vous assure... on n'a pas un sou.

— Ecoutez, Donald, moi, quand je dis que je n'ai pas d'argent, c'est qu'il ne me reste pas plus de vingt dollars. Mais vous, quand vous dites que vous n'avez plus le sou, c'est qu'il vous reste quelques centaines de milliers de dollars.

— Mais puisque je vous dis que je n'ai rien !

Mangan rigole.

— Comment m'avez-vous trouvé, Dick ?

— Ce n'est pas vous que j'ai trouvé, c'est Sacha.

Il se pourrait bien qu'un jour il découvre que c'est Eric Emmerich qui l'a trahi, mais il n'est pas utile que ce soit aujourd'hui.

— Où alliez-vous ? demande Mangan.

— Faire du ski, pendant une quinzaine. Joe restait à la maison avec Sacha et Dusty.

Le bâtard de berger de Gonterman, qui arrive au genou, est dans un enclos grillagé derrière la maison.

— Et où sont les skis ?

— On les loue.

Rex parcourt la maison à la recherche d'armes. Du couloir qui mène au garage, il appelle :

— Dick ! Regarde ça !

Une Cadillac marron clair immatriculée dans l'Arizona est dans le garage.

— Ah ! ah, fait Mangan, il était assez malin pour garder ça planqué !

Il laisse Rex avec ses prisonniers et fait son tour, lui aussi. Gonterman occupe une chambre au rez-de-chaussée, meublée uniquement d'un lit, d'un poste de télévision et d'une valise ouverte d'où des vêtements débordent. Au premier, sur les trois chambres, deux sont vides. Dans la troisième, Mangan découvre un secrétaire où sont rangés d'énormes bocaux de verre contenant pour environ 4 000 dollars de sinsemilla. Dans le placard, il trouve une balance de pharmacien et une petite fiole pour couper la cocaïne.

Sur une commode, face au pied du lit, il y a un téléphone. Mangan décroche et appelle Steve Greene chez lui, dans la banlieue de Washington :

— Steve? c'est Dick. Il faudrait peut-être que tu appelles le siège pour avertir le type de service que j'ai arrêté Donald Steinberg et Joe Gonterman.

— Quoi?

— Oui, je les ai arrêtés tous les deux.

— Tu plaisantes?

— Pas le moins du monde. Je t'appelle de chez Donald, et j'attends qu'on m'envoie de quoi les transporter.

— Formidable! Je téléphone à Dennis. Tu devrais prévenir Lurana.

Mangan raccroche.

— Steve n'est pas exactement le genre enthousiaste, mais là, il avait de quoi s'exciter.

Il appelle Lurana chez elle :

— Je le tiens.

— Qui? demande Lurana.

— Donald.

— Oh, Dick, c'est merveilleux.

Il écoute un instant puis raccroche :

— Elle n'en revenait pas. « Oh, comme je suis fière de toi! » J'avais l'impression d'entendre ma mère.

Mangan sait que le montant de la caution fixée pour Donald est de cinq millions de dollars, mais il ne se souvient pas du chiffre pour Gonterman. Il rappelle Lurana pour le lui demander. Mais c'est occupé.

Dans un placard à double porte du salon, il trouve un petit moulin en plastique contenant quelques grammes de cocaïne. Sur la table basse, un miroir carré de quinze centimètres, une lame de rasoir à un seul tranchant et une paille en verre de cinq centimètres de long. Pas étonnant que les rideaux aient été fermés. Il trouve également une liste de sommes : de l'argent prêté ou dû. Chaque fois qu'on arrête Donald, on trouve des listes de ce genre.

— Y a de la bonne herbe là-haut, Donald, remarque Mangan.

— Excellente.

Donald se fait aimable, exactement comme au Days Inn à Fort Lauderdale. Au lieu de Kentucky Fried Chicken, il offre à boire. Vivian va à la cuisine et revient avec un 7-Up pour Donald et des Pepsi pour Mangan, Rex et Gonterman. Elle, elle boit du Maalox. Elle a mal à l'estomac, c'est nerveux ; elle dit que c'est pour ça qu'elle a deux mois de congés.

Les nerfs, se dit Mangan, peut-être, mais aussi trop de coke. En somme, les cheveux noirs et le mal d'estomac ont remplacé les cheveux blonds et le mal de tête. Il y a des constantes.

— Vous avez un dossier sérieux contre moi, hein ? dit Donald qui est manifestement au courant du contenu de l'acte d'accusation.

— Oui, Donald, je crois.

On s'installe pour attendre les flics de San Pedro. Gonterman, le fidèle soldat (de la Fox River à la Floride et de la Floride à la prison) n'a pas grand-chose à dire. Rex n'est là que pour l'arrestation. Mangan et Donald, les principaux protagonistes, ont l'air bien plus conscients du drame. Voilà un homme qui s'est levé le matin pour aller faire du ski et se retrouve le soir en route vers la prison, peut-être pour le restant de ses jours. Il a sorti quelques amis des fermes et des mines pour les mettre sur le chemin de la fortune, vers un mirage de la vie sur la voie rapide, mais en fin de compte, pas vers la vraie belle vie. N'étant préparés à cela ni par le caractère ni par l'expérience, ils se sont noyés dans le vin sans prendre la peine de le goûter.

Et puis, il y a quelque chose que Mangan sait et que Donald ne sait peut-être pas : ce n'est pas le dernier acte qui se joue, c'est le premier.

Le drame ne fait que commencer.

3

Deux flics arrivent dans une voiture radio. Donald demande si, en allant au commissariat, on pourra s'arrêter pour manger quelque chose.

— Je veux pas de la bouffe de la prison, dit-il.
— Non, Donald, désolé.
— Je paierai.
— Non.

Donald et Vivian s'embrassent. On la laisse seule avec les chiens. En allant de la porte à la voiture, Mangan dit à Donald qu'il a été navré d'apprendre la mort de Carol.

— Elle avait de l'artériosclérose, dit Steinberg, les larmes aux yeux. J'essaie d'oublier. C'est le pire de tout ce qui m'est arrivé dans la vie.

— C'est comme ça que vous avez fait surface, vous savez, à Ventura.

— Oui, je me suis bien dit que ça me ferait repérer.

— C'est moche, Donald. Il paraît que c'était vraiment une fille bien.

Donald et Gonterman montent à l'arrière dans la voiture radio. Mangan et Rex les suivent jusqu'au poste de police.

Pendant qu'on prend les photos et les empreintes de Steinberg, Mangan va au téléphone d'où il a appelé les vétérinaires et il appelle Emmerich.

— Il faut que je vous dise que vos renseignements sur Vivian ont été bien utiles. J'ai arrêté Donald.

— Ah, ça, c'est formidable !

Il est soulagé. Les barreaux de prison volent devant ses yeux dans toutes les directions.

— Je me suis dit que ça vous ferait passer une bonne soirée.

— Vous pouvez dire un bon mois !

Mangan essaie de nouveau le numéro de Lurana. Encore occupé. Il attend, essaie encore. Toujours occupé.

— Elle doit téléphoner au monde entier !

Un gardien appuie sur un bouton, une porte à barreaux s'ouvre et Donald — inscrit, photographié, les empreintes prises — pénètre avec Mangan dans une cabine métallique de la taille d'un grand placard. Un gardien, qui se tient de l'autre côté de la vitre, à gauche de Donald, lui dit de vider ses poches. Ce qu'il fait en demandant à Mangan :

— Et comment va Joe Puleo ?

— Pas tellement bien. Il a des problèmes de couple et il a dû reprendre l'uniforme.

— A cause de la cocaïne perdue ?

— Peut-être en partie. Je n'en sais rien.

— Je me disais que si jamais il me trouvait, il me tuerait. Je me suis laissé dire que c'était le genre de type à ça. Il est tellement passionné.

— Il est peut-être passionné, Donald, on l'est tous, mais il ne vous aurait pas tué.

Pour l'heure, Donald n'est pas porté à la contradiction, il regarde le gardien compter ses 270 dollars.

— Dites-moi, Donald, vous n'avez jamais songé à coopérer avec l'accusation ?

— Si, j'y ai pensé. Les gens avec qui j'ai fait affaire, je ne leur dois rien. Tout ce qu'ils ont fait, c'est de me voler.

— Peut-être, mais n'oubliez pas que pour la justice, c'est vous le caïd. Inutile de déposer contre des petits. Ce qu'il faut, c'est que vous nous ameniez au moins un juge ou deux et un ou deux gouverneurs, quelque chose dans ces eaux-là.

— Je sais, mais je ne crois pas que ce soit possible.

— Réfléchissez-y.

Une sonnerie et la porte qui mène aux cellules s'ouvre.

— Si vous êtes acquitté, Donald, dit Mangan avec un sourire, vous me devez un dîner.

— D'accord, fait Steinberg.

Il avance de deux pas, la porte métallique se referme sur lui en cliquetant. Il est parti.

Le lendemain, Mangan revoit Donald, avant la lecture de l'acte d'accusation. Il est de bonne humeur et plaisante au sujet du téléphone. Cet aficionado invétéré des téléphones publics n'en revient pas de ce qu'il a trouvé à la prison de San Pedro :

— Ils ont un appareil monté sur roulettes. Ils l'amènent jusqu'aux barreaux des cellules. Non mais vous vous rendez compte ? Un bigophone à roulettes !

Mangan dit que ça lui paraît être une très bonne idée.

— Tout le monde m'a appelé. Jim Reilly entre autres. Il vous salue.

— J'aime bien Jim.

— J'ai aussi téléphoné à un tas de gens. Tous en PCV. Et je leur ai dit que je pouvais enfin leur laisser un numéro.

L'un de ceux que Donald a appelés est Bob Straus, à qui il a dit :

— Joe a besoin d'un million de dollars de caution pour sortir de cabane.

— Qu'est-ce qu'il te faut ? a demandé Straus.

— Moi ? Rien, n'y pense plus. Ce qu'il me faut, c'est un miracle.

J'ai appelé Dennis.

— Je ne suis pas sûr, m'a-t-il dit, que ma réaction soit conforme à vos désirs car, comme vous le savez, depuis le début, je prédis ce qui vient de se passer. Voilà longtemps que j'attends la stabilisation de Donald quelque part. On peut avoir une patience infinie quand on est certain qu'il va se passer quelque chose. Je sais depuis toujours que Donald ne peut pas se cacher et vivre comme un chien, même si le chien qui se cache s'arrange pour arracher un morceau ici et là. Je crois que quand il a la meute au train, le renard sait que ce n'est plus qu'une question de temps et qu'il va bientôt toucher le bout de la piste. Et il n'y a jamais eu le moindre doute dans mon esprit qu'on en arriverait là, alors que tout le reste du monde en doutait.

— Alors, tout ça ne vous enthousiasme pas ?

— J'aimerais bien, mais je ne peux pas. J'aimerais bien partager la joie des autres. Mais maintenant, j'attends très calmement le procès, la condamnation et les efforts de Donald pour négocier sa libération.

— Vous voulez dire qu'il va en donner quelques-uns ?

— Aucun doute que c'est ce qu'il va faire.
— J'aimerais bien savoir qui il va mettre dedans.
— Je suis sûr que dans la plupart des cas, il visera vers le bas, mais il y aura aussi des gens sur les côtés et vers le haut qui m'intéresseront beaucoup, c'est le moins qu'on puisse dire.
— Vous ne pensez pas qu'il avalera la pilule et qu'il ira tranquillement en prison ?
— Certainement pas. Il y a du côté de Chicago un avocat qui a eu sa part des bénéfices et je suis convaincu que Donald va se dire qu'il n'y a aucune raison pour qu'il ne paie pas aussi sa part de l'addition. (C'est évidemment de Jim Reilly qu'il parle.)
— Il doit être assez inquiet, l'avocat, vous ne pensez pas ?
— Oui, c'est sûr. Mon avis, c'est qu'à l'heure qu'il est, il doit avoir une éruption et qu'il est probablement en train de monter une défense terrible pour rassurer Donald et le dissuader de coopérer avec l'accusation.
— Vous voyez d'autres candidats possibles, au même niveau ou plus haut ?
— Bien entendu. Tout le cabinet d'avocats de Reilly. Et il faut que Meddy Benjamin s'en aille. (Benjamin était l'escroc financier international dont on avait entendu la conversation téléphonique avec Donald.)
— C'est une affaire d'avoir mis la main sur Donald à temps pour le procès !
— Ça ne pouvait plus tarder. L'endurance du renard n'est pas infinie. Il en a toujours moins que la meute.

Je me demandais bien ce que Margot Martin, l'enquêtrice du coroner de Ventura, pensait de l'arrestation de Donald.
— Oh, on sautait de joie, dit-elle au téléphone. On a entendu ça à la radio. On était tellement excités ici qu'on nous prenait pour des fous. Et le *Los Angeles Times* a publié un article. Ils disent qu'un tiers des importations de marijuana allait être stoppé.
— Vous avez entendu dire que Donald était avec une autre fille ?
— Oui. Il n'a pas perdu de temps. Les parents de Carol disaient qu'après la mort de leur fille, il était effondré, et maintenant, voilà...

J'ai appelé aussi, à Chicago, Kevin Callanan, le new-yorkais à la voix rocailleuse qui nous avait conduits, Bob Straus et moi, dans la vallée de la Fox River.
— Je viens d'avoir Straus, m'a-t-il dit, et c'est drôle, Donald lui a téléphoné. Je lui ai demandé : « Alors, comment il va, Donald ? Il est

furieux, non ? » Et il m'a répondu : « Non, je crois qu'il est soulagé. » Il savait qu'il allait se faire piquer. Il ne se voyait pas du tout continuer à fuir pendant le restant de sa vie. A mesure que les jours passent, on doit se réveiller avec les nerfs de plus en plus à vif. Toujours à se demander qu'est-ce qu'il faut que je fasse aujourd'hui, et comment je vais brouiller mes pistes ! C'est vraiment une affaire d'avoir mis la main sur lui. Il va peut-être y avoir des histoires du côté de Lynn Mizer. Il est en Colombie en ce moment.

— Est-ce que Steinberg s'imagine que Straus est toujours de son côté ? Il n'est pas au courant ?

— Si, il sait. C'est obligé. Quand Jimmy Bell a été libéré sous caution, il est allé au magasin, chez Straus, il a jeté un coup d'œil, il l'a regardé, puis il est sorti sans dire un mot. Alors d'après vous, qu'est-ce que ça peut bien vouloir dire ? Et puis Straus a vu Rene Larsen, une conversation du genre : « Formidable, ça, ton nom n'est pas sur l'acte d'accusation ! » « Oui, c'est ce que j'ai vu. Je dois avoir de la veine. » Enfin quelque chose comme ça. Ils savent très bien ce que ça veut dire, pas besoin de faire un dessin.

— Alors, pourquoi Donald appelle-t-il Straus ?

— C'est ce que j'essaie de comprendre. En tout cas, c'est vraiment super de tenir Donnie. La vedette manquait. Maintenant, en avant pour le spectacle. Vas-y, Donnie, à toi. On pouvait plus continuer sans toi. Et j'ai dit à Lurana : « Bonne chance, Lurana. Vous allez avoir affaire à une fine équipe d'avocats de première là-bas. Alors à vous de jouer. »

Mangan venait enfin de réussir à avoir Lurana. Je l'appelai à mon tour et lui demandai :

— Quelles conséquences l'arrestation de Donald va-t-elle avoir sur le procès ?

— Des conséquences énormes. Parce que si lui n'avait pas été là, les dix-sept autres auraient passé leur temps à parler de lui et à dire : « Où est-il ? Pourquoi est-ce qu'il n'est pas avec nous ? » Maintenant, ce petit jeu-là ne sera plus possible. Et puis je vais vous dire, c'est un dossier où il y a peut-être des faiblesses, mais Donald Steinberg, je le tiens, et je le tiens bien. Et, sauf catastrophe à cause d'un point de procédure, il n'y a pas un seul jury qui pourrait l'acquitter.

» Et tout ça me ravit tellement, ajouta-t-elle, que j'aurais donné n'importe quoi pour être là quand Dick l'a arrêté. J'ai dit à Dick : " Est-ce que tu as dit à Donald qu'il y a à Fort Lauderdale une charmante jeune femme qui depuis un an brûle de faire sa connaissance ? "

Mangan était à peine de retour en Floride qu'il reçut un coup de téléphone qui le stupéfia.

— Un soir vers neuf heures, à Palm Beach, mon téléphone sonne. C'est qui ? John Russell...

C'est le tailleur devenu trafiquant, l'homme au doux parler que les flics de Singapour soupçonnent d'avoir balancé Gabby Tan par la fenêtre.

Depuis son entrevue avec les gars de la Police montée canadienne qui étaient venus à bord de l'*Euphoric* à Victoria et avaient pris sa déclaration après la mort de Gabby Tan, Russell avait entretenu des relations intermittentes et réservées avec les flics canadiens et l'agent du Centac à Los Angeles, Rex McMillan. Il avait même arrangé une rencontre avec Mangan à l'aéroport de Toronto et s'était laissé convaincre de déposer devant le jury d'accusation. Mais une fois en Floride, il s'était dégonflé et avait filé. On n'avait pas réussi à le retrouver et il avait été inculpé à San Francisco pour sa participation au déchargement de l'*Euphoric*. Il n'avait pas été arrêté pour ce chef d'accusation et était toujours en fuite.

— Il avait appris l'arrestation de Donald, dit Mangan en racontant le coup de téléphone de Russel, et il croyait que maintenant, tout était pardonné et qu'il n'y avait plus qu'à rentrer à la maison. Je lui ai dit que l'arrestation de Donald n'avait rien à voir avec l'inculpation contre lui, Russell. Je lui ai conseillé de se constituer prisonnier et je lui ai garanti la libération sous caution. Il m'a dit qu'il fallait qu'il réfléchisse.

— Et il vous a paru comment ?

— Toujours la même guimauve. On dirait qu'il s'excuse, mais il ne s'excuse pas du tout. On a parlé dix minutes et c'était exaspérant de se dire que ce petit merdeux pouvait me joindre quand il en avait envie et que pour moi il était hors d'atteinte. Je me disais « voilà un gars qui pourrait me descendre comme il veut alors que je ne peux pas lui téléphoner ! ».

Mangan était persuadé que Russell était toujours dans la drogue :

— Sinon, bon sang, de quoi il vit ? Il est séparé de sa femme, il ne touche pas le chômage. Vous l'imaginez en train de vendre des chaussures ? Non, il se sert sûrement de ses anciens contrats à Hong Kong.

Je m'interrogeais moi-même au sujet des « anciens contacts à Hong Kong » du groupe de Steinberg. Pendant un voyage en Asie sur les traces de Robert Yang, dit « Fatman », j'étais allé dans un grand immeuble moderne de bureaux sur le côté Kowloon du port de Hong

Kong et j'avais sonné à la porte du bureau de la Faddak Investment and Shipping Ltd, au seizième étage.

J'avais demandé à voir Abraham Lee, l'homme que Lynn Mizer avait engagé pour s'occuper des affaires de la Compagnie en Asie. Une secrétaire chinoise grassouillette m'avait demandé d'attendre et avait disparu derrière une porte. Un instant plus tard elle reparaissait avec Mr. Lee, tout sourire mais prudent. C'était un type massif, dans les cinquante-cinq ans, portant une chemise marron et une cravate blanche à pois bleus. Je mentionnai quelques noms, dont celui de Lynn Mizer. Le visage de Lee s'éclaira, il me tendit les deux mains, saisit une des miennes comme si j'étais un frère perdu depuis longtemps et me fit entrer dans la salle de conférences. Nous prîmes place à une grande table et je reparlai de Lynn Mizer.

Lee dit quelques mots en chinois à la secrétaire qui comblait les déficiences de son patron dans la langue anglaise.

— Oui, oui, oui, dit-il en se souvenant. J'ai une photo.

Plein d'enthousiasme, il me fit alors passer dans son bureau, une petite pièce très encombrée, et nous nous assîmes sur un canapé en cuir fauve qui était poussé contre l'arrière de son bureau. Il sortit un grand album de photos en imitation de cuir blanc. Il y avait là dix pages doubles en plastique pleines de photos couleurs d'hommes et de femmes à l'air américain, souriants et bronzés, en compagnie de Lee et d'autres Asiatiques. J'eus l'impression que l'album n'était pas là simplement pour lui rappeler des bons souvenirs, mais aussi en quelque sorte pour lui servir de mot de passe, et qu'il était destiné à me faire savoir que j'avais trouvé l'homme qu'il fallait.

Dans une série de photos, prises autour d'une grande table ronde dans un restaurant, on voyait un groupe d'Américains bras dessus, bras dessous avec Lee et plusieurs Thaïs d'âge moyen en uniformes d'officiers. Il désigna l'un de ceux-ci :

— Général Kamal.

Je n'avais jamais entendu parler de celui-là.

— C'est à Bangkok ? Est-ce que Lynn a été à Bangkok avec vous ?

— Oui, Bangkok. Vrai.

— Vous connaissez John Russell ? Il est venu ici avec Lynn Mizer.

— Oui, oui. Avant qu'il est en Colombie, Sud Amérique et...

Il dit quelque chose en chinois à sa secrétaire.

— ... à la Dominique, compléta celle-ci.

— Ça fait longtemps que vous n'avez pas entendu parler de lui ? demandai-je.

— Peut-être six mois. Vous êtes quel hôtel ?

J'hésitai à lui dire la vérité Te mentis :

— Au Hilton.
— Pas nouvelles lui, dit-il avec une ombre soucieuse sous son sourire bien oriental. Où, où, où ? Moi sais pas.
Un rire un peu nerveux, gêné.
— Où, où, où, et vous ne savez pas.
— Vous êtes au Hilton ? Quel numéro chambre ?
— Quatre cent seize, répondis-je en continuant à mentir.
Ils marmonnèrent quelque chose en chinois.
— Bien, fis-je en fermant l'album, merci beaucoup. Si je le rencontre, je dirai à Mr. Mizer que je vous ai vu.
On se leva, mais Lee n'était pas disposé à me laisser partir comme ça. Il me suivit dans le couloir à moquette bleue et jusqu'au banc devant les ascenseurs. Maintenant, hors de la présence de sa secrétaire, son anglais s'améliora légèrement et il prit un ton plus grave et presque confiant.
— Longtemps pas vu..., commença-t-il en cherchant ses mots. Parfois téléphoner. Pas un seul homme. Nom, autre nom, autre nom... Plusieurs gens.
Trois hommes arrivèrent devant les ascenseurs et Lee me conduisit dans un petit passage qui menait à une fenêtre. Nous étions seuls, personne ne pouvait nous entendre.
— Ils téléphonent, ils disent ils veulent voir moi. Okay je dis. Mais personne venir.
— Quelle sorte d'affaires faisaient-ils avec vous ?
— Acheter bateau. Acheter radio. Avion. Vous avez photo John ?
Comme il m'avait montré son album de photos, il voulait voir le mien.
— Non, répondis-je, je n'en ai pas.
— Vous savez où lui ?
— Il est au Canada.
— Je sais. Canada. Si vous pouvez téléphoner lui, vous demander marchandise. Tout okay. Moi attends lui.
Voiïà donc pourquoi il m'avait accueilli si chaleureusement. Il attendait depuis des semaines qu'un Américain se présente à la porte de son bureau avec des instructions de John Russel ou de Lynn Mizer. Je lui demandai :
— C'est la même livraison qu'avant ?
— Oui, oui, oui. Marchandise attend lui. Pourquoi lui longtemps pas venu ?
Il ajouta quelque chose que je ne compris pas et pendant un moment le dialogue se poursuivit en quiproquos, aucun des deux ne comprenant l'autre.
— John, venir, dit-il enfin. Très bonne marchandise prêt pour partir.

Dites à lui venir. Venir vite. Pas bon attendre longtemps. Tout prêt, dans paquets.

— C'est à Hong Kong, Singapour ou en Thaïlande ?

— Ah... John savoir, fit-il avec le petit rire nerveux et gêné. Aujourd'hui, le matin, mes amis téléphoner, vouloir savoir pourquoi, dire deux semaines, pourquoi pas venir, longtemps pas venir ? Eux disent pas bien, très mal, très mal. Eux attendent lui venir. Prendre argent. Tout okay.

— Qu'il vienne avec l'argent ?

— Oui, avec argent. Pourquoi lui pas venir ? Très mal.

— John, celui qui va venir avec l'argent, c'est un ami des gens sur la photo, c'est ça ?

— Non, non, non, pas même.

— Les mêmes clients ou d'autres ?

— Autres.

Nous retournâmes aux ascenseurs. Parlait-il de John Russell ou d'un autre John sans rapport avec Steinberg ? Je n'en avais pas la moindre idée. Ce qui était sûr, c'est qu'il y avait quelque part une cargaison de drogue et un bateau et des amis d'Abraham Lee qui avaient un gros souci. L'ardeur de Lee, la prière presque passionnée qu'il m'adressait pour que j'intervienne auprès de John, tout cela annonçait qu'il craignait bien d'avoir sous peu le même gros souci.

Nous nous serrâmes la main avec beaucoup de sourires et j'entrai dans l'ascenseur. Quand les portes en acier inoxydable se refermèrent, il était toujours là, le visage figé dans son sourire gêné, et me faisait de la main un signe d'adieu plein d'espoir.

4

Après la triomphale capture de Donald, Dick Mangan prit quelques semaines de vacances et partit pour l'Europe avec des amis. Il passa quelques jours dans le luxe de l'hôtel George V à Paris puis il se rendit à Londres afin de prendre l'Orient Express qui venait d'être restauré et qui, dans le velours et l'acajou, l'emmena à travers la campagne française et italienne jusqu'à Venise. Comme j'étais en Europe au même moment, on s'arrangea pour se voir.

Installés à une terrasse sous le soleil méditerranéen, Mangan sirotait un gin-tonic en me parlant de ses sentiments affectueux pour Donald Steinberg, lequel n'était plus le « sale petit maigrichon » de naguère.

— Donald, il me plaît bien, j'ai de l'estime pour lui, dit-il en gloussant, plaisantant à moitié. Mais comprenez-moi, je ne suis pas du tout le genre on passe l'éponge et tout est dit. Pas question. Pour moi, c'est comme quelqu'un qui va refuser de déposer. Ce fils de pute, je vais lui envoyer des coups de pied dans les couilles parce qu'on a besoin de sa déposition. Je suis un agent avant tout et je veux son témoignage parce que cette affaire c'est mon pain quotidien. Mais ça ne veut pas dire que je n'ai pas d'estime pour lui et que je n'admire pas son courage pour aller en taule. Il l'a dit : « Je ferai mon temps, mais je ne donnerai pas les copains. » Il me plaît bien, Donald, il est gentil ce gars-là.

— Il y a quand même beaucoup de gens qui le prennent pour un salaud.

— Vous ne le connaissez pas comme moi, fit-il, toujours d'un ton léger, mais au fond assez sérieux. Ce n'est pas un salaud. Pensez un peu aux égorgeurs, aux braqueurs de banques et à ceux qui descendent des petites vieilles chez les épiciers. Ça c'est des salauds. Steinberg, lui, il a enfreint la loi et, si on a de la chance, il va récolter ce qu'on veut qu'il récolte. Mais ce n'est pas un salaud. Il ne cherche pas à me dire : « Vous savez, Dick, je suis un type bien. » Il a fait du fric en violant la loi. Pour moi, il n'y a pas de différence entre lui et celui qui fraude le fisc.

— Mais vous ne croyez pas que la drogue fait du mal ?

— Les gens se font du mal à eux-mêmes en abusant des choses. Ceux qui, tout à fait légalement, vendent du Valium, de l'alcool ou des armes à feu ne sont pas tenus pour responsables des gens qui s'en servent. Le mal en fin de compte provoqué par ces choses n'est pas différent du mal que peut faire la marijuana. La seule différence, c'est que la vente de marijuana est illégale, et je suis tout à fait d'accord pour que Donald Steinberg aille en prison pour avoir violé la loi. Qu'il soit condamné pour cette violation oui, mais pas pour l'aspect *dégâts* de la chose.

— Et le corps en miettes, écrabouillé au milieu d'un parking de Singapour ?

— C'est Russell qui a fait ça.

— Que ce soit arrivé comme on voudra, Gabby Tan n'aurait jamais été défenestré s'il n'avait pas travaillé avec l'organisation Steinberg.

— Il avait été engagé pour faire un certain travail. Il ne connaissait probablement même pas le nom de Donald Steinberg. Il devait être interrogé par les gens de Singapour parce qu'on s'était procuré son journal intime. Qu'il ait fait ce qu'on veut, fondé sur du réel ou de l'imaginaire, on ne peut certainement pas le relier à quelqu'un d'autre.

— Si Donald Steinberg n'avait pas existé, Tan ne se serait pas tué ou n'aurait pas été tué.

— Si celui qui a inventé la Mercedes-Benz n'avait pas existé, personne n'aurait été tué dans une Mercedes. On ne peut pas mettre ça sur le compte du pauvre Donald.

— Le mal travaille à sa manière, sans faire de bruit, Richard.
— Dans ce cas, il doit se servir d'une machine à écrire.

5

A peine avait-on trouvé Donald que Pete Wagner disparaissait. Son avocat envoya un mot au juge Patty Kyle pour lui dire que depuis des semaines, il n'arrivait pas à joindre Wagner. A son retour d'Europe, Mangan obtint du juge d'application des peines chargé de Wagner un numéro de téléphone, arriva à trouver que ce numéro correspondait à un appartement en haut d'un immeuble de Pompano Beach. Il s'y rendit avec Al Ortenzo.

L'endroit était vide : quatre murs, un plancher, un plafond. Un exemplaire du *Chicago Tribune* traînait par terre dans le salon. L'agent immobilier leur dit que Ginny Ritter avait vécu là avec Pete pendant une quinzaine de jours, puis qu'ils étaient partis, puis qu'un homme y avait emménagé. Wagner avait laissé impayée une note de téléphone de 200 dollars.

— A l'audience pour fixer la caution, m'expliqua Mangan, Pete s'était engagé sous serment devant Patty Kyle à demeurer à l'adresse où on l'avait arrêté, et ce fumier avait déjà signé un bail et versé un acompte sur l'appartement de Pompano Beach.

— C'est révoltant ! Pete Wagner ment ! Qui aurait pu croire une chose pareille ?

— C'est vrai. Alors j'ai fait ce qu'aurait fait n'importe quel agent du Centac avec quelque chose dans le ventre. J'ai demandé à Lurana de déposer une plainte auprès du FBI pour non respect des conditions et pour que ce soit les types du FBI qui le recherchent.

CHAPITRE QUATRE

1

Le téléphone sonna dans ma chambre d'hôtel de New York.
— Mr. James Mills ?
— Lui-même.
— J'ai un appel en PCV pour vous de la part d'un certain Don. Vous l'acceptez ?

— Oui.
Je ne connaissais qu'un Don qui pouvait m'appeler en PCV.
— Allez-y, parlez.
— Mr. Mills ?
— Oui.
— C'est Donald Steinberg.

Donald était disposé à me parler, mais uniquement à condition que son avocat n'en sache rien. Il avait été conduit de San Pedro à une prison fédérale à Miami pour attendre le procès et — comme Dennis l'avait prévu — songeait à coopérer avec l'accusation. S'ils pouvaient parvenir à un accord, Donald plaiderait coupable et déposerait contre d'autres inculpés. Sinon, il comparaîtrait et serait soumis à la décision du jury, en comptant sur sa chance.

Il me dit que son avocat (qui n'était pas Jim Reilly) « serait vraiment furieux s'il apprenait que j'envisageais quoi que ce soit et même que j'abordais le sujet. Je ne veux même pas lui dire que je vous ai appelé, encore moins lui demander la permission de le faire. Parce que c'est encore dans les limbes et il est farouchement opposé à ce que je parle à qui que ce soit de quoi que ce soit.

— C'est décevant.

— Je sais, ça l'est aussi pour moi. J'espérais que ça aurait pu marcher, et je le souhaite vivement, Jim, mais il serait très fâché s'il savait que j'ai discuté de ça. Les avocats sont vraiment drôles. Ils veulent qu'on ne parle à personne.

Je pris l'avion pour Miami, allai voir le Marshals Service chargé de la garde de Steinberg, et me rendis à la prison. Il n'y aurait aucune autorisation de visite à Steinberg sans l'accord de son avocat. Point final.
Mais il restait le téléphone.
Pendant que j'étais dans une chambre d'hôtel de Fort Lauderdale, Donald, torse nu, en short de gymnastique et en tongs, me téléphonait d'un appareil accroché au mur d'une salle de la prison où se trouvaient une table de billard, une table de ping-pong et un poste de télévision couleur. Au cours de longues conversations, qui s'étalèrent sur cinq jours, Donald me parla de sa vie, de ses idées et de l'industrie internationale des stupéfiants.
Etant donné que, au moment où avaient lieu ces conversations (nous devions en avoir cinq autres deux mois plus tard), Donald n'avait pas encore conclu d'accord avec l'accusation, il n'avait évidemment pas l'intention de me faire aucune espèce d'aveux. Néanmoins, coupable ou

non coupable, il pouvait exprimer des opinions sans se compromettre bien qu'à certains moments, se laissant peut-être un peu emporter dans son élan, il avait été bien près d'en faire.

Je lui dis que ça ne devait pas être très agréable de rester debout au téléphone.

— Si si, ça va, je suis un spécialiste des téléphones publics. Au moins ici, je ne suis pas obligé de mettre tout le temps des pièces.

— On dirait que vous avez gardé votre sens de l'humour.

— J'essaie.

Je lui demandai s'il pensait être en mesure de conclure un marché avec l'accusation.

— Je ne sais pas encore exactement ce que je vais faire. Il est certain que je le ferai si cela m'offre la possibilité de limiter mes responsabilités et m'évite de jouer à la roulette russe. Parce que je n'ai pas du tout envie de jouer à la roulette russe avec ma vie.

— Vous voulez dire comparaître en jugement?

— Comparaître en jugement revient à jouer à la roulette russe. Parce que c'est jouer avec sa vie. Si on perd, on en prend pour trente à quarante ans.

— Le maximum est la perpétuité.

— Je sais. Et il est arrivé qu'ils donnent des peines de quarante et cinquante ans. Je pense qu'ils pourraient facilement demander quarante dans mon cas. Et quarante ans sans condition, ça veut dire trente ans, ou peut-être vingt-huit je ne sais plus, si on est libéré avant pour bonne conduite.

— Ça fait beaucoup.

— Ouais. Dans vingt-huit ans j'en aurai soixante. Je serai fichu. Alors si j'ai l'occasion de limiter mes responsabilités et de ne pas être obligé de jouer à la roulette russe, il y a de fortes chances que je saute dessus. Ce serait idiot de ne pas le faire.

— Quelle serait votre situation avec Vivian? Va-t-elle vous attendre?

— Probablement. J'espère. Si l'on en croit les statistiques, elles n'attendent pas. Mais j'ai vraiment l'impression qu'elle m'attendra. Je la ferai déménager pour me suivre chaque fois que je bougerai pour qu'elle puisse venir me voir tous les week-ends. Je crois que si on peut les garder sous la main, conserver le contact... enfin, si la peine est trop longue, je ne lui demanderai pas de m'attendre, au contraire. Mais si c'est pas trop long, j'aimerais bien qu'elle m'attende. Je pense qu'elle le fera.

— Alors vous envisagez de vous remarier?

— Certainement.

— D'avoir des enfants ?

— C'est possible. J'aurai beaucoup de choses en retard à rattraper quand je sortirai, voyager, me promener où et quand bon me semble, vivre libre. Et j'aurai sans doute pas envie de me coincer avec des enfants tout de suite. Mais je suis sûr qu'après quelques années passées hors de prison, je m'y mettrai.

— Et vous vous ferez construire une maison avec une clôture.

— Je ne sais pas si j'aurai une maison avec une clôture, mais ce que je sais, c'est que je ne retournerai pas dans une maison avec des barreaux.

Nous avons parlé de beaucoup de choses, et à la fin, je lui ai demandé ce qu'il voudrait être s'il pouvait faire ce qu'il voulait. La réponse vint immédiatement :

— Je voudrais être hors de prison.

— C'était une question idiote.

— J'ai été très heureux d'être ce que j'étais, de faire ce que je faisais pendant les cinq ou six dernières années. J'étais très heureux, très indépendant. Je me sentais très libre, j'avais ma propre affaire qui roulait, je pouvais faire ce que je voulais, aller là où je voulais. J'aurais certainement pu faire des affaires régulières et m'en sortir très bien. Mais je ne sais pas comment j'aurais réagi psychologiquement. Vous savez, c'est assez curieux, les affaires régulières. On travaille avec des gens qui sont souvent bizarres. Tandis que dans les affaires marginales, vous travaillez avec des gens qui sont comme vous, qui ont l'esprit assez libre, qui n'ont pas forcément envie de faire partie de tout ce qu'implique la société, et dans une grande mesure, on peut être ce qu'on a envie d'être, faire ce qu'on a envie de faire et mener sa vie comme on l'entend.

Son ton était courtois, mais j'avais le sentiment qu'il suffisait que je prononce deux ou trois mots malheureux, et il raccrocherait le téléphone. Et pourquoi pas ? Pourquoi me parlerait-il ? Je ne pouvais même pas faire le moindre geste susceptible de contribuer à la seule chose qu'il voulait réellement.

— J'ai parlé à des gens qui m'ont dit que vous êtes un génie.

— Eh bien, ils ont tort. Je ne suis pas un génie. Pas du tout. (Il rit d'un petit rire aigu et enfantin.) C'est idiot !

— Je ne veux pas interférer dans l'affaire en quoi que ce soit, mais en toute hypothèse, ils disaient que quiconque était capable de gérer une entreprise aussi étendue que celle que vous êtes accusé d'avoir dirigée — que ce soit vrai ou non — est forcément un génie du management.

— Je pense que l'ambition et le travail jouent plus là-dedans que l'intelligence. (Il acceptait la formule consistant à faire comme si ce n'était qu'une supposition, sans rien reconnaître.) Naturellement, il ne faut pas être complètement idiot. Je ne pense pas être plus malin que les autres patrons qui ont des grosses entreprises qui demandent beaucoup de personnel et d'organisation et tout. Par contre, alors que les autres partent en vacances souvent et prennent du bon temps, je travaille un peu plus, j'ai un peu plus d'ambition et d'allant. On peut avoir quelqu'un de très intelligent qui n'est pas ambitieux et qui aura l'air stupide, alors qu'on peut avoir quelqu'un d'intelligence moyenne ou un tout petit peu au-dessus de la moyenne mais qui travaille énormément et se donne beaucoup de mal, et il aura l'air très intelligent, mais ce ne sera qu'assiduité et ambition.

— Si vous deviez tout recommencer, feriez-vous la même chose ?

— Non, parce que je finirais encore en prison, dit-il avec son rire aigu.

— Qu'est-ce qui changerait ?

Dans la salle qui résonnait, j'entendais des bruits de voix et de billes de billard. Quelle question pour un homme qui se trouve en prison !

— Oh, des millions et des millions de choses seraient différentes dans ma vie. Sachant qu'on termine en prison et sachant ce qu'est la prison, je trouverais quelque chose d'autre qui demanderait sans doute beaucoup moins de travail. Vous savez, si j'avais à recommencer en ayant l'expérience que j'ai derrière moi maintenant, ce ne serait plus du tout la même chose. Avoir vingt ans et se demander ce qu'on va faire de sa vie... j'aurais probablement fait exactement pareil. J'aurais sans doute... je ne sais pas ce que j'aurais fait. J'aurais probablement fait presque la même chose et j'aurais vécu dans un autre pays.

— Y a-t-il un pays où une organisation comme celle-ci pourrait exister sans être hors la loi ?

— Non. Mais il y a des pays où ils s'en fichent. En Amérique du Sud, ils ne font certainement pas attention à ce qu'on fait là-bas.

— Si vous aviez un fils de quinze ans, de dix-huit ans, de vingt ans, et qu'il vous demande votre avis sur ce qu'il doit faire, que lui diriez-vous ?

— Je ne lui dirais pas de se lancer dans le trafic de drogue. Je lui dirais de passer un diplôme pour avoir un métier et de se faire une bonne vie, d'être heureux avec une famille. Et d'éviter la prison.

— Est-ce que ce serait le conseil que vous vous donneriez à vous-même si vous étiez plus jeune ? Vous deviendriez avocat, vous auriez une jolie famille et une maison avec une clôture autour ?

— Je ne sais pas. C'est vrai que ce serait une vie agréable, je suis sûr que je pourrais faire un bon avocat. Je me suis trouvé si souvent en leur compagnie depuis tellement d'années, que je commence à savoir ce qu'ils sont et à comprendre comment entrer dans ce genre de moule.

Mais quand j'avais vingt-deux ans, j'étais à mille lieues de songer à devenir avocat. J'avais probablement jamais vu d'avocat à cette époque-là.

Il poussa un soupir, soit à cause de la fatigue occasionnée par la station debout au téléphone, soit à cause de l'émotion provoquée par les souvenirs.

— Si vous aviez un fils de seize ans qui fume de l'herbe, que lui diriez-vous ?

— Rien.

— Vous lui diriez d'arrêter, ou bien ça vous inquiéterait, ou...

— Pas du tout. Vraiment pas. Je lui demanderais sans doute si elle est bonne et s'il peut me passer un joint. Je ne pense pas du tout que ce soit mauvais de fumer de la marijuana. Il n'y a rien de mal à ça.

— Et la cocaïne ?

— Ça c'est autre chose. Je lui dirais de faire attention, de ne pas s'emballer, de ne pas se bousiller le nez, et de ne pas la fumer. Surtout de ne pas la fumer, il y a des choses dans la vie que les gens doivent faire eux-mêmes. Si mon gamin voulait sniffer un peu de coke pour voir ce que c'est et si c'est agréable et tout ça, je n'aurais rien à y redire.

— Et s'il voulait prendre un peu d'héroïne ?

— Là, je lui expliquerais certainement les dangers que je vois ; à mon avis, il aurait beaucoup de mal à être un tant soit peu productif dans la vie. Je suis tout à fait contre l'héroïne. Je ne sais pas pourquoi. J'en ai entendu dire tellement de mal. Les gens ont l'air de s'y accrocher tellement. Mais je crois que c'est pareil, si quelqu'un veut essayer une fois ou deux pour voir ce que c'est et pour faire une expérience, je ne peux pas lui en vouloir.

— Si quelqu'un était dans le business de la drogue, se faisait énormément d'argent et se faisait prendre, une question que les gens se poseraient est : pourquoi continuer après les quelques premiers millions ? Pourquoi continuer à s'exposer au danger ? Pourquoi ne pas prendre l'argent sous le bras et s'en aller mener une vie tranquille quelque part ? Quelle réponse feriez-vous à une telle question ?

— La personne pourrait dire que l'accumulation d'argent n'était pas son seul but. Que le plaisir consistait à le gagner, pas à le posséder. Une fois qu'on a battu un record de vitesse à moto ou en avion, on ne s'arrête pas de courir, parce qu'on veut établir d'autres records. C'est probablement l'excitation, l'amusement, et il aurait sans doute beaucoup d'amis qui lui diraient qu'ils n'ont pas encore eu leur million et qu'il ne faut pas arrêter tout de suite.

— Oui, j'ai remarqué la présence de nombreux amis.

— Okay. (Petit rire.) Le type répondrait sans doute : pourquoi laisser tomber ? Au bout d'un moment, l'argent perd de son importance, et il s'amuse. Si on lance une chaîne d'hôtels et qu'on en a déjà soixante-dix-huit, pourquoi en construire un soixante-dix-neuvième ? Qui a besoin des problèmes que posera le soixante-dix-neuvième s'il en suffit de soixante-dix-huit ?

— Sauf qu'on ne met pas les gens en prison pour avoir construit des hôtels.

— Tant qu'on n'est pas en prison, on ne pense pas à la prison. On se dit que ça n'arrive qu'aux autres. Tant qu'on n'a pas vraiment été en prison, ça n'existe pas. Si quand j'avais vingt et un ou vingt-deux ans, on m'avait condamné à une peine très longue pour quelque chose, quarante ans par exemple, et qu'au bout de trois ou quatre mois, alors que j'aurais pensé passer toute ma vie en prison et que j'aurais perdu tout espoir de sortir, on m'avait dit brusquement : « Bon, on va vous laisser une chance », je n'aurais plus jamais refait quoi que ce soit qui aurait risqué de me renvoyer en prison.

Il s'arrêta. Les derniers mots étaient si faibles que je les avais à peine entendus. Quelle expression avait son visage ?

— Quand ils prennent des jeunes et qu'ils les mettent en liberté surveillée, ils ne leur montrent pas ce que c'est que la prison, ils leur montrent qu'on peut s'en sortir facilement, s'en tirer avec une tape sur la main, rien de plus.

Il faisait certainement allusion aux années de liberté surveillée auxquelles il avait été condamné au Texas lorsqu'il avait été arrêté à l'âge de vingt-trois ans.

— Mais quand on approche de quarante ou de cinquante ans, toute la vie en prison, on a une vision des choses complètement différente. Ce n'est plus une tape sur la main. C'est tout. C'est sa vie.

J'attendis un moment mais il ne disait plus rien. Il avait parlé de ses amis.

— Pourquoi aviez-vous toujours tous ces amis avec vous ?

— J'ai toujours eu beaucoup d'amis autour de moi. Ça a toujours été un jeu. Vous savez, regardez tous ces groupes soi-disant de la Mafia et tous ces trucs et ces organisations bizarres. Mais je pense que certains groupes, on se rend compte tout de suite qu'on y est juste pour le plaisir, pour s'amuser, pour le jeu et l'aventure, ça n'a rien de vraiment sérieux ou de dur ou d'intense ou... rien de tout ça. Je sais qu'il y a des types là-dedans qui tuent des gens mais je suis sûr que ces autres groupes « hypothétiques », tout ce qu'ils faisaient c'était de s'amuser et qu'ils n'ont jamais vraiment eu l'impression de faire quelque chose de mal. Ils s'amusent, rien de plus.

— Si vous parvenez à un accord avec l'accusation et que vous plaidez coupable, qu'est-ce que vous pensez avoir comme sentence ?

— Eh bien, je *crois*, je crois que j'aurai dix ans, cinq avec un peu de chance.

S'il plaidait coupable du crime défini par l'article 848 définissant l'activité criminelle continue, le minimum était de dix ans et le maximum la perpétuité. Il espérait évidemment que l'accusation prononcerait une ordonnance de non-lieu pour cette inculpation et le laisserait plaider coupable de trafic, ce qui est passible d'une peine de cinq ans.

— Et ensuite vous sortirez, et ensuite ? Que deviendra Donald Steinberg ?

— Une maison avec une clôture.

— Alors vous allez rejoindre la foule des costumes trois-pièces.

— Ça, j'en sais rien. Mais je ne me mettrais plus jamais dans une situation susceptible de me mener de nouveau en prison. J'aime pas ça. C'est pas mon truc.

— Ça je vous crois.

— Y a des gens qui se plaisent ici. Ils violent la loi, passent quelques années en prison, restent un an dehors et replongent immédiatement pour quelques années de mieux. Pour eux, le jeu en vaut la chandelle. (Sa voix baissa encore une fois, et son débit ralentit.) Pour moi... rien ne peut valoir... rien... aucune somme d'argent... rien... le coup de gâcher sa vie... et de la remettre... entre ces murs. (Il avait l'air désespéré d'un homme pour qui l'horrible vérité est arrivée avec un instant de retard.) Il y a suffisamment d'argent, suffisamment d'aventure dans le monde sans avoir à faire quelque chose qui coûte la prison pour ça.

— Vous préféreriez être pauvre et dehors ?

Encore une question idiote.

— Certainement. On ne peut dépenser que quatre-vingt-cinq dollars pour acheter à manger ici.

— Avez-vous jamais eu l'impression que quelqu'un vous avait laissé tomber ?

— Oh, à peu près 99 % des gens que je connaissais. On a l'impression d'avoir fait des tonnes de choses pour les gens et on ne voit jamais l'ascenseur qui revient. On se rend compte que les gens ne s'occupent que d'eux-mêmes. On essaie de mener une vie où on s'occupe de tout le monde et où on travaille et où on aide tout le monde, et puis on s'aperçoit que les autres ne voient pas les choses de cette façon-là.

— Que pensez-vous des gens qui vont peut-être déposer contre vous ?

— J'aimerais qu'ils ne le fassent pas. Je trouve ça dur et j'ai du mal à dire que je les comprends, mais il y a des circonstances où... par exemple Bob Straus, il vient d'avoir deux enfants, des jumeaux, et il ne veut pas retourner en prison. Pour lui, sa liberté compte plus que ce que je peux penser de lui. Eric Emmerich aussi, il va déposer contre moi, je viens d'apprendre ça. Il est sympa, mais c'est un vrai môme. On ne peut pas dire qu'il soit vraiment en difficulté. Il était témoin à mon mariage il y a dix ans. On a été proches pendant des années. C'est le genre de type qui devrait se contenter d'une petite maison avec une clôture autour et qui serait très heureux d'y rester. Mais ça ne m'ennuie pas trop, des gens comme ça, si c'est ça qu'ils veulent faire, eh bien qu'ils le fassent !

— Que pensez-vous d'Alan Arruda ?

Donald ne savait pas encore qu'Arruda serait un témoin important contre lui et que, depuis sa prison, il avait fait tout ce qui était en son pouvoir pour essayer de le localiser.

— Alan est un très très bon ami, un type bien, un type vraiment sympa, un bon garçon, un vrai gentleman.

Il commençait à avoir l'air fatigué.

— Je vais peut-être vous laisser vous reposer.

— Okay. Ça doit être très difficile de poser des questions par téléphone sans avoir l'expression du visage.

— Non, pour moi, c'est facile. C'est pour vous que c'est difficile. Mais j'apprécie vraiment que vous le fassiez. Et je me demande pourquoi vous le faites. Hein ? Pourquoi est-ce que vous me parlez ?

— Je n'ai aucune raison particulière de ne pas vous parler. Vous allez écrire un livre et j'aime autant essayer de présenter quelques-unes de mes opinions. Je ne sais pas non plus pourquoi, mais je n'ai pas l'impression que ça puisse me nuire, alors...

— Il n'y a aucun moyen pour moi de pouvoir vous toucher, hein ? A moins que ce soit vous qui m'appeliez, c'est ça ?

— C'est ça, ils ont trouvé tous mes services d'abonnés absents. Ils ne veulent pas que j'aie mon beeper. Ce serait pourtant drôle d'avoir un beeper en prison.

— Et deux ou trois rouleaux de pièces de monnaie.

— Et une fente pour les mettre dedans, ça serait pas mal.

— Est-ce que je peux faire quelque chose pour vous du dehors ?

— Vous pouvez passer quelques coups de fil pour moi. Non, je plaisante. N'allez pas vous attirer des ennuis en ville ce soir !

— Sinon, je vous donnerai leurs noms.

— Vous auriez encore plus d'ennuis. Vous pouvez appeler mon garant pour ma caution.

2

Le lendemain matin de ma première conversation avec Donald, Mangan me dit que Lurana et lui devaient rencontrer Donald et son avocat à Miami pour évaluer les possibilités d'un arrangement avec l'accusation.

— Nous allons voir ce qu'il a à nous raconter.
— Quelles indications son avocat vous a-t-il données ?
— Eh bien, en gros, que Donald pourrait incriminer certains financiers, des Colombiens comme Jacky Gallo à Miami et l'opération Frank Lepere à Boston, qui avait enlevé Romanelli, et ce Johnny Love, qui semble avoir des affaires qui marchent actuellement à côté de Miami. Et apparemment, Ray Mendoza est sur un gros coup en ce moment même.
— Et Reilly ?
— Non.
— Vous pensez qu'il y a quelqu'un au-dessus de tout ça qu'il pourrait donner ?
— J'aimerais le croire, mais je ne suis pas sûr du tout. Ça ne se présente pas bien pour conclure un marché. J'ai eu Lurana ce matin et j'ai plutôt plaidé en défaveur d'un accord. Je pense qu'il va finir par être obligé de plaider coupable du crime défini par l'article 848. Pour faire mieux que ça, il faudrait qu'il ait beaucoup de renseignements intéressants à donner.

Si Donald plaidait coupable d'activité criminelle continue, article 848, il serait la première personne à le faire en Floride et seulement le troisième dans tout le pays. Le premier avait été le distributeur de Sicilia-Falcon, Roger Fry, dans le Centac-12.

— S'il plaide coupable de cela, dis-je, il faudra qu'il fasse au moins dix ans.
— Oui. Et dix longues années, sans condition.
— C'est pas aussi long que la perpétuité.

C'était ce qu'il risquait s'il plaidait non coupable et était condamné.

— C'est vrai. Mais il est désespéré et quand on est désespéré, quelle différence y a-t-il entre dix ans et la perpétuité ? Moi, je m'en rends compte, mais je pense qu'il cherche mieux que ça.
— Vous pensez qu'il y aura compromis ?
— Je suis pessimiste.

3

Donald m'appela à trois heures de l'après-midi.
— J'ai passé toute la journée avec mon avocat.
— Il avait de bonnes nouvelles pour vous ?
— Heu... ça va. Je m'en sortirais à peu près comme j'espérais, je pense.

Son avocat a dû lui dire qu'il n'y avait guère de chances pour une ordonnance de non-lieu du 848 ni pour une sentence de cinq ans.
— Vous pensez pouvoir arriver à quelque chose ?
— Ben, rien de... enfin, un peu mieux quand même que vingt ou trente ou quarante ans.
— Certaines personnes avec qui j'ai parlé sont un peu ennuyées de voir quelqu'un — je ne parle pas nécessairement de vous, d'accord ? ajoutai-je pour lui rappeler les règles du jeu.
— D'accord.
— Oui, qui sont gênées qu'un trafiquant de drogue, quelqu'un d'impliqué dans le business, possède de grosses voitures et une grande maison, et se paie du bon temps : elles ont l'impression qu'il resquille, en quelque sorte. Quelle reaction avez-vous face à une telle attitude ?
— Je trouve ça désolant, parce que cet homme ne resquille pas. Il a été engagé dans un business, comme n'importe qui peut l'être dans un restaurant ou dans une entreprise de construction. Il est obligé de travailler aussi dur et d'être aussi bon en affaires que qui que ce soit. Ce n'est pas simplement le désir de faire des affaires qui enrichit automatiquement les gens. Seul un très faible pourcentage de gens parviennent à la richesse ; les risques sont très gros, et les problèmes, les ennuis, les difficultés qu'ils rencontrent sont très durs à vivre. Je ne dirais donc pas du tout qu'ils resquillent. (Il se tait un moment.) Ils sont jaloux. Ça n'a rien à voir avec de la resquille. C'est un rude boulot. La rémunération est substantielle, mais les risques sont loin d'être négligeables.
— Vous aviez toujours souhaité être riche et vous l'êtes devenu. Qu'avez-vous aimé le plus dans la richesse ?
— Le fait de faire ce qu'on veut. Pouvoir aller là où on veut quand on veut. A sept heures du soir, vous avez envie de sauter dans un jet privé pour aller à Aspen pour une party de Halloween ; on passe un coup de fil pour leur dire d'être à l'aéroport à telle heure et ils sont là. Il suffit de prendre votre voiture, de sauter dans l'avion et de faire la fête pendant le vol. Des trucs comme ça. Pouvoir sauter dans un avion privé et aller à Las Vegas, revenir chez soi dans une grande maison avec une piscine et

sauter dans sa Mercedes pour aller au port et sauter dans votre bateau et faire un peu de vitesse sur mer, et rentrer et aller dîner et traîner un peu et boire du Champagne et donner de l'argent aux gens ou des trucs comme ça. Etre généreux.

— Il a dû y avoir des réceptions fabuleuses à Fort Lauderdale.

— Oui, et partout dans le pays. Je suis sûr que les autres ont dû en avoir dans le monde entier.

— Par exemple ?

— La suite de Frank Sinatra au Ceasars' Palace de Las Vegas est démente !

— Vous y êtes resté combien de temps ?

— Un jour ou deux. J'avais sa chambre personnelle. Il y a quatre ou cinq chambres, deux bars, un piano à queue, le grand jeu quoi. C'était vraiment chouette. Lynn était là avec quelques autres. Mais on en a fait des centaines, de réceptions, dans un tas d'endroits fabuleux. Plein de bons moments !

J'avais entendu dire que Lynn Mizer avait réussi à avoir la suite de Sinatra grâce à son amitié avec Jimmy le Grec.

— Carol était avec vous ?

— Non, pas cette fois-là. Elle était restée à la maison. Mais elle venait souvent avec moi à Las Vegas. C'était juste un endroit agréable, comme tant d'autres. On louait un avion et on allait un peu partout dans le pays, dans tous ces coins différents. Un soir on était à Tahoe, un autre soir à Aspen, ensuite à Los Angeles et à San Francisco et... Vegas n'était qu'un arrêt parmi d'autres. Il y avait en général quatre ou cinq garçons et une ou deux filles. On faisait des fois un peu de business, mais on prenait surtout du bon temps.

— Qui payait pour ces tournées ? Vous ?

— Qui d'autre ? Qui allait offrir un voyage en Learjet de cinq ou dix mille dollars ?

— Vous payiez en liquide ?

— En général, oui.

— Ça fait beaucoup de liquide, ça, dix mille dollars.

— Pas quand on joue au Monopoly !

— On dirait que votre vie se passait surtout dans le plaisir.

— Non, c'était un travail absolument énorme. Vingt heures par jour parfois. Il m'arrivait de me sentir complètement esclave de ce que je faisais. J'étais totalement responsable d'un nombre incroyable de gens ; ils pouvaient m'appeler à toute heure du jour et de la nuit, et il fallait que je sois là, je ne pouvais pas débrancher mon beeper. Et on savait jamais pourquoi ils appelaient, si c'était important ou pas. Alors, à sept heures du matin, ou à quatre heures du matin, ou à onze heures du soir, pendant les repas, pendant que je faisais l'amour, pendant que je me reposais, pendant n'importe quoi, la folie du beeper.

— Quand vous êtes enfin devenu riche, était-ce comme ça que vous imaginiez la richesse ?

— Heu... je ne sais pas. Quand ça arrive, on n'y pense plus de la même façon. Je ne me disais pas que c'était ce que j'avais toujours voulu, que c'était ce que j'avais espéré. Je crois que quelque chose qui compte beaucoup, c'est qu'on a un énorme sentiment de sécurité. De toute façon... on ne peut pas être totalement satisfait par quoi que ce soit. Par contre, il y a des fois où c'est encore bien plus fabuleux que ce qu'on pouvait espérer. Offrir une Rolls Royce à quelqu'un pour son anniversaire et des trucs comme ça, c'est vraiment génial. (Il fait une pause et poursuit sur un ton plus sérieux et plus réfléchi :) Il y a des millions de choses dans la vie qui seraient super. Mais quoi qu'on choisisse, on choisit, et on se demande toujours si on aurait pas dû faire autre chose qui aurait été plus gratifiant. Peu importe ce que c'est. On ne peut pas s'empêcher de se le demander. Si j'avais... est-ce que j'aurais pu...

— Si vous n'aviez pas été dans la drogue...

— Je me pose moi-même la question. J'aurais très bien réussi et j'aurais eu une vie très bien. Je serais probablement très riche à l'heure qu'il est. Mais on arrive au bout de la route et on tourne soit à gauche soit à droite. C'est dommage que la vie des gens soit... qu'ils aient à choisir une route très jeune. Si on pouvait juste se promener jusqu'à trente ans, on aurait sans doute une idée beaucoup plus claire de ce qu'on veut vraiment dans la vie. (Il a maintenant trente-deux ans.) Mais je sortirai de prison à un âge où je pourrai encore faire quelque chose, goûter la vie et passer de bons moments. Je n'ai pas l'impression que l'accusation ait envie de m'enfermer pour vraiment très longtemps.

— Que dit votre avocat ?

— Il ne dit pas grand-chose. Les avocats sont comme les boxeurs, ils aiment être sur le ring. Et ils croient toujours qu'ils vont l'emporter sur leur adversaire. Les avocats aiment se battre, mais quand ils perdent, ils rentrent quand même chez eux le soir. C'est pas eux qui purgent la peine. Si l'avocat pense qu'il a 20 % de chances de gagner, il voudra se battre, se battre, se battre. Mais si ça tombe sur les 80 % qui restent, il prend son argent et rentre chez lui.

— Que pensez-vous de Dick Mangan ?

— Oh ! Il est... Je n'ai pas de problèmes avec lui. Il est réglo. Il a un travail et il le fait.

Je lui demande quel est le mode de vie d'un homme qui dirige une grosse organisation de trafic de marijuana.

— Je dirais que c'est un genre de vie qui ressemble beaucoup à celui d'une grande rock-star. C'est comme ça que les gens de notre... heu... des gens que je connais bien... voyaient la chose. Où qu'on aille, il y a des réceptions tous les soirs et tous les jours ; il se passe toujours quelque chose. Où qu'on aille, il y a des tas de gens qui vous attendent et des femmes qui vous attendent, vous et la drogue. Tout, tout n'attend plus que vous. C'était vraiment super.

— Si tout cela ne s'était pas écroulé, où en seriez-vous ? Quelle était votre ultime ambition ?

— Oh, je serais peut-être allé vivre en Amérique du Sud ; ou sur une île du Pacifique, ou en Australie ; je serais peut-être allé faire de l'archéologie en Inde, j'aurais peut-être ouvert un hôtel dans les Caraïbes, un million de choses sont possibles.

Projets, esprit libre, rock-star, paradis des îles... D'une certaine manière, il me rappelait Sicilia-Falcon et son empire insulaire.

— Quels ont été vos buts les plus élevés, les plus fous à vos moments les plus ambitieux.

— Réussir.

— Mais vous aviez déjà réussi.

— Alors essayer d'être heureux.

— Etiez-vous heureux ?

— Heu... matériellement, oui. C'est le genre de chose qu'on ne comprend pas quand on est plus jeune, et ensuite, quand on vieillit, ce bonheur matériel n'est pas nécessairement le bonheur qu'on recherche. C'est un bonheur temporaire et... c'est juste. On ne peut comparer aucune chose matérielle à l'horreur de la prison, où c'est votre vie même qui vous est confisquée.

Nous parlons de la routine de la prison : debout à sept heures moins le quart, petit déjeuner (aujourd'hui c'était du pain perdu), balayage et nettoyage de la chambre, déjeuner à onze heures (salade de thon et macaroni), dîner à quatre heures, extinction des feux à onze heures ou minuit.

— J'ai la meilleure cellule de la taule, à un coin, ma chambre est complètement isolée.

— Comment avez-vous fait pour avoir la meilleure pièce ?

Je repensais au poste qu'il avait dégoté à l'armée comme chauffeur du commandant, et plus tard au Vietnam où il avait une maison privée avec des serviteurs et la seule machine à Coca-Cola du camp.

— Elle s'est ouverte juste le jour de mon arrivée, et je me suis glissé dedans.

— Vous avez toujours eu de la chance.

— Ça, je ne sais pas. Des fois, ça vous rattrape.

— Qu'est-ce que c'est le pire, en prison, pour vous ?

— C'est une perte de temps et de vie absolument totale. (Il est en colère.) Je comprends que des types très violents qui pourraient sortir dans la rue et tuer des gens soient enfermés, mais pour ceux qui sont complètement non violents, qui n'ont commis pour l'essentiel que des crimes de « bureau », il doit forcément y avoir un châtiment plus adapté. Je ne pose pas de problème disciplinaire, je ne sors pas pour tuer et tirer sur les autres. J'ai acquis un bon sens moral et j'ai appris à être quelqu'un d'assez bien je crois.

Je lui demande ce qui lui manque le plus en prison.

— La liberté. La liberté par-dessus tout. La possibilité de faire ce qu'on veut de sa vie, ne pas être soumis au « allez là, faites-ci, faites-ça, fermez, restez dans votre chambre ». C'est dingue. Ils vont me faire faire mon temps, c'est tout, ça va rien leur donner. Ils ne me reverront pas ici.

— Si vous êtes jugé coupable, quelle punition trouveriez-vous juste ?

— Ça y est, je l'ai déjà eue. Je trouve qu'elle est suffisante et que toute autre serait superflue. S'il s'agissait d'héroïne, si j'avais tué quelqu'un ou des choses comme ça, dans ce cas-là... Mais pour de la marijuana, j'ai du mal à comprendre que quelqu'un soit obligé de faire de la prison pour ça. Ça ne me paraît pas juste du tout qu'ils volent la vie de quelqu'un. Et prendre plusieurs années de la vie d'un homme revient un peu à le détruire, parce que quand il aura terminé, il n'aura plus de vie. Prenez un type vraiment bien, c'est ridicule de détruire sa vie à cause de marijuana. C'est idiot. Ça ne correspond en rien à l'esprit dans lequel fut fondé notre pays. Ça ressemble à des trucs d'Hitler en Allemagne ou des pays comme ça.

» Je ne ferais rien d'illégal si je sortais de prison demain. La prison est complètement absurde, être obligé de rester là comme un rien du tout, comme un légume, pendant des années et des années, être un rien du tout, tout ça parce qu'on est puni pour avoir commis quelque chose qui n'a fait de mal à personne. Ils commettent un crime plus grand en vous faisant ça que nous en ayant fait ce qu'on leur a fait.

— Avez-vous déjà entendu parler de Gabby Tan ?

— Qui ?

— Gabby Tan. T-A-N.

— Non.

— Il était membre d'équipage sur un bateau.

— Non, j'ai jamais entendu parler de lui.

— Il est retourné à Singapour et il est tombé d'une fenêtre, soit qu'il ait sauté soit qu'on l'ait poussé, et il s'est tué.

Petit rire aigu.

— Qu'est-ce que ça vous fait d'apprendre ça ?

— Vous venez de l'entendre. Je ne sais rien de cette histoire et je ne vois pas pourquoi John Russell aurait fait une chose pareille, j'ignore s'il l'a fait ou non, ou quoi que ce soit.

Ça n'avait pas eu l'air de l'intéresser beaucoup, si ce n'est que ça l'avait vaguement amusé d'imaginer que le timide John Russel puisse balancer quelqu'un par la fenêtre. Il aurait certainement été stupéfait d'apprendre qu'on pouvait le tenir pour responsable ne serait-ce que partiellement.

Je lui demandai ce qu'il pensait de Fort Lauderdale où, disait-on, une « certaine organisation » avait pratiquement été maîtresse de la ville pendant un temps.

— C'était juste comme un énorme gâteau et chacun en a eu une bouchée.

— Il y a encore des gens qui en mangent, non ?

— Oui, certainement. Au point que la « certaine organisation » va bientôt avoir l'air d'un jeu d'enfant. Il y a des centaines et des centaines de groupes qui opèrent dans la région de Miami et de Fort Lauderdale. Des centaines.

— Cette organisation que vous êtes accusé d'avoir dirigée, si elle avait continué, quel aurait été son avenir à votre avis ?

— Ecoutez, je vous dirai qu'à l'heure actuelle, il y a dans le monde de nombreuses organisations qui sont bien structurées et qui agissent à des niveaux extrêmement élevés. Elles font des centaines et des centaines de millions de dollars par an, et elles sont très prospères.

— Si je vous disais que je connais une organisation qui fait un milliard de dollars par an, me croiriez-vous ?

— Oui. Je suis sûr qu'il y a des business de cocaïne qui arrivent à ce genre de chiffres. Regardez, prenez la cocaïne, par exemple, cinquante mille dollars le kilo, ça fait combien de kilos, un milliard de dollars ? Disons quinze tonnes par mois. Je suis sûr qu'il y a pas mal d'organisations qui font quinze tonnes par mois. Il doit y avoir beaucoup, enfin plusieurs groupes, qui font un milliard par an. Et je dirais qu'il doit y en avoir entre vingt et cinquante qui font facilement cent ou deux cents millions par an. Facilement !

— Quelle est l'influence politique d'une telle organisation ?

— De nombreux pays d'Amérique centrale et d'Amérique du Sud sont complètement dirigés par les organisations de trafic de drogue. En ce moment même.

— Où ?

— Je dirais en gros que tous les principaux pays d'Amérique du Sud reposent en grande partie sur l'argent de la drogue. Je dirais que c'est le facteur le plus important dans tous les pays d'Amérique latine.

— Considérant une organisation gagnant un milliard de dollars par an, quand on entre dans les gouvernements d'Amérique du Sud...

— Je suis certain que les gens qui ne marchent pas avec le système sont éliminés. Si l'argent ne suffit pas à les convaincre, la violence saura le faire. Ils ont un but et ils l'atteindront.

— Jusqu'à l'insurrection et la mise en place de leur propre gouvernement ?

— Ce n'est absolument pas exclu que... je suis sûr que ça se produit dans beaucoup de ces pays.

Les gardiens sont venus le chercher pour le dîner, et nous avons raccroché. Il me rappela à sept heures et quart.

— Il y a environ six mois, lui dis-je, j'ai passé un moment avec les parents de Carol...

— Ah oui ? dit-il l'air à la fois surpris et ravi. Qu'avaient-ils à vous raconter, eux ?

— Mais, d'abord, dites-moi ce que vous pensez d'eux.

— Je trouve que ce sont des gens très très gentils. Je ne les connais pas vraiment très bien. Je les ai vus seulement occasionnellement, mais ils sont très gentils.

— Ce sont des gens très croyants.

— Oui, je sais. Ils sont très religieux.

— Ils m'ont dit que la seule chose que vous aviez voulu garder de Carol était sa Bible.

— Heu, oui, enfin, c'est à peu près ça, en fait ce sont eux qui m'ont demandé de la garder, je crois que c'est comme ça que ça s'est passé.

— Vous l'avez toujours ?

— Oui, elle est à la maison. J'ai laissé toutes mes affaires à Vivian. Mais je ne lis pas la Bible. Ils me l'ont demandé, mais je ne lis jamais la Bible. Ça ne m'intéresse pas, c'est tout. Mais ils la lui avaient offerte la dernière fois qu'ils l'avaient vue, et ils y tenaient beaucoup. Alors, ils m'ont demandé, heu... si je me souviens bien, ils m'ont demandé de la garder, à moins que ce soit moi qui le leur aie demandé... je ne me rappelle plus exactement.

— Est-ce que ça vous est encore très pénible de parler de Carol ?

— Pas autant qu'avant. Je peux en parler.

— Pouvez-vous me dire quelque chose à son sujet ?

— Elle était merveilleuse. C'était une fille formidable. Elle m'aimait avec la plus grande sincérité. Elle ne m'a pas laissé tomber.

— Sa mort a dû être un choc terrible pour vous.

— Oui, ça a été un choc terrible. Ça a été une tragédie absolument horrible, horrible. C'est ce qui m'est arrivé de pire dans ma vie. Rien au monde ne peut se comparer à ça.

— Ça vous bouleverse encore ?

— J'y pense encore souvent. Mais j'ai beaucoup de chance d'avoir Vivian. Sans elle je ne sais pas ce que j'aurais fait.

— Lorsque Carol est décédée, vous n'étiez pas en Californie, n'est-ce pas ?

— Non, j'étais à New York. C'était encore pire. Peut-être que d'être là, c'est pire, et ne pas être là, c'est pire. Bien sûr, ne pas pouvoir aller à l'enterrement, c'était très dur. Tout était dur.

— Avez-vous eu ses parents au téléphone depuis ?

— Deux fois seulement, une fois tout de suite après sa mort, puis une fois au moment de l'enterrement. Mais après ça, je ne les ai plus appelés. J'avais beaucoup de mal à leur téléphoner, ça me replongeait en plein dedans. Je crois que c'est quelque chose qu'on essaie d'effacer de son esprit et qu'on n'a pas tellement envie de s'entendre rappeler.

— Est-ce que Vivian est le même genre de fille que Carol ?

— Non, elles sont très différentes. Elles sont toutes les deux très loyales. Et très aimantes. Et très fidèles, et merveilleuses. Mais elles ne se ressemblent pas.

— Je pense que j'en ai à peu près terminé. Pensez-vous pouvoir me dire quelque chose que je ne vous aie pas demandé ?

— Non, nous avons pas mal discuté du genre de personne que je suis, un type ordinaire en fait, un type qui n'a rien de terrible. Je ne suis pas le genre à attaquer les vieilles dames ou des choses comme ça. Juste un gars qui a joué au Monopoly quoi.

— Avec des vrais dollars.

— Avec des vrais dollars oui. Louer des jets autant qu'on en veut, faire ce dont on a envie n'importe comment, n'importe quand, n'importe où.

Un type ordinaire.

Je lui posai des questions sur son oncle Bobby, qui avait été inculpé pour avoir vendu cent grammes de cocaïne à un agent du Centac infiltré à Chicago. D'après sa réponse, cela ressemblait à la description de beaucoup de gens qui entrent dans le business de la drogue.

— Il était comme ces gens qui tout à coup découvrent un mode de vie totalement différent, quelque chose dont ils ont probablement rêvé, qu'ils n'avaient jamais pensé voir ou avoir de toute leur vie. Alors qu'est-ce que vous faites quand vous avez quarante ans et que vous voyez ça ? Et qu'avant, vous n'avez jamais rien fait d'autre que de traire les vaches pour ainsi dire. On se lance dedans. Il s'est lancé un peu trop fort. Il paraît qu'il a beaucoup d'ennuis maintenant. Mais c'est ce qui arrive quand ils se lancent et qu'ils se déchaînent. Ils n'ont pas du tout ces années d'expérience qui aident à savoir aller un tout petit peu doucement quand il faut, et ils se jettent à l'eau tout seuls, ils s'emballent et ils se font piquer tout de suite.

— Mais vous, vous aviez de l'expérience et vous êtes aussi en prison.

— Oui, mais il m'a fallu un peu plus d'un an ou deux pour y arriver. J'ai pas vendu de la cocaïne à des agents infiltrés, moi, quand même. (Il toussotte.) Hein ?

— Ça, c'est vrai que c'est pas malin.

— Ben non... Si, je suis vraiment idiot moi aussi. (Il avait l'air fatigué, résigné.) J'étais naïf plus exactement. Si je ne l'avais pas été, j'aurais pu voir des avertissements il y a plusieurs années et j'aurais compris ce que me réservait l'avenir. Mais au lieu de ça on se déchaîne, on s'emballe et on ne s'en fait pas. On ne pense même pas aux mauvaises choses. On s'amuse trop pour pouvoir croire que ça peut mal tourner. Mais... Carol était merveilleuse, Vivian est merveilleuse, l'amour est merveilleux, le bonheur est merveilleux. Et la prison est épouvantable.

— Je crois que ça résume le tout en trois mots.

— Rien ne vaut le coup d'aller en prison.

— Bon, je vais vous laisser y aller.

Ça faisait des heures qu'il était au téléphone.

— Oui, c'est ça, laissez-moi y aller, j'ai un rendez-vous, ouais. Ils ont commandé de la pizza, il faut que j'aille payer à la caisse.

— Non, je voulais dire, heu...

— Je comprends, Jim.

4

Cela faisait presque dix ans que Donald avait vendu sa première once de marijuana dans la vallée de la Fox River, cinq ans qu'il avait fait entrer sa première cargaison transportée par bateau à Fort Lauderdale, trois ans depuis les descentes à l'Ireland's Inn et la création du Centac-20. Les bénéfices de plusieurs millions de dollars, les yachts, les résidences et les locations de jets particuliers appartenaient au passé. La fête était terminée.

Le lendemain de notre dernière conversation, Donald fut transféré à Fort Lauderdale pour une réunion avec son avocat, Dick Mangan et Lurana Snow. Ce serait peut-être la réunion la plus importante à laquelle il ait jamais assisté, qui pourrait être déterminante quant à la durée de son séjour en prison, quelques années ou sa vie entière.

Donald n'était pas le seul à s'inquiéter des conséquences possibles de cette entrevue.

— J'ai beaucoup d'appréhension, me dit Mangan. J'ai acquis un certain sens de... un sentiment de responsabilité vis-à-vis de lui.

— De Donald ?

— C'est-à-dire que, je vais vous dire en quel sens. Il est, enfin, il faut voir en lui un individu désespéré. Ce n'est pas quelqu'un de mauvais. Il a violé la loi et je suis d'accord pour qu'il purge sa peine. Mais il y a tellement d'autres types, comme Ray Mendoza et Pete Wagner et une série d'autres qui, en plus d'avoir enfreint la loi, sont révoltants. Ils sont pervers.

« Mais Steinberg, en quelque sorte, il a simplement, heu... il a fait ce qu'il a fait et il a gagné son fric avec ça mais il ne me paraît pas foncièrement mauvais. Et il a l'air de me tendre les bras et de m'appeler au secours. Et je ne pense pas que nous soyons en mesure de parvenir à une transaction. Je pense que cela nous fera du tort si nous faisons en sorte que les autres avocats de la défense puissent dire : " Ils ont abandonné le tribunal au caïd et moi, mon client est un pauvre bougre qu'ils veulent persécuter. " Je crois donc qu'il n'y aura aucun marché de conclu. Et je crois que Donald s'adresse personnellement à moi comme à son dernier espoir. Et je ne vais pas être en mesure d'y répondre.

— Oui, il est clair qu'il a une grande confiance en vous. En partie je suppose parce qu'il comprend qu'il a besoin de tous les amis qu'il peut avoir.

— Je crois que le désespoir nourrit la confiance. J'ai juste une sorte d'angoisse, dans une certaine mesure, à ce sujet. Je préférerais tourner le dos et ne pas avoir à y faire face. Je n'ai pas envie de me trouver là demain et d'avoir à lui dire en le regardant dans les yeux : « Donald, je sais que je suis votre dernier grand espoir, mais je vais être obligé de vous dire que ça ne va pas marcher. » J'ai l'impression que c'est un peu comme les gendarmes et les voleurs. Il y a une sorte de camaraderie qui se forme au bout d'un certain laps de temps, et une sorte de compréhension mutuelle qui s'installe entre le chef des trafiquants de drogue et le chef des agents. Comme si on allait essayer de créer un lien au bout du compte pour... pour sauver quelque chose. Et je crois que ça ne va pas avoir lieu, et je crois qu'il va être très déçu, et je le plains un petit peu. Je ne vais pas reculer devant les responsabilités et essayer de proposer à l'instruction quelque chose qui n'existe pas. Mais je ne caresse pas non plus l'idée d'écouter ce que je pense qu'il dira puis d'avoir à lui dire : « Voilà, Donald, rien à faire, on se verra au procès. » Je ne sais pas, vous ne pouvez sans doute pas imaginer la scène, mais c'est comme ça que je le sens.

— Je crois que c'est un manipulateur de première.

— Vous croyez ?

— Absolument. Je crois qu'il a toujours manipulé les gens avec sa vulnérabilité de petit garçon. C'est devenu une seconde nature pour lui. Je crois qu'il a vécu comme ça toute sa vie.
— Vous croyez qu'il...
— C'est « Pauvre de moi, c'est vrai, j'ai bien fait tout ça, mais oh! la la, est-ce que je mérite une chose pareille? Mettez-moi au coin, mais je ne mérite quand même pas que vous me fassiez sortir dans le couloir. » C'est comme ça qu'il parle, et j'ai l'impression de me trouver dans une classe de cours élémentaire à Carpentersville. Vous vous souvenez de l'attitude du juge d'application des peines au Texas?
— Oui.
— Il a marché dans la combine Steinberg les yeux fermés.
— Oui, oui.
— Oh! Un bon garçon en fait, il m'écrivait des gentilles lettres!
— Ouais.
— Je ne suis même pas certain que la manipulation soit intentionnelle. Je crois qu'il est légèrement sociopathique. Je pense qu'il est un peu déséquilibré. Parce que quand il dit qu'il n'a jamais fait de mal à personne, il le croit vraiment, il s'est juste promené dans des Learjets avec des amis et a pris du bon temps. Pourquoi veulent-ils me jeter en prison? Moi! On dirait un écolier qui parle à son instituteur.
— Il a eu cette attitude avec moi aussi. Oui, il peut manipuler certaines personnes. Sans avoir été présent, je suppose que quand vous l'aviez au téléphone, vous étiez tout miel pour le manipuler dans le sens de ce que vous vouliez en tirer vous.
— C'est vrai. Je passe beaucoup de temps à manipuler les gens. Mais vous savez mieux que quiconque que je n'y réussis pas toujours!
— Dick Mangan, la prostituée de Jim Mills.
— Ce n'est pas vrai.
— Ohhh! Pitié! Si vous étiez Pinocchio, votre nez s'allongerait jusqu'à Delray Beach. Est-ce qu'il vous a dit quelque chose de moi?
— Vous savez que je ne suis pas en mesure de divulguer quoi que ce soit de notre conversation.
— Et puis quoi encore?
— Il a dit que vous étiez un type très bien. Il pense qu'il va faire dans les cinq ans je crois.
— Il s'imagine ça?
— Entre cinq et dix, quelque chose comme ça. Il dit qu'il n'a pas l'impression que l'accusation soit très exigeante, qu'elle ne doit pas vouloir lui faire faire trop d'années de prison, parce qu'après tout il n'a rien fait de mal.
— Il a été victime des circonstances.

— Et il a aussi beaucoup travaillé. Il insiste aussi là-dessus : « Vous savez, ce n'était pas facile. »

— Il dit presque la vérité. Il passait son temps au téléphone environ de dix heures du matin jusqu'à deux heures le matin suivant.

— Je connais beaucoup de gens qui travaillent énormément et qui n'ont jamais pu louer d'avion privé pour aller à Las Vegas.

— Vous parlez à l'un d'eux.

5

— Donald n'était pas du tout en forme, dit Mangan après la réunion avec lui, Lurana et l'avocat de Donald. Il avait le même pantalon qu'il portait le jour où on l'a arrêté, et une espèce de polo bleu clair à manches longues. Il était hirsute, comme s'il s'était lavé les cheveux et les avait laissé sécher n'importe comment, il avait mauvaise mine et les yeux cernés. Il n'avait pas l'air bien.

— Qu'est-ce qu'il a dit?

— Eh bien il n'a pas eu l'air tellement content quand je lui ai dit que vous pensiez qu'il manipulait les gens. Il a aussi trouvé que votre histoire d'aller au coin sans se faire sortir de la classe était un peu exagérée.

— Vous ne m'auriez pas fait ça!

— Sérieusement maintenant, je lui ai dit : « Donald, si vous voulez plaider coupable du crime défini par l'article 848, nous n'avons certainement rien à objecter à cela. Et si vous voulez coopérer et déposer, le juge sera au courant de tout ce que vous ferez, donc plus vous en ferez, plus il sera susceptible de modérer sa sentence. C'est comme si vous faisiez un chèque sans savoir combien il y a sur votre compte : c'est à vous de décider de la somme que vous allez inscrire sur le chèque. Vous marquez les zéros après le chiffre du début. D'un côté, vous ne devez pas dépasser votre crédit, mais d'un autre côté, vous faites sans doute votre dernier achat. Alors tenez-en compte pour remplir votre chèque. »

« Il n'arrêtait pas de dire : " Je sais, Dick, je sais. " Il a répété ça je ne sais pas combien de fois. Pendant un certain temps, la conversation a tourné en rond sans traiter d'un sujet déterminé, et ce n'était pas de ça que je voulais parler. A un moment donné je parlais de Chuck Wyatt et de l'avocat de Chuck Wyatt, et je lui ai dit : " Bon, parlez-moi de Chuck. "

Chuck Wyatt, qui n'a aucun rapport avec Quiet Wyatt, un des messagers de Donald, était un riche concessionnaire de yachts de Fort Lauderdale.

— Alors Donald a dit : « Ecoutez, heu, vous savez... » Alors je lui ai dit : « Est-ce que l'avocat de Wyatt savait que... enfin, Donald, là où je veux en venir... » Et il a enchaîné : « Bon, d'accord, d'accord, d'accord, je sais où vous voulez en venir. Je vais vous dire. » Je voulais vraiment savoir si oui ou non ce mec savait s'il était impliqué dans une affaire criminelle. Oui ou non.

— Vous pensez que la coopération de Donald entraînera d'autres inculpations ?

— C'est peu probable. Peut-être quelques-unes. Il nous parlait tout le temps des autres personnes impliquées dans l'affaire et je lui ai dit : « N'oubliez pas que ces autres personnes dont vous me parlez, moi, je suis chargé par Washington pour m'occuper de vous et rien que de vous. Je redeviendrai une citrouille quand cette affaire sera terminée. Je retournerai à mes pâturages. Je trouverai un autre boulot. On a des agents, qui sont là-haut dans les bureaux de la DEA de Fort Lauderdale, qui sont tellement surchargés qu'ils n'arrivent même pas à s'occuper des affaires dont ils ont la responsabilité. Et il n'est pas question que j'aille trouver un autre agent, que je lui pose les mains sur les tempes et que je lui infuse la connaissance de deux ans et demi de travail en lui précisant que ce qu'il nous faut, c'est la coopération de Steinberg pour que nous puissions obtenir un acte d'accusation contre cinq ou dix autres bonshommes. Ils ne veulent pas en entendre parler. Il est hors de question qu'ils viennent ici pour tout prendre à zéro. Des gens importants, oui. Mais Donald, la plupart de ce que vous me dites maintenant, c'est trop tard déjà. »

— Et Lurana, qu'est-ce qu'elle avait à dire ?

— Elle a fait le discours d'introduction, a expliqué la position de l'accusation et a spécifié qu'il n'y aurait jamais d'ordonnance de non-lieu pour l'article 848 sans avoir les noms d'au moins deux ou trois gouverneurs. Alors je pense que nous allons faire un compromis. Il est désespéré. Je pense qu'il se rend compte qu'il a été inculpé et qu'il risque d'en prendre pour dans les vingt-cinq ans. Il ne veut pas plaider coupable d'activité criminelle continue (article 848) mais nous lui avons dit qu'il n'était pas question que nous fassions moins que ça. Si vous coopérez, il se peut que le juge vous donne le minimum, c'est-à-dire dix ans. Ça ne convient pas à Donald. Mais il n'a pas tellement le choix.

Je demandai à Dennis ce qu'il pensait du désir de coopérer qu'affichait Donald.

— Ça me paraît très suspect. J'examinerais ça de très près et je prendrais mon temps.

— Pensez-vous qu'il puisse balancer quelqu'un qui vaille la peine ?

— Je crois qu'il pourrait le faire. J'ai ma petite idée quant à savoir s'il le ferait ou non. Jim Reilly attend pour aller aux chiottes.

— Et ce Jim Reilly, il vaut combien d'années de la vie de Donald ?

— Un ou deux ans.

6

Finalement, Donald plaida coupable du crime défini par l'article 848, acceptant donc la certitude d'une peine minimale de dix ans, moyennant quoi on ne retint aucune autre charge contre lui. Il accepta d'abandonner tous ses biens au profit du gouvernement, de coopérer à la préparation du procès et de déposer contre les autres accusés. Il réussit à convaincre Lurana et Mangan qu'il n'était pas en mesure d'impliquer Jim Reilly et qu'il n'existait pas de superchef. Il obtint la promesse qu'on ne lui demanderait pas de mettre sa vie en danger en déposant contre des Colombiens.

Donald comprit que, plus il ferait une impression favorable sur le juge au cours du procès, moins forte serait la sentence. S'il avait jamais tenté de charmer ou de manipuler quiconque, son plus grand défi s'adresserait au juge du procès, un homme habilité à l'envoyer en prison pour le reste de ses jours.

CHAPITRE CINQ

1

Donald se présenta à la barre des témoins en pantalon gris, chemise Lacoste marron, pieds nus dans ses mocassins, et arborant un air de suprématie calculée. En le croisant avant le procès ce matin-là, l'espace d'un instant, Lurana l'avait pris pour Dick Mangan.

Donald prit place confortablement sur la chaise, prêta serment, et se mit en devoir — avec modestie mais sans timidité — d'expliquer au juge, aux quatre avocats de la défense, aux quatre accusés, aux douze jurés et à une salle pleine à craquer ce que c'était que de créer, contrôler et gérer une organisation internationale de trafic de drogue de plusieurs millions de dollars. Il aurait aussi bien pu être le jeune fondateur d'une société géante d'informatique de Silicon Valley en train de témoigner devant la *Securities and Exchange Commission*.

Une fois Donald à la barre des témoins, et le procès de Jimmy Bell, Ray Mendoza, David Pandorf et d'un employé de Steinberg nommé Dino Viprino venant de Boston en cours (les treize autres inculpés avaient soit pris la fuite soit décidé de plaider coupables), la tâche du Centac semblait pratiquement terminée.

Au cours de sa déposition, Donald paraissait revenir d'un monde où le niveau financier était d'un autre ordre, d'un monde d'apparences où le taux d'échange entre la monnaie locale et le dollar américain aurait été de un pour un million. Parlant des bateaux qu'il avait possédés, il donnait l'impression qu'il y en avait eu trop pour qu'il se souvienne exactement de leur nombre. Aristote Onassis pouvait-il se rappeler tous les détails concernant chacun de ses pétroliers ? Donald dit qu'un de ses employés était allé en Europe pour acheter un cargo, mais il n'arrivait pas à se souvenir dans quel pays. « Peut-être à Rotterdam, en Hollande, ou bien à Londres. Non, j'ai plutôt l'impression que c'était en Hollande. » David Pandorf, l'homme chez qui Mangan avait fait irruption pensant qu'il n'était pas là, avait acheté un autre cargo « à Gibraltar je crois, ou en Espagne, ou quelque part en Méditerranée ». Donald dit qu'il en avait payé un environ un demi-million de dollars, mais ajoutait : « nous nous en sommes servis une fois et le capitaine et l'équipage l'ont abandonné en mer ». Un cargo jetable en quelque sorte.

Donald dit que le paiement pour la marijuana arrivant par bateau était effectué à Miami, mais Ray Mendoza se rendait généralement en mer jusqu'aux navires pour donner un pourboire à l'équipage :

— Ray prenait une liasse de billets de cent dollars avec lui et en distribuait à tous les petits Colombiens qui, ensuite, travaillaient comme des chefs.

Quand Lurana lui demanda quelle quantité de marijuana était en général transportée par cargo, Donald répondit qu'ils avaient commencé avec des chargements de dix tonnes mais qu'ils étaient montés jusqu'à cinquante tonnes. A la table de la défense, des stylos en or émergèrent de gilets en serge bleue et un rapide calcul les conduisit à un total de plus de 25 millions de dollars pour un seul chargement par cargo. Des regards se croisèrent. Des honoraires furent — peut-être — réajustés. Donald dit qu'une fois, il se rappelle avoir eu quatre cargos qui déchargeaient en même temps. « On en avait un en Californie, un je crois dans la région de Chesapeake, et puis deux en Floride. »

En une seule journée, cent millions de dollars ?

Ils travaillaient aussi « dans les yachts ». Ils avaient utilisé un vingt mètres pour transporter des chargements de huit tonnes de marijuana à raison de quatre fois tous les huit ou dix jours. Les stylos se relèvent : 18 millions de dollars en un peu plus d'une semaine, deux millions de dollars par jour. Les stylos se recouchent. Les regards se croisent.

Pendant les opérations de déchargement, les spécialistes de la contre-surveillance utilisaient des équipements électroniques sophistiqués pour déjouer les garde-côtes, la DEA, « ou tous les autres organismes qui s'occupaient de ça à cette époque-là. On se branchait sur leurs fréquences radio, alors comme ça s'ils avaient des conversations entre eux à n'importe quel moment, on pouvait les capter ». Combien de machines de ce type avait-il ? Il ne se souvenait pas. « Nous en avions beaucoup. »

Lorsqu'on lui demanda de donner les noms de ses distributeurs, Donald hésita. Les Iacocca sauraient-il donner les noms de tous les distributeurs Chrysler ? Il finit par abandonner. « Il y en avait des masses. »

Il parla de ses opérations outre-mer, raconta au jury comment il avait envoyé des gens au Kenya « pour acheter du terrain et cultiver la marijuana ». Lynn Mizer avait lancé des opérations en Asie pour acheter des bateaux et planter des champs de marijuana. Donald dit qu'il avait envoyé six ou sept millions de dollars à Lynn en Asie.

— Qu'est-ce qu'il faisait de cet argent ? demanda Lurana.
— Il le dépensait.

Donald eut l'air surpris de l'éclat de rire provoqué par sa réponse. Il expliqua que l'argent servait à acheter des biens et à payer les gens pour qu'ils arrangent la culture de la marijuana en Thaïlande. Il avait beaucoup d'hommes à lui là-bas en Thaïlande et à Hong Kong.

A présent Donald parlait à un auditoire qui respectait un silence de chambre forte moquettée d'une banque du Crédit suisse. Il dit qu'il traitait des affaires tellement grosses que ses clients n'avaient pas les fonds suffisants pour le payer à la livraison. Il était obligé de faire crédit, « de leur donner camion par camion ».

Interrogé sur ses revenus, il répondit qu'il ne pouvait pas les évaluer. Il avait eu une Rolls-Royce, et une Jaguar, et des Maserati et des Lamborghini.

— Toutes en même temps ?
— Oui.

Cependant, il avait commencé à avoir des problèmes. « Des dettes impayées, des gens qui ne me remboursaient pas l'argent qu'ils me devaient. Des distributeurs. Il y en avait pour environ huit millions de dollars. »

Le juge Jose Gonzales, qui semblait aussi fasciné qu'un enfant à qui on aurait appris à fabriquer des bonbons, demanda à Donald quelles avaient été ses meilleures ventes brutes sur un an.

Donald dut répondre un peu au hasard. « Cent millions de dollars », à vingt millions de dollars près. Avec tous ces cargos et ces yachts bourrés de marijuana, le chiffre semblait assez faible. Mais si Donald n'arrivait pas à savoir combien il avait de bateaux ou de distributeurs, peut-être ignorait-il également son chiffre d'affaires.

— Et cette année, quel a été le bénéfice net de l'organisation ? demanda Lurana.

— A la fin de l'année, c'était zéro.

La salle fut secouée d'un rire nerveux.

Lurana essaya d'éclaircir ce point :

— Comment expliquez-vous le fait qu'il n'y avait aucun bénéfice à la fin de l'année ?

— Il n'y avait plus d'argent.

— Où était-il passé ?

Le visage de Donald se figea comme de la pierre, et les mots sortirent de ses lèvres comme une épitaphe :

— Dettes impayées, rançons, vols, tout a disparu.

Au cours du contre-interrogatoire le lendemain, Donald dit aux avocats de la défense qu'il avait dépensé trois ou quatre millions de dollars en trois ans rien qu'en achetant des bateaux à Chuck Wyatt, un de ses concessionnaires en yachts.

— Il m'apportait une photo du yacht, ou m'en faisait une description orale et il me donnait son prix.

Donald payait toujours le prix demandé, il ne marchandait jamais.

En plus des yachts et des cargos, Donald dit que l'organisation avait eu des vedettes rapides très performantes, dont cinq ou dix Cigarette de onze mètres d'une valeur d'environ soixante-cinq mille dollars chacune. Les transferts en mer exigeaient quinze à vingt bateaux par cargo.

Un des avocats demanda combien Lynn Mizer avait dépensé pour les opérations à l'étranger.

— Largement dix millions de dollars.

Est-ce que Donald pensait soupçonner Lynn de prétendre avoir dépensé de l'argent qu'il n'avait pas dépensé ?

— Je ne pense pas que Lynn ait jamais prétendu avoir dépensé de l'argent qu'il n'avait pas dépensé. Il dépensait le moindre centime sur lequel il pouvait mettre la main.

Lorsque le public se mit à rire, Donald ajouta :

— Je ne plaisante pas le moins du monde. L'argent lui brûlait les doigts.

A ce moment-là, le juge Gonzales posa la question que devaient se poser la moitié des gens de la salle :
— Comment peut-on dépenser autant d'argent ?
— On dépense, c'est tout ! On fait des folies !
— On ne doit jamais dormir.
— Non, pas beaucoup. Il le distribuait. Une fois, on était tous à Las Vegas et il a rencontré une fille là-bas ; et en deux ou trois jours, elle avait sa Mercedes. C'était juste une fille qui travaillait à Las Vegas. Combien de fois Lynn a donné comme ça des masses d'argent à des gens qu'il ne connaissait même pas !

Gonzales hocha la tête, incrédule ou envieux, c'était difficile à dire.
— Sur cette note légère, annonça-t-il, nous allons faire une pause pour le déjeuner.

Pendant la déposition de Donald, une des quatre femmes du jury avait essayé de faire un signe à Lurana en se frottant le cou. Au bout d'un moment, Lurana l'avait remarquée et s'était aperçu que le col de sa blouse était retroussé. Dans les toilettes pendant la pause, Lurana revit la dame.
— Je suis désolée d'avoir fait ça, dit la dame, mais ça m'énervait. Vous devriez demander à quelqu'un de vérifier votre tenue avant d'entrer dans la salle d'audience.

Lurana savait qu'elle n'avait pas le droit de parler aux jurés, mais elle ne voulait pas paraître impolie.
— C'est toujours moi qui vérifie les autres, dit-elle, mais il n'y a jamais personne qui se soucie de me vérifier.
— Ça c'est bien vrai. C'est ce qui se passe avec les femmes en général. On s'occupe de tout le monde et personne ne s'occupe de nous.

Après le déjeuner, Donald reprit. Il dit au jury que son organisation avait eu des activités dans sept pays différents et, « en ce qui concerne la distribution de la marijuana ça touchait presque tous les Etats sauf Hawaii et l'Alaska ».

Il déclara avoir emprunté vingt, trente, quarante faux noms, et avoir eu jusqu'à cinq permis de conduire à des noms différents en même temps.

Un avocat de la défense demanda :
— De combien d'actes criminels vous êtes-vous rendu coupable ou complice ?
— Des centaines je pense.

— Pourriez-vous vous concentrer pour essayer de les dénombrer ?
— C'est absolument impossible. Il y a tellement de lois que je ne connais même pas et que j'ai dû violer.
— Avez-vous jamais dissimulé un désir d'être numéro un ?
— Je crois que dans toutes les affaires, tout le monde espère arriver au sommet.

Au milieu de l'après-midi, Jim Reilly — l'homme affable aux cheveux frisés dans les poches duquel était allée la majeure partie de l'argent dont il était question depuis deux jours — déplia sa longue silhouette en se levant du siège qu'il occupait à la table de la défense et, jouant un rôle qu'il n'aurait jamais cru possible, soumit son ancien ami, client et, diraient certains, cobénéficiaire des gains, à un contre-interrogatoire. Reilly représentait ici le vieux copain de la Fox River et ex-chef des ventes Jimmy Bell. Steinberg, qui déposait pour l'accusation, était l'ennemi.

Vers la fin de l'après-midi, alors qu'il en avait pratiquement terminé, Reilly surprit Donald avec une question brutale et tout à fait inattendue.

— Connaissez-vous James Mills ?

Mangan, affalé dans un fauteuil à côté de Lurana, leva les yeux. le regard de Lurana passa de Donald à Reilly.

— Oui.
— Qui est-ce ?
— C'est un écrivain.
— Avez-vous parlé à James Mills ?
— Oui.
— La conversation a-t-elle eu lieu par téléphone ?
— Oui.
— Au moment de la conversation étiez-vous incarcéré à la FCI à Miami ?

La FCI est la Federal Correctional Institution.

— Oui.
— Avez-vous abordé des points touchant à l'organisation de trafic Donald Steinberg avec Mr. Mills au téléphone ?
— Non. Je n'en ai pas parlé. Je n'avais pas encore déclaré que je plaiderais coupable. Je l'avais prévenu à ce moment-là que je n'aborderais aucun sujet touchant à l'affaire.
— Mr. Mills vous a-t-il proposé de l'argent pour une interview avec vous concernant vos activités criminelles ?
— Non.
— Peut-être ne suis-je pas suffisamment clair. Mr. Mills vous a-t-il appelé à la FCI ?

— C'est moi qui ai appelé Mr. Mills.
— Comment ? Aviez-vous eu un message de lui ?
— J'avais parlé avec Dick Mangan au téléphone et il m'avait dit que Mr. Mills était en train d'écrire un livre, qu'il avait le point de vue de l'accusation et qu'il voulait savoir si je voulais faire connaître mon point de vue à Mr. Mills.
— Mr. Mangan vous a-t-il dit à quelle occasion Mr. Mills avait eu connaissance du point de vue de l'accusation ?
— Non.
— Où l'avez-vous appelé, au fait, en Floride ou ailleurs ?
— Il était à New York.
— Vous n'avez plus le numéro, n'est-ce pas ?
— Non, je ne l'ai plus.

Il était minuit en France, et j'étais là, assis sur le bord de mon lit, en train d'essayer de comprendre ce que Mangan me racontait au téléphone.
— Les avocats de la défense, Jim Reilly en particulier, ont prié la cour de requérir votre présence pour qu'ils puissent vous soumettre à un contre-interrogatoire. La cour a demandé à l'accusation de vous produire. Ils ont donné l'ordre à Lurana d'essayer de vous joindre pour que vous vous présentiez à la barre des témoins.
— Vous êtes sérieux ?
— Tout ce qu'il y a de plus sérieux. Ça s'est passé il y a cinq minutes. Alors maintenant je vous préviens officieusement. Personne ne sait que je vous ai appelé.
— Bon.
— Lurana va donc vous appeler pour vous dire ce que je viens de vous dire. Faites comme vous voulez. Je ne vous donne aucun conseil, je vous préviens simplement.
— Si Lurana appelle, elle peut seulement me *demander* de venir, hein ?
— Oui, c'est ça.
— Si je dis non, si je refuse de revenir, qu'est-ce qui se passera ?
— Je ne sais pas. J'imagine que la défense se plaindra à l'accusation pour n'avoir pas été capable de vous produire comme témoin. Mais je ne sais pas ce qu'ils feront. Ils voudront probablement montrer que vous êtes en tort si vous avez interviewé plus d'un témoin et que eux se trouvent dans l'impossibilité de vous interroger. Ils vont faire du foin et chercher à en tirer avantage. Ils sont payés pour ça. Ils vont monter ça en épingle. Rien ne m'étonnerait de la part de ces gens-là.
Je dis à Mangan que je n'avais pas l'intention de prendre l'avion jusqu'en Floride pour aider Reilly à gagner ses honoraires. Pendant

quelques jours, je laissai le téléphone sonner. Lorsque je répondis enfin, j'entendis la voix de Lurana.

— Ils ont demandé à tous les témoins s'ils vous connaissaient. Ils ont vraiment cherché à monter cette histoire en épingle. Mais tout ce à quoi ça a servi finalement, c'est que les jurés ont compris qu'il s'agissait d'une affaire tellement importante que quelqu'un écrivait un livre dessus. Je crois que ça leur a fait plus de tort que de bien.

— A qui ils ont demandé s'ils me connaissaient?

— A tout le monde, à Bob Straus, à Dick... Dick a dit qu'il vous connaissait.

— Ce bon vieux Dick.

— Je l'avais fait passer en dernier, après Donald. Ils étaient déjà tous fichus à ce moment-là. Quand Donald a quitté la barre, le juge m'a dit en sortant, sans que le jury l'entende : « A ce stade du procès, tout est déjà décidé. »

— C'est agréable à entendre, non?

— Oui, très.

— Vous m'aviez dit un jour que vous feriez n'importe quoi pour pouvoir discuter avec Donald Steinberg. Maintenant que vous lui avez parlé, quelle impression cela vous fait?

— Ecoutez, pendant un an et demi, je n'ai rien fait d'autre que de lire des choses sur ces gens-là. Maintenant, c'est intéressant de prendre du recul et de s'observer soi-même au moment où ils deviennent des êtres en chair et en os. Je considère Donald comme l'une des personnes les plus intelligentes que j'aie jamais rencontrées. Il a un cerveau incroyable. Vous savez, il utilise un langage très familier, tout est super et terrible et génial et tout ça, mais lorsqu'il s'est présenté à la barre des témoins, il était très digne et parlait très bien, très poliment, et tout le monde admirait son vocabulaire. Je n'en revenais pas. Et il est très gentil. Vous vous rendez compte de l'énorme pression qui pèse sur moi. Après un an et demi et tous les problèmes que tout le monde a eus, savoir que tout va se jouer pendant ce procès! Et la seule personne qui m'ait fait une bonne impression, c'est lui. Je me trouve dans une position très délicate. Je ne veux pas le voir aller en prison pour longtemps. Ça me met mal à l'aise. Ça me rend triste.

— Alors il a été un bon témoin.

— Ça m'a fait un choc, vraiment, tellement il était bon. C'est difficile pour tout le monde de déposer contre des amis. Il a dit qu'il tournait en rond dans sa cellule en bas, pour se monter contre eux, penser qu'ils étaient là-bas dehors, la femme de Jimmy Bell en train de se promener dans des robes de couturier à cinq cents dollars, ses gosses tout endimanchés, payant les honoraires de Jim Reilly tandis que lui Donald était sans rien ici, en prison. Les avocats de la défense transpiraient. Le jury est tombé amoureux de lui. Tout le monde était sous le charme.

— Tous les gens à qui il parle — vous, Mangan, tout le monde — tombent amoureux de lui.

— Oui, je sais, il est très généreux. Il donnait presque tout son argent. Quand quelqu'un voulait quelque chose, il le lui offrait.

— Il vous a montré les reçus ?

— Non.

— Alors comment savez-vous que son argent ne se trouve pas dans une banque en Suisse ?

— Ecoutez, même le juge dit qu'il croit qu'il ne lui reste pas un sou.

— Le juge aussi est tombé dans le panneau alors.

Elle rit.

— Vous avez peut-être raison, Jim, mais...

— Non, je n'ai rien dit... j'essayais juste de répondre à ma réputation de cynique !

— Moi, je suis la première à reconnaître que je ne le suis pas. Je finis toujours par être déçue par les gens parce que j'ai envie de croire que tout le monde vient ici et me raconte une histoire sympathique avec un regard franc.

2

Je demande à Mangan de me parler de la déposition de Donald.

— C'est le meilleur témoin que j'aie vu dans toute ma carrière. Le deuxième jour, il avait mis tout le monde dans sa poche. Il avait conquis tout le monde. On se prend vraiment d'affection pour lui quand on l'entend pendant un moment. Il a une aura qui a charmé les jurés. Ils riaient quand il riait, souriaient quand il souriait. Il était très bien élevé, avait un langage très châtié, et sa mémoire était phénoménale. Sur un acte d'accusation de vingt-huit pages, il pouvait citer de tête ce qu'il y avait précisément dans tel ou tel chef d'accusation. Il n'y avait pas de place assise dans la salle, tout le public était debout. Tous les adjoints du procureur général et la moitié des membres de la police assistaient à sa déposition. C'était très excitant.

— Que pensez-vous de lui personnellement maintenant ?

— Oh, je l'aime bien. Au téléphone, on se dit « salut, vieux ». J'ai de l'affection pour lui, et aussi de l'admiration dans une certaine mesure.

— Combien lui donneriez-vous à la place du juge ?

— C'est une question difficile. Je lui donnerais sans doute dix ans.

— J'ai plutôt l'impression que vous lui donneriez six mois !
— Je ne pourrais pas lui donner moins de dix ans de toute façon parce que c'est le minimum légal.
— Si vous pouviez lui donner ce que vous voulez, ça serait combien ?
— Dix ans.
— Ce n'est pas vrai.
— Pourquoi posez-vous la question si vous pensez déjà connaître la réponse ?
— Je pose toujours des questions comme ça.
— Ah bon, je vois, vous êtes comme un avocat.

3

Après six semaines de procès, l'audition de plus de cinquante témoins de l'accusation, soixante-huit pièces à conviction produites, quatre-vingt-trois photographies de bateaux, cargos, maisons et avions présentées, les dépositions étaient enfin terminées. Lurana écouta les conclusions des quatre avocats de la défense, puis elle se leva, fit trois pas en direction du box des jurés, et fit face aux quatre femmes et aux huit hommes qui allaient déterminer l'issue du procès. Elle avait maintenant l'impression de les connaître, il y avait un pompier, un instituteur, un pharmacien, un chauffeur d'autocar, un maçon, un ouvrier de la construction et des femmes au foyer.
Parlant sans notes, elle leur dit que « les seules personnes ici à comparaître en jugement sont les quatre accusés que vous avez en face de vous. Ce ne sont ni les témoins, ni le cabinet du procureur général et c'est encore moins le procès d'un écrivain... A propos du contre-interrogatoire de Mr. Reilly, la première chose dont nous avons entendu parler est Jim Mills et son livre. Vous pouvez essayer d'incriminer l'accusation parce que quelqu'un est en train d'écrire un livre, non pas d'ailleurs sur Donald Steinberg, non pas sur cette affaire, mais sur la façon dont une enquête est menée, sur la manière dont travaillent nos agences. Dieu merci, nous vivons dans un pays où la presse a le droit, où les écrivains ont le droit de suivre nos agents pour voir comment les choses se passent. C'est de cela qu'il est question dans le livre et non de cette affaire. Mr. Mills écrira ce qu'il a vu parce que l'accusation, le gouvernement l'a autorisé à le voir... Je crois que c'est Winston Churchill qui, en parlant du système démocratique en général, a dit qu'il n'était pas parfait mais que c'était le meilleur que nous ayons. Et ce système est un système de lois, un système de règles, et l'une des choses que suppose le fait d'être citoyen de ce pays est l'acceptation de

vivre en fonction de ces lois et de ces règles, ou d'en subir les conséquences ».

LURANA

Sacré Mangan ! Il m'a sans doute blessée plus que n'importe qui à part ma mère. J'étais au téléphone et quelqu'un est venu me dire : « Le verdict est prononcé. » Ça m'a fait un choc. Cela faisait seulement quatre heures et demie que le jury était en train de délibérer. J'étais morte de peur. Je me suis mise à trembler. Un an et demi de ma vie, six semaines de procès, et les voilà déjà revenus ! Nous nous dirigions vers la salle du procès, et j'ai demandé à Dick si ça l'ennuyait de venir s'asseoir à côté de moi, parce que j'étais vraiment nerveuse. Il a répondu :
— Non, je ne veux pas, ça ne se fait pas, je m'assiérai derrière.
Ce qui était ridicule ! J'ai toujours eu un agent chargé de l'affaire à côté de moi dans les procès. Il était venu s'asseoir avec moi pendant les dépositions d'Arruda et de Steinberg parce que j'avais insisté pour qu'il le fasse, au cas où il aurait été question d'un point dont je n'étais pas au courant.
— Et en plus, ajouta-t-il, je ne veux pas que vous fassiez quelque chose qui ne se fait pas comme éclater en sanglots par exemple. Surtout si un acquittement est prononcé.
J'étais horrifiée. Je lui ai dit :
— Dick, je n'ai jamais fait ça de ma vie. Si j'ai un problème, c'est plutôt celui de ne pas pouvoir montrer mes émotions quand je voudrais. Vous allez peut-être vous retrouver avec une femme en larmes trois heures plus tard, mais certainement pas au tribunal. Je ne perds jamais mon sang-froid au tribunal.
Comment pouvait-il dire une chose pareille ? J'avais envie de l'étrangler. Tout ce que je voulais, c'était qu'il vienne s'asseoir là et qu'il me laisse m'appuyer un peu sur son épaule avant l'arrivée des jurés.

MANGAN

Lurana tremblait. Elle était dans un état terrible. La salle était bondée, il y avait tous les assistants du procureur, et Patty Kyle était assise et tenait la main de Dina Bell, la femme de Jimmy. C'était incroyable. C'était terrible. Personne n'arrivait à comprendre comment le jury avait fait pour voter aussi vite sur vingt-huit chefs d'accusation, en étant revenu deux fois pour poser des questions. Cela ne leur laissait même pas une heure par accusé.

Lorsque le greffier annonça que le jury avait prononcé le verdict, l'avocat de Pandorf était à la cour d'Etat et nous avons été obligés d'attendre vingt minutes qu'il arrive. Nous étions tous restés dehors. L'atmosphère était lourde, la tension était forte. La défense était très inquiète à cause de la rapidité avec laquelle le verdict avait été décidé. Reilly était à côté de Jimmy Bell et de sa femme Dina qui commençaient déjà à pleurer.

Pendant les six semaines, il y avait eu beaucoup d'éclats, alors je me suis approché d'eux, vous savez, ils ont trois enfants, et je leur ai dit : « Ecoutez, Jimmy, je sais que vous et moi n'avons pas été très amis au long de cette affaire, mais je veux juste que vous sachiez, maintenant que le verdict est prononcé et que nous allons entrer pour entendre sa lecture, que je n'ai jamais rien eu contre vous personnellement. Je ne vous en voulais pas, je faisais simplement mon travail. D'un point de vue personnel, je vous souhaite bonne chance. Au moins vous pouvez avoir la satisfaction de savoir que vous avez été représenté par un bon avocat. »

Bell et sa femme pleuraient tous les deux. Il ne m'a même pas répondu. Reilly fit : « Vous êtes très aimable, Dick. » C'est vrai qu'il y a de quoi être traumatisé, dix ans à vie !

Puis nous sommes entrés dans la salle et les accusés se sont levés et on a commencé par la lecture du verdict de Bell. Le premier des treize chefs d'accusation portés contre lui était celui d'activité criminelle continue, le chef d'accusation numéro quatre. Et lorsque le porte-parole du jury lut le verdict, il commença par : Nous, le jury, avons trouvé James Thomas Bell au terme du chef numéro quatre... *coupable*. »

Et je ne crois pas que Bell ait entendu quoi que ce soit concernant les autres chefs d'accusation. Il, enfin... c'était incroyable, il était dans un état épouvantable. Il criait, il pleurait. Il ne pouvait pas se lever tellement il pleurait. Reilly était obligé de le soutenir. Sa femme pleurait... C'était terrible. Oh la la ! De ma vie je n'avais vu une chose pareille. Bell était le pire bien sûr, pire que sa femme, qui n'était déjà pas mal. Je crois qu'il s'était imaginé être déchargé du chef d'accusation d'activité criminelle continue. C'était tout ce que Reilly avait cherché à faire, à obtenir la décharge de l'article 848.

Pandorf pleurait. Il fut condamné pour six chefs d'accusation, et Mendoza pour quatre. Ces derniers reçurent cinq ans chacun. Ce jury-là était prêt, je peux vous le dire, ils étaient prêts.

LURANA

Dès l'instant qu'ils annoncèrent le premier verdict, qui concernait Jimmy Bell, Jimmy devint littéralement hystérique, il faisait une véritable crise. C'était une situation difficile. Reilly demanda à interroger un par un les jurés, qui comprenaient quatre femmes, et les fit répéter que tel était bien leur verdict. Mais Jimmy ne s'arrêtait pas. Cela faisait une vingtaine de minutes que nous étions entrés, et il était hystérique, il sanglotait très fort et se contorsionnait. C'était très étrange et très difficile. Le juge avait du mal je pense. J'étais moi-même assez remuée et je dis simplement :

— Je demande son renvoi en prison.

Dina Bell, en pleurs, sortit en courant de la salle et Patty Kyle courut derrière elle et la fit entrer dans son bureau. Patty avait assisté à presque toutes les audiences. C'était une jolie petite scène parce que la femme de Reilly était arrivée et que dans la salle il y avait deux femmes pendues à ses lèvres.

MANGAN

Lurana était déchirée. Je ne pensais pas qu'elle allait prononcer la recommandation pour le renvoi en prison. J'avais l'impression qu'il fallait que je la pousse. C'était très troublant. Le juge prit les devants et renvoya les accusés, et décida d'une audience à trois heures pour prendre une décision finale. Naturellement Reilly se met à réclamer à cor et à cri qu'on laisse Bell passer encore quelques jours avec sa famille et ses enfants avant de l'envoyer en prison. Il y aura donc une audience pour décider du renvoi dans une heure environ.

LURANA

Le juge nous rappela à trois heures et annonça sa décision définitive de renvoyer Bell en prison. Jimmy était à peu près remis lorsqu'il revint, mais en apprenant qu'il retournait finalement en prison, il remit ça et recommença à hurler :

— Mon Dieu, aidez-moi ! Mes enfants ! Mes enfants !

Les marshals furent obligés de le faire sortir. C'était épouvantable. Il n'arrivait pas à tenir debout.

Lorsque nous sortîmes de la salle, sa belle-mère et sa mère me maudissaient. Sa femme dit — et je ne l'oublierai jamais —, elle me dit : « Attendez de voir quand vous aurez des enfants Lurana ! »

Comme si j'étais un monstre ou quelque chose. J'avais envie de lui dire que moi, si j'avais des enfants, la dernière chose que je ferais serait de les traîner au tribunal tous les jours pour assister au procès de leur père qui était accusé de trafic de drogue.

Je n'ai aucune sympathie envers elle. Je plains tout à fait les enfants. Ils n'ont rien fait. Mais qu'elle se permette de porter un jugement sur moi après le cirque que Jimmy et elle ont fait et après ce qu'ils ont imposé à ces malheureux enfants, je n'ai aucun respect pour une mère qui fait subir ce genre de scène à un enfant. Et ensuite elle ose me dire que je n'ai pas de cœur ! Ce n'était pas agréable du tout.

Vous savez, c'était drôle. Ray Mendoza, qui avait tellement fait le fier pendant son arrestation et l'audience pour fixer la caution, a eu une attitude très digne et très gentleman pendant le procès. Sa femme et sa famille étaient présentes et restaient tranquilles derrière lui. Pas du tout comme les Bell qui à mon avis ont eu une attitude tout à fait déplacée en exhibant ces pauvres gosses. J'ai dit cela à Donald qui a répondu : « Ray est un type beaucoup mieux que Jimmy. » Lorsque Mendoza entendit le verdict, il se contenta de baisser la tête. Même Pandorf pleurait.

Tout de suite après avoir parlé avec Donald, j'ai voulu téléphoner à Dennis. Il était sorti. J'ai dit à la secrétaire : « Ecoutez, tâchez de le joindre, cherchez un moyen. Trouvez-le-moi. »

Et pendant que j'attendais de retourner dans la salle pour le renvoi, j'avais des journalistes tout autour de moi, tout le truc quoi, et Dennis a fini par rappeler. Il était fier comme un nouveau papa. Ça s'entendait à sa voix, il était tellement content. Je lui dis que les jurés n'avaient pris qu'une heure par accusé. Et il me répondit : « Mais non ! Ils ont d'abord commencé par choisir un porte-parole et ils se sont assis pour bavarder. Ils ont pris beaucoup moins qu'une heure par accusé. (Et il ajouta — du Dennis tout craché :) c'est exactement ce à quoi je m'attendais. » Il me dit qu'il avait prévu que Donald Steinberg allait passer du côté de l'accusation et serait un excellent témoin. Je dis à Dick : « Je ne me rappelle pas que Dennis ait jamais dit une chose pareille. Est-ce qu'il ne l'a pas inventée ? » Et Dick me répondit : « Non, non, il avait effectivement dit ça. »

MANGAN

Vivian était là. Elle était contente. Elle pensait que justice avait été faite. Elle trouvait que Donald avait pris une décision juste et que le reste de ces gens qui n'avaient jamais été enfermés un seul jour de leur vie avaient bien besoin du même traitement.

J'ai appelé Al Ortenzo, qui s'est mis à pousser des cris. J'ai essayé de joindre Joe Puleo deux fois sur son beeper, mais il ne m'a pas rappelé. J'ai parlé à un des lieutenants de l'OCB, je lui ai dit : « Faites simplement circuler la nouvelle que Dick Mangan n'est pas un rigolo. Il est lent, mais il obtient des résultats. Faites savoir ça et on va nettoyer toute la Floride ! »

4

Pour Lurana, les verdicts de culpabilité lui avaient apporté soulagement et satisfaction, mais aussi une certaine mélancolie. C'était un moment qu'elle avait redouté. Une union allait se briser.

Pendant un an et demi depuis leur première rencontre dans le bar de Miami, Lurana et Mangan avaient passé ensemble plus de temps que beaucoup de maris et femmes. Bien qu'il ne lui ait jamais permis d'être aussi proche qu'elle l'aurait souhaité, le froid, l'antisentimental, le distant Mangan lui avait fourni, de son plein gré ou contre son gré, la camaraderie masculine que son père l'avait toujours poussée à rechercher et apprécier. Il avait existé entre eux une sorte de lien élastique qui de temps en temps permettait à Lurana de croire qu'ils étaient plus proches l'un de l'autre qu'ils ne l'étaient en fait, et à Mangan de penser qu'il était plus distant qu'il ne l'était en réalité. Elle guettait maintenant ses paroles et ses moindres gestes dans l'espoir d'y discerner quelque signe rassurant indiquant que lui aussi regrettait ce divorce.

— Je suis désemparée parce que je ne sais pas ce que je vais faire une fois qu'il sera parti. La moitié du temps, j'ai vraiment l'impression d'être mariée avec lui. Il me blesse ou me fait du mal au moins une fois par semaine. Nous avons des discussions et des disputes, mais en un an et demi, j'ai passé plus de temps avec Dick qu'avec qui que ce soit d'autre. Je pensais à ça l'autre soir et ça me rendait triste. Autant il m'énerve et il me vexe, autant je n'arrive pas à imaginer ce que ce sera sans lui. On ne peut pas vivre avec lui et on ne peut pas vivre sans lui.

» Il a toujours été très possessif avec moi. Il n'aime pas me voir fréquenter d'autres agents. Nous avons eu une grosse discussion là-dessus. Je trouvais que ça ne regardait que moi et que j'étais libre de sortir avec qui je voulais. C'était comme si j'avais été son juge d'instruction à lui. Il y a un ou deux types que j'aime bien dans le Secret Service, et il n'était pas question qu'en la présence de Dick, je fasse quelque chose pour eux. Il se mettait en furie. C'était comme si je lui avais appartenu. Mais je faisais la même chose avec lui, alors je ne peux pas trop lui en vouloir.

» Il est tellement réservé. Il ne me disait rien. Si je découvre où il habite et que je lui téléphone, il n'aime pas ça. C'est drôle parce que d'un autre côté, il les *désire* cette affection et cette attention. Il ne faut surtout pas le laisser de son côté et oublier de lui dire qu'il fait un boulot formidable. C'est ça qu'il veut s'entendre dire. Il veut manquer aux gens quand il n'est pas là. Il m'a acheté un beau cadeau pour mon anniversaire, un pendentif en or avec un taureau dessus, parce que c'est mon signe du zodiaque, et il y a fait graver mon nom. C'est vraiment ravissant et j'ai été très touchée qu'il ait fait ça. Je le montrais à tout le monde. Il était presque gêné. Je savais qu'il voulait m'offrir quelque chose de beau et je l'ai porté pratiquement tous les jours. Je me disais, " finalement, peut-être que Dick m'aime bien après tout ". Mais jamais il ne m'a rien dit ouvertement, jamais. C'est comme s'il était incapable d'exprimer aucune espèce de... parce que enfin, il doit bien avoir un sentiment quelconque à mon égard, on a été trop proches trop longtemps.

» Moi, je l'aime vraiment beaucoup, j'ai beaucoup d'affection pour lui, et je peux le dire. Mais lui il ne peut pas, pas du tout. Après tout ce temps, on aurait pu croire qu'il aurait pu, quand même, qu'il pourrait dire quelque chose. Je l'adore absolument, mais ce qu'il fait c'est qu'il va dire partout du bien de moi à tout le monde mais jamais en face de moi. Ça me rend un peu triste je dois dire. Je crois qu'il aimerait être un peu plus chaleureux qu'il ne l'est. Il fait des choses très gentilles pour les gens. Mais il ne sait pas comment le dire. C'est vraiment dommage, parce qu'il est réellement très gentil, parce qu'il travaille beaucoup, qu'il fait du bon boulot et que nous l'aimons tous, et c'est dommage qu'il ait autant de mal à le reconnaître et à l'accepter.

» Enfin ! Il est comme il est ! Et moi, naturellement, qu'est-ce que je fais ? Il était pressé de rentrer à Washington, alors moi, je vais aller à Delray Beach lundi pour nettoyer la maison où il habitait parce que les gens vont revenir et il ne voulait pas la laisser en désordre. Je lui ai dit : " Oh, ne t'inquiète pas, Dick, ça m'est égal. J'irai m'en occuper. " Ce qui prouve qu'on a beau avoir fait des études à Harvard et à Radcliffe, on est aussi stupide que n'importe qui.

LA FEMME
DE
JAMES BOND

CHAPITRE UN

1

Le bureau de Dennis Dayle est encombré de cartons et de caisses, certains pleins, certains vides. Disparu, le ratelier à pipes, disparue, la plaque portant son nom en anglais et en arabe, disparues, les plantes en pots. Pas de courrier sur la table. Il y a peut-être deux heures que le téléphone n'a pas sonné. Depuis quelques semaines, des bruits couraient ; aujourd'hui, ce ne sont plus des rumeurs. Dennis travaille pour le gouvernement fédéral depuis vingt-deux ans, dont près de cinq ans au Centac. Les signes étaient de plus en plus nets, et ils disaient : FBI.

Depuis des dizaines d'années, se rendant parfaitement compte que la soi-disant « guerre contre la drogue » était destinée à connaître davantage de défaites que de victoires, le FBI, peu désireux de nuire à son image, limitait résolument ses activités au contre-espionnage, aux affaires d'enlèvements, aux cambriolages de banques et autres crimes bien caractérisés et contrôlables, laissant à d'autres la tâche ardue et peu glorieuse de s'attaquer à l'industrie mondiale des stupéfiants. Depuis quelque temps, toutefois, l'administration Reagan, pressée de faire du « nouveau », envisage de confier au FBI la responsabilité de l'effort national de lutte contre la drogue. Dennis croit savoir ce que cela signifie pour le Centac :

— Le FBI n'aime pas ce qu'il n'a pas créé lui-même, m'explique-t-il. Il va le supprimer, puis sans doute le réinventer sous un autre nom, en s'attendant à être félicité pour cette « initiative ». Mais ce ne sera pas vraiment le Centac, et cela ne fonctionnera pas comme lui. Le Centac est condamné.

Ne voulant pas risquer de passer ses derniers jours au service du gouvernement à présider à la destruction de l'une des rares bonnes idées que les services chargés de la lutte contre les stupéfiants aient jamais eues, et certain que sous sa direction le Centac est allé aussi loin qu'on lui permettra jamais d'aller, Dennis a décidé de se retirer.

— C'était une arme magnifique, dit-il avec tristesse. C'est dur de l'abandonner. J'étais tombé amoureux du Centac.

Où Dennis va-t-il aller ? Que va-t-il faire ?
Ce ne sont pas les idées qui lui manquent.

Vêtu d'un élégant complet bleu avec gilet, Dennis regarde silencieusement par la fenêtre, en fumant sa pipe. Allant de bureau en bureau avec ses plantes en pots, il a fini par les donner à une adorable secrétaire, qui en avait déjà deux. La pancarte proclamant « Les psychologues savent tout » pend toujours du plafond. Dennis décroche le long sabre au fourreau de bois *(Un jeune homme musclé s'imaginait qu'il allait me faire bobo avec ça)* et le pose sur la petite table de conférences. Il décroche le téléphone et appelle sa femme Lee. Ils parlent d'emballeurs et de déménageurs.

— Je n'ai jamais vu ce bureau aussi calme, dis-je.
— Il n'est pas fait pour cela. Cela ne lui va pas.
Dennis met la radio.
— Chopin, dit-il en souriant. Ce malingre petit Polonais est allé loin.

Le morceau terminé, il débranche le poste et le range dans un des cartons.

Dick Jarrett, qui organise un dîner d'adieu, entrouvre la porte pour annoncer qu'il y aura « dix à quinze personnes ». Dennis hoche la tête :
— Il essaie de me dire que je n'ai que quinze amis au monde.

Dick assurera l'intérim en attendant qu'un nouveau directeur soit nommé. Je vais le voir dans son bureau, et nous parlons de la soirée à venir. Chaque invité verse une contribution de cinquante dollars. Connaissant les sentiments de Jarrett et de nombre d'autres collaborateurs de Dennis, je fais observer que bien des gens doivent être prêts à payer cinquante dollars pour dire au revoir à Dennis Dayle. Il me regarde avec indignation :
— J'en paierais deux cents, cinq cents même ! Je prendrais une seconde hypothèque sur ma foutue maison, s'il le fallait !

Je regagne le bureau de Dennis. Peu après, Billy Mockler arrive, échevelé comme s'il venait de traverser un ouragan. Dennis l'accueille avec le sourire. Mockler est à Washington pour obtenir l'autorisation de mettre sur table d'écoute les complices new-yorkais de Gilberto Rodríguez, dit « le Joueur d'échecs », dans le cadre du Centac-21.
— Le ministère va sans doute refuser, dit-il à Dennis. Pour eux, il n'y a jamais de raison suffisante. La dernière fois, ils ont gardé le dossier dix jours avant de refuser, vous vous souvenez ?

Après le départ de Mockler, Dennis me dit :
— C'est un des meilleurs spécialistes mondiaux de la lutte contre les stupéfiants.

Une secrétaire apporte un télégramme. Dennis le parcourt, le replie, marque « détruire » au crayon gras, et le laisse retomber dans la corbeille.

Nous sommes vendredi treize. Je demande à Dennis s'il y voit un signe.

— Non. Officiellement, je ne pars d'ailleurs que demain. Et demain, c'est la Saint-Valentin.

Dennis téléphone au procureur de Fort Lauderdale. Mangan n'est pas là, et pas davantage Lurana. Dennis raccroche.

— Ces deux-là se préparent à fêter la Saint-Valentin. Cette fois, elle va sûrement se déguiser en cupidon !

Jarrett réapparaît : Un agent en mission en Amérique du Sud a télégraphié qu'il a identifié un DC-6 se préparant probablement à gagner le ranch de Gilberto Rodríguez, le « Bar-J », dans l'Alabama. Le DC-6 est un quadrimoteur capable de porter une charge utile de douze tonnes à plus de 3 000 km. Au prix de gros, douze tonnes de cocaïne représentent plus d'un milliard de dollars.

— La piste du ranch est assez longue pour accueillir un DC-6, dit Jarrett. La nuit dernière, on les a vus chasser l'eau qui recouvrait le bout de la piste.

Dennis approuve du chef, et s'efforce de prendre un air encourageant. Il peut bien se passer n'importe quoi au ranch de l'Alabama : il ne sera plus là pour s'en réjouir ou le déplorer.

Le dernier visiteur officiel de Dennis est un grand jeune homme efflanqué et barbu ; il a un compère-loriot à l'œil droit, des pieds immenses, et porte un pantalon trop large pour lui. Il s'appelle Ken, et travaille au service de planification et d'évaluation de la DEA. Il veut tout savoir sur le fonctionnement d'un Centac. Bien que conscient que le Centac lui-même n'existera sans doute plus assez longtemps pour que cette question ait encore un sens, Dennis interrompt quelques ultimes travaux de rangement pour satisfaire la curiosité de Ken. Ce n'est pas facile, car celui-ci ne cesse de poser de nouvelles questions au lieu d'écouter les réponses. S'armant de patience, Dennis garde poliment le silence lorsque Ken lui coupe la parole.

Ken veut savoir « sur quelle base philosophique les Centacs sont créés ». Dennis, lui, se sert de l'exemple du laboratoire pharmaceutique de Philadelphie pour illustrer la difficulté de faire accepter des Centacs aux directeurs régionaux de la DEA. Qu'en est-il de la confiscation des biens appartenant aux organisations attaquées par le Centac ? Dennis explique que le Centac ne peut que saisir ces avoirs ; la suite dépend des tribunaux.

— Il est très difficile de convaincre un procureur de confisquer les biens d'un criminel, car cela exige beaucoup de travail, sans pour autant être comparable à une condamnation, qui est pour un magistrat l'étalon de la réussite.

Croisant ses longues jambes, Ken demande finalement à Dennis quel avenir il souhaiterait au Centac.

— Aller de plus en plus loin, de plus en plus haut. Si la découverte de la molécule avait été considérée comme le but ultime de la science, nous n'aurions jamais découvert l'atome.

Manifestement pas convaincu, Ken mentionne que les services du budget avaient recommandé un agrandissement du Centac, suggestion à laquelle Dennis s'était vigoureusement opposé.

— Si notre but n'est que d'avoir un plus grand *nombre* de Centacs, répond Dennis, c'est que nous ne visons pas assez haut. Nous devrions plutôt faire ce que nous avons fait avec le Centac-12, qui a donné naissance au Centac-21. S'agrandir verticalement, non horizontalement.

Il prend un bloc-notes et y dessine trois pyramides, côte à côte.

— Chacune est un objectif du Centac, explique-t-il à Ken qui s'est levé pour regarder par-dessus son épaule. La base représente les innombrables petits tâcherons, et les dirigeants sont au sommet. Certains disent que nous devrions lancer davantage de Centacs. En fait, nous devrions en avoir *moins*.

Il trace une ligne horizontale reliant les sommets des trois pyramides, et dessine une nouvelle pyramide englobant les trois premières.

— Si les chefs de ces trois organisations constituent en fait la base d'une autre organisation, au sommet de laquelle se trouve un chef dirigeant le tout, nous devrions créer un Centac visant *cette* organisation. Au lieu d'avoir trois Centacs, comme précédemment, nous n'en avons plus qu'un. Plus nous nous élevons dans la hiérarchie du commerce mondial des stupéfiants, moins nous aurons de Centacs.

Ken se renfonce dans son fauteuil. Il semble dubitatif et soucieux, se demandant sans doute s'il peut transmettre cela à son patron.

— En allant de plus en plus loin dans ce sens, poursuit Dennis, en fondant chaque nouveau Centac sur le sommet des précédents, nous finirions par avoir un seul et unique Centac... un Centac qui monterait jusqu'au ciel !

Il se tourne vers Ken, qui fait des yeux grands comme des soucoupes.

— Et *alors*, continue imperturbablement Dennis, il serait logique que l'ensemble des services de lutte contre les stupéfiants dirige *tous* ses efforts contre cette *unique* organisation, afin de la neutraliser et de la détruire une fois pour toutes.

Ken est bouche bée ; il est tellement stupéfait qu'il en oublie de respirer. Affrontant le regard placide et impassible de Dennis, il hasarde :

— Cela me paraît un peu exagéré, non ?

De plus en plus enthousiasmé par son sujet et encouragé par l'effet de ses paroles, Dennis fait un pas de plus vers son interlocuteur :

— Si nous parvenions à identifier une unique organisation regroupant tous les grands trafiquants de stupéfiants du monde, je ne vois pas en quoi il serait bizarre que la DEA dirige tous ses efforts contre celle-ci. Vous trouveriez cela curieux ou excessif ?

Ken s'éclaircit la voix, a un rire nerveux et secoue la tête. Il se demande dans quel piège il est tombé, et n'a manifestement qu'une envie : filer d'ici à toute vitesse.

— En prenant pour cible des organisations de plus en plus importantes, persiste Dennis, ou des dirigeants de plus en plus puissants, nous réduirions le nombre de nos opérations, mais fonctionnerions de façon plus rationnelle et efficace. Il est inutile d'avoir davantage de Centacs ; il faut au contraire en avoir moins.

D'un geste délibéré, Dennis arrache la feuille sur laquelle il a dessiné les pyramides, la plie soigneusement en quatre et la remet à Ken. Sans un mot, Ken la range dans sa serviette. Son expression est transparente : « Attendez que je montre *ça* à notre psychiatre. »

— Les Centacs poursuivant des objectifs limités sont, certes, nécessaires, car ils constituent le fondement des Centacs plus ambitieux. L'un ne va pas sans l'autre. Comme l'a dit Kahlil Gibran, la joie et la douleur vont main dans la main.

C'en est trop pour Ken. Il sort sans demander son reste, et Dennis retourne à ses rangements.

— Cela sert-il à quelque chose d'expliquer tout ça à des gens comme Ken ? lui demandé-je.

— Parfois. Mais on n'est jamais sûr du résultat.

Peu après, Jarrett revient. Voyant le sabre posé sur la table, il s'exclame :

— Eh, pas de hara-kiri le dernier jour, Dennis !

Dennis contourne la table, prend le sabre, le retire du fourreau et regarde silencieusement la lame. Soudain, il lève l'arme au-dessus de sa tête, fait semblant de charger Jarrett, puis détend brusquement le bras ; avec un sifflement, la lame tranche la ficelle qui soutenait la pancarte proclamant « Les psychologues savent tout ». Le carré de carton tombe en tournoyant vers la table ; Dennis le rattrape au vol, et le range avec le sabre dans un grand carton.

— Allez, les amis, on va à la fête !

2

J'avais raconté à Lee qu'en jouant au jeu des associations avec son mari, la réaction immédiate de Dennis à son nom avait été « une sainte ».

— Je n'en crois pas un mot ! s'exclame-t-elle en riant. Dennis et moi sommes très proches, mais il n'est pas facile à vivre. Il existe une profonde entente entre nous, mais cela ne suffit pas à faire oublier les côtés pénibles et même douloureux de notre existence. Je comprends qu'il ait choisi ce métier, mais il m'arrive de le regretter ; notre vie commune en a beaucoup souffert. C'est dur, beaucoup plus dur que je ne l'avais cru.

— Qu'est-ce qui vous a fait le plus souffrir ?

— Ce sont peut-être de petites choses, mais je suis très sentimentale... Quand vient le jour de votre anniversaire ou de l'anniversaire de votre mariage, et que votre mari n'est pas là... cela finit par vous user. Un soir, Cathy et Linda étaient en train de jouer... Je sais que cela peut sembler ridicule, ces petits détails, mais ce sont des moments importants dans la vie d'une famille. Dennis aimerait faire un tas de choses, mais il n'a jamais le temps. Cathy, Linda et Randy ressentent un manque — il est difficile pour des enfants de comprendre qu'une personne qui n'est jamais là vous aime. Et ils souffrent de cette situation. Papa n'était pas là pour assister à ce moment privilégié — et ce moment ne se répétera jamais.

— Vous avez dit qu'il n'est pas facile de vivre avec lui.

— Nous avons des goûts si différents... J'adorerais sortir, aller dîner au restaurant avec lui. Mais quand il rentre le soir, il est exténué. Je ne lui en veux pas, bien sûr, et j'en tiens compte — tant pis pour mon envie d'aller au restaurant. Et vingt années passent ainsi, sans jamais sortir, sans rien faire ensemble. Ce n'est pas intentionnel de sa part, évidemment : c'est juste une question de circonstances. Mais cela soumet la vie familiale à de telles tensions qu'on finit par penser qu'il s'en fiche, et un jour, on sort avec quelqu'un d'autre — il y a énormément de divorces dans ce métier. Il faut vraiment un lien très fort pour ne pas tomber dans cette ornière.

Après un long silence, Lee reprend :

— Je ne sais pas si Dennis se rend compte de ce que ce travail lui coûte. Car c'est lui, en fait, qui paie le prix le plus élevé. Je crois d'ailleurs qu'il *commence* à s'en rendre compte. Lorsque les enfants étaient petits, il avait davantage de temps à leur consacrer. Mais ensuite, quand il est monté en grade, surtout ces sept ou huit dernières années, nous espérions qu'il serait plus libre, mais ce fut le contraire. Et maintenant que ses enfants grandissent, deviennent peu à peu des adultes.... il ne les connaît plus. Il croit les connaître, mais c'est faux. Vous remarquerez que, quand il parle d'eux, il ne parle jamais de maintenant, ou de l'année dernière, mais du temps où ils étaient petits. Ce doit être dur pour lui, car il les aime vraiment, mais est de moins en moins proche d'eux. Il n'a pas vécu tous ces « petits moments ».

— Est-ce que ce manque de temps de Dennis affecte également votre vie commune ?

— Non, je nous sens si proches que cela n'importe vraiment pas. Enfin... j'aimerais tout de même qu'il soit plus libre, c'est certain. Mais je sais que c'est dû aux circonstances. Quand il changera de travail, par exemple, je sais d'avance que ce sera difficile — et je ne me plaindrai pas.

— Ce sera tout de même un travail moins exigeant que le Centac.

— Il se peut... Mais chaque fois que le téléphone sonne, c'est qu'il y a un problème. Ce n'est jamais pour annoncer une bonne nouvelle. On finit plus ou moins par s'y habituer : c'est en quelque sorte la règle du jeu.

La prochaine fois que j'entendrai la voix de Lee, sa vie sera en ruine : menaces, coups de téléphone anonymes, mystérieux inconnus la suivant dans la rue.

3

Martini-gin à la main, Dennis se tient à l'entrée du salon privé d'un restaurant de Washington. Il serre la main aux convives qui arrivent : trente-deux hommes et femmes venus pour dîner, se soûler (certains d'entre eux, du moins) et prendre congé de lui. Ces agents, dont certains sont venus exprès de Londres, représentent de nombreuses organisations. Le premier patron de Dennis, pour lequel il a travaillé à Chicago, est lui aussi présent.

Installés à des tables disposées en fer à cheval, ils écoutent des allocutions. Le chef des opérations de la DEA se réjouit de ne plus avoir « à passer les neuf dixièmes de mon temps au téléphone pour répondre à des directeurs régionaux demandant pourquoi Dennis Dayle vient de donner telle ou telle instruction ».

Ensuite, Dennis reçoit des cadeaux — certains sont des blagues, notamment de ravissants panties.

Le repas terminé, une dizaine d'hommes entraînent Dennis au Gaslight Club, où l'on commence à boire sérieusement. En chœur ils lui chantent *My Way*, la chanson que le *comandante* Ventura avait demandée dans un bar de Mexico City. Il est difficile de s'en rendre compte dans la pénombre, mais je me demande si les yeux de Dennis ne sont pas embués de larmes. Il semble s'amuser, pourtant : coiffé des panties, il reprend le refrain avec eux. Quelqu'un lui demande de se mettre au piano.

— Vous avez un piano chez vous, Dennis ?
— Oui, mais je ne m'en sers pas. Je n'ai jamais appris à en jouer.
— Et la guitare ?
— Je jouais en effet de la guitare classique, mais j'ai abandonné depuis peu.

Personne ne mentionne le violon. Ils ne peuvent imaginer Dennis jouer du violon.

Au bout de deux heures, nous ne sommes plus que neuf. Dennis offre les panties à une serveuse, qui semble ravie de ce cadeau. Encore deux heures et de nombreux verres plus tard, Dennis devient sentimental. « Quels sacrés bonshommes », marmonne-t-il. Cette fois, les larmes sont bien réelles.

Dennis était sur le point de changer de vie, de changer de monde. Mais j'allais le revoir à plus d'une reprise. Il avait encore quelques secrets à me révéler, dont certains tout récents. Pour le moment, toutefois, mon attention restait fixée sur le Centac : qu'allait-il devenir ? Et comment allaient se terminer les trois opérations que j'avais suivies de si près ?

CHAPITRE DEUX

1

La main droite de Robert Yang est en piteux état — couverte d'égratignures et d'entailles que cache en partie une croûte de sang séché. Lorsque Bruce Stubbs le revoit à Bangkok, deux semaines après leur dramatique entrevue dans un hôtel de Singapour, Bruce a passé une bonne partie de ce temps à supplier le gouvernement thaïlandais, y compris le général Pao Sarasin, responsable national de la lutte contre les stupéfiants, d'autoriser Robert à revenir en Thaïlande. Il s'est vu opposer un refus catégorique. La Thaïlande en a assez de Robert Yang.

L'explosion de Bruce à Singapour a vraiment fait peur à Robert, et a laissé un souvenir durable à Bruce lui-même :

— Notre première querelle... Jusqu'alors, c'était une vraie lune de miel : le bon vieux Bruce, toujours une poignée de dollars à la main. Mais je crois que cela lui a infligé une frayeur salutaire. Il a vraiment eu peur que ce ne soit fini.

La panique de Robert était en fait telle qu'il n'hésita pas, lourd et plus très jeune qu'il était, à franchir clandestinement la frontière séparant la Malaisie de la Thaïlande. Il avait espéré retrouver l'ami qui l'avait aidé à passer neuf ans auparavant, après son évasion de la prison de Bangkok. Mais l'ami n'était pas là. Robert avait donc attendu la tombée de la nuit et s'était attaqué, seul, à la barrière de barbelés, laissant derrière lui une partie de ses vêtements, quelques lambeaux de peau et de chair, et un peu de sang.

Installé au café de l'hôtel Imperial de Bangkok, Robert est optimiste malgré ses blessures ; il compte se remettre dare-dare au travail et oublier cette stupide menace de lui interdire l'accès de tous les pays d'Asie du Sud-Est. Tout en buvant son thé, il annonce à Bruce qu'il est revenu pour mener à son terme ce qu'il avait commencé. Su San et lui vont prendre contact avec Liou Chou-chouei pour lui acheter de l'héroïne destinée à Al Habib, l'agent du Centac jouant le rôle de l'acheteur.

Robert parle toujours, de son ton le plus convaincant, lorsque Bruce, après avoir jeté un coup d'œil vers l'entrée du café, lève brusquement la main pour se cacher le visage.

— Une vraie parade d'éléphants, se souvient Bruce. Tous les flics de Bangkok semblaient s'être donnés rendez-vous à l'hôtel Imperial ; sans doute avaient-ils un déjeuner. L'un après l'autre, ils traversaient le café. De loin, je reconnus le général Pao. Il me vit aussi, et s'approcha pour me saluer. N'oubliez pas que depuis une quinzaine de jours, je sollicitais l'appui de Pao pour que Robert pût revenir en Thaïlande. Cela n'avait d'ailleurs servi à rien. L'officier des services d'immigration auquel il avait échappé neuf ans auparavant l'avait mis sur la liste noire, et il n'y avait rien à faire.

« Comme je l'ai dit, le général Pao vint vers notre table, me regarda... puis regarda Robert. Pour un peu, il se serait évanoui. Pao me salua, mais ne dit pas un mot à Robert. Ensuite, les types de la police des étrangers arrivèrent à la queu leu leu. Heureusement, le colonel ou commandant qui en voulait particulièrement au Gros n'était pas là ; je suis sûr qu'il nous aurait arrêtés *tous les deux* sur-le-champ. Tous ceux que j'avais suppliés de faire quelque chose pour Robert étaient là, et tous nous virent. Dans un sens, je trouvais cela parfaitement approprié.

Pas un ne s'arrêta pour demander ce que Robert fabriquait en Thaïlande. Je suppose qu'ils préféraient l'ignorer.

Liou Chou-chouei n'était pas à Bangkok. Robert resta deux semaines de plus — en vain. Ensuite, il dut retourner à Singapour pour faire renouveler le visa qui lui avait permis de se rendre en Malaisie. Avant de partir, il convint avec Bruce de ramener Su San aux Etats-Unis, où il serait possible de l'arrêter — et de la faire parler.

Bruce ne devait jamais revoir Robert Yang, mais rien ne lui permettait de le prévoir.

2

Jusqu'alors, personne n'avait sérieusement envisagé d'avoir recours à la violence pour résoudre l'énigme du meurtre de Joyce Powers. Mais les amis yunnanais de l'aristocratique Mr. Lung étaient des gens fort pragmatiques. Lung — alias 02 — annonça à Stubbs et à Richie LaMagna que ses amis du nord de la Thaïlande lui avaient proposé « d'inviter ce Preecha pour avoir une petite conversation avec lui ». Preecha Maleekul, que l'assassin de Joyce avait demandé à voir peu avant d'ouvrir le feu, était, pensait-on, le seul homme susceptible de savoir qui avait commandité ce meurtre. Les amis de Lung avaient ajouté ces précisions : « Si on lui brise deux ou trois doigts, il finira peut-être par craquer et par tout dire — ou peut-être pas. Ce qui est en tout état de cause certain, c'est qu'il ira voir ces commanditaires pour les informer des pressions auxquelles il a été soumis. La surveillance assurée par les Américains permettra alors de savoir à qui Preecha est allé raconter ses malheurs. »

Plus qu'un peu surpris, Stubbs et LaMagna n'en décidèrent pas moins de transmettre cette suggestion à l'ambassade.

— Nous pensions qu'ils allaient tous s'exclamer : « Quelle horreur ! Epargnez-nous les détails, par pitié ! » me dit Stubbs. Eh bien, pas du tout. Leur réaction fut : « Formidable ! C'est une excellente suggestion. »

De son côté, Lung précise :

— Nous avons donc soumis cette proposition aux gens de l'ambassade. Mais ils ne semblent pas pressés de prendre une décision. « Nous vérifions », disent-ils. Dieu seul sait ce qu'ils peuvent « vérifier ». Je comprends parfaitement que les Américains ne puissent pas se permettre d'être directement impliqués dans une opération de ce genre. Je les ai donc rassurés : « Cela n'a rien à voir avec vous. Des amis me rendent un service personnel, c'est tout. Il est toutefois indispensable que vous fassiez ensuite surveiller ce Preecha vingt-quatre heures sur vingt-quatre. Autrement, cela n'aura servi à rien. »

— Croyez-vous qu'ils le feront ?
— Ils ont dit qu'ils me tiendraient au courant. Mais ils sont incapables de se décider : personne ne veut endosser la responsabilité. Vous connaissez ces bureaucrates. Plus timorés les uns que les autres.

Pas Mike Powers. Il a informé Bangkok de son arrivée prochaine — ostensiblement pour une tournée de routine, dans le cadre de ses fonctions au service Asie de la DEA. Mais Powers a également demandé à LaMagna de faire venir Lung de Hong Kong : il veut lui parler.

— Il semble que nos amis blancs de Bangkok se soient enfin décidés, m'annonce Lung peu après. La semaine prochaine, je vais aller en Thaïlande pour organiser une petite réception à l'intention du gentleman thaïlandais de Chiang Mai [il s'agit bien entendu de Preecha]. Ce sera sans doute pour lui une occasion mémorable. S'il se décide à parler, cela devrait satisfaire Mr. Powers. Sinon, tout dépend de la capacité de nos amis blancs à surveiller Preecha d'assez près pour découvrir auprès de qui il ira soigner sa gueule de bois après la réception que nous allons donner en son honneur. Espérons que cet exercice en soi regrettable permettra d'apporter quelques éclaircissements sur cette affaire. Compte tenu des circonstances, c'est malheureusement l'unique solution qui promette quelque chance de succès. A ce que l'on dit, les doigts brisés guérissent d'ailleurs fort rapidement.

Avant de se rendre en Thaïlande, Lung était allé dire au revoir à Lena, son adorable amie chinoise, qui nous avait souvent tenu compagnie lors de nos déjeuners et soirées à Hong Kong. Comme elle se plaignait d'une douleur au côté, Lung lui avait dit d'aller voir un docteur sans tarder. Ensuite, il avait pris l'avion pour Bangkok. L' « opération doigts brisés », comme certains l'appelaient, avait été autorisée.

Jeudi, Lena alla consulter un médecin. Samedi, le résultat des analyses fut connu ; le diagnostic était : leucémie. Lorsque Lung téléphona de Bangkok aux parents de Lena, ils lui apprirent qu'elle était morte dans la nuit de samedi à dimanche. Lung regagna aussitôt Hong Kong. « C'était une très charmante et très gentille jeune dame », me dit-il, avant de se hâter de passer à un autre sujet.

Pendant son bref séjour à Bangkok, Lung avait obtenu — il ne révéla pas de quelle source — deux photographies propres à balayer les derniers doutes quant aux excellentes relations entre Chang Chi-fu (le chef de l'Armée Shan unifiée auquel Lung et moi devions rendre visite dans la montagne) et les autorités thaïlandaises, qui prétendaient faire tout leur possible pour le réduire à l'impuissance — mandat d'arrêt, opérations militaires, offre de récompenses...

Les photos tendaient également à confirmer les liens de Chang avec la CIA.

Sur la première, on voit Chang Chi-fu, ventripotent, en chemise blanche, les mains croisées derrière le dos, passer sous un arbre, près d'une maison basse, en compagnie de sept ou huit hommes, dont certains en uniforme, qui purent être identifiés : il s'agissait sans conteste d'officiers thaïlandais.

Sur l'autre photo, manifestement prise le même jour, Chang Chi-fu, les mains dans les poches, se tient au centre d'un groupe de dix hommes en uniforme, également identifiés comme des officiers thaïlandais, qui posent devant un bâtiment à toiture métallique. Trois hommes groupés sur la droite de Chang portent des tenues de parachutistes semblables à celles des équipages des hélicoptères de la *Border Patrol Police*. Lung a obtenu l'assurance qu'au moins un de ces hommes est effectivement un pilote de la BPP.

Or, pour les agents de la DEA en poste en Thaïlande, il ne fait aucun doute que, pour citer l'un d'eux, la BPP « est une simple succursale de la CIA ».

Les photos ont été prises à Bann Hin Teak, village reculé de la zone frontalière, où Chang Chi-fu avait établi son quartier général. Le village témoignait de la puissance et de la richesse de Chang. Au lieu des habituelles huttes couvertes de chaume, Bann Hin Teak s'enorgueillissait de trois cents maisons en brique à toiture de zinc, équipées de l'eau courante, sans compter des casernes, des arsenaux, un centre d'entraînement à la guérilla, un hôpital de cent lits, plusieurs écoles, des terrains de football et de basket, une centrale électrique et, pour Chang Chi-fu lui-même, une villa au sommet de la colline, avec piscine, équipement vidéo, et passage secret menant à la jungle : la frontière birmane, et la sécurité, ne sont qu'à huit kilomètres.

Reconnaissants de leur niveau de vie élevé, les seize cents habitants payaient sans se faire tirer l'oreille des impôts à Chang Chi-fu, et détenaient des cartes d'identité délivrées par l'Armée Shan unifiée. Selon des rapports probablement dignes de foi, certains villageois déloyaux auraient été exécutés publiquement. L'influence de Chang s'étendait alors jusqu'à Chiang Mai et Bangkok, où il possédait des maisons et des entreprises commerciales, avait installé sa femme et ses enfants, et entretenait des contacts étroits avec le gouvernement thaïlandais et, aussi, sans nul doute, avec les autorités américaines. Son oncle et principal associé était un ami intime du gouverneur de la province de Chiang Mai. L'ex-premier ministre Kriangsak Chamanand, auquel Chang Chi-fu avait offert une Rolex en or valant 6 000 dollars, faisait campagne pour sa réélection avec des fonds fournis par le même Chang, par le général Li Wen-huan (avec lequel Lung et moi avions pris le thé à Bangkok) et par les successeurs du général Tuan Shi-wen.

Une dizaine de jours seulement avant que Lung ne se procure ces remarquables documents montrant Chang Chi-fu aux côtés de soldats d'une unité dépendant de la CIA, le gouvernement thaïlandais avait réaffirmé sa détermination à détruire Chang Chi-fu.

La question se posait de nouveau ; par l'intermédiaire de la CIA, le gouvernement des Etats-Unis entretenait-il sciemment des relations avec Chang Chi-fu, si même il ne le soutenait pas ? Et dans l'affirmative, que recevait-il en échange ? Quels renseignements obtenus grâce à Chang Chi-fu, ou quelle influence exercée grâce à lui, pouvaient justifier que nous fermions les yeux sur un trafic permettant d'exporter clandestinement des tonnes d'héroïne vers les Etats-Unis ? Pourquoi versons-nous trois millions de dollars par an au gouvernement thaïlandais pour l'aider à mettre un terme au trafic des stupéfiants, pourquoi envoyons-nous là-bas tous ces agents de la DEA, et pourquoi le Centac a-t-il monté une opération majeure contre Liou Chou-chouei — alors que la CIA travaille avec Chang Chi-fu, voire soutient cet homme que le gouvernement américain lui-même a qualifié de « plus important trafiquant de stupéfiants du globe » ?

Après avoir assisté à l'enterrement de Lena, Lung regagna Bangkok. Cette fois, il n'était plus seulement question de « briser quelques doigts ».

Mike Powers, Lung, et le directeur du bureau de la DEA à Bangkok, Kevin Gallagher, se réunirent dans le bureau de ce dernier, à l'ambassade des Etats-Unis. Lung lui-même qualifia par la suite cette réunion de « vraiment singulière », opinion qu'il n'est pas le seul à professer. Powers aurait à cette occasion dit à Lung que, compte tenu de sa propre position au sein de l'administration, il ne pouvait pas faire grand-chose « pour rétablir l'équilibre », mais serait très reconnaissant à Lung si celui-ci pouvait s'arranger pour « éliminer » Preecha.

Powers expliqua à Lung qu'il n'était pas riche, mais s'engageait à couvrir les frais de l'opération. Lung lui fit observer que c'était sans conséquence, le tarif en vigueur pour un assassinat dans le nord de la Thaïlande étant de deux cents bahts — environ dix dollars.

Doutant de la sagesse de ce plan, et ne voulant pas décevoir Powers, Lung lui suggéra, au lieu de tuer Preecha, de s'attaquer à celui ou à ceux qui se cachaient derrière ce dernier : n'étant qu'un intermédiaire,

Preecha ne méritait pas tant d'honneur. Powers aurait répondu que Preecha lui suffisait.

En se remémorant cette conversation avec Powers et Gallagher, Lung, qui accorde toujours une grande attention au style, semblait moins surpris par la proposition elle-même que par le cadre dans lequel elle avait été faite. De tels projets devraient voir le jour dans de mystérieux repaires d'espions, dans de sombres bars des bas quartiers — certainement pas dans un cadre respectable et officiel.

— Je comprenais certes les sentiments personnels de Mr. Powers, me dit Lung, mais n'en ai pas moins été interloqué. D'autant que cette ténébreuse discussion se déroulait dans un bureau de l'ambassade des Etats-Unis.

Avant qu'une décision irrévocable pût être prise, avant même qu'une petite « réception » pût être organisée, Preecha disparut. Agissant manifestement de leur propre initiative, les agents de la DEA à Chiang Mai demandèrent à Preecha de faire une déposition dont la véracité serait vérifiée par un détecteur de mensonge. Preecha accepta mais, le jour venu, ne se présenta pas au consulat.

Lung fut bien entendu prié d'aider à le retrouver. A ses yeux, c'était un nouvel exemple de la déplorable maladresse des Américains :

— Je ne comprends pas ce qui a pu les pousser à prendre cette décision incompréhensible et grotesque. Et maintenant, ils me demandent de le retrouver. Quel gâchis ! Nos amis et contacts ont été informés. Un jour, il refera peut-être surface — mais ce ne sera sûrement pas la semaine prochaine.

Mike Powers regagna donc Washington sans avoir rien fait ni appris. Il demanda que l'enquête reprenne de zéro, en envoyant des Etats-Unis des agents ignorant tout du dossier, et ne nourrissant donc pas d'idées préconçues. Plusieurs noms furent envisagés. Un homme paraissait particulièrement qualifié pour cette mission : Matty Maher.

Maher, l'ex-professionnel de base-ball qui avait dû céder l'informateur de l'opération Durian à la CIA, avait souvent travaillé avec Viraj Jutimitta (« l'unique flic honnête de Thaïlande »), et était de surcroît un excellent ami de Mike Powers. Un autre agent, Mike Campbell, spécialiste du détecteur de mensonge à l'inspection interne de la DEA, également ami de Powers, fut désigné pour compléter l'équipe.

Maher et Campbell arrivèrent à Bangkok environ deux mois après le retour de Powers à Washington. Six semaines durant, ils travaillèrent jour et nuit avec Viraj et ses hommes, reprenant un à un tous les éléments relatifs au meurtre de Joyce Powers. Ils consacrèrent une bonne partie de leur temps à Laila, l'amie de l'assassin. Elle leur montra d'autres lettres de Narong Promsiri, dont la teneur étayait la thèse la plus vraisemblable :

— Il sautait aux yeux que ce type avait été payé pour kidnapper Joyce Powers, m'assura Maher par la suite. Aucune autre interprétation n'était possible.

Ils apprirent également que Narong ne savait pas conduire ; en conséquence, il avait probablement prévu de se faire aider par un ou plusieurs complices.

— Pour nous, il ne faisait pas de doute que Narong était sous contrat, et qu'il avait été engagé quelque sept à dix jours avant l'enlèvement. L'unique mobile de Narong était l'argent. C'était un vulgaire bandit, un tueur à gages, rien de plus. Mais qui étaient ses commanditaires, et quels étaient leurs mobiles ? Les mobiles d'un enlèvement se ramènent toujours à ces trois facteurs : l'argent, la vengeance, la politique. Narong mis à part, le mobile financier ne tient pas. La vengeance ? Elle pouvait constituer un mobile personnel, par exemple pour laver un affront — mais aucun indice ne permet de penser que Narong aurait eu une raison d'en vouloir à Mike ou à Joyce Powers. Reste la politique. Narong lui-même était totalement apolitique. Il a sans aucun doute été payé pour faire ce qu'il a fait. Quelqu'un l'aura pris à part pour lui dire (Narong était un type auquel l'on pouvait faire ce genre de proposition) : « Ecoute, nous voulons que tu kidnappes cette *farang*, cette femme blanche. Nous te paierons dix mille bahts. » Le but de l'enlèvement, la raison de tout cela, qu'ils n'expliquèrent bien entendu pas à Narong, pouvait être de créer un incident embarrassant pour le gouvernement U.S., ou de disposer d'une monnaie d'échange pour exiger la libération de certains prisonniers.

Ou simplement de prendre une revanche sur Powers, qui n'était pas tendre pour les fonctionnaires corrompus de Thaïlande du Nord, de se débarrasser de lui en obtenant son rappel aux Etats-Unis.

Les six semaines écoulées, Campbell et Maher regagnèrent Washington les mains vides : aucune arrestation n'avait été effectuée, aucun mobile n'avait été déterminé. Ils durent annoncer leur échec à Mike Powers.

— Ce qu'il voulait avant tout, me dit Maher, c'était comprendre ce qui s'était passé. Il voulait *savoir*.

Il ne le savait toujours pas. Et ne le saura probablement jamais.

3

Stubbs, LaMagna et Mills avaient hésité à rendre visite à Chang Chi-fu dans son repaire montagnard. Une telle attitude était indigne du paillard et obstiné général Chou, le Yunnanais au visage rond de clown que Lung avait appelé alors que nous dînions à l'hôtel Mandarin de Hong Kong.

Cinq mois après l'annulation de notre visite à Chang Chi-fu, le général Chou décida de se rendre au camp de celui-ci. Il avait mal choisi son moment. Selon certains rapports, Chang avait peu auparavant annoncé à ses officiers que, si les Américains ne cessaient pas d'inciter les Thaïlandais à prendre des mesures aussi détestables que de mettre sa tête à prix, « nous allons tuer tous les Américains que nous trouverons dans le Nord, ainsi que leurs larbins ».

Il avait également offert des récompenses pour tout renseignement concernant des agents américains, et avait désigné quatre « larbins » thaïlandais à la vindicte de ses hommes. L'un d'eux fut peu après criblé de quarante balles dans une rue de Chiang Mai. Alors qu'il revenait de la crémation du premier, un second reçut une décharge de plombs qui l'éjecta de sa moto.

Le général Chou était le troisième sur la liste. N'ayant pas l'intention d'attendre passivement un sort analogue, il conçut un plan aussi hardi que désespéré. Il décida d'aller voir Chang pour le convaincre de rayer son nom de la liste.

Accompagné de son fils âgé de trente-cinq ans, Chou loua une camionnette tout terrain à Chiang Mai et se mit en route pour Bann Hin Taek. A leur arrivée, le général Chou et son fils furent rejoints dans un petit restaurant par un groupe d'hommes armés qui les amenèrent à Chang. Selon des rapports parvenus à Chiang Mai, les deux hommes furent tués par balles un ou deux jours après ; leurs corps partiellement incinérés auraient été enterrés aux abords du camp. Selon les mêmes sources, la Rolex en or du général serait en vente dans un magasin du village.

Cinq mois après la disparition du général Chou et de son fils, un journaliste thaïlandais partit dans la montagne dans l'intention d'interviewer Chang Chi-fu. Il fut probablement abattu par les hommes de Chang. Toujours est-il qu'on ne le revit jamais.

Le courroux de Chang Chi-fu contre les Américains, leurs « larbins » et les journalistes se serait-il exprimé de la même manière contre Stubbs, LaMagna et Mills ? J'avoue que je préfère l'ignorer.

Au cours de cette période de listes d'hommes à abattre, d'assassinats, de récompenses et de contre-récompenses, le Premier thaïlandais, Prem Tinsulanond, se rendit en visite officielle à Washington. Le problème des stupéfiants fut sans nul doute abordé. Le nom de Chang Chi-fu fut peut-être même prononcé. A peine deux mois après le retour de Prem, et sur son ordre personnel, à l'insu de la plupart des hauts fonctionnaires thaïlandais — y compris des gouverneurs de provinces et des officiers de l'armée, de la police et de la *Border Patrol Police* elle-même — huit cents hommes de la BPP convergèrent sur Bann Hin Taek. Certains furent informés que l'opération avait pour but de protéger une personnalité en déplacement. D'autres supposèrent qu'elle était en rapport avec le séjour annuel de la famille royale dans son palais du Nord.

Quarante camions, six véhicules blindés, deux jeeps blindées et trente motos amenèrent les troupes à Bann Hin Taek, pour ce qui devait être « l'une des missions les plus spectaculaires et les plus dangereuses jamais entreprises par les forces gouvernementales thaïlandaises », comme l'écrivit par la suite un journal de Bangkok.

Trente-six heures durant, couvertes par des hélicoptères et des bombardiers légers, les troupes de la BPP, renforcées par des éclaireurs de l'armée, se battirent maison après maison, et attaquèrent les positions de mortiers et de mitrailleuses installées sur les collines avoisinantes. Selon les Thaïlandais, elles perdirent dix-sept hommes, et celles de Chang Chi-fu, quatre-vingt-deux. Les forces gouvernementales s'emparèrent de quinze tonnes de mortiers, fusils sans recul, mitrailleuses lourdes, lance-grenades, bazookas, fusils d'assaut et munitions. Elles ne prirent toutefois pas Chang Chi-fu lui-même, qui put s'enfuir en Birmanie. Avait-il été averti de l'attaque ? Et par qui ? Le gouvernement birman déploya trois divisions sur la frontière, mais Chang ne put être retrouvé.

Cinq jours seulement après les sanglants combats de Bann Hin Taek, Chang Chi-fu riposta par des raids contre un village frontalier thaïlandais et des attaques contre les véhicules circulant sur les routes de la région. Les femmes et les enfants des dix-neuf agents de la DEA et de la CIA, diplomates et employés du consulat de Chiang Mai, à soixante-dix kilomètres au sud du fief de Chang Chi-fu, furent évacués sur Bangkok. Des gardes furent postés pour prévenir d'éventuels actes de sabotage. Paul Bennett, consul général des Etats-Unis à Chiang Mai, déclara : « Nous savions depuis un certain temps déjà que Chang n'appréciait pas les initiatives américaines contre le trafic des stupéfiants. » Bennett, ami et admirateur de Mike Powers, avait activement participé à l'enquête sur l'assassinat de Joyce Powers.

La discrétion dont le premier ministre Prem avait témoigné en organisant cette opération n'était pas passée inaperçue — il était bien connu que Chang Chi-fu était au mieux avec nombre de hauts fonctionnaires thaïlandais. Le *Post* de Bangkok demanda pourquoi celui-ci n'avait pas été arrêté des années auparavant, à l'occasion d'un de ses voyages à Bangkok ou à Chiang Mai. Manifestement, les gouvernements successifs « trouvaient des avantages à cultiver son amitié ».

Après cette escarmouche, qu'allaient devenir les relations entre Chang Chi-fu, la BPP, la CIA et les amis de Chang au sein de l'administration et du gouvernement thaïlandais ? Pas plus de onze jours après la fuite de Chang en Birmanie, sous la pression du harcèlement constant auquel les troupes de celui-ci soumettaient les forces thaïlandaises dans la région frontalière, le gouvernement thaïlandais annonça qu'il était prêt à négocier un accord. Les hommes politiques américains, qui demandaient à cor et à cri la peau de Chang, et les hauts fonctionnaires birmans, peu convaincus de la détermination des Thaïlandais, avaient eu droit à un avant-goût de ce dont les forces armées thaïlandaises étaient capables. Et cette petite démonstration devrait suffire à les calmer pendant un bout de temps. Les affaires pouvaient reprendre en toute quiétude.

L'été suivant, Chang Chi-fu et ses hommes regagnèrent la région de Bann Hin Taek — rebaptisé Bann Thoed Thai, « village de la défense de la liberté ». De nouveau, des éclaireurs de l'armée et des hommes de la BPP firent mouvement vers la montagne, dans le plus grand secret — au point que leurs uniformes ne portaient aucune indication de leur nom ou de leur grade ; chaque homme portait au poignet un bracelet l'identifiant par un numéro. Soutenus par l'artillerie et l'aviation, ils attaquèrent du sud, tandis que des forces birmanes attaquaient du nord. De nouveau, Chang leur échappa. Pour quiconque était familier avec l'inextricable réalité de la politique d'Asie du Sud-Est, ce ne fut pas une surprise. Mr. Lung, venu à Bangkok pour rencontrer des compatriotes yunnanais, lut avec amusement les comptes rendus de la presse. Chang Chi-fu était indestructible — aussi indestructible que l'héroïne, la cupidité, et que la nécessité d'obtenir des renseignements et d'exercer une influence en Asie du Sud-Est.

Aussi indestructible que Liou Chou-chouei.

4

Avant d'aller à Singapour pour faire renouveler son visa, Robert Yang avait promis à Bruce Stubbs de revenir à Bangkok pour convaincre Su San de retourner aux Etats-Unis, où il serait possible de l'arrêter. Pour éviter la prison, elle accepterait selon toute probabilité d'aider le Centac dans son enquête sur Liou Chou-chouei.

Bruce attendit en vain. Robert ne revint pas.

Quelque temps après, Bruce lui-même fut rappelé aux Etats-Unis. Il savait que les jours du Centac-24 étaient comptés.

— C'était vraiment la fin d'une période, se souvient-il. Je n'ai jamais revu Robert. Ni Dennis Dayle, d'ailleurs.

— Su San et Robert n'ont donc pas pris contact avec Liou, à votre connaissance ? lui demandai-je, me refusant à croire que Bruce eût perdu tout intérêt pour le Centac-24 après avoir quitté l'Asie.

— Non.

— Et en ce qui concerne Kitkeatlers, Dejanu, Maree Starr, Hiram Woo et le Grec, tous ces gens de San Francisco, rien n'a changé depuis votre départ après l'opération de l'hôtel Shaw ?

— Exact. Aucune poursuite, aucune inculpation. Comme s'il ne s'était rien passé. J'avoue que cela me surprend plus qu'un peu.

— Je me souviens qu'à San Francisco, il avait été question que Liou Chou-chouei vienne aux Etats-Unis au mois d'avril. L'a-t-il fait ?

— Si c'est le cas, nous n'en avons pas été informés.

— Certains indices indiquaient également qu'une cargaison devait arriver vers la mi-avril.

— Cette piste n'a rien donné.

— Et Andrew Lee ?

— Il court toujours. Pour autant que je sache.

— Que va devenir Robert Yang, selon vous ?

— Logiquement, il devrait finir sous une rafale de M 16. Mais le Gros est nettement plus intelligent que la moyenne, et bien plus rusé. Il est courageux, mais pas stupide. Il sait parfaitement qu'il risque de se faire tuer un jour. Alors, il est extrêmement prudent. Je suppose... je le vois mal renoncer complètement aux activités illégales. Soit il va continuer comme ça jusqu'à ce qu'il meure d'emphysème ou d'une maladie de cœur, soit il finira par prendre une balle dans la peau. Ou par être exécuté à Formose s'il y est arrêté pour trafic.

— Je me souviens qu'à Washington, Dennis Dayle vous avait dit en substance : « Tout va bien, Bruce. Nous ne pouvons avoir moins de preuves qu'en ce moment, et ce que nous avons suffit pour obtenir des inculpations. »

— Il avait en effet dit cela.

— Dans ce cas, pourquoi n'y a-t-il eu aucun procès, aucune inculpation ?

Bruce redevient hésitant :

— Eh bien, je suppose... Ecoutez, je peux vous dire ceci. La plupart des gens de la DEA à Bangkok n'étaient pas favorables à ce Centac, ou n'y croyaient pas. Son... échec... les a plutôt réjouis. Ils étaient contents d'en être débarrassés. Ça, c'est un des aspects. Par ailleurs... je ne comprends pas que ça ce soit terminé ainsi, sans aboutir à rien... Franchement, je ne comprends pas bien. Comme si cela n'avait jamais existé. J'aurais trouvé normal que... Nous sommes tous de retour ici, tous ceux qui ont coopéré à cette opération. Richie LaMagna est lui aussi revenu... J'aurais cru qu'on en parlerait, au moins au téléphone — une conversation comme celle que vous et moi avons en ce moment même. Bien que Dennis Dayle exagère parfois, je crois que des poursuites pourraient être engagées. Si quelqu'un se donnait la peine de constituer un dossier sur la base de ce que nous savons, je suis sûr... enfin, presque sûr que plusieurs personnes pourraient être inculpées. Condamnées, je ne sais pas, mais certainement inculpées. Si Dennis était resté, je ne crois pas qu'il aurait... permis que ce Centac... finisse de la sorte.

Après son départ, Dennis Dayle fut immédiatement remplacé à la tête du Centac par un homme qui, en dépit de ses qualités, n'était pas un virtuose des conspirations internationales dans la tradition de Tony Pohl, de Marty Pera et de Dennis Dayle. Il n'avait d'ailleurs pas été nommé pour faire progresser le Centac, mais pour éteindre les lumières. Et une de ces lumières était l'opération baptisée Centac-24.

Je demandai à Dennis comment le Centac-24 allait selon lui se terminer.

— Misérablement, fut sa réponse. Il mourra d'une mort stérile.
— Mais pourquoi ?
— Par manque de conviction, pour commencer. Et puis, certains soupçonnaient Robert Yang de mener un double jeu — mais cela, on s'en doutait depuis le début. Pour compenser, il aurait fallu se montrer très fort, très motivé, pour l'entraîner irrésistiblement dans le mouvement, de sorte qu'il se trouve dans l'incapacité de faire autre chose que ce qui devait être fait.

De longs mois plus tard, je discutai de nouveau du Centac-24 avec Dennis Dayle. Il venait de recevoir un coup de téléphone du nouveau patron du Centac — qui était en fait chargé de liquider cette organisation.

— Il m'a expliqué qu'il ne pouvait rien faire du Centac-24, faute de pouvoir contrôler sa partie asiatique. Trouverais-je catastrophique qu'il mette un terme à cette opération sans effectuer d'arrestations — compte tenu du fait que ce serait la première fois que cela se produirait ? A mon avis, c'est bien entendu une catastrophe totale. Un échec impardonnable. Cela ne devrait *jamais* se produire. Et je ne pense certainement pas que c'était irrémédiable. Je ne suis pas d'accord *du tout*.

— Alors que nous étions dans votre bureau avec Bruce Stubbs au retour de San Francisco, vous aviez dit à Bruce que vous pouviez obtenir des inculpations avec ce dont vous disposiez et que, quoi qu'il arrive, vous n'auriez jamais moins de preuves qu'alors.
— C'est exact.
— Dans ce cas, pourquoi aucune poursuite n'a-t-elle été engagée ?
— Ça, il faudrait le demander au parquet. A mon sens, il est hors de doute que notre dossier était suffisamment solide ; simplement, quelqu'un ne tenait pas à entreprendre l'énorme travail nécessaire pour présenter l'affaire aux tribunaux avec de bonnes perspectives de succès.
— Et ce quelqu'un serait... ?
— Le procureur général de San Francisco.
Je lui demandai si le nouveau chef du Centac ne portait pas une part de responsabilité.
— C'est possible. Mes conversations avec lui ne m'ont pas convaincu qu'il était... prêt à aller jusqu'au bout.
Dennis était de toute évidence vivement déçu. Je me souvins d'une remarque de Lurana Snow : *Dennis n'oublie jamais. Il est le genre de personne qui mène les choses jusqu'au bout. S'il en était autrement, plus d'un Centac serait décédé de mort naturelle.*
— Si vous aviez été là, Dennis, vous auriez trouvé un procureur, même si c'était une femme déguisée en chat !
Dennis éclata de rire, puis resta silencieux un long moment. Lorsqu'il reprit la parole, il n'y avait pas la moindre trace d'humour dans sa voix :
— Je n'aurais pas toléré un refus.

Liou Chou-chouei restait donc en liberté. Les échos de ses exploits continuaient d'ailleurs à me parvenir. Ses ambitions dépassaient maintenant l'héroïne, l'or, et les investissements aux Etats-Unis. Ses subordonnés de l'hôtel Shaw de San Francisco affirmaient avoir établi des liens avec le Moyen-Orient, et conclu un semblant d'alliance avec le gouvernement de la Chine populaire.
Un grisonnant colonel en retraite de l'armée de l'air de Formose se fit présenter à Vichit Kitkeatlers, le directeur de l'hôtel Shaw auquel Robert Yang avait essayé d'acheter de l'héroïne. Il lui demanda la raison de la présence d'un grand nombre de pilotes, stewards, etc., de la CAAC, la compagnie aérienne nationale chinoise. Kitkeatlers lui expliqua qu'il avait un contrat avec le gouvernement de la Chine communiste : il devait loger jusqu'à quarante employés de la CAAC par jour. Kitkeatlers présenta alors au colonel un gros homme d'une soixantaine d'années nommé Ma Yu, responsable des opérations de la CAAC à San Francisco.

Ma Yu et le colonel se prirent aussitôt d'amitié. Tous deux avaient fréquenté la même école de pilotage avant la Seconde Guerre mondiale ; ils avaient de nombreux amis communs parmi les pilotes. Après la guerre, Ma avait rejoint les forces aériennes révolutionnaires de Mao Tse-tung, tandis que le colonel était resté fidèle au Kouomintang.

Le colonel travaillait en fait pour les services de renseignements américains. Jadis copropriétaire d'une compagnie de charters aériens en Asie, il avait effectué pour le compte de la CIA des missions au Cambodge et au Laos. Par la suite, il avait émigré aux Etats-Unis, où il s'était trouvé une petite amie Chiu Chow. L'amie en question, proche d'une famille thaïlandaise de trafiquants de drogue, l'avait présenté à Kitkeatlers, un peu comme Su San lui avait présenté Robert Yang.

Le colonel affirmait avoir appris au cours de ses conversations avec son vieux camarade d'études Ma que celui-ci ne se contentait pas de diriger le mouvement des appareils de la CAAC à l'arrivée et au départ de San Francisco. En réalité, affirmait le colonel, Ma était en premier lieu officier de renseignements de la Chine populaire.

Intrigué, l'agent américain qui contrôlait le colonel demanda à celui-ci de le présenter à Kitkeatlers. Le colonel accepta. Ce fut ainsi qu'un soir, accompagné du colonel et se faisant passer pour un important homme d'affaires, directeur d'une société d'import-export, l'agent fit la connaissance de Kitkeatlers et de Ma Yu au foyer de l'hôtel Shaw. Kitkeatlers les invita tous à déjeuner au restaurant New Oceans, dans le quartier chinois.

Par la suite, Kitkeatlers invita l'agent dans sa maison du 101, Palisades Drive, à Daly City — la même maison que l'agent du Centac Bob Cox et moi-même avions épiée à la jumelle trois ans auparavant. Manifestement impressionné par son nouvel ami, Kitkeatlers l'invita de nouveau, lui dit qu'il « pouvait passer le voir n'importe quand », et lui confia que l'hôtel Shaw étant vendu depuis peu, il cherchait à investir son argent dans des casinos. A cette fin, il était notamment en pourparlers avec la direction de l'hôtel Hilton de Las Vegas. Connaissant les liens de Kitkeatlers avec Liou Chou-chouei, et sachant par ailleurs que la police thaïlandaise, assistée par la CIA, avait récemment enregistré des conversations téléphoniques entre les frères de Kitkeatlers, conversations où il était question de stupéfiants, l'agent était certain que l'hôtellerie et le jeu n'étaient pas les seules activités de Kitkeatlers.

La nature mystérieuse des tractations entre Liou Chou-chouei et le gouvernement chinois devint encore plus fascinante lorsque Kitkeatlers présenta l'agent américain à Phongsoon Dejanu, l'ancien directeur d'hôtels de classe internationale que l'on pensait être responsable des investissements de Liou aux Etats-Unis. Dejanu était jadis en relation avec un gang de criminels indiens ne possédant pas moins de 8 200 hôtels sur tout le territoire des Etats-Unis.

L'agent trouva Dejanu « très habile, très roublard... Il ressemble à un professeur de Harvard, ou peut-être à un comptable chinois. Voûté, portant des lunettes à verres épais, il s'habille de gros tweeds anglais. Il est taciturne et aimable : il s'assied, sourit et ne dit mot. » L'agent conclut : « Ainsi, Kitkeatlers, Dejanu, et Liou quand il vient à San Francisco ne trouvent rien de mieux que de frayer avec les communistes chinois. »

En dépit de sa réserve, Dejanu finit par confier à l'agent qu'il allait sous peu se rendre en Arabie Saoudite pour y créer des circuits de distribution de denrées alimentaires. Dejanu reconnut que son « partenaire » dans cette entreprise, son commanditaire en fait, était le gouvernement chinois.

Cela soulevait plusieurs questions. Quelles étaient au juste les relations de Liou Chou-chouei avec le gouvernement chinois ? Au fil des années, Liou avait fait de nombreux voyages d'affaires en Chine ; la compagnie aérienne nationale chinoise n'avait certainement pas conclu à la légère un accord avec un Chiu Chow résidant en Thaïlande, de surcroît trafiquant d'or et d'héroïne. Les associés californiens de Liou avaient-ils recruté des pilotes ou stewards de la CAAC, notoirement mal payés, pour transporter de l'héroïne ? Les équipages aériens constituaient, après tout, des passeurs de choix pour les trafiquants asiatiques ; et le personnel volant chinois était particulièrement peu contrôlé. Quels étaient les liens éventuels entre Liou Chou-chouei et les services de renseignements chinois ? Et de quelle nature étaient ses relations avec l'Arabie Saoudite ?

Beaucoup de questions, donc. Et un fait : Liou Chou-chouei continue encore et toujours à opérer avec impunité en Asie, aux Etats-Unis, et sans doute dans bien d'autres pays.

Liou Chou-chouei n'était pas le seul protagoniste du Centac-24 continuant à jouir d'une totale liberté d'action. Les forces du général Li Wen-huan restaient actives dans le Triangle d'Or. Chang Chi-fu était toujours solidement établi dans les montagnes thaïlandaises et birmanes, et son trafic d'opium et d'héroïne était florissant. Selon certaines officines de renseignements, Poonsiri Chanyasak, le « ministre de l'héroïne » du Laos, poursuivait lui aussi ses lucratives activités. En septembre 1985, des officiers supérieurs de l'armée thaïlandaise tentèrent un coup d'Etat. Il y eut cinq morts et soixante blessés. Les auteurs du coup manqué déclarèrent que leur objectif était de faire rentrer au gouvernement l'ancien premier ministre Kriangsak Chamanand. Dirigeant du Parti National Démocrate, considéré par les services de renseignements américains comme un trafiquant d'héroïne majeur, Kriangsak recevait selon Lung un demi-million de dollars de pots-de-vin des généraux Li Wan-huan et Tuan Shi-wen, sans compter ce que lui versait Chang Chi-fu. En dépit de l'échec du coup d'Etat, Kriangsak allait certainement poursuivre ses efforts pour reprendre le pouvoir et toucher de nouveau sa part des bénéfices de l'industrie des stupéfiants d'Asie du Sud-Est, dont le chiffre d'affaires atteint plusieurs milliards de dollars.

CHAPITRE TROIS

1

Tel est donc le bilan du Centac-24. Qu'en était-il du Centac-21, issu de l'opération contre Alberto Sicilia-Falcon? Que devenaient Alfonso Rivera, la famille Paredes, Santiago Ocampo, Gilberto Rodríguez dit « le Joueur d'échecs », et leurs subordonnés et associés présents dans presque toute l'Amérique latine?

Jaime Munera s'était, comme nous l'avons vu, fait construire une piste d'atterrissage dans son ranch de l'Alabama, le « Bar-J ». Environ deux mois plus tard, un enquêteur colombien arriva à Miami. Quiconque aurait guetté à l'aéroport un typique flic sud-américain costaud, moustachu et à l'air mauvais, en aurait été pour ses frais. L'agent en question était en fait un minuscule brin de fille, jamais en repos, toujours souriante, communicative et prompte à se faire des amis. Originaire de Medellin, Ana Cecilia, puisque tel était son nom, avait vingt-neuf ans, vivait avec sa mère veuve et malade, avait pour ami un jeune médecin nommé Carlos, et était très proche d'un agent américain de la DEA, qui avait également travaillé pour le Centac, la blonde Annabelle Grimm, à peine plus âgée qu'elle.

Annie Grimm avait vécu deux ans en Colombie avec son mari Jose Marin, lui aussi agent de la DEA. Les trois années précédentes, Annie et Jose, qui dépendaient du bureau de Miami, avaient effectué plusieurs missions spéciales en Colombie. Annie aimait beaucoup travailler avec Ana Cecilia, dont elle appréciait le charme et la vivacité. Ana était également l'un des rares enquêteurs colombiens en qui l'on pût avoir confiance. Annie savait que, quoi qu'il arrive, Ana Cecilia ne tournerait jamais casaque.

Ana n'était d'ailleurs pas un simple flic. Diplômée en droit, elle était en fait juge, mais un juge qui ne limitait pas, loin de là, ses activités au cadre étroit d'un tribunal. Elle enquêtait elle-même sur certaines affaires, notamment sur une organisation colombienne regroupant Santiago Ocampo et plusieurs de ses associés. C'était ce qui l'avait amenée à Miami.

Les agents du Centac en poste en Floride eurent le coup de foudre pour Ana Cecilia. Le gouvernement colombien s'était-il enfin décidé à *agir* ? En tout cas, il avait envoyé cette fille aussi intelligente qu'adorable, qui parcourait tout le sud de la Floride pour interroger les témoins du Centac-21 — exactement comme les juges d'instruction mexicains l'avaient fait en Californie peu avant de coffrer Alberto Sicilia-Falcon.

Ana regagna Medellin, dépositions en poche, et poursuivit ses recherches. Carlos et elle se fiancèrent ; ils devaient se marier l'hiver suivant. Elle continuait à travailler avec Annie Grimm, et débordait plus que jamais d'énergie et d'idées. Pourquoi, par exemple, les autorités américaines n'organiseraient-elles pas, à l'intention de juges comme elle, un stage d'information consacré aux stupéfiants ? Avec la bénédiction du Département d'Etat, la DEA envoya de Miami un chimiste parlant l'espagnol. Le samedi précédant le premier séminaire, Ana invita tous les participants dans la *finca* d'un ami, à quelques heures de route de Medellin, en pleine montagne.

Ana, Annie Grimm, et une vingtaine d'agents américains, de diplomates, et de juges colombiens passèrent la journée à manger, boire, nager dans la piscine et à discuter à bâtons rompus. Annie se souvient que c'était « l'un de ces moments privilégiés où les gens peuvent se rencontrer et parler en toute liberté sous le soleil ».

Sur le chemin du retour, ils s'arrêtèrent pour manger une pizza. Ana était plus endiablée que jamais — une minuscule dynamo bourrée d'énergie et de joie de vivre.

Lundi matin, Ana arriva à l'ambassade pour le premier séminaire. En début d'après-midi, elle partit faire une course. Elle monta dans sa petite Renault blanche, parcourut quelques centaines de mètres dans la rue encombrée de véhicules et de piétons, puis, non loin d'un parking, gagna la file de droite, mit son clignotant, et attendit que le feu passe au vert.

Deux hommes en moto s'arrêtèrent à la hauteur de sa voiture. Le passager, un homme au teint sombre, d'une trentaine d'années, sortit de sa poche un revolver, visa soigneusement la tête d'Ana, et fit feu à trois reprises.

La moto démarra et se perdit dans la circulation. La petite Renault blanche, elle, ne bougea pas.

Annie Grimm apprit la triste nouvelle à l'ambassade. Selon les premiers rapports, Ana Cecilia aurait été abattue d'une rafale de mitraillette. Annie Grimm était partagée entre la tristesse et la colère. Elle n'était pas la seule. D'autres juges, dont une jeune femme de son âge, avaient récemment été assassinés par des trafiquants de drogue. Révoltés, leurs collègues s'étaient mis en grève et avaient défilé dans les rues de Medellin, criant leur colère et leur indignation. Une partie de la foule s'était jointe à cette manifestation houleuse.

Quelques jours plus tard, les funérailles d'Ana Cecilia donnèrent lieu à une nouvelle manifestation. Les habitants de Medellin exigeaient que les autorités agissent enfin contre les criminels qui menaçaient leur sécurité, et compromettaient l'honneur, voire la souveraineté, de leur pays.

Annie Grimm, les yeux pleins de larmes, était là :

— J'étais complètement abattue. Ana était une amie, au sens le plus fort du terme. Les autres juges étaient eux aussi démoralisés. Ils avaient l'impression de n'être ni soutenus ni protégés. Les assassinats de juges étaient monnaie courante. Quiconque instruisait une affaire était contacté par des trafiquants, qui lui disaient de laisser tomber et de jouer le jeu, alliant la menace à des offres d'argent. Et ceux qui refusaient... Sur la côte, un autre juge avait été tué ; je crois qu'Ana le connaissait. Les juges organisèrent une démonstration, ils défilèrent dans tout le centre de Medellin, jusqu'au palais de justice. Il était impossible d'approcher tant il y avait de monde. Des *hordes* d'hommes et de femmes. C'était vraiment... Je crois que c'était la première fois que les Colombiens réagissaient avec une telle vigueur ; ils en avaient assez des manipulations répugnantes des trafiquants, de leur toute-puissance.

La commission d'enquête, dont Annie Grimm faisait partie, entendit un gardien de parking qui décrivit le tueur avec une grande précision. Annie se rendit compte qu'elle avait vu un homme correspondant à cette description la suivre.

— J'étais en compagnie d'Ana Cecilia lorsque j'eus soudain l'impression que nous étions suivies. Cela arrive tout le temps. Quelques semaines avant l'assassinat d'Ana, un autre juge avait été tué à Medellin, et Ana m'avait dit qu'elle se sentait menacée. Je ne me souviens plus de ses termes exacts, quelque chose comme : ces gens sont vraiment insistants. Je lui avais demandé si elle pensait que c'était grave. Elle s'était efforcée de prendre cela à la légère, mais je voyais bien qu'elle était inquiète.

Non sans de bonnes raisons. Peu après son retour de Miami, un avocat représentant Santiago Ocampo était venu voir Ana Cecilia dans son bureau, et lui avait demandé avec indignation de quel droit elle enquêtait sur son client.

Cette question surprit d'autant plus la jeune femme que son enquête sur Ocampo, menée avec la plus extrême discrétion, était en principe secrète.

Quelque temps après le meurtre d'Ana Cecilia, les autorités colombiennes prirent des mesures que l'on pourrait presque, compte tenu du climat politique du pays, qualifier de rigoureuses. De nombreuses personnes ayant été tuées par des assassins en moto — le conducteur devant, le tueur derrière —, elles prirent un décret interdisant de se déplacer à deux en moto.

Le meurtre d'Ana Cecilia demeura impuni. L'enquête sur Santiago Ocampo et ses amis ne fut pas poursuivie.

Annie Grimm pensait-elle que, si Ana Cecilia était restée en vie, le gouvernement colombien aurait arrêté, jugé et emprisonné Santiago Ocampo?

— Non. Je ne crois vraiment pas. Ocampo est bien trop puissant. Pour commencer, il faudrait pouvoir l'arrêter. A peine le mandat d'arrêt signé, il en sera informé par un coup de téléphone — et le brave vieux Santiago sautera dans son avion privé pour aller à Panama ou je ne sais où.

Et dans l'hypothèse où il *serait* arrêté?

— Peut-être une nuit en prison, libéré sous caution dès le lendemain, et ensuite, l'affaire traînerait en longueur. Elle resterait en quelque sorte en suspens, faute d'une action énergique, et finirait par tomber dans l'oubli. Ces trafiquants constituent une faction tellement puissante, si fabuleusement riche, que l'application de la loi pose des problèmes insurmontables. Les textes de loi existent, certes, mais comment les appliquer contre des gens — et ils sont nombreux — qui réussissent à acheter leur liberté chaque fois qu'ils sont incarcérés?

— Avez-vous jamais rencontré Santiago Ocampo?

— Oui, une fois.

— Comment est-il?

Après un instant d'hésitation, Annie Grimm se décida :

— Si vous voulez mon opinion franche et sincère, il ressemble à un gros tas de merde.

2

Notre entretien tirant à sa fin, Alberto Sicilia-Falcon éteignit sa cigarette dans le cendrier posé sur le bureau, et me répéta qu'il n'était pas assez âgé pour avoir fait tout ce dont on l'accusait :

— Pour avoir dirigé tout ce qu'ils disent, pour contrôler cette gigantesque organisation criminelle, avoir vendu des armes à des rebelles, et je ne sais quoi encore, il aurait fallu que je commence à l'âge de dix ans !

Et l'énorme fortune qu'on lui attribuait ?

— Je ne manque pas de fonds. J'ai toujours vécu dans l'aisance, et j'espère qu'il en sera de même à l'avenir.

Je lui demandai de me parler de Pat Gregory, l'agent américain qu'il considérait peut-être comme le principal responsable de son incarcération.

— C'est un agent de la CIA ; la DEA lui sert de couverture. Il est toujours à New York.

Gregory n'était pas à New York, j'en étais certain.

— Comment le savez-vous ?

— J'aime toujours savoir où il est, et il aime savoir où je suis.

Lorsque je lui dis que j'allais sans doute voir Gregory sous peu, il lui dédicaça un exemplaire de son livre : « A Pat Gregory. Avec tous mes vœux de bonheur. »

Un employé vint apporter du café. Falcon me demanda si j'en voulais : je refusai. Après avoir goûté le breuvage, contenu dans un gobelet en plastique jaune, il me tendit le livre avec ce commentaire :

— Pourquoi serais-je moins cynique qu'eux ?

Je me souvins alors qu'un des hommes du *comandante* Ventura m'avait dit que Falcon avait envoyé son livre à celui-ci, avec la dédicace suivante : « Au Comandante Florentino Ventura, sans lequel ce livre n'aurait jamais vu le jour. »

Falcon était donc capable d'humour, bien que je ne m'en fusse guère rendu compte pendant notre entretien.

Qu'avait-il à dire sur la CIA ? Beaucoup pensaient que cette agence avait utilisé les compétences de Falcon dans le domaine des armes et de la drogue.

— La CIA est dans le commerce des stupéfiants, répondit-il. Des centaines de gosses sont tués par la drogue vendue par divers gouvernements. Vous savez, le plus gros problème posé par la drogue aux Etats-Unis, ce n'est pas tant le mal qu'elle fait à d'innombrables êtres humains, mais le mal que l'argent fait au pays. Et les gros trafiquants, même s'ils sont jugés, ne restent jamais bien longtemps en prison.

Je lui demandai s'il avait jamais travaillé pour un service de renseignements.

— Non. La politique ne m'intéresse pas. Tous les systèmes politiques sont pourris, les uns autant que les autres.

— Si je vois Pat Gregory, avez-vous un message pour lui ?

— Dites-lui que j'espère le voir. A Acapulco.

— Pourquoi Acapulco ?

— C'est un endroit agréable, non ?

— Que ferez-vous si vous le rencontrez ?

— Rien. Je n'éprouve aucun désir de vengeance.

Nous prîmes congé. Tout au long de notre entretien, Falcon était resté morose et méfiant. Il n'avait cessé de m'appeler « John », bien que je l'eusse chaque fois corrigé.

Je repartis comme j'étais venu, en traversant un petit patio inondé de soleil, avec des arbres et des bancs où des enfants et des femmes jouaient et riaient. Après avoir franchi une porte jaune vif, je repris mon passeport à un guichet, passai un portail en fer, montai quelques marches, poussai un tourniquet, et aboutis à un autre guichet, où un garde avec une incisive en or me rendit le contenu de mes poches, qu'il avait rangé dans un tiroir entre deux pistolets automatiques. Encore une salle à traverser, et je retrouvai le soleil torride d'une matinée d'été mexicaine.

Alberto Sicilia-Falcon pouvait recevoir qui il voulait, et continuait à exercer son pouvoir aussi librement que toujours — mais, pour le moment du moins, il était bel et bien en prison.

Les bâtiments bas et modernes du *Reclusorio Oriente* se trouvent à la lisière est de Mexico City, à quelques centaines de mètres d'un des plus affreux bidonvilles de la capitale. Juste en face, dans un terrain vague jonché de débris de toute sorte, des moutons et des porcs se nourrissent à l'ombre d'une structure de béton en voie de démolition — ou de construction, je ne sais trop. Alors que je sortais de la prison, la veille, après avoir en vain essayé de voir Falcon (j'étais arrivé après l'heure des visites), un mince adolescent m'avait hélé dans un anglais parfait. J'ignore comment il savait, ou sentait, ce qui m'avait amené en ces lieux ; toujours est-il qu'il me demanda si je voulais voir Sicilia. Il était poli, mais trop sûr de lui, et essayait en vain de cacher son arrogance naturelle. Je crus comprendre que son père était l'avocat de Sicilia, et pouvait m'obtenir une visite. Une masure voisine portait le mot *Abogado* peint sur la fenêtre. Sans doute un avocat miteux envoyait-il son fils dans la rue pour raccoler d'éventuels clients.

Je lui demandai s'il pouvait me prouver qu'il travaillait pour l'avocat de Falcon : un quelconque document, une lettre même... Il n'avait rien. J'arrêtai un taxi. Alors qu'il démarrait, l'adolescent me cria avec indignation : « *Je suis son fils !* »

Fils de l'avocat de Falcon ou non, je ne tenais pas à le revoir. Je n'avais d'ailleurs nullement besoin d'un avocat pour voir Falcon. En revenant à la prison le lendemain matin, j'eus à peine le temps de prononcer son nom. Aussitôt, un homme d'un certain âge, vêtu d'un impeccable complet gris, fendit la foule des gens venus rendre visite à un détenu. « Qui veut-il voir ? » demanda-t-il à l'employé. Lorsque celui-ci l'eut renseigné, l'homme en civil clama d'une voix tonitruante : « Alberto Sicilia-Falcon ! *Pase !* »

Dix minutes plus tard, j'attendais devant la librairie de la prison que Falcon eût fini de prendre sa douche.

C'est dans la librairie, dit-on, qu'il traite ses affaires. La rumeur veut qu'il ait fait repeindre la prison entière à ses frais. Comme tous les détenus, il a droit à trois visites conjugales par semaine. Son existence n'est donc pas trop inconfortable. Il n'en aspire pas moins à retrouver la liberté. Il me dit qu'il espérait être libéré d'ici un an :

— Je veux retrouver ma famille et voir grandir mes enfants.

Mais Falcon n'a pas d'enfants. Il a seulement un giton, Carlitos, qu'il a élevé comme son fils et dont il a fait son amant — le jeune homme qui aurait selon lui été passé à tabac à la Procuraduria, et qui, selon Michael Decker, deviendra un jour un criminel plus puissant encore que Falcon lui-même.

En regagnant mon hôtel après ma visite à Falcon, je pensais à Carlitos, lorsque j'eus soudain une révélation. Mais oui, tout coïncidait ! L'âge, la frêle ossature, l'arrogance, la parfaite connaissance de l'anglais. Hier, lorsque l'adolescent qui m'avait abordé dans la rue s'était écrié : « Je suis son fils ! » il ne parlait pas de l'avocat, mais de Falcon lui-même !

Si je ne m'étais moi-même montré si arrogant, si j'avais patiemment écouté ce que ce jeune inconnu essayait de me dire, si je l'avais invité à prendre un verre, qui sait quelles histoires Carlitos aurait pu me raconter ?

3

Le téléphone du Bar-J était surveillé depuis plusieurs semaines lorsque Jaime Carvahal et sa femme Susie (l'équipe de base-ball allait se ressentir de l'absence de celle-ci) prirent congé de leurs amis de l'Alabama pour aller faire un tour en république Dominicaine. Carvahal téléphona deux ou trois fois au père de Susie, Jaime Munera, puis ne donna plus signe de vie. Susie, par contre, appela régulièrement son père, demandant sur un ton de plus en plus désespéré s'il avait des nouvelles de Jaime.

Personne n'avait de nouvelles de Jaime Carvahal, ami, pilote, et principal assistant de Gilberto Rodriguez, dit « le Joueur d'échecs ».

Un indicateur du Centac basé à Miami avait entendu des rumeurs. Carvahal aurait « importuné des gens » ; il préparait peut-être un coup à l'insu de Rodriguez ; son attitude aurait été jugée « inamicale ». Bref, il était devenu un problème. Et ce problème avait été réglé « à la colombienne ». Son corps aurait été coupé en morceaux et jeté dans la mer des Caraïbes. Selon un autre informateur, ses restes seraient enterrés dans la cave d'une maison de Miami. Ou encore, à en croire une lettre anonyme adressée au bureau de la DEA de Miami, lesdits restes auraient été jetés en pâture à un aligator baptisé Tomás, dans la région de Fort Lauderdale. Dans les entrailles de Tomás, ajoutait l'auteur, vous trouverez les restes digérés de plus d'un « Cocaine Cowboy » assassiné.

Toujours est-il que nul ne revit jamais Carvahal. L'autorisation de mettre le téléphone du Bar-J sur table d'écoute parvenant à expiration, l'équipe d'agents et de policiers dirigée par Billy Mockler continua à surveiller le ranch à la jumelle et avec des caméras vidéo. Quelques avions le survolèrent, mais aucun appareil plus gros qu'un monomoteur ne s'y posa.

Pour finir, lorsque la loi exigea que Munera fût informé que son téléphone avait été surveillé, le Centac obtint un mandat de perquisition fédéral. Equipés de gilets pare-balles et d'armes automatiques, des hommes de la DEA, de l'IRS, de la gendarmerie, de l'*Alabama Bureau of Investigation* et de la police de Montgomery City cernèrent le Bar-J et arrêtèrent Munera.

Le Centac saisit le ranch, estimé à 800 000 dollars, ainsi que deux cents têtes de bétail, un avion Piper Dakota, plusieurs tracteurs, et une camionnette. Il n'obtint rien de plus. L'agent du Centac Richie Crawford prit Munera à part et lui expliqua sur un ton grave et paternel les avantages de la coopération. Munera promit de tout dévoiler. Par la suite, ses avocats le firent changer d'avis — ses avocats, et peut-être la pensée de son beau-fils disparu.

Quatre mois après le raid sur le Bar-J, son propriétaire, Frank Mosely, entra à l'hôpital pour une intervention vasculaire. Il ne survécut pas. Le ranch, légué à sa femme, reviendra un jour à leur fils Ed.

En Colombie, Gilberto Rodriguez continuait à vendre pour des millions de dollars de cocaïne, avec ou sans la participation de son aîné Santiago Ocampo. Installé dans son ranch proche de la station touristique de Melgar, ce dernier poursuivait également ses activités, sous la protection d'hommes politiques et de hauts fonctionnaires. Un de ses principaux alliés serait Tulio Cuevas, député et dirigeant du principal syndicat ouvrier de Colombie. En 1977, Cuevas avait déclenché une grève générale qui avait fait dix-huit morts, entraîné des centaines d'arrestations et abouti à la constitution d'un nouveau cabinet.

L'équipe de Billy Mockler réussit également à arrêter Carlos Turboy (le trafiquant qui avait été pris en filature dans les rues de Queens), se rapprochant avec persévérance de son objectif ultime. Je demandai à Mockler s'il était déçu de n'avoir pu mettre la main sur une réserve de stupéfiants au Bar-J, ce qui aurait permis d'inculper Gilberto Rodriguez.

— C'est la vie, me répondit-il stoïquement. Nous avançons pas à pas, en essayant de coincer les gros pontes. J'ai deux ou trois trucs en train, qui pourraient marcher.

C'était encore plus vrai qu'il ne le pensait. En apparence, l'opération du Bar-J avait abouti à un demi-échec; elle devait cependant puissamment favoriser l'enquête sur Rodriguez.

Mockler allait avoir sa chance.

CHAPITRE QUATRE

1

J'étais installé avec Pat Gregory dans le living de son appartement de Sacramento. Le Centac-21, qui poursuivait ce que le Centac-12 avait commencé, s'était étendu à une douzaine de pays de divers continents, mais aucun des trafiquants majeurs qu'il poursuivait n'était en prison, à l'unique exception de Sicilia-Falcon. Le rempart des oligarchies, de l'argent et du pouvoir politique avait tenu bon.

— Ils achètent et vendent des gouvernements, disait Gregory. Les sommes en jeu sont astronomiques. Des *gouvernements !* Prenez un simple flic, qui se crève le cul pour faire son boulot, il se bat contre des gouvernements ! Il a beau être expérimenté et cynique et tout ça, il est littéralement paralysé, parce que l'adversaire sape tous ses moyens d'action. Il est comme Don Quichotte, qui ne cesse de tomber de cheval et ne comprend pas pourquoi.

» Un type seul ou une petite unité sont impuissants contre eux. Mais le Centac *peut* les vaincre. Le Centac crée la loi, il a des moyens d'action internationaux dont aucune autre agence ne dispose. Le Centac recrute les meilleurs d'entre les meilleurs. Des agents capables de manipuler des indicateurs, de se faire passer pour des gars du milieu, de changer continuellement de personnalité. Le jour, en costume sur mesure, vous allez voir des directeurs de banques pour les convaincre de révéler leurs secrets. Le soir, vous vous fondez dans la foule d'une boîte de truands. Psychologiquement, c'est très dur.

» Avec le Centac-12, nous avons fait des choses qui n'avaient jamais été faites auparavant. Lorsque nous commettions des erreurs, nous ne nous en rendions même pas compte, faute d'éléments de comparaison. Et quand nous réussissions quelque chose, cela devenait une nouvelle procédure, une méthode inédite. Nous avancions en terrain vierge, et je suis sûr que c'était ressenti comme une menace par certains fonctionnaires bornés du ministère de la Justice et du Département d'Etat, pour ne pas mentionner la DEA. Cela s'écartait par trop de la routine juridique et politique, cela exigeait trop d'efforts.

» Je suis profondément déçu par les résultats. Les gens nous disent : " Vous avez fait un boulot incroyable. Sicilia est en tôle, Roger Fry est en tôle, ainsi que des centaines d'autres. Vous avez fait ceci, vous avez fait cela... " Ce n'est pas vrai. En réalité, ce n'était qu'un début. Imaginez ce que nous aurions *pu* faire ! Nous aurions pu faire la loi dans le monde entier ! Les coffrer tous ! C'est cela qui est triste, toutes ces occasions perdues. Nous aurions pu avoir Alfonso Rivera, Santiago Ocampo et ses lieutenants, qui fournissent maintenant la majeure partie de la came qui envahit la côte sud-est. Nous aurions pu éliminer tous les gros bonnets colombiens. Si l'on nous avait laissés faire, si nous avions obtenu le soutien nécessaire, il n'existerait plus de problème de cocaïne.

Cela me parut un peu exagéré. Pour obtenir ce résultat, il aurait fallu négocier avec des gouvernements étrangers. Et je ne voyais pas comment le Centac pourrait convaincre le gouvernement colombien de mettre sous les verrous des hommes comme Ocampo.

— Vous me dites cela après ce que nous avons fait au Mexique ? Et en Suisse ? Nous ne *pourrions pas ?* Je vous garantis que nous aurions *trouvé* un moyen. J'ai participé aux premières réunions avec les gouvernements colombien et péruvien — organisées sans consulter le Département d'Etat. Ce qui n'a pas du tout plu à celui-ci, mais j'avoue que je m'en fiche complètement. Notre objectif était de trouver un moyen légal, n'importe lequel, pas nécessairement lié aux stupéfiants, de poursuivre et de faire condamner les membres d'une association de trafiquants. Les attaquer pour infraction à la législation sur le port d'armes, pour délits fiscaux, attaques à main armée, meurtres. Trouver des inculpations réalistes, que les gouvernements de ces pays accepteraient. Il est évident qu'en Colombie, il est impossible de poursuivre quelqu'un pour trafic de cocaïne. Pour commencer, le juge serait exécuté.

— Il l'a été, de fait.

— Exactement. Laissant la drogue de côté, nous leur avons demandé s'ils envisageraient d'engager des poursuites pour des délits fiscaux.

— Leur réaction a été favorable ?

— Et comment ! " Nous pourrons saisir tout leur argent. Nous leur infligerons des amendes de 200 pour cent ! " Quand on tombe sur un mur, on n'abandonne pas, vous comprenez ? On reprend son élan et on change de direction. Pratiquement toutes les affaires de drogue s'accompagnent de délits fiscaux, de détention d'armes, de crimes capitaux tels que l'homicide volontaire. On ne peut pas poursuivre pour trafic de drogue ? Soit, ce n'est pas une raison pour laisser tomber. A Washington, c'était toujours le même son de cloche : " Impossible. En Suisse, le secret bancaire est inviolable. Et au Mexique, vous n'avez pas une chance. Les Mexicains n'arrêteront jamais Sicilia. Inutile d'essayer. Impossible, *impossible*, IMPOSSIBLE. " Certains continuent à nous dire *aujourd'hui* que le programme Janus, que nous avons utilisé contre Sicilia-Falcon, est inefficace. Et moi, je leur réponds que légalement et techniquement, ils ont raison. En théorie, nos armes sont inefficaces. Mais qu'est-ce que cela peut fiche, puisque Sicilia *est* en prison, pour une affaire où j'aurais juré que, la loi mexicaine étant ce qu'elle est, il serait libéré au bout de trois jours ! La seule chose qui m'importe c'est qu'en fin de compte, notre objectif soit atteint. L'exemple de Sicilia nous prouve qu'avec un peu de persévérance, *ça marche*.

2

Il est tard. La femme et les enfants de Gregory sont couchés depuis longtemps. Il fait le bilan de ces longues années de travail, en essayant de rester optimiste malgré tout.

— Quand je pense à tout ce que nous aurions pu faire... Ocampo, Rivera et les autres. Obtenir qu'ils soient jugés dans leur pays. Ils disent qu'ils y travaillent, mais ce sont des foutaises. Pas un seul agent du Centac-21 ne s'occupe actuellement de l'aspect latino-américain de l'opération. Pratiquement aucune poursuite n'est engagée à l'étranger. Les contacts que nous avions pris au Mexique, au Salvador, en Colombie et au Pérou sont presque tous abandonnés. Les personnes et les organisations responsables du trafic de la cocaïne en Colombie, que nous avions identifiées dès 1975, sont toujours là. Nous approchions du but, mais je dois dire que notre gouvernement n'a pas su faire face.

» Les gens qui connaissaient ce problème, et qui commençaient à le résoudre, ont été mis à la porte sous le prétexte qu'ils " ne comprenaient pas le tableau d'ensemble ". Et aujourd'hui, il est devenu impossible de maîtriser la situation faute d'une véritable direction. Excusez mon amertume.

— Croyez-vous que, si Santiago Ocampo avait été poursuivi avec autant de résolution que Sicilia-Falcon le fut au Mexique, il serait lui aussi sous les verrous ?

— J'en suis certain. Ou plutôt, non ! Ocampo ne serait pas en prison. Il serait mort. Ils auraient été obligés de le tuer.

Il veut dire que les hauts fonctionnaires colombiens auraient été contraints de l'éliminer pour l'empêcher de parler.

Nous discutons depuis des heures. Se calmant un peu, Gregory revient à des sujets plus généraux : la singularité du Centac, son avenir et les objectifs qu'il devrait se fixer.

— Lorsqu'un dossier parvient au Centac, les procédures habituelles n'ont plus cours. La DEA dira en substance : « Quelque part en Amérique du Sud, il existe effectivement une structure mal définie regroupant des criminels qui fournissent 80 % de la cocaïne qui arrive aux Etats-Unis. Nous savons que ça existe, mais n'avons pas la moindre idée de ce que ça peut être. » Et le Centac répondra : « *Nous* savons en quoi elle consiste. Nous l'avons identifiée et décrite, mais vous êtes tellement bêtes que nous n'arrivons pas à vous le faire comprendre. » En langage imagé, c'est exactement ce qui se passe. Cela dépasse l'entendement. N'oubliez pas qu'il ne s'agit pas simplement d'organisations de trafiquants, mais d'organisations *poly-criminelles*. Cet aspect n'est pas assez connu, que ce soit au sein de notre gouvernement, ou au niveau international. Ou s'il est connu, on préfère l'ignorer, pour des raisons politiques ou simplement parce que c'est trop complexe.

— De toute façon, dis-je, si vous vous attaquez à une association internationale de malfaiteurs en montant de plus en plus haut dans sa hiérarchie, vous aboutissez tôt ou tard à des niveaux politico-diplomatiques contre lesquels vous êtes impuissants. Vous vous attaqueriez alors à des nations.

— Ma réponse est : pourquoi pas ?

— Parce que les affaires marchent bien et que tout le monde roule sur l'or, jusqu'au jour où un truc baptisé Centac s'attaque à une organisation dont les dirigeants sont politiquement très puissants. Et alors, le Département d'Etat intervient : « Oh là ! Allez donc saisir une livre d'héroïne dans la rue, au lieu de vous mêler de politique. »

Gregory écrase un mégot de plus dans le cendrier qui déborde déjà.

— Il faudrait que la nation se sente réellement concernée, dit-il sans trop d'espoir. Qu'elle fasse l'effort nécessaire, non seulement pour éliminer les stupéfiants, mais pour prévenir et éliminer la criminalité sous toutes ses formes, nationales et internationales. La seule chose qui nous en empêche, c'est notre nationalisme étriqué. Sicilia-Falcon, lui, n'est pas limité par des frontières nationales ou régionales. Mais nous ne verrons sans doute pas cela de notre vivant. Mon unique espoir, qui m'a plus d'une fois empêché de sombrer dans la folie, c'est que cela se fera un jour. Je ne le verrai sans doute pas, mais cela arrivera.

CHAPITRE CINQ

1

A Fort Lauderdale, l'union entre Dick Mangan et Lurana Snow se révéla plus durable que prévu. Elle fut momentanément sauvée par un événement que seul Dennis Dayle croyait possible : un second procès issu du Centac-20. La société n'avait pas encore fini de régler ses comptes avec les membres de l'organisation de Donald Steinberg. Donald lui-même, physiquement peu imposant, et terrifié par la violence, se retrouvait dans l'un des milieux les plus menaçants qui fût, en prison. Vivant dans l'angoisse, aspirant à la liberté, Donald ne pouvait même pas rêver au jour de sa libération ; il espérait, certes, s'en tirer avec le minimum de dix ans prévu par la loi, mais des éventualités plus horribles n'étaient pas exclues : vingt ans, trente ans, voire une condamnation à perpétuité. Amer et empli de sombres pressentiments, il attendait sa sentence et ce qui le guettait dans les cellules et les couloirs du pénitencier.

Cocaine Johnny, CJ, arrêté dans l'Illinois pour délit de fuite après un accident de la route, plaida coupable sur tous les chefs d'accusation présentés par le Centac, et accepta de coopérer. Encouragé par ses révélations (et par la condamnation de Jimmy Bell au titre de l'article 848), le ministère public de Miami décida d'engager des poursuites contre une nouvelle série d'employés et d'associés de Steinberg — notamment l'escroc financier international Maurice Benjamin et son acolyte Jack Savage, Johnny Love (qui avait été pris en otage, puis libéré au Rockefeller Center), Dave Sims (le trafiquant de la côte ouest qui avait réprimandé Steinberg au téléphone), les marchands de yachts Chuck Wyatt et Sandy Perkoff, Jerome « Tark » Angsten (l'un des premiers « Fox River boys »), Ginny Ritter (la petite amie de Pete Wagner), et, s'ils pouvaient être arrêtés à temps, trois fugitifs qui n'avaient pu être jugés lors du premier procès : Wagner, Lynn Mizer et Carmen Botiglieri.

Lurana était ravie de voir son Centac redémarrer. Mangan ne l'était pas moins.

— Il ne perdit pas un instant pour passer à l'action, explique Lurana. Il n'était donc pas tellement pressé de se trouver un autre job. Je n'aurais pas supporté de le quitter aussi vite. Je sais que cela explique en partie mon enthousiasme pour le nouveau procès. Mais tout de même, il aurait pu me dire qu'il me regretterait s'il était obligé de partir !

Tout en préparant son dossier, Lurana sentit renaître ses craintes. Des forces mystérieuses semblaient être à l'œuvre pour saboter le procès.

Un matin, elle allait monter dans sa Toyota marron lorsqu'elle s'aperçut que les quatre pneus étaient à plat. Elle les fit regonfler, et se rendit à son travail. Quelques jours après, elle retrouva sa voiture avec une roue en moins. Elle apprit également que le bruit courait que Jimmy Bell avait engagé un détective privé pour la suivre.

Lurana se demandait toujours ce qu'il fallait penser de ces incidents, lorsqu'un agent du FBI lui téléphona : un avocat rendant visite à un de ses clients à la prison du Broward County avait entendu des prisonniers d'une cellule voisine parler d'engager un tueur à gages pour la faire assassiner.

Lurana eut à peine le temps de craindre une éventuelle atteinte à ses jours, lorsqu'elle fut informée d'un fait encore plus troublant. Un avocat ami lui téléphona pour lui annoncer que son nom avait été mentionné par une commission d'enquête fédérale. Des agents, de la DEA ou du FBI, ce n'était pas clair, avaient demandé à l'ami d'un ami s'il avait jamais vu Lurana fumer de l'herbe ou priser de la coke.

Quelque deux semaines plus tard, le premier assistant de l'*US Attorney* (procureur fédéral) vint la voir à son bureau de Fort Lauderdale pour lui annoncer que « sa conduite faisait l'objet d'une enquête ». Il se refusa à révéler de quoi elle était soupçonnée, qui avait porté des accusations contre elle, et si celles-ci concernaient son travail ou sa vie privée. Il lui annonça toutefois qu'en attendant le résultat de l'enquête, elle serait transférée à Miami, au service des appels. Les dossiers du nouveau procès Steinberg pouvaient attendre.

Lurana avait avant tout besoin d'une épaule sur laquelle pleurer. Ce fut alors qu'elle revit un vieil ami. Cinq mois auparavant, craignant que ses relations avec Pat Sullivan — qui était, après tout, un homme marié — ne finissent par une catastrophe, elle avait rompu. Ce n'avait pas été facile pour Lurana — ils vivaient ensemble depuis le jour où, quinze mois auparavant, Sullivan lui avait présenté Dennis Dayle à Miami — mais elle avait tenu bon. Au sortir de son bureau, donc, elle l'aperçut soudain dans le couloir, toujours aussi jeune et gai, et ravi de la revoir. Ils allèrent prendre un verre, et ne se quittèrent plus.

Lurana apprit avec horreur qu'elle faisait l'objet d'une enquête du FBI, et que la Chambre des mises en accusation recueillait des témoignages contre elle. Elle ne savait même pas de quoi elle était accusée.

— On croirait du Kafka, me dit-elle d'une voix tremblante d'indignation. Ces gens qui examinent mon « cas » dans le plus grand secret ! Quel crime pourrais-je avoir commis ? Lorsque je l'ai appris, j'ai failli devenir hystérique. Je ne sais pas si j'aurai la force de vivre cela une seconde fois. Et personne ne veut rien me dire, même pas mon patron. J'ai fini par apprendre qu'un procureur adjoint de Miami avait dû donner sa démission parce qu'il avait pris de la cocaïne. Le procureur avait fait observer que ce n'était peut-être pas un cas isolé. Après cela, un quelconque flic aurait dit : « En août dernier, je suis allé à une réception avec ma femme et un ami, à Fort Lauderdale. Un tas de gens sniffaient de la coke. Par la suite, mon ami me dit qu'une de ces personnes, une femme, était procureur adjoint à Fort Lauderdale. » Et voilà. C'est tout ! Mon nom n'a même pas été prononcé. Si quelqu'un venait me voir avec ce genre de renseignements, je le ficherais à la porte. Pour finir, le procureur de Miami a montré au flic en question une photo de moi, parue dans un journal. Pas une série de photos, juste celle-là. Et le flic a dit que ça semblait être la même personne. Voilà pourquoi je fais l'objet d'une enquête *criminelle*.

» Je n'ai jamais pris de cocaïne de ma vie, et n'ai jamais caché ce que je pensais de l'usage des stupéfiants. Je n'aime pas cela, je ne fréquente jamais les lieux où l'on en prend. Cela ne m'a *jamais* tentée et j'aurais encore bien moins fait une chose pareille au moment où, en ma qualité de procureur adjoint, je préparais le plus important procès de ma carrière. La soirée en question avait eu lieu au mois d'août. En août, j'étais bien trop occupée par ce procès pour sortir. Après le travail, j'étais si fatiguée que je rentrais aussitôt me coucher.

» A peine si j'ose me servir du téléphone. Je me surprends à me remémorer tout ce que j'ai fait au cours de l'année écoulée. Qu'ai-je pu faire de répréhensible ? C'est vraiment kafkaïen. Tout ce que je veux, c'est préparer de mon mieux le second procès Steinberg. Et je moisis à la section des appels ! Je n'aurais jamais cru que des choses pareilles étaient possibles aux Etats-Unis. Mais je suis peut-être naïve. On me traite comme une criminelle. Jamais je ne traiterais un inculpé de cette façon... »

Trois semaines après son transfert à Miami, Lurana fut avisée que l'enquête était terminée. Elle était lavée de tout soupçon. Elle pouvait regagner Fort Lauderdale et reprendre le dossier du second procès Steinberg. Un autre suspect, qui ressemblait en tout point à Lurana, fut également déclaré innocent, et l'affaire fut classée.

Lurana n'était pas seule à avoir des ennuis. A peu près au moment où elle regagnait son bureau de Fort Lauderdale, des policiers vinrent arrêter à son domicile Joe Puleo, le détective qui avait été l'un des premiers, avec Al Ortenzo, à se lancer sur la piste de Donald Steinberg.

En prison, il apprit qu'un autre policier, le tout jeune Louis Argenziano, vingt-trois ans, avait déclaré que lui, Puleo, aurait essayé de l'entraîner dans une affaire de trafic de cocaïne. A l'en croire, ils s'étaient rencontrés dans un parking et Argenziano avait enregistré la conversation. Il avait également remis à ses supérieurs une petite quantité de cocaïne que Puleo lui aurait demandé de livrer à quelqu'un.

Le chef de la police félicita le jeune policier pour son « sens du devoir ». Après une nuit en prison, Puleo fut libéré en attendant d'être jugé.

2

Pendant que Puleo attendait d'être fixé sur son sort, Dick Mangan se demandait où étaient passés Pete Wagner et Lynn Mizer. Inculpés au titre de l'article 848, risquant la prison à vie, ils étaient presque aussi importants pour le Centac que Steinberg lui-même.

Laissant en Californie l'équipage qui avait déchargé l'*Euphoric*, Lynn Mizer avait regagné l'Asie par avion dans l'intention d'acheter un nouveau bateau (Donald avait donné l'*Euphoric* à John Russell en guise de salaire), et se procurer une autre cargaison de Thaï Sticks. Au Japon, il acheta un cargo de 130 mètres pour 540 000 dollars, plus 250 000 dollars pour le réparer, l'aménager et réunir un équipage. Tandis que le cargo gagnait la Malaisie, il commanda aux représentants du général Li Wen-huan en Thaïlande 100 000 livres de Thaï Sticks et leur versa un million de dollars d'acompte. A l'arrivée en Californie, cette quantité de marijuana représenterait la bagatelle de cent millions de dollars.

L'opération échoua : sur ces entrefaites, Donald Steinberg s'était enfui de Fort Lauderdale et se cachait quelque part en Californie. Son organisation se désintégrait, sa fortune s'était presque entièrement volatilisée. Manquant de fonds pour finir de payer les Thaï Sticks et d'équiper le cargo, Mizer gagna la Colombie pour monter une autre opération par ses propres moyens. Selon des rapports récents, il vivait à Barranquilla, et avait perdu tant de marchandise que les fournisseurs colombiens ne voulaient plus lui faire crédit. Dans un bar, il avait essuyé des coups de feu, et sa petite amie s'était fait sérieusement tabasser. Pratiquement sans le sou, il était au bord du désespoir.

Au début de l'été, un trafiquant inculpé pour une autre affaire de stupéfiants dit à Lurana que Lynn Mizer avait essayé de lui louer un avion. Il lui donna également le numéro d'immatriculation de la voiture de Mizer. Des policiers se rendirent à l'adresse de Delray Beach indiquée sur la carte grise et, à leur grande surprise, trouvèrent Mizer chez lui. Il déclina son identité sans se faire prier et fut arrêté. Après trois années et demie passées à l'étranger, il était revenu à Delray depuis seulement trois semaines — attendant, peut-être, que l'on vienne le cueillir.

Pour Wagner, ce fut moins facile. Héros du Vietnam, ancien taulard connaissant toutes les ficelles, il prit la fuite avec autant d'ingéniosité que de détermination, pourchassé par le FBI, la DEA et d'autres agences américaines, ainsi que par les polices de cinq pays.

Les activités de Wagner au cours de ces quelques mois de cavale sont surtout connues grâce à des renseignements fournis par des sources proches des gouvernements de la Colombie et de divers pays d'Amérique centrale. Ces rapports nous donnent un aperçu d'une section de l'organisme politico-militaro-judiciaire qui contrôle l'industrie des stupéfiants en Amérique latine.

Wagner se rendit d'abord au Colorado, où il acheta des papiers d'identité au nom de William Coon et se fit délivrer un passeport américain. De là, il gagna San Francisco où, sous le nom d'Eugene Crawford, il acheta un ketch de 12 mètres, le *Babe*, pour 66 000 dollars ; la révision du petit yacht et l'achat d'équipement électronique lui coûtèrent 59 000 dollars de plus. Après avoir renvoyé en Floride sa maîtresse Ginny Ritter, il partit avec un ami pour le Mexique, où il voulait acheter de la drogue. Il entra au Mexique à Puerto Vallarta, où Ginny vint le retrouver, et y séjourna une semaine pendant que son ami partait pour Acapulco avec le *Babe*. Wagner prit ensuite l'avion pour le Costa Rica (pays qui n'extrade pas pour trafic de stupéfiants), et loua un appartement à San José, la capitale.

Dix jours plus tard, Pete et Ginny gagnèrent à leur tour Acapulco, où le *Babe* resta immobilisé un mois durant pour réparations mécaniques. L'ami de Wagner ayant accusé celui-ci de ne pas payer ses factures, les deux hommes se querellèrent. L'ami se rendit en Floride, où il téléphona à Mangan, qui, il le savait, s'occupait de l'affaire Steinberg. Pour se venger, et en échange d'un coup de pouce concernant une autre inculpation, il accepta de l'aider à trouver Pete.

Mangan s'apprêtait à prendre l'avion pour Acapulco, muni d'un mandat d'arrêt américain, lorsqu'il apprit que le *Babe*, avec « William Coon » à bord, avait appareillé pour le Costa Rica.

Pete mit l'ancre à Puntarenas, petit port situé dans la lagune d'Estero. La police costaricaine venait à peine de retrouver le *Babe* lorsque celui-ci appareilla pour le Panama. Tandis que l'on guettait son arrivée dans la zone du canal, Mangan se mit de nouveau en route. En vain. Pete avait déjà regagné San José. Mangan fut informé que le *Babe* avait quitté le Panama sans Wagner. Apparemment, la piste s'arrêtait là.

Au Costa Rica, Wagner ne tarda pas à se faire des amis. Ce n'était pas bien difficile : comme la plupart de ses voisins d'Amérique centrale, le Costa Rica se faisait une spécialité de protéger les criminels étrangers. Pas moins de soixante-deux fugitifs recherchés par la DEA se cachaient alors dans la région de San José. Wagner avait fait venir sa voiture des Etats-Unis. A peine était-elle arrivée qu'un affable fonctionnaire du nom de Carlo Hume, directeur des douanes, lui fit savoir que pour la modique somme de deux cents dollars, il pouvait obtenir sur-le-champ un permis de circulation de six mois. Wagner paya.

Hume invita ensuite Wagner chez lui, et lui assura que tous les documents officiels nécessaires pourraient être obtenus sans problèmes par l'intermédiaire d'un certain Manrique Durán, chef des services d'immigration du pays.

Ayant pris des contacts en Colombie pour acheter de la marijuana, Wagner était sur le départ lorsque sa voiture entra en collision avec un taxi. Une bagarre s'ensuivit. Wagner se retrouva à l'hôpital et en état d'arrestation. Les autorités américaines en furent informées. Craignant d'être extradé, Wagner paya le fils d'un médecin pour qu'il lui donne ses vêtements et prenne sa place dans le lit d'hôpital.

Wagner s'empressa d'aller voir Hume, qui lui procura pour 5 000 dollars un passeport américain au nom de Paul Baker, et s'arrangea avec la police de l'aéroport pour qu'il puisse prendre sans être inquiété un avion pour la Colombie.

A Santa Marta, port et station touristique colombiens, Wagner se mit au travail. Un certain « capitaine Black » le présenta à un sénateur nommé Gabriel, lequel, accompagné de trois gardes du corps, l'emmena en jeep dans la péninsule de Guajira, au nord-est de Santa Marta, où se trouvait un important entrepôt de marijuana. La nuit suivante, des ouvriers emplirent de drogue les cales du *Babe* et d'un bateau cubain amarré à proximité.

Le *Babe* n'alla pas loin. Le gouvernail cassé, il dut chercher refuge dans la baie de Rodadero, la plage la plus fréquentée de Santa Marta. Wagner déchargea les ballots de marijuana à proximité d'un aquarium. En pleine nuit, un général de l'armée colombienne fit son apparition, demanda à voir les « papiers » de Wagner et saisit la cargaison, probablement dans l'intention de la revendre à d'autres trafiquants — cela fait partie des mœurs locales.

Wagner appela le sénateur. Celui-ci ne pouvant se mettre d'accord avec le général, un juge (une certaine Juanita) fut chargé d'arbitrer le conflit. Un compromis fut trouvé — exemple parfait de la coopération entre les instances militaire, judiciaire et législative de Colombie au bénéfice de la principale industrie du pays.

Le problème réglé, le général revint le lendemain après-midi avec ses hommes, et, sans rancune, aida Wagner à faire le plein de carburant. A dix-neuf heures, le *Babe*, lourdement chargé de marijuana, leva l'ancre pour de bon.

Quinze jours plus tard, à son arrivée à Key West, Floride, le *Babe* fut arraisonné par des garde-côtes. Lurana Snow se rendit immédiatement sur les lieux. A bord, il y avait un certain nombre de Colombiens, mais pas trace de Pete Wagner. De nouveau, la piste s'arrêtait là.

Grâce à l'aide de Hume, Wagner put regagner le Costa Rica sans montrer ses papiers et sans que ses bagages soient fouillés. Plus que jamais désireux d'aider son riche ami américain, Hume l'accueillit chez lui en attendant de lui trouver un appartement. Un soir, Hume invita un jeune homme barbu susceptible d'intéresser Wagner. Le barbu, qui dirigeait la tour de contrôle de l'aéroport international de San José, dit à Wagner que si jamais il avait besoin de faire transporter de la drogue au Costa Rica, il était à son entière disposition. Il aurait même, une fois, déposé illégalement de mystérieux passagers à l'aéroport d'Opa-Locka, près de Miami.

Peu après, Wagner emménagea dans son nouvel appartement. Il y vivait depuis trois mois lorsque deux inspecteurs de police, alertés par des fonctionnaires américains, vinrent sonner à sa porte et l'arrêtèrent. Il leur offrit 10 000 dollars chacun pour le laisser partir. Ils refusèrent.

Deux ou trois jours après son incarcération à la prison San Sebastian de San José, Wagner reçut la visite d'un avocat envoyé par un agent immobilier costaricain. L'avocat, surnommé « le Fou » à cause de ses inquiétants yeux protubérants, apprit à Wagner que, suite à une protestation du gouvernement américain, sa libération sous caution devrait être approuvée par un tribunal spécial, composé de six à huit juges. Le Fou promit cependant d'obtenir sa libération pour 40 000 dollars, la moitié étant partagée entre lui-même et le chef des services d'immigration Manrique Durán, et l'autre moitié allant aux juges.

A Fort Lauderdale, Mangan et Lurana furent avertis de l'arrestation de Wagner. Ils apprirent également qu'à San José, il avait pour voisin Sandy Perkoff, également recherché parce qu'il avait vendu des navires à Steinberg. Le bureau des affaires internationales du ministère de la Justice, le Département d'Etat, l'ambassade américaine de San José et le bureau local de la DEA unirent leurs efforts pour obtenir que Wagner et Perkoff soient remis aux autorités américaines.

En vain. Fidèles à la coutume, les juges acceptèrent le pot-de-vin. Wagner sortit de prison, monta dans sa voiture et alla passer un week-end au soleil sur la plage de Guanacaste.

Il avait pourtant bien des soucis. Atteinte d'une tumeur au cerveau, Ginny devait prochainement se faire opérer en Floride. Pete ne voulait pas la laisser seule en ces moments difficiles. Par ailleurs, sa libération avait soulevé une véritable tempête internationale, preuve que les autorités américaines étaient plus que jamais résolues à lui mettre la main dessus. Pete n'était pas stupide. Des mois durant, il avait réussi à leur échapper, tout en gagnant des sommes considérables. Mais vivre toute sa vie comme un fugitif? Et laisser tomber Ginny? Non, la partie était bel et bien terminée. Il était temps de rentrer au bercail.

— Tiens, tiens! s'exclama le juge fédéral Patty Kyle, en souriant à l'homme qui avait juré de se réformer et de vivre dans la pauvreté juste avant de s'enfuir dans un yacht de plus de soixante mille dollars. L'insaisissable M. Wagner!

Wagner sourit lui aussi, un peu gêné, tandis que son avocat parlait à mi-voix de libération sous caution.

— Une caution? s'étonna l'ancienne serveuse de bar. Vous rêvez? M. Wagner va être placé sous mandat de dépôt.

Wagner avait téléphoné à un avocat de Fort Lauderdale afin de préparer sa reddition. Pour éviter d'être jugé par un jury, il avait accepté l'unique solution que Lurana était prête à lui offrir, la même qu'elle avait déjà proposée à Donald Steinberg : plaider coupable aux termes de l'article 848, et espérer que le juge témoignerait de mansuétude. La peine prévue allait de dix ans à la perpétuité. Elle avait proposé le même marché à Lynn Mizer. Craignant une condamnation plus lourde en cas de procès public, tous deux avaient accepté. Le Centac-20 avait battu tous les records d'inculpations au titre de l'article 848 : Steinberg, Bell, Wagner et Mizer.

3

Le jury d'accusation de Fort Lauderdale fit connaître ses conclusions : quatorze personnes étaient inculpées dans le cadre du second procès Steinberg.

L'enthousiasme de Lurana ne dura pas longtemps. Neuf jours après la décision du jury, elle fut convoquée par le procureur de Miami. Pour la collision de Halloween, les autorités *locales* avaient fait connaître leurs conclusions des mois auparavant (elle avait été « condamnée » à prendre des leçons de conduite), mais voilà que les autorités *fédérales* prenaient à leur tour des sanctions — plus de quinze mois après les événements ! Elle était suspendue de ses fonctions pendant treize jours, avec effet immédiat.

Lurana était stupéfaite et indignée :

— Vais-je payer ce maudit accident jusqu'à la fin de mes jours ?

Tout le monde, y compris Mangan et le procureur de Miami, était consterné. C'était invraisemblable. Prendre une telle mesure près d'un an et demi après les faits, alors que Lurana était en pleine préparation du second procès Steinberg !

Joe Puleo eut plus de chance. Ou peut-être pas.

En écoutant l'enregistrement de sa prétendue conversation avec son collègue Louis Argenziano, Puleo n'en crut pas ses oreilles :

— C'était vraiment gros. L'enregistrement était plein de « clic » et de « clac ». Un gosse de dix ans se serait aperçu que c'était un faux.

Des experts de la police du Michigan et d'une station de télévision indépendante parvinrent aux mêmes conclusions. Puleo était donc innocenté. Mais il n'était pas au bout de ses peines. Prétextant qu'il aurait menti au sujet d'une perquisition effectuée un an auparavant, la police de Fort Lauderdale le congédia.

La situation était claire. Puleo était peut-être un bon flic, mais il avait le don de s'attirer des ennuis. L'on ne voulait plus de lui.

Puleo n'était sans doute pas en prison, mais il se retrouvait sans travail. Il était tombé bien bas depuis le début de l'enquête Steinberg. Sa femme l'avait quitté. Il avait perdu sa maison. Et maintenant, après sept ans et demi de bons et loyaux services, la police de Fort Lauderdale le renvoyait.

4

Pourchassés, arrêtés ou se rendant volontairement, ils regagnaient Fort Lauderdale de tous les coins de la planète : Pete Wagner, du Costa Rica ; Lynn Mizer, de Colombie ; Sandy Perkoff, des Bahamas ; Dave Sims, de la Jamaïque ; Jack Savage, d'Australie.

Déjà emprisonné à New York pour manœuvres frauduleuses, Maurice Benjamin arriva dans le bureau de Lurana les menottes aux poignets. Malade, vieillissant, privé de sa perruque, il lui fit l'effet d'une pathétique épave humaine.

Face aux preuves accumulées contre eux par le Centac, Benjamin et tous les autres inculpés plaidèrent coupables. A l'exception d'un seul : un membre de l'équipage du *Tahuna*, le bateau sur lequel la cargaison de l'*Euphoric* avait été transférée au large de la Californie ; il comparut devant un jury, qui le reconnut coupable.

Un troisième procès était-il en vue ?

Mangan rencontra par hasard un des anciens avocats de Steinberg, Jim Reilly, qui lui demanda où en étaient ses dossiers.

— Nous préparons une seconde suite au procès Steinberg.

— Vraiment ?

— Oui, mais cette fois, nous visons la simplicité : nous n'inculperons que des avocats.

Ce n'était pas vrai, mais tant mieux si cela inquiétait Reilly. Avec les avocats, il fallait se contenter de peu.

Les Colombiens semblaient eux aussi à l'abri des foudres de la loi. Le plan d'opérations du Centac-20 prévoyait de « neutraliser et démanteler » l'organisation de Donald Steinberg, « y compris les sources d'approvisionnement primitives ».

Lesdites sources étaient Samuel Alarcón, Orlando Pimienta et leurs acolytes colombiens. Or, on ne juge pas les trafiquants en Colombie — demandez à Pat Gregory et à Rich Gorman ce qu'ils en pensent.

Et les intermédiaires employés par Steinberg à Miami ? Jacky Gallo, par exemple, le jeune et gras Colombien père de six enfants, arrêté à l'Ireland's Inn, propriétaire d'une luxueuse demeure à Miami, contre lequel une masse de preuves avait été réunie dans le cadre de l'opération Banco ? Son nom ne fut même pas mentionné lors des procès Steinberg.

— Ils ont catégoriquement refusé de témoigner contre Gallo, m'explique Mangan. Nous avons pourtant essayé. Donald, Mizer et les autres eurent tous la même réaction : si nous faisons cela, nous sommes des hommes morts.

Quiconque tenait à sa vie refusait de témoigner contre des Colombiens. Ils préféraient, comme Jimmy Bell par exemple, passer quelques années de plus en prison.

Lurana avait fini par renoncer :

— Avant tout parce que je suis presque certaine que quiconque accepterait de témoigner contre Gallo se ferait tuer en prison si celui-ci l'apprenait. Et nous n'y pourrions malheureusement rien.

L'unique consolation, si l'on peut dire, était que, à en croire la rumeur, Gallo était victime, sinon de la loi, du moins de sa propre marchandise : quelque part en Espagne, le corps ravagé par la cocaïne, il serait à deux doigts de la folie.

J'eus une ultime conversation avec Donald Steinberg. Dès que les peines infligées aux inculpés du premier procès furent connues, il me téléphona de sa prison :

— Bell a écopé de dix ans au titre du 848, plus cinq ans pour d'autres chefs d'inculpation. Il n'a pas été question d'héroïne, uniquement de marijuana.

Dix ans constituaient le minimum prévu par l'article 848. Je demandai à Steinberg ce qu'il en pensait.

— Je suis heureux que ça ait marché. Mendoza, lui, s'est enfui. Quelques autres gars s'en sont bien tirés : CJ [« Cocaine Johnny »] avec deux ans et Rene [Rene Larsen, de l'Ireland's Inn] avec quatre. Viprino a été condamné à trois ans, et Joe Gonterman, qui était mon meilleur ami, à quatre mois dans un centre de rééducation par le travail.

— C'est bien.

— C'est même *très* bien. La nuit, il dort en prison, et le jour, il va travailler dans sa plantation de noyers.

— Quand votre propre sentence sera-t-elle fixée ?

— Dans deux semaines.

— Cela ne vous gêne pas d'avoir accepté de coopérer avec le gouvernement ?

Cette décision avait entraîné l'arrestation de plusieurs de ses meilleurs amis.

— Absolument pas. J'y ai longuement réfléchi, et je sais que c'était la meilleure solution. Cela ne m'empêche pas de dormir la nuit.

— Vous supportez mieux votre incarcération ?

— Au début, c'était très dur. Ça me rendait fou, l'idée de rester là-dedans. Mais on s'habitue à tout, même aux types qui hurlent comme des forcenés.

Le procès étant terminé, Donald pouvait parler librement de sa carrière de trafiquant. Je l'interrogeai sur les activités internationales de son organisation :

— Comptiez-vous monter une opération importante en Thaïlande ?

— Très importante. Je voulais m'y implanter solidement. Nous avions acheté plusieurs navires de gros tonnage, et possédions un tas de plantations de chanvre indien. J'ignore ce qu'elles sont devenues.

— Et au Kenya ?

— Nous y avions aussi quelques plantations. D'après les photos, elles avaient l'air importantes. Mais dans ces pays, on se fait toujours avoir. Au Kenya, nous avons tout perdu. Nous travaillions avec *un tas* de pays, pour des opérations ponctuelles, des trucs comme ça. En versant quelques pots-de-vin, mais rien d'important, quelques milliers de dollars par-ci, par-là. Ça ne comptait pas.

— Selon vous, combien existe-t-il actuellement d'organisations comparables à ce qu'était la vôtre au temps de sa splendeur ?

— Une cinquantaine, peut-être. Certaines amènent des cargaisons de trente ou quarante mille livres de hash. Il existe sûrement plein de groupes qui travaillent sur l'Europe et la Thaïlande. Et en Colombie, il y a des *centaines* de gens qui font le trafic. Littéralement des *milliers*. Je dirais que, selon toute probabilité, une centaine de groupes atteignent le même niveau que nous.

— Quelle est selon vous l'envergure de leurs opérations ?

— Jusqu'à deux cent mille livres par cargaison — dix tonnes.

Dix tonnes valent environ 80 millions de dollars au prix de gros. Plus de 500 millions de francs — 50 milliards de centimes — pour une seule cargaison...

— Et quel serait le chiffre d'affaires annuel de la plus grosse organisation spécialisée dans la marijuana ?

— Gigantesque. J'imagine que certains groupes traitent un million de livres par an. [500 tonnes, représentant quelque 400 millions de dollars.] Sans oublier, Jim, que ces mêmes groupes vendent sans doute aussi de la cocaïne. Deux mille kilos de coke par an, cela fait cent millions de dollars de plus. Cent kilos par mois représentent en gros soixante millions de dollars par an, et cent kilos par mois, c'est devenu une *petite* opération.

— Que font-ils de tout cet argent ?

— Je suppose qu'ils l'investissent, qu'ils achètent des banques...

— Il s'agit de sommes incroyables.

— Astronomiques. Je les trouve d'autant plus stupéfiantes que je sais ce que j'ai gagné avec l'herbe — j'imagine ce que ça peut être avec la coke. J'aurais facilement pu en écouler mille kilos par mois [représentant quelque 50 millions de dollars]. C'est si *facile*, comparé à la marijuana, qui exige des gros cargos et tout ça. Pour transporter de la coke, un petit avion suffit. On n'a pas tous ces *millions* de dollars de frais. Pour acheminer par cargo une cargaison de cent mille livres, il faut compter trois à cinq millions de dollars rien que pour le transport. Pour une quantité de cocaïne d'une valeur comparable, les frais ne dépasseraient pas deux ou trois cent mille. Pour le hash, il faut d'énormes cargos, puis des vedettes ou des yachts, deux cents personnes, dix maisons, cinquante camions — un travail *énorme*. Pour la coke, un avion, une voiture, quatre personnes... une bagatelle.

— A combien se montait votre fortune, au maximum ?

— C'est presque impossible à dire. L'argent circulait trop vite. Vous amenez une cargaison de cinquante tonnes, et vous allez toucher dans les vingt millions de dollars, mais vous en avez déjà engagé une partie dans l'opération suivante, et on vous doit encore sept millions, mais il en faut huit pour une troisième opération, et ainsi de suite. L'argent rentre et sort tout le temps ; il y a le matériel à payer, et les employés et je ne sais quoi encore. L'argent n'a pas le temps de s'accumuler.

— Quelle est, alors, la plus grosse somme que vous ayez jamais vue ?

— Rien de bien impressionnant. Peut-être quatre millions de dollars. Quelques valises. On estime qu'une valise standard contient dans les cinq cent mille dollars.

— Comment faites-vous pour compter de telles sommes ?

— En général, on ne compte pas. Quelqu'un vous amène une valise avec un demi-million dedans, et vous le croyez sur parole. Ça fait cent liasses de cinq mille dollars. On jette parfois un coup d'œil pour voir s'il y a bien le nombre de liasses, au jugé, et si elles font cinq mille dollars chacune.

— Quatre millions de dollars, cela me suffirait.

— Cela fait beaucoup d'argent, c'est sûr. Mais à l'époque, vous savez, j'aurais dû avoir dix ou vingt millions d'un coup si j'avais été un peu plus malin ; alors, ça ne me paraissait pas tellement énorme.

— Quelle erreur avez-vous commise ?

— Je claquais tout.

— Et combien vous reste-t-il, maintenant ?

— Rien. *Zé-ro*. En fait, je viens de passer au détecteur de mensonge pour prouver que j'avais vraiment remis tous mes avoirs au gouvernement.

— De vraies montagnes russes, en somme. Vous étiez tout en haut, et puis vous avez plongé...

— Sans doute, Jim, mais n'oubliez pas que les montagnes russes tournent en rond. De toute façon, ça m'est *égal*. Je ne suis pas ravi d'être ici, ça non. Mais un jour, tout ira de nouveau bien, j'en suis sûr.

5

A son grand soulagement, Donald ne fut condamné qu'au minimum de la peine prévue par la loi, dix ans de prison. Compte tenu des mois de détention préventive et d'une remise de peine pour bonne conduite, il pourrait être libéré six ans et huit mois après la date de son arrestation. D'abord incarcéré à Tallahassee, il fut ramené à Fort Lauderdale pour le second procès Steinberg, puis transféré à la prison de Milan, dans le Michigan.

Ce fut pour lui une période très difficile. En dépit de son horreur de la violence, et de la conviction qu'il n'avait jamais rien fait pour la provoquer, celle-ci semblait le poursuivre. Comme il était connu qu'il avait témoigné pour le gouvernement, il ne cessait d'être bafoué et menacé par ses codétenus. Ses vêtements furent déchirés, et sa cellule fut barbouillée d'excréments.

En taulard expérimenté qu'il était, Peter Wagner se débrouilla mieux. Il travaillait à la boulangerie de la prison, et essayait de se faire oublier.

Après les épreuves qu'elle avait subies et le renvoi de Joe Puleo, Lurana Snow se demandait si une mésaventure analogue n'attendait pas Mangan. Ce ne fut pas exactement le cas. Mangan n'en fut pas moins très affecté par un événement de nature plus personnelle : après sept ans et demi, les relations presque filiales qui l'unissaient à Dennis Dayle prirent brutalement fin.

Des avocats de la défense ayant menacé de me faire citer comme témoin, Mangan téléphona à Dennis pour lui annoncer qu'il s'attendait à être interrogé sur les relations de Mills avec les autorités et sur le fait qu'il avait suivi l'enquête. Au lieu du soutien qu'il escomptait, il eut l'impression que Dennis se dérobait, comme si ma participation à ces Centacs, fût-ce à titre de simple spectateur, ne le concernait pas.

Mangan raccrocha et ne rappela pas. De son côté, Dennis, sans doute trop fier pour faire le premier pas, ne reprit pas le contact. Ce « stupide malentendu » dû, selon Lurana, à l' « obstination infantile » des deux hommes, dure toujours. S'estimant tous deux trahis, Dennis et Mangan ne se sont plus adressés la parole depuis.

Après avoir revu par hasard Pat Sullivan le jour où elle avait appris qu'elle serait temporairement transférée à Miami, Lurana avait oublié ses bonnes résolutions. Elle revit Pat régulièrement, s'attacha plus que jamais à lui, et devint possessive.

Au cours d'un week-end tumultueux, elle finit par lui dire que, s'il ne divorçait pas pour l'épouser, elle le quitterait pour de bon. Pat refusa d'abandonner sa famille. Lurana résolut de rompre et lui demanda de ne pas chercher à la revoir.

Au terme de deux semaines d'angoisse et de larmes, Lurana reprit le dessus et retrouva son sens de l'humour :

— Dans la tradition de Scarlett O'Hara, j'ai décidé de me consacrer aux aspects de mon existence que je peux contrôler. Mon appartement est immaculé, j'ai fait nettoyer les tapis et réparer le climatiseur, mon travail est à jour et je me suis fait teindre en blond. Pour combattre le désespoir, il n'y a rien de tel que de s'occuper des petits détails de la vie.

6

Au cours de ces mois, Lurana Snow ne perdit pas le contact avec Donald Steinberg et Pete Wagner. Wagner s'adaptait fort bien à la prison, tandis que Steinberg avait de sérieux problèmes. Lurana pensait en comprendre la raison :

— Donald est un homme plutôt malingre, relativement jeune, pas très beau, peu sûr de lui. Sa seule façon de s'affirmer, d'être quelqu'un, est de dire : « Tiens, voilà 300 000 dollars. Tiens, prends mon yacht. Prends ma Maserati. » C'est très dangereux, car un tas de gens sont prêts à prendre les trois cent mille dollars *et* le yacht *et* la Maserati. Donald a fini par perdre de vue ses propres affaires. Il préférait distribuer son argent à droite et à gauche que de penser aux investissements de l'année suivante.

» Pete Wagner m'a dit des choses très justes : " Ce n'est pas facile d'être ici, avec tous ces types qui ont lu les journaux, et qui viennent vous narguer : " Eh oui, t'avais cent millions de dollars, et maintenant, t'as plus un *sou*. " A quoi bon, en effet, avoir été un puissant trafiquant, pour en arriver là ? C'est diablement humiliant. "

» Donald, lui, crée ses propres problèmes. Un détenu demande à un autre pourquoi il est là. " Pour deux mille livres ", répond le détenu. Et notre Donald, qui passe par là, dira : " Peuh ! C'est une bagatelle. Moi, je suis Donald Steinberg ". Mais pour ceux qui l'écoutent, cela ne veut pas dire Steinberg le gros trafiquant, mais Steinberg, le type qui a témoigné pour le gouvernement. Et il se fait une fois de plus tabasser.

» Vivian l'a laissé tomber, d'ailleurs. Elle ne vient même plus le voir, et ne veut pas lui rendre ses meubles, ni la bague de sa grand-mère qu'il avait fait transformer en bague de fiançailles. Il le prend très mal.

» Pete Wagner pense que Donald est fou, et qu'il a besoin d'énormément d'aide. Ce qui intéressait Pete dans le trafic, c'était l'argent et l'aventure. Il ne se justifie pas, et ne se plaint pas. Il dit que même Lynn Mizer, qui se réveillait tous les matins en hurlant : " Dix ans ! ", a fini par comprendre que sa culpabilité est réelle, que ce n'est pas que des mots, de l'intoxication.

» Si Pete recommence à sa sortie de prison et que nous le condamnons de nouveau, il ne se plaindra pas. Cela fait partie du jeu. Mais selon lui, Donald n'a pas du tout des idées claires à ce sujet. Il n'a pas le sens des réalités. Il ne comprend pas pourquoi il est là, ni ce qui lui arrivera s'il recommence, ni qu'il n'y a rien d'*injuste* à ce qu'il soit en prison.

L'argent, les filles, la drogue, les yachts, les jets, les palais — le spectacle était fabuleux, et ne lui coûtait pour ainsi dire rien. Mais on ne lui avait pas dit qu'il fallait payer à la sortie. Et Donald trouvait que six ans et huit mois, c'était trop cher pour cette expérience.

CHAPITRE SIX

1

J'étais assis à mon bureau lorsque Dennis Dayle me téléphona. Un océan nous séparait : il s'excusa de ne pouvoir parler longtemps, mais tenait à me dire que Lee et lui allaient se quitter.

C'était pour le moins imprévu. Lee m'avait à maintes reprises parlé du lien très fort qui les unissait, des roses qu'il lui offrait sans raison particulière, de la boucle de ses cheveux qu'il portait sur lui en Corée. J'avais également lu les lettres pleines de tendresse qu'il lui écrivait de Beyrouth. Qu'est-ce qui avait pu détruire tout cela ?

— Nos relations se sont peu à peu détériorées, appauvries... Nous avions de moins en moins d'intérêts communs. Mon travail continue à me passionner, tandis que Lee voudrait devenir représentante en produits de beauté. Elle aurait voulu que je l'aide, que je prenne ma retraite — il n'en est bien entendu pas question. Nous avons examiné la situation, de façon logique et rationnelle, et avons conclu qu'un divorce serait la meilleure solution...

Leur séparation n'avait donc rien de dramatique. Lee et leurs filles allaient habiter à proximité :

— Leur nouvelle maison est presque terminée. Nous continuerons à nous voir régulièrement. Je ne sais trop comment exprimer ce que je ressens... disons que nous nous aimons toujours, mais ne sommes plus amoureux. Notre séparation a de toute façon des raisons plus pratiques que sentimentales. Je ne me vois pas représentant en produits de beauté, et Lee veut avoir une activité indépendante...

Je ne savais trop que dire. Dennis et Lee se connaissaient depuis l'adolescence. Je ne trouvai rien de mieux que :

— C'est tout de même dommage.

— Oui. Lorsqu'on a vécu ensemble si longtemps, cela crée un fort... un très fort lien émotionnel. Il existe toujours, mais il a changé de nature.

Le mois suivant, Dennis m'appela de nouveau. Il était manifestement en proie à une vive émotion.

— Jim, je vous appelle parce qu'un des événements les plus extraordinaires de ma vie vient de se produire.

— Oui?

— Mon fils Randy. Il m'a donné signe de vie il y a une quinzaine de jours, puis est venu me voir — pour la première fois depuis toutes ces années. Le lendemain, il me téléphonait pour me demander s'il y avait de la place pour lui à la maison. Il a emménagé le week-end dernier. Ces retrouvailles sont si inattendues.

— C'est fantastique, Dennis! Mais que faisait-il, pendant tout ce temps?

— Il est devenu ingénieur-conseil, dans le domaine des systèmes logistiques intégrés — si cela vous dit quelque chose. Il a fondé sa propre société et a vécu un peu partout, de la côte ouest à la côte est. J'ignore ce qu'il compte faire par la suite — pour le moment, en tout cas, il vit chez moi, et nous sommes tous très heureux.

— Il était parti depuis combien de temps?

— Douze ans.

— A-t-il vu Lee?

— Oui. Et... Enfin, il est là, c'est le principal.

Un mois plus tard, nouveau coup de fil de Dennis. Et de nouveau, sa voix était vibrante d'émotion.

— Jim? Nous sommes dimanche, et ici, il est trois heures de l'après-midi. Je suis assis dans le living en compagnie des deux nouvelles femmes de ma vie.

— Réellement? dis-je, un peu interloqué.

— L'une s'appelle Samantha. C'est une rottweiler, une chienne dont je rêvais depuis des années ; elle s'est très vite habituée à la maison. L'autre, c'est... Pat, qui fait déjà partie de moi. Si vous êtes prêt, elles vont vous dire bonjour, chacune à sa façon.

— Pas si vite. Parlez-moi d'abord un peu de Pat.

— Soit. Pat est une grande... blonde... sculpturale. Un peu plus jeune que moi. Elle tient une grande place dans ma vie. Et Samantha la suit comme son ombre.

— Comment avez-vous fait la connaissance de Pat ?

— Elle dirige les services informatiques municipaux ; je l'ai rencontrée à l'occasion d'une réunion à laquelle j'étais invité en tant que fonctionnaire. Nous nous sommes aperçus que nous avions beaucoup en commun, et voilà...

— Allez-vous l'épouser ?

— Oui.

— Depuis combien de temps la connaissez-vous ?

— Un an et demi.

— Voilà une nouvelle sensationnelle.

— Et comment, Jim !

— Où est Randy ?

— Il est sorti faire quelques courses, je crois. Mais il connaît Pat, et ils s'aiment beaucoup. Tout se passe très, très bien.

— Cela me paraît effectivement... merveilleux.

— Absolument ! Le recyclage de ma vie m'a beaucoup apporté, Jim.

— C'est ce qu'il semble.

2

Je n'avais pas le nouveau numéro de téléphone de Lee, et hésitais à le demander à Dennis. J'étais sûr qu'elle finirait par me donner signe de vie.

A Noël, je reçus une carte postale : « Je suppose que Dennis vous a mis au courant de la situation. L'année dernière a été très difficile... Dennis s'était lié à une autre femme... Depuis peu, nous sommes divorcés. » Elle me joignait son numéro de téléphone.

Je l'appelai un dimanche à neuf heures et demie du matin.

— Je ne savais trop si je devais vous écrire ou non, commença-t-elle. Mais je me suis aperçue que Dennis donnait aux amis et même aux membres de la famille une version très personnelle de ce qui s'est passé. Alors, je... j'ai moi aussi des choses à dire.

Je l'encourageai à poursuivre — si elle le désirait.

— Cela a commencé il y a deux ans. Au début, je n'arrivais pas à y croire tellement c'était inattendu ; j'aurais complètement craqué si j'avais essayé d'en parler... Après tous les projets que nous faisions... Notre rêve, c'était d'avoir un peu de temps à nous, de pouvoir faire des choses ensemble...

— Absolument.

— Mais ce n'était... Ce n'était pas à cause de son travail et de ses horaires infernaux, vous savez. C'est ce qu'il essaie de raconter aux gens, mais après tant d'années, ce n'est certainement pas cela qui nous aurait conduit au divorce.

— Sûrement pas, en effet.

— Lorsque je me suis rendue compte qu'il avait une liaison avec une femme mariée, mon univers s'écroula. Ma première réaction fut le refus total. Et puis, on se dit qu'après avoir partagé la vie et les rêves de quelqu'un pendant trente et un ans, on peut lui accorder une erreur. Nous avons essayé d'arranger cela. Je lui faisais entièrement confiance. Il y eut d'innombrables promesses, et puis... Je ne me serais jamais abaissée à espionner Dennis, vous comprenez, mais lorsque, en traversant une rue, vous les voyez soudain passer en voiture tous les deux — et que, en dépit de ses assurances, cela se reproduit... Il continuait à la voir, et me mentait à ce sujet. Cela ne pouvait pas durer. Nous avons donc divorcé.

— Et le mari de cette femme ? Qui était-il ?

— Il possède des théâtres. Le type même du gangster. Il nous a tous menacés. Il a menacé de tuer Dennis. Cathy, Linda et moi étions suivies, sans doute par un flic privé...

— Pas drôle, tout cela. Cathy et Linda vivent toujours avec vous ?

— Bien sûr.

— Comment ont-elles réagi ?

— En fait... plutôt bien, si l'on peut dire. Elles étaient allées prendre un café avec Randy, et tous trois sont parvenus à la même conclusion : ils auraient tous souhaité que nous divorcions il y a déjà dix, quinze, voire vingt ans. Les enfants n'étaient pas heureux, pas du tout. A cause d'un tas de choses, de détails qu'ils voyaient bien mieux que moi...

— Quelles choses ?

— Pendant les dix ans que nous avons vécu à Severna Park, il y avait... je ne sais plus vraiment. Si, je crois qu'il y avait quelqu'un d'autre, que... que Dennis aimait une autre femme, ou d'autres femmes. J'étais aveugle, bien sûr, je me refusais à le voir.

— Vous ne vous doutiez de rien ?

— Pas vraiment, non. Je suis ce genre de personne, vous savez, un peu vieux jeu sans doute, qui croit que lorsqu'on épouse quelqu'un que l'on aime, c'est pour la vie. Nous nous connaissions depuis si longtemps... J'ai passé des heures et des heures à me demander comment cela avait pu se produire. Enfin, nous sommes divorcés maintenant, depuis vendredi dernier. Ça n'a pas été facile pour moi...

« Mais vous savez ce qui est le plus traumatisant ? Il est déjà douloureux de perdre soudain, à l'âge de cinquante-huit ans, la personne que l'on aime. Mais l'on n'a pas vraiment le temps de se pencher sur cette blessure, car un autre problème vous accapare entièrement : que faire des années qui vous restent à vivre ? Bref... Pour le moment, j'essaie de régler mes problèmes de cœur. Un jour, je l'espère, Dennis et moi pourrons être amis — bien que je ne voie pas trop comment. Pour cela, il faudrait que je dépasse mes sentiments. Car ils n'ont pas changé, bien sûr. Je l'aime toujours autant. »

3

Quatre heures après ma conversation avec Lee, Dennis m'appelait à son tour. De nouveau, il avait une nouvelle importante à m'annoncer :

— Nous avons fixé la date le soir du réveillon, Jim ! Ce sera le deux mars. Je crois bien que c'était le réveillon le plus mémorable de ma vie !

Il me passa Pat.

— J'apprends que vous allez vous marier sous peu, dis-je, un peu gêné. Avez-vous passé un bon Noël ?

— Excellent, vraiment merveilleux.

— Qu'avez-vous fait ?

— Eh bien... Avant tout, nous avons fixé la date, comme vous le savez. Mais tout cela est tellement soudain, tout va si vite... Trop vite pour moi, peut-être, mais Dennis me dit : « Toi, tu vas essayer ta robe, et moi, je m'occupe de tout le reste. »

— C'est Dennis tout craché.

— Oh oui ! conclut-elle en riant.

CHAPITRE SEPT

1

L'avion m'emmenait aux Etats-Unis, où j'allais, pour la dernière fois peut-être, rendre visite à Dennis Dayle. Au-dessus de l'Atlantique, un exemplaire du manuscrit de ce livre à portée de main, je réfléchissais aux cinq années qu'il m'avait fallu pour l'écrire. A de nombreuses occasions, j'avais entendu des agents fédéraux ou des trafiquants internationaux commenter la soi-disant « guerre contre la drogue » du président Reagan. Tous, sans exception, la considéraient comme une plaisanterie. Les trafiquants trouvaient bien entendu celle-ci plus drôle que les agents, qui accueillaient chaque nouvelle déclaration grandiloquente avec la résignation de soldats recevant l'ordre de s'attaquer une fois de plus à un objectif tristement familier. Ils savaient que la bataille ne pourrait être gagnée que sur le front de la politique étrangère — et que dans ce domaine, elle était rarement engagée.

La première campagne contre les stupéfiants fut lancée en 1971 par Nixon — l'unique président américain qui considérait la lutte contre la drogue comme un important problème de politique étrangère. Son administration contraignit la Turquie à abandonner la production de l'opium : l'héroïne disparut virtuellement des rues américaines. Cela ne dura malheureusement qu'un certain temps ; bientôt, le Mexique et l'Asie du Sud-Est prirent la relève, et la poudre fit sa réapparition, plus abondante que jamais.

Après Nixon, les présidents successifs redéclarèrent la guerre aux stupéfiants avec une monotone régularité. En 1976, un an après l'affaire du Watergate, l'ancien assistant de Nixon, John D. Ehrlichman, tenta d'expliquer quelques faits élémentaires au sénateur Sam Nunn et à ses collègues, à l'occasion d'une session du Sénat consacrée au problème des stupéfiants :

— Au cours de l'année qui s'est écoulée depuis mon départ du gouvernement... j'ai attentivement observé ce qui se passait dans notre pays. Croyez-moi, le gouvernement fédéral a pris un retard énorme dans ce domaine... Nous avons beau consolider, réorganiser, voter des crédits, engager de nouveaux agents et les envoyer sur le terrain, le résultat sera marginal. Nous allons bloquer, mettons 25 pour cent [des stupéfiants qui entrent dans le pays]... mais pour les 75 pour cent qui restent, il n'y aura rien de changé. Je pense qu'il y a une certaine hypocrisie dans tout cela, et je me demande si le gouvernement fédéral, si les fonctionnaires de ce gouvernement ne se leurrent pas et ne trompent pas le peuple de ce pays lorsqu'ils déclarent avoir lancé une campagne majeure contre les stupéfiants, alors qu'ils savent parfaitement que cette « campagne majeure » n'aura qu'un effet marginal. Et s'ils ne le savent pas, ils devraient le savoir... L'action fédérale contre la drogue est, me semble-t-il, riche en illusions.

Six ans plus tard, rien n'avait changé. Dix-neuf jours avant les élections parlementaires, alors que son parti avait besoin de voix, Reagan ressortit la guerre contre la drogue. Il annonça à la radio qu'il avait un « plan hardi et sûr » pour stopper l'importation des stupéfiants et poursuivre les trafiquants. Il allait engager 900 agents supplémentaires, sans compter 200 procureurs fédéraux, créer des « groupes d'intervention » de 150 hommes chacun dans douze grandes villes, construire de nouvelles prisons et pénitenciers — pour un coût total de 150 millions de dollars (la moitié de ce que Nixon avait demandé onze ans auparavant).

— Nous les poursuivrons sans répit, promit Reagan. Nous ferons tout ce qui est nécessaire pour mettre fin à la menace que représentent les stupéfiants.

Ce « plan hardi et sûr » ne prévoyait cependant aucune mesure nouvelle pour contraindre d'autres pays à cesser de produire des stupéfiants. En politique étrangère, le gouvernement avait déjà fort à faire avec de graves problèmes concernant la défense nationale.

Le mois suivant, Reagan élargit son plan en créant une commission ainsi qu'un comité interministériel consacrés aux associations criminelles, et un nouveau centre d'entraînement pour la lutte contre la criminalité ; des mesures pour accroître la coopération entre les autorités fédérales et celles des Etats étaient également prévues. Par contre, le domaine de la politique étrangère était une fois encore ignoré.

Deux mois plus tard, le scepticisme commença à se manifester. Selon un long rapport de la commission du *General Accounting Office*, la force d'intervention spéciale créée par Reagan en Floride du Sud avait échoué dans sa tâche. Seule une arrestation sur vingt concernait un trafiquant important, et il n'y avait jamais eu autant de cocaïne dans cet Etat. Il ressortait également d'un rapport des Nations Unies diffusé à la même époque que la production mondiale de cocaïne échappait à tout contrôle, et minait les économies des pays producteurs et de ceux par lesquels transitait la drogue.

L'administration Reagan fit entrer la marine et l'aviation dans la bataille, et continua à proclamer ses victoires. En cet été 1983, pourtant, la récolte de coca était exceptionnelle au Pérou et en Bolivie, tandis que la Colombie, qui était davantage un transformateur qu'un producteur, cultivait dix fois plus de coca que deux ans auparavant. La DEA saisissait des quantités records de cocaïne — une tonne par mois en moyenne — mais l'offre était telle que les prix baissaient quand même. Depuis l'élection de Reagan, en dépit de sa « guerre » et des proclamations de victoire imminente, le prix de la cocaïne avait baissé de cinquante pour cent à Miami. A la fin de la même année, les Etats-Unis furent envahis par de l'héroïne provenant du Pakistan, pays dont les dirigeants déclaraient sans se troubler que les régions productrices échappaient à leur contrôle (« Les dirigeants du Pakistan contrôlent ce qu'ils veulent bien contrôler », écrivit le *New York Times*). L'héroïne mexicaine était elle aussi plus abondante que jamais. Le directeur de la section criminelle du ministère de la Justice déclara que le problème de la drogue devenait « incontrôlable », et « représentait une grave menace pour l'intégrité des institutions gouvernementales ».

La « guerre contre la drogue » de Reagan prouvait une fois de plus que le problème des stupéfiants ne peut être résolu aux frontières : la seule mesure efficace consiste à contrôler la production à la source. Mais les dirigeants des pays producteurs, en quête de devises étrangères ou d'enrichissement personnel, participaient souvent eux-mêmes au trafic, tandis que le Département d'Etat et la CIA, désireux de conserver leurs alliés militaires et diplomatiques, ainsi que certaines sources de renseignements, hésitaient à intervenir.

Le résultat de cette tolérance occulte des Etats-Unis envers le trafic international des stupéfiants fut dramatiquement mis en lumière lorsque, en été 1983, une « mission d'étude » du Congrès effectua un voyage de deux semaines en Amérique latine. Les membres du comité, probablement consternés au point de s'exprimer avec franchise, conclurent que les millions de dollars d'aide américaine aux pays producteurs « n'avaient entraîné aucune diminution durable ou significative de la production et du trafic des stupéfiants dans les pays approvisionnant les Etats-Unis... ». Dans la plupart de ces pays, la production s'était au contraire « accrue dans d'énormes proportions ». Nulle part, elle n'avait diminué de façon sensible.

Comment expliquer cette incapacité à juguler l'industrie mondiale des stupéfiants? Etait-ce, comme on l'avait dit et répété à l'occasion de chaque nouvelle campagne, dû simplement à un manque d'agents, de tribunaux et de fonds? En aucune façon. « Notre échec, conclurent les membres du Congrès, est d'ordre diplomatique. »

Dans tous les pays où se rendirent ces parlementaires, la production des stupéfiants s'accroissait anarchiquement. Au Pérou, dont provient la moitié de la cocaïne consommée aux Etats-Unis, la production de coca avait augmenté de 500 pour cent en l'espace de quinze ans, et continuait à s'accroître. Dans une unique région du pays, 35 000 hectares — six fois la surface de l'île de Manhattan — étaient couverts de coca. Selon le comité, « l'accroissement démesuré de la production, de la manufacture et du trafic illicites de la coca et de la cocaïne au Pérou au cours de la décennie écoulée », ainsi que la répugnance ou l'incapacité à contrôler cette production résultaient d'un « refus de faire face aux responsabilités nationales ; ce n'est qu'indifférence, manque d'autorité, et léthargie ».

La police du Pérou était paralysée par « des trafiquants péruviens et internationaux de plus en plus puissants... ». Un « raz de marée de coca... paralyse, démoralise et corrompt les fonctionnaires de l'Etat, la police, les tribunaux et le secteur agricole... ».

Le premier ministre du Pérou déclara aux parlementaires américains : « Nous faisons tout notre possible, mais nous n'avons pas les ressources nécessaires, et nous n'aimons pas les menaces. » Lorsque le président du comité lui fit observer, de façon aussi peu « menaçante » que possible, que « en Turquie, il avait suffi que le gouvernement interdise la production de l'opium pour parvenir au résultat recherché », le Premier péruvien répondit que la suppression de la culture de la coca constituait « un problème complexe, auquel le Pérou ne peut trouver de solution satisfaisante, faute, notamment, de ressources ».

Les parlementaires observèrent « qu'à partir de 1977, la production avait augmenté... de quelque 30 pour cent par an ». En 1983, la culture de la coca, couvrant selon les meilleures estimations 250 000 hectares, « était devenue totalement incontrôlable, et continuait à s'accroître ». Au moins six importantes régions du Pérou étaient « économiquement et politiquement dominées » par la production des feuilles de coca. Les paysans avaient abandonné les cultures vivrières pour planter de la coca, et une aide alimentaire internationale était devenue indispensable pour nourrir la population. « De vastes régions agricoles et d'importants secteurs urbains étaient passés aux mains des trafiquants de stupéfiants et de leurs organisations criminelles », qui « défiaient le gouvernement, auquel ils arrachaient le contrôle desdits territoires ».

En Bolivie, pays qui, dix mois auparavant, était encore gouverné par des trafiquants de cocaïne notoires, rien n'avait changé depuis. La production de feuilles de coca avait augmenté de 75 pour cent en quatre ans. 45 pour cent de la cocaïne consommée aux Etats-Unis provenaient de coca cultivée en Bolivie.

Des paysans qui n'avaient jamais cultivé de coca auparavant en plantaient dans des régions où elle était jusqu'alors inconnue. Rien n'indiquait que le gouvernement bolivien fût résolu à réduire la production « ni que le gouvernement des Etats-Unis lui eût clairement fait comprendre qu'il s'attendait à ce qu'il le fît ». La police ne faisait « pratiquement rien » pour lutter contre le trafic des stupéfiants.

Au sujet des « trafiquants de stupéfiants, et des dirigeants politiques, chefs de l'armée et de la police qui avaient été corrompus par eux », le président bolivien Hernán Siles-Zuazo reconnut que « certains de nos dirigeants profitent de notre liberté pour s'enrichir ». Il ne précisa pas quels étaient ces dirigeants, et n'expliqua pas davantage pourquoi ils étaient autorisés à s'enrichir grâce à la drogue.

Un conseiller du président Siles alla jusqu'à reconnaître que « le trafic des stupéfiants est devenu plus puissant que l'Etat ». Selon lui, le commerce de la drogue employait quelque 300 000 personnes, des fermiers aux gros trafiquants. Les paysans abandonnaient les cultures vivrières et quittaient leurs terres pour gagner des régions consacrées à la culture de la coca. Cela avait commencé, dit-il, « comme une petite cellule cancéreuse, puis le gouvernement l'avait encouragé; certains membres du gouvernement et hauts fonctionnaires étaient même associés aux trafiquants ».

En Colombie, la situation était encore pire. Dans ce pays transformant 75 pour cent de la cocaïne (et produisant 80 pour cent de la marijuana) consommée aux Etats-Unis, la culture de la coca avait récemment commencé, pour suppléer aux fournitures provenant du Pérou et de Bolivie, et « assurer que les organisations de trafiquants colombiens puissent continuer à accroître leurs marchés ». En dépit de l'aide américaine apportée dans ce domaine depuis plus de dix ans, « le problème de la drogue n'avait fait qu'empirer ».

Les parlementaires survolèrent des milliers d'hectares récemment plantés de variétés de coca sélectionnées pour leur richesse en principe actif. Sur la côte nord, ils virent un domaine de 15 000 hectares, où le cannabis prospérait « à perte de vue ». Le gouvernement n'avait rien fait pour s'opposer à cette « énorme augmentation » de la production de coca et de marijuana. « Consternés par l'extension de la culture de la coca et du cannabis », les parlementaires américains en avaient déduit que « le gouvernement colombien ne semble pas avoir pris conscience de ses responsabilités ».

En ce qui concernait le trafic entre la Colombie et les Etats-Unis, les parlementaires ne décelèrent « aucun signe de diminution ». Dans la région de Cartagena, « aucune action efficace n'a été entreprise pour neutraliser les nombreuses pistes d'atterrissage clandestines utilisées par des centaines d'appareils, du monomoteur léger aux DC-7 et aux Super-Constellation. De même, rien n'a été fait pour s'opposer à l'utilisation des embarcadères clandestins », où les cargos viennent charger la marijuana. Un patrouilleur de la Marine colombienne d'une valeur de deux millions de dollars, fourni par les Etats-Unis, et opérant dans des eaux infestées de contrebandiers, n'avait arraisonné et fouillé que quinze bâtiments en deux ans, saisissant en tout et pour tout un kilo de cocaïne, quelques résidus de marijuana et une petite somme en billets de banque américains. Les deux cents arrestations effectuées par une vedette de la douane colombienne (également un cadeau américain) n'avaient abouti qu'à quatre condamnations — et encore les intéressés s'étaient-ils tous « évadés » peu après.

Dans une région parsemée de deux mille pistes d'atterrissage clandestines, la police locale fit valoir que l'interdiction de la culture de la coca serait un désastre pour ces « pauvres gens ». Comment ces paysans vivaient-ils il y a quatre ans, avant de se convertir à la culture de la coca ? Les policiers déclarèrent qu'ils n'en savaient rien. Ces dizaines de milliers d'hectares de coca, dont l'emplacement était parfaitement connu, pourraient facilement être détruits en quelques jours par deux ou trois hélicoptères. Après tout, les hélicoptères étaient déjà utilisés en Colombie pour traiter et désherber des cultures « légales ». La police nationale répondit « que cette décision ne pouvait être prise qu'au plus haut niveau des instances gouvernementales ». On ne le lui faisait pas dire.

En Colombie, les poursuites judiciaires pour délits relatifs aux stupéfiants « étaient totalement inefficaces, notamment quand elles visaient les grands trafiquants et leurs organisations ». Les rares trafiquants arrêtés n'étaient pas toujours inculpés, loin de là, « et étaient généralement relaxés pour vice de forme ou autres artifices de procédure ». Les poursuites contre les gros trafiquants sont « absolument inefficaces, le gouvernement colombien témoignant d'un total manque d'intérêt à cet égard ». La DEA disposait de preuves suffisantes pour engager des poursuites contre plusieurs centaines de délinquants majeurs devant les tribunaux colombiens — mais s'était heurtée à l'indifférence du gouvernement.

Un lobby de trafiquants avait en 1982 empêché l'adoption d'un traité d'extradition, et s'était de même opposé à la destruction par herbicides des plantations de coca et de cannabis. Le ministre de la Défense colombien n'en assura pas moins que « la Colombie est prête à poursuivre avec la plus grande vigueur la lutte contre le trafic des stupéfiants ». *Poursuivre* la lutte ? Quand avait-elle commencé ?

Le président de la Chambre des représentants en personne reconnut que les trafiquants étaient extrêmement riches et influents, « ce qui leur permettait d'agir sur l'issue des campagnes politiques ». Le ministre de la Justice Rodrigo Lara-Bonilla se montra plus encourageant, expliquant que ses services donnaient actuellement la priorité à l'arrestation et à l'inculpation des trafiquants. Mais il n'était en poste que depuis quinze jours ; il était donc impossible de juger de sa sincérité, ni de savoir ce que l'avenir lui réservait s'il persévérait dans cette voie.

Le président colombien Belisario Betancur ne cacha pas aux parlementaires américains que les trafiquants commençaient à jouer un rôle dans la vie politique de la nation. Mais, ajouta-t-il, « la Colombie s'opposera à tout ce qui a un rapport avec la drogue ».

A la Jamaïque, c'était du pareil au même. La production augmentait.

Des variétés sélectionnées de cannabis couvraient des champs entiers. Rien n'indiquait l'existence d'un programme de lutte contre les stupéfiants.

Au Mexique, le comité décela « un accroissement notable de la quantité et de la qualité de l'héroïne exportée vers les Etats-Unis », ainsi qu'une « augmentation de la production d'opium ». L'actuel gouvernement semblait avoir autant de mal que les deux précédents à engager des poursuites en commun avec les autorités américaines. « Des preuves et témoignages qui auraient pu permettre de poursuivre d'importants fournisseurs, des chimistes transformant l'opium en héroïne, ainsi que des hommes d'affaires ou établissements finançant le trafic » n'étaient pas exploités.

Le ministre de la Justice mexicain en personne reconnut que « la production et le trafic organisés sont extrêmement importants et puissants ». Les trafiquants, ajouta-t-il, réussissaient fréquemment « à corrompre certains de nos hommes... ». Il ne mentionna pas la corruption des hauts fonctionnaires du gouvernement, bien qu'il fût devenu de plus en plus difficile de réfuter les accusations portées contre l'ex-président López-Portillo, successeur du non moins suspect Luis Echeverría.

2

La mission regagna Washington. Entre l'accession de Reagan à la présidence à janvier 1984, le budget du ministère américain de la Justice avait augmenté plus encore que celui de la Défense — mais la lutte contre les stupéfiants en était toujours au même point. Au cours de l'année écoulée, le prix de la cocaïne avait baissé d'environ 65 pour cent, tandis que les décès de cocaïnomanes avaient, selon les statistiques hospitalières, plus que doublé. Les services douaniers n'interceptaient que six pour cent des navires faisant la contrebande des stupéfiants, et pas plus d'un pour cent des avions. La douane américaine disposait de 33 avions, dont trois seulement étaient équipés de radars à longue portée, et dont huit — qui surveillaient toute la frontière sud, de Key West à San Diego — étaient suffisamment rapides pour intercepter les appareils des contrebandiers. Selon le chef de la police de Los Angeles, il était « absolument impossible de maîtriser la situation », tandis qu'un rapport du *General Accounting Office* signalait que « la quantité de stupéfiants entrant aux Etats-Unis est actuellement plus élevée qu'il y a cinq ans ».

En novembre 1982, deux ans après le lancement du « plan hardi et sûr » de Reagan, les importations de cocaïne avaient augmenté de moitié, et l'héroïne était plus abondante qu'elle ne l'avait jamais été depuis la fin des années soixante-dix. La baisse du prix de la cocaïne s'expliquait par les quantités gigantesques qui envahissaient le marché américain : plus de 63 *tonnes* en 1984 selon les meilleures estimations.

Les trafiquants étendaient la culture de la coca et du cannabis au Venezuela, à l'Argentine et au Brésil. Selon un rapport confidentiel de la DEA, la marijuana était « le principal soutien de l'économie jamaïcaine ». En Thaïlande, la culture du pavot à opium s'était accrue de 38 pour cent en 1984. De 1982 au début de 1985, la production mondiale d'opium avait augmenté de plus de 50 pour cent ; celle de la coca, de 40 pour cent ; et celle du cannabis, de près de 20 pour cent. Craignant, comme toujours, de s'aliéner des alliés militaires et politiques, les Etats-Unis laissaient faire, tout en lançant de bruyantes campagnes et en émettant des protestations de pure forme. Un secrétaire d'Etat par intérim put déclarer : « Nous avons d'autres intérêts diplomatiques dans ces pays ; si nous les indisposons par trop au sujet des stupéfiants, nous risquons de le regretter lorsque nous aurons besoin d'eux pour autre chose dans quelques années. » Se référant au Département d'Etat (le ministère des Affaires étrangères américain), un haut fonctionnaire de la Maison-Blanche affirma : « Il se refuse à avoir une action quelconque dans le domaine de la drogue. »

Les trafiquants péruviens étaient fortement avantagés par leur collusion avec les insurgés communistes du « Sentier Lumineux », qui s'opposaient aux tentatives de supprimer les cultures de coca (ils allèrent jusqu'à tuer dix-neuf ouvriers). L'agent du Centac Paul Gregory connaissait d'ailleurs les liens avec des mouvements communistes d'hommes tels que Luis Cornejo — l'avocat d'Alfonso Rivera — par ailleurs « intouchable » à cause de son influence politique. La coca venait en tête des exportations péruviennes. Les grands trafiquants n'avaient aucun mal à acheter leur liberté s'ils étaient arrêtés : le prix courant était de 10 000 dollars ; en comparaison, le salaire mensuel moyen d'un policier ne dépassait pas 38 dollars.

Les principaux producteurs et trafiquants boliviens continuaient à jouir d'une totale impunité. Une opération militaire contre une importante région de culture de coca fut par exemple annoncée trois semaines à l'avance...

En Colombie, le ministre de la Justice, Lara-Bonilla, dont la sincérité avait tant impressionné les parlementaires américains, fut assassiné. Le passager d'une moto cribla sa Mercedes de vingt-deux balles. L'on se souviendra que le juge Ana Cecilia avait été abattu de la même façon à Medellin. Cette fois, pourtant, le tueur fut arrêté ; il déclara avoir été engagé à Medellin par des inconnus, qui lui avaient versé 20 000 dollars.

Medellin était le fief de Santiago Ocampo, principale cible du Centac-21.

L'assassinat de Lara déclencha en Colombie de virulentes campagnes oratoires, ainsi qu'une action policière suffisante pour contraindre les principaux trafiquants à s'exiler temporairement. Gilberto Rodriguez, propriétaire du Bar-J, gagna avec une cohorte de trafiquants de cocaïne les rives toujours hospitalières du Panama. A peine une semaine après le meurtre de Lara, ils s'installèrent à l'hôtel Marriott de Panama City, et organisèrent une « réunion au sommet » avec l'ancien président colombien Alfonso López-Michelsen.

Ils informèrent López-Michelsen qu'ils représentaient les cent principaux trafiquants de Colombie, et contrôlaient la totalité de la cocaïne-base venant de Bolivie et du Pérou, ainsi que 80 pour cent de la cocaïne colombienne exportée vers les Etats-Unis. Ils promirent que, s'ils étaient autorisés à regagner librement la Colombie, et que le traité d'extradition conclu par ce pays avec les Etats-Unis était révisé en leur faveur, ils abandonneraient le trafic des stupéfiants, renonceraient à se mêler de politique, rapatrieraient leurs fonds, et aideraient le gouvernement à lutter contre le trafic des stupéfiants.

López-Michelsen regagna la Colombie pour conférer avec le président Betancur. La rencontre dut être fructueuse puisque, dix jours plus tard, Betancur envoya son ministre de la Justice, Carlos Jimenez-Gomez, au Panama pour poursuivre les négociations. Jimenez-Gomez demanda à Rodriguez et aux autres trafiquants de lui remettre un engagement écrit. Le résultat fut un « plan de reddition inconditionnelle » de six feuillets, dont les trafiquants, se prenant sans doute pour des chefs d'Etats, lui demandèrent de communiquer la teneur au gouvernement américain.

Jimenez regagna Bogota, où la proposition fut examinée par le président Betancur, puis transmise à l'ambassade des Etats-Unis, qui en avisa aussitôt Washington.

La réaction officielle des gouvernements colombien et américain à cette offre de « reddition inconditionnelle » n'aurait pas manqué d'être intéressante (Bogota et Washington auraient-ils accordé foi aux promesses des trafiquants?), mais il y eut malheureusement une fuite, et la presse colombienne s'empara de l'affaire. Le président Betancur affirma sur l'honneur « qu'en aucune circonstance » il n'aurait accepté une telle proposition. De leur côté, les autorités américaines déclarèrent sur un ton moralisateur qu'il n'était pas dans leurs habitudes de négocier avec des criminels.

Rodriguez et un autre trafiquant, Jorge Ochoa (dont le ranch, situé sur la côte colombienne, s'enorgueillissait non seulement des habituels yachts, piscines, hydroglisseurs, automobiles, piste d'atterrissage et avions, mais de surcroît d'une plaza de toros privée et d'un immense zoo de plein air), quittèrent le Panama pour l'Espagne, où ils commencèrent à négocier l'achat d'un ranch de 5 000 hectares dans la région de Madrid.

Rodriguez était tellement certain d'être en sécurité en Espagne qu'il ne prit même pas la peine de se servir d'un faux nom. Il allait regretter son manque de prudence.

Billy Mockler se rapprochait de sa proie.

Gilberto Rodriguez et ses amis étaient tous des criminels internationalement connus, dont certains faisaient même l'objet d'une inculpation aux Etats-Unis. Pourquoi le Panama les accueillit-il, pourquoi ne furent-ils pas arrêtés ni même expulsés ? Ces questions ne furent jamais posées officiellement. Si le puissant gouvernement des Etats-Unis était réellement résolu à faire la guerre aux stupéfiants et à mettre un terme au trafic de la cocaïne, n'aurait-il pas pu obtenir l'arrestation de ces trafiquants, qui séjournèrent plus de trois semaines dans un pays présumé ami, et recevant 62 millions de dollars d'aide américaine ?

La réponse à ces questions ressort des activités d'un des co-auteurs du « projet de reddition » de Rodriguez.

Avant même l'assassinat de Lara-Bonilla, le jeune Carlos Lehder-Rivas, propriétaire d'un journal et fondateur d'un parti politique colombien, résidait pendant une partie de l'année aux Bahamas. Lehder et le fugitif Robert Vesco (recherché aux Etats-Unis pour avoir, notamment, versé illégalement deux cent mille dollars pour la campagne électorale de Nixon) avaient, à force de pots-de-vin, obtenu du premier ministre des Bahamas, Lynden Pindling, de faire transiter sans être inquiétés d'énormes quantités de drogue par une île nommée Norman's Cay.

Lehder et Vesco n'étaient pas les seuls partenaires commerciaux de Pindling. La Mafia possédait *deux* îles aux Bahamas. Par ailleurs, le beau-frère de Lynn Mizer, Paul Hindelang, avait dit à la police qu'un représentant de Pindling avait touché un million de dollars pour redonner aux trafiquants des bateaux saisis par la police. Salvatore Caruana, un mafioso proche de Frank Lepere, qui avait kidnappé l'assistant de Donald Steinberg à Plymouth, Massachusetts, aurait de son côté blanchi un million de dollars grâce à l'aide d'un membre du cabinet des Bahamas, Kendal Nottage. (Le même Nottage accompagna à Londres Pindling, qui allait être anobli par la reine Elizabeth.)

Une opération américaine destinée à révéler l'alliance Lehder-Vesco-Pindling en appréhendant Nottage au moment où celui-ci touchait un pot-de-vin (ce qui aurait du même coup mis en lumière la corruption qui régnait aux Bahamas, et, peut-être, privé les trafiquants de leurs bases dans l'archipel) se heurta à l'opposition catégorique de l'ambassadeur des Etats-Unis à Nassau. L'ambassadeur expliqua aux journalistes les raisons de son opposition avec une candeur qu'il regretta sans doute par la suite. Selon lui, cette opération « aurait pu nuire à de délicates négociations avec les Bahamas concernant l'implantation d'une base d'essais de sous-marins dans l'archipel. Cela risquait de créer une situation fort embarrassante. Il faut considérer l'ensemble de nos relations avec les Bahamas, dont le problème des stupéfiants ne constitue qu'un aspect. A longue échéance, nombre d'autres facteurs se révéleront plus importants que les stupéfiants ».

Plus de 90 pour cent de la cocaïne consommée aux Etats-Unis transite par les Bahamas. Une base de sous-marins était-elle vraiment plus importante que cela ? Et l'implantation de cette base aurait-elle réellement été compromise ? Si le gouvernement des Bahamas était prêt à se vendre aux trafiquants de stupéfiants, il aurait sûrement accepté de se vendre au gouvernement américain.

Aux Bahamas, à Panama, et dans bien d'autres pays, les agents américains chargés de la lutte contre les stupéfiants et les diplomates de Washington frappaient souvent aux mêmes portes, les uns avec des menottes, les autres avec des roses.

Invariablement, les roses remportaient la victoire.

CHAPITRE HUIT

1

Un crime est un crime, après tout — qu'il s'agisse de vol à main armée, de détournement de fonds ou de trafic de stupéfiants. Le crime existe depuis longtemps, et la plupart d'entre nous en avons pris notre parti. Un jour, pourtant, il y eut du nouveau. Des hommes depuis longtemps accoutumés aux statistiques sur la consommation des stupéfiants, aux pompeuses déclarations de guerre à la criminalité, aux éditoriaux bien-pensants, furent soudain réveillés par des titres inquiétants : *Produit national brut... Balance des paiements... Taux de change...* la base *économique* des Etats-Unis était menacée. Où passait l'argent de la drogue ? Ces millions, ces milliards, pouvaient-ils servir à modifier des équilibres économiques, voire politiques ? A la Maison-Blanche et dans tous les ministères de Washington, la panique régnait. Que signifiait tout cela ? Les téléphones ne cessaient de sonner, les réunions se succédaient fébrilement. Que se passait-il ?

Personne ne le savait.

Embarrassés par leur ignorance, la CIA et la DEA se hâtèrent de passer à l'action, chacune voulant devancer l'autre.

FM DEA QG WASH DC

A : TOUS BUREAUX DEA

CONFIDENTIEL

AMBASSADES/CONSULATS A INTENTION DEA

SUJET : OPÉRATION CASHFLOW

LE BUREAU DES RENSEIGNEMENTS PARTICIPE A UN PROJET VISANT A DÉTERMINER L'AMPLEUR ET LES RAMIFICATIONS SPÉCIFIQUES DES TRANSFERTS INTERNATIONAUX DE FONDS PROVENANT DU TRAFIC DES STUPÉFIANTS. SELON DES ESTIMATIONS FAITES PAR DIVERS SERVICES, LES DOLLARS SORTANT DES USA POUR PAIEMENTS STUPÉFIANTS ET LE PLACEMENT BÉNÉFICES ILLICITES POURRAIENT CONSTITUER UNE PROPORTION INCONNUE MAIS NOTABLE DU PNB AMÉRICAIN ET ENTRAÎNER DE GRAVES INEXACTITUDES DANS LE CALCUL DES TRANSFERTS INTERNATIONAUX DE DEVISES (BALANCE DES PAIEMENTS). LA DEA EST DE PLUS EN PLUS SOUVENT CONTACTÉE A CE SUJET. A CE JOUR, NOUS NE DISPOSONS TOUTEFOIS QUE DE RENSEIGNEMENTS EXTRÊMEMENT LIMITÉS.

De nombreux bureaux de la DEA, de Songhkla (Thaïlande) à Lahore (Pakistan), reçurent l'ordre « d'effectuer une enquête et d'en soumettre les résultats » en l'espace de six semaines. La CIA envoya des instructions analogues à ses bureaux. Aucune de ces deux agences ne se contenta d'ailleurs d'attendre passivement les résultats. Moins de deux semaines après l'envoi du télégramme, un cadre du bureau des renseignements stratégiques de la DEA partait de Washington pour effectuer la première enquête approfondie consacrée aux bénéfices astronomiques de l'industrie internationale des stupéfiants : c'était l'Opération Cashflow (Cashflow = mouvement de fonds).

En arrivant à Hong Kong après un arrêt en Thaïlande, l'inspecteur écrivit que Bangkok « était pour le moins intéressante : l'argent des trafiquants y aboutit (comme l'avait démontré l'Opération Collégien), et ensuite, c'est l'inconnu total ». Rappelons que l'Opération Collégien avait trait au système bancaire chinois de Hong Kong. Il estima par ailleurs que le bureau de Bangkok de la DEA « n'avait, malgré sa vingtaine d'agents... absolument rien fait » pour étudier le mouvement des fonds provenant du trafic des stupéfiants « et leur destination une fois qu'ils ont été transférés en Thaïlande de Hong Kong ou de Singapour ».

Une importante partie des bénéfices provenait, selon lui, de la marijuana. « Lorsque les Thaïlandais saisissent de la marijuana, ils la stockent dans des bases militaires. Des intermédiaires américains de haut niveau résident actuellement à Bangkok, et une bonne partie de la « marchandise » vient tout droit des bases militaires. » Lorsque j'étais à Bangkok, il en allait de même pour l'héroïne.

L'inspecteur de la DEA poursuit : « La connection européenne, en particulier avec la France et les Pays-Bas, joue un rôle très intéressant dans le réseau financier de la drogue. Il serait probablement utile d'aller voir sur place. » Se référant à la CIA, il ajoute : « Il faut faire vite, à cause de la concurrence avec nos cousins de Langley, qui veulent eux aussi être les premiers à présenter un rapport. »

Ce qu'il avait vu depuis son arrivée en Asie l'avait convaincu que « nous sommes en présence d'un réseau majeur relié aux principaux paradis bancaires ; il est regrettable que nous n'ayons ni le temps ni les ressources pour examiner tout cela à fond. Les mouvements de l'argent sont tellement complexes, sans oublier les liens avec le trafic de la coca et de la marijuana, en passant par Panama, les Cayman, etc., qu'il est impossible de trouver toutes les réponses ici. Je crains que nombre des questions que je me pose sur la situation en Asie restent sans réponse. Si je peux obtenir, ici ou à Singapour, des renseignements fiables sur la connection européenne, il deviendra peut-être plus facile de suivre les mouvements de fonds en Europe ».

Tandis que l'Opération Cashflow se poursuivait au niveau mondial, des messagers maintenaient le contact entre la DEA et la CIA. Certains rapports en provenance d'Amérique latine étaient à proprement parler stupéfiants. Un télégramme secret envoyé de Bolivie par la CIA exposait comment un gros trafiquant de La Paz avait promis à un représentant du président Hernan Siles-Zuazo de régler 25 à 35 pour cent de la dette extérieure du pays (laquelle s'élevait à 4,4 milliards de dollars) en échange de l'exclusivité du trafic de la coca. Selon la CIA, l'offre fut refusée.

Un autre câble de la CIA, long de quatre pages et provenant cette fois des Bahamas, décrivait la corruption du gouvernement avec une incroyable précision, une demi-douzaine de hauts fonctionnaires étaient nommés, ainsi que le montant exact des pots-de-vin qu'ils avaient touchés (de cinquante à cent mille dollars et davantage) et en échange de quelle faveur. Au moins un cadre supérieur de la DEA se déclara stupéfait, moins par ces révélations en soi que par la précision avec laquelle elles étaient connues — à croire que la CIA était davantage qu'un simple spectateur de ce trafic d'influences.

Le rapport sur la situation aux Bahamas rappelait un document analogue consacré à la corruption des fonctionnaires aux îles Cayman. Ce long rapport contenait, outre des preuves des liens entre certains fonctionnaires gouvernementaux et des trafiquants de stupéfiants, des photographies de banques et de suspects. Dans un rapport ultérieur, la CIA alla jusqu'à qualifier les minuscules Cayman (qui ont moins de 9 000 habitants!) de « supermarché du blanchissage de l'argent ». L'effet de ces rapports sur le gouvernement américain fut apparemment minime, car, pour citer un agent, « tout continue comme avant ». Un accord anglo-américain conclu en 1984 permet pourtant aux fonctionnaires US de contrôler les comptes bancaires des trafiquants aux Cayman, mais les résultats se font attendre...

Après l'Asie, l'agent de la DEA supervisant l'Opération Cashflow se rendit au Panama. Plusieurs banquiers de Floride du Sud avaient été inculpés pour avoir accepté des sommes élevées en liquide sans faire parvenir au fisc la déclaration obligatoire en pareil cas. Pris de peur, les trafiquants avaient entrepris de faire sortir leur argent des Etats-Unis — mais le papier-monnaie pèse lourd : cinq fois plus, en moyenne, que l'héroïne ou la cocaïne qu'il a servi à acheter. Le principal problème des trafiquants était devenu, littéralement, le poids de leurs bénéfices. Il était plus difficile de transporter l'argent que de transporter la drogue. En conséquence, une florissante industrie de transferts de fonds avait vu le jour.

Un jeune et entreprenant spécialiste de ces transferts, Ramón Rodriguez (aucune relation avec Gilberto Rodriguez) avait acheté un Learjet et acheminait régulièrement une demi-tonne de billets de banque entre Fort Lauderdale et Panama. Identifié à Panama City par un homme de la DEA, Rodriguez ne fut pas inquiété dans l'immédiat : on le laissa transporter quelques cargaisons de plusieurs millions de dollars afin d'observer la suite. Celle-ci n'avait rien de bien mystérieux : Rodriguez allait déposer l'argent dans diverses banques de Panama City. Un agent de la DEA connaissant bien ce dossier m'a confié : « Ce que j'aimerais savoir, c'est ce que devient l'argent ensuite. Est-il transféré par télégramme en Colombie ? Transporté en Suisse ? Ou bien reste-t-il tout simplement au Panama ? Où passe-t-il ? » L'agent en question était en tout cas sûr d'une chose : les Panaméens ne le lui diraient jamais.

Par la suite, Rodriguez fut arrêté à Fort Lauderdale, alors qu'il transportait 5,4 millions de dollars en billets de banque. Selon sa propre comptabilité électronique, il avait transporté près d'un quart de milliard de dollars au Panama au cours des douze mois précédents. Il déclara connaître plusieurs spécialistes du transport aérien de fonds, ajoutant qu'il en existait certainement de nombreux autres.

Qu'il s'agît d'argent ou de drogue, le Panama n'aidait guère la DEA dans ses recherches. Le général Manuel Antonio Noriega, devenu chef de la Garde Nationale (peu après rebaptisée Force de Défense) et par conséquent du Panama lui-même, après la mort du général Omar Torrijos dans un accident d'avion, était probablement tout aussi impliqué dans le trafic des stupéfiants que son prédécesseur. Dès que les officiers de Noriega avaient connaissance des rapports d'enquêtes de la DEA, les trafiquants concernés avaient la fâcheuse habitude de disparaître, comme me l'expliqua un agent :

— Les hommes de Noriega venaient nous voir en disant que telle ou telle affaire les intéressait. Il ne nous était guère possible de refuser de les renseigner. Ils nous promettaient une coopération sans réserve, et, le moment venu, le trafiquant recherché s'évanouissait. Invariablement. Et cela fait des années que ça dure.

Cela durait en fait depuis si longtemps que les sénateurs américains qui se rendirent au Panama fin 1982 constatèrent qu'il était « de notoriété publique » que la Garde Nationale de Noriega « entretenait des relations lucratives avec divers trafiquants et passeurs de stupéfiants, d'armes et autres marchandises, ainsi qu'avec des fugitifs... ». La Garde assurait de surcroît « le stockage des stupéfiants en transit, était payée pour libérer les trafiquants arrêtés, garantissait la sécurité des inculpés recherchés dans d'autres pays contre paiement d'une sorte de " sauf-conduit ", et supervisait le transport aérien de l'or, des armes et des espions entre Panama, l'Amérique centrale et du Nord, et Cuba ».

Les enquêteurs prédisaient que « dans dix ans, une grande partie de l'argent du crime provenant d'Europe et du reste du monde occidental se retrouvera au Panama ».

Le rôle joué par le Panama en tant que « banquier mondial de la cocaïne » est d'autant plus alarmant que, bien que n'étant pas lui-même un pays communiste, il forme avec Cuba et le Nicaragua (pays communistes dont la participation au trafic de la cocaïne est bien connue) une troïka de « narco-nations » qui vise, certes, à s'enrichir, mais peut-être aussi à miner les valeurs et l'esprit américains. Si les insurgés communistes actifs en Colombie, en Bolivie et au Pérou parvenaient au pouvoir, il en résulterait de fait un pacte latino-américain de la cocaïne contrôlé par les communistes, et tout espoir de mettre fin au trafic s'évanouirait.

Au Panama comme ailleurs, la CIA reste déterminée à protéger ses sources de renseignements, nonobstant leur participation au trafic d'armes ou de stupéfiants, à la protection de repris de justice et à d'autres crimes. Lorsque le directeur du bureau panaméen de la DEA proposa de lancer un « SFIP » (programme spécial de recherche du renseignement) consacré aux milliards de « narco-dollars » déposés dans les banques du Panama, il demanda, comme il était de règle, l'approbation du chef de station de la CIA. Celui-ci donna son accord, à une intéressante réserve près : si l'opération révélait des faits concernant des fonctionnaires du gouvernement panaméen, ces aspects de l'opération devraient immédiatement être abandonnés. Une fois de plus, les roses l'emportaient.

Désireux de donner une meilleure réputation aux banques panaméennes et d'attirer également des capitaux honnêtes, le général Noriega envoya son ministre de la Justice à Washington avec une proposition : chaque fois que la DEA pourrait prouver que de l'argent déposé dans une banque panaméenne provenait du commerce de la drogue, le Panama fournirait à la DEA tous les documents relatifs au compte en question. Convaincu que de telles preuves ne pourraient être présentées que fort rarement, Noriega put atteindre le but recherché sans pour autant nuire à l' « autre » réputation du Panama, « paradis bancaire par excellence pour l'argent de la drogue », selon la formule d'un agent de la DEA.

Lorsque Noriega lui-même se rendit par la suite à Washington, la CIA fit tout pour empêcher l'administrateur de la DEA, Francis Mullen, de le rencontrer. Il faut dire qu'en sa qualité d'ex-chef des services de renseignements militaires panaméens, Noriega était de longue date lié à la CIA. La CIA ne tenait manifestement pas à ce que l'homme fort du Panama établisse des relations directes avec la direction de la DEA.

— Pourquoi ? demandai-je à un agent bien informé de la situation.

— Parce que la CIA estime qu'elle seule a une vision d'ensemble de la situation : « Nous voyons des choses qui vous échappent. Vous ne savez pas tout. »

Il est en effet probable que la CIA est au courant de bien des choses.

L'agent chargé de l'Opération Cashflow se rendit ensuite en Europe, notamment à Londres, dans les îles anglo-normandes, à Paris, Bruxelles, Zurich, Rome, Amsterdam, Vienne et au Luxembourg (où, se faisant passer pour le représentant d'une organisation de trafiquants, il put s'entretenir avec un cadre bancaire connu pour conseiller les criminels sur la meilleure façon de transporter, de dissimuler et d'investir leurs bénéfices).

« Dans presque tous les pays européens, nous avons trouvé des traces de transferts de fonds provenant du trafic des stupéfiants », écrit-il dans son rapport. Même l'Autriche et la Hongrie étaient impliquées. Les fiches d'hôtel du Luxembourg sont pleines de noms de Colombiens et de Pakistanais ne restant en général qu'une ou deux nuits : des courriers assurant le transport des fonds. A Guernesey, l'agent apprit l'existence d'un gang de trafiquants américains inconnu de la DEA, qui possédait cinquante-quatre sociétés et réalisait un chiffre d'affaires de 38 millions de dollars en important du haschisch du Pakistan et de Thaïlande. La police savait parfaitement que la grande majorité des transports de drogue lui échappait — mais une organisation entière ? Je demandai à l'agent combien il pouvait exister d'organisations inconnues des autorités.

— Qui sait ? me dit-il. Des centaines ?

A Zurich, des banquiers lui affirmèrent que de minuscules nations des Caraïbes déposaient quinze fois plus d'argent dans leur pays que le Canada, et deux fois plus qu'un géant industriel tel que l'Allemagne fédérale. Et d'où venaient ces millions ? C'était des « cocadollars », bien sûr, notion aussi connue des grandes banques internationales que celle de pétrodollars. L'agent s'aperçut également que le Liechtenstein était « le paradis d'entre les paradis. Même les Suisses vont au Liechtenstein ». Dans ce pays, il était possible de dissimuler l'argent derrière un tel nombre de façades légales — avocats, compagnies factices, sociétés fiduciaires — que l'identification du propriétaire réel devenait impossible.

— Il faut absolument empêcher les trafiquants de planquer leur argent à l'étranger, me dit l'agent vers la fin de son périple. Pour cela, il faut aller là où se trouve l'argent, et, au besoin, exercer des pressions politiques sur ceux qui ne veulent pas coopérer.

— Sans doute, fis-je observer, mais les trafiquants ont toujours trouvé des moyens de plus en plus ingénieux pour protéger et transporter leurs stupéfiants. Vous n'avez jamais réussi à en intercepter plus de dix pour cent, en gros.

— C'est exact.

— En toute logique, ils témoigneront de la même habileté pour transporter et protéger leur argent. Parviendrez-vous jamais à en saisir plus de dix pour cent ?

— Probablement pas. Je reconnais que leurs seules limites sont celles de leur ingéniosité. Votre pessimisme me paraît malheureusement fondé.

Quatre mois après le début de l'Opération Cashflow, la DEA compila un document confidentiel de vingt-deux pages, qui fut par la suite enrichi de matériaux fournis par la section stupéfiants de la CIA ; le tout, « coordonné » par l'ultra-secrète *National Security Agency*, donna un document de trente-deux pages, tiré à un nombre limité d'exemplaires, et strictement confidentiel (son contenu ne devait notamment être communiqué à aucun gouvernement étranger).

Ce rapport donne une image jusqu'alors inconnue de l'aspect financier de la criminalité internationale. En ce qui concerne le Mexique et la Colombie, les bénéfices provenant de l'exportation des stupéfiants représentent « probablement *75 pour cent du revenu total des exportations de ces deux pays* ». Ce qui remet à leur juste place le pétrole du Mexique et le café de Colombie. Pourtant, le mot « stupéfiants » ne figure dans aucune statistique économique. Comment les planificateurs financiers mondiaux peuvent-ils se faire une idée objective des finances d'un pays sans tenir compte de son principal article d'exportation ? Pour citer un analyste, « c'est comme si l'on essayait de faire une étude démographique sur l'Afrique sans compter les Noirs ».

Suivant des sentiers plus tortueux encore que les stupéfiants eux-mêmes, l'argent de la drogue transite par des pays dont les systèmes politique et juridique ont été spécifiquement adaptés à leur rôle de « relais pour l'argent du crime ». Des passeurs professionnels — qui sont souvent des employés salariés de banques suisses ou caraïbes réputées respectables — acheminent l'argent d'un pays et d'un continent à l'autre en « petites » quantités « ne dépassant pas deux millions de dollars ». En quantités plus importantes, l'argent devient une simple denrée, comparable à des boisseaux de blé ou à des barils de pétrole, « destinée à être échangée contre des valeurs négociables plus faciles à gérer et à dissimuler ».

En Asie, « la majeure partie de l'argent de l'héroïne passe probablement... par le système bancaire clandestin chinois ». Ce réseau, notamment dévoilé par l'Opération Collégien et décrit, non sans humour, par l'indicateur Robert Yang (du Centac-24), est capable de transférer des millions de dollars en quelques secondes, sans laisser de trace écrite, grâce à des émetteurs radios clandestins ou à des communications téléphoniques en code. Une des principales banques de Thaïlande utiliserait, croit-on, ce système pour faire sortir quotidiennement quelque cinq millions de dollars du pays.

Le rapport accuse le système bancaire panaméen, autrement dit le gouvernement panaméen lui-même, de « prendre des mesures spécifiques... pour attirer les narco-dollars ». Suite à cette politique, « le Panama continue à attirer » une notable partie de l'argent provenant du trafic des stupéfiants. Plus spécifiquement, « la majeure partie de l'argent de la cocaïne se trouve actuellement dans ce pays ».

Le rapport examine ensuite les arrangements financiers de trois cibles du Centac : Alberto Sicilia-Falcon, Donald Steinberg et Gilberto Rodriguez. En suivant le complexe cheminement des millions de dollars partis des rues américaines pour aboutir dans divers paradis fiscaux du monde entier, les auteurs du rapport se trouvèrent face à un « gigantesque réseau clandestin », dont ils étudièrent en détail une des branches, qui acheminait les bénéfices de Gilberto Rodriguez et de son frère Miguel. Mêlé à des fonds provenant d'autres comptes secrets, l'argent allait d'abord à la Bank of Miami, puis, en compagnie de millions provenant d'autres sources (dont deux au Honduras et au Pérou), était envoyé à la société de gestion de portefeuilles Donaldson, Lufkin and Jenrette. Les fonds déposés auprès de cette société gagnaient ensuite successivement le Morgan Guaranty Trust de New York, la Chase Manhattan Bank, et enfin la Société de Banque Suisse de Genève, où ils aboutissaient au compte chiffré 68156RY ; la piste s'arrêtait là.

L'itinéraire ultérieur de cet argent, et d'autres bénéfices tirés du trafic des stupéfiants, demeure mystérieux. « D'importantes questions concernant la destination ultime d'une grande partie de ces fonds demeurent sans réponse », poursuit le rapport. « Des fonds tels que ceux qui sont déposés sur le compte chiffré suisse 68156RY constituent-ils un véritable stock de narco-dollars... ? » Dans bien des cas, ces fonds servent à acquérir le contrôle de banques et d'autres institutions financières, à financer d' « importants groupes politiques », et à enrichir « des personnalités politiques influentes ». Les trafiquants financent également la création de nouveaux itinéraires de contrebande, de sociétés permettant de blanchir l'argent, et même des programmes d'aide aux producteurs de stupéfiants en difficulté (en les aidant par exemple à fuir le Mexique ou le Guatemala pour créer de nouvelles plantations de coca en Colombie). Une partie de l'argent sert également à financer des « entreprises spéciales », à savoir les « groupes para-militaires d'Asie du Sud-Est » et les « groupes insurrectionnels » d'Amérique latine.

Ces frais importants entament cependant à peine les immenses fortunes tirées du trafic des stupéfiants. Sur les 30 milliards de dollars déposés dans les banques suisses en devises européennes, 20 pour cent « pourraient provenir de la drogue ». Le rapport estime que des citoyens colombiens ont placé « plusieurs milliards de dollars » à l'étranger, « somme énorme pour un pays non pétrolier ». Au niveau mondial, « plusieurs centaines de milliards de narco-dollars sont peut-être entassés, vraisemblablement dans des " paradis fiscaux " ou des pays autorisant le secret bancaire ».

En admettant que « plusieurs » signifie, modestement, trois, et en supposant un taux d'intérêt de 10 pour cent, cette véritable bombe financière s'accroît au rythme de près de 3,5 millions de dollars par *heure*, sans même compter les nouveaux bénéfices investis quotidiennement.

Tout en préconisant d'évaluer de toute urgence « avec davantage de précision » l'importance exacte de ce gigantesque et menaçant « fonds de narco-dollars », le rapport n'est guère optimiste quant aux chances de succès d'une telle opération : « Il n'y aura sans doute jamais de vraie coopération multilatérale tant que l'on n'aura pas trouvé, pour les principaux centres de " blanchissage " des fonds illicites, un substitut aux narco-dollars — éventualité pour le moins improbable. »

D'autres documents officiels confirment les conclusions de ce rapport. Un agent, avec lequel je discutais au téléphone de l'implication de certains gouvernements dans le trafic des stupéfiants, me dit : « Je ne voudrais pas donner de crise cardiaque à la NSA, mais... c'est un domaine fertile. »

Dès 1980, un rapport confidentiel de la DEA estimait que des fonctionnaires et militaires colombiens « de tous niveaux » étaient « en collusion avec des groupes de trafiquants ». En 1982, un autre document consacré au Belize (Honduras britannique) faisait état de « la clémence de la justice et des pratiques corrompues » de ce petit pays d'Amérique centrale (que Alberto Sicilia-Falcon voulait, dit-on, « acheter ») et prédisait qu'il allait devenir « un refuge pour les trafiquants de stupéfiants et les entreprises destinées à blanchir leur argent... Les hauts fonctionnaires du gouvernement affichent une indifférence totale à l'égard de la lutte contre la drogue... Les fonctionnaires du Belize ont tendance à faciliter le trafic de la marijuana... tant pour leur profit personnel qu'eu égard aux avantages économiques qu'il procure au pays ».

Sur la rive opposée de la mer des Caraïbes, à Haïti, la situation était identique. Selon un rapport de renseignements, « plusieurs importantes organisations de trafiquants », protégées par le mari de la sœur du président Jean-Claude Duvalier, faisaient escale avec leurs avions à l'aéroport international Duvalier, et disposaient d' « entrepôts » de haschisch et de cocaïne, gardés par des soldats de l'armée haïtienne. L'on ignorait si le président lui-même était impliqué.

En Asie, le tableau était le même : « Des fonctionnaires de haut rang et de riches citoyens thaïlandais participent activement au trafic de l'héroïne et aux mouvements de fonds illégaux. Certaines personnes impliquées sont qualifiées de « piliers de la société ». Une source non identifiée affirme que l'argent sortant illégalement de Thaïlande représente la moitié de « tous les transferts de devises du pays ». Selon un autre document confidentiel, « la quasi-totalité des fonds provenant du trafic [asiatique] de la drogue aboutit en Thaïlande »; un unique spécialiste du lessivage de l'argent « transférerait près de 5 millions de dollars de Hong Kong à Bangkok tous les trois jours ».

Un autre rapport accuse une association composée de « respectables hommes d'affaires birmans et de membres, ou anciens membres, du gouvernement birman », d'exporter en fraude de l'héroïne directement de Birmanie, principal producteur mondial d'opium, aux Etats-Unis, la majeure partie des bénéfices étant rapatriée en Birmanie. Le même document esquisse la structure d'un gigantesque réseau international : un unique compte ouvert à Hong Kong, en relation avec le système bancaire clandestin chinois, sert à de multiples transferts de fonds entre la Suisse, les Pays-Bas, la Thaïlande, la Malaisie, Singapour, le Pakistan, l'Australie et les Etats-Unis.

A l'ouest du continent asiatique, en Afghanistan, les forces d'occupation soviétiques sont elles aussi impliquées dans le trafic des stupéfiants. Selon un rapport des services de renseignements, « les Russes n'ont pris aucune mesure efficace pour détruire les plantations de pavots. Il existerait même des champs de pavots à proximité immédiate des camps militaires soviétiques ». Les troupes soviétiques, qui n'hésiteraient pas à « troquer armes et munitions contre des stupéfiants », auraient également « permis à des camions locaux de franchir des points de contrôle sans être inspectés, en échange de stupéfiants ». Les chefs rebelles moudjahidin voyaient dans cette pratique un moyen bienvenu « d'acquérir armes, munitions et argent », et de « pervertir les soldats soviétiques, qui s'accoutument à la drogue ».

2

Des sources extérieures à la CIA ou à la DEA peuvent également fournir de précieux renseignements sur les milliards de narco-dollars qui envahissent la planète. Les grandes banques internationales et les courtiers en bourse, alléchés par la manne que représente l'argent de la drogue, coopèrent souvent avec les trafiquants. En 1984, un cadre supérieur de la Banque Nationale de Paris (la seconde banque du monde), fut discrètement informé des activités de Guy des Longchamps, ancien directeur de l'agence BNP de Panama, ami et complice d'Alfonso Rivera, le trafiquant de cocaïne recherché pour avoir torturé et tué un officier de police péruvien. Ledit cadre de la BNP réagit à la nouvelle avec « indifférence ». Un second cadre de la BNP fut mis au courant ; il répondit que M. des Longchamps avait peut-être, en effet, agi de façon déplacée, par désir de s'enrichir ou de « devenir quelqu'un ». Il ne fut question d'aucune sanction. Guy des Longchamps se trouvait alors à Paris, et se préparait à gagner le Mexique pour y occuper un poste important.

A l'occasion de quatre voyages à New York, un résident suisse déposa chez Merrill Lynch, Pierce, Fenner & Smith, le principal courtier en bourse et conseiller financier américain, des sommes tellement énormes en liquide (4 millions de dollars en coupures de cinq, dix et vingt dollars) que la société lui fournit des gardes armés pour l'escorter de son hôtel, le Waldorf-Astoria, à ses bureaux, puis, craignant un hold-up, pour se rendre directement du Waldorf au Bankers Trust. Lorsque le client refusa d'entrer au Bankers Trust à cause des caméras de surveillance, un employé inquiet se renseigna auprès de Merril Lynch Zurich, qui lui assura que le compte suisse du client en question était parfaitement en ordre. Merrill Lynch préféra néanmoins fermer son compte américain.

Là-dessus, le client suisse ouvrit un compte chez E. F. Hutton. Avec l'accord du premier vice-président de la Société Hutton, le Suisse arriva au Bankers Trust avec deux sacs de plage emplis de billets de banque américains, s'excusa, et revint avec un troisième sac. Prétextant qu'il n'avait pas assez d'employés pour compter de tels monceaux de billets, le Bankers Trust refusa d'accepter d'autres dépôts et fit savoir à E. F. Hutton que cette affaire lui paraissait un peu louche. E. F. Hutton dit en substance au Bankers Trust de se mêler de ses affaires, et trouva une autre banque prête à accepter l'argent de son client.

Lorsque les directeurs de E. F. Hutton reçurent par la suite une citation à comparaître, ils s'empressèrent, bien qu'on leur eût expressément demandé de s'en abstenir, d'en informer leur client suisse. Cinq jours plus tard, celui-ci changea de compte en Suisse ; il ne fit plus jamais de dépôts.

Les trafiquants veulent à tout prix se débarrasser de leur argent liquide — au point que, bravant la loi exigeant que les banques signalent toute transaction importante en liquide, une moyenne de 1 500 personnes par jour (en 1983) arrivèrent dans diverses banques américaines avec des sacs ou des valises pour déposer des sommes supérieures à 10 000 dollars. D'autres trafiquants profitent des avantages offerts par les casinos (qui ne sont pas tenus de signaler les transactions en liquide) pour échanger, à Las Vegas ou Atlantic City, leur argent contre des bons de caisse aisément négociables. Certains casinos vont jusqu'à transférer l'argent vers des maisons de jeu étrangères, où le trafiquant n'aura plus qu'à traverser la rue pour le déposer dans une banque.

Depuis l'Opération Cashflow, certains événements semblent indiquer que la quantité de stupéfiants et de narco-dollars menaçant la stabilité du monde est encore plus importante qu'il ne ressortait du rapport de la DEA et de la CIA. Une unique opération de police effectuée dans une plantation industrielle de plus de cinquante kilomètres de rayon, située en pleine jungle colombienne (elle existait depuis trois ans et employait mille personnes) permit de saisir un stock de cocaïne correspondant au quart de la quantité de cette drogue consommée annuellement aux Etats-Unis. De même, un complexe mexicain de trois fermes employant 7 000 ouvriers réduits en esclavage permit de découvrir 10 000 tonnes de marijuana — huit fois la production annuelle supposée du Mexique! A son arrivée aux Etats-Unis la marijuana saisie aurait eu une valeur correspondant à 6,25 pour cent du PNB mexicain. Se fondant sur ces données, des analystes américains estimèrent que les ventes mondiales de stupéfiants représentaient un chiffre d'affaires annuel d'environ 500 milliards de dollars, au lieu de 300 comme l'estimait le rapport de la DEA et de la CIA.

Une constatation s'impose : du début à la fin du circuit mondial de la drogue et des bénéfices qui en sont tirés, les principaux coupables sont les mêmes — à savoir les gouvernements. Le haut fonctionnaire bolivien qui autorise la production de coca, pourtant illégale, et le fonctionnaire panaméen qui, dans le cadre de la politique officielle de son gouvernement, aide les trafiquants à dissimuler leurs bénéfices, sont coupables au même titre. Ni l'un ni l'autre ne renonceront à ces activités s'ils n'y sont pas contraints. Les responsables de la politique étrangère des Etats-Unis auront sans doute du mal à admettre cette vérité — ce n'en est pas moins un fait. La guerre contre la drogue sera une guerre mondiale ou ne sera pas.

CHAPITRE NEUF

1

A l'étroit sur mon siège, dans le 747 bourré de touristes qui survole l'Atlantique, je repense aux années pendant lesquelles j'ai côtoyé le Centac de l'Empire clandestin. Voici quelques-unes de mes réflexions dans le désordre.

Il est hors de doute que l'Empire clandestin est plus riche et plus puissant que bien des nations souveraines. Son drapeau ne flotte pas sur la terrasse de l'ONU, mais il possède des armées plus fortes, des services de renseignements plus efficaces et des services diplomatiques plus influents que bien des pays qui en font partie. Nous avons tellement l'habitude de penser au crime en termes de vols à main armée, de cambriolages et de règlements de compte de la Mafia que nous ne nous rendons absolument pas compte qu'il constitue une grande puissance mondiale, un Quart Monde de nations unies, non par la force des armes, par des impératifs économiques ou des théories politiques, mais par une avidité sans frein, et par l'institutionnalisation du crime soutenu par l'Etat. Ces pays sont nos ennemis, des ennemis bien plus insidieux que ceux des deux guerres mondiales, car ils dissimulent leurs attaques derrière des promesses d'amitié et de coopération.

Sans l'aide de gouvernements corrompus, l'industrie internationale des stupéfiants ne pourrait pas exister. Mais les gouvernements, en particulier celui des Etats-Unis, font tout ce qui est en leur pouvoir pour cacher ce fait à l'opinion publique (et parfois à eux-mêmes), car le reconnaître porterait un coup fatal aux relations internationales. Comment accuser par exemple le général Noriega, chef du gouvernement panaméen, de se livrer à des activités criminelles, tout en continuant à entretenir des relations diplomatiques normales avec son pays ?

Dans quelle mesure est-il normal, ou nécessaire, que le gouvernement des Etats-Unis, notamment par le biais de ses services de renseignements, entretienne des relations secrètes avec l'Empire clandestin, comme il le fait avec des Etats souverains, même lorsque ceux-ci envahissent des voisins pacifiques et torturent des dissidents ?

Dans bien des cas, les objectifs et les méthodes des officines de renseignements sont identiques à ceux des criminels de haut niveau. Les uns cherchent tout autant que les autres à accroître leur pouvoir par la corruption, le chantage et l'intimidation. Plus l'on s'élève dans la hiérarchie du crime, plus l'on rencontre d'agents de renseignements : l'univers créé par les groupements criminels internationaux constitue un milieu idéal pour les spécialistes de l'espionnage et du contre-espionnage. Non seulement ils le hantent, mais ils participent à son fonctionnement. Lorsqu'un officier de renseignements s'aperçoit que son contact le plus prometteur est le plus grand trafiquant de stupéfiants du monde, il jouera le jeu. Il fera tout pour garder cet atout exceptionnel, l'aidera à conserver son pouvoir s'il est menacé, et ira au besoin jusqu'à faire lui-même un petit peu de contrebande — qu'il s'agisse de stupéfiants, d'armes ou de sacs bourrés de dollars.

Le rôle de la CIA est d'assurer la sécurité de la nation, en faisant face aux menaces venues de l'extérieur. Le rôle des diverses forces de police est d'assurer la sécurité intérieure de la nation, en luttant contre la criminalité. Dans sa quête de renseignements et de moyens de pression, la CIA courtise fréquemment des personnalités que le Centac, lui, poursuit pour leurs crimes. La menace extérieure étant par principe considérée plus grave que la menace intérieure, la recherche du renseignement prend le pas sur les poursuites policières et judiciaires. Puissant et influent, le criminel de haut niveau ne sera donc pas inquiété : il continuera à fournir des renseignements au gouvernement des Etats-Unis — et de la drogue à ses citoyens.

Lorsque les revenus du crime dépassent dans d'énormes proportions ceux des industries traditionnelles, les gouvernements sont tentés de nationaliser le crime au lieu de le combattre. Dans certains cas, avant même qu'une nation ne puisse ainsi officialiser le crime, celui-ci « criminalise » la nation. En 1980, ce fut le cas en Bolivie.

Se frayant un chemin jusqu'aux niveaux les plus élevés de la politique, de la diplomatie et de l'administration, la criminalité internationale en arrive à exercer un pouvoir absolu, dominant jusqu'aux instances créées pour la combattre ; à ce stade sa nature criminelle n'est même plus reconnue.

Tant qu'elles ne menacent pas gravement les intérêts américains dans le monde, le gouvernement des Etats-Unis ne prendra aucune mesure énergique contre les associations criminelles internationales. Pour apaiser les électeurs qui n'apprécient pas d'être dévalisés, assassinés ou escroqués, et qui n'aiment guère que l'on vende des stupéfiants jusque dans les salles de classe, le Pentagone, le Congrès et les gouvernements actuels et à venir continueront à déclarer la guerre à la drogue. Cette guerre continuera à être une guerre civile, un secteur du gouvernement attaquant le trafic des stupéfiants dans la presse et au journal de sept heures, tandis que, dans l'ombre, un autre secteur autorise, voire favorise ce trafic.

Que pouvons-nous faire ? Comme me l'a dit un agent ami, « il en a toujours été ainsi ». Les premiers conspirateurs étaient deux humains et un reptile, et le premier article de contrebande était une pomme. Aujourd'hui, l'industrie internationale des stupéfiants affecte chacun d'entre nous dans la plupart des domaines de l'existence : les films que nous voyons et la musique que nous écoutons, la sécurité de nos maisons et de nos rues, la qualité de notre défense nationale, l'honnêteté de nos gouvernements, le comportement et l'avenir de nos enfants.

Il est inutile d'être un ennemi juré de la CIA pour être stupéfait et consterné, lorsque, en faisant le tour du monde pour observer de plus près les principales organisations de trafiquants, l'on voit presque partout les traces encore fraîches d'agents de renseignements américains. Ces traces sont peut-être légitimes, mais l'assurance avec laquelle de dignes hauts fonctionnaires en nient l'existence ne laisse pas d'être inquiétante.

Ces traces sont partout. L'élégant et aristocratique M. Lung — alias 02 — parle en riant des hélicoptères d'une unité thaïlandaise soutenue par la CIA, qui vont dans la montagne chercher la « marchandise » chez Chang-fu client de la CIA et le plus grand marchand d'opium du monde. Un collègue de Chan, le général et trafiquant d'héroïne chinois Li Wen-huan, est incontestablement protégé par la CIA. La CIA met arbitrairement fin à l'Opération Durian, mise sur pied par la DEA pour neutraliser Liou Chou-chouei, dont la femme est par ailleurs une cousine de Poonsiri Chanyasak, le « ministre de l'héroïne » du gouvernement communiste du Laos, et qui est lui-même, on le sait depuis peu, associé à un représentant des services de renseignements chinois. L'assassin Michael Decker, suspecté d'avoir des liens avec la CIA, décrit une brochure de la CIA consacrée à diverses armes, qu'il a trouvée dans les papiers personnels d'Alberto Sicilia-Falcon, gros trafiquant de marijuana, de cocaïne et d'héroïne, lui-même suspecté d'être employé par la CIA. Sicilia-Falcon et son influent ami le torero Gaston Santos participent à un trafic d'armes portugais sanctionné par la CIA. L'ami et conseiller du même Sicilia-Falcon, José Egozi (qui a bénéficié de stages de formation de la CIA), lui aussi impliqué dans le trafic d'armes portugais, dit une partie de ce qu'il sait à des agents du Centac ; on le retrouve pendu dans sa cellule de prison mexicaine. Sous la torture, Sicilia-Falcon aurait parlé d'opérations de la CIA liées à un trafic d'armes et de stupéfiants, destinées à déstabiliser certains pays d'Amérique latine. Arrêté une seconde fois après son évasion, risquant l'assassinat ou de nouvelles tortures, Sicilia est sauvé par un haut fonctionnaire mexicain que la CIA devait qualifier de « notre source la plus importante pour le Mexique et l'Amérique centrale ». Au Panama, la CIA s'oppose à une opération de recherche de renseignements de la DEA, et empêche une rencontre, à Washington, entre le dirigeant du Panama, notoirement mêlé au trafic des stupéfiants, et les directeurs de la DEA.

La CIA peut sans doute rétorquer qu'elle se salit au contact des grands trafiquants car c'est dans cet univers qu'elle trouve les dirigeants de pays qu'elle essaie de comprendre et d'influencer. Au cours de ces cinq années de recherches, j'ai acquis la conviction que de hauts fonctionnaires d'au moins trente-trois pays participent à un titre quelconque au trafic des stupéfiants. En voici la liste : Afghanistan, Argentine, Australie, Bahamas, Brésil, Belize (Honduras britannique), Birmanie, Bolivie, Bulgarie, Chili, Colombie, Costa Rica, Cuba, république Dominicaine, France, Haïti, Honduras, Italie, Japon, Kenya, Laos, Liban, Libye, Mexique, Nicaragua, Pakistan, Panama, Paraguay, Pérou, Taïwan (Formose), Thaïlande et Turquie, ainsi que les Etats-Unis. Sans oublier une multitude de paradis fiscaux et de refuges bancaires des Caraïbes, d'Asie ou d'Europe, et, pour finir, l'OLP et divers groupes révolutionnaires ou terroristes. Dans nombre de cas, la complicité de hauts fonctionnaires se situe à un niveau si élevé et est si généralisée qu'elle serait inconcevable sans la connivence, voire la participation active, du chef de l'Etat.

Puisque les Etats-Unis estiment nécessaire de composer, fût-ce en secret, avec de puissants criminels, dont certains font figure de dirigeants démocratiques de nations libres, il ne serait pas mauvais de savoir quel prix nous payons pour cela. Combien de renseignements et d'influence valent combien de morts causées par l'héroïne ? Combien d'overdoses de cocaïne ? Combien de collégiens abrutis par l' « herbe » ? Il serait également agréable que l'on cesse de nous promettre que le problème sera résolu après les prochaines élections, en engageant un millier d'agents et quelques dizaines de juges supplémentaires ou en construisant une douzaine de nouvelles prisons...

2

Les hôtesses de l'air passaient dans les travées pour vérifier si tous les passagers avaient mis leur ceinture. Au cours des cinq années écoulées, j'avais pu me faire une idée assez précise de la puissance de l'Empire clandestin ; j'avais également vu ce qu'une bureaucratie peut faire à un organisme aussi peu orthodoxe que le Centac.

Dennis avait raison : le FBI ne tolère pas ce qu'il n'a pas lui-même créé. Dans le cadre de la campagne anti-drogue du président Reagan, le FBI se vit confier la responsabilité de la lutte contre les stupéfiants — et proclama aussitôt que le Centac n'existait plus. L'arme la plus puissante jamais déployée contre l'industrie mondiale des stupéfiants, qui avait survécu aux attaques répétées de maints hauts responsables du maintien de l'ordre, et qui avait bénéficié du soutien du *General Accounting Office* du Congrès, fut détruite par le FBI.

Les diverses campagnes lancées par le Centac furent rebaptisées « *Special Enforcement Operations* » (opérations de police spéciales, SEO), et privées de toute direction centralisée. Un « SEO » visant des trafiquants d'héroïne dépendait de la section « héroïne » de la DEA ; s'il s'agissait de cocaïne, il relevait de la section « cocaïne », etc. Dans le cas d'organisations faisant le trafic de plusieurs stupéfiants, comme cela arrivait fréquemment — eh bien, il faudrait trouver une solution.

Au téléphone, j'avais dit à Dennis Dayle que le FBI allait sans doute proclamer qu'il avait si bien programmé et centralisé la lutte contre les stupéfiants que le Centac était devenu inutile.

— C'est exactement ce qu'ils vont dire, avait acquiescé Dennis.

— Et le FBI va ajouter : « La DEA tout entière fait maintenant ce que faisait le Centac. Nous unissons toutes nos forces contre les grandes organisations. »

— Sans doute, mais ils ne visent pas les associations criminelles en tant que telles ; ce qui leur importe, ce sont les résultats concrets.

— Les saisies de stupéfiants, en d'autres termes.

— Absolument. Ils visent des arrestations et des saisies, non les inculpations en chaîne pour association de malfaiteurs.

Presque quotidiennement, les journaux nous en apportaient la preuve. La guerre contre la drogue aboutissait à des arrestations, entourées de toute la publicité désirable, d'hommes qui, en définitive, n'étaient jamais que des trafiquants mineurs.

— C'est triste, dis-je.

— Oui, c'est vraiment dommage.

CHAPITRE DIX

1

Jusqu'où une force souterraine peut-elle continuer à croître avant de crever la surface ? Début 1985, je me trouvais à New York, m'apprêtant à prendre l'avion vers le sud en vue d'une ultime entrevue avec Dennis Dayle, lorsqu'une soudaine éruption de l'Empire clandestin déposa quelques cendres encore incandescentes sur la une des principaux journaux du monde, menaçant de révéler ce volcan souterrain fait de crime et de subversion. En l'espace de quelques semaines de violence et de mort, les noms de nombreux criminels, agents et pays que j'avais croisés au cours de mes recherches remontèrent momentanément à la surface.

Alliée à des groupes politico-terroristes bien connus, l'industrie internationale des stupéfiants avait passé à l'offensive, intensifiant hardiment ses attaques contre les fonctionnaires et organismes américains dans le monde entier. La guerre contre la drogue du gouvernement Reagan était peut-être factice, mais celle que menaient les trafiquants était bien réelle. Les médias s'emparèrent de certaines escarmouches et quelques victimes, mais le gros du combat put être dissimulé par le gouvernement américain, désireux de préserver ses relations avec certains pays étrangers.

Commençons par la victoire finale de Billy Mockler sur Gilberto Rodriguez, dit « le Joueur d'Echecs ».

En novembre 1984, six mois après la conférence de Panama, où les géants de l'industrie de la cocaïne avaient offert leur « reddition » au ministre de la Justice de Colombie, Mockler apprit que Rodriguez et son complice multimillionnaire Jorge Ochoa étaient sur le point d'acheter un ranch aux environs de Madrid. Mockler partit aussitôt pour l'Espagne, et prit contact avec la police ; quelques jours après, Rodriguez et Ochoa étaient arrêtés.

Il y avait toutefois un problème. Ce Rodriguez était-il *réellement* l'homme que Mockler et ses agents avaient filé en Floride avant de prendre d'assaut l'entrepôt bourré de cocaïne ? Les empreintes digitales de l'homme arrêté à Madrid correspondaient certes à celles de Gilberto Rodriguez, le magnat colombien de la cocaïne — mais personne ne possédait les empreintes de l'homme suivi par Mockler en Floride. Les photographies prises en Espagne et en Floride révélaient quelques différences troublantes : le teint et la coupe de cheveux n'étaient pas identiques.

Pour être absolument sûr qu'il s'agissait du même homme, il fallait que Mockler voie le prisonnier en chair et en os. Dans la salle d'observation d'un poste de police madrilène, il put observer discrètement, à travers une glace sans tain, un homme lourd et trapu, âgé d'environ quarante-cinq ans.

— C'est bien lui ! s'exclama Mockler en réprimant un sourire de satisfaction. Il n'y a pas l'ombre d'un doute.

Il ne restait plus qu'à extrader Gilberto Rodriguez aux Etats-Unis, où il pourrait être jugé pour des chefs d'inculpation qui ne devaient être rendus publics qu'à son arrivée à New York. Rodriguez ainsi que des dizaines de ses clients et associés allaient être jugés pour des « actes manifestes » commis depuis 1978 à New York, en Floride et à Hope

Hull, Alabama : conversations téléphoniques, rencontres, opérations à l'entrepôt d'Opa-Locka, achat du ranch « Bar-J », construction de la piste d'atterrissage... Le laborieux travail du Centac allait finalement porter ses fruits. Je demandai à Mockler ce qu'il ressentait en voyant enfin derrière les barreaux l'homme qu'il avait pourchassé cinq années durant.
— Ça fait du bien.
— Les brebis rentrent au bercail, hein ?
— Eh oui ! Une à une, elles reviennent.

Elles revenaient, sans doute, mais non sans se battre.
Huit mois avant que Mockler ne se rende en Espagne, les autorités colombiennes avaient découvert une gigantesque « usine à cocaïne » en pleine jungle, et saisi pour quelque deux milliards de dollars de matériel : hélicoptères militaires, avions, armes et véhicules divers, ainsi qu'un centre de communications. Elles découvrirent également des uniformes portant l'insigne du FARC (Forces armées révolutionnaires de Colombie), un groupe de guérilla communiste fort de 9 000 hommes. Le FARC, ainsi qu'un autre groupe communiste, le M-19, dont l'équipement fut également découvert dans l'usine, était au moins en partie armé par Cuba, pays avec lequel le président colombien Betancur avait suspendu les relations diplomatiques. Les deux groupes étaient de proches collaborateurs des trafiquants de cocaïne — protégeant leurs installations, produisant souvent leur propre coca, et utilisant un réseau d'échange armes-stupéfiants entre la Colombie, les Etats-Unis et Cuba. Tous deux reconnaissaient d'ailleurs publiquement qu'ils prélevaient un « impôt de guerre » sur le trafic de la coca.
Le président Betancur, depuis toujours inquiet de la menace que représentait pour la sécurité nationale une alliance entre les groupes de guérilla et les trafiquants de cocaïne, le devint bien plus encore lorsque les trafiquants assassinèrent son ministre de la Justice, Rodrigo Lara-Bonilla. Suite à ces deux événements — la découverte de l'arsenal et l'assassinat de Lara-Bonilla — Betancur annonça que les trafiquants seraient dorénavant extradés aux Etats-Unis. Sa sincérité fut toutefois mise en doute, car aucune des cent demandes d'extradition présentées par les Etats-Unis ne fut suivie d'effet.
Les magnats de la cocaïne colombienne réagirent en lançant, en collaboration avec leurs alliés du FARC et du M-19, des attaques contre les intérêts américains, et jurèrent de tuer cinq Américains chaque fois qu'un trafiquant serait extradé. Moins de deux semaines après l'arrestation de Gilberto Rodriguez et de Jorge Ochoa à

Madrid, une voiture chargée de dix kilos de dynamite explosa devant l'ambassade américaine de Bogota, tuant une personne et en blessant six.

Un mois et demi plus tard — trois jours après l'extradition aux Etats-Unis de trois trafiquants colombiens relativement mineurs — un attentat à la bombe fit quatre blessés, tous colombiens, dans un centre linguistique américain.

Selon une source sûre, les trafiquants de cocaïne auraient offert 300 000 dollars pour l'enlèvement d'un agent de la DEA. Trois Colombiens se seraient également rendus aux Etats-Unis dans l'intention de faire sauter les bureaux de la DEA. L'un de ceux-ci avait été inculpé à San Francisco pour une tentative d'assassinat contre Lowrey Leong (l'agent du Centac-24 dont la présence dans un restaurant avait éveillé les soupçons de Vichit Kitkeatlers).

L'attentat aurait été organisé par un parent de Jorge Ochoa et par Carlos Lehder. Ce dernier, qui participait avec Ochoa et Rodriguez à la « conférence au sommet » de Panama, était également impliqué dans l'affaire de corruption de fonctionnaires aux Bahamas, qui n'avait pu aboutir à cause du veto de l'ambassadeur des Etats-Unis.

Le même mois, trois trafiquants colombiens achetèrent à Barcelone 500 kilos de glycérine (un des principaux composants de la nitroglycérine et de la dynamite). L'un des hommes, surveillé par la DEA et la police espagnole, se rendit peu après à Madrid, où Rodriguez et Ochoa étaient incarcérés ; il téléphona à maintes reprises en Colombie, au Venezuela et au Liban. Selon des renseignements parvenus de La Haye, une équipe colombienne de huit hommes, disposant d'une importante quantité d'explosifs, se trouvait en Espagne dans l'intention de libérer Rodriguez et Ochoa en dynamitant l'enceinte de la prison.

Au début du mois suivant — février — une autre source signala qu'un trafiquant de cocaïne et un officier du FARC vivant au Panama achetaient des armes de gros calibre capables d'abattre des hélicoptères et des avions. Ils devaient se rendre à Cuba pour consulter le catalogue des armes lourdes que Castro proposait aux trafiquants de stupéfiants.

Divers services de renseignements continuaient à signaler des menaces pesant sur la DEA : quatre Brésiliens projetaient l'assassinat d'un agent de la DEA ; des Colombiens préparaient une attaque-suicide à la bombe contre le quartier général de la DEA à Washington ; une équipe de tueurs colombiens était arrivée à San José (Costa Rica), dans le but d'abattre des agents américains ; plusieurs groupes d'hommes de main colombiens s'apprêtaient à gagner les Etats-Unis, notamment Boston ; un pilote de Newark, New Jersey, s'était vu proposer d'amener clandestinement aux Etats-Unis un groupe de cinquante Colombiens ;

selon un rapport en provenance de Denver, quatre tueurs colombiens s'apprêtaient à partir de Meddelin pour Miami, afin d'attaquer des agents de la DEA.

Les hauts fonctionnaires ne se déplaçaient plus qu'accompagnés de gardes du corps. Les mesures de sécurité furent renforcées dans tous les bureaux de la DEA. Le *Secret Service*, chargé de la protection du président américain, fut lui aussi alerté.

L'attente commença.

2

Le jeudi 7 février 1985, Enrique Camarena, l'un des agents de la DEA les plus connus et les plus efficaces d'Amérique latine quitta le consulat des Etats-Unis à Guadalajara, Mexique, pour se rendre au restaurant où il devait déjeuner avec sa femme. Celle-ci l'attendit pendant plus d'une heure et demie, puis rentra chez elle. Supposant qu'il travaillait, elle ne signala sa disparition que le lendemain matin.

Des témoins racontèrent par la suite que des inconnus avaient forcé Camarena à monter dans une voiture garée près du consulat. Un autre homme, un pilote mexicain travaillant pour la DEA, avait également disparu. La DEA supposait que ces enlèvements étaient l'œuvre de Rafael Caro-Quintero et de Miguel Félix-Gallardo, importants trafiquants mexicains poursuivis par le bureau de la DEA de Guadalajara.

Les enquêteurs informés du Centac dirigé contre Sicilia-Falcon se souvinrent que, selon Michael Decker, 95 pour cent des fonctionnaires de Guadalajara étaient payés par Falcon (Decker m'avait même dit : « Je trouvais cela absolument stupéfiant... une *ville* entière à la solde d'un unique individu ! »).

Le lendemain du kidnapping, un informateur de San Diego signala à la DEA qu'un officier de renseignements mexicain savait depuis un certain temps qu'un trafiquant de Guadalajara avait l'intention d'assassiner un « défenseur de la loi ».

Le lendemain, qui était un samedi, l'on signala que Rafael Caro s'apprêtait à partir de l'aéroport de Guadalajara dans un avion à réaction privé. Des agents de la DEA et des policiers mexicains dirigés par le *comandante* Armando Pavón, chargé de l'enquête sur les enlèvements, se rendirent en toute hâte à l'aéroport.

Un spectacle surprenant les attendait. Un jet se préparait à décoller, entouré de dix hommes en civil armés de mitraillettes AK 47. A la surprise des agents américains, le *comandante* Pavón s'entretint amicalement avec le chef de ces hommes, puis contourna l'avion en sa compagnie. Les deux hommes réapparurent, se serrèrent la main et se donnèrent l'accolade. Plusieurs policiers de la force de Pavón allèrent ensuite saluer chaleureusement les gardes en civil.

Lorsque les agents de la DEA protestèrent, Pavón leur assura que tout était en règle. Les gardes armés, leur expliqua-t-il, étaient en fait des agents du DFS (unité secrète de la police mexicaine chargés de tâches de renseignement et de surveillance), « envoyés en mission par le ministre de l'Intérieur ».

Par la suite, un indicateur apprit à la DEA que l'homme auquel Pavón avait parlé n'était autre que Rafael Caro, le trafiquant qu'ils étaient venus arrêter. Derrière l'avion, Caro avait promis à Pavón une récompense de 300 000 dollars.

Lorsque des agents de la DEA fouillèrent l'appartement du second suspect, Miguel Félix-Gallardo, ils y trouvèrent une photo de Camarena prise dans le bureau du MFJP de Guadalajara.

Comme il paraissait de plus en plus probable que le gouvernement mexicain lui-même avait, à un titre ou à un autre, joué un rôle dans les enlèvements, la DEA prit des mesures sans précédent. Une liaison par satellite fut établie entre Guadalajara et Washington. Les services officiels américains du monde entier, dont beaucoup participaient à l'enquête, furent avisés par télégramme « qu'aucune ligne téléphonique mexicaine n'était sûre ».

La DEA était en guerre.

Le lendemain de l'enlèvement de Camarena, des bombes explosèrent dans les bureaux colombiens de l'Union Carbide, de Xerox et d'IBM (où un garde fut tué). Le rythme des menaces s'accéléra. Les deux semaines suivantes, des indicateurs rapportèrent que des hommes de main colombiens se trouvaient à Miami dans l'intention de kidnapper un agent de la DEA pour l'échanger contre des trafiquants qui pourraient être extradés. Selon une source de Lima, des trafiquants colombiens, péruviens et brésiliens devaient se réunir prochainement au Brésil afin de planifier leur action contre la DEA et les polices des stupéfiants latino-américaines. Un indicateur de Boston signala que des Colombiens « armés jusqu'aux dents » préparaient, à Rhode Island, des attaques contre la police de Boston. A La Nouvelle-Orléans, un Colombien disposant d'une vingtaine de kilos de plastic C-4 visait deux agents de la DEA. A Buenos Aires, des Colombiens et des Italiens préparaient également des attaques contre la DEA. Trois équipes de tueurs colombiens, chacune composée de cinq hommes, s'apprêtaient à quitter la Colombie pour plastiquer des services officiels américains à Miami et Washington. Dix tueurs colombiens se trouvaient au Massachusetts pour attaquer des agents de la DEA et des officiers de police bostoniens.

Selon d'autres rapports, le directeur général de la DEA devait être enlevé et emmené en Colombie si l'Espagne extradait Jorge Ochoa. Un informateur signalant que des terroristes colombiens étaient en route pour San Francisco, Los Angeles et Washington, précisa qu'il avait vu un plan de Washington sur lequel l'emplacement de deux bâtiments visés était indiqué. Le groupe de guérilla colombien M-19 était, selon une autre source, « fermement décidé » à kidnapper et à tuer des agents de la DEA et des diplomates américains dans divers pays. A Medellin (fief de Santiago Ocampo, cible du Centac-21), un indicateur de la DEA fut tué par balles ; une note épinglée à sa chemise proclamait : VOILA CE QUI ATTEND LES MOUCHARDS DE LA DEA.

Il était de plus en plus manifeste que les trafiquants colombiens, et non le président Betancur, menaient le jeu. Un indicateur avait entendu Carlos Lehder affirmer que ses amis du M-19 empêcheraient le gouvernement colombien d'agir contre lui (le président Betancur menait alors des « pourparlers de paix » avec des représentants du M-19). Lehder avait ajouté que, s'il se sentait menacé, il lancerait des hommes du M-19 contre le personnel américain d'une mine de charbon colombienne. Le même informateur s'était également entretenu avec des membres de la famille de Jorge Ochoa, lesquels avaient déclaré que si jamais les autorités colombiennes prenaient des mesures contre eux, ils exerceraient contre les Américains des représailles « sans discrimination ».

Une autre source bien placée affirmait que Carlos Lehder et la famille d'Ochoa étaient en désaccord — non sur l'éventualité de leur extradition, mais sur la meilleure façon de manipuler le gouvernement colombien. Ochoa préconisait de continuer à payer les hauts fonctionnaires pour prévenir des mesures d'extradition. Lehder, fort du soutien des guérilleros, voulait tout simplement cesser de payer et refuser toute négociation : la position d'un homme qui se sent vraiment sûr de soi.

Ed Heath, directeur du bureau mexicain de la DEA, qui m'avait présenté le *comandante* Ventura dans un bar de Mexico City, alla s'installer à Guadalajara pour prendre en main l'enquête américaine sur l'enlèvement de Camarena. Il fut momentanément aidé dans cette tâche par Ray McKinnon, l'ex-coordinateur du Centac-12 qui avait contribué à informer le sénateur Sam Nunn des exploits de Michael Decker, l'assassin à gages de Sicilia-Falcon.

Au QG de Washington, l'enquête était supervisée par Bill Coonce, l'agent qui, des années auparavant, avait prouvé qu'un rapport de la

DEA trouvé dans la serviette d'Alberto Sicilia-Falcon provenait d'un agent de La Nouvelle-Orléans, Joe Baca. Coonce était assisté par un autre vétéran du Centac temporairement affecté à l'affaire Camarena : Billy Mockler en personne.

Il apparut bientôt qu'un homme associé de longue date à Sicilia-Falcon et aux fournisseurs de celui-ci jouait un rôle central dans cette affaire — et que de hauts dignitaires du gouvernement mexicain étaient complices de l'enlèvement de Camarena.

Les cent kilos de cocaïne, dont la saisie à Mexico à l'époque de l'arrestation de Sicilia-Falcon avait permis de remonter jusqu'aux fournisseurs de celui-ci, avaient été préparés par le chimiste hondurien Juan Matta-Ballesteros (qui avait jadis fait part à John Allen de son intention de tuer le fils d'un colonel salvadorien). Par la suite, alors qu'il s'était enfui du Pérou après avoir tué un officier de la PIP, Alfonso Rivera avait passé quelque temps au ranch de Ballesteros au Honduras. Ballesteros était également soupçonné d'avoir aidé à financer un coup d'Etat avorté au Honduras. L'enquête sur Ballesteros avait incité Dennis Dayle à réactiver un indicateur costaricien mal noté.

Ballesteros, partenaire de Miguel Félix dans une organisation baptisée « le Tremplin mexicain », car elle acheminait la cocaïne colombienne vers les Etats-Unis, se trouvait à Guadalajara le jour de la disparition de Camarena ; il y aurait séjourné dans une maison gardée par des agents du DFS. Sa présence sur les lieux, son passé de violence — il était impliqué dans plusieurs assassinats — et ses liens avec le principal suspect Miguel Félix faisaient de Ballesteros lui-même un suspect.

Cinq jours après l'enlèvement, des agents de la DEA envoyés en Espagne avaient appris, grâce à une écoute téléphonique, l'adresse de l'appartement de Mexico City où Ballesteros s'était rendu après son départ de Guadalajara.

La DEA demanda aussitôt l'assistance de Manuel Ibarra, qui, en tant que commandant national des forces du MFJP, jouait au Mexique un rôle équivalent à celui du directeur du FBI aux Etats-Unis. Les conversations téléphoniques se poursuivaient entre le poste madrilène et l'appartement de Ballesteros à Mexico City. Les agents purent entendre Ballesteros dire à un associé que « les impôts ayant été payés, tout est en ordre ». Supposant qu'il parlait en code, les agents pensèrent que « impôts » signifiait « pots-de-vin ». Les faits ne tardèrent pas à leur donner raison.

Après avoir refusé sous divers prétextes, Ibarra finit par accepter de faire surveiller l'appartement de Ballesteros. Les agents de la DEA avaient devancé les hommes d'Ibarra. Au cours de la nuit, ils purent observer le départ de deux gardes postés aux abords de l'immeuble. Peu après, quatre hommes en sortirent et partirent dans une Ford blanche. Craignant que Ballesteros ne fût parmi eux, les agents de la DEA demandèrent à leurs collègues du MFJP d'entrer dans l'appartement. Ils refusèrent. Ibarra promit de s'en occuper personnellement... le lendemain matin.

Les agents de la DEA passèrent toute la nuit devant l'immeuble, ainsi que la journée du lendemain et la nuit suivante. Finalement, trois jours après leur arrivée, les hommes du MFJP se décidèrent à monter à l'appartement. Ils y trouvèrent une femme, qui reconnut que Ballesteros y était arrivé trois jours auparavant, venant de Guadalajara, mais était parti. Elle ignorait où il était allé.

Tandis que les agents attendaient devant l'immeuble de Ballesteros, un indicateur résidant à La Nouvelle-Orléans fit savoir qu'il se trouvait aux abords du consulat de Guadalajara lorsque Camarena avait été poussé dans une voiture ; il avait pu reconnaître l'un des kidnappeurs : un haut fonctionnaire du DFS nommé Tomas Morlett. Morlett, ajouta l'informateur, dirigeait un centre de tortures baptisé « la clinique ». Appréhendé, Morlett exhiba des certificats du DFS, dont il avait depuis peu démissionné, et se vanta d'avoir été chargé de protéger Henry Kissinger et le shah lorsqu'ils avaient visité le Mexique. Des officiers du MFJP s'entretinrent avec lui à voix basse, à bonne distance des agents de la DEA qui les avaient accompagnés, et s'excusèrent de l'avoir importuné. Morlett fut relâché le lendemain.

La source de Lima, qui avait signalé une prochaine réunion de trafiquants au Brésil, put apporter à ce sujet des précisions sensationnelles : il s'agissait en fait d'une conférence au sommet presque aussi importante que celle de Panama City. Des représentants des plus grands noms de l'industrie de la cocaïne s'étaient réunis à Tabatinga, centre de contrebande situé sur l'Amazone, près des frontières péruvienne et colombienne.

Alfonso Rivera avait envoyé un émissaire, de même que la famille Peredes, Carlos Lehder, les Ochoa (Jorge était toujours incarcéré à Madrid), Roberto Suarez (le principal trafiquant bolivien) et divers autres Colombiens, Mexicains et Péruviens, tous trafiquants majeurs.

Le principal sujet à l'ordre du jour fut le kidnapping. Les trafiquants décidèrent d'offrir une récompense de 300 000 dollars pour chaque agent de la DEA pris vivant. Torturés pour révéler en détail le fonctionnement de la DEA et l'identité d'indicateurs, ils seraient ensuite échangés contre des trafiquants emprisonnés.

Parmi les victimes potentielles de ces enlèvements, « Feldcamp » et

« Stuman » furent mentionnés. Robert Feldkamp était le principal porte-parole de la DEA à Washington, et Robert Stutman dirigeait le bureau de la DEA à Boston.

Les jours suivants, les enquêteurs américains trouvèrent d'autres pistes, mais dans tous les cas, le MFJP ne passa à l'action qu'après un long délai, voire pas du tout. Selon toute probabilité, les trafiquants avaient infiltré l'actuel gouvernement mexicain au moins au niveau de deux ministères, sinon plus haut. En tout état de cause, les ministères de la Justice (dont dépendait le MFJP) et celui de l'Intérieur (dont dépendait le DFS) semblaient faire tout leur possible pour que l'enquête n'aboutisse pas.

Peu après, un agent du MFJP fit des révélations explosives. Rencontrant dans le plus grand secret des agents de la DEA, cet officier de police mexicain leur dit que le MFJP avait lui-même kidnappé Camarena, sur l'ordre de Miguel Félix. L'enlèvement avait été perpétré au su de l'homme officiellement chargé de l'enquête : le directeur du MFJP, Manuel Ibarra, haut fonctionnaire dépendant directement du ministère de la Justice. Le policier mexicain ajouta qu'Ibarra était à la solde de Félix depuis son entrée en fonctions. Armando Pavón, le *comandante* du MFJP, qui avait permis à Rafael Caro de s'enfuir en avion, avait été affecté à l'enquête dans le but spécifique de la saper.

Compte tenu de la publicité croissante qui entourait l'affaire, et des plaintes mexicaines concernant la lenteur des contrôles policiers à la frontière américaine, l'ambassadeur des Etats-Unis fut rappelé à Washington « pour consultation ». L'*Attorney General* (ministre de la Justice) américain, William French Smith, fit part de son inquiétude à son homologue mexicain, Sergio Garcia-Ramirez. Le président Reagan envoya une note au président mexicain Miguel de la Madrid. Là-dessus, celui-ci téléphona à la Maison-Blanche. Au cours de l'entretien, qui dura une quinzaine de minutes, le président mexicain aurait assuré Reagan que la police mexicaine « faisait tout son possible » pour retrouver Camarena.

S'efforçant toujours de contenir ce qui risquait de devenir une grave crise de politique étrangère, le directeur général de la DEA déclara à la télévision qu'il « existait peut-être une certaine complicité de la part de policiers de grades peu élevés ». Pas un mot du rôle pour le moins douteux joué par le chef du MFJP.

A Mexico City, l'ambassadeur des Etats-Unis reconnut quant à lui que le Mexique connaissait « des problèmes de corruption au bas de la hiérarchie », ajoutant qu'il considérait le ministre de la Justice mexicain, Sergio Garcia (le patron de Manuel Ibarra), comme un homme « solide, honnête et droit ».

De son côté, l'attaché de presse du ministre de la Justice mexicain se contenta d'annoncer : « Au Mexique, il n'existe pas de grands trafiquants, et pas davantage de gangs. »

Tandis que l'affaire s'enlisait dans des considérations politiques et diplomatiques, neuf hommes périrent de mort violente. Quatre trouvèrent la mort au cours d'une fusillade qui éclata lorsque des policiers théoriquement chargés d'enquêter sur l'enlèvement de Camarena arrêtèrent leur voiture à proximité de Guadalajara. Cinq autres furent tués lorsqu'une unité du MFJP prit d'assaut un ranch qui, vérifications faites, n'avait rien à voir avec cette affaire.

Un mois moins deux jours après l'enlèvement d'Enrique Camarena, son corps (qui portait des traces de tortures) ainsi que celui du pilote kidnappé furent retrouvés, enveloppés dans des sacs en plastique, dans un champ, à quelque cent kilomètres à l'est de Guadalajara.

Trois jours après, un indicateur informa la DEA que Rafael Caro — à maintes reprises désigné comme étant le commanditaire de l'enlèvement de Camarena — se déplaçait « en toute liberté » au Mexique, « sans être aucunement inquiété par les autorités mexicaines ».

Après la découverte des corps, et compte tenu d'accusations de corruption de plus en plus précises, l'enquête fut confiée au *comandante* Florentino Ventura, l'homme qui avait arrêté Alberto Sicilia-Falcon.

Ventura fit d'emblée arrêter trois *comandantes* du MFJP, ainsi que neuf autres policiers et dix-huit civils. Quelques jours plus tard, un de ces policiers, un inspecteur de la brigade des homicides de Guadalajara, mourut sous la torture.

Six jours après la découverte du corps de Camarena, le secrétaire d'Etat américain George Schulz reçut pour un long « déjeuner de travail » le ministre des Affaires étrangères mexicain, Bernardo Sepulveda. Un porte-parole américain déclara aux journalistes que l'assassinat de Camarena « n'avait pas nui aux relations américano-mexicaines ». Un haut fonctionnaire mexicain annonça de son côté que les deux ministres des Affaires étrangères avaient conclu qu' « une affaire policière ne doit pas devenir un problème de politique étrangère ».

Le jour même où les deux ministres s'efforçaient de cacher l'aspect politique de l'affaire, un indicateur mexicain de la DEA révéla qu'un cousin de Rafael Caro lui avait dit que, lorsque Manuel Ibarra, directeur du MFJP, avait appris que Matta-Ballesteros était suspecté, il s'était rendu en personne à l'appartement de ce dernier à Mexico City et l'avait escorté jusqu'à un avion qui l'avait emmené à l'étranger.

Une semaine après ces événements, Ed Heath télégraphia à Washington que le *comandante* du MF JP à Guadalajara, qui recevait ses ordres d'Ibarra, « ne faisait pas grand-chose et en disait encore moins... Depuis plusieurs jours, il n'y a pratiquement eu aucune activité à Guadalajara ; il semblerait que les opérations approchent de leur fin ».

Le même jour, la DEA de Chicago fut informée qu'un armurier de Boston qui avait pour clients réguliers des trafiquants colombiens — auxquels il fournissait des balles enduites de Téflon à tête creuse emplie de mercure — avait reçu la visite d'une équipe de tueurs colombiens venus à Boston dans le but d'abattre un fonctionnaire de la DEA.

La semaine suivante, le directeur du MFJP, Manuel Ibarra, refusa d'inculper Armando Pavón, le *comandante* qui avait permis à Rafael Caro de s'enfuir. Ibarra déclara qu'il allait révoquer Pavón, mais n'avait pas suffisamment de preuves pour engager des poursuites. Ibarra révoqua également — mais libéra de prison — deux autres *comandantes* impliqués dans le meurtre de Camarena.

Un mois après la découverte du corps de Camarena, des agents américains retrouvèrent Caro au Costa Rica. A six heures du matin, l'assaut fut donné à une villa isolée, située dans une plantation de caféiers. Caro fut arrêté, en compagnie de quatre gardes du corps fortement armés et de la nièce, âgée de dix-sept ans, du président de la section de Mexico City du *Partido Revolucionario Institucional,* le parti au pouvoir au Mexique. Caro portait sur lui un colt marqué du sigle DFS. Un de ses gardes du corps avait un fusil automatique portant, lui, l'insigne de la Garde Nationale du Nicaragua.

Le *comandante* Ventura se rendit immédiatement à San José, et ramena Caro au Mexique le lendemain de sa capture. Pendant le week-end, sans doute grâce aux méthodes d'interrogation qu'il avait déjà infligées à Sicilia-Falcon, Ventura put obtenir de Caro des aveux au moins partiels. Caro décrivit en détail ses activités de trafiquant, parla des pots-de-vin qu'il versait régulièrement, et reconnut qu'il avait payé 70 millions de pesos (environ 300 000 dollars) au *comandante* Pavón à l'aéroport de Guadalajara. Il nia par contre avoir joué un rôle quelconque dans l'enlèvement de Camarena. Par la suite, il réitéra ces dénégations en présence d'agents de la DEA.

Pavón fut convoqué à la Procuraduria, interrogé, et incarcéré. Lorsque les autorités furent de surcroît en possession du chèque donné par Caro à Pavón, elles se décidèrent enfin à l'accuser d'avoir aidé Caro à s'enfuir.

Quatre jours après l'arrestation de Caro, Ernesto Fonseca, autre gros trafiquant recherché pour cette affaire, fut arrêté en compagnie de vingt-trois autres personnes (en majorité des agents du MFJP et du DFS) à Puerta Vallarta. Fonseca reconnut qu'il était un trafiquant de drogue, payait des pots-de-vin à des fonctionnaires et avait participé à la préparation de l'enlèvement de Camarena. Il affirma cependant n'avoir joué aucun rôle dans le meurtre de celui-ci. Caro et Fonseca mettaient tous deux le crime sur le dos de Miguel Félix, qui courait toujours.

Le gouvernement mexicain envoya cent cinquante soldats à la recherche de Miguel Félix. Une source proche du ministère mexicain de la Justice (peut-être Ventura?) confia à Ed Heath qu'à son avis, les soldats avaient reçu l'ordre, non seulement de trouver Félix, mais de le tuer. Dans un rapport envoyé à Washington, Heath écrit que Félix « est un trafiquant si fabuleusement riche et puissant qu'il a pu acheter un tel nombre de très hauts fonctionnaires, y compris au ministère de la Justice et au MFJP, que, si jamais il révélait leur identité, cela créerait un scandale sans précédent pour le gouvernement mexicain ».

Par conséquent, il fallait le supprimer.

Pendant que les Mexicains cherchaient Miguel Félix, la DEA se lançait à la poursuite de Juan Matta-Ballesteros. Mettant bout à bout des renseignements fournis par des agents en poste à Guadalajara, Mexico City, Bogotá, Guatemala, Madrid, New York et Los Angeles, la DEA finit par dénicher Ballesteros à Cartagena, en Colombie. Il fut arrêté, et une procédure d'extradition fut entamée. Jusqu'alors, seuls quatre trafiquants mineurs avaient été extradés par la Colombie vers les Etats-Unis. Si Matta-Ballesteros était extradé, cela annoncerait un changement fondamental de l'attitude du gouvernement colombien.

Bill Coonce, qui dirigeait à Washington l'équipe chargée de coordonner l'enquête sur l'affaire Camarena, ne pouvait s'empêcher de repenser à l'affaire Sicilia-Falcon ; il avait une impression de déjà vu :

— Il existe des parallèles fort intéressants. Les principaux trafiquants disposent d'appuis au plus haut niveau du gouvernement mexicain — à tel point qu'ils peuvent précipiter la chute de ce gouvernement. Ce sont les trafiquants qui contrôlent le gouvernement, et non l'inverse.

Je lui demandai s'il croyait réellement que c'était le cas.

— Cela ne fait *aucun* doute. C'est bien pourquoi les trafiquants se sentaient si sûrs d'eux que, négligeant toute prudence, ils allèrent aussi loin. Une autre théorie veut que le gouvernement mexicain était *à l'origine* de cette opération. Ventura part de l'hypothèse que le kidnapping et l'assassinat de Camarena ont été dirigés ou ordonnés par le gouvernement mexicain.

Je demandai à Coonce s'il existait une quelconque preuve de

l'éventuelle implication du président Miguel de la Madrid, qui avait succédé à José López-Portillo en 1982.

— Pour le moment, nous n'avons rien à ce niveau. A l'échelon immédiatement inférieur, il y a toutefois le ministère de la Justice. Nous savons qu'ils ont consacré plusieurs réunions au problème des fuites ; le fait que les Américains soient si bien informés de ces histoires de corruption les inquiète énormément. Vous savez, le dernier grand coup que nous avons frappé au Mexique était l'arrestation de Sicilia-Falcon. Et il n'était pas mexicain, mais cubain. Depuis, les trafiquants ont repris du poil de la bête. La corruption se calcule par *milliards* de dollars. Des villes entières ont été construites avec l'argent de la corruption et de la drogue.

Il me revint à l'esprit que, quelques mois avant le meurtre de Camarena, Pat Gregory avait fait observer : « Nous avons identifié les trafiquants de cocaïne colombiens dès 1975 ; ils sont toujours là. »

Coonce confirma que les organisations de trafiquants n'avaient pas changé depuis la chute de Falcon, et que les trafiquants continuaient à être protégés par les mêmes hauts fonctionnaires. Pourtant, aucun policier ou fonctionnaire d'un grade plus élevé que le *comandante* Pavón n'avait été arrêté. Manuel Ibarra était toujours à la tête du MFJP.

— Si les Mexicains vous avaient dit, ou si vous aviez découvert toute la vérité concernant l'assassinat de Camarena, que serait devenu le gouvernement mexicain ?

— Je suppose qu'il serait tombé. Jusqu'à présent, les Mexicains n'ont fait que sacrifier quelques hommes dans le but de protéger les autres.

Des hommes comme Rafael Caro ou Ernesto Fonseca, qui ne disaient pas tout ce qu'ils savaient — tant au sujet du crime lui-même qu'au sujet de ceux qui l'avaient ordonné.

— Les histoires qu'on peut nous raconter..., reprit Coonce. Le meurtre ne s'est pas passé comme on le prétend. Nous possédons des preuves concrètes du contraire. Nous ignorons toujours qui l'a tabassé, qui l'a tué, qui a ordonné de jeter son corps dans un champ. Ces questions ne sont même pas posées. Nous n'obtiendrons rien de plus à moins d'exercer des pressions sur les Mexicains. C'est un test pour notre gouvernement : nous verrons s'il a la volonté de tirer l'affaire au clair. Tant que les autorités mexicaines, au plus haut niveau, ne feront pas le nécessaire, nous sommes impuissants.

Les « autorités mexicaines au plus haut niveau », cela signifiait, non pas le ministre de la Justice, ni même le président — mais le *Partido Revolucionario Institucional*, qui gouvernait le Mexique depuis cinquante-sept ans, lui avait donné tous ses présidents, tous ses gouverneurs de provinces, la plupart des maires de ses villes, et toutes ses majorités parlementaires. Au fil de ce demi-siècle, l'infiltration du gouvernement par les milieux criminels n'avait cessé de croître. Le Centac-12 avait mis à jour des preuves incriminant le président Luis Echeverria ; son successeur José López-Portillo, vivant aujourd'hui à Paris et New York, aurait selon des sources sûres amassé des centaines de millions de dollars de bénéfices issus d'activités criminelles.

Le PRI, désireux de cacher l'étendue de la corruption, avait trouvé à Washington un allié compréhensif. Alors que Miguel Nassar-Haro — le chef de la DFS qui, selon Sicilia-Falcon, l'avait sauvé de Ventura après son évasion de Lecumberri — allait être inculpé aux Etats-Unis en tant que dirigeant d'un réseau international de voitures volées, la CIA était intervenue. Expliquant confidentiellement au ministère de la Justice que Nassar était « sa principale source de renseignements pour le Mexique et l'Amérique centrale », la CIA demanda que l'inculpation fût levée ; le ministère s'inclina. Lorsqu'un procureur indigné confirma les faits à un journaliste, il fut mis à pied par le ministère. Dans le scandale qui s'ensuivit, Nassar n'en fut pas moins inculpé (le ministère de la Justice estimant que sa valeur en tant qu'informateur de la CIA avait été compromise) ; libéré sous caution, il prit la fuite.

Le directeur du DFS en poste pendant l'affaire Camarena était lui-même candidat du PRI aux élections parlementaires. Lorsque la corruption de dizaines d'agents du DFS fut révélée, et que ses propres liens avec des trafiquants risquèrent d'être dévoilés, le chef de la DFS abandonna sa candidature et s'enfuit à Madrid. Auparavant, il s'était rendu à Los Angeles pour s'entretenir avec un autre fonctionnaire corrompu issu du PRI, Arturo Durazo-Moreno, chef de la police de Mexico City sous la présidence de López-Portillo (par ailleurs en attente d'extradition vers le Mexique où il était recherché pour fraude fiscale — mais il attendait depuis si longtemps qu'il paraissait douteux que le Mexique voulût réellement de lui). Durazo avait presque certainement touché des pots-de-vin de la part de Sicilia-Falcon, de même que le *comandante* Pancho Sahagún-Baca ; tous deux étaient soupçonnés d'avoir tué en prison quatorze trafiquants de drogue et cambrioleurs de banques colombiens.

A certains égards, l'enlèvement et l'assassinat de Camarena n'étaient pas sans rappeler l'affaire Joyce Powers. La victime n'était sans doute pas la femme d'un agent, mais un agent, et les faits s'étaient déroulés au Mexique et non en Thaïlande ; dans les deux cas, pourtant, le gouvernement concerné était impliqué, les agents américains s'efforçaient désespérément de découvrir la vérité, et tout était fait pour cacher les véritables coupables et leurs complices haut placés.

Peu importait le lieu : le même scénario aurait pu se dérouler dans n'importe quel pays dominé par des trafiquants de stupéfiants. Et, dans tous les cas, la réaction américaine serait à peu près identique : proclamations indignées à la une des journaux et à la télévision, manœuvres diplomatiques en coulisses, et pour finir, déclarations apaisantes et volonté de ne pas transformer « une affaire policière » en un « problème de politique internationale ».

Les cendres incandescentes soulevées par l'assassinat de Camarena finirent par retomber. L'Empire clandestin avait démontré de façon plus convaincante que jamais qu'il était capable de s'attaquer à un adversaire aussi puissant que les Etats-Unis, et de sortir de l'affrontement pratiquement indemne.

CHAPITRE ONZE

1

Dennis est installé dans son living, à quelques pas de la piscine et du jardin plein de palmiers, d'orangers et de citronniers. L'océan n'est qu'à douze kilomètres. Samantha, la rottweiler, est couchée à ses pieds. Bien des choses ont changé. Dennis a troqué les Martini avec olives contre un scotch de temps à autre. Il est bronzé, et a minci. Ses vêtements sont plus élégants. Il s'accorde bien plus d'argent de poche que par le passé. Son apparence, sa façon de parler, son comportement montrent qu'il est un homme heureux.

— Je ne pensais jamais à moi, me confie-t-il. Maintenant, tout me fait plaisir : m'acheter une paire de mocassins ou une cravate, même me lever le matin et prendre une tasse de café.

La raison de sa joie de vivre, c'est la grande et blonde Pat, qui est assise à ses côtés sur le sofa, et lui sert des hors-d'œuvre. Dick Mangan m'avait dit que Dennis rêvait d'une compagne capable de rivaliser, du moins en imagination, avec la femme de James Bond. Dennis a réalisé son rêve.

— Je suis tout simplement heureux d'être ce que je suis, et d'être où je suis, conclut-il.

Pat s'excuse et nous laisse en tête à tête. Nous parlons du Centac, des trompeuses « guerres contre la drogue »; nous pensons l'un comme l'autre qu'il est peu probable que le gouvernement américain prenne jamais des mesures vraiment efficaces contre le commerce international des stupéfiants. Je lui rappelle que dans certains pays, notamment en Colombie, le trafic des stupéfiants bénéficie du soutien du gouvernement — ce qui fait du gouvernement lui-même un trafiquant.

— Certes. Cela fait également du gouvernement un membre d'une conspiration, d'une association de malfaiteurs. Et cette conspiration s'étend plus loin que vous ne le pensez.

— Jusqu'où, selon vous ?

— Sans la connivence, sans l'accord au moins tacite des Etats-Unis, de tels faits ne pourraient pas exister, du moins pas à cette échelle.

— En d'autres termes, le gouvernement américain fait partie de la conspiration ?

— Exactement.

C'est le grand et unique « super-Centac » englobant tous les autres, dont Dennis m'avait parlé il y a déjà des années. Sur le moment, cela m'avait semblé excessif, mais je comprenais maintenant que cela recélait une vérité fondamentale : sans la complaisance des Etats-Unis, l'Empire clandestin ne pourrait survivre.

— Je voudrais ajouter ceci, dit Dennis après avoir bu une gorgée de whisky. Les Etats-Unis, sur une base internationale, notamment en Colombie, mais également dans d'autres pays, adoptent constamment la même attitude... (Dennis regarde, songeur, son verre de scotch et se reprend :) adoptent une attitude passive dans la lutte contre les stupéfiants, de crainte qu'un gouvernement étranger ne leur dise : « Ne faites pas d'histoires et laissez-nous tranquilles, autrement, nous allons nous allier aux communistes. »

Notre ambassadeur aux Bahamas avait opposé son veto à une enquête sur la corruption du gouvernement de ce pays, de crainte de perdre une base de sous-marins. Dans combien d'autres pays des événements similaires se sont-ils produits ?

— Croyez-vous réellement, poursuit Dennis sans répondre directement à ma question, que des fonctionnaires à ce point corrompus et enrichis renonceraient à tout cela en ouvrant la porte aux communistes ? Pour moi, il est absolument évident que nous devrions adopter une attitude extrêmement ferme, leur dire carrément : « Vous avez dix secondes pour vous décider... » Mais le gouvernement américain agit à l'encontre du bon sens : il cède aux exigences des trafiquants de crainte de perdre des choses que nous ne perdrons jamais, quoi qu'il arrive.

— Des bases, par exemple.

— Des bases, oui, et je ne sais quoi encore. Ces gouvernements exercent souvent un chantage du type : « Vous voulez exercer des pressions sur nous ? Avec tous les intérêts que vous avez dans notre pays ? » Et nous n'avons pas le cran ou l'intégrité de rétorquer : « Vous tenez *vraiment* à ce que ces bases deviennent russes ou cubaines ? Prenez garde à ne pas miser sur le mauvais cheval. » On peut toujours signer un tas de traités, mais, si cela ne suffit pas pour obtenir des résultats — et que l'on tient vraiment à obtenir ces résultats — il est temps d'envisager d'autres mesures. Aucune personne rationnelle et responsable ne peut admettre que le gouvernement d'un pays aussi puissant que les Etats-Unis soit incapable de faire entendre raison à la quasi-totalité des nations impliquées dans le trafic des stupéfiants. Il faut leur dire — pas leur demander, leur *dire* : « Cessez immédiatement ces conneries. Dernier délai, ce soir minuit. Fini, la rigolade. Terminé. » Croyez-vous un seul instant que les gouvernements de pays comme la Colombie, le Mexique, le Panama et la Thaïlande céderaient volontairement le pouvoir aux communistes ? Que feraient tous ces fonctionnaires sans leur argent ? Il faut une approche capitaliste pour produire d'énormes quantités d'argent — et pas seulement dans la branche des stupéfiants.

— Une suggestion qui ne manque pas d'intérêt : « Le gouvernement américain, principal membre de la conspiration mondiale des trafiquants de drogue. »

— Il serait difficile de prouver qu'il y a réellement eu intention de nuire. Le problème ne s'en situe pas moins au niveau des gouvernements. Je vous ai déjà dit, je crois, que le problème des stupéfiants est un problème d'hommes, non de sol ou de cultures, de pavot ou de coca. Le gouvernement Nixon a réussi à stopper complètement les importations d'héroïne en provenance de Turquie, car il a fait porter ses efforts sur des hommes, à savoir sur les membres du gouvernement turc, et non sur les champs de pavots.

Je lui dis que, selon Bill Coonce, le gouvernement mexicain serait tombé si tous les faits concernant l'affaire Camarena avaient été révélés :

— Tout le monde ne le sait sans doute pas, mais il est connu depuis de longues années que le gouvernement mexicain est entièrement dominé par des criminels, d'accord ?

— D'accord.

— Et le Mexique n'est certainement pas le seul pays impliqué dans le trafic des stupéfiants qui soit dans ce cas. Dans quelle position cela met-il les Etats-Unis ?

— Il est possible de faire face à une telle situation. Encore faut-il en prendre conscience. Il faut que notre pays, que notre gouvernement, cesse de se cacher, que ce pays, le Mexique, est dirigé par des éléments criminels, par de vulgaires bandits. Nous ne saurons jamais quels calculs ont précédé la décision de poursuivre et de juger — s'ils les jugent vraiment — les assassins d'Enrique Camarena. Les Mexicains ont sans doute décidé d'accepter la perte à court terme que constituait l'arrestation de Rafael Caro et d'Ernesto Fonseca, parce qu'à long terme, l'opération leur bénéficiait. Déjà, les pressions auxquelles ils étaient soumis ont diminué. Il est probable que les bandits qui dominent le gouvernement mexicain ont décidé de sacrifier ces deux hommes pour en protéger d'autres.

— Imaginez que l'on fasse la déclaration suivante au peuple américain : « Des organisations criminelles extraordinairement puissantes contrôlent de nombreux pays, et jusqu'à un certain point le monde entier ainsi que nos vies. Votre propre gouvernement les soutient dans une certaine mesure, et vous cache les faits. » Qu'en pensez-vous ?

— Je *sais* que c'est vrai. Il ne s'agit pas d'hypothèses. L'expérience acquise pendant la majeure partie de ma vie d'adulte me dit qu'il en est ainsi. Les preuves convaincantes ne manquent d'ailleurs pas. Et je pense qu'une action efficace est possible. Le trafic des stupéfiants peut en grande partie être supprimé en neutralisant les quelques grands cartels qui le contrôlent. Cela exige des décisions mûrement réfléchies, conformes aux faits et non basées sur la propagande ; ces décisions doivent être prises à tous les niveaux de la communauté, afin de mettre fin à une situation globale devenue intolérable. Une communauté quelle qu'elle soit — municipale, nationale, mondiale — n'a jamais que l'activité criminelle qu'elle accepte de tolérer.

« Il faut que chacun choisisse son camp, comme pendant la Seconde Guerre mondiale. L'on s'engageait totalement, que ce soit pour les alliés ou pour l'Axe. L'un des camps allait être le vainqueur, et l'autre, le vaincu. Il n'y aurait pas de demi-mesures. Il faut contraindre les pays dominés par la drogue à faire leur choix — en leur montrant bien la frontière qui les sépare des pays que les trafiquants ne contrôlent pas. A présent, cette frontière n'est pas très claire, l'on ne sait trop quel est le statut de ces pays criminels. D'un côté, nous leur donnons l'accolade et les aidons, de l'autre, nous les critiquons pour leur participation au trafic de la drogue. Je trouve cela stupide. Il faut clairement identifier l'ennemi, être déterminé à faire ce qui doit et *peut* être fait, et passer à l'action. Il s'agit de remporter une victoire indiscutable sur un ennemi nettement désigné comme tel.

Me demandant ce que ferait la CIA si un tel ultimatum était présenté aux pays dirigés par des criminels, je mentionne la Thaïlande, qui sacrifiait des soldats en attaquant les forces de Chang Chi-fu, alors qu'en fait, Chang « dormait dans le même lit que la CIA ».

— Exactement. Il est d'ailleurs fort probable que la CIA s'est engagée dans des opérations fort aventureuses, allant jusqu'à « encourager » des gens à devenir des trafiquants. Prenez l'exemple du gouvernement mexicain, dirigé par des bandits. Comment y pénétrer, comment exercer une influence sur lui ? La solution en apparence la plus facile, c'est de trouver, voire de créer de toutes pièces, un bandit. Notre bandit. C'est ce que fait la CIA. Personnellement, je trouve cela... grotesque.

Cela me fit penser au directeur du DFS, Miguel Nassar, protecteur de gros dealers et chef d'un gang international de voleurs d'automobiles. Le bandit maison de la CIA.

Nous parlons ensuite de la destruction du Centac par le FBI.

— Concrètement, qu'a fait le FBI ?

— Il a lancé un Centac contre le Centac.

— Un groupe d'agents du FBI se serait réuni autour d'une table pour trouver le meilleur moyen d'éliminer le Centac ?

— Au plus haut niveau de l'administration. Le Centac remportait de nombreux succès et bénéficiait d'importants soutiens. Mais le FBI décida que le Centac était d'une part très efficace, et que, d'autre part, ce n'était pas un concept correspondant aux critères du FBI. Par conséquent, il fallait le supprimer.

— Pourquoi le FBI, qui est après tout chargé de faire respecter la loi, voudrait-il détruire un organisme tellement efficace dans ce domaine ?

— Parce qu'il ne portait pas la marque du FBI.

— Etait-ce important au point de se priver...

— C'était plus important que tout. La philosophie du FBI a toujours été : si nous n'y avons pas pensé, cela ne valait pas la peine d'y penser, et si nous ne l'avons pas inventé, cela ne peut pas marcher.

Nous parlons ensuite de ces fameux « SEO », ces opérations censées remplacer les Centacs. Quelques semaines auparavant, j'avais demandé à un agent combien de SEO étaient opérationnels à ce moment (il n'existait jamais plus de cinq ou six Centacs simultanément) ; il m'avait répondu, quatre cent cinquante-six. Je repensai aussitôt aux pyramides dessinées par Dennis, pour expliquer à un agent nommé Ken pourquoi il fallait moins de Centacs, et non pas davantage.

— J'ai quitté le Centac, reprit Dennis, parce que je ne voulais pas participer à son démantèlement. Je préfère aller me battre ailleurs, et rester fidèle à mes principes. Le FBI fait manifestement ce qu'il juge nécessaire. Comme je ne pense pas que ce soit réellement nécessaire, pourquoi le ferais-je ? Comment pourrais-je rester fidèle à mes principes tout en affectant de croire en l'efficacité d'une méthode qui prévoit 456 opérations spéciales, comme si cela allait venir à bout du trafic des stupéfiants ? Quelle stupidité !

— Qui plus est, les SEO relèvent de différents services, ou bureaux, sans direction centralisée.

— Eh oui, me dit Dennis, il n'y a donc pas de Dennis Dayle, qui calculait mûrement tous ses coups, disant telle chose à une personne, mais pas tout, et le reste à une autre. Une stratégie soigneusement orchestrée, et en fin de compte, le message passait. Non seulement auprès des hommes du Centac, mais auprès du grand public. Car je suis un de ces idiots qui croient en des valeurs supérieures, et pensent qu'ils ont une obligation à l'égard du public.

J'avais entendu dire que les SEO étaient avant tout des canaux financiers, des moyens administratifs d'obtenir l'argent nécessaire à certaines opérations.

— L'argent est un élément nécessaire, certes, mais l'élément humain est bien plus important encore. L'initiative, le dynamisme, le dévouement, voilà ce qui compte. Ce sont des qualités humaines, alors que le FBI est un organisme totalement déshumanisé. Il n'a jamais tenu compte des individus, de ce qu'ils pensent ou ressentent. Je savais parfaitement qu'en disant ou en faisant certaines choses, j'allais blesser un agent ou un contact. Je le faisais néanmoins, car c'était nécessaire pour des raisons opérationnelles ou autres. Mon travail, c'était d'être efficace, et la seule façon d'y parvenir, c'était d'attaquer de front, non le problème de la drogue, mais le problème des hommes. Cette lutte opposait des hommes à d'autres hommes. Et le guerrier le mieux préparé remportait la victoire.

Dennis s'interrompt un moment, se penchant de côté pour caresser la tête du rottweiler.

— Au Centac, j'étais le grand manitou de la chasse à l'éléphant. Nous avons d'abord observé les mœurs de l'ennemi — l'éléphant mâle d'Afrique —, puis avons mis au point une technique de chasse efficace. Au début, c'était une expérience, puis c'est devenu une aventure, et pour finir, cela devint le moyen reconnu de chasser l'éléphant d'Afrique. Nous avions prouvé que le safari-Centac était la seule technique de chasse efficace pour ce gibier. Malgré de nombreux conflits — méthodologiques, conceptuels, politiques, philosophiques même — nous en avons abattu ou capturé un bon nombre. Et si nous avions obtenu *toutes* les ressources que j'estimais nécessaires, l'éléphant d'Afrique serait une espèce en voie d'extinction.

Dennis grignote quelques hors-d'œuvre, boit une gorgée de whisky, puis change de métaphore :

— J'ai toujours considéré le Centac comme un superbe Stradivarius.

A un détail près. Le Centac est un instrument plus novateur que le violon : lorsque l'instrument qu'était le Centac jouait un thème, c'était presque toujours une première mondiale. En réalité, je suis amoureux du Centac. Le Centac continue à procurer de grandes satisfactions personnelles et professionnelles à quiconque en fait partie.

Continue à procurer ? L'utilisation du présent me surprend.

— Mais le Centac est mort ?

— Je n'en suis pas certain. Le Centac est avant tout un concept. Un moyen de combattre de gigantesques organisations criminelles. Ce concept ne peut être détruit, il existera toujours. Je suis *certain* que le Centac renaîtra un jour, même si c'est sous un autre nom. Parce que c'est un concept solide qui a fait ses preuves. Il faudrait davantage que le FBI pour tuer le Centac. Le Centac n'est pas mort. Il a seulement été anesthésié. Le Centac est un géant assoupi.

2

J'ai un avion à prendre. Dennis me conduit à l'aéroport, une cassette de Verdi dans le lecteur stéréo, un pistolet fixé à la cheville. Il semble heureux. Dennis Dayle sera toujours un homme heureux. Dick Mangan m'avait dit : *Il agit en tout comme un romantique, comme s'il vivait un rêve : quoi qu'il fasse, il en est heureux, et ne regrette jamais les choix qu'il a faits.*

Dennis puisait son optimisme dans un inépuisable réservoir d'énergie — d'une énergie faite d'idéalisme et de romantisme. Le Centac, non pas mort mais seulement anesthésié, allait soudain renaître, aussi fort et indépendant que jamais. Je suis certain que Dennis s'imaginait qu'un jour, il allait redevenir le chef du Centac, et reprendre le combat contre tous les Donald Steinberg, Sicilia-Falcon et Liou Chou-chouei du monde.

Depuis notre dernière entrevue, Dennis Dayle avait un autre travail, important, certes, mais moins exceptionnel que le Centac, qui seul lui permettait d'approcher l'épicentre de la grande criminalité internationale. Je ne pouvais m'empêcher de me demander ce qu'il serait devenu s'il n'avait pas abandonné le violon. Professeur de musique à Milwaukee, peut-être ? Non, je doute qu'il se fût contenté d'un rôle aussi anonyme. Et vivrait-il encore avec Lee ?

Dennis se voyait toujours dans le rôle du vainqueur, et dans un sens, c'était vrai. A Tucson, alors qu'il préparait le Centac contre Liou Chou-chouei, il m'avait dit : « Tout ce que je demande, c'est de gagner une partie puis une autre, puis le grand championnat — et de mourir avec le sourire. »

Depuis son arrivée au Centac, il avait été l'entraîneur et le chef d'équipe de treize championnats, et avait remporté douze victoires (il avait abandonné la partie contre Liou Chou-chouei à la mi-temps). Aujourd'hui, il mettait sur pied une nouvelle équipe, et l'avenir lui réservait peut-être d'autres victoires. Il avait une nouvelle femme, un bonheur tout neuf, et toujours autant d'optimisme et de foi en l'avenir. Il croyait que le Centac renaîtrait de ses cendres, que le monde s'éveillerait à la vérité, et que les jours de l'Empire clandestin étaient comptés.

Peut-être.

Après avoir pris congé de Dennis à l'aéroport, je l'imaginai regagner sa piscine et sa maison, retrouver sa rottweiler et la femme de James Bond. A quelques kilomètres au sud, la cocaïne et la marijuana continuaient à circuler, et, au-delà du continent et du Pacifique, les champs de pavots étaient en fleur. Des centaines de milliards de dollars s'accumulaient en un fabuleux réservoir de richesse et de puissance, dont quelques bribes suffisaient à acquérir des arsenaux, à engager des terroristes, à corrompre et acheter des gouvernements. Pendant ce temps, à Washington, quelqu'un préparait sans doute une nouvelle campagne de presse pour nous informer de la dernière offensive de la guerre contre la drogue.

L'Empire clandestin, lui, était plus prospère que jamais.

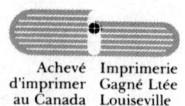

Achevé d'imprimer au Canada   Imprimerie Gagné Ltée Louiseville